U0862305

总经理：陈同海

中国石油化工集团公司年鉴

2004

《中国石油化工集团公司年鉴》编委会　编

中国石化出版社

图书在版编目(CIP)数据

中国石油化工集团公司年鉴.2004/《中国石油化工集团公司年鉴》编委会编.
—北京:中国石化出版社,2004
ISBN 7-80164-503-0

Ⅰ.中… Ⅱ.中… Ⅲ.石油化工厂-中国-2004-年鉴
Ⅳ.F426.22-54

中国版本图书馆 CIP 数据核字(2004)第 093897 号

责任校对: 张小宏
封面设计: 况 晗

中国石化出版社出版发行
地址:北京市东城区安定门外大街 58 号
邮编:100011 电话:(010)84271850
http://www.sinopec-press.com
E-mail:press@sinopec.com.cn
北京精美实华图文制作中心排版
北京外文印刷厂印刷
新华书店北京发行所经销
*
787×1092 毫米 16 开本 45 印张 196 彩页 1575 千字
2004 年 9 月第 1 版 2004 年 9 月第 1 次印刷
定价: 200.00 元

《中国石油化工集团公司年鉴》2004年版

编　委　会

主　任：陈同海

副主任：曹湘洪

编　委：（以姓氏笔画为序）

王志刚　王显文　王培军　刘　运　刘均安
刘晓洪　刘锦信　吕连海　孙育芬　师洪俊
朱仁贵　何绍改　李春光　李家训　李振杰
李德芳　苏文生　陈　革　张克华　张重庆
张保鉴　杨树杉　周佰修　骆世捷　洪定一
凌逸群　谈全政　唐文清　徐溯经　康宪章
章建华　蒋振盈　温勇祥　谢银虎　雷典武
蔡希有

《中国石油化工集团公司年鉴》2004 年版

编　辑　部

主　　任：师洪俊
副 主 任：蒋　琦
编　　辑：董爱民　刘伯华　周溪华
责任编辑：蒋　琦
技术编辑：杨文宇　韩　笑
广告编辑：王　进

地　　址：北京市东城区安外大街 58 号
邮政编码：100011
电　　话：(010)84289951　84289953
传　　真：(010)84289951
电子信箱：jiangq@sinopec.com.cn

The Editorial Department of
《CHINA PETROCHEMICAL CORPORATION YEARBOOK 2004》

Add：58 Anwai Street, Dongcheng District, Beijing China
P.C：100011
Tel：86-010-84289951　84289953
Fax：86-010-84289951
E-mail：jiangq@sinopec.com.cn

编 辑 说 明

一、《中国石油化工集团公司年鉴》(以下简称《年鉴》)是中国石化集团向国内外公开发行的专业性年鉴。《年鉴》从1988年问世至今，已出版9卷，本《年鉴》是第十卷，为2004年版。书中全面、系统地记述了2003年石化集团公司在持续改革重组、改制分流、资本运作等方面取得的成绩和变化，客观反映石化集团公司在油气勘探开发、炼油及化工生产、产品销售、科研开发、工程建设、安全环保、对外贸易以及教育培训等方面的成绩、经验和问题，如实介绍石化集团公司各所属生产企业、石油销售企业和施工企业的生产和经营状况，并发表较为详细的统计数字。《年鉴》中收集的资料全、新、实用，信息量大，既是石化集团公司正式对外公布一定时期生产、经营、财务状况及有关数据资料的惟一渠道，又是一部具有权威性和实用性的工具书。

二、本《年鉴》共设23个栏目，"特载"和"精神文明建设与企业文化"为新增栏目。在保持框架与上年基本不变的前提下，根据石化集团公司工作重点，对个别栏目进行了适当调整。为便于读者查阅和检索，书中附有中、英文目录和索引。

三、本《年鉴》所收录的各种资料和数字均截至2003年年底。为保持其内容的连续性和完整性，收编了1998—2003年6年的数据。由于资料来源不同，统计时间也有差异，有些数据可能不尽一致，有些表的"合计"可能与所列各项数据之和不等，读者引用中国数据时应以"中国石油化工统计"部分公布的数据为准。表中的空格表示该项统计数据不详，"—"表示无该项统计数据，"..."表示该项数据不足本表最小单位数(不包括"世界石油化工统计"各表)。

四、本《年鉴》收录的"世界石油化工统计"，均摘译自有关国外资料。为便于读者对比，原则上选取1998—2003年的统计数据。中国的数据未包括中国台湾省。

五、在《年鉴》的编纂和出版过程中，承蒙有关单位领导、专家、管理人员的大力支持和帮助，在此，谨向为《年鉴》提供稿件和资料、审查稿件，以及提供各种帮助的同志们，致以诚挚的谢意。对《年鉴》存在的缺点和疏漏，诚请广大读者批评指正。

《中国石油化工集团公司年鉴》编辑部

二〇〇四年八月

因为专业 所以出色

Being Outstanding Based on Professionalism

长城证券有限责任公司

Great Wall Securities Co., Ltd.

地址：深圳市福田区深南大道6008号特区报业大厦14/16/17层 邮编：518034
电话：0755 83516222 传真：0755 83516200
网址：www.cc168.com.cn

长城证券有限责任公司成立于1995年，是中国较早的八家综合类证券公司致意之一,经营历史溯至二十世纪九十年代初期，在中国东部沿海城市和中西部中心城市设有24家营业部。公司秉承“规范经营、做精做强”的经营理念，以其规范稳健的经营作风及优质服务赢得了十多万机构投资者和个人客户的长期信任。

长城证券投资银行位于国内投行前列，长期致力于中国基础行业的价值再发现，重点为电力、煤炭、石油、公路、港口、建材、有色金属、钢铁等行业的大型企业提供包括股票融资、债券融资、行业整合、收购兼并、重组咨询等一揽子金融服务。

我们在专业领域不懈的努力，对行业深刻的认识、丰富的操作经验、高素质的专业团队，使我们能够针对客户需求及客户所处行业竞争环境，为客户提供全方位及个性化服务，帮助客户发现价值、提升价值、创造价值。

2004年上半年长城证券投行业务主承销家数、IPO承销金额、总承销金额在同行业中均位居前列。

经营业绩

2004年

6月，由长城证券主承销的天奇股份A股在深圳中小企业板块成功发行上市；
5月，由长城证券主承销的总额为7亿元的营港转债成功发行；
5月，由长城证券主承销的开滦精煤股份有限公司A股在上交所首发成功，筹资金额为10.5亿元；
5月，中国华能集团公司及华能国际电力开发公司向华能国际出售总额为 45.13亿元的电力资产及权益，长城证券在此次交易中担任卖方财务顾问；
4月，由长城证券主承销的贵州钢绳股份有限公司A股在上交所首发成功，筹集资金为5.18亿元 。

2003年

12月，由长城证券主承销的40亿元03华能债成功发行；
8月，由长城证券主承销的中原油气配股成功发行，筹资金额达5.3亿元；
6月，在中国华能集团公司向华能国际出售总额为5.5亿元电力资产及权益的交易活动中担任卖方财务顾问；
5月，由长城证券主承销的湖南海利配股成功发行；
4月，由长城证券主承销的贵研铂业股份有限公司A股首发成功。
本年度，长城证券担任了国家电网、中电投、江苏交通、苏州高新园区、高新技术开发区等5家企业债券的副主承销商,并担任中石化企业债的分销商。

此前，长城证券还成功主承销了东方热电、泰豪科技、江西长运、铜都铜业、亚泰集团、交运股份、天山股份、关铝股份、狮头股份、新疆天宏、中牧股份、兰太实业、福建南纸等多家股票发行项目。

中国中化集团公司
SINOCHEM CORPORATION

创 造 价 值

中国中化集团公司（简称“中化公司”）是国有重要骨干企业，其前身为中国化工进出口总公司。在五十余年的风雨历程中，中化公司逐步发展成为在石油、化肥、化工领域实施全球化运作的国际企业集团。目前，中化公司是中国四大国家石油公司之一，“中化”（SINOCHEM）品牌在全球业界享有良好的声誉。

石油业务一直是中化公司的传统和支柱业务，实行全球一体化经营，目前主要经营品种包括原油、汽油、柴油、航煤、燃料油及液化气等商品。在积极推进“以贸易为龙头，向上下游延伸”的经营战略过程中，中化公司的石油业务已不仅涵盖与石油产品相关的进出口、转口、套期保值、中转、仓储及内贸、炼化等多个领域，而且进入了海外油气田开发生产领域。

全球500强企业

追求卓越

中化石油业务包括勘探开发、原油、成品油及实业四大经营板块，分别从事海外油气田项目的开发建设、原油和成品油贸易及分销、炼厂和仓储物流设施的开发与经营。主要法人公司包括中化国际石油公司、中化石油勘探开发有限公司、中化国际实业公司、中化国际石油伦敦有限公司、中化新加坡国际石油有限公司、中化香港石油国际有限公司、中化巴哈马国际石油公司、阿特兰蒂斯挪威控股有限公司、中化兴中石油转运（舟山）有限公司，上海东方储罐有限公司、中化国际石油广东有限公司、中化浦东贸易有限公司、中化（深圳）实业有限公司等20多家公司。

邮编：100045
电话：88079585
传真：88079401
网址：www.sinochem.com
总部地址：北京复兴门外大街A2号中化大厦

天津港石油化工码头公司

位于天津港南疆港区，是天津港专业从事散装液体液货物卸的公司。公司现拥有四个石化专用泊位，设计年通过能力1800万吨，装卸设施专业、先进。与码头配套建有石化小区，小拥有完善的散液储运配套设施，可实现原油、成品油、燃料油、润油、液化气、化工品等多种货类的储运、加工。港区拥有完善管道、公路、铁路、水路运输系统，可满足各类散液产品的储需要。

天津是中石化、中石油、中海油三大集团的交汇点， 天津石油化工码头公司依托于中国北方较大的大港口---天津港，借腹地广阔，交通便捷，设施完善之优势，与众多石化企业建了良好的合作关系，港口吞吐量、储运、贸易量逐年快速增加已逐渐成为中国北方重要的石化产品储运、集散贸易基地。

公司坚持以“顺天时成就第一流石化码头；借地利，成就每一位客户；造人和，成就每一名员工”为企业的最高目标，以现代企业制度根本，不断进取，锐意创新，努力为社会和客户架起创造价值的桥梁！

天津港石油化工码头公司愿与各界朋友一道，携手并肩，共图发展！

码 头 设 施：公司拥有15万吨、8万吨、3万吨、1.5万吨级泊位个一座，码头岸线总长1227.5米，最大泊位水深-16.3米。

码头配置专用输油臂26台，可装卸原油、原油制品、化工品、动植物油及液化气等六大类货物。

公司拥有全国较大的油品分配站，与石化小区十几家库区相通，可实现船罐直接装卸，并可进行灌区之间转输。

码头配备了完善的消防系统，设固定式消防炮20门，移动式消防炮4门，与库区、港区消防系统可实现联动。

公司设置了先进的闭路监控及可燃气体检测报警系统。

管线及罐区：石化小区建有3公里长的输油管廊与小区内10余家库区相通。

石化小区有10条管线与中石化、中石油、中海油、中航油等企业相通，经上述管线可进入中石化、中石油输油管网。

石化小区已建成库区10家，总库容120万立方米，可储存原油、成品油、燃料油、润滑油、液化气、化工品等近40种货类。

业 务 网 络：天津港与世界100多个国家建立了业务往来，航线遍布世界各地。

天津港石油化工码头公司地理位置优越，腹地广阔，覆盖华北、华东、华南、西北、东北等地区。

公司已经与天津、北京、河北、山东、宁夏等地几十家石化企业建立了长期的业务往来。与河南、甘肃、陕西等地的石化企立了沟通联系渠道，公司的业务范围不断扩展。

天津东方石油有限公司简介

天津东方石油有限公司是由天津港南疆石化码头公司、天津经济建设投资集团总公司、中石化天津石油有限责任公司等三家实力公司强强联合，共同投资组建的有限责任公司，为国有中型企业。总投资人民币为1亿元，注册资金人民币5000万元。现拥有资产11230万元。

公司主要经营范围为：石油制品、化工产品、石油设备批发兼零售；代储、代付与各项服务；石油销售及储存、油罐租赁。销售、仓储油、汽油、柴油、燃料油、甲醇、硫酸、苯、乙二醇。除此之外，公司还拥有成品油批发经营许可证，可以从事成品油的批发销售业务。

公司占地面积约5万平方米，分南北两个库区，库存总容积约8万立方米，其中：重油罐6座，总容积约6万立方米；轻油罐4座，总容积万立方米。公司建有汽车付油亭一座，配有16条付油线路（其中10路重油线，6路轻油线）。根据市场需求公司正在进行油罐的改造，以日益增长的重油的仓储能力。

公司地理位置得天独厚，北靠天津港南疆石化码头，南临天津港南疆港区中央大道，与南疆港火车装车站隔道相望，具有水、陆、铁位的运输能力和完美的接卸能力，满足各方客户的需求。

公司有专用管线与南疆港石化码头公用管线相连接，油品可直接从海上输入我库区，亦可陆地转输到海上。形成海陆交叉的运输能力。外，通过利用公用管线库区油品既可输入到南疆石化小区中的各库区企业，又可输送到天津石化炼厂等企业。长送短输皆宜，四通八达方

公司配有先进的仓储、计量设备和检测设备，全部由计算机监控。采用现代的管理模式，合理配备人力资源。规范化的管理奠定了企发展和显著的竞争力。

公司自投入运营以来效益逐年增长，特别是调整企业经营结构以后效益呈上升趋势。随着石油工业的不断发展，公司将面临无限的发间。

公司准则：秉承竞争、开放的经营；扩大资源、拓展市场、降本增效、严谨投资、为客户提供优质服务的经营宗旨。

运系统：

天津港石油化工码头拥有完善的集疏运系统，管线、公路、铁路均与港口相通。

天津港上岸的原油可通过石化小区的外部管网直接进入中石化东部管网。天津港是中石化东部管网两个海上入网点之一，是陆上运距最的入网点。

天津港与中石油的管网相连。

天津港有通往天津机场、首都机场的航空煤油管线。

石化码头和库区建有付油设施，可满足汽车运输的装卸需要。

港区铁路可与京山线相连，可以很便捷地进入铁路运输网。

业管理：

公司建立了生产调度、客户服务、设备、安全等多个管理系统，建立了企业局域网，实现了信息化管理。

司不断进行机制改革，拓展延伸业务范围，形成以码头生产装卸为龙头、储存、加工、运输、代理、贸易、信息服务等系统化的经营服务方，为客户建立完备的服务平台。

公司于1996年和2003年分别通过了ISO9000和OHSAS18000认证，实现了质量安全一体化管理，2004年继续改进和完善管理体系，进行O14000的贯标。在安全管理方面以 "防控做一万，安全保万一" 为安全工作方针，对公司生产过程中的危险源点实施重点控制，实现了安管理科学化、规范化，大大提高安全工作的可靠度。

质量方针在装卸服务中坚持以"质不混、量不失、保安全、保准时"的质量方针，以优质的服务赢得客户的信赖，与新老客户保持着良好合作关系。

来发展：

2005年公司将开工建设30万吨级原油码头，并配套建设100立方米的原油储罐和管网设施，每年可新增吞吐能力1500万吨。

在南疆港区的散货物流中心规划建设7.5平方公里的石化小，可建设储罐。该区域配套建设散液专用铁路装卸线，可满足中距离客户的疏运需要。

天津港是国家战略原油储备库的选址地，将建设大型储运施。

码头至散货物流石化小区建设公用输油管线。

系方式：

讯地址：天津市塘沽区南疆路1号

编：300452

系电话：办公室：022-25709440　传真：022-25708157

场部：022-25703270　　022-25703273

天津北方石油有限公司

于2003年9月8日注册成立，注册资本总额壹亿肆仟玖佰万元人民币（149,000,000.00）。公司的主要经营业务范围为存储、运输原油和成品油，同时公司也涉足于起重机械、装卸工具的设计、装配、调试、出租，输油管道的维护、修理，以及港口业务的咨询服务等领域，是一家全方位的石油化工服务型企业。

天津北方石油有限公司现已投资建成南疆港区规模较大的现代化油品储库。该储库占地4.7万平方米，建有总库容21万立方米的7座多功能储罐，其中有3座5万立方米的储罐和4座1.5万立方米储罐，年周转量300万吨，于2004年8月投入运营。

北方石油有限公司库区的建设是天津港15万吨级油品泊位的重点配套工程，是能够一次接卸15万吨级大型油轮的多功能库区，为天津港实现油品吞吐量突破千万级大关提供有力的保证。

天津北方石油有限公司本着"以人为本、客户至上、回报社会"的理念，以港口为依托，以建设一个具有现代化设施和信息管理系统的、功能齐全的石油产品周转储库为基础，为客户提供便捷的管道运输、公路运输、铁路运输、船舶运输服务为手段，最终建成以港口为依托的、专业的石油化工产品储运服务企业。

公司地址：天津北方石油有限公司

地址：天津市和平区南京路235号河川大厦A座27层

电话：（022）27237090/1/2

传真：（022）27237093

Email：tianjin-bfsy@163.com

库区地址：天津港南五路45号

电话：　（022）　25703237

传真：　（022）　25703700

An international oil services company
with a unique place in Asia,
and a unique future in China.

国际化的石油服务集团 —
独具亚洲优势，尽握中国商机。

Our focus 重点业务

Oil Distribution
Logistics
Trading

石油分销　物流　贸易

Titan

Titan Petrochemicals Group Limited
泰山石化集团有限公司

www.titanoil.com.hk

Hong Kong 香港　Singapore 新加坡　Shanghai 上海　Guangdong 广东　Fujian 福建

Expanding was the least we could do to help you reach the top

The merger between Crédit Agricole Indosuez and Crédit Lyonnais's Corporate and Investment banking unit has created a new big name: CALYON.
The complementary nature of these two institutions makes CALYON one of the leading European banks. CALYON enjoys a global coverage (60 countries), a full range of products and services, and a top rating (AA- Standard and Poor's, Aa2 Moody's, AA FitchRatings). All of these benefits are yours too, because your company lies at the heart of our business model.

CALYON
CORPORATE AND INVESTMENT BANK
東方匯理銀行

www.calyon.com

Congratulations to
Sinopec
on the occasion of their
20th Anniversary

Jean Marion
Head of Greater China

Helen Lee
Head of Commodity finance

Network in China:
yon Beijing Branch +86 10 6500 4562
yon Guangzhou Branch +86 20 8732 4608
yon Shanghai Branch +86 21 5887 0770
yon Shenzhen Representative Office +86 755 8302 7621
yon Tianjin Branch + 86 22 2339 3010
yon Xiamen Branch +86 59 2239 6168
yon Hong Kong Branch, Regional Head Office + 852 2826 7333

CALYON
CORPORATE AND INVESTMENT BANK
東方匯理銀行

专业化高效率服务团队

为您度身定做金融解决方案

为您增添发展动力

地址：广州市农林下路83号
电话：020-87310888
传真：020-87310779
网址：www.gdb.com.cn

广东发展银行概况

广东发展银行于1988年9月成立，是一家总部设在广州的股份制商业银行。截至2003年末，资产总额3000多亿元，本外币存款余额2600多亿元，各项贷款余额1900多亿元，分支机构520多家，遍布北京、上海、南京、杭州、大连、沈阳、广州、深圳、珠海、郑州、武汉、昆明、澳门等中国经济发达城市，与境外各大金融中心的1000多家银行建立了代理行关系，并连续三年入选英国《银行家》杂志的权威排行榜。

>>>丰富的业务品种

广东发展银行可为各类客户提供资产、负债、支付结算、担保、承诺、咨询顾问、外汇业务等全方位、立体化的服务。对大型企业集团、系统公司、跨国公司、银团贷款和重大项目，可提供全国性、一揽子的综合授信，能满足客户不同层次的金融需求。

>>>特色的创新产品

广东发展银行结合行业特点、客户需求和市场环境，率先推出了“厂商银”授信业务、品牌质押贷款、可转换债券担保业务、委托理财贷款、“厂商银”四方合作模式、法人账户透支业务、回购型国内保理业务、买方付息票据贴现业务、集团网等创新产品，同时，还推出现金理财业务、企业金融财务顾问业务、债市理财业务等系列理财产品，帮助企业降低财务成本和费用，提高营运效益。

>>>高效的专业化服务

广东发展银行拥有一支具备职业素养和专业知识的业务及管理团队，同时始终实施“科技强行”发展战略，并不断完善管理机制，优化业务流程，以安全、先进的科技系统为依托，为客户提供快捷、专业、高效的金融服务。

>>>客户和市场的认可是广发人最大的骄傲

经过全体广发人长期不懈的努力，广东发展银行公司银行业务的服务范围覆盖能源、交通、通讯、贸易等多种行业，所服务客户既有中国石化集团、广深铁路、上海港务局、中国华润集团、柯达公司、白云国际机场等行业龙头，也有众多优质民营企业。

广东发展银行以诚信为服务宗旨，凭借稳固的市场基础和遍布全国主要城市的营销网络，赢得了广大客户的信任和赞誉。客户和市场的认可是广发人最大的骄傲。

和谐发展

GROW IN HARMONY

共享未来

SHARE THE FUTURE

中国石化镇海炼油化工股份有限公司

SINOPEC ZHENHAI REFINING & CHEMICAL COMPANY LIMITED

如果成功是一个化学反应，那么应如何开始一个有助于业务成功的化学反应呢？如何以稳定的品质和获利能力保障生产率的增长？让我们一起促成您的全套设备或生产流程的良性反应吧！西门子自动化技术与驱动根据您的需求量身定制，我们使用开放标准来实现管理中心对生产流程的准确调控，并确保每个有利于长期竞争的环节。我们的秘诀是什么？西门子全集成自动化（TIA—Totally Integrated Automation）。

西门子（中国）有限公司自动化与驱动集团
服务热线：010-64731919　传真：010-64719991
上海：021-58882000　广州：020-87320088　沈阳：024-23341110　成都：028-86199499
网址查询：www.ad.siemens.com.cn

AUTOMATION

SIEMENS

插上想象的翅膀
把梦想变成现实

儿童的想象力是最为丰富的。他们爱遐想、提问、探索、学习。她们的梦想和希望常常激发我们，给我们的未来注入新鲜的观点。正如大家的期待，梦想正在SK大家族中变成现实。作为韩国三大集团之一，我们在能源化学领域发挥着领导作用。凭借领先世界的技术力量，从炼油到特殊聚合物，我们的产品无所不有。我们在生命科学领域的突飞猛进，同样令世人刮目相看。SK正一步一步设计我们的明天，使我们能够在能源化学、生命科学领域扮演着全球领导者的角色。全世界顾客、合作伙伴、投资人的奇思妙想，SK让他们得以实现。

....with SK

sabic

我们能生产世界上最常用的五种热塑性树脂
…难怪前途无限光明

您可以从同一个来源，获取对聚合物的全部需求。

不论您在世界何方，不论您使用何种树脂，SABIC的品牌，都给您始终如一的品质保证。

我们优秀的技术人员在位於沙特阿拉伯及欧洲的工厂做了大量的工作和努力，我们的工厂每年生产超过680万吨聚合物。但是，我们的承诺并不止如此。

我们把对品质的承诺。贯穿於整个生产及科研过程。这种承诺，亦延伸到我们的分销渠道中。因为我们知道，品质的重要性，远高於产品本身的价值。

我们亦把这种精神，贯切於如何及时付运和对客户的特殊需要上。

总而言之，这一切为您和我们的将来带来无限光明。

SABIC亚太私人有限公司
9号，莱佛士坊
#55-01 共和大厦
新加坡邮区048619
电话：+65 6557 2555
传真：+65 6557 2557
ail: sappl@sabic.com.sg

SABIC香港有限公司
香港金钟道88号
太古广场二座1418室
电话：+852 2524 6161
传真：+852 2868 0131
Email: shkl@sabic.com.hk

新加坡SABIC亚太私人有限公司上海代表处
中国上海市浦东世纪大道88号
金茂大厦3304室
邮编：200121
电话：+86 21 5047 5688
传真：+86 21 5047 2588
Email: sappl-sro@sabic.com.cn

www.sabic.com

sabic

无论你身在何处，SABIC 总能助你实现最大潜能

SABIC 创立于1976年，总部设于利雅得。创业之初，利用其丰富的碳氢化合物资源作为燃料和原料，SABIC致力于推动沙特阿拉伯石油生产以外其他工业的发展。

25年后，SABIC拥有16,000名员工。向全球100多个国家和地区的客户提供聚合物、化学品、化肥、工业气体和金属等产品。

我们成功的秘诀在于从产品的开采到销售，从生产到配给，我们始终严把质量关，保证向客户提供物有所值的产品。

并且，我们进行了重组。重组后，对于市场的变化和需求，我们的反应更加灵敏，更加有效，从而保证了我们对于客户需求的更大关注。

我们广泛投资产品研发，这为我们持续改进和提高产品及工艺，为当地客户提供技术支持提供了坚实的技术后盾。

我们驻中东和欧洲的分支机构为我们开通了出口和销往美国、英国/欧洲、东南亚以及太平洋周边地区等世界主要市场的渠道。随着市场的不断扩大，我们正为将来满足全球市场的需求而不断努力。

我们正在实现我们的潜能，请与我们商讨如何达到你的潜能。

SABIC亚太私人有限公司
9号，莱佛士坊
#55-01 共和大厦
新加坡邮区048619
电话：+65 6557 2555
传真：+65 6557 2557
Email: sappl@sabic.com.sg

SABIC香港有限公司
香港金钟道88号
太古广场二座1418室
电话：+852 2524 6161
传真：+852 2868 0131
Email: shkl@sabic.com.hk

新加坡SABIC亚太私人有限公司上海代表处
中国上海市浦东世纪大道88号
金茂大厦3304室
邮编：200121
电话：+86 21 5047 5688
传真：+86 21 5047 2588
Email: sappl-sro@sabic.com.cn

www.sabic.co

上海宝钢集团公司

上海宝钢集团公司（以下简称：宝钢）是以宝山钢铁（集团）公司为主体，联合重组上海冶金控股（集团）公司和上海梅山（集团）公司，于1998年11月17日成立的特大型钢铁联合企业，注册资本458亿元。

宝钢是中国颇具竞争力的钢铁企业，年产钢能力2000万吨，粗钢产量居世界前列，赢利水平居世界领先地位，产品畅销国内外市场。2003年10月，“标准普尔”公布了对宝钢的外币信用最新评级，从BBB－提升为BBB，前景展望为稳定。

宝钢实施钢铁精品战略，将建成中国汽车用钢，油、气开采和输送用钢，不锈钢，家电用钢，交通运输器材用钢，电工器材用钢，锅炉和压力容器用钢，食品、饮料等包装用钢，金属制品用钢，特种材料用钢以及高等级建筑用钢等钢铁精品基地，建成中国钢铁行业新工艺、新技术和新材料研发的主要基地。

宝钢实施适度多元化战略，除钢铁主业外，还涉足贸易、金融、工程技术、信息、煤化工、综合利用等多元产业。

高等级建筑用钢

板已开始应用于国内外中高档轿车

板

钢

钢

用于食品包装

用钢

宝钢实施国际化经营战略，已形成了近20个境外和国内贸易公司组成的全球营销网络，与国际钢铁巨头合资合作，广泛建立战略合作联盟，实现优势互补，共同发展。

宝钢注重环境保护，推行清洁生产，着力打造绿色宝钢。宝钢股份公司是中国冶金系统比较早通过ISO－14001环境认证的企业，厂区绿化率达42.71％，厂区空气质量达到国家风景区标准，是中国很早的一个国家级工业旅游景区。

宝钢热心回报社会，资助社会公益事业。先后设立了宝钢艺术奖、宝钢教育奖，一大批文艺工作者和优秀教师、学生获得了奖励；宝钢为“希望工程”捐资近九百万元，用于建设25所希望小学和1所中学。宝钢和社会一起成长，回报社会是宝钢长期的追求。

宝钢坚持以人为本，秉承严格苛求的精神，学习创新的道路，追求世界一流的目标。

宝钢充满活力与发展机会，期待与您共创现代生活。

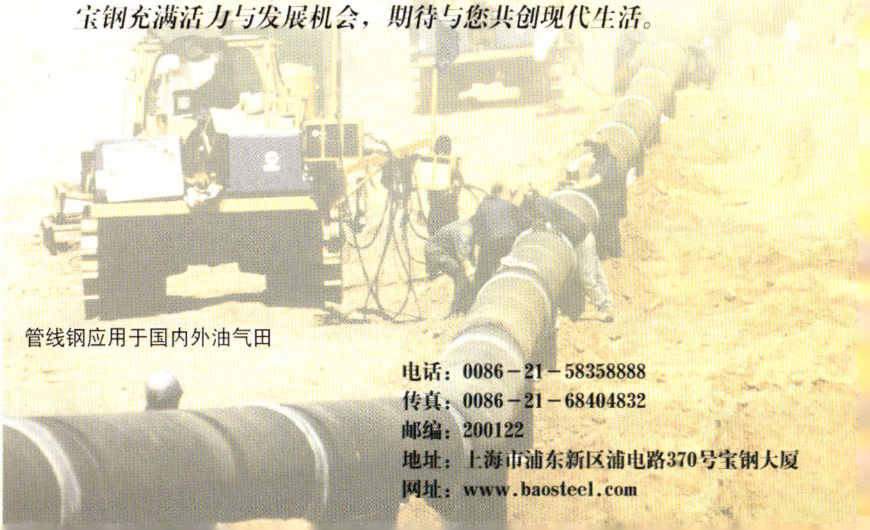

管线钢应用于国内外油气田

电话：0086－21－58358888
传真：0086－21－68404832
邮编：200122
地址：上海市浦东新区浦电路370号宝钢大厦
网址：www.baosteel.com

一、宝钢简介

宝钢位于上海市宝山区，距上海市中心26公里，厂区位于扬子江下游南岸，占地24.1平方公里，被来访的国人和世界友人赞誉为是一颗镶嵌在太平洋西岸、扬子江畔的“东方明珠”。

宝钢工程始建于1978年12月23日，是中国建国以来引进建设的最大项目，具有目前世界上领先的设备和生产技术、管理水平；1994年公司通过国际权威认证机构——英国BSI公司的ISO9002认证以及对钢管厂的ISO9001认证；宝钢同时也营造了一流的生态环境，1998年率先在国内通过了ISO14001环境管理体系认证。

宝钢作为中国冶金行业的龙头企业，一直以优异的产品质量、完善的技术服务领先于中国的冶金水平，产品广泛适用于建筑行业、汽车行业、家电行业、造船行业、工程机械行业及能源行业。其中应用于石油、天然气行业的管线用钢更是“精品中的精品”占有了中国管道输送用钢的绝大部分市场份额，还远销印度、土耳其、巴基斯坦、西班牙等国，截至2003年，累计共销售各类管线钢257万吨，其中高钢级（X60以上）比例占70%。

2003年9月15日，宝钢作为唯一一家冶金企业被授予
“国家西气东输工程先进集体”荣誉称号。

宝钢向西气东输工程总计供应47万吨X70管线钢。
图为采用宝钢板卷制成的钢管
在新疆铺设的壮观场面

二、宝钢管线钢产品的主要特性

管线钢系指制造石油、天然气输送管道用焊管钢。随着石油、天然气工业的发展和冶金技术的进步，使近代管线钢成为微合金钢体系中最具代表性的一类钢种，其产品质量水平可反映一个钢铁联合企业的冶金技术综合实力。

宝钢管线钢是采用低碳MnNbTi和MnNbVTi系的控轧控冷微合金钢。通过碳、锰元素的固溶强化，铌、钒、钛等微合金元素对晶粒细化和沉淀强化的综合作用以及控轧控冷工艺获得细晶粒贫珠光体组织，并以微钛处理工艺改善焊接热影响区的冲击韧性和以低硫钙处理工艺提高板卷的横向冲击韧性等综合技术措施，使钢具有高的强度、高的韧性及优良的焊接性能。

宝钢管线钢具有以下的特点：

（1）化学成分设计合理，波动范围小；

（2）通过低硫钢的冶炼技术，结合夹杂物变态钙处理工艺可保证批量生产的管线钢板卷在-30℃的横向夏比冲击功大于90J；

（3）板卷的屈服强度可通过工艺制度的控制达到预期的强度值，并能稳定地将屈服强度的波动值控制在100MPa范围之内；

（4）宝钢管线钢的板卷在制成焊管之后，焊接热影响区的冲击韧性可与管体母材的冲击韧性基本相当。

宝钢已经在油气输送、矿浆输送、海底管道、抗硫化氢气体腐蚀管道领域取得了骄人的业绩。

bp

BP:
partnering with Sinopec
to support China's economic development.
BP与中石化携手，
为中国经济发展助力！

BP: a company committed to meeting China's current and future energy needs.For more information please visit www.bp.com
BP公司致力于满足中国现在和未来的能源需求。更多了解请浏览www.bp.com

BR
PETRÓLEO BRASILEIRO S.A.
PETROBRAS
巴西石油公司
祝贺中石化成立
巴西石油公司于2004年7月1日
正式在北京设立代表处，
并与中石化公司签署了
全方位的合作备忘录，
两家公司在未来将在
石油销售，勘探，生产和提炼，
工程服务和技术合作
等方面进行合作。

PETROBRAS 50 YEARS
驻北京代表处
20周年

志在成为行业领袖的企业
首选 SAP 商务解决方案

每天，全球120多个国家有超过1000万名用户正在使用SAP商务解决方案。**在中国，SAP同样活跃于各行各业，从制造、能源、公用事业、零售到金融及服务等几乎所有领域，SAP都拥有专门的解决方案**。

SAP在您所在行业拥有超过30年丰富经验。凭借长期以来与业内领先企业的成功合作，SAP在实践中不断研究、优化出融合了先进管理理念和行业成功经验的解决方案。基于对您的行业特点和业务需求的透彻了解，SAP能够为您提供强大支持，助您迅速反应、明智决策并获得理想的投资回报，成为行业中的佼佼者。

世界财富500强中80%以上的企业正从SAP商务解决方案中获益。欢迎您加入成功者的行列，请即访问 **www.sap.com/china**，或拨打免费咨询热线：**800-820-0727**。

中国电信FocOne全球一站式服务，实现从0到10000的迈进，
全心致力于零距离贴近客户、零中断优质保障、零时延快速响应、
零偏差规范服务的至上品质。

中国电信大客户事业部　联系电话：8008105518 010-58501888　传真：010-58501980　网址：www.ct1000.com　电子邮件：800@ct1000.com

focone 一站购齐 全程无忧

客户服务热线 Customer Hotline 10000　中国电信集团公司

朗讯在石化领域架构快速安全的信息桥梁

Lucent Technologies
Bell Labs Innovations
朗讯科技

朗讯科技网络解决方案
为企业用户提供
高效、稳定、可靠的多业务网络

高效、稳定、可靠的多业务网络平台，是企业实现正常、高效运营的基础保证。作为世界最大的网络设备厂商之一，朗讯科技的网络解决方案，依托于贝尔实验室的研究成果，不仅可为石化领域用户构筑先进的网络平台， 更可有效地管理网络，实现企业通讯一体化，全面提高网络的质量和功能，保证企业运营的正常进行。

2004年初，朗讯科技的光网络解决方案正式进入石化领域，承担中石化西南成品油管线沿线的信息传输业务。

光网络解决方案
- 引导光网络未来，为传统网络带来彻底性的革命
- 节省大量数据网络投资，带来更多增值服务
- 成熟的技术、电信级的质量、广泛应用于运营商及企业市场

网络管理软件
- 兼容多厂商、多业务平台的应用
- 精确测量网络性能， 提高服务质量、保证SLA
- 实时故障监测、快速处理和定位，帮助降低成本和增加利润
- 广泛应用于《财富》100强企业

VoIP企业解决方案
- 集团企业理想的融合通讯解决方案，满足通讯一体化需求
- 充分利用企业现有设备，节约成本
- 集中化的网络管理，支持多厂家多协议的终端设备

朗讯科技(中国)有限公司
合作伙伴及软件销售事业部

北京：10-65288688
上海：21-54504555
广州：20-87521800
青岛：532-8702000
成都：28-84331566
武汉：27-85486658
香港：852-25065388
台湾：886-287257111

www.lucent.com.cn

上海石化改制

中国石化上海石油化工股份有限公司（简称上海石化）地处上海西南部的金山区，是中国较大的集炼油、化工、化纤、塑料为一体的综合性现代化石油化工企业之一，也是中国比较早的一家股票同时在上海、香港、纽约三地上市的股份有限公司。

截至2003年底，上海石化总资产276亿元，员工总数31008人。现拥有主要生产装置66套，主要生产石油制品、中间化工原料、合成树脂及塑料制品、合纤原料及合成纤维等四大类60多种产品，产品销售覆盖全国各地，有16种产品远销海外。“三人牌”商标为上海石化注册的专用商标。

地址：上海市金山区金一路48号
邮编：200540
电话：（021）57941941
传真：（021）57942267
网址：http://www.spc.com.cn

上市十周年

胜利油田

①

②

③

④

胜利油田工作区域主要分布在山东省8个市 的28个县（区）境内。自1964年1月25日正式投入勘探开发建设以来，油田广大职工艰苦创业，顽强奋战，逐步建起了中国东部地区又一个重要的石油工业基地。到2003年底，共找到72个不同类型的油气田，累计探明石油地质储量42.9亿吨，天然气地质储量2026.04亿立方米。累计生产原油8亿吨，约占建国后全国原油总产量的五分之一；累计实现工业总产值（现价）3950亿元，上缴利税1165亿元，为国民经济建设和石油石化工业的改革与发展作出了重大贡献。目前，油田年均新增探明石油地质储量已连续21年保持在一亿吨以上，资源接替已连续7年实现储采平衡，原油年产量已连续5年稳中有增，保持在2660万吨以上，油田勘探开发步入良性发展轨道。

2004年，胜利油田进一步加快发展步伐，提出了到2006年油气当量重上3000万吨以上的发展目标，决心以全面提升油田综合竞争力的实际成果，为全面建设小康社会和中国石油石化事业的健康发展做出更大贡献。

图片说明：

1. 年产200万吨级的极浅海油田-----胜利海上埕岛油田
2. 计算机技术已广泛应用于油田勘探开发的各个领域
3. 胜利井下作业队伍出征土库曼斯坦
4. 油洲加绿洲
5. 胜利物探队伍在新疆探区勘探
6. 与美国合作开发的风险探井开钻
7. 胜利队伍参与西气东输工程
8. 胜利油田测井职工在施工中
9. 昔日盐碱滩，今日石油城
10. 胜利油田风光

⑥

⑦

⑧

⑨

中国石化集团国际石

中国石化集团国际石油勘探开发有限公司（SIPC）是中国石化集团的全资子公司，是中国石化海外油气勘探开发投资与经营作业一体化的战略经营单位，是对中石化集团承担海外投资和经营双重责任的利润中心。公司成立于 2001 年 1 月，注册资本 6 亿元人民币，对中国石化海外石油天然气资源的勘探开发和海外投资及项目实行统一经营管理，是中国石化集团从事上游海外投资经营的唯一专业化公司。同时，对中国石化系统现有的海外油气勘探开发的投资经营事项实行归口管理。

中国石化集团为积极实施“走出去”战略，不断加大海外工作力度，海外油气勘探开发取得了较大进展，已初步具备了参与海外油气资源竞争的基础和条件。国际石油勘探开发公司目前在东南亚、中东、北非、西非、南美、俄罗斯及独联体和澳大利亚等国家和地区研究并估评石油勘探与开发项目 50 余个，遍及 31 个国家和地区。2003 年进一步加强和充实了国际石油勘探开发公司海外油气勘探开发力量，目前公司设有 12 个职能管理部门和多个海外分支机构，现有经营管理和专业技术骨干 145 人。

国际石油勘探开发公司将充分发挥中石化上下游一体化优势，凭借中国石化集团整体雄厚的实力和丰富的油气勘探开发经验，积极参与国际石油领域合作，不失时机地寻找海外油气勘探开发项目机会，加大海外油气领域投资力度，努力寻求海外油气勘探开发的重大突破。

中国石化集团国际石油勘探开发有限公司本着互惠互利的原则，真诚与国内外石油界、企业界合作！

公司地址：北京市海淀区北四环中路 263 号　　邮政编码：100083

联系电话：010-82310862,82310779　　传真：010-82310841

网址 :www.sipc.cn　　Email:sipc@sipc.cn

油勘探开发有限公司

中国石化集团

燕山石化始建于1967年，包括中国石化股份公司北京燕山分公司、中国石化北京燕化石油化工股份有限公司和中国石化集团北京燕山石油化工有限公司三个部分。拥有88套石油化工生产装置，71套配套辅助设施，可生产218个品种625个牌号的产品。原油加工能力850万吨/年。乙烯生产能力71万吨/年，聚乙烯生产能力56万吨/年，合成橡胶生产能力21万吨/年，聚丙烯生产能力44万吨/年，苯酚丙酮18万吨/年。

燕山石化

地址：北京市房山区燕山岗南路一号
电话：（010）69342295 69342923
传真：（010）69342736
邮编：102500
电邮：office@bypc.com.cn

旗帜，为追求卓越表现而升起

卓越的表现对客户，对社会，对我们自己都很重要。

当您在我们位于全球的三十八个生产及研发中心看到以上的旗帜，它代表雪佛龙菲利普斯的员工正在努力工作提升更优秀表现的标准。

我们明白优秀表现是一个历程（同时也是一个移动著的目标），所以我们集中精力寻找更好的方法，及时的每一次满足客户的要求。

我们用产品品质及产品加工性能的稳定，以及具备安全和环保的加工及生产，证明我们以上的承诺。

我们称之为：终身提供创新配方！

我们是以下基础石化产品的主要供应者：

烯烃类及聚烯烃类
乙烯、聚乙烯、
α烯烃类、聚α烯烃类、
丙烯、聚丙烯、
高密度聚乙烯管道、
氧气清除聚合物

芳香烃类及苯乙烯类
环己烷、对二甲苯、
苯乙烯、聚苯乙烯、
苯、甲苯、
苯乙烯丁二烯共聚物

特殊产品
硫醇，采矿化学品，
钻探泥浆添加剂，
聚苯硫醚，赛车燃料，
特种有机硫混合物

雪佛龙菲利普斯化工国际有限公司
香港湾仔骆克道3号2001室
电话：(852) 2526 5591
传真：(852) 2810 0125

雪佛龙菲利普斯化工(中国)有限公司
中国江苏张家港保税区十字港桥东　邮编：215634
电话：(86) 512 5838 6608
传真：(86) 512 5838 6605

雪佛龙菲利普斯化工(上海)贸易有限公司

上海办事处
中国上海市延安西路2299号
上海世贸商城1810室　邮编：200336
电话：(86) 21 6236 2199
传真：(86) 21 6236 2104

青岛办事处
中国山东省青岛市东海西路29号
环海凯莱商务酒店206室　邮编：266071
电话：(86) 532 387 9662、389 7654
传真：[illegible]

广州办事处
中国广州市天河北路183号
大都会广场1514室
电话：(86) 20 8755 4835
传真：(86) 20 8755 4805

Chevron Phillips Chemical Company LLC

degussa.

creating essentials

德固赛的产品时时处处使您受益

Everybody benefits from a Degussa product
– every day and everywhere

德固赛是一家始终以高效益特种化工产品为业务重点的跨国公司，是德国著名的化工企业，在全球特种化工领域则居世界领先行列。

德固赛（中国）投资有限公司于2002年11月成立，它将统一并进一步拓展在中国地区的业务活动。今天，德固赛在中国已有17个公司，生产基地分别设在北京、上海、广州、南宁、青岛、香港等地。2003年公司在中国实现销售额二亿八千万欧元，员工人数达一千二百多人。德固赛在中国的目标是成为中国特种化工领域坚定的合作伙伴，并把这一合作关系牢固地建立在研发基础上。

Degussa is a multinational corporation consistently aligned to highly profitable specialty chemistry. It is Germany's third-largest chemical company and the world market leader in specialty chemicals.

Founded in November 2002, Degussa (China) Co., Ltd. is to unite and expand Degussa's activities in the China region. Today, Degussa in China operates a total of seventeen companies with production sites in Beijing, Guangzhou, Nanning, Qingdao, Shanghai and Hong Kong. In fiscal 2003, the Group generated total sales of approximately Euro 280 million in China with a workforce of more than 1,200 employees. Degussa's mission for China is to become its most committed partner in specialty chemicals by means of strong relationships deeply rooted in research and development.

www.degussa.com.cn

安全、可靠、灵活性——
我们的生产纪录近乎完美！

我们在设施、装备和技术的投资，尤其是我们的专有技术使得我们的表现如此令人印象深刻。

今天的炼油和石化工业面对着更大的挑战——生产工厂接近极限运转，越来越严格的环境法规，越来越多的原料是重质的高硫原油，要增强您的竞争力，比以往任何时候都需要更专有的技术，更低的投资成本，更高的灵活性。

我们在全球每小时生产或回收超过1,500,000Nm^{3}的氢气，是全球主要的供应商之一，并拥有超过60个氢气或一氧化碳生产工厂和相应的氧气工厂，为炼油和石化工业服务。我们的生产纪录近乎完美，是业内优秀。

© 2004 Air Products and Chemicals, Inc.

请告诉我们您的需要。我们知道安全、可靠、和灵活的气体供应，对您工厂的运转的极端重要性。每天我们都在向完美努力，帮助您领先他人一步。

如欲知详情，欢迎莅临美国空气化工产品有限公司网站www.airproducts.com.cn，或致电(010)-6410-6156，与我们联络。

Responsible Care®
Good Chemistry at Work

tell me more
www.airproducts.com/cpi

英国、
德国、
日本 还是
沙特阿拉伯？

正确的答案恰恰是你未曾想到的沙特阿拉伯事实上，沙特阿拉伯 人均天然气消费处于世界领先地位。告诉你，这是一种附加值很高的消费：大部分天然气是用来转换成为具有价值的石化产品、塑料和化肥以供出口和国内消费。

许多人知道沙特阿拉伯是石油生产和输出国。事实上，该国家拥有世界上四分之一的原油储量，是世界上最大的石油输出国近几十年来，沙特阿拉伯也开发了本国的天然气储藏。目前，它的探明储量和天然气产量位居世界前列。

沙特石油公司作为本国的能源公司，运营了一个由天然气处理工厂和液化气分流中心和管道组成的超大网络，我们将它称之为天然气综合供应系统。

该系统不仅服务于地处阿拉伯湾的朱拜勒石化工业，同时也服务于地处红海的延布石化工业区。天然气也被用作本国不断扩展的电力网络和水淡化处理系统的燃料使用。沙特阿拉伯是世界上最大的天然气输出国。长久以来，沙特阿拉伯一直将天然气视作发展本国经济的一个重要元素。这也是该国家提高其非伴生天然气的勘探量和生产量的重要原因。同时也是我公司与其他大型能源公司共同介入在偏远地区鲁卜哈利沙漠新的天然气资源开发项目的重要原因。沙特石油公司的核心任务就是为本国及其他国家提供能源。

ارامكو السعودية
Saudi Aramco
向全球供应能源

沙特石油有限公司－北京 国贸大厦1座3019 电话：6505 5850 传真：6505 5841

CB&I

A World of EPC Solutions

CBI工程公司始建于1889年，专门从事对地球自然资源的生产、加工、储存及分销提供设计、采购、制作、施工总承包交钥匙服务。业务范围涉及石油和石油化工、合成气、天然气、液化天然气、石油炼制、终端站、金属加工及采矿业、管道等。CBI公司在可靠、专业、安全等方面所取得优秀纪录使它在全球工程业领域保持优势。

CBI凭借在全球任何最具挑战性的地方拥有设计和建造LNG设备的能力，得到了全球客户的认可与尊重。CBI公司为石油工业设计了世界上首台浮顶罐，设计和建造了世界上首个LNG双壁罐，世界上首套LNG调峰站，及美国首套海上LNG贮存和运输码头。CBI公司在主要六大洲已经设计和建造了30多个LNG设施，40多座调峰站，175个交钥匙低温终端站，200多座LNG贮罐，1100个低温冷冻储罐。CBI拥有800多项专利创新，是24个国际技术法规委员会的积极成员，也是9镍钢低温性能测试和研究的先驱者。

CBI公司自19世纪20年代起在亚洲开展服务。目前正在上海化学工业园区为中石化赛科项目建造交钥匙低温冷冻储罐项目。除了项目现场办公室之外，CBI公司在世界上60多个国家及地区拥有办事机构，我们的一体化的队伍已经准备就绪以随时投入项目。

无论您需要一个单独的承包商，或者是与客户组成一体化队伍的合作者，请与CBI公司设在上海的办事处联系。

CB&I China
Shanghai, China
Tel.: 8621 5396 6118
Fax: 8621 5396 6881

CB&I Headquarter
The Woodlands, Texas USA
Tel: +1 832 513 1400
Fax: +1 832 513 1405

www.CBIepc.com

生 产 | 加 工 | 储 存 | 分 销

Mitsui Chemicals

We have great dreams for the future.

Mitsui Chemicals has always contributed to the development of people's lives and of society by utilizing its unlimited technologies in the field of chemistry. We have great hopes pinned on progress in chemistry in the 21st century. Our goal is to create materials and substances that can help turn people's dreams into reality, while maintaining harmony with the global environment. Mitsui Chemicals will continue in its efforts to create innovative technologies and products, and will endeavor to become a leading company in the world market.

Exploring the world for a better tomorrow.

Mitsui Chemicals

Shiodome City Center, 5-2, Higashi-Shimbashi 1-chome, Minato-ku, Tokyo 105-7117 TEL 81-3-6253-2100 FAX 81-3-6253-4245
(Beijing office) Beijing Fortune Bldg. No.606,5 Dong San Huan Bei-Lu, Chao Yang District, Beijing 100004, CHINA
TEL 86-10-6590-9031 FAX 86-10-6590-9030

Technip

A WORLD CLASS ENGINEERING, TECHNOLOGIES AND TURNKEY CONSTRUCTION GROUP IN CHINA

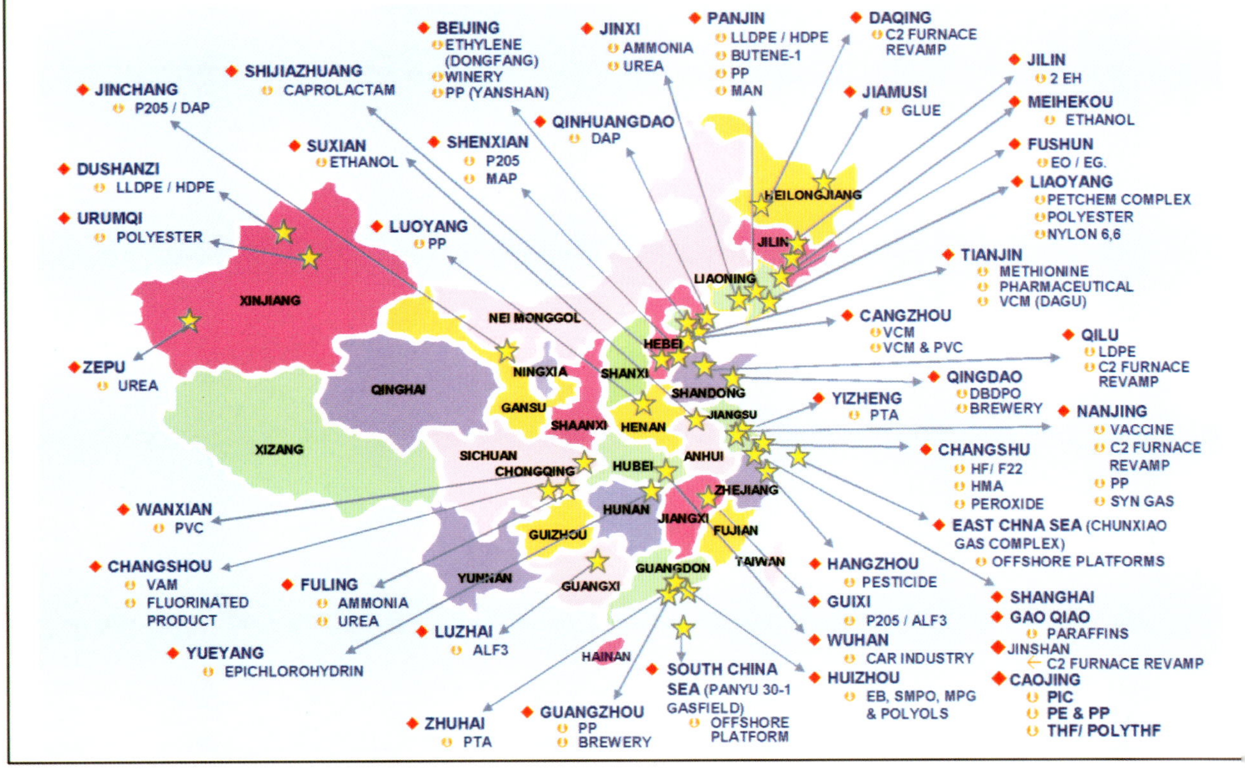

120 PROJECTS IN CHINA, INCLUDING 40 MAJOR PLANTS

US$ 5 BILLION TOTAL CONTRACT VALUE

Present in China since 1973 Technip has been playing a leading and active role in engineering design, suppl of technologies & equipment, and construction work for offshore upstream oil & gas field developmen projects as well as for onshore downstream oil, gas, petrochemical, chemical, life sciences and industri plants.

Recent Projects awarded to Technip are as follow :

Canghua VCM (400,000 tpy) & PVC (400,000 tpy) Plants in Cangzhou, Hebei

CSPC(CNOOC&Shell Petrochemical Co.) Nanhai Project in Huizhou, Guangdong(640,000 tpy Ethyl Benzene, 550,000 tpy Styrene Monomer, 250,000 tpy Propylene Oxide, 60,000 tpy Propylene Glycol, 6,000 tpy Mono Propylene Glycol and 135,000 tpy Polyols)

BASF THF (Tetra HydroFuran 80,000 tpy) & PolyTHF (60,000 tpy) Plant in Caojing, Shanghai

BASF & YPC Syngas (H2=21,500 Nm3/h, Oxo=25,200 Nm3/h) Project in Nanjing

SECCO Polyolefin Project (2x300,000 tpy PE & 1x250,000 tpy PP) in Caojing, Shanghai

BP PTA (350,000 tpy) Plant in Zhuhai, Guangdong

CNOOC Panyu 30-1 Drilling & Production Platform in South China Sea (190m Water Depth)

CNOOC Chunxiao Gas Complex Development Project in East China Sea (1 CEP & 4 WHP's)

Dagu VCM (200,000 tpy) Plant in Tianjin

PetroChina Dushanzi PE (150,000 tpy) Plant Expansion in Dushanzi, Xinjiang

Sinopec Yanzi PP (150,000 tpy) Plant in Nanjing

Bayer Coating Poly-IsoCyanate (PIC) Plant in Caojing, Shanghai

Aventis Crop Sciences Agnes Project (Pesticide Formulation & Synthesis) in Hangzhou

Atofina HF/F22 (10,000 tpy) Plant in Changshu, Jiangsu

Cracking Furnace Technology for Ethylene Plant Revamp / Expansion at Yangzi (Nanjing), Qilu (Zibo, Shandong), Jinshan (Shanghai), and Daqing (Heilongjiang)

Shaw Stone & Webster

团结合作，共同成功
SUCCESS THROUGH CO-OPERATION

003年7月
uly 2003

一千三百万连续安全工时
13 MILLION HOURS WITHOUT AN LTI

)04年7月
ıly 2004

ASF-YPC COMPANY LIMITED
ASIC CHEMICALS COMPLEX PROJECT
ANJING, PEOPLE'S REPUBLIC OF CHINA

扬子石化-巴斯夫有限责任公司
基础化学品联合装置项目
中华人民共和国 南京

于详情请与项目总监-JAMES GLASS联系
R FURTHER INFORMATION, CONTACT JAMES GLASS – PROJECT DIRECTOR
james.glass@shawgrp.com

在我们眼里
一派复兴景象。
您未来的宏愿蓝图是什么？而您有合适的工具去构建它吗？正是您，激励我们处处从您的想法出发，不断开发软件，助您把旧的营运模式成功转型，高瞻远瞩，运筹帷幄，建立起前所未有的企业盛景。
欲知详情请登录 microsoft.com/china/potential
或拨打咨询热线：800-810-1655 或 010-64618680
© 2004 Microsoft Corporation. 版权所有，保留所有权利。Microsoft 是 Microsoft Corporation 在美国和/或其他国家(或地区)的注册商标或商标。
您的潜力，我们的动力
Microsoft®
微软（中国）有限公司
媒体编号：CN0053

16:45 SARA在爸爸的办公室
17:05 SARA下载了一个带病毒的小游戏
17:06 自防御网络主动防御
17:14 SARA和爸爸一起练习空手道

网络安全威胁往往出乎预料。它可以来自公司的移动办公人员、销售经理，甚至CEO的女儿。一个下载文件这样的日常操作，就可能导致一场网络灾难，使公司业务陷入停顿。那么，如何抵御这样的网络安全隐患？事实上，能够自我保护的一体化网络安全措施自己就能做到：无论潜在威胁来自病毒、黑客还是并无恶意的员工，在它们造成实际危害之前就能将其清除。**这就是思科自防御网络(SDN)，让你的网络能够自我保护。**网络安全应该是主动防御，而不仅仅是补救。欢迎访问cisco.com/cn/power/security了解更多信息。

Cisco Systems

这就是网络的力量。

2004©思科系统有限公司版权所有。该版权和/或其它所有权利均由思科系统有限公司拥有并保留。Cisco, Cisco Systems, Cisco IOS, Cisco IOS标识, Cisco Systems标识,均为思科系统有限公司或其在美国和其他国家的附属机构的注册商标。本文所提到的所有其它品牌、名称或商标均为其各自所有人的财产。合作伙伴一词的使用并不意味着在思科和任何其他公司之间存在合伙经营的关系。

中国石化集团上海高桥石油化工公司
中国石化股份有限公司上海高桥分公司

高桥石化位于上海市浦东新区，是我国比较早的一个跨行业、跨部门的特大型企业，也是我国华东地区石油化工生产的重要基地。公司占地面积3.82平方公里，共有75套生产装置，主要产品有汽油、航空煤油、柴油、润滑油、石蜡、合成橡胶、有机化工原料、合成塑料以及精细化工产品等。公司拥有炼油能力1130万吨/年、化工产品生产能力40余万吨/年，自备电厂具有装机容量17.5万千瓦，另有工程建设公司、供应销售部、国际贸易公司、职工培训中心、职业病防治所等单位。2003年公司固定资产为102亿元，销售收入230亿元。公司被认定为“上海市高新技术企业”、“国家技术中心”。

公司发展势头强劲，企业竞争能力显著提高，“十五”期间将实现建成千万吨级炼油生产基地、清洁燃料生产基地和油品出口基地三大目标。目前，国内单套能力最大的800万吨/年燃料–润滑油型蒸馏装置和140万吨/年延迟焦化装置已经建成，140万吨/年加氢裂化、30万吨/年润滑油加氢等装置正在建设中。公司积极参与上海化学工业区建设，将在园区内建设20万吨/年苯酚丙酮、10万吨/年丁苯橡胶、20万吨/年ABS等项目。公司将继续巩固DCP产品的业内“龙头”地位，在DCP产销量占全球市场45%的基础上，进一步新建装置，提高产能。

公司积极开展对外合作交流，分别与德国巴斯夫公司、美国加德士公司、瑞士汽巴嘉基公司、日本三井石化烷基酚株式会社等世界著名企业合作，成立合资公司。

HUAXIA BANK

华夏银行

华夏银行成立于1992年10月，是一家全国性的商业银行。总行设在北京。2003年9月12日，华夏银行股份有限公司（简称华夏银行）股票在上海证券交易所公开发行。华夏银行经过11年的发展，实力不断增 强。特别是近年来，市场规模和市场份额迅速增长，资产规模最近三年平均增速为30%，截至2003年末银行总资产达到2468.28亿元人民币，表现出较强的增长性。到2003年末，已在北京、上海、广州、南京、杭州、济南、深圳、昆明、沈阳、武汉、重庆、成都、西安、乌鲁木齐、太原、石家庄、大连、温州、青岛、苏州、无锡、烟台、聊城、玉溪等24个城市设立19家分行（直属行）、5家异地支行，营业网点总数219家。逐步建立了“立足经济发达城市，辐射全国”的机构体系。

未来发展，华夏银行将坚持走“不求最大，但求最好”，质量、效益、速度、结构相协调的高质量发展之路，以持续发展为主题，以深化改革为手段，以先进信息技术为支撑，转换经营机制，创造“以人为本”的企业文化，按照商业银行的办行规律，稳健经营，规范管理，努力创造精品商业银行。

华夏银行
HUAXIA BANK

舟山港

舟山港位于远东航运网络中心地带，是中国沿海南北航线与长江“黄金水道”交汇要冲。港口具有丰富的深水岸线资源和优越的建港自然条件。目前舟山港已拥有码头泊位353座，其中万吨级以上码头泊位12座，包括20万吨和25万吨码头各一座，从1999年开始，舟山港货物吞吐量排名保持全国沿海港口前列，2003年全港货物吞吐量达到5722.12万吨，其中油品吞吐量完成1794.33万吨。

舟山港是上海国际航运中心的重要组成部分，已被纳入矿石、原油等大宗散货海进江中转运输系统，全港油品吞吐能力已超过2000万吨。目前舟山港致力与中石化集团的合作，积极推进册子原油中转基地的建设，届时将建成30万吨级原油泊位1个，新增吞吐能力2000万吨，舟山港作为我国重要的能源中转基地的地位将进一步突出。

大型油轮靠泊20万吨级油码头

原油海上过驳中转作业

册子30万吨级油码头开工建设

原油接卸作业

马迹山25万吨级矿砂中转码头

PCCW™
电讯盈科

进军国际，一个国际级的资讯科技系统服务不可或缺。
炮
馬
帥
車
要在国际商战中突围而出，首要令资讯科技系统达到世界水平。
电讯盈科凭着多年的电讯及资讯科技经验，协助企业提升競争力。我们的
专业精英了解国内企业的需要，全力为您解决业务难题，开拓无限商机。
电讯盈科的资讯科技方案
• 系统集成 • 网络设计及管理 • 数据中心服务 • 客户服务中心 • 环球网络方案
查询：致电(010)6539 1818 电邮gb.beijing@pccw.com 网址www.china.pccw.com
香港、北京、上海、广州、台北、东京、汉城、新加坡、吉隆坡、新德里、伦敦、纽约、三藩市

石化盈科
PCITC

面向流程工业的信息系统解决方案和服务提供商

中国石化与电讯盈科合资公司

客户主导

以技术为核心

以服务为宗旨

以人才为根本

石化盈科信息技术有限责任公司

Petro-CyberWorks Information Technology Co., Ltd.

以专业化的服务和集团化的规模为客户提供以下解决方案和服务

★企业经营、生产管理信息系统集成; ★生产过程先进控制与优化; ★网络系统建设与管理; ★信息技术培训与咨询等。

WWW.PCITC.COM

AspenTech是中国石化信息化过程中最好的合作伙伴之一，双方的合作历史可追溯至上个世纪八十年代初。中国石化在流程模拟、先进控制、原油资源优化、成品油一次配送与二次配送、管道调度优化和聚合物供应链管理等领域采用了AspenTech的解决方案，并成功应用，获得了比较明显的经济效益。2002年9月18日，中国石化与AspenTech在北京签署长期合作仪式，双方合作进入了一个互利的大范围全面合作的新阶段。

AspenTech石油行业端到端解决方案：

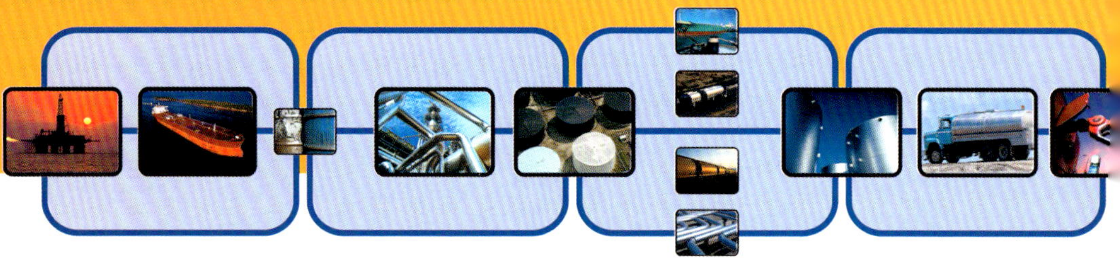

aspentech
driving process profitability
Aspen Technology Inc.

艾斯本技术（北京）有限公司
地　　址：北京市朝阳区霄云路38号盛世大厦801室　　邮政编码：100027
电　　话：+86-10-84538600　　传　　真：+86-10-84538636
网　　址：http://www.aspentech.com　　电子邮件：china.marketing@aspentec

目　　录

特　　载

总　　述

财务资产管理

改革重组与资本运作

人事教育及人力资源管理

油气生产与管理

炼油生产与管理

化工生产与管理

辅助生产与服务

油　田

炼　化

产品销售

对外贸易和技术经济合作

科研开发与管理

安全监督与环保管理

固定资产投资

物资采购与管理

新闻与出版

精神文明建设与企业文化

审计与监察

内部审计

纪检监察

企事业单位

人 物

大事记

统计资料

附 录

索 引

CHINA PETROCHEMICAL CORPORATION
YEARBOOK 2004
CONTENTS

Oil and Gas Production & Management

Petroleum Refining & Management

Petrochemical Production & Management

Auxiliary Service

Oilfield

Refining & Petrochemical

Marketing

International Trade & Techno – Economic Cooperation

Scientific Research, Development and Management

Safety Supervision & Environmental Protection Management

Investment in Fixed Assets

Material Purchase & Management

News & Publishing

Spiritual Civilization & Corporate Culture

Audit & Supervision

Internal Audit

Discipline Supervision

Enterprises & Institutions

Personages

Chronicle of Events

Statistics

Appendix

Index

企业形象宣传专版单位名单

封二:珠海振戎公司

封三:国泰君安(香港)

封底:深圳发展银行广州分行

目录前页

1. 长城证券有限责任公司
2. 中国中化集团公司
3. 天津港石油化工码头公司
4. 泰山石化集团有限公司
5. 东方汇理银行
6. 广东发展银行
7. 中国石化镇海炼油化工股份有限公司
8. 西门子自动化与驱动集团
9. 韩国 SK
10. SABIC 亚太私人有限公司
11. 上海宝钢集团
12. 宝钢股份
13. BP(中国)投资有限公司
14. 巴西石油公司北京代表处
15. SAP(中国)公司
16. 中国电信
17. 朗讯科技(中国)有限公司
18. 上海石化
19. 胜利油田
20. 中石化集团国际石油勘探开发有限公司
21. 燕山石化
22. 雪佛龙菲利普斯化工国际有限公司
23. 德固赛(中国)公司
24. 美国空气化工产品(中国)投资公司
25. 沙特国家石油公司
26. CBI 工程公司
27. 三井化学
28. 德希尼布
29. 石韦亚洲
30. 微软(中国)公司
31. 思科网络系统(中国)公司
32. 上海高桥石化
33. 华夏银行
34. 舟山港
35. 电讯盈科
36. 石化盈科
37. 艾斯苯技术(北京)有限公司

前　插　页

1. 中国石化财务有限责任公司
2. 天津石化
3. 中国远洋运输(集团)总公司
4. 东方石油集团
5. 中国银行
6. 北京市商业银行

7. 中国国际金融有限公司
8. 中国农业银行
9. 瑞银集团
10. 巴黎银行
11. 法国兴业银行有限公司北京代表处
12. 福建兴业银行
13. 荷兰商业银行
14. 南非联合银行
15. 上海银行
16. 中国光大银行总行营业部
17. 山东兴华会计师事务所有限公司
18. 交通银行上海分行
19. 毕马威会计师事务所
20. 史密夫律师事务所
21. 中国人民财产保险股份有限公司广东省分公司
22. 中国太平洋财产保险股份有限公司
23. 霍尼韦尔公司
24. ABB 中国公司
25. 横河电机株式会社
26. 卡特彼勒(中国)公司
27. 陶氏化学(中国)公司
28. UNIVATION 公司
29. 招商局
30. 中航油(新加坡)股份公司
31. 华南蓝天航油公司
32. 上海浦东国际机场航空油料有限责任公司
33. ABB 鲁玛斯公司
34. 振华石油控股有限公司
35. 茂名石化
36. 荆门石化
37. 金陵石化
38. 中国石化仪征化纤股份有限公司
39. 巴陵石化
40. 中国石化工程建设公司
41. 中国石化集团国际石油工程有限公司
42. 中国石化管道储运(分)公司
43. 中原石油勘探局
44. 中国石化集团第四建设公司
45. 中国石化集团第十建设公司
46. 中国石化西部新区勘探指挥部
47. 中国石化集团宁波工程有限公司
48. 中国石化股份云南石油分公司
49. 中国石化销售华东分公司
50. 中国石化股份广东石油分公司
51. 中国石化股份山东石油分公司
52. 北京龙禹石油化工有限公司
53. 维德路特公司
54. 郑州正星科技公司
55. 中国石化股份湖南石油分公司
56. 海南石油太平洋有限责任公司
57. 中国石化润滑油分公司

后 插 页

1. 上海赛科石油化工有限责任公司
2. 中国石化集团华北石油局
3. 中国石化集团扬子石化公司
4. 石家庄炼油化工股份有限公司
5. 中国石化集团青岛石油化工有限责任公司
6. 安庆石化
7. 中国石化集团沧州炼油厂
8. 福建炼油化工有限公司
9. 广州石化

10. 中国石化集团济南炼油厂
11. 中国石油化工股份南方勘探开发分公司
12. 中石化长江燃料有限公司
13. 江苏泰州石油化工总厂
14. 中石化股份西安石化分公司
15. 中石化股份塔河分公司
16. 九江石化
17. 中国石化西南成品油管道工程项目部
18. 中原石化有限责任公司
19. 中国石化集团杭州炼油厂
20. 台湾塑胶工业股份有限公司
21. 台聚集团
22. 台橡股份有限公司
23. 中鼎工程股份有限公司
24. 李长荣化学工业股份有限公司
25. 香港航煤供应企业
26. 大连远洋运输公司
27. 中艺华海进出口有限公司
28. 珠海恒基达鑫国际化工仓储有限公司
29. 宁波港集团有限公司
30. 南京化学工业园区
31. 东城贸易公司
32. 英国比欧西公司
33. 普莱克斯(中国)公司
34. 上海石油天然气有限公司
35. 中海油中石化联合国际贸易有限责任公司
36. 金桐石油化工有限公司
37. 上海金菲石油化工有限公司
38. 金山石油化工建筑公司
39. 中国石化集团第五建设公司
40. 中国石化集团中南石油局
41. 中南石油局第五物探大队
42. 中国石化集团西南石油局
43. 中国石化集团东北石油局
44. 中石化股份石油化工科学研究院
45. 中国石化上海化工研究院
46. 中国石化抚顺石油化工研究院
47. 中国石化南京设计院
48. 广东石油企业集团广东力源润滑油有限公司
49. 广东石油企业集团南方石油化工有限公司
50. 上海石化物资交易中心
51. 中国石化集团上海培训中心
52. 深圳安惠实业公司
53. 天津悦泰石化科技有限公司

特　　载

中国石油化工集团公司总部工作规则

（二〇〇三年四月十一日　中国石化办[2003]199号文件）

第一章　总　　则

第一条　为了规范中国石油化工集团公司总部（简称总部）工作，提高工作效率和质量，确保完成各项任务，特制订本规则。

第二条　总部工作要坚持以邓小平理论和“三个代表”重要思想为指导，贯彻执行党的路线、方针和政策，解放思想，实事求是，依法经营，科学决策，自觉接受监督，努力为企业服务。

第三条　总部部门和工作人员，在集团公司党组和总经理班子的领导下，各负其责，恪尽职守。工作中要坚持与时俱进，开拓创新；深入实际，注重实效；顾全大局，团结协作；廉洁自律，秉公办事；积极主动，准确高效。

第四条　总部要不断深化改革，转换机制，转变职能，改进工作作风，提高管理水平，努力做到精干、高效、务实。

第二章　集团公司领导职责

第五条　集团公司领导班子由总经理、副总经理、纪检组长组成。集团公司实行总经理负责制，总经理领导集团公司全面工作。副总经理协助总经理工作。

总经理助理协助集团公司领导开展有关方面的工作。

第六条　总经理召集和主持总经理办公会议。集团公司工作中的重要事项、重大问题和重要决策，必须经总经理办公会议讨论决定。

第七条　副总经理按分工负责处理分管工作，受总经理委托负责其他方面的工作或专项业务，并可代表集团公司参加内事外事活动。

第八条　按照《中国共产党章程》的规定，集团公司的重大问题由党组集体讨论和决定。集团公司党组遵循党的民主集中制原则，实行集体领导。

第三章　会 议 制 度

第九条　集团公司实行党组会议、总经理办公会议、总经理和总裁联席办公会议及专题会议制度。

第十条　党组会议由党组成员组成，党组书记主持。

党组的主要任务是：贯彻执行党的路线、方针和政策；讨论和决定本单位的重大问题；做好干部管理工作；团结广大干部和群众，完成党和国家交给的任务；指导总部机关和直属单位党组织的工作。

凡涉及全局性发展、改革、稳定的重大问题，如：集团公司和股份公司的重要发展战略、重大经营策略、科技进步方针、中长期规划和年度计划；重要改革计划和实施方案；重大对内对外投资、对外合资合作和资本运作项目；高层管理人员的任免和奖惩；重要规章制度的建设；党的建设和思想政治工作的部署及其他重要党内事项等，均应经党组研究决定后按分工和规定程序办理。

党组实行集体领导和个人分工负责相结合的制度。工作中，凡属上述重大问题、重要事项都要按照集体领导、民主集中、个别酝酿、会议决定的原则，由党组会议集体讨论并作出决定；党组成员要根据党组的决定和工作分工，切实履行自己的职责，贯彻党组的意志。

集团公司党组会议一般每月召开1－2次，如需要可临时召开。根据需要可安排有关部门、单位负责人列席会议。

第十一条　总经理办公会议由总经理、副总经理和总经理助理组成，总经理主持。

总经理办公会议的主要任务是：传达贯彻国务院及国务院有关部门的决定、指示和工作部署；讨论决定集团公司及存续部分生产经营、企业改革、资本运营、投资合作等重要事项和实施方案；讨论制定集团公司中长期改革发展计划；讨论决定以集团公司名义发布的重要规章性文件；讨论决定其他重要事项等。

总经理办公会议每月召开2次，如有需要可临时召开。根据需要可请股份公司领导和有关部门、有关单位负责人参加。

第十二条　总经理和总裁联席办公会议由集团公司总经理、副总经理和总经理助理，股份公司总裁、高级副总裁、副总裁、财务总监和总裁助理组成，总经理主持。

联席办公会议的主要任务是：讨论决定涉及存续部分和上市部分共同的重大事项、重要问题，及需要共同研究讨论、部署协调的重要工作等。

联席办公会议根据需要召开，安排有关人员参加。

第十三条　党组会议、总经理办公会议和总经理和总裁联席办公会议的议题，分别由党组书记、总经理、总经理和总裁确定。办公厅负责会议的通知、记录和编写会议纪要，对会议所决定的事项负责督办。

总经理办公会议和联席办公会议的会议纪要由总经理签发。

第十四条 集团公司领导按照分管工作或受总经理、党组书记委托，可召开专题会议，研究、协调工作中的专门问题，处理日常业务工作。

总经理助理可按照协助开展的工作召开有关业务会议。

第十五条 为提高工作效率和会议质量，要做好会议的准备工作。会议议题确定后，主管业务部门要会商相关部门认真研究，提出明确意见，并向分管领导汇报同意后提交办公会议讨论。不成熟的议案不能上会，拟上会的议案要按会议内容需要准备必要的文字材料等。要提倡开短会、说短话、重实效、办实事。

第十六条 严格控制和精简各类会议。以集团公司名义召开的专业会议，必须报经集团公司批准；以部门名义召开的需直属单位负责人参加的会议，必须报经集团公司分管领导批准，各部门一律不得以所属处室名义对下召开会议。所有会议都要贯彻精简、高效、节约的原则，严格控制规模和会期，不开无实质性内容的会议，尽可能采用电视电话会议形式。不得在高级宾馆或中央明文规定不准开会的风景名胜区举办会议，不准赠送礼品和纪念品以及组织高消费娱乐活动。

第四章 公文审批

第十七条 各部门、各单位报送集团公司的公文，应当符合《中国石油化工集团公司公文处理办法》的规定，除集团公司领导交办事项和必须直接报送的紧急、重大事项外，一般不得直接向集团公司领导个人报送公文。

第十八条 部门报送的公文，观点要明确，表述要简练，文字要通顺，印制要清楚，部门负责人要审核签字。公文内容涉及其他部门，必须商有关部门并有负责人会签意见。部门间如有分歧意见，主办部门要主动协商，意见一致后报送；不能取得一致意见的，应由主办部门列出各方理据，提出办理建议。

第十九条 以集团公司名义上报党中央、国务院的文件，上报国务院有关部门的重要文件，下发涉及全局性的重要规章、决定、通知等，分管领导审核后，由总经理签发。除此之外的以集团公司名义发文，须由总经理或分管副总经理签发，涉及其他领导分管的内容，应有会签。以部门名义发文，由部门负责人签发，涉及重要或全局性事项，须报分管领导批准。以党组名义发文，由党组书记签发。总部部门、直属单位领导干部的任免决定由党组书记签发。

第二十条 总部要进一步精简各类文件简报，严格审核把关，可发可不发的坚决不发，可长可短的一定要短，能以其他形式替代的一律不发。各类工作会议、专业会议的领导讲话会后一般不再印发。一般每个部门只保留一种形式的简报，对重复的或无实质意义的简报要清理压缩。

第五章 督促检查

第二十一条 进一步加强督查工作，提高总部办事效率和工作质量，确保党中央、国务院及集团公司重大决策、重要工作部署的贯彻落实。

第二十二条 督促检查主要包括以下事项：

1. 党中央、国务院部署的工作及中央领导同志的指示、批示的贯彻落实情况；
2. 国务院有关部门发的需执行或办理的文件，省区市政府发的需办理或答复的文件；
3. 集团公司党组会议、总经理办公会议、总经理和总裁联席办公会议决定需办理落实的事项；
4. 上级部门及集团公司领导交办的有关事项；
5. 集团公司领导的批办件，集团公司发出的请示及请示性文件；
6. 直属企事业单位的请示办件。

第二十三条 督查工作由办公厅具体负责，督查事项由承办部门办理落实。要做到明确责任，严格程序，急事急办，及时反馈，事事有落实，件件有结果。

第二十四条 凡涉及需几个部门共同办理的事项和文件，牵头部门要主动商有关部门抓紧办理，不得延误、推诿，紧急件、限时件按时间要求办结，一般件10天内办结。以集团公司名义上报党中央、国务院及有关部门的办件，承办部门应拟出书面意见，一般提前3天送办公厅，由办公厅审核并呈集团公司领导审定后报出。

第二十五条 建立和完善督促检查工作计算机网络系统，充分利用网络化办公手段，简化运转环节，提高督查效率和质量。

第六章 作风纪律

第二十六条 集团公司领导要做学习的表率，不断充实新知识，丰富新经验，增强贯彻党的路线、方针和政策的自觉性，增强驾驭市场经济的能力。以党组理论学习中心组为主要形式，组织好政治学习和其他学习，一般每个季度安排2—3次。

第二十七条　集团公司领导和总部工作人员要坚持深入基层，调查研究，指导工作。集团公司领导下基层要减少陪同和随行人员，简化接待，轻车简从，不要直属单位主要负责人到车站、机场、码头迎送，不收礼品，不搞铺张浪费，深入现场尽量减少照相、摄像，确需的不得多机随行。

第二十八条　除上级和集团公司统一组织安排的活动外，集团公司领导一般不出席系统内的各类纪念、庆典、开业、剪彩等活动，不题词、题名和以个人名义发贺信、贺电。因特殊情况确有必要的，由办公厅统一协调。

第二十九条　集团公司领导的外事活动由外事局负责安排，并按规定办理。集团公司领导出国访问，原则上不安排顺访，并严格控制随行人员和访问时间。

集团公司领导出访的迎送坚持从简、节约，一般由办公厅、外事局负责人到机场迎送，不搞仪式。简化集团公司领导内事外事活动的宣传报道，重要事项宣传须经集团公司领导审定。

第三十条　严格外出请假制度。部门负责人离京出差、出访和休养，应事先报告集团公司分管领导；部门主要负责人外出要同时报经总经理批准，并告办公厅。部门负责人出国出境工作或访问，按规定程序办理。

第三十一条　集团公司领导和总部全体工作人员，要自觉遵守国家保密法律法规及集团公司保密制度，严格保守国家秘密和集团公司商业秘密。各类文件、资料和文字材料，应按有关保密规定办理。

第三十二条　总部要进一步强化责任意识，增强服务观念，言行诚信规范。要讲党性、讲原则，不符合规定的事项坚决不办。要严格遵守中央和集团公司党组有关廉政建设的规定，不得以权谋私，不得用公款相互送礼和大吃大喝。对因推诿、拖延等官僚作风造成影响和损失的要追究责任；对以权谋私、堕落腐败等违规、违纪、违法行为，要严肃查处。

中国石油化工集团公司财务审计暂行办法

（二〇〇三年六月十二日　中国石化审[2003]284号文件）

第一条　为规范财务审计，提高审计工作效率，保证审计工作质量，促进企业加强财务管理、规范会计核算，根据集团公司《内部审计工作规定(试行)》及其他有关规定，制定本办法。

第二条　本办法所称财务审计，是指审计机构对被审计单位财务收支及有关经济活动的真实性、合法性、效益性进行的审计监督活动。

第三条　财务会计报告审计

（一）会计报表、会计报表附注和财务状况说明书反映的内容是否真实、完整、准确、合规，会计处理方法的选用是否符合一致性原则；

（二）会计报表是否根据登记完整、核对无误的账簿编制，账表之间、表表之间、表内各项目之间、本期报表与前期报表之间具有勾稽关系的数字是否相符；

（三）合并或汇总会计报表的范围是否真实、合规，编制方法和程序是否符合规定，合并分录的抵销是否正确。

第四条　资产审计

（一）各项资产是否真实存在并为企业所实际拥有，资产增减变动的记录是否完整，核算是否合规、及时，计价是否正确，期末余额是否正确，在会计报表上披露是否恰当；

（二）货币资金是否集中统一管理，现金收付是否日清月结，银行存款是否定期对账，未达账是否及时清理、核对，有无公款私存、出租、出借银行账户和违规开户、存款、集资等问题；

（三）短期投资、长期投资是否符合国家和集团公司有关规定，有无违规投资或偏离主业投资造成损失的问题，投资收益是否达到预期目标并及时收回；

（四）存货的盘盈、盘亏、毁损和固定资产租赁、转让、变卖、报废清理等是否按照规定程序处理，有无随意处置的问题；

（五）在建工程已完工程是否及时办理资产交付使用手续，相关费用的资本化是否合规；

（六）应收及预付款项是否及时清理、定期核对和催收，已核销后又收回的应收款项是否及时冲回，应收票据贴现所得与票据到期值的差额及其分摊是否正确；

（七）各项资产减值准备是否正确计提，减值准备的冲销是否合理，有无随意调节利润的问题；

（八）资产重组、债务重组和非货币性交易会计核算中主要问题的确认和计量是否准确、合规，形成的损益是否真实、合法，有无存货积压、潜亏隐匿不报以及私分、转移、隐匿企业财产和资金的问题。

第五条　负债审计

（一）各项负债是否真实存在，负债增减变动的记录是否完整，核算是否合规、及时，期末账面余额是否正确，在会计报表上的披露是否恰当；

（二）应付及预收款项核算的内容是否真实准确，应付工资的发生和支付、应付福利费的提取和使用是否合规，各种专项基金的提取、返还和使用的核算是否正确；

（三）长期借款、应付债券、长期应付款等长期负债的负债额是否适度，使用是否有效，计提利息是否真实、正确，有无违规担保、拆借造成损失或形成或有负债等问题；

第六条 所有者权益审计

（一）各项权益的增减变动是否符合国家有关制度和合同、章程的规定，记录是否完整，期末余额是否正确，在会计报表上的披露是否恰当；

（二）投资者投入企业的资本金是否按照合同、章程的规定及时、足额到位，有无中途抽走资本的行为；以实物和无形资产进行投资的，是否经过有评估资格的机构评估；溢(折)价发行股票债券时的会计处理是否合规；

（三）资本溢价和接受捐赠非现金资产是否计入资本公积，法定盈余公积、任意盈余公积和公益金是否按照公司章程规定的比例计提，用途是否合规；

（四）企业接受捐赠是否属实，有无合法的移交手续，是否验收入账，实物估价是否正确。

第七条 收入审计

（一）各项收入记录是否完整，核算是否正确合规，在会计报表上的披露是否恰当；

（二）各项收入是否遵循权责发生制原则合理确认，已实现的收入是否及时足额入账，有无截留、隐瞒、转移收入和设置“小金库”、账外账等问题；

（三）在建工程领用本单位生产的半成品、产成品是否视同销售处理；

（四）所得税返还、出口退税等补贴收入是否及时足额入账，有无人为调节利润的问题。

第八条 成本费用审计

（一）各项成本费用记录是否完整，核算是否正确合规，在会计报表上的披露是否恰当；

（二）成本费用支出的界限和范围的划分是否清楚、合规，成本计价方法是否遵循一贯性原则；

（三）生产过程中各种能源物资消耗是否合理，量值传递是否及时准确，发生的各种合理损耗是否及时核销；

（四）有无违反规定购买商业保险、资产重复投保、计划外用工和贷款，增大成本费用支出的问题；

（五）各项待摊费用和预提费用是否真实合规，有无虚列、挤占和少计成本费用等问题。

第九条 利润及利润分配审计

（一）以前年度损益调整是否真实、合规，利润总额的形成是否真实、完整，核算是否正确，有无虚报或隐瞒、转移利润的问题；

（二）所得税计算是否正确，税前扣除项目是否真实、合理，递延税项是否真实；

（三）利润分配是否符合国家法律法规和公司章程的规定。

第十条 关联交易审计

（一）与所有存在关联方关系的各方所发生的交易是否订立合同或协议，合同或协议的内容或条款是否齐全；

（二）关联交易定价原则和结算方式是否符合集团公司有关文件规定，有无以各种形式向关联方让利的问题；

（三）与关联方之间是否存在违规担保及拆借资金等问题。

第十一条 被审计单位应及时向审计组提供有关资料，实行电算化管理的单位，应提供财务电子数据资料。被审计单位要对所提供资料的真实性、完整性负责，并作出书面承诺。

第十二条 实施本办法的审计程序、审计工作底稿、审计报告及审计处理处罚决定，按照集团公司《内部审计工作规定(试行)》及相关规范执行。

第十三条 本办法由审计局负责解释。

第十四条 本办法自印发之日起施行。原《中国石油化工总公司财务收支审计办法》(中石化[1995]审字 409 号)同时废止。

中国石油化工集团公司经济效益审计暂行办法

第一条 为规范经济效益审计，提高审计工作效率，保证审计工作质量，促进企业改善经营管理，提高经济效益，根据集团公司《内部审计工作规定(试行)》及其他有关规定，制定本办法。

第二条 本办法所称经济效益审计，是指审计机构采用一定的审计方法，依据相关指标，对被审计单位有关经济活动决策、运行、管理的经济性、效率性和效果性所进行的审计监督和分析评价活动。

第三条 经济效益审计评价的参照依据：

（一）国家标准；

（二）国内同行业先进水平；

（三）国际同行业先进水平；

（四）被审计单位历史最好水平；

（五）上级部门下达的计划或预算指标；

（六）同期市场价格水平；

（七）其他依据。

第四条　经济效益审计的范围包括但不限于：

（一）生产管理环节；

（二）物资采购环节；

（三）销售及提供劳务环节；

（四）资金筹集及使用环节；

（五）成本费用控制环节；

（六）科研开发应用环节。

第五条　生产管理环节审计内容

（一）生产任务是否根据市场需求和本单位经济资源、生产能力合理确定，编制的生产计划是否合理；

（二）优化生产方案、调整产品结构、改变工艺流程是否符合效益最大化原则，主要生产装置和设备是否正常运行和有效利用，有无开工不足或非计划停工影响设备利用率等问题；

（三）从原材料投入生产到产品入库为止的各生产环节是否衔接协调，投入产出是否平衡。原、辅材料消耗和水电气风等能量消耗是否控制在合理的范围内，有无采取虚假手段隐瞒消耗等问题；

（四）产品质量是否符合规定的标准和要求，有无产品质量和功能过剩造成效益流失，或产品质量不合格造成损失浪费等问题；

（五）“三违”作业（违章作业、违章指挥、违反劳动纪律）发生的安全生产事故对效益的影响程度。

第六条　物资采购环节审计内容

（一）库存定额是否经济合理，物资采购计划是否根据生产经营需要和库存情况合理制订，进货批量和次数是否经济，有无重复、超量购买形成超储积压造成损失浪费等问题；

（二）采购价格是否合理，质量指标是否符合生产建设需要，有无高于市场价格购买物资造成效益流失的问题，有无因购买的物资质量不合格给生产建设造成重大隐患或损失浪费等问题；

（三）物资采购的渠道和方式是否合理，生产用原、辅材料和三剂等物资的采购是否符合经济有效的原则，其他应在集团公司一级或二级资源市场采购的物资是否在规定范围内选择供应商；

（四）物资的运输、储存损耗是否正常，合理损耗是否按规定计入采购成本，非正常损失是否按规定向保险公司或责任人索赔；

（五）物资的变卖、清理报废是否按规定程序处理，废旧物资是否统一组织回收和处理，有无隐瞒、截留废旧物资收入形成“小金库”、账外账等问题。

第七条　销售及提供劳务环节审计内容

（一）产品销售和劳务服务合同是否严格执行，有无未履行合同或质量事故造成损失浪费的问题，有无利用销货退回、折扣、折让或在提供劳务过程中内外勾结、串通作弊造成效益流失等问题；

（二）销售产品和提供劳务的价格是否符合国家和集团公司的规定，自销产品的定价是否贴近市场并随着市场变化适时进行调整，有无降低产品级次销售或低价销售产成品、中副产品和残次品或无偿提供劳务，造成效益流失等问题；

（三）产品销售的流向是否合理，有无违规销售统配产品或非标产品的问题；

（四）销售货款或劳务服务收入的回笼是否落实责任人，做到应收尽收，已核销的坏账是否继续组织专人追讨，有无将已核销又收回的应收款项转入“小金库”等问题。

（五）有无虚增、虚减、截留、隐瞒、转移产品销售收入和劳务服务收入，调节利润等问题。

第八条　资金筹集及使用环节审计内容

（一）筹集资金的用途是否合理，筹资成本是否经济，筹资渠道和方式是否合规，筹资规模是否适度，筹资结构是否合理；

（二）长、短期借款是否按期归还，有无挪用、拆借资金造成损失浪费的问题，借款利息、债券利息的支付是否符合合同或章程的规定；

（三）固定资产投资项目是否按计划完成，有无违反规定进行计划外投资或超计划投资，以及虚报工程项目、虚列工程成本，转移、拆借和挪用资金等问题；

（四）项目投产后新增生产能力等各项经济技术指标是否达到设计要求，项目投资是否在预定的回收期内得以收回；

（五）对外长、短期投资所产生的投资收益是否达到预期目标并及时收回，有无因决策失误造成投资损失或形成不良资产等问题。

第九条　成本费用控制环节审计内容

（一）成本费用预算指标是否层层分解，降本增效措施是否落实，年度成本费用控制目标是否及时完成；

（二）生产过程中发生的原、辅材料和其他物料消耗是否真实、合理，计量是否准确，计价方法是否正确；

（三）管理费、营业费、财务费、勘探费、营业外支出等项目的开支水平和范围是否合理，盘盈盘亏的财产物资和发生的不良资产、坏账损失是否按规定及时处理和核销，有无挤占、虚列、多计或少计成本费用等问题；

（四）修理费开支水平和范围是否合理，有无以大修、中小修名义从事计划外项目或超标准支付维修费，造成效益流失等问题；

（五）人工成本开支水平和范围是否合理，有无在工资总额外发放奖金、津贴、补贴，或随意扩大用工总量增加人工成本，以及违规列支各类保险费等，造成效益流失等问题。

第十条 科研开发应用环节审计内容

（一）集团公司下拨给企业的科研开发经费是否专款专用，有无转移、挪用或私设"小金库"、账外账等问题；

（二）新产品、新工艺、新设备、新技术在研制开发过程中发生的各项开支是否合理，有无虚列、挤占科研开发经费等问题；

（三）科研成果是否达到立项时设计目标，是否及时转化为现实生产力。

第十一条 根据审计对象的具体情况，经济效益审计可采用投入产出法、查询测试法、对比分析法、量本利分析法、因素分析法等方法。

第十二条 各级审计机构要参照本办法第三条规定的有关评价依据，对影响经济效益的主要因素进行分析评价，并做到定性分析与定量分析相结合、横向分析与纵向分析相结合。

第十三条 被审计单位应及时向审计组提供有关资料，对所提供资料的真实性、完整性负责，并作出书面承诺。

第十四条 实施本办法的审计程序、审计工作底稿、审计报告及审计处理处罚决定，按照集团公司《内部审计工作规定（试行）》及相关规范执行。

第十五条 本办法由审计局负责解释。

第十六条 本办法自印发之日起施行。原《中国石油化工总公司经济效益审计办法》（中石化[1995]审字409号）同时废止。

中国石油化工集团公司内部控制审计评价暂行办法

（二〇〇三年十二月十九日　中国石化审[2003]590号文件）

第一条 为规范内部控制审计评价工作，保证审计质量，促进企业加强管理，规范经营行为，防范经营风险和财务风险，根据《内部审计具体准则第5号－内部控制审计》、集团公司《内部审计工作规定（试行）》及其他有关规定，制定本办法。

第二条 本办法所称内部控制是指由集团公司各级管理层及其全体员工实施的为财务报告的可靠性、经营活动的效率和效果、相关法律法规的遵循性等目标的实现而提供合理保证的过程。

第三条 本办法所称内部控制审计评价是指各级审计机构依据审计工作计划独立开展的，对被审计单位内部控制的完整性、合理性、相互制约性、合规与适时性、遵循性所进行的审计和评价活动。

第四条 审计机构应根据企业的经营规模、内部控制的重要程度和风险发生的可能性，确定内部控制审计评价的单位、范围和频率。

第五条 内部控制审计评价的标准：

（一）完整性。内部控制覆盖本单位的各项主要业务、各个部门和各级人员，并渗透到决策、执行、监督、反馈等各个环节；

（二）合理性。内部控制能充分满足本单位各项业务经营运作及财务信息公允披露的需要，具有较强的可操作性，并符合成本效益原则；

（三）相互制约性。各部门和岗位在职能上保持相对独立，不相容职务相互分离，并且权责分明，相互牵制；

（四）合规与适时性。内部控制符合国家法律法规和集团公司有关规定，并且随着公司经营战略、经营方针、经营理念等内部环境的变化和国家法律法规、政策制度等外部环境的改变而及时进行相应的修改或完善；

（五）遵循性。内部控制得到切实有效执行，各级人员在制度规定的范围内行使处理经济业务的职权。

第六条 内部控制审计评价的主要内容：

（一）组织结构和职责划分情况。组织结构和职责划分是否合理，不相容职务是否做到实质上分离。

（二）授权批准情况。授权批准范围、权限、程序是否明确，管理层和经办人员是否在授权范围内有效行使职权和办理相关经济业务。

（三）预算管理实施情况。预算是否按规定程序编制，预算目标是否明确、合理并得到有效执行，是否及时分析预算差异并采取有效措施加以控制。

（四）会计控制情况。会计核算程序是否规范、手续是否齐全，账务处理是否遵循企业会计准则及制度和集团公司会计政策，会计记录是否真实反映经济业务的发生、处置和结果。

（五）实物资产和知识产权的保护情况。对实物资产和无形资产是否采取限制接触、定期盘点、账实核对、记录保护和财产保险等措施，确保其安全完整和交易合规。

（六）风险管理情况。风险管理系统是否建立，对可能引发风险的内外因素是否进行事前分析并制定预防措施，是否有对抗风险的能力。

（七）信息处理与反馈情况。信息处理是否及时，传递是否便捷和畅通，管理信息系统是否安全可靠，各级管理层或经办人员对所掌握的业务活动重要信息是否以书面形式及时向主管部门或负责人报告。

第七条 内部控制审计评价应关注的情况：

（一）内部控制是否因管理部门无视其存在而失效。

（二）内部控制是否因执行人员粗心大意、判断失误及误解规定而失效。

（三）内部控制是否因执行人员互相勾结、内外串通作弊而失效。

（四）内部控制是否因经营环境和业务性质的改变而不适应等。

第八条 内部控制审计评价的步骤：

（一）进行风险因素分析。

（二）调查了解和描述内部控制。

（三）对内部控制进行符合性测试。

（四）综合评价内部控制。

第九条 内部控制审计评价的方法：

（一）审阅各种文件或询问有关人员。

（二）绘制业务处理流程图。

（三）编制内部控制调查表。

（四）随机抽取一定比例的经济业务进行穿行测试、审阅证据和实地观察。

第十条 内部控制审计评价等级：

审计人员根据测试结果，对被审计单位有关业务流程按“好、较好、一般、差”四个等级进行评价。

好：控制程序完整、合理、合规并被一贯有效的执行。

较好：控制程序完整、合理、合规并被有效执行，但偶尔不执行，不执行次数占检查样本的5%以下且情节轻微，未造成任何损失。

一般：控制程序完整、合理、合规并被有效的执行，但有时不执行，不执行次数占检查样本的10%以下且情节轻微，未造成任何损失。

差：控制程序不完整、不合理、不合规，或虽然完整、合理、合规，但未被一贯有效的执行，不执行次数占检查样本的10%以上，或已造成较大损失。

审计人员对业务流程作出的等级评价，必须有相应的审计证据作支撑，并将审计证据记录于审计工作底稿。

第十一条 审计人员根据审计评价结果出具的内部控制综合评价报告应包括以下内容：

（一）审计评价的基本情况(包括目的、范围、时间及人员组成)。

（二）业务流程简要描述及被审计单位的具体做法。

（三）对内部控制的综合评价(包括好的方面、存在的问题或不足)。

（四)审计意见或奖惩建议。

第十二条 被审计单位应及时向审计组提供有关资料，对所提供资料的真实性、完整性负责，并作出书面承诺。

第十三条 实施本办法的审计程序、审计工作底稿、审计报告及审计处理处罚决定，按照集团公司《内部审计工作规定(试行)》及相关规范执行。

第十四条 本办法适用于集团公司各直属企事业单位，股份公司及其他控股子公司参照执行。

第十五条 本办法由审计局负责解释。

第十六条 本办法自发布之日起施行。原《中国石油化工总公司内部控制制度审计评价办法》(中石化[1995]审字409号)同时废止。

中国石油化工集团公司
领导人员任期经济责任审计暂行规定

（二○○三年十二月十一日　中国石化审[2003]570号文件）

第一条 为规范领导人员任期经济责任审计工作，保证审计质量，正确评价领导人员任期经济责任履行情况，促进企业加强和改善经营管理，保障企业资产保值增值，根据《国有企业及国有控股企业领导人员任期经济责任审计暂行规定》及其实施细则，结合集团公司实际情况，制定本规定。

第二条 本规定所称领导人员，是指各直属企事业单位及所属二级以下单位的主要行政负责人。

第三条 领导人员任期届满，或者任期内办理调任、免职、辞职、解聘、退二线、退休等事项时，应当按照规定进行经济责任审计。特殊情况下，可根据需要随时进行任期审计。

离任经济责任审计以任期为限，任期超过3年的以最近3年任期为审计时限，重大问题可追溯到以前年度。

第四条 具有以下情形之一，不应进行经济责任审计：

（一）领导人员任职的单位已被撤并、有关当事人已经无法找到的；

（二）领导人员已故的；

（三）领导人员已被纪检监察机关或司法机关立案调查的；

（四）领导人员已被提拔任用到可能影响经济责任审计公正进行的岗位的；

（五）其他不宜安排经济责任审计的情况。

第五条 领导人员任期经济责任审计，应按照领导人员管理权限，由各级组织（人事）部门于每年年初提出计划并商同级审计机构后，报本单位主管领导批准。各级组织（人事）部门根据主管领导批准的计划向同级审计机构出具委托书。委托书的内容应包括审计对象、时间范围、审计重点及其他有关事项。

第六条 各级审计机构按照"积极稳妥、量力而行、提高质量、防范风险"的原则具体组织实施任期经济责任审计项目。

按照领导人员管理权限和审计管辖范围，审计局负责对集团公司任命或聘任的各直属单位领导人员实施经济责任审计；各直属单位审计机构负责对所属二级及以下单位领导人员实施经济责任审计。

第七条 任期经济责任审计的内容：执行国家宏观调控政策和财经法规以及集团公司决策和规章制度情况；企业资产、负债、损益的真实性；企业资产的安全完整和保值增值情况；任职期间主要经济指标的完成情况；重大经营决策和大额资金运作的科学性、有效性；所在企业内部控制制度的建立、健全及其执行情况；领导人员廉洁自律情况；其他需要审计的事项。

第八条 审计机构派出审计组实施任期经济责任审计，应重点分清领导人员任职期间对其所在企业资产、负债、损益不真实，资产损失、经济效益差，以及其他违规违纪问题应当负有的责任，包括直接责任和主管责任。

（一）直接责任是指领导人员对其任职期间的下列行为应当负有的责任：

1. 直接违反或授意、指使、强令、纵容、包庇下属人员违反国家财经法规和集团公司规章制度，徇私舞弊、弄虚作假，给企业造成资产损失、效益流失的；

2. 滥用职权或玩忽职守，给企业造成资产损失、效益流失的；

3. 重大事项违反民主决策程序或者决策失误、实施不当，给企业造成资产损失、效益流失的。

（二）主管责任是指领导人员对任职期间的下列行为应当负有的责任：

1. 由于管理、领导不当，给企业造成重大经济损失或者发生责任事故造成重大经济损失的；

2. 因制度不严，监督不力，造成企业违反国家财经法规和集团公司规章制度的；

3. 除直接责任以外其他应当负有的领导和管理责任。

第九条 被审计单位应向审计组提供下列资料：

（一）领导人员的述职报告；

（二）上级下达的经济责任制考核指标和本单位完成主要经济指标的相关资料；

（三）年度预算报告及财务会计报表、账簿、凭证等资料；

（四）组织财产物资清查，进行债权、债务清理的情况及相关资料；

（五）重大事项决策的会议记录及其实施情况，企业管理制度，重要的合同、协议，年度工作总结；

（六）前任遗留问题资料及任期内经济案件资料；

（七）经济监督部门对企业检查后的报告、处理意见及纠正情况资料；

（八）审计组需要的其他资料。

第十条 领导人员述职报告应包括以下内容：

（一）领导人员职责范围；

（二）任期内各项经济指标的完成情况；

（三）任期内作出的重大决策及其效果或影响；

（四）任期内制定的重要规章制度和内部控制制度执行情况；

（五）任期内遵守国家财经法规、廉政规定和集团公司规章制度的情况；

（六）任期内处理前任遗留问题的情况；

（七）其他需要说明的问题；

（八）改善和加强企业经营管理的建议。

第十一条 被审计单位应对所提供资料的真实性、完整性、合法性负责，并作出书面承诺。

第十二条 审计组实施审计后，出具的审计报告应征求被审计的领导人员及其所在单位的意见。

第十三条 审计组提交给审计机构的审计报告，应包括以下内容：

（一）被审计单位基本情况；

（二）被审计单位领导人员的主要业绩和工作情况；

（三）审计发现的主要违规违纪问题；

（四）对被审计领导人员履行经济责任情况的评价；

（五）对主要违规违纪问题的处理、处罚意见及建议；

（六）审计组认为需要报告的其他问题。

第十四条　审计评价应明确、具体，并遵循以下原则：

（一）与被审计的领导人员不相关的经济责任不评价；

（二）与审计事项不相关的事项不评价；

（三）证据不充分的事项不评价；

（四）对一般性的问题可以不评价；

（五）反映的业绩和问题要避免相互矛盾。

第十五条　审计评价的内容包括：

（一）会计信息的真实性，通过审查会计信息是否存在失真的情况，评价领导人员任职期间资产负债和损益的真实性；

（二）企业资产质量的优劣，通过计算不良资产比例、非经营性资产比例、净资产收益率、总资产报酬率、国有资产保值增值率等指标，评价领导人员任职期间资产质量状况；

（三）重大经营决策的有效性，通过审查决策程序和决策效果，评价领导人员任职期间重大股权变动和长期投资、经济担保、出借资金等重大经营决策的科学性、有效性；

（四）主要经济指标的完成情况，通过审查和分析比较，评价领导人员任职期间完成上级下达的产量、销售量、利润、成本费用等各项预算指标情况；

（五）内部控制的健全有效性，通过询问有关人员、调阅文件、审查证据、穿行测试和实地观察，评价领导人员任职期间各项内部控制制度是否建立健全并被一贯有效地执行，组织结构和职责划分是否合理，权责是否对等；

（六）遵守国家法律法规情况，通过检查被审计单位及领导人员遵纪守法情况，评价领导人员任职期间有无以权谋私、贪污挪用、行贿受贿、转移国家资财、挥霍浪费、国有资产流失等严重问题。

第十六条　审计机构审定后的审计报告，应提交本单位主管领导，经主管领导审批后抄送同级组织（人事）、纪检监察等有关部门，作为对领导人员进行经济责任制考核或调任、免职、解聘、辞职等作出鉴定时的参考依据。对已不担任现职的领导人员，若审计发现有重大问题，按有关规定追究相应责任。

第十七条　各单位可结合实际，建立由组织（人事）、纪检监察和审计等有关部门人员参加的经济责任审计联席会议制度，相互通报情况，研究经济责任审计的重大问题。

第十八条　实施领导人员任期经济责任审计，应充分利用财务收支审计、经济效益审计及其他专项审计的成果，避免重复审计，提高审计效率。

第十九条　实施本规定的审计程序、审计工作底稿、审计报告及审计处理处罚决定，按照集团公司《内部审计工作规定（试行）》及相关规范执行。

第二十条　本规定由审计局负责解释。

第二十一条　本规定自印发之日起施行。原中国石油化工总公司《关于经理（厂长）任职期间期中审计和离任审计的规定》（中石化[1995]审字409号）同时废止。

中国石油化工集团公司外事管理规定

（二〇〇三年九月四日　中国石化外[2003]412号文件）

第一章　总　　则

第一条　为认真贯彻落实党中央、国务院外事工作的方针、政策，规范中国石油化工集团公司（以下简称“集团公司”）外事管理，进一步扩大对外开放，特制定本规定。

第二章　适用范围

第二条　本规定适用于集团公司各企事业单位、股份公司各分子公司、总部各部门（以下简称“各单位”）。

第三章　外事管理

第三条　集团公司对外事工作实行统一管理。集团公司授权外事局行使外事归口管理职能。各单位应建立健全外事管理机构，并代表外事局行使外事管理职能。

第四条　根据外事工作归口管理和外事授权有限的原则，凡重要涉外事项，均须报送外事局审批办理；需向国家有关部门请示、报告的涉外事项及工作联系，应由外事局统一归口办理；需向集团公司领导请示的涉外事项，应由外事局统一呈送。各单位不得先办后报或办而不报。

第五条 坚持重要外事情况的通报和报告制度。各单位应及时将本单位重要外事情况报外事局，并于每年年底向外事局报送年度外事工作总结。

第四章 因公出国(境)管理

第六条 外事局负责集团公司派遣因公出国(境)项目的审核、审批和管理。各单位所有因公出国(境)项目必须报外事局审核、审批。各单位不得擅自向地方政府或其他单位申报出国(境)项目或办理出国(境)手续。

第七条 因公派遣团组和人员出国(境)，必须有明确的出访目的和实质内容，组团人员要少而精，不得照顾、搭车出国(境)。凡应由较低级别人员完成的任务，不得派较高级别人员出访；凡应由专业人员完成的任务，不得派非专业人员出访。要严格按《出国、赴港澳任务批件》执行，未经外事局批准，任何团组和人员不得绕道，不得增加出访国家和地区，不得延长在外停留时间。

第八条 领导干部出国(境)应从严控制，出访任务应与其职务身份相称。主要领导干部不要参加一般性的技术和商务出访活动。各单位领导应邀参加地方省、市领导出访团组时，必须事先报外事局按程序审批。

第九条 加强对跨地区跨部门(简称“双跨”)团组的审批和管理，严格执行组团规定。

第十条 各单位应指定人员，专门负责办理本单位因公出国(境)团组和人员的相关手续。

第十一条 派遣因公出国(境)团组和人员的具体管理办法按本规定附件 1 执行。因公出国(境)人员护照管理办法按本规定附件 2 执行。

第五章 引进国外智力工作管理

第十二条 中国石化引进国外智力领导小组(以下简称“引智领导小组”)为集团公司派遣团组和人员赴国(境)外培训、外国专家管理的领导机构。引智领导小组下设办公室（以下简称“引智办”)负责日常工作，其机构、职责列外事局。

第十三条 赴国(境)外培训的管理。

(一) 外事局代表引智办按照国家有关赴国(境)外培训工作的方针、政策对集团公司出国(境)培训工作进行统筹规划、综合协调和统一管理，并制定相关办法。

(二) 外事局归口负责对国(境)外培训项目立项，审核在外日程、费用标准并向国家外国专家局报批。

(三) 外事局负责与经国家外国专家局批准或同意的国(境) 外培训机构、培训基地等建立合作关系，并签订国(境)外培训协议，监督、检查国(境)外培训的实施情况。

第十四条 赴国(境)外培训工作管理办法按本规定附件 3 执行。

第十五条 外国专家来华工作的管理。

(一) 外事局是集团公司外国专家来华工作的管理部门。按照国家有关外国专家来华工作的方针、政策，制定集团公司外国专家工作的管理办法并监督实施。各单位的外事或相关部门对聘请来本单位工作的外国专家进行日常管理和服务。

(二) 各聘请专家单位负责对外国专家的身份进行确认。外事局根据国家外国专家局的授权为外国专家签发《聘请外国专家确认件》、《外国专家证》，并通过外国专家的准入、居留对外国专家进行管理。

(三) 外事局负责各单位引进国外人才计划项目的审核，编报当年引进人才专项费用预决算。

(四) 外事局负责表彰奖励有突出贡献的外国专家和在外国专家工作中做出突出贡献的中方单位及个人，并向国家推荐“友谊奖”候选人。

(五) 外事局负责指导各单位外国专家管理和对外国专家的宣传工作，组织经验交流、成果推广以及外国专家的统计。

第十六条 外国专家来华工作管理办法按本规定附件 4 执行。

第六章 邀请外国人来华

第十七条 各单位均有权邀请外籍人员来华工作，签发一、二次入境签证通知。总部各部门邀请外籍人员来华仍通过外事局办理。

第十八条 经外交部授权，外事局负责签发半年有效多次签证通知和 1 年有效多次签证通知，出具《被授权单位签证通知表》。

第十九条 外事局受国家外国专家局委托，代签发外籍人员来华工作、居留半年以上的 Z 字签证通知及《聘请外国专家确认件》。

第二十条 各单位签发签证通知时，必须严格审核、把关，不得邀请与本单位业务无关的人员来访。在签发签证通知时，不得要求当事人在口岸办理签证。

第二十一条 邀请外籍人员来华工作的具体实施办法按本规定附件 4 和附件 5 执行。

第七章 国际会议和国际展览管理

第二十二条 本规定所称国际会议是指与会代表来自两个或两个以上的国家或地区，以一定内容为主题的综合性或专业性会议，包括集团公司及各单位举办或组织参加的境内、外各类国际研讨会、国际交流会、国际论坛等。

第二十三条　本规定所称国际展览是指不止一个国家参加、境外参展商不少于20%的经济技术贸易展览会，包括集团公司举办或组织参加的境内、外各类国际展览会、国际博览会、国际技术产品展示会等。

第二十四条　外事局是集团公司国际会议和国际展览的归口管理部门。

（一）以集团公司名义在境内、外举办或组织参加的各类国际会议和国际展览，由外事局负责立项、报批和组织实施。国际展览的具体业务由外事局通过组织招标，择优委托具有承办国际展览资格的单位承担。

（二）确因需要以各单位名义参加境外国际会议或在境内举办国际会议以及参加境内、外的国际展览，须报外事局审批。

（三）未经批准，任何单位不得擅自承揽举办（包括单独和作为共同主办、协办、承办、支持或赞助单位等）国际会议和国际展览。

第二十五条　举办或组织参加国际会议和国际展览的具体管理办法按本规定附件6执行。

第八章　境外机构管理

第二十六条　本规定所称境外机构是指集团公司及各单位在国（境）外设立的代表处、办事处、各类公司、项目部等。

第二十七条　集团公司对境外机构实行统一领导、统筹规划、统一审批、分级负责、归口管理的管理体制。

第二十八条　外事局是集团公司境外机构的归口管理部门，负责集团公司及各单位境外机构的设立审核、报批和归口管理。

第二十九条　集团公司设立境外机构，由外事局负责商有关部门规划、立项、报批和组织设立。

各单位设立境外机构，须事先报外事局审核，并由外事局报集团公司批准后，按照国家有关规定履行国内报批手续。

未经批准，任何单位一律不得擅自设立境外机构。

第三十条　集团公司设立的境外代表处由外事局负责管理。

集团公司境外代表处是集团公司派驻国（境）外的非盈利性机构，代表集团公司负责与我驻在国（地区）使（领）馆（联络办）和驻在国（地区）政府有关部门及各类组织机构的归口联系，统一协调和管理集团公司所属单位在驻在国（地区）的公司、办事处和项目部等。

第三十一条　各单位设立的境外机构由所属单位负责管理，并接受外事局和集团公司境外代表处的归口管理、协调指导和监督。

第三十二条　各单位设立的境外公司要按照国家有关规定，按时参加境外投资联合年检和综合绩效评价。

第三十三条　集团公司通过组织专项、综合检查，对境外机构的管理、生产经营活动、国有资产保值增值以及遵纪守法等进行监督。

第三十四条　境外机构管理的具体办法按《中国石油化工集团公司境外机构管理暂行办法》执行。

第九章　国际组织管理

第三十五条　本规定所称国际组织是指各类联合国附属机构、政府间国际（地区）组织、非政府间国际（地区）组织和专业团体。

第三十六条　外事局负责集团公司和各单位及个人参加国际组织的立项、审核、报批的外事归口管理；集团公司总部业务主管部门负责开展国际组织相关活动的专业组织管理。

第三十七条　任何单位和个人申请参加国际组织，应向集团公司总部业务主管部门报告，业务主管部门审核后向外事局提出书面申请，经外事局审核并报集团公司批复后，方可履行参加手续。未经批准，任何单位和个人不得以任何形式擅自参加任何国际组织。

第三十八条　各业务主管部门在其职责范围内，可以申请设立国际组织的分支机构，或申请指定负责与国际组织或其国内分支机构对口联络的部门（简称“分支机构”）。各业务主管部门通过国际组织的分支机构对国际组织的各类活动进行日常管理。国际组织的分支机构在集团公司内部不得重复设立。

第三十九条　分支机构及个人接受、使用国际组织捐赠的款项和实物，应向业务主管部门、财务部门和外事局备案。

第四十条　国际组织涉台问题，按照国家有关规定执行。

第四十一条　参加或设立国际组织分支机构的具体管理办法按本规定附件7执行。

第十章　因公出国人员财务管理规定

第四十二条　因公临时出国人员财务管理规定按集团公司《关于转发财政部、外交部<关于印发临时出国人员费用开支标准和管理办法的通知>的通知》（中国石化财[2001]336号）执行。

第四十三条 因公临时出国人员个人自费购买外汇等按《国家外汇管理局关于做好因公出国售汇管理工作有关问题的通知》(汇发[2002]118号)和《财政部关于印发〈因公临时出国用汇管理办法〉的通知》(财预[2002]314号)执行。

第十一章 附 则

第四十四条 本规定自印发之日起执行。当集团公司以往有关外事管理方面的规定与本规定发生矛盾时,以本规定为准。

第四十五条 本规定由外事局负责解释。

附件:1. 派遣因公出国(境)团组和人员管理办法
2. 因公出国人员护照管理暂行办法
3. 国(境)外培训工作管理办法
4. 外国专家来华工作管理办法
5. 办理外籍人员来华工作签证通知的办法
6. 举办或组织参加国际会议和国际展览管理办法
7. 参加或设立国际组织分支机构管理暂行办法

附件1:

派遣因公出国(境)团组和人员管理办法

为进一步规范因公出国(境)团组和人员的管理,明确工作程序,根据《中国石油化工集团公司外事管理规定》,特制定本办法。各单位应结合本单位的实际情况,制订具体的实施细则。

一、因公出国(境)任务申报

(一)各单位因公出国(境)项目均须正式行文报外事局审核、审批(另有授权的情况除外)。各单位不得擅自向地方政府或其他单位申报出国(境)项目,不得擅自委托地方政府或其他单位办理出国(境)手续。

(二)为简化项目申报程序,各单位申报因公出国(境)项目时,应同时审定派出人员,实行项目与人员一并报批。无法预先确定人选的项目,可待项目批准后,再根据人选方案通知要求,报送人员审查材料。

(三)派遣因公出国(境)人员,要根据政治、业务、外语和身体等综合条件优选,尤其要选好团组长。年龄超过60岁和已离、退休人员一般不再派遣出国(境)执行公务。如确需派出,派员单位应说明理由,并出具健康证明、返聘证明等。

(四)申报出国(境)项目应备材料

1.《出国(境)任务请示报告》(以下简称《任务请示报告》)。文中应说明出访任务、依据、人员、时间、路线、费用来源、联系人及邀请单位等。如由非组团单位付费,应附付费单位文字凭据并加盖印章。

2.《出国(境)人员申报表》,加盖单位印章。

3.《出国、赴港澳人员审查批件》,加盖单位党委印章;或《出国(境)人员审查意见》,加盖单位党委印章或单位印章。

4. 国(境)外接待单位邀请函(原件或复印件)。

5. 如属合同、协议项下的任务,应附合同、协议相关条款复印件。其中,培训任务还应填写《出国(境)培训项目备案表》。

6. 国(境)外活动日程。

7. 新办护照(通行证)人员身份证复印件。

8.《申请出国护照事项表》或《申请因公往来港澳特别行政区通行证及签注事项表》和照片。

9.《对外科技交流涉密人员登记表》。

(五)双跨组团

1. 邀请外系统人员参加的团组

由组团单位报送《任务请示报告》,并附出访详细日程、收费标准明细、人员条件及人数要求等材料。经批准后,由外事局向外系统享有出国(境)任务审批权的单位(以下简称"任务审批权单位")出具《出国、赴港澳征求意见函》(以下简称《征求意见函》);接到对方《出国、赴港澳任务确认函》后,由外事局出具《出国、赴港澳任务通知书》;接到对方《出国、赴港澳任务确认件》、《因公出国(境)人员审查批件》或《因公出国(境)人员备案表》和参团人员护照(通行证)后,由外事局统一办理签证(签注)。

团组中本系统人员应提供材料的要求,与本节第(四)款规定相同。

2. 参加外系统的团组

拟参团单位报送《任务请示报告》,并附任务审批权单位抄送的《征求意见函》、组团请示报告、出访详细日程、收费标准明细等材料。经批准后,由外事局出具《出国、赴港澳任务确认函》;接到任务审批权单位的《出国、赴港澳任务通知书》后,由外事局出具《出国、赴港澳任务确认件》,并据此办理本系统参团人员护照(通行证)。参团单位将《出国、赴港澳任务确认件》、《因公出国(境)人员审查批件》或《因公出国

（境）人员备案表》和参团人员护照（通行证）送交任务审批权单位，由其办理签证（签注）。

（六）各单位申报出国（境）项目时应加强计划性，保证任务审批、办理护照（通行证）、签证（签注）等所需的时间。

（七）根据有关部门规定，《出国、赴港澳任务批件》（以下简称《任务批件》）自签发之日起3个月内有效。出国（境）任务一经批准，有关单位应及时办理护照（通行证）、签证（签注）、换汇等相关事宜。

（八）对于需经常出国（境）执行项目的管理人员、外经、外贸人员，经外事局核准，可实行一次审批一年内多次有效的办法。即出国（境）任务经批准后，同一人员在1年内多次前往同一国家（地区）、执行同一任务，不需再次办理相关审批手续，但每次出国（境）前须报外事局备案。

二、因公出国（境）人员审查

（一）因公出国（境）人员审查工作授权

经中组部批准，集团公司外事局和集团公司系统部分直属单位党委享有派遣因公出国（境）人员审批权（以下简称“人员审批权单位”）。各授权单位党委应指定部门具体负责本单位因公出国（境）人员审查工作，办理相关审查手续，并接受外事局的指导、监督和检查。按照人事行政隶属关系和干部管理权限审批的原则，任何单位均不得为非本单位人事行政隶属关系管辖的人员出具出国（境）审查批件，不得下放出国（境）人员审批权限。外事局将不定期地检查各单位因公出国（境）人员审查及档案管理等相关工作。

（二）因公出国（境）人员的审查

1. 人员审批权单位的出国（境）人员审查

(1) 正处级（含）以上人员临时出国（境），除犯有比较严重错误的仍需按照干部管理权限办理审批手续外，免予审查，可与出国（境）任务一起报批。参加系统外组团的上述人员需填写《因公出国（境）人员备案表》。

(2) 副处级（含）以下人员首次临时出国（境），需填写《因公出国人员审查表》（本单位存档），经审批单位审查合格后，出具《因公出国及赴港澳人员审查批件》（以下简称《人员审查批件》）。人员审查执行一次审查3年有效的规定。已审查人员在审查有效期内再次出国（境）时，由审批单位填写《因公出国（境）人员备案表》（本单位存档），并直接出具《人员审查批件》。《人员审查批件》的有效期自签发之日起半年内有效，出国（境）期限超过半年的，《人员审查批件》有效期可以相应延长，但不得超过3年。

(3) 常驻人员、派往国（境）外执行工程承包或劳务合作合同人员（在外时间超过半年），按上述有关规定进行审查。《人员审查批件》有效期可与《任务批件》批准在外期限相同，但不得超过3年。

2. 未享有人员审批权的单位，按以上相关规定进行人员审查后，出具《出国（境）人员审查意见》，报外事局审批。

3. 派遣借调人员出国（境），原则上应按人事行政隶属关系，由原单位办理审批手续。但在用人单位工作满6个月以上并有正式借调合同的，在征得原单位同意并书面确认后，可由用人单位办理审查和报批手续。

4. 各单位派往合资、合作企业工作且人事关系仍在原派出单位的人员出国（境），由派出单位对其进行人员审查。

（三）因公出国（境）人员审批权限

1. 集团公司党组书记、总经理出访，由外事局代集团公司拟文，报国家有关部门审批；集团公司副总经理、股份公司总裁、高级副总裁、副总裁出访，由集团公司总经理审批。

2. 总部机关高级管理层人员、各单位党、政主要领导出访，由外事局审核，报集团公司外事主管领导和总经理审批；总部机关各部门副职出访，由外事局审核，报集团公司外事主管领导审批。

3. 各直属企事业单位党、政副职出访，由外事局审批。

4. 集团公司境外机构主要负责人、副局级以上干部派驻境外，由外事局审核，报集团公司党组审批；集团公司境外机构负责人由外事局审核，报集团公司外事主管领导审批；其他人员派驻境外，由外事局审批。

三、办理护照（通行证）、签证（签注）

集团公司是外交部批准的申办因公护照（通行证）和签证（签注）自办单位，授权外事局对集团公司所属各单位申办因公护照（通行证）、签证（签注）实行归口管理。

（一）办理因公护照

1. 申办护照约需5—7个工作日，外交部一般不受理急件。

2. 护照用照片3张：正面免冠、平光纸、小二寸、不留胡须和怪发。

3. 在境外申办、补办护照应通过出国（境）人员派出单位报外事局统一办理，不得直接向我驻外使（领）馆申办。

（二）办理签证

1. 申办步骤

(1) 填写前往国家驻华使（领）馆印发的签证表，表中各项信息必须真实、准确，多次前往同一国家填写的情况切忌前后矛盾。前往外交部统办签证国（美国、法国、德国、印尼、韩国、南非、以色列、俄罗斯、乌兹别克、阿根廷、巴西），还应填写《申请出国签证事项表》。

（2）本人必须在所持护照上签名。

（3）按所去签证国使（领）馆要求准备照片。

（4）提供符合要求的国（境）外接待单位邀请函件。

2. 按各国驻华使（领）馆关于签证属地办理的不同要求，需在北京使（领）馆办理的签证，由外事局专办员送各使（领）馆办理；前往外交部要求的统办签证国的签证，由外事局送外交部统一办理。需在京外领事馆办理的签证，凭外事局出具的委托函，连同护照、签证表和邀请函等，交由领事馆所在地的地方政府外事办公室办理。

未经外事局同意，各单位不得直接或通过外商对使（领）馆催办签证，不得私自到使（领）馆送、取护照。

（三）办理劳务人员护照、签证

集团公司所属经营公司（经原外经贸部许可并持有对外经济合作经营资格证书）派往国外执行工程承包或劳务合作合同的劳务人员（不含经营公司管理人员），项目经外事局批准后，由经营公司向所在地公安机关出入境管理部门申办中华人民共和国护照（即因私普通护照）。外事局根据《任务批件》统一办理签证或《劳务人员出境证明》。

（四）前往在华无使（领）馆或虽有使（领）馆但不受理签证国家的团组和人员，凭我驻外机构或国外邀请单位许可在境外申办签证的函电，由外事局出具“出国（境）证明”出国（境）。前往与我国外交互免签证国家的团组和人员，须由外事局根据《出国、赴港澳任务批件》出具“出国（境）证明”出国（境）。

（五）办理赴港澳通行证

因公临时赴港澳人员需填写《申请因公往来港澳特别行政区通行证及签注事项表》，并按护照照片要求准备照片 3 张；常驻港澳人员需提供国务院港澳事务办公室颁发的“赴港澳中资机构常驻人员培训班”结业证；劳务人员需提供香港特区政府颁发的劳务许可证。外事局根据《任务批件》统一办理赴港澳通行证。在通行证有效期内再次赴港澳，外事局根据《任务批件》统一办理赴港澳签注。

（六）办理赴台湾通行证

因公临时赴台人员凭《任务批件》和外事局统一办理的国务院台湾事务办公室《赴台批件》，在其户口所在地公安部门办理赴台相关手续。

（七）办理延长签证时间

在《任务批件》批准范围内，出国团组（人员）在境外如需延长签证时间，由出国团组（人员）到当地移民局办理相关手续，报外事局备案；在《任务批件》批准范围外（如延长执行任务期限或执行另一任务），出国团组（人员）在境外如需延长签证时间，派出单位须向外事局提出申请，经批准后，由出国团组（人员）到当地移民局办理相关手续。

（八）未经外事局批准，任何出访团组不得擅自在国（境）外办理赴第三国（或任务批件规定以外的国家）签证。

四、综合管理

（一）出访团组应根据境外工作任务的需要，选择经济、合理、安全的旅行路线，并预订机票。具备在国内订票条件的，应在国内订妥国外城市间航段的机票。

（二）由外事局办理签证的团组（人员），须凭出国（境）机票领取签证。

（三）团组出发前，应制定详细出访工作计划。同时，要确定团组长，明确团组人员分工。一般情况下，不要分配翻译人员负责保管钱财或记账。

（四）团组出发前，由派出单位负责组织进行外事教育。各单位可参照外事局印发的《出国（境）人员外事教育提纲》，结合出访国家（地区）和出访任务等实际情况，对出访人员进行具体适用的外事教育。

（五）团组成员中正式党员超过 3 人时，应建立临时党支部。

（六）在团组（人员）出境后的两天内，派出单位须将其出境时间传真报外事局；回国后的两天内，将其入境时间传真报外事局。团组（人员）因故推迟或取消出访，派出单位须及时传真报外事局。团组（人员）重新确定出访日期后，派出单位须按上述要求及时将其出、入境时间传真报外事局。

（七）团组（人员）在外期间，应随时将有关联络信息通报派出单位，确保互相联络畅通。如遇有特殊情况，应立即将相关情况报告派出单位，并抄报外事局。

（八）出国（境）人员如需在国（境）外执行任务期间离队异地、或延长在外期限探亲访友，必须在出国（境）前填写《出国（境）期间探访亲友申请表》，经其所在单位的组织、人事部门批准后，报外事局审批。

（九）凡发生严重违反外事纪律、人员在境外出走不归等问题，派出单位必须及时向外事局作出口头和书面报告，认真总结经验教训，确保杜绝类似事件再次发生。

（十）团组（人员）回国后，应立即向派出单位报告，两周内向派出单位提交《出国（境）工作总结》，交回护照/通行证并及时办理出国(境)财务结算手续。各单位应在团组(人员)回国后的第三周内，将团组《出国(境)工作总结》以邮政快件邮递或交换送达外事局。

附件2:

因公出国人员护照管理暂行办法

为进一步加强集团公司因公出国人员护照管理工作，根据外交部关于因公护照管理规定，结合集团公司外事管理工作的实际情况，特制定本办法。

因公赴港澳台人员通行证的管理，按此办法执行。

一、外事局负责集团公司因公出国人员护照管理工作。

二、按照统一管理、分级保管的原则，外事局委托具备下述条件的直属企事业单位，代表外事局负责本单位因公出国人员护照的使用、收缴和临时保管工作：

(一) 设立外事管理机构或指定部门代行外事管理职能，并由专人负责护照保管工作。

(二) 护照存放地点安全、可靠，并具有合适的保管设施(如保险柜等)。

(三) 根据本办法，制定护照使用、收缴和保管细则，报外事局核准；建立完整的护照信息数据库。

三、护照的收缴与保管

(一) 总部机关各部门、各专业公司人员的因公护照由外事局收缴和保管；各直属企事业单位党政正、副职领导人员的因公护照由外事局收缴和保管；其他人员的因公护照由所属单位外事管理部门负责收缴和临时保管，不具备护照保管条件的单位，护照由外事局收缴和保管。

(二) 因公派遣劳务人员的普通护照由派出单位外事管理部门负责收缴和保管。

(三) 常驻国外人员临时回国，护照可由持照人妥善保管；任职期满回国后，应将所持护照及时上交派出单位外事管理部门。

(四) 各单位外事管理部门应分别于每年6月底、12月底，将临时保管的因公护照(包括过期护照)连同详细清单上交外事局。

四、对领取护照后因故未能出国人员，派出单位应及时收缴其护照，交外事管理部门保管。

五、在集团公司系统内调动(借用)人员出国执行公务时，由派出单位通过组织程序向其原单位外事管理部门调取(借用)护照，持照者本人不得直接索取；借用人员回国后，应及时将护照交回其原单位外事管理部门保管。对离开集团公司系统的人员，原单位外事管理部门应及时收回其护照，并上交外事局注销。

六、出国人员应在回国后两周内将护照交回派出单位外事管理部门。逾期不交的，外事管理部门应敦促其交回；无正当理由拒不交回者，所在单位应报告外事局，由外事局作出相应处理。

七、出国人员在境外办理护照延期，须通过派出单位外事管理部门报外事局归口办理。出国人员不得直接向我国驻外使(领)馆申办。

八、出国人员在境外发生护照丢失，应立即向我国驻当地使(领)馆报失，在境内发生护照丢失应立即向当地公安机关报失，同时报告所属单位外事管理部门，由外事管理部门以书面形式(丢失护照人员检查、丢失经过及所属单位处理意见)报外事局统一处理。外交部自收到护照挂失之日起，3个月内不颁发新的护照。

九、过期护照由外事局统一列入《销毁护照清单》，并严格按规定程序予以销毁。各单位不得擅自截留或销毁过期护照。

十、外事局将不定期地检查各单位的护照管理工作，并对违反本办法的单位作出通报批评、限期整改、取消护照保管资格、限制出国(境)等相应处理。

附件3:

国(境)外培训工作管理办法

为了加强和规范国(境)外培训管理工作，特制定本管理办法。

一、派遣团组和人员赴国(境)外培训的目的与原则

(一) 国(境)外培训，是指集团公司选派各类生产、经营、技术与管理人员到国(境)外采取多种形式学习和借鉴先进的实用技术、生产技能、科学的经营管理经验及其他业务知识。

（二）赴国（境）外培训项目，应围绕集团公司和企事业单位发展规划中的重点建设工程、重大技术改造项目、重要科技攻关课题和生产、经营管理中急需解决的问题确定，要注重赴国（境）外培训成果的推广与应用。

（三）赴国（境）外培训团组要坚持以需定出，减少相同培训项目和同层次培训人员在同年度内重复派出。

（四）赴国（境）外培训人员应政治坚定，作风正派，年龄较轻，虚心好学，有一定的工作经验并符合培训项目专业要求，有一定外语基础，能主动开展与国（境）外同行的业务交流和友好合作，身体健康。

二、项目的分类

国（境）外培训项目目前有下列三类：

（一）备案类培训，即报国家外国专家局备案的赴国（境）外培训项目：执行引进技术设备合同及国家有关部门授权集团公司签订的多边、双边、经贸、科技、贷款或赠款等协定（议）安排的不需支付培训费的赴国（境）外培训。

（二）审核类培训，即需报国家外国专家局审核的赴国（境）外培训项目：执行以集团公司（企事业单位）名义，与外方签订的自付培训费的赴国（境）外培训。

（三）审批类培训，即由国家外国专家局专款资助的赴国（境）外培训项目。

三、项目申报程序和预审

赴国（境）外培训审核、审批项目实行计划申报和预审制度。

（一）计划申报要求

1. 审核类培训项目应按国家外国专家局的要求提出计划项目的书面报告，简要说明培训目的及其重要性，并填报《出国（境）培训审核项目计划汇总表》。

2. 审批类培训项目除按上述第 1 条要求办理外，还需填报《专业技术（管理）人员出国培训项目申请表》。

（二）计划项目申报单位的划分

1. 由国家外国专家局、国（境）外政府、机构、企业等机构资助的培训项目由外事局商有关部门申报。

2. 列入集团公司统一组织的国际化经营人才培训团组分别由集团公司人教部、股份公司人力资源部负责统一申报。

3. 集团公司和股份公司各类专业性较强、涉及人数和单位较多的培训项目由集团公司和股份公司总部相关管理部门、专业公司负责申报。

4. 企业急需或有单位独特针对性的培训项目，可由企事业单位自行申报。

各申报单位于每年 10 月前将下年度的《出国（境）培训计划项目表》报送外事局。凡未按规定时间申报的单位，当年度原则上不进行补办申报工作。

（三）项目的预审

外事局进行审查后，报国家外国专家局预审批。外事局将国家外国专家局批准的预审计划项目下达给各申报单位，各单位按申报出国（境）立项审批要求，正式立项报批。

四、项目的正式立项与审批

（一）立项应备材料

经国家外国专家局批准的预审计划项目的正式立项时，除按《外事管理规定》附件 1 中第一条第（四）款中要求应备的七项材料外，国家外国专家局还要求提供以下材料：

1. 培训提纲。

2. 详实的中、英文国（境）外培训日程。

3. 填写国家外国专家局统一制定的《赴国（境）外培训项目、人员审核表》。

4. 翻译人员材料：外语专业人员附毕业证书复印件，非外语专业人员和中长期人员及不带翻译团组提供个人全国统考的 BFT 成绩单。

5. 超 50 岁人员要出具三级医院体检报告和单位派遣说明。

（二）执行程序

1. 备案类培训项目依据合同只需填报《出国（境）培训项目备案件》，随因公出国任务申报实行一次性报批。

2. 审核、审批类培训项目按照以下程序执行。

（1）外事局收齐上述立项必备材料后根据财政部、国家外国专家局的有关规定对其培训内容、日程安排、培训费用等栏目进行审查，审批任务立项报告和出国（境）人员。

（2）外事局将批准的任务批件和《赴国（境）外培训项目、人员审核表》及相关材料报国家外国专家局正式审批。

（3）获批准的培训团组凭国家外国专家局的项目批准件、任务批件等文件到出国财务缴费并办理护照、签证，在国家外国专家局指定的订票点预订国际机票。

（4）各类培训团组离境前三天凭任务批件、有效签证护照到出国财务和银行领取外汇。审核类培训团组取汇时还要提交培训协议、国家外国专家局批准件；审批类培训团组还需凭培训协议、任务批件、国家外国专家局批准件、有效签证护照、国家外国专家局出国经费通知单到国家外国专家局出国财务部门及其指定银行领取国家外国专家局资助的外汇。

(5) 经外事局同意与国(境)外培训机构签订培训协议的单位，取汇前需将培训协议交外事局审核后准许领汇。

(三) 各类培训团组完成培训任务回国后 10 日内携带合法的票据到外事局办公室出国财务报销。

五、费用标准和相关要求

(一) 出国(境)培训费和人员的相关费用及标准

1. 短期(指 89 天以下，下同)出国(境)培训人员的住宿、伙食费按《关于转发财政部、外交部〈关于印发临时出国人员费用开支标准和管理办法的通知〉的通知》(中国石化财[2001]336 号)规定执行。

2. 短期培训费、公杂费按《外国专家局 < 关于出国(境)实行培训团组集体开支的培训费标准和管理办法的暂行规定 >》(外专发[1994]162 号)和《国家外专局、财政部 < 关于调整短期出国(境)培训团生活费开支标准和部分国家培训费币种的通知 >》(外专发[2002]95 号)规定执行。

3. 中长期(指 90 天及以上)出国(境)培训人员境外费用按《国家外专局、财政部 < 关于调整中长期出国(境)培训人员费开支标准的通知 >》(外专发[2002]96 号)规定执行。

4. 国际旅费、城市间交通费(短期)按《国家外国专家局 < 关于出国(境)培训经费管理实施细则(暂行)的通知 >》(外专发[2003]15 号)规定执行。

(二) 有关要求

1. 对外方资助的国(境)外培训项目，要认真研究，凡背景复杂或带有附加条件的应予婉拒。

2. 经国家外国专家局、外事局批准的在 3 个月(含 3 个月)以上的中长期培训团组，根据国家规定其个人要与单位签订经公证的培训协议，按《中长期培训人员交存保证金一览表》中要求交存 1—4 万不等的保证金，并将公证协议及保证金的凭证复印件交外事局备案。

3. 领取出国外汇现金部分超过 5 万美元(含 5 万)的团组和出国总费用超过国家标准的团组需携带以下材料到国家外汇管理局办理审批：领取现金和费用超标理由的报告、国家外汇管理局的售汇单、外事局任务批件、国家外国专家局批件以及培训协议(合同)。

六、国(境)外培训工作的管理与监督检查

(一) 各单位在组织和派遣赴国(境)外培训团组时要遵照中共中央办公厅、国务院办公厅、中纪委、外交部、监察部有关严禁公费变相出国(境)旅游的规定，协同外事局严格审批和管理出国(境)培训团组。

(二) 各单位申报的国(境)外培训项目一经批准要充分做好出国(境)培训前的各项准备工作，包括进行外事纪律和保守国家秘密的教育。

(三) 组团单位加强对赴国(境)外培训团组在国(境)外期间的管理，团长切实负起责任，团组成员要服从团长和培训方的管理，切实履行培训协议。

(四) 未经批准同意，任何团组都不得擅自要求培训方更改培训内容和日程，更不得授意培训方编造虚假的培训日程，如发现经核实要严肃查处。

(五) 实行培训绩效双向评估。赴国(境)外培训团组和人员要评估国(境)外培训机构的培训水平，国(境)外机构也要评估赴国(境)外培训团组和人员的培训效果和国(境)外表现。通过实行双向评估，激励和约束教学双方，提高培训质量。外事局将评估培训绩效和评估内容存入培训档案。

(六) 团组回国后要及时做好培训总结，向外事局提交专题报告，外事局汇总后上报国家外国专家局。

(七) 出国(境)培训团组回国后 10 日内必须进行财务报销，禁止以虚报、瞒报、误报出国(境)人数、天数等虚领出国(境)经费，严禁挪用、克扣、私分或变相私分出国(境)培训费用。

七、本办法中所涉及的各类报表可以从国家外国专家局网站(www.safea.gov.cn)上下载或向外事局索取。

八、本办法解释权在外事局，自发布之日起执行，其他规定与本办法有抵触之处，以本办法为准。

附件 4：

外国专家来华工作管理办法

为加强外国专家工作的管理，根据中央和国家有关规定，结合集团公司的具体情况，特制定本办法。

一、本办法中所称外国专家分为经济技术专家和文教专家

经济技术专家指随引进技术、设备、专业服务和其他引进项目合同应聘或自费前来帮助集团公司各单位工作以及执行双边、多边项目的外国工程技术人员和管理人员等。

文教专家指应聘在集团公司各单位任教的资深的外籍教师。

二、外国专家来华入境与居留的管理

（一）外国专家的聘请和身份确认

1. 外国专家的身份按以下几类进行确认：

(1) 为执行政府间、国际组织间协议、协定和中外经贸合同应聘来集团公司服务的外籍专业技术人员和管理人员。

(2) 应聘来集团公司从事科学、技术、工程、经济、管理、商贸、财会、税务、金融、法律等工作的外籍专业人员。

(3) 应聘来集团公司在外商投资的合资企业工作的外籍专业技术人员和管理人员。

(4) 经中国石化集团公司担保或协助办理的常驻中国代表机构的外籍代表。

上述第(2)、(3)类外国专家一般应具有大学学士以上，从事本专业工作五年以上，掌握所要承担工作范围内的知识和技能，并能正确实施技术指导，胜任本职工作，来华从事我集团公司急缺的专业技术工作，或担任大中型企业或高新技术企业部门经理以上职务。

2. 拟聘请外国专家的各单位，需按照集团公司有关外事授权的规定，为外国专家签发和办理邀请函(电)。

（二）外国专家的入境及确认件的申请与签发

1. 各单位聘请高层次人才来华时，需将应聘专家的有关材料报外事局审批，外事局根据《国务院办公厅转发公安部外交部等部门关于为外国籍高层次人才和投资者提供入境及居留便利规定的通知》(国办发[2002]32 号文)的要求，为其申请签证办理相关报批手续及提供便利。

2. 被确认为外国专家来集团公司系统内工作、居留时间半年以上的外籍人员申请职业(Z)签证时，须办理《聘请外国专家确认件》，其申请办法如下：

申请单位必须填写《(聘请外国专家确认件)申请表》，提供外国专家的履历、健康状况证明以及与应聘外国专家签订的聘用合同复印件或其他具法律效力的派遣文书复印件。除此之外，还应根据邀请的外国专家的类别提供下列有效文件：

(1) 拟聘请前款第(1)类外国专家的提供下列有效文件：

① 国际组织间协议、协定或中外经贸合同复印件。

② 拟聘请外国专家来华服务岗位的时间证明。

(2) 拟聘请前款第(2)类外国专家的提供拟请外国专家理由的报告。

(3) 拟聘请前款第(3)类外国专家的还需提供外商投资企业的合同、章程、批准证书和营业执照复印件。

(4) 拟聘请前款第(4)类外国专家的还需提供下列有效文件：

① 设立常驻中国代表机构的批准文件复印件。

② 对拟任常驻中国代表机构外籍代表的任命书复印件或其他具有法律效力的派遣文书复印件。

以上文件齐全经外事局或委托地方外事办公室确认件签发部门审核后，签发确认件。

（三）确认件的使用

拟来华工作的外国专家须凭确认件原件、被授权单位的签证通知函(电)、有效护照到中国驻外使(领)馆申办 Z 签证。

中国驻外使(领)馆为外国专家核发 Z 签证后，留存确认件原件。

办理确认件来华的外国专家须在抵华后 15 日内，由聘请单位持专家有效护照等证件到外事局填报《外国专家证申请表》办理《外国专家证》。

（四）《外国专家证》的时效与管理

1. 为了吸引外国籍高层次人才来集团公司服务，根据国家有关为外国籍高层次人才和投资者提供入境及居留便利的规定，为《外国专家证》的时效作出如下调整：

(1) 已持 Z 字签证来华的高层外国专家，可根据聘用合同为其办理 2—3 年有效期的《外国专家证》或相应期限的《外国专家证》延期。

(2) 对已持 L(旅游类)字、X(学习类)字和 F(访问类)字签证来华的高层次外国专家，聘用单位确需长期聘请的，可凭聘用合同为其办理 2—5 年有效期的《外国专家证》。

(3) 对我国经济和社会发展做出重大或突出贡献并获得省(部)级以上奖励或荣誉称号的外国专家，可根据聘请单位与专家签订的合同办理 2—5 年有效期的《外国专家证》或相应期限的《外国专家证》延期。

2. 申请确认件来华的《外国专家证》的时效，由聘用单位根据聘用合同(考虑到假期旅游)可适当延长，如需延长聘期，延聘日期处须加盖聘用单位公章。

3. 外国专家凭《外国专家证》和其他有关证明，在抵华后 30 日内到当地公安部门办理外国人居留证或外国人临时居留证。

4. 外国专家离开集团公司或离境前聘用单位应收回《外国专家证》，交外事局注销。

三、外国专家在华工作的管理

（一）聘请专家单位应明确一名负责同志分管外国专家工作。选派政治思想好，技术业务强，有组织驾驭能力的同志担任中方总代表。总代表在单位主管的领导下，代表中方与外方总代表对口工作，全权负责合同项目的有关事项，一切重要涉外事项由总代表向领导汇报后，通过总代表对外。

（二）重点做好外方总代表和专家负责人工作。对掌握关键技术和担任主要工作的外国专家，可列为重点人物，并根据他们的不同身份、特点、爱好，选派相应的人员与他们交朋友，采取灵活多样的方式，有计划、有目的地做好工作。

（三）外国专家来现场之前，聘请单位要尽早做好各方面准备工作，提供良好的生活条件，主动关心专家的生活和身体健康。要加强对外国专家的保卫工作，协助有关部门保证他们在华工作期间的人身、财产安全。

（四）建设现场必须加强专家工作的领导，要设置必要的机构或指定专人统一管理专家的各项工作。如发生问题要请示报告，及时反映情况。

四、申请国家经费引进国外技术管理项目、聘请专家的申报程序

申请国家经费引进国外技术管理项目、聘请专家，实行年度预算申报制的管理办法。

（一）各单位申报国家经费引进国外技术管理人才、聘请专家计划，制定年度预算方案和实施计划时，必须紧密围绕本单位的重点建设工程、科研生产项目的实际需要，并体现引智工作在项目中的示范和引导作用。各单位于每年10月前将下年度《中国石化集团引进国外技术、管理人才项目计划汇总表》、《引进国外技术、管理人才项目申请表》报外事局。

（二）申报办法见《关于转发国家外国专家局〈关于申报引进国外技术、管理人才计划的通知〉的通知》（中国石化[2001]外办字第006号）。

1.重点项目申报原则

(1)符合国家和本单位经济、科技发展产业政策和重要支持领域，并将会产生重大经济效益、社会效益。

(2)引智工作在其中将发挥关键甚至是不可替代的作用。

(3)具有稳定的专家来源和合作渠道。

2.重点项目申报的具体要求

(1)重点项目分为企业重点、集团重点和国家重点，国家重点从集团重点中产生。

(2)重点项目不单独申报，在上报的项目计划中标注或专门说明。

(3)重点项目除要求申报的常规材料外，还应提供相应的辅助材料(如其他部门的立项批复、论证报告、评审意见等)。

（三）外事局根据集团公司生产经营、改革发展的需要进行审查汇总后，将本年度聘请专家项目经费预算和项目计划上报国家外国专家局，进行计划项目的预审批。

（四）凡未按规定时间申报的单位，当年度原则上不进行补办申报工作。

五、组织实施聘请专家项目

（一）外事局在接到国家外国专家局的经费预算和项目计划的批复后即通知各申报单位。各申报单位应积极组织实施。

（二）被列入国家重点项目的经费预算，由国家外国专家局单独列支。

（三）重点项目必须有专人负责跟踪和管理，要有阶段性工作总结报告(按半年和全年进行)。

六、项目执行情况和预算拨付总结

（一）组织实施聘请专家项目单位在实施过程中要及时做好项目执行和总结工作，并于每年11月15日前向外事局报送《中国石化集团引进国外技术、管理人才项目计划执行情况汇总表》和《引进国外技术、管理人才项目执行情况表》，外事局于11月底报国家外国专家局。

（二）国家外国专家局将根据项目执行情况决定预算控制数。

七、聘请外国专家来华有关费用

国家外国专家局批准的聘请外国专家项目按《国家外国专家局关于引进人才专家经费管理实施细则的通知》(外专发[2001]7号)执行。

八、本办法中所涉及的各类报表可以从国家外国专家局网站(www.safea.gov.cn)上下载或向外事局索取。

九、本办法由外事局负责解释，自发布之日起执行，其他规定与本办法有抵触之处，以本办法为准。

附件5：

办理外籍人员来华工作签证通知的办法

根据国家邀请外籍人员来华工作的有关规定，特制定本办法。

一、各企事业单位应由本单位的外事管理部门归口管理一、二次签证通知的签发工作。一、二次签证

通知由本单位负责人审查签字，并加盖本单位印章后发出。发出的一、二次签证通知应建档保存，保存时限为 12 个月。

二、各部门、单位申请办理半年有效多次签证通知和一年有效多次签证通知时，应以书面形式向外事局说明申办理由，由本部门、单位负责人签署意见，并加盖本部门、单位公章，连同《被授权单位签证通知表》一并报外事局，由外事局负责人签发。

三、根据外交部有关规定，对以下国家的本土公民申请来华签证执行专门规定：巴基斯坦、斯里兰卡、伊朗、土耳其、哈萨克斯坦、吉尔吉斯斯坦、利比亚、菲律宾、阿富汗、伊拉克、孟加拉、布隆迪、刚果(布)、科特迪瓦、加纳、尼日利亚、卢旺达、索马里、喀麦隆、阿尔巴尼亚。

各部门、单位邀请上述国家人员来华时，需填写《被授权单位签证通知表》，报外事局核批后，由申办部门、单位将《被授权单位签证通知表》原件送达申请人，并指示申请人在本人的国籍国办理签证。

四、各部门、单位如邀请外国副部长及其以上官员、梵蒂冈人员、新闻界人士和宗教界人士来华以及邀请境外人员赴西藏访问时，应向外事局办理报批手续，审批同意后由外事局发出邀请。

附件 6：

举办或组织参加国际会议和国际展览管理办法

为加强和规范国际会议和国际展览管理工作，根据《中国石油化工集团公司外事管理规定》，特制定本办法。

一、加强国际会议和国际展览的计划性管理。外事局负责制定以集团公司名义在境内、外举办或组织参加国际会议和国际展览的年度计划，并按有关规定报批。

（一）各单位应根据业务需要，于每年的 9 月底前，将下一年度拟以集团公司名义在境内、外举办或组织参加国际会议和国际展览的建议报外事局。

（二）外事局根据批准的国际会议和国际展览年度计划，制定以集团公司名义举办或组织参加国际会议和国际展览的具体方案，报经总部领导批准后组织实施。

二、由国家有关部委和单位邀请集团公司共同举办的各类国际会议和国际展览，集团公司有关单位在接到邀请文件(函)后，应转报外事局，由外事局负责立项、报批和组织实施。

三、以各单位名义参加境外国际会议或在境内举办国际会议以及参加境内、外的国际展览，须报外事局审批；以各单位名义参加境内的国际会议，应报外事局备案。

（一）各单位应于每年的 9 月底前，将下一年度拟参加境外国际会议或在境内举办国际会议以及参加境内、外的国际展览计划报外事局。如有调整，应于当年 3 月底前将调整计划报外事局。

（二）原则上不允许以各单位名义单独参加外系统组织的境内、外的国际展览；确因业务需要，应提前于上年度的 9 月底前向外事局报批。

四、各单位随外系统(跨地区、跨部门)团组出国(境)参加国际会议和国际展览，应严格按照中纪委、外交部和监察部《关于对跨地区、跨部门团组加强管理、监督和检查，坚决制止公款出国旅游的通知》执行。

五、提交国际会议和国际展览的所有资料，均应按集团公司保密委员会的有关规定进行审查。

六、各单位应选派政治思想好，熟悉本单位业务，具备较好外语听说能力和对外交往能力，对工作认真负责的人员参加国际会议和国际展览。

七、各单位应加强国际会议资料的集中管理，做到一人参会，资料共享，多方受益。

八、各单位应认真做好参会参展的各项准备工作，并做好会展后的总结和业务跟踪，确保参会参展取得实际效果。

附件 7：

参加或设立国际组织分支机构管理暂行办法

根据国家有关法律法规和《中国石油化工集团公司外事管理规定》，特制定本办法。

一、集团公司对参加国际组织及开展国际组织相关活动实行外事归口管理与业务主管部门专业归口管理。

外事局负责集团公司及所属单位参加国际组织的

立项、审核、报批的外事归口管理；集团公司业务主管部门负责开展国际组织相关活动的专业组织管理。

二、各业务主管部门在其职责范围内可以申请设立国际组织的分支机构；国家有关部门或单位已设立了国际组织的分支机构，各业务主管部门可以指定负责与该国际组织国内分支机构对口联络的部门。

三、任何单位或个人申请参加国际组织，应向业务主管部门报告，业务主管部门审核后，向外事局提出书面申请。申请文件应包括以下内容：

1. 国际组织的中、外文全称和缩写；

2. 国际组织章程及概况；

3. 会员单位和会员个人的权利和义务，含会(年)费规定；

4. 国际组织的书面邀请函电；

5. 集团公司及所属单位与该国际组织开展合作的历史、现状和发展规划；

6. 台湾地区公司与该组织的关系；

7. 集团公司业务主管部门的书面意见；

8. 国际组织的推荐会员及分支机构或对口联络部门负责人的建议人选；

9. 国际组织的联系人、地址、联络办法和互联网站地址。

四、集团公司高层领导拟在国际组织内兼任职务，应由外事局商人事部门提出建议方案，报集团公司领导批准。

部门及所属单位负责人拟在国际组织内兼任职务，应由所在部门或单位提出建议方案并提交外事局，由外事局商人事部门后，报集团公司外事主管领导批准。

其他个人在国际组织内兼任职务，由该国际组织在集团公司的分支机构或对口联络部门向同级外事管理部门报批。

国际组织兼职人员的变更，包括更换人员、期满连任、卸任或机构重组、改选等，均应按首次任职程序办理审批手续。

五、集团公司各业务主管部门应于每年10月底之前汇总其职责范围内国际组织会员、国际组织的分支机构或对口联络部门下年度的工作计划并提交外事局，外事局据此审批出国(境)任务的计划和检查相关工作。

六、针对台湾当局在各类国际组织中制造“两个中国”、“一中一台”的图谋，要严格执行国家有关规定。

在只有主权国家才能参加的国际组织中，不能容许台湾地区的代表加入；如台湾地区代表已窃取了会籍资格，我集团公司在台湾地区代表退出之前不再参加该组织及其活动。

对允许地区参加的非政府间国际组织，须注意该组织对台湾地区会员公司的称谓表述，不得违背我国在台湾问题上的原则立场。

七、国际组织的分支机构或对口联络部门，受国际组织的委托，拟在国内承办国际会议、国际展览等外事活动，须由集团公司业务主管部门按外事管理规定向外事局办理申报手续。

中国石油化工集团公司对外贸易管理规定

(二〇〇三年七月八日　中国石化外[2003]323号文件)

为适应我国加入WTO后日趋激烈的市场竞争形势，保证集团公司外贸工作规范、有序开展，提高集团公司整体竞争力，特制定本规定。

第一章　总　则

第一条　为发挥集团公司上中下游一体化的整体优势，充分利用国际国内两种资源、两个市场，集团公司外贸业务实行归口管理、集中经营，以降低采购成本、扩大产品出口、防范外贸经营风险。

第二条　委托中国石化国际事业有限公司(以下简称国际事业公司)对集团公司外贸业务(原油、成品油国营贸易除外)实行归口管理、集中经营，并对集团公司所属外贸机构进行业务指导和监督检查。

第三条　外贸业务要按照《中华人民共和国对外贸易法》及相关法律法规规范开展，遵循国际贸易规则和惯例，维护中石化的商业信誉和良好整体形象。

第四条　原油进口业务按照股份公司《关于印发〈原油管理办法〉(试行)的通知》(石化股份生[2002]125号)执行。

第五条　固定资产投资项目中的进口业务按照《关于印发<中国石油化工集团公司固定资产投资决策程序及管理办法(试行)>的通知》(中国石化财[2002]59号)执行。

第六条　物资和机电产品进口业务按照《关于印发<中国石油化工集团公司物资供应管理规定>的通知》(中国石化物[2002]309号)、《关于印发<中国石化机电产品和钢材进口管理办法>的通知》(中国石化物[2002]132号)执行。

第七条 进口业务要引入竞争机制，充分发挥集团化经营和批量采购优势，大力推广国际招标采购，国际招标业务要严格按照《中华人民共和国招标投标法》和国家有关法律法规规范进行。

第八条 出口业务要积极开拓国际市场，扩大与国外大公司的直接贸易，大力增加高附加值和高技术含量的产品出口。

第九条 建立健全项目责任单位和外贸经营单位在外贸业务各环节相互配合的运行机制。各单位要充分发挥熟悉现场、了解生产建设和技术情况以及人员专业化等方面的优势，在进出口计划提报、催交催运、接货验收和组织出口货源等方面积极支持外贸集中经营工作。

第十条 本规定所称外贸机构是指集团公司各企事业单位的外贸部门或外贸公司以及专门从事外贸业务的境外机构。

第二章　外贸管理体制

第十一条 国际事业公司负责按照国家外贸管理有关法律法规制定集团公司外贸管理制度和规定，落实国家、集团公司有关外贸管理的方针、政策和规定。

第十二条 国际事业公司负责统一对口国家有关部门及商会，负责公务行文、业务统计、计划申报和配额许可证申领等工作。

第十三条 国际事业公司负责集中经营各单位大宗物资、石化产品和重大技术、装备的进出口业务。

第十四条 国际事业公司负责对口海关总署，对集团公司海洋和陆上特定地区开采石油(天然气)进口物资免税进行审核。

第十五条 按照固定资产投资决策程序及管理办法，集团公司控股的中外合资合作项目，在总部发展计划部的组织协调下，由国际事业公司统一负责对外询价、技术谈判、商务谈判和签约；对于参股的中外合资合作项目，集团公司有关管理部门应向项目的联合指导委员会或合资公司董事会推荐国际事业公司代理其外贸业务。

第十六条 各单位不得将外贸业务委托系统外单位经营，更不得以任何内贸方式变相进行外贸业务。

第十七条 各单位的外贸机构应在国际事业公司备案，并按本规定的要求开展外贸业务。

第三章　外贸计划统计管理

第十八条 财务计划部负责编制和下达固定资产投资项下的年度投资计划，国际事业公司负责执行年度投资计划中的技术及设备引进计划。

第十九条 按照集团公司总部集中采购规定，对于列入总部集中采购目录中的物资进口，由各单位将计划上报股份公司物资装备部，由国际事业公司负责执行。

第二十条 各单位根据自身情况合理制订产品出口计划报国际事业公司，国际事业公司根据国际市场的需求编制产品出口计划下达给各单位，并抄油田企业经营管理部、炼化企业经营管理部。国际事业公司应根据市场变化及时调整产品出口计划，并及时通知相关企业和各相关管理部门。

第二十一条 国际事业公司负责集团公司的外贸进出口统计工作和外贸统计人员培训，各单位应依照有关规定按时向国际事业公司上报统计报表，由国际事业公司统一向国家有关部门上报集团公司进出口统计报表。

第二十二条 由国际事业公司执行的属于总部集中采购范围的物资进口，按股份公司物资装备部制定的物资供应管理统计报表要求进行统计。

第四章　进口管理

第二十三条 国际事业公司负责固定资产年度投资计划项目中技术引进和装备进口业务(包括非安装设备进口)，包括对外询价、招标、谈判、签约、国际运输、保险及合同执行等全部对外工作，集团公司相关管理部门协助国际事业公司组织好技术谈判等工作。

第二十四条 国际事业公司负责集中进口下列石油、石化物资：

(一) 大宗、重要的物资(详见物资统一进口品种目录)；

(二) 物资统一进口品种目录以外的单台(件)或批量超过10万美元的物资；

(三) 国家规定必须进行国际公开招标的项目、产品；

(四) 国家有配额许可证管理或需要向国家有关部门申请办理有关证明的产品(如环保证等)；

(五) 享受海洋和陆上特定地区开采石油(天然气)免税政策的进口物资；

(六) 使用国内外各类贷款进口的各种物资。

第二十五条 各单位申请进口机电产品或钢材必须先到集团公司机电产品进出口办公室办理机电产品或钢材的进口许可证或批复文件，凭该许可证或批件及其他必要文件由国际事业公司签订进口订货合同。需要通过国际招标进口的机电产品，由国际事业公司组织国际公开招标。

第二十六条 对于各单位非自用的(用户为非中

石化企业)石化原材料等产品进口，由国际事业公司负责协调，统一对外。

第二十七条　各单位要严格履行付款义务，确保国际事业公司按合同条款及时对外支付，财务计划部负责协调，以确保合同顺利执行。

第二十八条　各单位不得将成套、成批的项目分解，分散进口。

第五章　机电产品出口管理

第二十九条　各单位要充分发挥各自优势，在国际事业公司统一组织下，积极开拓国际市场。对新产品和新出口渠道的出口业务，由国际事业公司统一经营；对各单位向已有客商和利用固定渠道的出口业务，可暂由各单位自主经营，并逐步过渡到由国际事业公司统一经营。

第三十条　国际事业公司负责收集机电产品国外客户的需求信息，通过组织企业到国外参加展览、考察市场、统一投标等各类活动，努力增加出口产品的品种和渠道。

第三十一条　国际事业公司负责经营在国外中标的油气勘探开发、工程服务、炼化工程项目中涉及的设备、材料、产品出口等业务。

第六章　石化产品出口管理

第三十二条　对列入集团公司生产经营计划的出口产品，各单位要严格按计划安排生产，确保出口货源和产品质量，严格控制重要出口产品的货源外流。

第三十三条　国际事业公司统一经营国家实行出口配额许可证管理的石化产品。

第三十四条　催化剂等高附加值产品和技术的出口由国际事业公司负责统一组织。对新出口渠道的出口业务，由国际事业公司负责经营。各单位可通过已有固定渠道自主出口上述产品和技术，并逐步过渡到由国际事业公司统一经营。

第三十五条　对国家实行一般出口贸易管理的石化产品，在国际事业公司组织下，可由各单位外贸机构直接组织出口或委托国际事业公司代理出口。对大宗及市场交叉的出口商品由国际事业公司进行统一协调，必要时组织联合谈判。各单位应从全系统的大局出发，严禁竞相降价、恶性竞争。

第七章　国际招标采购管理

第三十六条　对于国家规定必须进行国际公开招标的进口项目(包括技术、设备、物资等)，由国际事业公司按照《中华人民共和国招标投标法》和国家有关法律法规通过国际招标进行采购。

第三十七条　凡属《机电产品国际招标投标实施办法》(外经贸部 2000 年第 7 号令)中规定的机电产品，均须通过国际公开招标进行采购。

第三十八条　根据《工商领域企业固定资产投资项目招标投标管理办法》(国家经贸委 2002 年第 39 号令)的规定，凡属下列固定资产投资引进项目，必须进行国际公开招标：

(一) 国家有关部委报经国务院审批的项目；

(二) 国家有关部委审批的项目；

(三) 国家有关部委授权或委托集团公司审批的项目；

(四) 企业按照规定在国家有关部委登记备案的限额以上的项目；

(五) 集团公司审批的项目；

(六) 全部或部分使用国有资金或国家融资的项目；

(七) 国家有关部委规定的其他项目。

第三十九条　招标过程中，所有参加单位和有关人员必须严格遵守《中华人民共和国招标投标法》及有关招标纪律，不得泄露任何应当保密的与招标工作有关的情况和资料。

第四十条　招标工作必须严格按照规定的程序进行，不得擅自修改和偏离。如有违反规定并造成不良后果的，将追究主管人员的责任。

第八章　外贸项下的出国(境)管理

第四十一条　各单位与外贸相关的出国(境)任务，在按照有关规定上报外事局后，由国际事业公司统一办理任务立项、批件及审批。对违反规定的出国(境)任务，一律不予批复。

第四十二条　未经国际事业公司同意，擅自委托系统外单位开展外贸业务和以内贸形式变相进口而需出国(境)的，一律不予批复。

第九章　监督与考核

第四十三条　各单位领导要提高对外贸工作的认识，充分重视外贸管理工作，加强组织领导，落实责任。

第四十四条　审计局、外事局、物资装备部、国际事业公司定期对各单位执行本规定的情况进行专项审计检查。油田企业经营管理部、炼化企业经营管理部、工程建设管理部要对各单位执行本规定的情况进行监督考核。物资装备部对各单位物资进口情况进行检查和考核。

第四十五条　凡违反国家有关招标规定，以任何方式规避招标的，将给予警告，并责令限期改正。对情节严重的单位，将进行通报批评并对主要负责人和直接责任人给予处分。

第四十六条　各单位对国际事业公司、联合石化公司的服务质量、合同价格和合同执行情况进行监督。

第十章　附　　则

第四十七条　工程承包、油气勘探开发、技术进出口及实行设计、采购、施工总承包的工程项目中的技术、设备、材料和产品进出口和境外采购也按本规定执行。

第四十八条　本规定自印发之日起执行。原《关于印发〈中国石油化工集团公司对外贸易管理暂行规定〉的通知》(中国石化[1998]外字 257 号)同时废止。

第四十九条　本规定由国际事业公司负责解释。

附件：物资统一进口品种目录

附件：

物资统一进口品种目录

序号	品　　种	备　　注
1	钢材及其制品	包括通用钢材、储罐罐板、石油石化储运专用钢材和马口铁等
2	有色金属、贵金属及其制品	
3	木材、胶合板	
4	化工类产品	包括大宗的化工化纤原辅料、采油用化学品、石油管道防腐材料以及集团公司内两家以上单位共用的"三剂"等
5	其他中间原料	包括蜡油、燃料油、润滑油基础油等
6	实验及科研设备	包括实验室及在线分析化验用仪器、仪表；各类实验台架、实验装置、评价装置等科研设备
7	运输工具及施工机具	包括各种车辆、起重机、推土机、拖拉机、装载机、混凝土搅拌机(车)、铺路机等
8	船舶及浮动结构体	包括浮吊、钻井船(平台)、油轮、拖船、散货船、三用工作船等
9	通讯器材设备	包括程控交换机、微波通讯器材等
10	计算机硬件、软件及外围设备	包括 DCS 系统、先进控制系统、网络设备、各种计算机软件等
11	消防设备	包括各类消防车、消防船和固定消防设备
12	环保、节能设备	
13	企业年度计划进口的备用配件	
14	转动设备	包括泵、压缩机
15	储运设备	包括输油泵、各类阀门、控制系统及储罐附属设备等
16	海洋陆上开采石油(天然气)设备	包括勘探、钻井、测井、录井、试油、井下作业、开发作业、油田建设、特种工程车辆、油气储运、安全救生等各类设备及零部件等

中国石油化工集团公司对外工程承包和劳务合作管理办法

（试　行）

（二○○三年九月三十日　中国石化建[2003]448号文件）

第一章　总　　则

第一条　为实施中国石油化工集团公司(以下简称集团公司)"走出去"发展战略，加快对外工程承包和劳务合作发展步伐，发挥集团公司与所属企业两个积极性，加强对外工程协调管理，规范海外工程项目实施运作，特制定集团公司对外工程承包和劳务合作管理办法。

第二条　集团公司按照统一集团旗帜、统一规划市场、统一协调投标、统一对外报价和统一资质标准的"五统一"原则，上下配合一致，发挥集团公司和企业两个积极性，努力扩大海外市场份额，严格控制风险，争取获得最佳效益。

第三条　本办法适用于集团公司具有对外经贸权或对外工程承包和劳务合作资质的油田企业、炼化企业和石化工程建设企业。对外工程业务的管理，包括为业主(境外业主和境内国外投资项目业主)提供可研编制、技术咨询、专利转让、勘察、设计、采购(含石油机电产品出口)、工程施工、技术服务、工程监理、质量检查、生产准备、投料试车、生产操作、生产管理、检维修、人员培训等工程承包、工程服务和劳务合作业务。

第四条　集团公司油田企业经营管理部和工程建设管理部是集团公司对外工程和劳务合作业务的归口管理部门，分别负责石油工程和石化工程相关项目归口管理和统一协调。

第二章　管理机构及其职责

第五条　集团公司分别设立对外石油工程、石化工程两个对外承包和劳务合作协调领导小组。领导小组组长分别由集团公司主管领导担任，成员由集团公司油田企业经营管理部、工程建设管理部、外事局、人事教育部、财务计划部和中国石化国际石油工程公司、集团公司直属工程建设企业等有关部门和单位领导组成。

石油工程协调领导小组日常办事机构设在油田企业经营管理部。

石化工程协调领导小组日常办事机构设在工程建设管理部。

第六条　集团公司对外石油工程、石化工程承包和劳务合作工作协调领导小组职责：

(一) 负责领导、协调和监督对外工程承包和劳务合作业务工作；

(二) 负责审批对外工程承包和劳务合作业务管理办法及有关规定；

(三) 负责审批对外工程承包和劳务合作业务所需装备更新与改造计划；

(四) 负责审批对外工程承包和劳务合作项目前期费用计划；

(五) 负责审批对外工程承包和劳务合作业务人才培训规划；

(六) 负责审批工程承包和劳务合作境内外机构设立和涉外人员的出国(境)计划。

第七条　油田企业经营管理部和工程建设管理部职责。

(一) 负责提出集团公司对外工程承包和劳务合作业务发展的中长期规划和编制年度业务工作计划；

(二) 负责制订对外工程承包和劳务合作业务管理办法及有关规定；

(三) 负责对外工程承包和劳务合作企业的资质管理工作；

(四) 负责对外工程承包和劳务合作项目的审批、登记备案、监督管理或协调管理；搜集掌握对外工程承包和劳务合作的业务信息资料；

(五) 负责对口联系商务部、总承包商会等国家对外工程承包和劳务合作的部委和机构；

(六) 负责组织开拓海外市场。对独家企业难以承接的项目进行人力资源调配和项目组织协调，发挥集团整体优势；

(七) 会同财务计划部提出对外工程承包和劳务合作所需装备更新、改造计划和前期费用计划，并监督实施；

(八) 配合人事教育部提出对外工程承包和劳务合作人才培训计划、人才培养计划并组织实施；

(九) 配合股份公司发展计划部作好工程承包中的融资工作；

(十) 配合外事局提出对外工程承包和劳务合作境外业务机构设立和相关人员派遣计划，作好团组外派人员的管理工作。

第八条 集团公司总部外事、人教、财务计划等综合管理部门根据其职责范围负责相应业务的管理工作。

第九条 中国石化国际石油工程公司、集团公司直属工程建设企业、各油田企业是对外工程承包和劳务合作业务的主渠道。中国石化国际石油工程公司是集团公司上游统一对外的窗口公司，按照集团公司赋予的业务职责范围从事经营活动。各油田企业和工程建设企业(勘察、设计、施工、监理等)是集团公司对外业务的专业支持系统，根据本企业的业务特长和能力开展经营活动。

第十条 具有对外工程承包和劳务合作资质的企业，都应建立由主管领导负责，专业处室对口的国外工程管理机构。该机构可以单独设置，也可以指定部门或挂靠相关处室，分别对口集团公司油田企业经营管理部和工程建设管理部。企业国外工程管理机构的职责：

(一) 根据集团公司“走出去”发展战略，制定本企业海外工程承包和劳务合作发展规划、年度经营计划和实施措施，每年 12 月初报总部相应归口管理部门；

(二) 建立海外市场开发体系和海外项目信息网络，进行项目跟踪并及时向集团公司归口部门反馈信息和动态。

(三) 对实施运作中的海外项目，企业应将项目组织机构、联系人和联络方式报集团公司相应归口管理部门；将合同执行和主要情况，设计、采购、施工情况，投资、质量、安全控制和现场进度情况，项目实施中遇到的问题及需要集团公司协调解决的重大问题，于每月 5 日以文字、图像和表格形式将上月工程执行情况报集团公司归口管理部门。企业独立承接的项目，其基本情况(项目名称、组织形式、所在地、建设规模、建设期限、产品及原料规格、工艺路线、专利技术、工程进度和主要问题等)报集团公司归口管理部门备案。

(四) 建立对外工程项目投标报价系统，对跟踪的项目及时进行可行性研究和风险分析评估，研究制定规避风险的措施，为项目的立项决策和开展进一步的工作提供依据。经集团公司归口管理部门批准投标的项目，应提前购买标书，积极组织编制标书和资格预审文件，按要求呈报标书，澄清投标期间的各种问题，全力争取中标。企业应按时填报“中国石油化工集团对外工程投标备案表”和“中国石油化工集团公司对外工程中标备案表”，向集团公司相应归口管理部门报送新投标和中标项目信息及相关资料。

第三章　对外工程承包和劳务合作的业务管理

第十一条 对外工程承包和劳务合作业务实行项目管理。集团公司根据项目的不同性质分别采用协调管理制、代理管理制、项目管理制等 3 种不同管理模式，对集团公司对外工程承包和劳务合作项目进行管理。

第十二条 集团公司实施管理的项目包括企业自主开发的项目、以集团公司名义承揽的项目、集团公司开发并垫资的项目、集团公司自主开发的项目以及集团公司进行海外勘探开发投资所带动的石油工程、石化工程项目。

第十三条 集团公司对企业自主开发的项目和企业以集团公司名义承揽的项目实行项目协调管理制，按照五统一的原则，依据企业资质等级、以往业绩、业主对企业的评价等协调处理有关纷争问题，避免不正当竞争，维护正常的对外经营秩序和集团公司的整体利益。

油田企业以集团公司名义承揽的项目自投标开始须有中国石化国际石油工程公司参与。

第十四条 对集团公司在上游自主开发并垫资的项目实行项目管理制，集团公司授权中国石化国际石油工程公司行使以下职责：

(一) 负责汇总和分析研究国家有关部门、境外机构和各企业收集的对外工程和劳务合作项目信息并定期上报集团公司归口管理部门，组织重点跟踪、调研和开发。

(二) 对于重点跟踪的项目，组织有关企业做好现场勘查、调研，收集有关地质、工程、经济、外交关系、文化背景、自然环境、业主情况、竞争对手、当地政府法律和法规、物价、劳动力价格、材料供应能力等方面的资料。根据收集的资料，进行项目的可行性研究和论证，决定投标意向。

(三) 按照下列标准选择企业，并与选定的企业共同组成投标小组负责投标工作。

1. 在项目所在国家(地区)设有公司或办事机构。

2. 与项目业主有过合作的经历，合作项目业绩好，业主评价高。

3. 具有与项目要求相适应的技术装备和施工队伍。

(四) 对于投标金额小于 1 000 万美元(含1 000万美元)的项目，投标小组可自行决策；对于投标金额大于 1 000 万美元的项目，由投标小组聘请有关专家和有资质的咨询机构，对项目进行可行性研究和评估后，提交集团公司决策。

（五）项目中标后，受委托企业组成谈判小组，授权谈判小组负责人主谈和签约。合同谈判程序必须符合国家和集团公司的有关规定。合同正式签订后，上报集团公司归口管理部门备案。

（六）各企业间协商签订的内部分包合同或协议或经济关系合同或协议，要明确各方的权利、义务、责任、利益分配和相互关系，合同或协议一式3份，其中1份须报集团公司归口管理部门。

（七）项目实施阶段，企业可在项目所在国成立"联合项目经理部"，按要求履行合同。

（八）合同执行完毕，要对项目进行全面总结，并报集团公司归口管理部门。

第十五条　对集团公司自主开发的项目实行项目代理管理制，集团公司授权中国石化国际石油工程公司或直属工程建设企业(以下简称受委托企业)行使以下职责：

（一）项目决策程序参照第十四条(一)、(二)、(三)、(四)、(五)、(六)款执行。

（二）项目实施阶段，按中国石化财资［2003］56号文件规定办理并提供集团公司保函(含投标保函、预付款保函、动迁保函、履约保函和工程维修保函等)、法律、通关、协调等方面的支持和服务。项目的管理和运作模式可由受委托企业，根据项目具体情况采用下列方式：

1. 受委托企业以集团公司名义作为项目总承包商，其他企业作为分包商，与受委托企业签订分包协议。

2. 受委托企业与其他企业成立"联合项目经理部"，共同管理运作项目。

3. 受委托企业作为项目代理，与其他企业协商收取代理费，其他企业自主管理运作项目。

（三）合同执行完毕，要对项目进行全面总结，并报集团公司归口管理部门备案。

第十六条　集团公司所属企业作为承包商，对已中标的对外工程项目分包时，应优先考虑本协调企业，并遵循以下原则：

1. 具备对外经贸或对外工程承包和劳务合作资质，并具有施工作业队伍的企业，可以直接对外签约，并负责实施。

2. 有对外经贸或对外工程承包和劳务合作资质，但缺乏施工队伍的企业，在签约后，应首先委托系统内部施工队伍协助执行。

3. 没有对外经贸或对外工程承包和劳务合作资质，但有施工队伍的企业，必须委托总部受权单位对外签约，严禁擅自委托其他单位签约。

4. 必须优先使用集团公司系统内部队伍和人员。确因需要使用集团公司系统外的队伍和人员时，要报集团公司批准。

第十七条　集团公司进行海外投资所带动的石油工程项目，遵照国际惯例由中国石化国际石油勘探开发有限公司与中国石化国际石油工程公司签定合同或协议确定服务关系。中国石化国际石油工程公司按照第十四条第三款的标准在集团公司所属油田企业范围内通过招投标(议标)方式优选施工单位，并按第十四条第六款规定签订合同或协议。

第十八条　集团公司油田企业经营管理部和工程建设管理部对相关对外工程的业务信息进行收集、整理和通报，并会同有关部门对境外工程施工作业项目进行全面审查和考核。

第十九条　集团公司实行对外工程施工队伍资质认证制度。取得集团公司工程施工队伍资质认证甲级队伍资格认证后，才能赴境外进行工程施工作业。

第二十条　国际采购

（一）逐步建立集团公司和企业两级国外工程项目的国际采购系统。

（二）集团公司归口管理部门会同国际事业有限公司统一协调国外工程项目的国际采购工作。在国内和项目所在地的采购由项目经理部实施；第三国采购可由国际事业有限公司提供采购服务。

（三）国际事业有限公司受项目所在单位(承包单位)委托，发挥驻外机构的优势，对预期发生的第三国采购通过预询价和对以往相同、相似采购内容的比较，提供技术商务支持。项目经理部负责编制拟发生的第三国采购清单，向国际事业有限公司提出采购内容、技术规格、交货进度、型号数量和性能要求。

（四）国际事业有限公司收到设备材料清单后，根据清单要求对外询价，收到供应商技术报价后，通过与询价书的比较提供偏差表，向项目经理部提供供应商短名单。短名单经项目经理部确认后，国际事业有限公司正式对外询价，收到供应商的商务报价后，会同项目经理部进行评标、定价，最终价格由项目经理部授权人签字确定。

第四章　对外工程承包和劳务合作鼓励支持政策

第二十一条　为了促进集团公司对外工程承包和劳务合作产业的发展，集团公司将采取以下产业鼓励支持政策：

（一）优先安排对外工程承包和劳务合作项目的投资计划；

（二）安排适当资金用于对外工程项目的前期投入、人员培训、设备配套更新和补充流动资金；

（三）提供对外保函和信用证的信用额度支持。

第二十二条 集团公司所属各企业在上报年度计划时，对于海外工程承包和劳务合作项目的投入计划应详细说明并附项目进展的情况，经集团公司审核，对海外工程承包和劳务合作项目基本落实、所购设备技术先进的投资计划予以优先安排。

第二十三条 对未列入年度计划，但因海外工程承包和劳务合作的需要，急需购买的设备，可由企业向集团公司专项报告，经总部核实同意后，采取先购置，后调整计划的方法解决。

第二十四条 对因执行海外工程承包和劳务合作项目需要对外开具保函、信用证等信用函件，自身信用额度难以解决的，可向集团公司申报，经审核批准后，以银行内部划转使用集团公司信用额度等方式解决。

第二十五条 企业向集团公司申报享受扶持政策的同时，必须上报海外工程项目基本资料，包括项目可行性论证报告和项目管理模式等。

第二十六条 集团公司建立对外石油工程项目专项资金和对外石化工程项目前期费用资金，用于对外工程的前期投入、项目启动、装备更新改造、人员培训和后续队伍的储备等。集团公司将根据各企业对外工程项目的实际需要，下达年度计划。

第二十七条 集团公司负责对外工程项目所需设备的内部调剂，通过内部租赁或资产转移等手段实现资源共享，减少重复投资，提高集团公司的整体经济效益。

第二十八条 以集团公司名义签订的由所属企业具体实施的对外工程项目，涉及产品出口的，集团公司按照国家政策负责办理出口退税工作，并将出口退税款项返还受委托企业。

第二十九条 上述优惠政策仅适用于对外工程承包和劳务合作项目。

第五章　违规及处罚

第三十条 集团公司对所属企业和单位的不正当竞争行为进行处罚。不正当竞争行为是指：

（一）未按规定登记备案，擅自对外投(议)标。

（二）虽按规定登记备案，但拒不参加协调而擅自对外投(议)标。

（三）虽参加协调但拒不执行协调决定，擅自对外投(议)标。

（四）对外泄露协调内容及相关情况。

（五）对其合作伙伴、代理商等的不正当言论行为不制止甚至纵容。

（六）向业主、评标公司、项目融资机构泄露涉及集团公司所属企业相关信息。

（七）在投(议)标活动中违反公认的商业道德，诋毁、中伤其他企业，以达到中标目的。

（八）其他违反有关行业规定的行为。

第三十一条 集团公司将对不服从协调管理，有上述不正当竞争行为的企业和单位，根据情节轻重，给予通报批评、限制注册新的境外机构直至取消对外工程承包和劳务合作资格等处罚。

第六章　附　　则

第三十二条 本规定由集团公司油田企业经营管理部和工程建设管理部负责解释。

第三十三条 本规定自发布之日起执行。

中国石油化工集团公司
国外油气勘探开发项目投资管理暂行办法

（二〇〇三年十一月十七日　中国石化财[2003]521 号文件）

第一章　总　则

第一条 为实施中国石油化工集团公司(以下简称集团公司)“走出去”发展战略，实现国外油气勘探开发项目的规范管理，特制定本办法。

第二条 坚持“有进有退，有所为，有所不为”的投资方针，加快国外油气勘探开发步伐，积极扩大国外油气资源合作，加大国外油气勘探开发力度，实现国外油气储量和权益油产量增长，形成新的效益增长点。

第三条 财务计划部负责安排国外油气勘探开发项目年度投资计划、落实资金来源、协调和管理国外资金，参与国外油气勘探开发项目中长期计划的编制及项目建议书、可行性研究报告和项目后评价报告的审核，监督国外项目投资计划的执行和资金的使用。

第四条 国际石油勘探开发有限公司(以下简称国际勘探开发公司)为集团公司的全资子公司，是集团公司从事上游海外投资经营的惟一专业化公司，并行使集团公司国外勘探开发业务归口和集中统一经营的职责。参与国外油气勘探开发中长期计划的编制，具体负责国外油气勘探开发的信息收集和项目前期选择论证、项目建议书、可行性研究及所管理项目后评价报告的编制，负责年度勘探开发方案的审定，并提出年度投资计划建议，负责国外油气勘探开发项目的资金管理工作和海外项目的运作与管理，对实现国外油气储量、权益油和经济效益的最大化负责。

第五条　股份公司发展计划部(以下简称发展计划部)，受集团公司委托，负责国外油气勘探开发项目中长期计划的编制、项目信息报备、项目建议书、可行性研究报告及合同章程的审核、项目立项报批和项目后评价报告的报批。

第六条　法律事务部参与国外油气勘探开发项目合同谈判，对投资协议、合同文本和章程等进行法律审查，以及负责外聘律师、法律中介机构等工作。

第七条　油(气)田企业按照集团公司关于“发挥两个积极性”的精神,在国际勘探开发公司的统一指导协调下,进行项目开发和论证,负责所管理项目建议书、可行性研究报告和项目后评价报告的编制,并在国际勘探开发公司统一组织下进行项目谈判,组织项目实施;负责提出所管理项目的年度投资计划建议。

第八条　根据不同情况，对国外油气勘探开发项目主要采取以下三种运作方式：一是由国际勘探开发公司独立投资，自主经营管理；二是由国际勘探开发公司投资，委托油(气)田企业经营；三是由国际勘探开发公司与油(气)田企业共同出资，联合经营管理。

第九条　国外油气勘探开发要以多拿储量(特别是探明储量和经济可采储量)和权益油、提高项目的经济效益作为各项工作中心。

第十条　国外油气勘探开发项目要严格按照程序审批。项目实施过程中，若发生重大变化，国际勘探开发公司和油(气)田企业应以书面形式及时报告集团公司，以便采取相应的措施。

第二章　中长期发展计划及项目前期工作

第十一条　国际勘探开发公司在集团公司总体发展战略指导下，滚动提出国外油气勘探开发中长期发展计划建议，在计划期的前一年8月份完成，报送发展计划部，抄送财务计划部。集团公司委托发展计划部组织财务计划部、油田企业经营管理部(以下简称油田管理部)和股份公司油田勘探开发事业部(以下简称油田事业部)审核后，报集团公司总经理办公会议通过，作为项目提出和安排年度计划的依据。

第十二条　国外油气勘探开发中长期发展计划应体现战略性、前瞻性和指导性，突出效益原则。主要内容包括：宏观经营环境分析、发展目标、发展战略和总体部署、重大投资项目计划及投资、生产经营指标、总体经济效益和评价、风险分析及对策等。

第十三条　国外油气勘探开发项目前期工作是指从项目选择、提出到实施前所开展的各项工作，主要包括开展项目机会研究、编制项目建议书和可行性研究报告以及谈判签约等。

第十四条　项目机会研究要在国外油气勘探开发中长期发展计划指导下进行。项目机会研究可分为一般项目机会研究和重点项目机会研究。一般项目机会研究侧重于发展方向、战略选区、投资模式等。国际勘探开发公司在一般项目机会研究的基础上，对有意向的重点项目，进行初步评估、排队筛选等重点研究，提出拟定项目，并对项目进行预审。

第十五条　对通过国际勘探开发公司预立项审查的项目，由国际勘探开发公司编制项目建议书，报送发展计划部，抄送财务计划部，由发展计划部按程序报经主管领导签发上报国家发展和改革委员会(以下简称国家发改委)。

第十六条　向国家发改委报送项目建议书后，国际勘探开发公司对通过预审的项目进行深入的尽职调查和可行性研究，并组织编制可行性研究报告。可行性研究报告经国际勘探开发公司专家委员会咨询和审查后，由国际勘探开发公司董事会(以下简称董事会)审议决策。

第十七条　经董事会批准的项目可行性研究报告，由国际勘探开发公司报送发展计划部，抄送财务计划部，并由发展计划部按程序报经主管领导签发上报国家发改委。

第十八条　国家发改委批准可行性研究报告后，国际勘探开发公司在发展计划部和法律事务部的指导和帮助下，与外方进行谈判、签约。对外投资合同经发展计划部和法律事务部审核后，由发展计划部按程序报经主管领导签发上报国家有关部委。

第十九条　对外投资合同批准后，国际勘探开发公司应及时组织编制项目总体实施方案。项目总体实施方案由国际勘探开发公司组织财务计划部、发展计划部、油田事业部和油田管理部等部门及有关单位的专家进行审核后，报董事会批准。批准后的实施方案报财务计划部和发展计划部备案。

第三章　年度投资计划

第二十条　年度投资计划包括前期工作费用计划和项目投资计划。

第二十一条　前期工作费用，主要包括资料购置费、地质研究和经济评价费、咨询费、代理费、投标费、股权转让费、公关费和国际差旅费等。由国际勘探开发公司根据新项目开发情况编制年度前期工作费用计划，经财务计划部审核并报集团公司主管领导审批后，列入年度投资计划。油(气)田企业的新项目开发前期工作费用，报国际勘探开发公司组织汇总审核后，列入油(气)田企业年度投资计划。

第二十二条　项目投资计划。续建项目年度投资计划：按照项目总体实施方案和年度勘探开发方案，国际勘探开发公司独立投资的国外油气勘探开发项目，由国际勘探开发公司编制年度投资计划，报送财务计划部；由国际勘探开发公司与油(气)田企业合资的油气勘探开发项目，由国际勘探开发公司与油(气)田企业按照股比分别编制年度投资计划，报送财务计划部；对于目前油(气)田企业已投资和操作的油气勘探开发项目，由油(气)田企业编制年度投资计划，报送财务计划部。油(气)田企业编制的年度投资计划同时抄送国际勘探开发公司。

新开项目年度投资计划，成熟一个，下达一个。

第二十三条　列入年度投资计划的国外油气勘探开发项目，原则上由国家有关部门批准立项。

第二十四条　国外油气勘探开发项目年度投资计划由国际勘探开发公司统一平衡，经财务计划部审核后报总经理办公会议通过并分批下达，成熟一批，下达一批。由国际勘探开发公司独立投资的国外油气勘探开发项目，其投资计划的实施，由国际勘探开发公司负责；由国际勘探开发公司与油(气)田企业合资的油气勘探开发项目，原则上由国际勘探开发公司与油(气)田企业按项目成立股份有限责任公司，按照股份比例承担风险、行使权利、享受收益，切实做到谁投资、谁负责、谁受益。

第四章　项目后评价

第二十五条　项目竣工验收或投入运营 1—2 年后，要进行项目后评价，编制项目后评价报告，经发展计划部或国际勘探开发公司审核后，由发展计划部按程序报主管领导签发上报国家有关部委。

第二十六条　国际勘探开发公司独立投资的项目，由国际勘探开发公司负责编制后评价报告，报送发展计划部，抄送财务计划部；国际勘探开发公司与油(气)田企业合资的油气勘探开发项目，由国际勘探开发公司与油(气)田企业联合编制后评价报告，报送发展计划部，抄送财务计划部。集团公司委托发展计划部组织有关部门对后评价报告进行审核。

第二十七条　对于目前油(气)田企业已投资和操作的油气勘探开发项目，由油(气)田企业编制后评价报告，报送发展计划部，抄送财务计划部和国际勘探开发公司。集团公司委托国际勘探开发公司组织有关部门对后评价报告进行审核。

第五章　资 金 管 理

第二十八条　财务计划部负责落实国外油气勘探开发项目建设所需资金，对需要在国内外融资的项目，负责统一安排、落实融资渠道和融资方式，并会同有关部门制定年度国外油气勘探开发项目资金计划报集团公司批准后组织实施。

第二十九条　根据集团公司年度投资计划，国际勘探开发公司和油(气)田企业负责制定国外油气勘探开发投资资金计划，报财务计划部综合平衡后组织实施。

第三十条　为了加强国外资金的集中统一管理，利用国外项目资金滚动发展，确保资金安全，集团公司国外项目资金(包括国外投资项目收益和项目折旧、利润、各种摊销形成的经营收入资金、借贷类资金等)都要专户存储在指定的国外资金账户，由集团公司实行统一管理和调度。

第三十一条　国际勘探开发公司和油(气)田企业负责对国外项目资金进行日常管理和监督，建立健全内部财务资金制度和控制体系，确保资金安全。

第三十二条　财务计划部负责对集团公司国外项目投资计划和资金管理行使监督职能。

第六章　附　　则

第三十三条　本办法由集团公司财务计划部负责解释，自印发之日起试行。

中国石油化工集团公司知识产权保护和对外技术许可、转让管理的规定

(试　行)

(二〇〇三年十一月四日　中国石化科[2003]507 号文件)

第一条　为加强中国石油化工集团公司(以下简称集团公司)知识产权保护，规范对外技术许可、转让行为，维护集团公司利益，特制定本规定。

第二条　集团公司及所属单位出资或部分出资(包括有形资产和无形资产)在研究开发、生产经营、工程设计、勘探开采、制造施工、信息技术应用等活动中所获得的科技成果，以及集团公司及其所属单位职工的职务研究成果，其知识产权属集团公司所有或

部分所有。未经集团公司批准或授权，任何单位和个人不得擅自对外公开、泄露、许可和转让。

第三条　集团公司所属单位在向外部许可、转让技术和参加工程投标前，须书面报告股份公司科技开发部，报告应包括许可、转让理由、对集团公司竞争力的影响分析、许可技术的范围及取费方式等。经科技开发部审查并报主管领导批准后方可进行技术交流、合同谈判。

第四条　集团公司及所属单位对外技术许可、技术转让、技术服务必须签订书面合同，合同签订前需书面报股份公司科技开发部和法律事务部审查。

第五条　违反本规定，给集团公司或所属单位造成损失的，所属单位或个人承担法律责任，并赔偿经济损失。

第六条　集团公司及所属单位职工、退休、离职人员和临时聘用、外来学习人员等，有义务保护集团公司知识产权。职工劳动合同中须包含保护知识产权条款。接触、涉及集团公司知识产权、技术秘密的人员须另行签订有关知识产权保护协议，离职前须签署竞业禁止合同。

第七条　对集团公司及所属单位未公开专利和专有技术应实施保密管理，在国内外技术、经济交往活动中对专利和专有技术的保护要严格按照保密制度办理，包括限制接触人员，限制参观，限制发表文章以及任何方式的公开等。

第八条　集团公司授权股份公司科技开发部归口管理集团公司知识产权保护和对外技术许可、转让，并具体制定相关实施细则。

第九条　本规定适用于集团公司所属单位以及全资子公司、控股公司。

中国石油化工集团公司暨股份公司
破坏性地震应急预案

（二〇〇三年一月二十二日　中国石化安[2003]35号文件）

一、总则

（一）编制依据

根据《中华人民共和国防震减灾法》(中华人民共和国主席令第九十四号)、《破坏性地震应急条例》(国务院令第172号)、《国家破坏性地震应急预案》(国办发[2000]53号)，结合集团公司和股份公司的实际情况，特编制《中国石油化工集团公司暨股份公司破坏性地震应急预案》(以下简称《预案》)。

（二）编制目的

编制本《预案》的目的是：加强“破坏性地震应急工作”(以下简称应急工作)管理；明确总部机关各部门的应急工作职能；确保应急工作快速启动，高效有序；最大限度地减轻地震及其次生灾害造成的损失，为震后恢复生产和生活秩序创造有利条件。

（三）应急工作原则

1. 组织原则

本《预案》是“国家破坏性地震应急预案”的组成部分，集团公司的抗震救灾工作应服从国家主管部门和国务院抗震救灾指挥部的统一领导。集团公司所属单位(以下简称各单位)也要接受所在地区地方政府的具体指挥。坚持局部利益服从全局利益，一般工作服从应急工作的基本原则。

2. 协调原则

应急工作既要与总部机关日常行政管理、生产管理、安全管理、职业卫生管理、消防管理和抗震减灾管理协调一致，又要在应急工作实施过程中具有权威性；既要在应急工作实施时全面调动总部机关各职能部门的力量，分级、分部门负责，又要相互配合，协调一致。

3. 重视次生灾害

由于石油石化行业的生产过程具有易燃、易爆、高温、高压、有毒、污染等特点，决定了地震的次生灾害将比较严重，甚至其危害远远大于地震本身造成的灾害。应急工作应充分考虑这些特点，防止灾害扩大化，减轻或消除环境污染。

4. 预案适用范围

本《预案》适用于集团公司和股份公司总部机关，以及各单位所在地发生破坏性地震时的应急工作。本《预案》涉及总部机关各部门，并视震情由总部“抗震救灾指挥部”(以下简称指挥部)确定参与应急支援的有关单位、动员规模、接受支援的地震灾区等事宜。

5. 预案启动条件

(1) 破坏性地震的等级划分

比照《国家破坏性地震应急预案》的有关规定，结合集团公司的实际情况，本《预案》确定的地震破坏等级(含次生灾害造成的人员伤亡、财产损失)为：一般破坏性地震、严重破坏性地震、造成特大损失的严重破坏性地震。具体划分标准如下：

① 一般破坏性地震是指造成一定数量人员伤亡和经济损失(指标低于严重破坏性地震)的地震。

② 严重破坏性地震是指造成职工死亡 200—1 000人，直接经济损失达到地震发生地区(省、自治区、直辖市)上年国内生产总值 1%—5%的地震。

各单位处在 100 万人口以上的大城市或地区发生大于 6.5 级、小于 7.0 级的地震；在 50 万—100 万人口的城市或地区发生 7.0 级以上的地震，也可视为严重破坏性地震。

③ 造成特大损失的严重破坏性地震是指造成职工死亡人数超过 1 000 人，直接经济损失超过地震发生地区(省、自治区、直辖市)上年国内生产总值 5%以上的地震。

各单位处在 100 万人口以上的大城市或地区发生大于 7.0 级以上的地震，也可视为造成特大损失的严重破坏性地震。

(2) 预案的启动条件

根据集团公司的实际情况，应急工作分为两种情况。

第一种情况，各单位所在地区发生一般破坏性地震时，不启动《预案》，但由安全环保局(安全环保部)会同有关部门按业务管理范围组织实施应急工作。有关企事业单位在总部机关统一指挥下，组织实施本单位的应急工作。

第二种情况，各单位所在地区发生严重或造成特大损失的破坏性地震时，或所在省(自治区、直辖市)人民政府发布破坏性地震临震预报后，总部机关成立指挥部，《预案》开始启动。

当各单位所在地区受其他地区破坏性地震影响，造成人员伤亡和经济损失时，比照上述划分标准启动《预案》。

二、指挥部的组织机构及职责分工

(一) 人员组成

集团公司安全生产监督委员会组成单位及成员和百川公司负责人，在严重破坏性地震、造成特大损失的严重破坏性地震发生后，即组成总部机关指挥部。安全生产监督委员会的主任委员、副主任委员，分别为指挥部的指挥长、副指挥长。

(二) 办公地点

根据震中距油田、炼油、化工、销售企业的远近，或职工伤亡、财产损失、次生灾害的严重程度，由指挥长、副指挥长决定指挥部的办公地点。一般设在油田、炼油、化工、销售 4 个事业部调度室中的一个调度室。

(三) 指挥部的职责范围

1. 主要负责人参加国务院或国务院抗震救灾指挥部会议，根据要求部署集团公司的抗震救灾工作。

2. 负责集团公司涉及的国家破坏性地震应急工作，协调有关行动。

3. 协调、指挥抢险救灾、医疗救护、消防保卫、物资救援等工作。

4. 负责震情及震后灾情的上传下达工作。

5. 负责派出工作组赴受灾单位，协助其抗震救灾工作。

6. 负责国务院或国务院抗震救灾指挥部交办的其他工作。

(四) 指挥部组成单位的任务分工

指挥部组成单位在《预案》启动后，均负有保证指挥部指令畅通、快速高效的责任。

1. 指挥部办公室的职责

当某事业部调度室被确定为指挥部办公室后，该事业部调度室即为指挥部办公室。

(1) 负责通知指挥部组成人员到指挥部办公室报到。未在京的指挥部人员，由所在单位按职务高低依次递补。

(2) 负责保持与建设部抗震办公室、中国地震局等有关部门的联系。了解地震震级、发震时间、震中位置及余震情况。

(3) 负责协调集团公司各部门的应急工作。

(4) 负责迅速了解、收集、汇总震情和灾情，及时向指挥部报告；负责与现场抗震救灾指挥部保持联系。

(5) 负责对系统外有关部门和单位抗震救灾物资的支援，安排相应的应急工作。

2. 办公厅(总裁办)的职责

(1) 负责保持与中办、国办的联系。

(2) 协助指挥部办公室安排应急工作。

(3) 负责协调应急状态下集团公司机关的保卫工作。

(4) 负责协调对受灾单位的慰问等事宜。

3. 油田管理部、炼化管理部、油田事业部、炼油事业部、化工事业部、油品销售事业部的职责

负责所辖企业所在地发生破坏性地震后的抗震救灾工作。

(1) 负责保持总部机关与地震灾区单位的信息联络，及时收集震灾信息。接受受灾单位的救灾请求，并向指挥部汇报；负责将指挥部的救灾指令传达到有关单位。

(2) 负责组建由专业技术人员组成的抢险工作组，参加现场抢险工作。

(3) 负责组织受灾单位做好恢复生产的准备工作。

4. 工程部的职责

负责组织施工企业的施工机具及施工力量，组织

设计院专业人员赶赴受灾单位，参加现场抢险及恢复生产工作。

5. 物资装备部的职责

筹措并组织向受灾单位调运各类救灾物资、抢险工具、通迅器材、急救医疗器械和恢复生产所需的设备、材料、配件等。

6. 财务计划部的职责

经指挥部批准，负责安保基金和救灾资金的应急拨款工作。

7. 外事局、国际事业有限公司的职责

(1) 负责受灾单位恢复生产急需进口的设备、仪表及各类物质、材料的对外联络和紧急进口等事宜。

(2) 协助受灾单位组织安全撤离在该单位参与技术及商务工作的外商等工作。

8. 百川公司的职责

(1) 负责建立指挥部与受灾单位 24 小时的热线联系。注意在受灾单位丧失通讯能力时，及时与相邻最近的单位取得联系。

(2) 负责提供总部机关抢险救灾工作组赴受灾单位的交通保障。

(3) 负责提供指挥部的专用车辆。

(4) 负责总部机关受灾人员的医疗救护、办公设施安排、临时住房安排等项工作。

9. 中国石化报社的职责

负责对地震灾情、避震知识、震后防疫和抢险救灾的宣传、报导工作。宣传口径按国务院或国务院抗震救灾指挥部的要求执行。

10. 安全环保局(安全环保部)的职责

(1) 负责组织调集医疗救护力量。

(2) 负责系统内消防、化学救援力量的调动。

(3) 负责组织抗震专家赴灾区协助震后灾害评估工作。

(4) 负责安保基金应急拨款及受灾单位的保险理赔。

三、应急工作的准备

(一) 抗震设防及加固

各单位应严格按国家及集团公司有关标准规范做好震前抗震设防、抗震鉴定、抗震加固工作。确保建(构)筑物和设备达到抗震设防标准及破坏性地震发生时“小震(低于抗震设防烈度)不坏、中震(等同于抗震设防烈度)可修、大震(高于抗震设防烈度)不倒”。在省(自治区、直辖市)人民政府发布破坏性地震临震预报后，有关单位还应采取应急加固、人员疏散等措施。

(二) 应急(自防自救)方案

集团公司颁发的《石油化工企业抗震防灾对策》是企业应急工作的组成部分和重要依据，也是减轻地震次生灾害、避免损失扩大的重要措施。各单位应按有关要求，定期修订本单位的应急方案，以备应急工作需要。

(三) 抗震防灾演习

在制定抗震防灾预案等规定的基础上，定期开展关键生产装置、重要生产岗位的抗震防灾演习，提高干部、职工在应急状态下的应变能力和抗震防灾意识。

(四) 紧急支援方案

总部机关各事业部、管理部应按日常工作制度，掌握生产企业、直属油库的油品库存情况。以便地震时遵照国务院或国务院抗震救灾指挥部指令，或有关部门、地区需要支援时，及时提供各类油品的支援。

四、应急反应和行动

第一阶段的应急反应和行动

(一) 震情的收集与速报

各单位所在地发生破坏性地震，或接到所在省(自治区、直辖市)人民政府的破坏性地震临震预报后，所涉及的单位应立即通过各种渠道，立即报告集团公司总值班室和各事业部调度室。

(二)《预案》的启动程序

在接到有关破坏性地震信息后，有关人员应立即报告总部领导，经批准后启动《预案》。

(三) 通讯联络的保障

百川公司、信息管理部接到通知后，应立即着手沟通总部机关与国务院、建设部、中国地震局的通讯联系；应急沟通与受灾单位的卫星通讯、调度通讯线路，保证畅通。

(四) 交通工具的保障

百川公司接到通知后，应立即优先确定指挥部专用车辆，保证用车，并根据需要随时增加交通车辆。

(五) 震情的信息传递

指挥部办公室负责向国务院有关部门了解地震震级、发生时间和震中位置、震情趋势等情况。

各事业部、管理部负责收集震灾初步信息，包括：人员伤亡情况、装置破坏情况、建(构)筑物倒塌情况、次生灾害情况、震灾损失的初步估计等，并及时报告指挥部。

(六) 应急工作的协调

指挥部召集会议，部署、协调、监督和检查各成员单位的救灾工作，及时通报情况。

第二阶段的应急反应和行动

(一) 抢险队伍的组织

工程抢险救灾(指企业生产装置、生活设施等)主要依靠受灾企业组织自救。当需要支援时，指挥部按受灾企业请求，组织相应人员对口支援并在指定时间内赶赴地震灾区。

抢险救灾工作组及其人员由指挥部负责组织确定，尽快赴地震灾区帮助受灾单位开展抗震救灾工作。根据需要，再决定是否组织专业技术人员赴受灾企业参加抢险救灾。

（二）救灾物资的组织

救灾物资包括：大型吊车、照明车等抢险机具；帐篷、炊事用具、应急灯、衣被等生活用品；对讲机、喊话器、无线通讯等器材和医疗救护器具、药品等。由物资装备部牵头，各有关部门按分管职责负责组织筹集，在指定时间内起运。

（三）消防力量的区域联防

根据需要由安全环保局（安全环保部）负责调集消防、化学救援力量支援受灾单位。

（四）医疗救护的组织

根据需要由安全环保局（安全环保部）通知有关单位，组织医疗救护工作人员进入灾区，协助受灾企业开展现场急救、护送伤员工作。

（五）地震次生灾害的应急对策

由于石化行业的生产特点，决定了地震次生灾害的影响和可能造成的损失，远远大于地震本身造成的影响和损失。因此必需给予应有的重视。

为有效地减轻地震次生灾害造成的灾情加剧、损失扩大，指挥部应以“石油化工企业抗震防灾对策”为原则依据，指挥对地震次生灾害的预防和抢险救灾。

五、附则

（一）各单位要参照本《预案》，制定或修定本单位的破坏性地震应急预案，由本单位安全生产委员会批准后发布实施，并报主管部门和安全环保局（安全环保部）抗震办公室备案。

（二）各单位制定破坏性地震应急预案时，应本着灾害管理遵从“属地领导”为主的原则，注意与所在地区地方政府制定的破坏性地震应急预案相协调。

（三）本《预案》原则上每5年修订一次。

中国石化集团公司放射防护管理规定

（二〇〇三年三月十一日　中国石化安[2003]122号文件）

第一章　总　则

第一条　为加强中国石化集团公司暨股份公司使用放射性同位素（指不包括作为核燃料、核原料、核材料的其他放射性物质）与射线装置（指X线机、加速器及中子发生器）的单位（以下简称放射工作单位）对放射防护的管理，保护劳动者生命健康，依据《中华人民共和国职业病防治法》、《放射性同位素与射线装置放射防护条例》，制定本管理规定，各单位应根据自身实际情况制定本单位的管理及实施细则。

第二条　放射工作单位应成立由主管领导和安全、环保、保卫（或公安）、职防及放射性物质使用单位的负责人组成的“放射防护领导小组”，领导和协调本单位的放射防护工作，其监督管理职能设在安全环保处（部），放射卫生日常工作由职防专业机构统一负责，放射性同位素与射线装置的安全保卫工作由保卫（或公安）部门负责。

第三条　任何单位和个人对违反本规定的行为有权举报。

第二章　许 可 管 理

第四条　严格执行国家放射工作许可登记制度。凡放射性同位素及射线装置的建设、使用与废止、放射源的购置与拆装处理，均需经本单位安全、职业卫生及保卫（或公安）管理部门审查同意后依法办理申请、登记或注销手续。

第五条　固定放射工作场所防护设施的设计须经所在省级人民政府卫生行政部门会同公安等部门审查，按照批准的设计方案进行施工。竣工后，须经所在地省级卫生行政部门会同公安等部门验收，获得许可登记证后方可投入运行或者使用。

第六条　放射工作许可登记证每2年到原发证部门审核一次。许可登记证不得伪造、涂改、转让或出租使用。如有遗失，应及时刊登公告，到原发证部门申请补发。

放射工作单位变更许可登记证规定的内容时，应持许可登记证到原审批部门办理变更手续。终止放射工作时必须向原审批部门办理注销许可登记手续。

第三章　放射防护管理

第七条　放射工作单位应根据本单位的实际情况明确管理人员及射线工作人员的职责，制定并执行放射防护管理规章制度和监督检查制度，采取有效措施使本单位的放射防护工作符合国家有关规定和标准。放射防护工作单位应定期（每季度1次）对放射防护工作进行检查。

第八条　放射性同位素和射线装置的固定使用场所应配备相应的防护设施及个人防护用品，其入口处必须设置放射性标志和必要的安全防护设施、报警装置和工作信号，定期进行辐射水平检测。

第九条　放射性同位素和射线装置的开放使用场所执行《射线作业通知单》制度。《射线作业通知单》由相关管理部门联合签发并协调相关工作。作业现场应设置警示标志及警绳(夜间设警灯)，专人警戒，并穿着防护服装，携带剂量监测仪和佩带个人剂量仪。

第十条　购置和运输放射性同位素、含放射性同位素设备时，应到当地省级人民政府卫生行政部门和公安部门办理相关批准手续后，方可购置、运输。

第十一条　放射性同位素不得与易燃、易爆、腐蚀性物品同库储存。储存场所必须符合放射防护要求，并不得超过该储存场所防护设计的最大储量。储存场所应采取有效的防护措施并安装相应的报警装置。

储存室应当实行双人双锁制，有完善的存入、领取、归还登记和检查制度，做到账物相符。

在开放型工作场所使用的放射性同位素一般不得在现场过夜。特殊情况须设临时储存的场所要经过安全、保卫部门的检查确认，设置放射性标志，指定专人负责保护。

废弃的放射性同位素应当送交放射性同位素废物管理机构或原供货单位回收处理。

第十二条　从事放射工作的人员必须经过职业性健康检查和放射防护知识及相关的法规、专业技术知识培训合格，持有《放射工作人员证》方可上岗作业。《放射工作人员证》每年复核1次，每5年换发1次。射线作业人员必须接受个人剂量监测，建立个人剂量档案。

第十三条　对从事放射性工作的人员应建立放射工作人员健康检查档案。每1—2年由省级卫生行政部门指定的卫生医疗机构进行1次职业性健康体检，并根据健康检查结果决定放射工作人员是否继续从事放射工作。

第十四条　放射防护器材及防护用品、监测仪器的技术性能应当符合有关标准和卫生要求。并按规定定期进行安全检查和性能检测，发现不符合要求或存有隐患的，要及时维修或更换。

第十五条　从事放射工作的人员在放射工作期间必须佩戴省级及以上卫生行政部门认可的个人剂量计，放射工作单位应定期将个人剂量计送交省级以上卫生行政部门指定的技术单位监测，并将监测结果抄录在《放射工作人员证》中。

放射单位应根据卫生部令第52号《放射工作人员健康管理规定》，对放射工作人员进行有效的健康监护。

第四章　放射事故应急处理

第十六条　放射工作单位应建立放射性同位素泄露、丢失应急处理组织及应急处理预案，明确组织中各人员的职责和有效的联系方式，并配备必要的防护设备、器材、检测仪器，事故应急处理人员应定期开展预案演练，确保在任何情况下都能快速实施应急处理预案。

第十七条　发生放射性同位素泄露、丢失事故，应快速启动事故应急处理预案。应急处理组织的人员应携带必要的设备、器材立即到达现场，按照应急处理预案规定的职责分工，迅速封锁作业场所、保护事故现场、疏散人员、建立警戒区、设置明显的警示标志。应急处理组织应立即进行调查分析，确定发生泄露的放射性同位素源的种类、活度、位置、污染范围和污染程度，制定现场放射性同位素紧急收回方案。污染现场尚未达到安全水平以前，不得解除封锁。

第十八条　对可能受到放射性同位素污染或者放射损伤的人员，应立即采取隔离、医学救治等措施。

第五章　放射事故管理

第十九条　对放射性同位素与射线事故(简称放射事故)应执行集团公司《事故管理制度》。放射事故具体分级见附件1和附件2，混合事故按其中高一级判定。

第二十条　发生放射事故后，应立即报告当地公安机关和卫生行政部门并成立有放射卫生专业人员参加的事故调查小组，发生严重事故和重大事故要有企业领导参加组织事故调查。

事故调查情况应由调查组指定专人对外公布，以维护生产秩序和稳定群众情绪。

第二十一条　发生或发现放射事故的单位应将《放射事故报告卡》在24小时内报集团公司安全环保局并抄报集团公司职业病防治中心，同时向所在地卫生、环保和公安部门报告。

第二十二条　发生放射事故的单位和个人，应当赔偿受害者的经济损失及医学检查治疗费用，并支付处理放射事故的各种费用。但如果能够证明该损害是由受害人故意造成的，不承担赔偿责任。

第六章 附 则

第二十三条 本规定由集团公司安全环保局负责解释。

第二十四条 本规定自印发之日起执行，原《放射线源管理规定》(中国石化[1999]安字 467 号)同时废止。

附件：1. 人员受超剂量照射事故分级
　　　2. 丢失放射性物质事故分级

附件 1:

人员受超剂量照射事故分级

受照人员及部位	受照剂量(Gy)		
	一般事故	严重事故	重大事故
放射工作人员			
全身	≥0.05	≥0.5	≥5
局部或单个器官	≥0.5	≥5	≥20
公众成员			
全身	≥0.005	≥0.05	≥1
局部或单个器官	≥0.05	≥0.5	≥10

1. 表中值不包括天然本底照射，以及正常情况下的职业照射、公众照射和医疗照射所致剂量；对于放射工作人员，表中值包括处理放射事故的计划照射剂量。
2. 表中所列各种剂量均指一次事故，从发生、处理到恢复正常的全过程所导致内外照射剂量之和。
3. 多种人员多部位受超剂量照射事故，级别按最高一级事故判定。

附件 2:

丢失放射性物质事故分级

放射性物质形态	放射性活度(Bq)		
	一般事故	严重事故	重大事故
密封型	$\geq 4\times10^6$	$\geq 4\times10^8$	$\geq 4\times10^{11}$
非密封型	$\geq 4\times10^5$	$\geq 4\times10^7$	$\geq 4\times10^{10}$

表中各级值应乘以毒性组别修正因子 f，对极毒组 f = 0.1，对高毒组 f = 1，对中毒、低毒组 f = 10。

中国石油化工集团公司暨股份公司
工业水管理制度

（二〇〇三年一月二十七日　中国石化安[2003]40 号文件）

第一章 总 则

第一条 为加强对工业水的管理，改善水质，提高用水效率，确保生产稳定运行，实行定量用水、节约用水，依据《中华人民共和国水法》以及国务院 6 部委《印发 <关于加强工业节水工作的意见> 的通知》要求，按照国家经贸委《工业水管理办法》，特制定《中国石油化工集团公司暨股份公司工业水管理制度》(以下简称《管理制度》)。

第二条　本《管理制度》所称工业水是指企业生产区内用于生产、生活的水及水的产品，包括新鲜水、冷却水、化学水(软化水、脱盐水等)、蒸汽及凝液、回用水等。

第三条　各企业要建立健全工业水管理机构和制度，各级生产单位必须有1名领导主管工业水管理工作，并建立领导小组和工作小组。必须明确熟悉工业水管理业务的部门归口管理工业水的相关工作，明确部门负责人，安排专职技术人员负责工业水的日常统一管理工作，与水处理单位、主要用水单位形成工业水管理网络。

第四条　工业水管理是系统工程，关联到设计、建设、运行管理等方面，以及工艺、水汽用户、检修、质检、环保、计量、设备和供应等各部门，各方应积极配合协作，各司其职，做好工业水管理工作。

第五条　应重视工业水处理和用水、节水技术革新及技术进步工作。要积极采用新技术、新工艺、新设备、新材料和自动化技术，以逐步提高工业水运行和管理水平，达到高效运行和节水的目的。

第六条　本《管理制度》适用于集团公司暨股份公司(以下统称中国石化)各部门及各企事业单位(以下简称各企业)。

第二章　职责与分工

第七条　中国石化相关部门职责

(一) 中国石化节水办、生产经营管理部、油田事业部、炼油事业部、化工事业部、油田企业经营管理部、炼化企业经营管理部、安全环保局和咨询公司组成检查小组，对各企业执行本管理制度的情况进行不定期抽查和考核。

(二) 中国石化节水办归口管理节水工作，相关事业部和企业管理部归口管理对口企业的工业水管理工作。科技开发部负责组织重大工业节水技术开发及技术推广工作。

(三) 中国石化水处理技术服务中心按照有关部门的要求，开展水处理科研、服务和信息交流等工作。中国石化水处理剂评定中心按照有关部门的要求，开展常用水处理剂的质量检验和分析方法制订等工作。

第八条　生产企业主管领导职责

(一) 各生产企业主管领导负责贯彻执行国家和中国石化有关工业水管理的政策、法规和制度，负责处理本单位工业水方面的重大技术和管理问题，每季度至少召开1次工作会议，检查工业水管理工作，研究工业用水和节水的重要问题，并做出决定。

(二) 负责审批有关工业水的重大技改技措项目，水处理技术及用水方案。

第九条　生产企业主管部门(处、科)职责

(一) 组织贯彻上级有关工业水的各项规章制度，制定本企业有关工业水管理的实施细则和考核办法。

(二) 负责组织制定或审查工业水处理及节水技术改造项目的方案，编制用水量计划和节水规划，报送主管领导审批后组织实施。

(三) 组织本企业工业水管理的检查、考核、竞赛和经验交流，推广应用工业水的新技术、新工艺、新设备和新材料。组织实施节水科研项目。

(四) 协同有关部门做好职工岗位培训，提高员工工业水方面的技术素质和节水意识。

(五) 负责编制或审查本企业年度有关水处理的化工原料采购计划。

(六) 参与工业水系统事故预防措施的制定和重大事故分析，并将重大事故报告上级主管部门。

(七) 负责确定有关工业水处理的监测项目、控制指标和分析方法。

(八) 负责向上级主管部门报送有关取水、用水、水质和处理效果的统计报表及年度总结报告。建立水质、水量和水处理设施台账。

(九) 负责组织本企业工业水平衡测试和用水定额编制工作。

(十) 组织做好工业水计量仪表和水处理现场监测装置的日常运行管理工作。

(十一) 负责新增和临时用水计划的审批工作。

(十二) 参与建设项目可行性研究报告中节水篇和初步设计节水措施的审查，参与配套建设的节约用水设施的竣工验收工作。

第十条　企业用水单位职责

(一) 企业用水单位(指生产装置、作业队、作业站等)负责执行企业用水管理制度和主管部门的用水计划，组织单位职工积极开展节约用水工作。

(二) 负责依据设计规定和用水主管部门的要求，按照各用水点要求的水质，合理使用工业水。

(三) 当用水设备出现泄漏和超温等异常时，负责及时查找原因，并主动与水处理单位和上级主管部门联系，及时进行抢修或处理。

(四) 负责组织生产运行班组或小队建立用水成本核算台账，并进行用水量考核。

第十一条 企业工业水管理技术支撑单位职责

（一）因工作需要或有条件的生产企业，可设立本企业工业水管理的技术支持单位，如工业水处理技术服务站、水质中心等，隶属工业水主管部门管理。

（二）承担本企业工业水处理、节水、水平衡测试等工业水管理的技术服务工作，协助工业水新技术开发、推广和应用。

（三）协助主管部门对各生产装置用水和水处理管理工作进行定期监测、统计、汇总和考核，研究解决生产现场中的技术问题。

（四）承担新鲜水、化学水、循环水、注水等水质监测工作，定期提出监测报告。

（五）承担本企业各种工业水系统的使用合理性分析，建立档案，供管理部门决策使用。

（六）企业水处理设备大修时，对水处理设备及用水设备等进行检查，采集并做垢样分析，分析和检查结果应存档。建立水处理技术档案，定期向主管部门提出工作报告。

（七）承担水处理剂、离子交换树脂和相关化工原料的质量监督工作。

（八）积极推广、采用先进的节水新工艺和设备，淘汰落后的高耗水工艺和设备。

第三章 建设项目用水管理

第十二条 新建、改建、扩建等工程项目（统称建设项目）用水管理执行中国石化《石油化工建设项目可行性研究报告编制规定》和《关于要求建设项目环境影响报告书中增列节水篇（章）的通知》的有关要求。

第十三条 建设项目可行性研究报告中必须同时具有水源、取水、用水等对水资源的影响分析及落实节水措施内容，并按规定的审批程序同时报批。

第十四条 建设项目不得采用国家明令禁止的高耗水工艺、设备或产品，缺水地区严格限制新建高取水项目，丰水地区新建高取水项目的布局和规模要与当地水资源、水环境相协调。

第十五条 建设项目要严格执行“三同时”、“四到位”制度，即工业水设施必须与主体工程同时设计、同时施工、同时投入运行；工业企业要做到用水计划到位、节水目标到位、节水措施到位、管理制度到位。

第十六条 设计单位在作建设项目设计时，应当选用符合国家规定的先进节水型工艺、设备，高度重视水的串用、回用等重复利用工作，施工单位应当按设计要求进行施工。

第十七条 建设项目竣工验收要包括工业水处理和节水设施的验收。验收程序按照国家法规要求和中国石化的规定进行。

第四章 用水计划和计量管理

第十八条 各企业要组织工业水管理部门会同有关部门，根据水资源状况和中国石化的用水考核指标，编制本企业节水规划和年度用水计划，制定用水定额，按照规定程序报主管领导批准后实施。

第十九条 企业工业水管理部门根据年度用水计划和用水单位的申请计划，在每年年底发布下一年度用水计划，包括用水专项考核办法，根据用水量和制水成本，把用水费用纳入成本考核。工业水主管部门按月度向综合考核部门提供月度用水考核情况，建立月度用水考核台账。

第二十条 用水计划下达后，因生产经营特殊情况需增加用水量的单位，须按用水计划审批程序向主管部门提出申请。新增用水单位或用水单位新增用水量，须按审批程序办理新增用水手续。新增用水的审批权限按照企业规定执行，新增用水部分纳入管理、考核范围。

第二十一条 企业主管部门应根据水源丰枯实际情况和生活、生产需要调整用水单位的用水计划，并及时通知供用水单位。用水单位因停业、休业减少或停止用水时，应当及时上报企业主管部门。

第二十二条 企业应建立完善的工业水计量系统，主干管网、各分支管路、主要用水点均应安装计量仪表，其安装标准按照GB/T 17167—1997《企业能源管理器具配备和管理导则》。

第二十三条 应按照国家有关规定和中国石化《工业水平衡测试导则》要求的方法和内容，根据工业水量的变化情况，每3年进行一次水平衡测试。

第二十四条 所有工业水计量仪表必须进行定期校验，对于计量失准仪表和流量计要及时维修或更换。

第二十五条 各企业应建立计量仪表的配备和运行状况档案。

第二十六条 各企业应建立用水统计制度，定期整理工业水计量数据，建立统计台账。安排专人按照中国石化相关部门的要求，对新鲜水、化学水（含蒸汽凝结水）、冷却水、回用水等工业水数据进行统计上报。

第五章 生产用水管理

第二十七条 工业用水的取水和供水应执行国家

和地方的有关规定。

第二十八条　企业用水按其不同用途必须建立完善的供水装置以及相应的供水管网，并应有供水系统流程图及供水管网图。逐步完善并改进供水装置，不断提高制水效率，减少自耗水，自耗水和管网漏失水量要控制在供水量的15%以内。

第二十九条　工业用新鲜水水质应符合工艺要求，浊度一般应 < 3FTU；生活饮用水水质应符合按国家标准 GB 5749 的要求。

第三十条　炼化企业的工业水重复利用率应≥95%。计算方法：

工业水的重复利用率 = [C/(Q + C)] × 100%

式中　Q——新水用量，包括进入企业界区的新水量和水的产品折合的新水量，但需扣除供给企业外部的、职工居住区和基建使用的新水量与水的产品折合的新水量。

C——重复利用水量，工业企业内部所有未经处理或经处理后重新用于生产过程的水量的总和(包括间接循环冷却水、串用水、回用水等)。

第三十一条　凡设有化学水处理装置的企业，对化学水处理的技术管理必须执行下列规章制度。

（一）化学水汽质量监督制度参照《火力发电厂水汽化学监督导则》DL/T 561—1995 执行。

（二）热力设备的化学清洗制度暂参照《火力发电厂锅炉化学清洗导则》DL/T 794—2001 执行。

（三）热力设备在停备用期间的防腐制度暂参照水电部《火力发电厂停(备)用热力设备防锈蚀导则》SD 223—87 执行。

（四）必须建立离子交换树脂质量的管理制度，定期对使用中的离子交换树脂的交换容量等主要性能进行检测。

（五）离子交换树脂受污染或提前报废时，应认真分析原因，要有鉴定报告和采取相应的对策，并报上级有关部门。

（六）化学水管理规定必须包括用新水量的管理，对交换剂的再生周期、再生强度和再生用水量等提出要求并进行考核。

（七）企业必须采取措施减少制化学水使用的新水量，制取 1 吨化学水用新水要控制在 1.1 吨以内。

第三十二条　化学水制备应在满足水质要求的前提下，鼓励采用新技术、新工艺，科学控制运行周期，减少再生化学剂和新水消耗，提高化学水产率，应建立下列规程。

（一）运行操作规程。

（二）检修和质量验收规程。

（三）安全规程。

（四）水、汽和垢取样、化验规程。

（五）化学品和原材料验收、保管和使用管理规程。

（六）必须建立化学水使用场所的有关规定，严禁提高用水标准，将高质量水低标准使用。

第三十三条　化学水系统仪器和仪表管理。

（一）应有化学分析仪器和仪表管理制度。

（二）阴、阳、混床、反渗透和热力系统应安装在线水质分析仪表。

（三）化学分析仪表应定期进行校验和维修，应由专人维修化学仪表。

（四）所有使用化学水的点都要安装水计量仪表。

第三十四条　化学水系统应建立和健全下列各种技术档案。

（一）各种运行记录和台账。

（二）制化学水成本核算台账。

（三）水、汽、垢、沉积物和腐蚀产物等分析记录。

（四）水、汽系统定期检查记录和报告。

（五）设备的调整实验、化学清洗方案和总结。

（六）设备停、备用和大检修记录档案、总结报告。

（七）原料分析、检验和使用记录。

第三十五条　化学水系统应根据设备系统的实际情况，建立和健全下列图表。

（一）热力设备水、汽系统图(包括水样点、监测点、加药点、冷凝液回收系统和排污系统等)。

（二）化学水处理设备系统图、工艺流程图和管网图。

（三）必须建立化学水量平衡图。

第三十六条　化学水汽质量标准

（一）低压锅炉水质按 GB 1576—1996 执行。

（二）中、高压锅炉（指 3.8MPa 及以上）按 GB 12145—89 执行。

（三）进口锅炉低于 GB 12145—89 标准的应按此标准执行；高于此标准的按制造国的国标或制造厂的厂标执行。

（四）废(余)热锅炉应参照同等压力锅炉标准执行。对废(余)热锅炉应加强水、汽质量监测，锅炉设备所在车间应设专人管理。

第三十七条　化学水系统应建立健全以下档案和资料的管理制度。

（一）年度工作总结，包括预处理、软化水、一、二级除盐水、给水、炉水、蒸汽、冷凝液和化学监督情况，化学水制水比、制水成本分析等，离子交换运行周期控制，生产过程中化学水用量的合理性，与往年用水量周期对比与分析等。

（二）新鲜水质分析月报。

（三）水、汽质量年报。

（四）水处理药剂及其他化学剂消耗统计年报。

第三十八条 新鲜水进入离子交换树脂罐处理的水质应按以下标准控制。

（一）浊度：逆流再生 < 1.0FTU；并流再生 < 3.0FTU。

（二）余氯 < 0.1mg/L。

（三）耗氧量 COD < 2.0mg/L(高锰酸钾法)。

第三十九条 各企业应尽可能充分利用蒸汽，做好平衡，减少放空。炼化企业蒸汽凝结水回收率要大于 40%。

第六章 间接循环冷却水管理

第四十条 石油化工生产过程的热介质冷凝冷却、机械冷却，以水为动力的喷射抽空用水等均应使用循环水，除工艺有特殊要求采用直冷自成体系外，一般采用间接循环冷却水，新建项目或原为间接循环水的冷却水系统，不得采用或改用直流水冷却，必须使用直流水的要报上一级节水部门审批。间接循环冷却水管理应贯彻执行下列规章制度。

（一）应有运行、检修、事故、安全、试验、操作、考核等规程或管理细则。

（二）应参照附件 2《间接循环冷却水和化学水报表》的指标要求，每月至少进行一次全分析，并建立间接冷却水和化学水的统计台账。

（三）建立水冷器设备台账，内容包括更换、泄漏、大修和监测等情况记录的档案。

（四）建立监测换热器、挂片等监测装置的管理制度。

（五）建立水处理药剂的质量检验和性能评价制度。

（六）建立各供水管网平面图、全厂水量平衡图、水处理系统流程图。

（七）建立垢样分析制度。

（八）建立水冷器日常检漏制度。

（九）建立循环水系统温差、补水量、旁滤水量、排污量的统计、分析、控制管理和考核制度。

第四十一条 循环冷却水系统应严格闭路，用水单位(装置)不得将循环水用作冲洗水或任意排放，也不得将其他水排入循环水系统。循环水系统容量与每小时循环水量的比应 < 1，力求达到 1/2—1/3。要采取措施使循环冷却水系统温差达到 8—10 度，不得低于 6 度；补水量要控制在 1.2%之内。

第四十二条 循环冷却水的水质处理应包括降温、投加水处理剂(清洗、预膜、缓蚀、阻垢、杀菌灭藻和粘泥剥离)、旁滤(旁滤水量不小于 3%，有条件的可采用全滤)、补充水预处理以及补充水和排污的控制等。

第四十三条 以新水做补水的循环冷却水主要控制指标。

（一）平均浓缩倍数 N(以实测钾或氯离子为准)：炼油和中型化肥，N≥3.0；化工、化纤和发电，N≥4.0；大化肥企业，N≥4.5。

（二）腐蚀速率(以测试管数据为准，挂片数据作参考，试管和试片均不预膜)：现场监测换热器(水流速 0.8 ~ 1.0 m/s，出进口水温差 10 ± 1.0℃)每月取管 1 次，现场监测试片每月取片 1 次。化工、化纤和化肥系统 20# 钢测试管腐蚀速率 ≤ 0.075 mm/a，无明显孔蚀现象；炼油系统 20# 钢测试管腐蚀速率 ≤ 0.100 mm/a，无明显孔蚀现象；发电系统铜质测试管腐蚀速率 ≤ 0.005 mm/a，无明显孔蚀现象。

（三）粘附速率：现场监测换热器(水流速 0.8 ~ 1.0 m/s，出进口水温差 10 ± 1.0℃)每月取管 1 次。化工、化纤、化肥和发电系统 20# 钢测试管粘附速率 ≤ 15.0 mg/cm^2.mon；炼油系统 20# 钢测试管粘附速率 ≤ 20.0 mg/cm^2.mon。

（四）异养菌总数 ≤ 1.0×10^5 个/mL。

（五）生物粘泥：炼油 ≤ 3.0 mL/m^3，其他企业 ≤ 2.0 mL/m^3。

（六）含油量：炼油 ≤ 10.0 mg/L，其他企业 ≤ 5.0 mg/L。

（七）生产运行控制指标合格率 ≥ 95%(回水管取样)。

（八）浊度：炼油 ≤ 20.0 FTU，其他企业 ≤ 10.0 FTU。

（九）必须严格管理塔池出口滤网，防止杂物堵塞水冷器。

第四十四条 以“回用水”(水质符合附件 1)做补水(占总补水 ≥ 60%)的循环冷却水主要控制指标为：

（一）回用水水质暂按附件 1 执行。

（二）浓缩倍数 N(以实测钾或氯离子为准)：炼油和中型化肥，N ≥ 2.5；化工、化纤和发电，N ≥ 3.0；大化肥企业，N≥3.5。

（三）腐蚀速率和粘附速率按照第四十三条相关条款执行。

（四）微生物(异养菌总数)：异养菌总数 ≤ 2.0×10^5 个/mL。

（五）生物粘泥：炼油≤3.0 mL/m³，其他装置≤2.0 mL/m³。

（六）含油量：炼油≤10.0 mg/L，其他装置≤5.0 mg/L。

（七）生产运行控制指标合格率≥95%（回水管取样）。

（八）浊度：炼油≤30.0 FTU，其他装置≤25.0 FTU。

（九）必须严格管理塔池出口滤网，防止杂物堵塞水冷器。

第四十五条　搞好水冷器管理是实现全过程水质管理的重要环节，各炼化企业要在循环水回水总管上安装在线的油份或其他易泄漏物料的监测仪，及时发现水冷器的泄漏。水冷器管理应做好下列工作。

（一）热介质温度>150℃时应先进行热量回收，再用间接循环水冷却；输送热介质温度<135℃的机械设备，不得采用水冷却。

（二）冷却水流速不应<0.5 m/s，冷却水出口温度不应>50℃，冷却水应走管程。

（三）积极推广碳钢水冷器水侧采用防腐涂料。

（四）生产装置的关键水冷器，水侧进出口应设温度计、压力计、流量表和取样阀，并应考虑切出系统进行堵漏或化学清洗措施。

（五）建立水冷器内漏的考核检查制度，发现内漏时应及时解决。当出现下例情况之一时应及时报告企业主管部门和主管领导，并尽快查找原因，采取措施：循环热水隔油池水面的1/3被油覆盖，循环水含氨>100 mg/L，浊度>50 FTU，pH<5.0，现场监测腐蚀速率连续2次超过0.200 mm/a，或现场监测管粘附速率连续2次超过30 mg/cm².mon，或出现化工物料含量异常超标。

（六）各企业设备管理部门应设专职人员管理水冷器设备，建立水冷器设备档案，每次大检修都应对水冷器腐蚀、结垢和粘泥等状况进行检查并记录存档，清洗检修后的水冷器必须经有关部门验收，合格后方可投用。

（七）水冷器大修时需对管程、壳程分别试压，每次试压后需由设备和水处理技术人员共同验收，未经防腐处理的碳钢水冷器水侧要进行清洗预膜处理。

第四十六条　企业应建立各主要用水点（水量超过0.5%）关于水质要求的台账，生产工艺过程用水应按照装置设计和工艺条件的要求，不得任意改变水质和水量。

第四十七条　用于工艺过程的原料、半成品、成品的洗涤水和其他用水，应按照对水质的要求定量使用，积极推广使用夹点供水技术。如原油脱盐工艺和部分生产工艺注水可采用含硫污水汽提净化水等。

第四十八条　应尽量采用少用水或不用水的生产工艺，如空冷代替水冷等。

第四十九条　要统筹考虑生产区内物料热能的优化使用，做到高度热联合，减少使用冷却水。

第五十条　注水开发油田的回注用水，应优先考虑采用油田采出水，其次是油田生产过程中产生的其他污水。确需采用清水回注的，应向企业工业水管理部门提交专门的论证报告，经专家论证、主管领导批准后实施。

第五十一条　实行聚合物驱、三元复合驱和蒸汽热采等开发方式的油田，其生产用水也应在技术经济条件允许的情况下，尽量考虑采用油田污水。处理技术水平达不到用水要求或经济上明显不合适的，应尽快提请有关部门立项研究解决。

第五十二条　没有实行注水开发的油田，以及由于开发条件变化造成采出水不能全部回用于生产过程的，应考虑利用油田周围有利的环境条件，经适当处理达标后排放；没有排放条件或现有技术经济条件下难以处理达到排放标准的，应优选地层进行回灌。

第七章　水处理剂管理

第五十三条　工业水处理药剂的采购和使用执行如下程序。

（一）工业水管理归口部门牵头，会同水处理剂使用、技术、质检、供应等部门制订本单位的水处理药剂采购、使用、质检和监督实施细则，报企业主管领导批准后实施。

（二）用水部门提出对水处理效果的要求；供水部门提出对水处理剂品种、数量、质量和技术性能要求；供应部门按照水处理剂的采购程序负责采购；质检部门对所采购的水处理剂进行质量检验；技术监督部门对水处理效果进行日常监督。

（三）归口部门编制水处理剂采购招标书，在资质好、规模大、服务优的国内外厂商中公开招标，招标应包括技术和商务两部分内容。

（四）由归口管理部门主持招标小组会议，使用、质检、技术、供应、监察等部门的技术或管理负责人参加，确定水处理剂供应厂商、品种和价格，招标结果由招标小组参会人员签字，经主管领导批准后生效，并报中国石化主管部门备案。由供应部门进行采购。

第五十四条　因生产临时需要使用部分特殊要求

的水处理剂或在中国石化立项的科研项目需进行工业试验的水处理剂，应由使用部门或技术部门提出，归口管理部门报主管领导批准，经质量检验合格后采购和使用。

第五十五条 水处理剂质量要求。

（一）技术部门应对所采购的水处理剂进行技术性能评价，必要时由中国石化水处理服务中心承担。

（二）质检部门必须对所采购的水处理剂进行质量检验，必要时由中国石化水处理剂评定中心承担。

（三）采购、使用的水处理剂必须符合国家的环保要求。

第五十六条 水处理剂一经确认和使用，对处理效果好的产品和技术应保持稳定使用期(一般不少于3年，不多于5年)。对处理效果不好的产品和技术必须及时整改，对整改(整改期不超过4个月)后仍达不到要求的应及时更换，必要时由中国石化水处理服务中心提供服务。

第五十七条 中国石化定期发布对水处理剂抽查的质量检验结果。

第八章 奖惩办法

第五十八条 中国石化对下列单位和个人给予表彰和奖励。

（一）对在工业水管理方面工作落实，认真执行《管理制度》，经济技术指标居于行业先进水平的企业。

（二）及时发现工业水方面的隐患，防止重大水处理事故发生的单位或个人。

（三）在水处理、节水减排、新产品开发和使用方面成绩突出。

（四）积极参与工业水的各项工作、献计献策，为工业水工作做出突出贡献者；如实反映工业水方面的问题，制止违反本《管理制度》行为的。

（五）每年对节水成果进行审计核实，按"《城市节约用水奖励暂行办法》(建设部、国家经贸委、财政部)的通知"的规定奖励节水先进集体和个人。

第五十九条 各单位要制定并严格执行内部用水收费制度，用水单位用水超过计划，按下列规定缴纳超计划部分的加价水费。

（一）月用水量超过计划用水量10%以内（含10%），超过部分按现行水价2倍缴纳。

（二）月用水量超过计划用水量10%—20%（含20%），超过部分按现行水价的3倍缴纳。

（三）月用水量超过计划用水量20%—30%（含30%），超过部分按现行水价的4倍缴纳。

（四）月用水量超过计划用水量30%—40%（含40%），超过部分按现行水价的5倍缴纳。

（五）月用水量超过计划用水量50%以上（含50%），超过部分按现行水价的8倍缴纳，并由企业主管部门通知用水单位限期整改，在整改期内供水单位按照主管部门的要求限量供水。

第六十条 对工业水管理机构不健全、制度不落实、岗位责任不清、工作开展不利、水处理不达标、用水量超过定额的企业，中国石化将对其提出限期整改要求，对逾期仍不能达标的企业进行通报批评，并在年度生产经营目标考核中兑现。

第六十一条 对因玩忽职守造成水浪费、环境污染、处理效果差而影响生产的单位，给予通报批评，对行政第一负责人给予警告或行政处分。对直接责任者视情节轻重给予必要的教育、批评、记过、直至开除公职的处分，触犯刑律的由公安机关追究其刑事责任。

第六十二条 对正当举报违法、违规行为和提出批评意见的单位和个人给予保护，对打击报复的行为给予严肃处理。

第九章 附 则

第六十三条 本《管理制度》自颁布之日起执行，原工业水管理制度同时废止。

第六十四条 各企业根据《管理制度》制定本企业的工业水管理制度，本《管理制度》中凡与国家法律规定不符的以国家法律规定为准；中国石化已有的有关工业水管理制度或办法与本《管理制度》不相一致的以本《管理制度》为准。

第六十五条 各企业要定期对本企业的供水、用水、排水、节水管理工作进行考核，考核办法由企业自行制订。

第六十六条 本《管理制度》的解释权属中国石化节水办。

附件：1. 回用水做循环冷却系统补充水的水质标准(试行)

附件 1:

回用水做循环冷却系统补充水的水质标准(试行)

项 目	单 位	数 值
pH		6.5~9.0
COD_{cr}	mg/L	≤75
BOD	mg/L	≤20
氨 氮	mg/L	≤15
悬浮物	mg/L	≤50
浊 度	FTU	≤10
硫化物	mg/L	≤0.1
石油烃	mg/L	≤10
酚	mg/L	≤1.0
钙 硬	以 $CaCO_3$ 计/mg/L	50~300
总 碱	以 $CaCO_3$ 计/mg/L	50~300
氯离子	mg/L	≤250
硫酸根离子	mg/L	≤300
总 铁	mg/L	≤0.5

总 述

生产经营保持良好势头
改革发展等各项事业取得新进展

2003年是重要而又不平常的一年。年初开局良好。3月下旬，伊拉克战争加剧了国际原油市场的动荡，随着战争的开始和结束，国际油价大起大落。4—5月，突如其来的非典疫情又对国内经济特别是交通、旅游、服务等行业造成严重影响，成品油消费量和价格急剧下滑，中国石油化工集团公司（以下简称石化集团公司）出现高库存、高成本的困难局面。党中央、国务院采取果断措施后，非典疫情迅速得到控制，国内经济生活趋于正常。6月以后，国民经济增长快速回升，成品油消费出现强劲增长势头。10月以来，部分地区成品油尤其是柴油市场供求不平衡矛盾凸现，给炼油和销售带来巨大压力。面对复杂的市场形势，石化集团公司上下认真贯彻落实党中央、国务院一系列重大决策和部署，坚决服从大局，努力克服困难，集中精力扩大资源、拓展市场、降本增效、严谨投资，经受住了国内外市场重大变化的严峻考验，生产经营保持了良好的势头，内部改革稳步推进，精神文明建设等各方面工作取得明显进步。

——经济效益有较大幅度提高。中国石油化工股份有限公司（以下简称石化股份公司）油田板块抓住高油价的有利时机，经济效益稳步提高；炼油板块克服油价调控的困难，保持了较好的效益；化工板块打了一个“翻身仗”，走出多年亏损的低谷；销售板块抓住需求旺盛的机遇，做大了总量，效益再攀新高。非上市部分进一步深化改革，加强管理，亏损大幅减少。2003年石化集团公司合并报表实现销售收入4 666.73亿元，同比增长23.4%；实现利税708.14亿元，增长30.42%，其中利润289.69亿元，增长58.79%。资产和财务状况有所改善。

——主要实物量指标创历史最好水平。2003年石化集团公司生产原油3 816万吨、天然气53亿立方米，分别比上年（下同）增长0.4%和5%；加工原油1.24亿吨，增长10.7%；生产乙烯414.69万吨，增长18.2%；国内销售成品油7 592万吨，增长8.3%；出口汽油、航煤等成品油608万吨，增长21%。石化集团公司原油加工量、乙烯产量、成品油经营量已达到或超过重组前石化总公司的总体规模。工程建设、公用系统、仓储运输等辅助生产和作业量相应增长，满足了主业生产建设的需要。

——投资结构进一步优化。2003年石化集团公司资本支出510.37亿元，继续保持稳健的资本结构。上游勘探开发成效显著，东西部均有新的发现和突破，油气资源结构发生了根本性变化，探明、控制、预测三级储量序列趋于合理。镇海PX等一批重点炼油化工项目建成投产，扬巴、赛科乙烯建设进展良好。甬沪宁进口原油管道基本建成，西南成品油管道全面开工。新增加油站1 367座，年底自有加油站总数达到2.45万座。扩大了海外工程服务、资源开发的市场和领域。

——科技进步取得新进展。以济阳坳陷第三系隐蔽油气藏勘探目标及配套技术、20万吨/年第二代环管聚丙烯成套技术、清洁汽油系列生产技术为代表的一批重大科技攻关项目取得工业化成果。2003年有34项新成果实现首次工业转化，有28项先进技术得到大规模推广，申请国内专利994项。企业信息化建设进展顺利，已有10个企业ERP系统上线运行。合成树脂专用料、差别化纤维、高标号汽油、重交道路沥青等高附加值产品比例进一步提高。长城特种润滑油成功应用于神舟五号飞船，为我国航天事业发展作出了贡献。

——内部改革稳步推进。主辅分离、改制分流进展较好，2003年石化集团公司通过改制分流等各种方式减员5.49万人，年末职工总数降至85.47万人。内部分配制度改革平稳推进，在引入市场机制、理顺内部分配关系、稳定人才队伍方面迈出了重要一步。顺利完成对新星石油公司管理体制的进一步整合和对国际石油勘探开发公司、国际石油工程公司的重组。重组成立石化股份公司腈纶分公司，迈出化工产品营销体制改革的第一步。石化股份公司完成对石化集团公司茂名乙烯、西安石化、塔河石化的收购。压扁管理层、专业化重组、科技体制改革等也取得一定进展。

——党建和思想政治工作得到加强。广大党员和干部职工联系实际学习实践“三个代表”重要思想，思想政治素质不断提高。各级党组织从巩固执政党地位的高度，紧紧围绕发展这个“第一要务”，发挥政治核心作用和战斗堡垒作用。党风廉政建设进一步加强，思想政治工作进一步改进，企业和职工队伍总体稳定，为企业改革发展创造了良好的环境。

此外，在突如其来的非典疫情面前，石化集团公司一手抓防治非典，一手抓生产经营，全力保证抗击非典所需物资的供应，尽最大努力支持抗击非典斗争，展现了强烈的社会责任感。

之所以取得以上成绩，从全局看，最重要的是党中央、国务院正确领导，总揽全局，审时度势，适时适度调控，国民经济始终保持良好的发展势头；特别是多年来一系列宏观政策累积效应进一步显现，拉动了石油石化产品需求持续较快增长。其次，得益于国际油价平均水平较高，提供了较大的盈利空间。同时，得益于国家加大力度整治成品油市场秩序，市场环境有了明显改善。从自身看，是全公司上下认真贯彻“团结、鼓劲、创新、抓实”的方针，为实现各项奋斗目标付出了艰辛努力。

2003 年，石化集团公司坚持了以下一些值得总结的做法：

第一，以“三个代表”重要思想为各项工作的出发点和归宿。按照中央在全党兴起学习贯彻“三个代表”重要思想新高潮的要求，石化集团公司党组在全系统及时作出部署，深入学习贯彻“三个代表”重要思想，领会精神，把握实质，分析形势，结合实际，指导实践；紧密联系实际，专题研究事关中国石化全局和长远发展的重大战略问题，确定了下一步深化改革的突破口和有效发展的思路。通过学习，进一步认识到，国有企业是国民经济的脊梁和支柱，企业党组织也是执政党的重要组成部分，要从巩固党执政基础的高度，自觉加强党的建设；作为国有企业，学习和实践“三个代表”重要思想，归结到一点，就是要不断地提高国有企业的经济效益，确保国有资产保值增值。这些认识和思路，成为全公司广大干部职工的共识，对各项工作起到了重要指导作用。

第二，议大事、抓大事，突出重点，有序推进各项工作。在抓好日常工作的同时，石化集团公司党组以“三个代表”重要思想为指导，集中精力议大事、抓大事，并认真贯彻民主集中制原则，以保证重大决策的正确性；坚持集体决策、分工负责、协调配合、互相支持，注重发挥党组、总经理班子和总裁班子的主观能动性，以保证各项决策得以全面贯彻。同时，注意处理好总部和企业的关系，明确两个层次的职责，调动两个层次的积极性。总部着重抓好决策和决策的贯彻落实及各项目标任务的制定、指导、督促、协调和检查；企业按照总部的统一部署，重点抓好自身的生产经营、改革发展和内部管理等工作。上市与非上市，总部与企业，各部门、各板块、各企业之间，密切配合，互相支持，是各项工作有序运行的重要保证。

第三，认真研究市场，不断提高生产经营决策能力。2003 年国内外石油石化产品市场变化较大，全年大致呈“马鞍型”走势。无论在形势有利的时候，还是在遇到困难的时候，总部和企业都密切关注市场动向，研究市场变化，及时调整生产经营策略，积累了在市场不够成熟的条件下应对资源相对过剩和相对紧缺的经验。二季度，面对原油、成品油价量双跌的严峻形势，石化集团公司及时调减原油加工量，扩大成品油出口。四季度，面对部分地区成品油市场供应紧张的局面，又全力提高炼油生产负荷，优化生产方案和库存布局，加强运输衔接，逐月减少出口，维护了区域内成品油销售主渠道的地位，总体保证了市场的稳定。

第四，积极推进改革，把握好改革发展稳定的关系。面对国企改革攻坚的各项任务，石化集团公司既坚定不移地推进改革，又充分考虑企业和职工的承受能力，把改革的力度、发展的速度和社会可承受的程度结合起来，把握改革的时机和节奏，努力做到张弛有度，在保持稳定中推进改革。特别是对关系全局和涉及职工切身利益的重大改革和结构调整措施，如改制分流、压扁管理层、内部分配制度改革等，都从实际出发，广泛调研，统筹兼顾，先试点，后推广，保证了各项改革平稳推进。各级党组织和有关企业的协调委员会从全局利益出发，落实责任，协调各方，做了大量深入细致的工作，发挥了重要的作用；总部和有关企业在政策和条件许可的情况下，力所能及地解决了一些历史遗留问题，促进了企业的稳定。

总结 2003 年的工作，石化集团公司也存在一些问题和不足。主要表现是：部分企业管理滑坡，“三违”现象较多，特别是几起重、特大事故教训惨痛；部分企业财经纪律松弛，降本减费力度不够大；部分企业改革和结构调整等工作进展缓慢，错失扭亏脱困、促进发展的有利时机；领导班子建设还有薄弱环节，少数领导干部作风浮躁、要求不严；对国内外市场变化的适应能力和生产经营决策能力有待进一步提高。

（办公厅调研室）

财务资产管理

综 述

2003年，石化集团公司财务系统广大干部职工按照“团结、鼓劲、创新、抓实”的工作方针，坚持以市场为基础，以经济效益为中心，以财务预算为手段，立规章、固基础、抓监督、严管理，全面加强各项财务管理工作，经受住了伊拉克战争、非典疫情、国际油价大幅波动以及国内需求快速增长的严峻考验，较好地完成了全年经济效益目标和财务工作任务。

一、经济效益稳步增长

2003年石化集团公司开采原油3 816.29万吨、天然气53.16亿米^3，分别比上年增长0.43%和5%，同时做到了储采平衡。加工原油1.24亿吨，同比增长10.68%；柴汽比达1.87，同比下降0.02；生产汽、柴、煤、润滑油7 479.41万吨，同比增长9.71%。生产乙烯414.69万吨、丙烯385.99万吨，分别比上年增长18.17%、11.49%；生产合成树脂682.09万吨、合成橡胶75.89万吨、合成纤维171.56万吨，分别比上年增长14.72%、9.45%、9.05%；化工产品产销率均超过100%。成品油经营量7 592万吨，同比增长8.32%；成品油零售量达到3 885万吨，占总经销量的51.17%，比上年增长1.62%。出口成品油481.7万吨(不含来料加工)。

2003年，石化集团公司实现主营业务收入4 666.73亿元，同比增长23.46%；利润总额289.69亿元，同比增长58.79%；净利润86.76亿元，同比增长135.12%；利税总额708.14亿元，同比增长30.42%。

按照中国会计准则，石化集团公司控股子公司石化股份公司全年实现销售收入4 171.91亿元，同比增长28.69%。实现税前利润300.15亿元，同比增加80.03亿元。其中，油田事业部实现利润152.48亿元，同比增加33.83亿元；炼油事业部实现利润41.53亿元，同比减少6.44亿元，剔除处理低效资产和积压物资因素，同比略有增长；化工事业部实现利润8.52亿元，同比增加21.63亿元；销售事业部实现利润113.07亿元，同比增加41.61亿元。实现净利润190.11亿元，同比增长34.63%。年底资产负债率51.56%，同比下降0.71个百分点。按照国际会计准则，实现净利润215.93亿元，同比增长32.35%；息税前利润(EBIT)372.67亿元，同比增长29.95%；已占用资本回报率(ROCE)9.04%，同比增长1.96个百分点；年底资本负债率24.08%，同比下降1.6个百分点。

石化集团公司非上市部分(以下简称“非上市部分”)全年实现销售收入1 464.73亿元，同比增长19.06%；亏损10.46亿元，同比减少27.22亿元，减幅72.2%。扣除中央财政退返所得税补贴61.49亿元，实际亏损71.95亿元，同比减亏17.2亿元。

二、预算监控能力进一步增强

石化集团公司通过实施月度滚动预算，做好月度经济活动分析，强化了预算执行的过程控制和预警监控机制，达到了以月保季、以季保年的目的。一是编制月度预算，分解落实目标。总部按照“贴近市场、实事求是、指标先进、提升管理”的指导原则，提出月度效益、成本目标。各企业结合自己的生产、销售、库存、投资、改革改制等情况，编制月度预算，狠抓目标落实。二是加强分析，及时整改。通过不断强化每月预算分析，使预算逐步成为指导生产经营的重要手段。三是完善预算考核，提高预算准确度和考核的时效性。

三、成本费用控制较好

石化集团公司在总结几年来成本费用指标考核经验的基础上，进一步加强了成本费用的控制，将降本减费的压力分解传递到基层及个人，使成本费用的控制落到了实处。

石化股份公司围绕全年降本增效25亿元的目标，总部“突出重点、狠抓落实”，各企业“深入挖潜、严控成本”，将降本增效指标进一步落实到月度预算中。仪征化纤公司、江苏油田分公司建立了专业处室、基层单位目标成本责任体系。河南油田分公司实行零基预算作业成本管理法，摸索出一套符合油气开发生产流程特点的精细化管理方法。销售公司年初就将人工成本、运杂费等各项指标落实到专业处室并纳入考核，取得了较好的成效。经过努力，全年实现降本增效27.22亿元，其中油田、炼油、化工、销售事业部分别降本8.05亿元、7.4亿元、5.38亿元和6.39亿元。各事业部成本费用指标基本控制在考核目标之内。

非上市部分加强了管理费用、营业费用、财务费用、修理费用、人工成本和文教卫社区服务费用等6项费用指标的考核，做到了项目清晰、目标明确，减少了企业人为调节成本费用的余地。各企业全年除人工成本之外的5项费用比上年降低17.73亿元，超额完成降本减费13亿元的目标。

四、资金管理进一步细化

石化股份公司首次分解下达了9项资金指标，按月对企业各项指标进行检查、分析，初步实现对石化股份公司资金运作全过程监控。同时重点跟踪应收款指标，严格控制余额。根据金融市场变化，尽量安排低利率的美元借款。继对流动资金实施循环借款之后，在投资项目上也采用周转循环借款等多种融资形式，使实际借款利率进一步下降。与实华租赁公司和财务公司开展融资租赁业务，拓宽了融资渠道。完成了石化纤和巴陵分公司美元、欧元高利率债务置换，规避了外币升值风险。为减少借款，总部充分发挥资金集中管理优势，归还到期长期借款本金55亿元。年末短期借款和应付票据余额比年初下降146亿元，降低26%。为规范资本性支出，石化股份公司下发了《投资计划及资本性支出监督检查管理办法》。各级财务部门与投资、项目管理部门定期核对资本支出，监督检查投资计划的执行，初步实现了计划、工程、财务“三合一”，投资项目管理更趋规范。通过以上工作，2003年石化股份公司财务费用41.29亿元，同比减少1.98亿元。石化股份公司获得国际标准普尔BBB债信评级和国内AAA的最高债信评级。

石化集团公司非上市部分资金管理以债务风险控制为重点，通过加强企业借款规模控制、债务结构调整、扩大石化集团公司财务公司和企业内部银行(结算中心)资金结算范围、推行关联交易封闭结算、加强海外资金管理等措施，年末非上市部分银行借款余额控制在840亿元之内，比上年减少40亿元，全年减少利息支出7.59亿元，债务发散的势头得到扼制，债务风险得到控制。与此同时，总部还积极筹措落实了各项资金，除银行借款外，全年实现财政退税80亿元，申领财政经费补贴、国债贴息和项目拨款资金3.1亿元，石化股份公司分红42.8亿元，集中折旧和税后利润10亿元，保证了生产经营、补亏、还贷、固定资产投资、改制分流、收购海南和邦资产及实施“走出去”战略的资金需要。

五、会计信息质量有所提高

石化股份公司修订了内部会计制度，完成了油田、销售企业会计核算层次由三级上移至二级的推广工作，以及贵州、上海、深圳石油分公司和南方勘探开发公司等单位会计核算层次自二级上移至一级的试点工作。在财务管理信息系统方面，完成了总部财务数据仓库、预算管理信息系统、应收款和账户管理模块、油田成本和在建工程核算模块等的开发工作，以及筹融资、授信等子模块的推广工作；固定资产模块实现了企业上报固定资产账套全部数据；参与ERP标准和模板的制定，确保了ERP系统满足财务核算和管理的需求。月度、季度、半年度和年度财务报告质量有了很大的提高。从中介机构年内完成的各期审计工作看，审计差异逐步缩小。2002年度报告名列《CFO Asia》杂志亚洲最佳年度报告第14名，成为该项评比排行榜前40名中惟一的中国公司。2003年7月，被《亚洲金融》杂志评为“2003年亚洲最佳公司”。

石化集团公司非上市部分各级财务部门进一步加强会计基础工作，规范会计核算标准，提升财务管理信息系统，加大会计人员培训力度，加强会计职业道德教育，保证了会计信息的及时、可靠，为经济活动分析和管理决策提供了重要依据。财务决算工作进一步加强，财务运行情况和财务收支全貌得到比较公允的反映。2003年度财务决算审计，会计师事务所对绝大多数企业出具了无保留意见的审计报告。国资委批复对369.65亿元不良资产损失和减值作核销国家权益处理，使资产质量得到改善。

六、加强内控制度建设，开展财务稽查

为了规范企业管理，建立有效监控机制，保证企业资产安全和财务报告真实，石化集团公司加强了内部控制制度建设。石化股份公司制定了《内部控制手册》，对采购、成本、费用、销售、关联交易、合并报表、重大事项、生产运行、监督检查等各方面建立了规范的业务流程，并从2003年9月开始试行。在建立内部控制制度体系基础上，对《内控手册》中涉及的113项制度和管理文件进行了全面清理，保留63件，废止6件，修订44件。制定了《应收款项暂行管理办法》、《担保管理办法(暂行)》以及油田、炼化、销售企业和科研单位的《成本核算与管理暂行办法》等一系列财务管理制度，进一步提升了财务管理水平。与此同时，石化股份公司总部先后组织了8个检查组，分赴上中下游14家企业开展了石化股份公司成立以来的首次财务稽查工作。对稽查中发现的问题，绝大部分企业都以务实的态度认真进行了整改。石化集团公司非上市部分也在制定内控制度和研究财务稽查工作。

七、研究争取财税政策，支持企业改革发展

石化集团公司通过调研，摸清了企业办社会的范围、机构数量、职工人数、资产总额、经费补助额等基本情况，提出了通过中央财政转移支付解决分离办社会职能经费补助的政策建议，得到财政部的大力支持，有力地推进了分离企业办社会职能工作。研究完善了改制分流涉及的资产、负债、土地处置办法及相关的财务处理规定，积极参与改制分流方案设计与批复、财务审计、资产评估等工作，做好相关的账务处理，为推进改制分流工作起到了积极的作用。研究制定了新星石油公司管理体制调整和国际石油勘探开发公司、国际石油工程公司重组，第三建设公司和兰州设计院重组为宁波工程公司的财务资产处理办法。完成了茂名乙烯、西安石化公司和塔河石化公司注入石化股份公司的资产评估、财务审计工作，使这3个资本运作项目进展顺利。

石化股份公司通过及时向国家发改委汇报，使国内成品油价格在2月、5月、11月和12月得以调整，并争取了新标准汽油“优质优价”政策。同时，与中国石油续签了大庆原油价格与米纳斯原油和布伦特原油价格联动协议，改变了原来单一挂靠米纳斯原油价格的不合理情况。在税收管理方面，积极向财政部、国家税务总局进行汇报，使石化股份公司文教卫及社区服务费用支出与改制前一样在税前列支。争取保留了汽油出口退税政策。大部分省市石油公司实现了流转税在地市一级公司统一汇算，部分省市公司实现了在省市公司统一汇算。另外，还与中国石油一起，为争取财政部、国土资源部早日出台《矿产资源补偿费减免办法》做了大量准备工作。

（周广平）

财务状况

【概述】 石化集团公司2001—2003年合并会计报表详见表1和表2。

经国资委批准，石化集团公司从2003年1月1日起执行《企业会计制度》，按照有关规定并经审计确认对年初数进行了追溯调整，其中合并会计报表期初所有者权益调减367.76亿元，少数股东权益调增15.12亿元，同时资产总额调减380.28亿元，负债总额调减27.63亿元。截至2003年底，石化集团公司资产总额5 592.37亿元（石化股份公司3 902.13亿元，非上市部分3 279.22亿元，内部合并抵消1 588.98亿元）；负债总额2 911.68亿元（石化股份公司2 011.9亿元，非上市部分1 578.95亿元，内部合并抵消679.17亿元）；所有者权益1 641.3亿元，少数股东权益1 039.39亿元。石化集团公司资产负债率为52.07%（石化股份公司51.56%、非上市部分48.15%），同比上升1.27个百分点。主要是由于按国资委批复处理了不良资产。如果扣除期初调整因素影响，与调整后的年初数相比，石化集团公司资产总额增加203.9亿元，增长3.78%，负债增加8.66亿元，增长0.3%，所有者权益增加115.35亿元，增长7.56%。

2003年石化集团公司的资产运营情况有所好转，总资产周转次数为0.86次，平均419天周转一次，比上年加快126天。流动资产周转次数为3.13次，约115天周转一次，比上年加快44天。应收账款周转次数为26.45次，约14天周转一次，比上年加快6天。存货周转次数为6.28次，约57天周转一次，比上年加快15天。

2003年末石化集团公司国有权益为1 641.3亿元，同比减少252.4亿元，按财政部有关规定，扣除有关客观因素影响，2003年度石化集团公司的资本保值增值率为105.25%，比上年增加3.05个百分点。

（周广平）

重要财务政策

【企业所得税】 2002年12月，国家税务总局下发了《关于中国石油天然气股份有限公司和中国石油化工股份有限公司2003年度缴纳企业所得税有关问题的通知》（国税函[2003]1312号），其主要内容：一是胜利油田有限责任公司2003年度在当地预缴企业所得税的比例为年度应纳企业所得税额的40%。二是从2003年起，中国石油化工股份有限公司润滑油分公司、上海海洋油气分公司、物资装备部、原由新星分公司管理，现由中国石油化工股份有限公司直接管理的中国石油化工股份有限公司西北分公司、西南分公司、中南分公司、东北分公司、华北分公司、华东分公司纳入中国石油化工股份有限公司的合并纳税成员企业范围（中国石油化工股份有限公司润滑油分公司下属的长城润滑油、重庆一坪润滑油分公司、润滑油上海分公司、润滑油茂名分公司、润滑油荆门分公司、润滑油武汉分公司、润滑油天津分公司和中国石化销售华东公司上海石油商品应用研究所及其下属的全资分、子公司纳入中国石油化工股份有限公司润滑油分公司的合并纳税成员企业范围）。三是从2003年起，中国石化销售有限公司西北甘肃分公司、西北宁夏分公司、西北青海分公司纳入中国石化销售有限公司西北分公司的合并纳税成员企业范围。四是中国石油化工股份有限公司下属的其他合并纳税成员企业，仍按照《国家税务总局关于中国石油化工股份有限公司有关企业所得税问题的通知》（国税函[2001]488号）的规定执行。五是中国石油化工股份有限公司省以下石油销售分公司预缴企业所得税的比例，由各省、直辖市、自治区国家税务局与各省级石油销售分公司研究确定。六是经批准享受西部地区优惠政策的成员企业，分别由中国石油天然气股份有限公司和中国石油化工股份有限公司按照《国家税务总局关于落实西部大开发有关税收政策具体实施意见的通知》（国税发[2002]47号）的有关规定，单独合并申报缴纳企业所得税。

（周广平　张建华）

表 1 **合并资产负债表** 百万元

资　　产	行次	2003 年	2002 年	2001 年	负债及所有者权益（或股东权益）	行次	2003 年	2002 年	2001 年
流动资产					流动负债				
货币资金	1	36 134.23	37 828.98	39 921.37	短期借款	34	65 176.00	70 215.39	78 247.52
短期投资	2	2 010.17	2 639.81	1 710.83	应付票据	35	26 317.45	31 484.20	27 397.04
应收票据	3	7 984.36	5 722.22	4 819.30	应付账款	36	36 673.77	34 003.84	20 772.29
应收股利	4	101.20	1 709.74	23.84	预收账款	37	11 967.42	7 741.19	6 010.45
应收利息	5	7.77	2.11	2.63	应付工资	38	6 152.02	5 380.50	4 691.21
应收账款	6	18 327.55	20 341.07	17 369.63	应付福利费	39	3 372.66	3 235.10	2 946.46
其他应收款	7	14 178.25	26 581.13	30 992.17	应付股利	40	172.64	2 978.59	4 358.08
预付账款	8	6 797.90	5 951.47	6 486.81	应交税金	41	9 552.84	6 878.32	7 793.39
应收补贴款	9	527.43	566.23	842.76	其他应交款	42	2 986.75	2 546.82	2 435.20
存　货	10	59 562.56	59 003.27	57 693.27	其他应付款	43	33 331.90	28 659.44	35 043.43
待摊费用	11	612.27	881.40	827.79	预提费用	44	514.95	819.99	519.19
一年内到期的长期债权投资	12	4.98	35.34	7.58	预计负债	45	468.26	1.14	2.20
其他流动资产	13	3 591.93	5 649.84	5 637.72	一年内到期的长期负债	46	13 448.69	13 247.26	13 845.75
流动资产合计	14	149 840.59	166 912.62	166 335.69	其他流动负债	47	7 528.07	6 673.60	4 009.43
长期投资					流动负债合计	48	217 663.42	213 865.38	208 071.65
长期股权投资	15	21 986.31	23 488.02	22 577.09	长期负债				
长期债权投资	16	1 365.04	616.26	825.70	长期借款	49	64 240.05	67 778.20	66 238.55
长期投资合计	17	23 351.36	24 104.28	23 402.79	应付债券	50	0.00	1 518.55	1 620.47

* 其中:合并价差(贷差"－")	18	594.58	695.69	1 746.18	长期应付款	51	1 886.71	1 934.45	2 198.42
固定资产					专项应付款	52	6 727.55	6 946.01	5 542.51
固定资产原值	19	608 764.92	609 178.68	555 654.94	其他长期负债	53	360.97	368.31	24.58
减:累计折旧	20	271 685.90	278 854.98	249 439.35	长期负债合计	54	73 215.28	78 545.52	75 624.53
固定资产净值	21	337 079.02	330 323.70	306 215.59	递延税款				
减:固定资产减值准备	22	9 824.31	372.37	558.34	递延税款贷项	55	289.56	654.59	30.26
固定资产净额	23	327 254.71	329 951.33	305 657.25	负债合计	56	291 168.26	293 065.49	283 726.43
工程物资	24	1 447.07	1 744.67	1 440.68	* 少数股东权益	57	103 939.31	94 438.19	89 124.68
在建工程	25	38 664.59	32 422.80	38 610.06	所有者权益(或股东权益)				
固定资产清理	26	290.60	98.77	162.31	实收资本(或股本)	58	104 942.78	104 942.78	107 412.10
固定资产合计	27	367 656.96	364 217.56	345 870.30	减:已归还投资(外商合作企业填)	59			
无形资产及其他资产					实收资本(或股本)净额	60	104 942.78	104 942.78	107 412.10
无形资产	28	9 250.69	10 466.53	11 666.47	资本公积	61	55 134.93	68 024.53	68 331.94
长期待摊费用	29	6 587.55	9 995.57	12 838.92	盈余公积	62	34 515.92	16 404.06	12 694.39
其他长期资产	30	784.79	707.19	1 013.83	* 未确认投资损失	63			
无形资产及其他资产合计	31	16 623.03	21 169.28	25 519.22	未分配利润	64	－30 463.95		
					外币报表折算差额	65			
递延税款									
递延税款借项	32	1 765.30	471.32	161.53	所有者权益(或股东权益)合计	66	164 129.68	189 371.38	188 438.43
资产总计	33	559 237.25	576 875.06	561 289.54	负债及所有者权益(或股东权益)总计	67	559 237.25	576 875.06	561 289.54

表 2 合并损益表 百万元

项　　目	行次	2003 年	2002 年	2001 年
一、主营业务收入	1	466 673.11	378 004.01	343 661.93
减：主营业务成本	2	359 773.80	293 679.69	269 920.16
主营业务税金及附加	3	15 710.71	13 876.43	13 279.55
二、主营业务利润（亏损以"－"号填列）	4	91 192.69	70 447.89	60 462.22
加：其他业务利润(亏损以"－"号填列)	5	1 431.13	1 174.62	3 659.03
减：营业费用	6	16 649.80	15 209.11	14 424.01
管理费用	7	33 667.15	29 554.04	30 660.06
财务费用	8	7 404.98	8 348.11	6 420.41
勘探费用	9	6 241.26	4 436.42	3 632.51
三、营业利润（亏损以"－"号填列）	10	28 660.63	14 074.82	8 984.25
加：投资收益(亏损以"－"号填列)	11	1 428.27	759.38	2 613.81
补贴收入	12	6 464.44	5 731.08	5 354.79
营业外收入	13	1 453.57	1 110.97	1 565.57
减：营业外支出	14	9 038.10	3 432.16	3 350.95
加：以前年度损益调整	15	0.00	0.00	1 918.76
四、利润总额(亏损以"－"号填列)	16	28 968.82	18 244.09	17 086.23
减：所得税	17	9 978.42	7 093.60	7 811.73
* 少数股东收益	18	10 813.55	7 735.01	6 946.75
* 加：未确认投资损失	19	498.70	274.53	138.10
五、净利润(亏损以"－"号填列)	20	8 675.55	3 690.00	2 465.85

改革重组与资本运作

综 述

2003年，石化集团公司继续遵循“改革、调整、创新、发展”的指导方针和“整体构思、循序渐进、重点突破”的原则，稳步推进和深化重组改革，充分释放体制机制创新带来的“生产力”效益。

一、重组改革方面

完善总体勘探开发体制。为加快实施“走出去”战略，大力开拓国际油气勘探开发和石油工程市场，充分发挥新星公司等有关上游单位作用，2003年5月石化集团公司研究形成并实施了《加快实施上游“走出去”战略，进一步加强上游国际化经营和调整有关单位管理体制的框架方案》。7月份基本完成了新星油气分公司与国际勘探开发公司的重组、新星油气分公司与新星石油公司所属6个地区公司(局)由总部直接管理的划转。10月下旬，制定并下发了国际勘探开发公司和国际石油工程公司管理体制和运行机制试行办法，在上游初步建立起了与“走出去”相适应的管理体制和运行机制。

以改制分流为重点突破口促进产业结构调整。根据长远发展战略定位，在2002年改制分流试点工作的基础上，进一步调整完善有关政策及落实中长期规划，加大改制分流的深度、广度和力度，加快有关业务领域退出速度。在广泛征求意见和调研的基础上，分别下发了《中国石油化工集团公司改制分流实施意见》及《改制分流初步方案和实施报告格式要求》，《中国石油化工股份有限公司改制分流实施意见》及《改制分流初步方案和实施报告格式要求》等文件，在集团层面统一了改制分流的规范化、程序化操作。根据石化集团公司发展战略要求，在修订“十五”后3年改制分流计划的基础上，制定了2004—2006年改制分流计划，并向国资委、劳动和社会保障部等部门呈报了2003年度改制分流总体方案。2003年石化集团公司共批复268个单位的初步方案，39个单位的实施报告。

深化专业化重组和扁平化管理改革。为克服分散经营，进一步整合资源、优化组织结构、提高管理效率，加大了企业层面专业化重组和扁平化管理工作的力度，进一步推进了全系统专业化、扁平化工作。石化股份公司科研开发完成企业层面的整合及主体研究院之间交叉专业的整合；炼化分(子)公司扁平化管理取得实质成果；销售企业基本实现地县一体化重组；以上海腈纶销售分公司的组建为标志，拉开了化工产品专业化统一管理的序幕。石化集团公司非上市企业专业化整合全面展开，在企业层面初步建立起与现有业务相适应的生产经营组织管理架构，部分专业已初显效能；以中南地区检维修联合为起点，开始探索跨企业专业化重组的路子。

积极推进社区服务系统改革。按照社会化、市场化运行机制要求，在对社区现状进行充分调查研究、统计分析，以及研究国家有关政策、借鉴相关管理经验，并在大范围内反复征求企业意见的基础上，于12月份下发了《集团公司深化社区服务系统改革指导意见》，力争经过3年左右的时间，初步解决社区服务系统存在的重大亏损和管理体制、机制不完善等突出问题。

分离办社会职能取得初步进展。加大与地方政府的沟通力度，继山东后在河南、江苏等地区，同当地政府建立了移交工作领导小组，就移交工作的方向和原则达成共识，全年移交和撤并了一批学校及医疗机构；特别是通过争取国家政策支持，已被国家列为分离办社会职能试点单位，预期通过国家财政转移支付的方式实现中小学和公安机构同企业彻底分离。

二、资本运作方面

积极开展石化集团公司内部资产运作工作，促进主业集中和减少同业竞争。根据总体战略部署，2003年完成了茂名石化公司乙烯工业公司(以下简称茂名乙烯)、西北石油局塔河油田石油化工厂(以下简称塔河化工厂)和新星公司西安石油化工总厂(以下简称西安石化厂)由石化集团公司转让给石化股份公司的工作。涉及总资产约70.9亿元，交易净值约35亿元。

启动发行石化股份公司35亿元债券工作。为募集原油管道建设、成品油管道建设、合成树脂产品结构调整技术改造、化肥原料调整技术改造等项目所需资金，进一步优化企业负债结构，降低融资成本，保持稳健的资本结构和较充足的现金流，实现有效益、高质量、可持续的发展，石化股份公司启动了发行35亿元债券融资工作。9月21日发行35亿元债券申请得到国家发展和改革委员会的额度批复，10月15日股东大会批准发行35亿元公司债券相关事宜。

启动了转让齐鲁分公司二化肥资产工作。2003年11月中旬，启动了齐鲁分公司二化肥生产装置的转让工作，石化股份公司与青海省人民政府签署了《青海省人民政府和中国石化股份公司关于转让齐鲁二化肥生产装置的合作意向书》。年内完成资产评估工作。

同时在推进“股转债”和整合上市子公司方面取得了积极进展，解决石化纤长期亏损问题等课题方面已有初步方案。

三、重点课题研究和企业管理创新方面

2003年初，根据国家将对国有资产管理体制进行重大改革的情况，结合石化集团公司实际及时向国家有关部委上报了《国有资产管理体制和经营体制改革建议》和《关于如何规范国家控股公司上下两层关系的建议》，建议观点得到了国家有关部委的认可。对国家予以下发的《企业国有资产监督管理暂行条例》多次提出修改意见，基本上被国家采纳。同时，积极参与《中央企业授权经营管理办法》起草工作，提出完善修改建议。

为有效规避和降低经营风险，2003 年石化集团公司加大风险分析和规避风险对策研究的力度，从宏观性较强的战略、投资、财务、营销和体制等方面着手进行综合分析评价，形成较为系统的风险分析研究报告。

根据"十六"届三中全会精神，以及石化集团公司远景规划和"改革、调整、创新、发展"的战略指导方针，按照"总结经验，改进不足，加大力度，突出重点，抓好落实"的工作总体思路，提出了 2004—2006 年改革工作初步思路，并在研究制定中长期改革规划。

以石化集团企业管理协会为载体，总结和推广企业管理创新工作。按照中国企业家联合会的要求，组织了全集团管理现代化创新成果评审工作，并推荐 7 项成果参加全国评审，其中 5 项被评选为国家级管理现代化创新成果，树立了中国石化良好的形象。

（马延辉　张　静）

资产运作与发行企业债券

【概述】 为进一步完善石化集团公司上市、非上市的产业分工与定位，理顺内部管理体制，规范关联交易，减少同业竞争，有利于石化股份公司自主经营及存续企业的自立生存和发展，石化集团公司从支持石化股份公司调整产业结构，强化核心业务能力，实现有效发展的战略目标，并履行上市时对投资者的承诺考虑，决定将石化集团公司所属茂名乙烯、塔河化工厂和西安石化厂转让给石化股份公司。

中国石化企业债券发行工作于 2003 年 8 月 21 日正式启动，主要工作分为发行规模申请、方案报批、簿记路演确定利率、申请利率批准、定价发行、上市申请、挂牌交易等阶段。2003 年主要完成前两个阶段的工作。

（齐建华　马宝龙　金　岩）

【以 33 亿元人民币转让茂名乙烯资产】 从 2003 年初开始，着手进行转让茂名乙烯工作。10 月 28 日，石化股份公司第二届董事会第四次会议通过了收购茂名乙烯的决议，并取得上交所召开股东大会的豁免。公告刊登后，资本市场反映良好，年内基本完成转让与收购工作。在组织具体实施中，根据国有资产监督管理委员会与中国证监会有关规定，聘请中联资产评估有限公司，采用重置成本法对茂名乙烯资产进行评估；聘请毕马威华振会计师事务所对茂名乙烯及乙烯资产近 3 年财务状况进行审计；聘请中国国际金融公司、摩根士丹利等中介机构，运用现金流分析、可比公司、历史交易等方法，从多方面对茂名乙烯进行估值。根据中联资产评估有限公司出具的中联评报字[2003]第 68 号评估报告，本次转让以 2003 年 6 月 30 日为基准日，拟转让部分的总资产为 552 729.01 万元，总负债为 222 598.75 万元，净资产为 330 130.26 万元。

经中介机构评估确认后出具的各项报告均认为，此次对茂名乙烯价值的评估是公允的。经石化集团公司与石化股份公司协商，双方确定以评估的净资产值 33 亿元人民币转让茂名乙烯资产。

（齐建华　马宝龙　金　岩）

【转让茂名乙烯的积极效果】 经分析论证，收购茂名乙烯对石化股份公司提高生产经营能力具有积极的影响，具体表现在：

(1) 将使石化股份公司每股收益略有增厚。随着化工周期的回复，预计增厚的效果将更为明显。

(2) 石化股份公司 2003 年上半年化工板块的经营利润为 6.9 亿元人民币，收购茂名乙烯未经审计的 2003 年上半年模拟经营利润为 1.8 亿元人民币，收购后将使化工板块的经营利润增加约 26%。

(3) 截至 2002 年 12 月 31 日，石化股份公司的乙烯生产能力为 279.5 万吨/年，收购后将使乙烯生产能力增加约 13.6%。

(4) 茂名乙烯位于中国经济最发达的广东省，背靠潜力巨大的西南市场，是华南地区现有的惟一大型乙烯生产装置，收购使石化股份公司在该地区拥有核心化工生产能力，增强对主要市场的控制力。

(5) 茂名乙烯与石化股份公司存在一定程度上的同业竞争，并且茂名乙烯的原料供应以及产品销售均依赖石化股份公司，形成了较大的关联交易，收购有利于消除同业竞争并减少关联交易，进一步规范了上市公司的经营行为。

（齐建华　马宝龙　金　岩）

【3.56 亿元人民币转让塔河化工厂和西安石化厂资产】 2003 年 11 月，开始组织实施转让西安石化厂和塔河化工厂，12 月完成财务审计、资产评估（含土

地)、企业估值、独立财务报告及法律文件制作等工作，12月29日，石化股份公司第二届董事会第五次会议通过了收购塔河化工厂和西安石化厂的决议。在具体组织实施中，根据国有资产监督管理委员会与中国证监会有关规定，以2003年10月31日为基准日，聘请中瑞华恒信会计师事务所、中证资产评估有限公司和中地华夏评估咨询有限公司分别对塔河化工厂和西安石化厂近3年财务状况进行专项审计及资产(土地)评估。

(1) 塔河化工厂。根据中证资产评估有限公司出具的中证评报字[2003]第062-2号评估报告，塔河化工厂列入资产评估范围并经中瑞华恒信会计师事务所审计后的总资产账面值为56 389.82万元、调整后账面值为56 389.82万元、评估价值56 659.26万元、增值率为0.48%；负债的账面值为52 225.53万元、调整后账面值为52 225.53万元、评估价值52 225.53万元；净资产的账面值为4 164.29万元、调整后账面值为4 164.29万元、评估值4 433.73万元、增值率为6.4%；根据中地华夏评估咨询有限公司出具的《土地估价报告书》，塔河化工厂土地总面积186.01万米^2，土地总价值评估为9 082万元。

资产评估和土地评估两项合计，塔河化工厂总资产为65 741.26万元，总负债为52 225.53万元，净资产为13 515.73万元。

(2) 西安石化厂。根据中证资产评估有限公司出具的中证评报字[2003]第062-1号评估报告，西安石化厂总资产账面值为85 915.22万元、调整后账面值为83 310.36万元、评估价值84 525.34万元、增值幅度为1.46%；负债账面值为68 914.71万元、调整后账面值为68 914.71万元、评估价值68 914.71万元；净资产账面值为17 000.51万元、调整后账面值为14 395.65万元、评估值15 610.63万元、增值幅度为8.44%；根据中地华夏评估有限公司出具的《土地估价报告书》，西安石化厂土地面积28.1万米^2，土地总价值为6 465.69万元。

资产评估和土地评估两项合计，西安石化厂总资产90 991.03万元，总负债68 914.71万元，净资产22 076.32万元。

(3) 交易价值。石化股份公司聘请了中国国际金融公司作为财务顾问，运用现金流分析、可比公司、历史交易等方法，对塔河化工厂和西安石化厂进行估值，得出的价值区间：塔河化工厂净资产价值区间在0.87—1.13亿元之间，西安石化厂净资产价值区间在1.99—2.66亿元之间，综合两厂净资产估值区间在2.86—3.79亿元。

经石化集团公司与石化股份公司协商，交易价格以资产评估(含土地)确认的结果为依据。其中，除土地外有形资产的总资产为141 184.6万元，总负债121 140.24万元，净资产20 044.36万元；土地资产评估价值为15 547.69万元。石化股份公司按净资产35 592.05万元收购，并承担两厂合计121 140.24万元的总债务。资产交割日定为2004年3月31日。2003年12月31日前塔河化工厂和西安石化厂的经营损益归属石化集团公司所有，从2004年1月1日起经营损益归属石化股份公司所有。

(齐建华　马宝龙　金　岩)

【转让塔河化工厂和西安石化厂的积极效果】 转让塔河化工厂和西安石化厂对石化集团公司和石化股份公司的影响表现在：

(1) 转让完成后，塔河化工厂和西安石化厂将成为石化股份公司在西北地区仅有的两家炼油企业，尤其是塔河化工厂作为新疆南疆地区惟一的炼油企业，对石化股份公司开拓西北市场、增强市场竞争力具有重要的战略意义。

(2) 为加快塔河油田的发展创造了有利条件。2004年，塔河化工厂和西安石化厂已安排扩能改造项目，改造后两厂的原油加工能力将超过350万吨/年，可以基本上消化现阶段塔河油田所产原油。

(3) 扩大了石化股份公司在沥青产品上的产业优势。2002年，石化股份公司年产沥青219万吨，占全国石油沥青产量的50%以上。两厂2003年沥青产量接近60万吨，转让后石化股份公司年产沥青总量将达到300万吨左右，在沥青市场上的优势将更为明显。

(4) 转让两厂后可有效避免同业竞争，减少关联交易。转让前两厂在沥青市场、成品油市场等与石化股份公司是同业竞争关系，在原油供应、油品销售方面存在大量关联交易。转让后，明确了两厂的产业定位，理顺了内部管理体制，消除了与石化股份公司的同业竞争，规范了关联交易，使石化股份公司的核心业务能力得到进一步增强。

(5) 转让两厂资产对石化集团公司也具有积极影响。通过转让资产使石化集团公司获得部分资金并减轻了债务负担，有利于支持存续企业深化改革、加快产业结构调整和进一步发展。

(齐建华　马宝龙　金　岩)

【启动发行中国石化企业债券】 申请阶段。2002年10月，向国家发展和改革委员会上报了《关于发行2003年中国石化企业债券的请示》(中国石化计[2002]381号)，申请石化股份公司发行60亿元企业债券，用于收购石化集团公司持有的茂名乙烯资产和进行二轮改造。为进一步拓展债券募集资金的用途，经反复研究，于2003年6月20日，向国家发展和改革委员会上报了《关于发行2003年中国石化企业债券的调整补充报告》(中国石化计[295]号)，将发行债券募集资金的用途调整为原油管道、成品油管道建设、合成树脂产品结构调整改造、化肥原料调整技术改造等项目，并申请将本次发行债券的规模调整为35亿元。

方案报批阶段。2003年8月，主承销商与石化股份公司一起完成了发行债券募集说明书、发行章程、担保函、公开发行企业债券申请材料的编制。2003年8月22日召开了石化股份公司第二届董事会第三次会议，通过了关于发行中国石化企业债券发行方案，并提呈2003年度第二次临时股东大会审议。2003年9月11日,国家发展和改革委员会下发《国家发展和改革委员会关于下达国家电网公司等企业债券发行规模及发行审批有关问题的通知》(发改财金[2003]1179号)，批准了石化股份公司发行债券的额度。2003年9月19日，石化股份公司和主承销商一起向国家发展和改革委员会报送了《关于2003年中国石化企业债券发行方案和相关申报材料的请示》(中国石化企[2003]437号)。2003年10月15日，石化股份公司召开2003年度第二次临时股东会，同意本次债券《发行方案》、《发行章程》和债券发行结束后，即向中国证监会及上海证券交易所提交在上海证券交易所上市交易的申请。10月24日及11月1日，分别获得北京市和上海市改革和发展委员会关于同意在两个市进行零售的批复。联合资信评估有限公司评本次债券评级：AAA级。

(齐建华　刘　平)

【发行中国石化企业债券的中介机构】 为确保发行公司债券成功，石化股份公司聘请中国国际金融有限公司为主承销商，副主承销商为国泰君安证券公司、中银国际控股公司、中国南方证券有限公司。分销商为中国石化财务有限责任公司、国家开发银行、申银万国证券股份有限公司、大鹏证券有限责任公司、长城证券有限责任公司、华安证券有限责任公司、天一证券有限责任公司、国信证券有限责任公司、新华信托投资股份有限公司、天同证券有限责任公司、招商证券股份有限公司、国联证券有限责任公司、东北证券有限责任公司、北方证券有限责任公司、华欧国际证券有限责任公司、健桥证券股份有限公司和世纪证券有限责任公司。石化集团公司为本次债券发行提供了无条件不可撤销的连带责任担保。德恒律师事务所为发行人(石化股份公司)律师，史密夫律师事务所为境外法律顾问，联合资信评估有限公司为信用评级机构，毕马威华振会计师事务所为审计师。

(齐建华　刘　平)

推进新星公司与总体勘探开发体制的融合

【概述】 2003年5月29日，石化集团公司下发《关于印发〈加快实施上游"走出去"战略进一步加强上游国际化经营和调整有关单位管理的框架方案〉的通知》(中国石化党组[2003]94号)，决定进一步调整完善新星石油公司、新星油气分公司、国际勘探开发公司和新组建的国际石油工程公司的相关业务关系及管理体制，以加紧贯彻实施上游领域"走出去"战略，加大开拓国际油气勘探开发和石油工程业务的力度。明确了重组整合后的国际勘探开发公司和国际石油工程公司的定位、相互关系，以及新星石油公司和新星油气分公司等管理体制调整的基本框架。

(马延辉　吕永健)

【新星石油公司地区局管理体制调整】 2003年5月30日，石化集团公司下发中国石化企262、263、264、265、266、267号文件，对新星石油公司下属的新星石油公司中南石油局、新星石油公司西南石油局、新星石油公司西北石油局、新星石油公司华东石油局、新星石油公司华北石油局、新星石油公司东北石油局的管理体制进行调整。新星石油公司各地区局由新星石油公司管理调整为石化集团公司直接管理，名称相应变更为中国石化集团中南石油局、中国石化集团西南石油局、中国石化集团西北石油局、中国石化集团华东石油局、中国石化集团华北石油局、中国石化集团东北石油局；以2002年12月31日为基准日，新星石油公司各地区局的资产、业务、机构、人员、工资总额和生产经营、投资计划、经营考核指标等划转到石化集团公司管理。

(马延辉　吕永健)

【新星油气分公司各地区分公司管理体制调整】 2003年5月30日，石化股份公司下发石化股份企224、225、226、227、228、229号文件，对新星油气分公司下属的新星油气西南分公司、新星中南分公司、新星西北分公司、新星油气华东分公司、新星华北分公司、新星东北分公司的管理体制进行调整。新星油气分公司各地区分公司由新星油气分公司管理调整为石化股份公司直接管理，名称相应变更为中国石油化工股份有限公司西南分公司、中国石油化工股份有限公司中南分公司、中国石油化工股份有限公司西北分公司、中国石油化工股份有限公司华东分公司、中国石油化工股份有限公司华北分公司、中国石油化工股份有限公司东北分公司；以 2002 年 12 月 31 日为基准日，新星油气分公司各地区分公司的资产、业务、机构、人员、工资总额和生产经营、投资计划、经营考核指标等划转到石化股份公司管理。

（马延辉　吕永健）

【新星石油公司管理体制调整】 2003 年 6 月 4 日，石化集团公司下发《关于中国石化集团新星石油有限责任公司管理体制调整的通知》（中国石化企[2003]272 号），对新星石油公司管理体制进行调整。调整主要内容包括：以 2002 年 12 月 31 日为基准日，对新星石油公司的资产、业务、机构、人员、工资总额和生产经营、投资计划、经营考核指标等进行调整；新星石油公司所属 6 个地区局划归石化集团公司直接管理；新星石油公司的部分机构和人员参与组建国际石油工程公司；新星石油公司的名称不变，在所属 6 个地区局划归石化集团公司直接管理后，继续经营管理其他各类全资、控股和参股企业。

（马延辉　吕永健）

【新星油气分公司管理体制调整】 2003 年 6 月 4 日，石化股份公司下发《关于中国石油化工股份有限公司新星油气分公司管理体制调整的通知》（石化股份企[2003]232 号），对新星油气分公司管理体制进行调整。调整主要内容包括：以 2002 年 12 月 31 日为基准日，调整新星油气分公司管理体制；新星油气分公司总部与国际石油勘探开发公司进行重组，组建新的国际石油勘探开发公司；新星油气分公司总部部分人员参与组建国际石油工程公司；新星油气分公司所属 6 个地区分公司划归石化股份公司直接管理；注销新星油气分公司。

（马延辉　吕永健）

【中国石化集团国际石油工程有限公司成立】 2003 年 12 月 2 日，石化集团公司下发《关于成立中国石化集团国际石油工程有限公司的通知》（中国石化企[2003]546 号），成立中国石化集团国际石油工程有限公司。

（马延辉　吕永健）

【建立完善国际石油勘探开发公司和国际石油工程公司管理体制、运行机制】 2003 年 12 月 21 日，石化集团公司下发《关于印发国际石油勘探开发有限公司和国际石油工程公司管理体制、运行机制试行办法的通知》（中国石化企[2003]480 号），从公司定位、领导体制、投资和项目管理、资金管理、涉外机构的设立、外事管理机制、激励约束机制、担保机制、科技管理体制、监督机制等方面，对整合后的国际石油勘探开发公司和新组建的国际石油工程公司的管理体制和运行机制进行了明确。

国际石油勘探开发公司是石化集团公司上游海外投资与经营作业一体化的战略经营单位；对石化集团公司承担海外投资和经营双重责任的利润中心；对海外油气资源的勘探开发和海外投资及项目实行统一经营管理，是石化集团公司从事上游海外投资经营的惟一专业化公司；同时，对现有的有关海外勘探开发的投资经营事项实行归口管理。国际石油勘探开发公司对海外勘探开发业务领域实行专业化归口的集中统一的经营管理体制。其主要职能按石化集团公司批准的公司章程执行。

国际石油工程公司是以石油工程技术服务和劳务服务为主的经营管理公司，直接从事开拓国际石油工程市场及其他相关市场业务，对石化集团公司海外石油工程服务业务进行统一规划和协调管理；指导有关油田企业工程队伍开拓海外石油工程和劳务市场及协调运作，注重发挥各油田企业工程队伍的积极性，形成整体优势。其主要职能按石化集团公司批准的公司章程执行。

国际石油勘探开发公司和国际石油工程公司是严格的甲乙方关系，也是战略合作伙伴关系，按国际惯例运作，密切合作和相互支持；国际石油工程公司作为乙方在依法规范招投标和提供优质工程服务的基础上，充分同作为甲方的国际勘探开发公司配合协调；国际勘探开发公司充分依托国际石油工程公司在工程服务、装备输出等方面的技术支撑，相互促进、共同发展。

（马延辉　吕永健）

体制改革

【石油勘探开发研究院设立分支机构】 2003 年 9 月 23 日，石化股份公司批复同意石油勘探开发研究院代表石化股份公司设立 5 个分支机构，并按下列名称进行登记：中国石油化工股份有限公司德州石油钻井研究所、中国石油化工股份有限公司南京石油物探研究所、中国石油化工股份有限公司无锡实验地质研究所、中国石油化工股份有限公司合肥石油化探研究所、中国石油化工股份有限公司荆州新区勘探研究所。

（马延辉）

【中国石油化工股份有限公司上海腈纶销售分公司成立】 为落实化工产品营销体制改革，实现石化股份公司对化工产品的集中统一销售，2003 年 12 月 2 日，石化股份公司决定设立中国石油化工股份有限公司上海腈纶销售分公司，直属化工事业部管理。腈纶销售分公司经营范围为：负责化纤、化工、纺织等相关产品的销售及其仓储业务。

（马延辉）

【上海医药工业设计院重组改制设立为上海工程公司】 2003 年1 月 10 日，石化集团公司正式批复上海医药工业设计院改制设立为中国石化集团上海工程有限公司，为石化集团公司直属的国有独资公司。公司总资产为 6.05 亿元，负债总额为 2.85 亿元，所有者权益 3.20 亿元，其中注册资本 2 亿元，资本公积 1.20 亿元。公司经营范围为：医药、石油化工、化工工程甲级设计，建筑工程甲级设计，工程建设总承包，科技咨询，建筑工程监理，环保工程设计和评价，经外经贸部批准的进出口业务（凡涉及许可经营凭许可证经营）。

（马延辉）

【金陵石油化工有限责任公司烷基苯"三合一"重组立项】 2003 年 5 月 28 日，石化集团公司正式批复了金陵石油化工有限责任公司烷基苯"三合一"重组立项的请示。重组范围为金陵石油化工有限责任公司烷基苯厂烷基苯联合生产装置、有关公用工程、供销、建安（检维修）等单位相应的资产和负债，以及有关的对外长期投资；金桐石油化工有限公司包括烷基苯、磺酸生产装置在内的所有资产和负债，以及有关的对外长期投资；江苏金桐烷基苯项目的全部资产和负债。在烷基苯"三合一"重组后设立的新公司中，采取合资经营的模式（合资对方为台湾宝智公司），合资双方各持 50%的股份。烷基苯"三合一"重组有利于扩大烷基苯系列产品的生产经营规模，提高产品的技术含量，以及增强企业在国际国内市场的竞争能力。

（马延辉）

【兰州设计院、第三建设公司重组设立宁波工程有限公司】 2003 年 8 月 6 日，石化集团公司对工程建设公司兰州设计院（以下简称兰州设计院）、第三建设公司重组设立宁波工程有限公司（以下简称宁波工程公司）进行了批复。重组设立宁波工程公司，是社会主义市场经济的要求，是石化集团公司发挥整体优势，增强市场竞争能力，开拓国际、国内工程建设市场的要求，也是石化集团公司推进存续部分改革和专业化重组的重大举措。

宁波工程公司是由兰州设计院和第三建设公司重组的以设计为先导，工程项目承包和工程项目管理为主体，拥有专有专利技术并具备融资能力，面向国内、国际两个市场提供技术服务和管理服务的全能型国际工程公司。宁波工程公司作为石化集团公司的全资子公司，是自主经营、自负盈亏、自我发展、自我约束的法人实体，对石化集团公司承担国有资产保值增值责任。

（马延辉）

【重组洛阳工程公司】 根据石化集团公司深化体制改革的总体要求，按照发挥广州中元石油化工工程有限公司的地理优势，使洛阳工程公司目标市场向珠海三角洲辐射的战略思路，将广州石化总厂所属全资子公司广州中元石油化工工程有限公司整体并入洛阳工程公司。

（马延辉）

改制分流

【改制分流工作全面铺开】 石化集团公司 2002 年改制分流试点工作得到了国家有关部委的充分肯定。2002 年 11 月，国家八部委出台 859 号文件，对国有大中型企业主辅分离、改制分流工作进行了规范，明确了有关政策，并提出了进度上的要求。结合落实 859 号文件的要求，石化集团公司于 2003 年 1 月 28 日召开了办公会，专门对改制分流工作的政策办法规范、下一步规划和总体方案、落实责任等作了全面的部署和要求，提出石化集团公司下一步改革的突破口是"实施国有资产的战略性重组，推进以改制分流为主要形式的减员增效并带动其他方面的改革"。2003 年 3 月，召开了由所属企业党政主要领导参加的全系统改制分流工作会议，讨论了改制分流政策，交流了试点经验，提出了全面大力推进改制分流工作的要求，并对改制分流计划进行了初步对接，进一步完善了石化集团公司一整套改制分流政策。2003 年 10 月，石化集团公司和石化股份公司又召开改制分流座谈会。这次会议上，结合国家陆续出台的配套政策，对改制分流政策进行了补充和完善，石化集团公司印发了改制分流的有关补充意见，石化股份公司印发了改制分流的配套文件；石化集团公司明确提出了 2004—

2006年改制分流8—10万人的目标，要求所属企业在原2003—2005年计划的基础上，按新的要求和目标编制2004—2006年计划。

自2003年3月中旬改制分流工作会议后，截至2004年3月31日，石化集团公司非上市部分共有64家企业上报了299个单位的初步方案(不含55个试点单位)，总部批复270个初步方案，纳入评估范围的净资产账面值47.26亿元，涉及正式职工4.26万人；共批复225个实施报告，涉及净资产账面值28.45亿元，涉及正式职工2.57万人。石化股份公司共批复8个单位的初步方案，2个单位的实施报告。

（肖学明）

【制定改制分流实施意见】 根据国家经贸委、财政部、劳动保障部等8部委制定的《关于国有大中型企业主辅分离辅业改制分流安置富余人员的实施办法》(国经贸企改[2002]859号)规定，以及石化集团公司、石化股份公司改革发展战略，在总结改制分流试点经验的基础上，2003年3月下发了《中国石油化工集团公司改制分流实施意见》及改制分流初步方案和实施报告格式要求，10月份下发了《中国石油化工股份有限公司改制分流实施意见》及改制分流初步方案和实施报告格式要求等文件，对改制分流的涵义、形式及范围，改制分流的原则和目标，改制分流的主要内容、审批程序及有关要求，以及集体企业的改制分流等问题作了详细规定。

（肖学明）

【齐鲁一化肥整体改制分流】 2003年8月15日，石化集团公司、石化股份公司对齐鲁分公司第一化肥厂(以下简称一化肥)和齐鲁石化公司一化实业部水汽车间、塑料加工分厂(以下简称一化实业部)联合改制分流进行了批复。一化肥和一化实业部统筹考虑、同步改制的方案，既避免了一化肥单独改制而需要增设辅助配套业务的投资和重复建设，也有利于一化实业部有关业务依托一化肥主业维持生存。

（马延辉）

分离办社会职能

【深化社区服务系统改革】 根据党的十六届三中全会精神和石化集团公司有关改革要求，为实现“存续企业层面2005年整体基本不亏损”的目标，经过深入调查研究和广泛征求企业意见，2003年制定并下发了《集团公司深化社区服务系统改革指导意见》(以下简称《指导意见》)。《指导意见》对石化集团公司社区服务系统存在的主要问题、改革的目标和原则、社区服务系统业务分类和相应改革措施、社区服务系统改革的有关要求等作了详细的分析和规定。

（吕永健　马延辉）

【深化社区服务系统改革的目标】 通过深化改革，从2003年起力争经过3年左右的时间，初步解决社区服务系统存在的巨额经营性亏损和管理体制、机制不完善等突出问题。包括：按照业务类别建立起精干、高效的专业化管理体系，对适于企业化经营的业务，收费范围和标准初步到位，按照市场机制运作并基本上实现独立经营、自负盈亏；对适于剥离分流的业务，基本完成与企业的分离，并走向社会独立运行；对应由政府承办的公共服务业务，符合条件的要完成移交，不能移交的要在运行成本、用工总量及劳动生产率、费用控制等方面达到相应的社会平均管理水平。

（吕永健　马延辉）

【社区服务系统业务分类和相应改革措施】 根据社区服务系统的业务构成，以及改革方向和措施的类同性，将社区服务系统业务划分为政府公共服务类、社区服务类、企业经营类三大类。2003年对不同大类采取的改革总体措施为：

(1) 政府公共服务类。将政府公共服务类业务单列出来，按照社会化平均管理水平核定用工总量、成本费用和补贴费用(属于额外摊派性的费用进一步细分单列)，实行定费管理，单独核算考核，并创造条件力争尽早移交，最终实现同企业职能的分离。核定的补贴费用在有关职能未移交前，申请国家继续给予退税补贴，并定向用于相关业务；在办理移交时，争取由中央财政以转移支付的方式予以支持。

(2) 社区服务类。要通过企业化经营，社会化服务，市场化运作，力争2006年后收费范围覆盖全部服务项目，收费标准除政府有规定的，其他均应达到与所提供服务质量相称的相应市场价位，相关业务逐步达到自立生存，并最终实现与企业经营的分离。

(3) 企业经营类。要结合企业产业结构调整和逐步退出非主营业务领域的改革方向，加大改制分流、租赁承包、出售转让和关停并撤的改革力度，实现与企业主营业务的最终分离；经营项目的收费标准，应尽快达到当地平均市场价格。

（吕永健　马延辉）

【移交办社会职能】 2003年继续加大与地方政府的沟通力度。1月初，成立了石化集团公司、江苏省和河南省移交工作领导小组，并举行了第一次会议，部署了这两个省的移交工作；3月下旬，召开了山东省移交工作碰头会，对前一段工作进行了总结，对存在的问题进行了交流，提出了下一步工作计划；3月底，石化集团公司领导与江苏省、河南省有关领导进行了会晤，就移交工作的方向和原则达成了共识。6月底，向国家财政部提出了通过财政转移支付方式解决移交问题的一揽子政策建议。通过争取国家政策支持，已被国家列为分离办社会职能的试点单位，预期通过国家财政转移支付的方式将可比较彻底地解决企业办社会职能移交问题。经过各方面努璃，全年撤并了一批中小学、幼儿园及社区医疗卫生机构，达成了移交一批中小学的协议。

（吕永健　马延辉）

管理创新与管理机构调整

【管理创新成果评选】 2003年在石化集团企业管理协会组织的第十二届企业管理现代化创新成果的评审中，有145项成果被评定为石化集团公司、中国石化企协级别成果，其中一等16项、二等58项、三等71项。推荐参加第十届全国企业管理现代化创新成果评审7项。经全国企业管理现代化创新成果审定委员会审定，石化集团公司有5项成果被评定为“国家级企业管理现代化创新成果”。其中，胜利油田有限公司的“油田开发一体化管理”被审定为一等奖；燕山石化公司的“大型石化基地分立重组后的协调发展”、茂名石化乙烯工业公司的“石化企业生产长周期安全高效管理”、洛阳分公司的“石化企业以低成本为目标的管理”、胜利油田有限公司的“以可持续发展为目标的油藏经营管理”被审定为二等奖。

（肖学明）

【石化股份公司被确认为“向世界名牌进军、具有国际竞争力的中国企业”】 2003年12月15—16日在广州召开的“2003中国名牌论坛”会议上，石化股份公司被授予“向世界名牌进军、具有国际竞争力的中国企业”。“向世界名牌进军、具有国际竞争力的中国企业”评选活动，由中国工业经济联合会主办，是贯彻落实党的“十六大”提出的要“形成一批有实力的跨国企业和著名品牌”精神的一项举措。

（马延辉）

【设立石化股份公司法律事务部】 为进一步推进中国石化法制建设工作，适应建立现代企业制度和强化内部管理的需要，石化集团公司与石化股份公司于2003年10月28日、29日分别下发文件，决定成立石化集团公司法律事务部；石化股份公司法律事务部与企业改革部分设运行。石化股份公司法律事务部成立于2002年12月8日，根据当时的实际情况，与企业改革部合署办公。石化集团公司法律事务部成立后，与新分设运行的石化股份公司法律事务部实行“一套机构，两块牌子”，机构设在石化股份公司。石化集团公司、石化股份公司法律事务部的主要职责为：

（1）协助公司领导正确贯彻执行国家法律、法规，对公司重大经营决策提出法律意见，依法维护公司合法权益。

（2）负责对口联系国家有关政策法规部门，研究公司外部法律环境，反映企业意见并提出建议。

（3）组织或参与起草、审核公司有关重要的规章制度，规范企业行为。

（4）负责公司合同管理，参与公司改制、重组、合并、分立、破产、投资、租赁、资产转让、招标投标、知识产权等涉及公司重大权益的合同谈判，并负责合同文本的法律审查。

（5）负责公司授权委托、工商登记和商标等统一管理，并办理相关法律事务。

（6）负责公司为当事人的诉讼、仲裁案件的处理工作，调节公司系统内企业之间的经济纠纷，接受公司法定代表人委托，代理参加诉讼和非诉讼活动。

（7）负责公司外聘律师、法律中介机构的选择、联络及相关工作。

（8）负责公司法律事务人员的业务培训，指导公司下属企业法律顾问制度、队伍建设和法律事务工作。

（9）负责为公司总部机关各部门提供有关法律咨询，配合有关部门对员工进行法制宣传教育。

（10）负责公司领导、总法律顾问交办的其他法律事务。

（李政群）

企业法律事务工作

【启动总法律顾问制度试点工作】 根据2002年7月18日原国家经贸委等7部委联合下发的《关于在国家重点企业开展企业总法律顾问制度试点工作的指导意见》文件精神，2003年1月21日，石化集团公司向原国家经贸委上报《关于报批中国石油化工股份有限公司企业总法律顾问制度试点方案的请示》，推荐石化股份公司参加总法律顾问制度试点。2003年2月18日，原国家经贸委下发国经贸厅法规[2003]15号文件，批复石化股份公司的总法律顾问制度试点方案，石化股份公司总法律顾问制度试点工作正式启动。

《关于在国家重点企业开展企业总法律顾问制度试点工作的指导意见》提出："试点工作的目标：在国家重点企业中选择一批具有行业代表性的试点企业，力争通过试点，实现企业总法律顾问岗位到位、法律顾问机构到位、总法律顾问职责到位，企业依法决策、依法经营管理、依法维护合法权益的规章制度健全，企业依法办事水平和国际竞争力得到进一步提高。"(简称"一个健全"、"两个提高"、"三个到位"。)在试点实施过程中，石化股份公司结合实际，按照试点方案拟订的工作步骤和具体规划，成立试点工作领导小组，认真落实文件精神，努力健全公司依法决策、依法经营管理、依法维护合法权益的规章制度，聘任总法律顾问，成立石化集团公司法律事务部，将石化股份公司法律事务部与石化集团公司企业改革部分设运行，坚持组织建设与制度建设并举，推动试点工作取得了明显成效。

（李政群）

【政策法规跟踪研究】 积极跟踪中国加入 WTO 新形势下的法律环境，保持公司对外部法律环境的敏锐反应能力，掌握动态，研究对策，影响立法，是法律事务工作的主要任务之一。为此，2003 年着手逐步建立对政府有关重点部门的跟踪网络。参与商务部《对外贸易法》的修改，配合国资委进行有关《国有及国有控股企业法律顾问管理办法》的制定工作。开展反倾销专题研究，参与了《商务部反倾销的反规避调查与裁决规定》初稿以及《关于建立促进国内受倾销损害产业加快恢复和发展政策措施的方案》的修改工作。拟订了公司法律环境研究的总体框架。

（王振明）

【内控制度建设】 针对萨班斯法案对在美国上市的公司的要求，2003 年 5 月 12 日开始，法律事务部参与了《内控手册》的编制、调研、修改、补充、培训等全过程的工作。重点组织制定了石化股份公司权限指引，指导分(子)公司进行权限指引的延伸制定。组织对石化股份公司现行的规章制度进行了全面清理。11 月 30 日，完成了对内控手册引用的规章制度的全面清理，12 月 31 日前，对内控手册未引用但目前仍生效的各部门规章进行了清理。

（王振明）

【合同管理】 2003 年是合同项目管理工作的起始年。合同项目管理的定位和总体指导思想是：以合同和项目工作为主线，以加强事前防范为目标，对公司重大经营决策提出法律意见，保障公司经营活动的合法性和合规性，组织做好公司合同管理及重组改制、资本运作、项目谈判、招标投标涉及到的法律事务工作。合同项目工作的方针是："决策咨询、事前防范、分担责任、规范合同"。

2003 年共审查合同 21 份，涉及标的金额超过人民币 131.8 亿元、美元 1.54 亿和日元 46.45 亿。合同审查的方式主要有事后审查并出具法律意见书、参与合同谈判，对于特别重大、复杂的合同还委托常年法律顾问参与审查或邀请外聘律师参与谈判等。审查的合同类型主要有：贷款和担保合同、资本运作、中介机构服务合同、房地产投资合同、技术合同、劳务合同等。合同项目的主要案例有：朝阳广场项目、收购茂名乙烯合同审查、参与也门勘探开发投资项目等。通过重大项目、重大合同的参与和审查，初步建立起了项目谈判、合同审查(含委托审查)、报批工作流程。

在合同管理制度建设方面，颁发并施行了石化股份公司《合同实施细则(试行)》。《合同实施细则(试行)》进一步细化了《合同管理暂行办法》，是在遵循、沿用《合同管理办法》基本原则基础上，对《合同管理办法》的补充、完善和深化。作为《合同管理办法》下一级次的管理制度，其更具操作性、实用性。

（陈佳园）

【法律纠纷管理】 2003 年起草了《中国石油化工股份有限公司法律纠纷管理实施细则》。该细则在《中国石油化工股份有限公司法律纠纷管理暂行办法》的基础上，对法律纠纷管理业务在程序和操作上进一步加以细化和规范。

2003 年石化集团公司、石化股份公司作为当事人的民商事案件 28 起，合计标的金额达人民币 6.54 亿元。案件的重要特点是劳动争议纠纷、集团诉讼案突出，涉外因素明显。对于这些案件，总部法律事务部负责直接处理有重大影响的案件，其他案件则基本上采取发案单位负责制，由有关子公司、分公司处理，石化集团公司和石化股份公司总部对案件处理的方案进行审查，并对进展情况全程跟踪。

（肖　雄）

【授权委托管理】 为适应现代企业制度的需要，完善石化股份公司授权委托制度，增强防范和控制风险的能力，保障公司决策和运行机制的有效开展，2003 年制定并下发了石化股份公司《授权委托管理办法(试行)》。全年共办理授权委托书 21 份。

（肖　雄）

【工商、商标事务管理】 2003 年，完成了石化集团公司、石化股份公司工商和组织机构年检及变更工作，工商年检获 A 级，保证了石化股份公司所属 56 家直属分公司在地方年检的正常进行。办理工商事务 30 件，包括分、子公司负责人和经营范围的变更，新星公司所属 6 个分公司隶属关系的变更。审批子公司、合资公司、直属企业章程 25 份，并着手起草了石化股份公司工商事务管理办法。

2003 年，石化集团公司和石化股份公司进一步加强了对商标事务的管理，敦促日本特许厅及时驳回了日本人在日本注册“SINOPEC”商标的申请，保护了石化集团公司的商标专用权。全年共协助工商管理机构处理侵犯石化集团公司商标专用权案件 5 起。

（肖　雄）

人事教育及人力资源管理

综　　述

劳动人事工作紧紧围绕石化集团公司、石化股份公司的利润、成本、投资、改革四大奋斗目标，坚持“团结、鼓劲、创新、抓实”，以提高素质、优化结构、改进作风和增强团结为重点，切实加强领导班子建设；以推进减员分流、加强人工成本控制、引入劳动力市场价位改革分配制度为重点，切实加强劳动工资工作；以提高创新能力和适应“走出去”战略为重点，切实加强人才培训工作。2003年各项工作迈上了一个新台阶，取得了明显的成果。

（任　实）

领导人员管理

【领导班子思想政治建设】 深入学习贯彻“三个代表”重要思想，领导班子思想政治建设取得新成效。根据《中共中央关于在全党兴起学习贯彻“三个代表”重要思想新高潮的通知》和中组部干部教育培训工作座谈会精神，为提高领导人员的政策理论水平，锤炼思想政治作风，开阔改革发展思路，坚定搞好国有企业的信心，按照石化集团公司党组要求，采用调训和跟班组织的方式，2003年组织了7期以“三个代表”重要思想为主要内容的领导人员轮训。石化集团公司党组管理的领导人员基本全部参加了轮训。通过培训，广大领导人员加深了对“三个代表”重要思想的理解，坚定了实践“三个代表”重要思想、推进企业改革的信心。各直属单位领导班子较好地坚持了理论中心组学习、民主生活会、民主评议领导干部制度，进一步加强了思想作风建设。

（任　实）

【领导班子组织建设】 集中力量抓好石化股份公司换届调整和聘任工作，完成了石化股份公司董事会、监事会换届和分公司、科研单位、总部部门行政领导人员的聘任工作。

继续推进以优化结构为重点的领导班子建设。2003年考核调整了41个直属单位领导班子。严格退休制度，制定了《领导人员退休、返聘管理办法》，按时办理了有关领导人员的离退手续。进一步调整完善了后备人才队伍。

适应改革发展需要，重组和新组建了12个直属单位领导班子。原新星石油公司所属的6个地区局领导班子调整为石化集团公司党组直接管理。为适应“走出去”发展战略需要，对原新星石油分公司领导班子、国际勘探开发公司领导班子进行重组整合，组建了新的国际石油勘探开发公司、国际石油工程有限公司。为适应石化集团公司工程板块发展需要，调整了洛阳工程公司的管理体制；第三建设公司与兰州设计院重组成立了宁波工程公司。此外，新组建了海南炼油项目筹备组。

2003年新提拔117名领导人员。经过多年努力，领导人员队伍年龄、文化的结构性矛盾得到较好解决。党组管理的领导人员中，45岁以下的领导人员比例达39.41%；大学本科以上的比例达81.19%。

（任　实）

【改革完善领导班子管理制度和办法】 完善了领导班子的调整运行办法。针对领导班子调整运行周期较长的问题，适当减少任前公示时间，加快征求协管地方党委意见，改进完善运行办法，提高了班子调整运行效率。建立领导人员述学、述职、述廉制度。为加强对领导人员的管理和监督，根据中央和中纪委关于国有企业领导人员廉洁自律的有关规定，结合领导人员管理的实际，下发了《关于领导人员述学述职述廉的实施意见》，从2003年起，石化集团公司暨石化股份公司总部部门、直属企事业单位的党政主要领导人员建立述学、述职、述廉制度。建立了直属领导班子考核预告制。为扩大职工群众对干部考核工作的知情权、参与权和监督权，2003年对需要考核的领导班子实行考核预告制。

（任　实）

【组织开展“树组织人事干部形象”学习教育活动】 按照中组部的部署，2003年8月初至11月中旬，在石化集团公司组织人事系统开展了“树组织人事干部形象”集中学习教育活动。学习教育活动以树立公道正派形象为主题，以加强部门自身建设、提高队伍思想政治素质为目标，分动员部署、深入学习、研讨整改和活动总结等4个阶段。为保证活动质量，先后下发了《关于在集团公司组织人事系统兴起学习贯彻“三个代表”重要思想新高潮，开展以公道正派为主要内容的“树组织人事干部形象”集中学习教育活动的意见》、《关于举办“树组织人事干部形象”征文活动的通知》等6个文件；编发“树组织人事干部形象”集中学习教育活动信息13期，对98名组织部长（人事处长）进行集中学习教育培训，在中国石化报上开设“树组织人事干部形象”专栏，登载优秀征文和活动信息27篇，指导和推动全系统面上的集中学习教育活动。开展征文和评选活动，共收到征文456篇，并将优秀征文汇编成册。石化集团公司人事教育部成为由中组部组织评选的全国组织系统“树组工干部形象”征文25个获奖单位之一，有2人获个人奖，其中一等奖1人(全国共10篇)，优秀奖1人(全国共100篇)。在抓好面上集中学习教育活动的同时，认真组织开展了石化集团公司人事教育部、石化股份公司人力资源部自身的集中学习教育活动，收到了较好的效果。

(任 实)

劳动管理

【大力开展减员分流】 在试点的基础上，全面推进改制分流。认真落实石化集团公司党组有关改制分流工作的指示要求，两次组织召开石化集团公司暨石化股份公司改制分流工作会议，部署改制分流工作。研究制定了《关于改制分流中规范劳动关系的有关规定》，完善规范劳动关系政策。截至2003年底，审批初步方案267个，联合审批实施报告38个，其中23个单位已完成了改制工作。

通过改制分流、协议解除劳动合同、移交办社会、改革用工方式、规范劳动关系、严把入口等措施，2003年净减员分流5.48万人，其中上市部分1.84万人，非上市部分3.64万人。石化集团公司年末职工人数为85.47万人。

(任 实)

【企业办中小学等社会职能移交】 在山东、江苏和河南3省进行中小学、医疗机构移交工作试点，与有关部门共同组织完成了安庆石化总厂、茂名石化公司、洛阳石化总厂、九江石化总厂中小学和原济南石化经济学校移交工作，2003年共移交人员1 670人。同时，配合财务等部门积极向国家有关部门争取政策支持。国务院已批准将石化集团公司作为分离企业办社会职能试点单位，按照财政转移支付的方式移交企业办中小学。

(任 实)

【劳动定员标准制定】 开展了石油主业、炼油主业、化工主业、石化辅助生产、油品销售、施工等六大部分劳动定员标准制定工作。油品销售系统劳动定员标准已编制完成，石油、炼油、化工主业、石化辅助生产劳动定员标准已完成初稿的编制，正在根据审查意见进行修改完善，施工企业定员标准已完成初稿的编制工作。

(任 实)

薪酬管理

【内部分配制度改革】 2003年组织实施了内部分配制度改革。这次改革的特点是：引入劳动力市场价位机制调整内部收入关系，重点提高明显低于劳动力市场价位的关键岗位及骨干人员的收入水平；以工资增量带动工资存量搞活分配；以分配制度改革带动劳动、人事等配套制度改革；实行总部指导与企业自主相结合，充分调动基层单位的积极性。2003年3月召开了石化集团公司暨石化股份公司内部分配制度改革工作会议，部署基层单位内部分配制度改革和高层管理人员薪酬制度实施工作，印发了《基层单位内部分配制度改革指导意见》等相关文件，核定下达了各单位改革工资的增量。总部按照有关原则严格审核各单位上报方案并及时批复。总部机关及所属单位的改革方案在年内已顺利实施，整体运行比较平稳。适应对外合作需要，研究出台了《中外合资企业中方派遣人员管理暂行办法》。

(任 实)

【工资总额调控】 编制了2003年石化集团公司对国家的整体工效挂钩方案并上报国资委。制定下发了石化集团公司、石化股份公司对所属单位的《2003年经营目标考核兑现办法》等规定。结合施工企业的实际，研究修订了《施工企业工资总量调控办法》。研究出台了《改进和完善工资总额及有关费用管理的暂行办法》。核定下达了各单位2003年工资总额基数，并根据各项指标考核结果进行了工资总额预兑现。通过积极有效的工作，石化集团公司全年实发工资总额控制在年度计划以内。

(任 实)

【高层管理人员薪酬制度改革】 对所属单位领导人员实行年薪制，薪酬由石化集团公司统一管理。研究出台了《高层管理人员薪酬实施办法(试行)》、《2003年高层管理人员业绩奖金考核兑现办法》、《高层管理人员个人薪酬实施办法补充规定(试行)》及《高层管理人员个人薪酬账户管理办法(试行)》，使高层管理人员的薪酬与其责任、贡献挂钩，进一步规范了高层管理人员的薪酬管理。同时开展了直属领导班子2002年度经济责任制考核、清算和2003年度目标责任书签订及预兑现工作。

(任 实)

【保险制度改革】 在调研的基础上，2003年制定了

《关于做好企业补充医疗保险工作的补充通知》，并研究提出了建立企业年金的初步思路。完成了部分单位补充医疗保险方案审批和基本养老保险缴费基数、比例调整的审批工作。

（任 实）

专业技术人员管理

【专业技术职务评聘】 在广泛调研的基础上，组织制定了《关于加强和改进专业技术职务评聘工作的若干意见(试行)》及3个配套办法。组织了2期专业技术职务评聘工作培训班，共培训200余人。组织2003年度职称外语考试工作，6 100多人参加考试。完成了工程、政工、经会统、卫生和教育5个系列高评会的换届调整工作，并组建了14个专业组。完善评审组织建设，审核批复了26个放权单位、37个高级评委会换届工作。完成了各单位上报1 188人的专业技术职务申报材料的初审工作，组织召开了14个专业组会议并进行论文评审和工作业绩、工作水平评价，152人参加了论文答辩。召开5个高评会，共评审教授级任职资格277名，评审高级任职资格897名，平转高级任职资格13名。办理委托评审手续32人。

（任 实）

【各类人才推荐选拔引进】 评审出2002年度石化集团公司有突出贡献的科技和管理专家121人和优秀青年知识分子224人，完成2002年享受政府特殊津贴人选、2003年工程院院士人选推荐工作；完成了孙越琦地质科学优秀青年奖 、李四光地质奖、全国优秀留学回国人员的推荐上报任务，有5人获奖。

按照“控制总量，优化结构，提高素质”的要求，2003年共引进接收研究生和大中专毕业生5 731名，其中石化股份公司2 637名、非上市部分3 094名；本科以上学历毕业生占引进总数的91.3%。在大连理工大学、石油大学等15所高校继续实行中国石化奖(贷)学金制度，共有217人获得中国石化奖学金，148人获得中国石化贷学金。进一步加强与各有关高校的联系与合作，多途径加强对中国石化的宣传，吸引优秀毕业生。

（任 实）

【博士后工作】 继续加大博士后工作力度，发挥博士后工作在吸引和培养高层次人才方面的作用。认真指导各有关单位做好设站申报工作，江苏油田、茂名石化等9个单位被国家人事部批准设立博士后工作站。至此，中国石化共设博士后工作站和流动站24个，在站博士后研究人员总数已达到76人，比2002年的45人有较大增长。

（任 实）

教育培训管理

【直属企业领导人员及后备人员的培训】 为适应中国石化发展战略需要，以高层次和国际化经营人才培养为重点，2003年开展了大规模的人才培训工作。培训直属企业领导人员及后备领导人员1 069人。落实中组部干部教育培训工作会议精神，对领导人员开展大规模培训和“三个代表”重要思想轮训。全年举办4期新进班子领导人员研讨班，学习“三个代表”重要思想，提高思想素质和领导艺术，培训98人；举办3期总部机关和直属单位现职领导人员“三个代表”重要思想轮训班，共培训833人。改进培训方法，加强后备人才的培训，全年共举办企业决策、经营管理、财务管理、生产与技术管理、人力资源管理和党群管理等高级管理人才培训班6期，培训138人。

（任 实）

【国际化经营人才的培训】 加大了国际化经营人才培养力度。2003年举办国际化经营人才培训班18个，培训610人。在广泛调研的基础上，制定了《国际化经营人才队伍建设的意见》、《国际化经营人才选拔与培养办法》、《国际化经营人才队伍建设考核评估办法》等文件，对国际化经营人才选拔与培养、使用与管理等提出了具体意见和措施。对国际化经营人才进行中长期培训，共培训320人，其中国外培训115人，21人取得PMP资格证书。对现从事国际化经营管理人员进行以国际化经营基本知识、管理实务为主要内容的短期脱产轮训，培训290人。

（任 实）

【高层次专业技术人才培训及岗位资格培训】 2003年培训高层次人才357人，岗位资格培训964人，共培训1 321人。举办了2期学术技术带头人外语强化班，培训56人；选派学术技术带头人赴加拿大石油学院参加石油技术管理国际培训班，培训17人。举办炼油设备、加氢、采油工艺、测井、仪表自动化等5期高研班，生产技术带头人深造班和催化裂化高研班，培训147人。扩大与国内外高校和培训机构合作渠道，与中外管理学院、中国人民大学、大连理工大学和西安交通大学合作培养137名工商管理(MBA)人才，并完成了学员的出国实习培训工作。组织直属企业职能部门负责人岗位资格培训班25期，培训964人。

举办了第十一次管理知识公共课考试，有 6 876 名管理人员参加了石化集团公司统一组织的公共课考试。

（任　实）

【技能人才培养及技能鉴定】 为加强技能人才队伍建设，在对技能人才队伍现状进行深入调研的基础上，制定了《加强操作技能人才队伍建设的实施意见》，对技能人才队伍建设提出了具体实施办法和措施。依托石化集团公司高级技师培训基地，组织开发了采油工、钻井工、催化裂化等 12 个工种的高级技师培训大纲。举办了采油工、钻井工、催化裂化等工种高级技能人才培训班 9 个，培训 225 人，其中高级技师 201 人、技师 24 人。通过技能鉴定或考评两种方式进行了资格认定，共有 139 人取得高级技师职业资格，23 人取得技师职业资格。

（任　实）

总部机关人事管理

【加强制度建设】 为规范总部机关管理，2003 年进一步加强了制度建设。印发了《关于总部机关人员退休及返聘管理的规定》，在总部机关严格退休审批及退休人员的返聘。同时加强了岗位聘任管理、教育培训、人才招聘的制度建设。

（任　实）

【总部员工队伍管理】 2003 年完成了石化股份公司总部处级人员和业务人员新一轮聘任。完成了总部部门和石化报社、石化出版社、科技开发公司处级人员的考核聘任工作。选派总部工作人员到企业挂职锻炼，完成了总部机关业务岗位的核定工作。

为适应总部工作需要，积极做好管理和专业技术骨干的调京、应届毕业生的接收和军转干部的安置工作。完成了总部机关因私出国(境)备案工作。组织了 2003 年度总部机关专业技术职务任职资格评审工作，完成了对口扶贫县的挂职工作等。认真组织并全面完成了总部薪酬改革、保险和责任制考核予兑现工作。

（任　实）

综合与信息管理

【人力资源信息系统建设】 2003 年根据石化集团公司和石化股份公司 ERP 建设的总体要求，积极开展人力资源管理信息系统的建设。开展需求调研，确立总体框架。完成了系统软件试点版本的开发及评估。在对 1 190 项信息及 2 万多条信息值进行梳理和优化的基础上，拟订了中国石化人力资源信息结构体系和 329 项首次采集信息项，并下发企业，征求意见，拟订了信息采集方案。完成了燕山石化公司、河北石油公司整体及胜利油田所属 6 个试点单位的数据采集。布置了全系统机构信息及管理和专业技术人员、操作服务人员 29 项关键信息项的查档审核和信息采集工作。

（任　实）

【人事档案管理】 加强了人事档案管理工作。按照中组部要求，继续开展了干部人事档案的目标管理。检查验收齐鲁石化公司干部人事档案目标管理达标工作。对目标管理验收工作进行规范。为进一步提高档案人员的管理水平，举办 2 期直属单位管档人员培训班，156 人参加了培训。

（任　实）

【劳动人事统计】 按期完成了中组部、人事部、劳动和社会保障部及国家统计局布置的上报劳动工资、人事统计报表工作。完成了劳动工资统计 2002 年年报联审及 2003 年定期报表的汇总分析工作。组织召开了 2003 年度人事统计和劳资统计会议，对人事劳资年报及 2004 年定期报表工作进行了部署。

（任　实）

油气生产与管理

综　述

2003年，石化集团公司上游企业，紧紧围绕利润、储量、产量、成本等工作目标，进一步解放思想，转变观念，按照“储量、产量、投资、效益”四统一的原则，以效益为中心，努力实践“稳定东部，加快西部，准备南方，油气并重，开拓国际，依靠科技，降本增效”的发展战略，克服了非典疫情和洪涝灾害的影响，团结一心，奋力拼搏，在油气勘探开发和生产经营上取得了丰硕成果。

至2003年底，石化集团公司在全国拥有探矿权561个，面积达109万(千米)^2，累计探明石油地质储量59.54亿吨、天然气7 864亿米^3(含溶解气)。开发上，共投入开发油田178个，动用石油地质储量47.8亿吨。

2003年共完成投资258亿元(含损益)；完成二维地震29 750千米，三维地震7 852(千米)^2；完成探井538口、进尺138.68万米。新增探明石油地质储量2.52亿吨，勘探新增石油可采储量4 056万吨；新增探明天然气地质储量865亿米^3，新增天然气可采储量377亿米^3。生产原油3 816万吨，天然气53亿米^3。新建原油产能593万吨/年，新建天然气生产能力13.68亿米^3/年。

油气勘探取得一批重大发现。通过强化储量效益意识，以区带勘探为主要对象，以发现优质储量为主要勘探目的，充分采用新理论、新技术、新方法，不断加大勘探力度，东、西、南、北各个探区捷报频传，老区有新发现，新区有突破，取得了3个战略性突破、7个重大发现、6项新进展和一批油气勘探好苗头。一是塔里木盆地中1井、川东海相天然气(毛坝1井、普光1井)和阳信洼陷阳101井勘探取得3个战略性突破，为后备资源接替提供了保障。二是东营凹陷南坡孔店组勘探、塔河地区勘探、东濮凹陷上古生界勘探、东部新层系新类型勘探(郑家—王庄地区浅层稠油、泌阳凹陷北部斜坡带浅层、东辛油田浅层、高邮北斜坡东段)、济阳潜山勘探、鄂尔多斯塔巴庙地区勘探、准噶尔盆地中部董1井勘探获得7个重大发现，为超额完成“十五”储量目标奠定了基础。三是川西、川北天然气勘探、准噶尔盆地中部区块勘探、东部老区滚动勘探、东北探区勘探、高邮凹陷深层勘探、东部老区隐蔽油气藏勘探取得6个新进展，为近期储量目标的完成提供了保障。四是西部新区一批重点探井、南方新区、东部外围新区勘探发现了一批好苗头，为西部新区、南方海相勘探以及东部外围新区的展开提供了突破方向。全年共新增控制储量3.43亿吨，新增预测储量4.17亿吨。

油田开发东部老油田实现储采平衡、西部塔河油田实现上产。通过进一步加大滚动勘探开发、难采储量动用、“双低”单元治理、控水稳油、“三次”采油等老油田综合治理力度，积极应用新工艺新技术，不断精细油藏经营管理，加大技术改造力度，老油田综合调整见到好的效果，老油田稳产基础得到进一步加强，油田开发呈现出产油量上升，综合含水、自然递减、综合递减基本稳定的良好态势。全年生产原油3 816万吨，其中西部300万吨。东部老油田开发连续7年实现储采平衡，西部塔河油田开发实现了上产。2003年油田自然递减为16.1%，综合递减为7.8%，综合含水为88.1%，基本保持稳定。

加快天然气工作初见成效。按照“资源、管网、市场、效益”相统一的原则，不断加快西南、中原地区、鄂尔多斯、东海和塔里木天然气五大基地的建设步伐，天然气建设得到快速发展。2003年共生产天然气53亿米^3，其中川西地区天然气产量达到了17亿米^3，东部天然气生产基地保持了稳产。鄂尔多斯大牛地气田开发先导性试验地面配套工程进展顺利；建成大—杭管线，初步建成1亿米^{3}的天然气能力；鄂尔多斯—山东天然气管道的有关前期工作正在积极开展；毛坝1井—达州扬柳垭配气站天然气管道全线贯通并已开始输气；东海天然气合作项目正在积极推进。

科技进步和技术创新取得新进展。结合油田生产实际，从技术创新入手，狠抓新技术、新方法的应用，全年重点推广应用了高精度三维采集技术、全三维解释技术、高分辨率地震勘探技术、低渗透油田超高压注水技术、以分层注水、水平井整体调整、深度调驱或调剖为主的区块综合治理技术、欠平衡钻井、水平井、双靶点定向井技术、超稠油开发新工艺、浅层稠油层试油测试技术等技术系列，见到明显效果。油田科研硕果累累。其中“陆相断陷盆地隐蔽油气藏形成机制与勘探”已申报国家科技进步一等奖。“东营凹陷成藏组合体理论”等7项科研成果获石化集团公司科学技术进步一等奖，“泌阳凹陷深层系低孔低渗油气藏勘探及配套技术攻关研究”等11项科研成果获科学技术进步二等奖，“南阳凹陷高精度三维地震采集方法研究”等25项科研成果获科学技术进步三等奖，“火烧驱油点火工艺技术”获技术发明三等奖。

油田整体管理水平又有新的提高。坚持以经济效益为中心，全方位强化各项经营管理工作，特别是通过召开油田经营管理工作和基层建设工作会议，在上游企业全面开展“五项劳动竞赛”活动，油藏经营管理进一步细化，成本管理得到加强，投资管理日趋规范，油田勘探开发施工市场管理和工程监督管理全面启动，油田基层建设进一步提升，油田整体管理水平又有新的提高。

重组改制工作稳步推进。为加快实施石化集团公司上游领域“走出去”战略，加大开拓国际油气开发等工作力度，2003 年，调整完善了新星油气分公司、新星石油有限公司、国际勘探开发公司和新组建的国际石油工程公司相关业务关系及管理体制，对原新星油气分公司的 6 个地区分公司的管理体制进行了调整；同时，还完成了物探队伍从石化股份公司到石化集团公司的整体置换工作。

（赵方红）

油气勘探

【概述】 据第三次油气资源评价结果，石化股份公司在所属探矿权区块上油气总资源量为石油 304.56 亿吨，天然气 25.48 万亿米^3。

（何　斌）

【勘探工作量】 2003 年共完成二维地震 29 750 千米，三维地震 7 852(千米)^2；完成各类探井 538 口，进尺 138.68 万米；探井试油 298 口井，新获工业油气流井 180 口，试油成功率 60.4%，探井成功率 45%。

（何　斌）

【勘探成果】 1. 整装油田勘探成果丰硕，3 个 5 000 万吨以上级油区基本探明，为完成石化股份公司储量任务打下坚实基础

（1）塔河油田在石油探明储量连续多年大幅度增长的基础上，2003 年勘探进展顺利，有 8 口探井获得工业油气流或高产油流，新增探明石油地质储量 7 791万吨，较 2002 年的 5 405 万吨大幅度增长。

（2）胜利油田东营凹陷北带郑家—王庄地区经过多年勘探，已形成一个多层系含油的储量亿吨级场面。2003 年，又有 17 口探井接连获得日产 4.9—21.5 吨的工业油流，其中 5 口井日产量大于 15 吨，证明沙一段、沙三段、馆陶组等具有整体连片含油特征，新增石油探明储量 6 119 万吨，成为胜利油田近几年来首次整体探明储量 5 000 万吨以上的区块。

（3）胜利油田桩海地区潜山复式油气藏勘探取得重大进展，一批探井在多套地层获高产油流，其中埕北 306 井在奥陶系八陡组日产油 178 吨，气 1.49 万米^3；在奥陶系下马家沟组日产油 81.7 吨，气 2.56 万米^3；在沙河街组日产油 76.1 吨，气 3 325 米^3；在馆陶组获日产油 54.3 吨。埕北 307 井在奥陶系底部日产油 141.5 吨，气 4.27 万米^3。胜利油田桩海地区极浅海领域一个整装大油田基本明朗，预计不同层系有利含油面积 50(千米)^2，已经获得控制石油储量 9 312 万吨，预计 2004 年可整体探明石油地质储量 5 000 万吨以上。

2. 天然气勘探成效显著，取得一批突破性发现和进展，为石化股份公司天然气发展战略作出新贡献

（1）鄂尔多斯盆地塔巴庙地区有 14 口探井获得日产 1.01 万—2.92 万米^3 的工业气流；大开 4 井、大开 2 井等开发试采井获得日产 5.59 万米^3 和 8.46 万米^3 的高产气流，并且持续稳产。新增天然气探明储量 517 亿米^3。

（2）四川盆地西部 14 口探井获得工业性及高产天然气流，其中马蓬 13 井日产天然气 9.11 万米^3；马沙 1 井在侏罗系获日产气 5.14 万米^3。新增天然气探明储量 147.34 亿米^3。

（3）南方新区勘探获重大突破，毛坝 1 井、官 8 井、普光 1 井 3 口探井相继获得高产气流，毛坝 1 井、普光 1 井位于四川东北达县—宣汉地区，分别获日产天然气 33 万米^3 和 42.37 万米^3；官 8 井位于贵州省赤水地区，日产天然气 9.92 万米^3 的高产气流，首次在赤水地区陆相地层获工业气流。

（4）四川盆地北部阆中地区天然气勘探取得新发现，石龙 18 井获得日产天然气 6.04 万米^3 高产气流，实现了川北地区油气勘探新发现，有望开辟一个天然气勘探新领域。

3. 胜利油田老区勘探继续取得新发现、新进展，拿到一批储量规模达千万吨级的有利区块，肩负着完成石化股份公司油气储量主要任务的重任

（1）孤西潜山带渤古 1 井在奥陶系日产油 39.5 吨，气 3.10 万米^3，油质轻，原油密度 0.7885；渤 601 井在奥陶系日产油 85.7 吨，气 4.74 万米^3。2 口探井获高产油气，预计储量规模 3 000 万—5 000 万吨。

（2）惠民凹陷基山砂体岩性油藏勘探有 6 口探井获工业油流或压裂改造取得明显效果，商 550 井日产油 20.2 吨；商 543 井日产油 25 吨；商 74－7 井日产油 37.8 吨。新增石油探明储量 1 495 万吨。

（3）埕东凸起北坡馆陶组河道砂体油藏勘探 2 口探井浅层获得高产油流，老 163 井日产油 37.4 吨；老斜 162 井日产油 25.2 吨。预测石油储量 3 644 万吨。

（4）沾化凹陷罗家—垦西地区稠油勘探一批探井获工业油流，其中罗 9－试 1 井常规试油，日产油 14.6 吨；预计储量规模可达 5 000 万吨以上。

(5) 陈家庄凸起北坡东段馆陶组地层超覆油藏勘探有4口探井获工业油流，新增稠油控制储量1 825万吨。

(6) 东营凹陷北带中段砂砾岩体含油范围进一步扩大，4口探井获工业油流及高产油流。其中坨168井日产油53.4吨、气3 793米^3；坨710井获自喷日产油44.2吨。

4. 东部其他油田老区勘探不断取得新发现、新进展，拿下一批有利区块和探明储量，继续为石化股份公司增储稳产作出贡献

(1) 江苏油田高邮凹陷北斜坡发现油气富集块，4口探井获工业油流，其中斜坡东段瓦2井获日产32.39吨的高产油流；瓦3井日产油20.9吨。新增石油探明储量1 101万吨。

(2) 江汉油田八面河地区南部斜坡6口探井获日产1.4—26.5吨的工业油流，新增石油探明储量802万吨。

(3) 河南油田泌阳凹陷北斜坡王集—新庄地区浅层稠油勘探一批浅井发现油层，新增石油探明储量共1 132万吨。

(4) 河南油田南阳凹陷张店—马店地区发现新的含油区块，南82井获得日产16.16米^{3}的工业油气流，进一步扩大了该区的含油面积。

(5) 中原油田东濮凹陷黄河南地区桥口构造含油气面积扩大，桥90井获日产油25.2米^3，气7.49万米^3。

(6) 东北分公司松辽南地区3口探井获工业油气流，其中SN143井压裂改造后获得稳产天然气2万米^3/日的工业气流；SN301井日产油15米^3。新增天然气探明储量23.25亿米^3。

(7) 华东分公司在东北、苏北探区共有9口探井获得工业油流，东北松辽南地区7口，苏北地区2口。其中苏北盆地秦潼凹陷苏秦286井获日产23.33吨的高产油流。共新增石油探明储量455万吨。

(8) 中南分公司江汉探区鄂深14井获日产19米^{3}的工业油流，松滋油田一口开发井在新层位获日产5米^{3}的工业油流。新增石油探明储量152万吨。

5. 西部新区新领域8口探井获工业油气流，其中塔里木盆地中1井在奥陶系日产天然气6.47万米^3；准噶尔盆地董1井中途测试，日产油为66.26吨，气4.73万米^3。初步展现了石化股份公司油气资源战略接替的良好前景。

6. 东部油田新领域及外围勘探取得一系列新发现、新进展，为老区储量接替开辟了新阵地

(1) 胜利油田东营凹陷南坡深层勘探取得突破，多口探井在孔店组、古潜山等多套层系获得工业油流和高产油流。王斜131井孔店组日产油14.4吨；王斜140井孔店组日产油20.2吨；打开了孔店组勘探多年沉闷的局面。王古1井在奥陶系潜山发生井喷，中途测试获日产油467米^3，气3 504米^{3}的高产工业油流，突破了东营凹陷潜山出油关。

(2) 胜利油田外围勘探取得重大突破，阳信洼陷阳101井日产油20.2吨，首次在该区获工业油流。新增控制石油储量1 005万吨，命名为阳信油田，成为胜利油田的第72个油气田。

(3) 中原油田东濮凹陷古潜山勘探取得突破性进展，文古2井在二叠系获日产气1.1万米^3、油7米^3，首次在东濮凹陷上古生界获得工业性油气流。

(4) 中原油田白音查干凹陷勘探取得重要进展，5口探井在浅地层获15—20米^{3}的高产油流，打开了白音查干凹陷油气勘探新局面，新增石油探明储量596万吨。

（何　斌）

【勘探效益】 2003年共预探圈闭194个，新获工业油气流圈闭38个，圈闭预探成功率28.6%。

平均每口探井(包括滚动井)探明油气地质储量为46.8万吨，每米进尺探明油气地质储量181.7吨；每口探井(包括滚动井)探明油气可采储量为7.54万吨，每米进尺探明油气可采储量29.25吨。探明每吨油气地质储量直接成本25.40元，探明每吨油气可采储量直接成本109.37元。探明每桶可采油气储量当量直接成本为2.02美元。

（何　斌）

油田开发

【概述】 2003年，油田开发战线广大干部职工，认真贯彻石化集团公司年初工作会议精神，以进一步明确东部老油田方向性和主导性调整挖潜措施方向、西部塔河油田产能建设、调整“十五”后三年发展目标、开展科技攻关和新技术试验以及规范油田开发工作和管理工作为主要工作内容，群策群力，与时俱进，开拓创新，油田开发工作卓有成效。原油产量继续保持恢复性增长，石化集团公司全年生产原油3 816.3万吨。油田开发水平进一步提高，取得了可喜的成绩。

第一，油气田开发资源动用情况。截至2003年底，石化集团公司所属油田企业投入开发油田178个，动用石油地质储量47.8亿吨，动用已探明石油地质储量的80.1%，目前井网、工艺条件下标定可采储量13.7亿吨，采收率28.7%，已动用部分剩余可采储量为3.41亿吨，核定年原油生产能力为3 811万吨。

第二，油田开发现状。截至2003年12月，石化集团公司共有采油井28 938口，开井21 259口，油井开井率73.5%，日产油水平10.46万吨，单井日产油水平4.9吨，累计产油10.34亿吨，地质储量采油速度0.83%，采出程度22.4%，可采储量采出程度77.6%，剩余可采储量采油速度11.4%。综合含水88.4%。共有注水井10 681口，开井7 608口，注水井开井率71.2%，年注水量28 116万米^3，平均单井日注水101.2米^3，累积注水量51.89亿米^3，累计注采比0.83。

（张　勇　罗　伟）

【原油产量变化趋势】 2003年石化集团公司原油继续保持恢复性增长，与上年同期相比增产16.2万吨；增产油田4个(西北、江苏、华东、东北)，同比增产49万吨；稳产油田6个(胜利、河南、江汉、南方、西南、中南)；减产油田3个(中原、华北、上海)，同比减产23.5万吨。各油田原油产量见表1。

表1　1998—2003年石化集团公司各油田原油产量表　万吨

油田＼年份	2003	2002	2001	2000	1999	1998
石化集团公司合计	3 816.29	3 800.11	3 791.04	3 724.35	3 611.27	3 617.55
其中：石化股份公司小计	3 816.29	3 800.11	3 489.71	3 483.81	3 456.5	3 531.5
胜利有限公司	2 665.51	2 671.51	2 668.01	2 675.7	2 665.2	2 731.0
中原油田	361.57	380.04	380.17	377.1	375.4	400.2
河南油田	186.00	188.02	186.0	185.1	183.0	186.0
江苏油田	158.24	157.00	157.02	155.0	145.3	133.8
江汉油田	95.12	96.54	95.21	87.5	84.11	75.5
南方分公司	2.70	3.00	3.3	3.4	3.44	5.0
上海分公司	11.51	14.53	18.2			
西北分公司	300.86					
华东分公司	17.04					
东北分公司	4.42					
西南分公司	0.93					
中南分公司	0.71					
华北石油局	11.69					

（李春华　罗　伟）

【产能建设】 在开发产能建设投资项目管理上，针对产能建设区块地质条件越来越复杂、认识难度越来越大的特点，石化集团公司对产能建设项目实施计划分批下达，对重点产能建设项目实行集中专家审查制度，强化过程跟踪监督、及时调整，最大限度降低风险，提高投资效益，多次对产能建设项目进行优化论证。

2003年石化集团公司新老区产能建设投资114.72亿元。经全年实施，新老区产能建设共完钻新井1 566口、进尺348.69万米，新老区合计新建、新增原油生产能力593万吨/年。其中新建产能区块92个，动用地质储量1.64亿吨，钻井542口、进尺127.23万米，累计投产油井数431口，新建产能270.74万吨/年。其中胜利油田2003年新区产能建设区块58个，动用地质储量7 072万吨，设计总井数417口(油井347口，水井70口)，建产能140万吨/年。全年完钻新井321口(其中水平井19口)，进尺71.55万米。投产新井284口，12月开井263口，日产油能力2 566吨，平均单井日产油9.8吨。新区累计投产井333口，12月开井309口，日产油能力3 039吨，年产油67.58万吨，建成生产能力 144.95 万吨/年，完成年计划的 103.5%。西北分公司 2003 年新建产能区块 5 个：塔河油田 2 区、7 区奥陶系、9 区三叠系油藏。动用地质储量 4 515万吨，新区累计新钻油井 31 口，新建产能 89.3 万吨/年。

面对复杂的油藏条件，胜利油田和西北分公司加大了油田开发技术研究与应用，特别是在超稠油和潜山油藏的开发上取得了新的进展。中原油田、河南油田、江汉油田、江苏油田、华东分公司等单位在新区产能建设方面也都取得了新的进展。

老区产能建设方面，2003 年通过加强对不同类型油藏开发阶段、开发状况的认识，以进一步明确不同类型油藏的挖潜方向。明确了几种主要油藏类型的方向性、主导性调整挖潜措施和调整思路。老区调整以提高储量动用程度和改善水驱效果为重点，整装油藏以细分韵律段层内精细挖潜、厚油层顶部挖潜、非主力层挖潜为主；断块油藏调整注重细分开发层系与完善注采系统的结合；低渗透油藏稳步推进以井网井距优化、注采完善为主的配套治理；热采稠油油藏加大加密调整和井网完善力度，扩大整体调整规模。2003 年老区钻井 1 048 口、进尺 227.17 万米，新增(恢复)产能 322.4 万吨/年，年增油 247.72 万吨，单井年增油 1 569 吨。

（张　勇　罗　伟）

【油田开发挖潜】 第一，滚动勘探开发。2003 年各油田面对后备资源接替困难的矛盾，依靠滚动勘探开发技术，努力寻找新的有利目标、新增探明储量和控制储量，既拓宽了新建产能区块的优选空间，也为 2004 年及以后打下了良好的基础。石化集团公司全年滚动开发共新增探明石油地质储量 3 841 万吨，平均单井新增探明储量 26.1 万吨。

第二，以补充完善注采井网为主，对于整装老油田，通过精细研究剩余油分布规律，找准挖潜方向，适当调整注采关系，增加油井多向受效，提高高含水油藏水驱采收率。对于断块油田，通过精细构造、储层研究，在重新落实构造储层和确定流动单元的基础上，通过钻新井、老井转注和老井补孔改层等措施完善注采井网，增加和恢复注水储量，提高储量动用程度，取得了较好的效果。老区采收率比上年提高了 0.37 个百分点。

第三，技术改造。自 2000 年起，石化股份公司连续每年拿出 20 亿元专项资金用于老油田技术改造，2003 年仍安排了 10 亿元专项资金。老油田技术改造是加强老油田稳产基础，提高采收率，提高油田生产运行质量的重大举措。2002 年技术改造重点突出对油田、区块或单元的整体进行技术改造的思路；强化对老油田的综合治理力度，改善水驱开发效果，恢复水驱储量；重点治理恢复油层潜力大，停产、停注井多，储量损失多，油水井井下技术状况差的区块和单元，使其发挥出最大的生产能力。同时加大力度解决地面污水水质达标率低、流程老化的问题，提高地面工程的配套能力和适应性，满足油田开发的需要。

（王建勇　罗　伟）

【三次采油技术推广应用】 2003 年石化集团公司三次采油仍以聚合物驱油为主，并分 5 个层次开展工作。一是加强油藏开采状况分析和注聚前期综合治理，努力搞好新项目前期准备和投注工作，先后组织 3 个区块的前期准备和投注工作，并对油藏工程、采油工程、地面工程 3 个方案平行研究，特别注重方案优化。二是继续加强转后续注水管理，努力延长注聚有效期和降水增油效果。包括继续加强已转后续注水项目的注采管理，强化分层调配，加强水井停欠注治理，充分发挥注入聚合物段塞的驱油作用。三是继续加强正注聚项目的管理，认真跟踪分析。编制实施了以加交联剂深调为主的治理方案，取得了较好效果。四是加快Ⅱ、Ⅲ类油藏的注聚提高采收率研究。主要做了以下两个方面的先导试验与研究工作：一方面加快Ⅲ类油藏聚合物驱油体系研究。攻关方向：抗温耐盐聚合物驱、交联聚合物驱。另一方面开展了胜一区高矿化度污水注聚合物驱油的现场井组试验，以探索胜坨油田进一步扩大注聚的新路子。五是继续开展三次采油应用基础、新技术和配套技术研究。开展了注聚后聚合物再利用技术、复合驱油、微生物驱等新方法的室内研究工作，不断探索进一步提高采收率的新路子。

2003 年胜利、河南油田累积实施聚合物驱项目 34 个(含双北Ⅳ1－3 试验区)，覆盖储量 2.98 亿吨。已转后续注水项目 15 个，正注入项目 18 个，已结束项目 1 个。正注聚井 526 口，年注聚合物干粉 4.96 万吨，年增油 155 万吨。2003 年新增聚合物驱项目 7 个，覆盖地质储量 4 777 万吨。累注干粉 22.6 万吨，累增油 838 万吨。

（赵冬梅　罗　伟）

【油田开发工作成果】 为全面提升油田管理水平，2003 年，油田事业部组织以胜利油田为主，开展了《油藏经营管理办法》的研究制定工作，积极探索油藏经营管理新办法。目的是建立完善的、科学的油藏经营管理体制、管理模式、经营管理指标体系和考核办法，使油藏经营管理更加科学、高效，使科学管理成为推动油田可持续发展的有效手段和保障。已经在对现有体制的认识、不同开发领域的管理模式、考核指标体系等方面取得初步成果。各油田也积极探索油藏经营管理新办法。2003年的油田开发工作，具有5个特点，取得了8项成果，管理工作得到进一步提高。

5个特点：一是油田开发理论创新、基础研究得到加强，取得了新进展；二是针对不同油藏类型和开发阶段，注重方向性、主导性潜力区的描述研究和挖潜；三是油田开发主导技术进一步完善提高；四是油藏工程、钻采工程和地面工程紧密结合，突出经济效益；五是技术改造成果显著，老区油田稳产基础得到加强。

8项成果：一是发展应用滚动勘探新技术，滚动增储成效显著；二是强化前期研究与跟踪调整，依靠新工艺、新技术，不断提高新区产能建设水平；三是以提高油田采收率为核心，加大老区综合调整的力度，充分挖掘了老区剩余油潜力；四是强化老油田技术改造工作，增强了油田稳产基础；五是进一步拓宽三次采油、稠油热采领域；六是利用水平井、定向井技术改善老油田储量动用状况；七是加强科技攻关，裂缝溶洞储层特殊类型油藏开发有了新进展；八是开展油藏开发单元分类管理，提高油藏经营管理水平。

管理工作：一是加强有关制度的讨论和建立；二是加强技术交流，促进开发水平提高，组织举办了第一期“开发方案、开发规划、开发管理”技术培训班。

（张　勇　罗　伟）

【油田总体开发形势】 油田总体开发形势向好的方向发展，产油量继续保持恢复性增长。具体表现在以下几个方面：

第一，石化股份公司连续8年实现储采平衡。其中，“九五”期间连续5年实现年度储采平衡。5年间，共投入可采储量1.86亿吨，累计产油1.76亿吨，储采平衡系数为1.054。2003年度新增可采储量4 374万吨，年产油3 816.3万吨，年度储采平衡系数1.15，其中：胜利、江苏、江汉、西北、华东均实现了年度储采平衡的良性循环。第二，深化老区剩余油研究，调整治理与技术改造并重，油田开发基础得到恢复，近年来，东部老油田由于稳产基础工作的加强，2003年自然递减、综合递减在近年来下降的基础上，与2002年相比继续保持稳定。第三，综合含水率得到有效控制，石化集团公司油田年综合含水88.44%，比2002年只上升了0.04个百分点，含水上升率0.17。

（黄石岩　罗　伟）

天然气管理

【概述】 随着经济的发展和人民生活水平的提高，天然气作为一种洁净、高效、优质的能源，对天然气的需求将不断增加，要求天然气产业快速发展。为加快天然气发展，石化集团公司及时提出发展和培育“五大生产基地、四大消费市场”的战略构想，天然气勘探开发进入一个快速发展时期。随着鄂尔多斯和塔里木两大探区勘探取得突破性进展，五大天然气基地(东部陆上、鄂尔多斯、川渝鄂、东海海域、塔里木)已现雏形，四大消费市场(山东、川渝鄂、长江三角洲、中西部地区)格局正在形成。

2003年各气区依靠科技进步，大力推广应用新技术、新工艺，在滚动增储、新区产能建设、老区调整挖潜、开发规划、开发先导试验和管网建设等方面成效显著，同时，加强气田开发管理，提高了气田开发水平。

（李广月　周德华）

【天然气资源探明情况】 石化股份公司天然气资源主要分布在东部陆上、川渝鄂、鄂尔多斯、塔里木和东海海域五大天然气探区。到2003年底共探明新场气田、文23气田、户部寨气田等气田(藏)91个。

第一，探明储量情况。截至2003年底，中国石化探区累计探明天然气地质储量7 864亿米^3。

第二，动用储量情况。2003年底，石化股份公司累计动用天然气地质储量3 778.35亿米^3，储量动用率47.5%，标定采收率40%，可采储量1 510.8亿米^3。其中：气层气共动用新场气田、文23气田、户部寨气田等气田(藏)68个，动用气层气地质储量1 556.4亿米^3，占动用储量的41.2%，储量动用率30.9%，标定采收率52.7%，可采储量820.5亿米^3。动用溶解气地质储量2 221.9亿米^3，占动用储量的58.8%，储量动用率76.3%，标定采收率31.1%，可采储量690.3亿米^3。

第三，已探明未动用储量情况。2003年底，石化股份公司累计探明未动用天然气地质储量4 172亿米^3，标定采收率48.7%，可采储量2 031.8亿米^3。其中：未动用气层气储量3 481.1亿米^3，占未动用储量的83.4%，标定可采储量1 946亿米^3，采收率55.9%。主要分布在鄂尔多斯盆地北部塔巴庙地区的大牛地气田、川西的新场气田和洛带J3sn气藏、塔里木盆地的雅克拉—大涝坝、春晓气田群的东海、东濮凹陷的白庙、桥口等气田(藏)。未动用溶解气地质储量690.9亿米^3，占未动用储量的26.6%，标定可采储量 85.8 亿米^3，采收率 12.42%。主要分布在胜利、中原和西北分公司所属的油田。

第四，新增动用储量和可采储量情况。2003 年新增动用储量 211.41 亿米^3，其中，气层气新增动用储量 118.39 亿米^3，主要分布在西南分公司新场气田 JS2 气藏和洛带 J3sn 气藏、中原油田分公司的桥口、白庙气田(藏)、江苏油田分公司朱家墩气藏；溶解气新增动用储量 93.02 亿米^3，主要分布在胜利、中原和西北分公司所属的油田。

2003 年新增可采储量 75.17 亿米^3，其中，气层气新增可采储量 65.3 亿米^3，溶解气新增可采储量 9.87 亿米^3。在气层气新增可采储量中，新区新增可采储量 36.8 亿米^3，占新增可采储量的 56.3%；老区通过开发调整增加可采储量 26.5 亿米^3，占新增可采储量的 43.7%，主要分布在西南分公司的新场气田 JS2 气藏；在溶解气新增可采储量中，胜利子公司核减可采储量 4.56 亿米^3，新增可采储量主要在西北和中原分公司。

第五，天然气储采平衡系数和储采比情况。2003 年中国石化天然气储采平衡系数 1.4，其中，气层气储采平衡系数 1.9，实现年度储采超平衡；溶解气储采平衡系数 0.5，年度储采欠平衡。截至 2003 年底，中国石化已开发气田储采比较低，仅为 12.0，其中气层气储采比为 12.5，溶解气为储采比 10.9。

（李广月　周德华）

【天然气开发状况】 已开发气藏(田)类型按储层岩性、相态、渗透性可分 4 类：中高渗砂岩气藏、低渗致密砂岩气藏、凝析气藏和碳酸盐岩气藏。2003 年底，动用天然气地质储量 3 778.3 亿米^3，标定天然气生产能力 57.75 亿米^3/年，年产气 53 亿米^3，累产气 928.6 亿米^3，采出程度 24.6%，剩余可采储量 581.2 亿米^3。

第一，气层气开发状况。截至 2003 年底，动用气层气地质储量 1 556.4 亿米^3，投入开发气田(藏)59 个，均为衰竭式开采。2003 年 12 月，开井 1 222 口，日产水平 1 194 万米^3，核定气层气生产能力 40.89 亿米^3/年，年产气量 35.12 亿米^3，采气速度 2.25%，累计产气 417.1 亿米^3，采出程度 26.79%，剩余可采储量 403.4 亿米^3，储采比 12.6。年产气量占石化股份公司的 66.24%。

第二，溶解气开发状况。截至 2003 年底，动用溶解气储量 2 221.9 亿米^3，日产气水平 487.6 万米^3，核定溶解气生产能力 16.86 亿米^3/年，年产气 18.04 亿米^3，采气速度 0.8%，累计产气 511.5 亿米^3，采出程度 23.01%；剩余可采储量 177.8 亿米^3。年产气量占石化股份公司的 33.76%。

（李广月　周德华）

【天然气开发指标完成情况】 2003 年石化股份公司计划产气量 53.0 亿米^3，其中气层气 35.0 亿米^3，溶解气 18.0 亿米^3。实际完成年产气量 53.16 亿米^3，完成年度计划的 100.3%，同比增加 2.53 亿米^3。其中，气层气产量为 35.12 亿米^3，完成计划产量的 100.3%。溶解气产量 18.04 亿米^3，完成计划产量的 100.2%。

在气层气产量构成中，新井 196 口，日产气 195 万米^3，年产气 3.66 亿米^3，占气层气产量的 10.1%；老井措施挖潜 952 井次，年累计有效井次 945 井次，平均日增产气量 65.6 万米^3，年增产气量 1.27 亿米^3；老井自然年产气 30.19 亿米^3。气层气产量年自然递减 9.35%，综合递减 1.64%。

2003 年石化股份公司计划天然气商品量 37.86 亿米^3，实际完成天然气商品量 38.10 亿米^3，完成计划的 100.62%。实际外销气量 37.18 亿米^3。

（李广月　周德华）

【天然气产能建设完成情况】 2003 年天然气产能建设下达计划新钻井 147 口，进尺 34.38 万米，全年建成生产能力 9.17 亿米^3，投资 10.79 亿元。实际已实施新钻井 124 口，进尺 27.61 万米，全年建成生产能力 13.68 亿米^3(其中气层气 10.25 亿米^3，溶解气 3.43 亿米^3)，投资 8.99 亿元。

（李广月　周德华）

【措施增产情况】 已开发气田老区措施类型主要是补孔、压裂、排液采气等，2003 年老井措施 952 井次，年累计有效井次 945 井次，平均日增产气量 65.6 万米^3，年增产气量 1.27 亿米^3，占气层气产量的 3.6%。其中，补孔 68 井次，平均日增产气量 18.8 万米^3，年增产气量 0.54 亿米^3；压裂 21 井次，平均日增产气量 32.5 万米^3，年增产气量 0.29 亿米^3。排液采气 3 468 井次，平均日增产气量 14.86 万米^3，年增产气量 0.62 亿米^3。

（李广月　周德华）

【天然气管道建设】 第一，建设完成了大牛地—杭锦旗输气干线和配套设施。大牛地气田开发先导性试验地面配套工程包括集气管线 95.4 千米，集气站 1 座，集气处理站 1 座，分输站 1 座，大牛地—杭锦旗输气干线 138 千米以及其他配套设施。2003 年 9 月 1 日竣工投产，并开始向杭锦旗甲醇厂供应天然气。

第二，建设完成了毛坝—达州天然气管道及配气站。该管道管径为219毫米，管长约90千米，年输气规模1.8亿米^3。2003年9月26日管线全线贯通，10月20日开始将毛坝1井生产的约5万—6万米^3/日天然气输向中国石油西南油气分公司达州扬柳垭配气站，并根据与中国石油西南油气田分公司签署的《天然气代输协议》，转供中国石化集团四川维尼纶厂。

（李广月　周德华）

【天然气开发管理】 在"非典"期间，石化股份公司组织召开了天然气工作电视电话会议。总部领导在会上作了重要指示，对天然气发展作了总体部署。

会议指出，加快天然气发展对石化股份公司是十分重要的。一是快速发展天然气是提高石化股份公司经济效益，稳定上游效益来源的需要；二是快速发展天然气是中国石化上下游一体化的需要；三是快速发展天然气是抢占市场，满足市场需求的需要。会议强调，天然气勘探开发和利用是中国石化资源战略的重要组成部分，与石油勘探开发同等重要，要作为石化股份公司的主业下大气力抓好；天然气勘探开发利用必须坚持以市场为前提，突出经济效益；要从实际出发，积极探索有利于调动各方面积极性，推动天然气工作健康发展的管理体制和运行机制。

会议认为，资源、开发、管网建设、销售等方面所做的基础工作，为下一步天然气的快速发展创造了很好的条件。下一步要重点抓好5方面的天然气开发管理工作：

(1) 进一步加大天然气勘探力度，实现天然气勘探的新突破；

(2) 抓好天然气勘探开发的整体部署，加快实施节奏，加大开发力度，"十五"期间形成五大天然气生产基地格局；

(3) 加大管网建设和市场开发力度，确保储、产、输、销协调发展；

(4) 抓好天然气勘探开发技术和综合利用技术开发，不断提高天然气开发效益；

(5) 规范管理，标准化运作，促进天然气的快速发展。

（李广月　周德华）

勘探工程技术

【概述】 2003年，勘探技术管理工作，紧密围绕勘探生产实际，加大技术管理力度，着重结合不同探区对勘探技术的不同需求，推广应用先进、适用的勘探工程技术，使石化股份公司油气勘探的应用技术上了一个新台阶，在物探、钻井、测井、测试等工程技术应用方面取得了明显效果。

（张金强）

【技术进步】 1. 针对不同工区的特点，采用有针对性的地震采集技术，取得了较好的地震勘探效果

针对东部探区勘探对象主要是复式隐蔽油气藏和复杂地质目标的特点，着力推广应用高精度地震勘探技术、高分辨率地震勘探技术和浅层地震勘探技术，在胜利油田、中原油田、河南油田见到明显成效。胜利油田在于家庄和渤深6探区实施了高精度三维地震，在工程的技术设计中，以复杂断裂带和古潜山为主要勘探目标进行"目标设计"，分析总结了潜山地震观测系统设计的原则和地震波在潜山边界和潜山内幕的反射路径，根据古潜山的地质特点，建立了拱张褶皱型、断裂块断型和风化残丘型6个具有代表性的地质理论模型，分别设计出各自的地震采集观测系统。同时针对地面复杂地表进行分段、分片实时设计，采取针对性的技术保障措施来提高激发和接收的有效性，保证了高精度地震资料的品质。获得了具有较高品质的地震资料；中原油田在文西和刘庄地区实施了高分辨率地震采集，地震资料品质得到明显改善；在河南油田泌阳凹陷北部斜坡外带开展了浅层三维地震采集。地震资料的反射主频达80—100赫兹，剖面分辨率较高，分辨地层厚度小于10米，小型构造清晰可见，构造细节反映的更清楚，10万米^{2}的构造圈闭可靠识别。新发现各类断鼻、断块和不整合圈闭130个，圈闭面积3 350米^3,圈闭资源量3 258万吨。

针对西部、南方的沙漠、山地、戈壁以及东部城区、河湖、滩海地区开展了针对复杂地表的地震勘探方法攻关，初步形成了针对特定地形的地震勘探方法系列，保证了复杂地表区勘探的顺利实施。西部勘探指挥部在塔中沙漠区开展了针对沙漠探区的地震攻关。在地震采集中采用了小道距、大排列、高覆盖次数的观测系统，道距由50米缩小到10—20米；接收道数由240道增加到2 600道；覆盖次数由120次增加到240—300次，提高了中深层地震反射信噪比，有利于深层的复杂构造成像。在资料处理中，应用静校正数据库、沙丘曲线、折射静校正技术，解决沙漠区野外长短波长的静校正问题效果明显。最终获得的地震剖面品质较以往有较大提高。南方勘探开发分公司在川东等地开展了山地地震勘探方法研究。在采集方法上应用了面向目标的动态实时观测系统设计、过帐障碍的观测系统设计等技术手段，进行了干扰波的量化分析。在地震资料处理中则应用了折射层析成像静校正、叠前提高信噪比等技术手段，获得了具有较好

品质的山地地震剖面。

2. 三维地震资料连片处理技术得到进一步发展

西北石油局塔河探区开展了9块三维老资料的联连片处理攻关，在处理中，充分吸收了国内外联片三维处理技术优点，通过对三维数据体插值、面元均化处理测试，选择出适合本区联片三维处理资料的面元均化相关半径，使得不同方位、不同规则的面元网格分别扩展，最终形成了规则25米×25米的面元，保证了三维数据体统一叠加的保真度。联片处理资料从整体上较原三维资料有明显提高，目的层反射波资料连续性有较大改善，断点更加清晰，构造形态完整，有效地清除了原三维资料构造边界形态不一致的弊端，为后续岩性处理、综合解释提供了准确可靠的资料。三维地震资料联片处理技术在塔里木盆地的应用和发展，将为塔里木盆地的油气勘探开发、油气增储上产提供强有力的技术保证。

3. 欠平衡钻井技术及定向井钻井技术在探井钻探中应用效果良好

胜利油田在渤601井和王古1井两口探井的钻探过程中应用了欠平衡钻井技术。渤601井在四开井段自井深4 213米采用欠平衡钻井技术施工，实际完钻井深5 007米，欠平衡钻井施工取得了良好的效果，火炬多次着火，槽面和气测显示明显。施工中进行了3次中途测试，有2次获高产工业油流，证实该区块良好的勘探潜力。王古1井自井深3 497米开使用无固相复合盐水钻井液充氮气技术，有效地解决了井漏和携带岩屑问题，达到了保护油气层的目的，充氮气欠平衡钻井技术为该井顺利钻达目的层提供了可靠保障。中原油田在白21井、文古2井、桥90井、桥91井钻探中应用了欠平衡钻井技术，该项技术的应用效果良好。

中原油田在对刘庄地区牙刷状油藏的地质认识获得突破后，在该区部署了刘36井、刘37井2口定向井，其中刘36井取得了较好的效果，录井共发现6层16米的油气显示，电测解释油层1层5.6米。定向井技术在中原油田牙刷状油藏模式的勘探实践表明，定向井技术对牙刷状油藏的勘探效果良好；江苏油田在定向井应有技术方面有新的突破。江苏油田组织实施的联30-1井，是江苏油田历年来所施工的位移最大的一口定向井。该井完钻井深3 590米，最大井斜51.1°，最大水平位移2 108.73米（原纪录为1 795.01米），位移与垂深之比为0.763∶1，试油获日产8.3吨的工业油流。该井的成功钻探，标志着江苏油田的定向井技术上了一个新台阶。

4. 成像测井等测井新技术的应用力度进一步加大，并取得较好的应用效果

声电成像测井、核磁共振测井等测井新技术在胜利油田、西部探区、中原油田等地区得到较好的应用。其中，胜利油田完成声电成像测井29口，核磁共振测井26口。西部勘探指挥部完成声电成像测井3口，核磁共振测井6口。胜利油田利用声电成像测井资料成功解决了潜山内幕构造问题，在孤古斜25井、渤古1井获得成功。核磁共振测井在胜利油田郑家—王庄油田及基山砂岩体勘探中得到成功应用，解决了这些地区的储集层划分和油水层的识别问题。核磁共振测井技术在西部勘探指挥部探区的沙1井、庄1井等探井中也得到成功应用。

5. 中途测试、稠油试油等试油工艺取得较大进展，有力推动了新老区勘探进展

中途测试技术应用在济阳潜山勘探中获巨大成功。潜山油藏的特点是以裂缝储油为主，由于一些高产井裂缝具有高导流能力，在钻井过程中，会造成泥浆大量漏失，严重污染油层，这不仅大大降低油井产量，还增加了试油的难度。所以潜山试油要具有及时性，在地层未受到严重污染时及时发现油层，保护油层。针对潜山油藏勘探的这一特点，胜利油田通过应用中途测试工艺先后在桩海102、渤601、老292、埕北306、埕北307等井发现高产工业油流，日产油均大于100米^3，整体扩大了桩海地区潜山含油面积。

胜利油田近年来通过广泛运用APR地层测试工艺、喷砂射孔、化学选择性堵水等工艺技术，加强稠油油层保护的基础研究，加大稠油试油工艺攻关，结合地质认识的突破，使稠油试油工艺技术水平有了较大提高。2003年通过老井复查和新井钻探，稠油试油获得大面积丰收，先后在郑家—王庄地区、东辛浅层、陈家庄突起、罗家、高青以及东营南斜坡试油，均获得成功。胜利油田还在郑411块超稠油区块开展了超稠油试油攻关。首次采用3口井互动试油，井网布置满足蒸汽辅助重力泄油试油需要，改变了稠油的单井试油模式；首次实现在郑王庄地区沙三段的高质量注汽，注汽干度达到70%以上；首次成功开采超稠油油藏，为超稠油、深层稠油的开采开辟了一条新的思路。郑411块试油的成功为开发郑王庄油田沙三段2 000万—3 000万吨超稠油起到了重要的先导作用，同时也将带动胜利油田近亿吨难动用稠油储量的开发。

（张金强）

采 油 工 程

【概述】 1. 油田生产情况

截至2003年底，石化集团公司下属13个分（子）

公司油井开井率 73.42%，生产时率 94.18%；年产液 3.25 亿吨，综合含水 88.4%；井均日产液 41.1 吨，井均日产油 4.9 吨。注水井开井率 71.1%，注水时率 94.2%，年累计注水 2.84 亿米^3，井均日注水 101 米^3。分注井 4 665 口，分注率 42.8%。

2. 井下作业状况

2003 年共完成油(气)水井井下作业总工作量 48 171井次，其中，措施作业26 254井次，维护作业 21 917井次。重点工作量及效果如下：

压裂：油井压裂 863 井次，有效 740 井次，有效率 85.7%，当年累计增油 78.48 万吨；注水井压裂 25 井次，有效 24 井次，有效率 96%，当年累计增注水 9.05 万米^3；气井压裂 163 井次，有效 137 井次，有效率 84%，当年累计增产天然气 2.33 亿米^3。

酸化：油井酸化 621 井次，有效 459 井次，有效率 73.9%，当年累计增油 21.76 万吨；注水井酸化 659 井次，有效 580 井次，有效率 88.0%，当年累计增注水 500.14 万米^3。

防砂：实施防砂3 801井次，有效 3 555 井次，有效率 93.5%，当年累计增油 44.61 万吨，平均有效期 122.7 天。

堵水：机械卡堵水 969 井次，成功 903 井次，有效率 93.2%，当年累计增油 23.69 万吨，降水 107.41 万米^3；化学堵水 326 井次，成功 281 井次，成功率 86.2%，当年累计增油 6.74 万吨，降水 44.3 万米^3。

注水井调剖：实施注水井调剖作业 421 井次，对应油井增油 8.64 万吨，降水 25.7 万米^3。

大修：实施油气水井大修作业 765 口，其中油井 483 口，当年累计增油 13.92 万吨，恢复可采储量 524.2 万吨；气井 10 口，当年累计增产天然气 0.36 亿米^3，恢复天然气可采储量 1.5 亿米^3；水井 272 口，当年累计增注水 354.66 万米^3，恢复水驱可采储量 746.58 万米^3。

侧钻：实施侧钻 183 口，当年累计增油 15.53 万吨。

稠油热采：共有热采井2 353口，开井1 532口，注蒸汽1 259井次，当年累计注汽 284.89 万吨，热采汽油比 1.47，回采水率 405.6%，平均井口注汽干度 67.6%。

3. 油(气)水井井下技术状况

油(气)水井中待大修井4 131口。其中，套管变形1 311口，套管错断 279 口，套管破漏 658 口，其他套管损井 96 口，井下落物 890 口，管柱卡 462 口，复杂事故井 331 口，其他待大修井 104 口。

注水井中待大修1 556口。其中，套管变形 500 口，套管错断 85 口，套管破漏 303 口，其他套损 44 口，井下落物 290 口，管柱卡 203 口，复杂事故 100 口，其他待大修 31 口。

4. 采油、作业队伍及后勤配套

采油厂 30 个，采油队1 479个，作业队 413 个，大修队 60 个，试井队 38 个，试油队 57 个，试气队 13 个，测试队 16 个，输油队 21 个。油田开发总人数 86 736 人。

机修厂(车间)38 个，泵修厂(车间)14 个，油管厂站 132 座，抽油杆厂站 11 座，压裂液站 4 座，酸站 6 座，修井液站 14 座，压裂砂厂 3 座。工程维修队 51 个。

（曾庆坤　龙秋莲）

【技术进步与推广应用】 1. 分层注水工艺技术

为确保注水工艺技术满足油田高含水注水开发后期的要求，石化股份公司各油田加大了分层注水工艺技术的研究和实施力度，应用了适应多种井况条件的不同分层工艺管柱、分层注水管柱测试调配技术、封隔器在线验封技术、分层注水防砂一体化工艺管柱、分层注水管柱机械定位技术等多项技术；狠抓了分注方案设计，优化施工工艺；强化过程质量监督，确保了分注效果。2003 年全年共实施分注井4 665井次，占注水井总数的 42.8%，方案分注率达 93.9%。

胜利油田结合 10 个分层注水示范区块，针对油藏状况和工艺适应性，分别选择实施了锚定补偿式空心分注管柱、二次完井分层防砂注水工艺、自验封型封隔器与 ZJK 配水器组成的分注管柱等技术。水井分注率由治理前的 81.3%上升到 95.0%，层段合格率由 48.6%上升到 81.7%，增加水驱储量1 109万吨。注采对应率由 69.6%提高到 80.5%，742 口油井中，有 280 口已初步见到效果，含水下降 2.03 个百分点，日增油 269.3 吨。

中原油田在全油田范围内开展了分注井和分注工具调查，积极探索适合中原油田的分注技术，形成了高压偏心配水管柱、一级两段长效分注管柱等几种分注工艺管柱，适应多种井况条件。全年完成分注工作量 255 口井，新增分注井 154 口，下封隔器分注总井数达 667 口，实际分注率达到 50.5%，方案分注率达到 92.5%，分别较上年提高了 5.5 个百分点和 1.7 个百分点，累计新增水驱控制储量 306 万吨，增加水驱动用储量 238 万吨，对应 187 口油井见效，累计增油 2.97 万吨。

2. 水力压裂工艺技术

中原油田在重视压裂选井工作的同时加强了工程方案的优化设计工作，取得了显著效果。卡双封分层压裂工艺技术 2003 年推广应用 42 口井 44 井次，有效

36口，有效率85.7%，平均单井日增油8.8吨，累计增产原油2.84万吨，平均单井累计增产原油710.5吨(比常规压裂多150吨)，取得了良好的压裂效果。另外大斜度井压裂技术、老井重复压裂技术、大规模压裂技术等进一步得到发展应用，液态CO_2压裂技术已在文23气田3口井上进行了现场试验。2003年统计共完成各类压裂井427井次，其中油井老井压裂345井次，有效323井次，有效率93.6%，累计增油17.2万吨，平均单井累计增油498.7吨。

西南分公司围绕提高措施工艺技术这个核心，压裂液研究及应用取得了突出成绩，实现了“一个改良、两个创新”。改良压裂液的成功应用，有效地改善了洛带、新都、马井等气田的储层改造效果；使马井气田蓬莱镇组气藏的储层改造取得重大突破，储层改造成功率由专题实施前的38%上升到了83%，压裂增产倍比由专题实施前的1.47倍上升到了9.17倍；促进了洛带—廖家场地区遂宁组气藏和马井气田沙溪庙组气藏的发现，新增天然气储量265.1亿米^3。研制成功了自生热升压类泡沫压裂液和粘弹性表面活性剂压裂液，经室内评价，粘弹性表面活性剂压裂液综合性能已经达到国外同类产品的技术水平。

3. 大修、侧钻工艺技术

中原油田发展应用取换套、爆炸整形、套管补贴、打通道悬挂尾管、复杂井打捞及水平井大修等工艺技术。截至2003年12月底，大修完井295口，修井成功率92.2%，修复油井171口，累计增油4.5万吨，修复水井114口，累计增注85.8万米^3。共完成侧钻井107口井，其中开窗侧钻90口，拔套侧钻17口，累计增油4.5万吨。小井眼技术的成功应用，为挖掘油田潜力、完善井网、降低投资，缓解投资不足的矛盾提供了技术手段。

胜利油田把套损井治理作为增强老区稳产基础，改善开发效果的重要措施，成立了套损井专项治理项目组，组织各采油厂建立套损井调查档案，按照有利于完善注采关系、有利于提高储量控制程度、技术可行、效益优先的原则，对全油田980口有修复潜力的套损井进行了全面细致的筛选评价，确定治理套损井计划。同时开展了套损井的形成机理、预防措施研究攻关，从钻井设计、井身结构、油层保护、完井固井方式、井筒注采工艺技术措施等方面初步开展了套管的预防保护工作。2003年投入专项资金1.34亿元，治理370口套损井，成功率91%，增油8.9万吨，增注52.4万米^3，恢复产能24.3万吨/年，恢复地质储量2 295万吨，恢复可采储量519万吨，恢复水驱控制储量1 677万吨，恢复了部分单元的注采井网，进一步增强老油田稳产基础。

4. 堵水调剖工艺技术

胜利油田开展了中高渗透油藏高含水期封窜、调剖工艺技术研究，利用油藏常规动态资料，借鉴PI、RE等决策方法，并结合示踪剂检测技术，可以较准确地预测出油藏的渗透率场，为制定调剖堵水措施提供可靠的地层非均质性资料。继续完善各种化学剂配方，包括：屏蔽暂堵剂CYY－ZD，CYY－1型封窜剂，QF系列调剖剂，阳离子型调剖剂NCP，CYY－2型调剖剂。利用CYY－1型封窜剂在胜利油田滨南采油厂实施封堵管外窜现场试验3井次，取得成功，利用QF系列调剖剂、CYY－2型调剖剂和弱冻胶调剖剂，采用多种堵剂组合的多段塞施工方式，在胜利油田胜利采油厂、东辛采油厂共实施高渗透注水井大剂量调剖10井次，取得良好的增油降水效果。2003年8—9月，在孤岛采油厂的GD2－28－16、GD2－29N11、GD2－30N18井，河口采油厂飞雁滩油田的埕126－6－5井开展了注聚区块注聚井多段塞大剂量调整注聚剖面试验，施工后，注聚压力普遍上升了1.5兆帕—2.0兆帕。

中原油田根据油层实际情况配套应用了颗粒、冻胶、离子、树脂、复合等5种系列堵剂，研究完善了四参数找水仪、找堵水一体化管柱、无卡瓦支撑新式机械堵水等技术，以堵水调剖为主的区块综合治理、深部调剖等配套技术的成功应用对油田降低含水、保持稳产起到了十分重要的作用。2003年共完成堵水384井次，累计增油5.49万吨，与上年相比增加堵水195井次，年增油增加2 .01万吨，机械堵水成功率从上年的78.6%提高到85.6%，提高了7个百分点，化学堵水见效率由上年的80%提高到82.9%，提高了2.9个百分点。

河南油田开展了含油污泥调剖技术研究，2003年分别在双河油田437块、438块、下二门油田浅层系等实施了14口井。施工后，注水井启动压力较调剖前普遍上升，吸水剖面也得到明显改善，截至2003年底对应油井分别增油1 773吨，降水1.2万米^3。区块深度整体调剖技术在双河油田实施了5口井，注水压力平均提高2.6兆帕，启动压力平均提高1.4兆帕，吸水指数平均下降26.7米^3/(日·兆帕)，对应油井见到了良好的增油降水效果。

5. 防砂工艺技术

胜利油田开展了“机械防砂与分层采油一体化技术”研究，并在胜采STN9井和胜采ST3－6－164井进行的现场试验中取得成功，根据现场试验情况，对分层采油控制装置进行了改进，并进一步开展了分三层采油工艺及相关配套工具的研究攻关。

“多油层分层挤压充填防砂技术”先后完成了尚

9-13(长停井)、CB6C-4井、林8-5井3口井的挤压充填防砂施工，防砂一次成功率达到100%，在国内首次实现了一趟管柱完成两层以上的高压挤压充填防砂施工，实现了无套压施工，层间封隔压力大于25兆帕。分层防砂后，3口油井平均日产液31.3米^3，日产油23.6吨，最高日产油50.5吨。

“疏松砂岩高含水期稳砂、固砂合成技术”开发出YS-1新型抑砂剂和FA-1低聚物固砂剂。现场施工22井次，可对比19井次，有效17井次，有效率89.5%，累计增油3.1万吨。

6. 三次采油技术

2003年，各油田利用有限资金，集中实施投资少、见效快的三次采油技术，重点实施了交联聚合物驱、交联—预交联复合调驱、微生物吞吐(驱)、CO_2吞吐等技术，针对注聚合物区块层间矛盾突出的问题，研究应用了分层注聚合物工艺技术。全年共实施调驱及三次采油技术1 028井次，年累计增油162.75万吨，增加可采储量578.6万吨。

胜利油田开展了单10高温多效泡沫驱先导试验；罗801微生物驱油先导试验；辛50耐温抗盐交联聚合物驱油先导试验，研制了耐温抗盐交联剂，微流量交联剂分配装置，为改善层间矛盾，提高注聚区效果，开展了注聚区分层注入工艺技术研究。

中原油田集中实施了一些投资少、见效快的三次采油项目，重点开展交联—预交联复合调驱、S-2000球形颗粒调驱聚合物驱、微生物吞吐及CO_2吞吐等先导试验，实施182井组(次)，累计增油7.48万吨，其中当年项目累计增油2.51万吨，跨年项目增油4.97万吨。从2003年的扩大试验表明，以上几项技术对中原油田提高采收率具有良好的应用前景。

河南油田开展了分层注聚合物工艺技术研究，通过对聚合物井下分层配注配套工具低剪切配注器、注聚封隔器、测试打捞器等的结构改进，实现聚合物分注井能够彻底反洗井，解决了地层返吐堵水嘴的问题，延长了分注有效期，提高了工艺适应性。通过对聚合物凝胶低剪切试验，剪切率大于6%，扩大了分注管柱适应范围。2003年全年共进行现场试验16口井21井次，可对比井工艺成功率94%，实现了聚合物井下低剪切分注，累计增注6.05万米^3，控制不合理超注33.33万米^3，达到了预期分注效果。

7. 泡沫排水采气工艺技术

泡沫排水是目前维持气田产水气井中使用最广、工艺最简单、成本最低、易与其他工艺结合使用的排水采气工艺措施之一。为进一步维持气田产水气井的稳产，西南分公司加强了产水气井的泡沫排水采气工艺尤其是低压低产产水气井的研究及应用，形成了适宜川西气田不同类型产水气井的泡沫排水采气工艺技术系列，在泡沫排水采气的选井、药剂使用浓度和用量、施工周期、消泡剂应用上等进行优化及应用，对维持气田的稳产、增产起到了重要作用。2003年西南分公司共成功实施泡沫排水采气2 892井次，有效井次2 546,有效率达88%，年增产天然气0.58亿米^3，取得极好的增产效果。

8. 节能降耗技术改造

胜利油田集中改造资金，对注水、机采、集输系统进行整体系统改造，创造了良好的经济效益，共投入9 273万元，年增效益3 280万元，投资回收期不足3年。

注水系统：以优化泵型、泵组匹配和注水管网为主，对部分高压的注水井，采用上单井增压泵措施，大力推广高效KGF系列注水泵，应用注水站自动调控技术、超声波防垢技术、强磁防垢技术以及智能控制阀等，提高示范区注水效率。共计投入3 280万元，对14座注水系统进行了改造，实际年节电2 043万千瓦·时，年创济效益1 020万元。系统泵压降低了2.1兆帕，管网压力总损失由5.1兆帕降为3.2兆帕，注水系统效率由46.9%上升到54.9%，注水单耗由5.2千瓦·时/米^{3}降至4.68千瓦·时/米^3，标耗保持在0.36千瓦·时/(米^3·兆帕)。

机采系统：利用先进的机采系统优化设计软件，对抽油机系统进行节点和系统优化，应用调速电机、永磁电机等新型高效节能电机及高效低耗变压器，推广应用连续抽油杆技术、可调偏井口、可自润滑的盘根材料等技术，推广应用潜油电泵智能变频技术、软启动技术，并通过井下、井筒和地面工艺技术的优化组合，达到提效目的。提高机采系统效率示范区，共投入3 193万元，方案油井937口(已实施544口，正在实施370口)，优化设计799口，配置节能电机483台，油井自动控制箱544台，偏磨井措施110口，其他工艺配套457口。实施后，平均单井日节电60千瓦·时，年节电1 969.7万千瓦·时，年节约电费985万元，平均系统效率由20.7%提高到28.34%，平均提高了7.64%。

集输系统：示范区内通过大力推广应用先分水后加热技术、高效处理设备、低温破乳技术、油水复合处理技术、原油密闭处理技术、工艺过程实时监控技术和机泵变频闭环控制技术，集输系统效率得到了全面提高。2003年共投入2 800万元，机泵更新改造24台(套)，加热炉更新改造26台(套)，油罐设备保温8台(套)，通过流程优化等措施，减少含水热负荷3 845千瓦，其他热负荷2 750千瓦，泵机组平均运效由42%提高到53%，加热炉平均运效由66%提高到

85%，原油损耗率由0.53%降到0.31%，吨油处理费由6.04元降到4.90元，年可节燃油7 643吨，燃气166万米^3，节电497万千瓦·时，药剂费136万元，直接效益1 275万元。

江汉油田通过对八面河油田联合站注水系统效率的分析，采取更换注水泵进口管线，将注水泵由原一大一小机组改为两台1 600千瓦小机组运行，将2台DF300－150×9注水泵拆并为DF300－150×8注水泵，同时更换了出口管线，改造完成后注水泵效率提高10%；节省在用功率400千瓦，降低注水单耗0.85千瓦·时/米^3。与拆级前相比日节电1.24万千瓦·时，降低了成本。在新建和改扩建站点推广应用油气混输技术，在接转站配套使用油气混输泵13台，实施后生产运行平稳，井口回压降低0.2兆帕—0.5兆帕，节约工程投资400万元，年回收伴生气200万米^3，年节约拉油费用210万元，年节约燃油费用225万元。实施油气密闭混输后，全油田密闭集输率由55%提高到75%。

9. 水质达标工艺技术

胜利油田重点抓好基础设施改造和水质管理，3年累计投入资金2.78亿元(其中2003年1.27亿)，对23座污水站进行了改造。其中新改扩除油设备69台(套)，新增和恢复除油能力38.9万米^3/日；新改扩过滤设备125台(套)，新增和恢复污水过滤能力32.8万米^3/日；新改扩精细过滤设备14台(套)，新增和恢复精细水处理能力2.1万米^3/日；新改扩机泵设备58台(套)；污泥处理设施12套；污水管网42千米。控制水量39.5万米^3/日，占总水量的58.1%。污水水质符合率由2002年的56.4%提高到63.8%，3年提高了36.3个百分点。项目所涉及的油田区块，吸水指数普遍好转，平均提高了8.2%，减少欠注井层186个。

2003年江苏油田安排技改资金2 600万元，重点进行陈堡和沙埝油田污水处理改造工程项目，解决这两个主力低渗透油田污水水质达标问题，实现污水的有效回注。在陈堡油田污水处理系统改造工程中，利用“油田污水高效水质净化与稳定技术”，进行油田产出污水处理，处理后的污水指标达SY/T5329－94“A2”级，污泥压成泥饼后掩埋，工程投资1 220万元，实现陈堡油田720米^3/日清水注水改变为污水有效注水，同时解决了陈堡油田污水出路问题。按照江苏油田注水能耗水平6.3千瓦·时/米^{3}计算，每年可以减少耗能165万千瓦·时。沙埝油田污水处理系统改造工程投资680万元，主体工程已经安装施工完，目前正在调试。项目实施后，可以解决沙埝油田低渗透区块注水水质达标问题，改善注水效果，实现清污混注，沙埝油田300米^3/日清水注水改变为污水有效注水，每年可以减少耗能69万千瓦·时，具有良好的经济效益和社会效益。

(曾庆坤　龙秋莲)

海洋工程

【概述】 截至2003年底，石化股份公司海上油田共有各类采油平台84座，海底输油管线379.6千米，海底输气管线410千米，海底注水管线37.6千米，油井229口，气井10口，年产原油212.65万吨、天然气3.15亿米^3。

2003年胜利油田有限公司埕岛油田探井开钻12口，交井11口；开发井开钻17口，交井13口；新投产油井15口，投转注井15口，老井作业90井次。上海海洋油气分公司海上自营探井开钻2口，交井2口；在参与开发的平湖油气田，探井开钻1口，交井1口，开发井开钻2口，交井1口；新投产气井1口，老井作业15井次。

(李孟杰)

【海工建设】 2003年胜利油田浅海建成投产了ZH10、CB306、CB805、KD34单井平台4座；CB32A、CB243A井组平台2座；海底电缆3.2千米；完成了埕岛中心一号污水处理系统改扩建工程；胜利621、胜利622两艘8 000吨原油船、胜利251(3 728.5千瓦多用途工作船)、胜利291(7 457千瓦多用途工作船)4艘船舶建成投入使用。

上海海洋油气分公司平湖油气田扩建工程，于2003年10月16日投产，增加天然气日产能力60万米^3。

(李孟杰)

【技术进步】 “浅海海底管线电缆检测与维修装置”海上试验成功。该装置在完成了长江内的一系列航行和潜浮试验后，2003年9月27日到达桩西码头，10月5—9日进行了全面的海试，海试地点位于埕岛油田11区块水深8—12米的海域，试验目标为CB20A－CB20B海底管线，先后进行了水面航行、潜浮、潜行、定高、定深、手动探测追踪管线、自动探测追踪管线、对线坐底、螺旋锚固定、喷冲、抽吸、工作舱就位、工作舱进人等一系列功能试验和各种仪器仪表、设备的综合操纵试验，全部达到了设计指标。

(李孟杰)

油气集输

【概述】 截至2003年底，油田原油集输处理系统共建有联合站100座，油库13座，接转站157座，原油稳定装置39套，原油储罐库容253.6万米^3，原油外输管道1 436千米。原油脱水能力1.48亿吨/年，原油稳定能力4 472万吨/年，原油外输能力6 470万吨/年。

油田采出水处理系统建有污水处理站115座，含油污水处理能力131.9万米^3/日。

注水系统共有各类注水站457座,注水泵2 292台，注水能力4.48万吨/年,实际注水量2.89万吨。

（王立坤）

【主要技术经济指标】 2003年共处理含油污水3.09亿米^3，稳定原油1 841.6万吨。原油外输含水率0.62%，油气集输密闭率87.0%，加热炉平均效率75.77%，输油泵平均运行效率59.4%，注水泵平均运行效率70.3%。

（王立坤）

【塔河(二号联)原油外输管道工程建成投产】 塔河原油外输管道工程于2003年10月建成投产，设计规模300万吨/年，其中80万吨/年在雅克拉装车外运至西安石化总厂，200万吨/年通过管道输到库车塔化。

塔河—库车原油管道全长109.9千米，其中塔河—雅克拉段长65.1千米，管径406.4毫米×7.1毫米，设计输量300万吨/年，雅克拉—库车段长44.8千米，管径355.6毫米×7.1毫米，设计输量220万吨/年。设塔河首站、雅克拉装车站、库车末站和2个中间热泵站。全线选用双螺杆泵，采用旁接油罐输油工艺。

（王立坤）

设备管理

【概述】 截至2003年底，石化股份公司油田设备固定资产原值137.33亿元，净值62.43亿元；设备新度系数为0.45。设备管理人员3 935人，设备维修人员10 535人。共有主要专业设备71 711台。其中：注采设备28 281台、天然气处理设备1 979台、起重搬运机械927台、运输车辆9 453台。综合完好率为97.73%，主要设备利用率63.51%。装机总功率1 013.68万千瓦。

（王　飞）

【油田设备状况】 2003年石化集团公司各油田设备平均新度系数见表2。

表2　　2003年石化集团公司各油田设备平均新度系数

单　　位	钻采特车	注采设备	天然气处理设备	运输车辆	动力设备	合　　计
胜利油田有限公司	0.4	0.45	0.34	0.33	0.58	0.43
中原油田分公司	0.43	0.47	0.43	0.32	0.4	0.42
河南油田分公司	0.42	0.28	0.06	0.38	0.41	0.35
江汉油田分公司	0.54	0.41	0.5	0.55	0.52	0.5
江苏油田分公司	0.49	0.58	0.56	0.47	0.39	0.52
南方勘探开发分公司	0.26	0.79	0.7	0.68	0.79	0.61
西南分公司	0.48	0.22	0.58	0.66	0.52	0.61
中南分公司	0.55	0.55		0.69	0.23	0.69
西北分公司	0.66	0.87	0.8	0.6	0.91	0.77
华东分公司	0.8	0.54		0.77	0.61	0.69
华北分公司	0.5	0.87		0.82	0.26	0.65
东北分公司	0.41	0.77	0.73	0.6	0.8	0.61

（王　飞）

【设备管理情况】(1) 为了加快原新星各分公司划归总部直管后的设备管理工作的融合，2003 年 8 月份召开了油田设备处处长座谈会。在西南、中南、西北、华东、华北、东北及上海海洋分公司介绍装备现况和管理情况后，胜利、中原和江汉油田设备处长介绍了各自的管理经验。

(2) 2002 年底油田部确定的油田设备技术数据库系统建设项目，在边开发边测试的基础上程序编制工作已完成。该系统实现了①分级设备数据的录入：原始数据由基层录入，管理数据按职责权限录入；②系统内数据的对接、交换和传递；③设备系统日常管理办公自动化；④信息共享：根据使用人员权限实现数据共享。

2003 年 8 月在成都组织召开了油田设备技术数据库系统推广应用讨论会。该系统推广应用分三个阶段进行：第一阶段在江汉油田试运行已完成；第二阶段在江苏油田运行考核已完成；第三阶段在各油田全面推广应用。

(王　飞)

【技术进步】(1) 2003 年油田事业部油田设备技术数据库系统建设项目，由设计单位江汉石油管理局国有资产管理处与合作单位共同开发，并在边开发边测试的基础上已完成，2003 年初进行项目鉴定。

(2) 物装部聘请国内著名的石油机械专家、教授对江汉石油管理局第四石油机械厂生产的 2000 型压裂机组进行了鉴定，并通过鉴定。

(王　飞)

质量技术监督

【概述】2003 年，油田企业坚持"以质量为中心，标准化、计量为基础，全面启动勘探开发工程质量监督"的工作方针，质量技术监督工作得到进一步加强。制定下发并实施了《油田企业质量管理与监督办法》、《油田企业计量管理办法》、《油田企业标准化办法》等，使技术监督工作走上了制度化、规范化、科学化的轨道。积极探索勘探开发工程监督、监理工作的有效体制和运行机制，探索试行重点产品监造制度。狠抓产品质量检验机构计量认证，实验室认可，依据 ISO/IEC 17025 标准，中国石化油田企业井下工具质量监督检验站、胜利油田原油大流量站、河南油田环境检测站通过了国家实验室认可。建立健全中国石化油田企业质量监督机构网络，为石化集团暨股份公司开展产品质量监督奠定了基础。大力宣贯 GB/T 19000—ISO 9000 族 2000 版标准，完善质量管理体系、有效的提高了企业的整体质量管理水平和市场竞争力。各油田重点产品质量监督抽查工作力度进一步加大，效果明显。计量量值溯源体系，企业标准体系更加完善。积极开展标准实施与监督、油气计量及勘探开发计量数据管理和"质量月"、"标准化日"、QC 小组等活动，使质量管理、质量监督、标准化、计量和认证各项工作取得了新的进展。地调、测井、录井资料合格率 100%；钻井井身质量、作业一次合格率 100%，原油、天然气、稳定轻烃、液化石油气合格率 100%，强检计量器具周检率 100%，杜绝了重大工程和作业质量事故发生。

(新　辛)

【质量管理】以提高全员质量意识为核心，积极推行 ISO 9000 族标准，提高整体管理水平，在提高认证有效性上下功夫，努力实现质量管理的科学化、系统化、规范化。截至 2003 年，油田系统已有 171 个单位通过了国家质量体系认证，并全部顺利完成 ISO 9000标准的新版转换。通过贯标与认证，促进了干部职工质量观念的转变和质量意识的提高，规范了各项质量活动，建立了一套科学的自我管理和约束机制，并积极探索 QHSE 管理体系，实施一体化贯标、认证，为开拓市场、扩大对外合作、参与国际竞争奠定了坚实的基础。

实施产品质量认可证制度。胜利、中原、江汉等油田对内部重点自产产品和大宗采购物资实施"质量准入证"。规范了油田内部市场，扼制了假冒伪劣产品对油田的侵害，确保了公平竞争。

积极开展石油装备和材料产品 API 取证活动，已有 55 项产品通过美国石油协会 API 认证，取得了 API 会标使用权，有力地促进了石油装备和材料产品走向国际市场。

积极开展油田企业物资质量检查活动。为进一步加强油田企业物资采购、使用的质量管理，提高油田重点物资(产品)的实物质量，了解和掌握物资采购、使用质量现状，总结质量管理经验，强化管理，净化市场，保护油田主业的合法权益，提高整体经济效益，石化股份公司油田事业部、物资装备部、科技开发部联合下发了"关于开展油田企业物资质量检查活动的通知"(石化股份油技[2003]116 号)文件，于 2003 年 12 月 20—29 日，石化股份公司分 4 个组分别对胜利油田有限公司、中原油田分公司、河南油田分公司、江汉油田分公司、江苏油田分公司、南方勘探开发分公司、西南分公司、上海海洋石油分公司、华北分公司、华东分公司进行了检查。对检查结果以文件的形式下发了通报，影响较大，在一定程度上推动了各油田企业的物资采购和使用质量的提高。

（靳　辛）

【产品质量监督】 进一步加大以产品质量监督抽查为重点的质量监管工作力度，全面提高油田物资质量水平。2003 年胜利、中原、江汉等油田，加大了对抽油泵、井下工具、封隔器、采油树、橡胶制品、油田化学剂、电工产品、劳保用品等大类产品实施质量监督抽查。随着各油田质量监督检验机构的进一步完善，抽检范围在扩大、力度也更大，效果越来越明显，抽检结果已成为各油田企业物资采购和使用的重要依据。通过加大对不合格产品的后处理力度，进一步提高了生产、采购和使用部门的质量意识，促进了采购物资质量的明显提高，有效地遏止了假冒伪劣产品对油田的侵害，每年都为油田挽回了一定的经济损失。河南、江苏油田质量监督抽查工作也已经启动，抽查范围在逐步扩大。

胜利、中原、河南、江汉、江苏分公司在物资供应处设立有物资检验所，不同程度地对石油专用管材、化工产品、中低压阀门等进行例行检验。

（靳　辛）

【勘探开发工程监督】 2003 年，油田事业部组织有关单位和人员，设专题对工程监督管理工作进行研究，开展的专题调研，走访了中国石化、中国石油、中国海油所属的 12 家勘探开发工程监督中心及中国石油物探监理公司、合肥高速公路管理局监理公司，汇集了大量的第一手资料，与各单位有关人员进行了深入细致的探讨，编写了具有一定参考价值的调研报告。组织起草了《中石化勘探开发工程监督管理办法》(讨论稿)和《中石化勘探开发工程监督人员管理办法》草案，召开了多次勘探开发工程质量监督研讨会。

坚持“按计划，高标准、严要求”的原则，全面启动勘探开发工程监督人员培训工作，2003 年油田事业部和人教部以文件的形式联合下发了勘探开发工程监督人员培训计划，在胜利高培中心成功地举办了钻井、物探、地质、测井、试油、井下作业等 8 个班的监督培训，培训 277 人次。经石化股份公司各专业评审组对培训合格的学员资质审查，批准 265 人获得相应专业三级工程监督资质。

油田事业部组织编写了勘探开发工程监督系列培训讲义，开发了物探、钻井监督培训、学习教材，并由石油工业出版社正式出版发行。

各油田分公司勘探开发工程监督工作有了长足的发展。胜利油田有限公司成立勘探项目监督部，对石油勘探项目施工现场进行监督、管理。中原油田分公司设立了工程监督中心，主要职能按设计、合同及规范要求对勘探开发工程进行监督。专业涵盖物探、钻井、固井、泥浆、地质、试油、测井等专业。西北分公司设有工程监督中心，采取的是独立甲方监督模式，主要任务是对西北分公司的油气勘探、开发的各项施工进行全过程的质量监控。

西南、华北、南方、上海分公司和西部勘探指挥部也设立了相对独立的工程质量监督中心，河南、江汉、江苏等分公司也不同程度地开展了勘探开发工程监督工作。

各油田经过近几年对勘探开发工程监督工作的探索和实践，大家对工程作业监督的重要性有了正确认识；对甲方监督的定位普遍有了共识，监督模式更加明确、清晰；工程监督方法逐渐成熟，如监督策划制度、关键控制点制度、现场签证制度、质量评定制度等。对日费制项目、总包型项目普遍实行了监督制。

（靳　辛）

【计量管理】 2003 年各油田积极推行 GB/T 19022.1 (idt ISO 10012.1)测量设备的质量保证要求——测量设备的计量确认体系，中原油田钻井二公司通过国家计量确认体系的复查。

依据 ISO/IEC 17025 标准，已有 72 个质量检验机构或实验室通过了省、国家计量认证，中国石化油田企业井下工具质量监督检验站、胜利油田原油大流量站、河南油田环境检测站通过了国家实验室认可，以确保检测数据的科学、公证、准确、可靠。

开展了 GB/T 8929《原油水含量测定法》、GB/T 1885《石油计量表》实施情况的督查，减少了供需双方计量纠纷。各油田以提高油气矿场计量和油气交接及贸易计量技术水平为重点，不断推广应用计量新技术、新产品，加大计量设施改造和计量仪表的选型工作，提高计量的准确度。天然气计量不断推行自动计量，实现了数据远传自动化和网络化管理。通过加强油气计量管理，原油交接计量误差控制在 ±0.2%之内，天然气交接误差控制在 ±3%之内。

油田企业对最高计量标准装置和次级计量标准装置进行了合理的整合、科学分布，确保了量值传递和数据的准确可靠。同时，石油专用计量器具管理得到进一步加强。

（靳　辛）

【标准化工作】 2003 年各油田企业积极采用国际标准和国外先进标准。石化股份公司开展了“油田企业技术标准体系”的整体框架、结构、内容的研究。年内承担国家标准及行业标准制修订任务 17 项，采标产品已达 90 多项。狠抓重点标准的实施与监督，开展了标准化成果的评审工作和重点采购产品的注册登记工作。

（新　辛）

节能管理

【概述】 节能管理工作得到了进一步强化。2003 年石化集团公司进一步加强了油田企业节能监测管理和监测机构建设，通过专家组对胜利油田有限公司筹建的“中国石化油田企业能源检测中心”的验收、评估，将“胜利油田能源检测站”提升为“中国石化油田企业能源检测中心”，为石化集团公司实施耗能评价、考核和能源监测，为油田企业节能技术机构提供技术指导、服务及培训，参与内外节能监测项目及方法学术交流，开展节能监测项目及方法研究，提供了技术保障。

研制开发了“油田企业节能综合决策辅助管理系统”，为广大生产技术人员提供一个获取中国石化油田企业节能工作有效信息的平台，实现石化股份公司、油田、采油厂三级节能管理的网络化，节能报表的规范统一，能耗的准确、科学统计和考核，并为各级领导决策提供技术支持及科学的依据。

各油田企业围绕石化股份公司节能工作提出的“降本增效，提高机采、集输、注水、供电和供热系统效率，降低单耗、抓好系统优化”的目标，开展了一系列有成效的工作。各油田推行了能耗定额管理；加大了对重点耗能设备、装置、系统实施监测。坚持能耗统计与分析，为领导节能决策提供依据。坚持节能宣传和培训。依靠技术进步，不同程度的推广应用了变频调速技术、电容自动补偿技术、计算机系统自动优化技术、余热利用技术、电容自动补偿技术、抽油机新型拖动系统技术、锅炉分层燃烧技术等。推广使用了超高差电机、电磁调速电机，高效节能稀土永磁电机、变频器、节能抽油机、系列节能变压器、智能微型控制柜，使用智能节电装置、防空抽油装置等。使节能工作取得了一定的成效。

胜利油田主要耗能系统节能技术改造取得显著成效。按照“一高、二侧重、三集中”原则，大力开展节能技术改造，在注水机采、集输、热力、电力等主要耗能系统，坚持用大手笔、挖大潜力、见大效益，先后完成了以胜利采油厂、孤岛社区等一批节能样板示范单位和系统示范区，全油田每年技措节能达 35 万吨标准煤。中原油田 2003 年，节能技措投资4 700万元，技措节能量 6.3 万吨标准煤，技措节能价值5 600万元。江汉油田通过科技进步进行节能技术改造节约能源9 807吨标准煤。河南油田 2003 年通过推广应用节能新技术、开展节能综合技术改造，完成节能技措项目 84 项，节约能源 2.66 万吨标准煤，创效2 820万元。江苏油田通过采取节能技术措施节约能源消耗8 861吨标准煤，节约用水 92 万米^3，节约资源消费资金 871 万元，油田机采系统效率 28.37%，同比上升 0.38%；注水系统效率 55.3%，同比上升 4.2%；锅炉运行效率 80.8%，同比上升 4.2%，全面完成了年度节能节水工作目标。

（新　辛）

市场管理

【概述】 2003 年，石化集团公司油田勘探开发工程技术服务市场管理工作进入逐步规范阶段。石化股份公司下发了石化股份油〔2003〕26 号文，颁布了《关于〈中国石油化工股份有限公司油田勘探开发工程技术服务市场管理办法(试行)〉的补充规定》，对 16 号文进行了细化补充，重点强调了严格执行一级准入、两级管理的要求。年初，以油田部文件的形式下发了《关于股份公司 2003 年度油气勘探开发工程技术服务市场管理工作的有关意见》，提出了全年油气勘探开发工程技术服务市场管理工作的指导思想、市场开放范围、具体实施意见和有关要求，为各油田分公司全年市场管理与项目招标工作提出了思路和要求。根据市场管理的实际情况，组织有关人员对市场管理情况进行调查研究，为逐步完善各项管理制度奠定了基础。

（牛新明）

【队伍准入】 2003 年石化集团公司提出了“一级准入、两级管理”的工作思路。即各油田分公司负责受理服务队伍的准入申请和初审，负责上报经初审合格的队伍，负责对施工队伍准入证的收存管理和业绩考核；石化集团公司负责对各油田分公司上报的准入队伍的审查、批准和发证。在队伍准入中遵循的主要原则是：一是要严格执行石化股份油〔2002〕16 号文精神，有利于市场开放和市场竞争。二是要优化资源配置，使队伍合理有序流动。三是鼓励装备精良、技术水平先进、人员素质高和业绩好的队伍参与市场竞争，避免落后淘汰的设备和非正规队伍进入石化集团公司市场。四是要从宏观上综合平衡，合理控制石化集团公司外部队伍，维护石化集团公司的整体利益。准入证的有效期分为三种：一是石化集团公司内部乙级资质以上的准入队伍，其准入证有效期为 2 年，到期经各油田分公司推荐和油田事业部审验盖章后可继续有效。二是石化集团公司外部准入队伍，准入证有效期为1年，到期自动作废。三是因个别招标项目的特殊要求所急需准入的队伍，只对本项目发放临时准入证，一事一办，项目完工后准入证自动作废。

2003年1月，油田事业部下发了石化股份油技〔2003〕6号文《关于公布第一批油田勘探开发工程技术服务市场准入队伍名单的通知》，公布了第一批准入的413只队伍，为这些队伍颁发了《中国石油化工股份有限公司油田勘探开发工程技术服务市场准入证》。根据部分油田分公司的招标需求，审查批准了25个施工队伍的临时准入证。其中：钻井队伍2个，物化探队伍10个，井下作业队伍13个。为了各油田分公司方便选择施工队伍，在油田部网页上设立了"油田勘探开发工程技术服务队伍基本信息查询"专栏。可以查询的内容包括：石化集团公司市场管理方面的有关文件、制度和要求；各专业技术服务公司的基本信息；石化集团公司已准入的各专业施工队伍的基本信息，包括：队伍简介、装备配套、人员情况、作业业绩、联系方式等内容。2003年6月，下发了《关于申报第二批股份公司油田勘探开发工程技术服务市场准入队伍的通知》(石化股份油技[2003]63号文)，截至8月底，各单位已完成了申报工作，共申报包括物化探、钻井、测井、录井、井下作业等工程服务队伍804个，审查批准工作已基本完成。

(牛新明)

【工程招标】 石化集团公司油田勘探开发工程技术服务项目招投标管理的总目标是按照招投标的通行法则，建立公开、公平、公正，有序、规范的招投标管理机制，确保招投标工作实现公平竞争、优胜劣汰，确保能够提高工程质量，降低勘探开发工程投资和成本。2003年市场管理工作总的指导思想是：以提高勘探开发效益为目标，遵循市场通行法则，本着公平、公开、公正和石化集团(股份)公司内部队伍同等优先的原则，逐步建立健全市场管理的各项规章制度，集中抓好重点勘探开发项目的市场管理工作，为石化集团公司勘探开发市场的全面开放奠定坚实基础。市场开放范围包括：①石化集团公司计划安排的所有物化探项目；②西部新区和南方海相勘探项目；③部分勘探开发项目及新老区产能建设项目中的钻井工程、油建工程；④属边际油气田开发产能建设项目，全部应组织招标工作(指税前内部收益率小于20%的项目)。

2003年，在西部和南方海相地区基本全面开放市场的基础上，东部各油区也逐步有序地开放了部分市场。各专业工程招标工作量有较大的增加，招标效果也比较明显，以市场来客观评估和调节价值的功能得到充分发挥。全年共进行招标390次，总合同金额47.65亿元。其中：二维地震招标工作量18 294千米，合同金额6.97亿元；三维地震招标工作量7 915(千米)^2，合同金额9.59亿元；钻井招标工作量422口井，合同金额20.15亿元。录井招标工作量545口井，合同金额1.07亿元；试油招标工作量172口井，合同金额1.87亿元；修井项目招标工作量650口井，合同金额7 991万元。

一批重点工程项目的招标工作取得明显成效。如南方勘探开发分公司"川东北地震资料采集项目"、西北分公司的物探采集项目，南方勘探开发分公司的重点探井钻井招标项目，中原油田分公司"10口侧钻井钻井工程项目"，河南油田分公司"东庄油田4口井钻井工程项目"等。河南油田的东庄油田为小断块边际油田，储量少，实物工作量大，开发投资高，为降低开发成本，拿出4口井、进尺约1.1万米的钻井工作量，在中国石化系统内进行钻井工程公开招标。通过引入竞争机制，优选施工队伍，大幅度地提高了钻井速度，有效地降低了钻井投资。同时，通过引入竞争机制，也促进了本油田钻井队伍技术水平的提高，增强了市场竞争能力。西北分公司2003年塔河油田110万吨产能建设项目，由于任务紧、工作量大，井较深，在初期阶段曾一度出现了钻机和部分专业队伍紧张的局面。通过开放市场，充分发挥市场的调节作用，东部地区的大钻机迅速往西部转移抢占市场，6 000米以上的大钻机由36台迅速增加到50多台，满足了该建设项目对钻机的需要。且通过市场竞争机制的作用，工程技术服务水平得到了大幅度地提高，6 000米左右的深井，钻井周期由原来的2.5—3个月，缩短到平均50天钻完一口井。

(牛新明)

炼油生产与管理

综　述

2003年，石化集团公司炼油生产经营经受住了市场形势复杂多变、跌宕起伏的严峻考验。特别是二季度"美伊战争"的迅速结束及中国非典疫情爆发，成品油市场极度萎缩；下半年，国际油价持续上涨，非典疫情结束，中国国民经济保持高速发展，成品油需求迅速增加，成品油市场供应持续紧张，月度成品油消费量逐月创出历史新高。面对复杂多变的形势，炼油企业全体干部职工坚决贯彻落实"优化、做大、降本、提升、规范、安全"的生产经营方针，优化生产组织，调整产品结构，狠抓技经达标，大力降本减费，积极开拓市场，紧紧围绕全年的生产经营任务，找差距、定措施、抓落实，努力克服困难，取得了高负荷、增资源、保市场、提指标、增效益的较好成绩。

一、灵活组织生产，优化资源配置，提高了经济效益

坚持以市场为基础，灵活调整生产负荷，精心组织，沉着应对，较好地缓解了不同时期、不同区域的市场供需矛盾。加大资源配置力度，充分利用PIMS(流程工业模型系统)工具，加大资源优化和流向调整的力度，资源配置坚持向炼化一体化、油品消费旺盛、原油运费低和边际效益好的企业倾斜，提高了整体效益和盈利水平。加强长周期管理，确保装置安全稳定运行，非计划停工明显减少，特别是经受住了下半年高负荷运行的考验，为保证市场供应奠定了基础。2003年，石化股份公司炼油板块实现利润52亿元，同比增加2亿元；吨油完全费用187.89元，同比降低5.31元/吨；单位现金操作成本2.00美元/桶，同比降低0.02美元。

二、调整产品结构，加大出口力度，做大了炼油总量

认真抓好化工轻油的生产和供应。各炼油企业努力克服原油加工负荷波动较大的不利局面，千方百计地多产石脑油、加氢尾油等化工原料，提高化工轻油收率，较好地满足了化工企业的生产需求。努力增产高附加值产品。积极与销售公司配合，发挥"中国石化"的品牌优势，加大宣传和推广力度，增产增销高标号汽油。2003年，石化股份公司高标号汽油占汽油比例达42.46%，超额完成了年度38.00%的目标，同比提高8.33个百分点。另外，认真分析形势，捕捉市场机遇，调整出口策略，优化出口资源，为炼油做大蛋糕、提高效益创造了条件。2003年，石化集团公司共加工原油12 417万吨(其中石化股份公司加工原油11 626万吨)，同比增长10.68%；生产成品油7 375万吨，同比增长9.70%。

三、加强财务分析，加大监督力度，促进了降本减费

积极进入原油市场，强化采购运输管理，降低原油采购成本。原油资源结构进一步优化，2003年通过油种优化降低采购成本8 200万元；优化资源配置，加强原油国内运杂费管理，全年原油国内运杂费同比降低2亿元；规范计量手段，加强计量管理。2003年，石化集团公司原油储运损失0.60%，同比降低0.04个百分点，减少损失0.70亿元；优化新标准汽油生产方案，降低质量成本0.84亿元；加强财务分析和资金管理，降低财务费用和管理费用0.72亿元；强化专项费用管理，努力降低修理费、营业费和化工原材料费用支出。

四、依靠科技进步，强化达标管理，提升了技经指标

优选投资项目，确保投资收益。2003年，石化股份公司完成"短平快"项目101项，投资5.90亿元，年增效益4.70亿元。强化大型机组的专业化管理，炼油板块38台在用烟机同步运行率平均为96.30%，运行负荷率达74.40%，故障停机45次，故障停机次数和累计停机时间同比2002年有了明显改善。充分发挥节能中心、设计院、研究院的作用，积极开展攻关活动，提高技术经济指标，2003年石化股份公司轻质油收率达到73.80%，同比提高0.58个百分点；综合商品率92.63%，同比提高0.13个百分点；加工损失率1.07%，同比降低0.06个百分点；综合能耗76.76千克标油/吨，同比降低2.02个单位；原油储运损失0.60%，同比降低0.04个百分点。

五、积极开拓市场，加强营销协调，扩大了盈利空间

加强沟通协调，努力推价保价，基本实现了行情看涨产品推价不减销量，行情看落产品稳价不丢市场。加大品牌宣传，努力开拓市场。积极参与沥青市场开拓，2003年，镇海炼油化工股份有限公司"东海"牌道路沥青在上海F1国际赛车场路用沥青投标活动中成功中标。通过冠名首届中国汽车露营活动和红色之路全国职工健身挑战赛，借助媒体成功宣传了中国石化的企业形象，提高了成品油、润滑油、沥青等产品品牌的知名度。抓好炼油自销产品的计划、价格、用户和质量管理，规范了市场秩序，确保了经济效益。2003年，石化股份公司炼油自销产品销售3 894万吨，同比增长10.88%，自销产品平均价格与原油进厂平均价格之差为378元/吨；全年自销产品实现销售收入844亿元，同比增加193亿元。

六、认真组织方案，落实技术措施，确保了质量升级

2003年，石化集团公司各炼油企业加快降烯烃和降硫等工艺技术、催化剂、助剂的应用，大力实施汽油质量升级项目，抓好升级方案的制定和实施，从优化生产流程、减少质量过剩入手，精心组织，强化管理，狠抓落实，实现了车用汽油质量升级。自2003年4月1日起，出厂车用汽油全部达到新标准的要求，确保了新标准2003年7月1日起在石化集团公司销售区域的顺利实施。

七、实施扁平化，加强内部管理，提高了管理水平

压扁管理层次，推进扁平化管理，炼油板块的扁平化改革取得了较大进展，已在计划的6家企业全面推行，实现了财务、计划、物资采购集中统一，并取得积极效果。坚持全面预算管理和经济活动分析，积极开展两级预算管理，定期分析国际油价、产品消费、产品价格，提高对市场的预测分析和应变能力，确保了全年生产经营任务的圆满完成。

（黄友生）

石油炼制

【概述】 截至2003年底，石化集团公司有33个炼厂，其中燃料型及燃料—化工型炼油厂27个，占82%；燃料—润滑油型炼油厂6个，占18%。按一次加工能力划分，500万吨/年以上(含500万吨/年)的炼油厂14个，占42.4%；250万吨/年至500万吨/年的炼油厂7个，占21.2%；小于250万吨/年的炼油厂12个，占36.4%。

2003年，石化集团公司新建和扩能改造并投入运行的炼油生产装置主要有：镇海炼化股份公司新建100万吨/年连续重整装置，45万吨/年对二甲苯(PX)装置和5万标准米^3/时变压吸附制氢(PSA)装置；上海石化股份公司20万吨/年煤油加氢装置改造为25万吨/年催化重汽油选择性加氢脱硫(RSDS)装置；安庆分公司1#常减压蒸馏装置由280万吨/年扩能改造为400万吨/年；武汉分公司新建10万吨/年气分装置；九江分公司1#、2#气分装置分别由12万吨/年、16万吨/年扩能改造为15万吨/年、20万吨/年；胜利油田有限公司恢复40万吨/年延迟焦化装置，催化柴油加氢装置由30万吨/年扩能改造为50万吨/年，制氢装置由0.65万标准米^3/时扩能为0.92万标准米^3/时；青岛石化厂新建15万吨/年催化重整装置；清江石化公司新建15万吨/年煤油加氢装置和10万吨/年气分装置。

2003年，石化集团公司所属炼油企业的原油一次加工能力与2002年底比增加1 118万吨，其中催化裂化(含催化裂解)加工能力减少81万吨，延迟焦化加工能力增加40万吨，催化重整加工能力增加115万吨，汽煤柴油加氢精制能力增加40万吨。催化裂化(含催化裂解)、加氢裂化(含重油加氢)、延迟焦化、催化重整和溶剂脱沥青装置占原油一次加工能力的比例已达到66.50%，其中，催化裂化(含催化裂解)占原油一次加工能力为33.30%，原油加工装置结构进一步趋向合理。

（曹东学）

【原油加工量和产品产量】 截至2003年底，石化集团公司原油一次加工能力为1.54亿吨/年，综合配套加工能力1.41亿吨/年。2003年实际加工原油1.24亿吨，比2002年增加1 198万吨，一次加工装置负荷率为81%。

2003年，石化集团公司加工国内原油(含海洋原油)占原油加工总量的40.10%，比2002年下降了8.50个百分点；加工进口原油的比例进一步增加，为59.90%。2003年共加工7 433万吨进口原油，其中主要是中东地区的原油。石化集团公司加工的几种主要原油常减压收率见表1。

2003年石化集团公司汽煤柴润四大类产品产量7 479万吨，占原油加工总量的60.23%。其中汽油产量2 387万吨，占原油加工量的比例为19.22%；煤油产量531万吨，占原油加工量的比例为4.28%；柴油产量4 457万吨，占原油加工量的比例为35.89%；柴汽比为1.87:1；润滑油产量104.6万吨，占原油加工量的比例为0.84%；燃料油产量882.67万吨，占原油加工量的比例为7.11%。石化集团公司历年石油产品产量和收率情况见表2和表3。

（曹东学）

【主要技术经济指标】 2003年石化集团公司炼油生产各项技术经济指标均有新的提高。所属33家炼油企业全口径轻质油收率同比提高0.18个百分点，综合商品率同比提高0.24个百分点，加工损失率同比降低0.06个百分点，综合能耗同比降低2.26个单位，原油途耗同比降低0.04个百分点。其中石化股份公司24家炼油企业全口径轻质油收率同比提高0.58个百分点，比2003年达标指标高出0.30个百分点；综合商品率同比提高0.13个百分点，比2003年达标指标高出0.08个百分点；加工损失率同比降低0.06个百分点，比2003年达标指标降低0.01个百分点；炼油综合能耗同比降低2.02个单位，比2003年达标指

表 1　　石化集团公司加工的几种原油常减压收率　　%

原油种类 / 项目	陆上原油			海洋原油		进口原油		
	大庆混合	胜利混合	鲁宁管输	惠　州	西　江	阿　曼	伊朗轻	米纳斯
初　顶	2.26			5.92	0.14	8.98	0.42	4.66
常　顶	2.80	2.61	4.04	11.18	5.33	5.59	20.75	3.35
常一线	8.38	4.27	9.93	4.91	6.80	9.09	9.19	8.22
常二线	9.91	5.56	6.92	11.35	5.84	19.93	11.28	15.82
常三线	6.69	7.36	9.02	10.00	10.47	20.30	10.96	8.51
常四线					6.75		2.82	
减顶(减一线)	5.26	4.11	2.60		4.67	2.01	6.81	8.26
蜡　油	20.76	26.30	22.00		30.09	29.48	17.57	22.16
渣　油	37.29	49.11	44.79		29.79	25.08	20.00	28.82
轻油收率	30.04	19.80	29.91	43.36	28.58	63.89	52.60	40.56
总拔出率	62.16	50.21	54.91		70.11	72.47	79.80	71.01

表 2　　1998 — 2003 年石化集团公司主要石油产品产量①　　万吨

年份 / 产品名称	2003	2002	2001	2000	1999	1998
原油加工量	12 416.95	11 219.09	10 759.07	11 177.21	9 136.21	8 060.28
汽、煤、柴、润合计	7 479.40	6 817.15	6 600.07	6 677.18	5 541.89	4 428.51
汽　油	2 386.76	2 151.22	2 029.95	2 137.88	1 785.77	1 652.55
煤　油	531.49	506.13	450.10	499.42	444.81	365.57
柴　油	4 456.52	4 063.35	4 029.27	3 944.97	3 205.61	2 317.66
润滑油	104.63	96.46	90.75	94.91	105.70	92.73
溶剂油	154.24	121.58	97.93	109.96	75.90	132.97
化工轻油	1 696.77	1 557.32	1 331.58	1 376.12	1 166.03	1 149.63
出口石脑油			5.35	0.25	0.74	
燃料油	882.67	748.60	770.62	979.89	837.58	935.23
石油沥青	285.27	219.59	161.92	170.91	153.81	202.23
石油焦	413.42	348.64	325.51	300.21	242.75	209.97
石　蜡	49.43	45.81	48.99	43.42	47.35	42.62
洗涤剂原料	13.13	15.2	17.05	13.57	13.16	6.77

① 1998—1999 年为石化集团公司数据；1999 年以后数据中含清江、杭州两家新增企业；2001—2003 年数据中含湛江东兴公司。

表 3　　1998 — 2003 年石化集团公司主要石油产品收率　　%

年份 / 产品名称	2003	2002	2001	2000	1999	1998
原油加工量	100	100	100	100	100	100
汽、煤、柴、润合计	60.23	60.76	61.08	59.74	60.66	54.94
汽　油	19.22	19.17	18.67	19.13	19.55	20.50
煤　油	4.28	4.51	4.24	4.47	4.87	4.54
柴　油	35.89	36.22	37.31	35.29	35.09	28.75
润滑油	0.84	0.86	0.85	0.85	1.16	1.15
溶剂油	1.24	1.08	0.92	0.98	0.83	1.65
化工轻油	13.66	13.88	11.97	12.31	12.76	14.26
出口石脑油	0.00	0.00	0.05	0.00	0.01	0.00
燃料油	7.11	6.68	7.21	8.77	9.17	11.60
石油沥青	2.30	1.96	1.53	1.53	1.68	2.51
石油焦	3.33	3.11	3.07	2.69	2.66	2.60
石　蜡	0.40	0.41	0.46	0.39	0.52	0.53

标降低1.24千克标油/吨；原油途耗同比降低0.02个百分点，比2003年达标指标降低0.02个百分点；吨油完全费用同比降低5.3元，比2003年达标指标降低4.11元。

（曹东学）

【催化裂化技术发展】 催化裂化汽油占汽油总量的76%—80%，而催化裂化汽油中烯烃和硫含量高是汽油质量升级的主要问题，石化集团公司努力发展、提高催化裂化工艺技术，进一步加大低成本降硫降烯烃工艺技术、催化剂、助剂开发应用的力度，2003年取得下列进展。

(1) 最大量生产异构烷烃的催化裂化新工艺(MIP)。在上海高桥分公司和安庆分公司应用效果良好。其中上海高桥分公司3#催化裂化装置汽油产率增加2.38个百分点，汽油烯烃含量降低8—16个百分点，MON上升0.4—0.6，诱导期增加，汽油性质得到改善；总液收有所增加，干气产率和油浆产率有所减少；液化气、汽油和柴油产率分布在一定范围内可以调节。安庆分公司催化裂化改造为MIP后，汽油烯烃含量由50%(体积)左右降至35%(体积)以下，汽油硫含量由1100×10^{-6}—1200×10^{-6}降至900×10^{-6}—1000×10^{-6}，诱导期由400分左右升至1200分以上，总液收与改造前基本持平，满足了汽油质量升级的需要。MIP技术专用催化剂RMI(工业牌号CR022)强化了第一反应区的大分子裂化反应和第二反应区的转化反应，与常规催化裂化催化剂(MLC－500)相比，汽油烯烃含量下降约5个百分点，芳烃含量增加约5个百分点，汽油辛烷值有所增加，总液收基本不变。此外，为适应原料油性质变差的形势，对CR022催化剂配方进行了调整，进一步提高了该催化剂的重油裂化能力。

(2) 成功开发了多产丙烯和清洁汽油的催化裂化MIP－CGP工艺。该工艺在MIP技术基础上，使用专用反应器和特定的催化剂RMI，在不同的工艺条件下将烃类转化成富含异构烷烃的汽油和富含烯烃的液化气，在生产清洁汽油的同时为石油化工提供更多的丙烯原料。中型试验结果表明，该工艺丙烯产率可达9.0%(质量)，比MIP工艺提高约2—3个百分点；液化气产率增加到25.4%(质量)；干气产率仅为3.5%(质量)；催化汽油烯烃含量降至18%(体积)，接近欧Ⅲ排放标准对汽油烯烃的要求，同时可降低催化剂和助剂费用，准备在九江分公司进行工业应用试验。

(3) 成功开发了灵活多效催化裂化技术(FDFCC)。该技术通过增加汽油管反设施，降低催化汽油的烯烃含量和硫含量，同时较大程度地调整产品结构，减少催化汽油产率，增产高附加值的丙烯及液化气。该工艺原料适应性强，重油提升管反应器的原料可以是各种馏分油、常压重油或掺部分减压渣油，汽油提升管反应器的原料可以是催化裂化汽油、直馏汽油、焦化汽油等；工艺操作灵活，两个提升管反应器可以单独操作，在不同的反应条件下，加工不同原料油，通过改变操作条件和选择催化剂来调整产品分布，兼有催化裂化及汽油改质并增产气体烯烃的功能。该技术在长岭分公司工业应用成功，其两套催化装置不再使用降烯烃催化剂和助剂，汽油烯烃含量降低12个百分点，丙烯产率提高1.8个百分点，掺渣率提高5个百分点，经济效益超过1 000万元。

(4) 进一步推广应用MGD技术。石化集团公司系统内先后有27套催化装置(含DCC)进行了MGD工艺技术改造，催化汽油荧光法烯烃含量平均降低了10个百分点以上，为2003年7月1日汽油质量升级作出较大贡献。2003年部分企业在MGD技术的基础上，又进行了细化和创新，将注入提升管的粗汽油改为轻汽油，使烯烃含量进一步降低到30%以下，同时改善了产品分布，如荆门分公司、扬子石化股份公司、北海分公司、巴陵石化公司等企业。

(5) 成功开发了第二代、第三代降低催化裂化汽油烯烃含量催化剂GOR－Ⅱ和GOR－Ⅲ。GOR－Ⅱ催化剂可降低汽油烯烃含量8—12个体积百分点，总液收和汽油研究法辛烷值基本不变，干气减少。GOR－Ⅲ催化剂在GOR－Ⅱ的基础上，通过对主活性组元、择形分子筛的改性和新型基质材料ASP的引入，进一步增强了催化剂的降烯烃幅度，提高了催化剂的芳构化功能、水热稳定性和重油转化能力，改善了焦炭选择性和产品分布，可降低汽油烯烃含量15个体积百分点以上，产品总液收增加，汽油辛烷值不变。

(6) 其他降烯烃催化剂。如LBO－16降烯烃催化剂，催化汽油烯烃含量降低10个百分点以上；RSM－8降烯烃催化剂，在不降低掺渣比的情况下，汽油的烯烃含量由55%降至45%；RFG－LY催化剂在洛阳分公司1#催化装置使用，在RFG－LY催化剂藏量30%、投用MGD工艺的情况下，汽油烯烃含量可降至31%(体积)。

(7) 成功开发了高丙烯选择性催化裂解催化剂MMC－Ⅱ和提高液化气中丙烯浓度的催化裂化助剂HPA。MMC－Ⅱ催化剂采用以含磷和过渡金属的ZSP沸石为主的多元活性组分，增加了氧化铝含量，具有活性稳定性好、大分子裂化能力和抗重金属污染能力强、丙烯选择性高等优点。与CRP－1催化剂相比，使用MMC－Ⅱ催化剂可使液化气中丙烯浓度增加4—5个百分点，丙烯产率增加约2.6个百分点，汽油烯烃含量下降4—8个体积百分点，辛烷值略有增加，装置总液收基本不变。HPA-10助剂以ZSP-2分子筛为活性组元，固定流化床评价结果表明，以降烯烃催化剂为主剂，在掺入比例4%—8%时，丙烯质量产率增加0.68%—1.54%，液化气质量产率增加1.39%—1.45%。

(8) 成功开发了第二代降低催化裂化汽油烯烃的助剂LAP-2。该助剂既能有效降低催化汽油烯烃含量，又能提高催化汽油辛烷值。在催化裂化装置反再系统加入5%的LAP-2助剂，可使催化汽油烯烃含量降低6%—10%的同时增加丙烯和丁烯等化工原料，是降低目前催化裂化汽油烯烃含量有效、灵活的技术方案之一。

(9) 一系列催化裂化汽油降硫助剂得到成功应用。如济南分公司、金陵分公司使用的NS-FCC降硫助剂，石家庄炼化股份公司使用的TS-01液体降硫助剂和适用于较高钒原料油的LGSA助剂，长岭分公司使用的SRS-1水溶性降硫助剂和LGSA助剂，洛阳分公司使用的进口固体降硫剂Resolve750，荆门分公司使用的MS-011固体汽油脱硫助剂，九江分公司使用的TS-S-01型催化汽油高效脱硫助剂等，均取得降硫20%左右的效果。

(10) 除了汽提式粗旋(FSC)快分和旋流式快分(VQS)系统外，成功应用了密相环流汽提式粗旋(CSC)快分。与常规粗旋相比，密相环流汽提粗旋缩短了油气在沉降器内的停留时间(5秒以下)，在内环线速0.1米/秒时即可达到较好的汽提效果，分离效率高达99.30%以上，可有效降低油浆固含量和装置生焦量，提高装置处理能力和总液收，降低装置能耗。

(11) 建成投产下行式平推流催化裂化—催化裂解工业试验装置。该装置采用清华大学技术，由中国石化工程建设公司设计，在济南分公司进行了工业试验。该工艺具有双提升管催化裂化的特点，上行段提升管可以用来汽油改质，降低汽油的烯烃含量；下行段用于常规催化裂化。

(12) 成功开发并应用了磁分离回收催化裂化废催化剂工业技术。该技术根据催化裂化催化剂重金属污染程度不同而磁性不同的特点，从催化裂化卸出的废催化剂中回收尚可利用的催化剂，投资省、分离效率高。通过磁分离回收的催化裂化催化剂(非磁性剂)比原废催化剂微反活性提高2—4个单位，焦炭产率降低，可解决重油催化裂化装置的重金属污染问题，并节约新鲜剂补充量，降低装置操作费用。

(曹东学)

【第五届加氢裂化协作组年会召开】 第五届加氢裂化协作组年会于2003年9月3—5日在新疆乌鲁木齐市举行，共有51个单位的160名代表和专家参加了本届年会，收到29个单位提交的报告和论文120多篇。中国石化、中国石油加氢裂化协作组秘书长张德义作了题为“继续进行炼油企业结构调整 加快我国加氢工艺技术发展”的报告；中国工程院院士、加氢裂化协作组顾问专家组组长侯芙生在会议结束时作了题为“加快发展加氢技术”的总结讲话；石化股份公司炼油事业部王树德副主任主持会议开幕式并致开幕辞；中国石油天然气股份公司炼油化工技术研究中心吴冠京主任作了题为“适应市场形势 调整炼油结构 择优发展加氢工艺”的报告。大会听取了加氢裂化协作组第四届年会组长单位、石化股份公司茂名分公司卞凤鸣副经理代表加氢裂化协作组秘书处作的“加氢裂化协作组2001年至2003年工作总结”。会议围绕本届年会的主题“调整产品结构、生产清洁燃料”，就进一步调整炼油结构，加快发展加氢工艺技术，提高我国加氢裂化工艺技术的整体水平，交流了加氢裂化装置生产管理和推广应用新工艺、新技术、新设备、新催化剂等方面的经验；围绕搞好加氢裂化装置的“安、稳、长、满、优”运行，针对加氢裂化装置在加工高含硫原料、生产清洁燃料、调整产品结构、设备腐蚀与防护、在役设备检测、催化剂再生和装卸等方面的问题进行了深入的讨论，提出了搞好加氢裂化装置优化操作，重视在役设备检测，抓紧解决设备腐蚀和老化等问题的具体意见和建议。会议进一步明确了加氢裂化工艺技术在企业“调整产品结构、生产清洁燃料”中的重要作用，指出了加快加氢工艺和技术发展仍是今后一个时期内中国炼油工业重点的发展方向之一，会议达到了预期的目的。此外，会议回顾了加氢裂化协作组2001—2003年所做的工作，对上届年会以来加氢裂化协作组的工作给予了充分肯定，对下一年度的工作作出了初步安排，并对加氢裂化协作组秘书处人员进行了调整，接收10家单位为加氢裂化协作组新成员。

(曹东学)

【加氢技术发展】 (1) 通过开展全面达标活动，延长了装置开工周期，保证了装置安、稳、长、满、优运行。2003年石化股份公司所属企业运行的12套加氢裂化装置(含渣油加氢)平均开工天数为336天，同比增加11天；装置总液体收率95.72%，高于达标指标2.07个百分点；加工损失率为0.56%，低于达标指标0.44个百分点；能耗为47.3千克标油/吨，低于达标指标近10个单位。

(2) 为适应加工含硫原油和生产新标准汽、柴油，加氢裂化、加氢处理、加氢精制装置能力发展较快，其占原油一次加工能力的比例明显提高。从1998年到2003年的6年间，石化集团公司原油加工能力增长了16.82%，催化裂化加工能力提高了13.04%，延迟焦化加工能力提高了59.9%，而加氢裂化、加氢处理、加氢精制合计加工能力提高了122.4%，占原油一次加工能力的比例由20.85%提高到39.70%，6年提高了18.85个百分点。2003年，北京燕山分公司80万吨/年航煤加氢装置、石家庄炼化股份公司100万吨/年柴油加氢装置、齐鲁分公司260万吨/年柴油加氢装置、金陵分公司150万吨/年加氢裂化装置、扬子石化股份公司100万吨/年中压加氢裂化和120万吨/年柴油加氢装置、上海高桥分公司140万吨/年加氢裂化装置、广州分公司千万吨级炼油改扩建项目的120万吨/年加氢裂化、150万吨/年加氢处理、150万吨/年直馏柴油加氢和100万吨/年航煤加氢装置、茂名炼化股份公司加氢裂化90万吨/年至110万吨/年扩能改造、湛江东兴公司120万吨/年加氢裂化装置、荆门分公司100万吨/年汽柴油加氢装置、塔河分公司100万吨/年汽柴油加氢装置等一批加氢项目正在建设之中。

(3) 为降低催化汽油硫和烯烃含量，降低柴油硫含量，提高柴油十六烷值以及改善3#直馏喷气燃料质量，满足国家汽、柴油新标准要求，又一批新工艺、新技术进行了工业试验。

在改善催化汽油质量方面主要有石油化工科学研究院开发的催化重汽油选择性加氢脱硫(RSDS)技术、催化裂化重汽油加氢生产重整料技术。抚顺石化研究院开发的催化重汽油选择性加氢脱硫(OCT-M)技术和全馏分催化裂化汽油芳构化降烯烃(OTA)技术。

在改善柴油、航煤质量方面主要有石油化工科学研究院开发的柴油单段加氢处理脱硫脱芳烃技术(SSHT)，抚顺石化研究院开发的最大量提高劣质柴油十六烷值(MCI)二代技术、柴油深度脱硫脱芳烃技术(FDAS)、柴油加氢改质异构降凝技术(FHI)等都已进行了工业试验。此外，抚顺石化研究院最近开发的FDC单段两剂全循环加氢裂化工艺技术，既保留了传统单段加氢裂化技术体积空速大、工艺流程简单等优点，又克服了传统单段加氢裂化技术起始反应温度高，对原料油适应性差、催化剂运转周期短等不足，具有中馏分油收率高、化学氢耗低、产品质量好、催化剂和设备费用低等特点。石油化工科学研究院开发的渣油加氢处理—渣油催化裂化双向组合技术(RICP)，为拥有渣油加氢和渣油催化裂化装置的企业提高运转周期、轻质油收率和总液收，提高产品质量和经济效益提供了新的技术路线，正在齐鲁进行工业试验。

在提高润滑油基础油质量方面，石油化工科学研究院成功开发了溶剂精制—加氢处理(RHT)、加氢处理—加氢异构(RLW)等技术。

(4) 加氢催化剂的生产形成系列化、规模化，并进一步国产化，更新换代速度不断加快。如抚顺石化研究院开发的FH-98催化剂已在20多套加氢装置上应用，产品硫含量可降至500×10^{-6}以下；在FH-98基础上开发的FH-DS，其脱硫活性为FH-98的120%—140%；新一代加氢改质催化剂FC-18(MCI专用催化剂)，与原FH-98/3936相比，柴油十六烷值又提高2个单位，芳烃脱除率提高了15%，脱硫脱氮活性明显改善；加氢脱硫高活性催化剂FDS-4用作加氢裂化后精制，可有效脱除喷气燃料馏分中的硫醇硫；最近开发的最大量生产石脑油的轻油型催化剂FC-24，最大量生产中馏分油的高中油型催化剂FC-16、FC-20、FC-26、FC-28，单段加氢裂化工艺催化剂FC-14、FC-28，一段串联加氢裂化配套精制催化剂FF-16、FF-26等。石油化工科学研究院开发的RN-10催化剂也在近20套装置上应用，可生产硫含量小于300×10^{-6}，芳烃小于25%，满足欧Ⅱ标准的柴油；在RN-10基础上开发的RN-10B，可生产硫含量小于150×10^{-6}的低硫柴油；在加氢裂化，重质馏分油预加氢，润滑油加氢处理、加氢降凝、补充精制，提高柴油十六烷值方面，成功开发了RN-2、RN-20、RT-1、RT-5、RT-25、RL-1、RDW-1、RJW-2、RIC-1等牌号催化剂。

(5) 劣质原料预加氢处理技术得到了越来越多的重视。通过对催化裂化原料进行加氢预处理，可以改善进料的裂化性能，降低装置操作苛刻度；改善产品分布，提高目的产品选择性；降低干气和焦炭产率；降低目的产品硫含量；减少再生烟气中SO_x及NO_x含量；使催化裂化具有加工含硫重油等劣质进料的能力。至2003年中国已开发出3926、3936、3996、CH-20等一系列用于含硫减压蜡油(VGO)、焦化蜡油(CGO)和脱沥青油(DAO)等重质高硫原料加氢处理催化剂。

(6) 开发应用重整预加氢催化剂器外预硫化技术。长岭分公司与石油化工科学研究院共同进行了50万吨/年重整装置预加氢催化剂器外预硫化技术试验，获得成功。采用加氢催化剂预硫化技术，可简化开工过程，缩短开工时间，消除硫化剂在储存和使用过程中对操作人员及环境的危害。

（曹东学）

【催化重整技术进展】 2003年底石化集团公司共有27套催化重整装置，能力1 254.7万吨，其中连续重整装置12套，能力849万吨，占重整总能力的67.7%。2003年3季度，镇海炼化股份公司建成投产100万吨/年连续重整装置。

(1) 2003年继续推广应用PRT系列半再生重整催化剂。茂名炼化股份公司40万吨/年重整及苯抽提老装置于2003年初应用PRT－C/D重整催化剂，从标定结果来看，PRT系列重整催化剂性能及两段装填工艺效果达到了或超过了各项设计指标要求。另外还进行了低压半再生重整催化剂、非铼半再生重整催化剂、半再生重整催化剂生产工艺改进等工艺技术研究和开发工作。

(2) 连续重整催化剂的开发应用取得新进展。继PS－Ⅵ连续重整催化剂在镇海炼化股份公司、洛阳分公司等连续重整装置成功工业应用以后，石油化工科学研究院又进行了PS－Ⅶ、PS－Ⅷ新型低积炭连续重整催化剂的研制和工业放大试验。其中PS－Ⅷ与PS－Ⅳ催化剂相比，在相同反应条件下，其液收增加1.06%(质量)，芳产增加0.7%(质量)，积炭下降33%；同时具有良好的水热稳定性、持氯性能、再生性能和抗磨损性能。PS－Ⅷ催化剂烧炭速率与PS－Ⅳ催化剂相当，能够满足连续重整工艺的要求，具备了工业放大试验的条件。此外，石油化工科学研究院还进行了高活性低积炭速率连续重整催化剂的研究开发工作，通过在原先Pt－S/氧化铝体系的基础上引入M组元，制备不同M含量的PS－1241、PS1242催化剂，试验结果表明新催化剂具有更好的水热稳定性和持氯性能。

(3) 改进和探索连续重整技术，开发了一系列连续重整装置扩能改造成套技术。洛阳石化工程公司在吸取国外连续重整技术基础上，开发了低压组合床连续重整技术，并在长岭分公司实现了工业化，两年多的运行结果表明，国内已具备了开发连续重整技术的能力。

(曹东学)

【延迟焦化技术发展】 (1) 新建延迟焦化装置较多，2003年正在建设或已批复的延迟焦化装置总能力达到840万吨/年，其中拟新建的有燕山分公司100万吨/年、齐鲁分公司140万吨/年、扬子石化股份公司160万吨/年、金陵分公司160万吨/年、镇海炼化股份公司100万吨/年、塔河分公司120万吨/年；改扩建的有茂名炼化股份公司由70万吨/年改造扩能至100万吨/年，荆门分公司由70万吨/年改造扩能至100万吨/年。

(2) 由石油大学(华东)设计开发的焦化炉模拟软件已在石家庄炼化股份公司、沧州分公司、镇海炼化股份公司等企业使用，扩能、节能效果十分明显，可比原设计焦化炉处理能力增加30%—50%；装置运行周期延长；加热炉排烟温度明显降低，提高加热炉热效率近10个百分点。

(3) 在石油焦和焦化干气的综合利用方面，继镇海炼化股份公司从美国引进高硫石油焦循环流化床(CFB)锅炉技术后，荆门分公司、齐鲁分公司、长岭分公司等企业也在建或拟建CFB锅炉，为“焦代油”汽电联产等方面探索了新途径；金陵分公司、安庆分公司、长岭分公司等企业应用了焦化干气制氢或作化肥原料的工艺技术。

(4) 在清洁生产技术方面，开发应用了延迟焦化冷焦水密闭循环处理技术。该技术实现了焦化冷焦水的密闭处理，处理后冷焦水油浓度低于150毫克/升，水温低于55℃，作业区臭气浓度由2000毫克/米^{3}降至20毫克/米^3，可有效消除空气污染，并减轻工作强度。现已在镇海炼化股份公司150万吨/年延迟焦化、上海石化股份公司100万吨/年延迟焦化等装置上工业应用。

(5) 推广应用延迟焦化富气中液态烃回收技术。采用焦化汽油吸收、焦化柴油再吸收焦化富气，富吸收油经稳定处理的流程方案，充分回收焦化富气中的液态烃，使焦化干气中C_3及以上体积含量小于5%，提高企业的经济效益。该技术已在天津分公司、金陵分公司、石家庄炼化股份公司、长岭分公司等企业推广应用。

(6) 在焦化节能技术方面，通过投用空气预热器、选用新型火嘴、采用高性能耐火材料及声波吹灰等技术，降低了加热炉的燃料消耗；采用变频调速技术大幅度降低了电耗；优化分馏塔余热利用；在降低蒸汽消耗、装置之间热联合等方面也取得一定成效。

(曹东学)

【润滑油、军工技术发展】 2003年润滑油分公司共有28个新产品批量生产，涉及内燃机油、齿轮油、液压油、金属加工用油、润滑脂等多个品种。其中CI－4柴油机油、0W/30CF－4、0W/40CF－4等产品达到国际先进水平；75W/90全合成车辆齿轮油、DAH喷油回转式空气压缩机油达到国内领先水平；另外，有北京现代汽车专用内燃机油、造纸机专用循环油等产品获得了原始设备制造商(OEM)认可。

2003年润滑油分公司、石油化工科学研究院的军工配套特种油、脂产品被成功应用于“神舟5号”载人飞船的发射，为中国的航天工业作出了贡献，受到了国防科工委、航天等部门和单位的表彰。

（曹东学）

【炼油生产装置及专业达标】 根据石化股份公司2003年炼化企业达标工作会议精神和"十五"炼油企业达标计划，2003年计划安排达标装置共32套，其中：常减压9套，催化裂化17套，加氢裂化2套，延迟焦化3套，连续重整1套。2003年实现达标的装置共83套，其中：常减压39套(10套达标，29套保标)，催化裂化19套(6套达标，13套保标)，加氢裂化5套(5套保标)，延迟焦化14套(4套达标，10套保标)，连续重整6套(6套保标)。随着达标工作的深入开展，各企业对达标工作越来越重视，各项经济技术指标不断提高，许多未列入年度达标计划的企业也完成了达标指标。2003年常减压装置计划内达标率66.7%，未列入2003年达标计划的安庆分公司1#、胜利油田有限公司胜利石化厂2#、九江分公司2#、巴陵石化公司等4套装置实现了达标。上海石化股份公司1#、2#、广州分公司1#、2#、上海高桥分公司1#、3#等29套装置实现了保标，保标率93%。在保标的29套常减压同类装置竞赛中，初评获得前9名的是：荆门分公司1#、燕山分公司2#、上海石化股份公司2#、上海高桥分公司1#、福建炼化有限公司、洛阳分公司、茂名炼化股份公司2#、金陵分公司3#、上海石化股份公司1#。催化裂化装置计划内达标率35%。金陵分公司1#、2#、扬子石化股份公司等13套装置实现了保标，保标率65%。在保标的13套催化裂化同类装置竞赛中，初评获得前4名的是：镇海炼化股份公司2#、金陵分公司1#、茂名炼化股份公司2#、广州分公司2#。加氢裂化装置计划安排达标的2套装置(上海石化股份公司1#、齐鲁分公司1#)均因为能耗超标未能实现达标。茂名炼化股份公司加氢裂化、S－RHT和天津分公司、扬子石化股份公司、金陵分公司等5套装置实现了保标，保标率71%。在保标的5套加氢裂化同类装置竞赛中，初评获得前3名的是：金陵分公司、扬子石化股份公司、天津分公司。延迟焦化装置计划内达标率100%，未列入计划的上海高桥分公司延迟焦化装置也实现了达标。齐鲁分公司、石家庄炼化股份公司等10套延迟焦化装置实现了保标，保标率91%。在保标的10套延迟焦化同类装置竞赛中，初评获得前3名的是：上海石化股份公司、镇海炼化股份公司、荆门分公司。连续重整装置2003年计划安排达标的1套连续重整装置(齐鲁分公司)由于能耗超标未能实现达标。北京燕山分公司等6套装置实现了保标，保标率86%。在保标的6套连续重整同类装置竞赛中，初评获得前3名的是：长岭分公司、燕山分公司、上海高桥分公司(并列第二)、广州分公司。

2003年，参加石化股份公司炼油专业达标考核的24家炼油企业，在考核的7项指标中，全部达到考核指标的有高桥分公司、金陵分公司、天津分公司、广州分公司、扬子石化股份公司、福建炼化股份公司、长岭分公司、九江分公司、荆门分公司、洛阳分公司、镇海炼化股份公司、茂名炼化股份公司、中原油田分公司等13家企业。2003年计划安排9家企业炼油专业达标，其中茂名炼化股份公司、扬子石化股份公司、福建炼化股份公司、洛阳分公司、九江分公司、荆门分公司等6家按计划实现炼油专业达标，比2002年增加3家；实现保标的企业有7家，分别是天津分公司、高桥分公司、金陵分公司、长岭分公司、广州分公司、镇海炼化股份公司、中原油田分公司，保标率63.6%。

（曹东学）

原油资源及储运

【概述】 2003年石化集团公司共组织原油资源12 597万吨，其中：石化集团公司油田自供2 937万吨，采购石油集团公司1 382万吨，海洋石油总公司681万吨，进口原油7 597万吨。

截至2003年底，石化集团公司共有原油长输管道4 202.81千米，原油储罐1 806.08万米^3，万吨级以上原油自备码头36座，拥有40个泊位，靠泊能力149.84万吨。

（陈　栋）

【储运设备】 1. 管道

截至2003年底，石化集团公司所属企业共建成原油输送管道4 202.81千米，设计输油能力12 798.9万吨/年，2003年实际输送原油6 790.37万吨，完成原油周转量195.5亿吨·千米。

石化股份公司所属分(子)公司共建成原油长输管道3 774.9千米，设计输油能力9 243.9万吨/年，2003年实际输送原油4 828.67万吨，完成原油周转量184.88亿吨·千米。其中管道储运分公司管理的管道总长2 640.2千米，设计输油能力4 815万吨/年，2003年实际输送原油2 850.9万吨，完成原油周转量170.1亿吨·千米。

2. 油罐

2003年末，石化集团公司共有金属原油储罐1 726座，合计1 806.08万米^3。石化股份公司共有金属原油储罐1 638座，合计1 656.18万米^3。

3. 码头

2003年底，石化集团公司共有万吨级以上原油码头36座，拥有40个泊位，靠泊能力为149.84万吨。石化股份公司共有万吨级以上原油码头23座，拥有27个泊位，靠泊能力为114.84万吨。

4. 2003年底，石化集团公司所属企业共有铁路专用线288.85千米，其中石化股份公司165.75千米。

（陈　栋）

【原油资源】 2003年石化集团公司共组织原油资源12 597万吨，其中：石化集团公司油田自供2 937万吨，采购石油集团公司1 382万吨，海洋石油总公司681万吨，进口原油7 597万吨。

石化股份公司共组织原油资源11 799万吨，其中：自产原油资源2 820万吨，石油集团公司供1 308万吨，海洋石油总公司供557万吨，采购进口原油资源7 114万吨。石化集团公司及石化股份公司历年原油资源情况见表4。（陈　栋）

【自产原油销售流向】 2003年石化集团公司油田企业商品原油配置量共完成3 605万吨，其中：石化集团公司2 937万吨，石油集团公司129万吨，地方小炼油厂303万吨。石化集团公司历年自产原油配置流向见表5。

（陈　栋）

【原油流向调整】 为进一步优化原油资源配置，2003年主要对原油流向进行了以下调整：

1. 加强与铁道部、交通部、各港务局及油轮公司的联系，确保原油供应

2003年8月份以来，国内成品油市场需求猛增，加工量屡创记录，造成炼化企业资源紧张，原油库存偏低，为确保企业生产，石化集团公司多次与原油运输单位协商，争取各方支持，在原油加工量激增，原油运力紧张的情况下，确保了原油资源及时到厂，满足企业生产。

表4　1998—2003年石化集团公司及石化股份公司资源统计　万吨

项　目＼年　份	2003	2002	2001	2000	1999	1998
石化集团公司	12 597	11 176	10 370	11 370	9 103	8 079
其中:自产原油	2 937	3 029	3 151	2 984	2 824	2 784
石油集团公司供	1 382	1 554	1 546	1 802	2 155	2 277
进口原油	7 597	5 856	4 960	5 956	3 415	2 194
海洋石油总公司供	681	756	713	628	789	824
石化股份公司	11 799	10 637	9 886	10 821		
其中:自产原油	2 820	2 890	2 942	2 755		
石油集团公司供	1 308	1 487	1 446	1 618		
进口原油	7 114	5 668	4 879	5 931		
海洋石油总公司供	557	622	619	517		

表5　1998—2003年石化集团公司油田商品原油配置流向统计　万吨

项　目＼年　份	2003	2002	2001	2000	1999	1998
商品原油配置量	3 605	3 587	3 598	3 503	3 245	3 331
其中:石化企业	2 937	3 028	3 151	2 984	2 823	2 784
石油集团公司	129	102	82	165	62	54
地方企业	303	295	295	281	277	374
其　他	241	150	76	42	60	91
管道损耗及自用	11	13	11	13	15	15
库存(存油)增减	-16	-1	-17	18	-5	13

2. 胜利原油流向调整

为实现总体效益最大化,石化股份公司决定对胜利原油流向进行调整。本次原油流向调整关系到东部原油管网中的7条输油管线,既要实现胜利原油掉头不下海,又要保证胜利原油外销外运,同时还要不影响华北地区进口原油的输送。根据总部安排,2003年12月14日8:00时东黄老线东营站输油泵停止输送胜利原油,9:15分东黄老线黄岛站启泵开始从黄岛向东营输送扎菲罗原油,混油头于12月18日19:30到达东营站,标志着胜利原油流向调整圆满完成。同时启用东黄两条输油管线为华北地区输送进口原油,解决了沧州、济南、洛阳、齐鲁资源紧张的矛盾。

3. 组织落实塔河原油流向调整工作

为满足塔河原油上产的需求,石化股份公司在塔河油田投资建设了2#联合站、塔河油田到雅克拉的输油管线及配套的储罐设施。年内由于原油价格偏高,国内对沥青需求增加,使得塔河原油外销顺畅,按总部确定的销售原则,首先满足石化炼化企业需要,再供石油企业,最后有能力再供地方烧油沥青用户。为满足塔河原油上产后的销售工作,石化集团公司新开辟了多家用户,如九江等炼化企业、天津等销售企业。

4. 协调解决算山码头中转原油过程中存在的问题

2003年3月5日,总部召开沿江、上海石化股份公司、高桥石化公司等企业参加的进口原油在算山中转协调会,协调解决镇海炼化股份公司算山码头为中国石化企业中转过驳原油过程中存在的问题,并制定了具体管理办法。

(孙　鸽)

【优化原油资源及加工量配置】 (1) 原油加工量始终坚持向原油运费低、边际效益好的企业倾斜,提高炼油板块竞争力和盈利水平。2003年边际效益较好的镇海炼化股份公司、上海高桥分公司、茂名炼化股份公司、广州分公司、福建炼化股份公司、金陵分公司等企业原油加工量增幅较大,占全年增量的48.2%,加工负荷均达到历史最高水平。

(2) 坚持向炼化一体化企业倾斜,优化化工用油生产,提高化工用油自给率。优化资源安排,优选原油品种,增加了齐鲁分公司、扬子石化股份公司和上海石化股份公司等企业的轻质、石蜡基原油的配置量;并加强资源的区域性协调,向天津分公司、洛阳分公司等企业倾斜,缓解地区性化工用油供需矛盾,降低运输费用。全年石化集团公司所属的5家炼化一体化企业原油加工量同比增加322万吨,为发挥油化一体化优势,提高整体效益发挥了积极作用。

(3) 向成品油消费增长较快的沿海、沿江上游、京津等地区倾斜,优化成品油资源配置,为销售企业降低成品油运输成本、调控市场、提高效益,创造了有利条件。

(任家军)

【进口原油采购】 2003年是进口原油工作是难度较大的一年。美伊战争、SARS病毒、三季度国内成品油需求的迅猛回升且波动较大,石化集团公司原油加工量调整频繁,且调整数量大,所有这些均给进口原油采购工作增加了难度。

石化集团公司根据变化的情况,及时做好衔接工作,确保了生产企业资源供应,控制好原油库存在合理水平。优化计划与采购,努力降低原油采购成本。在原油采购过程中,精细操作,分析市场,把握时机,择机进入,优化运输与大船拼装。根据不同市场基准油价的变化,调整原油采购分地区比例与油种结构,降低了原油采购成本与运输成本。原油资源结构进一步优化,全年价格较高的远东计价原油比例下降3.6个百分点,价格较低的中东和西非原油比例上升5.1个百分点,增加新油种15种,多采购陆上进口原油,尝试原油收储,扩大了资源,提高了资源保证程度;把握高低硫原油价差较大的有利时机,提高高硫原油采购量和加工量,全年石化股份公司加工高硫进口原油2 377万吨,同比增加377万吨。

(任家军)

【降低原油运费】 (1) 增加大榭岛中转量。鉴于大榭岛原油码头为中国石化的货主码头,中国石化的原油在此中转,既可以减少中转费用,又可以增加收入。针对这些特点,中国石化加大了大榭岛进口原油中转量,2003年大榭岛共中转进口原油1 049万吨。

(2) 与中化兴中公司协商在岙山码头的中转费。经多次协商,生产经营管理部与中化兴中公司达成自2003年1月1日起下调进口原油中转费的协议。2003年共在岙山码头中转进口原油659万吨。

(孙　鸽)

【甬沪宁管线投产准备】 (1) 经过多次征求企业对甬沪宁原油管网运行管理的意见,安排布置选择油种及2004年甬沪宁管输原油的品种及数量。2003年在反复听取总部、企业、管道及代理公司对甬沪宁管线投产及今后采购、运输、结算的意见和建议的基础上,起草了《甬沪宁原油管网管理办法(暂行)》,已发给总部各有关部门及企业。

(2) 为及时发现并解决施工过程中存在的问题,总部有关领导4次到甬沪宁施工现场调研,协调解决施工及生产准备中存在的有关矛盾。在多次广泛听取各方意见的基础上，组织起草了《甬沪宁进口原油管道投产方案》。

(3) 为了配合做好原油管理信息系统的建设工作，生产经营管理部与信息系统管理部一起，组织总部及相关企业人员培训学习甬沪宁原油管线管理信息系统原油调度优化软件。与信息系统管理部、石化盈科公司一起起草并下发了《甬沪宁原油管网管理信息系统管理办法》，组织企业按管理办法的要求实施应用该系统。

(4) 按照石化股份公司《原油管理办法(试行)》的规定，石化集团公司对原油资源实行集中决策和统一管理。为发挥石化集团公司上中下游一体化的整体优势，优化原油资源配置，降低运输成本，石化股份公司成立了原油调度控制中心。原油调度控制中心设在生产经营管理部。

(陈　栋)

【原油资源优化项目全面应用】 经过两年来的努力，该项目已经在企业生产计划安排、原油采购以及总部计划决策中得到全面应用，为石化集团公司原油资源优化提供了参考依据。2003 年，利用已开发的总部 MPIMS 模型对 2004 年生产方案进行优化测算，为年度计划制定提供参考。加快企业级 PIMS 应用研究项目工作进展，2003 年 6 月份召开了镇海炼化股份公司、广州分公司、上海高桥分公司等企业项目开工会，11 月份对镇海炼化股份公司和广州分公司模型的详细设计方案进行了审查，基本完成两家试点企业的模型集成。2003 年 11 月份完成了机理模型项目验收工作，为进一步深入企业 PIMS 应用发挥更大的作用奠定基础。利用已开发的 PIMS 模型进行专项应用研究，2003 年在高硫原油加工潜力测算、胜利原油加工适应性分析、装置综合能力标定核算以及原油采购、生产方案优化等方面进行了多项应用，取得了较好的效果。加强基础工作，提高应用水平，2003 年组织两期 PIMS 培训，对企业生产计划管理人员和原油采购人员分别进行了 PIMS 基础培训和提高培训，使企业 PIMS 应用水平得到进一步的提高。2003 年还对 33 个炼油企业的 PIMS 排产模型进行了校核，为进一步深入开展原油资源优化打好基础。

(任家军)

炼油设备管理

【概述】 2003 年石化集团公司炼油企业固定资产原值 1 076亿元，固定资产净值 555 亿元；其中设备固定资产原值 857 亿元，固定资产净值 437 亿元，设备新度系数 0.51。

石化集团公司炼油企业有设备 63.12 万台，其中完好设备 62.76 万台，完好率 99.44%；主要设备 1.50 万台，其中完好设备 1.49 万台，完好率 99.31%。静密封点数 1 998.94万个，泄漏点数 3 545 个，泄漏率 0.18‰。

设备分类：炉类 1 362 台，塔类 3 769 台，反应设备类 1 309 台，储罐类 31 932 台，换热设备类 22 558 台，石化设备类 3 801 台，通用设备类 40 227 台，动力设备类 54 270 台，仪器仪表类 446 778 台，机修设备类 8 502 台，起重运输和施工机械类 5 189 台，其他 11 531 台。

关键转动设备 1 090 台，其中，各类气体压缩机(250 千瓦及以上)917 台、123.89 万千瓦；冷冻机(200 千瓦及以上)83 台、5.40 万千瓦；发电机(3 000 千瓦及以上)58 台、44.87 万千瓦；烟气轮机 39 台、31.4 万千瓦。

在用压力容器 3.14 万台(其中球罐 689 台)，取证率 99.9%；Ⅰ、Ⅱ、Ⅲ类工业管道 379.55 万米(另，管道储运公司 274.22 万米)。

发电机(含烟机配发电机、余热发电机)50 台、33.05 万千瓦，发电量 14.9 亿千瓦·时；动力锅炉 67 台、3 070 吨/时，产热量 33 794.7 万亿焦。动力厂、站耗燃料油 17.37 万吨，耗燃料气 14.82 万吨，耗煤 2.9 万吨。全年用电量 81.3 亿千瓦·时，加工吨原油用电 67.39 千瓦·时。

循环冷却水场 81 个、759 间，全年取水量 15 321 万米^3，加工吨原油取水量 1.26 米^3，工业水重复利用率 94.95%。

2003 年更新设备 5 817 台，设备更新费用 4.23 亿元。检修装置 179 套，其中主要生产装置 65 套。实际列支修理费 32.20 亿元(其中管道储运公司 8 496 万元)，加工吨原油修理费 25.80 元。

2003 年继续对装置长周期运行情况进行考核，在参加考核的 117 套主要生产装置中，有 108 套实现了“两年一修”，其中实现“三年一修”的 20 套，还有 9 套装置未实现“两年一修”。燕山分公司、天津分公司、齐鲁分公司、安庆分公司、九江分公司、广州分公司、镇海炼化股份公司公司、济南分公司、石家庄炼化股份公司等 13 家企业的主要生产装置已全部实现了“两年一修”。14 家企业因装置长周期运行增加经济效益 92 036 万元，其中因增加有效生产时间产生的经济效益 54 637 万元，节约大修费用 32 903 万元，减少大修停开工的损失 4 496 万元。

(童剑浩)

【召开炼油企业设备管理工作会议】 2003 年 4 月 9—11 日，炼油事业部在上海高桥分公司召开石化股份公司成立以来的第一次设备管理工作会议。会议的主要目的是总结交流炼油企业设备管理工作的经验，部署今后设备管理工作的任务，研究炼油生产装置进一步延长运行周期、实现“三年一修”的措施，以及设备管理工作如何适应当前形势，加强精细管理，为实现安、稳、长、满、优生产和提高经济效益提供可靠的物质技术基础。

会议认为炼油设备管理的主要成绩体现在：通过加强装置的检维修工作和日常管理，坚持贯彻设备全员、全过程管理的方针，大力加强设备的基础管理工作，使设备始终处于比较严密的受控状态，保证绝大多数设备处于完好状态，为生产装置的安稳长运行提供了可靠条件，非计划停工明显减少。

会议指出当前设备管理工作的主要问题是：主要炼油生产装置的长周期运行水平还不高，和国外先进水平的差距仍然很大；生产装置的非计划停车以及设备事故仍时有发生；部分企业对装置检修的组织和检修质量的管理工作还需要进一步加强；部分企业在烟机主风机组的运行、加热炉管理、供配电系统及水处理等方面仍然存在不少薄弱环节。

会议要求进一步提高生产装置的长周期运行水平；大力加强设备管理基础工作；加大对修理费和大机组的管理力度；继续加强设备、管道的防腐蚀管理，抓好压力容器和工业管道的定期检验；加强对电力、工业水等公用工程系统和加热炉等耗能设备的管理，要进一步加强设备的专业技术管理，积极组织各类专业技术活动，推广应用新设备、新技术、新材料。

会议提出了 2003 年设备管理的 9 项具体目标：①按时完成 79 套主要生产装置的检修任务，确保装置检修后一次开车成功率达到 90%以上；②主要生产装置实现"两年一修"以上的数量进一步增加，按新的考核标准，总数达到 84 套(比 2002 年增加 8 套)，占考核数的 74.3%；其中 19 套装置达到"三年一修"以上水平；③常减压、催化裂化、延迟焦化、加氢裂化、连续重整五大类主要生产装置非计划停车比 2002 年减少 10%，不超过 26 次、165 天；④全部设备完好率≥95%，其中主要设备完好率≥98%；静密封点泄漏率≤0.30 ‰；⑤烟机机组的同步运行率≥94%；故障停机次数≤80 次，累计停车时间≤10 000 小时；⑥完成压力容器全面检验 6 051 台；Ⅰ、Ⅱ、Ⅲ类工业管道检验 863 千米；⑦加热炉热效率平均提高 0.5 个百分点，热负荷大于 10 兆瓦的加热炉，力争 75%以上热效率达到 87%，设计值低于 87%的达到设计值；⑧原油储运损耗≤0.64%，其中：原油途耗≤0.37%，原油储存损耗≤0.27%；⑨努力控制修理费，全年实际使用修理费总额不超过 26.74 亿元。

(童剑浩)

【电气设备技术调研】 为了落实石化集团公司关于"组织专家组对企业供配电系统现状调研和可靠性评价"、"抓好重点企业的整改"的要求，专家组于 2003 年 1 月份先后对天津石化、上海石化、燕山石化 3 个企业供配电系统的安全性、可靠性进行了调研，并提出了整改意见。其中，由炼油事业部设备处组织的专家组对天津石化、燕山石化两个企业进行了调研并完成调研报告。

调研报告指出，近几年企业供配电系统因电气设备老化、绝缘劣化、制造质量不合格、小动物或外力破坏、内部或外部过电压、违章误操作、外电网扰动等原因引起的故障时有发生，这些故障又会因系统主接线不合理、继电保护配置偏差大、接线错误或元器件失灵等原因而发展成事故。据统计，2000—2003 年 3 年间，3 个企业共发生各类电气故障、事故 82 起；其中，因设备故障引发的有 52 起、占 63.4%，外部电网引发的 21 起、占 25.6%。

调研报告分析了 3 个企业供配电系统安全性、可靠性方面存在的主要问题和原因，指出影响这 3 个企业供配电系统安全性、可靠性的问题，在其他企业也不同程度地存在。

调研报告提出了石化企业提高供配电系统安全性、可靠性的 10 条建议：把提高企业供配电系统安全性、可靠性作为中国石化实施 HSE 管理体系的重要环节来抓；多方筹措资金，解决供配电系统隐患整改资金短缺的实际困难；在新建项目和技措项目的可行性研究和设计审查中，要注意供配电系统的优化和电气设备的性能价格比，要保证设备的先进性，要保证有足够的资金投入，电力系统的装备水平应该能够适应生产装置安全、稳定、长周期运行的需要；各企业应制定计划，分步对供配电系统实施整改；大型和特大型企业应设主管电气技术的副总工程师，并充实处室的电气工作岗位；提出建设具有国际竞争力的石化企业电气设备的选型意见；充分发挥中国电工技术学会石化专委会的作用，加强总部各有关部门的协作和联系；加强企业电气专业人员的技术培训，稳定专业技术队伍；大力推广应用电力新技术、新设备；加强产、学、研三位一体的合作，针对石化企业供配电系统运行和管理中的具体问题开展技术研究工作。

(童剑浩)

【召开电气设备技术交流会】 2003 年 9 月 16—18 日在安徽合肥召开了石化股份公司电力技术研讨会，总部机关有关部门和企业、协作单位的 119 名代表参加了会议。会议传达了石化集团公司和石化股份公司领导关于加强企业供配电系统管理、限时整改老化电气设备、切实提高职工素质、确保系统稳定运行的重要批示；天津石化、上海石化、燕山石化等企业介绍了年初石化集团公司电气调研组提出的整改建议的落实情况，镇海炼化股份公司介绍了微机综合保护器及微机监控技术的应用情况，上海高桥分公司介绍了加强电气技术管理、提高系统对外电网冲击的抵抗能力的经验。会议就共同关心的电力系统的微机保护和监控、6—35千伏系统接地方式的选择、外电网故障闪络(晃电)的应对措施及限制操作过电压技术等问题进行了研讨,并就限制真空断路器操作过电压的技术措施和大容量快速开断装置的应用问题提出了具体意见。

(童剑浩)

【加强催化烟机机组管理】 从2003年6月份开始将原实行的催化烟机机组运行季报改为月报,月报上报方式通过《中国石化炼油企业大型机组信息管理》网站上传,各企业在6月底以前完成了烟机的运行状态参数与该网络平台的连接。

据统计,2003年石化集团公司共有烟机40台(运行的39台)、总装机容量27.98万千瓦,年运行负荷率74.3%,年故障停机51(台)次、9 014小时,烟机年度同步运行率为95.7%,累计功率15.7亿千瓦·时。

(童剑浩)

【组织热电厂(站)参加技术经济指标竞赛】 根据中国石化炼[2003]9号文"关于印发《中国石化集团热电厂(站)经济技术指标竞赛办法》的通知",为充分发挥热电厂(站)在石油化工生产中的保障作用,进一步推进热电系统的专业化管理,按照"统一指标、统一标准、统一考核、统一奖励"的原则,以"改革、调整、提升、优化、转变"为指导,从2003年起开展经济技术指标竞赛活动。参加竞赛的单位共30家,分别为石化集团公司非上市部分油田热电厂1家、炼化企业热电厂(站)17家和上市部分热电厂(站)12家。经济技术指标竞赛优胜单位设一、二、三等奖,其中一等奖1名、二等奖3名、三等奖6名。因开展经济技术指标竞赛活动,原组织的热电厂(站)达标活动自然停止。

2003年11月,石化集团公司组织了"热电企业基础管理工作大检查"。依据"竞赛办法"和国家及电力行业的制度、标准、法规,检查组从组织管理体系、计量管理、经济技术指标核算分析、安全生产和现场管理等方面分别对22家热电厂(站)的基础工作进行了检查。

竞赛结果:仪征化纤股份公司热电厂获二等奖;上海石化股份公司热电总厂、金陵分公司热电联合车间获三等奖。

(童剑浩)

炼油质量管理

【概述】 2003年石化集团公司继续坚持"质量第一,用户至上"的宗旨,开展全员、全过程的全面质量管理活动,不断强化全员质量意识,大力推进产品质量升级和质量管理信息化建设,实施ISO 9000质量管理体系和ISO/IEC 17025检测和校准实验室认可准则,不断提高质量管理体系运行的有效性和产品检验的分析水平,使炼油企业质量管理工作得到了加强,管理水平不断提高。中国石化所属的33家炼油企业,通过科学管理、严格把关,保证了出厂产品合格率100%。在国家和地方政府部门组织的产品质量监督抽检中,抽检合格率达到了100%。

随着国家对环境保护提出越来越高的要求,石化集团公司加快了产品质量升级步伐,制定了产品质量发展规划,建立了组织领导、科研开发、技术进步、生产管理紧密结合的运行机制,通过资金投入,新技术、新工艺的推广应用和装置改造、强化管理等手段的有机结合,主要产品的实物质量水平得到了全面提高。

实施名牌战略,中国石化"长城牌"和"海牌"润滑油荣获"中国名牌产品"称号。

(尹彤华)

【产品实物质量】 继2002年1月1日轻柴油执行国家新标准后,2003年4月1日石化集团公司车用汽油又实施了车用无铅汽油新标准,保证了7月1日销售系统销售的车用汽油全部满足国家新标准的要求,同时,部分车用汽油产品出口到韩国、澳大利亚、美国、菲律宾等国家,达到当地对产品质量的技术要求;根据部分中心城市的需要,生产供应达到国家车用柴油标准的柴油;3#喷气燃料严格管理,保证了军队、民航的供给,石化集团公司所属的镇海炼化股份公司、茂名炼化股份公司、广州分公司、上海石化股份公司等4家企业均通过了香港机场每年一次的质量保证能力检验;高等级道路石油沥青生产、质量也取得了新的进展,产品产量大幅度提高。

(1) 车用汽油。2003年石化集团公司共计生产车用汽油2 386.76万吨,其中92#以上高标号车用汽油比例达到40.19%。从2003年4月1日起,中国石化车用汽油全部达到国家新标准的要求,即车用汽油烯烃含量不大于35%,硫含量要求不大于0.08%。为实施国家车用汽油新标准,石化集团公司所属各企业从新装置建设、老装置改造、技术进步、生产方案优化、结构调整等多方面做了大量的工作,各炼油企业于4月1日前全面完成了新标准车用汽油的置换,出厂车用汽油满足了国家新标准的要求。

(2) 轻柴油。2003年石化集团公司共计生产轻柴油4 456.52万吨,生产专用柴油24.29万吨。根据广州等城市的需要,上海高桥分公司组织生产和供应了质量达到国家车用柴油新标准的产品,即硫含量不大于0.05%,十六烷值不小于49,满足了中国部分城市的需要。

(3) 高等级道路石油沥青。2003 年石化集团公司继续加大高等级道路石油沥青的生产、开发和市场营销工作力度,高等级道路石油沥青产量达到了 165 万吨,同比增长 42.2%,产品已广泛应用于高速公路、城市道路、机场跑道、赛车跑道等。10 月份,在众多国内外公司参与投标的情况下,石化集团公司镇海炼化股份公司"东海牌"沥青中标上海国际赛车场赛道沥青的供应;茂名炼化股份公司与抚顺石油化工研究院积极合作,开发出了彩色沥青、嵌缝沥青等系列产品生产线。石化集团公司沥青产品已经形成系列化,满足了国内道路等基础设施建设对不同用途产品的需要。

(尹彤华)

【产品质量管理】 在 2002 年下发《炼油企业产品质量管理办法》和《炼油企业质量检验机构管理办法》的基础上,2003 年石化集团公司重点加强了两个管理办法的贯彻实施力度,组织开展了质量管理自查自改活动,各企业以贯彻落实两个办法为重点,从原材料进厂、过程质量控制、检验管理、成品出厂、内控标准及保留项目制定、二级企业标准的修订、以及宣传贯彻和学习等方面的工作,深入细致地进行自查自改,提高全员质量意识,促进了质量管理水平的不断提高,形成了全员全过程的全面质量管理机制。建立并运行炼油产品质量统计软件系统,通过修订数据库、制定基表、试点、培训等工作,炼油化工企业质量统计软件系统于 12 月份开始推广运行,各炼油企业通过新的质量统计软件系统上报质量统计分析数据。

(尹彤华)

【质量管理体系】 2003 年石化集团公司所属各企业按照关于开展质量管理体系认证的统一要求,组织开展了质量管理体系认证工作,规范和提高质量管理体系运行的有效性。2003 年有洛阳分公司、石家庄炼化股份公司、清江石化公司 3 家企业通过了 ISO 9000 质量管理体系的认证,有 4 家企业通过了 2000 版的转换。截至 2003 年底,通过认证的企业达到了 28 家,占炼油企业总数的 84.8%。见表 6。

(尹彤华)

表 6　　炼油企业质量体系认证情况

企业名称	质量体系认证情况		
	已认证	认证时间	换版时间
胜利油田有限公司石化厂	ISO 9002	1998	
中原油田分公司石化厂	ISO 9002	1998	2001
河南油田分公司石蜡精细化工厂	ISO 9002	1999	2002
江苏油田分公司扬州石化厂	ISO 9002	1998	2002
北海分公司	ISO 9002	2000	
北京燕山分公司炼油事业部	ISO 9002	1999	2002
天津分公司炼油厂	ISO 9002	1999	2003
济南分公司	ISO 9002	1999	
齐鲁分公司炼油厂	ISO 9002	1999	2001
沧州分公司	ISO 9002	1999	2001
九江分公司	ISO 9002	1999	2003
安庆分公司炼油厂	ISO 9002	1999	
荆门分公司	ISO 9002	2000	
扬子石化股份公司炼油厂	ISO 9002	1999	2001
巴陵石化公司烯烃厂	ISO 9002	1999	2003
上海高桥分公司上海炼油厂	ISO 9002	1995	2003
上海石化股份公司炼油事业部	ISO 9002	1998	2001
茂名分公司炼油厂	ISO 9002	1999	
茂名分公司南海高润公司	ISO 9002	1996	
福建炼化有限公司	ISO 9002	1999	
镇海炼化股份公司炼油厂	ISO 9002	1999	2002
泰州石化总厂	ISO 9002	1999	2002
润滑油分公司	ISO 9002	1998	2002
长岭分公司	ISO 9002	2002	2002
西安分公司	ISO 9002	2002	2002
洛阳分公司	ISO 9001	2003	2003
石家庄炼化股份公司	ISO 9001	2003	2003
清江石化公司	ISO 9001	2003	2003

【质量检验机构】 2003年中国石化加大实验室认可工作的推广力度，扬子石化股份公司、上海石化股份公司、金陵分公司、福建炼化股份公司、润滑油分公司等企业通过了国家实验室认可，镇海炼化股份公司、齐鲁分公司、泰州石化总厂也开展了实验室认可的前期工作。加强实验室信息管理系统的建设，2003年上海高桥分公司、荆门分公司、金陵分公司、润滑油分公司、福建炼化股份公司等企业完成了实验室信息管理系统的建立，使建立并运行实验室信息管理系统的企业达到了10家。组织开展汽柴油、石脑油、润滑油基础油比对试验工作，规范了质量检验机构的管理，提高产品质量检验水平。组织开展辛烷值分析工上岗培训，共有21家企业的42名分析人员参加，全部通过了笔试及上机考试。

（尹彤华）

炼油节能管理

【概述】 2003年石化集团公司炼油企业炼油能耗平均为76.06千克标油/吨原料油，比2003年达标指标78千克标油/吨低1.94个单位，比2002年78.32千克标油/吨下降2.26千克标油/吨。2003年石化集团公司炼油企业平均电单耗为49.31千瓦·时/吨，同比下降1.51个单位；催化烧焦为25.31千克/吨，同比下降1.87个单位；燃料单耗为25.16千克/吨，同比上升0.04个单位；外输热量为1.35千克标油/吨，同比减少0.42个单位；新鲜水单耗为0.48吨/吨，同比下降0.04个单位；蒸汽单耗为0.13吨/吨，与2002年持平。

2003年石化股份公司共安排炼油节能项目46项，安排投资20 376万元；完成23项，完成投资10 511万元，占全年“短、平、快”投资项目的25.60%。

2003年石化股份公司炼油企业能耗平均为76.76千克标油/吨，比2003年达标指标78千克标油/吨低1.24个单位；比2002年78.78千克标油/吨下降2.02千克标油/吨。2003年石化股份公司炼油企业平均电单耗为50.00千瓦·时/吨，同比降低1.35个单位；催化烧焦为24.95千克/吨，同比下降1.89个单位；燃料单耗为26.04千克/吨，同比上升0.16个单位；外输热量为1.44千克标油/吨，同比减少0.44个单位；新鲜水单耗为0.47吨/吨，同比下降0.03个单位；蒸汽的单耗为0.13吨/吨，与2002年持平。

在考核的24家石化股份公司企业中，除扬子石化股份公司(炼油能耗49.00千克标油/吨)、上海石化股份公司(炼油能耗56.18千克标油/吨)两家炼油化工型企业能耗较低外，炼油综合能耗最低的仍是广州分公司，能耗为62.09千克标油/吨。全年炼油综合能耗同比下降的有17家，降幅较大的有上海高桥分公司(－9.98千克标油/吨)、中原油田分公司(－9.98千克标油/吨)、北京燕山分公司(－6.47千克标油/吨)、沧州分公司(－4.68千克标油/吨)、茂名炼化股份公司(－4.38千克标油/吨)、扬子石化股份公司(－4.28千克标油/吨)等6家企业。石化集团公司历年炼油能耗见表7。

表7 1998—2003年石化集团公司炼油能耗一览表

年份＼项目	综合能耗/万大卡·吨$^{-1}$	单因耗能/万大卡·(吨·因数)$^{-1}$
1998	87.14	14.46
1999	85.40	14.42
2000	79.34	14.10
2001	78.25	13.10
2002	78.32	12.97
2003	76.06	12.64

（许金林）

【强化能耗分析与财务监管工作】 组织对炼油企业进行能耗影响因素的调查，跟踪了解企业2003年节能技改、技措完成情况，挖掘节能潜力。组织了装置热联合、低温热利用情况的调查。加强能耗技术指标与财务燃动费用指标的结合，加强监督和考核，努力降低外购燃料、动力费用的支出。在产品质量升级等不利条件下，全年外购动力单耗为37.61元/吨，比上年下降0.20元/吨，节约费用近2 300万元。

（许金林）

【熄灭火炬】 上海石化股份公司火炬气回收系统，已于2003年9月19日正式投用。到目前止，石化股份公司44支火炬中除沧州分公司外，已全部实现了熄灭火炬的目标。要求该分公司在原油品种的选择、加工深度及加工量的安排上做好优化工作，平衡好全厂的瓦斯，尽快熄灭火炬。

（许金林）

【炼油节能基础工作】 2003年，《炼油厂能量消耗计算与评价方法》在广泛听取了相关专家的意见后已修订完成，2004年新、老计算方法并行一年，2005年新方法正式投用。《主要炼油装置基准能耗》修订工作已完成，将组织专家进行审定。这两项基础工作，将对进一步节能增效起到有力的促进作用。

（许金林）

【**建立炼油节能专家库**】 各炼油企业、设计院等部门首批推荐了炼油节能方面的有关专家50名，在炼油装置及系统节能方面专业配备齐全。专家们在企业节能问题的诊断、节能技术的收集，节能技术的推广、企业用能优化方案的评审、节能技术的交流、炼油能量消耗计算方法的修订等方面，将发挥重要作用。

（许金林）

【**加大炼油节能对外交流**】 2003年大力开展与国外大公司在炼油节能技术与炼油能源消耗评价方法方面的接触与交流。主要有Solomon、Honeywell、ASPEN、SK、日本节能中心(The Energy Conservation Center, Japan)、日本COSMO公司、美国ARMSTRONG公司、英国KBC公司等。在分析国外公司节能技术的基础上，将进行试点性借鉴工作。

（许金林）

炼油计量管理

【**概述**】 2003年，面对竞争日益激烈的国内国外环境，尤其是许多企业新上了ERP项目，以实现“信息流、物流、资金流”三流合一的现代化管理，提高计量器具和数据的准确性。目前“计量就是计钱”、“向计量要效益”已是炼油企业广大计量工作者的共识，计量管理工作已成为企业现代化管理的技术基础之一。

2003年，根据石化集团公司“提升炼油企业指标，追求效益最大化”的要求，重点加强了原油运储的降耗管理工作，原油的途耗和储耗有了较大程度的降低。一是年初出台了原油储耗的计算方法和管理办法，并首次给企业下达了原油储耗的考核指标，使企业原油入厂前的损耗得到了真实体现，并使企业的原油途耗和储耗有了明显降低；二是为进一步加强计量管理，了解企业真实的计量管理水平，9月份组织了炼化企业的计量专业大检查，并于12月份在南京召开了计量检查讲评会，评选了在计量管理方面5家较先进企业。

（任　刚）

【**计量管理机构**】 石化集团公司级的计量技术管理机构见表8。

由原国家质量技术监督局考核并批准，在石化集团公司设立的国家级计量检定机构截至2003年有5个，见表9。

（任　刚）

【**计量效益**】 2003年石化集团公司狠抓了降低原油储运损耗的工作，增加了对企业原油储存损耗的考核，使企业的原油途耗和储存损耗均达到历史最好水平。据统计，2003年原油途耗率为0.35%，同比下降了0.02个百分点；原油储存损耗率为0.25%，同比下降了0.02个百分点，两项合计为0.60%，比2002年下降了0.04个百分点，减少原油损失4.72万吨，节约原油产生的经济效益为7 080万元。

2003年通过抓储运损耗这一指标，部分企业原油途耗有了明显降低。如安庆分公司原油途耗率为0.50%，比上年降低了0.10%；齐鲁分公司为0.10%，比上年降低0.09%；石家庄炼化股份公司为0.20%，比上年降低0.05%。

2003年原油储存损耗也明显降低，完成情况较好的企业有：安庆分公司为0.49%，比上年降低0.63%；长岭分公司为0.47%，比上年降低0.35%；上海高桥分公司为0.40%，比上年降低0.23%；胜利油田有限公司比上年降低0.29%，荆门分公司比上年降低0.25%，沧州分公司比上年降低0.26%。

（任　刚）

【**计量体系确认**】 各炼化企业加快了计量工作与国际接轨的步伐，自1996—2003年，石化集团公司已有7个分公司、8个分厂通过了国家质量监督检验检疫总局关于ISO 10012计量检测体系确认的评审，其中6个分公司在2002—2003年通过了国家计量主管部门的到期复查。这些企业依照ISO 10012标准，剖析本企业计量管理的各个环节，制定了企业的质量计量方针，建立了程序文件，使计量器具、数据、人员等方面都在受控状态下运行。完善的计量检测体系，有力地促进了企业计量管理水平的提高。

（任　刚）

表8　　**计量检定技术机构表**

序　号	名　　称	设　立　地　点
1	中国石化集团公司工业计量站	天津石化公司①
2	中国石化集团公司工业大流量检定站	燕山石化公司

① 中国石化集团公司工业计量站在企业改制后，已归口存续部分管理，原中国石化集团大容器检定站已撤销。

表 9　国家级计量检定机构表

序　号	名　　称	设　立　地　点
1	国家铁路罐车容积计量站齐鲁分站	齐鲁石化公司
2	国家铁路罐车容积计量站茂名分站	茂名石化公司
3	国家铁路罐车容积计量站南京分站	南化集团公司
4	国家铁路罐车容积计量站燕山检定室	燕山石化公司
5	国家大容量第一计量站第一检定室	燕山石化公司

化工生产与管理

综 述

2003年化工板块各企业遵照总部“团结、鼓劲、创新、抓实”的工作方针，面对伊拉克战争、非典疫情、自然灾害、国际油价大幅波动和国内需求迅猛增长等新情况、新问题和新挑战，及时分析形势，积极调整结构，加快推进改革。坚持以市场为导向，以提高经济效益为中心，认真抓好新装置的投产，搞好原料供应和优化，保证化工装置高负荷运行，努力做大化工产品总量。充分把握和利用一季度及下半年化工产品市场较好的有利时机，确保全产全销，化工板块实现了“扭亏为盈、打好翻身仗”的年度总体目标，各项工作取得了较好成绩。

一、实现“扭亏为盈、打好翻身仗”的年度目标

2003年在消化处置固定资产、积压物资和消除汇兑损失影响后，化工板块实现利润14.08亿元，比年度预算增加利润6 792万元，为年度预算的105.07%，实现了“扭亏为盈、打好翻身仗”的目标。按化工事业部口径统计，17家企业中共有6家企业盈利，扬子石化股份公司、上海石化股份公司、北京燕化股份公司和齐鲁股份公司分别完成全年利润指标的177.01%、107.95%、155.08%、190.78%；镇海炼化股份公司化肥装置全年实现利润4 028万元，上海高桥分公司、金陵分公司、安庆分公司、湖北化肥分公司全年亏损额控制在限亏指标内。主要成本考核指标完成较好，其中乙烯装置现金操作费用142.16美元/吨，比年度考核指标148美元/吨降低5.84美元/吨。

二、主要化工产品产量同比大幅增长

新建扩建化工装置陆续投产。化工板块在前两年市场处于低谷时，投入大量资金完成了以北京燕化股份公司、扬子石化股份公司和上海石化股份公司2#乙烯装置为主的二轮乙烯扩能改造和仪征化纤股份公司2#精对苯二甲酸(PTA)为代表的大型化工装置建设，并实现了“安、稳、长、满、优”运行，在2003年化工市场价格一路走高的情况下，充分发挥新增化工产品装置能力，为做大总量、提升全年效益奠定了坚实的基础。同时上海石化股份公司丙烯腈装置、广州分公司乙烯装置、仪征化纤股份公司2# PTA装置、洛阳石化公司短纤装置、北京燕化股份公司苯酚丙酮装置、巴陵石化公司环已酮装置氨肟化新技术工业放大装置等新建和改造装置均实现了一次投料开车成功，燕山环氧乙烷精制单元扩能、石家庄已内酰胺扩能和苯甲醛分离装置、高桥异丙苯装置扩能和顺丁橡胶后处理第四条线改造等“短平快”技改项目顺利完成改造后投产，实现了固定资产投入的快速产出，也为化工板块2003年抓住市场机遇增量增效作出了贡献。

继续坚持优化配置化工原料。通过初步使用MPIMS软件优化企业排产，在上半年原油加工量增幅不大的条件下，炼化一体化企业的化工轻油收率明显提高，确保化工装置吃饱开足；下半年在成品油市场供应紧张时，千方百计组织好化工轻油的供应和运输，确保化工装置平稳高负荷运行。

根据市场变化，优化装置运行。在“非典”期间，国内石化产品市场价格下滑时，及时调整了28套化工装置的检修时间；在下半年化工产品市场价格一路走高的情况下，及时组织开展主要化工装置杜绝非计划停工专项劳动竞赛活动，确保化工装置安全满负荷、超负荷运行，全年乙烯装置负荷率达到101.57%，四季度乙烯日均产量超过12 000吨。

通过以上措施的实施和落实，2003年石化集团公司生产乙烯414.69万吨，达到历史最高水平，完成年度计划的104.51%，同比增加63.76万吨、增长18.17%；其中石化股份公司生产乙烯316.91万吨，完成年度计划的103.91%，同比增加45.27万吨、增长16.67%。其他主要化工产品也都超额完成年度计划，同比均有较大幅度增长。

三、主要化工产品销售继续保持全产全销

2003年，化工产品销售虽然在二季度遇到了美伊战争、非典疫情的影响，但各化工企业坚决贯彻总部“紧贴市场、全产全销、卖出当期最好价格”的营销策略，坚持低库存运行，较好地应对了上半年石化市场的起伏变化，实现了全年化工产品全产全销，石化集团公司五大类化工产品(不含尿素)产销率达到99.9%(石化股份公司为100%)；化工产品直销比例为60.5%；化工产品电子商务网上交易额174.93亿元，实现了年初制定的160亿元的目标。

同时，进一步发挥中国石化集约化经营的优势，强化了化工产品销售工作。通过年初下达的“关于加强化工产品营销工作的若干意见”，使化工产品销售工作逐步向制度化、规范化过渡；通过加强对中间产品和副产品销售的管理力度，中间产品和副产品的销售量同比增长31.66%，实现销售收入同比增长31.5%；通过按照不同产品的市场特点，组织不同方式的市场协调工作，使内部无序竞争的局面得到很大改善；通过总部与有关企业的共同努力，顺利完成腈纶销售分公司的组建工作，2004年1月1日腈纶销售分公司正式开始运营，化工产品销售体制改革迈出了关键性的一步，标志着中国石化的化工产品市场营销工作进入了一个新阶段；通过运用法律手段维护国内石化市场的公平竞争秩序，应对中国加入WTO后的新格局，反倾销申诉工作取得新进展：已内酰胺、聚

氯乙烯、丁苯橡胶、苯酐和苯酚等产品已初裁获胜，其中己内酰胺、聚氯乙烯、丁苯橡胶和苯酐已在2003年年内作出了肯定性终裁；同时积极组织有关企业进行瓶级聚酯切片和聚乙烯醇等产品的反倾销应诉工作，充分维护了中国石化的利益。

四、化工装置技术经济指标水平进一步提升

通过抓新一轮达标，组织化工同类装置竞赛，在全系统深入开展"比学赶帮超"活动，促进了化工整体技术经济水平的提高。2003年克服了装置大规模扩能后裂解原料优化难度增大的困难，石化集团公司乙烯装置各项技术经济指标均好于年度考核指标。乙烯装置损失率为0.55%，比年度目标低0.05个百分点，同比降低0.11个百分点；综合能耗为692.81千克标油/吨，比年度目标695千克标油/吨降低2.19千克标油/吨，同比下降11.75千克标油/吨；全年乙烯收率30.68%，比年度目标30.5%提高0.18个百分点，但同比降低0.03个百分点；其他主要化工装置的物耗、能耗等技术经济指标同比也均有所降低。

从化工装置主要技术经济指标价值量化统计情况看，2003年实际比2002年实际降低成本5.3亿元，其中乙烯装置降低0.9亿元，合成树脂装置降低3.2亿元，合成纤维及合纤原料装置降低1.2亿元，表明2003年技术经济指标进步对企业降本减费、提升经济效益的贡献是显著的。

五、产品结构调整任务完成较好

2003年各企业努力增产高附加值的树脂专用料和差别化纤维，在总量大幅度增长的基础上树脂专用料和差别化纤维比例同比明显上升。石化集团公司累计生产合成树脂专用料275.95万吨(石化股份公司230.49万吨)，为年度计划的112.13%，同比增长23.69%；专用料比例48.38%(石化股份公司53.4%)，比年度计划提高4.38个百分点，同比提高4.59个百分点。石化集团公司累计生产差别化纤维66.28万吨(石化股份公司47.74万吨)，完成年度计划的115.64%，同比增长29.22%；差别化率37.12%(石化股份公司37.31%)，比年度计划提高4.02个百分点，同比提高4.52个百分点。

六、企业管理和改革发展取得新进展

2003年化工企业通过狠抓生产运行管理、市场营销管理、成本管理和财务管理，企业管理水平普遍有所提升，全年没有发生上报总部的重大、特大事故。扬子石化股份公司、北京燕化股份公司、上海石化股份公司2#、天津石化公司等4套乙烯装置全年没有发生非计划停工，茂名石化公司乙烯装置已实现了连续5年长周期运行。

批复同意扬子石化股份公司、安庆分公司、仪征化纤股份公司、齐鲁分公司、巴陵分公司等5家企业协议解除富余人员共1527人；制定了巴陵分公司编织袋装置、复合肥装置等装置和齐鲁分公司第一化肥厂改制分流初步方案。

完成了12项重大投资项目和19项限下技改项目，扬—巴公司一体化石化基地、上海赛科公司乙烯工程、上海高桥分公司20万吨/年苯酚丙酮、齐鲁股份公司乙烯改造二期工程、巴陵分公司、金陵分公司、湖北化肥分公司、安庆分公司和九江分公司等化肥装置原料路线改造等项目的建设也按工程统筹控制计划往前推进。

（张红荣）

有机原料

【概述】 石化集团公司有机原料主要品种有乙烯、丙烯、丁二烯、苯、甲苯、二甲苯、甲醇、丁醇、辛醇、环氧乙烷、环氧丙烷、环氧氯丙烷、乙醛、醋酸、苯酚、丙酮、乙苯、苯乙烯和苯酐等。

乙烯、丙烯、丁二烯、苯、甲苯、二甲苯为基础有机原料，其余为主要中间原料。

石化集团公司主要有机原料生产能力见表1。由表1可见，2003年石化集团公司乙烯、丁二烯等产品的生产能力有较大幅度增加。

石化集团公司主要有机原料产量见表2。由表2可见，2003年石化集团公司主要有机原料各品种的产量均有不同程度的提高，乙烯等产品在全国继续占据主导地位。

（郭　新）

【乙烯】 截至2003年末，石化集团公司拥有9家乙烯企业，共10套乙烯装置，乙烯生产能力达到377.62万吨/年。各企业乙烯生产能力分别为：北京燕化股份公司71万吨/年、上海石化股份公司70万吨/年+14.5万吨/年、齐鲁石化股份公司45万吨/年、扬子石化股份公司65万吨/年、广州分公司21万吨/年、天津石化公司20万吨/年、中原石化公司18万吨/年、茂名石化公司38万吨/年、燕山石化公司(兼并原北京东方石油化工有限公司)15.12万吨/年。其中，石化股份公司5家乙烯企业，6套乙烯装置，乙烯生产能力合计为286.5万吨/年。

2003年，石化集团公司各乙烯企业开足马力组织生产，全年乙烯产量414.69万吨，为历年产量增幅最大的一年，占全国乙烯总产量(611.77万吨)的67.79%。其中，石化股份公司生产316.91万吨，同比增长16.67%。详见表3。

表 1 **1998—2003年石化集团公司主要有机原料生产能力** 万吨/年

产品名称＼年份	2003	2002	2001	2000	1999	1998
乙　烯	377.62	355.50	295.50	268.50	264.50	257.50
丙　烯	346.51	346.24	310.85	298.82	241.77	226.17
丁二烯	71.79	67.43	62.03	53.34	46.54	44.46
苯	124.02	125.02	125.02	117.92	100.68	96.25
甲　苯	44.60	44.60	44.60	44.28	35.75	33.17
混二甲苯	81.29	81.29	81.29	75.83	52.69	50.88
甲　醇	38.22	35.82	35.82	37.25	40.10	40.10
丁　醇	5.00	5.00	5.00	5.00	5.00	5.00
辛　醇	13.50	8.50	8.50	8.50	8.50	8.50
环氧丙烷	10.60	10.60	10.20	8.90	8.40	7.40
环氧氯丙烷	5.60	5.60	4.20	4.20	4.20	4.20
乙　醛	11.20	11.20	11.20	11.20	11.20	11.20
醋　酸	28.00	28.00	28.00	28.00	28.00	28.00
苯　酚	22.50	19.00	19.00	17.75	15.05	11.30
丙　酮	13.50	11.40	11.40	10.65	9.05	6.80
苯乙烯	45.20	45.20	46.00	43.60	43.60	39.60
苯　酐	13.30	13.30	13.30	13.30	13.30	9.30

表 2 **1998—2003年石化集团公司主要有机原料产品产量** 万吨

产品名称＼年份	2003	2002	2001	2000	1999	1998
乙　烯	414.69	350.93	291.35	287.16	269.62	226.78
丙　烯	385.99	346.20	294.58	292.68	245.82	206.08
丁二烯	62.37	50.74	42.02	44.83	34.61	29.92
苯	136.03	123.02	108.79	102.96	93.99	80.14
甲　苯	51.07	43.52	41.34	37.64	29.13	27.21
混二甲苯	54.69	56.36	58.15	54.56	34.25	33.51
甲　醇	33.67	28.07	30.39	30.86	27.37	25.24
丁　醇	6.04	5.28	4.96	4.42	4.62	3.04
辛　醇	14.30	8.80	8.44	8.18	8.79	5.43
环氧丙烷	11.70	11.58	11.59	9.69	9.41	6.96
环氧氯丙烷	4.53	2.96	2.62	2.88	2.18	1.98
乙　醛	12.36	11.46	9.95	10.93	9.68	12.41
醋　酸	30.88	27.77	26.88	29.90	25.75	15.22
苯　酚	18.69	19.52	16.61	17.64	13.45	13.02
丙　酮	11.61	11.95	10.62	10.98	8.46	7.82
苯乙烯	45.26	46.95	42.15	42.53	35.85	31.76
苯　酐	13.11	13.16	12.65	13.40	9.48	8.81

表 3　1998—2003 年石化集团公司乙烯分企业产量　万吨

企业名称＼年份	2003	2002	2001	2000	1999	1998
北京燕化股份公司	72.22	74.41	39.00	48.67	53.07	49.14
上海石化股份公司	94.83	80.00	63.10	59.05	59.26	50.35
其中：2# 乙烯	80.13	64.23	47.13	43.00	44.91	34.79
1# 乙烯	14.70	15.77	15.97	16.05	14.35	15.56
齐鲁股份公司	56.32	52.27	55.52	50.05	49.54	33.56
扬子石化股份公司	76.53	48.08	40.55	43.43	39.60	40.91
广州分公司	17.01	16.86	17.17	15.31	3.38	
石化股份公司合计	316.91	271.64	215.33			
茂名石化公司	39.24	39.38	39.24	39.54	33.92	30.44
天津石化公司	23.00	21.28	18.15	17.10	16.82	13.48
中原石化公司	19.00	18.64	18.63	14.01	14.03	8.91
燕山石化公司①	16.53					
石化集团公司合计	414.69	350.93	291.35	287.16	269.62	226.78

① 2003 年，原北京东方石油化工有限公司并入燕山石化公司，其乙烯产量列入石化集团公司统计。

除齐鲁石化股份公司、茂名石化公司乙烯外，其他大、中型乙烯均已完成二轮扩能改造或挖潜改造，装置进入高负荷稳定运行，改造带来的技术优势进一步显现。同时加大节能工作力度，突出重点，注重实效。一方面抓急冷油减粘系统的技术攻关，对减粘系统进行必要的改造或优化操作，并辅以加注减粘剂等措施；另一方面狠抓裂解炉的精细操作和 SRT－Ⅲ型炉等旧炉型的改造。2003 年，按上年同口径(不含原北京东方石油化工有限公司)统计，石化集团公司平均乙烯综合能耗为 692.81 千克标油/吨，同比约降低 12 个单位。其中，石化股份公司平均乙烯综合能耗为 707.68 千克标油/吨，同比约降低 12 个单位。

茂名石化公司乙烯装置自 1999 年 2 月完成大修后，截至 2003 年末，连续运行超过 58 个月，创造国内乙烯装置运行周期的新记录。

广州分公司乙烯装置从 2003 年 2 月 10 日 10 时 21 分停工实施 21 万吨/年改造。完成改造后，主火炬于 3 月 29 日 15 时 40 分点火，装置进入开工程序。4 月 3 日 17 时 6 分，裂解炉投油，4 日 20 时 8 分打通全流程，产出合格乙烯。在解决裂解气压缩机透平中分面漏汽问题之后，负荷逐渐提高；通过深入开展工艺优化和技术攻关，先后解决了无备用裂解炉运行、炉子设备故障增多、新旧冷箱存在偏流、丙烯塔塔釜丙烯含量超标、膨胀机轴振动大以及裂解气压缩机轴振动大等一系列生产技术难题；同时对锅炉给水透平泵能力和脱丁烷塔顶冷凝器能力不足等问题进行技术攻关和整改。5 月中旬开始，装置进入满负荷运行，全年生产乙烯 17.01 万吨。

（郭　新）

【丙烯】 石化集团公司生产丙烯的企业有北京燕化股份公司、石家庄炼化股份公司、上海石化股份公司、扬子石化股份公司、镇海炼化股份公司、福建炼化有限公司、齐鲁股份公司、武汉凤凰股份公司、湖北兴化股份公司、河南油田分公司、北京燕山分公司、天津分公司、沧州分公司、上海高桥分公司、金陵分公司、安庆分公司、九江分公司、济南分公司、齐鲁分公司、洛阳分公司、荆门分公司、长岭分公司、广州分公司、江苏石油勘探局、天津石化公司、青岛石化厂、中原石化公司、巴陵石化公司、长岭炼化公司、茂名石化公司、洛阳石化总厂和燕山石化公司。截至 2003 年末，石化集团公司丙烯生产能力约为 346 万吨/年，2003 年实际生产丙烯 385.99 万吨。

（郭　新）

【丁二烯】 石化集团公司生产丁二烯的企业有北京燕化股份公司、上海石化股份公司、扬子石化股份公司、齐鲁石化股份公司、上海高桥分公司、广州分公司和茂名石化公司、燕山石化公司。截至 2003 年末，石化集团公司丁二烯生产能力为 71.79 万吨/年，2003 年实际生产丁二烯 62.37 万吨，比 2002 年增长 17.32%。

（郭　新）

【苯】 石化集团公司生产苯的企业有北京燕化股份公司、石家庄炼化股份公司、上海石化股份公司、扬子石化股份公司、镇海炼化股份公司、齐鲁石化股份公司、上海高桥分公司、金陵分公司、九江分公司、齐鲁分公司、长岭分公司、广州分公司、天津石化公司、洛阳石化总厂和茂名石化公司。截至2003年末，石化集团公司纯苯生产能力为124.02万吨/年，2003年实际生产纯苯136.03万吨，比2002年增长10.58%。

（郭 新）

【甲苯】 石化集团公司生产甲苯的企业有石家庄炼化股份公司、镇海炼化股份公司、齐鲁石化公司、金陵分公司、九江分公司、长岭分公司、广州分公司、北京燕化股份公司、洛阳石化总厂和茂名石化公司。截至2003年末，石化集团公司甲苯生产能力为44.60万吨/年，2003年实际生产甲苯51.07万吨，比2002年增长17.35%。

（郭 新）

【二甲苯】 石化集团公司生产混合二甲苯的企业有石家庄炼化股份公司、镇海炼化股份公司、金陵分公司、九江分公司、长岭分公司、广州分公司、北京燕山分公司、天津石化公司、洛阳石化总厂和茂名石化公司。截至2003年末，石化集团公司混合二甲苯生产能力为81.29万吨/年，2003年实际生产混合二甲苯54.69万吨。

石化集团公司生产对二甲苯的企业有上海石化股份公司、扬子石化股份公司、镇海炼化股份公司、齐鲁石化股份公司、天津分公司和天津石化公司、洛阳石化总厂。镇海炼化股份公司45万吨/年对二甲苯装置于2003年7月建成投产，8月4日产出合格产品。截至2003年末，石化集团公司对二甲苯生产能力为174.31万吨/年，2003年实际生产对二甲苯131.57万吨，比2002年增长11.35%。

石化集团公司生产邻二甲苯的企业有扬子石化股份公司、镇海炼化股份公司、齐鲁石化股份公司、金陵分公司和齐鲁分公司。截至2003年末，石化集团公司邻二甲苯生产能力为15.32万吨/年，2003年实际生产邻二甲苯27.78万吨。

石化集团公司生产间二甲苯的企业只有北京燕化股份公司，截至2003年末，生产能力为3.56万吨/年，2003年实际生产间二甲苯1.76万吨。

（郭 新）

【甲醇】 石化集团公司生产甲醇的企业共有4家，分别为齐鲁分公司、南京化工公司、四川维尼纶厂和长岭炼化公司。齐鲁分公司、南京化工公司以重油为原料，四川维尼纶厂以天然气和乙炔尾气作原料，长岭炼化公司以炼厂焦化干气作原料。2003年末石化集团公司甲醇生产能力为38.22万吨/年，其中石化股份公司10.00万吨/年。

2003年石化集团公司实际生产甲醇33.66万吨，为生产能力的88.07%，比2002年增加19.96%，其中石化股份公司生产甲醇5.58万吨，为生产能力的55.8%。

四川维尼纶厂经技术改造，新增生产能力2.4万吨/年。

（赵晓军）

【丁醇】 2003年末石化集团公司丁醇生产能力为5.0万吨/年，其中石化股份公司生产能力为5.0万吨/年，生产企业为齐鲁分公司。2003年实际生产丁醇5.82万吨，比2002年增加14.34%。

（赵晓军）

【辛醇】 石化集团公司生产辛醇的企业共有2家，分别是齐鲁分公司和燕山石化公司。2003年末石化集团公司辛醇生产能力为13.5万吨/年，其中石化股份公司生产能力为8.5万吨/年。2003年实际生产辛醇14.30万吨，比2002年增加56.62%。

齐鲁分公司辛醇与丁醇由同一套装置生产，两种生产流程，丁辛醇装置总生产能力为13.5万吨/年。

2003年原北京东方化工有限公司并入燕山石化公司，石化集团公司新增辛醇生产能力5.0万吨/年。

（赵晓军）

【环氧乙烷】 石化集团公司环氧乙烷与乙二醇均在同一套装置生产，称为环氧乙烷/乙二醇装置。生产环氧乙烷的企业有北京燕化股份公司、扬子石化股份公司、上海石化股份公司、燕山石化公司、天津石化公司和茂名石化公司6家企业。2003年末石化集团公司具有当量环氧乙烷生产能力73.6万吨/年，包括精环氧乙烷商品的生产能力22.6万吨/年，其余全部生产乙二醇。其中石化股份公司具有当量环氧乙烷生产能力52.9万吨/年，包括精环氧乙烷商品的生产能力15.2万吨/年。

2003年石化集团公司实际生产当量环氧乙烷72.54万吨，包括商品环氧乙烷21.82万吨，比2002年增加13.10%。其中石化股份公司生产当量环氧乙烷50.41万吨，包括商品环氧乙烷14.29万吨。

2003年原北京东方化工有限公司并入燕山石化

公司，石化集团公司新增当量环氧乙烷生产能力 5.6 万吨/年。

（赵晓军）

【环氧丙烷】 石化集团公司环氧丙烷生产企业有高桥石化公司、金陵石化公司和巴陵石化公司 3 家，全部采用氯醇法。2003 年末石化集团公司环氧丙烷生产能力为 10.6 万吨/年，2003 年实际生产环氧丙烷 11.69 万吨，比 2002 年增加 0.95%。

（赵晓军）

【环氧氯丙烷】 石化集团公司生产环氧氯丙烷的企业有齐鲁股份公司、巴陵石化公司两家。2003 年末石化集团公司生产能力为 5.6 万吨/年，其中石化股份公司 3.2 万 吨/年 。2003 年石化集团公司实际生产环氧氯丙烷 4.53 万吨，比 2002 年增加 53.04%，其中石化股份公司生产环氧氯丙烷 2.67 万吨。

（赵晓军）

【醋酸】 又名乙酸。石化集团公司生产醋酸的企业有上海石化股份公司、扬子石化股份公司和四川维尼纶厂 3 家。前两家采用乙醛直接氧化法，四川维尼纶厂采用甲醇羰基合成法。2003 年末石化集团公司醋酸生产能力为 28.0 万吨/年，其中石化股份公司醋酸生产能力为 13.0 万吨/年。2003 年石化集团公司实际生产醋酸 30.88 万吨，比 2002 年增加 11.20%，其中石化股份公司实际生产醋酸 11.39 万吨。

（赵晓军）

【苯酚】 又名石炭酸。石化集团公司生产苯酚的企业有北京燕化股份公司和上海高桥分公司两家，都采用异丙苯法生产，称为苯酚/丙酮装置。2003 年末石化集团公司苯酚生产能力 22.5 万吨/年，丙酮生产能力 13.5 万吨/年，其中石化股份公司苯酚生产能力 22.5 万吨/年，丙酮生产能力 13.5 万吨/年。2003 年石化集团公司实际生产苯酚 18.68 万吨，比 2002 年减少 4.03%；生产丙酮 11.61 万吨，比 2002 年减少 2.93%。

北京燕化股份公司通过技术改造，新增苯酚生产能力 5.0 万吨/年，新增丙酮生产能力 3.0 万吨/年。

上海高桥分公司 1# 苯酚/丙酮装置因技术落后，消耗大、成本高，已停产报废，核减苯酚生产能力 1.5 万吨/年，核减丙酮生产能力 0.9 万吨/年。

（赵晓军）

【苯乙烯】 又名乙烯基苯。石化集团公司生产苯乙烯的企业有北京燕化股份公司、扬子石化股份公司、齐鲁股份公司、巴陵石化公司、茂名石化公司、广州分公司 6 家企业。2003 年末石化集团公司苯乙烯生产能力为 45.2 万吨/年，其中石化股份公司苯乙烯生产能力为 22.4 万吨/年。2003 年石化集团公司实际生产苯乙烯 45.30 万吨，比 2002 年减少 3.49%，其中石化股份公司生产苯乙烯 22.46 万吨。

（赵晓军）

【苯酐】 又名邻苯二甲酸酐。石化集团公司生产苯酐的企业有金陵石化公司、齐鲁股份公司和巴陵石化公司 3 家，都以邻二甲苯为原料。2003 年末石化集团公司苯酐生产能力为 13.3 万吨/年，其中石化股份公司苯酐生产能力为 4.0 万吨/年 。2003 年石化集团公司实际生产苯酐 13.11 万吨，比 2002 年减少 0.38%，其中石化股份公司生产苯酐 4.54 万吨。

（赵晓军）

合成树脂

【概述】 合成树脂是三大合成材料之一，合成树脂工业是最重要的石化产业之一。近几年随着我国国民经济和石化工业的发展，合成树脂工业得到了长足的发展。合成树脂产品广泛应用于工农业、国防和人民生活各个领域，在国民经济中具有举足轻重的地位和作用。

石化集团公司所属企业主要生产聚乙烯、聚丙烯、聚苯乙烯、聚氯乙烯树脂，此外还生产环氧树脂、聚醚树脂、聚氨酯树脂、不饱和树脂等。

2003 年石化集团公司合成树脂生产能力由于部分装置改扩建而继续增长。截至 2003 年末，石化集团公司合成树脂总生产能力为 632.37 万吨/年（石化股份公司为 428.40 万吨/年），同比增加 29.18 万吨/年（实际增加生产能力 44.30 万吨/年 ，因部分企业划出或停产核减生产能力 15.12 万吨/年），增长 4.84%。其中：石化集团公司聚乙烯（PE）生产能力为 257.30 万吨/年（石化股份公司为 195.30 万吨/年），同比增加 12 万吨/年，增长 4.66%。石化集团公司聚丙烯（PP）生产能力为 264.10 万吨/年（石化股份公司为 196 万吨/年），同比减少 1.05 万吨/年（实际增加生产能力 10.25 万吨/年，因装置划出或停产核减生产能力 11.30 万吨/年）。石化集团公司聚氯乙烯（PVC）生产能力为 37.85 万吨/年（石化股份公司为 23 万吨/年），同比增加 14.85 万吨/年，增长 64.56%。石化集团公司聚苯乙烯（PS）生产能力为 37.60 万吨/

年(石化股份公司为13.60万吨/年)，同比减少2.50万吨/年。石化集团公司各种合成树脂生产能力见表4。

2003年由于上年新投产的几套装置高负荷生产，同时又有部分装置进行了改扩建，合成树脂产量继续增长。2003年石化集团公司合成树脂产量为682.09万吨(石化股份公司为469.10万吨)，同比增加87.52万吨，增长14.72%。其中：石化集团公司聚乙烯产量为279.56万吨(石化股份公司为214.91万吨)，同比增加40.44万吨，增长16.91%。石化集团公司聚丙烯产量为291.19万吨(石化股份公司为216.70万吨)，同比增加20.90万吨，增长7.73%。石化集团公司聚氯乙烯产量为38.96万吨(石化股份公司为24.48万吨)，同比增加15.38万吨，增长65.22%。石化集团公司聚苯乙烯产量为38.51万吨(石化股份公司为11.06万吨)，同比增加2.70万吨，增长7.54%。同比减少0.07万吨。石化集团公司各种合成树脂产量见表5。

表4　1998—2003年石化集团公司合成树脂分品种生产能力　万吨/年

项目＼年份	2003[①]	2002	2001	2000	1999	1998
石化集团公司合计	632.37	603.19	504.99	467.72	448.97	416.49
其中：石化股份公司合计	428.40	412.15	323.65	300.15	—	—
PE	257.30	245.30	200.30	170.80	162.80	148.80
其中：LDPE	78.80	78.80	78.80	58.80	58.80	57.80
HDPE	83.50	81.50	56.50	53.00	53.00	53.00
LLDPE	95.00	85.00	65.00	59.00	51.00	48.00
PP	264.10	265.15	214.70	208.70	204.50	189.50
PS	37.60	40.10	40.10	40.10	40.19	30.39
AS	0.50	0.50	0.50	0.50	0.50	0.50
PVC	37.85	23.00	23.00	23.00	20.00	20.00
其他树脂	35.02	29.14	26.39	24.62	20.98	17.30

① 2003年合成树脂能力中，因原北京东方石油化工有限公司划入石化集团公司燕山石化公司，石化集团公司增加生产能力20.85万吨/年。

表5　1998—2003年石化集团公司合成树脂分品种产量　万吨

项目＼年份	2003[①]	2002	2001	2000	1999	1998
石化集团公司合计	682.09	594.57	503.51	488.83	433.03	329.86
其中：石化股份公司合计	469.10	400.48	320.42	318.30	—	—
PE	279.56	239.12	191.72	187.78	173.59	137.75
其中：LDPE	90.05	89.23	63.12	66.75	64.34	48.69
HDPE	91.30	74.12	59.89	60.60	61.89	54.55
LLDPE	98.21	75.77	68.71	60.07	47.35	34.50
PP	291.19	270.29	228.68	226.19	193.39	146.33
PS	38.51	35.81	36.69	35.47	30.23	15.85
AS	0.46	0.51	0.41	0.51	0.51	0.50
PVC	38.96	23.58	23.38	20.29	20.84	18.09
其他树脂	33.41	25.26	22.63	18.59	14.47	11.34

① 2003年合成树脂产量中，因北京东方石油化工有限公司划入石化集团公司燕山石化公司，石化集团公司全年总产量增加20.42万吨。

在合成树脂中聚乙烯、聚丙烯两大品种仍占主导地位，2003年末石化集团公司聚乙烯、聚丙烯两大品种生产能力之和为521.40万吨/年，占石化集团公司合成树脂生产能力的82.45%；聚乙烯、聚丙烯产量之和为570.75万吨，占石化集团公司合成树脂产量的83.68%。

2003年石化集团公司产品结构调整工作继续取得好成绩，总部通过加强组织与协调，促进了企业间的新产品开发、生产及分工。各企业在新产品开发中结合了各自生产工艺的特点，按照总部“明确组织分工，合理组织生产”的精神，将新产品开发工作列入经济责任考核体系，进一步完善了新产品开发管理机制，有效地推进新产品开发和生产进程，新产品开发和生产工作成绩显著。

2003年石化集团公司累计生产合成树脂专用料275.95万吨(石化股份公司为230.50万吨)，同比增加52.85万吨，增长23.69%，专用料比例为48.38%,同比提高4.59个百分点。

2003年全国合成树脂产量为1593.75万吨，同比增加225.84万吨；石化集团公司合成树脂产量占全国总产量的42.80%。

(张伯利)

【聚乙烯】 2003末石化集团公司有18套聚乙烯装置(因原北京东方石油化工有限公司划入燕山石化公司，增加了1套装置)，总生产能力为257.30万吨/年；产量为279.56万吨。其中石化股份公司有13套聚乙烯装置，总生产能力为195.30万吨/年；产量为214.91万吨(详见表4、表5)。在现有聚乙烯装置中，单线能力最大的是上海石化股份公司2002年投产的采用双峰技术的聚乙烯装置，生产能力为25万吨/年。

石化集团公司现有的18套聚乙烯装置中，LDPE装置有釜式法工艺1套、管式法工艺5套，HDPE装置有淤浆法工艺4套、气相法工艺1套、环管加气相法工艺1套，LLDPE装置共有6套全部是气相法工艺。从装置套数和产能上看，石化集团公司现有的18套聚乙烯装置以气相法生产工艺为主。

(张伯利)

【低密度聚乙烯】 2003年末石化集团公司有6套低密度聚乙烯(LDPE)生产装置。其中：北京燕化股份公司、上海石化股份公司各2套，齐鲁股份公司、茂名石化公司各1套。北京燕化股份公司1套为日本住友化学釜式法工艺、1套为美国埃克森管式法工艺，上海石化股份公司2套都为日本三菱油化管式法工艺，齐鲁股份公司为荷兰DSM公司管式法工艺，茂名石化公司为美国匡藤公司管式法工艺。2003年末石化集团公司LDPE生产能力为78.80万吨/年(其中石化股份公司为67.80万吨/年)。

2003年石化集团公司LDPE产量为90.05万吨(其中石化股份公司为77.71万吨)，同比增加0.82万吨。2003年产量增幅不大，基本与去年持平。LDPE产量见表6。齐鲁石化股份公司LDPE装置克服了设备零部件老化，严重影响装置高负荷、长周期运行的不利因素，从减少装置停工、提高装置长周期运行入手，全年生产LDPE 17万吨，同比增加1.39万吨，增长8.90%。

(张伯利)

【高密度聚乙烯】 2003年末石化集团公司有6套高密度聚乙烯(HDPE)装置。北京燕化股份公司、扬子石化股份公司、齐鲁股份公司、燕山石化公司各1套，上海石化股份公司2套。北京燕化股份公司、扬子石化股份公司均采用日本三井油化淤浆法工艺，燕山石化公司(原隶属于北京东方石油化工有限公司的北京助剂二厂)采用国内淤浆法工艺，齐鲁股份公司采用美国UCC公司气相流化床工艺，上海石化股份公司1套(合资企业)采用菲利浦环管淤浆法工艺、1套采用北欧化工环管加气相反应器工艺技术。

表6　　1998—2003年石化集团公司LDPE分企业产量　　万吨

产品名称 \ 年份	2003	2002	2001	2000	1999	1998
石化集团公司合计	90.05	89.23	63.13	66.75	64.35	48.69
其中：石化股份公司合计	77.71	76.78	51.15	54.25	—	—
北京燕化股份公司	41.01	41.20	14.90	19.26	21.59	20.20
上海石化股份公司	19.69	19.97	19.46	19.75	18.88	17.23
齐鲁股份公司	17.00	15.61	16.78	15.24	13.01	1.51
茂名石化公司	12.34	12.45	11.98	12.50	10.87	9.75

2003年末石化集团公司HDPE装置生产能力为83.50万吨/年(石化股份公司为81.50万吨/年)，同比增加2万吨/年(原北京助剂二厂的装置)。

2003年石化集团公司HDPE产量为91.30万吨(石化股份公司为89.46万吨)，同比增加17.18万吨。由于上海石化股份公司2002年新投产的25万吨/年聚乙烯装置实现高负荷生产，使HDPE产量大幅增加，全年生产聚乙烯23.13万吨，同比增加12.64万吨。此外，齐鲁股份公司对原制约装置生产负荷提高的瓶颈问题进行了技术改造，提高了装置生产能力，全年生产聚乙烯18.41万吨，同比增加1.66万吨，增长9.91%。再因原北京东方石油化工有限公司划入燕山石化公司，增加聚乙烯产量1.84万吨，使石化集团公司HDPE产量进一步增加，详见表7。

(张伯利)

【线性低密度聚乙烯】 2003年末石化集团公司有6套线性低密度聚乙烯(LLDPE)装置。天津石化公司、齐鲁股份公司、中原石化公司、茂名石化公司、广州分公司、扬子石化股份公司各1套。全部采用美国UCC公司气相流化床工艺。

石化集团公司LLDPE装置生产能力为95万吨/年(石化股份公司为46万吨/年)，同比增加10万吨/年。随着广州分公司21万吨/年乙烯装置的改造，聚乙烯装置也进行了扩能改造，生产能力由原设计10万吨/年提高到20万吨/年，改造于2003年4月完成。

2003年石化集团公司LLDPE产量为98.21万吨(石化股份公司为47.74万吨)，同比增加22.44万吨，增长29.62%。由于扬子石化股份公司2002年新投产的聚乙烯装置高负荷生产，2003年产量达到26.20万吨，同比增加20.28万吨，比设计产量多6.20万吨，超设计产量31%。同时，广州分公司LLDPE装置进行了扩能改造，产量也有所增加，详见表8。

(张伯利)

【聚丙烯】 2003年末石化集团公司聚丙烯总生产能力为264.10万吨/年(石化股份公司为196万吨/年)，同比减少1.05万吨/年(实际增加生产能力10.25万吨/年,因部分装置划出或停产核减生产能力11.30万吨/年)。其中，连续法聚丙烯装置生产能力为216.50万吨/年(其中石化股份公司为180.50万吨/年)，同比生产能力增加6万吨/年。2003年末石化集团公司连续法聚丙烯装置生产能力占聚丙烯生产能力的81.98 %。

表7　1998—2003年石化集团公司HDPE分企业产量　万吨

产品名称 \ 年份	2003	2002	2001	2000	1999	1998
石化集团公司合计	91.30	74.12	59.89	60.96	61.89	54.55
其中：石化股份公司合计	89.46	74.12	59.89	60.96	—	—
北京燕化股份公司	15.90	16.46	12.43	15.68	17.33	16.32
上海石化股份公司	37.96	23.93	14.60	12.89	11.42	6.66
扬子石化股份公司	17.20	16.98	15.94	16.74	16.72	17.15
齐鲁股份公司	18.41	16.75	16.91	15.66	16.42	14.42
燕山石化公司	1.84①	—	—	—	—	—

① 原北京东方石油化工有限公司，2003年起划入石化集团公司燕山石化公司。

表8　1998—2003年石化集团公司LLDPE分企业产量　万吨

产品名称 \ 年份	2003	2002	2001	2000	1999	1998
石化集团公司合计	98.21	75.77	68.71	60.07	47.35	34.50
其中：石化股份公司合计	47.74	26.16	21.83	19.50	—	—
扬子石化股份公司	26.20	5.92	—	—	—	—
齐鲁股份公司	6.58	6.24	7.17	6.59	7.18	6.36
广州分公司	14.96	14.00	14.66	12.91	2.64	—
茂名石化公司	16.10	17.00	17.09	17.20	14.72	13.35
天津石化公司	14.35	13.04	10.67	9.56	9.08	6.66
中原石化公司	20.02	19.57	19.12	13.82	13.73	8.13

2003年末石化集团公司间歇法聚丙烯装置生产能力为47.60万吨/年(石化股份公司间歇法聚丙烯装置生产能力为15.50万吨/年)，同比减少7.05万吨/年(实际增加生产能力4.25万吨/年，因部分装置划出或停产核减生产能力11.30万吨/年)。2003年末石化集团公司间歇法聚丙烯装置生产能力占石化集团公司聚丙烯生产能力的18.02%。

2003年末石化集团公司有22套连续法聚丙烯装置。石化集团公司聚丙烯生产工艺以环管法工艺为主，有14套环管法聚丙烯装置，占聚丙烯装置的63.64%。其中6套为引进海蒙特环管技术，单线能力最大的为茂名石化公司17万吨/年聚丙烯装置；8套为国产化环管技术，单线能力最大的为上海石化股份公司20万吨/年聚丙烯装置。其他8套装置中，5套为三井油化釜式法聚丙烯工艺，1套三井油化溶剂法工艺，还有2套为bp(原阿莫科)气相法聚丙烯工艺，生产能力都是20万吨/年。

2003年末石化集团公司聚丙烯产量为291.19万吨(石化股份公司为216.70万吨)，同比增加20.90万吨。其中：连续法聚丙烯产量为244.09万吨(石化股份公司为204.12万吨)，同比增加27.94万吨。间歇法聚丙烯装置产量为47.10万吨(其中石化股份公司为12.59万吨)，同比减少7.04万吨，主要原因是茂名石化公司和天津石化公司等间歇法聚丙烯装置划出，详见表9。

2003年石化集团公司新建了1套连续法聚丙烯装置，2套连续法聚丙烯装置进行了扩能改造，增加生产能力6万吨/年。

镇海炼化股份公司新建的1套能力为20万吨/年聚丙烯装置，已于2003年末建成。装置采用国产化第二代环管技术，由中国石化工程建设公司(SEI)设计。装置已于2004年1月14日投产(因装置在2004年初投产，生产能力没有列入2003年)。

随着广州分公司21万吨/年乙烯装置改造项目的完成，聚丙烯装置也进行了相应的改造，生产能力从原设计7万吨/年增加到10万吨/年，增加生产能力3万吨/年，改造已于2003年4月完成。这次改造主要是通过反应器撤热系统、丙烯进料系统、挤压机等核心设备的改造，消除装置的生产瓶颈，使装置生产能力得以提高。

表9　1998—2003年石化集团公司PP分企业产量①　万吨

产品名称＼年份	2003	2002	2001	2000	1999	1998
石化集团公司合计	291.19	270.29	228.68	226.19	193.39	146.33
其中：石化股份公司合计	216.70	186.75	150.44	151.32	—	—
1. 连续法PP	244.09	216.15	178.12	173.02	149.92	108.31
北京燕化股份公司	37.06	40.15	22.84	27.80	30.28	19.12
上海石化股份公司	47.23	36.38	24.73	24.27	21.50	18.63
扬子石化股份公司	40.02	25.63	20.32	21.57	17.88	16.94
福建炼化有限公司	9.05	7.67	7.88	5.79	5.95	2.18
齐鲁股份公司	8.77	7.99	8.65	7.82	8.30	7.08
武汉分公司	9.01	9.03	8.67	7.33	7.01	1.62
九江分公司	10.87	10.36	9.72	8.57	6.55	2.99
济南分公司	7.10	7.66	7.19	6.62	4.90	2.49
荆门分公司	10.05	8.59	7.85	7.53	1.58	—
长岭分公司	10.08	9.64	7.32	7.60	7.67	3.95
广州分公司	14.88	14.96	15.52	13.63	6.84	5.52
天津石化公司	6.84	6.61	5.75	6.16	5.49	4.81
茂名石化公司	17.31	17.37	17.77	17.35	14.97	14.49
洛阳石化总厂	8.80	7.40	7.03	5.91	5.90	5.31
中原石化公司	7.02	6.71	6.88	5.07	5.10	3.18
2. 间歇式PP(总量)	47.10	54.14	50.56	53.17	43.47	38.02

① 表中列出的均为连续法聚丙烯企业。

长岭分公司聚丙烯装置在2003年4月停工进行了扩能改造，增加生产能力3万吨/年，装置生产能力由原设计7万吨/年提高到10万吨/年，这是继九江分公司聚丙烯装置扩能改造后又一套7万吨/年国产化装置进行了扩能改造。

2003年总体上聚丙烯装置运行稳定。2002年新投产的大型聚丙烯装置不断优化工艺运行参数，实现了高负荷生产，部分聚丙烯装置进行了扩能改造，使石化集团公司聚丙烯产量继续增长。

上海石化股份公司2002年新投产的生产能力为20万吨/年国产化聚丙烯装置，2003年产量达到22.48万吨，超设计产量2.48万吨。九江分公司聚丙烯产量达到10.87万吨，荆门分公司聚丙烯产量达到11.95万吨，福建炼化有限公司聚丙烯产量达9.05万吨，长岭分公司聚丙烯产量达10.08万吨，同比分别增加0.51万吨、1.46万吨、1.38万吨和0.44万吨。

间歇法聚丙烯是我国特有的聚丙烯生产工艺，装置规模小，消耗高，但由于工艺流程简单，投资省，建设周期短，可就地利用炼厂丙烯资源，近年来在节能降耗和技术进步上做了一定工作，目前在我国聚丙烯生产中仍占有一定地位。

石化集团公司原有23家企业有间歇法聚丙烯装置，2003年由于天津石化公司、茂名石化公司和沧州炼油厂等企业体制改革，原聚丙烯装置划出，目前只有19家企业有间歇法聚丙烯装置，生产能力从0.50万吨/年到6.50万吨/年不等(单线能力最大为0.50万吨/年)。装置能力较大的企业是金陵石化公司、金陵控股合资公司、巴陵石化公司，生产能力都在4万吨/年以上。

(张伯利)

【聚苯乙烯】 石化集团公司原有9套聚苯乙烯生产装置，由于上海高桥分公司2套、金陵石化公司1套EPS装置已停产，2003年末石化集团公司只有6套聚苯乙烯生产装置(上海高桥分公司1[#] PS装置仍有部分产量)。这些装置都采用连续本体法工艺。其中，北京燕化股份公司、齐鲁股份公司、广州分公司、茂名石化公司各1套(原湛江中美化工有限公司的聚苯乙烯装置)，扬—巴公司2套。2003年末石化集团公司聚苯乙烯生产能力为37.60万吨/年(石化股份公司聚苯乙烯生产能力为13.60万吨/年)，同比减少生产能力2.50万吨/年。

2003年石化集团公司聚苯乙烯产量为38.51万吨(其中石化股份公司为11.06万吨)，同比增加2.70万吨，详见表10。

(张伯利)

【聚氯乙烯】 2003年石化集团公司聚氯乙烯生产企业有齐鲁股份公司和北京燕化公司2家。2003年末石化集团公司PVC生产能力为37.85万吨/年(石化股份公司为23万吨/年)，同比增加14.85万吨/年(因原北京东方石油化工有限公司划入燕山石化公司)。2003年石化集团公司PVC产量为38.96万吨(石化股份公司为24.48万吨)，同比增加15.38万吨。详见表4、表5。

(张伯利)

【其他树脂】 石化集团公司还生产环氧树脂、聚醚树脂、聚氨酯树脂、不饱和树脂和EVA等合成树脂，其他树脂的生产能力和产量也在逐年增长。2003年石化集团公司其他树脂生产能力为35.02万吨/年，产量为33.41万吨，分品种产量见表11。

表10　　1998—2003年石化集团公司PS分企业产量　　万吨

产品名称 \ 年份	2003	2002	2001	2000	1999	1998
石化集团公司合计	38.51	35.81	36.69	35.47	30.23	15.85
其中：石化股份公司合计	11.06	11.13	12.33	10.93	—	—
北京燕化股份公司	4.89	5.14	3.51	4.52	5.02	4.49
齐鲁股份公司	0.70	—	1.56	1.22	2.52	2.06
广州分公司	4.92	5.02	6.05	3.92	0.55	—
茂名石化公司	7.85	5.60	—	—	—	—
上海高桥分公司	0.54	0.96	8.04	8.12	7.79	1.26
金陵石化公司	—	—	—	—	0.25	0.22
扬—巴公司	19.61	19.06	17.53	17.69	14.10	7.82

表 11　**1998—2003 年石化集团公司其他树脂产量**　万吨

产品名称 \ 年份	2003	2002	2001	2000	1999	1998
石化集团公司合计	33.41	25.26	22.63	18.59	14.47	11.34
其中：石化股份公司合计	1.48	1.45	1.00	—	—	—
环氧树脂	2.09	1.51	1.68	1.18	0.90	0.57
聚醚、PBT 树脂	23.19	19.71	18.35	15.45	12.67	9.35
聚氨酯树脂	0.077	0.55	0.06	0.06	0.18	0.06
不饱和树脂	2.46	2.04	1.54	1.35	0.72	0.53
EVA①	4.11	—	—	—	—	—
其　他	1.48	1.45	1.00	0.55	—	0.83

① 因北京东方石油化工有限公司 2003 年起并入石化集团公司燕山石化公司，石化集团公司增加 EVA 产量 4.11 万吨。

石化集团公司生产环氧树脂的企业只有巴陵石化公司 1 家，2003 年生产能力为 2.50 万吨/年，产量为 2.09 万吨。

生产聚醚树脂的企业有 3 家，生产聚对苯二甲酸丁二醇酯(PBT)树脂的企业有 1 家，2003 年总生产能力为 25.40 万吨/年，同比增加 1.90 万吨/年；总产量为 23.19 万吨，同比增加 3.48 万吨。2003 年天津石化公司、上海高桥石化公司、金陵石化公司聚醚树脂产量分别为 6.37 万吨 、10.90 万吨 和 3.85 万吨 ，仪化集团公司 PBT 树脂产量为 2.06 万吨。

生产聚氨酯树脂的企业只有金陵石化公司 1 家，2003 年生产能力 0.12 万吨/年，产量为 0.077 万吨。

生产不饱和树脂的企业只有金陵石化公司 1 家，2003 年生产能力为 3.00 万吨/年，同比增加 1 万吨/年；产量为 2.46 万吨，同比增加 0.42 万吨。

生产 EVA 的企业只有燕山石化公司 1 家，引进意大利埃尼化学公司技术，2003 年生产能力为 4 万吨/年，产量为 4.11 万吨。

(张伯利)

合成橡胶

【概述】　合成橡胶是国民经济和人民生活不可缺少的重要原材料，也是重要的战略物资。近年来，中国橡胶工业的发展是举世瞩目的，总耗胶量年平均增长率从 1960 年以来一直稳定在 8%左右，是世界平均增长率(3.4%)的 2 倍多。随着我国石化工业和橡胶制品工业的迅速发展，我国合成橡胶(SR)工业也得到相应的发展，国有技术日趋成熟，形成了一定的规模和实力。目前除异戊橡胶(IR)外，已能生产丁苯橡胶、顺丁橡胶、氯丁橡胶、丁腈橡胶、乙丙橡胶、热塑性弹性体(SBS)及丁基橡胶等胶种。

2003 年石化集团公司合成橡胶生产能力达 69.54 万吨/年，同比增长 0.27%，其中石化股份公司产能为 45.52 万吨/年。分胶种统计，丁苯橡胶生产能力(不含胶乳)19 万吨/年，同比持平；丁苯胶乳生产能力 6.06 万吨/年，同比减少 3.35%；顺丁橡胶生产能力 24.18 万吨/年，同比增长 0.42%；SBS 热塑性弹性体生产能力 17.30 万吨/年，同比增长 1.76%，依然是生产能力增幅最大的品种。1998—2003 年石化集团公司合成橡胶分品种装置生产能力见表 12。

2003 年全国合成橡胶的产量达到了 127.22 万吨，同比增长幅度为 12.2%。石化集团公司产量为 75.89 万吨，同比增长 9.45%，其中石化股份公司产量为 50.19 万吨。分胶种统计，顺丁橡胶为 28.14 万吨，丁苯橡胶为 21.71 万吨(包括丁苯胶乳)，SBS 热塑性弹性体为 23.00 万吨，丁基橡胶为 2.70 万吨，SIS 橡胶为 3 083 吨。1998—2003 年石化集团公司合成橡胶产品产量见表 13。

表 12　**1998—2003 年石化集团公司合成橡胶分品种装置生产能力**　万吨/年

产品名称 \ 年份	2003	2002	2001	2000	1999	1998
石化集团公司合计	69.54	69.35	68.46	61.49	52.89	48.39
其中：石化股份公司合计	45.52	45.38	44.38	42.24	—	—
丁苯橡胶	25.06	25.27	25.38	25.41	21.81	17.31

续表

产品名称 \ 年份	2003	2002	2001	2000	1999	1998
其中：胶乳	6.06	6.27	6.38	6.41	2.81	3.31
充油胶	6.00	6.00	6.00	6.00	6.00	6.00
软胶	13.00	13.00	13.00	13.00	13.00	8.00
顺丁橡胶	24.18	24.08	24.08	24.08	22.08	22.08
丁基橡胶	3.00	3.00	3.00	3.00	—	—
SBS 热塑弹性体	17.30	17.00	16.00	9.00	9.0	9.0

表 13　　1998 — 2003 年石化集团公司合成橡胶分品种产量　　万吨

产品名称 \ 年份	2003	2002	2001	2000	1999	1998
石化集团公司合计	75.89	69.34	60.86	49.84	45.33	36.89
其中：石化股份公司合计	50.19	45.77	39.79	31.70	—	—
丁苯橡胶	21.71	19.45	18.62	12.15	12.23	12.63
其中：胶乳	6.17	6.00	4.92	3.97	2.64	2.52
充油胶	6.34	3.72	3.49	2.01	2.09	1.60
软胶	9.20	9.73	10.21	6.17	7.50	8.51
顺丁橡胶	28.14	25.77	25.25	23.85	24.33	19.39
丁基橡胶	2.70	2.15	0.42	0.41	—	—
SBS 热塑弹性体	23.00	21.68	16.46	13.36	8.77	4.87
SIS 橡胶	0.31	0.29	0.11	0.07	—	—

（蔡志强）

【顺丁橡胶】 2003 年末石化集团公司顺丁橡胶生产能力为 24.18 万吨/年，其中石化股份公司为 20.18 万吨/年。生产企业有北京燕化股份公司、上海高桥分公司、齐鲁股份公司、巴陵石化公司、茂名石化公司 5 家，除茂名石化公司为锂系顺丁橡胶外，均为镍系顺丁橡胶。2003 年共生产顺丁橡胶 28.14 万吨，其中石化股份公司产量为 26.29 万吨，各企业产量见表 14。

表 14　　1998 — 2003 年石化集团公司顺丁橡胶分企业产量　　万吨

企业名称 \ 年份	2003	2002	2001	2000	1999	1998
石化集团公司合计	28.14	25.77	25.25	23.85	24.33	19.39
其中：石化股份公司合计	26.29	24.68	22.29	21.00	—	—
北京燕化股份公司	12.22	12.03	9.1	9.54	10.42	7.65
上海高桥分公司	9.27	8.46	8.57	7.77	7.34	6.87
齐鲁股份公司	4.80	4.19	4.62	3.69	3.91	3.54
巴陵石化公司	1.85	1.04	2.96	2.72	2.66	1.33
茂名石化公司	0.00	0	0.13	—	—	0.04

（蔡志强）

【丁苯橡胶】 2003 年末石化集团公司丁苯橡胶生产能力为 25.06 万吨/年，其中石化股份公司为 16.34 万吨/年。生产能力增加的企业有上海高桥分公司，生产能力减少的企业有燕山石化公司。2003 年共生产丁苯橡胶 21.71 万吨，其中石化股份公司产量为 14.94 万吨，各企业产量见附表 15。

表 15　　1998 — 2003 年石化集团公司丁苯橡胶分企业产量　　万吨

企业名称 \ 年份	2003	2002	2001	2000	1999	1998
石化集团公司合计	21.71	19.45	18.62	12.15	12.23	12.63
其中：石化股份公司合计	14.94	13.13	13.31	7.47	—	—
北京燕化股份公司	—	—	0.06	—	0.22	0.58
齐鲁股份公司	14.60	12.82	13.02	7.27	8.13	8.85
上海高桥分公司	0.34	0.31	0.23	0.20	2.53	2.08
燕山石化公司	0.00	0.01	0.10	—	—	—
齐鲁石化公司	0.24	0.22	0.33	0.54	—	—
高桥控股公司	5.59	5.46	4.26	3.23	—	—
茂名石化公司	0.94	0.63	0.62	0.91	1.35	1.12
其中：**胶乳**						
石化集团公司小计	6.17	6.00	4.92	3.97	2.64	2.52
其中：石化股份公司小计	0.34	0.31	0.23	0.20	—	—
燕山石化公司	0.00	0.01	0.10	—	0.11	0.09
上海高桥分公司	0.34	0.31	0.23	0.20	2.53	2.08
齐鲁石化公司	0.24	0.22	0.33	0.54	—	0.35
高桥控股公司	5.59	5.46	4.26	3.23	—	—
充油胶						
石化集团公司小计	6.34	3.72	3.49	2.01	2.09	1.60
其中：石化股份公司小计	5.40	3.09	2.87	—	—	—
齐鲁股份公司	5.40	3.09	2.87	1.10	0.74	0.48
茂名石化公司	0.94	0.63	0.62	0.91	1.35	1.12
软　胶						
石化集团公司小计	9.20	9.73	10.21	6.17	7.50	8.51
其中：石化股份公司小计	9.20	9.73	10.21	6.17	—	—
北京燕化股份公司	—	—	0.06	—	0.11	0.49
齐鲁股份公司	9.20	9.73	10.15	6.17	7.39	8.02

（蔡志强）

【SBS 热塑性弹性体】 2003 年末石化集团公司 SBS 热塑性弹性体生产能力为 17.30 万吨/年，其中石化股份公司为 6.0 万吨/年。2003 年石化集团公司 SBS 热塑性弹性体产量为 23.00 万吨，其中石化股份公司为 6.26 万吨，各企业产量见表 16。

表 16　**1998—2003 年石化集团公司 SBS 热塑性弹性体分企业产量**　万吨

企业名称 \ 年份	2003	2002	2001	2000	1999	1998
石化集团公司合计	23.00	21.68	16.46	13.36	8.77	4.87
其中：石化股份公司合计	6.26	5.81	3.77	2.82	—	—
北京燕化股份公司	6.26	5.81	3.77	2.82	1.54	1.14
巴陵石化公司	12.51	11.12	8.10	7.05	5.07	3.32
茂名石化公司	4.19	4.73	4.59	3.49	2.16	0.41
金陵石化控股合资公司	0.04	0.02	—	—	—	—

（蔡志强）

【丁基橡胶】 2003 年国内只有北京燕化股份公司拥有 3 万吨/年生产装置，采用意大利 PI 公司技术，于 1999 年 12 月投产。可生产的主要牌号有 IIR1751(轮胎内胎级)、IIR0745(电绝缘材料、密封材料、薄膜级)、IIR1751F(食品级、医药级)。2003 年通过优化工艺条件及技术攻关，装置的运行稳定性有了较大幅度提高，产量达到了 2.70 万吨，已接近装置设计能力(详见表 17)。

表 17　**2000—2003 年石化集团公司丁基橡胶产量**　万吨

企业名称 \ 年份	2003	2002	2001	2000
石化集团公司合计	2.70	2.15	0.42	0.41
其中：石化股份公司合计	2.70	2.15	0.42	0.41
北京燕化股份公司	2.70	2.15	0.42	0.41

（蔡志强）

【SIS 橡胶】 SIS 橡胶是苯乙烯和异戊二烯的嵌段共聚物，兼有橡胶和塑料的性能，是新型胶种。因其具有高弹性、高强度、耐低温、抗湿滑的优良性能，一般用于制造粘合剂和不干胶。

由于合成工艺与 SBS 类似，巴陵石化公司根据市场需要利用 SBS 装置的一条生产线开发生产 SIS 橡胶。自 2000 年起产量逐年增加，2003 年产量达到了 3 083吨(详见表 18)。

表 18　**2000—2003 年石化集团公司 SIS 橡胶产量**　万吨

企业名称 \ 年份	2003	2002	2001	2000
石化集团公司合计	0.31	0.29	0.11	0.07
巴陵石化公司	0.31	0.29	0.11	0.07

（蔡志强）

合成纤维

【概述】 合成纤维是化学纤维的一部分，是使用化学合成方法制得的纺织用纤维材料，主要原料来自石油和天然气。随着科学的进步和生活水平的提高，合成纤维及合成纤维聚合物在非纺织领域的应用也不断增加。合成纤维及其原料工业是我国石油化学工业的重要组成部分。2003 年我国化学纤维总产量达 1181.31 万吨，其中合成纤维总产量为 1089.17 万吨，比 2002 年增加 97.97 万吨。

石化集团公司的合成纤维生产企业包括生产合成纤维原料、合成纤维聚合物、合成纤维以及合成纤维加工产品的企业。石化集团公司所属合成纤维及原料生产企业和主要合成纤维与原料生产装置的生产能力见表 19。

2003 年石化集团公司合成纤维原料生产能力为 352.96 万吨/年，比 2002 年增加 62.6 万吨/年；合成纤维聚合物生产能力为 246.64 万吨/年，比 2002 年增加 12.67 万吨/年；合成纤维生产能力为 189.45 万吨/年，比 2002 年增加 6.42 万吨/年。

2003 年中国纺织品出口有较大幅度的增长，因此拉动了国内合成纤维消费市场。2003 年石化集团公司生产合成纤维原料 336.07 万吨，比 2002 年增加 49.02 万吨；生产合成纤维聚合物 239.68 万吨，比 2002 年增加 16.33 万吨；生产合成纤维 171.22 万吨，比 2002 年增加 13.9 万吨。生产差别化合成纤维 66.28 万吨，比 2002 年增加 14.99 万吨；合成纤维差别化率达到 37.12%，比 2002 年提高 4.5 个百分点。

2003 年，原北京东方石油化工有限公司加入石化集团公司，由燕山石化公司代管。燕山石化公司增加合成纤维原料乙二醇(EG)生产能力 4 万吨/年，增加合成纤维聚合物聚乙烯醇(PVA)生产能力 2 万吨/年。

表 19　　**2003 年石化集团公司主要合成纤维及原料分企业装置生产能力**　　万吨/年

企业名称	合纤原料	PTA	己内酰胺	丙烯腈	乙二醇	合纤聚合物	聚酯	PVA	聚酰胺	合成纤维	涤纶	锦纶	腈纶	维纶	丙纶
北京燕化股份公司	8.00	—	—	—	8.00	4.00	4.00	—	—	—	—	—	—	—	—
天津分公司		—	—	—	—	7.00	7.00	—	—	6.39	6.39	—	—	—	—
石家庄炼化股份公司	6.50	—	6.50	—	—	2.50	—	—	2.50	0.50	—	0.50	—	—	—
上海石化股份公司	64.00	28.00	—	13.00	23.00	46.33	42.50	3.83	—	43.97	23.07	—	19.08	—	1.70
上海高桥分公司	0.80	—	—	0.80	—	—	—	—	—	—	—	—	—	—	—
扬子石化股份公司	86.00	60.00	—	—	26.00	—	—	—	—	—	—	—	—	—	—
仪征化纤股份公司	85.50	85.50	—	—	—	131.01	131.01	—	—	78.03	66.85	—	—	—	—
安庆分公司	8.00	—	—	8.00	—	—	—	—	—	7.00	—	—	7.00	—	—
齐鲁分公司	4.00	—	—	4.00	—	—	—	—	—	5.40	—	—	5.40	—	—
巴陵分公司	7.00	—	7.00	—	—	3.70	—	—	3.70	1.33	—	1.33	—	—	—
燕山石化公司	4.00	—	—	—	4.00	2.80	—	2.80	—	—	—	—	—	—	—
天津石化公司	36.26	30.00	—	—	6.26	20.80	20.80	—	—	19.00	19.00	—	—	—	—
洛阳石化总厂	32.50	32.50	—	—	—	24.00	24.00	—	—	19.85	19.20	—	—	—	0.65
仪化集团公司	—	—	—	—	—	—	—	—	—	4.18	4.18	—	—	—	—
四川维尼纶厂	—	—	—	—	—	4.50	—	4.50	—	3.20	1.10	—	—	2.10	—
齐鲁石化公司	0.4	—	—	0.40	—	—	—	—	—	—	—	—	—	—	—
茂名石化公司	10.00	—	—	—	10.00	—	—	—	—	—	—	—	—	—	—
江苏石油勘探局	—	—	—	—	—	—	—	—	—	0.60	—	—	—	—	0.60
合　计	352.96	236.00	13.50	26.20	77.26	246.64	229.31	11.13	6.20	189.45	151.09	1.83	31.48	2.10	2.95

2003年，巴陵石化公司化纤厂整体改制脱离石化集团公司。巴陵石化公司核销合成纤维聚合物生产能力6.5万吨/年，其中包括：聚酯生产能力1.5万吨/年、聚己内酰胺生产能力5万吨/年；核销合成纤维生产能力3.72万吨/年，其中包括：涤纶0.33万吨/年、锦纶3.39万吨/年。

2003年初，燕山石化公司丙纶纤维生产装置随同燕山石化公司地毯厂改制，脱离石化集团公司，核销丙纶纤维生产能力0.25万吨/年。

（周向进）

【合成纤维原料】 石化集团公司生产的合成纤维原料有精对苯二甲酸（PTA）、丙烯腈（AN）、己内酰胺（CPL）、乙二醇（EG）4个品种。2003年末石化集团公司合成纤维原料的生产能力为352.96万吨/年（其中石化股份公司为269.8万吨/年），比2002年增加62.6万吨/年，增长21.56%。

2003年天津分公司DMT装置13万吨/年生产能力核销。

2003年石化集团公司生产合成纤维原料336.07万吨（其中石化股份公司257.18万吨），比2002年增加49.02万吨，增长17.08%。其中：PTA产量增加44.16万吨，同比增长23.1%。石化集团公司1998—2003年合成纤维原料产量见表20。

表20 **1998—2003年石化集团公司合成纤维原料分品种产量** 万吨

产品名称 \ 年份	2003	2002	2001	2000	1999	1998
石化集团公司公司合计	336.07	287.05	266.64	264.48	215.20	207.33
其中：石化股份公司合计	257.18	213.31	198.27	219.29	—	—
PTA	235.37	191.21	177.01	158.26	122.19	120.99
DMT	—	—	5.72	12.53	12.28	8.69
丙烯腈	24.38	20.47	18.10	18.54	15.20	16.66
己内酰胺	12.46	16.78	14.93	15.99	10.94	11.63
乙二醇	63.86	58.60	50.87	59.16	54.59	49.36

1. 精对苯二甲酸（PTA）

PTA是生产聚酯的主要原料。

石化集团公司生产PTA的企业有天津石化公司、上海石化股份公司、扬子石化股份公司、仪征化纤股份公司和洛阳石化总厂5家。扬子石化股份公司、仪征化纤股份公司（第一套PTA装置）和洛阳石化总厂采用原美国阿莫科化学品公司的专利技术，上海石化股份公司采用日本三井石油化学株式会社的“三井－阿莫科”专利技术，天津石化公司采用日本三井石油化学株式会社的专利技术，仪征化纤股份公司第二套PTA装置采用的是“杜邦—ICI”专利技术。

北京燕化股份公司是石化集团公司最早生产PTA的企业，采用的也是原美国阿莫科化学品公司的专利技术。从1999年起，北京燕化股份公司根据市场的需要和装置的实际状况，将PTA装置改产间苯二甲酸（PIA）。PIA在聚酯工业中，主要用作第三单体，是瓶用聚酯切片的主要原料之一。

2003年仪征化纤股份公司第二套PTA装置建成投产，该装置设计生产能力45万吨/年，投产后经过考核实际生产能力达到53万吨/年，从而使仪征化纤股份公司的PTA总生产能力达到85.5万吨/年。洛阳石化总厂PTA装置通过技术改造增加生产能力10万吨/年，使装置设计生产能力从22.5万吨/年提高到32.5万吨/年，增加44.4%。

2003年石化集团公司PTA产量为235.37万吨（其中石化股份公司产量为175.60万吨），比2002年增加44.16万吨，增长23.1%。石化集团公司1998—2003年PTA产量见表21。

2003年石化集团公司4家PTA生产企业产量创最新纪录，其中仪征化纤股份公司产量达到71.99万吨，比2002年增加37.73万吨，天津石化公司、上海石化股份公司和洛阳石化总厂分别比2002年增加产量2.68万吨、0.56万吨和3.44万吨。

2. 丙烯腈（AN）

丙烯腈是生产聚丙烯腈的单体，是制造腈纶纤维的原料。丙烯腈也是工程塑料ABS和AS的原料之一。丙烯腈为无色透明液体，有刺激性气味和毒性。

石化集团公司生产丙烯腈的企业有上海石化股份公司、上海高桥分公司、安庆分公司和齐鲁分公司4家。上海石化股份公司和安庆分公司采用美国标准石油公司专利技术，上海高桥分公司和齐鲁分公司采用国内技术。以上4家公司全部属于石化股份公司。

表21　　1998—2003年石化集团公司PTA分企业产量　　万吨

企业名称＼年份	2003	2002	2001	2000	1999	1998
石化集团公司合计	235.37	191.21	177.01	158.26	122.19	120.99
其中：石化股份公司合计	175.60	137.56	128.93	134.24	—	—
北京燕化股份公司	1.67①	1.30①	0.44①	0.46①	0.59①	—
天津石化公司	31.68	29.00	23.80	11.47	—	—
上海石化股份公司	31.31	30.75	29.02	28.00	27.09	26.91
扬子石化股份公司	72.30	72.55	67.30	72.22	66.05	67.38
仪征化纤股份公司	71.99	34.26	32.61	34.02	29.05	26.71
洛阳石化总厂	28.09	24.65	24.28	12.55	—	—

① PIA产量，未作为合纤原料加以统计。

2003年上海石化股份公司使用国产技术对年产6万吨丙烯腈装置进行技术改造，使装置生产能力从6万吨/年提高到13万吨/年，装置生产能力提高116.7%；上海高桥分公司丙烯腈装置增加生产能力0.1万吨/年，总生产能力上升到0.8万吨/年。

2003年石化集团公司生产丙烯腈24.38万吨，比2002年增加3.91万吨，增长19.2%。石化集团公司1998—2003年丙烯腈产量见表22。

2003年上海石化股份公司、安庆分公司和上海高桥分公司丙烯腈产量均创历史最好水平。其中：上海石化股份公司产量为10.82万吨，比2002年增加3.52万吨，增长48.2%；安庆分公司产量达到8.23万吨，比2002年增加0.22万吨，增长2.7%。

第五届全国丙烯腈行业年会于2003年9月在兰州召开。上海石化研究院和中国石油兰化分公司化工厂联合组办了这次会议。

3. 己内酰胺(CPL)

己内酰胺是合成聚己内酰胺树脂(尼龙-6)的单体，主要用于生产锦纶纤维。聚己内酰胺树脂也是工程塑料的一个种类。使用聚己内酰胺树脂工程塑料制造的齿轮具有自润滑特性。

石化集团公司生产己内酰胺的企业有巴陵分公司、南京化工公司和石家庄炼化股份公司3家，初始设计生产能力均为5万吨/年。巴陵分公司和南京化工公司采用荷兰国家矿业公司专利技术。石家庄炼化股份公司采用意大利SNIA公司的专利技术。

巴陵分公司己内酰胺装置先后于1997年和1999年实施扩能技术改造，使己内酰胺生产能力从5万吨/年增加到7万吨/年。

2003年石家庄炼化股份公司己内酰胺装置通过扩能技术改造，使装置生产能力从5万吨/年增加到6.5万吨/年，装置生产能力提高30%。

从2002年开始，南京化工公司己内酰胺装置与荷兰DSM公司合资，其生产能力和产量不再纳入2003年的统计中。

2003年石化集团公司生产己内酰胺12.46万吨(即石化股份公司产量)。石化集团公司1998—2003年己内酰胺产量见表23。

表22　　1998—2003年石化集团公司丙烯腈分企业产量　　万吨

企业名称＼年份	2003	2002	2001	2000	1999	1998
石化集团公司合计	24.38	20.47	18.10	18.54	15.20	16.66
其中：石化股份公司合计	24.08	20.34	18.10	18.54	—	—
上海石化股份公司	10.82	7.30	6.75	7.29	5.99	7.23
上海高桥分公司	0.88	0.84	0.90	0.87	0.80	0.80
安庆分公司	8.23	8.01	6.44	6.62	5.38	5.91
齐鲁分公司	4.15	4.19	4.01	3.76	3.03	2.72

表 23　　**1998 — 2003 年石化集团公司己内酰胺分企业产量**　　万吨

企业名称 \ 年份	2003	2002	2001	2000	1999	1998
石化集团公司合计	12.46	16.78	14.93	15.99	10.94	11.63
其中：石化股份公司合计	12.46	10.28	8.87	10.28	—	—
石家庄炼化股份公司	5.74	3.04	1.61	3.44	0.06	—
南京化工公司	—	6.50①	6.07	5.71	4.91	5.36
巴陵分公司	6.72	7.24	7.25	6.84	5.96	6.28

① 最后一次纳入石化集团公司产量统计。

4. 乙二醇(EG)

乙二醇主要用于生产聚酯，还有生产防冻液等用途。乙二醇的生产工艺通常由环氧乙烷水合生成，所以当环氧乙烷市场紧俏的时候，企业经常通过减少乙二醇的产量来平衡市场对环氧乙烷的需求。

石化集团公司生产乙二醇的企业有北京燕化股份公司、燕山石化公司(原北京东方石油化工有限公司)、天津石化公司、上海石化股份公司、扬子石化股份公司、茂名石化公司 6 家企业。北京燕化股份公司、燕山石化公司、扬子石化股份公司、上海石化股份公司采用美国科学设计公司专利技术，天津石化公司、茂名石化公司采用荷兰壳牌公司专利技术。

2003 年石化集团公司生产乙二醇 63.86 万吨(其中石化股份公司 45.06 万吨)，比 2002 年增加 5.26 万吨，同比增长 9.0%。其中上海石化股份公司产量为 19.34 万吨，比 2002 年增加 1.92 万吨，增长 11.0%。石化集团公司 1998—2003 年乙二醇产量见表 24。

表 24　　**1998 — 2003 年石化集团公司乙二醇分企业产量**　　万吨

企业名称 \ 年份	2003	2002	2001	2000	1999	1998
石化集团公司合计	63.86	58.60	50.87	59.16	54.59	49.36
其中：石化股份公司合计	45.06	45.13	36.65	43.69	—	—
北京燕化股份公司	7.68	8.08	5.63	7.19	7.71	6.01
上海石化股份公司	19.34	17.42	11.48	13.11	14.01	12.43
扬子石化股份公司	18.02	19.63	19.55	23.39	18.91	19.29
燕山石化公司①	4.31	—	—	—	—	—
天津石化公司②	4.90	3.94	3.99	4.51	4.56	3.87
茂名石化公司	9.61	9.53	10.24	10.96	9.40	7.75

① 燕山石化公司的乙二醇装置 2003 年前属原北京东方石油化工有限公司。

② 2001 年以前，乙二醇装置属于天津联合石化公司。

(周向进)

【合成纤维聚合物】 石化集团公司生产的合成纤维聚合物主要品种有聚酯(PET)、聚乙烯醇(PVA)、聚己内酰胺(PA6)、纤维级聚丙烯(纤维级 PP)。2003 年石化集团公司合成纤维聚合物的生产能力为 246.64 万吨/年，扣除生产能力核减的因素，实际比 2002 年增加 11.87 万吨/年，增长 5.1%。

2003 年石化集团公司生产合成纤维聚合物 239.68 万吨(其中石化股份公司 184.56 万吨)，比 2002 年增产 16.33 万吨，增长 7.3%。2003 年聚酯产量增加 12.7 万吨，同比增长 6.1%。石化集团公司 1998—2003 年合成纤维聚合物产量见表 25。

1. 聚酯(PET)

聚酯是聚对苯二甲酸乙二醇酯(PET)的简称。

石化集团公司生产聚酯的企业有北京燕化股份公司、天津石化公司、天津分公司、上海石化股份公司、仪征化纤股份公司和洛阳石化总厂等 6 家。北京燕化股份公司、仪征化纤股份公司主装置和天津石化公司聚酯装置采用德国吉玛公司的专利技术；天津分公司

7万吨/年聚酯老装置采用日本帝人公司的专利技术；上海石化股份公司2.5万吨/年装置采用日本东丽公司专利技术，26万吨/年装置采用日本钟纺公司技术，5万吨/年装置采用杜邦公司专利技术；洛阳石化总厂20万吨/年聚酯装置采用杜邦公司专利技术。仪征化纤股份公司近两年新建成的聚酯装置均采用国内技术。

2003年仪征化纤股份公司建成一条新的生产能力15.75万吨/年的聚酯生产线，另外通过技术改造增加生产能力1.52万吨/年，累计增加生产能力17.27万吨/年，总生产能力达到131.01万吨/年。2003年仪征化纤股份公司实际生产聚酯121.01万吨，是石化集团公司聚酯生产能力最大的企业。

2003年仪化集团公司核销全部聚酯生产能力3.5万吨/年；巴陵石化公司核销全部聚酯生产能力1.5万吨/年；沧州炼油厂核销全部聚酯生产能力0.3万吨/年；天津分公司核销聚酯生产能力2.04万吨/年。

2003年石化集团公司生产聚酯221.95万吨(其中石化股份公司174.30万吨)，比2002年增加12.7万吨，增长6.1%。石化集团公司1998—2003年聚酯产量见表26。

表25　　1998—2003年石化集团公司合成纤维聚合物分企业产量　　万吨

产品名称 \ 年份	2003	2002	2001	2000	1999	1998
石化集团公司合计	239.68	223.35	216.06	186.84	156.25	129.73
其中：石化股份公司合计	184.56	170.04	161.57	160.16	—	—
聚　酯	221.95	209.25	202.85	174.05	143.82	119.29
聚乙烯醇	11.70	9.35	9.05	8.96	9.44	8.21
聚己内酰胺	6.03	4.76	4.16	3.83	2.99	2.23

表26　　1998—2003年石化集团公司聚酯分企业产量　　万吨

企业名称 \ 年份	2003	2002	2001	2000	1999	1998
石化集团公司合计	221.95	209.25	202.85	174.05	143.82	119.29
其中：石化股份公司合计	174.30	162.39	155.20	154.36	—	—
北京燕化股份公司	—	0.45	1.63	4.01	4.09	4.15
天津石化公司	25.02	21.19	21.77	5.33	10.98	7.88
天津分公司	6.92	3.79	4.37	11.48	—	—
上海石化股份公司	46.37	42.75	38.35	36.46	32.81	27.96
仪征化纤股份公司	121.01	115.41	110.85	102.41	93.76	78.20
仪化集团公司	0.43	2.60	3.11	1.59	1.24	0.81
巴陵石化公司	—	—	0.38	1.52	0.93	0.28
洛阳石化总厂	22.20	22.99	22.38	11.11	—	—
沧州炼油厂	—	0.07	0.00	0.14	—	—

2. 聚乙烯醇(PVA)

聚乙烯醇主要用于制造维纶纤维和粘合剂。

石化集团公司生产聚乙烯醇的企业有上海石化股份公司和四川维尼纶厂2家，均采用日本东丽公司专利技术。其中上海石化股份公司以乙烯为原料，四川维尼纶厂以乙炔为原料。四川维尼纶厂以天然气为原料生产乙炔，是石化集团公司惟一使用天然气作原料生产合成纤维的企业。

2003年石化集团公司生产聚乙烯醇11.70万吨(其中石化股份公司4.38万吨)，比2002年增加2.35万吨，增长25.1%。石化集团公司1998—2003年聚乙烯醇产量见表27。

3. 聚己内酰胺(PA6)

聚己内酰胺主要用于生产锦纶纤维(尼龙纤维)，也可以作为工程塑料。聚己内酰胺具有良好的耐磨性，作为工程塑料制成的齿轮，具有自润滑的特性。

石化集团公司生产聚己内酰胺的企业有石家庄炼化股份公司和巴陵分公司2家。巴陵分公司的年产1.46万吨装置是引进德国吉玛公司的技术和设备，年产2.0万吨装置采用国内技术。石家庄炼化股份公司年产0.5万吨装置采用意大利SNIA公司技术，年产2万吨装置采用国内技术。

表 27　　1998—2003 年石化集团公司聚乙烯醇分企业产量　　万吨

企业名称＼年份	2003	2002	2001	2000	1999	1998
石化集团公司合计	11.70	9.35	9.05	8.96	9.44	8.21
其中：石化股份公司合计	4.38	4.69	4.54	4.39	—	—
上海石化股份公司	4.38	4.69	4.54	4.39	4.64	3.72
燕山石化公司	2.30	—	—	—	—	—
四川维尼纶厂	5.02	4.66	4.51	4.57	4.80	4.49

2003 年石化集团公司生产聚己内酰胺 6.03 万吨(其中石化股份公司 5.88 万吨)，2003 年末核销产能的巴陵石化公司，当年生产聚己内酰胺 0.15 万吨。

4. 纤维级聚丙烯(PP)

纤维级聚丙烯是生产丙纶的原料。石化集团公司连续法聚丙烯装置均能生产纤维级聚丙烯，企业根据市场需求组织纤维级牌号的生产。1998 年后生产能力、产量均在聚丙烯(合成树脂)中统计。

(周向进)

【合成纤维】 合成纤维的五大品种是：涤纶、锦纶、腈纶、维纶、丙纶，俗称“五大纶”。

2003 年石化集团公司合成纤维的生产能力为 189.45 万吨/年(其中石化股份公司 142.62 万吨/年)，比 2002 年增加 6.42 万吨/年，增长 3.5%。其中涤纶增加 9.47 万吨/年，腈纶增加 0.59 万吨/年，锦纶减少 3.39 万吨/年。

2003 年石化集团公司生产合成纤维 171.22 万吨(其中石化股份公司 127.94 万吨)，比 2002 年增加 13.9 万吨，增长 8.8%。2003 年合成纤维产量增加较多的品种是涤纶和腈纶，其中涤纶增加 12.19 万吨/年，同比增长 10.3%；腈纶增加 2.18 万吨/年，同比增长 6.6%。石化集团公司 1998—2003 年合成纤维产量见表 28。

表 28　　1998—2003 年石化集团公司合成纤维分企业产量　　万吨

产品名称＼年份	2003	2002	2001	2000	1999	1998
石化集团公司合计	171.22	157.32	144.21	121.64	105.15	85.61
其中：石化股份公司合计	127.94	115.30	102.79	106.75	—	—
涤　纶	130.66	118.47	112.45	89.82	77.50	58.70
锦　纶	1.30	1.71	2.11	2.51	1.87	1.76
腈　纶	35.27	33.09	25.90	25.09	22.21	22.82
维　纶	1.17	1.11	1.10	1.16	1.14	1.16
丙　纶	2.82	2.91	2.62	3.04	2.42	1.18
PBT 纤维	0.03	0.02	0.03	0.03	—	—

1. 涤纶

涤纶是用聚酯为原料熔融纺丝并经过后加工制得的合成纤维。

2003 年石化集团公司涤纶纤维生产能力为 151.09 万吨/年(其中石化股份公司 107.61 万吨/年)比 2002 年增加 9.47 万吨/年，增长 6.7%。涤纶长丝的生产能力为 59.43 万吨/年，比 2002 年减少 1.03 万吨/年。

2003 年仪征化纤股份公司建成投产设计能力为 9 万吨/年的涤纶短纤维生产线(2 条)，经过考核实际生产能力达到 10.29 万吨/年。另外通过技术改造增加涤纶纤维生产能力 0.89 万吨/年(其中长丝 0.35 万吨/年)。2003 年仪征化纤股份公司涤纶纤维总生产能力达到 78.03 万吨/年，全年生产涤纶纤维 68.66 万吨/年。

2003 年天津分公司核销全部涤纶长丝生产能力 0.8 万吨/年；仪化集团公司核销涤纶长丝生产能力 0.7 万吨/年。

2003 年石化集团公司生产涤纶纤维 130.66 万吨

(其中石化股份公司 89.37 万吨/年)，比 2002 年增加 12.19 万吨，增长 10.3%。其中涤纶长丝产量为 47.33 万吨(其中石化股份公司 27.27 万吨/年)。石化集团公司 1998—2003 年涤纶产量见表 29。

表 29　　1998 — 2003 年石化集团公司涤纶分企业产量　　万吨

企业名称＼年份	2003	2002	2001	2000	1999	1998
石化集团公司合计	130.66	118.47	112.45	89.82	77.50	58.70
其中：石化股份公司合计	89.37	79.15	73.91	77.82	—	—
天津石化公司	18.80	15.31	16.73	2.71	8.40	6.41
天津分公司	6.80	3.62	3.53	7.60	—	—
上海石化股份公司	13.91	12.46	13.33	14.52	12.37	10.18
仪征化纤股份公司	68.66	63.06	57.05	55.70	51.50	37.57
仪化集团公司	3.80	3.85	4.08	4.11	3.61	2.84
巴陵石化公司	0.05	0.05	0.14	0.24	0.27	0.27
四川维尼纶厂	0.05	0.39	0.37	1.18	1.35	1.43
洛阳石化总厂	18.64	19.72	17.22	3.75	—	—

2. 锦纶

锦纶是合成纤维中的第二大品种。

石化集团公司生产锦纶的企业有巴陵分公司和石家庄炼化股份公司 2 家，均以己内酰胺为原料，其中巴陵分公司生产能力为 1.33 万吨/年，石家庄炼化股份公司生产能力为 0.5 万吨/年。2 家锦纶长丝纺丝设备和技术均为引进。

巴陵分公司的 1.33 万吨/年锦纶长丝装置，主要生产锦纶轮胎帘子线。该厂同时拥有相应规模的帘子线捻线、帘子布织造和浸胶设备，产品有锦纶轮胎帘子布和锦纶轻帆布。

2003 年石化集团公司生产锦纶纤维 1.30 万吨，比 2002 年减少 0.41 万吨。石化集团公司在全国锦纶纤维市场中所占份额较少。石化集团公司 1998—2003 年锦纶产量见表 30。

表 30　　1998 — 2003 年石化集团公司锦纶分企业产量　　万吨

企业名称＼年份	2003	2002	2001	2000	1999	1998
石化集团公司合计	1.30	1.71	2.11	2.51	1.87	1.76
其中：石化股份公司合计	1.30	1.20	1.13	1.03	—	—
巴陵石化公司①	0.00	0.51	0.98	1.47	1.80	1.57
巴陵分公司	1.30	1.20	1.13	1.03	—	—
石家庄炼化股份公司	0.00	0.00	0.00	0.00	0.07	0.20

① 2003 年巴陵石化公司锦纶生产装置整体改制脱离石化集团公司，产量统计到 2003 年。

3. 腈纶

腈纶产品主要有短纤维和毛条两种，主要制作毛线、毛毯，与棉花混纺制作面料等。

石化集团公司生产腈纶纤维的企业有上海石化股份公司、安庆分公司和齐鲁分公司 3 家。上述 3 家公司全部属于石化股份公司。安庆分公司采用美国氰胺公司两步法湿法纺丝专利技术，上海石化股份公司老装置采用国内技术，上海石化股份公司所属金甬腈纶公司和齐鲁分公司采用康泰斯 - 杜邦专利技术，上海石化股份公司所属金阳腈纶公司的设备从日本川崎公司引进，工艺技术为金阳 - 川崎共同开发。

2003 年石化集团公司生产腈纶纤维 35.27 万吨，比 2002 年增加 2.18 万吨，增长 6.6%。石化集团公司 1998—2008 年腈纶产量见表 31。

表 31　　**1998—2003 年石化集团公司腈纶分企业产量**　　万吨

企业名称＼年份	2003	2002	2001	2000	1999	1998
石化集团公司合计	35.27	33.09	25.90	25.09	22.21	22.82
其中：石化股份公司合计	35.27	33.09	25.90	25.09	—	—
上海石化股份公司	21.77	20.04	14.06	13.24	12.17	12.33
上海高桥分公司	—	—	—	—	—	0.44
安庆分公司	7.46	6.83	6.70	7.01	5.79	5.93
齐鲁分公司	6.04	6.23	5.15	4.84	4.25	4.11

4. 维纶

维纶是以聚乙烯醇为原料经过湿法纺丝和缩甲醛处理制得的纤维。

2003 年石化集团公司生产维纶纤维的企业只有四川维尼纶厂 1 家，采用国内技术。四川维尼纶厂生产能力为 2.1 万吨/年。

2003 年石化集团公司生产维纶纤维 1.17 万吨，与 2002 年相当。石化集团公司 1998—2003 年维纶产量见表 32。

四川维尼纶厂拥有水溶性维纶纤维产品、高强高模维纶纤维产品，也有使用维纶纤维制造的土工布产品。

表 32　　**1998—2003 年石化集团公司维纶分企业产量**　　万吨

企业名称＼年份	2003	2002	2001	2000	1999	1998
石化集团公司合计	1.17	1.11	1.10	1.16	1.14	1.16
其中：石化股份公司合计	—	—	0.07	0.39	—	—
上海石化股份公司	—	—	0.07	0.39	0.51	0.26
四川维尼纶厂	1.17	1.11	1.03	0.77	0.63	0.90

5. 丙纶

丙纶纤维是采用纤维级牌号聚丙烯树脂经熔融纺丝制得的合成纤维。

2003 年石化集团公司生产丙纶的企业有上海石化股份公司、洛阳石化总厂和江苏石油勘探局 3 家。2003 年石化集团公司丙纶生产能力为 2.95 万吨/年，其中上海石化股份公司为 1.7 万吨/年，洛阳石化总厂为 0.65 万吨/年，江苏石油勘探局为 0.6 万吨/年。

2003 年石化集团公司生产丙纶 2.82 万吨(其中石化股份公司 2.00 万吨/年)，比 2002 年减少 0.09 万吨。石化集团公司 1998—2003 年丙纶产量见表 33。

表 33　　**1998—2003 年石化集团公司丙纶分企业产量①**　　万吨

企业名称＼年份	2003	2002	2001	2000	1999	1998
石化集团公司合计	2.82	2.91	2.62	3.04	2.42	1.18
其中：石化股份公司合计	2.00	1.83	1.75	2.39	—	—
燕山石化公司②	0.04	0.19	0.27	0.21	0.17	0.18
上海石化股份公司	2.00	1.83	1.75	2.40	2.14	0.93
巴陵石化公司	—	—	—	—	—	0.04
洛阳石化总厂	0.51	0.56	0.56	0.43	0.12	0.03
江苏石油勘探局	0.27	0.32	0.03	—	—	—

① 不包括用于编织袋和土工布的丙纶纤维产量。

② 2003 年燕山石化公司丙纶装置整体改制脱离石化集团公司，产量统计到 2003 年。

上海石化股份公司的产品有超细丙纶纤维。仪化集团公司的产品有机织丙纶土工布。

从 2003 年初开始，燕山石化公司丙纶纤维生产装置随同燕山石化公司地毯厂改制脱离石化集团公司，故 2003 年核销燕山石化公司丙纶纤维生产能力。

6. PBT 纤维

PBT 纤维是以聚对苯二甲酸丁二酯切片为原料，通过熔融纺丝和后加工工艺制成的合成纤维。

2003 年石化集团公司生产 PBT 纤维 322 吨，由上海石化股份公司采用研究院的试验设备生产。

（周向进）

精 细 化 工

【概述】 2003 年，石化集团公司生产的催化剂、油品添加剂、表面活性剂、塑料助剂、橡胶助剂、水处理剂、化纤油剂等精细化工产品保证了企业生产经营的需要，创造了较好的经济效益，一批精细化工科研项目的研究开发进展正常，一些科研成果已转化为现实生产力，为企业产品结构调整、挖潜增效作出了贡献。精细化工在石油和石油化工工业中的重要作用越来越明显。石化集团公司 1998—2003 年主要精细化工产品产量见表 34。

表 34　　1998 — 2003 年石化集团公司主要精细化工产品产量　　吨

产品名称 ＼ 年 份	2003	2002	2001	2000	1999	1998
催化剂						
炼油催化剂	60 014	50 268	54 412	45 513	41 272	39 539
化工催化剂	1 297	955	1 090	850	700	232
氨合成用催化剂	3 337	2 071	3 306	3 750	3 915	3 397
炼油添加剂	8 322	9 480	17 858	1 326	1 568	1 043
塑料添加剂						
塑料增塑剂	74 370	77 231	77 540	67 623	53 625	45 920
塑料发泡剂	14 968	8 829	6 084	4 705	3 664	2 246
橡胶助剂						
橡胶促进剂	2 646	2 124	1 603	1 970	2 177	
橡胶防老剂	19 430	15 046	11 837	9 574	9 713	
表面活性剂						
破乳剂	613	1 167	1 646	2 023	2 118	2 009
乳化剂	430	517	639	1 369	4 896	5 813
合成洗涤剂		35 384	75 830	64 214	96 122	91 726
合成洗衣粉	—	27 236	62 369	50 761	80 470	76 332
液体洗涤剂	2 417	8 148	13 461	13 453	15 652	15 394
石油酸	7 658	7 011	10 521	8 288	9 230	15 394
微晶蜡	5 802	1 720	4 058	1 637	4 869	1 545
专用蜡	3 118	1 612	5 431	3 959	3 536	1 234
凡士林	6 542	4 016	7 605	13 599	9 059	5 848

（刘银乾）

【催化剂】 2003 年，石化集团公司在催化剂开发、生产和推广应用方面又有了新的突破。聚丙烯催化剂 NG 在气相法聚丙烯装置上工业应用成功；上流式渣油加氢保护剂 FZC－10U、FZC－11U、连续重整催化剂 PS－Ⅵ相继研制成功并完成了工业试验。催化剂生产技术水平又有很大提高，进一步降低了催化剂的生产成本。催化裂化催化剂、催化重整催化剂、加氢催化剂、基本有机原料催化剂、聚烯烃催化剂、化肥催化剂等六大类炼油和石油化工用催化剂的国产化率超过 85%。

1. 炼油催化剂

炼油催化剂主要包括催化裂化催化剂、催化重整催化剂、加氢催化剂、制氢催化剂等。1998—2003 年炼油催化剂的生产量统计见表 35。

表 35　　**1998—2003 年石化集团公司炼油催化剂分品种产量**　　吨

产品名称 \ 年份	2003	2002	2001	2000	1999	1998
催化裂化催化剂	57 367	48 388	52 342	44 061	39 344	36 817
催化重整催化剂	170	181	115	201	41	36
加氢催化剂	2 355	1 367	1 745	953	1 867	622
制氢催化剂	122	110	210	298	20	98
合　计	60 014	50 046	54 412	45 513	41 292	37 637

齐鲁石化公司催化剂厂是催化裂化催化剂的专业生产厂，建有 3 套分子筛和 2 套催化剂生产装置，催化剂装置生产能力达到 3.7 万吨/年。2003 年，齐鲁石化公司催化剂厂针对市场对丙烯不断增长的需求，以 ZSP 系列多产丙烯择形分子筛为基础，开发了提高液化气中丙烯浓度的催化裂化助剂 MP031，在 LPG 收率增加幅度较小的前提下，丙烯收率(对催化原料)可增加 0.5—0.8 个百分点。2003 年，齐鲁石化公司催化剂厂进一步加大技术改造力度，催化剂生产装置的改造采用低温喷雾、高温焙烧的的工艺技术路线，提高了装置的生产能力和产品收率，延长了设备运行周期；分子筛生产装置的改造采用了国外先进的喷雾预干燥技术和国内旋转闪蒸工艺技术，开发应用了分子筛尾气处理技术和分子筛冷却包装技术，提高了分子筛的质量、产量和收率。

2003 年齐鲁石化公司催化剂厂共生产催化裂化催化剂 2.98 万吨，占国内生产总量的 34%；销售催化剂 2.71 万吨，占国内销售总量的 33%。

长岭炼化公司催化剂厂可生产催化裂化、加氢、催化重整等各类炼油催化剂，其中催化裂化催化剂装置生产能力为 3 万吨/年、加氢催化剂装置生产能力为 2 500 吨/年、重整催化剂装置生产能力为 300 吨/年。

2003 年长岭炼化公司催化剂厂共生产炼油催化剂 2.8 万吨，其中生产催化裂化催化剂 2.76 万吨，占国内生产总量的 32%；销售催化裂化催化剂 3.02 万吨，占国内销售总量的 36%；同时，还生产催化重整催化剂 20 吨，加氢催化剂 361 吨。

抚顺石油化工研究院开发和生产加氢催化剂，现有催化剂生产装置 3 套，合成分子筛装置 1 套，形成催化剂生产能力 2 000 吨/年。2003 年抚顺石油化工研究院开发的上流式渣油加氢保护剂 FZC-10U、FZC-11U和 FDS-4 加氢脱硫催化剂均工业应用成功。2003 年抚顺石油化工研究院生产渣油加氢处理系列催化剂 438 吨，加氢精制催化剂 547 吨，加氢裂化催化剂 168 吨。

湖南建长石化股份有限公司建有 300 吨/年的连续重整催化剂装置、450 吨/年特种催化材料装置、100 吨/年非晶态合金催化剂装置、100 吨/年苯和乙烯液相烷基化催化剂装置、35 吨/年 HTS 分子筛生产线。2003 年，湖南建长石化股份有限公司在新产品开发方面取得了一定的进展。新型特种分子筛催化材料如铬硅分子筛、磷酸硅铝分子筛、MCM-22 分子筛等和新型苯和乙烯液相烷基化催化剂正在进行中试和工业放大；新型连续重整催化剂 RC031 正在进行工业生产。2003 年该公司生产连续重整催化剂 150 吨，特种分子筛 450 吨，非晶态合金加氢催化剂 15 吨。

山东公泉化工股份有限公司主要生产三大系列催化剂：渣油加氢处理催化剂、烃类转化制氢催化剂、加氢裂化与加氢精制催化剂。2003 年生产各种催化剂 784 吨。

淄博市临淄齐茂化工有限公司主要生产渣油加氢处理催化剂和加氢精制催化剂，2003 年生产各类催化剂 94 吨。

山东齐鲁科力化工研究院有限公司具备生产烃类制氢、耐硫变换、硫磺回收、选择加氢等四大类催化剂的能力。2003 年共生产制氢催化剂 85 吨。

2. 化工催化剂

化工催化剂虽然产量不大，但品种繁多，技术难度大，对石化工业的发展具有较大影响。1998—2003 年石化集团公司主要化工催化剂生产情况如表 36 所示。

北京化工研究院开发和生产的化工催化剂，主要品种有 C_2、C_3 加氢催化剂，乙烯脱炔、脱氢催化剂，脱一氧化碳催化剂，丙烯脱氧催化剂，低压羰基合成催化剂，苯氧化制顺酐催化剂，铑膦络合催化剂，脱砷催化剂等。其中 C_2 加氢催化剂 BC-H-20 的生产能力为 300 米^3/年。

表 36　**1998—2003 年石化集团公司化工催化剂分品种产量**　吨

产品名称 \ 年份	2003	2002	2001	2000	1999	1998
环氧乙烷银催化剂	110．9	19	200	44	105	34
丙烯腈催化剂	576	107	316	366	347	47
甲苯歧化催化剂	136	127	145	112	48	20
乙苯脱氢催化剂	158	81	200	130	81	77
PE 淤浆法催化剂	50．3	30	20	25	40	20
PE 气相法催化剂	79.6	47	57	—	—	—
聚丙烯催化剂	145.9	100	52	62.6	35	26.6
C_2、C_3 加氢催化剂	16.7	90	100	110	44	7
合　计	1 273.4	601	1 090	849.6	700	231.6

北京市奥达石化新技术开发中心主要生产聚烯烃催化剂，现有 5 套生产装置，3 套聚丙烯催化剂装置的生产能力为 170 吨/年，2 套聚乙烯催化剂装置的生产能力为 125 吨/年。2003 年奥达石化新技术开发中心依托北京化工研究院，在新产品开发和技术改进方面取得了很大的进展，开发了针对三井工艺生产 BOPP 牌号的 NA 催化剂，在广州石化进行了工业应用试验，生产的高速 BOPP 牌号和共聚牌号聚丙烯的质量达到了预期效果；开发了新型浆液法进料乙烯聚合催化剂 BCS01，适合于 UNIPOL 气相聚乙烯装置，已进行了工业试验；对聚丙烯 NG 催化剂进行了技术改进，解决了在工业装置应用中出现的温度波动等问题，目前已经在燕山石化、扬子石化 BP－AMOCO 聚丙烯装置上大批量使用，2003 年为企业降低成本 7 000万元。2003 年北京市奥达石化新技术开发中心共生产聚丙烯催化剂 130 吨、聚乙烯催化剂 56 吨。

北京燕化高新技术股份有限公司主要生产聚乙烯催化剂和聚丙烯催化剂，2003 年共生产聚烯烃催化剂 40 吨。

上海立得催化剂有限公司主要生产气相法聚乙烯催化剂，2003 年催化剂生产总量达到 50 吨。

上海石油化工研究院及其实验厂主要从事基本有机原料催化剂的研制和生产，丙烯腈催化剂装置生产能力 900 吨/年；甲苯歧化催化剂装置生产能力 400 吨/年；苯乙烯催化剂装置生产能力 550 吨/年。2003 年在新产品开发方面，上海石油化工研究院取得了较大的进展，开发了 SAC－2000 丙烯腈催化剂，并在上海高桥石化公司进行了工业试验；开发了 HAT－097 甲苯歧化催化剂，并在中石油辽化公司进行工业应用，同时在天津石化一期进行工业应用。2003 年共生产丙烯腈催化剂 125 吨、HAT 系列甲苯歧化催化剂 136 吨、GS 系列苯乙烯催化剂 158 吨。

3. 氨合成用催化剂

氨合成用催化剂主要包括合成氨催化剂、高(中)温变换催化剂、低温变换催化剂、甲烷化催化剂及脱硫剂等，也是石化集团公司催化剂生产中品种较多、生产量较大的一类催化剂。1998—2003 年氨合成用催化剂生产情况如表 37 所示。

表 37　**1998—2003 年石化集团公司氨合成用催化剂分品种产量**　吨

产品名称 \ 年份	2003	2002	2001	2000	1999	1998
合成氨催化剂	2 000	716	1 909	2 032	1 885	1 336
高温变换催化剂	500	418	690	970	1 190	1 010
低温变换催化剂	487	505	430	443	585	609
甲烷变换催化剂	150	135	130	116	125	132
脱硫剂	120	118	147	189	110	20
合　计	3 257	1 892	3 306	3 750	3 915	3 397

石化集团公司拥有各类化肥催化剂的制备技术和生产优势，产量占全国化肥催化剂市场总量的1/3。南京化工公司催化剂厂现有19条生产线，能常规批量生产28个品种54个型号的化肥、有机化工和石油化工催化剂，设计生产能力为10 350吨/年。2003年该公司生产催化剂5 030吨。

南京化工公司研究院开发和生产低温变换、高温变换、甲烷化、合成甲醇等催化剂，催化剂生产能力为1 000吨/年，2003年共生产各类催化剂1 204吨。

山东齐鲁科力化工研究院有限公司耐硫变换催化剂生产能力为100吨/年，2003年生产量为80吨。

（顾培蕾）

【表面活性剂】 石化集团公司研究开发和生产的表面活性剂主要有洗涤剂、破乳剂、乳化剂、纺织助剂、化纤油剂和农药乳化剂等，主要由金陵石化公司、上海石化股份公司、天津石化公司、高桥石化公司及仪征化纤股份公司等企业生产。

1. 表面活性剂及中间体原料

石化集团公司生产的表面活性剂及中间体原料主要有烷基苯、烷基苯磺酸盐、石油磺酸盐、环氧丙烷、脂肪醇和脂肪胺等。

石化集团公司2003年烷基苯产量236 364吨，直链烷基苯的生产主要在金陵石化公司。金陵石化公司有3套烷基苯生产装置，生产能力30万吨/年，金陵石化公司烷基苯厂及其投资公司金桐公司各有一套，2003年8月金陵石化公司与金桐公司又合资新建一套10万吨/年烷基苯装置，总生产能力占全国生产能力的60%左右。金陵石化公司有1套8 000吨/年(金陵石化公司占40%股份)及1套1.2万吨/年烷基苯磺酸盐生产装置(金陵石化公司占60%股份)，另有1套2.4万吨/年烷基苯磺酸盐生产装置(金陵石化公司占40%股份)。

石化集团公司环氧丙烷生产能力为10.6万吨/年，2003年产量11.70万吨，其中金陵石化公司生产能力4.0万吨/年，2003年产量3.37万吨；高桥石化公司生产能力6.0万吨/年，2003年产量7.72万吨；巴陵石化公司生产能力6 000吨/年，2003年产量6 000吨。

2. 新型表面活性剂开发与生产

石化集团公司开发和生产的新型表面活性剂有磺基甜菜碱、烷基糖苷、醇醚羧酸盐等。其中两性表面活性剂磺基甜菜碱，已在金陵石化公司建成了400吨/年中试装置，截至2003年底已累计销售了1000多吨产品。烷基糖苷(APG)是一种性能优良、环境“友好”、用途广泛的新型非离子表面活性剂。金陵石化公司建有1 000吨/年的烷基糖苷中试装置，主要产品品种有APG－0810、APG－1214等，截至2003年底共生产烷基糖苷约2 000多吨。

3. 聚醚多元醇

聚醚多元醇是合成聚氨酯的主要原料。2003年石化集团公司聚醚生产能力为23.4万吨/年，产量21.13万吨。其中高桥石化公司生产能力11.2万吨/年，2003年产量10.91万吨；天津石化公司第三石油化工厂聚醚多元醇生产能力7万吨/年，2003年产量6.37万吨；金陵石化公司化工二厂软泡、硬泡和聚合物多元醇三条聚醚生产线生产能力为5.20万吨/年，2003年总产量为3.85万吨。

4. 化纤油剂

化纤油剂是在化学纤维的纺丝、牵伸及后处理过程中，喷附在纤维表面上的化学助剂，能提高纤维的集束和抗静电性能，改善其牵伸、卷曲、卷绕及纺织加工性能。上海石化股份公司、仪化集团公司、洛阳石化工程公司是石化集团公司内主要的化纤油剂生产和开发单位。石化集团公司总计有油剂复配生产能力5 000吨/年。

2003年上海石化股份公司化纤油剂生产能力由2 000吨/年扩至3 000吨/年。主要品种有涤纶短丝油剂、腈纶毛型油剂、涤纶长丝油剂、丙纶长丝油剂。2003年上海石化股份公司共生产腈纶、涤纶油剂2 000吨，油剂用单体1 000吨。

仪化集团公司建有一套2 000吨/年的油剂复配装置，主要牌号有YCD－1065、YCD－1068、YCD－2075、YCD－1019等，2003年共生产涤纶短纤油剂615吨，主要应用于仪征化纤股份公司的涤纶短丝生产线。

洛阳石化工程公司炼制所拥有1 000吨/年的油剂生产装置，生产的主要油剂品种有高速纺锦纶－66帘子线油剂LPAS－545H、氨纶卷绕油剂、丙纶烟用丝束油剂、涤纶长丝油剂和高速纺锦纶－6帘子线油剂等。经过不断改进与完善，氨纶卷绕油剂已在国内数家氨纶厂进行了应用；涤纶长丝油剂和丙纶烟用丝束油剂业已工业化而技术含量高，难度大，要求多的高速纺锦纶－66帘子线油剂(牌号LPAS－545H)，已在中国最大的帘子布生产基地——神马实业股份有限公司进行了工业应用；高速纺锦纶－6帘子线油剂也已在鹰山石化厂进行了工业应用。2003年洛阳石化工程公司炼制所生产各种化纤油剂283吨。

5. 农药乳化剂

石化集团公司农药乳化剂生产能力为1.5万吨/年，主要在金陵石化公司。金陵石化公司有一套6 000吨/年非离子表面活性剂和一套3 500吨/年阴离子表面活性剂生产装置，复配成农乳后，总能力达1.2万吨/年。

金陵石化公司开发成功 EF8108 系列草甘膦水剂新型助剂，将由可再生性资源合成的绿色表面活性剂——烷基多苷(APG)应用到内吸传导型广谱灭生性除草剂——草甘膦水剂之中，是环境友好的新型草甘膦水剂助剂。它的渗透性和润湿力较好，耐热耐寒，性能稳定，在国内同类产品中处于领先水平。现已建成3 000吨/年的生产装置，产品已在华东地区十几个草甘膦生产厂家推广应用，使用此助剂的草甘膦生产厂家的产品也因此畅销，并远销至欧洲、南非、北美洲、澳洲及东南亚等地区，并且该系列助剂也直接走向国际市场。自 1999 年开始推广应用，截至 2003 年底，该产品销售量已达 4 000 吨，直接或间接出口率达 90%以上，销售额达 3 500 万元人民币，具有非常好的推广应用前景。2003 年该系列助剂销售量约为1 500吨以上。

（刘银乾）

【合成胶粘剂】 石化集团公司主要生产胶粘剂原料，主要有3类：环氧树脂、丁二烯—苯乙烯共聚物及醋酸乙烯聚合物。

1. 环氧树脂类

环氧树脂类胶粘剂是一类新型的面际连接的精细化工材料，约占世界合成胶粘剂总量的5%左右。石化集团公司具有环氧树脂类胶粘剂的原料优势。巴陵石化公司有5 000吨/年中分子量、8 000吨/年E型及引进日本东都化成的3 000吨/年环氧树脂装置，加上新建的1万吨/年低分子量环氧树脂生产装置，共拥有2.6万吨/年的生产能力，是国内环氧树脂生产能力最大、品种牌号最多的厂家。生产销售的环氧树脂品种主要有E型、CYD型、EYD型环氧树脂，具体牌号有 E－44，E－42，CYD－011，CYD－127，CYD－128，CYD－144，EYD－011，EYD－012，EYD－013，EYD－014 等。2003 年共生产各种牌号环氧树脂 20 739 吨。石化集团公司 1998—2003 年环氧树脂生产量见表 38。

表 38　　1998—2003 年石化集团公司环氧树脂分品种产量　　吨

品种 \ 年份	2003	2002	2001	2000	1999	1998
E 型	2 221	4 333	7 003	5 182	4 691	2 828
CYD 型	11 826	5 841	4 981	3 699	2 302	1 935
EYD 型	6 692	4 914	4 843	2 951	2 035	932
合　计	20 739	15 088	16 828	11 838	9 028	5 705

2. 丁二烯—苯乙烯共聚物

石化集团公司丁苯胶乳的生产能力为6.06万吨/年，2003年产量6.17万吨(折干胶)。其中，齐鲁石化公司有一套利用石化集团公司开发的技术建成的丁苯胶乳生产装置，2003年产量2 400吨(折干胶)；高桥石化公司与 BASF 合资厂的丁苯胶乳生产能力为5.5万吨/年，2003年产量5.59万吨(折干胶)。另外，高桥石化分公司还有一套3 400吨/年生产能力的丁苯胶乳生产装置，2003年产量为3 400吨，丁苯胶乳主要用作地毯被衬和造纸。

SBS 主要用途是制鞋、沥青改性、塑料改性和做粘合剂，应用十分广泛。巴陵石化公司 SBS 生产能力已达10万吨/年，燕山石化公司 SBS 生产能力6万吨/年。2003 年生产用于胶粘剂的牌号有 YH 791、YH792、YH791H、YH796 等。巴陵石化公司在原 SBS 装置上批量生产 SIS，SIS 的生产能力已达1万吨/年，牌号有 SIS－1204、SIS－1200、SIS－1105、SIS－4104、SIS－1209 等。

3. 醋酸乙烯聚合物类胶粘剂

醋酸乙烯聚合物类胶粘剂主要有聚乙烯醇(PVA)及 PVA 的缩醛产物、聚醋酸乙烯乳液(PVAc)、醋酸乙烯与乙烯(VA－E)等其他单体的共聚物等。

上海石化股份公司和四川维尼纶厂的聚乙烯醇生产能力分别为4.1万吨/年和6.5万吨/年，由于维纶市场的不景气，80%以上的聚乙烯醇用于非纤用途，其中胶粘剂是一个重要的方面。上海石化股份公司醋酸乙烯、乙烯共聚乳液装置的规模为2 000吨/年。四川维尼纶厂有1套3万吨/年醋酸乙烯、乙烯共聚装置。

1998 年四川维尼纶厂提出实施“产品技术升级大行动”后，相继开发出多个附加价值很高的 PVA 新品种和专用料，如：PVA0588、PVA2488、PVA1599、浆料 PVA、陶瓷粘合剂、氯乙烯悬浮聚合分散剂等；成功研制出高粘度 VAE40－716、高乙烯含量 VAE40－718、低温防水专用胶等新产品，实现了品种的多元化和结构调整，2003 年 PVA 系列精细化工产品为该厂带来了显著的经济效益，为四川维尼纶厂脱困转盈作出了贡献。

（刘银乾）

【石油化工溶剂及助剂】 橡塑助剂类精细化工产品在石化集团公司占有重要地位。石化集团公司生产的增塑剂主要有邻苯二甲酸二丁(辛)酯和氯化石蜡等。金陵石化公司引进的邻苯二甲酸二辛脂生产能力为5万吨/年，2000年扩能改造到7万吨/年，2003年产量7.39万吨。2003年江汉石油管理局氯化石蜡产量479吨。金陵石化公司塑料发泡剂产量为1.50万吨。南京化工厂具有橡胶防老剂生产能力2.5万吨/年，橡胶促进剂生产能力5 200吨/年，可以生产防老剂丁、RD、甲、4020、4010NA等，促进剂M、DM、CBS等。2003年总计生产防老剂1.94万吨，促进剂2 646吨。

过氧化二异丙苯(DCP)主要用作橡胶、塑料、电缆料的交联剂，是高附加价值的精细化工产品。高桥石化公司精细化工厂有1套DCP装置，生产能力为1.2万吨/年，单套装置生产能力仍居世界第一，并根据市场需要不断研究开发了不同规格的DCP系列产品及其他新型过氧化物产品，使产品质量、单耗、成本均处于世界先进水平，目前已占有40%的世界市场份额，2003年产量1.3万吨，实现利润1 800多万元。

（刘银乾）

化　　肥

【概述】 石化集团公司现有8家化肥生产企业，其中齐鲁分公司第一化肥厂、第二化肥厂因炼厂干气和天然气资源严重不足分别于2002年3月和11月停产，第一化肥厂已根据国家国有企业改革的要求和相关政策实施改制分流，第二化肥厂的装置资产也正在处理之中。南京化工公司大化肥装置于2002年6月份投料试车成功后，因原料不足和价格等问题，2002年9月份停产后一直未开。截至2003年底，石化集团公司实际仅有7家化肥企业在进行生产，其中石化股份公司的6家企业是金陵分公司、安庆分公司、巴陵分公司、湖北化肥分公司、镇海炼化股份公司、九江分公司，主要产品有合成氨和尿素，主要原料为石脑油、重油、脱油沥青和炼厂干气；石化集团公司存续部分的1家企业是南京化工公司，主要化肥产品有合成氨、硝铵(工业)、碳铵、普钙、复合肥。

2003年末石化集团公司合成氨生产能力为238.50万吨/年，其中石化股份公司223.50万吨/年，比2002年减少8万吨/年；尿素生产能力为373.00万吨/年,其中石化股份公司373.00万吨/年，比2002年减少11万吨/年；2003年核减的装置生产能力为齐鲁分公司第一化肥厂8万吨/年合成氨和11万吨/年尿素装置。其他化肥产品生产能力较小，分别为硝酸铵11.60万吨/年，硫酸铵40.35万吨/年(其中石化股份公司40.35万吨/年)，碳酸氢铵1.20万吨/年，普钙50.00万吨/年，合成复合肥48.00万吨/年(其中石化股份公司10.00万吨/年)。

2003年由于国内工业用尿素需求增加和国际尿素价格高位拉动出口，国内尿素市场供需关系好于2002年，多数化肥生产企业效益有所好转。但是，石化集团公司的化肥企业由于原料结构改造工作尚未完成，生产经营环境没有得到根本性改善，化肥生产亏损仍然十分严重。2003年由于油价一直居高不下，化肥产品成本与销价倒挂严重，阶段性生产周期越来越短。全年合成氨、尿素装置运转率分别为60.80%和57.93%，同比分别下降15.30和16.68个百分点。其中金陵分公司、湖北化肥分公司、巴陵分公司3套化肥装置运转率都低于35%，尿素产品产量、销量均比同期减少了24%以上。

2003年石化集团公司把化肥企业控亏工作重点放在抓好化肥装置的经济运行和降本减费工作上。一是继续按产品有边际利润的原则组织阶段性生产，对以重油或沥青为原料、产品边际利润较好的镇海炼化股份公司、九江分公司2套化肥装置，按全年较高负荷组织生产；对以石脑油为原料、产品没有边际利润的巴陵分公司、金陵分公司、湖北化肥分公司3套化肥装置，仅安排在化肥需求旺季生产，以维持本区域内化肥市场最基本份额；对安庆分公司在保证互供氢气、氨的前提下合成氨降负荷生产，尿素装置相应采取阶段性停产措施，最大限度减少高价原燃料的用量、降低生产成本。二是通过优化工艺控制，充分发挥技术改造项目的作用，实现资源的合理优化利用、降低成本。镇海炼化股份公司实现了全部用脱油沥青(DOA)替代渣油作化肥原料，全年累计消化DOA原料25.09万吨；2台CFB煤锅炉年底正式竣工投产，停运了原有重油锅炉，同时向地方增加发电量，发电负荷达到了90%以上，不但对公司起到了降本增效的作用，也为地方缓解电力紧张问题作出贡献。安庆分公司、金陵分公司根据不同时期的原燃料价差，及时做好原燃料品种的替换工作，全年分别用干气顶原燃料石脑油7.78万吨和2.02万吨；湖北化肥分公司、巴陵分公司通过技术攻关和优化工艺操作，掺烧重油比例分别达到30%—50%，有效缓解了石脑油资源紧张、价高的矛盾，降低了化肥原燃料成本。三是充分利用现有设备能力，加大装置间资源互供工作。镇海炼化股份公司化肥装置全年累计向炼油供氢1.03万吨，供氮1957.72万米^3(标准)。安庆分公司化肥装置累计向炼油厂供合成气6403.79万米^3（H_2含量

74.8%)，向腈纶厂供液氨 4.29 万吨。九江分公司化肥装置通过向炼油厂送蒸汽、用好炼油精制氨，提高了公司整体效益。四是通过强化成本预算管理，将降本减费措施落实于生产和管理的各环节，有效地控制成本。2003 年在化肥装置运转率、负荷率下降，且化肥用轻油价格同比上涨超过 470 元/吨，重油价格同比上涨了近 140 元/吨的不利条件下，尿素现金操作费用平均降低了 9.32 元/吨。五是贯彻落实"紧贴市场、全产全销、卖出当期最好价"的营销策略，步步紧贴市场，积极引导市场，有针对性地开展各阶段的工作，使全年化肥销售达到了预期目标。2003 年石化股份公司累计销售尿素 201.38 万吨，产销率为 99.6%，尿素平均销售价格同比高出 92.38 元/吨；货款回笼率为 100%，基本实现了全年产销平衡、无欠款。2003 年通过落实深度挖潜增效措施，自觉降本压费，石化集团公司化肥板块较好地完成了全年限亏任务，其中镇海炼化股份公司化肥同比增加利润 30%以上。

（孙宝慈）

【改造】 2003 年石化集团公司化肥原料改造工作已全面进入实质性的阶段，各项工作都按照 2005 年底前建成投产的目标抓紧进行。

镇海炼化股份公司、九江分公司 2 套以渣油为原料的化肥改造项目周期相对较短。镇海炼化股份公司 2002 年 7 月底完成脱油沥青项目，2003 年 2 台 CFB 锅炉项目(2 台 410 吨/时 CFB 锅炉和 2 台 60 兆瓦发电机组)于 2003 年 12 月 18 日正式竣工投产发电，并替代油锅炉向化肥装置供汽，向炼油装置供部分中压蒸汽，初步达到了"煤代油"项目的目标。九江分公司气化炉掺烧干气项目于 2003 年 4 月份开始实施，全年累计掺烧干气 0.92 万吨；脱油沥青项目可行性研究报告和基础设计分别于 2003 年 2 月 15 日和 10 月 24 日获石化股份公司批复，2003 年已基本完成设备订货，并进入新增设备的土建基础施工阶段。

巴陵分公司、金陵分公司、湖北化肥分公司、安庆分公司 4 套以轻油为原料的化肥"煤代油"改造项目前期工作已经完成，进入实质性建设阶段。金陵分公司 2003 年 4 月 11 日与液空南亚新加坡公司签订了空分装置引进合同，2003 年 4 月 16 日与中国天辰化学工程公司—南京金陵工程有限公司签订了改造工程 EPC 总承包合同，2003 年 8 月 14 日项目初步设计获石化股份公司批准，10 月 18 日桩基工程开工。巴陵分公司"煤代油"改造工程分为煤气化和配套两个部分，煤气化项目为与壳牌的合资项目，2003 年 6 月 4 日初步设计已由石化股份公司批复，2003 年 6 月 20 日与宁波工程公司签订了煤气化项目的 EPC 总承包合同。"煤代油"项目开工报告于 2003 年 7 月 22 日获石化集团公司批准，8 月 28 日获国家发展和改革委员会(国家发改委)批准。2003 年 12 月 19 日与 LINDE 公司签订了空分装置成套引进合同，2003 年 6 月 20 日与西班牙 BBE 公司签订了气化炉内件合同，2003 年 11 月 15 日与金州重型机械厂签订了气化炉壳体供货合同，2003 年 12 月 15 日现场桩基工程开始。配套部分也完成了多数设备订货工作，地下管网工程开始施工。湖北化肥分公司"煤代油"改造项目初步设计于 2003 年 9 月 11 日获石化股份公司批准，10 月 28 日正式开工。2003 年 8 月 22 日与壳牌公司签订了粉煤气化技术转让合同，2003 年 12 月 18 日与 LURGI 公司签订了低温甲醇洗合同。截至 2003 年底已完成改造工程的 EPC 承包合同、工程监理的招标及监理合同签订工作，完成了工程主体装置空分、气化炉内件、壳体、氨冰机等关键长周期设备的订货工作。安庆分公司化肥"油改煤"工程的可行性研究报告于 2003 年 9 月 15 日获国家发改委最终批复。2003 年 12 月 1 日完成初步设计审查工作。2003 年 8 月 29 日与壳牌公司签订了粉煤气化技术转让商务合同，2003 年 12 月 18 日会同湖北化肥分公司与 LURGI 公司签订了低温甲醇洗合同。至 2003 年底，基本完成了"煤代油"工程现场"四通一平"和地质详勘工作。

（孙宝慈）

【产量】 2003 年石化集团公司生产合成氨 138.17 万吨，其中石化股份公司生产 121.02 万吨；生产尿素 203.17 万吨，为 2002 年的 69.65%，其中石化股份公司生产 202.76 万吨，为 2002 年的 76.05%。详见表 39、表 40。

2003 年全国合成氨产量为 3794.60 万吨，同比增长 4.70%，尿素产量为 3587.55 万吨，同比增长 4.39%。石化集团公司分别占全国总产量的 3.64%和 5.66%，比 2002 年分别下降 1.67 和 2.72 个百分点。

2003 年石化集团公司其他化肥产品主要是根据市场需求情况相应调整产量，其中硫铵、高浓度合成复合肥产量同比有所上升，碳铵、普钙和混配复合肥产量同比有所下降，硝铵产量与去年基本持平。石化集团公司全年生产硫铵 32.99 万吨(其中石化股份公司 32.99 万吨)，为 2002 年的 104.83%；合成复合肥 36.94 万吨(其中石化股份公司 0.20 万吨)，为 2002 年的 122.15%；碳铵 1.06 万吨，为 2002 年的 84.55%；普钙 40.58 万吨，为 2002 年的 78.03%；混配复合肥料 13.06 万吨，为 2002 年的 47.87%；硝铵(工业用) 11.47 万吨，为 2002 年的 100.53%。

（孙宝慈）

表 39　　**1998 — 2003 年石化集团公司合成氨分企业产量**　　万吨

企业名称	设计能力/万吨·年⁻¹ \ 年份	2003	2002	2001	2000	1999	1998
石化集团公司合计	238.50	138.17	194.01	167.65	189.90	273.24	285.40
其中：石化股份公司合计	223.50	121.02	160.86	141.20	175.26		
齐鲁分公司第二化肥厂	30.00	0.00	0.00	4.23	25.32	28.14	28.44
金陵分公司	34.00	10.40	26.36	28.09	20.37	35.74	36.56
安庆分公司	32.00	26.97	30.75	26.73	29.62	31.01	34.02
广州分公司		—	—	0.00	16.33	24.29	33.37
巴陵分公司	33.00	7.24	20.05	11.56	19.31	35.94	35.89
湖北化肥分公司	30.00	11.51	15.66	10.17	13.41	32.36	30.06
镇海炼化股份公司	34.50	32.13	33.56	32.87	30.25	36.04	38.92
九江分公司	30.00	32.76	33.55	23.67	18.10	29.45	25.90
齐鲁分公司第一化肥厂		—	0.92	3.87	2.56	6.79	8.26
南京化工公司(中)	15.00	17.15	16.67	16.46	14.64	13.48	14.00
新星石油公司(小)			12.04	9.99			
南京化工公司(大)		0.00	4.44				

表 40　　**1998 — 2003 年石化集团公司尿素分企业产量**　　万吨

企业名称	设计能力/万吨·年⁻¹ \ 年份	2003	2002	2001	2000	1999	1998
石化集团公司合计	373.00	203.17	291.69	248.36	292.25	443.60	461.90
其中：石化股份公司合计	373.00	202.76	266.63	234.15	292.25		
齐鲁分公司第二化肥厂	48.00	0.00	0.00	6.25	39.73	47.43	48.22
金陵分公司	52.00	18.10	45.91	49.07	35.31	61.54	63.04
安庆分公司	52.00	39.44	46.15	42.49	48.48	52.57	59.34
广州分公司		—	—	0.00	26.50	40.20	56.54
巴陵分公司	61.00	12.65	31.46	17.11	31.39	61.12	58.93
湖北化肥分公司	48.00	19.60	27.06	17.58	23.11	56.18	50.72
镇海炼化股份公司	60.00	55.70	58.03	56.88	52.79	62.66	68.20
九江分公司	52.00	57.27	58.01	40.50	30.69	50.55	43.14
齐鲁分公司第一化肥厂		—	0.00	4.29	4.22	11.35	13.82
新星石油公司			19.54	14.20			
南京化工公司(大)		0.00	5.52				

【技术经济指标】 2003 年主要技术经济指标总体上好于 2002 年，其中合成氨综合能耗为 39.62 吉焦/吨，同比下降 0.28 吉焦/吨；纯氮综合能耗为 63.67 吉焦/吨，与上年基本持平；尿素耗氨为 574.35 千克/吨，同比下降 1.13 千克/吨。各企业通过精心操作、优化工艺参数和在尿素中适量添加甲醛等措施，保证了产品质量的稳定，尿素产品优等品率平均为 99.43%，同比提高 0.46 个百分点。2003 年环保工作继续保持较好水平，化肥装置外排废水综合合格率平均为 95%以上，优于达标考核要求，镇海炼化股份公司化肥装置外排废水综合合格率达到了 100%。

（孙宝慈）

【行业活动】 2003 年 10 月 13 日中华人民共和国财政部、中华人民共和国国家税务总局发出《关于调整出口货物退税率的通知》，对现行出口货物增值税退税率进行结构性调整。包括磷矿石、原油、木材、纸浆等取消出口退税。化肥产品自 2004 年 1 月 1 日起出口退税率由 13%降为 11%。

2003 年 9 月 5 日在新疆乌鲁木齐石化公司召开了第 5 届渣油型大化肥厂际技术交流会，国内 9 家以重油为原料的大化肥企业参加了会议。会议主要围绕优化生产运行、降低生产成本、调整原燃料和产品结构，提高整体竞争能力等内容进行了深入和广泛的交流。

2003 年 9 月 22—24 日在辽宁葫芦岛市召开了全国大化肥企业质量联络网年会，会议重点就各企业在质量管理、质量检查、体系认证、提高产品质量和顾客满意度等方面的工作，以及对《尿素及其测定方法》(GB 2440—2001)和《肥料标识内容和要求》(GB 18382—2001)2 个新国标执行情况进行交流。

2003 年 10 月 21—24 日在大连市召开了第 16 届全国大型合成氨装置技术年会，会议由《大氮肥》编辑部主办，大连化工集团合成氨厂承办。年会交流的重点是：入世以来化肥市场形势分析和对策研究；实施合成氨原料结构调整改造情况介绍和技术经济分析；国内外合成氨工艺技术、设备、仪表、催化剂等新技术的开发和应用情况；以及近两年企业组织安稳长满优生产和装置运行达标经验等。

（孙宝慈）

无机原料

【概述】 石化集团公司生产无机原料的企业有南京化工公司、巴陵石化公司、齐鲁石化股份公司、石家庄分公司、南京化工厂和江汉油田分公司等。主要无机原料为“三酸两碱”。2003 年末石化集团公司具有硫酸生产能力 67.00 万吨/年（其中石化股份公司 17.00 万吨/年），烧碱生产能力 61.30 万吨/年(其中石化股份公司 30.30 万吨/年)，纯碱生产能力 90.25 万吨/年，盐酸生产能力 23.83 万吨/年(其中石化股份公司 5.93 万吨/年)，硝酸生产能力 6.30 万吨/年。2003 年石化集团公司生产硫酸 60.88 万吨(其中石化股份公司 19.29 万吨)，烧碱 59.07 万吨(其中石化股份公司 31.45 万吨)，纯碱 92.04 万吨，盐酸(折 31%)29.34 万吨(其中石化股份公司 5.67 万吨)，硝酸 7.58 万吨。主要无机原料生产能力见表 41，产量见表 42。

表 41　**1998 — 2003 年石化集团公司主要无机原料生产能力**　万吨/年

产品名称 \ 年份	2003	2002	2001	2000	1999	1998
硫　酸	67.00	54.00	54.00	32.00	32.00	32.00
硝　酸	6.30	6.30	5.30	5.30	5.30	5.30
盐　酸	23.83	20.43	16.43	12.03	12.03	7.43
烧　碱	61.30	44.80	37.80	37.80	37.80	28.30
纯　碱	90.25	80.25	80.25	80.00	60.25	60.25

表 42　**1998 — 2003 年石化集团公司主要无机原料产品产量**　万吨

产品名称 \ 年份	2003	2002	2001	2000	1999	1998
硫　酸	60.88	50.75	36.54	34.43	32.86	31.96
硝　酸	7.58	6.97	6.24	5.72	4.03	4.38
盐　酸	29.34	22.43	18.77	11.58	15.62	9.26
烧　碱	59.07	39.99	37.33	35.26	33.71	25.36
纯　碱	92.04	90.01	88.10	85.61	83.64	79.01

（孙宝慈）

【硫酸】 硫酸是由硫铁矿焙烧或硫磺氧化生成二氧化硫，再经催化转化为三氧化硫结合水而成。工业硫酸用于制造无机肥料和其他无机盐类，南京化工公司生产的硫酸主要用于生产已内酰胺、普钙、磷酸、S-NPK高浓度复合肥等产品。

石化集团公司生产硫酸的企业主要有南京化工公司、石家庄分公司，均采用硫磺做原料。南京化工公司继 2001 年改造完成 1 套硫铁矿制酸装置后，2003

年11月18日又建成第二套硫磺制酸装置，形成硫磺制酸生产能力为50.00万吨/年，原有硫铁矿制酸装置将在2004年初拆除。

石化集团公司2003年末具有硫酸生产能力为67.00万吨/年(其中石化股份公司17.00万吨/年)，比2002年增加能力13.00万吨/年；实际生产硫酸60.88万吨(其中石化股份公司19.29万吨)，比2002年增加10.13万吨。

(孙宝慈)

【硝酸】 硝酸由氨氧化合成而得。浓硝酸是重要的基本无机化工原料，可用于生产化肥、炸药、无机盐、基本有机合成产品、染料、医药等；还可用于冶金、电镀、有机合成等。

石化集团公司仅有南京化工公司建有间接浓缩法和直接合成法2套浓硝酸装置。2003年末浓硝酸生产能力为6.30万吨/年，实际生产浓硝酸7.58万吨，比2002年增产0.61万吨。

(孙宝慈)

【盐酸】 又名氢氯酸，是氯碱工业的重要产品，由电解食盐水生产烧碱副产氯气加工制得。广泛用于化工、轻工、纺织、冶金等行业，用于制取氯化物、漂白酸洗、碱性中和等。

石化集团公司生产盐酸的企业有齐鲁石化股份公司、江汉油田分公司、南京化工公司、南京化工厂、巴陵石化公司、燕山石化公司等7家，均为副产盐酸。2003年末石化集团公司盐酸生产能力23.83万吨/年(不包括南京化工公司和燕山石化公司)，比2002年增加能力3.40万吨/年；实际生产盐酸29.34万吨，比2002年增加6.91万吨。

2003年因北京东方化工有限公司并入燕山石化公司，使石化集团公司增加盐酸产量3.35万吨，新增盐酸生产能力暂未统计。

(孙宝慈)

【烧碱】 又名氢氧化钠，主要原料为工业原盐，经盐水精制、电解、蒸发浓缩而制得。烧碱是重要的基本无机化工原料，尤其在造纸、合成洗涤剂、纺织、玻璃、印染等轻纺工业，在农药、塑料、橡胶、合成纤维、油脂工业以及国防、冶金、医药、肥皂等行业都是不可缺少的化工原料。

石化集团公司生产烧碱的企业有齐鲁石化股份公司、巴陵石化公司、南京化工厂、江汉油田分公司和燕山石化公司5家。

2003年末石化集团公司烧碱生产能力61.30万吨/年,比2002年增加生产能力16.50万吨/年；2003年实际生产烧碱59.07万吨，比2002年增产19.08万吨。

2003年因北京东方化工有限公司并入燕山石化公司，使石化集团公司新增烧碱能力16.00万吨/年。

(孙宝慈)

【纯碱】 又名碳酸钠，主要原料为原盐和石灰石，采用氨碱法工艺制得。纯碱也是重要基本无机化工原料，应用范围较广，主要用于玻璃、造纸、洗涤剂制造、纺织、制革等行业的工业原料，其中玻璃工业是纯碱的最大应用领域。

石化集团公司生产纯碱的企业是南京化工公司连云港碱厂，装置生产能力通过扩能改造已达到90.25万吨/年，是目前国内生产规模最大的3个碱厂(维坊碱厂、唐山碱厂、连云港碱厂)之一。2003年实际生产纯碱92.04万吨，比2002年增产2.03万吨；出口纯碱总量达到20.50万吨，与2002年出口量基本持平。

2003年全国纯碱产量为1 107.50万吨，同比增长9.00 %，石化集团公司占全国总量的8.31%，比2002年减少0.52个百分点；出口量占全国总量125.50万吨的16.33%。

(孙宝慈)

化工设备管理

【概述】 2003年石化集团公司21家化工企业固定资产原值为1 848.49亿元(其中石化股份公司为1 244.02亿元)，净值为946.05亿元(其中石化股份公司为577.80亿元)，其中设备固定资产原值为1 409.29亿元(其中石化股份公司为985.14亿元)，净值为691.79亿元(其中石化股份公司为447.24亿元)，设备新度系数为0.57(其中石化股份公司为0.46)。

21家化工企业共有设备924 586台，完好设备919 320台，完好率99.43%；其中主要设备32 421台，完好设备32 289台，主要设备完好率99.59%。设备静密封点数24 924 248个，泄漏点数3 383个，泄漏率为0.14‰。

设备分类情况：塔类4 213台，反应器类2 582台，储罐类32 030台，炉类1 034台，换热设备类20 378台，石油化工机械类8 762台，通用机械类53 632台，动力设备类96 247台，仪器仪表类660 657台，机修设备类6 026台，化纤设备类8 740台，起重运输和施工机械类9 772台，其他29 822台。关键机组911台，其中各类气体压缩机(250千瓦以上)627

台(电机驱动的474台，蒸汽透平驱动的153台)；冷冻机(200千瓦以上)201台(电机驱动的196台，蒸汽透平驱动的5台)；发电机(3 000千瓦以上)79台(蒸汽透平驱动的76台)；烟汽轮机(500千瓦以上)4台(电机驱动的1台，蒸汽透平驱动的3台)；在用压力容器29 620台。Ⅰ、Ⅱ、Ⅲ类工业管道391.72万米，总共118套主要生产装置，2003年检修生产装置44套。

21家化工企业，全年消耗新鲜水6.98亿吨，全年循环水供水总量96.71亿吨。

（孙新文）

【召开设备动力管理会议】 为了加强设备动力管理工作，2003年召开了有关设备动力管理会议：

2003年7月，召开了化工企业设备动力管理工作研讨会，企业间进行了广泛的交流，反映了设备动力管理方面存在的一些问题，并提出几点具体的想法和建议，为强化设备管理工作打下了良好的基础。

2003年8月，召开了在用工业管道管理技术研讨会，了解新的《在用工业管道检验规程》，解剖存在的问题，讨论今后的工业管道管理措施；邀请了有关专家和国家质检总局的有关领导参加会议，并现场解答新的规程中的有关疑难问题。

2003年12月，召开了炼化企业设备工作会议，部分企业在会上交流了设备管理的经验和教训，并进行了分组讨论，反映了当前设备管理存在的一些问题，并提出了具体的措施和建议，为加强设备管理、实现装置的安稳长运行打下了较好的基础。

（孙新文）

【组织长周期生产】 2003年石化集团公司考核的16类、118套主要化工生产装置中有17套再次实现了长周期运行。

2003年化工企业因装置实现长周期运行创造的经济效益为2.83亿元，其中因增加有效生产时间增产而增加的利税为0.96亿元，减少修理费支出1.59亿元，减少开停工损失0.28亿元。

（孙新文）

化工质量管理

【概述】 2003年石化集团公司化工产品质量管理工作取得显著成效，主要石化产品质量处于国内领先水平，部分产品质量达到国际水平，多次获得省部级嘉奖，仪征化纤股份公司获得2003年“中国质量管理奖”提名奖。化工事业部依照《中国石化化工质量管理办法》开展相关工作，进一步完善质量数据统计手段，积极引进世界先进质量管理方法，化工企业通过新一轮达标和开展同类装置竞赛活动，努力实现对石化产品的质量控制。2003年石化集团公司化工产品出厂合格率保持100%，其中合成树脂一级品以上比例为92.67%，橡胶一级品以上比例为70.75%，合成纤维一级品以上比例为94.94%，尿素优级品率为99.43%。企业在原料供应、产品生产及销售各环节严把质量关，并不断提高石化产品售后服务水平，全年未发生重大质量事故。

（王立东）

【产品质量监督抽查情况】 为提高石化产品质量，树立石化集团公司企业与石化产品的良好形象，石化集团公司在国家及各地方产品质量监督抽查的基础上，每年拿出专项资金，委托国家有关石化产品质量监督检验中心对石化集团公司石化产品进行监督抽检，并通报抽检结果，对抽检出现的问题责令企业限期整改，并及时申请复检，直至检验合格。同时，为提高产品质量监督的有效性，石化集团公司定期组织对各石化产品质量监督检验中心进行抽查，要求各质检中心按照国际管理模式运行，保证质检中心的“公正性、科学性及权威性”。2003年石化集团公司进一步加大产销量大、影响面广的重点产品的抽查力度，并委托中国纺织科学研究院质检中心开展了化纤产品的抽检工作。石化产品质量监督体系的不断完善，使石化集团公司石化产品质量得到了有效监督，促进了石化产品质量的提高，维护了石化集团公司石化产品的良好信誉。2000—2003年石化集团公司石化产品质量监督抽查情况详见表43。

（王立东）

【质量统计软件升级】 质量数据的收集、汇总和分析是质量管理工作的基础，但原《石化产品质量数据库系统》由于种种原因无法正常运转，鉴于这种情况，为满足总部及各二级企业质量管理工作的需要，科技开发部会同炼油事业部、化工事业部研究决定委托石化盈科公司对该软件进行升级。2002年6月项目开始启动，2003年3月召开了质量统计软件编码审定会。软件编制完成后，为确保软件顺利运行、统计数据能够顺利逐级上报，于8月份分别在北京燕化股份公司和上海高桥分公司进行了实际数据运行测试。生产厂及分公司质量统计人员进行了系统初始化、数据汇总、数据上报等操作，软件开发人员针对各生产厂现运行质量管理系统开发了与本系统的接口，在保证生产厂质量管理系统正常运行的同时，保证了数据正常上报。10月分别在天津石化公司和中国石化上海培训

表 43　2000 — 2003 年石化集团公司石化产品质量监督抽查情况

承检单位	产品名称	抽检类别	2003 年				2002 年				2001 年				2000 年			
			企业数	样品数	不合格数	合格率/%	企业数	样品数	不合格数	合格率/%	企业数	样品数	不合格数	合格率/%	企业数	样品数	不合格数	合格率/%
国家石油有机原料、合成树脂质检中心	石化有机原料	集团公司抽查	7	17	0	100	7	14	0	100	8	14	0	100.00	6	12	0	100.00
	聚丙烯	国家抽查													16	16	0	100.00
		集团公司抽查	28	28	0	100	30	30	2	93.3	21	30	1	96.67	9	16	1	93.75
		合　计	28	28	0	100	30	30	2	93.3	21	30	1	96.67	25	32	1	96.87
	低密度聚乙烯	集团公司抽查	4	4	0	100	3	3	0	100	3	3	0	100.00	4	6	0	100.00
	高密度聚乙烯	集团公司抽查	3	3	0	100	3	3	0	100	3	3	0	100.00	3	5	0	100.00
	线型低密度聚乙烯	集团公司抽查	6	6	0	100	6	6	0	100	3	3	0	100.00	6	7	0	100.00
	聚苯乙烯	集团公司抽查	4	4	0	100					3	3	1	66.67				
	抗冲击聚苯乙烯	集团公司抽查	1	1	0	100					1	1	0	100.00				
	聚酯切片	集团公司抽查	4	5	0	100					4	4	1	75.00				
国家合成橡胶产品质检中心	丁二烯橡胶	国家统检																
		集团公司抽查	4	4	0	100												
		合　计	4	4	0	100												
	丁苯橡胶	集团公司抽查	1	1	0	100												
	热塑性弹性体 SBS	集团公司抽查	2	2	0	100												
	丁腈橡胶	集团公司抽查																
石油集团化纤质检中心	涤　纶	集团公司抽查	5	37	1	97.3												
	腈　纶	集团公司抽查	3	8	0	100												
	丙　纶	集团公司抽查																
	维　纶	集团公司抽查																
	锦　纶	集团公司抽查																
	粘胶纤维	集团公司抽查																
合　计			28	120	1	99.2	30	56	2	96.43	44	62	1	98.36	44	62	1	98.36

中心举办了两期炼化企业质量统计软件使用技术培训班，共培训分、子公司及下属主要生产厂质量数据统计人员 131 人。通过培训，各级质量统计人员初步掌握了该系统的使用方法，培训结束后，石化盈科公司程序开发人员到 46 家炼化企业进行了现场技术服务。2004 年 1 月该系统已投入运行。该系统的运行将大大提高石化集团公司质量信息汇总、分析能力和质量管理水平。

（王立东）

【乙烯用石脑油分析方法比对】 2001 年 8 月，石化集团公司《乙烯装置专用石脑油内部质量标准》颁布后，由于部分企业测试软、硬件达不到标准要求，经常造成同一批石脑油供方、需方测试数据相差较大的现象，从而导致质量纠纷。为考察有关企业实验室乙烯用石脑油的检测能力，加强实验室之间的数据交流和实现检测结果的可比性，提高分析准确性，化工事业部与炼油事业部联合下发了《关于开展炼油化工企业实验室乙烯用石脑油分析方法比对的通知》，委托石油化工科学研究院具体实施。本次参加比对的实验室有 24 家，测试项目为 9 项。从 2003 年 4 月份开始，石油化工科学研究院开始向各实验室发放统一配置的石脑油样品，由于受到非典疫情的影响，试样发放工作直到 6 月中旬才结束。各实验室将测试结果反馈给石油化工科学研究院，石油化工科学研究院对试验数据进行了深入分析，并撰写了试验报告。9 月 8 日化工事业部、炼油事业部联合下文，公布了比对试验结果，并要求存在问题的企业尽快整改。从此次比对试验结果来看，茂名石化公司乙烯实验室、上海石化股份公司炼化部实验室、广州分公司第三化验室等化工企业实验室的检测能力较好，但也有个别实验室因为设备等原因试验数据离群现象严重，比对试验结果公布后，有关企业已按照化工事业部的要求进行了整改。

（王立东）

化工计量管理

【炼油化工企业计量工作大检查】 为加强炼化企业的计量管理，进一步提高企业的计量技术水平，为企业生产经营决策、增加经济效益提供计量保证，炼油事业部、化工事业部于 2003 年 6 月 11 日联合下发了《关于在炼化企业进行计量工作大检查的通知》，各炼化企业自 6 月下旬开始按照要求进行自查，7 月进行整改，7 月下旬将自查总结材料报炼油事业部和化工事业部。9 月 15—30 日，炼油、化工事业部组织了 6 个检查组赴部分企业进行重点检查，除炼化一体化企业与炼油企业共同编组检查外，化工事业部还单独组织了化工企业检查组，对仪征化纤股份公司、巴陵分公司等纯化工企业进行了检查。通过检查发现部分企业确实存在着计量管理机构不够健全，计量数据管理不规范、计量部门不掌握大宗物料计量数据等问题，检查组对每家被检企业进行了讲评。11 月 30 日至 12 月 1 日，炼油、化工事业部组织召开了炼化企业计量大检查总结会，会上对检查发现的企业计量工作中值得肯定的地方和目前存在的不足进行了总结，并对计量工作先进单位进行了表彰。

（王立东）

化工节能管理

【概述】 北京燕化股份公司、上海石化股份公司、扬子石化股份公司、天津石化公司、中原石化公司、广州分公司等乙烯及下游装置通过广泛采用新技术，相继完成了改扩建，目前改造的效果已经显现。2003 年主要化工装置能耗同比进一步降低，其中 2003 年石化集团公司乙烯装置能耗为 692.81 千克标油/吨，较 2002 年下降 11.75 千克标油/吨，比年计划降低 2.2 千克标油/吨。

1998—2003 年石化集团公司乙烯能耗统计数据见表 44。

表 44　1998 — 2003 年石化集团公司乙烯能耗统计数据

项目 / 年份	乙烯综合能耗/千克标油·吨$^{-1}$	
	石化集团公司	石化股份公司
2003	692.81	707.68
2002	704.56	719.62
2001	725.67	748.13
2000	742.94	768.24
1999	750.40	
1998	784.20	

（张　炜）

【节能管理】 2003 年在继续搞好化工装置达标和同类装置竞赛，促进化工装置节能降耗的同时，重点抓了乙烯装置节能和熄灭化工火炬工作。

2003 年 3 月 18 日，化工事业部组织召开了“急冷油减粘座谈会”，部署各乙烯装置急冷油减粘工作，目前，大部分装置急冷油减粘工作已见成效，促进了乙烯装置能耗降低。

针对目前乙烯装置能耗计算范围不统一、计算中折标系数选取不尽合理等问题，做了收集各乙烯装置能耗基础数据、了解乙烯装置能耗计算范围等工作，以使各装置能更好地通过横向对比和与国际接轨，找出运行中存在的不足和差距，促进能耗的降低，并为今后统一乙烯装置能耗计算方法作必要的准备。

详细了解各化工装置火炬运行情况，在2003年11月节能宣传周期间，召开了“化工企业节能座谈会”，检查乙烯装置节能工作进展情况，并对各企业熄灭火炬工作进行了讲评，具体部署下一步熄灭火炬工作，对现尚未熄灭的24支火炬提出限期熄灭的要求。

齐鲁石化股份公司、广州分公司、扬子石化股份公司等乙烯装置通过优化裂解原料，提高了乙烯收率、降低了乙烯能耗。齐鲁石化股份公司乙烯装置还进行了部分裂解炉改造，使能耗同比有较大幅度降低。

（张 炜）

化工达标管理

【化工达标完成情况】 2003年化工达标工作按照“优化资源配置，做大产品总量；调整产品结构，提高附加价值；全面成本核算，抓好降本减费；主副产品并重，强化销售管理；推进科技进步，搞好成果推广；深化内部改革，关停无效装置，扩大盈利空间，确保目标实现”的生产经营指导思想，积极落实各项措施，强化管理，为化工板块扭亏为盈，打好翻身仗作出了重要贡献。

主要成本考核指标完成较好。2003年石化集团公司18种产品现金操作费用除聚氯乙烯、顺丁橡胶、乙二醇和聚酯切片等4种产品未完成外，其他均控制在考核指标之内，其中乙烯现金操作费用142.16美元/吨，同比降低6.08美元/吨。

产品产量大幅度提高。2003年石化集团公司乙烯生产创历史最好水平，累计生产乙烯414.69万吨（含原北京东方石油化工有限公司产量），同比增长13.03%。其中，石化股份公司生产乙烯316.91万吨，同比增长16.67%，下游产品相应大幅增加。

技术经济指标水平进一步改善。2003年石化集团公司乙烯装置损失率0.55%（石化股份公司为0.55%），同比降低0.11个百分点；石化集团公司乙烯综合能耗692.81千克标油/吨（石化股份公司为707.68千克标油/吨），同比降低11.75千克标油/吨。石化集团公司乙烯收率30.68%（石化股份公司乙烯收率30.37%），同比降低0.03个百分点。下游装置的聚乙烯、聚丙烯、PTA、聚酯等主要化工装置的物耗、能耗也都有较大幅度下降。

产品结构调整任务完成较好。2003年石化集团公司累计生产合成树脂专用料275.95万吨（石化股份公司230.49万吨），同比增长23.69%；专用料比例48.38%，同比提高4.59个百分点。累计生产差别化纤维66.28万吨，同比增长29.23%；差别化率37.12%，同比提高4.52个百分点。

装置达标。2003年石化集团公司化工板块列入达标计划的装置共18套，其中13套实现达标，占计划套数的72.2%。实现达标的分别是北京燕化股份公司的3# PP装置和2# PE装置，扬子石化股份公司的乙烯、2# PE装置和2# PP装置，上海石化股份公司的3# PP装置和腈纶短纤装置，天津石化公司的乙烯装置、聚酯装置和涤纶短纤装置，洛阳石化总厂的涤纶短纤装置，安庆石化公司的丙烯腈装置和仪征化纤股份公司的瓶级聚酯切片装置。未实现达标的是北京燕化股份公司的乙烯装置，上海石化股份公司的2# 乙烯装置、4# PE装置和2# 涤纶短纤装置，中原石化公司的乙烯装置。

专业达标。2003年石化集团公司列入专业达标计划的有7个，实现达标的有4个，达标率为57.1%。实现达标的是扬子石化股份公司的化工专业、天津石化公司的化工专业和化纤专业，洛阳石化总厂的化纤专业。未实现达标的是北京燕化股份公司的化工专业、上海石化股份公司的化工专业和中原石化公司的化工专业。

同类装置竞赛。2003年石化集团公司参加化工同类装置竞赛的企业共18家，覆盖乙烯、乙二醇、苯乙烯、高压聚乙烯、低压聚乙烯、线性低密度聚乙烯、连续法聚丙烯、顺丁橡胶、PTA、聚酯、涤纶短丝、腈纶等十二大类共82套装置。评出优胜装置28套，分别是：乙烯装置：扬子石化股份公司、齐鲁股份公司、茂名石化公司；乙二醇装置：上海石化股份公司；苯乙烯装置：茂名石化公司；LDPE装置：上海石化股份公司2#、齐鲁股份公司；HDPE装置：齐鲁股份公司；LLDPE装置：齐鲁股份公司、中原石化公司；连续法聚丙烯装置（化工）：齐鲁股份公司、上海石化股份公司3#、扬子石化股份公司1#；连续法聚丙烯装置（炼油）：荆门石化总厂、洛阳石化总厂；顺丁橡胶装置：北京燕化股份公司；PTA装置：仪征化纤股份公司1#、天津石化公司；聚酯装置：仪征化纤股份公司涤纶一厂3#、仪征化纤股份公司涤纶一厂11#、上海石化股份公司3#；涤纶短纤装置：仪征化纤股份公司涤纶一厂、上海石化股份公司；腈纶装置：安庆分公司、上海石化金阳。

（赵晓军）

【化工达标主要工作】 按极限组织生产，努力做大总量。各企业抓住国内化工市场需求旺盛、价高利厚的大好机遇，做好安稳长满优的生产运行工作，乙烯装置非计划停工次数和天数同比下降幅度分别达到43.8%和69.5%，全年乙烯日均产量达到11 276吨，充分发挥了装置的潜力。

大力调整产品结构，优化生产运行，努力提高产品附加值。在产品生产结构调整上，以总体效益最大化为原则，根据不断变化的市场情况，按照不同装置产品的盈利水平合理安排和调整生产负荷，优化运行。在合成树脂结构调整上，组织相对合理的专业化分工，尽量减少装置牌号切换，保证产品质量。化纤产品突出差别化品种的生产：上海石化股份公司开发了20余种差别化新品种，组织生产和销售了亚光聚酯，生产了用于道路沥青和混凝土添加的涤纶超短纤维；仪征化纤股份公司开发生产了聚酯薄膜专用切片、吸湿排汗涤纶短纤维等十几个新品；安庆分公司生产了远红外腈纶纤维、高收缩腈纶丝束、纯收缩腈纶毛条等新品；天津石化公司生产了阳离子、抗菌、有色异形涤纶短纤维等差别化产品；洛阳石化总厂成功开发了用于生产明星广告布的138dtex/144f FDY，为国内首创。

优化配置化工原料，为化工产品增产打好基础。一是根据乙烯装置大规模扩能，原料资源紧缺的实际情况，抓好化工原料自给率。二是部分有条件企业适时进口部分化工轻油，不仅解决了化工轻油资源严重不足的矛盾，也捕捉到了价格低廉的乙烯裂解原料的良好商机，为企业增加了经济效益。三是重视季度、月度平衡协调和区域优化，按照“宜烯则烯、宜芳则芳”的原则，努力做好化工轻油互供工作，尽可能满足不同企业不尽相同的需求。

依靠技术进步，攻克技术难关，重视技术经济指标的提升，实现降本增效。一批重点技改项目和投入少、见效快的“短平快”项目顺利竣工投产，不但为化工板块做大总量创造了条件，而且为调整产品结构、降低产品的物耗能耗、提高装置技术水平、降低生产成本创造了有利条件。天津石化公司乙烯装置在改扩建的基础上，继续落实整改措施，解决存在的问题，使2003年乙烯能耗降至624.11千克标油/吨；扬子石化股份公司乙烯装置于2002年10月改造投运后，减粘系统运行情况良好，两个急冷油塔的釜温分别达到200—202摄氏度和195摄氏度左右，乙烯综合能耗从2002年的735.8千克标油/吨降至684.13千克标油/吨。扬子石化股份公司新建的2#聚乙烯装置首次试用SLC－S－25淤浆催化剂取得了成功，新建2#聚丙烯装置首次使用国产NG催化剂成功生产出均聚物和抗冲共聚物，产品性能优良，生产成本有所降低。

装置长周期运行有突破性进展。2003年8月石化股份公司在茂名召开了乙烯装置长周期运行经验交流会，推广茂名石化公司乙烯装置长周期运行的经验和做法。茂名石化公司乙烯装置自1999年2月由30万吨/年改扩至38万吨/年开车至2003年底，已连续运行58个月，达到了国际先进水平。齐鲁股份公司对72万吨/年乙烯装置改造工程总体统筹计划进行优化，将原定2003年、2004年两次停工改为2004年一次停工，2003年全年连续稳定生产，乙烯产量突破56万吨，创历史新高。

走内涵挖潜道路，实施改造，降本增效成果显著。广州总公司21万吨/年乙烯装置改造完成，通过深入开展工艺优化和技术攻关，先后克服了一系列生产技术难题，使乙烯现金操作费从近200美元/吨下降到160美元/吨以下。石家庄炼化股份公司己内酰胺装置30%增容改造，生产能力由5万吨/年增加到6.5万吨/年，产品制造成本降低1 200元/吨，并实施了己内酰胺装置甲苯氧化副产苯甲醛分离的短平快技改项目，年产苯甲醛6 000吨，吨产品利润可达4 000元。上海石化股份公司丙烯腈装置应用自有技术实施6万吨/年改为13万吨/年的扩容改造，在增产的同时还大量采用国内开发的新技术，使丙烯腈产品成本同比下降600元/吨以上。

据初步估算，2003年化工企业达标实现增效9.25亿元（其中石化股份公司为8.10亿元），为化工企业降本减费、扭亏为盈发挥了重要作用。

（赵晓军）

辅助生产与服务

油　田

综　述

2003年，非上市油田企业紧密配合石化集团公司整体工作部署的实施，按照“发展要有新思路、改革要有新突破、开放要有新局面、工作要有新举措、效益要有新提高”的工作要求，突出围绕油气勘探开发的核心业务，进一步强化从整体利益出发，为上市企业提供石油工程技术支撑和后勤服务保障。克服了“非典”、雨雪天气、洪涝等自然灾害的影响，战胜了各种困难，做到石化集团公司资源战略实施到哪里，油田存续企业就将优质的服务提供到哪里。加强生产组织，加快工作节奏，科学设计、严格施工、优质服务、积极推进HSE管理，促进了老区的稳产、上产和新区储量产量的有效接替，并全面实现了全年的生产经营目标。

石油工程技术服务成绩显著。总体工作量和经营收入有所增加，并且达到或超过了甲方的质量指标要求。在胜利和中原、西部、南方海相、海外等重点领域打出了王古1井、胜利油田伊朗卡山区块勘探奥朗1号井等近20口高产井和重要发现井。为石化集团公司2003年油气储量、产量目标的实现和中长期石油资源战略的整体实施作出了积极贡献。

“走出去”获得明显进展。全年共有物探、钻井、测录井、油建等76个专业队伍走出国门，在南美、中东、欧洲、非洲、东南亚、中亚等20余个国家和地区进行施工作业。实现收入1.5亿多美元。石油机械、仪表制造的钻机、修井机、特种车辆、钻采工具、抽油机、抽油泵等主要产品和配件出口到10多个国家和地区。

夯实了管理基础、提升了管理水平。2003年，石化集团公司组织开展了基层金、银牌队评比活动，大大提高了基层抓管理、抓基础工作的积极性。总部陆续出台了《集团公司石油工程系统对外工程承包及劳务合作管理办法》、《集团公司钻井队注册管理办法》(试行)等一系列规章制度。还组织开发了《非上市油田企业综合管理信息系统》，钻井信息网络建设工作也正在加紧进行。有关各项工作正逐步走上规范化、正规化轨道。

油田企业改革工作稳妥地推进。新星公司重组工作顺利完成，实现平稳过渡；物探队伍持续重组工作稳步推进，完成了企业层面专业化重组工作；钻井队伍规模进一步压缩；队伍的结构得到了进一步优化；国际石油工程公司组建完成；积极探索了石化集团层面的专业化重组工作。

改制分流工作取得一定成效。2003年石化集团公司油田企业经营管理部收到10家油田企业上报的51个改制分流初步方案，批复了49个，涉及总资产27.37亿元，净资产10.76亿元，涉及分流的正式职工6 302人，集体职工4 087人；收到并批复了15个改制分流实施报告，涉及总资产6.5亿元，净资产3.3亿元。

同时，还加强了对多种经营、对外联营、长期投资和集体企业的清理整顿和重组改革，力争在3年内完成规范改制分流。这3类多元经济企业共涉及资产总额202.2亿元，从业人员29 320人，其中全民职工12 382人，集体职工5 946人。

2003年非上市油田企业实现经营收入435.19亿元，营业成本460.41亿元，实际完成亏损22.01亿元，同比减亏3.5亿元。管理费用、财务费用、人工成本、修理费用、营业费用及文教卫社区服务费用等6项费用均控制在预定的范围之内。

非上市油田企业办社会负担仍然沉重。截至2003年底，非上市油田企业有正式职工22.28万人，其中在岗职工19.0万人，待岗以及内退职工3.28万人，另有离退休职工9.37万人；拥有总资产555.99亿元，负债总额348.79亿元，资产负债率达62.73%。2003年，非上市油田企业文教卫生和社区服务板块实际亏损30.89亿元(其中文化教育亏损9.14亿元，医疗卫生亏损3.02亿元，社区服务亏损9.48亿元)。可见，办社会包袱沉重等矛盾和问题，仍是制约非上市油田企业今后生存和发展的关键因素。

(李林新)

石油地球物理勘探

【概述】 2003年，石化集团公司物探(采集)系统共有11个单位，分布在山东、河南、湖南、湖北、江苏、安徽、上海、四川、云南等省、市和自治区。各物探单位紧密配合石化集团公司“稳定东部，加快西部，准备南方，开拓海外”资源战略的实施，在东部油气区(主要包括山东、河南、湖北、江苏、安徽、东北、鄂尔多斯等地区)、西部(主要包括新疆、陕西等地区)、南方(主要包括滇黔桂及四川、重庆等地区)以及南美、欧洲、中东、中亚、南亚和非洲的厄瓜多尔、苏丹、伊朗及印度尼西亚、吉尔吉斯、古巴、英国、塞内加尔、土耳其、保加利亚、刚果等国，在山地、沙漠、戈壁、湖泊、沼泽、滩海、海洋等多种复杂地表进行艰苦作业，进一步培育了人才，锻炼了队伍，丰富和发展了技术，提高了水平。其中高精度三维地震勘探、复杂地表区地震勘探、滩浅海地震勘探、山地地震勘探以及油藏综合地球物理勘探等技术处于国内物探行业领先水平。

石化集团公司物探系统总体已经具有同时年生产二维地震4.2万千米、三维地震6000(千米)^{2}的野外采集施工能力。

截至2003年底，石化集团公司物化探系统共有从业人员1万余人，其中，教授级高工6人，高级和中级职称1 804人，占17.9%，硕士博士104人，占1.03%，大学本科1 412人、占14.02%，本科以上技术人员占15.05%。

2003年在编队伍98个，在用物探作业队伍68个(甲级队伍37个，乙级队伍31个)。其中，滩浅海地震队3个，VSP队3个，重、磁、电及化探队5个，深海拖缆地震队2个，海洋地质工程队和海洋导航测绘队各1个，其余均为陆地地震队。

配备先进的数字地震仪73台套，接收道数111 860道，平均1 532道/套(其中，国际先进水平的24位A/D转换地震仪有62套，接收道数共71 914道，平均971道/套)。测量设备234台。

2003年，石化集团公司物探队伍整体取得地震资料合格率二维99.98%、三维99.97%，二维地震资料优良率57.5%—96.84%，三维地震资料优良率总体达80%以上，均达到或超过了甲方的质量指标要求。

2003年共完成二维地震38 581千米，三维地震7 349(千米)^2，同比增加63%和122.23%，分别为年度计划的130%和115.93%。

在国际市场上，物探队伍共完成二维地震采集10 625千米，完成三维地震采集759(千米)^2。

全年实现收入共21.43亿元(其中海外1.92亿元)。

2003年，石化集团公司组织开展了金银牌地震队评选活动。有8个队被评为金牌地震队，有10个队被评为银牌地震队。评比活动促进了基层队伍的比、学、赶、帮、超的高潮，有力地推动了队伍建设。

(李林新)

【开拓国内、国际市场】 2003年，石化集团公司有8个物探队伍(中原3个、胜利2个、上海2个、六物1个)走出国门。共实现收入1.92亿元。其中中原地调处首次中标苏丹3/7区1+1地震勘探项目。河南地调处首次闯入找煤新领域，成功承揽了安徽淮南煤矿三维地震采集勘探项目。

(李林新)

【勘探技术进步】 1. 胜利物探承担的国家“863”项目(滩浅海地区高精度地震勘探技术研究)进展顺利

该项目顺利实现了滚动，新型炸药震源和新型检波器的研制取得重大突破，应用后获得明显效果；海底表层结构调查、海上二次定位、激发接收差异校正、海底鸣震压制等4项技术取得重大进展。

2. 西部沙漠区静校正技术有显著提高

通过近两年对三维地震的探索和总结，有关物探单位在西部地区采用小折射、微测井、双井微测井、推水坑和沙丘曲线调查等方法相结合，针对不同地表条件总结出了一套静校正方法。比如，在沙丘起伏剧烈区采用沙丘曲线法效果好，在农田和盐碱地区采用模型法效果较好，在高大沙丘区采用折射波法效果较好等等。通过综合和灵活运用，使西部沙漠区静校正效果有了显著提高。

3. 地震勘探软件的自主研发取得可喜成绩

胜利物探公司组织进行的地震SeisWay软件开发工作已完成了观测系统、参数论证、近地表调查、SPS文件数据管理等4个模块的软件系统。

中原地调处旅行时反演软件开发研究项目，已经完成测试方案、测试部分软件的编制，进行了初至波拾取设计并实现了初至波的交互拾取，建立了层析反演模型，完成了平均能量差分过零曲线和平均能量曲线模块的编写，编制了噪声预测和门槛值确定模块，软件界面的设计工作已经完成，编制了地震记录显示软件、初至曲线显示软件、共偏移距初至曲线软件编制软件的管理系统，各子程序的调用关系得到合理安排，编写了软件的管理系统。

河南地调处也成功地开发出地震测井解释软件、静校正方法和SPS电子班报应用系统等实用软件。

江苏物探处针对水网地区养殖业和乡镇工业十分发达的实际情况，自主开发了一套复杂地区三维观测系统设计软件，为复杂地表条件下最大可能得到好地震资料提供了一项较好的技术手段，并有力地提高了复杂地形采集方法设计、施工的效率和水平。

4. 成功地进行了数字检波器三分量地震勘探试验

中原地调处与美国I/O公司、南京物探研究所等单位合作，进行了数字检波器三分量地震勘探试验，通过应用多波采集观测系统设计、三分量记录的转换波与有效波的识别、转换波处理技术、TDT压缩剖面技术和纵波转换波对比等技术，得到的剖面频率提高10—20赫兹。

5. 陵北玄武岩区广角—转换波地震勘探方法研究见到较好效果

由于玄武岩下反射波能量屏蔽，多次波发育，江汉陵北地区的地震勘探方法一直未能取得较好的效果。2003 年，江汉物探处在分析研究了以高速层下地层为目标反射层的地震波传播规律、固体界面和地表自由界面的能量转换和分配的基础上，通过探索采用广角—转换波地震勘探的采集方法和三分量表层结构调查方法，进行了一条 24 千米测线的野外采集试验，经广角反射处理，获得了较理想的深部构造信息。

6. VSP 技术日趋完善

胜利物探公司 VSP 技术经过 20 多年的发展与应用，形成了 VSP 测井野外资料采集、资料处理解释及理论技术研究技术系列。在 VSP 时间—深度关系、钻前预测、地震地质层位标定、井周研究、横波 VSP、利用速度资料合成 VSP 正演记录等方面已经比较成熟，正在朝高分辨率 VSP 技术、3D VSP 技术方面发展。截至 2003 年底，胜利物探公司共计测 VSP 井 219 口。结合井区的地震资料解释，解决了许多疑难地质问题。

7. 油藏综合地球物理技术攻关有进步

胜利物探公司积极引进了 16 级单分量井中检波器和井中激发系统、三分量检波器(1 000 个)，进行井间地震及多波多分量地震勘探，同时，还建立油藏综合地球物理实验室，并与有关单位开展了检波器震动测量等合作研究。2003 年已经可以进行井深 4 000 米、井间距 800 米的井间地震观测，达到分辨 2 米厚薄层的目标。

8. 非地震勘探综合研究取得新成果

江汉物探处研究了河西走廊六盘山、敦煌、雅布赖、潮水等 4 个盆地的沙漠、黄土塬、大山区等不同地表地质条件下的重磁电勘探采集、处理技术，并重点研究了重力勘探的表层不均质体校正技术、约束反演技术，完善了山地重力地改技术和电法勘探的地形改正、静校正、阻抗张量分解、二维反演等技术以及重磁电联合解释技术。初步建立了一套适合西部地区综合非地震勘探的方法系列。

（李林新）

钻 井 工 程

【概况】 石化集团公司共有 29 个处级钻井公司(处、大队和研究院)。2003 年底，共有有资质钻井队 328 个，各类钻机 328 台，海洋钻井平台 11 套。各类防喷器 1 021 台，顶驱 25 台，固井水泥车 171 台，无线随钻测量仪 61 套，有线随钻测量仪 74 套，欠平衡压力钻井装置 16 套。钻井系统共有员工总数 41 671 人，其中大专以上学历 7 349 人、占 17.6%，中专 3 099 人、占 7%。

2003 年石化集团公司共开钻 3 365 口井、完井 3 287口、钻井总进尺 751 万米。其中在石化集团公司内开钻 2 391 口、完井 2 410 口、钻井总进尺 561 万米；在石化集团公司外开钻 861 口、完井 769 口、钻井总进尺 169 万米；在国外开钻 113 口、完井 108 口、钻井总进尺 21 万米。

2003 年，石化集团公司组织开展了金银牌钻井队评选活动。有 19 个队被评为金牌钻井队，有 32 个队被评为银牌钻井队；3 个队被评为金牌固井队，6 个队被评为银牌固井队；1 个队被评为金牌钻前队，1 个队被评为银牌钻前队；同时还评出金牌海洋钻井平台 2 个，金牌定向井队 1 个。

（于文平）

【钻井技术进步】 在地质导向钻井技术研究方面上，开展了地质导向测量参数随钻解释软件开发工作，利用国产 MWD、自然伽玛测量仪和引进的英国 GEOLINK 电阻率测量仪，进行了地质导向钻井现场试验。

旋转导向钻井技术研究基本完成了旋转导向钻井基础理论研究工作，在旋转导向钻井偏差矢量控制理论、旋转导向钻井系统控制方法、底部钻具组合力学性能分析等方面取得了创新性成果。

在复杂条件油气藏钻井技术上，开展了“复杂油气藏配套钻井技术及关键装备研究”和“复杂构造带深井优快钻井技术研究”等技术攻关。

在钻井、完井油气层保护技术方面，开展了新型特殊工艺井钻井液和特殊工艺完井技术研究，研究了具有较强抗盐、抗钙、抗土污染能力和抗温性的正电性钻井液体系。深化了特殊工艺完井技术研究，形成了酸溶渗透水泥固井技术，完善了低密水泥浆体系的研究，形成了一整套水泥充填管外封隔器衬管完井施工工艺。

“随钻扩眼技术研究”开发了两种规格尺寸的机械式随钻扩眼工具，“疏松及破碎地层取心技术研究”完成了取心工具实验件及防堵筒实验件的设计研究与试制，“欠平衡压力钻井装备国产化研究”制定了旋转防喷导流系统的总体设计方案，完成了整套系统的室内试验，3 个项目都进行了现场试验，完全能够满足现场的使用条件。

可膨胀实体管技术于 2003 年 12 月 6 日在胜利油田通 61－侧 162 井上成功完成现场试验，该技术的试验应用为今后在石油钻井及完井过程中优化井身结构、减少井下复杂情况、增大完井井径及套管修复，都提供了一个最新的解决方案。

（于文平）

【全国行业新纪录】 2003 年是石化集团公司钻井系统技术成果辉煌的一年，广大钻井工作者依靠科技，大胆开拓，勇于创新，刷新了一个又一个全国行业新纪录，为我国钻井水平的提高作出了贡献。

中南石油局第四普查大队 70859ZN 钻井队施工的 TK605 井，2003 年 3 月 6 日 2 时开钻，4 月 23 日 18 时完钻，完钻井深 5 702 米，钻井周期为 48.67 天，创国内石油行业同井深钻井速度新纪录。60830ZN 钻井队于 2003 年 2 月 23 日—3 月 17 日，在 TK211 井中，单只钻头一次入井进尺 3 919.66 米，创国内石油行业单只钻头一次入井进尺新纪录。

华北石油局 70850HB 钻井队施工的 TK731 井，以 43.51 天的钻井周期完钻，井深 5 740 米，刷新了该区钻井速度最快、钻井周期最短的纪录。华北石油局在 S109 井使用直径 241.3 毫米 FS2563BG 型钻头在 TK731 井进尺 4 185.80 米，创下单只钻头进尺最高纪录。

西南石油局 60820XN 钻井队在 T801 井中使用直径 244.5 毫米 PDC 钻头一次入井钻井进尺达 4 280.19 米，平均机械钻速 11.30 米/时，并再一次打破单只 PDC 钻头进尺的全国纪录。

胜利油田完成的孤平 1 井，水平段段长 1 054.15 米，创国内陆上水平井水平段最长的纪录。

江苏油田 70 835 JS 钻井队于 2003 年 12 月 23 日完钻的中 4 井，井深 7 220 米，创中国陆上钻井最深新纪录。

由中原 7013 钻井队和胜利钻井工程技术公司服务的库 1 井在井深 6 335 米，直径 177.8 毫米套管内开窗侧钻一次成功，完钻井深 6 500 米，创出套管开窗侧钻井开窗点最深的全国新纪录。

（于文平）

【装备更新改造】 2003 年石化集团公司加大钻井装备更新改造的力度，投资 6.79 亿元，更新钻机 26 套、500 吨顶驱设备 5 套、钻修机 2 套及无线随钻测量系统等；投资约 2 亿元，改造钻机 18 套。这些钻机设备的更新改造，大大提升了石化集团公司钻井装备水平。

胜利油田还加大了井控装置资金投入力度。黄河钻井总公司投入资金 3 500 万元，渤海钻井总公司投入资金 2 500 多万元，用于井控装备的更新改造，购置了高压力级别 105 兆帕环形防喷器、双闸板防喷器、单闸板防喷器各 1 台，节流、压井管汇各 1 套，资金投入为历年之最。

由总部投资 5 000 多万元，各有关企业积极配套，购置野营房 17 套、净化水装置 27 套、海事卫星电话 33 套和沐浴房、越野车等，大大改善了西部施工队伍的生产和生活条件。

（于文平）

【开拓国外市场】 2003 年，非上市油田企业继续把开拓外部市场作为新的经济增效点，积极参与外部市场的竞争。中原油田钻井系统按照“三个 1/3”的战略目标，分别在苏丹、也门、沙特等国进行钻修井施工作业，共开钻 63 口，交井 61 口，进尺 128 499 米。华东石油局在哈萨克斯坦恩巴工区动用钻机 2 台，钻井施工 7 口，开钻 6 口，完井 5 口，完成进尺 22 333 米。江苏石油勘探局卡塔尔项目已经成为江苏钻井在海外市场的桥头堡，通过形成的一套自成体系的钻井技术，在海外钻井市场中打响了江苏钻井的品牌。胜利油田钻井工程技术公司在卡塔尔技术服务，累计完成各类水平井 12 口。华北石油局和江汉石油管理局也实现了开拓国际市场发展战略的新突破。

（于文平）

【队伍建设】 根据石化集团公司《关于调整中国石化集团公司钻井队规模的通知》精神，各油田企业本着“压缩总量、优化存量、控制总量、提高质量”的原则，提出了压缩钻井队伍、减少钻机的具体实施计划。通过开展钻井队资质认证，确定了中国石化钻井队伍的规模为 328 台，其中甲级队伍 95 支、乙级队伍 145 支、达标队伍 88 支。达到了促进队伍建设、提升管理水平、优化队伍结构、增强竞争能力的目的。

为了树立“中国石化”钻井队统一品牌，维护勘探开发工程市场秩序，对中国石化的钻机番号进行了重新编制，形成了中国石化队伍的品牌，树立了中国石化钻井队伍的形象。

（于文平）

【信息化建设】 中国石化钻井系统立足钻井生产实际、瞄准世界先进水平，为了建立完整的中国石化钻井信息系统，使油田钻井系统生产经营决策更加优化、快捷、完善，提高钻井系统的管理运营效率，实现与国际专业服务公司信息管理的接轨，满足现行管理体制下钻井行业发展的需要。初步完善了钻井综合数据库，钻井数据一体化管理系统，钻井施工应用软件包和基于 GIS 平台的钻井调度指挥系统。其中《油田钻井综合管理信息系统》在胜利、中原、西南局等 8 个油田企业进行了个性化开发。在部分重点井钻井队配置的地面卫星站，实现了钻井队与基地的连接。建立的钻井网站也已开始运行，成为行业交流和网上办公的重要手段。

（于文平）

【技术培训与技术交流】 为提高钻井技术高级管理人

员的技术水平，加快钻井新技术的推广应用，2003年举办了钻井新技术培训班。中原油田为了加强涉外工程技术人才的培养，先后选派78人参加国际石油工程项目经理、学术带头人英语口语强化等内容的培训；与西安石油大学联合培训涉外高级英语人才30名。西南石油局加大了对员工的培训力度，举办不同层次的职工业务技术培训，全面提升员工素质，以适应技术发展及市场要求。参加了多方面的技术交流，邀请外国公司进行技术交流，系统学习了分支井技术、欠平衡钻井技术、套管钻井技术等，为新技术发展奠定了基础，有力地促进了钻井技术水平的提高。中原石油勘探局主办的内部刊物《钻井工程》期刊已经成为石化集团公司钻井行业技术交流的重要渠道。

（于文平）

石油地球物理测井

【概述】 石化集团公司测井系统共有11个单位，截至2003年底，有从业人员6 001人，技术干部2 461人，占从业人员的41%；有测井、射孔等作业队伍222个，其中具有资质的测井、射孔队有156支。

石化集团公司测井系统能够较好地针对不同的地质条件和储层、油气藏的类型，采用不同的测井系列和配套的施工工艺(如裸眼井测井系列、特殊项目测井、油气井固井水泥胶结评价、油气井工程监测、油气井的射孔和井壁取心、测井资料的数据处理技术和解释等工艺和技术)，获取各类测井、测试数据，满足各类油气藏评价和地质工程应用的需求。

测井下井及地面装备以具有国际上20世纪80年代水平的数控测井系统为主，占45%；具有国际先进水平的成像测井设备有14套，占设备总数不到6%；其余为国产各类数控数字测井设备。

在测井资料处理方面，配置了大型的SUN5500服务器以和以SUN60为主的工作站等60多台套，以及各种PC机100多台。采用的解释软件主要是自行研制的SWAWS解释工作站系统和地质家(GEOLOGIST)微机解释系统，并配有国际三大测井公司的解释系统，包括GeoFrame、eXpress、DPP，主要承担成像测井资料的数据处理和交互解释。

2003年，油田企业测井系统累计测井11 392井次，同比减少736井次(减少6%)，但仍为年度计划的111%。

全年测井曲线合格率达到100%，射孔合格率达到100%，测井曲线优等率85%以上，探井测井解释符合率80%以上。

2003年，石化集团公司组织开展了金银牌测井队评选活动。有4个队被评为金牌测井队，有14个队被评为银牌测井队。

（李林新）

【技术进步】 1.SL－6000型成像测井系统投产，基本达到国际同类装备水平

胜利石油管理局测井公司研发的SL－6000型成像测井系统2003年通过石化集团公司鉴定，并正式投入生产。该系统的投产使中国石化整体测井装备水平再上新台阶，并进一步缩小同国际先进水平的差距，提升了测井系统的市场竞争力。

2. 加大了测井基础实验研究及设施方面的投入

石化集团公司在重点测井研究单位建立、并不断予以配套完善了六大实验室(即放射性仪器刻度井群、高温高压试验室、岩石物理实验室、复杂储集层及固井质量测井刻度井群、生产井动态模拟实验室、高温高压条件下射孔效能实验室)，从而促进了新的理论和新的技术研发，保证了作业一次成功率、施工质量、测井资料质量和解释应用的有效性，为用户提供更优质的服务。

3. 特殊地质工程条件下测井仪器、施工工艺水平有所提高

中原测井公司成功研制配套了用于4寸半井眼的直径70毫米系列测井仪器，柔性短节，偏心短节打捞等配套工具，实现了三孔隙度三电阻率，井径井斜、自然伽马等参数一次下井测量。全年共测井90口，成功实施穿心打捞2次。套管开窗侧钻小井眼测井施工技术达到国内领先水平。

同时，该公司还推广应用150摄氏度中子寿命测井仪，解决了高温地质条件下中子寿命测井难题；推广应用存储式测井技术，较好地解决了高温、高压条件下(施工井口压力40兆帕，温度175摄氏度)动态监测的技术难题。

4. CSU地面系统升级改造提高了测井一次成功率

中原测井公司《CSU地面系统升级改造》的成果应用到4个CSU小队后，系统的故障率明显降低，可靠性大大提高，使测井一次成功率达到90%以上，2003年全年累计创产值1 100万元。

5. 电缆免拖装置的研制成功

江汉测井处技术人员研制出采用绞车刹车带，增加电缆滚筒的预拉力，调整电缆张力，并减小电缆在拉伸过程中的扭力的装置。该装置在室内施工，操作快捷，减少电缆的磨损，延长了电缆使用寿命，并避免了在道路上拖电缆的安全风险。从而结束了江汉测井30年既不经济又不安全的传统拖电缆方式的历史。

6. 水平井负压射孔实现突破

江苏地质测井处在水平井射孔中，根据地质要求，延时起爆、增压起爆均获得成功，并开创了水平井负压射孔的先河，跨度 280 米的射孔一次起爆，为江苏测井射孔最好成绩。

（李林新）

地质录井

【概述】 截至 2003 年底，石化集团公司录井系统有 11 个单位，有从业人员 4 230 人，其中技术干部 1 760 人，占从业人员的 42%。共有录井队伍 328 支(其中，甲级队伍 79 个，乙级队伍 108 个)。

石化集团公司录井系统有配套录井仪 300 多台(套)。其中，有综合录井仪 167 台。

经过几十年的发展，石化集团公司录井技术有了较大进步，并在油气勘探开发中发挥越来越重要的作用。围绕准确建立地质剖面、油气水识别与评价和钻井安全施工，逐步建立和完善了录井技术服务体系。大量用于生产实践的录井技术有：岩屑录井、岩心录井(包括岩心扫描技术)、井壁取心、综合录井、气测录井、岩石热解地化录井、罐顶气轻烃分析录井、荧光分析录井、非烃气录井、岩矿分析、古生物分析等。

石化集团公司录井系统 2003 年累计录井 2 917 口，同比增加 316 口(增长 12%)，为年度计划的 117%。整体录井质量合格率为 100%。

2003 年，石化集团公司组织开展了金银牌录井队评选活动。有 7 个队被评为金牌录井队，有 16 个队被评为银牌录井队。

（李林新）

【录井主要技术进步】 1. 录井信息评价技术及仪器国产化配套技术研究取得进展

胜利录井公司承担的石化集团公司级课题“录井信息评价技术及仪器国产化配套技术研究”2003 年通过鉴定，部分成果达到国际先进水平。

2. 自主研发的录井设备投入使用

胜利录井公司自主研发的 SS－2 综合录井仪和 SLXL－2 小型录井仪联、脱机软件 2003 年投产使用。其中，40 台 SLXL－2 小型录井仪，经过现场生产的实际应用检验，效果符合设计要求。

中原录井公司成功研制了 NLS 综合录井仪。该录井仪集快速色谱分析、钻具振动监测、实时工程异常监测、实时地质应用、WEB 数据浏览、实时数据远程传输与交换、WEB 数据接口多种功能于一体。数据前端采集系统提高了系统的信噪比及可扩展性，气体检测单元具有自动校验功能，分析周期由传统的 2—4 分钟缩短到不大于 30 秒，软件系统功能先进，可即时将资料处理成图形并输出，部分技术指标达到了国际先进水平。

3. 综合录井技术的应用见到了良好效果

2003 年，录井系统应用综合录井技术，在油气识别与评价方面效果显著。为王古 1 井、埕北 306 井、阳 101 井、渤古 1 井、渤 601 井、坨 168 井、坨 710 井、文古 2 井、达 14－1 井、瓦 2 井、中 1 井、董 1 井、沙 112 井、查 5 井、毛坝 1 井、普光 1 井、官 8 井、石龙 18 井、胜利油田伊朗卡山区块 Arn－1 井等一批高产井和重要发现井的成功作出了贡献。

4. PDC 钻头条件下录井随钻岩性识别技术研究取得新成果

河南录井公司经过对 PDC 岩屑成因基础理论研究、岩性识别硬件设备和采集软件的开发，研制了岩屑描述仪样机，并经 4 口井的现场试验，岩性识别准确率大于 78%。同时，初步建立了《PDC 钻头条件下随钻岩性识别录井技术规范》。

5. 自主开发录井软件系统，提高了录井技术含量

河南录井公司结合现场录井生产需要，自主开发了“地质录井资料现场数据处理系统”、“录井平台油气层解释专家系统”等一批应用软件，同时抓好新技术的引进和推广应用，使现场录井技术含量大大提高。

6. 针对西部的录井技术取得满意的地质效果

江苏地质测井处在西部新区现场针对性地应用地层压力监测预报技术、欠平衡钻井时的录井技术、PDC 钻头录井技术现场热解评价等技术，在沙 1 井、沙 2 井新发现油层 71 层 183 米；“潘氏录井法”得到普及，在 80 口井中应用，新发现油层 765 层 1 076 米，PDC 钻头录井困难的问题基本得到了解决；水平井综合录井技术不断进步，在 5 口井录井地质导向准确率 100%。

（李林新）

公用工程

【概述】 石化集团公司水、电、信系统共有 14 个单位。截至 2003 年底，供水方面工作的从业人员有 5 248人，其中技术干部 1 085 人(高级 83 人，中级 325 人，初级 662 人，工人技师 15 人)。

供电方面工作的从业人员 8 093 人，其中技术干部 1 808 人(高级 100 人，中级 642 人，初级 1 034 人，

工人技师 32 人)。

发电方面工作的从业人员 1 472 人，其中技术干部 494 人(高级 58 人，中级 172 人，初级 264 人)。

通信方面工作的从业人员 3 593 人，其中技术干部 901 人(高级 75 人，中级 310 人，初级 481 人，工人技师 35 人)。共计 18 406 人。

全年完成供水量 2.30 亿米^3，水质的综合合格率平均在 99%以上。实现水费总收入 3.23 亿元。

2003 年胜利、中原、河南油田都建立了节水机构，落实了节水职责，制定了节水目标和措施，全面开展了节水工作，取得了一些成效。全年共计节水 3 720万米^3。

2003 年油田企业用电最高负荷为 141.98 万千瓦，同比减少 8.68 万千瓦，降低了 5.76%；总用电量为 99.94 亿千瓦·时，同比增加 4.15 亿千瓦·时，比年计划用电节约 2.12 亿千瓦·时，基本完成了年初石化集团公司下达的节电指标；油田支出总电费 42.55 亿元，同比增加电费支出 4.12 亿元。

2003 年油田自备电厂完成自发电 36.05 亿千瓦·时，占油田总用电量的 36.07%。自发电量同比增加 5.75 亿千瓦·时，增加了 18.97 个百分点。

(王伟君)

【胜利油田发电厂全年发电 35.55 亿千瓦·时】 胜利油田火力发电厂一期工程两台燃煤机组的容量由 2×200 兆瓦改造增容至 2×220 兆瓦，二期工程的容量为 2×300 兆瓦，2003 年总容量达到 1 040 兆瓦。截至 2003 年全年发电 35.55 亿千瓦·时，供电量 32.91 亿千瓦·时，发电标煤耗 348.15 克/千瓦·时，供电标煤耗 376.13 克/千瓦·时。

(王伟君)

【供、发电技术进步】 2003 年开展了“油田输电网地理信息管理系统(GIS)的开发应用”项目，制作了输电网地理信息矢量图，建立了设备数据库。完成了“三元流高效叶轮在油田供水泵上的应用”项目，实施后降低了供水单耗，节约了能源。研制了“高空抄表器”，实现了不停电情况下抄表。河南油田开展了“中低压电网过电压防护技术研究”，提高了油田电网的过电压防护水平。另外“油田电网优化降损技术研究及实施”项目，也取得了理想的效果。

(王伟君)

【油田专网扩大服务范围】 油田专网由石油专用卫星通信网、石油长途电路网、电信公网长途出口、油田内部市话交换网、油田内部无线短波通信网、800 兆及 450 兆移动通信网、光环路骨干传输网等七大系统构成，覆盖了广大的油区，是国内为数不多的专业大网。

2003 年油田专网为广大油田用户提供多种图像、数据、语音服务，建成了油田信息平台并开展了 ADSL、VDSL 等宽带业务。油田专业通信网已基本形成了有线无线相配套，地面空中相结合，多种技术手段相补充的通信网络，可以满足油田用户各种不同层次的需求。为油田的勘探开发、生产建设和广大职工文化生活提供了强有力的支持和服务。

(王伟君)

【通信技术进步】 实现了关口局维护网络与计费中心网络的连接，2003 年交换设备记录的中继详细话单已通过 TCP/IP 网络实时传送到计费中心话单处理主机，全面实施了实时计费及联机指令，实现了话费一日一结，用户随时可以查询到最新的话费情况。同时，市话也全部按话单计费，使话费完全透明，计费更准确。联机指令实现了各项业务即办即开，迅速、准确，提高了服务质量和工作效率。

(王伟君)

油田地面建设与运输

【概述】 油田企业地面建设工程与运输系统大力实施“稳定东部、发展西部、准备南方、开拓国际”的资源战略部署，积极贯彻“走出去”的战略方针，不断加强油田地面工程建设管理，在油田内外施工中取得了突出的业绩。截至 2003 年底，油田企业地面建设系统主要基建单位有 9 家，地面建设系统现有从业人员总计 1.87 万人。主要运输单位有 5 家，运输系统有从业人员 7 764 人。拥有各类机械设备 5 909 台(套)。运输单位拥有各类货运、吊装和客运车辆 2 432 台(辆)。

油田企业地面建设系统拥有国家一级管道设备安装和建筑施工企业，持有化工石油工程、海洋石油管道工程、防腐保温工程施工一级资质，还持有锅炉安装 C 级资质和一、二、三类压力容器制造资质。建筑施工企业主要从事高等级公路、大型桥梁、高层工业与民用建筑、大型水库、混凝土构件、装饰、消防设备及电梯安装等工程的施工。

运输系统主要承担油田钻井搬迁、物资配送等货物运输和城镇公共交通运输、机械设备维修以及配合其他行业等作业工作。

截至 2003 年底，油田企业地面建设系统全年实现产值 56.64 亿元；运输系统全年货运周转量 7.59 亿吨·千米。

(张　滨)

【市场开发和技术进步】 2003年在胜利、中原、江汉等单位油建职工艰苦的努力下，塔二联及外输项目克服了工期短、任务重、技术要求高等重重困难，实现了当年设计、当年施工、当年投产的建设目标，实现了塔河油田110万吨/年产能建设地面工程全面投产。胜利石油化工建设(集团)有限公司在外拓市场过程中，积极适应市场变化，不断创新市场开拓策略和调整主攻方向，加强项目管理，在施工过程中坚持以一流的质量和过硬的技术水平来提升市场竞争力。胜利油田基本建设系统全年共完成施工产值51.5亿元。胜利油建公司全年完成建安工作量17.84亿元，同比增加18.8%；胜建集团公司完成建安工作量15.61亿元，同比增加了21.4%。中原石油勘探局工程建设总公司积极参与国际市场竞争，承担了苏丹国穆格莱德油田产能建设及输油管道工程，新加坡STUK化工厂工程，日本三菱钢结构加工工程，卡塔尔杜汉地区输气、输油管道工程等项目建设，在国际市场上树立了良好的企业形象。中原石油勘探局建筑集团公司努力塑造精品工程，施工了山西阳韩公路、西气东输焦安支线、东明黄河桥维修加固等工程，公司连续10年获得河南省"重合同、守信用企业"荣誉称号。河南油建工程建设有限责任公司发挥上下积极性，全面推进市场开拓战略，创造了近年来公司开拓市场尤其社会市场、行业市场的最好局面。外部市场领域由9省市拓展到15个省市，外部市场占有份额有大幅度提升，年施工主业共完成建筑业总产值为年计划的168.18%。其中，外部市场签订的合同工作量占全部产值的60%。外部市场的核心专业，主要是管道专业和路桥专业，有了长足的发展，相继成功完成了甬沪宁管道工程、援藏道路工程。江汉石油管理局油田建设工程公司遵守HSE管理体系，严格执行《公司HSE管理考核实施细则》，提高员工的HSE意识，针对西气东输复杂地段开展管道施工工艺技术和水平定向钻的成孔工艺研究，取得了良好的经济效益。江苏石油勘探局油田建设处先后引进大型水平定向钻机、弯管机、移动电站、大排量压缩设备、高温保温工艺、3PE防腐技术、真空锅炉制造等新设备、新技术、新工艺，在生产经营中发挥了重要作用。管道储运工程公司以甬沪宁管道工程为重点，克服杭州湾海底穿越工程诸多困难，积极采取措施，公司穿越队伍创造了国内原油管道首次成功穿越海上水道的纪录，突出了公司的核心业务，为今后的发展奠定了更为雄厚的基础。

胜利运输总公司重组调整后，优化了资源配置，突出运输主业的核心竞争和抗风险能力，扩大市场覆盖面，为实现规模效益，促进良性发展奠定了良好基础。2003年，完成货运周转量3.18亿吨·千米，实现产值2.71亿元。中原石油勘探局运输处立足国内外市场，全年共实现收入1.24亿元，同比增长21.26%。河南石油勘探局运输处年初参与了乙醇汽油基础油运输，8月份组建了西南成品油管材运输项目，巩固和拓展碱品和炼化产品市场，推进了外部市场开发，全年完成计划的132%。江汉石油管理局运输管理处实行内部分配制度改革，对主业在岗职工进行了岗位结构和岗位工资的调整，引入市场价位，建立以岗位工资为主的基本工资制度。加强质量管理标准认证复审管理工作。2003年，全处共完成货运量96万吨，货物周转量5 331万吨·千米，吊车运转109万吨·时，完成生产经营总值6 922.4万元。江苏石油勘探局运输处在确保油田内部市场的同时，积极开拓社会市场，充分发挥吊装、货运、客运等优势，分别在国家重点项目西气东输工程等对外劳务中取得了显著成绩。全处累计对外创收1 380.77万元，为提高运输整体经济效益打下了坚实的基础。

（张　滨）

油气(储运)管道勘察设计

【概述】 2003年，油田企业所属勘察设计单位抓住机遇，立足油田市场，扩展国内市场，开拓国外市场，稳固发展。在石油天然气市场项目和开拓国内外工程市场取得了良好的成绩。石化集团公司油田企业所属主要勘察设计单位有6家，截至2003年底，有从业人员2 271人。

（张　滨）

【市场开发和技术进步】 胜利工程设计咨询公司以改企建制为契机，依靠自身实力，陆续中标承担了塔河2003年重点产能项目、"塔河油田重质稠油储运系统"工程设计、中国海洋石油总公司的渤南油气田陆上终端预可行性研究工作、春晓油气田开发陆上终端初步设计、和田河气田开发天然气处理站等一批大型天然气处理工程项目，并在石化集团公司统一安排下，参加了阿联酋天然气处理厂、利比亚天然气处理厂等国外工程的投标工作。同时完成了内蒙古大牛地气田先导性开发试验区块地面工程、四川毛坝—达州高压含硫天然气集输处理等项目工程的设计工作。

中原勘察设计研究院通过加强外部市场开发，抓住国家实施西气东输战略的良好机遇，山东天然气市场项目组织完成了国家标准《液化天然气(LNG)生产、储存和运输》。共承担局级及以上科研项目20项。

河南石油勘探局勘察设计院实施确保河南油田内

部市场，广泛开拓外部市场的工作方针，进一步完善激励机制，对外项目实行院总额控制，包干使用的销售经理和项目经理负责制。积极深化改革，强化科技创新能力，提高设计水平，生产经营创出了新的成绩，经济效益超额完成计划指标。

江汉石油管理局勘察设计研究院坚持按照“立足国内求发展，面向国外创辉煌”的发展思路，积极实施“走出去”发展战略，认真打好生产任务突击战、市场开拓攻坚战、技术质量突围战、改革管理阻击战和思想政治稳定战“五大战役”，不断推动生产经营形势向好的方向发展。

华东管道设计研究院2003年共完成勘察、设计、方案、可研、规划和投标等项目108项。

江苏油田设计院开展的陈堡油田污水处理改造工程，成功地探索出一个适应江苏油田特点的基建管理新模式。

此外，油田企业所属勘察设计研究院针对油田的高(特高含水)、低(低渗透)、稠(稠油、超稠油)、小(小断块)、砂(油井含砂高)、海(滩、浅海)的技术难点和特点，紧紧围绕“降本增效、效益第一”的原则，开展了一系列简化集输流程、老油区提高系统效率、节能降耗、高效油气水处理设备研究等以降低工程造价、减少生产成本为重点的科技攻关。在油气集输系统、采出水处理与回注、稠油热采、三次采油、滩海油田和长输石油天然气管道等各领域取得了关键性技术突破，在推广应用新工艺、新技术、新材料、新设备方面也取得了可喜的成就，形成了一整套油田地面工程配套技术，为油田持续稳定发展发挥了重要作用。

（张　滨）

多种经营

【概述】 截至2003年末，以纳入财务合并报表的口径统计，油田并表多种经营企业67家(油田独资、控股)，经营范围涉及石油化工产品的综合利用和延伸加工、农业、建筑材料、机械电子等多个行业，有从业人员1.71万人，占用资产总额98.3亿元，净资产35.7亿元，全年实现销售收入72.2亿元，实现利润总额4.97亿元。

（胡　涛）

文教卫生和社区服务

【概述】 2003年，油田企业文化教育系统共有各类机构371所，其中：中小学152所，在职教职工1.39万人，在校学生14万人。幼儿园158所，职工培训中心27个，广播电视机构11家，报刊杂志机构7家，各类艺术团体7个，教育管理机构9个，年末在职职工2.45万人。医疗卫生机构121家，年末在职职工1.21万人。

社区及公共服务系统主要包括社区管理、物业管理、供水、供电、供暖、供气、社保、离退休管理、公安、消防、市政等机构，2003年有机构591个，在册职工3.46万人。社区辖区内共有居民37.14万户，居民总人数114.87万人，住宅面积2 399.32万米^2。

截至2003年末，油田企业文教卫生社区板块年末资产总额78.83亿元，经营总收入34.35亿元，总支出65.27亿元，经营补贴30.92亿元。

社区系统及公共服务系统年末资产总额46.03亿元，收入16.84亿元，支出35.60亿元，补贴18.76亿元。

（王旭东）

炼　化

综　述

2003年，非上市炼化企业辅助生产管理与服务系统的广大干部职工在石化集团公司党组的正确决策和领导下，认真实践“三个代表”重要思想，遵照党组“团结、鼓劲、创新、抓实”的工作方针，积极调整结构，加快推进改革和专业化重组，面对伊拉克战争、非典疫情、自然灾害和国际油价大幅波动、国内需求增长迅猛等新情况、新问题和新挑战，充分利用有利条件，努力转化不利因素，有力地保证了主业板块炼油、化工生产装置安稳长运行，在狠抓安全生产，大力降本增效，努力提升经济技术指标水平，积极开拓外部市场以及专业化、市场化、社会化改革和对外交流与合作等方面都取得了新的进展和较好的成绩。

一、确保炼油化工装置安稳长运行，切实为主业生产服务

2003年，辅助生产和公用工程系统认真贯彻落实“改革、调整、提升、优化、转变”十字方针，进一步加强精细管理，及时治理隐患，强化生产过程控制，在安全生产、指标分解、竞赛组织等方面做了大量扎实细致的工作，确保了装置长周期、安全、稳定运行，全年未发生一起上报石化集团公司的重大生产、设备、安全事故。同时，坚持“把一切为了保证主业生产”作为辅助生产的根本，全心全意为主业生产做好服务，较好地完成了发电、供电、供汽任务，并且在产品产量上创造新高。2003年，非上市炼化企业全年累计发(购)电量161.14亿千瓦·时，供电量

147.03 亿千瓦·时。2003 年自产热量 2.41 亿吉焦，供热量 1.49 亿吉焦。供新鲜水量 7.85 亿吨，供氮量 3.93 亿米^3(标准)，供氧量 2.94 亿米^3(标准)。

二、狠抓热电厂的经济运行，增强盈利能力

通过深入开展热电经济技术指标竞赛活动，推动了热电厂(站)内部管理的深化，各企业纷纷结合自身特点，开展了大量深入细致的工作。通过强化安全管理，优化机、炉等主要设备的运行方式，开展小指标竞赛，争取多发供上网电等方式狠抓了热电厂自身运行的经济性，使热电厂(站)的盈利能力得到增强。其中，仪征化纤股份公司高度重视热电厂安全生产工作，对生产现场分工艺、设备、储运、仪表等制定 8 类 42 项、154 条安全检查标准。将热电厂锅炉装置列为公司级关键装置，安全监督由公司董事长、安环部主任和热电厂厂长直接抓。截至 12 月底仪征化纤股份公司热电厂已累计安全运行近 1230 天。扬子石化公司热电厂注重把经济技术指标竞赛与日常生产经营有机融合起来，从组织程序、指标分解、信息流程、报表台账、计量手段、现场管理等方面逐一落实。巴陵石化公司热电事业部以责任成本管理和小指标竞赛为载体，优化运行方式，努力降本增效，各项经济技术指标都比较先进，截至 12 月份发电 5.84 亿千瓦时，创历史同期最高纪录，实现内部利润近 3 232 万元。高桥石化公司热电事业部针对机组容量小，内部用汽量逐年递减及上海地区电力市场竞争激烈的现状，发挥热电联产优势，在外部电力和供热市场中寻找发展空间。通过加强与电网的沟通，主动出击，优质服务，既适应了市场需求又提高了发电量，连续 3 年发电年利用小时均超过了 6 700 小时，上网电量逐渐增加。在满足公司内部用汽的基础上，积极创造条件，大力拓展社会化供热，目前社会热用户已达 45 家，社会用热比例已占到供热量的 22.40%。安庆石化公司热电厂紧紧抓住省网缺电的机遇，精心测算，认真制定竞价上网方案，优化生产，多发电、多上网，提高企业经济效益。截至 10 月就提前完成全年发电和上网任务，全厂实现三炉四机高负荷长周期生产 163 天，实现内部利润 6 530.18 万元，生产经营指标再创新高。石家庄炼化股份公司克服重重阻力，实现自备动力站向化纤装置直供电，不仅彻底解决了动力站负荷低，运行方式难安排的问题，而且还增加公司整体经济效益。今年投用 2# 燃煤锅炉后，累计增加自发电量 5 735 万千瓦·时，减少外购电量 3 502 万千瓦·时，全年可降低成本 1 000 多万元。

三、强化“三基”管理，大力推进热电板块可量化经济技术指标考核评比活动

2003 年石化集团公司根据非上市业务的特点，对热电板块确立了“专业化管理、产业化经营”的工作思路，进一步转变观念，规范管理，在“统一指标、统一标准、统一考核、统一奖励”的原则下，组织石化集团公司 30 家热电厂(站)开展经济技术指标竞赛活动，提高机组运行水平，增强热电企业赢利能力。

1. 从制度建设入手，健全专业化管理体系

按照结合企业实际，实现行业接轨的思路，年初从管理制度建设入手，借鉴电力行业管理标准，制定颁布了《中国石化集团公司加强和改进热电管理的指导意见》(中国石化炼[2003]162 号文件)，明确了石化集团公司热电生产经营的指导思想和管理目标，并从安全运行、设备管理、技术监督、优化运行、燃料管理、定员管理、市场开拓、规划发展等方面，提出了 22 项专业管理标准和要求。从实施情况来看，该《指导意见》贴近现场实际，切中薄弱环节，措施要求齐全，具有较强针对性和可操作性。

2. 以热电竞赛为载体，强化指标考核

按照“四统一”的原则，石化集团公司总部建立了指标定期分析制度，及时掌握生产经营动态和主要指标变动情况，提高管理的时效性和专业指导深度。同时加强日常考核，每月公布企业考核排序，增强企业责任意识和竞争意识，形成“比学赶帮”的热潮。

3. 以专家咨询为切入点，加强个别指导

2003 年 3 月组织石化集团公司热电方面专家，对天津石化公司热电厂开展了专业咨询。围绕热电装置的资源优化、安全生产、经济运行、成本控制和经济效益等方面内容，提出了 14 个问题和 12 条建议，经过讨论、研究和汇总，整理成 31 页的咨询报告。天津石化公司通过积极落实石化集团公司热电咨询意见，使热电厂经济技术指标和安全运行水平得到明显提高。

4. 开展热电基础管理大检查，提高“三基”管理水平

根据国家有关法规和石化集团公司标准、规程、制度等要求，2003 年 11 月安排了热电专业大检查，现场了解主要热电厂(站)的管理体系、指标分解、核算过程、安全生产等情况，核实竞赛核算体系、指标分解、工艺参数、原始记录报表、月度经济分析、计量表计的投用与校核，继电保护和热工保护投用等内容，有力地促进热电厂(站)的“三基”管理。

四、积极开展对外经济技术交流与合作，提高自身竞争能力

2003 年为进一步提升石化集团公司热电厂(站)的竞争能力，炼化管理部积极开展了形式多样的对外经济技术交流活动，先后与奥地利、德国的脱硫技术供应商进行广泛深入的技术交流。组织高桥石化、天

津石化两企业与美国气体化工产品中国有限公司(APCI)就空分装置有关问题进行了技术交流与合资合作方面的洽谈。通过开展上述活动开拓了思路，增长了见识，为进一步增强企业的竞争力奠定了基础。

五、检维修工程建设板块积极开拓外部市场，实现自立生存

2003年按照加快改革改制步伐，做好与主业相关的检维修服务，提高市场竞争力，实现自立生存的总体目标，炼化管理部进一步加强检维修工程建设板块的专业化管理，促进非上市炼化企业检维修、建安系统加快改革步伐，服务主业，开拓市场，加快扭亏脱困步伐。2003年非上市炼化企业的检维修作业价值为18亿元，实现施工产值26.22亿元。

(田 竞)

公 用 工 程

【概述】 面对2003年上半年美伊战争和非典疫情的影响，以及下半年国际油价大幅震荡、国内外成品油与化工产品需求迅猛增长的新挑战，石化集团公司非上市炼化企业的公用工程系统冷静分析、沉着应对、克服困难，以降本增效工作为中心，以全面深化热电厂(站)经济技术指标考核竞赛为契机，狠抓内部管理，优化装置运行，大力压缩各项支出，努力开拓内外两个市场，确保装置安全、稳定和长周期运行，在进一步为主业做好服务，完成“保驾护航”使命的同时，较好地完成了各项生产经营任务，取得了良好的成绩。

2003年，非上市炼化企业全年累计发(购)电量161.14亿千瓦·时，同比增长6.28%；其中，自产电量120.00亿千瓦·时，外购电量41.14亿千瓦·时。全年累计供电量147.03亿千瓦·时，同比增长7.09%。其中，供非上市公司电量43.56亿千瓦·时，供石化股份公司电量67.53亿千瓦·时，其他外供电量33.44亿千瓦·时，损耗量2.50亿千瓦·时。

2003年自产热量2.41亿吉焦，同比增长7.42%；供热量1.49亿吉焦，同比增长4.72%。其中，供给非上市公司热量6 227.8万吉焦，供石化股份公司热量7 600.6万吉焦，其他外供热量781.4万吉焦，损耗量323.9万吉焦。全年供蒸汽量5 037.3万吨；其中，供高压蒸汽量1 038.63万吨，中压蒸汽量1 935.9万吨，低压蒸汽量2 062.7万吨。

2003年供新鲜水量7.85亿吨，同比增长5.30%。

2003年完成供氮量3.93亿米^3(标准)，同比增长3.59%；完成供氧量2.94亿米^3(标准)，同比增长12.18%。

(田 竞)

【颁布石化集团公司加强和改进热电管理工作的指导意见】 截至2003年底，石化集团公司发电装机总容量351万千瓦(其中石化股份公司129万千瓦)，约占全国火电装机总容量的1.4%，热电联产装机总容量311万千瓦，约占全国热电联产装机总容量的10%。2003年完成发电量222亿千瓦·时，供热3.4亿吉焦。但从总体上看，由于热电系统长期投入不足，技术装备水平偏低，许多企业对热电厂(站)的要求仅停留在“能够维持生产，不出事故就行”的低水平上，忽视运营质量和经济效益，基础管理工作薄弱，技术经济指标相对落后，内部成本控制没有到位，企业缺乏管理创新的内在动力，效益贡献还远未达到应有的水平。为迅速改变这种状况，努力提高热电产业运营质量，尽快适应石油石化持续发展的需要，2003年石化集团公司颁布了加强和改进热电管理工作的指导意见。

其指导思想是：以党的十六大和石化集团公司工作会议精神为指导，按照走新型工业化道路的总体要求，落实“改革、调整、提升、优化、转变”十字方针，以经济效益为中心，深化改革，强化管理，降本增效，扩展市场。

其奋斗目标：一是杜绝重大事故、为石油石化主业保驾护航。二是加强管理、提高经济运行质量、争创一流。三是主要经济技术指标近期年均提升2%，降本增效年均增加内部利润1亿元。

主要手段有以下几方面内容：第一，分层次健全制度，严格考核。第二，从严治内，加强管理。第三，拓展市场，规范运作。第四，配套发展，增加后劲。第五，对外开放，加强合作。

石化集团公司加强和改进热电管理工作指导意见的颁布对推动石化集团公司所属热电厂(站)管理工作的深化，加强热电厂(站)的“三基”工作起到了十分重要的作用，有力地促进了石化集团公司所属热电厂(站)2003年各项生产经营工作的顺利开展，为2003年及今后热电厂(站)取得良好成绩打下了坚实的基础。

(田 竞)

【国家电价改革方案研讨会召开】 2003年9月19日石化集团公司在京召开了电价改革专题研讨会。胜利、燕山、高桥、扬子、仪化、齐鲁、安庆和广州等8家企业共21人参加了会议。

在研讨会上，国家发展与改革委员会价格司刘振秋处长和国家电网公司动力经济研究中心李为正教授分别详细介绍了当前电价管理模式和改革方向以及今后政府规范电价管理的措施，讲解了电价形成机制的理论基础和历史演变，指出电价改革是电力体制改革的核心内容，并就电价政策改革出台的背景、热电联产的地位、石化企业的产购电等问题和与会代表进行了深入地探讨。会议建议：第一，以石化集团公司名义参与国家电力行业协会——中国电力企业联合会活动，利用这个平台，了解掌握政策信息，反映石化集团公司的呼声与意见。促进与电力行业的联系，加强石化与电力两大行业之间的沟通。第二，以石化集团公司统一口径向国家有关部门上报发电上网计划，积极争取主要企业自备电站的发电量和上网电量列入国家年度电力生产计划，为企业与地方电力部门协商发电上网提供支持，争取为企业热电厂(站)创造一个良好的外部经营环境。

(田　竞)

【与东南大学联合举办热电经济运行与节能技术研讨班】 为推动企业深入开展热电经济运行，进一步提升石化集团公司所属30家热电厂(站)的经营效益，按照2003年石化集团公司培训计划安排，炼化管理部会同油田管理部、石化股份公司炼油事业部，于2003年4月20—25日与南京东南大学联合举办了“热电经济运行管理与节能降耗技术”研讨班，以热电厂主要热经济指标的计算方法、机组运行经济性诊断、热电机组负荷优化分配、电力行业《节能技术监督工作规定》的推行、热电机组节能降耗技术等课题为主要内容，在石化集团公司27家直属企业29家热电厂站的59名代表之间进行了研讨。

通过此次研讨，加强了校企联合，使与会代表能够走出企业学习先进技术；推进了行业接轨，引入了成熟的电力管理手段，对提高石化集团公司热电经济技术指标水平有特别重要的作用。同时使与会的热电厂了解了石化集团公司热电厂(站)的锅炉、汽轮机和发电机等主要装备的技术性能水平，开拓了管理思路，明确了存在的差距和努力方向，推动了热电厂(站)间的技术经济指标竞赛。

(田　竞)

【积极开展热电厂烟气脱硫技术对外交流】 为了解和学习国外烟气脱硫发展现状及有关的技术，推进石化集团公司所属热电厂SO_2排放治理工作，由炼化管理部官庆杰副主任为团长，总部相关部门及下属企业热电厂主要负责人参加的16人考察组，于2003年10月13—27日，对奥地利、德国、法国等3国进行了为期14天的访问。考察组先后与奥地利能源与环境公司(Austrian Eenergy&Envioronment)、德国鲁奇—比晓夫公司(Lurgi Lentjes Bischoff)、德国费莎—巴布科克环境公司(Fisia Babcock)等3家脱硫技术供应商进行广泛深入的技术交流，访问德国RWE和法国EDF两家大型电力公司，探讨各类适用的电站烟气SO_2排放治理措施，并现场参观了5个不同类型的燃煤电厂脱硫设施。

(田　竞)

【开展与美国气体公司空分装置技术交流与合作】 2003年9月27日和10月17日，炼化管理部分别组织高桥石化、天津石化两企业与美国气体中国公司(APCI)就空分装置有关问题进行了技术交流与合资合作方面的洽谈。经初步洽谈，APCI意向通过现金出资购买天津石化现有空分装置部分股权，然后与天津石化组建一个合资公司，参与天津石化空分装置的重组改造。

(田　竞)

检维修建筑安装

【概述】 2003年非上市炼化企业检维修作业价值为18亿元，同比上升12.31%；其中，在石化股份公司实现10.99亿元，同比上升9.85%；在存续公司实现6.23亿元，同比上升3.41%；实现施工产值26.22亿元，同比上升18.96%；其中建筑产值10.08亿元，同比上升30.24%；安装产值14.51亿元，同比上升14.49%。

(田　竞)

【炼化企业检维修、建安系统扭亏脱困座谈会召开】 为进一步加强专业化管理，促进非上市炼化企业检维修、建安系统加快改革步伐，服务主业，开拓市场，加快扭亏脱困步伐，炼化管理部于2003年11月21—22日组织召开了“炼化企业检维修、建安系统扭亏脱困座谈会”。石化集团公司财务计划部、企业改革部、工程部，以及23家非上市炼化企业分管领导、主管部门和检维修建安单位负责人，共计85名代表参加会议。

会议总结了近年来的工作成绩，肯定了检维修建安系统为满足主业装置安稳长运行所做的有益工作。同时也充分认识到目前检维修建安单位存在的主要问题。

通过本次会议，企业分管领导及检维修建安单位负责人进一步统一了思想，提高了认识。大家对3年后国内油品市场完全放开和国家扶持政策取消后石化集团公司将面临的严峻形势有了进一步的认识，对早日实现扭亏脱困和自立生存加深了理解，加强了进一步加快改制分流步伐、提高核心竞争力的紧迫感。会议明确了下一步工作核心：深化改革改制；实现投资主体多元化；对内加大结构调整力度；要做精做强主营业务；加快专业化重组步伐；区域性重组要有突破；狠抓安全生产。

（田 竞）

机械制造

【概述】 2003 年非上市炼化企业有 5 家独立建制的机械制造厂(公司)，2003 年实现营业总收入 7.01 亿元，同比增长 11.59%；累计亏损 2 628 万元，同比减亏 1 136万元。亏损较大的是齐鲁石化机械厂和上海石化机械制造公司。各企业机械厂经营情况见表 1。

（田 竞）

【机械制造单位座谈会召开】 根据石化集团公司领导的指示精神，炼化管理部于 7 月 23—25 日在扬子石化宾馆组织召开了炼化企业机械制造单位座谈会。15 家非上市炼化企业分管领导及机械制造单位(专业管理公司)的负责人共计 29 名代表参加了会议。会上作了《内抓管理　外拓市场　深化改革　加快实现机械制造单位的扭亏脱困和自立生存》的主题发言，提出 2003 年整个检维修机械制造板块在去年亏损 1.05 亿元的基础上减亏 5 000 万元的奋斗目标。按照大约减亏 50%的幅度，要求各机械制造单位对照自身的实际，按此比例作为减亏目标进行落实。扬子石化公司、南京化工公司、仪化有限公司、荆门石化总厂、茂名石化公司 6 家企业的机械厂就实行集中管理、专业化重组、开发特色产品，做精做强、开拓外部市场等改革措施方面的经验和取得的效果进行了大会发言；并就如何更好地服务于主业、稳固内部市场、拓展社会市场、开拓海外市场、加快扭亏脱困步伐等有关情况进行交流讨论。

表 1　2003 年石化集团公司非上市炼化企业机械厂经营情况表　万元

项　目	营业总收入		利润总额	
	2003 年累计	2002 年累计	2003 年累计	2002 年累计
上海石化机械制造公司	21 208	23 333	－1 581	－1 620
南京化工公司化工机械厂	27 148	20 144	503	3
齐鲁石化公司机械厂	9 682	8 447	－1 623	－2 220
荆门石化总厂机械厂	1 681	1 495	2	22
茂名石化公司机械厂	10 358	9 379	72	52
合　计	70 077	62 798	－2 628	－3 764

此次座谈会沟通了炼化企业机械制造方面的信息，交流了管理经验，加强了企业之间的联系，对机械制造单位改革发展方向以及降本减费措施及开拓外部市场方面进行了认真的研究和探讨，提出了许多有益的、建设性的意见。通过此次会议，炼化企业的分管领导及制造单位负责人进一步统一了思想，提高了认识，对石化集团公司关于“十五”期间对检维修机械制造板块逐年减少亏损、早日实现机械制造单位的扭亏脱困和自立生存的目标加深了理解，为下一步加强管理、深化改革、增收节支、提高管理水平起到了积极的推动作用。

（田 竞）

经济技术指标考核

【概述】 2003 年石化集团公司根据非上市业务特点，对热电板块确立了“专业化管理、产业化经营”的工作思路，进一步转变观念，规范管理，在“统一指标、统一标准、统一考核、统一奖励”的原则下，组织石化集团公司全口径 30 家热电厂(站)开展经济技术指标竞赛活动，提高机组运行水平，增强热电企业赢利能力。通过开展热电厂(站)经济技术指标竞赛活动，石化集团公司非上市部分 17 家热电厂(站)2003 年供电标煤耗累计完成 374.07 克/千瓦·时，同比下降 1.98%。供热标煤耗累计完成 37.82 千克/吉焦，同比下降 0.25%。供电现金操作费用累计完成 49.38 元/兆瓦·时，同比下降 20.65%。供热现金操作费用累计完成 5.07 元/吉焦，同比下降 10.42%。发电厂用电率累计完成 7.17%，同比下降 0.24%。供热厂用电率累计完成 4.04 千瓦·时/吉焦，同比上升 0.13 千瓦·时/吉焦。2003 年非上市炼化企业供电标煤耗完成情况见表 2。

供水电耗累计完成 430.35 千瓦·时/千吨，同比下降 7.41%；供水现金操作费用累计完成 367.62 元/

千吨，累计同比下降13.97%。

检维修建筑安装全年人均营业收入累计完成13.82万元/人，同比提高0.39万元/人；社会市场收入比率累计完成27.42%，同比上升15.90%。2003年非上市炼化企业检维修建筑安装指标完成情况见表3。

机械厂全年人均产值累计完成8.68万元/人，同比减少1.79万元/人；社会市场销售产值比率累计完成57%，同比上升22.7%。2003年非上市炼化企业机械厂指标完成情况见表4。

表2　2003年石化集团公司非上市炼化企业供电标煤耗完成情况　克/千瓦·时

序　号	单位名称	2003年累计	2002年累计	同比/%
1	燕山石化公司动力事业部	248.93	308.61	-19.34
2	天津石化公司热电厂	384.96	442.31	-12.97
3	高桥石化公司热电事业部	323.91	325.21	-0.4
4	扬子石化公司热电厂	392.68	391.36	0.34
5	南京化工公司动力厂	409.55	463.78	-11.69
6	南京化工公司碱厂动力车间	—	—	—
7	齐鲁石化公司热电厂	375.19	381.79	-1.73
8	安庆石化总厂热电厂	396.06	394.57	0.38
9	广州石化总厂动力事业部	350.88	377.16	-6.97
10	荆门石化总厂动力厂	182.31	179.74	1.43
11	四川维尼纶厂热电厂	472.06	576.16	-18.07
12	武汉石化厂热电车间	561.66	516.39	8.77
13	巴陵石化公司热电事业部	355.09	354.16	0.26
14	巴陵石化公司动力事业部	383.39	388.79	-1.39
15	茂名石化公司乙烯工业公司热电车间	264.9	330.06	-19.74
16	湖北化肥厂动力分厂	484	491	-1.43
17	南京化工厂热电车间	480	472	1.69
合　计		374.07	381.63	-1.98

表3　2003年石化集团公司非上市炼化企业检维修建筑安装指标完成情况

序　号	单位名称	人均营业收入/万元			社会市场收入比率/%		
		2003年累计	2002年累计	同　比	2003年累计	2002年累计	同　比
1	燕山石化公司	13.14	8.25	4.89	69.97	30.01	39.96
2	天津石化公司	8.26	11.76	-3.50	9.26	0.08	9.18
3	金陵石化公司	10.65	11.47	-0.82	3.89	0.90	2.99
4	扬子石化公司	13.56	19.24	-5.67	17.22	0.00	17.22
5	仪化有限公司	12.88	10.38	2.49	16.33	0.00	16.33
6	南京化工公司	23.36	9.68	13.68	93.62	84.65	8.97

续表

序号	单位名称	人均营业收入/万元			社会市场收入比率/%		
		2003年累计	2002年累计	同比	2003年累计	2002年累计	同比
7	齐鲁石化公司	8.98	6.96	2.02	6.70	6.90	-0.20
8	巴陵石化公司	5.17	0.41	4.76	0.00	0.00	0.00
9	长岭炼化公司	11.00	10.47	0.53	5.94	5.22	0.72
10	茂名石化公司	16.58	13.95	2.64	0.14	0.04	0.10
11	安庆石化总厂	7.10	6.66	0.44	1.97	4.25	-2.28
12	广州石化总厂	26.04	23.40	2.64	0.04	0.03	0.01
13	荆门石化总厂	9.40	8.79	0.61	4.96	3.60	1.36
14	四川维尼纶厂	6.15	6.30	-0.15	2.43	0.69	1.73
15	洛阳石化总厂	26.17	19.63	6.55	9.20	8.29	0.91
16	九江石化总厂	9.09	9.57	-0.48	0.04	0.00	0.04
17	石家庄炼油厂	7.66	6.52	1.14	0.00	0.00	0.00
18	武汉石化厂	4.63	3.18	1.45	0.00	0.00	0.00
19	湖北化肥厂	9.92	11.40	-1.48	43.00	52.00	-9.00
20	沧州炼油厂	9.66	10.81	-1.15	10.27	3.64	6.63
21	上海石化	53.90	29.15	24.75	45.94	52.14	-6.20
	合计	13.82	11.35	2.47	27.42	11.52	15.90

表4　　2003年石化集团公司非上市炼化企业机械厂指标完成情况

序号	单位名称	人均产值/万元			社会市场销售产值比率/%		
		2003年累计	2002年累计	同比	2003年累计	2002年累计	同比
1	南京化工公司	12.75	9.34	3.41	97.90	93.83	4.07
2	齐鲁石化公司	9.60	5.53	4.06	23.04	25.95	-2.91
3	茂名石化公司	20.30	22.56	-2.26	0.80	0.49	0.31
4	荆门石化总厂	11.51	10.24	1.27	55.68	34.50	21.18
5	上海石化	12.15	12.63	-0.47	51.29	25.64	25.65
	合计	8.68	7.98	0.70	57.00	34.30	22.70

（田　竞）

【经济技术指标竞赛与考核研讨会在上海召开】 为更好地贯彻落实《中国石化集团热电厂（站）经济技术指标竞赛办法》和《关于2003年经济技术指标考核工作的通知》精神，搞好经济技术指标考核工作，进一步提升指标水平，2003年2月20—22日在上海中国石化国际商务会展中心召开了经济技术指标竞赛与考核研讨会。石化集团公司炼化管理部、油田管理部、石化股份公司炼油事业部等总部机关及石化集团公司所属38家相关单位分管经济技术指标竞赛与考核工作的负责人和具体工作人员共88人参加了会议。

会上宣贯了《中国石化集团热电厂（站）经济技术指标竞赛办法》和《关于2003年经济技术指标考核工

作的通知》，并对2002年石化集团公司非上市企业可量化经济技术指标考核运行情况作了小结，对2003年经济技术指标考核工作以及开展热电厂(站)经济技术指标竞赛活动作了安排和布置。这次会议还就考核指标的定义及计算方法进行了现场演示说明，并进行了现场答疑。与会单位分为两个小组，就如何进一步推动经济技术指标竞赛与考核进行了热烈的研讨。

会议要求石化集团公司所属30家热电厂(站)要积极行动起来，按照“四个统一”的原则，规范开展热电厂(站)的竞赛活动，使热电厂(站)经济技术指标达到一个新的水平。同时，参加经济技术指标考核的非上市炼化企业的其他几个板块，要继续作好考核指标的分解细化，按时、规范汇总上报各类报表，为加强管理、从严治内，实现效益的新增长做出贡献。

（田　竞）

【热电经济技术指标竞赛阶段评审会召开】 为及时总结石化集团公司热电竞赛工作成果，推进热电专业经济技术指标和管理水平不断提高，炼化管理部于2003年7月16—18日在安庆石化总厂组织召开了石化集团公司热电专业竞赛阶段评审会议。石化集团公司油田管理部、石化股份公司炼油事业部及巴陵石化公司热电厂、镇海炼化股份公司公用工程部、仪征化纤股份公司热电厂、胜利石油管理局胜利发电厂、安庆石化总厂热电厂共12人参加了会议。

与会专家经过热烈认真的评比，从12家入围单位中初步评选出了上半年石化集团公司热电厂(站)经济技术指标竞赛活动的优胜单位，产生了石化集团公司上半年竞赛活动的前10名。

此外，在本次会上还编制了“报表体系检查项目表”、“现场检查项目表”和“石化集团公司热电专业竞赛评审表”，形成了多达8 000字的上半年竞赛情况说明，收集、汇总、打印了156张数据表格；同时，就竞赛过程中出现的CFB锅炉调整系数、100兆瓦机组供电煤耗考核基础值等6大典型问题进行了热烈地讨论，并形成了共识；进一步明确了评审的程序。

（田　竞）

【热电专业竞赛基础管理大检查】 为加强热电厂(站)基础管理工作，做好热电经济技术指标竞赛的审核评比，把“基础管理、基层建设、基本功训练”等“三基”工作落到实处，炼化管理部组织有关专业人员，分成4个组，对非上市部分22家热电厂(站)，进行了为期20余天的“基础管理大检查”。

检查按百分制评分，得分在70分以上的有10家，占45%，其中80分以上有5家。

检查中发现企业在热电安全生产、经济运行、指标核算、设备管理等方面带有普遍性的问题主要表现在以下5个方面。一是设备缺陷和安全隐患；二是运行可靠性偏低，非计划停车多；三是运行指标管理不够深入；四是指标核算不规范；五是煤炭供应管理体制不顺。

针对检查中存在的问题，建议应从以下5个方面进一步加强热电专业管理工作。一是以电力生产九大技术监督为主线，推进专业化管理；二是以可靠性管理为切入点，强化非计划停车管理；三是以热电竞赛为载体，进一步推进经济运行工作；四是以煤炭为重点，加大成本控制力度；五是结合“三基”工作，强化热电专业基本功训练。

（田　竞）

多种经营

【概述】 截至2003年末，石化集团公司非上市炼化企业拥有多种经营企业340个，其中一级法人为262个。职工总数为51 357人，资产总额135.37亿元，年经营销售收入217.35亿元，利润总额1.48亿元。其中：

国有并表企业118个，其中一级法人为77个。职工总数为13 589人，其中正式职工8 339，资产总额54.22亿元，年经营销售收入128.92亿元，利润总额3 544万元。

国有非并表企业19个，其中一级法人为19个。职工总数为854人，其中正式职工679，资产总额5.88亿元，年经营销售收入3.38亿元，利润总额－679万元。

合资联营企业22个，其中一级法人为22个。职工总数为2 410人，其中正式职工1 453人，资产总额8.90亿元，年经营销售收入19.44亿元，利润总额2 389万元。

集体企业181个，其中一级法人为144个。职工总数为35 056人，其中全民职工11 253，资产总额66.36亿元，年经营销售收入65.61亿元，利润总额9 479万元。

与2002年同期比较，通过继续清理整顿，加大改制分流力度，努力降本压费，总体实现增盈。多种经营企业总数由417个减到340个，减少18.47%；其中一级法人290个减少到262个，减少9.66%；通过明晰产权，多种经营改制企业为34个；职工总数由67 218人减到51 375人，减少23.57%，降低了人工成本；资产总额由165.45亿元减到135.37亿元，减少18.18%；年经营销售收入由177.15亿元增到

217.35亿元，增长22.69%；利润总额由1 003万元增加到14 733万元，总体实现增盈。其中国有并表企业，通过加强国有资产监管，减少国有资产流失，由亏损6 307万元到盈利3 554万元，总体实现扭亏为盈。

（许玉炘）

文教卫生和社区服务

【概述】 截至2003年末，非上市炼化企业文教卫生系统中，有51所中小学，27所医院；社区服务系统中，有职工住宅29万套、1 730万米^2，物业管理公司52个，为28.39万户职工提供了较好的物质文化条件和医疗保障。

2003年年初，按照在2002年净支出14.04亿元基础上降低10%以上的要求，石化集团公司下达了2003年净支出12.44亿元，同比减少1.6亿元，降幅11.52%的考核指标，并分解落实到各直属企业。

在石化集团公司工作会议上刘根元副总经理提出“用2年左右的时间，初步解决社区服务系统存在的巨额经营性亏损、收费不到位和管理体制、机制不完善等突出问题”。为认真贯彻总部领导的指示和《石化集团公司深化社区服务系统改革指导意见》文件精神，炼化管理部将文教卫生和社区服务板块作为减亏的工作重点，组织召开炼化企业社区工作座谈会、宾馆管理座谈会、收费管理现场交流会，到燕化、天津、扬子、金陵、武汉、荆门、川维7企业调研指导社区工作，参加齐鲁工作组和燕化公司、天津公司现场办公会等，研究、指导、部署社区加强管理、降本减费和重组改制。

（田　竞）

【召开社区工作座谈会，对接落实降本压费】 为贯彻石化集团公司领导关于社区降本减费要以“推进社区改革，规范收费，促进由福利型向服务经营型转变；推进内部承包，落实工作责任，扩大服务领域，提高服务水平，改善经营方式，逐步实现自立生存；积极创造条件移交办社会职能”的指示精神，通过组织召开社区工作座谈会，对2003年社区工作目标提出具体要求，会议期间和会议结束后，逐家企业对接，共同研究并落实降本减费的具体措施。各炼化企业针对实际情况，在文教卫生和社区服务方面制定了比较切实可行的压费措施168条。经过一年的努力，2003年考核的27家非上市炼化企业文教卫生和社区服务板块净支出12.22亿元，比计划指标再减少2 200万元。

（许玉炘）

【加强能源计量和收费管理】 2003年实施了社区能源计量和收费季度报表制度，统计水、电、燃气的装表情况、用量、损耗量、价格和供暖方面的情况，以摸清底数和加强监督管理。

通过召开社区收费管理现场交流会，明确要求企业水表(冷、热水表)、电表、燃气表的装表率要达到100%，完好率要保持在90%以上。要求企业强化收费管理，按照当地标准收取水费(冷、热水)、电费、燃气费，收费率达到90%以上。加大周边石化系统外单位和居民的收费力度，收费率要达到60%以上。交流推广齐鲁石化公司针对向社会特殊用户收费难的问题，建立收费新机制，大大提高收费率；燕山石化公司管理与服务职能分离，各负其责，规范运作；四川维尼纶厂社区服务企业改制分流，自立生存；荆门石化总厂和沧州炼油厂能源收费管理等好做法和好经验，为炼化企业社区严格管理，规范收费，推动服务经营企业改制分流，树立了学习样板。

通过全年的努力，2003年末炼化企业社区水装表率达到95.55%，电装表率达到96.87%，管道燃气装表率达到98.68%，水损耗量减少918万吨，下降15.67%，电损耗量减少2 132万千瓦·时，下降13.72%。

（许玉炘）

【重组改制，深化改革】 2003年继续推进社区服务专业化重组。按照产业化管理、企业化经营、社会化服务的方针，社区服务系统要强化集中统一管理，除距离较远不能集中管理的个别企业外，要取消二级单位承担的社区服务、生活后勤的管理职能。管理机构要扁平化，大力压减管理层次和管理人员。要按照市场化的原则，转换经营机制，调动职工积极性，不断增加服务项目，拓展服务领域。调研中同齐鲁石化公司针对社区管理分散、费用高、浪费大的问题，进行调查摸底，针对问题提出了整改措施，对社区、幼教、公交进行重组。

进一步研究探讨社区服务经营企业的改制分流。通过调研总结推广四川维尼纶厂改制企业维丰公司社区服务与收费合同契约化，根据市场规则要求与服务对象签订有偿服务合同，确定服务项目、服务质量、服务范围和取费标准，做到服务与收费直接见面，以及不断改进经营方式，不断提高服务质量的经验。

抓紧社会职能移交与改制工作。在荆门、金陵、安庆3企业中小学移交基础上，2003年又实现了茂名、洛阳、九江3企业18所中小学、1 166人移交地方。在天津、荆门、齐鲁、洛阳4企业医院移交或改制基础上，2003年又有茂名、南京化工公司、金陵炼油厂、石家庄炼厂和沧州炼油厂5企业医院改制或移交。

（许玉炘）

产 品 销 售

综　　述

2003年石化销售企业经历了市场波动、曲折的发展历程，面对年初美伊战争、非典疫情、年末低库存运行等特殊的市场环境，坚定信心，沉着应对，有效地化解矛盾，规避风险，实现了安全平稳运行，取得了历史性的突破。

2003年成品油经营量达到7 592万吨，同比增长8.32%。销售结构继续优化，终端市场控制力进一步增强。全年销售企业共完成零售3 885万吨，同比增长11.86%，零售增幅高于经营总量增幅。直销完成1 533万吨，同比增长23.4%。高标号汽油销售817.6万吨，同比增长46.5%，其中零售652.4万吨，同比增长51.6%。燃料油、润滑油经营也取得了可喜进步，燃料油销售673.5万吨，同比增长65%，润滑油销售140.81万吨，同比增长39.12%。全年实现销售收入2 379亿元，经济效益创历史新高。

2003年销售系统网络建设继续完善，市场竞争实力进一步增强。全年新增加油站1 367座，加油站总数达到24 500座，新增特许加盟加油站1 199座，特许站总数达到5 326座。成品油管线建设取得重大进展，继荆荆管线投入使用之后，金闵管线和西南管线正式开工。

2003年销售系统体制改革稳步推进，市县公司一体化管理基本到位，县公司的管理职能被取消，实现了地市公司的统一经营管理、统一财务核算和统一人力资源管理。小站通过"契约经营"、"联量返利"、"家庭承包"、"子母站挂靠"等多种形式进行了改革，普遍收到了增量增效减员减费的效果。机制创新不断深入，用人用工及考核激励机制更加市场化，基本上做到了全员竞争上岗和末位淘汰。

2003年销售企业管理水平也有了全面提升。财务管理得到了全面强化，销售企业通过加强财务分析、严格预算管理、加强资金管理、强化资产管理，较好地发挥了财务在经营管理中的作用，在零售、直销量持续扩大，资产规模持续扩张的情况下，全年吨油费用198元，吨油现金费用160元，严格控制了费用支出。加油站管理进一步规范，服务水平进一步提高。多种形式的减员分流持续开展，人工成本得到了有效控制。数质量管理进一步加强，维护了中国石化质优量足的品牌信誉。销售企业还按照国家有关规定，从环保和节能的角度，积极与政府有关部门协调，加强了汽油清净剂的宣传推广工作。信息化建设取得进展，通过ERP试点的推广，IC卡的推行，销售业务管理信息系统二期的应用，信息更加快捷、准确、有效，经营管理水平得到了提升。

（路宇歆）

市场供需及营销

【全年市场走势】 2003年成品油销售总体呈持续上升趋势。年初，国内整体成品油资源总量平衡，国际市场油价大幅上涨，为本年营造了较好的开局氛围，销售价格一路上扬，3月份出现2003年第一个价格高点。随即由于非典疫情在全国的蔓延，成品油销售量、价都急剧下滑，5月份价格跌至全年最低点。6月份以后，国民经济快速回升，成品油消费出现强劲增长势头。10月份以来，部分地区成品油尤其是柴油市场出现供不应求的状况，成品油价格又持续走高，奠定了本年价格总体向高的走势。

（路宇歆）

【全年成品油价格情况】 2003年汽油出厂价共调整5次，12月末的价格比年初调增95元/吨；柴油出厂价调整4次，12月末的价格比年初调增140元/吨。2003年汽油零售中准价共调整4次(其中7月1日为汽油标准品由无铅汽油调整为清洁汽油)，12月末的价格比年初调增190元/吨；柴油零售中准价调整3次，12月末的价格比年初调增90元/吨。2003年成品油平均销售价格为3 417元/吨，其中：汽油批发3 527元/吨，零售4 036元/吨，配送3 685元/吨；柴油批发3 073元/吨，零售3 456元/吨，配送3 242元/吨；煤油批发2 739元/吨，零售3 604元/吨；其他石化产品2 353元/吨。

（路宇歆）

【市场调控】 2003年市场波动大，供需矛盾变化快，经营形势复杂。对此，销售公司坚持主导市场，理性经营，既心态平稳，处变不惊，又不失时机，快速反应。全系统从战略高度进一步树立了坚持主导市场、优化经营要素、实行量价互动、把握销售节奏等经营理念，针对不同时期的主要矛盾，及时调整资源、价格、库存、批发，优化营销结构，把握销售节奏，抓住了市场上行的机遇，规避了市场下行的风险，较好地把握了市场的起承转合，避免了经营上的大起大落。

（路宇歆）

【资源管理】 2003年销售企业积极与炼化企业配合，努力按照市场需求组织石化资源投放。销售公司根据平衡国内市场的需要，适时调整出口总量和结构，为高效经营创造了有利条件；严格按照“自产—降库—外采”的顺序，规范外采计划管理；加强对地方炼厂资源的收购和对专项用油的管理；加强与石油集团公司多层面、全方位的沟通、协调和合作，共同维护市场稳定。各级企业尤其是大区公司努力搞好资源的综合平衡、优化配置、合理摆布，在资源偏紧的情况下，加强了资源管理和监控的力度，严格经营纪律，规范经营行为，资源运营效率大幅提高。尤其是在四季度资源紧张的情况下，各省市公司、地市公司诚信经营，树立了中国石化的良好企业形象，为今后的发展奠定了基础。

（路宇歆）

【调整销售结构，增加零售和直销量】 2003年销售企业零售网络的完善、客户经理制的推广、激励机制的逐步到位有力地促进了零售和直销量的增长。2003年销售企业成品油经营量达到了7 592万吨，同比增长8.3%，其中零售量达到3 885万吨，同比增长15.2%，直销量达到1 533万吨，同比增长23.4%，均超过了总量增长水平，同时批发量减少10.3%，经营质量有了大幅度提高，销售结构有了明显改善。

（路宇歆）

【借助行业组织推动高标号汽油销售】 2003年，销售企业组织召开了“汽油—油品—环保”研讨会，由过去专家推荐高标号汽油变为借助行业组织权威性推荐，为各地高标号汽油促销提供了依据；编发了统一的推荐表、新闻稿、广告语，通过各种媒体进行广告、新闻宣传，形成了全国统一的营销攻势；总部的统一营销策划，有力地推动了各地高标号汽油营销工作，各地也创新了许多适合当地特点的营销办法，促进了高标号汽油的销售。

（路宇歆）

【燃料油、润滑油销售创新高】 2003年，销售公司加大了燃料油经营工作力度，进步明显。全年销售燃料油673.5万吨，完成年度目标的117.7%，同比增长65%。润滑油销售140.81万吨，完成年度目标的122.4%，同比增长39.1%，创下自1992年润滑油市场放开以来的最高销量。燃料油和润滑油经营的突破，对扩大经营总量起到了很好的作用。

（路宇歆）

【强化直销经营】 销售企业直销工作取得一定进展。2003年年初销售公司对直销工作提出了明确要求，大区公司也进行了积极配合，加强了对直销工作的指导，省市公司对直销的重视程度有了明显提高，经营观念得到转变。直销策略灵活多变，多数单位在细分市场、细分客户、细分竞争对手的基础上，针对不同市场、不同客户采取了不同的营销手段，开拓了终端市场。直销工作考核机制得到完善，多数公司依据《销售企业直销工作指导意见》制定了直销管理办法，建立了直销绩效考核体系。直销基础管理工作得到加强，各省市公司纷纷开展市场调查活动，建立客户档案，强化对直销市场的分析，加强对直销人员的培训，取得了良好效果。同时多数销售企业认识到了加强客户服务的重要性，为客户服务、满足客户需求的直销理念在系统内已经达成共识。

（路宇歆）

【继续开拓农村、水上市场】 2003年销售企业继续规范水上经营，盘活农村网点，不断扩大水上和农村市场。各省市石油公司根据销售公司的要求，普遍把开发农村和水上市场作为扩大销量、填补市场空白、寻求新的效益增长点的重要措施，农村和水上市场的销量取得了明显增长。尤其在5、6月份，农村、水上市场销量增长在缓解“非典”影响，保证零售整体稳量、增量方面起了很大作用。

（路宇歆）

销售体制改革

【制定销售企业发展规划】 为了迎接入世后的严峻挑战，销售公司组织力量，认真分析发展趋势，对发展方向、战略目标、工作重点进行反复论证、比较和选择，初步编制了《销售企业2003—2010年发展规划纲要》，增强了决策的前瞻性。成立了销售企业发展战略研究小组，进一步研究销售企业未来的经营环境、管理体制、长效机制等战略性发展问题。

（路宇歆）

【体制改革】 为了尽快缩短与国外大公司的差距，销售公司针对现行体制弊端，组织力量，在大量调查研究并借鉴国外大公司先进经验的基础上，制定了《销售企业经营管理体制改革初步意见》。先后4次召开部分省市公司一把手座谈会，对经营管理体制改革的思路、方向、目标、阶段性任务及要把握的工作重点基本达成共识，为深化改革打下了基础。同时市县公司一体化改革已经基本到位。经过长期以来持续的努力，销售系统通过做足“减法”，关停撤并县公司机构

612个，经营实体232个，基本实现了市县公司的业务、财务和人事一体化管理。省市公司在清产核资的基础上，制定并上报改制分流方案91个，湖北、山东、河南、河北、安徽、云南、山西等公司改制分流工作成效较为明显。

（路宇歆）

【机制改革】 绝大多数企业对机关管理人员实行了竞聘上岗，用人用工制度改革继续深入；部分省市石油公司对基层经营管理岗位，打破身份界限，实行全员竞岗和末位淘汰。分配制度改革迈出了新步伐，全系统初步建立了业绩与收入挂钩的激励机制，使分配更加注重效率，绝大多数单位通过"联量、联利、联费、联贷款回笼"等多种形式将员工的收入与经营业绩挂钩，进一步建立和完善了激励机制，调动了员工的积极性。销售公司对省市石油公司和大区石油公司的考核机制较好地发挥了"指挥棒"的作用，调动了各方的积极性和创造性。

（路宇歆）

【减少用工总量】 在零售、直销增加的情况下，用工总量进一步减少到24.3万人，其中正式工同比减少2.56万人，人均劳效进一步提高，劳动力结构和用工关系进一步优化。山东、河南、安徽公司正式工减员成绩显著，湖北、江西、广西等公司减员分流取得较大进展。

（路宇歆）

【继续推进小站改革】 2003年销售企业通过"契约经营"、"联量返利"、"家庭承包"、"子母站挂靠"等多种形式，继续推进了小站改革。截至2003年底，大部分地区已经基本完成了小站改革，充分调动了加油站经营者的积极性。其中大部分单位小站改革取得了新的进展，普遍收到了增量增效减人减费的效果。福建、浙江等公司成效尤为突出。

（路宇歆）

【组建专业公司】 2003年销售企业为了进一步降低运营成本、提高资产利用效率、拓展市场空间、不断增强企业竞争力，于12月末分别与中国海运集团总公司共同出资组建成立了中国石化中海船舶燃料供应有限公司，与中国铁路物资总公司共同出资组建成立了中国石化中铁油品销售有限公司，所占股比均为50%，建立了以资源、资本为纽带的紧密型合作关系，为稳固和扩大海上及铁路运输的市场份额抢占了先机，是销售企业在中国加入WTO后国内市场逐步开放的形势下，为应对国内外市场竞争所采取的重大举措。

（路宇歆）

销售网络

【销售网络】 石化集团公司成品油销售网络主要由三大部分构成。一是石化股份公司的全资子公司——中国石化销售有限公司及下属华北、华东、中南、西南、东北、西北、川渝等7个销售分公司，承担着成品油资源的统一平衡、运输协调、专项用户的成品油供应任务以及在区外发展销售网络的任务；二是主要市场内的北京等19个省级石油分公司及所属的250多个地级和1 400多个县级石油分公司或经营部组成的销售网络；三是石化集团公司在全国范围内与其他成品油经营单位合资组建的销售网络。

中国石化销售网络

序号	单　位	地　址	邮编	区号	电话	传真
1	中国石化销售有限公司	北京市朝阳区惠新东街甲6号	100029	010	64998879	64941014
2	中国石化销售有限公司华北分公司	天津市和平区建设路2号	300040	022	27120719	27124891
3	中国石化销售有限公司华东分公司	上海市愚园路819号	200050	021	62119326	62119327
4	中国石化销售有限公司中南分公司	湖北省武汉市汉口精武路39号	430022	027	65798010	85772810
5	中国石化销售有限公司西南分公司	广东省茂名市官山东路83号	525000	0668	2868292	2868278
6	中国石化销售有限公司川渝分公司	成都市人民南部一段86号城市之心7楼	610041	028	86203125	86203122
7	中国石化销售有限公司东北分公司	辽宁省沈阳市于洪崇山东路51号	110032	024	86860285	86860772
8	中国石化销售有限公司西北分公司	西安市北大街29号中天国际大厦	710003	029	87257390	87257202
9	北京石油有限责任公司	北京市朝阳区静安里12号楼	100028	010	64654127	64626877

续表

序号	单位	地址	邮编	区号	电话	传真
10	天津石油有限责任公司	天津市和平区解放北路 94 号	300040	022	24134086	23397099
11	河北石油有限责任公司	河北省石家庄市槐南西路 8 号	050021	0311	5816881	5813737
12	山西石油总公司	山西省太原万柏林区大王路 28 号	030024	0351	6197617	6197620
13	上海石油有限责任公司	上海市中山东一路 24 号甲	200002	021	63219490	63390244
14	江苏石油有限责任公司	江苏省南京市中山北路 395 号	210003	025	8808888	8803729
15	浙江石油总公司	浙江省杭州市河坊街 58 号	310009	0571	8718833	8718822
16	安徽石油总公司	安徽省合肥市芜湖路 391 号	230061	0551	2860455	2869024
17	福建石油总公司	福建省福州市六一北路 92 号实发大厦 23 层	350003	0591	7599832	7837153
18	江西石油总公司	江西省南昌市洪都北大道 102 号	330046	0791	8512247	8511107
19	山东石油总公司	山东省济南市历山路 73 号	250013	0531	6620422	6947784
20	河南石油总公司	河南省郑州市卫生路 10 号	450053	0371	3827097	3827047
21	湖北石油总公司	湖北省武汉市汉口宝丰路 103 号	430030	027	83601160	83642924
22	湖南石油总公司	湖南省长沙市湘春路 113 号	410005	0731	4340130	4326659
23	广东石油总公司	广东省广州市中山七路 81 号	510145	020	81297780	81297207
24	广西石油总公司	广西省南宁市桃源路 67 号	530021	0771	5335823	5323338
25	海南石油总公司	海南省海口市龙舌路 16 号石油大厦	570203	0898	65346762	65324481
26	贵州石油总公司	贵州省贵阳市解放路 21 号	550002	0851	5947391	5985902
27	云南石油总公司	云南省昆明市拓东路 45 号世博大厦	650011	0871	3115301	3115230

（路宇歆）

销售管理

【加油站管理进一步规范】 2003 年着眼于提高核心竞争力，开展了近 4 个月的加油站管理整顿工作。全系统自查自纠问题 7 万余个，处理各级管理人员 597 人，辞退不称职员工 884 人，对 34 座不合格星级加油站予以摘牌。通过整顿，站容站貌明显改善；员工的规范化服务意识增强；加油站账表、损耗等基础管理更加扎实；安全隐患得到有效整改。经对全系统 745 座加油站随机抽查验收，福建、山东、广西、浙江分公司加油站综合管理排名靠前，湖北、天津分公司进步较大。

（路宇歆）

【财务管理全面强化】 一是强化了费用预算管理，将管理费、财务费、运杂费等 10 项费用作为重点，逐月下达，严格控制，2003 年实现降本压费 5 亿元。天津、广东、上海、广西等分公司吨油费用比计划减少 10 元以上。二是强化核算管理，县级公司的核算上移到地市公司，贵州及上海分公司还实现了省市级集中核算。三是强化了资金管理，在经营量大幅增加的情况下，财务费用从 2002 年的 11.54 亿元减少到 8.63 亿元，3 项债权较年初下降 16.32 亿元。四是强化了资产的全过程管理，重点进行了加油站的清产核资。五是强化了内控管理，建立健全了销售企业内控制度，开展了经济效益、固定资产投资、油品销售业务、加油站经营、任期经济责任等审计工作，为强化管理、堵塞漏洞、提高效益起到了促进作用。

（路宇歆）

【信息化建设取得新进展】 2003 年 IC 卡试点工程核心软件通过专家评审，11 个省市 29 个城市的 4 000 座加油站完成联网，系统运行稳定。业务管理信息系统二期在省市公司开始运行，有效提高了进销存价的监控水平，为协调运行、提前预警、提高决策水平发挥了重要作用。天津、江苏公司 ERP 通过总部验收，湖南、海南公司 ERP 成功上线。同时一次物流和二次物流优化项目也取得一定成效。

（路宇歆）

【销售系统数质量管理取得新进步】 2003年各销售企业落实了省级计量和质量中心站建设，销售公司质检中心获得了国家实验室认证。全系统加强油品进销调存各个环节的数质量管理，商品损耗率明显降低，油品质量经国家抽检，合格率达到100%。

（路宇歆）

【安全管理】 销售系统认真落实安全生产责任制，加强安全教育和检查，狠抓隐患整改，强化现场管理和安全运输管理，安全生产总体平稳。浙江、山西、上海、山东、江苏、河南、福建等公司被评为石化集团公司安全生产先进单位。

（路宇歆）

产 品 储 运

【扩展销售网络】 2003年销售公司先后5次召开专题会议，督促、指导和推进网络建设工作。省市公司也建立了网建责任制，层层负责，狠抓落实。全年新增加油站1 367座，加油站总数达到24 500座，广东、浙江、福建、湖南、上海、云南、贵州、海南、天津、广西、安徽、深圳等分公司，对近3年辖区内新增高速公路加油站，做到了一个不丢。湖北、山西、江西、河南、北京等分公司高速公路加油站抢抓工作也取得较大突破。销售公司大力发展特许经营，到2003年底新增特许加盟站1 199座，特许站总数达到5 326座，营销网络得到进一步扩大。成品油管道建设取得重大进展。荆荆管线、镇杭管线年内投入使用；金闵管线即将完工；跨越4省的西南管线工程，克服各种困难如期开工，进展顺利。完成了鲁皖管线、珠江三角洲管线、北京环城管线的可行性研究和报批。

（路宇歆）

【优化物流】 2003年销售公司继续优化运输方式与流向，强化调度指挥，实行24小时运行监控与协调，努力做到所有运输通道和接卸环节的畅通。大区公司积极加强与铁道、交通、航运、海关等有关部门及炼化企业的沟通协调，提前增加运输困难地区的库存，并制定应急预案，妥善解决重点地区资源紧缺的问题。省市公司精心组织二次物流运输，努力平衡区内市场。关键时刻，主要领导奔赴一线，靠前指挥。通过上下共同努力，全系统经受住了在低库存运行条件下保障市场供应的考验，保持了市场总体运行平稳，为国民经济的健康发展作出了贡献。

（路宇歆）

【油库调整】 2003年销售企业的油库优化调整有了新的进步。为了进一步增强库存调节和抗市场风险的能力，销售公司选择确定了3座战略储备库，由销售公司自己对其进行调控，并完成了这3座油库的自动化试点改造。同时在经过比较择优后，关闭了67座低效油库，使在营油库减少为628座，布局进一步优化。

（路宇歆）

炼油自销产品销售

【概述】 石化股份公司2003年销售炼油自销产品3 894万吨，平均价格2 589元/吨。与2002年相比，炼油自销产品的价格涨幅较大，成为炼油板块效益的重要支撑。其中液化气上涨368元/吨，炼油苯类上涨997元/吨，溶剂油上涨408元/吨，丙烯上涨800元/吨，聚丙烯上涨987元/吨，润滑油上涨150元/吨，重油上涨307元/吨，石油焦上涨123元/吨，沥青上涨213元/吨，石油焦、液化气、硫磺达到了历史高价位。炼油自销产品与原油进厂价差378元/吨，上涨54元/吨。炼油自销产品盈利系数0.84，上涨0.12。

（房海峰）

【市场走势】 2003年国民经济持续、稳步增长，国内石油产品市场需求也呈现整体增长态势。受需求增长的拉动，炼油自销产品的价格、销量稳步上升。年初受伊拉克战争影响，1月份液化气价格达到了历史高价位，燃料油、丙烯、聚丙烯的价格也较高。二季度受“非典”影响，液化气、溶剂油、炼油苯类的价格下滑明显，沥青由于公路建设需求旺盛，价格坚挺。三季度炼油自销产品均出现了恢复性上涨，特别是石油焦涨幅较大。四季度价格持续上涨态势，沥青、溶剂油、炼油苯类、丙烯、聚丙烯达到了年度最高价。

（房海峰）

【销售管理】 加强总部、协调组、企业三个层次的专业化协调。依据企业分布区域、产品特点成立了15个炼油自销产品协调组，修订协调组管理办法，指定组长单位。各协调组按照信息互通、资源互补、价格互动、策略统一的协调原则，定期召开市场分析会，讨论制定区域销售政策。总部继续“末位推价法”等行之有效的工作方法，重点抓产、销、存、价四方面的关联。2003 年组织市场协调会 18 次，组织推价 68 次，炼油产品销售工作有序进行。

（房海峰）

【品牌宣传】 国际三大赛事之一的 F1 即将进入中国，上海建设 F1 赛车跑道向社会公开招标赛道用沥青。中国石化“东海牌”高等级道路沥青凭借质量、服务优势，击败国外著名石油公司，中标面层、中层、底层全部赛道，实现了中国沥青的历史性突破。2003 年 10—11 月，组织参加中国石化首届汽车露营活动和中国石化红色之路全国职工健身挑战赛，宣传中国石化整体形象和产品品牌，收到了良好社会效果。

（房海峰）

【推进信息化建设】 2003 年创建了“炼油自销产品信息管理系统”，总部及时了解企业当日销售情况，企业通过网络获得市场信息，实现了信息渠道双向沟通。每周市场处通过“炼油自销产品信息管理系统”发布一周市场分析，初步形成了日跟踪、周分析、月评价的管理模式。

（房海峰）

【炼油企业销售工作会议】 2003 年 9 月份在昆明召开了首次炼油企业销售工作会议，对炼油产品销售工作进行了全面总结，提出今后的发展方向。在销售体制改革、专业化管理、竞赛考核、信息建设、开拓市场、加强培训等方面统一了思想，促进了炼油自销产品管理水平的提高。

（房海峰）

化工产品销售

【产销情况】 石化集团公司 2003 年生产合成树脂 682.09 万吨，年末库存 7.67 万吨，产销率 99.9%；生产合成橡胶 75.89 万吨，年末库存 0.79 万吨，产销率 100.3%；生产合成纤维 171.22 万吨，年末库存 3.79 万吨，产销率 100.3%；生产主要合纤原料(PTA、乙二醇、己内酰胺等)336.07 万吨，年末库存 2.4 万吨，产销率 99.8%；生产合纤聚合物 239.68 万吨，年末库存 1.95 万吨，产销率 100%；生产尿素 203.17 万吨，年末库存 1.79 万吨，产销率 99.9%。

石化股份公司 2003 年生产合成树脂 469.10 万吨，年末库存 5.7 万吨，产销率 99.9%；生产合成橡胶 50.19 万吨，年末库存 0.31 万吨，产销率 100.6%；生产合成纤维 127.94 万吨，年末库存 2.29 万吨，产销率 100.4%；生产主要合纤原料(PTA、乙二醇、己内酰胺等)257.18 万吨，年末库存 1.73 万吨，产销率 99.9%；生产合纤聚合物 184.56 万吨，年末库存 1.3 万吨，产销率 100.1%；生产尿素 202.76 万吨，年末库存 1.38 万吨，产销率 99.6%。

（周　濛　杲明智）

【价格走势】 2003 年各化工产品销售情况均表现出良好态势。上半年，化工产品市场总体上是一季度大幅、快速拉升，在美伊战争和“非典”影响下 4、5 月份持续下滑，5 月末到 6 月份止跌并呈现恢复性上涨的走势；下半年基本上是持续上扬走势，各产品价格长时间处在高位。主要原因有以下几点：一是国际经济形势虽然受到战争、“非典”、反恐和自然灾害等影响，但是总体上已经进入复苏期，国际环境向有利于经济发展的方向前进，为中国经济迅速发展提供有利条件；二是国民经济的强劲增长为石油化工行业发展提供动力，全年经济增长率超过 9%，从客观上提高了对化工产品的需求程度，尤其是下半年，大部分化工产品资源紧张，供不应求；三是欧美经济的好转使得国际化工产品流向发生转移，中国化工产品的进口量增幅减慢，进一步加剧了资源紧张程度；四是在经历了上半年突如其来的“非典”影响后，各行业进入恢复性增长期，发展迅速，从而带动下游企业对各种原材料的需求上升。同时市场行情走势自 5 月末起呈增长趋势。其中合成树脂价格平均上涨 18%；合成纤维平均上涨 16%；合成橡胶平均上涨 30%；合纤原料及聚合物平均上涨 20%。2003 年石化产品价格总体保持较高的水平。

1. 合成树脂

合成树脂承接 2002 年底的涨势，到了 2 月中下旬，平均涨幅达 300—400 元/吨，高价位主要是原料成本的推动，缺乏下游需求的有力支撑，市场价格开始下滑。4、5 月份，美伊战争及非典疫情造成国内下游有效需求的进一步减少，又加速了市场的下滑。随着非典疫情的减弱，美伊战争进展的影响，6 月份，合成树脂市场价格开始上涨，在国际、国内经济恢复性增长的大环境下，加上国际市场价格坚挺，合成树脂市场一直表现出平稳上扬的势头。尽管在 9 月中旬由于国际市场原油价格的连续下降而合成树脂市场长期高价位的原因，市场价格略显下滑态势，但进入 10 月份后，国内消费能力的大幅度增长，在亚洲其他国家的装置相继出现故障使供应不足的情况下，合成树脂的市场价格一路上扬，达到或接近了年初的最高点。尽管2003年合成树脂的价格出现了几次波动，但总体趋势较好，一直保持比较高的价格态势。

2. 合成纤维

2003年1、2月份，国际、国内合纤原料PTA、乙二醇和丙烯腈价格出现大幅快速拉升，带动聚酯、涤纶和腈纶产品价格的上涨。3月份后，由于前期价格上涨幅度过大过快，下游纺织、织造企业难以承受，使下游开机率快速下降，导致化纤产品价格回落。4月份受国内非典疫情的影响，纺织品、服装内需和外贸销售受阻，市场行情持续下滑。到5月中下旬，随着非典疫情的有效控制，国内需求开始恢复，5月末到6月出现恢复性上涨。7月份以后虽然受到电力紧张影响，但是由于资源的紧张，原料价格居高不下，化纤产品价格一路上扬。到10月初，因为棉花供应紧张，涤纶系列产品开始大幅走高，涤纶短纤最高价达到12 500元/吨。进入11月，因上涨过快，涤纶产品价格开始下滑，11月下旬后腈纶产品价格也开始回落。12月中旬后，由于对2004年市场看好，化纤产品价格开始稳定，尤其是涤纶系列产品价格回升较快。与2002年相比，2003年石化集团公司的涤纶长丝、涤纶短纤和腈纶短纤平均价格的涨幅分别为18%、17%和11%。

3. 合成橡胶

2003年国内合成橡胶市场走势与其他石化产品走势相同。3月份达到最高价格，4、5月份出现下滑，6月份开始恢复，7—10月稳步上涨，11月后由于下游企业进入加工淡季，价格出现回落，12月以来由于原料价格支撑和对下一年的预期较好，价格止跌回稳。与2002年相比，2003年石化集团公司顺丁橡胶、丁苯橡胶和SBS平均价格涨幅分别为41%、35%和7.4%。

4. 合纤原料及聚合物

2003年初合纤原料受原料PX、乙烯价格大幅上涨的带动，同时下游聚酯、化纤行业的需求加大也带动了合纤原料价格的持续稳步上涨。3、4月份随着下游聚酯、化纤和纺织市场的不景气，价格出现大幅下降。5月下旬止跌回升，6—8月份平稳上涨，9月份受国际影响，价格有所下降，10月份后由于资源紧张，价格平稳上扬。己内酰胺在反倾销终裁后，国内外资源都十分紧张，价格始终处在较高水平，只是在12月份由于进入下游淡季，价格小幅下降。与2002年相比，2003年石化股份公司PTA、乙二醇、己内酰胺和聚酯平均价格涨幅分别为8%、46%、15%和18%。

（周　濛　杲明智）

【销售网络】 2003年石化集团公司继续加强石化产品营销网络建设，理顺销售渠道，努力扩大产品直销率。2003年主要化工产品直销率为60%，同比提高1个百分点。其中合成树脂直销率为53%，同比提高3.4个百分点；合成树脂专用料直销率为63%，同比提高9.2个百分点；合成纤维直销率为58%，同比提高0.1个百分点；合成纤维中差别化纤维直销率为53%，同比提高1.4个百分点；合成橡胶直销率达到43%，同比提高9.7个百分点；合纤单体及聚合物直销率达到85%，同比提高0.1个百分点。

推进电子化、网络化管理进程，利用电子商务提升销售管理水平。到2002年底，所有石化产品生产企业已全部上网，各下属企业的主要直供用户及大流通用户基本都已上网开展网上交易。2003年石化产品销售网实现交易量252万吨，交易额175亿元人民币，完成计划150亿元的117%。

进一步加强石化产品市场协调工作，加大协调力度。根据各产品的性质和市场区域的不同，统一协调市场价格、市场区域划分、销售渠道、产品品种和新产品开发工作，对于生产企业多、品种牌号多的产品，以化工事业部为主组织协调；对品种牌号单一的产品，委托生产能力较大的企业牵头协调，化工事业部参与指导。同时化工事业部还组织部分产品上下游产业链的整体协调工作。继续巩固和推进市场前沿协调工作。“涤纶长丝浙江、江苏市场销售协调办”2003年取得明显成果；2003年加快营销体制改革工作进度，为腈纶产品集中销售做好充分准备工作，中国石油化工股份有限公司上海腈纶销售分公司在2004年1月1日正式运行。

（周　濛　杲明智）

对外贸易和技术经济合作

综　　述

作为已经进入国际资本市场、逐步向国际化方向发展的中国石化，其对外贸易与对外技术经济合作发展的步伐正在不断加快，围绕建设具有国际竞争力的世界级一体化能源化工公司的发展目标，2003 年中国石化的对外工作呈现出以下 3 个特点。

(1) 对外合资合作继续向全方位、宽领域、多层次展开。大型石化合资合作项目进展顺利、与战略投资者的合作全面展开、境内油气勘探开发和提高采收率的合作项目稳步推进、单项石油化工合资项目不断增加。

(2) 实施中央“走出去”战略，贯彻石化集团公司资源战略，海外上游风险投资取得一定进展，新组建了国际石油工程公司，上游国际化经营的新格局初步形成，海外油气勘探开发力量得到了充实和加强。石化集团公司对外工作会议的召开，促进了各项对外工作的开展。

(3) 对外交往与交流、国际间高层互访等外事活动显著增加，进出口贸易额大幅增长，中国石化在国际、国内市场上的形象和影响力进一步提高。

(陈大年)

对 外 贸 易

【经营业绩】 2003 年，石化集团公司对外贸易取得较大增长，实现外贸进出口总额 158.4 亿美元，同比增长 46.8%。其中，进口总额 138.14 亿美元，同比增长 46.14%；出口总额 20.3 亿美元，同比增长 51.49%。

(陈大年)

【原油进口】 2003 年，石化集团公司进口原油 5 350 万吨，其中国营贸易进口原油 4 895 万吨，非国营贸易进口原油 455 万吨。

(陈大年)

【成品油出口】 2003 年，石化集团公司完成成品油出口 611 万吨，其中汽油 333 万吨，航煤 97 万吨，柴油 180 万吨，润滑油等其他油品 1 万吨。中石化(香港)有限公司已成为亚洲最大的成品油贸易商之一，除东南亚地区外，还开拓了欧美、中东等市场；航空煤油方面成为香港机场第二大供应商，此外还成功出口到澳门、越南。

(陈大年)

【先进技术和设备进口】 2003年石化集团公司继续坚持引进与消化、吸收、创新相结合，在引进先进技术的同时，努力减少投资，提高效益。2003 年签署技术设备引进合同 606 个，金额 6.4 亿美元，其中软件 2.4 亿美元。已完成引进开车成功的重点工程项目有广州、扬子乙烯改造，仪征精对苯二甲酸(PTA)项目，镇海 800 万吨/年炼油改造等项目。全面启动的重点工程项目有巴陵、金陵、安庆、湖北等 4 套化肥改造，齐鲁、茂名乙烯改造，高桥、金陵、扬子以及西安、塔化、东兴等一批炼油改造和扩建项目。系统外及合资项目的开拓有所进步，主要有柳州化肥改造项目技术及设备引进共计 500 万美元，延安聚丙烯工程 1 000 万美元，为合资公司赛科代理合同 70 个，5 500 万美元。2003 年引进的主要技术和关键设备见表 1。

(陈大年)

【石化产品出口】 2003 年，石化集团公司出口石蜡 17 万吨，有机化学品、聚乙烯醇、聚对苯二甲酸乙二酯切片等产品出口均有不同程度的增长，石油机械设备和机电产品的出口同比基本持平，特别是 2003 年首次成交尿素出口 1 万吨，硫铵、硝铵出口 6 000 多吨。

(陈大年)

【单机与备品配件及材料进口】 2003 年，石化集团公司进口单机、设备、机械、电器、仪表、备品配件、钢材、木材等合计金额 4.9 亿美元。进口的主要单机包括：油田用地震仪、海洋测井仪、沙漠车、水泥车、挖沟机、柴油机等；炼油化工企业用的压缩机、空气分离装置等关键设备及集散控制系统，吊车、消防车、消防泵等。

(陈大年)

【化工原材料进口】 2003 年，石化集团公司进口化工原料主要是油田提高采收率所需的高分子聚合物；炼化企业生产所需的丙烯腈、乙二醇，化纤原料、化学添加剂、催化剂、助剂等，金额 9.75 亿美元。

(陈大年)

【国际招标】 2003 年，石化集团公司完成招标金额 1.26 亿美元，节汇约 3 000 多万美元，特别是开拓了延安炼厂聚丙烯、河南环宇锂电池设备等两个系统外项目。甬沪宁管线杭州湾海底穿越工程(独立进行的国际招标项目)、油田设备集中采购等完成成交金额 2.55 亿美元。

(陈大年)

表 1　　2003 年中国石化引进的主要技术和关键设备

项目名称	引进单位	引进内容	专利商/制造商	签约日期
90 万吨/年乙烯	上海赛科公司	软件	美国、加拿大公司	2003 年 1 月
90 万吨/年乙烯	上海赛科公司	泵、阀、流量计、分析仪、压缩机等硬件	美国、英国、德国、法国、日本等公司	2003 年 4—11 月
70 万吨/年乙烯改造	上海石化股份公司	软件	美国、德国、芬兰等公司	2003 年 3—12 月
乙烯改造	天津分公司	压缩机	瑞士公司	2003 年 1 月
80 万吨/年乙烯改造	茂名石化公司	裂解炉、回收系统等	美国公司	2003 年 12 月
乙烯改造	齐鲁股份公司	泵、压缩机、裂解炉、反应器、离心机等	美国、日本、加拿大等公司	2003 年 4—12 月
聚酯改造	上海石化股份公司	泵、阀、粘度计、搅拌机等硬件	美国、德国、日本等公司	2003 年 9—10 月
15 万吨/年聚酯	仪征化纤股份公司	泵、阀、粘度计、过滤器等	美国、德国、法国、日本等公司	2003 年 1 月
20 万吨/年聚酯切片	仪征化纤股份公司	泵、阀、风机、粘度计、压缩机、搅拌机等	德国、日本等公司	2003 年 12 月
PTA 改造	上海石化股份公司	干燥机	日本公司	2003 年 12 月
PTA 改造	洛阳分公司	阀门	德国、澳大利亚等公司	2003 年 1 月
聚丙烯	延安炼油厂	挤压机、冷冻机、压缩机、DCS、泵等	美国、意大利、日本等公司	2003 年 6—9 月
联合芳烃改造	天津分公司	烧嘴、炉管等	美国、日本等公司	2003 年 7 月
30 万吨/年润滑油加氢	上海高桥分公司	泵、阀、炉管、过滤器、分析仪、仪表等	美国、德国、意大利等公司	2003 年 1—12 月
140 万吨/年加氢裂化	上海高桥分公司	泵、阀、炉管、过滤器、分析仪、仪表等	美国、德国、意大利、加拿大等公司	2003 年 1—12 月
20 万吨/年苯酚丙酮	上海高桥分公司	分析仪等	美国、英国、日本等公司	2003 年 4—8 月
西南成品油管线	西南管线指挥部	泵、阀、焊丝、焊条等	美国、英国、加拿大、奥地利公司	2003 年 6—11 月
劣质油处理技改	新疆塔河油田	泵、阀、DCS、ESD 等	美国、德国、加拿大、日本等公司	2003 年 10—12 月
炼油改造	湛江东兴公司	泵、阀等	美国、日本、法国等公司	2003 年 12 月
800 万吨/年炼油	扬子石化股份公司	泵、阀等	美国、加拿大等公司	2003 年 11 月
PP 项目	镇海炼化股份公司	阀、钢管、分析仪器等	德国、日本、意大利等公司	2003 年 5—8 月
PX 项目	镇海炼化股份公司	泵、换垫器等	法国、日本等公司	2003 年 7—11 月
加氢裂化	金陵分公司	阀、炉管、DCS、ESD 等	美国、日本、澳大利亚等公司	2003 年 10—12 月

对外经济合作

【上游对外合作】 (1)已签约的境内上游对外合作项目执行顺利，合作开发东海天然气项目正式启动。2003年，继续组织实施与美国能源开发公司(EDC)合作的胜利埕岛西A区块开发项目、与马来西亚云顶石油公司合作的胜利桩西油田提高采收率项目、与美国微生物能源公司合作的胜利罗家义64区块硫化氢油田开发项目、与美国BJ公司合作的胜利单井改造增产项目等已签署石油合同的境内油气勘探开发项目。其中，与美国EDC公司合作的胜利埕岛西A区块开发项目已进入开发生产阶段，累计产油32万吨。各合作区块累计生产原油163万吨，中方获得的原油(包括基础油)93万吨，为原油上产及稳产作出了贡献，获得了较好的成效。同时，准备申请一批新的勘探开发合作区块。

2003年8月19日石化集团公司与中国海洋石油、壳牌、优尼科共同签署东海西湖春晓气田石油合同，由中国石化负责主谈的储量补偿费谈判终于达成协议，壳牌、优尼科同意向中方补偿3.6亿美元，这标志着东海西湖天然气开发合作项目正式启动。

目前正在谈判的项目主要是西气东输项目的雅克拉区块。中国石化与壳牌合作的鄂尔多斯盆地大牛地、塔巴庙和塔里木盆地雅克拉等5个油气区块的联合研究已经完成。双方有兴趣先合作开发雅克拉区块。国家发展和改革委员会批准雅克拉区块对外开放后，双方已作好开展合同谈判的准备。其他已批准对外开放、拟洽谈合作的区块有4个：中原桥口深层气勘探开发项目、胜利东营凹陷深层勘探开发项目、江苏台兴和茅家提高采收率项目，已与多家外国公司商谈。

(2)积极实施"走出去"资源战略，海外新项目开发工作取得明显进展。2003年，中国石化在海外实施的油气勘探开发合作项目主要有也门S2区块、印尼宾伽项目区块两个勘探项目，阿尔及利亚扎尔则油田提高采收率项目，伊朗卡山区块风险勘探服务项目，蒙古宗巴音凹陷勘探开发项目，吉尔吉斯斯坦阿拉伊盆地勘探开发和伊兹巴斯肯特项目，马利苏4油田滚动勘探开发项目，阿塞拜疆比尔特油田等10个项目。其中，也门S2区块项目的Nilam-1井老井测试经过4个阶段测试获日产油70米^3，日产气1.4万米^3，显示该油气藏有一定的开发潜力，目前正在对延长测试结果和油藏经济开发潜力进行进一步评价。新实施的Nilam-1探井在两个层段的试油分别获得日产油49.3米^3/气1万米^{3}和日产油22.5米^3/气0.32万米^3，实现了S2区块项目的新发现，展示了该区块良好的勘探前景。印尼宾伽项目2003年主要实施了140.5千米二维地震采集和300千米老资料处理工作，该项目进展总体比较顺利。伊朗卡山区块风险勘探服务项目第一口勘探井于2003年12月测试发现高产工业油气流。蒙古国宗巴音勘探开发项目在恢复老油井生产并运回分成权益油的同时，积极开展新的勘探工作，第三口探井发现10米油层。这一系列进展显示了石化集团公司海外油气资源投资初见成效。

由国际石油勘探公司签订合同，中原油田负责施工的厄瓜多尔Shushufindi油田三维地震采集项目，经过项目全体中方员工和800多名当地雇员的艰苦努力，于2003年11月底全部完工，完成合同金额1 746万美元。

继续加大项目前期工作力度，新项目开发工作取得明显进展。积极开拓科威特、伊朗、沙特、厄瓜多尔、哈萨克斯坦、澳大利亚、尼日利亚等国上游油气市场。至2003年底，先后跟踪了100多个项目信息，评价了50多个项目，投标了近10个项目，此外，继续跟踪科威特、加蓬、俄罗斯、沙特、尼日利亚、安哥拉等项目。

(邓瀚深　丛培信　何　维)

【炼化对外合作】 (1)在建合资项目工程建设施工进展顺利，大乙烯合资项目进入建设高峰期。重点组织扬子—巴斯夫一体化、上海赛科大乙烯合资项目的实施，做好EPC和EP合同的签约、长周期设备的订货，做好现场施工组织和严格控制投资，加大了总部协调力度，为确保2004年底机械竣工创造了条件。同时，继续做好已设立合资公司的洞氮壳牌煤气化、齐鲁伊斯曼羰基合成衍生物、南化DSM己内酰胺等项目的建设方案和项目工程建设管理模式的优化工作，组织好工程设计和现场施工，确保了合资项目工程建设正常、顺利进行。

(2) 继续推进福建—埃克森美孚/沙特阿美炼油化工一体化等合资项目。抓紧进行合资合同收口工作，合同附件(出资协议、原油供应协议)以及17个相关协议已基本定稿。中外三方工作组也已开展过渡计划的编制工作。由于合资各方对成品油市场准入问题尚未达成完全一致，外方坚持待成品油销售问题得到满意解决后再与福建成品油销售合资公司同时成立福建炼化一体化合资公司。为满足福建省及周边市场对成品油和石化产品快速增长的需求，抓住市场机遇，使一体化项目总体建设目标不再受延误，在继续抓紧与外方商谈合作的同时，经与外方协商，中国石化与福建省于2003年10月21

日召开了一体化项目领导小组会议，决定先行启动开展一体化项目工程建设前期工作。到 2003 年底，工程建设方案优化工作已经开展，项目建设用地征地和周围居民的拆迁安置等工作已经全面启动，并已开展项目管理承包商(PMC)招标、专利技术比选和工程建设招标的准备工作，积极为福建一体化项目的开工建设创造条件，争取尽早实现福建一体化项目建设目标。

(3) 天津大乙烯项目。继续开展项目建议书的催批和开展联合可行性研究的准备工作，以便国家发展和改革委员会批复立项后立即开展联合可研工作。同时也与其他外国公司探讨合资建设天津大乙烯项目的可能性。

（邓瀚深）

【与策略投资者炼油合作项目】 (1)广州石化—埃克森美孚炼油改扩建合资项目。双方已完成联合可研报告编制的各项工作，2003 年 10 月国务院已正式批复可研报告。双方已经开展现有炼油、化工装置及公用工程资产评估的准备工作，也已作好合资合同谈判的准备，待福建项目合作取得实质性进展后即可全面启动。为不影响项目进度，已经先行开展初步设计、专利技术选择、工程招标等工作。

(2) 金陵石化—壳牌炼油厂改造技术服务项目。双方正在探讨使用壳牌的技术服务(包括基准设定、烃类管理、能量及损耗、维护及可靠性、线性规划及全厂长远总体设计等)改进金陵炼厂盈利能力的可能性。双方已就技术服务费定价结构、费用水平等原则上达成一致，并在此基础上抓紧开展了技术服务合同及相关附件谈判，争取尽快完成合同收口，启动项目实施。

（邓瀚深）

【单项石油化工和非主业合资合作项目】 服务于石化集团公司和石化股份公司长远发展战略，2003 年继续开展了石油化工单项对外合资项目和非主业对外合资项目的合作，引进高新技术，盘活现有资产，促进结构调整和产品升级。2003 年新设立了与德国巴斯夫、美国亨斯迈公司合资的上海联恒异氰酸酯有限公司、上海巴斯夫聚氨酯有限公司、上海亨斯迈聚氨酯有限公司，与 BP 公司合资的镇海炼化碧辟(宁波)液化气有限公司等一批中外合资公司。2003 年新设立的合资公司见表 2。

2003 年继续加大利用外资、吸引外国公司直接投资的力度，开展了以提高产品质量、促进产业结构升级、优化资源利用、盘活现有资产为目的的石油化工单项和精细化工产品的合资合作，一批合资合作项目正在积极推进之中。如：高桥石化与雪佛龙德士古合资的润滑油、与 SK 合资的溶剂油、与旭化成合资的丁苯橡胶、与三井化学合资的苯酚丙酮/双酚 A 等；燕山石化与 DSM 合资的乙丙橡胶、与三菱化学合资的苯酚丙酮和双酚 A 等；仪征化纤与 GE 合资的

表 2　　2003 年新设立合资公司一览表

合资企业名称	中外投资方	投资总额/亿元人民币	中外各方股比	投资方式	设立时间
上海联恒异氰酸酯有限公司	上海氯碱化工股份有限公司、上海华谊(集团)公司、中国石化上海高桥石化公司、德国巴斯夫公司、美国亨斯迈公司	27.9923	15:8:7:35:35	资　金	2003 年 3 月
上海巴斯夫聚氨酯有限公司	德国巴斯夫公司、上海华谊(集团)公司、中国石化上海高桥石化公司	50.2032	70:16:14	资　金	2003 年 3 月
上海亨斯迈聚氨酯有限公司	美国亨斯迈公司、上海氯碱化工股份有限公司	14.7830	70:30	资　金	2003 年 3 月
镇海炼化碧辟(宁波)液化气有限公司	镇海炼化股份有限公司、英国 BP 公司	2.055	50:50	资　金	2003 年 5 月

聚对苯二甲酸丁二醇酯(PBT)工程塑料；南化公司与索尔维合资的氯碱；金陵石化与斯戴彭合资的苯酐多元醇、与台湾和桐合资的金桐烷基苯改制扩建等。以中方参股、持股的形式开展销售企业加油站非油品经营业务的合资合作(如上海石油分公司易金卡、山东石油分公司SK便利店项目等)。

(邓瀚深)

【成品油销售合资项目】 (1)江苏—壳牌成品油零售合资项目。联合可研报告已于2003年8月获得国务院批准，资产评估报告已报有关部门确认。双方抓紧合资合同及相关合同附件的谈判收口工作，2003年12月18日签署了一揽子解决关键分歧问题的会议纪要，为下一步上报合资合同、设立合资公司创造了条件。

(2) 浙江—BP成品油零售合资项目。联合可研报告已上报国家主管部门，2003年11月初商务部组织了评估论证，启动审批程序。目前待商务部上报国务院审批。合资合同和相关附件的谈判收口工作已基本结束，可研报告一经批复，即可上报合资合同。

(3) 福建—埃克森美孚/沙特阿美成品油销售合资项目。作为福建炼化一体化合资项目的关键配套项目，外方要求福建销售合资项目必须与福建炼化一体化合资项目同步设立合资公司，成品油销售问题已成为制约福建炼化一体化合资项目进展的关键因素。在双方高层领导的直接关注和推动下，成品油市场准入问题的解决取得了很大进展，资产评估和土地评估工作已经正式启动，联合可研报告初稿已经完成，双方正在抓紧进行合资谈判工作，力争尽早完成并上报联合可研报告，如期设立合资公司。

(4) 广东—埃克森美孚成品油零售合资项目。2003年双方开展了资产评估、土地评估、联合可研的相关准备工作。由于福建成品油销售问题尚未最终解决，外方暂停了合资会谈工作。待福建项目合作取得实质性进展后即可全面启动。

(邓瀚深)

【上游海外工程项目管理】 2003年，石化集团公司共有9个上游企业在海外14个国家执行65个项目，完成合同金额1.51亿美元，新签订合同金额1.8亿美元。在海外执行工程项目的装备有钻机27台、海上钻井平台1个、录井设备4套、固井设备2套、物探船1条、地震设备5套以及修井作业机19台。

(何　维)

【对外工程承包和劳务合作】 2003年，石化集团公司工程建设实施"走出去"步伐进一步加大，相继圆满完成约旦复合肥、伊朗炼油改造一期、卡塔尔管道等海外工程项目，合同额1.8亿美元。伊朗炼油一期工程经过近3年建设，大布里士炼厂、德黑兰南厂、德黑兰北厂常减压分别于2003年6月、9月和11月投料试车成功，奈卡罐区2003年3月进油。约旦复合肥项目，2003年10月23日投产。2003年12月又中标叙利亚马哈德电站改造项目，合同额5 080万美元。正在组织伊朗炼油改造二期和乙烯工程、阿联酋气体处理及储运、马来西亚沥青等项目的报价，重点跟踪也门、约旦、叙利亚、埃及、科威特、伊拉克、印度、越南等国家的近30个炼油、化工、化肥和储运项目，海外工程市场的前景比较广阔。

加强对外交流与合作，与国外工程公司建立全球工程建设领域战略合作伙伴关系，2003年6月和11月分别与法国德西尼布等国外公司签订了合作谅解备忘录，与美国柏克德公司、英国克瓦纳公司、美国福陆公司、意大利泰克尼蒙特等多家国外公司进行交流，积极寻求合作机会。

(刘雁平)

国际科技交流与合作

【国际科技合作】 2003年，在上游领域，与美国怀俄明大学能源研究所合作开展"Uinta盆地野外露头研究与储层建模"项目，建立了Uinta盆地气候控制条件下的层续地层学模式，提出了一套新的地层学理论，取得阶段性成果。与美国康菲公司(COP)就油气勘探开发等进行了技术交流。与美国新罗拉多矿业学院和得克萨斯农机大学就油藏表征项目和数模项目探讨开展基础研究合作。

在炼油领域，与康菲公司、雪佛龙菲利普斯公司(CPC)的策略技术联盟进一步巩固发展，各项合作进展良好；与UOP公司召开高层技术合作会议，制定合作计划；与润英联公司在润滑油及油田添加剂方面开展科技合作；与日本石油合作中心(JCCP)签署了燕山糠醛精制先进控制可行性研究协议备忘录，燕山分公司和新日本石油公司(NOC)分别是双方的承担单位。

在石化领域，召开了与ABB鲁玛斯公司技术合作高层会议，双方合作开发的大型SL裂解炉和乙烯分离工艺在茂名石化乙烯改扩建中得到采用；用SL型炉在齐鲁石化和上海赛科建设的11台裂解炉已经完成设计；与ABB鲁玛斯公司合作开发新乙烯回收技术在天津建设的中试装置已经开始试验；与安格公司签订聚烯烃催化剂长期合作力备忘录；与曼彻斯特理工大学(UMIST)就炼厂用氢网络集成优化技术和软件联合研究开发项目签订了协议；与美国 Aspen Tech 公司合作的流程模拟技术试点项目，年内完成了 17 套装置的模型建立，培训 788 人次。

（张宝幸　张宏炎）

【国际技术交流】 2003 年，对外技术交流共 23 次，涉及外国公司和组织 12 家，外方专家 139 人，中方 40 多个单位约 400 人参加交流。其中与康菲公司进行了 1 次上游技术交流，与鲁玛斯进行了“螺旋转流板式换热器技术”和“双酚 A 新工艺”交流 3 次，与康菲进行了“S－Zorb 技术”交流 3 次，与雪佛龙菲利普斯公司(CPC)进行了“高密度聚乙烯技术”交流 1 次，与润英联进行了润滑油和燃料油添加剂技术交流 4 次，与 UOP 公司进行炼油和石化技术交流 2 次，与美国 Fluent 公司交流流程模拟软件 1 次，与壳牌公司交流 1 次，参加了国际商会举办的“国际反商业欺诈研讨会”。2003 年，共进行对外科技合作会见 71 次。

（张宝幸　张宏炎）

【技术出口】 2003 年，技术出口、承担外方委托试验和催化剂、添加剂高技术产品出口共 10 多项，金额约为 1 320 万美元。

（张宝幸　张宏炎）

外　事　管　理

【对外工作会议】 2003 年 10 月份，围绕建设具有国际竞争力的一体化国际能源化工公司的奋斗目标，召开了中国石化对外工作会议，按照“整顿、改革、发展”的方针，确立了对外工作近 3 年的发展目标，有力地促进和推动了中国石化各项对外工作的开展。

（宋尚涛）

【出国(境)团组的管理和服务】 2003 年，全系统外事管理工作规范、严谨，较好地保证了因公团组的派遣和出访任务的完成。全年共受理各类出国(境)团 1 187个、6 034 人次；批准派出团组 1 176 个、6 012 人次，累计派往 84 个国家和地区。

（宋尚涛）

【高层国际间互访】 2003 年，组织安排高层领导境外访问 24 项，12 人次，出访 29 个国家和地区。如：为开展与俄罗斯实质性的油气资源合作，陈同海赴俄罗斯项目考察；配合政协副主席陈锦华访日本，组织安排王基铭随访。

精细安排组织接待好外国政府、跨国大公司高级代表团来访，全年共安排来访活动 264 场次，其中包括陈同海会见埃克森美孚公司高级副总裁葛兰德、英荷壳牌公司董事长马博德，王基铭会见 BP 公司执行董事高拜伦等。

（宋尚涛）

【世界 500 强排名】 2003 年，在美国《财富》杂志世界 500 强排名中，石化集团公司位列第 70 位，为中国石化树立了世界级一体化能源化工公司的良好形象，提高了影响力。

（宋尚涛）

【国际会议和国际展览】 中国石化依靠自己的努力和自身的实力，有选择地积极参加国际能源领域一些重要的活动。2003 年，承办和组织参加了第 44 届国际橡胶年会、中英论坛第三次会议、海峡两岸暨北美华人石油石化科技研讨会、海峡两岸经贸科技会议、第五届中韩石化会议、世界石油大会第二次地区会议〔卡塔尔〕及亚太石油炼制会议等 13 个重要的国际会议。

2003 年，共参加 7 个国外展览：澳大利亚石油天然气展览会、德国 ACHEMA2003 化工展览会、莫斯科国际石油天然气展览会、中东炼油及石化展览会、印度尼西亚石油天然气展览会、世界石油大会第二次地区会议暨展览会、印尼雅加达中国工程和技术展览会。

2003 年，在中国组织参加 2 个国际展览：2003 年中国国际石油、石化、化工工程、技术与设备展览会，第六届亚太国际橡胶工业展览会。

（宋尚涛）

【外国专家管理和国外培训】 外国专家管理：2003 年邀请来自美、德、日、英、意等 22 个国家和地区的 560 位专家，分别到石化集团公司所属企业从事技术交流讲学，执行引进合同和商谈合资合作等工作。“非典”期间，为贯彻落实国家和石化集团公司领导“要关心爱护、保护好外国专家身体健康”的指示，积极采取多项措施，全力为外国专家营造健康安全的工作生活环境，在现场工作的 560 名专家和 300 名家属未受感染，保证了重点工程项目建设的正常进行。

在 2003 年国家“友谊奖”评选中，中国石化、江苏省分别推荐的 BP 公司德开瑞先生和巴斯夫的布铭邦先生入选全国 50 名获奖者，德开瑞先生还受到温家宝总理的亲切接见。中国石化专家管理工作也受到国家外专局网上表扬。

国外培训：2003年按照石化集团公司人才培训计划，加大上游专门人才出国境培训力度，全年全集团举办各类出国培训团29个、543人次，到国外大企业、高校和科研院所进行专业技术培训。

（宋尚涛）

【石化集团公司所属境外机构】 见表3。

表3　　石化集团公司驻外机构

序号	名　称	地　址	电　话	传　真
1	中国石油化工集团公司驻迪拜代表处	LOB 10, ROOM 113, JEBEL ALI FREE ZONE, DUBAI	00971－4－8871158	00971－4－8871159
2	中国石油化工集团公司驻伊朗代表处	10TH FLOOR, BUKHAREST TOWER, 9TH ST., NO.30 AHMAD GHASIR AVE. TEHRAN 15137, THE ISLAMIC REPUBLIC OF IRAN	0098－21－8729890－3	0098－21－8729901
3	中国石油化工股份有限公司驻香港代表处	香港湾仔港湾道一号会展广场办公大楼十二层	00852－28242638	00852－28243669
4	中国石油化工股份有限公司驻美国代表处	150 EAST 52ND ST, 28TH FLOOR, NEWYOUK, NY10022	001－212－759－5088	001－212－759－6882
5	中国石化国际事业有限公司驻日本国代表事务所	8F, MOTOMIYA BLDG, 17HIGASHIMATSNSHITACHO KANDA, CHYODA－kuTOKYO JAPAN, 101－0042	0081－3－3258－1836	0081－3－3258－1837
6	中国石化国际事业有限公司驻西欧代表处	LYONERSTR 15 60528 FRANKFURT/M GERMANY	0049－69－6690940	0049－69－66909422
7	实华(日本)株式会社	8F, MOTOMIYA BLDG, 17HIGASHIMATSNSHITACHO KANDA, CHYODA－kuTOKYO JAPAN, 101－0042	0081－3－3258－1836	0081－3－3258－1837
8	实华欧洲商业有限公司	LYONERSTR 15 60528 FRANKFURT/M GERMANY	0049－69－6690940	0049－69－66909422
9	中石化(香港)有限公司	香港湾仔港湾道一号会展广场办公大楼十二层	00852－28242638	00852－28243669
10	香港中石航有限公司	香港湾仔港湾道一号会展广场办公大楼十二层	00852－28242638	00852－28272885

续表

序号	名　　称	地　　址	电　　话	传　　真
11	中石化(美国)有限公司	150 EAST 52ND ST, 28TH FLOOR, NEWYOUK, NY10022	001 - 212 - 759 - 5088	001 - 212 - 759 - 6882
12	中石化(新加坡)有限公司	16 RAFFLES QUAY #39 - 01 HONG LEONG BUILDING SINGAPORE 048581	0065 - 62203400	0065 - 62206711
13	实华(厄瓜多尔)有限公司	TOMAS MARTINEZ 415 Y CORDOVA GUAYAQUIL - ECUADOR	00593 - 42562866	00593 - 42566820
14	中石化冠德控股有限公司	香港铜锣湾威菲路 18 号 万国宝通中心 1608 室	00852 - 25080228	00852 - 25086019

(陈大年)

科研开发与管理

综　述

2003年中国石化科技战线坚持面向生产、面向市场，围绕核心业务，狠抓科技创新，加大力度开发核心技术、专有技术，科技进步工作取得了可喜的成绩。

一、一批重大技术攻关项目达到攻关目标，产生了良好的经济效益

2003年以23项“十条龙”为重点的科技攻关工作，在各承担单位的共同努力下，达到预定目标，产生了良好的经济效益。

形成了适合东部老油田隐蔽油气藏勘探的理论认识及配套技术。“复式输导”、“相—势控藏”和“断—坡控砂”3个新的理论认识以及砂砾岩体、浊积岩体、滩坝砂岩与河道砂体描述为主的配套技术系列，获得国内同行专家的高度评价，认为整体达到国际领先水平。自2000年以来，在胜利油田累计探明隐蔽油气藏地质储量3.57亿吨，占年增探明储量的70%以上，为胜利油田储采比的持续稳定提供了有力支撑。

开发成功了一批满足欧Ⅱ排放标准的清洁汽柴油生产技术。如催化汽油选择性脱硫技术、C_5/C_6烷烃异构化技术、大型蜡油加氢脱硫工艺技术等。其中催化汽油选择性脱硫工业装置的初期标定表明，脱硫率可达80%以上，研究法辛烷值(RON)损失小于0.9个单位。

开发成功了大型聚丙烯工艺技术。建成的20万吨/年第二代环管聚丙烯生产装置运行稳定，在聚合催化剂、聚合工艺设计和预聚合工艺等方面形成了多项专利技术和专有技术，总体技术水平达到国外新一代同类工艺的水平。同时，还试产了新一代高抗冲、高模量聚丙烯新产品。

二、一批科研成果实现工业转化，显示了良好的应用前景

2003年共有34项研究成果进行了工业转化，这是历年来转化强度最高的一年，平均每个月有近3项研究成果转入工业运行或建成工业试验装置。其中勘探开发方面有孤东油田二元复合驱先导试验、胜坨油田高温高盐聚合物驱先导试验、随钻自然伽玛测量仪技术等10项；炼油方面有灵活多效催化裂化技术、催化汽油加氢脱硫降烯烃技术等10项；化工化纤方面有7万吨/年环己酮氨肟化技术等12项；其他方面有20万吨/年高压聚乙烯国产化管式反应器制造技术等2项。这些技术成果的工业转化，都显示了良好的应用前景，其中的大部分将在2004年拿到工业化成果。

三、一批科技成果在生产中进一步推广应用，有力支持了生产经营任务的完成

2003年有28项先进技术得到大规模推广。勘探开发方面有高含水油田提高采收率技术、老井开窗侧钻技术及水平井钻井技术等10项。炼油方面有催化裂化汽油降烯烃催化剂、助剂及工艺技术，多产丙烯的催化裂化催化剂和助剂，中压加氢裂化技术等6项。化工化纤方面有10万吨/年大型裂解炉技术、中型乙烯改造技术、高速双向拉伸聚丙烯(BOPP)专用料生产技术、气相法聚乙烯催化剂、聚丙烯催化剂、丙烯腈催化剂等12项，这些技术的推广应用，有力地支持了增储上产、优化资源、调整产品结构、降低生产成本等任务的完成，为节约建设投资和降本增效作出了贡献。如利用自主开发的清洁燃料系列生产技术，用较少投入，以较低成本，在2003年4月顺利实现了按国家新标准生产汽油的目标。

四、新产品开发取得新进展

成功开发了具有双峰结构的聚乙烯PE80级管材专用料、己烯共聚聚乙烯专用料等20多个牌号的合成树脂新产品；超有光缝纫线专用涤纶短丝、系列细旦涤纶长丝等40余种差别化合成纤维新产品以及4个牌号的合成橡胶新产品。开发的润滑油、润滑脂和检漏液成功应用在神州五号宇宙飞船上。

在新产品开发取得成绩的同时，产品结构进一步改善。2003年石化集团公司共生产聚乙烯、聚丙烯专用树脂275.9万吨(石化股份公司230.5万吨)，专用树脂比例为48.4%(石化股份公司53.4%)，同比增长了4.6个百分点。生产差别化合成纤维66.3万吨(石化股份公司47.7万吨)，差别化率为37.1%(石化股份公司37.3%)，同比增长了4.5个百分点。生产合成橡胶新产品25.3万吨(石化股份公司16.9万吨)，同比增长了5.9%。生产高等级道路沥青165万吨，同比增长了42.4%；生产高档润滑油37.2万吨，同比增长了13.4%。

五、信息技术应用工作取得新成绩

ERP试点和推广工作取得新突破，2003年又有管道储运分公司、江苏油田分公司、金陵分公司、长岭分公司、湖南石油分公司、海南石油分公司等6家单位成功上线，实现了物流、资金流、信息流“三流合一”无缝集成，不仅使企业的管理水平有了跨越式的提高，而且有力地推动了企业改革和业务流程重组。

甬沪宁原油管输配送管理信息系统与工程建设同步，部分功能已投入试运行；资源优化和供应链优化取得新成效，已完成炼化一体化企业MPIMS样板模型开发，开始推广；成品油一次物流优化项目启动，二次物流优化项目进一步扩大试点和推广；生产过程优化进一步扩大应用范围和提高深度，催化裂化、连续重整、加氢裂化的机理模型开发基本完成，高桥分公司炼油水星项目已有4套APC系统上线运行；流程模拟软件应用工作进一步加强，2003年又成功完成了17套装置模型的建立；电子商务系统取得了显著的效益，物资采购网上成交金额已近444亿元，节约采购金额超过12亿元；化工产品销售电子商务网上成交金额超过517亿元；高性能计算机应用和油田综合业务管理信息系统建设取得阶段性成果；加油卡(IC)工程完成了软件开发任务和试点工作，已经在系统内大范围推广，油品销售二期等其他应用系统建设均取得较大进展；企业信息化水平普遍得到新的提高。

六、质量、计量、标准化工作不断加强

2003年以健全质量管理、质量保证、质量监督三大体系，不断提升产品质量、工程质量和服务质量为重点，开展质量、标准化、计量工作，取得了新的成绩。

炼油、科技、销售等部门认真组织汽油质量升级，逐厂落实，衔接产销，安排抽检，及时整改，汽油执行国家新标准准时到位。3季度国家组织流通领域车用汽油质量监督抽查，中国石化受检加油站100%合格。

标准化管理与标准制修订工作有序开展。共组织完成了车用柴油(GB/T 19147—2003)、工业用乙烯(GB/T 7715—2003)等9项国家标准以及23项行业标准制修订工作，使石化产品标准门类、标准数量、标准水平又有了新的提高。同时，吸取开县井喷事故的教训，及时启动了天然气井开发安全技术规范(中国石化一级企业标准)的制修订工作。

计量方面，围绕原油、成品油、蒸汽、液体化工产品计量交接标准等专题加强了计量技术、计量管理的基础性工作，推动了计量工作深入开展。

七、科技体制改革工作进展顺利

2003年科技体制改革工作的重点是撤并科研机构，整合科技资源。全年共撤销两级科研机构34家。6个直属研究院都进一步明确了研究的专业领域，开始从不具有优势和与中国石化主营业务关联度不高的研究领域退出。

2003年，石化集团公司共申请中国专利994项，获得授权724项；在国外申请专利113项，获得授权44项，继续保持国内领先地位。同时，荣获国家科技进步二等奖6项，国家发明二等奖1项。

2003年科技进步工作有力地支持了中国石化的业务发展，在上游为油气储量结构改善、储采比提高、油田采收率提高、自然递减和综合递减率降低、含水率稳定、产量稳中有升提供了有力的技术支持；在炼化领域，为技术改造、结构调整、质量升级、产品附加值提高、降本增效提供了系列先进适用技术；在产品销售过程，为准确把握市场、做好经营决策、提高效益提供了有效的技术手段。

（卢衍波）

科技成果

【概述】 2003年石化集团公司和石化股份公司共取得重大科技成果284项。授予石化集团公司科技进步奖的科技成果123项，其中一等奖18项、二等奖28项、三等奖77项，授予石化集团公司发明奖的科技成果7项，其中一等奖1项、二等奖2项、三等奖4项。这些获奖项目为石化集团公司和石化股份公司的技术进步、增加经济效益、提高市场竞争力作出了重要贡献。科技成果获奖名单见附录1。

（马　燕）

【东营凹陷成藏组合体理论研究】 东营凹陷经过40多年的勘探，发现了越来越多的油气藏类型。这些不同类型的油气藏在空间如何展布、成藏规律如何、如何利用已知的油气藏模式寻找新的油气藏等问题对于老区油气勘探意义重大。因此科技开发部立项开展了东营凹陷油气成藏组合体研究，目的是总结符合断陷盆地特点、寻找适合高勘探成熟区油气勘探的理论和技术方法。

通过大量的野外工作、室内分析和模拟试验，该项目：①指出东营凹陷沙三中亚段下部、沙三下亚段和沙四上亚段湖侵体系域发育优质烃源岩，并划分出了不同源岩类型在梁家楼、胜坨地区的分布范围；②开展了排烃机理试验研究，发现只有达到排烃临界饱和度以后，源岩才开始大规模排烃；③指出断层是梁家楼、胜坨地区输导体系的重要组成部分，综合研究断层、砂体和不整合面的空间配置，建立了梁家楼、胜坨地区的疏导体系模型；④确定了东营凹陷三次油气充注时期，即东营末、馆陶和明化镇期；⑤开展了成藏模式研究，认为东营凹陷输导体系决定成藏组合体类型及空间展布特征。

该项目根据输导体系及其相应的有效烃源岩和圈闭的空间组合划分成藏组合体，在此基础上深入分析油藏分布规律，有效地指导油气勘探实践，3年共新增探明储量2 274万吨、控制储量3 355万吨、预测储量5 660万—5 860万吨，取得了明显的经济效益。该项目获2003年度石化集团公司科技进步一等奖。

（王国力）

【全三维地震勘探技术研究】 随着油气勘探的深入，易于发现的油气藏越来越少，而隐蔽油气藏比例随之增加。为了查清地层岩性油气藏、裂缝油气藏、小断块油气藏等，有必要开展全三维地震勘探技术的研究与应用，特别是发展各向异性处理方法与软件。

3年来，项目组的研究人员在地震采集、处理和解释方面取得了一批科研成果：①通过开展地震波基础理论以及地震数据采集技术方法的研究，建立了一套适合于胜利探区的全三维地震勘探野外采集的技术方法和配套装备；②研究了全三维地表一致性振幅补偿、相位校正、反褶积、反射波静校正等一系列地表一致性处理技术；③与解释、测井相结合，通过对宽方位角P波数据和多波多分量数据处理等研究，形成了全三维各向异性的处理流程；④通过复杂断块、河道砂体和潜山油气藏描述技术研究，对老区挖潜起到了重要作用。

全三维地震勘探技术已在田家、罗42和四扣高精度三维采集处理解释中发挥了重大作用，采用该技术追踪描述砂体28个，新增探明石油地质储量8 546万吨、预测石油地质储量3 400万吨，取得了巨大的经济效益。该项目获2003年度石化集团公司科技进步一等奖。

（王国力）

【陆相断陷盆地隐蔽油气藏形成机制与勘探】 中国东部陆相断陷盆地油气勘探已由构造油气藏逐渐向隐蔽油气藏勘探转变，原有的理论和技术不能完全适应新的勘探任务要求，因此开展陆相断陷盆地隐蔽油气藏理论和技术体系研究，对于陆相断陷盆地油气勘探、实现“稳定东部”的油气资源战略意义重大。为此，“济阳坳陷第三系隐蔽油气藏勘探目标及配套技术研究”被列入2000年中国石化科技开发部“十条龙”攻关项目。

经过多年攻关，该项目：①系统分析以断裂为主要表现形式的构造对沉积储层的控制作用，建立了断陷盆地“断坡控砂”模式；②研究了断陷盆地输导体系类型及构成要素，首次提出了“网毯式”、“T－型”、“阶梯型”和“裂隙型”输导体系的复式输导关系；③系统分析了“相”、“势”在油气成藏过程中的控制作用及耦合关系，首次提出了“相势控藏”理论认识；④形成了以河道砂体、砂砾岩体、浊积岩体、滩坝砂体描述为主的配套技术系列及勘探方法。

隐蔽油气藏勘探理论及配套技术研究丰富和发展了陆相石油地质理论，为我国东部陆相断陷盆地隐蔽油气藏勘探提供了理论和技术支撑，不但可以在济阳坳陷（预计隐蔽油气藏远景资源量20亿吨）应用，而且在此类地区可以推广。该项目获2003年度石化集团公司科技进步一等奖。

（王国力）

【川西坳陷侏罗系致密砂岩气藏评价与预测技术研究】川西坳陷天然气资源丰富，是中国石化重要的天然气生产基地。但由于川西坳陷砂岩储层比较致密，因此开展致密砂岩储层气藏评价与预测技术研究对于中国石化拓展天然气市场、发展清洁能源意义较大。

通过对不同地区、不同类型气藏的精细解剖，本项目：①针对川西地区首次引进和开发了随机建模技术，对比分析可知随机模拟成果可靠；②通过引进和开发可视化和雕刻技术，直观反映储层参数空间展布规律；③首次建立了马井气田蓬莱镇组气藏描述信息库系统，实现了数据动态载入与导出；④总结出了针对不同地区和层系的天然气地震勘探技术方法；⑤研究和形成了一套致密碎屑岩测井技术方法和系列；⑥筛选出了针对不同类型气藏的描述技术方法，建立了3类气藏的3套描述方法。

本项目技术成果及时转化并推广应用，对东泰、洛带、马井、金堂等气田的发现及评价勘探作出了重要贡献，新增天然气可采储量68亿米^3。该项目获2003年度石化集团公司科技进步一等奖。

（王国力）

【胜利开发油区复杂砂岩油藏滚动勘探开发技术】 该项目属油田地质与地球物理相结合的学科，在油田地质方面，充分应用钻井、试油、试采等动态资料，进行沉积微相和油藏精细模型的研究；在地球物理方面，充分利用三维地震资料、测井资料进行地震相、测井相和复杂构造的研究。

主要研究内容包括序级断层的研究、控储层预测技术、低平区油藏研究和电阻油藏的研究。技术创新点：①研究对象由主要油气控制断层转向低序级断层；从断层的力学性质、上下盘岩性的对接、滑抹因子等参数分析断层的封堵性；结合三维地震、钻井及与主断层的关系研究低序级断层的分布规律和对油气的控制作用。②主要根据沉积相、地震相、测井相在不同油藏类型的响应特征，建立其之间的相互转换关系和量板；利用层序地层学原理，在高分辨率三维地震约束下进行精细地层对比，建立其岩性油藏的沉积模式和地质模型，为精确描述岩性油藏提供依据。③主要在构造的鞍部、斜坡带等过去容易被忽略的地区，建立了一套精细的成图方法和成藏规律评价、判别方法，有效地挖掘了地下资源。④从低电阻的形成机理出发，结合地质、测井、测试等资料进行研究，分析其岩性、物性、含油性与电性之间的关系，以此为依据进行低电阻油层的定量解释和储层参数建模。该项目获2003年度石化集团公司科技进步一等奖。

（王锡洲）

【胜利油田聚合物驱油配套技术研究及工业化应用】 聚合物驱提高采收率技术原理是把聚合物溶解于水中注入油层，增加驱替相粘度并减小驱替相渗透率，改善水油流度比，扩大注水波及体积，进而提高采收率。涉及油田地质、油藏工程、高分子化学、油田化学、矿场机械、自动控制及计算机等科学技术领域。该技术主要应用于高含水期油藏大幅度增加可采储量及提高原油采收率。

通过攻关研究，形成了胜利油田聚合物驱工业化配套技术；制定了国产聚合物干粉质量标准，实现了干粉的国产化；开发了大型聚合物驱数值模拟软件，并建立了先进的模糊综合评判法优化注聚参数；实现注入工艺设备国产化；完善了聚合物驱动态监测技术，形成了注聚前期、注聚过程中和后续水驱等不同时期综合配套调整技术；掌握了聚合物驱开采规律及动态特征，搞清聚合物驱效果影响因素；制定了聚合物驱增油量评价标准，形成聚合物驱效果技术指标评价和经济效益评价技术。

该配套技术是针对胜利油区特高含水期油藏工业化聚合物驱攻关形成的，其特点是适合在高温(地层温度大于65摄氏度)、高矿化度(地层水矿化度5 000—8 200毫克/升)、高含水(93%—97%)、高采出程度、高原油粘度(50—130毫帕·秒)、油层非均质严重及常规井网污水配注条件下实施聚合物驱，实现了研究成果规模化，取得显著降水增油效果。该项目获2003年度石化集团公司科技进步一等奖。

（王锡洲）

【欠平衡压力钻井配套技术研究】 该项目针对不同类型油藏的特点开展欠平衡压力钻井的试验研究，经过攻关，形成了与储层配伍的欠平衡压力钻井成套技术，对于提高油田的勘探成功率和油井产量具有十分重要的意义。

主要进行了欠平衡压力钻井油藏设计研究；欠平衡压力钻井工艺技术研究；欠平衡压力钻井装备配套技术研究；欠平衡压力钻井液技术研究；欠平衡压力钻井完井工艺技术研究。

本项目经过3年的研究攻关，完成了欠平衡压力钻井设计方法的研究，形成了一套欠平衡压力钻井设计软件；完成了欠平衡压力钻井设备配套及国产化研究，设备国产化率达到82.75%；完成了欠平衡压力钻井液体系的研究，形成了与液相欠平衡钻井和充(氮)气欠平衡钻井配套的钻井液技术；完成了欠平衡压力钻井完井工艺技术研究，形成了与欠平衡压力钻井配套的完井技术；完成欠平衡压力钻井现场试验井31口，全面实现了项目的攻关目标。

项目研究期间在胜利油田、江汉油田和南方勘探开发分公司的6种类型的油藏完成欠平衡钻井现场试验井31口，其中液相欠平衡钻井21口，充(氮)气欠平衡钻井10口。该项目获2003年度石化集团公司科技进步一等奖。

（王锡洲）

【180万吨/年含硫蜡油加氢脱硫成套技术开发】 由抚顺石油化工研究院、镇海炼化股份公司和洛阳工程公司共同承担开发并建设的镇海180万吨/年催化裂化原料加氢预处理装置已经连续运转一年半。中期标定结果表明，以一定比例的减压蜡油(VGO)/脱沥青油(DAO)/焦化蜡油(CGO)混合油为原料(硫质量含量1.393%，氮含量1 901 × 10^{-6})，在氢分压800万帕、空速1.20时$^{-1}$、平均床层温度为396.7摄氏度的条件下，装置所产 < 350摄氏度轻质油质量收率达到20.67%(其中汽油占1.06%、柴油占19.61%)。装置所产汽油馏分是优质的重整原料；柴油硫含量小于0.04%，十六烷值达52，是优质的低硫柴油组分；精制蜡油硫含量小于400 × 10^{-6}，总氮含量为137 × 10^{-6}，是优质的催化原料，可直接生产硫含量达到欧Ⅲ排放标准的汽油，同时可改善催化裂化装置产品分布并降低再生烟气 SO_x 及 NO_x 排放。装置的主要技术指标达到设计值。该项目获2003年度石化集团公司科技进步一等奖。

（刘冀一）

【中压加氢裂化技术(RMC)的开发与工业应用】 由石油化工科学研究院、燕山分公司及工程建设公司共同完成了中压加氢裂化技术(RMC)的开发与工业应用。RMC技术以高硫原油的重质减压蜡油，或掺炼部分焦化蜡油为原料，采用加氢精制/加氢裂化一段串联、一次通过工艺流程，在氢分压不高于1000万帕的条件下，可生产超低硫和低芳烃柴油、高芳潜重整料、优质乙烯料等产品。

在主设备不作改动的情况下，通过采用RMC技术，成功实现了燕山100万吨/年中压加氢改质装置扩能为130万吨/年RMC中压加氢裂化装置的技术改造。工业试验结果表明：以大庆常、减压混合馏分油为原料(硫含量757 × 10^{-6}、氮含量395 × 10^{-6})，采用RN-2/RT-5催化剂及一段串联工艺，在反应氢分压

822万帕、空速1.04时$^{-1}$条件下，能够生产高芳潜石脑油(芳潜质量分数50%)、满足欧Ⅲ排放规格的柴油及优质的加氢尾油(BMCI值为8.3)。该项目获2003年度石化集团公司科技进步一等奖。

（郭　群）

【车用乙醇汽油的研究开发及应用】 石油化工科学研究院、经济技术研究院、河南石油分公司及工程建设公司共同完成了“车用乙醇汽油的研究开发及应用”项目。主要成果包括：根据中国汽车、炼油及乙醇工业生产的特点，试验研究、分析了车用乙醇汽油在国内生产、推广应用的可行性及经济性，在国内首次研制成功乙醇金属腐蚀抑制剂，制定了车用乙醇汽油国家标准。根据该项目的研究成果，在河南完成3座车用乙醇汽油调配中心的建设和66座加油站的改造和新建，2002年3月分别在河南郑州、洛阳、南阳3个城市开展车用乙醇汽油推广应用，截至2003年6月，已生产销售乙醇汽油16.46万吨。该项目获2003年度石化集团公司科技进步一等奖。

（万升龙）

【上流式渣油加氢保护剂开发和工业应用】 2001年6月—2002年10月，抚顺石油化工研究院研制的上流式渣油加氢(UFR)系列保护剂在齐鲁分公司的150万吨/年UFR/VRDS装置B系列上进行了首次工业应用，累计运行467天，加工原料173.8万吨，其中减压渣油131.8万吨。工业运转结果表明，UFR脱硫率为19.5%、脱氮率为21.4%、脱残碳率为10.1%、脱Ni+V率为59.8%，国产UFR保护剂杂质脱除率与进口剂相当。整个运行周期内，新研制的系列保护剂表现出了较高的活性和良好的稳定性，完全满足生产要求。齐鲁分公司减渣处理装置增上UFR后，对加工高硫劣质原油的减压渣油具有更好的适应性和灵活性。该项目获2003年度石化集团公司科技进步一等奖。

（郭　群）

【3万吨/年腈纶工程化成套技术】 该项目1996年被列入石化集团公司“十条龙”科技攻关项目，由上海石化股份公司承担。经过近6年的艰苦研究，于2002年8月22日通过石化股份公司的技术鉴定。该项目通过8个子项课题开展NaSCN二步法腈纶成套技术攻关，技术路线采用丙烯腈(AN)三元水相聚合、以NaSCN为溶剂快速一次溶解、湿法转向纺丝工艺。该成套技术具有技术配套全、设备国产化率高、单线生产能力大、生产运行稳定、产品质量优、差别化品种多、单耗能耗低等特点，总体技术达到国际先进水平。具体技术指标：单线能力1.67万吨/年；优等品率91.8%，一等品率99.8%；吨产品耗三单之和1 008.7千克(其中AN 916.9千克，丙烯酸甲酯(MA) 89.0千克，甲基丙烯基磺酸钠(MAS) 2.7千克)；吨产品耗NaSCN 5.4千克；吨产品耗蒸汽8.45吨，纯水28.7吨，电1 060千瓦·时。

依托项目“上海石化6.6万吨/年腈纶改造工程”是上海石化腈纶事业部对已运行24年的北纺腈纶装置实施的一项技术改造，2000年10月16日开工，2001年5月8日开始单机调试，6月19日联动试车，7月25日第一条纺丝线试车成功，8月11日4条纺丝线全部投入试生产，11月通过了性能考核，产量、质量、能耗、单耗达到涉外合同要求和设计指标。该项目的建成投产使北纺腈纶装置优等品率从改造前的10%提高到90%，产品的差别化能力大大提高；形成了具有自主知识产权、符合中国国情的大型腈纶装置的成套技术，具备了独立组织大型腈纶生产装置的建设能力；创造了腈纶建设单位产能投资最少(1亿元/万吨腈纶纤维)，设备国产化率最高(达到90%)，施工建设周期最短(280天)，实物投料试车周期最短(仅用短短20天时间完成全部4条纺丝线的稳定开车并产出合格产品)4个之最；单位产品制造成本下降了约1 221元/吨，在上海石化腈纶事业部三大腈纶装置中成本最低，近两年的生产运行表明其经济效益显著，于2003年10月16日通过竣工验收，顺利出龙。该项目获2003年度石化集团公司科技进步一等奖。

（袁　玲）

【高速BOPP薄膜专用料的研制和开发】 为切实搞清国产BOPP专用料与国外产品在微观结构方面的差距，中国石化组织国家“973”项目的高级专家和石化股份公司系统内的专家，对多种BOPP专用料进行了分子链结构的表征，在此基础上提出了改进聚合工艺条件和添加剂配方等措施，并着力组织这一新工艺技术在企业的工业转化。

该技术首先在上海石化进行工业化实施。2001年12月，首次试生产出高速BOPP专用料产品。加工应用结果显示，经改进工艺后生产的BOPP专用料，成膜性和薄膜的刚性、韧性等机械性能指标全部达到用户要求，与国外最好水平的BOPP专用料相当。

该技术成果的创新之处在于通过对高速BOPP薄膜专用料的分析表征，掌握了高速BOPP薄膜专用料内在的分子结构和产品特性，研究并制定了科学合理的生产工艺和产品配方，在10万吨/年环管聚丙烯装置上实现了工业化生产，解决了成膜性、助剂低迁移性、热稳定性等关键技术问题，生产工艺先进、合理，产品质量稳定。加工应用结果证明，采用该工艺所生产的专用料能够很好地适用于400米/秒以上速度拉伸生产线的要求，产品的各项质量指标达到或超过国外同类产品。

高速BOPP专用料开发成功后，已经产生了良好的效益，2002年，上海石化生产高速BOPP专用料3.5万吨，新增利润1 100万元；2003年生产7万吨，新增利润2 000万元以上。该项目获2003年度石化集团公司科技进步一等奖。

（王玉庆）

【几种重要的聚丙烯专用料的基础研究及工业应用】 中国石化组织国家“973”项目专家对BOPP专用料、PPR管材专用料、高抗冲聚丙烯等高档次、高性能的专用料进行了系统表征研究，找到了国产专用料与进口料在分子结构等微观指标方面的差距，对聚合装置的工艺条件改进等提出了切实可行的建议。

在高速BOPP专用料方面，导出了高分子薄膜拉伸流动的稳定性模型和理论，并依据该理论方法，提出专用料样品在高速拉膜时的拉伸稳定性判据；在此基础上确定了高速BOPP专用料应具备的聚丙烯分子结构特征，提出了适用于多反应器生产装置的采用高等规催化剂、非对称加氢等的新生产工艺。在此理论的指导下，中国石化所属的上海石化、茂名石化等6个企业成功地组织了工业化实施，使BOPP专用料的稳定拉膜速度超过350米/秒，性能全面达到并部分超过了国外产品的先进水平；该技术属原创性知识创新和技术创新成果，达到国际先进水平。

在无规共聚聚丙烯(PPR)管材专用料方面，“973”专家从适用于聚丙烯管材挤出的流变学模型出发，导出了高性能PPR管材专用料应具备的聚丙烯分子结构特征，并在有关企业推广应用。此外还完成了适用于高性能聚丙烯流延膜(CPP)热封膜专用料新的结构表征方法，形成了高性能PPR管材专用料和高性能CPP热封膜专用料制备技术的新理论和生产方法。

在表征结果及树脂加工基础理论的指导下，进行了积极有效的工业转化和推广应用工作，在上海石化、茂名石化等聚丙烯生产企业生产出了拉膜速率达到或超过400米/秒的BOPP专用料，其性能全面达到并部分超过进口高速BOPP专用料；广州石化、上海石化、燕山石化和齐鲁石化等开发出了高性能PPR管材专用料，取得了较好的经济效益。

该成果的开发及应用成功，为中国石化今后从合成树脂的微观结构表征入手，通过创新性地改进聚合工艺、调整工艺参数，开发市场需求量大、技术含量高的合成树脂新产品走出了一条成功的路子，全面提高了中国聚丙烯新牌号的开发起点和技术水平。

应用本技术两年以来，中国石化的有关企业PPR管材专用料的市场占有率有了显著的提高，高速BOPP膜专用料已生产20万吨以上，经济效益十分显著，受到下游加工企业的好评。该项目获2003年度石化集团公司科技进步一等奖。

（王玉庆）

【国产NG催化剂在20万吨/年气相法聚丙烯装置上工业应用】 燕山石化20万吨/年聚丙烯装置采用的气相法聚丙烯生产技术是引进美国AMOCO气相法工艺技术，1998年12月建成投产。开车投产后，装置所使用的CD催化剂需从国外进口，价格昂贵，使得聚丙烯生产成本居高不下，影响了产品的市场竞争力。为了尽快降低气相法聚丙烯产品的生产成本，中国石化组织有关单位开展了在国内第一套气相法聚丙烯装置上应用国产NG催化剂的攻关工作。

在此之前NG催化剂尚未在无预聚合工艺的气相法聚丙烯装置上进行过应用，这对催化剂的性能提出了新的要求，同时也要求对聚合工艺进行必要的调整。经过研究和攻关，在催化剂方面，以已有的聚丙烯N催化剂为基础，在制备工艺和配方方面做了较大改进，使聚合活性有了较大提高，适当提高了有效钛的含量，开发出的NG催化剂的共聚性能较好。工业应用结果表明，相同乙烯含量的产品，用NG催化剂生产的抗冲共聚物抗冲性能优于进口同类催化剂生产的产品。在催化剂性能评价方面，由于北京化工研究院没有相似的气相聚合评价装置，为了使工业试验顺利进行，建立了催化剂的评价方法，以使其结果更能与工业试验结果相对应。在聚合工艺方面，根据NG催化剂的氢调敏感性、产品质量和共聚合能力等特点，调整了工艺条件，适当提高了聚合反应温度，在此基础上实现了NG催化剂的大批量使用，生产出了性能优良的均聚、嵌段共聚产品，实现了装置的高负荷稳定生产，逐步取代了进口催化剂。

NG催化剂工业化试验的成功，创造了良好的经济效益。2001—2003年期间，燕山石化20万吨/年气相法聚丙烯装置共使用NG催化剂20多吨，降低生产成本近7 000万元。该项目获2003年度石化集团公司科技进步一等奖。

（王玉庆）

【海上自升式钻修平台】 由胜利油田工艺研究院开发的海上自升式钻修平台，是国家“九五”重点攻关项目。整个平台安装于一艘无动力船上，当需要作业时将船拖到作业点。作业平台由3根伸到海底的桩腿支撑，顶部可伸缩的悬臂大梁纵向可伸长11.7米，平台动力由一台柴油发电机供给。所开发的齿轮齿条升降的悬臂式作业平台，解决了胜利油田浅海海域修井能力不足的矛盾，它适合于水深5—25米范围内的油井作业，可对4 500米以内的深井进行大修，这是我国第一座液压驱动齿轮条升降的浅海钻修井平台，其技术达到了国际先进水平。主要创新点有：采用"高速液压马达+行星减速器驱动技术，使升降装置的自重减轻，并且提高了升降装置的可靠性和安全性；开发出齿轮负荷自动分配技术，升降平台姿态实时控制系统，桩腿同步控制技术，升降系统专家诊断技术等；采用了大悬臂结构设计及移动技术，达到一次位移可钻修9口井的要求；采用了悬挂式套筒固桩技术，可以减轻结构重量，提高平台的可靠性和快速性，满足了修井平台的自存状态、作业状态、拖航状态、升降状态的使用要求，

该修井平台已经在胜利浅海油田作业15口井次，增产原油11万吨，创产值2.1亿元。该项目获2003年度石化集团公司科技进步一等奖。

（贾鹏林）

【大口径长距离输油管道穿越长江的设计与应用】 该穿江管线是由管道储运分公司设计开发，该项目解决了长江管线的穿越方式、穿越断面、施工措施等方面的问题。本成果创造了管道首次穿越长江的纪录，同时创造了大口径(直径406毫米和直径508毫米)的软土地层定向钻穿越纪录。首先从永安洲穿越到乌鱼洲岛，这是长江的主干道，穿越长度为1 681米，直径508毫米；然后从乌鱼洲穿越到小河口，长度为273米，直径406毫米；穿越长江总长度2 500米，穿越技术达到了国际领先水平。主要的创新点有：①对水平定向钻和盾构隧道施工方式进行了比选。盾构隧道工期为2年，投资为5 567万元，而定向钻机工期为2个月，投资为1 790万元，决定采用定向钻方式，钻机购买美国CMS公司的，拖力为250吨，自主研制了泥浆搅拌系统。②使用卫星遥感技术选取穿越断面，精细解释了穿越地段的动态变化，有效地降低穿越长江的施工风险。从软土地层穿越，对于这种大口径长距离管线国内外都没有，管道储运分公司采取了在入土侧加设套管，以增加钻杆力的传递和减少钻进的阻力，后800米钻杆采用厚壁高强钻杆，同时又避免头部因钻杆自重下沉而"抬头"困难的情况。③针对软土地层穿越塌孔的问题，开发了泥浆配方和泥浆混配加料系统，延长膨润土及添加剂的熟化时间。④采用地磁方位角控向和陆域段布设地面信标技术，确保了准确控向，出土点偏差纵向为0米，横向为1.5米。

该项目完成后，打通了胜利原油南下和进口原油北上的运输瓶颈，实现了南北两大原油管网的贯通，为今后进口原油沿江而上奠定了基础。以胜利油南下金陵石化为例，按300万吨/年测算，可增加产值3 600万元/年，金陵石化节约运费和运输损耗费用为7 600万元/年。该项目获2003年度石化集团公司科技进步一等奖。

（贾鹏林）

【绿色石化技术的科学与工程基础】 它概括了国家自然科学基金委和中国石化联合资助基金"九五"重大项目——"环境友好石油化工催化化学与反应工程"的主要研究成果。

该书从催化新材料、新型催化剂和新反应工程等不同角度针对烃类选择氧化、烯烃氢甲酰化、非晶态合金催化加氢、催化烷基化等几大类重要石油化工反应技术，结合工业实际，系统深入论述了绿色化学的基本科学问题和重要学术和技术成果。该书反映了中国科技人员在发展绿色石化技术并形成有自主知识产权的独特、先进技术方面的杰出贡献，对推动中国石化行业绿色化学研究与新技术开发有重要指导作用和深远影响。该书介绍的多项成果具有创新性，"温控相转移催化"概念已被国外权威字典收录，该书在导向性基础研究—探索性研究—应用基础研究，催化材料—催化剂—反应工艺—反应工程相结合上具有新意。该项目获2003年度石化集团公司科技进步一等奖。

（马　燕）

【磁稳定床用于己内酰胺加氢精制】 该项技术是由石油化工科学研究院和巴陵分公司共同合作，将非晶态合金与磁稳定床相结合，开发出的具有自主知识产权的己内酰胺加氢精制新技术。

该技术通过调变组成，改变工艺，开发出高磁性非晶态合金催化剂；通过优化线圈设计，优化安装间距，设置磁隔栅，实现了均匀磁场的放大；建立了磁稳定床中试冷模装置，开展了流体力学特性研究，找到了床层结构与操作条件间的对应规律关系，建立了磁稳定床数学模型；建成工业化的磁稳定床己内酰胺加氢精制装置，按3种方案(气液固磁稳定床、采用溶解氢的磁稳定床、搅拌釜与磁稳定床串联)进行了实验，结果表明，磁稳定床工艺的加氢效果为现有釜式工艺的5—10倍，催化剂耗量可降低70%，该技术达到了国际领先水平。该项目获得2003年度石化集

团公司发明一等奖。

（庄　毅）

【小晶粒β沸石的研制及其工业应用】　由抚顺石油化工研究院研制的小晶粒β沸石(0.1—0.5微米)是一种新的催化材料，具有硅铝比高、结晶度高、酸度低、酸中心数少等特点。小晶粒β沸石研制过程中申报中国发明专利6项，获授权4项，该项技术属国内首创，达到了当前国际同类沸石的领先水平，具有较为广阔的应用前景。

小晶粒β沸石可用作加氢裂化催化剂和劣质柴油加氢改质催化剂的酸性组分，采用小晶粒β沸石为酸性组分制备的催化剂具有优良的中油选择性、活性和稳定性，可提高中馏分油产率，生产低凝点、高十六烷值宽馏分柴油。

以小晶粒β沸石为关键组分研制的FC－14、FC－16、FC－20催化剂已实现工业应用，显示出优良的活性、中油选择性和稳定性。该项目获2003年度石化集团公司发明二等奖。

（刘冀一）

【钯碳催化剂抗中毒方法】　该技术是由石油化工科学研究院、石家庄化纤有限责任公司共同完成。这项发明技术涉及一种使钯催化剂有效地用于一种非饱和有机化合物的加氢反应中的方法。特别涉及加氢反应中抵抗钯催化剂一氧化碳(CO)中毒的方法。

该项目属石油化工技术领域，最初主要针对石家庄化纤厂SNIA法已内酰胺工艺中苯甲酸加氢反应开发的，也可独立应用于精细化工领域的苯甲酸加氢过程。

苯甲酸加氢制取环已烷羧酸(CCA)是SNIA法制备已内酰胺工艺的步骤之一，该反应工业催化剂主要为钯/碳(Pd/C)。由于生产过程的副产物CO会引起Pd/C催化剂中毒，降低催化剂的活性，Pd/C催化剂的活性成为制约该工艺路线发展的关键问题之一。本技术在分析苯甲酸加氢机理的基础上，详细研究了Pd/C催化剂的失活原因；且主要针对CO引起Pd/C活性的降低开发了针对苯甲酸加氢反应的镍基SRNA－5助剂，将吸附在Pd表面的CO转化为CH_4，有效消除了反应中生成的CO对Pd/C催化剂活性的影响；并在石家庄化纤公司完成了工业试验。在不改变流程的基础上，通过向苯甲酸加氢工业装置中加入SRNA－5助剂，有效地提高Pd/C催化剂活性；同时通过增加旋液分离器及磁分离装置，形成了以Pd/C和SRNA－5助剂为‘复合’催化剂体系的苯甲酸加氢工艺。

该技术经石家庄化纤厂的工业试验证明，苯甲酸加氢体系引进非晶态合金催化剂后，循环催化剂活性可以达到0.25以上，有效提高了Pd/C催化剂的循环活性、稳定性和选择性，从而提高生产能力和产品质量，比SNIA法单纯采用Pd/C催化剂的苯甲酸加氢工艺优越。在同等条件下Pd/C催化剂用量降低了40%，氢气利用率提高了13%，经济效益明显。尤其在2000年钯价格达到30万元/千克情况下，石家庄化纤厂利用该技术，有效降低了Pd的消耗，当年节约催化剂费用性开支达3 656万元。该技术就催化材料和工艺申请中国发明专利7项，其中3项已获得授权，与国内外同类技术相比，该技术新颖、先进，达到国际领先水平。该项目获得2003年度石化集团公司发明二等奖。

（庄　毅）

新产品开发和产品结构调整

【概述】　2003年石化集团公司加强组织与协调，促进企业间的新产品开发、生产及分工。同时，在各单位的共同努力下，三大合成材料、油品等新产品开发、生产和销售都取得了进展。

1. 专用料生产和新牌号的开发取得显著进步

2003年石化集团公司开发合成树脂专用料新牌号24个，所属企业生产合成树脂(聚乙烯、聚丙烯)专用料275.9万吨，同比增长23.8%，完成了专用料年计划的112.1%，专用料比例为48.4%，产销率96%。

2003年燕山石化在合成树脂新产品开发工作中，结合本单位具体情况，确定聚乙烯(PE)、聚丙烯(PP)管材专用料开发工作优先及有市场潜力的产品开发工作优先的原则，结合年度新产品开发课题，缩短了重点新产品的开发周期。在科研考核工作计划中，将新产品开发重点放在釜式淤浆法低压聚乙烯装置上，开发生产了具有双峰分子量分布，并达到PE80级耐压管材料专用树脂HDPE 6380M的生产工艺技术。HDPE 6380M产品综合性能优良，与国际同类产品的先进水平相当，居国内同类产品的领先水平，于2003年10月在国内首家获得PE80级建筑用给水管材原料合格证书，累计产量达5 000多吨，市场前景较好。此外，燕山石化的无规共聚聚丙烯(PPR)管材专用树脂、35千伏以下聚乙烯电缆料、汽车用高流动性共聚聚丙烯、高结晶中流动性聚丙烯等新产品开发工作进展顺利。

上海石化按照总部“明确组织分工，合理组织生产”的精神，进一步完善了新产品开发管理机制，将产品开发工作列入了经济责任制考核体系，有效推进新产品开发及生产进程。包括高速双向拉伸聚丙烯(BOPP)、医用聚丙烯、可漆性汽车保险杠聚丙烯、无规共聚聚丙烯管材、涂覆聚丙烯、高流动性抗冲聚丙烯等多个品种的专用料开发生产工作取得显著进展。其中高速BOPP(F280S)专用料实现大批量生产，全年累计产量约6.5万吨，被上海市认定为高新技术成果转化项目，享受上海市财政优惠政策，并列入国家新产品试生产计划。

茂名石化2003年共开发全密度聚乙烯MLPE-8020、MLPE-8020H、MLPE-8080H等6个牌号和聚丙烯EP3T56F、HHP4、X47F等3个牌号，应用于拉伸缠绕膜、特殊热熔胶、高速双向拉伸膜、汽车保险杠等，2003年产量共达2.5万吨，创造了较好的经济效益。其中拉伸缠绕膜MLPE-8020的开发生产工作取得较大进展，经有关厂家试用认为，MLPE-8020的加工性可满足三层复合拉伸缠绕膜要求，加工温度可降低15摄氏度，且透明度好，易加工，抗穿刺与撕裂性能较好。在MLPE-8020基础上，茂名石化为提高产品档次，巩固市场，变更工艺设计试产出1 200吨MLPE-8020H产品，经应用表明，产品成膜拉伸比率、拉伸强度、耐穿刺强度均有大幅度的提高。

2. 差别化纤维的产品结构调整和推广销售取得较好成绩

2003年各企业在加大开发力度，努力满足市场需求，提高产品附加价值的前提下，在差别化纤维的产品结构调整及新产品推广销售方面取得较好成绩。

2003年石化集团公司开发新规格纤维46种，所属企业共生产差别化纤维66.3万吨，差别化率为37.1%，产销率98.3%。其中上海石化股份公司、仪征化纤股份公司、洛阳石化总厂、天津分公司等单位成绩突出，为石化集团公司2003年差别化纤维的产品结构调整和新产品开发工作作出突出贡献。

仪征化纤股份公司开发的差别化产品销售量占总销售量的48.2%，比常规品种多增毛利约2亿元，如生产1.33dtex缝纫线用有光涤纶短丝5.4万吨，比常规品种1.56dtex多增毛利1 500万元。

上海石化股份公司开发的1.33dtex超有光缝纫线用涤纶短丝品种，是顶替进口的、具有高附加价值和具有国际技术水平的更新换代产品，生产量达3.3万吨，销售收入达2.67亿元，同时在国内缝纫线用涤纶短丝产能增加近一倍的情况下，仍保持市场份额占有率70%左右。

洛阳石化总厂积极贯彻石化集团公司科技委两次技术咨询活动的专家意见，开展了全拉伸丝(FDY)装置改生产预取向丝(POY)的技术攻关，成功地将3条FDY生产装置改成生产POY。2003年开发生产了系列细旦涤纶POY产品如266dtex/288f、266dtex/144f、83dtex/72f，以及138dtex/144f FDY品种，生产FDY的装置转产POY品种后，扭转了装置亏损局面。2003年3条生产线共生产系列POY产品4.1万吨，较生产FDY品种增效4 400万元；涤纶短丝装置通过将1.56dtex棉型短丝品种转产1.33dtex品种，每日增效近8万元。

3. 炼油新产品的开发与市场开拓工作成绩显著

2003年石化集团公司的高等级道路沥青和高档润滑油等炼油新产品开发生产取得显著成绩。石化集团公司全年生产高等级道路沥青165万吨，产量同比2002年大幅增长；全年生产高档润滑油37.2万吨，并在新产品开发和市场开拓工作方面取得较大进展。

2003年在润滑油新产品开发方面，特别是OEM用油开发方面取得较好成绩。长城润滑油OEM产品销量达到1.3万吨，其中润滑油长城分公司与一汽集团建立了良好的战略合作关系，共有12种产品供应一汽，绝大多数为SG以上的高档产品。2003年润滑油长城分公司供给一汽系列汽车服务站用油同比增长近一倍。

长城液压油产品在东风公司首次获得突破，目前L-HM46抗磨液压油产品已大量进入东风公司，在其设备上得到使用。2003年润滑油长城分公司为东风公司提供5种产品共2 200吨。

2003年润滑油长城分公司配合神龙汽车公司对其原厂装填油进行升级换代，由原来的API SJ升级为API SL，并提供了近400吨产品，主要为10W/40SJ和5W/30SL神龙轿车专用油。

为了满足上海清洁汽车要求，润滑油长城分公司在上海出租车行业推广了“长城牌LPG/CNG轿车燃气发动机油”系列产品，目前已在上海强生等三大出租车公司推广使用环保型产品燃气发动机油。

润滑油上海分公司(原高桥公司润滑油厂)继续加强与上海通用公司的合作，在完成别克车装车油的升级换代(由5W/30SJ/GF-2升级到5W/30SL/GF-3)的基础上，2003年共生产别克系列轿车装车油2 300吨。

（王　乐）

【合成树脂新产品】 2003年石化集团公司合成树脂新产品开发工作取得了优异成绩，合成树脂专用料产量达到275.9万吨，同比增长23.8%，完成了专用料年计划的112.1%，专用料比例为48.4%，产销率96%。2003年合成树脂主要专用料的生产情况见表1。

表 1 **合成树脂新产品**

品　　种	牌　　号	产量/吨	生 产 单 位
高强度薄膜专用料	TR140 TR144 TR168	138 374	上海石化
	DBDG6098	105 577	齐鲁石化
	7000F	56 256	扬子石化
	7000F	2 718	燕山石化
管板材专用料	DFDA9806F	83 713	燕山石化
	YGH041 GH041	43 312	上海石化
	DGDB280	40 359	齐鲁石化
	DGDB2481	33 482	茂名石化
	HH01	4 049	天津石化
	6100M	531	扬子石化
电缆专用料	DJ210 DJ200A	47 046	上海石化
	QHJ 01	7 699	齐鲁石化
中空容器专用料	DMD 6147 DMD1158	35 851	齐鲁石化
	5200B 6500B	17 978	燕山石化
	HHM5502 5202 等	61 215	上海石化
	DNDA8320 5200B	664	扬子石化
农棚膜、重包装膜专用料	951 – 050 DFDA7047	97 676	茂名石化
	2100 系列	57 444	齐鲁石化
	N150 Z045 Q310	68 820	上海石化
	DFDA – 7085	92 241	天津石化
	2001	1 299	广州石化
		186	扬子石化
涂层专用料	1C7A	118 702	燕山石化
	DMDB8920	15 432	茂名石化
	H400	2 486	洛阳石化
BOPP 专用料	F1002 2400 2400T	22 530	燕山石化
	T36F	49 270	齐鲁石化
	F280 F280S	125 538	上海石化
	T36F T46F	44 998	茂名石化
	JF300	8 708	洛阳石化
	F600	51 733	广州石化
	T38F	39 055	长岭石化
	T36F	33 166	武汉石化
	T36F	40 473	九江石化
	T36F	71 957	荆门石化
洗衣机专用料	1647、1747、1847、1947 等	93 197	燕山石化
	HHP1	3 427	茂名石化
流延膜专用料	F800E F800EPS 等	67220	上海石化

续表

品　　种	牌　　号	产量/吨	生产单位
纤维专用料	Y1200 Y1600 等	38 100	上海石化
	H30S V30S	13 179	茂名石化
	Z30S	31 649	扬子石化
	YS825 等	19 744	洛阳石化
	S600 S700	37 516	广州石化
	S800 CS820 等	27 222	长岭石化
	Z30S V30S H30S	65 450	济南炼厂
	V30S Z30S 等	11 346	福建石化
	Z30S	14 311	武汉石化
聚丙烯共聚专用料	1330 1340 等	63 623	燕山石化
	EPS30R	21 837	齐鲁石化
	EPC30R	21 741	茂名石化
	M2101R M700R	11 199	上海石化
	J340 K8003	108 081	扬子石化
	J440 J640	32 938	广州石化
	EPC30R	8 414	天津石化
烟用丝束专用料	Y2600T	60 454	上海石化
	YS820	21 826	洛阳石化

2003 年重点开发的合成树脂新产品主要有：

1. PE80 级高密度聚乙烯(HDPE)管材专用树脂

聚乙烯(PE)管材以优良的化学性能，尤其是优良的抗快速裂纹传递能力以及可热熔焊接易于施工与安装性能，被广泛应用于市政和建筑给水、可燃气输送和埋地排水系统等领域。聚乙烯管材根据耐压等级不同分为压力管和非压力管两类，在压力管道系统如燃气管和给水管等，所使用的聚乙烯管材等级要求达到 PE80 级以上。该产品由于应用等级要求高，对专用树脂的性能有严格要求，多年来一直依靠进口。燕山石化经过 3 年的攻关，掌握了 PE80 级高密度聚乙烯管材专用树脂的生产技术，在 14 万吨/年釜式淤浆法低压聚乙烯装置上，开发生产出了具有双峰分子量分布的耐压管材料专用树脂 HDPE 6380M，并于 2003 年 10 月首家获得 PE80 级建筑用给水管材原料合格证书。经山东胜利股份有限公司、山东环球塑业有限公司等用户的使用后，认为 HDPE 6380M 产品质量稳定、加工性能优良，用该专用树脂生产的管材综合性能好，与国际同类产品的先进水平相当，该专用树脂具有良好的市场前景。

2. 烟膜专用树脂

香烟包装用双向拉伸膜简称烟膜，是双向拉伸聚丙烯(BOPP)薄膜的一种，但烟膜与普通的 BOPP 膜仍有一定的差异，烟膜对树脂的性能要求较高，烟膜专用树脂在保持良好的成膜性能、成膜厚度均匀的同时还要求薄膜具有较高的挺度、透明性及光泽度，因此在开发生产中具有一定的难度。燕山石化通过对生产工艺条件的调整以及助剂配方的筛选，成功开发了烟膜专用树脂工业化生产技术。并在 20 万吨/年气相法聚丙烯装置上，成功地生产出烟膜专用树脂，经云南红塔塑胶有限公司、贵州西众塑胶股份有限公司等多家烟膜生产企业使用，均得到好评。用户认为该专用树脂应用性能良好，成型工艺稳定，成品率高，所生产的烟用薄膜综合性能好，尤其是在强度、挺度和透明性方面比较突出。2003 生产烟膜专用树脂共计 2 万多吨。

（赵　红）

【合成纤维新产品】 2003 年石化集团公司生产合成纤维 171.22 万吨(其中石化股份公司 127.9 万吨)，同比增加 14.1 万吨；生产差别化合成纤维 66.3 万吨，同比增加 7.3 万吨；合成纤维差别化率达到 37.1%，同比增长 4.5 个百分点。其中生产差别化涤纶 50 万吨，同比增加 10 万吨，差别化率 38.2%，同比增长 0.4 个百分点；生产差别化腈纶 10.2 万吨，同比增加 2.4 万吨，差别化率 29.1%，同比增长 5.6 个百分点；

生产差别化锦纶1.3万吨，同比减少1 400吨，差别化率100%；生产差别化维纶7 190吨，同比增加630吨，差别化率61.3%，同比增长11.3个百分点；生产差别化丙纶1.61万吨，差别化率77%。石化集团公司2003年新开发生产合成纤维新品种近50个。

开发的主要合成纤维品种有：

1. 全消光腈纶短纤维产品

该产品由齐鲁分公司开发，是通过改变纺丝原液中消光剂的含量而获得的一种新型风格的腈纶纤维，由于来自各个方向的光在纤维表面均匀反射，光泽柔和，仿毛感强。该产品适合于毛纺织物，主要用于加工毛毯和仿毛织物，织物毛感强、光泽柔和、风格高雅。该产品的可纺性好，其物理指标与常规纤维相比没有变化，已批量生产的品种有2.44 dtex、2.78 dtex、3.33dtex、5.56 dtex、6.67 dtex等，累计生产1 029吨。

2. 1.33dtex含B添加剂大有光缝纫线型专用短纤维

仪征化纤股份公司通过小试、中试和工业化试验，成功开发出含B添加剂大有光缝纫线型专用涤纶短纤维添加剂及其生产技术。通过对装置的技术改造和工艺优化，在1.5万吨/年常规聚酯短丝生产线上开发出了高强度、低伸长、高亮度的1.33dtex大有光缝纫线专用涤纶短纤维。该产品质量稳定、性能优异，得到了用户一致认可，部分替代了进口产品，销售量由2002年的2.5万吨扩大到2003年的5.4万吨，从2003年10月起4条1.5万吨/年常规生产线全年生产，产品供不应求，年产量超过8万吨，市场占有率接近50%。

3. 聚酯薄膜专用料

该产品由仪征化纤股份公司开发。聚酯薄膜主要用超有光切片外加母粒进行拉膜生产，其母粒是由无机添加剂与聚酯切片熔融共混而成，添加剂添加比例高，分散不均匀，而且母粒中的聚酯经过二次熔化，影响了其结构性能。仪征化纤股份公司开发了薄膜专用聚酯切片，在聚合过程中直接添加无机添加剂，添加剂分散更均匀，粒径更细，使用该切片生产薄膜时无需再添加母粒，提高了薄膜生产过程的稳定性和薄膜质量，用户可以使用该产品生产电容器薄膜、镭射膜等高档薄膜产品。

4. 食用油瓶用聚酯专用料

该产品是仪征化纤股份公司采用独特的配方和工艺生产技术，自行开发的食用油瓶用聚酯专用料。产品外观透明度好、抗冲击能力强，小分子有机物含量低，受到了下游企业的一致好评，成为食用油生产企业的首选原料。该产品的开发，不仅开辟了聚酯产品的新用途，而且经济效益比常规半消光切片高，促进了仪征化纤股份公司产品结构调整。

5. 汽车内饰面料专用长丝

该产品是仪征化纤股份公司开发的汽车内饰面料用纤维。仪征化纤股份公司继开发了帕莎特B5、赛欧等国内汽车内装饰面料之后，2003年与日本最大的汽车内饰面料供应商川岛公司签订了合作协议，联合开发汽车面料专用涤纶长丝，产品主要出口日本市场，部分用于日本川岛公司在中国的合资企业。年内就开发出了8个规格的产品，销售326吨。主要有高弹丝、低弹丝和三角特亮丝，品种规格从86dtex到330dtex，性能指标可按照汽车内饰面料的特殊要求进行调整。

6. 全消光聚酯切片

全消光聚酯纤维，具有良好的可纺性，其织物与常规涤纶织物相比较，可以有效减少不柔和的极光，使织物更具棉的质感，是目前比较受市场欢迎的产品。全消光聚酯切片的生产是在聚酯生产过程中添加一定量的钛白粉，由于纤维中存在分散良好的TiO_2，能将直射到聚酯表面的光线转变成散射光，从而起到消光作用。该产品的研发主要解决两方面的技术问题，一是钛白粉的调制技术，二是添加高含量TiO_2后聚酯聚合工艺的调整。上海石化股份公司涤纶事业部在CP－3年产1万吨聚酯试验装置上聚合全消光聚酯切片试验成功的基础上，于2003年10月在CP－1生产线上实现工业化生产，并且一次性取得成功，同时解决了高含量钛白粉在工程应用中的技术难题。已累计生产了1.7万吨优级品全消光聚酯切片。

7. 抗菌导湿腈纶纤维

由于用腈纶纤维或腈纶混纺纤维制成的服装用纺织品的吸湿性能、抗静电性能及抗菌性能较差，严重限制了腈纶的发展。该产品采用以NaSCN为溶剂的腈纶湿法纺丝工艺技术路线，将天然甲壳素及其衍生物组成的抗菌导湿添加剂Chitosante TX通过一定的方法及按一定的比例与油剂进行调配，然后再将与油剂调配的混合液放至上油槽中对纤维进行后处理，使制得的腈纶纤维具有良好的导湿性能(回潮率比普通腈纶提高50%以上)及抗菌性能(抗菌率$\geq$90%以上)，并具有持久的耐水洗性能。该产品已累计销售了近300吨。

8. 用MTA聚合的PET

随着聚酯工业的迅速发展，企业竞争不断加剧，聚酯生产已经进入微利行业，国内的小聚酯生产企业纷纷倒闭，为了生存和发展，降低生产原料成本也是聚酯企业的一个发展方向。随着对苯二甲酸乙二醇酯(PET)直接酯化缩聚技术的发展，已使得对纤维级对苯二甲酸原料的要求从高纯度(4－CBA含量$<30\times$

10^{-6})放宽到中纯度(4 - CBA 含量 < 300×10^{-6})，由此中纯度对苯二甲酸(MTA)生产工艺得到迅速开发。开发研究以 MTA 为原料生产聚酯的工艺，可使精对苯二甲酸(PTA)装置的加氢精制部分削减，投资及公用工程消耗都可降低，从而降低了聚酯原料的生产费用。本产品 PET(M)以 100%的 MTA 为原料，经过催化剂、调色剂的筛选，研究了 4 - CBA 对酯化反应、聚合反应以及酯化率和聚合度的影响规律，优化了酯化反应和聚合工艺，在国内首次用 100%的 MTA 合成 PET(M)，其产品完全能够达到 PET 国家优级品指标。用 PET(M)纺丝可以制得性能优良的 FDY 产品。此外在国内也首次用 MTA 合成阻燃 PET，经过纺丝，产品完全达到优良标准，至 2003 年底生产出 50 多吨用 MTA 生产的阻燃 PET 切片，并全部销售，成本低廉，市场反应良好。

9. 抗静电腈纶

由于腈纶纤维的疏水性和绝缘性，静电现象严重。纤维在后加工时因摩擦产生静电，使集束困难并缠绕在机件上；成品易沾污和吸尘；穿着时因静电现象使人体有不舒服的感觉；在低湿度条件下，因静电关系而引起火灾。这些都限制了腈纶在很多领域的应用。该抗静电腈纶在对抗静电腈纶机理进行深入研究的基础上，以无机纳米 ATO 材料(二氧化锡掺杂二氧化锑，一种 N 型半导体材料)作为抗静电物质，将其稳定分散于水相。再将此悬浮液放入腈纶纺丝成型过程中的预热浴中，以纳米 ATO 材料在腈纶纤维和悬浮液中的浓度差为驱动力，使纳米 ATO 能够扩散、迁移进入腈纶凝胶体内部，从而赋予腈纶抗静电性并保持其原有的力学性能和染色性。用该工艺生产的抗静电腈纶的抗静电性能显著，体积比电阻 < 10^8 欧姆·厘米，10 次皂洗后仍保持该抗静电指标。用该工艺生产的抗静电腈纶工艺简单，成本低廉，对原有的腈纶生产体系不用改动。用该工艺生产的抗静电腈纶实为腈纶的升级换代产品，应用前景广阔。目前上海石化股份公司腈纶事业部已可在工业化生产装置上生产该抗静电腈纶。

(庄　毅　刘洪斌)

技 术 市 场

为了促进石化科技进步，加速科技成果转化，规范中国石化的技术许可，2003 年下发了《中国石油化工集团公司知识产权保护和对外技术许可、转让管理规定》和《中国石化股份公司知识产权保护和对外技术许可、转让管理规定》，强化了对外技术许可转让的管理和监管力度。

2003 年石化集团公司内部新技术推广和许可转让活跃，共有 675 个项目列入了中国石化年度可内部许可目录(石油勘探开发 240 项、石油炼制 127 项，石油化工 160 项，设备、环保、仪器仪表 148 项)，方便了企业了解新技术、采用新技术。2003 年企业积极推广、采用各类新技术，有力促进了企业降本增效，产品适销对路，大大提高了企业的市场竞争力和经济效益；科研开发单位注重积极推广新技术，提高技术服务的水平和质量，并通过技术的推广应用和许可贸易，了解企业对新技术、新产品的市场需求，促进科研开发工作；科研开发单位、工程设计单位和技术应用单位在技术许可活动中，更加注重发挥各自优势，重视保护中国石化的知识产权，提高技术许可证贸易的水平。石化股份公司进一步加大了对外部技术许可的监管力度。

(马　燕)

石化知识产权

【概述】 中国石化的各级领导和科技队伍的技术创新和知识产权意识进一步提高，以技术创新为基础的专利申请、专利保护和实施得到了进一步的发展。石化集团公司和石化股份公司 2003 年度共申请中国专利 994 件，其中发明专利 774 件，实用新型专利 262 件，外观设计专利 4 件，发明专利申请量占总申请量的 81%，大大高于国内平均水平，2003 年获授权专利 724 项。中国石化已累计申请了中国专利 7 478 件，其中发明专利 4 427 件，获中国授权专利 4 146 件。2003 年中国石化向国外申请专利 113 件，共获 44 件国外专利授权。累计已向 32 个国家申请了 719 件专利，在 18 个国家和地区拥有授权专利 245 件。

在对创新技术实施知识产权保护的工作中，研究院、设计院、企业注重研究市场和竞争对手，注重提高知识产权保护的水平，注重将专利技术推向工业化，2003 年中国石化又一批专利技术已成功地工业化应用。

2003 年石化股份公司继续将技术创新和专利保护作为对直属研究院创新能力的考核内容，促进了研究单位的技术创新工作。知识产权保护和有关基础知识继续作为中国石化企业技术干部培训班的内容，一批企业和研发部门针对市场竞争新形势下，知识产权流失及被侵犯的特点，进一步完善了企业知识产权保护方面的管理制度和办法，石化股份公司进一步加大了对中国石化知识产权的监管力度。

为了迎接中国入世后对中国企业的市场竞争的挑战，企业加强了专利战略研究，围绕企业发展和研发战略确定相关的专利战略。2003年中国石化在重视保护自身创新的同时，继续重视尊重他人知识产权，继续坚持在开发项目工业试验或投产前进行专利法律分析，避免侵犯他人的专利权。

2003年石化股份公司科技开发部、石油化工科学研究院知识产权室被国家知识产权局、国家人事部评为全国专利系统先进单位；石化股份公司科技开发部知识产权处马燕处长被评为全国专利先进工作者。炔烃选择加氢催化剂被国家知识产权局评为第八届中国专利金奖，一种制取异丁烷和富含异构烷烃汽油的催化转化方法、一种柴油馏分加氢转化方法、苯和乙烯制乙苯的烷基化催化剂、气相法全密度聚乙烯高效催化剂、驳载托撬式滩海挖沟装置被国家知识产权局评为第八届中国专利优秀奖。

（马　燕）

【2002—2003年度授权专利】

发明专利

1. 一种合成间规聚苯乙烯催化剂体系及制法 96102496
2. 一种微生物改性助剂 96104674
3. 双路显示温度控制仪 96105281
4. 丁二烯、苯乙烯嵌段共聚物及其制备方法 96106448
5. 双官能团烷基锂引发剂及其制备方法 96106475
6. 负载型金属茂催化剂、其制备及应用(二) 96109090
7. 催化裂化干气回收乙烯制环氧乙烷 96109147
8. 重瓦斯油溶剂抽提抽余油蒸汽裂解制烯烃的方法 96109693
9. 立构嵌段聚异戊二烯及其制备方法 96109892
10. 乙烯聚合负载型含铬催化剂及制备方法 96111424
11. 一种合成间规聚苯乙烯催化剂体系及其制法 96114376
12. 异戊二烯、苯乙烯嵌段共聚物及其制备方法 96119862
13. 丁二烯、异戊二烯、苯乙烯嵌段共聚物及其制备方法 96120017
14. 制备碱金属悬浮液及有机碱金属化合物溶液的制备及方法 96120500
15. 聚合物加氢催化剂的制备方法 96120920
16. 高力学性能热塑性导电复合材料的制法 97100447
17. 聚酯的制备方法 97103898
18. 吸收式热泵回收聚合物凝聚过程余热的方法 97103964
19. 高透明抗冲击聚苯乙烯树脂及其制备方法 97104410
20. 生产丙烯腈的催化剂 97106580
21. 原子转移自由基聚合所制备的聚合物中催化剂的除去方法 97106590
22. 原子转移自由基聚合体系2，2－联二吡啶回收方法 97106591
23. 硝酸盐制造过程中减少氧化氮排放的方法 97107236
24. 一种聚酰胺/硅酸盐纳米复合材料的制造方法 97108360
25. 热塑性树脂中挥发分的脱除方法与装置 97110481
26. 多螯型有机锂引发剂、用其合成宽分子量分布高门尼粘度聚合物的方法 97110987
27. 一种沸石的合成方法 97111745
28. 锂系间歇聚合温度控制方法 97111795
29. 一种间歇生产过程信息显示方法及装置 97111796
30. 聚合物系中残留挥发分的脱除方法与装置 97113303
31. 带隔热层套管式换热挡板的搅拌釜 97115273
32. 一种汽车内腔用防护蜡组合物及其制备方法 97116401
33. 一种无定型硅铝及其制备方法 97116404
34. 一种复合型破乳絮凝剂的制备方法 97116405
35. 烯烃聚合和共聚合用茂金属催化剂体系及其制备方法 97116451
36. 双锂引发剂及其制备方法 97117699
37. 溶聚丁苯橡胶的聚合方法 97117712
38. 连续搅拌塔式反应装置 97118855
39. 用于制备高结晶聚丙烯的催化剂体系及其制法 97118992
40. 一种回收对苯二甲酸残液中钴锰的方法 97119183
41. 脱除聚合物溶液中挥发性组分的方法 97120463
42. 重油流化催化裂化重叠式两段再生技术 97121795
43. 小晶粒ZSM－5分子筛催化脱蜡催化剂 97121843
44. 劣质重、渣油处理方法 97121845
45. 合成烃油的吸附精制方法 97122041
46. 用含磷化合物从烃油中脱除金属的方法 97122088
47. 聚合物溶液的浓缩装置 97200193
48. 带套管式换热挡板的搅拌釜 97226276
49. 淤浆法全密度聚乙烯高效催化剂 98100609
50. 一种石油烃类脱砷剂及其制备方法和应用 98100762
51. 脱除醚化原料中二烯烃杂质的非加氢精制方法及应用设备 98101202
52. 一种制备稳定聚烯烃的方法 98101246
53. 一种制备二元醇所用的催化剂的回收

方法 98101330
54. 一种制备钛硅分子筛的方法 98101357
55. 一种处理聚氯乙烯废水的方法 98110144
56. 正温度系数高分子材料制备的套管式燃油加温器 98110425
57. 气相法全密度聚乙烯高效催化剂 98110608
58. 用于制备磁性烯烃聚合物的催化剂 98110856
59. 乙苯制苯乙烯过程的废水处理工艺 98111082
60. 苯乙烯－马来酸酐聚合工艺 98111083
61. 双金属树脂型催化剂及其制备方法 98111252
62. 润滑油溶剂精制添加剂及配置方法和在精制中应用 98111730
63. 用于丙烯聚合或共聚合的催化剂及其制法和用途 98111780
64. 烃类加氢处理过程生成油的分离方法 98112915
65. 一种关于碱洗电精制柴油的破乳方法 98113251
66. 催化裂化汽油脱硫醇的方法 98113387
67. 一种石油蜡加氢精制催化剂及其制备方法 98114346
68. 一种加氢处理催化剂的制备方法 98114457
69. 一种含Y沸石的中间馏分油型加氢裂化催化剂及其制备 98114458
70. 一种生产中间馏分油的加氢裂化催化剂及其制备 98114459
71. 一种含硫氧化物工业废气的处理方法 98114460
72. 一种多组分原油破乳脱水添加剂 98114465
73. 一种低压组合床两段催化重整工艺 98117280
74. 一种低压组合床两段催化重整工艺 98117285
75. 含结晶硅铝酸盐沸石和贵金属的催化剂及其制备方法 98117510
76. 一种重油的热裂化工艺 98117809
77. 一种改进的具有两路进料系统的焦化工艺 98117810
78. 一种改进的延迟焦化工艺 98117811
79. β沸石的制备方法 98117954
80. 催化热裂解制取低碳烯烃催化剂 98120235
81. 共聚酰胺热熔胶及其制备方法 98121049
82. 一种由馏分油生产优质低凝柴油的方法 98121075
83. 一种含铜催化剂的制备方法 98121080
84. 石油炼制工业油品精制废碱液的处理方法 98121081
85. 一种重油加氢处理催化剂载体及其制备 98121083
86. β沸石 98122006
87. β沸石的制备工艺 98122007
88. 甲苯歧化与烷基转移的催化剂及其工艺 98122008
89. 高分子热熔粘合剂及其制造方法 98122120
90. 塑料复合板材及其制造方法 98122121
91. 一种透明高抗冲改性剂的合成方法 98122122
92. 一种烃类催化裂化硫转移助剂及其使用方法 98122187
93. 用于烃类催化裂化的一种助剂及其使用方法 98122188
94. 具有双峰分子量分布的低分子量聚乙烯及其制备方法和应用 98124351
95. 一种含天然矿物材料的裂化催化剂及其制备方法 98125041
96. 减压渣油的乳化方法 98125094
97. 一种用于流化催化转化的提升管反应器 98125665
98. 一种合成宽或双分子量分布的聚烯烃的催化剂及制备方法 98125667
99. 一种使聚丙烯等规度易调的催化剂及其活性组分的制法 98126383
100. 一种用于合成宽分子量分布聚乙烯或乙烯共聚物的复合催化剂及其制备方法和应用 98126384
101. 用于丙烯聚合或共聚合的催化剂及其制法和该催化剂的应用 98126385
102. 中孔发达的活性炭的制备方法 99100354
103. 无规聚丙烯催化剂的制备方法 99100359
104. 含丝光沸石和多孔金属的复合材料及其制备方法 99100361
105. 一种渣油加氢处理—催化裂化组合工艺方法 99100399
106. 用于乙烯聚合或共聚合的催化剂及其制法和该催化剂的应用 99100749
107. 制备宽分子量分布聚丙烯的复合催化剂及其制法 99102813
108. 一种石油裂化催化剂 99102962
109. 一种催化裂化催化剂的置换方法 99103004
110. 烃油脱钙的方法 99103005
111. 一种烃油的转化方法 99103006
112. 一种馏分油两段加氢脱芳烃的方法 99103052
113. 抗氧性丁二酰亚胺无灰分散剂 99103269
114. 一种石油馏分中硫醇的氧化方法 99103270
115. 一种石油馏分中硫醇的氧化方法 99103271
116. 一种石油烃类裂化催化剂的制备方法 99103577
117. 减压侧线气相采出成品丙烯腈 99104556
118. 流化催化裂化催化剂的制备方法 99105791

119. 一种含稀土的分子筛及其制备方法 99105792
120. 1，4－丁二醇脱水环化制备四氢呋喃的方法 99106164
121. 己内酰胺加氢精制方法 99106167
122. 一种醛的制备方法 99106169
123. 从废铑催化剂残液中回收金属铑的方法 99106262
124. 一种液相加氢催化剂及制法和应用 99107761
125. 一种含磷和稀土的烃类裂化催化剂及其制备方法 99107787
126. 含磷和稀土的烃类裂化催化剂钝化剂组分及其制备方法 99107788
127. 一种钛硅分子筛的制备方法 99107789
128. 一种微波辐射场中合成钛硅分子筛的方法 99107790
129. 一种氮氧化物的脱除方法 99109302
130. 炔烃选择加氢催化剂 99109341
131. 聚α－烯烃降凝剂及其制备方法 99109415
132. 一种测定渣油组分含量的方法 99109677
133. 一种脱除烟气中氮氧化物和一氧化碳的催化剂的制备 99109679
134. 一种催化裂化催化剂的抗钒助剂及其应用 99109680
135. 具有 AEL 结构的磷酸硅铝分子筛及其合成方法 99109681
136. 一种测定渣油组分含量的方法 99109682
137. 纯氧法乙烯氧氯化制二氯乙烷的催化剂及其制备方法 99109884
138. 一种脱色用白土的再生方法 99110580
139. 一种固体酸烷基化催化剂的低温再生方法 99110815
140. 一种异构烷烃与烯烃的烷基化方法 99110816
141. 一种乳液型混凝土养护剂 99110818
142. 一种沸石催化剂的择形改性方法 99110819
143. 一种改进的 Y 型沸石及其制备方法 99110995
144. 丁二烯、异戊二烯、苯乙烯嵌段共聚物的制备方法 99111137
145. 一种测定润滑油潜含量的方法 99111471
146. 催化剂用分子筛浆液的制备方法 99111472
147. 一种无残液排放的甲醇蒸汽转化制氢工艺 99112082
148. 一种二氯丙醇的萃取分离方法 99112236
149. 乙烯装置停工过程中碳二、碳三物料回收工艺 99112307
150. 一种大孔的耐硫变换催化剂及其制备方法 99112351
151. 一种催化裂化烟气脱硫转移剂及其制备方法 99112404
152. 浮头式换热器管程无胎具带压堵漏方法 99112415
153. 一种采用流化床反应器的变换工艺 99112426
154. 一种轻质油品脱砷剂及其制备方法 99112502
155. 3－氯－2－羟基三甲基氯化铵有机副产物的分离 99112538
156. 一种钛镍改性的乙烯聚合铬系催化剂及其制备 99112539
157. 炔烃及二烯烃的选择加氢工艺 99112545
158. 含小晶粒 Y 型分子筛的催化剂的制备 99112565
159. 一种石蜡加氢精制方法 99112819
160. 一种氧化铝—氧化钛双组分的制备方法 99112941
161. 一种负载型加氢脱金属催化剂的制备方法 99113269
162. 具有集中孔分布的氧化铝载体的制备方法 99113271
163. 一种具有不均匀活性金属分布催化剂的制备方法 99113273
164. 一种由苯胺连续合成二苯胺的方法 99113274
165. 一种醚及其醇醚混合物的制备方法 99113275
166. 一种含铜催化剂的制备方法 99113276
167. 醇类脱氢制备醛、酮的方法 99113277
168. 一种含有杂多酸的固体酸催化剂及其制备方法 99113280
169. 一种烯烃直接胺化的工艺方法 99113283
170. 一种含钛氢氧化铝及其制备方法和用途 99113284
171. 一种氧化铝及其制备方法和用途 99113286
172. 一种含铜催化剂及其制备方法 99113288
173. 一种由丙酮合成甲基异丁基酮的方法 99113289
174. 一种氧化铝载体的制备方法 99113290
175. 一种热敏开关用蜡类物质组合物及其制备方法 99113291
176. 一种生产高十六烷值优质低凝柴油的方法 99113293
177. 一种岩石粉状硝铵炸药 99113294
178. 一种粉状硝铵炸药用复合蜡 99113295
179. 一种酸性钼硼溶液及其配制方法 99113297
180. 一种处理劣质重、渣油的工艺方法 99113301
181. 连续生产低碳醇的方法 99113302
182. 一种重油加氢处理催化剂载体及其制备方法 99113303
183. 一种加氢精制催化剂及其制备方法 99113305

184. 一种大环双酯类麝香化合物的提纯精制方法 99113306
185. 一种合成甲基异丁基酮的方法 99113307
186. 一种无梯煤矿硝铵炸药 99113308
187. 一种粉状硝铵炸药有机复合剂 99113309
188. 含硅铝磷酸盐分子筛催化剂及其制备方法和应用 99113311
189. 一种由苯胺连续合成二苯胺的催化剂及其制备方法 99113312
190. 钛硅分子筛的合成方法 99113569
191. 用于生产乙苯的催化剂及其制备方法 99113574
192. 用于制备间苯二甲腈的流化床催化剂 99113575
193. β沸石及其改性方法 99113579
194. 甲苯与碳九芳烃歧化与烷基转移催化剂 99113580
195. 间规聚苯乙烯聚合物 99113807
196. 用于制备间甲基苯甲胺的催化剂 99113810
197. 用于生产烷基苯的催化剂及其方法 99113813
198. 生产四甲基乙烯均相催化剂的制备方法 99113814
199. 异丙苯生产过程中苯丙烯比的控制方法 99113816
200. 丙烯氨氧化流化床催化剂 99113987
201. 丙烯氨氧化制造丙烯腈流化床催化剂 99113988
202. 生产丙烯腈的流化床催化剂 99113989
203. 负载分子筛的氧化铝陶瓷管膜及其制备方法 99113991
204. 负载分子筛的多孔不锈钢管膜及其制备方法 99113992
205. 制备间苯二甲胺的方法 99113993
206. 茂钛化合物 99113996
207. 一种丙烯齐聚固体磷酸催化剂 99113997
208. 酮醛树脂的制造方法 99115492
209. 节能型烃类蒸汽转化催化剂及其制备 99116077
210. 带有深汽提过程的原油常减压蒸馏方法 99116877
211. 用于乙烯聚合或共聚合的球形催化剂及其制备方法和用途 99118945
212. 液体烷基化二苯胺的制备方法 99119033
213. 一种β沸石的合成方法 99119034
214. 一种负载型非晶态合金催化剂的制备方法 99119279
215. 一种镍和硼的非晶态合金催化剂的制备方法 99119280
216. 一种低压组合床重整工艺 99119281
217. 水基液压液组合物 99119283
218. 接枝共聚型无灰分散剂的制备 99119284
219. 一种催化裂化抗钙助剂及其应用 99119553
220. 一种从烃油中脱除砷的方法 99119666
221. 一种降低焦炭塔泡沫层的延迟焦化工艺方法 99119740
222. 一种催化裂化柴油的改质方法 99119741
223. 丙烯、异丁烯氨氧化制取丙烯腈或甲基丙烯腈的方法 99119905
224. 丙烯、异丁烯氨氧化流化床催化剂 99119906
225. 丙烯腈流化床催化剂 99119952
226. 生产丙烯腈的流化床催化剂 99119954
227. 甲胺分离精制方法 99119955
228. 用于制备间规聚苯乙烯的催化剂 99119960
229. 一种葡萄藤越冬保水防冻处理方法 99120516
230. 丙酮合成甲基异丁基酮的催化剂及其制备方法 99120519
231. 一种葡萄藤保水防冻剂及其制备方法 99120520
232. TA 氧化残渣中钴锰催化剂回收方法 99121153
233. 高比例二甲胺催化剂及其制法 99121984
234. 一种钛硅分子筛的制备方法 99122123
235. 一种用于软化水质循环水的复合缓蚀阻垢剂 99122124
236. 一种间规聚苯乙烯催化剂及其制备方法与应用 99122228
237. 一种汽油馏分的加氢改质方法 99122229
238. 一种含沸石的汽油馏分加氢改质催化剂 99122230
239. 一种用于电触点的润滑脂 99122231
240. 道路沥青改性母粒及其生产方法 99122913
241. 装填双/多金属催化剂的重整装置再开工方法 99123716
242. 一种 MCM-22 分子筛的制备方法 99123718
243. 一种 MCM-22 分子筛的合成方法 99123719
244. 一种聚氯乙烯发泡材料的制备方法 99123815
245. 一种对 1-丁烯进行改质的方法 99123822
246. 一种硫转移催化剂的制备方法 99123823
247. 乙烯法制备醋酸乙烯酯的催化剂 99124193
248. 一种乙烯法制备醋酸乙烯酯的方法 99124194
249. 4-甲基邻苯二酚的制备方法 99125464
250. 一种处理磺胺废水的方法 99125465
251. 间规聚苯乙烯催化剂及其制法与应用 99125503

252. 一种超稳 Y 型分子筛的制备方法 99125504
253. 一种用于寒区的沥青组合物的制备方法 99125941
254. 一种制备 A 型沸石的方法 99125943
255. 通用机床油组合物 99125945
256. 一种选择性制备脂肪胺的方法 99125946
257. 一种二聚酸型聚酰胺树脂的合成方法 00100075
258. 一种提高液化气产率和汽油辛烷值的方法 00100398
259. 一种加氢催化剂的预硫化方法 00100400
260. 利用抽提蒸馏和液液抽提组合工艺回收芳烃的方法 00100477
261. 1，4－丁二醇脱水环化制备四氢呋喃的方法 00100478
262. 渣油加氢处理—延迟焦化的组合工艺方法 00100879
263. 一种醚化原料的分离精制方法 00100880
264. 一种生产柴油兼高辛烷值汽油的石油烃催化裂化方法 00102723
265. 一种降低汽油烯烃含量及硫、氮含量的催化转化方法 00102981
266. 降低汽油中烯烃及硫、氮含量的催化转化方法 00103283
267. 低浊度烯基丁二酸酐的制备方法 00103284
268. 烷基酚的制备方法 00103285
269. 一种乙烯和丙烯的制取方法 00103425
270. 一种劣质催化裂化原料的加氢处理方法 00103426
271. 沥青中蜡含量的测定方法 00105684
272. 一种催化剂连续再生方法 00105687
273. 一种处理低碳烷烃的方法 00105807
274. 用于等速万向节的润滑脂及其制备方法 00107229
275. 环戊烷的制备方法 00107230
276. 一种球罐容积的测定方法 00107231
277. 双齿配体、过渡金属配合物、烯烃聚合催化剂体系以及该催化剂在烯烃聚合中的应用 00107258
278. 一种脱除石油馏分中的铁的方法 00107412
279. 一种 Y 型分子筛及其制备方法 00107414
280. 改善流化质量的方法和装置 00107415
281. 含磺酸的有机膦羧酸化合物、其制备方法及应用 00107482
282. 抗氧型分散剂及其制备 00107484
283. 一种氯化镁—醇载体及其制备的烯烃聚合催化剂组分 00107485
284. 一种小晶粒 β 沸石的合成方法 00107486
285. 一种烟气净化催化剂 00107487
286. 层柱分子筛的制备方法 00107714
287. 压差丢手分级解卡封隔器 00108833
288. 防偏磨抽油杆接箍 00108834
289. 混合相前馏分碳二—碳十高不饱和烃选择加氢工艺 00109219
290. 一种多产柴油和液化气的催化转化方法 00109375
291. 一种己内酰胺加氢精制方法 00109588
292. 一种处理低硬度循环水的复合缓蚀阻垢剂 00109590
293. 配体中含氮杂茂的过渡金属催化剂及制法与应用 00109619
294. 配体中含氮杂苯的聚烯烃催化剂及其制法与应用 00109743
295. 一种含磷 Y 型沸石及其制备方法 00109746
296. 一种加氢裂化催化剂及其制备方法 00109747
297. 一种中油型加氢裂化催化剂及其制备方法 00110016
298. 柴油加氢转化催化剂及其制备方法 00110017
299. 一种加氢催化剂及其制备方法 00110018
300. 一种加氢活性保护剂及其制备方法 00110019
301. 一种催化裂化油浆的处理方法 00110020
302. 一种中油型加氢裂化催化剂及其制备方法 00110021
303. 一种氮肥组合物及其制备方法 00110381
304. 一种错流式膜过滤系统的膜反洗设备 00110383
305. 一种渣油加氢处理催化剂及其制备方法 00110384
306. 一种中压加氢裂化方法 00110437
307. 一种含硼溶液及其配制方法 00110438
308. 一种含钛氢氧化铝的制备方法 00110439
309. 重、渣油加氢转化的方法 00110440
310. 一种延长催化剂使用寿命的方法 00110441
311. 烃类加氢精制催化剂及其制备方法 00110464
312. 一种酮加氢制备相应醇的方法 00110465
313. 含氨废水的处理和回收方法 00110589
314. 一种树脂催化剂在列管反应器上的装填方法 00110590
315. 含水蒸气有机废气的处理方法 00110696
316. 一种含铜催化剂的还原方法 00110704
317. 一种加氢处理催化剂的硫化方法 00110706
318. 一种加氢处理催化剂及其制备方法 00110707
319. 大环酯类麝香化合物的纯化方法 00110709

320. 一种石油烃类加氢处理催化剂及其制备方法 00110710
321. 一种悬浮床加氢裂化催化剂及其制备 00110711
322. 一种重、渣油加氢处理方法 00110714
323. 一种重、渣油处理方法 00110715
324. 一种重、渣油加氢转化方法 00110716
325. 一种催化剂的再生方法 00110718
326. 一种劣质重、渣油处理方法 00110719
327. 一种加氢裂化催化剂的再生方法 00110722
328. 一种制备小晶粒 NaY 分子筛的方法 00111065
329. 一种变换反应中原料气的净化处理方法 00111185
330. 一种负载纳米二氧化钛粒子的硫磺回收催化剂及其制备方法 00111240
331. 气相法流化床反吹工艺 00111252
332. 一种变换反应中原料气的净化剂 00111370
333. 一种催化裂化催化剂及其制备方法 00111392
334. 丙烯氨氧化制丙烯腈的流化床催化剂 00111716
335. 制备间苯二甲胺的催化剂 00111717
336. 用于制备间苯二甲胺催化剂的再生方法 00111718
337. 制备 X 型分子筛膜的方法 00111719
338. 提高苯和乙烯烷基化催化剂稳定性的方法 00111720
339. 提高苯与多乙苯烷基转移催化剂稳定性的方法 00111722
340. 保持壬基酚色泽稳定的方法 00111723
341. 壬基酚色泽稳定方法 00111724
342. 磁浮子液位计的磁感应标尺 00111726
343. 脱氢催化剂的拆卸方法 00111727
344. 乙烯丙烯共聚聚丙烯中乙烯含量快速测定法 00112047
345. 生产对苯二甲酸工艺中回收钴锰的废弃液的处理方法 00112058
346. 分析有机溶液中对甲基苯甲酸和对羧基苯甲醛含量的方法 00112102
347. 对苯二甲酸生产装置中钯-碳催化剂在线再生方法 00112558
348. 一种清理对苯二甲酸氧化干燥机结壁的方法 00112559
349. 一种环己酮低级醛类环氧树脂的制造方法 00113383
350. 从环己酮生产副产物的轻质油中提纯正戊醇的方法 00113384
351. 具有固体润滑层的牙轮 00114553
352. 一种含稀土氧化物的硬质合金 00114571
353. 含有银杏叶提取物的聚丙烯纤维的制造方法 00115439
354. 含有银杏叶提取物的聚丙烯纤维 00115440
355. 含有银杏叶提取物的皮芯复合聚丙烯纤维 00115441
356. 含有银杏叶提取物的聚丙烯树脂母粒的制造方法 00115442
357. 用于制造含有银杏叶提取物聚丙烯纤维的聚丙烯树脂母粒 00115443
358. 含有银杏叶提取物的皮芯复合聚丙烯纤维的制造方法 00115444
359. 碳五单烯烃改性间戊二烯石油树脂的制备方法 00115445
360. 苯酚羟基化催化剂 00115800
361. 固体磷酸催化剂的活化方法 00116524
362. 高选透性分子筛膜的制备方法 00116528
363. MCM-22 分子筛的合成方法 00116529
364. 高硅丝光沸石的合成方法 00116530
365. 钛硅分子筛的合成方法 00116531
366. 高纯乙腈精制中微量氢氰酸脱除方法 00116533
367. 丙烯腈急冷方法 00116534
368. 高纯乙腈精制方法 00116536
369. 一种加氢催化剂器外再生方法 00118283
370. 银催化剂载体的制备方法 00119774
371. 茂金属钛化合物及其制备方法 00119775
372. 一种用于乙烯法制备醋酸乙烯酯的高活性催化剂 00119796
373. 2,2,6,6-四烷基-4-哌啶胺类的制备方法 00121156
374. 将达标排放污水回用循环水系统的方法 00121550
375. 轻烃芳构化催化剂及其制法 00122835
376. 轻质石油烃催化改质方法 00122843
377. 劣质柴油催化改质方法 00122844
378. 一种加氢脱氮催化剂及其制备方法 00122919
379. 一种馏分油加氢脱硫催化剂及其制备方法 00122922
380. 一种高活性高中油型加氢裂化催化剂及其制备方法 00123130
381. 一种中油型加氢裂化催化剂及其制备和应用 00123131
382. 一种渣油加工组合工艺 00123132
383. 一种含锆氧化铝载体及其制备方法 00123133
384. 一种含有改性β沸石的加氢裂化催化剂及其制备方法 00123134
385. 一种改性建筑沥青的生产方法 00123137

386. 一种同时含有贵金属与非贵金属的改性 Y 沸石及其制备方法 00123138
387. 一种组合沸石及其制备方法 00123139
388. 长链二羧酸及其酯的制备方法 00123140
389. 柴油芳烃加氢饱和催化剂及其制备方法 00123141
390. 一种重质芳烃油的加工处理方法 00123142
391. 提取精制生物发酵液中长链二羧酸的方法 00123143
392. 一种中孔硅磷酸铝分子筛及其制备方法 00123144
393. 一种重、渣油加氢减粘方法 00123147
394. 一种悬浮床加氢裂化过程的助催化剂 00123148
395. 加氢催化剂及其制备方法 00123149
396. 大孔径含钛、硅氧化铝载体及其制备方法 00123151
397. 一种废油的回收方法 00123153
398. 一种高中油型加氢裂化催化剂 00123154
399. 电力电缆故障测试仪 00123156
400. 一种包装用热熔胶 00123157
401. 加氢脱金属和加氢脱硫催化剂及其制备方法 00123158
402. 一种加氢裂化催化剂载体的制备方法 00123159
403. 一种热敏开关用蜡类物质组合物 00123160
404. 一种精制长链二元酸的方法 00123162
405. 高硅 β 沸石及其制备方法 00123163
406. 重、渣油加氢处理催化剂及其制备方法 00123216
407. 重油加氢转化催化剂及其制备方法 00123217
408. 临氢降凝催化剂及其制备方法 00123221
409. 一种处理劣质重、渣油的工艺方法 00123222
410. 一种重油加氢处理催化剂及其制备方法 00123223
411. 一种硅磷酸铝分子筛及其制备方法 00123224
412. 一种烃类加氢处理催化剂及其制备方法 00123225
413. 一种储存稳定的改性沥青及其制备方法 00123512
414. 一种提高储存稳定性的改性沥青制备方法 00123513
415. 一种选择吸附分离芳烃异构体的吸附剂的制备方法 00123514
416. 原油中元素硫的示波极谱测定方法 00123574
417. 石油馏分及石油产品中元素硫的示波极谱测定方法 00123575
418. 硅分子筛及其合成方法 00123576
419. 一种 MFI 晶体结构的硅分子筛的制备 00123577
420. 一种湿法烟气脱 SO_x 方法 00123944
421. 一种不饱和橡胶用填充油 00123945
422. 环戊二烯氧化法合成戊二醛的方法 00123956
423. 火炬消声器 00123974
424. 一种粉体料仓消静电的方法 00123987
425. 一种聚苯乙烯磺酸盐的制备方法 00124447
426. 一种分子筛的制备方法 00124449
427. 一种分子筛的合成方法 00124450
428. 一种轻烃临氢异构化方法 00124666
429. 碳五、碳六烷烃异构化方法 00124668
430. 一种高韧性聚酰胺组合物及其制备方法 00124703
431. 苯甲酸的加氢方法 00124807
432. 柴油多效添加剂 00124808
433. 分子筛或含分子筛组合物中有机胺的脱除方法 00124902
434. 一种加氢保护催化剂及其制备方法 00124903
435. 环丁砜粗产品的精制方法 00124907
436. 连续式线膨胀系数测定仪的恒温装置 00124996
437. 一种用于 3－羟基加氢制备1,3－丙二醇的催化剂 00125118
438. 一种去除 1，3－丙二醇中微量残余醛基物质的方法 00125395
439. 丙烯醛水合制 3－羟基丙醛催化剂的制备方法 00125398
440. 一种聚酰胺 6 切片的生产方法 00126617
441. 一种高羟值酮醛树脂的制备方法 00126661
442. 一种刚性耐低温超韧尼龙生产方法 00126662
443. 一种醇溶性油墨用聚酰胺树脂的制备方法 00126683
444. 甲苯与碳九及其以上重质芳烃歧化和烷基转移工艺 00127434
445. 制备银催化剂载体的方法 00127435
446. 用于制备苯甲腈的流化床催化剂 00127436
447. 苯乙烯间规聚合的催化剂 00127437
448. 茚基金属钛化合物及其制备方法和用途 00127438
449. 轴向流固定床反应器 00127441
450. 顺丁橡胶生产中溶剂油回收 00129452
451. 用于透平油的复合添加剂 00129792
452. 柴油多效添加剂 00129834
453. 柴油馏分的中压加氢脱芳烃方法 00129835
454. 抗氧型含硼分散剂 00129836
455. 一种加氢催化剂的预硫化方法 00129837
456. 一种加氢催化剂的预硫化方法 00129838

457. 一种稳定加氢催化剂活性的方法 00129839
458. 含有聚苯乙烯共聚物的水基润滑剂及其制备 00130244
459. 层柱粘土催化剂的制备方法 00130261
460. 含杂原子的分子筛及其合成 00130262
461. 一种含锌的分子筛及其合成 00130267
462. 一种钛硅分子筛的改性方法 00132121
463. 1，4－丁二醇的制备方法 00132122
464. 一种低氢耗的馏分油深度脱硫方法 00132562
465. 生产富含异构烷烃汽油、丙烯及异丁烷的催化裂化催化剂 00132748
466. 一种提高汽油诱导期的方法 00132749
467. 一种 Y 型分子筛的制备 00133566
468. 一种 ZSM－5 分子筛的制备 00133567
469. 一种液体分配器 00134117
470. 生产对苯二甲酸工艺中回收钴锰的废弃液的处理方法 00134397
471. 一种烷基封端聚醚的制备方法 00135178
472. 高浓度含磷共聚酯的制造方法 00135411
473. 井下控制阀 00215982
474. 丢手封隔器 00248776
475. 电脱盐试验装置 00259724
476. 液相本体法聚丙烯自动送料称重包装系统 00268929
477. 甲苯选择性歧化催化剂 01105005
478. 甲苯选择性歧化改性催化剂 01105006
479. 一种改善有机废碱液燃烧性能的方法 01106892
480. 航煤脱色用颗粒白土的再生工艺方法 01107793
481. 用于虚轴机床和机器等的一类三维平移并联机构 01108283
482. 丙烯、异丁烯氨氧化催化剂的制备方法 01113193
483. 一种用于丙烯、异丁烯氨氧化制不饱和腈催化剂的制备方法 01113194
484. 用于虚拟轴数控机床和坐标测量机的一类三维平移并联机构 01113519
485. 用于机器人和虚轴机械测量机等的一类三维平移并联机构 01113520
486. 一种氧化铝载体的制备方法 01114159
487. 一种大孔酸性复合载体及其制备方法 01114165
488. 一种含镍氧化铝载体及其制备方法 01114178
489. 一种抑制和消除 3－氯丙烯产品变色的方法 01114409
490. 一种新型热塑性弹性体 01114932
491. 一种催化剂循环污染、老化方法 01115486
492. 一种稀土高硅 Y 型沸石的制备方法 01115612
493. 一种用于循环冷却水的缓蚀剂组合物 01119811
494. 一种用于去离子水质的缓蚀剂组合物 01119812
495. 醋酸钴的制备方法 01134102
496. 遥控节能自控箱 01135287

实用新型专利

1. 一种新型胶带纸切割机 01216404
2. 均衡扭矩齿轮箱 01216995
3. 一种注水井封隔器 01228548
4. 一种新型防砂筛管 01230100
5. 振动式萃取塔 01242938
6. 三轴垂直传动正、反向机构 01251783
7. 一种两牙轮钻头 01252641
8. 内置式自循环润滑滑动轴承 01252642
9. 牙轮底平面设有分流槽的牙轮钻头 01252643
10. 一种覆有耐磨合金层的钢齿牙轮 01252664
11. 水龙头大钩 01260630
12. 一种车装钻机 01260632
13. 一种石油修井机 01260633
14. 一种穿砾石层钻头 01261387
15. 一种注水井水力冲击解堵装置 01262190
16. 气囊式井下压力测试传压筒 01262295
17. 抽砂泵 01262297
18. 一种抽油泵保护装置 01263877
19. 一种防砂防堵管式抽油泵 01263878
20. 一种坡面用土工格室 01267268
21. 抽油机井负荷卸载器 01268609
22. 电机状态远传综合控制箱 01268610
23. 一种压降式充填信号防砂筛管 012687
24. 安全接头 01268708
25. 包装袋缩口装置 01268834
26. 尿素合成塔出口压力调节阀 01268874
27. 顺丁橡胶提升螺旋槽 01268917
28. 井下工具测试装置 01268937
29. 乙烯裂解炉出口裂解气自动取样装置 01269031
30. 红外线抄表高压电力计量装置 01269041
31. 用于法兰连接的密封卡具 01269175
32. 单牙轮钻头 01273404
33. 一种用于长丝去油上油试验装置 01276497
34. 自动防粘拖涂装置 01277705
35. 用于法兰连接的密封卡具 01277744
36. 内六方辅助扳手 01277781
37. 热氮气保护的苯酐气体冷却器 01277799
38. 输送高粘度树脂的熔融泵 0127782
39. 微量液体输送自控装置 01277910
40. 千斤顶液压油及其制备方法 02114969

41. 一种催化剂输送器 02200287
42. 一种折返式催化裂化反应器 02200288
43. 限位式油管捞油抽子 02200516
44. 固井水泥头的连接件 02200713
45. 冲击器的功率传递机构 02200714
46. 双作用尾管悬挂器 02200715
47. 射流式冲击器 02200716
48. 对开式抽油杆刮蜡器 02200877
49. 高精度滤砂管 02200919
50. 直通式内定径塑料管挤出机头 02202763
51. 多维气相色谱分析仪 02203194
52. 一种双向锚定封隔器 02204950
53. 井下管柱缓冲器 02204951
54. 颅脑微创穿刺定位器 02205022
55. 采油井防盗卡箍 02205022
56. 自封式水力锚 02207724
57. 一种催化裂化试验装置 02208570
58. 抽油机间开控制器 02210462
59. 一种回转式连续微波干燥器 02211756
60. 一种动密封 02211757
61. 一种回转式连续干燥器 02211758
62. 一种连续喷淋设备 02211759
63. 一种连续微波干燥器 02211760
64. 烟尘捕集净化塔 02211761
65. 一种分层淋洗气体处理装置 02211762
66. 高氯离子浓度水样 COD 测定装置 02211763
67. 连续抽油杆作业车 0221230
68. 油井防砂充填器 02212323
69. 三棱形检波尾锥 02212434
70. 轮式抽油机 02212499
71. 钢制连续抽油杆 02212800
72. 管道式电机装置 02212951
73. 一种井下作业捞矛 02213116
74. 内燃机四气门驱动机构 02213117
75. 大修工具测试装置 02213118
76. 井下管柱伸缩平衡装置 02213119
77. 双层枪高效射孔器 02213199
78. 一种定向井 PDC 钻头 02213255
79. 水力破床减摩扶正短节 02213257
80. 水力破床扶正短节 02213257
81. 一种 PDC 钻头 02213258
82. 高压管壳式换热器 02213264
83. 电潜泵防堵单流阀 02213413
84. 一种铅模通井规 02213604
85. 原油超声波—电场联合脱盐装置 02213619
86. 液压驱动井下作业增压装置 02213642
87. 注水电泵机组 02213858
88. 一种井下作业捞筒 02213862
89. 一种倾斜钻头式旋转导向工具 02213883
90. 一种随钻扩孔工具 02213884
91. 碳纤维复合板 02214069
92. 方钻杆位移装置 02214070
93. 钻机气控防冻装置 02214071
94. 一种油井双层双梯形隔缝筛管 02214072
95. 分层开关装置 02214080
96. 潜油电泵推力轴承短节 02214204
97. 钻井用旋转导向器 02214258
98. 抽油杆接头 02214265
99. 浅海打桩桩管扶正架 02214279
100. 塑料管道及塑料复合管金属接头 02214295
101. 变位变径稳定器 02214356
102. 一种复合人造聚晶金刚石钻头 02214357
103. 塑料管道及塑料复合管道连接件 02214654
104. 深海养鱼网箱网架 02214655
105. 复合金属骨架塑料复合管 02214656
106. 抽油杆母料单根中频感应加热装置 02214670
107. 输煤皮带除木器 02214936
108. 双低节能电机 02214970
109. 焦化冷焦水循环处理装置 02216056
110. 一种将炼油装置和化肥装置联合起来的生产装置 02216057
111. 一种用于混凝沉淀法处理污水的斜管沉淀池 02216236
112. 一种用于制备醋酸乙烯酯反应的催化剂的载体 02217458
113. 叠片式空气冷却器 02217711
114. 螺杆泵杆柱扭矩释放装置 02222323
115. 一种 F 形扳手 02223720
116. 一种同轴式沉降再生器 02223721
117. 一种冷凝器 02224393
118. 车装钻修设备三节式井架 02228123
119. 油田自走式钻修机传动装置 02228251
120. 一种单牙轮钻头的保径结构 02228738
121. 一种具有断续和脉射流功能的单牙轮钻头 02228739
122. 双齿顶楔形齿 02228749
123. 一种斜钢齿牙轮钻头 02228948
124. 一种复合锥形单牙轮钻头 02229173
125. 多棱合金切削齿 02229174
126. 带内排气装置的长行程柱塞式油缸 02229175
127. 超声波液面自动控制装置 02229426
128. 抽油杆打捞爪 02230178

129. 井下打捞爪 02232113
130. 一种元素分析仪用裂解管 02233180
131. 一种用于液固萃取分离的试验仪器 02235371
132. 限压丢手器 02235422
133. 液压铰车 02237615
134. 石油钻修设备提升系统定位刹车装置 02238285
135. 带泵装置 02238286
136. 泥浆循环装置 02238287
137. 防堵节流堵塞器 02238405
138. 偏瘫助行器 02239834
139. 一种旋流油水分离器 02239957
140. 摩擦焊接的钢制抽油杆 02240550
141. 玻璃钢连续抽油杆 02240551
142. 防脱丝杠阀门 02242646
143. 一种封隔器 02243148
144. 抽油机变频调速智能控制装置 02243532
145. 潜油电泵馈通装置 02245839
146. 一种钻机 02246118
147. 鼓式调压器 02246119
148. 一种井下异相分离器 02252650
149. 一种新型抽油泵 02252651
150. 氢含量检测仪 02252814
151. 一种光杆防盗装置 02254473
152. 一种管式抽油泵固定阀 02254544
153. 通井机作业齿轮传动机构润滑装置 02255262
154. 油水井液控防垢式水力锚定装置 02255395
155. 汽车制动蹄片手工光削机 02255499
156. 井下洗井作业地层保护装置 02255602
157. 一种防雷引下线断接卡 02255734
158. 钻井泥浆样品在线脱气器 02255870
159. 钻井泥浆样品在线引流装置 02255872
160. 钻井泥浆在线取样器 02255873
161. 钻井泥浆样品气在线取样器 02255874
162. 海上平台导管架环腔封堵器 02255893
163. 一种井下机械丢手 02256070
164. 电动机、控制器一体型防盗箱 02256071
165. 电潜泵采油井井口悬挂器 02256328
166. 一种增压注水泵 02259137
167. 电脱盐试验装置 02259725
168. 用于焙烧的自动控制装置 02260692
169. 用于苯酚羟基化制苯二酚的反应器 02261515
170. 流化撤热的固定床反应器 02261516
171. 油剂发烟性能测试装置 02262798
172. 法兰状可调式轧液压辊支架部件 02263195
173. 板簧式毛刷架 02263196
174. 丛式井智能抽油机 02264109
175. 高温显热回收组合式换热器 02265400
176. 一种压力平衡式虹吸破坏阀 02265481
177. 一种用于化纤生产装置中绕辊丝的在线清除装置 02267103
178. 薄膜背心袋生产静电消除器 02267252
179. 钢塑复合管钢丝缠绕装置 02267262
180. 使用气液两用介质的冷却装置 02267917
181. 压开裂车柱塞泵凡尔座拉出工具 02268165
182. 油井井底碎屑及小件落物打捞器 02268405
183. 油层保护器 02268405
184. 海上注水管道补偿器装置 02268405
185. 抽油机节能减速器 02268408
186. 气井测压传压筒 02268691
187. 野外电焊及电源工程车 02268938
188. 密闭中转加油装置 02269197
189. 对接式套管扶正器 02269304
190. 多用途防污染自封封井器 02269335
191. 电缆卡子拔取器 02269388
192. 旋转防喷导流装置 02269402
193. 一种钻井用钻井液/原油分离装置 02269403
194. 一种钻井用封闭式点火装置 02269404
195. 一种复合式液体体积补偿装置 02269405
196. 一种防砂井冲砂管具 02269497
197. 一种固定式减摩接头 02269789
198. 一种转动式套管防磨装置 02269790
199. 流线型单机芯倒置水陆两用检波器 02270075
200. 可反清洗过滤器 02270302
201. 一种调制式旋转导向钻井井下工具进液口关闭装置 02270416
202. 轮式液压通井机 02270736
203. 一种螺杆式膨胀干燥机 02277826
204. 混砂车自动控制装置 02278017
205. 牙轮钻头压力平衡及储油补偿装置 02278155
206. 一种偏移型单牙轮钻头 02278185
207. 一种螺旋保径结构三牙轮钻头 02278186
208. 一种优化轮廓设计的金刚石钻头 02278333
209. 车载式煤层气钻机 02278944
210. 螺旋输砂器正反转装置 02279723
211. 套管扶正操作台 02279724
212. 闭式静压传动系统补油装置 02279725
213. 新型钻机车、修井机绞车总成 02279726
214. 柱塞泵马达壳体冲洗装置 02279727
215. 多功能混砂车 02279728
216. 耐磨钢齿牙轮 02279792
217. 一种硬质合金表面的超硬涂层 02279793
218. 一种搅拌桨 02280417

219. 一种气体上行分配器 02280418
220. 一种恒温加热炉 02280882
221. 套管抽吸采油环保井口 02281801
222. 油田集输系统三相流多速腐蚀模拟测试装置 02283947
223. 丙烯氨氧化反应产物的在线分析装置 02288154
224. 一种油田废水处理装置 02288681
225. 液压铰车 02330117
226. 单牙轮钻头 02354550
227. 利用加油鹤管限制避免静电放电的装置 02581423

外观设计专利

1. 塑料包装桶(A) 03340445
2. 塑料包装桶(B) 03340446

（马　燕）

技 术 监 督

【质量管理与监督】 石化集团公司 2003 年质量管理与监督工作的重点是，进一步建立、健全质量管理体系与运行机制，全面提升管理水平和实物产品质量。

质量管理方面：石化集团公司根据改制后质量管理工作的需要，经过反复征求意见，下发了《2003 年度中国石化集团公司质量、标准化、计量工作要点》。该《要点》确定，2003 年从依靠科技进步、深入开展全面质量管理、加强质量监督、摸索推进名牌战略经验、加强标准制修订工作、建立企业计量管理体系、加强技术监督队伍建设等 8 个方面共 25 项任务入手，积极推进石化集团公司质量工作。该文件的下发，对企业加强质量管理，进一步提升产品质量、工程质量和服务质量，提高市场竞争力，争取企业经济效益最大化有一定的指导意义。

启动了仪征化纤股份公司 6Sigma 管理方法试点工作，并初见成效。仪征化纤股份公司经过近半年的努力，已完成了“提高 1.33dtex 有光缝纫线的综合质量”和“提高 POY 接尾成功率”两项课题的阶段性攻关工作，为企业增加经济效益 1 687.8 万元。

质量监督方面：汽油质量升级工作是 2003 年石化集团公司质量的重点工作之一。围绕这一重点工作，按 GB 17930—1999 标准，完成对 32 家炼油企业和销售企业在 13 个城市的 52 个加油站(库)的无铅车用汽油产品的监督抽检，促进了车用无铅汽油质量升级工作的开展。同时，还分别对溶剂油、石蜡、沥青、合成油脂、有机原料与合成树脂、合成橡胶、基本有机原料、合成纤维、乙醇汽油等产品进行监督抽查，对 97#、98# 汽油的组分、乙烯装置专用石脑油的质量进行了普查。另对 7 家油田企业生产的化学品和机械电器、井下工具等产品的采购使用情况进行了调查摸底，并安排油田 4 家质检中心对各油田企业的上述部分采购物资进行了监督抽查，帮助企业提高了质量管理水平。

质量统计软件建设方面：截至 2003 年 12 月 15 日，按计划完成了质量管理信息子系统炼化企业质量统计软件的开发、培训和现场实施工作。至此，石化集团公司的 46 家炼油、化工企业产品质量统计、分析和上报均通过软件完成。该统计软件的推广应用，有力地加强了石化集团公司质量数据的网络化进程，同时，该软件增强了企业质量数据分析、提高了质量数据的准确性，大大减轻了质量统计人员的工作量，规范了石化集团公司的质量统计报表，提高了质量统计的自动化水平和企业质量管理水平。

（楼洪才　秦士珍）

【计量管理与监督】 2003 年，石化集团公司计量工作以强化计量管理与监督工作为重点，不断完善量值溯源系统，加强贸易计量和能物耗计量的监督管理，推广、应用计量新技术，开展计量技术研究，做好计量人员的培训工作。

计量管理方面：继续完成关于中国原油、成品油采用以体积量为主进行贸易交接的研究工作。2003 年，对 2002 年底已完成的《关于我国原油、成品油采用以体积量为主进行贸易交接的研究报告(征求意见稿)》的部分材料进行了核实、了解，对报告进行了补充和修改完善；并就报告中的技术性和管理性问题向国家质检总局计量司的领导和专家进行了咨询。

计量技术研究方面：完成了可调干度蒸汽(气体)流量标准装置和液体化工产品计量交接标准两项研究课题的前期工作。截至 2003 年 12 月底，建设可调干度蒸汽(气体)流量标准装置的施工图设计工作已经结束，现场清障工作进入收尾阶段。同时，为规范液体化工产品关联交易，北京化工研究院与齐鲁石化公司共同完成了《研究编制液体化工产品计量交接标准》的立项和合同签订工作，并自 2003 年 10 月份开始对有关液体化工产品的品种进行了调研和现场采样工作。

计量技术交流：为加强计量技术交流，提高我国石油与石油化工计量技术水平，中国石油、中国石化和中海油三大公司计量主管部门共同举办了“2003’中国油气计量技术论坛”。在本次论坛中，共收到中国石化计量专业技术人员撰写的论文 165 篇。经专家评审，评选出优秀论文 74 篇。后经三大公司联合评审，中国石化的 50 篇优秀论文入编《2003’中国油气计量技术优秀论文集》，另24篇优秀论文以《中国石化2003年度计量技术优秀论文集》的形式编印成册。

计量培训：石化集团公司工业计量站培训考核发证为计量检定员149人，油品计量操作员112人，计量检定员到期复查换证201人，为石化企业计量管理工作培训了高素质的人才。

（楼洪才　尉忠友）

【标准化管理】 石化集团公司归口管理9个石油和石油化工标准化技术归口单位和分技术委员会，具体组织本专业的国家标准、国家军用标准、石油化工行业标准的制定、修订以及国家标准样品的研复制工作。

截至2003年12月，石化集团公司归口管理制定的石油和石油化工产品标准（含方法标准）共1 110项，其中，国家标准347项、石油化工行业标准673项、国家军用标准49项、国家实物标准14项。

在347项国家标准中，石油和石油化工产品标准69项，试验方法标准278项；强制性国家标准55项，推荐性国家标准292项。国家标准的采标率为81%。

在673项石油化工行业标准中，石油和石油化工产品标准132项，试验方法标准541项；强制性石油化工行业标准20项，推荐性石油化工行业标准653项。石油化工行业标准的采标率为67%。

2003年石化集团公司完成制定、修订并报批的国家标准9项（均已发布实施，见表2），完成制定、修订并报批的石油化工行业标准26项（其中已发布实施11项，待批准发布15项，见表3），共计35项。公布废止了6项石油化工行业标准（见表4）。

2003年有1项石油和石油化工产品标准获石化集团公司科技进步三等奖，1项国家标准设计规范获石化集团公司科技进步二等奖。

（严培嵘　华祖瑜）

表2　2003年石化集团公司完成制定、修订并报批的国家标准

序　号	标准编号	标准名称	实施日期
1	GB/T 19147—2003	车用柴油	2003年10月01日
2	GB/T 7631.2—2003	润滑剂、工业用油和相关产品（L类）的分类 第2部分：H组（液压系统）	2003年10月01日
3	GB/T 7631.17—2003	润滑剂、工业用油和相关产品（L类）的分类 第17部分：E组（内燃机油）	2003年10月01日
4	GB/T 7715—2003	工业用乙烯	2003年12月01日
5	GB/T 3727—2003	工业用乙烯、丙烯中微量水的测定	2003年12月01日
6	GB/T 3392—2003	工业用丙烯中烃类杂质的测定（气相色谱法）	2003年12月01日
7	GB/T 19186—2003	工业用丙烯中齐聚物含量的测定（气相色谱法）	2003年12月01日
8	GB/T 19187—2003	合成生胶抽样检查程序	2003年12月01日
9	GB/T 19188—2003	天然生胶和合成生胶贮存指南	2003年12月01日

表3　2003年石化集团公司制定、修订并报批的石化行业标准

序　号	标准编号	标准名称	实施日期
1	SH/T 0723—2002	柴油机油腐蚀性能评定法	2003年5月01日
2	SH/T 0724—2002	液体烃的折射率和折射色散测定法	
3	SH/T 0725—2002	石油基绝缘油碳型组成计算法	
4	SH/T 0425—2003	石油沥青蜡含量测定法	2004年6月01日
5	SH/T 0734—2003	聚合物改性道路沥青	
6	SH/T 0735—2003	沥青粘韧性试验法	

续表

序　号	标准编号	标 准 名 称	实施日期
7	SH/T 0736—2003	沥青旋转薄膜烘箱试验法	2004 年 6 月 1 日
8	SH/T 0737—2003	沥青弹性恢复测定法(延度仪法)	
9	SH/T 0738—2003	聚合物改性沥青 1,1,1－三氯乙烷溶解度测定法	
10	SH/T 0739—2003	沥青粘度测定法(布如克菲尔德旋转粘度仪法)	
11	SH/T 0740—2003	聚合物改性沥青离析试验法	
12	SH/T 1726—2003	工业用异丁烯	尚待批准发布
13	SH/T 1482—2003	工业用异丁烯纯度及烃类杂质的测定(气相色谱法)	
14	SH/T 1483—2003	工业用异丁烯中含氧化合物的测定(气相色谱法)	
15	SH/T 1484—2003	工业用异丁烯中异丁烯二聚物的测定(气相色谱法)	
16	SH/T 1611—2003	丙烯腈－丁二烯橡胶(NBR)评价方法	
17	SH/T 1727—2003	丁二烯橡胶微观结构的测定(红外光谱法)	
18	SH/T 0728—2003	石蜡嗅味稳定性试验法	
19	SH/T 0556—2003	石油蜡含油量测定法(丁酮－甲苯法)	
20	SH/T 0175—2003	馏分燃料油氧化安定性测定法(加速法)	
21	SH/T 0729—2003	石油馏分的碳分布和结构族组成计算方法(n－d－M 法)	
22	SH/T 0730—2003	石油馏分分子量估算法(粘度测量法)	
23	SH/T 0731—2003	润滑油蒸发损失测定法(热重诺亚克法)	
24	SH/T 0732—2003	润滑油低温低剪切速率下粘度与温度关系测定法(温度扫描法)	
25	SH/T 0733—2003	闪点测定法(泰克闭口杯法)	
26	SH/T 0109—2003	润滑脂抗水淋性能测定法	

表 4　　2003 年石化集团公司公布自 2003 年 9 月 12 日起废止的 6 项石化行业标准

序　号	标　准　编　号	标　准　名　称
1	SH/T 0372—92	合成钙基润滑脂
2	SH/T 0374—92	合成复合钙基润滑脂
3	SH/T 0380—92	合成锂基润滑脂
4	SH/T 0381—92	合成复合铝基润滑脂
5	SH/T 0386—92	滚珠轴承润滑脂
6	SH/T 0070—91	用过的内燃机油中氧化值和硝化值的测定法(红外光谱法)

电子信息技术应用与管理

【概述】 2003年，中国石化加快推进以ERP为主线的信息化建设，深化应用供应链技术，优化资源利用，加强生产层面的信息系统建设，加大信息系统整合力度，信息化工作取得了重大进展和新的突破。

继2002年4家试点企业ERP成功上线后，2003年7家企业ERP试点和推广工作又有新突破，其中6家分公司成功上线，扬子石化股份公司按计划将于2004年一季度上线。企业ERP试点和推广项目，优化了业务流程，实现了财务账和实物账的统一，加强了内部控制力，促进了企业经营管理水平的提高，ERP系统的应用效果正逐步显现。甬沪宁原油管输配送管理信息系统与工程建设同步，部分功能，如原油管理和生产运行监控子系统等已正式投用。资源优化和供应链优化取得新成效，成品油二次物流配送优化已在6家省(市)石油公司推广应用，促进了配送体制、机制的改革和物流的进一步优化，降低了运输成本，提高了盈利水平。加油(IC)卡工程正在11个试点省市顺利推进。电子商务系统取得了显著的效益，物资采购电子商务系统年网上采购额和化工产品销售电子商务系统年网上销售额逐年递增。企业信息化水平普遍得到新的提高，先进控制系统推广工作、生产过程优化进一步扩大应用范围。信息基础设施建设、信息标准化、信息服务工作得到进一步重视和提高。

2003年，全系统信息化管理工作得到了进一步加强。2003年5月29日，召开了中国石化信息化工作电视电话会议，明确提出要按照"一个整体，两个层次；归口管理，分工负责"的方针，建立健全完善的中国石化信息化管理体系；下发了《中国石化信息化管理办法(试行)》、《中国石化信息资源管理办法(试行)》和《中国石化计算机信息系统安全管理暂行规定》等，编制了信息系统管理和信息资源管理2个内控业务流程。

（赵建华　彭松涛　宫向阳）

【ERP扩大试点并进行推广】 2003年中国石化ERP项目在江苏油田分公司、扬子石化股份公司、管道储运分公司进行了扩大试点，在金陵分公司、长岭分公司、湖南石油分公司、海南石油分公司进行推广。在总结2002年4家企业ERP试点成果的基础上，总部组织制定了可供推广的模板，有效地缩短了ERP推广周期，降低了建设成本。根据企业精细化管理的需要，总部项目组组织扬子石化股份公司、金陵分公司、长岭分公司与咨询顾问进行了生产计划管理模块(PP)实施的工作。扬子石化股份公司和金陵分公司、长岭分公司已经将生产物流的重要环节纳入到ERP的规范性框架中，达到了分装置考核生产成本、提高生产管理精细化水平的目的。管道储运分公司、江苏油田分公司、海南石油分公司、金陵分公司、长岭分公司、湖南石油分公司ERP系统在2003年10—12月份先后成功上线，实现了资金流、物资流和信息流的动态"三流合一"。

（罗　莉）

【资源优化和供应链优化】 完成了扬子石化股份公司炼化一体化MPIMS样板模型开发，并在燕山、天津、齐鲁、茂名、上海、广州和中原等7个企业推广，燕山石化积极开展MPIMS应用，在2003年三、四季度的炼油、化工生产计划排产工作中，全面使用MPIMS系统进行计算，统一了炼油化工生产计划、排产、优化计算的工作平台，提高了工作效率和排产精度。炼油企业级精确PPIMS启动了镇海、广州和高桥试点项目，镇海和广州的系统详细设计已通过验收。

甬沪宁原油管输配送管理信息系统与工程建设同步，主要功能已投入试运行。该项目2003年初正式启动，12月末，原油管理子系统与生产运行监控子系统在甬沪宁地区5家分(子)公司(镇海炼化、上海石化、高桥石化、金陵石化和扬子石化)投入运行，完成了总部输油计划优化模型、调度模拟和管道储运分公司分解计划模型、控制中心调度模型的开发，地理信息管理系统可全面展示甬沪宁管网沿线炼化企业、油库、中转站场的图形信息，实现了甬沪宁地区原油资源分布、5家企业原油罐区实时数据的自动采集、上传、实时汇总统计和原油运行动态信息的发布。

成品油二次物流优化项目在总结天津石油分公司试点经验的基础上，2003年在北京、上海、深圳、山东、广东、浙江等6个石油分公司进一步扩大试点和推广，深圳石油、上海石油、浙江绍兴、北京昌平、山东济南的系统已分别于11月中旬和12月上旬顺利上线。该项目的实施规范了物流管理业务流程，为成品油配送体制改革搭建了技术平台；通过优化，保持加油站合理库存和合理调配运力，降低运输成本，提高了盈利水平。

（宫向阳　赵克勤）

【先进控制项目推广应用】 先进过程控制(APC)与优化技术的应用，提高了炼化企业产品质量和收率，提高了经济效益。与霍尼韦尔公司合作，在上海高桥分公司启动用信息和工艺技术提升盈利水平的水星计划一期工程项目，已实现4套APC系统上线运行，3套完成了建模，2#和3#催化裂化经过APC优化控制，提高掺渣比2%—10%，轻油产率明显提高，汽/柴油的质量波动方差减少25%—50%，减少了解吸蒸汽量2—4

吨/分,重整 APC 投用后提高处理量平均2吨/时,通过控制重整原料馏程点,增加了重整原料,辛烷值控制更加平稳。

在燕山、齐鲁、镇海、洛阳、天津、石家庄、九江等7家企业的乙烯、聚丙烯、催化裂化、常减压、重油加氢、重整、延迟焦化、加氢裂化等装置上开始推广13套先进控制系统。

(彭松涛　宫向阳　赵克勤)

【电子商务系统应用】 物资采购电子商务系统新增了物资竞价采购与采购分析两个功能模块,应用效果显著,截至2003年12月底,网上成交合同累计55 345笔,成交金额超过443.9亿元,节约采购金额超过12亿元,其中,2003年网上采购额超过了236亿元。化工产品销售电子商务网上成交合同累计7 769笔,签订购销合同823万吨,成交金额超过517亿元,其中2003年网上销售额达到了174.9亿元。

(苗占东)

【其他应用系统建设】 "复杂地质深度成像软件系统移植"、"大规模精细化油藏数值模拟并行应用研究"等国产高性能计算机应用(一期)已经按计划完成全部4个项目,并通过验收和鉴定。油田综合业务管理信息系统建设取得阶段性成果,13个子项中有4项全线投用,7项正在推广,2项正在开发过程中。

技术经济指标统计系统全面投用,在分(子)公司生产经营管理中发挥了重要作用。会计数据集中管理正在进行分(子)公司从2级到1级单位的会计核算上移,增强了企业的控制力度。成品油销售业务管理系统上线运行,实现了进、销、存、价、量等业务从开票、提油、配送等环节的实时信息管理和价量互动控制,为提高对市场的快速反应能力和市场占有率提供了有力的技术支持。石化产品进出口信息综合分析与服务系统已正式投入使用,通过了项目验收,在产品反倾销、市场定价、采购与销售等生产经营决策中发挥了重要的作用。人力资源管理信息系统已完成技术架构方案和人员基本信息、机构管理、统计、综合查询等模块的开发工作,正在燕山石化和河北石油进行试点工作。科技管理信息系统8个子系统已通过测试和阶段验收,投入正式运行。质量管理子系统已在46家炼化企业(包括上市和存续)推广,部分企业的数据已汇到总部数据库。计算机辅助审计及管理信息系统已经完成了开发工作。

(苗占东　宫向阳　孙丽华　郭　江)

【扩大推广加油 IC 卡工程】 2003年,加油IC卡试点工程建设进展顺利。截至2003年底,11个省、市石油公司完成加油站卡机联动改造2 531座,加油站实现POS联网1 000座。共发生交易1.5亿笔,加油总数为30亿升,消费总金额89亿元。

(岳永进)

【油田企业信息化建设】 2003年油田企业把信息技术广泛应用于油气勘探开发、生产运行和经营管理,加大了信息系统建设的力度,取得了明显成效。胜利油田注重夯实信息基础建设,重点进行了勘探开发数据库建设,按照统一数据源、统一平台、统一标准的原则,进一步强化数据源头采集、数据平台标准化和管理制度建设,运用信息技术优化生产流程,提高油田生产管理的运行效率和运行质量,提升经营管理水平;将高性能计算机应用于地震资料的处理和解释,加快了大连片地震资料解释的进程,提高了地震资料整体处理能力;利用精细油藏描述计算机一体化软件应用平台和地质综合研究软件数据平台,实现多项独立应用软件间的数据无缝连接,提高了单项技术应用软件的使用效率。中原油田注重勘探开发数据库建设和信息化专业人才的培养,勘探数据库系统完成了积累30年的历史数据的入库和建库工作,开发数据库系统的数据入库率达到97.1%。组织了各种形式的技术培训班和技术讲座,取得了良好效果。江苏油田在ERP系统建设中对财务、物装和销售等业务流程进行了优化和整合,进一步理顺了管理体制和运作方式,实现财务、物装、销售业务无缝连接,实现了"三流合一",为油田企业ERP建设积累了经验。河南油田信息网络按照数据、视频、语音"三网合一、同缆分纤"传输方式建设,可以满足未来几年信息化发展的需要。同时加强了对信息系统安全的管理工作,对从事信息系统关键岗位、了解油田核心机密的信息技术人员开展道德教育,并与之签订具有法律效力的保密合同。

(彭松涛　宫向阳　赵建华)

【炼化企业信息化建设】 2003年炼化企业广泛应用信息技术优化资源配置、优化生产方案、控制工艺操作条件,取得了较好的经济效益。上海石化股份公司远程办公系统的建立使上海石化的移动用户、异地子公司、各地合作伙伴能通过统一的用户界面有权限地访问企业的内部应用系统,实现简便、高效、安全的远程办公。仪征化纤和镇海炼化狠抓ERP上线后的技术支持和应用效果提高,建立了支持中心,设置专门岗位,按照新体制、新机制和规范流程运作,取得了良好效果。金陵石化、茂名石化和长岭炼化积极开展MES层面的信息技术项目建设,如物料平衡系统、炼油生产动态调度系统等，建立日调度作业计划模型，进行多方案测算和分析，辅助生产决策，提高对突发事件的反应速度和生产指挥水平，为ERP层面的建设和应用奠定了良好的数据基础。齐鲁分公司的APC系统建设，广州石化的网络和数据中心建设，福建炼化的CIMS三期工程和统一信息平台建设等，均取得了显著的效益。润滑油分公司和腈纶销售公司虽然组建晚，但信息化建设起步较快，按照新体制强力推进信息化建设，支撑业务系统运行，腈纶销售公司的信息系统建设与公司的筹建工作同步进行。

（彭松涛　宫向阳　赵建华）

【销售企业信息化建设】　销售企业随着销售业务二期、成品油二次物流优化、ERP等系统的推广应用，效益正在显现。2003年销售企业业务管理系统在13个省市、4个大区、3个区外石油公司使用，实现了批发销售实时监控，进销调存全部在网上流转，规范了票据和业务流程，部分省市利用该系统进行价量控制、油库收发存实时监控、客户信用控制、应收账款管理等，取得了良好效果。湖南石油和海南石油加大了网络系统和数据库建设力度，为ERP系统上线运行提供网络支撑和数据支持。山东石油提升网络带宽，提高数据传输质量，确保网络系统安全，为二次物流优化系统应用提供支持。深圳石油开展批发管理、终端销售管理、二次物流优化等项目的建设和应用，在油品业务集中管理、主动配送、灵活经营中发挥了作用，实现了根据市场变化及时调整营销策略和调控市场提高效益的目标。

（彭松涛　宫向阳　赵建华）

【科研与工程建设单位信息化工作】　科研与工程建设单位也在积极开展信息化工作，支撑业务系统运行。2003年工程建设信息管理系统已经完成了开发工作，正在测试。石油勘探开发研究院以网络系统建设、信息源建设、高性能计算机中心建设等为重点开展工作，完成了京外五所的网络系统建设；集群计算机系统、虚拟现实中心建设落成，并在塔河油田开发井位设计、鄂尔多斯气田开发设计上得到应用。石油化工科学研究院积极开展网络安全系统提升、基础数据库建设、分子模拟和过程模拟技术应用。工程建设公司开展网络提升、流程模拟、系统集成、协同设计等工作。

（赵建华）

【中国石化网络系统建设】　2003年，中国石化网SINOPECnet主干网、总部网和部分企业网得到了系统的提升和完善。提升后的主干网联接了总部机关、油田企业、炼油企业、化工企业、销售企业、工程建设企业、科研及其他事业单位以及有关分支机构共110个二级子网，链路带宽提升到了512K—2M，主干网设备和信道实现了冗余备份。目前该系统以总部和主干网为主，实现了对200余台主干网络设备和60多台总部局域网交换机设备的监控，包括网络的通断、流量以及故障的实时监控和管理，以及对总部50多台重要服务器和关键应用系统的实时监控和1 400多台桌面计算机的管理；并通过分布在企业的远程管理节点实现对企业的主要网络设备和重点应用的实时监测。完成了网络安全一期建设工作，对主干网的数据传输和卫星电视会议系统实施了加密，在总部和企业全面部署了防病毒和防火墙系统。

本着“企业信息化，网络是基础；实施ERP，网络要先行”的原则，2003年，对ERP试点和推广企业的信息基础设施进行了提升，全面满足ERP系统对网络的要求，保证了ERP系统的正常运行。

2003年，中国石化卫星专用网已建成地面站达70个。卫星电视会议系统发挥了极其重要的作用，特别是在非典疫情期间，会议系统的正常运转，有效保证了公司总部各种管理指令的及时下达，以及与下属单位和合作伙伴的信息沟通。全年共召开了103次不同规模的电视电话会议，保证了中国石化生产经营活动的顺利进行。

2003年，编制印发了《中国石化网络系统建设策略》，规划制定了中国石化网络建设有关技术路线、设备选型、地址与路由规划、网络安全、网络运行与管理、数据中心建设和运行管理等方面的建设策略。

（孙　维　许　基）

【信息标准化工作】　2003年，为配合企业ERP试点和推广工作，加强标准化、规范化工作，在总结2002年ERP试点工作经验基础上，发布了ERP推广模板、《ERP推广模板管理办法》和部分ERP标准报表的数据格式。

新编制并发布了装置、油田专业、技术经济指标、航运航线、国内港口等信息标准代码，修订和补充了进口原油和石化产品标准代码，共修订信息标准代码33 751条，新增代码25 974条；修订并发布了《中国石化标准代码管理维护办法》。

（苗占东）

安全监督与环保管理

综　　述

2003安全工作思路是：以“三个代表”重要思想为指导，进一步深入贯彻党中央、国务院关于安全生产工作的重要指示精神，坚持“安全第一、预防为主、全员动手、综合治理”的方针，全面推行安全、环境和健康管理体系，落实安全生产责任制，加大隐患治理力度，狠抓现场安全管理，强化安全教育培训，严格事故责任追究，杜绝重特大事故，努力减少人员伤亡和一般事故，争创安全生产新水平。2003年企业安全生产的外部监管环境更加严格，国家进一步加大了安全生产监督力度，与《安全生产法》、《危险化学品安全管理条例》、《职业病防治法》等新的法律、法规相配套的一系列规章制度陆续出台、实施。按照石化集团公司的统一部署和要求，各企业认真学习贯彻《安全生产法》，层层落实安全生产责任制，开展了反“三违”活动。大力推行健康安全环境(HSE)管理体系，并发布实施。进一步加强了关键装置要害部位的安全监控和反事故演练。注重设备安全管理和维护，加强了关键设备特护管理和压力容器、安全阀的定期监测和校验。高度重视积极开展了隐患治理工作，投入大量隐患治理资金，消除了一批隐患项目，进一步规范了直接作业环节的安全监督管理，严把施工队伍准入关，严格施工过程安全控制，实施安全否决权。开展了企业消防达标活动，使消防整体水平明显提高。开展了全系统的安全大检查，对隐患和问题进行了整改。各企业在安全生产工作中，做了大量、富有成效的工作，实现了安全生产总体平稳，主要考核指标都控制在年度目标内，保持了生产稳定，企业稳定，职工稳定，为石化集团公司各项目标的实现创造了条件。

2003年石化集团公司深入持续开展清洁生产，严格新建项目的环保管理，积极开展废弃物综合利用，实现了增产节水、增产减污和稳定达标排放。2003年石化集团公司对系统内首批清洁生产示范企业进行了总结和验收，参加审计的示范企业取得了良好的经济效益和环境效益。2003年7月石化集团公司召开了全系统的节水管理与技术交流会议，总结了前两年的节水工作，部署了2003年、2004年的节水工作。继续把环保和节水指标纳入企业生产经营目标之中，与企业工资总额和企业负责人的承包奖金挂钩。加强环保监督检查，对存在问题的企业，实施重点跟踪检查，督促企业完成年度指标。各企业对外排口和主要装置排污口进行规范化治理，安装在线连续采样仪以及自动分析仪，开始实施内部排污计费，把排污费和污染治理费用纳入排污装置的生产成本进行考核，逐步实现对外排污染物的有效监控。主要污染物排放量同比持续减少，与2002年相比，外排废水中污染物总量减少4.91%，万元产值排COD量减少11.7%；工业用新鲜水量减少4%。

（杜红岩　刘春平）

安全监督与管理

【安全先进单位和先进个人】 江汉石油管理局、高桥石化公司、浙江石油公司、宁波工程建设公司等29家企业被评为石化集团公司安全生产先进单位。其中高桥石化公司实现安全生产“九连冠”。

胜利石油管理局消防支队、燕山石化公司消防支队、扬子石化消防支队、仪化集团公司消防支队、广州石化总厂消防支队被评为石化集团公司优秀消防队。

江正洪、常子恒等67人被评为安全生产先进管理者，王洪生等313人被评为石化集团公司安全生产先进职工。

（杜红岩）

【安全教育培训】 2003年石化集团公司先后举办了安全处(科)长岗位资格培训班、安全工程师培训班、消防干部培训班、HSE内审员培训班多期，使他们掌握了一定的安全技术知识和技能，具备了上岗资格。各企业按照石化集团公司的教育培训计划，举办了各类安全干部、安全技术人员、职工、外来施工人员、特种作业人员的培训班，开展岗位安全资质、安全技能培训，专题安全培训，事故演练，消防演练等，取得了良好的效果。

（杜红岩）

【安全活动】 2003年1月开展了元月安全活动，重点是结合签订安全承诺书、安全责任状等形式，开展全员的安全教育培训。针对典型事故案例或未遂事故，开展事故反思，增强职工预防事故的应变能力，提高安全意识。6月份按照国家有关部门的总体部署，开展了安全生产月活动。石化集团公司党组成员、石化股份公司高级副总裁王天普专门作了“实施安全生产法、人人事事保安全，深入开展安全生产月活动”的电视讲话。石化集团公司对这一活动非常重视，专门发文对活动的开展进行部署，提出了具体要求。各企业充分利用广播、电视、报刊等媒体采取办学习班、安全考试、安全咨询、专题讲座、讲演、展览等形式，开展了多种安全活动，营造了安全生产氛围，推动了安全生产工作。

（杜红岩）

【事故情况】 2003年石化集团公司职工全员事故重伤率为0.03‰，职工全员事故死亡率为0.042‰；石化股份公司职工全员重伤率为0.026‰，职工全员事故死亡率为0.012‰，均低于年初下达的考核指标。石化集团公司全年累计发生上报事故58起，死亡37人，重伤27人，企外死亡13人。与2002年同期相比，死亡人数上升；上报事故、重伤人数、企外死亡人数下降。其中，石化股份公司累计发生上报事故26起，死亡5人，重伤11人，企外死亡1人。与2002年同期相比，上报事故数上升；死亡人数、重伤人数持平；企外死亡人数下降。

（杜红岩）

【安全大检查】 2003年石化集团公司共组织了2次大规模安全检查。国务院办公厅3月26日下发了《关于进一步加强安全生产工作的紧急通知》，4月8日召开了全国安全生产电视电话会议，要求全国各部门、各地区立即开展安全大检查。石化集团公司立即组织了一次有针对性的安全大检查，对30个油田、炼化、销售和施工企业进行了安全检查。10月份组织了年度安全大检查，由安环局，会同人教部、监察局、炼化管理部、工程部、油田事业部、炼油事业部、化工事业部、油品销售事业部等部门，组织了129人，分成14个检查组，历时24天，检查了70个油田、炼化、销售和施工企业及其下属的573个二级单位、987个车间(装置、作业队)、147座油库、155个加油站；对2 875名干部进行了安全考试，对2 364名职工进行了现场安全知识和防护器材使用考核；进行了112次综合消防演习、37次事故应急预案演练、35次夜间查岗；召开了29次基层干部、职工座谈会。共查出各类问题3 556项，对查出的问题，采取专人跟踪落实、限期整改等措施，确保对问题及时进行了整改。

（杜红岩）

【建立和实施健康安全环境(HSE)管理体系】 为确保HSE管理体系能真正深入贯彻下去，各企业继续深入开展建立运行HSE体系的工作。石化集团公司分别组织召开了油田、炼化、销售板块HSE管理体系经验交流会，广州石化、江汉油田、浙江石油公司等企业分别进行了建立运行HSE管理体系的经验介绍，对各企业建立HSE体系工作起到了极大的推动作用。通过建立和实施HSE管理体系，广泛发动职工深入开展危害识别、风险评价活动，进一步提高了职工防范风险的能力。截至2003年底，已有56个企业建立并实施了HSE管理体系，全面提高了企业的安全环保管理水平。

（杜红岩）

【健康管理】 2003年，石化集团公司更加重视员工的身心健康，认真贯彻《职业病防治法》，强化职业卫生管理。7月28—30日，石化集团公司暨石化股份公司职业卫生工作会议在福建炼化有限公司召开。会议邀请卫生部和中国疾病预防控制中心的领导和专家就如何贯彻《职业病防治法》进行专业指导；会议还对2003年和2004年的职业卫生管理工作提出了更高的目标和要求。此外，石化集团公司深入开展职业卫生“三同时”工作，强化了职业卫生隐患治理。2003年石化集团公司级隐患治理计划纳入职业卫生隐患治理项目10项，总投资1 418万元，进一步改善了企业员工的职业卫生条件。

（张晓鹏）

【职业安全卫生“三同时”监督管理】 2003年继续贯彻日常“三同时”监督工作与重点项目“三同时”监督工作相结合的管理工作方针。一是充分发挥企业“三同时”监督专业技术人员的积极性，做好本企业建设项目的“三同时”监督审查工作。二是对于投资较大、装置多、工艺路线复杂的重点项目，坚持组织有多专业技术专家参加的“三同时”联合检查小组，深入现场，分项把关，保证了重点工程“三同时”监督工作的效果。三是抓好新、改扩建项目的劳动安全卫生预评价，从源头严把“三同时”监督审查关。

2003年石化集团公司所属的3个评价中心共完成了43个石化集团公司、石化股份公司的重点建设工程项目的劳动安全卫生预评价工作。其中“中国石化西南成品油管道工程”、“扬子石化PTA改造工程项目”、“茂名锅炉煤代油预评价”、“广州分公司加工中东含硫原油及生产清洁燃料配套工程”及“新疆塔里木油气化工有限公司塔河劣质稠油处理技术改造、油料清洁技术改造、系统配套完善技术改造项目”等几个重点工程项目的劳动安全卫生预评价报告，得到了企业和国家安全生产监督管理局的好评，较好地指导了工程项目的初步设计。为进一步提高整体专业安全评价水平，石化集团公司组织召开了“安全评价技术交流会”，请国际著名的DNV风险评估公司和国内火灾及爆炸两家国家重点实验室的技术专家进行了专业指导，安全评价工作得到进一步规范和完善。

（张晓鹏）

隐患治理

【概述】 2003年继续大力开展隐患治理工作，突出了消气防系统的完善(占总投资的37.5%)、关键生产装置隐患整改(29.6%)、罐区安全标准化整改(14.6%)等重点。全年共投入10.02亿元治理隐患577项，其中石化股份公司394项，投资7.39亿元；存续企业183项，投资2.63亿元。为进一步落实隐患整改责任制，将列入隐患治理计划的577个项目分级落实整改监管部门和负责人，其中，总部领导重点监管6项重大隐患整改，总部部门重点监管48项重大隐患整改，其余由各企业负责监管，有效保证了隐患治理工作的顺利进行。到2003年底，隐患整改完成率为96.5%，完成投资率为95.8%。

(张晓鹏)

安全科技

【概述】 2003年石化集团公司安全工程研究院共完成安全技术科研课题6项，申请安技专利7项。完成鉴定的6项安技科研课题分别为：化学品紧急救援咨询系统研究、油田钻井作业噪声危害治理研究、洗槽站集中供气式长管呼吸防护系统的研究、石油化工毒物分布与控制技术研究、欧美国家石化安全卫生技术标准信息资源的建立、油品泄漏覆盖消防两用泡沫的研究。申请的7项安技方面的专利分别是：加氢装置设备完整性管理技术的研究、有毒气体检测报警器检测及管理系统、石化控制室雷击风险评估技术及应用、聚乙烯仓储静电燃爆实用技术的研究、海上石油工程风险评估技术研究、抗溶聚合物的合成及超浓缩泡沫灭火剂的研制、大型油库火灾风险评价与安全监控系统的研究。

(张晓鹏)

环保监督管理

【概述】 2003年石化集团公司认真执行国家的有关环保法规标准，继续实行企业第一负责人环保责任制，加强环保考核，把环保指标纳入企业的生产经营目标中，与企业工资总额和负责人承包奖励挂钩，强化了企业各级的环保职责。7月召开了石化集团公司节水管理与技术交流会议，总结、部署了节水工作。根据实施HSE一体化管理体系的需要，结合发布的油田企业和炼油、化工企业《HSE管理体系环保内容实施要点》，编制了HSE管理体系环保内容培训教材，对部分企业开展了培训。

各企业认真贯彻石化集团公司的有关环保要求，加强环保管理和污染治理，认真开展环保检查，对检查出的问题督促整改，实行闭环管理。建立了有效的环保监测和管理网络，定期召开各级会议，研究环保工作，积极推行清洁生产，对污染源实行全过程的监控，有的企业已经开始实施内部排污计费制度。

(刘春平)

【实施内部排污计费制度】 截至2003年底已有37家油田、炼化生产企业实施了内部排污计费制度，取得了明显的效果。中原油田制定了《征收排污费实施办法》，按照排污量对各单位进行收费，上缴后节余部分用于重点污染源治理补助，专款专用，从而提高了各单位治理污染的自觉性。近年来，该油田钻井废水达标率、采油污水回注率、无污染作业率持续保持100%。镇海炼化股份公司制定了《污水排放内部收费管理规定》，配置了相应的计量仪表，将收费额纳入各生产单位的成本核算，并于2003年开始实行，当年工业废水和COD排放量分别比2001年减少了21.6%和50%。

(刘春平)

【制定《建设项目环保管理实施细则》】 九届全国人大常委会于2002年10月28日审议通过了《中华人民共和国环境影响评价法》，自2003年9月1日起实施。这是国家继《环境保护法》、《海洋环境保护法》、《大气污染物防治法》、《水污染物防治法》、《固体废物污染环境防治法》、《环境噪声污染防治法》、《清洁生产促进法》等法律之后，发布实施的又一部环境保护法，其目的为了实施可持续发展战略，预防因规划和建设项目实施后对环境造成不良影响，促进经济、社会和环境的协调发展。石化集团公司一贯重视建设项目的环保管理，认真执行国务院253号令，制定了《建设项目环保管理实施细则》，把污染控制延伸到可行性研究、初步设计、施工、试车等阶段，努力做到增产减污；组织开展重点项目的环境后评估，评估可行性研究、环评、设计、施工、试生产等阶段环保措施的有效性。

(刘春平)

【贯彻HSE管理体系环保内容实施要点】 在石化集团公司统一安排部署下，截至2003年底，石化集团公司已经有56家企业开展了HSE管理体系的建立和运行工作。根据推行HSE工作的需要，在发布的油田企业和炼油、化工企业《HSE管理体系环保内容实施要点》的基础上，编制了培训教材，指导企业在建立 HSE 体系过程中，充分考虑环保方面的内容。针对环保管理部门人员新、机构新、人员少的情况，组织对企业负责环保工作的处(科)长进行了环保管理岗位资格培训，已有 222 人完成培训。

各企业按照《HSE 管理体系环保内容实施要点》的要求完善 HSE 管理体系，落实各级环保职责，修订了相关的环保管理制度，建立了必要的环保管理台账，进一步规范环保管理，保证了体系的有效运行。广州分公司等企业在装置大检修期间，按照《HSE 管理体系环保内容实施要点》的要求，制定了《生产装置开、停工及其施工检修 HSE 管理规定》等文件，组织开展重大环境因素影响的识别与评价，严格把好退料关、分析关、吹扫放空关，并严格检查，及时整改。检修期间未产生异味，也没有发生周围社区居民投诉的事件，得到了当地政府和周边居民的认同。河南油田以《HSE 管理体系环保内容实施要点》为基础，制定了河南油田施工作业现场的环保标准，开展建设标准化井场活动，实施无污染试油和无污染作业，有效防止了施工作业产生污染。同时，加大现场检查、考核力度，2003 年开展各类环保检查 56 次，对查出问题的单位和责任人进行了处罚。

（刘春平）

【节水管理取得成效】 石化集团公司自成立节水领导小组以来，针对节水开展了大量工作。修订下发了中国石化《工业水管理制度》和石油石化企业《工业水平衡测试导则》，组织开展了水平衡测试。工业取水量由 2000 年的 16.91 亿吨下降到 2003 年的 13.01 亿吨，减少 23.5%，3 年节水 3.9 亿吨。各企业大力开展节水活动，有 25 家炼化企业完成了一轮水平衡测试；积极推广污水回用技术，2003 年炼化企业污水回用量达到 1 050 吨/时。高桥石化开展了以节水为主题的劳动竞赛活动，通过对炼油系统进行水平衡测试，查找漏点、分析用水不合理的原因、落实节水措施，两年累计节水 845 万吨，占总水量的 11.5%。

（刘春平）

【建立 ISO 14000 环境管理体系】 在建立运行 HSE 管理体系的同时，有的企业根据企业发展的需要，建立了 ISO 14000(GB/T 24000)环境管理体系。截至 2003 年底，中国石化已有洛阳石化总厂、润滑油分公司长城润滑油公司、第四建设公司、上海高桥分公司炼油厂、天津分公司化工厂、巴陵分公司己内酰胺产品部、仪征化纤股份公司以及齐鲁石化下属的橡胶厂、烯烃厂、塑料厂、氯碱厂、第二化肥厂、供排水厂、储运厂等多家企业通过环境管理体系(ISO 14000)认证。

（刘春平）

【石化集团公司节水管理与技术交流会议】 石化集团公司节水管理与技术交流会于 2003 年 7 月 23—24 日在湖南岳阳召开。会议总结交流了 2001 年石化集团公司成立节水领导小组以来的成绩和经验教训，分析了当前和今后一段时间的水资源形势，讨论落实了 2003—2004 年度的节水工作计划，提出了“十五”后 3 年石化集团公司的节水目标。会议强调要采取各种切实可行的措施，进一步提高全体职工，尤其是各级领导干部的节水意识，从石化集团公司生存和发展的高度认识节水工作的重要性和紧迫性，动员广大职工为实现节水目标而奋斗。会议宣讲了中国石化《工业水管理制度》、《工业水平衡测试导则》、《石油炼制取水定额》(国家标准)等，要求没有达到国家取水定额标准的企业要在 2005 年前采取措施，实现达标。

（刘春平）

污染综合治理

【清洁生产】 2003 年 7—9 月石化集团公司组织专家分别对扬子石化公司、镇海炼化股份公司、齐鲁石化橡胶厂、济南的清洁生产工作进行了现场核查并提出了整改意见。12 月石化集团公司召开专题会议，对上述 4 家清洁生产示范企业进行了评审，认为 4 家企业的清洁生产示范工作基本达到了《石化集团公司清洁生产示范企业验收标准》的要求，同意验收。4 家清洁生产示范企业实施清洁生产后减少废水排放量 606.37 万吨/年，占审核前的 6.47%。减少废水中污染物 CODcr 1 212.77 吨/年，占审核前的 26.22%。减少废气排放量 80 596 万米^3(标准)/年，占审核前的 1.66%，减少废气中 SO_2 排放量 10 230 吨/年，占审核前的 23.38%。经财务审核，年获经济效益58 629.3 万元，体现了经济与环境的协调发展。

（刘春平）

【综合利用】 2003 年，石化集团公司全系统“三废”综合利用产品产量 406 万吨，产值 31 亿元，利润 5 亿元。部分企业对“三废”综合利用利润进行了核算。其中，2003 年镇海炼化股份公司、齐鲁石化、扬子石化享受了国家的“三废”综合利用减免所得税的优惠政策，分别减免所得税 7 100 万元、1 500 万元、850 万元。

【达标节水竞赛】 2003年，石化集团公司在达标竞赛中，开展了节水专项竞赛。通过对各炼化企业工业取水量、万元产值取水量、工业水重复利用率以及外供水收费率、水平衡测试情况进行总体评价和排队，天津石化、镇海炼化股份公司、齐鲁石化、茂名石化、广州石化、济南分公司、燕山石化等企业分获1—7名。激发了全系统开展节水工作的积极性。与2002年相比，石化集团公司工业取水量减少5 000万吨。

（刘春平）

环保科研攻关

【《石油炼制工业污染物排放标准》编制框架通过审查】 根据《2002年度第一批国家环境标准制(修)订项目计划》和《2002—2003年度石化集团公司科研计划》，石化集团公司组织抚顺石油化工研究院、上海环保技术中心、石油勘探开发研究院、经济技术研究院等单位，参加编制《石油石化工业污染物排放标准》。2003年12月，《石油炼制工业污染物排放标准》编制框架通过国家环保总局组织的审查会，对编制框架提出了修改意见，批准可以根据编制工作框架开展下一步工作。

（刘春平）

【污水处理场废气治理技术完成工业化试验】 由抚顺石油化工研究院和广州分公司、镇海炼化股份公司、九江分公司等单位合作进行的污水处理场废气处理技术研发项目已于2003年完成工业化试验。针对各家企业污水处理场废气性质的不同，在广州分公司采用的是废气催化氧化工艺，在镇海炼化股份公司采用了生物填料塔工艺治理含硫恶臭技术，在九江分公司则采用了废气吸附处理工艺。工业试验结果表明，3种工艺均可使废气中包括烃类化合物和恶臭气体在内的挥发性有机物(VOC、SVOC)得到有效去除，净化气中VOC的浓度符合国家污染物排放标准的限值。

（刘春平）

【炼油企业节水减排成套技术实施取得成效】 由镇海炼化股份公司、燕山石化、抚顺石油化工研究院、石油化工科学研究院、洛阳工程公司、工程建设公司等单位共同承担的石化集团公司"十条龙"科技攻关项目《炼油企业节水减排成套技术》2003年进入实施阶段。在石化集团公司主管部门的协调指导和各承担单位密切合作下，目前燕山石化已经投用了450吨/时的污水处理回用工程，镇海炼化股份公司投用了300吨/时的污水回用工程，最终燕山石化污水回用的能力将达到1 500吨/时，镇海炼化股份公司污水回用的能力将达到600吨/时。镇海炼化股份公司通过污水回用，2003年达到加工吨原油取水0.7吨，加工吨原油排水0.23吨。另外，通过各有关单位的努力，在炼油工艺节水、一水多用、清污分流、污污分治、达标废水适度和深度处理、废水处理药剂、达标废水回用等关键技术环节上已经取得阶段性成果。

（刘春平）

【炼油达标废水适度处理回用技术】 2003年已完成采用活性炭纤维吸附工艺处理炼油达标废水中COD的整体工艺开发，包括工艺流程、工艺参数的优化和定型、活性炭纤维的再生、中型处理装置的建设和连续运转试验。试验结果表明：当废水COD含量在80—120毫克/升范围内，处理出水COD可稳定在50毫克/升以下；当废水COD含量在50—80毫克/升范围内，处理出水COD可稳定在30毫克/升以下。去除率平均在40%—70%。采用电加热空气再生方法能使吸附饱和后的活性炭纤维得到有效再生，可保证活性炭纤维的长周期稳定。

（许　谦）

【热萃取/脱水技术处理炼油厂"三泥"】 2003年在天津分公司完成了热萃取/脱水技术处理三泥中试工作。结果表明，含油污泥经加热脱油后，可成为湿粉或干粉状固体产物，含油率由原来的50%—60%降到20%，物料性状得到很大程度改善，便于物料输送及后续作补充燃料。二级出水COD降到418—880毫克/升之间，油含量为72—138毫克/升；说明工艺流程调整后，较好地解决了乳化问题。该废水可直接排入污水处理场的浮选工段，不会造成水质冲击问题。中试结果表明，采用热萃取/脱水技术处理炼油污泥，技术可行，效果稳定，操作条件缓和，运行成本小于焚烧法。全部脱除污泥中水分，出水水质不会对污水场造成冲击。做到最大限度地污泥减量，全部回收污泥中的污油，将污泥中的固体物变为少量的固体燃料。热萃取/脱水技术既可处理污水处理场的混合三泥、浮渣、罐底泥等，也可以处理炼油厂内的废乳化油，减轻回炼废油或污油给电脱盐带来的乳化问题。在热萃取/脱水工艺后增加脱油干燥单元，使污泥处理不依赖焦化装置而自成体系，成套独立，为工业应用奠定了基础，也为那些没有焦化装置的企业或有焦化但受限制的企业的"三泥"处理提供了新的选择。

（许　谦）

【移动床过滤工艺及设备的研制与开发】 为使达标废

水回用至循环水补充水，必须对达标废水中的悬浮物进行处理。为此开发的移动床过滤中试装置(处理量为5米^3/时)，于2002年10月建成，随后在抚顺石油化工研究院内进行了调试及处理效果考察试验，结果表明移动床过滤具有良好的除悬浮物效果，过滤后出水浊度在2毫克/升左右，优于自来水。2003年9月3—24日在天津分公司排水车间进行了现场中试试验。现场中试结果再一次表明移动床过滤器不仅具有良好的除悬浮物(SS)效果和除COD效果，而且操作简便，处理效果稳定，反洗水量为进水量的3%—4%。无论是加药过滤，还是不加药直接过滤，肉眼观察出水，均无可见悬浮物，特别是加药过滤，出水清澈透明，出水中SS为0—5毫克/升(平均为2毫克/升)。

(许　谦)

【环氧化合物生产废水处理技术工业化试验全面完成】 2003年由北京化工研究院与金陵石化公司共同承担的科技开发项目《环氧化合物生产废水处理工业化试验》全面完成，取得了良好的试验结果。项目针对环氧化物高钙废水的特点，通过控制pH，提高曝气池污泥浓度，在保证处理效果稳定和出水达标的基础上，提高了生化处理进水的盐浓度，减少了稀释水用量，达到节水的目的。工业应用结果表明，曝气池污泥浓度可达到20克/升，生化进水中的$CaCl_2$浓度可从2.1%提高到2.7%，废水经处理后稳定达到国家标准，稀释水用量可减少50%，经济效益明显。该技术于2003年12月通过石化股份公司科技开发部组织的鉴定，认为技术水平达到国际先进水平。

(栾金义)

【精对苯二甲酸残渣综合利用技术通过小试评议】 由北京化工研究院与扬子石化公司合作完成的《精对苯二甲酸残渣综合利用技术》项目于2003年7月通过了石化股份公司科技开发部组织的小试技术评议。项目针对精对苯二甲酸生产过程中产生的大量残渣，在对其组分全面剖析的基础上，研究开发了甲酯化—分离—精制—酯交换的综合利用精对苯二甲酸残渣的小试工艺，以对苯二甲酸二甲酯、苯甲酸甲酯、对甲基苯甲酸甲酯及增塑剂等多种产品的形式充分回收了残渣中的有价成分。产品分析和性能测试表明，所获产品质量达到国家化工产品相关标准。残渣中的有价组分有效利用率达85%以上，具有显著的环境效益，经济前景可观。目前双方正在继续合作进行中试试验研究。

(栾金义)

固定资产投资

综 述

2003年固定资产投资工作继续严格遵循"量入为出、控制总量，集中决策、调整结构，优化项目、增加回报"的投资工作方针，投资规模得到有效控制，投资结构得到进一步优化。石化集团公司全年完成固定资产投资503.79亿元，其中石化股份公司完成投资443,91亿元，非上市部分完成投资59.88亿元。石化集团公司暨石化股份公司3 000万元以上的建设项目52项，列为年度重点工程21项。各项目主要形象进度达到控制要求。全年共完成生产装置投料试车34套，其中石化股份公司24套，非上市部分10套。完成工程竣工验收18项。

油田板块勘探开发呈现良好势头。新建原油生产能力593万吨/年，新建天然气产能13.68亿米^3/年。胜利浅海、东营凹陷、西部新区准噶尔、塔北亚肯地区、鄂尔多斯大牛地等一批重点勘探开发项目进展良好，全年累计完成钻井101口，新获工业油气流井35口。塔河2#联合站建成投用。胜利电厂二期工程3#机组进入试生产阶段。

炼油板块以调整炼油布局、降低成本、适应高硫原油加工为主的技术改造项目稳步推进。甬沪宁进口原油管道项目陆上管线及站场全部达到使用条件，宁波至上海、南京进口原油管道工程线路及站场部分2003年底全线贯通。镇海800万吨/年炼油改造、镇海PX、45万吨/年对二甲苯项目建成投产，并实现投料试车一次成功。高桥、金陵、扬子炼油改造项目开工建设。全年10项工程投料试车，新增原油综合加工能力550万吨/年。

化工板块以提高产能、增加品种为主的建设项目全面展开。广州20万吨/年乙烯改造、仪征45万吨/年PTA、川维天然气乙炔等工程建成投产。扬巴一体化60万吨/年乙烯、上海赛科90万吨/年乙烯、齐鲁乙烯二轮改造工程进展顺利。巴陵、金陵、湖北、安庆4套化肥煤(焦)项目全面起步。全年3项工程投料试车，新增乙烯生产能力7万吨/年、合成树脂生产能力13万吨/年、合成纤维原料生产能力90万吨/年。

销售板块成品油销售网络建设突出重点，加快进度，确保效益。西南成品油管道项目进展顺利。全年新增加油站1 367座，自有加油站总量达到2.45万座，辖区内零售市场占有率进一步提高。

科研信息板块科研基地配套项目进展顺利。以ERP为主的信息建设项目正抓紧推广和扩大应用范围。

石化集团公司援藏建设项目吉江道路工程实现了当年规划，当年建成通车的目标。

建设监管取得新成绩。进一步加大对石化系统内建设项目招标投标监督管理力度，规范招标投标行为，对重点项目招标工作进行全方位、全过程的跟踪和监管。进一步强化工程质量监督，对监督分站进行改革，对重点项目实行有效严格的质量监督管理，组织工程质量大检查，规范参建单位的质量行为，为确保工程质量起到了很好的促进作用。标准定额工作得到进一步加强。在标准制修订工作中，坚持"稳步推进、重点突出"的原则，以国标《石油化工企业设计防火规范》为重点，加快与国际先进水平接轨。在工程定额制修订和管理工作中，以全面提高投资效益和降低成本为宗旨，大力推进石油石化工程定额，跟踪和监督其实施使用情况，收集反馈信息，使定额更加贴近实际、贴近市场。受国家有关部委委托，对系统内的设计、施工、监理企业进行了资质年检和资质升级的初审工作。完成了企业资质和执业资格的认证工作。

加大对重点工程建设的管理力度。为保证重点工程建设的顺利进行，总部调整了重点工程建设项目领导小组组成人员，加大对重点项目的协调力度，全年组织召开多次现场办公会、现场协调会和设计协调会，组织总体统筹控制计划和总体试车方案审查，组织工程质量和投料试车条件检查，组织开工队和现场服务组，通过一系列行之有效的措施，保证了重点工程建设的顺利实施。

"走出去"步伐进一步加大。相继圆满完成约旦复合肥、伊朗炼油改造一期、卡塔尔管道等海外工程项目，合同额1.8亿美元，打出了"中国石化"的声誉。叙利亚马哈德电站改造项目中标，海外工程市场的前景比较广阔。

工程建设企业重组改革又有新举措，改制分流工作取得新进展。2003年针对直属工程建设企业的实际情况，结合石化集团公司的整体发展战略，对直属工程建设企业进行了一系列的重组改革。完成了组建上海工程公司、合并重组宁波工程公司、洛阳工程公司收并广州中元工程公司等工程建设企业战略布局的结构性调整。开展直属企业非主营业务及社区服务调查，组织召开直属施工企业重组改革座谈会和改制分流工作会议，研究制定了《工程建设板块2003—2006年深化改革总体规划纲要》和《直属工程建设企业2003—2006年改制分流计划》，明确企业改制分流、资产重组和结构调整的思路、阶段任务和基本措施，落实了改制分流工作组织机构和职责。年底，5个直属施工企业已基本完成主业的专业化重组，将原劳务公司按专业特点重组为实体型专业公司，具有相对自主的市场开发和经营管理职能；同时在5个直属施工企业初步建立了公司项目部与专业公司之间总分包的合同关系，实现了项目管理层、专业承包层的两层分离。

固定资产投资完成情况见表1。

表1 1998—2003年石化集团公司固定资产投资完成情况 亿元

项目＼年份	2003	2002	2001	2000	1999	1998
完成投资	503.79	431.66	595.83	614.64	375.81	386.56
新增固定资产	270.41	259.10	347.36	506.24	275.56	399.59
固定资产交付使用率/%	53.68	60.02	58.30	82.36	73.32	103.37

（刘维英）

油田项目

【概述】 2003年油田板块重点工程按计划顺利实施。新建石油生产能力593万吨/年、新建天然气生产能力13.68亿米^3/年；完成探井538口，进尺138.68万米；完成开发井2 021口，进尺480.65万米。2003年油田地面建设项目共完成投资46.46亿元，其中系统配套工程完成8.11亿元，油气储运及处理工程完成6.69亿元。重点产能建设项目胜利油田浅海产能建设地面工程进展顺利；胜利发电厂二期工程3#机组并网发电，4#机组安装工程按计划进行。西北石油局塔河油田110万吨/年产能建设工程顺利投产。

（郭 丽）

【胜利油田电厂二期工程3#机组并网发电】 工程于2001年6月开工建设，至2003年底，主厂房及其配套土建工程基本建成。2003年7月31日3#锅炉点火一次成功，8月18日3#机组并网，11月19日3#机组完成168小时试运并移交试生产。12月4#机组安装工作基本完成。截至2003年底累计完成投资21.05亿元。

（郭 丽）

【胜利油田浅海产能建设地面工程进展顺利】 埕岛油田自1992年投入开发以来，截至2003年12月累计生产原油1 576.83万吨。

2003年完成投资5.52亿元，新建产能25.2万吨/年，完成产量201.13万吨，建设海工建设项目76项，其中跨年工程项目24项，截至2003年底共完成60项，建成平台13座，海底输油管线4条，海底电缆7条，注水管线5条，海管悬空治理19项，平台加固改造6项，其他6项。

（郭 丽）

【胜利油田埕岛燃气轮发电机组新建工程竣工验收】 工程于2000年4月开工建设,2002年完成了用受电及辅助系统的安装,自2002年10月4日联合循环整套启动开始,至10月8日联合循环72小时整套试运结束。2003年5月24日,机组开始第二次试运行并网,蒸汽轮机累计运行2 142小时,发电9 984万千瓦·时,燃汽轮机累计运行1 559小时,发电4 618万千瓦·时,2003年9月14日停机,2003年12月9日竣工验收。

（郭 丽）

【济南—齐鲁石化天然气管道工程竣工验收】 工程于2001年12月1日正式打火开焊，2002年管线主体完工，向齐鲁石化供气，并完成了专业验收和各项资料的归档工作。2003年12月20日通过竣工验收。

（郭 丽）

【淄博—青岛天然气管道工程建成投用】 管道线路工程于2002年7月10日打火开焊，10月10日主体完工，12月15日全线贯通，12月27日天然气输至青岛城阳末站。4座站场及7座阀室于2002年11月开工，至2003年6月30日工程全部完工。共完成投资3.2亿元。

（郭 丽）

【江汉油田沙市钢管厂直缝生产线技术改造项目建成投用】 工程于2002年1月开工建设，2003年1月土建工程全部完工，3月30日设备安装完成。7月试运成功，8月进行试生产。生产的直径1 220毫米、直径1 016毫米、直径457毫米×9.5毫米等规格的直缝钢管API标准达标率为80%。截至2003年底，共完成投资1.96亿元。

（郭 丽）

【塔河油田110万吨/年产能建设地面工程建成投用】 2003年西北分公司塔河油田新建产能110万吨/年，

配套地面建设项目包括：年处理量150万吨的塔河2#联合站，6区、7区计转站和配套管网、水、电、路、通讯、公寓等工程，年输量300万吨的重质稠油外输储运系统工程及110千伏输变电工程等。工程总投资为7.6亿元。塔河2#联合站等工程于2002年12月17日陆续开工建设，2003年9月20日2#联合站工程完工进油，其他配套项目和重质稠油外输储运系统工程及110千伏输变电工程等于2003年8—11月陆续建成投用。截至2003年末共完成投资7.62亿元。

（郭　丽）

【宁波—上海—南京原油管道工程】 该工程于2002年9月28日线路工程全线开工；2002年11月镇海、白沙湾中转油库相继开工。

2003年2月15日通过国际招标确定韩国现代重工为杭州湾海底穿越标段的EPC承包商，承包范围：3条管线(直径711毫米、直径762毫米、直径273毫米，其中直径273毫米不含在甬沪宁原油管线范围内)，每条管线长度53.5千米。2003年10月2日正式开始海上铺管，2003年12月直径711毫米管线完成铺管28千米。

甬沪宁陆上管线为591.5千米,陆上管线山地敷设40余处总长约48千米,定向钻穿越共75条,总长约42千米,顶管穿越115处,以及公路、铁路、大中河流、池塘等穿跨越共778处,总长约103千米。拆迁房屋560余户,通过茶园、苗圃、林地、菜棚等3 980多处。至2003年底陆上线路工程已全部贯通。

甬沪宁全线共设7座站场，大榭岛首站、镇海中转站、白沙湾分输站、长兴泵站、石埠桥分输站、扬子末站、高桥末站。至2003年底已完成全部7座站场、油库实物工程量，仪表和通信等系统调试已结束，白沙湾分输站和油库实现中交。

（姚　舜）

炼油项目

【概述】 2003年，炼油板块全年共有12套装置投料试车，重点工程按计划顺利实施。镇海800万吨/年炼油扩建工程(第二步)的连续重整及PSA装置于6月份、PX装置于8月份实现投料试车一次成功；齐鲁炼油改造、镇海炼化高等级道路沥青工程通过竣工验收；上海加工含硫原油改造工程主装置全部建成试生产；扬子炼油工程、金陵炼油工程、西安清洁燃料技术改造项目、塔河稠油处理技术改造项目、湛江东兴炼油改扩建项目全面启动。

（刘美娟）

【镇海炼化800万吨/年炼油扩建工程(第二步)主体工程全部建成】 工程的各主要装置于2000年9月先后开工建设，延迟焦化装置改造于2001年5月大修停工期间完成；180万吨/年蜡油加氢装置2002年中间交接并投料试车成功；300万吨/年柴油加氢精制装置和7万吨/年硫磺回收装置2002年中间交接并投料试车成功；100万吨/年连续重整和PSA重整氢提浓装置2003年4月18日中间交接，分别于6月20日和22日产出合格产品；45万吨/年PX装置4月18日中间交接，8月3日产出合格产品。至此，该工程的主体工程全部建成。

（刘美娟）

【齐鲁炼油改造工程竣工验收】 2000—2001年各生产装置已建成，并投料试车成功，2003年12月1日工程竣工验收。

（刘美娟）

【镇海炼化高等级道路沥青通过竣工验收】 工程于2000年1月开工，同年12月建成投料，产出合格产品。2002年试生产。2003年7月17日通过竣工验收。

（刘美娟）

【上海石化加工含硫原油改造工程试生产】 工程各装置于2001年3月先后开工建设，2002年6月中间交接，8月3日—9月15日各装置相继投料试车，产出合格产品。2003年试生产。

（刘美娟）

【金陵炼油改造工程桩基施工】 该工程建在金陵分公司界区内。目的是为扬巴工程提供优质乙烯原料；生产符合环保要求的清洁燃料。石化集团公司以中国石化计[2002]270号文批复可研，石化股份公司以石化股份计项函[2003]54号文批复初步设计，总投资13.48亿元(含外汇1 245万美元)。

工程主要内容包括：新建150万吨/年加氢裂化、新建80万吨/年延迟焦化、500万吨/年常减压改造到800万吨/年、硫磺回收从1万吨/年改造到5万吨/年(及新增的7万吨/年尾气处理系统)、对相应的系统配套及公用工程进行改造。硫磺回收使用意大利TECHNIPKTIRAR工艺专利技术。

工程于2003年9月开始三通一平、打桩施工。

工程设计单位为洛阳工程公司、金陵石化设计院。施工单位将通过招投标择优选定。

（刘美娟）

【扬子炼油改造工程土建开工】 该工程建在扬子石化股份公司界区内。其目的是生产高品质的清洁燃料，提供充足的化工原料。石化股份公司以石化股份计[2002]7 号文批准可研，以石化股份计项函[2003]55 号文批复项目总投资 13.97 亿元(其中外汇1 255.66万美元)。

工程主要内容包括：新建 120 万吨/年加氢精制和 100 万吨/年中压加氢裂化联合装置、新建 160 万吨/年延迟焦化和 3 万米^3(标准)/时气体脱硫联合装置、新建 7 万吨/年硫磺回收和 10 万吨/年尾气处理装置、新建 80 吨/时酸性水汽提；改造第一套常减压，加工能力从 250 万吨/年至 350 万吨/年、改造第二套常减压，加工能力从 250 万吨/年至 450 万吨/年；相关的储运及公用工程配套改造和 DCS 控制系统扩容。

项目中的一、二套常减压改造于 2002 年先期完成，其他主要装置于 2003 年 9 月陆续开工建设，酸性水汽提装置基本建成。

工程设计单位为 SEI、洛阳工程公司、金陵石化设计院、南化公司设计院、扬子石化公司设计院；主要施工单位有中国石化集团第二、第四、第五建设公司和中国化工第三建设公司等。

(刘美娟)

【西安石化总厂清洁燃料技术改造项目开工建设】 西安石化总厂清洁燃料技改项目是为塔河稠油开辟加工途径，调整企业产品结构，拓展西部成品油市场而建设的。2002 年 7 月 30 日石化集团公司以中国石化计[2002]268 号文正式批准西安石化厂清洁燃料生产技术改造项目可行性研究报告(代项目建议书)。项目总投资为 4.39 亿元。

项目新建和改造的装置包括：催化裂化装置(MIP 工艺 50 万吨/年)、柴油加氢精制装置(30 万吨/年)、制氢装置(4 000 米^3(标准)/时)、硫磺回收(2 000 吨/年)等 4 套炼油装置，以及公用工程系统、储运系统、厂外工程。

项目于 2003 年 2 月开工建设，至 2003 年底各装置基本完成，其中，催化及产品精制装置累计完成 90.1%；加氢制氢装置累计完成 89.17%；一联合循环水场累计完成 97.2%；空压及除盐水站累计完成 90.1%；工厂管网累计完成 97%；动力站累计完成 70%；厂区电信和照明累计完成 85%；火炬设施累计完成 85.6%；厂区竖向工程累计完成 85.6%。截至 2003 年末累计完成投资 3.25 亿元。

建设单位：中国石化新星石油公司西安石化总厂。总承包单位：洛阳工程公司。施工单位：中国石化集团第五建设公司。监理单位：洛阳炼化工程建设监理公司。监督单位：北京燕山石化工程质量监督站。

(郭　丽)

【西北石油局塔河稠油处理技术改造项目开工建设】 西北石油局塔河稠油处理技术改造项目是为适应西部大开发，充分利用塔河原油资源，提高塔河化工公司经济效益和市场竞争力而建设的。厂址位于新疆维吾尔自治区阿克苏地区库车县城以东“十五”石油规划园内，北临 314 国道，隔路与塔河化工公司北厂区相望。该项目包括延迟焦化装置(120 万吨/年)、汽柴油加氢精制装置(100 万吨/年)、催化重整装置(含苯抽提装置)(15 万吨/年)、制氢装置(8 000米^3(标准)/时)及硫磺回收装置(2 万吨/年)5 套装置，以及储运系统和公用工程系统。2003 年 1 月 27 日石化集团公司批复了项目的可研报告，总投资为 1.05 亿元。项目建成后将新增稠油处理能力 120 万吨/年及部分公用工程、储运设施等。

该项目于 2003 年 8 月 16 日开工建设，至 2003 年底基本完成了主要设备基础、管架、构架及建筑物基础工程，完成了部分炉体钢结构深度预制及装置区埋地管道焊接安装等工程。截至 2003 年末完成投资累计 1.87 亿元

总承包单位：洛阳工程公司。施工单位：中国石化集团第十、第五建设公司等。监理单位：北京华夏石化工程监理公司及胜利油田胜利监理有限责任公司。检测单位：淄博泰思特检测有限公司。监督单位：石油化工工程质量监督总站天津石化分站。

(郭　丽)

【湛江东兴炼油改扩建工程开工建设】 湛江东兴石油企业有限公司(以下简称湛江东兴公司)是由香港裕旺国际有限公司与中国长城工业公司合作经营，以加工进口低硫原油为主的燃料型炼油企业，生产装置有 200 万吨/年常压、40 万吨/年催化裂化、33 万吨/年催化重整和 18 万吨/年异构化装置。1997 年，国家计委计办原材[1997]807 号文批准，拟将原油加工能力扩大到 300 万吨/年。2002 年 3 月湛江东兴公司由石化集团公司正式收购并全权管理。根据石化集团公司“十五”炼油发展规划的精神，对湛江东兴公司 1997 年的方案进行了调整，将炼油加工能力调整为 500 万吨/年。石化集团公司和广东省发展计划委员会分别以中国石化计[2003]10 号文、粤计工[2003]53 号文批复调整方案。石化集团公司以中国石化建设[2003]154 号批复工程基础设计，批准总投资 15.43 亿元。

工程采用低含硫原油短加工流程，原料为西非原

油，建设内容主要包括：新建120万吨/年中压加氢、50万吨/年连续重整、0.6万吨/年硫磺回收(内含溶剂再生、酸性水汽提)、4万米^3(标准)/时PSA氢提浓，200万吨/年常压异地改造至500万吨/年常减压、40万吨/年催化裂化改造至50万吨/年(包括干气脱硫、液化气脱硫、脱硫醇及汽油脱硫醇)。连续重整采用UOP第三代工艺技术。

项目于2003年3月完成总承包投标工作，8月8日开工建设，进行桩基施工。

该工程采用在项目联合管理组(IMT)领导下的项目管理公司(PMC)管理工程和总承包(EPC)为主的管理模式。北京华夏石化工程监理公司作为PMC对该工程进行全面管理和监理。总体设计单位为洛阳石化工程公司。EPC总承包单位有SEI、洛阳石化工程公司等。主要施工单位有中国石化集团第四、第十建设公司和茂名石化建设公司等。

(贾学诚)

化 工 项 目

【概述】 2003年，化工板块全年共有18套装置投料试车，重点工程按计划顺利实施。上海赛科90万吨/年乙烯、扬巴一体化石化基地项目建设进展顺利；齐鲁乙烯二轮改造工程初步设计批复，工程按控制目标组织建设；广州20万吨/年乙烯改造工程、仪征45万吨/年PTA项目投料试车一次成功；镇海45万吨/年PX项目建成投产；川维天然气乙炔工程打通全流程，并产出合格产品；金陵、巴陵、湖北化肥原料技术改造工程全面开工建设，安庆化肥原料技术改造工程具备开工条件；石家庄己内酰胺工程完成竣工验收。

(王永焕)

【扬子石化65万吨/年乙烯改造工程试生产】 2002年扬子石化65万吨/年乙烯装置建成投料试车。2003年改造工程各装置试生产。

(刘美娟)

【仪征化纤45万吨/年PTA项目建成投产】 该工程于2001年9月开工，2002年2月土建交安，2003年2月中交，4月投料试车一次成功。前后仅用30个月时间(其中安装工期13个月)，项目控制工作管理到位，圆满实现“28个月建成、30个月投产”的建设总目标，创造了国内外同类装置建设周期最短记录。

(王永焕)

【广州20万吨/年乙烯技术改造工程建成投产】 该工程于2002年4月土建开工，2003年2月10日乙烯装置停车，检修及改造工作全面展开。4月4日改造后的乙烯装置产出合格产品，4月下旬聚乙烯、聚丙烯装置产出合格产品。

(刘美娟)

【齐鲁石化乙烯二轮改造工程开工】 乙烯装置于2003年2月22日开工，主要进行地下管网、新增两台10万吨/年裂解炉、新建变配电室等部位的施工并进行主要材料订货和施工图设计。

裂解汽油加氢装置于2003年7月1日开工，12月12日完成施工图设计，完成地下管网、土建基础、压缩机厂房的全部地下、地面工程，非标设备安装就位。

线性低密度聚乙烯装置于2003年6月15日开工，主要完成料仓移位、造粒厂房基础及部分设备基础施工。

苯乙烯装置于2003年4月10日开工，主要完成新罐区施工、新冰机安装、投用，主要单元框架基础及主要设备基础施工。

聚氯乙烯装置于2003年6月11日开工，主要完成地下管网干线，主要构筑物主体及部分设备基础。

氯乙烯装置于2003年6月16日开工，主要完成国内设备基础施工及控制配电室土建交安。

离子膜烧碱装置于2003年6月16日开工，主要完成桩基、地下管网干线及设备基础施工。

(刘晓林)

【燕山乙烯二轮改造工程试生产顺利进行】 该项目投料试车成功后试生产正常。2002年12月30日项目中的新建聚丙烯装置通过竣工验收。2003年除新建聚丙烯装置已竣工外，其他装置均顺利进行试生产。

(刘晓林)

【扬巴一体化石化基地项目】 2003年1月石化股份公司批复总体设计，批准投资208.28亿元(其中建设投资195.8亿元)。

截至2003年底，IPS项目累计完成投资122亿元，为项目建设投资的62.31%。总体进度完成56%，其中：详细设计完成95%，设备材料的采购订单发出94%，主要设备开始陆续交货，施工完成56%。

(王永焕)

【川维天然气乙炔工程投料试车成功】 2003年9月30日各装置全部建成中交，11月5日一次投料试车成功，并随即打通后续全部流程。

（刘晓林）

【上海赛科90万吨/年乙烯工程进入设备安装高峰阶段】 该工程于2002年3月28日正式开工，4月30日各装置基础设计结束，9月9日各装置现场打桩结束。裂解炉安装施工于2003年4月5日开始。2003年除硫酸回收（SAR）土建完成50%外，其余装置和厂前区的设备基础、管架基础和主体混凝土结构基本完成，管架钢结构安装完成85%，地下主管网完成80%，地下接地网完成65%。现场9台裂解炉安装总体完成约66%。125台主要静设备安装就位，工艺管道敷设67.08千米。

截至2003年底累计完成固定资产投资49.91亿元，其中建筑工程8.02亿元、安装工程2.49亿元、设备7.79亿元、其他31.61亿元。

（谢国学）

【石家庄己内酰胺工程竣工验收】 该工程经过试运行，于2003年3月竣工验收。经审核，实际完成投资35.1亿元。

（王永焕）

【巴陵洞氮煤代油改造工程开工建设】 巴陵洞氮"煤代油"改造工程是石化集团公司进行化肥原料优化的重点建设项目。该项目包括合资和配套建设两部分，合资部分与壳牌共同建设，双方各占50%的股份；配套部分由石化集团公司建设。合资公司部分工程包括空分、粉煤气化及相应辅助公用工程。

该项目于2001年5月16日国家经贸以国经贸投[2001]465号文转发国务院可研批复，批准立项。2001年6月12日石化集团公司以中国石化[2001]计化69号文转发批复文件，项目批准总投资16.59亿元(含外汇6 959万美元)。其中合资部分总投资11.34亿元(含外汇6 020万美元)。配套部分总投资4.01亿元(含外汇751.18万美元)

合资公司2001年11月10日成立。

合资部分工程由兰州设计院做初步设计。兰州设计院做EPC总承包。

配套建设部分由巴陵设计院进行设计。巴陵分公司进行项目管理。

2003年8月19日工程正式开工。截至年底长周期设备订货工作基本完成，正在进行土建工程施工。

工程计划2005年底建成投产。

（张振吉）

【金陵化肥原料技术改造工程开工建设】 金陵分公司原有合成氨装置是以石脑油为原料，从法国赫尔蒂公司引进，采用丹麦托普索和意大利GV公司工艺技术；原有尿素装置采用荷兰斯太米卡邦CO_2气提法工艺。

技术改造工程气化工艺采用美国雪佛龙—德士古水煤浆加压气化技术，日处理煤（高硫焦）2 000吨，年产合成氨30万吨、尿素52万吨、氢气3万吨。

主要改造内容：新建3台直径为3.2米的气化炉，气化压力3.92兆帕，两开一备，单台投煤量1 050吨/日。变换单元采用耐硫中变串低变流程。净化单元采用NHD（聚乙二醇烷基醚或聚乙二醇二甲醚）配甲烷化工艺。配套建设5.6万米^3（标准）/时空分装置。新建制浆装置布置在热电厂，煤（焦）浆通过管道输送到化肥厂气化装置；对化肥厂的机修及备品备件库进行组合，拆除部分厂房用于建设3台气化炉。

2002年3月，原国家经贸委以国经贸投资[2002]161号文批准可行性研究报告，批准总投资为9.78亿元；9月4日，与美国德士古公司签订了水煤浆气化的技术转让合同，合同总价680万美元，10月17日合同正式生效。2003年4月11日，空分厂商招标工作结束，法国液空公司中标；8月14日，石化股份公司以石化股份计项[2003]76号文批复基础设计，批准总概算为10.63亿元；10月与南京化学工业公司机械厂签订3台气化炉供应合同；2003年10月18日，工程开工（打桩）。

该项目由金陵石化工程公司与中国天辰化学工程公司联合实行EPC总承包；监理任务主要由金陵石化工程监理公司承担。

（王永焕）

【湖北化肥煤代油改造工程开工建设】 该工程是石化集团公司进行化肥原料优化的重点建设项目。由石化集团公司独资建设，采用壳牌煤气化技术。该项目包括合资和配套建设两部分。国家经贸委2003年3月20日批准可研报告（国经贸投[2002]162号）。石化集团公司于2003年9月11日以石化股份计项[2003]90号文批复初步设计。初步设计批复总投资12.62亿元，其中含外汇3 475.56万美元。

主要工程内容：煤气化部分，煤处理量2 000吨/日，空分4.8万米^3（标准）/时；配套部分，产合成氨39.6万吨/年，尿素57.09万吨/年。

该工程实行项目法人责任制下项目经理负责制，由项目法人责任单位成立项目管理组织机构。项目建设采用EPC总承包和工程建设监理。工程总承包分别由中国石化兰州设计院及五环科技股份有限公司共同承担。兰州设计院负责煤气化和空分等部分；五环科技股份有限公司负责变换、酸性气体脱除等配套部分以及公用工程部分。

2003年8月18日工程正式开工。截至年底长周期设备订货工作基本完成，正在进行土建工程施工。

（张振吉）

【安庆化肥原料技术改造工程具备开工条件】 该工程引进壳牌煤气化工艺技术，日处理原煤2 000吨，年产合成氨30万吨、尿素52万吨、氢气1.38万吨。

改造工程主要内容包括：新建粉煤气化单元，其中包括一套粉煤气化装置和一套空分装置，新建一套耐硫变换和酸性气体脱除装置；改造甲烷化装置和氨合成回路；配套公用工程和辅助工程系统。

2003年8月19日签订壳牌煤气化工艺技术转让合同；9月4日签订气化炉内件合同，由西班牙BBE公司承接制造任务；9月15日，国家发改委以发改工业[2003]1192号文批复可行性研究报告；11月25日签订气化炉壳体国产化订货合同；空分装置由杭氧股份有限公司总承包；12月18日，与德国Lurgi公司签订低温甲醇洗专利技术转让合同；12月，场地土方平整工作完成。

该项目的空分和壳牌粉煤气化装置由宁波工程公司进行EPC总承包，其他部分由安庆化肥煤代油改造工程项目部负责组织实施。

（王永焕）

加油站和油库建设

【概述】 2003年销售系统网络建设继续完善，市场竞争实力进一步增强。全年新增加油站1 367座，加油站总数达到2.45万座，新增特许加盟加油站1 199座，特许站总数达到5 326座。成品油管线建设取得重大进展，继荆荆管线投入使用之后，金闽行管线和西南管线正式开工。

（路宇歆）

【扩展销售网络】 2003年营销网络得到进一步扩大。成品油管道建设取得重大进展。荆荆管线、镇杭管线投入使用。金闽管线即将完工。跨越4省的西南管线工程，克服各种困难如期开工，进展顺利。完成了鲁皖管线、珠江三角洲管线、北京环城管线的可行性研究和报批。

（路宇歆）

【油库调整】 2003年销售企业的油库优化调整有了新的进步。为了进一步增强库存调节和抗市场风险的能力，销售公司选择确定了3座战略储备库，由销售公司自己对其进行调控，并完成了这3座油库的自动化试点改造。同时在经过比较择优后，关闭了67座低效油库，使在营油库减少为628座，布局进一步优化。

（路宇歆）

【西南成品油管道工程开工建设】 该工程是为了解决西南3省区成品油稳定供应而兴建，它是中国石化贯彻落实党中央关于西部大开发决策的一项战略性工程，是振兴西南地区经济和社会协调发展的重点项目，同时也是继“西气东输”工程之后国家又一个“东油西送”的重点项目。管道近期输量600万—630万吨/年，全部由茂名石化供应汽、柴油，远期输量为1 000万吨/年，将由茂名石化和北海石化同时提供成品油。全线贯穿广东、广西、贵州、云南4个省区，途经37个市县。沿途大部分地区地势险峻、地质情况复杂、植被茂密、河流众多。初步统计，大中小河流、铁路及各类公路的穿跨越工程达600余项，设计和施工都有相当大的难度。西南成品油管道项目建议书由华东管道设计院负责编制，洛阳工程公司在项目建议书的基础上编制完善了可行性研究报告。考虑到国内长输管道设计的经验较少，经石化集团公司领导同意，通过招标，确定美国海湾州际工程公司(GIE)负责西南管道项目的工艺基础设计工作。在基础设计的基础上，洛阳工程公司完成初步设计。洛阳工程公司为施工图总体设计单位。洛阳工程公司、胜利油田勘察设计院、江汉设计院分段负责线路工程施工图设计。

2001年8月20日国家计委以计产业[2001]1561号批复项目建议书，2003年6月7日国家改革与发展委员会以发改工业[2003]497号文批复可行性研究报告，7月4日石化股份公司以石化股份计项[2003]273号批复初步设计。工程总投资35.2亿元。

2003年9月19日该项目开工建设。工程由线路工程、站场工程、控制系统、防护系统和配套的公用工程等组成。线路工程全长1 691千米，其中：干线长1 539千米，支线长152千米。管径范围为直径219—508毫米。站场工程由首站、中间分输泵站、中间泵站、干线末站与支线末站共计19个站场组成。

线路工程分为28个标段；站场工程除黎塘、长坡及调控中心作为独立的施工标段外，其余并入线路工程标段。由系统内长输管道建设的主力队伍：河南油建、胜利油建、江汉油建、中原油建承担主干线建设任务，同时中国石化集团第四、第十建设公司，茂名石化建设公司等也参与了施工建设。

（姚　舜）

建设监管

【概述】 2003年在招投标、质量监督、工程监理、资质管理、定额标准方面加强了工程监督和管理工作。成立了中国石化集团招标有限公司，负责石化集团公司暨石化股份公司工程建设项目招标的代理工作。石化集团工程质量监督系统对所有项目的工程质量实行了严格有效的监督，组织对甬沪宁原油管道等工程14次质量大检查。开展对管材的监造和对压力管道的监检。组织编写《监督工程师业务考试培训大纲》，对监督工程师进行业务培训和考试。工程建设标准化取得良好成绩，全年完成上报发布行业标准19项，标准图和导则各1项，定稿22项，送审稿30项，提纲稿7项，征求意见稿11项。截至2003年底，石油化工领域国家标准、行业标准及企业标准已达223项。《石油化工生产装置维护维修费用定额》完成了送审稿，并进行了测算。《石油专业工程定额》（东部地区）获得石化集团公司科技进步二等奖；《石油专业工程定额（新星、西部、海上）》完成发布。石油专业工程造价管理系统和石油地面工程造价管理系统软件在东部各油田推行。组织宣贯《石油化工工程建设项目设计取费办法》。在资质管理上，完成石化集团公司管理的31个建筑业企业（其中直属施工企业5个，油田企属一级施工企业10个，炼化企业属一级施工企业16个）的资质年检、申报工作，并全部顺利通过建设部考核。组织完成5家压力容器设计资格换证审查和进行25家《压力管道设计资格批准书》换证审核工作。完成了系统内17家监理企业资质升级和增项的预审和申报。完成石化集团公司2003年度项目经理认证、上网、颁证工作。完成了石化系统全国监理工程师、造价工程师的初始注册，组织评审了石化总监理工程师资格。

（刘维英）

【招标投标管理】 2003年，受国家有关部委委托，继续承担石化集团公司工程建设招标投标管理的监管职能。围绕"规范市场秩序、维护集团利益、保证项目实施、强化管理与协调"的工作方针，认真贯彻国家招标投标法律法规和石化集团公司建设工程招标投标管理有关规定，规范招标投标行为，为工程建设项目的顺利实施提供有力保障。

1. 工程建设项目招标投标活动的监督管理

2003年，严格执行国家《招标投标法》和集团公司的有关管理规定，严格招标申请制度、市场准入制度和投标资格审查制度，按照集团公司的招标投标工作程序对总投资1 000万元以上项目招标工作进行了监督和管理，对重点项目招标工作进行了全方位、全过程的跟踪和监管，保证了工程建设项目顺利实施，维护了集团公司整体利益，并逐步建立了适应市场运行程序、规范市场运行行为的管理制度。全年施工招标57项，共123个标段，EPC总承包招标4项，设计招标8项，监理招标6项。包括扬巴一体化项目施工招标，上海赛科乙烯项目公用工程部分的监理和施工招标，湛江东兴炼油改扩建项目主装置设计、采购、施工（EPC）招标及EPC总承包商进行的施工招标，齐鲁石化合成树脂产品结构调整工程、扬子石化800万吨/年含硫原油改扩建工程、川维合资项目醋酸扩能改造工程、西安石化总厂清洁燃料技改项目、新疆塔河劣质稠油处理技改项目、洞氮煤气化工程、河南石油公司商丘油库、山西石油公司大同古庙油库改造工程等项目的施工招标，西南成品油管道线路工程详细设计、施工安装、第三方检测等招标，以及湖北化肥煤代油项目工程建设监理招标等。

2. 成立招标代理机构，提高自控能力和规范运作

为了配合石化集团公司内部工程建设市场制度的建立和实施，提高工程建设市场自控内能力，便于工程建设项目的管理，2003年成立了中国石化集团招标有限公司，负责石化集团公司和石化股份公司工程建设项目招标的代理工作。年内完成了在国家工商局的登记注册，并通过了建设部审批，取得招标代理甲级资格。招标有限公司的成立使石化集团公司工程项目招标投标工作和评标专家库的建立及维护更加有序、合法、合规，保证了工程建设项目招标质量，维护了石化集团公司暨石化股份公司整体利益。

（曹　森）

【工程质量监督】 2003年，石油化工工程质量监督总站（以下简称总站）以及33个监督分站和4个监测中心，克服了非典疫病的影响，较好地完成了各项监督工作。

1. 监督分站的改革

为建立规范的石化工程质量监督机构，提高工程质量监督的公正性和严肃性，根据《中华人民共和国行政处罚法》和国务院《建设工程质量管理条例》等有关国家法律法规以及石化集团公司《关于进行石化工程质量监督分站改革的通知》精神，决定将各监督分站首先从企业的工程公司、监理公司、工程处、监测中心等被监督的对象中独立出来，成为所在企业的直属单位并办理事业单位登记。这项改革得到了大多数单位的全力支持。到2003年底，按照石化集团公司

的要求完成改革的有26家(其中3家已完成事业单位法人的登记工作)。

2. 项目监督

2003年，石化工程质量监督系统对石化集团公司暨石化股份公司2003年固定资产投资项目实施计划中的所有项目均实行了有效严格的质量监督管理。在日常监督工作中，各监督分站强化监督管理力度，首先抓好施工前期和工序实施前的质量预控工作和设备材料进场的质量监控环节，使监督工作向前期延伸，并加强施工图、施工方案等技术资料的审查参与工作；过程中按照程序化、标准化、制度化的管理要求，注重对参建各方主体的质量行为和工程实体质量的全面监督；同时以严格监督为宗旨，坚持严格监督与热情服务并举，积极帮助和促进各工程建设主体质量意识和管理水平的提高。

在确保做好石化集团公司建设项目质量监督工作的同时，积极向系统外的石化建设项目拓展监督业务。如中外合资湖北孝感5市县天然气利用Ⅰ期工程、上海金山区第二工业区工程、蓝星清洗无锡双酚A项目等，取得了良好的社会效益和经济效益，同时以良好的监督形象和服务意识得到了各建设主体的认可和信任。

3. 设备材料监造

为改善石化建设工程管材的质量状况，在总站的组织协调下，中国石化工程质量监测中心根据石化股份公司物资装备部的委托，开展了对管材的监造工作。截至2003年底，先后共派出8名监造工程师对7家管材供应(制造)商实施监造，共完成700余份订货合同、约1万吨钢管、涉及900多个规格种类的监造任务。通过监造，帮助供应(制造)单位改善质量管理体系，使监造的管材质量明显提高。

2003年，各监督分站(监测中心)在不同程度上加强了构配件生产环节的监造监督，包括砼的生产环节、管件的生产环节等，并取得了良好的效果。

4. 压力管道监检

国务院《特种设备安全监察条例》发布以后，总站及时向各分站作了布署，要求各分站在做好工程建设项目质量监督的同时，重点加强石化压力管道监督检验工作。对各参建单位质量行为、管材配件的进场检验到管道安装的实体质量，层层把关，严格监控，以保证国家对压力管道所要求的监检项目没有漏项，确保压力管道的安装质量。如仪征化纤分站为抓好压力管道的监检工作专门成立了压力管道监检工作组，坚持召开每周质量例会，认真把好压力管道的每一道关口，由于自身规范的工作，赢得了施工单位的支持、建设单位的信任，使压力管道监检工作得以顺利开展。

5. 培训与业务考试

根据国家对质量监督工作的有关要求，为全面提高质量监督人员的业务素质，总站根据国家发展与改革委员会(以下简称国家发改委)的指示精神，组织编写了《监督工程师业务考试培训大纲》并制定了严格的考试规则和考场纪律。2003年11月，总站组织、完成了第一次业务考试，石化监督系统共有28个分站(监测中心)约300余人参加了本次考试。总站将有计划地继续组织监督工程师的业务培训与考试，全面提高石化监督系统人员的整体素质。

(胡国勇)

【标准管理】 按照陈同海总经理关于“进一步推动工程标准定额的科学化、系列化，建立形成中石化自有的标准定额体系”的指示精神，本着“贴近生产、贴近实际、贴近市场”的原则，工程建设标准化工作努力完善建立行业标准定额，取得良好成绩。

1. 加大石化工程建设标准的制修订

按照工程建设标准定额暨中心(管理)站2003年工作会议的安排，石化行业在编的标准制修订项目92项，年内完成上报发布行业标准19项，标准图和导则各1项，定稿22项，送审稿30项。截至2003年底，石油化工领域国家标准、行业标准及企业标准已达223项，其中国家标准有3项，分别为《石油化工企业设计防火规范》、《汽车加油加气站设计与施工规范》和《石油库设计规范》。

国标《石油化工企业设计防火规范》的修订工作正式启动。编制单位中国石化集团洛阳石油化工工程公司和中国石化工程建设公司组成了技术力量较强的编制组，深入生产企业进行了广泛的调研，重点研究了中外合资项目建设中暴露出的问题，吸收国内外新技术成果和国际标准内容，努力实现与国际接轨，为修编工作打好基础。

国标《汽车加油加气站设计与施工规范》于2002年发布，为国务院清理整顿加油站建设市场提供了完整、权威的技术依据，在中国汽车加油加气站建设领域发挥了重要的作用，获得了2003年度石化集团公司科技进步二等奖。

在开展石化行业标准编制工作的同时，积极协调并参加与石化工程密切联系的其他行业的标准编制工作。参编了交通部组织编制的行业标准《石油化工油品码头装卸工艺设计规范》和石油集团公司主编的国家标准《油罐区防火堤设计规范》。

年内完成编制并上报国家发展和改革委员会的石油化工行业工程建设标准见表2。

表 2　**2003 年完成编制并上报发布的石油化工行业工程建设标准**

序号	标准编号	标准名称	英文名称	适用范围	主编单位
1	SH/T 3018—2003	石油化工安全仪表系统设计规范	Design codes for safety instrumented system in petrochemical industry	新建、改扩建石油化工装置(或工厂)安全仪表系统的工程设计。储运系统、公用工程及辅助设施等工程设计可参照执行	中国石化工程建设公司
2	SH/T 3019—2003	石油化工仪表管道线路设计规范	Design codes for instrument tubing and wiring in petrochemical industry	新建、改扩建石油化工装置(或工厂)自动控制中仪表测量管道、仪表信号传输线路的工程设计。装置的改造可参照执行	中国石化集团兰州设计院
3	SH/T 3027—2003	石油化工企业照度设计标准	Design specification for illumination level in petrochemical industry	石油化工企业工程中生产设施工作场所的照度设计	中国石化集团洛阳工程公司
4	SH/T 3036—2003	一般炼油装置用火焰加热炉	Fired heaters for general refinery service	一般炼油装置火焰加热炉、空气预热器、通风机和燃烧器的设计、材料、制造、检验、试验、运输准备和安装等方面规定了最低要求并给出建议	中国石化工程建设公司等
5	SH/T 3039—2003	石油化工非埋地管道抗震设计通则	General seismic design rule for non-buried pipe in petrochemical industry	抗震设防烈度为 6—9 度地区的抗震设计；公称压力小于或等于 42 兆帕的石油化工非埋地钢制管道的抗震设计。不适用于长输管道的抗震设计	中国石化工程建设公司
6	SH 3043—2003	石油化工设备管道钢结构表面色和标志规定	Codes for surface color and mark on equipment pipe and steel structure in petrochemical industry	石油化工设备、管道、钢结构的表面色和标志。对扩建、改建工程或现有企业，可逐步执行。引进工程项目也应参照执行。对中外合资企业，应作为中方推荐标准。不包括安全色、安全标志	中国石化集团上海工程有限公司
7	SH/T 3045—2003	石油化工管式炉热效率设计计算	Calculation of thermal efficiency for the design of petrochemical tubular heaters	规定了燃气、燃油的石油化工管式炉热效率的设计计算方法，适用于燃气、燃油的石油化工管式炉热效率的设计计算	中国石化工程建设公司
8	SH/T 3064—2003	石油化工钢制通用阀门选用、检验及验收	Specification for selection, inspection and acceptance of steel valves used in petrochemical industry	规定了石油化工钢制通用阀门(包括闸阀、截止阀、止回阀、蝶阀和球阀)的选用、检验、验收、订货、包装及运输的要求。适用于石油化工公称压力 1.6、2.5、4.0、6.4、10.0、16.0 兆帕的钢制通用阀门	中国石化工程建设公司

续表

序号	标准编号	标准名称	英文名称	适用范围	主编单位
9	SH 3015—2003	石油化工给水排水系统设计规范	Design code for design for water & wastewater in petrochemical industry	规定了给水排水系统石油化工要求。适用于新建工程给水排水系统设计，扩建、改建工程设计可参照执行	中国石化集团兰州设计院
10	SH/T 3081—2003	石油化工仪表接地设计规范	Design code for instrument grounding in petrochemical industry	新建、改扩建石油化工装置(或工厂)仪表及自动控制系统工程中的 DCS、PLC、IPC、SIS、FGS、PCCS 等的接地系统的设计。改造设计可参照执行	中国石化工程建设公司
11	SH/T 3082—2003	石油化工仪表供电设计规范	Design codes for instrument power supply in petrochemical industry	新建、改扩建石油化工装置(或工厂)仪表及自动控制系统的供电设计，改造设计可参照执行	中国石化集团洛阳工程公司
12	SH/T 3135—2003	石油化工工程地震破坏鉴定标准	Authentication standard for earthquake destruction in petrochemical engineering	石油化工工程地震破坏和因地震引起的次生灾害而造成的破坏鉴定，以及地震破坏造成的直接经济损失估算和统计	中国石化镇海炼化工程公司
13	SH 3136—2003	石油化工液化烃球形储罐安全设计规范	Design specification for safety of liquefied spherical industry	石油化工装置及储运设施中液化烃球形储罐及其附件的安全设计	中国石化集团上海工程有限公司
14	SH 3137—2003	石油化工钢结构防火保护技术规范	Technical specification of fire protection for steel structures in petrochemical industry	规定了石油化工企业生产区建(构)筑物钢结构的防火保护范围、材料、构造及质量要求。适用于石油化工企业生产区新建、改建或扩建工程建(构)筑物钢结构防火保护的设计、施工及验收	中国石化集团洛阳工程公司
15	SH/T 3138—2003	球形储罐整体补强凸缘	Integrated forging reinforcement for spherical tanks	与 GB12337 和 GB/T17261 配套使用。适用于同时符合下列范围的球形储罐：a)常规设计的球罐；b)工程容积 50—10 000 米^3 的球罐；c)设计压力小于等于 4.0 兆帕且设计温度小于等于 100 摄氏度的球罐；d)球壳板名义厚度大于 18—50 毫米的球罐	大庆石化设计院
16	SH/T 3515—2003	大型设备吊装工程施工工艺标准	Construction standard for large-size equipment hoisting engineering	规定了石油化工大型设备吊装的施工工艺及其安全技术要求，适用于石油化工工程建设大型设备吊装的施工。中、小型设备的吊装施工可参照使用	中国石化集团第十建设公司

续表

序号	标准编号	标准名称	英文名称	适用范围	主编单位
17	SH 3522—2003	石油化工隔热工程施工工艺标准	Construction standard for heat insulation work in petrochemical industry	规定了隔热工程施工方法和质量要求，适用于石油化工工程建设的设备和管道外部隔热工程的施工，生产装置检修的隔热工程施工可参照执行	中国石化集团第四建设公司
18	SH 3531—2003	隔热耐磨衬里技术规范	Technical specification for heat-insulation and wear-resistant linings	规定了隔热耐磨衬里的结构型式、材料要求、工程质量、验收标准及热处理制度	中国石化集团第四建设公司
19	SH 3533—2003	石油化工给水排水管道工程施工及验收规范	Specification for the construction and acceptance of piping works for water-supply and drainage in petrochemical industry	规定了设计压力小于或等于1.6兆帕的给水排水工程施工的要求及质量标准。适用于石油化工工程建设的新建、改扩建工程的给水排水埋地和地上管道的施工及验收。改造、检修等工程可参照执行	中国石化集团第二建设公司

2. 继续推进行业标准与国际接轨

根据目前的条件和实际需要，稳步推进第一层面。2003年全面修改完成了采用ISO 13705行业标准的《一般炼油装置用火焰加热炉》的编制工作。在编制过程中，对因不适合中国国情和技术上差异而引起的修改，尽量控制在合理、必要和最小的范围内，使其成为加热炉专业较全面和权威的综合性标准。该标准包括了设计、制造、采购、现场安装、验收等内容。《石油化工控制室抗爆设计规范》作为建筑专业采用国际标准的突破口，收集了大量的资料，完成了提纲稿的审查。

第二层面建立中国石化工程标准体系并与国际接轨，是提升中国石油化工工业工程建设综合实力，为中国石化的国际化和"走出去"服务的重要技术支撑，同时，也是当前石化工程建设标准化工作的重点和难点。年内开展了调研分析和方案研究。

中国石化工程建设公司编制的工程公司企业标准，是第三层面工作的代表，取得了较大进展，其中公司管理标准基本完成，项目管理标准和技术标准也完成了大部分，将会对第二层面标准体系的建立起到积极促进作用。

各有关设计技术中心(管理)站积极开展国外标准的跟踪、收集、整理工作，及时掌握国外标准的信息。国外标准管理站采购了ASME、API、ASTM等各协会、学会的标准共计50多项。2003年该站共收集了包括20多个学会、协会的420多项标准。编辑出版了《加热炉国际标准汇编》和《美国石油学会加热炉标准汇编之一》。电气设计技术中心站收集了所需的IEC系列标准。

3. 组织标准宣贯、培训和技术交流活动

积极组织标准规范的贯彻实施，开展技术研讨和交流，加强专业基础建设，提高标准化管理水平。2003年，组织标准宣贯9期，对25项标准进行了宣贯；召开技术研讨和交流会议共7场。

按照建设部的要求，储运设计技术中心站举办2期国标《石油库设计规范》宣贯研讨班。自控设计技术中心站举办了13项自控专业标准学习宣贯班。抗震振动设计中心站举办了《石油化工企业电气抗震设计规范》培训与研讨会。设备设计技术中心站召开了VCAD辅助设计软件升级版交流会议。建筑设计技术中心站组织召开了岩土工程技术委员会暨地基处理技术交流会和石油化工设备基础设计软件(SCAD)使用和完善工作会议，对该软件在使用中存在的问题和用户的要求进行讨论，制定了进一步完善的措施。总图设计技术中心站组织召开了石油化工企业总图管理规定暨总图技术交流会。环保给排水设计技术中心站组织召开了工业节水与技术装备交流会。电气设计技术中心站组织石化系统设计、生产单位的电气人员，举办了Power Station电气系统软件培训。计算机应用技术中心站召开了项目管理和信息安全研讨会。

（周家祥）

【定额管理】 工程定额管理工作贯彻"三个贴近"的原则，适应新形势的需要，以提高投资效益、规范计价行为为宗旨，以建立科学先进的定额体系为目标，面向企业做好定额管理与服务工作，不断提高管理水平和工作质量。

1. 工程定额的修订完善工作

(1) 根据工程造价计价模式改革的要求和石化企业生产管理的需要，着重抓好石油化工工程定额的修订和完善工作。2003年初专题召开了《石化行业定额研讨会》，全面研究了石化各项定额在执行中存在的问题，重点突出研讨了规范关联交易的计价依据，安排了全年的工程定额工作计划，确定了以《石油化工行业生产装置维修维护费用定额》的修订为重点，兼顾《石油化工行业安装工程预算定额》的修编和《石油化工行业工程量清单计价办法》的编制。

《石油化工生产装置维护维修费用定额》加快修订进度，完成了送审稿，并进行了测算。石化股份公司高级副总裁张家仁、石化集团公司副总经理刘根元对定额的编制工作都作出批示。在编制过程中，对定额的执行情况开展了为期20天的现场调研。调研结果表明，维护维修定额的施行规范了甲乙双方关联交易行为，有利于企业改制分流和内部重组，有利于企业自立生存与发展，应坚持推广施行。维护维修定额的修订细化了炼化部分生产装置的定额，依据收集到的资料尽量考虑了各种影响维护工作量的因素，贴近了生产；定额扩大并明确界定了包括的维护维修工作范围；工料机价格逐渐按照市场定价。增加了化纤、自备热电厂(站)、自备码头等工程的维护维修定额，拓展了定额覆盖面。

《石油化工行业安装工程预算定额》是形成《石油化工安装工程概算指标》基础，也是石化行业推行工程量清单计价、编制相应工程量清单计价办法的基础依据。2003年，对该项定额的修订工作做了积极的准备工作，制定了编制工作细则。《石油化工行业工程量清单计价办法》是按照建设部大力推行工程量清单计价的总体要求计划编制的，年内，着重开展了编制方案的研究。

(2) 石油工程造价管理工作取得较大进展，建立并初步完善了统一、规范、科学的定额体系。石油工程造价管理工作，贴近生产、贴近实际、贴近市场，对于油田工程发挥的积极作用越来越显著。首先，造价管理的深入进一步完善了项目的过程管理，作为一个新的重要环节，有助于上游整体管理水平的提高。其次，扎实开展了定额制修订的基础工作，突出表现在石油专业工程定额的编制、实施及其有关配套工作方面，《石油专业工程定额》(东部地区)经过两年实施，2003年获得石化集团公司科技进步二等奖；《石油专业工程定额(新星、西部、海上)》完成发布，从2003年1月1日起试行。油田地面工程造价管理取得重要进展。石油专业工程造价管理系统和石油地面工程造价管理系统软件在东部各油田推行。这些工作强化了造价管理的基础，同时也是对油田勘探开发基础工作的有效补充。再次，石油工程造价管理围绕油气勘探开发这条主线，不断提高和丰富工作内容，为生产经营提供积极有效的服务。重点开展了造价分析活动，发挥了专业技术力量强、基础资料覆盖面比较广等优势，逐步形成比较规范的制度。另外，加强了石油工程主材价格管理，有利于有效控制工程造价。

2. 积极推行设计收费模式改革

2003年初，发布了《石油化工工程建设项目设计取费办法》(以下简称《办法》)，同时编写了配套的辅导教材。为促进《办法》的应用，举办了2期宣贯学习班，各生产企业、工程公司、设计院对《办法》的试行都很重视，普遍认为石化行业开展设计收费机制改革是一项大胆创新的工作，将促进设计单位加强内部管理、提高竞争力。

3. 加强价格管理工作，为石油化工工程建设造价控制提供动态、及时、准确的价格信息

进一步加强与物资供应管理部门、设备材料生产厂及各地信息网的联系，继续做好非标设备供应价格、主材价格的动态管理工作，提高了价格信息的及时性、准确性，完成了2003年非标设备参考价格的修订，发布了2003年度《石油化工安装工程主材费》。

(周家祥)

【设计资质管理】 2003年，参与117家全国勘察设计单位资质换证的第三批复审、第四批初审和复审工作。组织完成5家压力容器设计资格换证审查和进行25家《压力管道设计资格批准书》换证审核工作。成立了两个换证工作专家组，组织编制了《压力容器设计人员培训教材》、《全国压力管道设计审批人员考核培训教材》、《压力容器压力管道设计单位资格许可与管理规则实施细则》、《压力容器设计管理制度》、《压力容器压力管道认证换证工作指南》、《石油化工管道安装设计便查手册》等教材；举办了6期压力容器、压力管道设计审批人员培训班。培训工程总承包项目经理，支持重点项目的EPC工程总承包工作。组织专家编制了《工程建设项目总承包项目管理培训教材》；举办2期工程总承包项目经理培训班。参加了化工注册工程师和机械注册工程师管理委员会，开展了详细注册工作。负责对石化集团公司设计企业行业归口管理，如设计资质、个人执业资格管理；对设计

企业改企建制工作予以适时指导；组织制定设计企业行业工作内容和管理规定等。

（申发祥）

【施工资质管理】 2003 年，石化集团公司根据国家关于施工资质管理的相关要求，加大力度完善工程建设企业的施工资质管理。在企业资质管理方面，按照建设部关于企业资质管理规定和年检工作意见的要求，经与建设部有关部门协调，完成石化集团公司管理的 31 个建筑业企业（其中直属施工企业 5 个，油田企属一级施工企业 10 个，炼化企业属一级施工企业 16 个）的资质年检、申报工作，并全部顺利通过建设部考核。同时完成胜利油田胜利工程建设（集团）有限责任公司等 11 个企业的资质增项申报工作，全部获准通过。在项目经理资质管理方面，根据建设部关于项目经理管理的有关规定，完成石化集团公司 2003 年度 826 名项目经理认证、上网、颁证工作，其中一级 295 名、二级 394 名、三级 137 名。为突出为企业服务原则，通过区域性集中、送教上门方式加强项目经理继续教育，全年培训1 400人。根据建设部《关于建筑业企业项目经理资质管理制度向建造师资格制度过渡有关问题的通知》要求，配合建设部完成注册建造师（石油化工专业）考试大纲、考试指导书的编制工作，包括管道工程、静设备安装、动设备安装等 5 个部分。

（彭京旗）

【工程造价资质管理】 工程造价执业资格和从业资格管理工作开展顺利，有效提高了石油化工行业工程造价技术队伍建设整体实力。

1. 工程造价执业资格的管理工作

2003 年共有 114 名取得执业资格的造价工程师经建设部批准进行了初始注册。对经建设部批准的 262 名初始注册造价工程师分 3 期进行了继续教育培训。根据中国建设工程造价管理协会文件精神，对 422 名造价工程师组织了网络教育培训。

2. 概预算专业从业资格管理工作

组织编写完成石油化工行业第一部概算专业从业资格考试培训教材《概算实务》，建立石油化工行业工程造价从业资格考试题库，使从业资质管理更加规范化、系统化。对通过 2002 年培训考试的预算人员进行从业资格认证审核，其中 794 人获得预算从业资格证书。石油工程造价管理中心 2003 年举办了 3 期概预算员取证培训班，170 名地面工程概预算员和 65 名石油专业工程概预算员经培训考核合格。

（周家祥）

【工程建设监理】 资质在石化集团公司管理的有 48 个监理企业，主项为甲级资质的有 36 个（化工石油类 35 个，房屋建筑类 1 个），占 75%；乙级 11 个，占 23%；丙级 1 个，占 2%。48 个监理企业涉及化工石油、房屋建筑、市政公用工程、电力工程、公路工程、港口与航道、机电安装、通信工程和水电水利等 9 个专业类别的 107 个增项。

2003 年监理企业资质升级和增项审查中，河南石油勘探局工程建设监理中心、胜利油田胜利工程设计咨询有限公司和石家庄炼油化工工程建设监理公司等 3 家监理企业主项晋升为甲级；南京扬子石化工程监理有限责任公司、广州石化建设监理公司等 17 家监理企业新增 6 个专业的 9 个甲级增项，15 个乙、丙级增项。

3 月 18—20 日召开了 2003 年度石化监理企业经理会议。会议总结了 2002 年监理工作，部署了 2003 年的重点工作，表彰了南京长江工程监理有限公司等 10 家石化集团公司 2002 年度先进工程建设监理单位和杨继材等 14 名优秀总监理工程师，重点交流了工程建设监理工作和监理企业改制经验，研讨监理企业进一步做大做强的措施。

继 2002 年对《石油化工建设工程监理规范》（初稿）审查后，2003 年 9 月，编制完成《石油化工建设工程监理规范》（送审稿）。10 月 14—17 日组织 10 个企业的专家召开《石油化工建设工程监理规范》（送审稿）审查会。

2003 年石化集团公司管理的监理企业改制分流工作又有新的进展，上海金申工程建设监理有限公司、南京金陵石化工程监理有限公司、山东齐鲁石化工程有限公司、上海高桥石化工程建设监理公司等监理企业陆续分流改制。

2003 年，石化监理企业积极开拓系统内外市场，严格执行监理合同，所监理的广州乙烯改造、仪征 PTA 等一大批项目相继顺利投产或投用，受到用户的好评。年内，经过严格的招投标程序，上海金申工程建设监理有限公司、北京毕派克工程建设监理公司、南京金陵石化工程监理有限公司、山东齐鲁石化工程有限公司、上海高桥石化工程建设监理公司、南京长江工程监理有限公司、洛阳石化工程建设监理公司、北京燕山石化工程建设监理部等 8 家监理企业进入中外合资上海赛科乙烯项目承担监理工作。上海赛科乙烯建设项目投资之大，管理之严格，都是前所未有的，此举不仅能大幅度提高这些监理企业的监理管理水平，而且还将摸索出一套适应中外合资项目监理的工作经验和做法。

截至 2003 年底，48 家监理企业监理合同额达 2

亿多元。

2003年继续抓紧监理人员的业务培训，提高监理工程师的专业素质。组织监理工程师培训班、执业资格考试考前辅导班3期，约149人参加培训。

2003年，石化集团公司管理的监理企业共申报全国监理工程师初始注册人员252名，人数居13家中央直属集团公司之首。经全国监理工程师注册办公室初审，最终有248人符合文件规定准予注册，4人未予注册。

根据论文评审结果和个人基本情况，公布第五期总监理工程师资格人员名单并颁发石化总监理工程师结业证书和资格证书。第五期共81人取得石化总监资格，其中，一级5人，二级11人，三级65人。

（么贵明）

工 程 管 理

【概述】 为保证重点工程建设的顺利进行,2003年召开现场办公会12次、现场协调会30次、设计协调会19次,组织完成了11个项目的总体统筹控制计划审查,组织15次工程质量大检查,组织总体试车方案审查4次,组织投料试车条件检查4次,组织开工队8支,组织现场服务组1个。有37套生产装置投料试车。在设计管理方面,组织修编3项设计内容规定;组织清理和修编石化集团公司设计管理文件,编制了《工程设计单位建立质量管理体系导则》等13项设计管理制度,废止了31项工程设计管理制度;修编《中国石化集团公司工厂设计若干规定》。组织设计质量大检查。在安全管理方面,全面推行HSE管理体系,组织2次安全大检查,召开2次安全生产工作座谈会,组织编写《HSE施工作业图示》手册,制定《直属施工企业脚手架安全隐患治理方案》,投资350万元支持第十建设公司治理脚手架隐患。国际工程取得较大进展,相继完成约旦复合肥、伊朗炼油改造一期、卡塔尔管道等海外工程项目,合同额1.8亿美元。叙利亚马哈德电站改造项目中标,合同额5 080万美元。组织伊朗炼油改造二期和乙烯工程、阿联酋气体处理及储运、马来西亚沥青等项目的报价,重点跟踪也门、约旦、叙利亚、埃及、科威特、伊拉克、印度、越南等国家的近30个炼油、化工、化肥和储运项目。印发了《集团公司对外工程承包和劳务合作管理办法》,完成了《对外工程承包和劳务合作3年规划纲要》。

（刘维英）

【生产准备与投料试车】 2003年共有广州乙烯、仪化45万吨/年PTA、镇海PX、川维天然气乙炔扩建项目等34套生产装置完成投料试车。石化集团公司开始建立并完善试车专家档案，在册专家人数达1 200余人；制定了《石油化工装置投料试车条件检查备案制度》。各企业按照石化集团公司《建设项目生产准备与试车规定》的要求，提前做好人员、物资、技术等7方面生产准备工作，做到了生产准备与工程建设同步进行，保证了投料试车的顺利进行。

广州分公司20万吨/年乙烯技术改造工程的建成投产为广州分公司的效益增长增添了后劲。整个停车改造期间未发生大的设备、环保、人身事故，实现了安全平稳停车改造，投料试车一次成功。2003年2月各主体装置陆续停车后，总部组织现场服务组、开车队及时进点，对装置停车工作进行现场检查并提出指导性意见，停车改造工作提前完成；投料前总部还组织了试车条件检查，对装置工程建设情况和投料试车条件进行确认。现场服务组在工作期间，积极协调设计、采购、施工等重要方面，帮助决策重大问题的处理意见，组织工程质量检查等，为投料试车起到了保驾护航作用。4月打通流程产出合格乙烯后，总部继续跟踪各主体装置的安、稳、长、满、优运行情况。

川维天然气乙炔工程是在接收原川东氯碱工程空分、乙炔、甲醇3套装置设备的基础上、结合川维自己发展需要而建设的大型化工项目。尽管川维厂是一个具有多年生产经验的老厂，但由于近些年一直没有较大型项目建设，生产准备经验比较缺乏。因此，总部利用一切机会，宣讲石化集团公司《建设项目生产准备与试车规定》的要求，督促检查各项生产准备工作的落实，特别提醒不能按过去的老办法、老经验来开新装置，此举收到较好效果。由于项目停缓建多年，设备存放最长的已达8年之久，因此在试车过程中出现问题较多。为确保从美国AC公司进口的5台裂解气压缩机在试车中不出现问题，总部多次派人到现场协调压缩机的拆检和单机试车工作，保证了乙炔装置的一次投料试车成功。

仪征45万吨/年PTA是石化集团公司最大的PTA装置，为保证项目顺利投产，总部认真检查、协调生产准备工作，组织总体试车方案审查、开车条件确认、聘请有关专家协助开车等，为投料试车一次成功打下坚实基础。该项目氧化单元4月13日开始酸运；精制单元4月22日进行粉料试车。于4月28日投料试车一次成功。实现了从合同生效到投产30个月的建设工期总目标，创造了国内外同类装置建设工期的新水平。

镇海45万吨/年PX装置是国内同类型装置中规模最大的。总部主要采取了组织总体试车方案审查、投料试车条件检查、组织兄弟厂开工队等手段，并针对循环水压力低、401 炉少数炉管横向偏移较大、T 管换热器泄漏和吸附剂的保护等重点问题组织有关专家进行了研究探讨，重点落实。

为保证上述 37 套生产装置顺利投产，总部共组织总体试车方案审查 4 次，组织投料试车条件检查 4 次，组织开工队 8 支，组织现场服务组 1 个。2003 年生产装置投料试车情况见表 3。

（王永焕）

表 3　2003 年生产装置投料试车完成情况

建设单位及项目名称	建设规模/万吨·年$^{-1}$	实际完成时间
(一)武汉分公司		
1. 焦化扩能改造	40—100	1 月
2. 气分装置	10	1 月
(二)安庆分公司		
3. 催化两器更新改造	120	1 月
4. 一套常减压蒸馏装置更新改造	300—350	1 月
(三)金陵分公司		
5. 重油催化改造	100	1 月
(四)长城润滑油分公司		
6. 海淀部分润滑油技术改造	15—20	3 月
(五)广州分公司		
7. 乙烯改造工程乙烯装置	14—20	4 月
8. 乙烯改造工程聚乙烯装置	10—20	4 月
9. 乙烯改造工程丁二烯装置	2.5—3.5	4 月
10. 乙烯改造工程聚丙烯装置	7—10	4 月
(六)上海石化股份公司		
11. 丙烯腈装置改造	13	4 月
12. 氰化纳装置改造	1.8	4 月
(七)仪征化纤股份公司		
13. PTA 装置	45	4 月
14. 涤纶短纤直接纺项目	9	6 月
15. 聚酯专用料	15	11 月
(八)镇海炼化股份公司		
16. 连续重整	100	6 月
17. PSA 氢提纯单元	7 万米^3(标准)/时	6 月
18. 45 万吨/年 PX 装置	45	8 月
19. 化肥厂热电站煤代油技改项目	2×420 吨/时	9 月(第一台锅炉) 11 月(第二台锅炉)
(九)巴陵分公司		
20. 双氧水	8	11 月
21. 环己酮氨肟化工业放大装置	7	8 月

续表

建设单位及项目名称	建设规模/万吨·年$^{-1}$	实际完成时间
(十)北京燕山分公司		
22. 西区苯酚丙酮改造	16	11月
(十一)西北分公司		
23. 塔河油田二号联合站	150	8月
(十二)洛阳石化总厂		
24. PTA 改造	22.5—32.5	6月
(十三)四川维尼纶厂		
25. 天然气乙炔工程空分装置	1 350米^3(标准)/时	10月
26. 天然气乙炔工程乙炔装置	3	10月
27. 天然气乙炔工程甲醇装置	10.5	8月
28. 天然气乙炔工程醋酸乙烯装置	9	8月
29. 天然气乙炔工程聚乙烯醇装置	1.5	6月
30. 天然气乙炔工程锅炉汽轮发电装置	240吨/时 17兆瓦	4月
(十四)青岛化工厂		
31. 催化重整装置	15	9月
(十五)胜利石油管理局		
32. 电厂二期工程	2×300万兆瓦	7月(3#机组)
(十六)清江石化公司		
33. 加氢装置改造	5	11月
(十七)沧州分公司		
34. 沧州炼油厂硫磺回收装置	1	11月
合　　计	34套	

【设计管理】 2003年设计管理基础工作主要有两项：一是组织修编3项设计内容规定，即《石油化工装置工艺设计包内容规定》、《石油化工装置基础工程设计内容规定》和《石油化工装置详细工程设计内容规定》3个文件。二是修编《中国石化集团公司工厂设计若干规定》。

2003年上海赛科乙烯工程、洞氮、湖北和安庆三大化肥项目、塔化炼油技改工程、湛江东兴炼油改扩建项目等一批重点工程，规模大、工期紧，工程建设的管理模式复杂多样，为加大设计协调力度，确保各工程建设进程，全年召开了19次设计协调会。

（申发祥）

【设计质量大检查】 根据总部对工程项目设计质量的要求，为进一步提高设计单位的质量意识，加强质量管理，2003年9月中下旬至10月底组织了石化集团公司2003年设计质量检查。本年度检查重点为石化集团公司直属设计企业，以点带面，突出反映石化集团公司勘察设计行业质量工作水平。检查工作分2个检查组，即炼油储运组和化工组。分3个阶段实施。第一阶段为用户走访、素材收集阶段；第二阶段为直属设计企业本部检查阶段；第三阶段为总结阶段。

此次检查分别抽调了直属设计企业工艺、配管、土建、设备、电气、自控等专业骨干人员参加。以会议座谈、抽查成品设计文件等形式对工程建设公司、上海工程公司、洛阳工程公司、兰州设计院等4家直属设计企业质量管理体系运行完善情况、设计成品质量控制情况进行细致的检查，以《设计质量评定办法》修订版为依据对受检单位成品文件进行初步评定。

质量体系检查情况表明，各受检单位各项规章制度健全、落实；质量管理体系文件齐全，符合中国石化集团管理规定和GB/T 19000—ISO 9000的标准要求；设计回访制度落实；设计评审、设计验证、设计确认等有规定且能执行，设计过程处于受控状态；能定期进行设计质量评审，对发现的问题及时采取有效措施加以纠正。

成品文件检查发现：按专业分布情况看，工艺、设备、电气等专业出现一般问题及图面问题概率较大，应该是今后质量管理工作的重点。设计中尺寸遗漏、标注错误、图例不清、签署不全、会签不周等常见病、多发病依然没有杜绝，应制定相应的措施。

（聂爱杰）

【建立和实施 HSE 体系】 勘察设计企业建立 HSE 体系是应对加入 WTO 后加快与国际接轨的需要，同时也是国内外市场准入的需要，是各设计企业自身发展的需要。HSE 管理体系作为企业贯彻落实《安全生产法》和《职业病防治法》的重要载体，是对传统“老三篇”的补充和升华，对于提高设计企业经济效益和社会效益，都具有十分重要的意义。

为实现 2002 年确定的拟用两年时间在石化集团公司系统内的 23 家甲级设计企业中建立和运行 HSE 体系的目标。2003 年先选取 10 家甲级设计企业作为试点单位，这 10 家单位是：工程建设公司（包括勘察设计院）、洛阳工程公司、兰州设计院、上海工程公司、南京设计院、齐鲁工程公司、胜利油田设计院、江汉油田设计院、巴陵石化设计院、仪征设计院。其他甲级设计企业 2004 年全部建立 HSE 体系。

2003 年 11 月 16—17 日，根据石化集团公司对勘察设计企业建立 HSE 管理体系的总体部署，促进各单位推行 HSE 管理体系，在北京召开了石化集团公司勘察设计企业 HSE 管理体系建立和实施经验交流会。来自 21 个直属、企属勘察设计企业的 40 余名代表参加了会议。中国石化工程建设公司、洛阳石化工程建设公司、齐鲁石化工程公司、金陵石化工程公司进行了大会经验交流。会议认为经过一年多的努力，各单位在 HSE 管理体系建立和运行工作方面做了大量艰苦细致的工作，取得了初步的成绩。

一些勘察设计企业 HSE 管理体系初步建立，进入试运行阶段。一些勘察设计企业强化宣传、动员和培训工作，使 HSE 管理理念正在深入人心，逐渐成为项目管理人员的工作准则。设计企业 HSE 管理体系随承揽 EPC 总包任务的增多，逐渐覆盖工程建设设计、采购和施工等 3 个主要阶段。

（聂爱杰）

【安全管理】 2003 年，各直属施工企业认真贯彻落实党中央、国务院、石化集团公司关于加强安全生产的一系列指示精神，全面推行 HSE 管理体系，在施工点多、面广、工期紧、任务重、自然灾害频发的情况下，采取多种措施，确保生产稳定、企业稳定、职工队伍稳定，基本实现了总体安全稳定生产。其中，第三建设公司获“石化集团公司 2003 年度安全生产先进单位”，第二建设公司获“全国建筑安全生产先进集体”的荣誉称号。为督促企业落实安全生产责任制，确保施工作业安全，在企业自查的基础上，2003 年 4 月和 10 月在石化集团公司的统一部署下，组织了 2 次安全大检查。8 月和 12 月分别召开了 2 次安全生产工作座谈会，会议认真分析研究了 2003 年安全生产形势，查找安全管理工作中的主要问题和薄弱环节，讨论确定了下阶段安全生产工作重点。为了使安全意识深入人心，石化集团公司组织编写了《HSE 施工作业图示》手册，发至全体施工（包括检维修）人员，及所有进入石化集团公司施工（包括检维修）现场的分包队伍及外来工。

为逐步解决直属施工企业在历年安全大检查中发现的脚手架隐患问题，通过与安全环保局积极协商，制定了《直属施工企业脚手架安全隐患治理方案》，投资 350 万元支持第十建设公司治理脚手架隐患，并在齐鲁乙烯改造项目上实施。计划在海南炼油、茂名乙烯改造项目上继续开展脚手架隐患治理工作。

2003 年，直属施工企业累计发生 4 起上报事故，其中 3 起死亡（1 起企外）1 起重伤，安全生产形势仍然比较严峻。

（彭京旗）

【工程质量检查】 2003 年，虽然受到非典疫情的影响，质量监督总站仍然组织了石油化工管理干部学院迁建工程、广州分公司 20 万吨/年乙烯改造工程、镇海炼化 45 万吨/年 PX 及 100 万吨/年连续重整装置工程、高桥 140 万吨/年加氢裂化、30 万吨/年润滑油加氢装置和 20 万吨/年苯酚丙酮装置、邢台油库建设工程、甬沪宁管线工程等 14 次工程质量大检查，共查出各类问题1 102条。各责任单位针对检查出的问题，积极安排整改，并在要求的时间内将整改报告报到总站。

除总站组织的质量大检查外，各分站针对所监工程的实际情况，自行组织各式各样的质量大检查，成效显著，起到了强化监督的作用。通过各种形式的质量检查，大大提高了现场作业人员的质量意识，规范了参建单位的质量行为，为确保工程质量起到了很好的促进作用。

（胡国勇）

【国际工程管理】 2003年，石化集团公司工程建设板块相继圆满完成约旦复合肥、伊朗炼油改造一期、卡塔尔管道等海外工程项目，合同额1.8亿美元，打出了“中国石化”的声誉。伊朗炼油一期工程经过近3年建设，大布里士炼厂、德黑兰南厂、德黑兰北厂常减压分别于2003年6月、9月和11月投料试车成功，奈卡罐区2003年3月进油。约旦复合肥项目，2003年10月23日举行约旦国王出席的投产剪彩仪式。2003年12月中标叙利亚马哈德电站改造项目。

2003年9月印发了《石化集团公司对外工程承包和劳务合作管理办法》，基础管理工作不断加强，海外市场开拓力度不断加大。加强对外交流与合作，与国外工程公司建立全球工程建设领域战略合作伙伴关系，与法国德西尼布、美国柏克德公司、英国克瓦纳公司、美国福陆公司、意大利泰克尼蒙特等多家国外公司进行交流，积极寻求合作机会。

（刘雁平）

工程建设企业管理

【概述】 2003年针对直属工程建设企业的实际情况，结合石化集团公司的整体发展战略，对直属工程建设企业进行了一系列的重组改革。上海工程公司正式挂牌；将兰州设计院与第三建设公司合并重组为宁波工程公司；洛阳工程公司从SEI剥离，收并广州中元工程公司。改制分流工作取得新进展。大力推动5个直属施工企业开展管理层与专业承包层两层分离的内部专业化重组。到2003年底，5个直属施工企业已基本完成主业的专业化重组。在5个直属施工企业初步建立了公司项目部与专业公司之间总分包的合同关系，实现了项目管理层、专业承包层的两层分离。进一步加强对直属工程建设企业的技术、设备和质量管理。

（刘维英）

【直属勘察设计企业】 各直属设计企业2003年继续承担石化集团公司重点工程建设项目，在工程建设中积极配合总部落实设计方案的优化、建设管理模式的确定、总体统筹控制计划的完善、“四制”的实施、“五大控制”的运行等项管理工作。

2003年直属设计企业面对基本建设市场竞争日趋激烈的形势，在立足国内的前提下，努力开拓国际市场，在做好已承揽的工程基础上，重点跟踪中东和东南亚石化设计市场。

SEI承揽国外EPC总承包项目伊朗一期改造工程已完成。

2003年各直属设计企业或工程公司积极贯彻石化集团公司对工程建设板块资产重组、改制分流的决策，基本完成直属设计企业的区域战略布局；正在研究制定改制分流方案和相应的配套措施，进一步推进和深化改革。

2003年各企业继续加强各项管理体系完善工作。各企业结合2000版ISO 9000标准的管理体系的实施，加强了项目质量管理，上半年均未发生设计质量事故和工程质量事故。同时各企业继续推进项目管理标准、技术标准体系的系统化工作。2003年是SEI公司标准的编制年，建立起比较完善的技术和管理标准体系。SSEC结合重组契机，清理和完善了工程建设标准体系，编制了系统的工程管理手册。各企业积极进行HSE认证准备工作。通过借鉴国外工程公司的先进经验，结合本企业的实际情况，已基本完成HSE管理手册及相关程序文件的编制工作。各直属企业设计承包的所有项目均未发生安全事故，安全处于受控状态。

（申发祥）

【直属施工企业】 中国石化集团第二、第三(2003年10月29日，中国石化集团第三建设公司和中国石化集团兰州设计院重组建立中国石化集团宁波工程有限公司，由于重组在2003年底完成，所以仍延用第三建设公司的原称)、第四、第五、第十建设公司是石化集团公司的直属施工企业。5个企业均具有建筑业施工企业化工石油施工总承包一级主项资质和若干项增项资质，具有较强的综合施工能力，在管理、技术、装备及作风上处于全国先进行列。

2003年，根据石化集团公司厂长(经理)会议精神，结合直属施工企业2002年生产经营状况，进行生产任务预测，编制并下达了《直属施工企业2003年经济技术考核指标》，形成了利润、建筑业总产值、管理费用、工程质量等4项为考核指标，管理费用、营业费用、财务费用、修理费用、人工成本、文教卫及社区服务净补贴等6项为费用指标，产值利润率、净资产收益率、全员劳动生产率、产值租入机械费用率、外用工人数、设备净值利润率等7项为管理指标的内容全面、层次清晰的进一步量化和完善的经济指标考核体系，以加强经济分析和动态监控，促进企业狠抓经济效益。从5个直属施工企业全年利润指标完成情况考核，以效益、费用、管理为体系的经济考核指标已经对促进企业降本压费、提高经济效益发挥了积极作用，利润完成情况好于2002年，整体效益同比增加5.4%。

5个直属施工企业1998—2003年主要经济技术指标详见表4。

（彭京旗）

表 4　　1998—2003 年直属施工企业完成各项主要经济技术指标

单　　位	年　　份	施工产值/万元	劳动生产率/万元·人$^{-1}$	工程质量优良率/%	实现利润/万元	产值利润率/%
第二建设公司	2003	53 576	18.69	95.7	871	1.63
	2002	50 663	17.20	92.4	20	0.04
	2001	45 448	9.85	94.7	61	0.39
	2000	45 258	9.10	93.8	107	0.24
	1999	50 300	9.40	96.5	40	0.08
	1998	41 097	7.90	93.5	61	0.15
第三建设公司	2003	70 487	33.89	91.9	2009	2.85
	2002	53 000	25.50	100.0	1457	2.75
	2001	49 000	19.39	91.4	65	0.35
	2000	35 500	12.20	90.5	274	0.77
	1999	40 000	12.70	90.6	123	0.31
	1998	45 100	13.70	97.4	103	0.23
第四建设公司	2003	59 340	10.68	100.0	－2 108	－3.48
	2002	67 390	12.90	96.7	102	0.15
	2001	85 378	11.70	97.8	14	0.04
	2000	91 411	11.20	98.1	152	0.17
	1999	90 143	9.50	97.2	123	0.14
	1998	95 350	10.40	93.9	107	0.11
第五建设公司	2003	32 016	12.34	92.0	850	2.2
	2002	35 872	11.36	90.2	751	2.09
	2001	28 940	71.20	95.0	12	0.06
	2000	28 551	5.80	94.6	80	0.28
	1999	37 950	7.30	92.6	90	0.24
第十建设公司	2003	65 446	13.43	96.6	588	0.9
	2002	56 465	11.16	93.1	65	0.12
	2001	55 209	9.90	93.5	37	0.16
	2000	63 147	10.20	92.4	80	0.28
	1999	66 247	9.80	93.9	64	0.10
	1998	64 101	9.30	92.7	57	0.09
小　　计	2003	280 865	15.63	95.2	2 210	0.82
	2002	263 390	14.26	94.5	2 395	0.91
	2001	263 975	11.59	94.5	189	0.20
	2000	263 867	9.70	93.0	713	0.27
	1999	284 640	9.50	94.2	440	0.15
	1998	245 648	9.90	94.0	328	0.13

【经济活动分析制度化】 2003年，加强了经济活动分析制度化管理。根据“进一步加强和完善经济活动分析”的要求，对年初制定的《直属施工企业内部管理报表制度》进行了重大修订，并编制印发《直属施工企业经济活动分析基本模式》。该模式以合同执行、主业经营、“三外”控制、资金管理为重点，经济活动内容进一步充实，管理表格进一步完善，对加强经济分析、实施动态监控、进行企业间对比评价、提升企业管理功能、促进企业管理水平产生了积极作用。

2003年，分别在北京、南京、宁波先后4次召开直属施工企业经济活动分析会。通过与企业主要经营管理人员共同分析、探讨，及时掌握企业各项经济指标完成情况，分析突出问题，通报生产经营情况。三季度分析会还对上海地区、镇海地区、南京地区工程项目进行了成本分析。从运行情况看，经济活动分析方式反映了企业的运行情况，经济活动分析结果得到了企业的认同，基本达到经济分析的目的，企业生产经营状况的动态监控得到了进一步加强。

（彭京旗）

【上海工程公司挂牌】 按照石化集团公司总体发展战略和推进设计企业区域性重组改革的统一布置，自2002年以来进行了以上海医药工业设计院为核心，联合上海金山工程公司和上海高桥石化设计院的重组改革。2002年6月石化集团公司批准成立中国石化集团上海工程公司(简称上海工程公司)。2003年2月16日上海工程公司在上海浦东新区银河大厦举行揭牌仪式。石化集团公司副总经理陈同海、国家药品监督管理局局长郑筱萸出席揭牌仪式。

上海工程公司的成立是石化集团公司工程建设系统专业化重组取得的又一重要成果，是发挥集团化优势提高竞争力，开拓国内外工程市场的重要举措。

（聂爱杰）

【组建宁波工程公司】 2003年8月石化集团公司批准成立中国石化集团宁波工程有限公司(简称宁波工程公司)。总部有关部门组成协调组，兰州设计院和第三建设公司组成筹备组，共同进行重组的准备工作。同年10月29日在宁波科技园区举行了宁波工程公司成立揭牌暨大楼奠基仪式。石化集团公司副总经理刘根元，宁波市委、市政府领导出席了成立揭牌仪式，并为大楼奠基。

重组设立宁波工程公司，是石化集团公司按照社会主义市场经济发展的要求，针对中国加入WTO后建筑安装行业人才、市场竞争日趋加剧的严峻形势所作出的一个应对之策，是适应国家建设业产业政策的调整发展，更好地发挥整体优势，整合内部资源，增强市场竞争力所作出的一项重要决策，也是石化集团公司不断深化改革，实施跨地区、跨行业专业化重组的一个重大举措，对更好地适应今后勘察、设计、建设行业的发展，将产生重大的现实意义和战略意义。石化集团公司对宁波工程公司按直属企业进行管理。

（刘维英）

【洛阳工程公司从SEI剥离，收并广州中元工程公司】 按照石化集团公司深化直属工程建设企业管理体制改革的整体要求，2003年5月，将洛阳工程公司从中国石化工程建设公司中整体划出，按石化集团公司直属企业管理，全称为“中国石化集团洛阳石油化工工程公司”，简称洛阳工程公司。洛阳工程公司作为石化集团公司的全资子公司，是自主经营、自负盈亏、自我发展、自我约束的法人实体。在此基础上，将中国石化集团广州石油化工总厂所属全资子公司广州中元石油化工工程有限公司，整体并入洛阳工程公司。6月18日，洛阳石油化工工程公司广州分公司(中元公司)正式成立，标志着石化集团公司深化工程建设板块体制改革迈出了新的步伐。

（刘维英）

【改制分流】 改制分流工作是石化集团公司2003年工作重点之一。年初总部组织召开了直属施工企业重组改革座谈会和改制分流工作会议，研究制定《工程建设板块2003—2006年深化改革总体规划纲要》和《直属工程建设企业2003—2006年改制分流计划》，明确企业改制分流、资产重组和结构调整的思路、阶段任务和基本措施，落实改制分流工作组织机构和职责、建立定期报告制度、明确审批业务流程、加强政策宣贯和培训力度，先后30余人次深入6个企业进行调研。同时组织4个企业领导班子就企业改制和改革发展进行专题座谈，召开26个改制单位座谈会、宣传和解答改制分流政策。为了进一步推动改制分流工作，编制完成《直属工程建设板块改制分流资产匹配情况报告》。由于严格执行政策规定，平稳操作，2003年改制分流工作取得进展，为2004年改制分流和深化企业改革奠定了良好基础。截至2003年12月31日，批复直属工程建设企业改制分流初步方案36个，涉及职工3 091人，净资产2.04亿元。批复实施报告31个，涉及正式职工1 871人，协解688人，合计减员2 559人，占直属工程建设企业正式职工的17%。

（彭京旗）

【施工企业内部专业化重组】 2003年，石化集团公司大力推动5个直属施工企业开展管理层与专业承包层两层分离的内部专业化重组。截至2003年12月31日，5个公司已基本完成主业的专业化重组，将原劳务公司按专业特点重组为实体型专业公司，具有相对自主的市场开发和经营管理职能；同时在石化集团公司的推动下，5个直属施工企业初步建立了公司项目部与专业公司之间总分包的合同关系，实现了项目管理层、专业承包层的两层分离；同时项目经理责任制也得到了加强，专业公司生产积极性得到提高，项目管理步入良性发展轨道；为企业进一步深化改革、实现向施工管理型转变奠定了体制基础。但从调研情况看，施工企业内部专业化重组仍存在专业化特点不突出、经济责任制不到位、经济关系不协调等深层次矛盾，施工企业内部专业化重组工作仍需要通过深化改革不断完善。

（彭京旗）

【设备管理】 2003年，为了促进施工企业挖潜增效，发挥集团内部设备资源优势，减少效益流失，石化集团公司鼓励施工企业大力开展对外的设备租赁经营，增加效益。根据这个精神，组织召开了直属施工企业设备资源市场化经营研讨会，印发了《直属工程建设企业设备资源租赁管理办法（试行）》，并在南京、上海等重点项目上实施。根据该办法组织进行了设备租赁业务检查。截至年底，内部设备租赁市场已逐步形成，5个直属施工企业全年内部设备租入费用1 199万元，占租入费用的13%，对外设备租出收入5 649万元，比上年增长156%。

大型设备吊装作业是石化工程建设的安全控制重点和重要施工环节。2003年，石化集团公司加大了对大型设备吊装作业的管理力度，先后两次组织建设单位、承包单位、施工单位和吊装专家分别在南京和上海召开了“扬巴一体化工程EO/EG吊装方案审查会”、“上海赛科公司大型设备吊装总体方案审查会”。会上对8个大型设备吊装方案进行了审查，收到了较好的经济效益和社会效益。2003年4月，邀请中央人民广播电台等23家媒体参与报导第四建设公司2 500吨/100米门式液压吊装系统和第三建设公司1 250吨履带式起重机联合吊装扬巴一体化工程60万吨/年乙烯装置丙烯精馏塔，此次吊装作业展示活动成功地反映了石化工人的精神风貌，宣传了直属施工企业的吊装力量，社会反响良好。

2003年，石化集团公司为了支持施工企业参加国家战略储备油库建设，按照“符合企业发展方向、突出专业化优势、增强企业盈利能力”的原则编制提出总额5 552万元的《直属施工企业2003年施工机具投资计划》。通过精心组织和加强采购监管，经过调研、技术交流、产品展示，完成计划投资项目，投资费用节约近330万元。

（彭京旗）

【技术与质量管理】 在设计企业方面，建立了勘察设计企业“十条龙”攻关项目运行报告制度。协助科技开发部进行各直属设计企业科研课题立项工作，参加科技部组织召开的“十条龙”工作会议。重点配合科技开发部组织MIP工艺技术在西安石化总厂50万吨/年催化裂化装置工业应用；以及新疆塔河化工公司塔河劣质稠油技改工程延迟焦化装置工业研究与应用。工艺技术方案和工程技术方案的研究与论证，基础设计审查和方案的不断优化工作。2003年度，工程建设公司为主开发的10万吨/年 C_5/C_6 烷烃异构化技术工业放大试验和20万吨/年国产化第二代聚丙烯成套技术“两条龙”将“出龙”。

根据“十五”期间建设项目的特点和需要，为石化集团公司直属设计单位立项引进、消化、开发工程建设材料管理软件、文档管理软件等，并对流程模拟软件进行了升级。增强了设计企业的EPC能力，提升了设计企业的管理水平。

在施工企业方面，完成第三建设公司“大型球罐自动焊技术的开发”等5个项目的技术进步验收工作，并对第十建设公司“吊装辅助软件V2.0版”开展了中间检查验收。2003年，石化集团公司还投资311万元支持第四建设公司“项目施工集成管理软件系统”、第十建设公司“脚手架强度计算软件”、第三建设公司“大型储罐超高压水射流防腐技术的开发”项目的技术研发。2003年，共有19项工法被评为石化集团公司级优秀工法，其中4项工法进一步被评为国家级工法。

各直属施工企业认真贯彻落实《建设工程质量管理条例》，加大施工质量管理工作力度。宁波工程有限公司“镇海炼化股份有限公司180万吨/年蜡油加氢脱硫及300万吨/年柴油加氢精制联合装置”等4项工程被评为2003年度石化集团公司优秀施工奖工程。23个QC成果被评为2003年度石化集团公司优秀QC成果。

（聂爱杰　彭京旗）

【全国焊工技术比赛】 2003年4月，石化集团公司组队参加了全国工程建设系统焊工技术比赛。此次比赛，共有23个单位、144名选手参赛，规模之大、阵容之盛为历届之最。石化集团公司代表队的7名参赛选手顽强拼搏，取得了A组(中央部委)团体总分第二名和个人第三、第八、第九的优异战绩。这是石化集团公司连续第三次（第四届、第五届、第六届）夺得A组团体总分第二名。比赛结果充分展示了石化焊接工人的精神风采和石化工程建设系统的焊接技术水平，体现了石化工程建设系统队伍的高素质，进一步提高了石化集团公司的声誉和知名度。

（彭京旗）

物资采购与管理

综　述

2003年，物资供应系统按照石化集团公司暨石化股份公司工作会议总体工作部署，紧紧围绕“发挥集团化整体优势、加强物资供应管理、降低物资采购成本”的工作主线，进一步巩固完善“归口管理、集中采购、统一储备、统一结算”的物资供应管理体制，强化物资采购监管，加大总部集中采购力度，坚决推进网上采购和ERP建设，在保证物资供应、降低采购成本、追求效益最大化等方面取得了新的可喜成绩。

（李志浩）

物资管理

【推进和深化物资供应管理体制改革】 2003年初物资装备部组织5个组对中原油田、金陵石化公司等17家企业和中国石油乌鲁木齐石化、克拉玛依油田、抚顺石化公司3家企业进行了专题调研，基本摸清了上市非上市分立企业物资供应管理体制现状和主要问题，提出了进一步完善物资供应管理体制的意见，并于3月初召开了16家企业物资供应主管领导、供应处处长参加的研讨会，对上市非上市物资供应管理体制现状、存在问题进行了深入分析，对如何深入推进体制改革进行了研究探讨。

6月12日，石化集团公司总经理、石化股份公司董事长陈同海主持召开专题办公会，研究进一步理顺物资管理体制的问题。会议重申，要进一步加大总部集中采购力度，增强市场控制力，增强总部控制力。

部分企业物资供应管理体制改革取得了突破性进展。金陵石化2003年6月份将物资供应分部从存续整体划到分公司，组建了物资装备中心，负责上市和部分非上市所需物资的采购和储备。天津石化继续深化“一套机构、两块牌子”的体制改革，8月份将存续5个厂的供应部门划归物装部，实现了上市、非上市“归口管理、集中采购、统一储备”。仪征化纤、扬子石化在推行ERP的同时，撤销了二级库，全部实行一级储备。润滑油分公司、杭州炼油厂、上海海洋分公司、北海分公司、湛江东兴公司等新成立、新划入的企业加大体制改革力度，基本理顺物资供应管理体制。

截至2003年底，生产建设企业基本达到物资供应管理体制要求的有29家（比2002年增加6家）；一定程度上达到物资供应管理体制要求的企业有17家；与物资供应管理体制要求有较大差距的企业还有2家。“归口管理、集中采购、统一储备、统一结算”的物资供应管理体制格局进一步得到巩固和推进。

（李志浩）

【完善物资供应管理制度体系】 2003年研究制定了石化股份公司《内部控制手册》中的“一般物资采购供应业务流程”和工程项目物资采购管理、采购渠道管理、采购价格管理、质量管理、积压物资处理等方面的规定和办法，物资供应管理制度体系进一步完善。

（李志浩）

【优化库存结构取得阶段性成果】 针对中国石化供应库存规模偏大、结构不合理、积压物资多的问题，2003年物资装备部会同财务计划部、财务部、发展计划部、工程部、炼化管理部、油田管理部召开专门会议，共同研究提出积压物资处理办法和措施。制定下发《关于加快积压物资处理的通知》，明确了政策和工作要求，分解了库存指标。

9月18日，石化集团公司、石化股份公司召开清仓利库工作电视电话会议。石化股份公司总裁王基铭同志出席会议并作了重要讲话，要求各单位坚定信心，扎实工作，明确任务，落实措施，加快积压物资处理，确保目标和进度的实现。

10月底，物资装备部组织燕山石化等10家企业，在山东烟台召开乙烯装置积压物资调剂会。11月底，组织天津石化、燕山石化参加2003年（秋季）全国闲置物资展览交易会，向社会发布了中国石化各企业库存闲置物资明细。11月24—28日，石化股份公司财务部、油田事业部、炼油事业部、化工事业部、油品销售事业部、物资装备部联合对48家分（子）公司上报的报废积压物资进行集中会审，严格积压物资处理程序。

通过全面清仓利库工作，加快库存积压物资处理，盘活资产存量，到2003年底，库存物资规模由年初的105亿元下降到85亿元，处理积压物资10.56亿元，其中改代利用2.27亿元。

（李志浩）

【加大重点工程项目物资采购管理力度】 加强项目采购计划管理。2003年制定下发了《中国石化固定资产投资项目物资采购管理办法》，并召开了石化集团公司、石化股份公司2003年固定资产投资项目物资采购对接会。

强化重点项目采购监管和供应服务。物资供应部门积极参与重点项目总体设计协调，审查初步设计，加大对高桥石化公司、石家庄炼油厂、齐鲁石化公司、茂名石化公司等一批重点项目长周期关键设备的管理协调力度，多次组织赴一重、二重、兰石、沈鼓等制造企业生产现场协调。组织对在建的 13 套加氢、4 套焦化装置、齐鲁乙烯改造工程关键设备制造情况的协调对接，确保重点项目建设的物资供应。

加强 EPC 总承包项目物资采购工作管理。对湛江东兴公司、塔化炼油改造项目、金陵石化化肥改造项目长周期关键设备进行国内外分交和国内采购物资集中分交，严把采购方案关。上海赛科乙烯合资项目实现了大宗物资由总承包单位委托上海石化和物资装备部集中采购，中国石化 EPC 项目物资采购管理取得了突破。

（李志浩）

【规划和构建中国石化现代供应物流体系】 2002 年以来，陈同海、王基铭先后提出要加快构建中国石化供应物流体系，改变中国石化现行供应物流体系企业各自为战、运行成本高、效率低的状况，降低物流成本。2003 年下半年正式启动了中国石化现代供应物流体系方案规划工作。完成了规划项目立项工作，聘请东南大学作为课题研究单位，组织了对部分企业、一级供应商和第三方物流公司的调研工作。对储备和配送模式进行了一些改革尝试。南京地区钢材和阀门的联合储备正式实施，在燕山建立了华北地区钢材储备中心库，并在全国建立了 28 个钢管配送中心。

（李志浩）

物资采购

【概述】 2003 年，中国石化发挥集团化整体优势，大力推进总部集中采购，努力降低物资采购成本。全年共采购物资 729 亿元，节约采购资金 14 亿元。全年总部集中采购规模进一步扩大，金额达 47.9 亿元，比 2002 年增加 23.2 亿元，增幅达 93.9%；节约采购资金 3.28 亿元，节约率为 6.8%。

（李志浩）

【优化钢材总部直接集中采购操作模式】 2003 年先后成立了钢板焊管、碳素无缝钢管、不锈合金钢管、石油专用钢材、型材等 5 个总部直接集中采购管理小组。加强了与宝钢、成钢、天钢、鲁钢、鞍钢、舞阳钢厂、上钢三厂等各大钢厂的战略合作关系，使钢材资源得到有效保障，获得了更大的价格优惠。

（李志浩）

【推进在国有大矿实行“三统一”采购策略】 2003 年进一步加大煤炭总部集中采购力度，组织各用煤企业成立总部集中采购联合谈判小组，与各大主力矿方进行联合谈判，获得了稳定的资源和优惠的价格，提高了中国石化对煤炭市场的控制力。

（李志浩）

【大宗化工原辅料和三剂产品的总部集中采购】 先后组织金陵分公司、天津分公司和扬子石化进行催化重整催化剂价格谈判，采购催化剂 296 吨，与供应商网上报价比节约采购资金 402 万元。物资装备部组织茂名分公司采取“网上报价、现场揭示、总部组织联合谈判”的操作程序，使网上采购和联合谈判有机结合，取得了较好的效果，签订合同总金额 1.7 亿元，节约采购金额约 729.5 万元，节约率 4.3%。组织上海石化、扬子、齐鲁、茂名、燕山等 9 家分(子)公司联合对塑料抗氧剂进行价格谈判，成功使金海雅宝公司抗氧剂降价，仅上海石化、扬子、九江、洛阳 4 家分(子)公司抗氧剂采购年节约资金 382.7 万元。

（李志浩）

【加大油田非安装设备总部直接集中采购力度】 2003 全年组成了由总部有关部门和各油田供应、机动、用户组成 21 个联合谈判专家组，共采购油田非安装设备 10.9 亿元/1485 台(套)，集中采购率 79%，较 2002 年提高 30%；节约采购资金 6106 万元，节约率为 5.8%，较 2002 年提高 3%。

（李志浩）

【扩大设备配件总部组织集中采购规模】 2003 年压缩机组、反应器、换热器、阀门、离心泵、低压开关柜等 8 种设备实现了总部组织集中采购。经过分专业品种多轮联合谈判，获得了制造厂的质量保证和价格优惠承诺，制定了 1171 种主要规格国标阀门的最高限价，根据产品档次、单元、柜型等因素制定了低压开关柜最高限价。

（李志浩）

信息化建设与管理

【网上采购成效显著】 2003 年，物资供应系统认真贯彻党组的要求，大力推进网上采购，继续优化提升网上采购功能，取得了可喜成绩。网上采购规模大幅上升，成交金额达 223 亿元，超额完成全年 150 亿元的目标任务。

网上采购大幅增长，形成以化工为龙头，钢材、设备配件、煤炭齐头并进的新格局，改变了以往煤炭唱主角、独挑大梁的局面。各专业网上采购情况见表 1。

表 1　　各专业网上采购情况　　亿元

序　号	专业品种	2003 年网上采购额	2002 年网上采购额	增长金额	增长比例/%
1	钢材	30.95	27.99	2.96	11
2	设备配件	50.54	23.72	26.82	113
3	煤炭	47.56	38.31	9.25	24
4	化工	79.57	29.08	50.49	174
	其中：原辅料	41.28	5.21	36.07	692
	三剂	29.18	14.71	14.47	98
	油田化学剂	9.11	7.49	1.62	22

持续优化提升物资采购电子商务系统功能。一是网上动态竞价采购系统开发已经完成，2003 年 8 月初在石油管材采购中进行了两次动态竞价采购试运行，平均降价幅度达 3%。二是价格数据库初步建成，包括物资装备部发布的重要物资采购指导价、历史成交价、供应商重要设备出厂价和市场价格等在内的大量采购价格数据信息已经正式上网，为采购决策制定和供应商选择提供了科学有效的支撑。三是物资采购电子商务系统 4.0 版于 2004 年 1 月 1 日正式投入运行，进一步优化了系统操作，使上网操作更加方便、快捷和人性化；系统运行不稳定、上网速度慢的问题得到基本解决；新系统中的动态竞价采购系统，通过供应商多轮报价，强化了竞争，更加有利于降低采购成本。

（李志浩）

【ERP 系统建设步伐加快】 制定了 ERP 物资供应模块标准推广模板，统一了设计和配置标准，主要内容包括标准业务流程和组织架构的设计等，为企业物资部门推广实施 ERP 奠定了基础。组织完成了江苏油田、管道储运分公司、金陵分公司、长岭分公司和扬子石化等 5 个企业的采购 ERP 实施工作，管道储运分公司 ERP 系统于 2003 年 10 月 13 日成功上线运行，顺利完成了 11 月月结；江苏油田分公司 11 月 10 日成功上线；金陵分公司和长岭分公司 12 月 10 日成功上线。同时还完成了镇海炼化、仪征化纤推广应用 ERP 项目的验收、鉴定和后评估工作。

（李志浩）

重大装备国产化

【概述】 2003 年，石化集团公司重大装备国产化办公室根据石化集团公司企业经营发展战略，在重大装备研制工作中继续坚持“积极、稳妥、可靠、实事求是”的原则，结合石化集团公司、石化股份公司 2003 年固定资产投资项目生产需要，安排部署了一批技术含量高、经济效益好的关键设备研制项目，并积极推进科研成果的转化。通过重大技术装备的研制和推广，为石化项目建设节省投资、降本增效作出了一定贡献。

（余良俭）

【重大装备国产化科研开发】 石油勘探开发方面，开展了 ZJ30 变频电驱拖挂钻机、60 千瓦超声波采油成套装备研制、膜分离制氮注氮装置研制、采油废水生物活性炭流化床处理设备研制等专题的开发研制工作；MWD 及随钻伽玛测量仪、欠平衡钻井装备国产化研究等技术成果通过石化集团公司组织的专家鉴定。2000 型成套压裂设备获得 2003 年度石化集团公司科技进步二等奖。

石油化工设备方面，4.8 万米^3(标准)/时大型空分装置国产化研制、煤代油气化炉壳体研制、大型三列迷宫密封压缩机研制、大型苯乙烯脱氢反应器国产化研制、大型氨合成塔外壳及内件的制造、氯碱装置关键设备研制、大型塔器国产化研制、FFS－1800 型薄膜袋成型自动包装机、化工含氯废液废气无公害焚烧技术研究等研制项目正在进行中；国家“九五”重点攻关项目——乙烯冷箱、600 米^3 多流道旋叶式掺混料仓、氮气加热器、丁二烯抽提装置在线分析系统、大型热媒炉及其系列开发通过技术成果鉴定。

（余良俭）

【装备国产化管理工作】 2003 年，作为石化集团公司及石化股份公司重大装备国产化开发研制、推广应用工作的主管单位，重大装备国产化办公室加强石油、石化重大技术装备国产化研制工作的组织管理。根据石化集团石油、石化企业生产、技术改造、基建和维修急需，对 2003 年重大技术装备研制项目在专家论证的基础上，编制了 2003 年度重大技术装备国产化计划。对国家"十五"和石化集团公司立项的重大技术装备研制项目进行跟踪调查，根据国家发改委的要求，组织开展了"十五"国家重大技术装备研制项目中期评估工作，及时掌握项目进展情况。组织召开了 4.8 万$米^3$(标准)/时空分装置专家论证会、国家"十五"重大装备研制项目——135 $米^3$ 聚合釜和大型三列迷宫压缩机设计审查会。

（余良俭）

新闻与出版

综　述

2003年，石化集团公司新闻出版单位坚持党和国家的新闻出版方针，弘扬主旋律，在新闻报道和图书出版方面取得一定成绩。

2003年《中国石化报》、《中国石化》和《中国石化新闻》紧紧围绕石化集团公司的中心工作，加大了对学习贯彻“三个代表”重要思想，对深化改革、改制分流工作以及对开拓资源、开拓市场、做大做强主业的宣传报道。《中国石化报》全年发行量突破10万份。

2003年石化出版社始终把社会效益和图书质量放在第一位，立足石油石化专业，面向大科技，不断开发图书新品种。全年共出版新书209种，重印80种，出书总码洋4 288万元。

2003年石化集团公司公开发行科技期刊45种，公开发行企业报纸7种。

（年　鉴）

报刊电视

【石化集团公司机关报刊】 1.《中国石化报》

《中国石化报》是石化集团公司机关报。《中国石化报》立足石化集团公司，面向石油、石化行业，是一家带有行业性质、具有明显石化特色、对国内外公开发行的综合性产业经济报。《中国石化报》依托中国石化，坚持正确导向，抓住发展机遇，乘势而上，办报规模、办报手段、办报水平、办报质量都取得长足进步。

2003年，《中国石化报》从适应市场经济发展的角度出发，明确提出对读者定位进行重新审视和思考，并发动社内外采编人员进行了全面研究，提出了“一为主两辐射”的读者定位。在明确读者定位的基础上，围绕石化集团公司中心工作，尽力把为目标读者的服务做到位，取得了一定的进展。2003年《中国石化报》加大了对学习贯彻“三个代表”重要思想的宣传报道，加大了对深化改革、改制分流工作的宣传报道，加大了对开拓资源、开拓市场、做大做强主业的宣传报道，加强了改进思想政治工作的宣传报道，并以中国石化组建20周年为契机，大力开展了团结鼓劲的宣传教育。2003年，《中国石化报》共出版247期，发行量连续6年突破10万份。

《中国石化报》伴随着中国石油、石化工业的改革发展而一步步成长壮大，15年来，从创刊时的周一刊，经历周二刊、周三刊、周四刊，1998年7月1日推出彩版，现发展为周五刊，平时对开四版，周六为对开八版，并从2001年开始实现一、四版全部彩印。同时在中国石化新闻网上全文刊出《中国石化报》电子版(网址：http://news.sinopec.com.cn)。订价每期0.4元。

2.《中国石化》杂志

为大16开国际标准版本，是石化集团公司主办的面向石油、石化行业的综合性月刊，每月10日出版发行，订价每册6元。

《中国石化》的办刊宗旨是，宣传党的基本路线，深入研究探讨石油、石化行业适应社会主义市场经济体制和运行机制的理论和实践问题，探讨转换企业经营机制、深化改革、加强管理、参与国内外市场竞争的战略方针和实施政策；总结交流石油、石化企业物质文明和精神文明建设的经验；传递国内外经济、技术、贸易、管理信息，为全系统生产、建设、科研、设计、信息咨询、经营管理、教育等企事业单位服务。2003年，该刊围绕石化集团公司中心工作，着重从深度报道方面配合《中国石化报》加大了对深化改革、改制分流工作的宣传报道，加大了对开拓资源、开拓市场、做大做强主业的宣传报道，加强了改进思想政治工作的宣传报道。

3.《车友报》

《车友报》是《中国石化报》为加快媒体经营转型所创办的子报，2003年1月8日创刊，以司机为主要读者，以司机所关注的车、路、油信息为主要内容，以加油站为主要发行渠道的基本定位，坚持借水行船，借风扬帆，凭借体制优势起步，逐步向市场化经营发展的基本思路迈进，办报机构顺利建立并得到完善，骨干队伍逐步得到提高，报纸格局初具规模并得到改进，报纸发行稳定起步并得到拓展。作为一种为提高中国石化核心竞争力服务的文化促销品，开始得到成品油销售市场的认可；作为一家为广大司机服务的大众实用媒体，已开始受到目标读者市场的欢迎；作为一项为报社经营转型的尝试性探索，已经初见成效。2003年，该报发行量达到55万份，定价每期1元。

（刘志远）

【公开发行的企业报】 石化集团公司公开发行的企业报见表1。

（刘志远）

【公开发行的科技期刊】 石化集团公司公开发行的科技期刊见表2。

（王　昉）

表1 石化集团公司公开发行企业报一览表

序号	报纸名称	出版周期	全国统一刊号	主办单位	报纸负责人	联系电话	地　址	邮　编
1	胜利日报	周八刊	CN37－0012	胜利石油管理局	李博生	0546 8553970	山东东营胜利日报社	257012
2	中原石油报	周五刊	CN42－0054	中原石油管理局	李忠良	0393 4820699	河南濮阳中原石油报社	457001
3	河南石油报	周三刊	CN41－0058	河南石油勘探局	刚复兴	0377 3832583	河南南阳河南石油报社	473132
4	江汉石油报	周四刊	CN42－0007	江汉石油管理局	方前进	0728 6583349	湖北潜江江汉石油报社	433124
5	江苏石油报	周一刊	CN32－0061	江苏石油勘探局	陶仁俊	0514 7762541	江苏扬州文汇西路1号	225009
6	齐鲁石化报	周三刊	CN37－0009	齐鲁石化公司	刘百胜	0533 7586145	山东淄博齐鲁石化报社	255408
7	新金山报	周四刊	CN31－0060	上海石化公司	王水华	021 57941941	上海金山金一路48号	200540

表2 中国石油化工集团公司公开发行科技期刊一览表

序号	期刊名称	刊期	主办单位	发行范围	主编姓名	联系电话	地　址	邮政编码
1	《石油与天然气地质》	季　刊	石油勘探开发研究院	公开发行	王庭斌	(010)82312050	北京学院路31号	100083
2	《石油实验地质》	季　刊	石油勘探开发研究院实验所	公开发行	叶德培	(0510)3203146	江苏省无锡市916信箱	214151
3	《石油物探》	季　刊	石油勘探开发研究院物探所	公开发行	管路平	(025)84867864	江苏省南京市卫岗位号	210014
4	《勘探地球物理进展》	双月刊	石油勘探开发研究院物探所	公开发行	赵改善	(025)84865191－8073	江苏省南京市卫岗位号	210014
5	《石油钻探技术》	双月刊	石油勘探开发研究院钻井所	公开发行	曾义全	(0534)2670163	山东省德州市东风路35号	253005
6	《油气地质与采收率》	双月刊	胜利石油管理局	公开发行	宋万超	(0546)8715261	山东省东营市聊城路3号	257015
7	《断块油气田》	双月刊	中原石油勘探局	公开发行	李宗信	(0393)4824957	河南省濮阳市中原路子00号	457001
8	《河南石油》	双月刊	河南石油勘探局	公开发行	邱荣华	(0377)3830612	河南省南阳市宛城区	473132
9	《石油炼制与化工》	月　刊	石油化工科学研究院	公开发行	李再婷	(010)62311582	北京市海淀区学院路	100083
10	《中国炼油与石油化工》(英文版)	季　刊	石油化工科学研究院	公开发行	汪燮卿	(010)62311582	北京市学院路18号	100083

续表

序号	期刊名称	刊期	主办单位	发行范围	主编姓名	联系电话	地　址	邮政编码
11	《炼油技术与工程》	月　刊	洛阳工程公司	公开发行	张立新	(0379)4887689	河南省洛阳市七里河	471003
12	《石油商技》	双月刊	长城润滑油公司	公开发行	施东学	(021)65865413	上海市高阳路455号	200080
13	《石油沥青》	季　刊	齐鲁石化公司胜利炼油厂	公开发行	孙振光	(0533)7571904	山东省淄博市胜利炼油厂	255434
14	《合成润滑材料》	季　刊	重庆一坪润滑油分公司	公开发行	秦　军	(023)68794259	重庆市九龙坡区渝州路62号	400039
15	《石油化工》	月　刊	北京化工研究院	公开发行	乔金樑	(010)64295032	北京市朝阳区北三环东路14号	100013
16	《精细石油化工》	双月刊	天津石化公司	公开发行	唐　杰	(022)63804759	天津市大港区上古林	300271
17	《精细石油化工进展》	月　刊	金陵石化公司	公开发行	胡尧良	(025)5097454	江苏省南京市蟠龙路51－8号	210037
18	《当代石油石化》	月　刊	经济技术研究院	公开发行	朱　煜	(010)64449093	北京安外小关街24号	100029
19	《中国石化文摘》	月　刊	经济技术研究院	公开发行	杨维榕	(010)64449014	北京安外小关街24号	100029
20	《石化技术》	季　刊	燕山石化公司研究院	公开发行	杨清雨	(010)69345106	北京市房山区	102500
21	《硫酸工业》	双月刊	南京化工公司	公开发行	王海帆	(025)7795064	江苏省南京市大厂区	210048
22	《石油化工技术经济》	双月刊	上海石化股份公司	公开发行	瞿国华	(021)57958244	上海市金山区北随塘河路72号	200540
23	《合成纤维工业》	双月刊	巴陵石化公司	公开发行	夏金魁	(0730)8482342	湖南省岳阳市北区	414004
24	《合成树脂及塑料》	双月刊	燕山石化公司研究院	公开发行	洪定一	(010)69341924	北京市房山区	102540
25	《合成技术及应用》	季　刊	仪征化纤股份有限公司	公开发行	成　展	(0514)3233547	江苏省仪征市胥浦	211900
26	《大氮肥》	双月刊	齐鲁石化公司研究院	公开发行	毛鹏生	(0533)7548239	山东省淄博市	255434
27	《化学反应工程与工艺》	季　刊	联合化学反应工程研究所 上海石油化工研究院	公开发行	洪定一	(0571)87951227	浙江省杭州市浙江大学内	310072
28	《现代塑料加工应用》	双月刊	扬子石化公司研究院	公开发行	陆　东	(025)7783344	江苏省南京市大厂区	210048
29	《乙烯工业》	季　刊	工程建设公司	公开发行	傅铁英	(010)64963384	北京市朝阳区安惠北里安园21号	100029

续表

序号	期刊名称	刊期	主办单位	发行范围	主编姓名	联系电话	地　　址	邮政编码
30	《石油化工设计》	季　刊	工程建设公司	公开发行	王子宗	(010)64963384	北京市朝阳区安惠北里安园 21 号	100029
31	《石油化工设备技术》	双月刊	工程建设公司	公开发行	尹朝羲	(010)2028822－42801	北京市西城区安德路甲 67 号	100011
32	《石油化工环境保护》	季　刊	工程建设公司	公开发行	卜淑君	(010)2028822－70103	北京市西城区安德路甲 67 号	100011
33	《石油化工安全技术》	双月刊	工程建设公司	公开发行	周自忠	(010)62028822－70101	北京市西城区安德路甲 67 号	100011
34	《石油化工自动化》	双月刊	兰州石化设计院	公开发行	贺大运	(0931)7557201－3908	甘肃省兰州市西固区	730060
35	《石油化工腐蚀与保护》	双月刊	洛阳工程公司	公开发行	崔中强	(0379)4887552	河南省洛阳市七里河 063 信箱	471003
36	《化学工业与工程技术》	双月刊	南京化工公司	公开发行	单居正	(025)7057410	江苏省南京市大厂区葛关路 699 号	210048
37	《石油库与加油站》	双月刊	北京石油公司	公开发行	宋　伟	(010)64668601	北京市朝阳区静安里 12 楼	100028
38	《化工环保》	双月刊	北京化工研究院	公开发行	杨元一	(010)64211381	北京市朝阳区北三环东路 14 号	100013
39	《安全、环境和健康》	月　刊	安全工程研究院	公开发行	杨建中	(0532)3875832	山东省青岛市延安三路 218 号	266271
40	《粉体工程设计》	双月刊	南京化工公司	公开发行	严福民	(025)7797866	江苏省南京市大厂区	210048
41	《石油化工管理干部学院学报》	季　刊	石油化工管理干部学院	公开发行	唐登志	(010)62476661－2062	北京永丰乡六里屯路口	100094
42	《江汉石油职工大学学报》	季　刊	江汉石油管理局职工大学	公开发行	邵胜军	(0728)6577454	湖北省潜江市一村	433121
43	《齐鲁石油化工》	季　刊	齐鲁石化公司	国内发行	高步良	(0533)7548701	山东省淄博市 129 信箱	255434
44	《金山油化纤》	季　刊	上海石化股份公司	国内发行	丁正友	(021)57952431	上海市金山卫	200540
45	《海洋石油》		上海海洋石油局	公开发行	夏金宝	021－68763242－1977	上海市浦东商城路 1225 号	200120

【电视新闻片《中国石化新闻》】 《中国石化新闻》(原《石化要闻》)是经原中国石化总公司正式批准,于1991年7月创办,在石化系统内定期播放的电视新闻节目。它是以电视手段,通过各石油、石化企业有线电视台报道中国石化系统重要新闻的重要阵地。经过多年发展,中国石化电视系统已形成一支实力较强、设备手段上等级、专业人才队伍齐全、有较强制作能力的专业化电视传播媒体。截至2003年底,全行业共有从业人员1 000多人,固定资产原值5亿多元,定期播放《中国石化新闻》的石油、石化企事业单位有线电视台近50家,终端用户近60万户。根据石化集团公司总部的要求,下游销售企业和边远地区上游企业不具备有线电视台的单位也另行组织收看《中国石化新闻》。

2003年《中国石化新闻》节目进行了改版和重新包装。在全新闻节目的基础上,努力增加新闻报道深度、提高节目质量和可视性,围绕中国石化的中心工作,在学习贯彻"三个代表"重要思想、做大做强主业、深化改革、改革分流、开拓市场和改革思想政治工作等方面做了大量卓有成效的宣传报道,为中国石化的改革、发展、稳定作出了贡献,得到了总部领导的充分肯定。

截至2003年底,中国石化报社声像部已制作并播发《中国石化新闻》节目440期。2003年共制作并播发《中国石化专题》节目50多期。《中国石化新闻》和《中国石化专题》电视节目已日益成为石油、石化职工及其家属喜闻乐见的电视节目之一。

按照有关文件精神,2004年初,《中国石化新闻》评审委员会在中国电视艺术交流协会的指导和参与下,在各单位自荐的基础上,对全系统优秀(先进)电视台、优秀电视记者、优秀电视新闻和《中国石化专题》电视节目进行了认真的评选。经综合评定,决定授予6家电视台为2003年度优秀电视台、10家电视台为2003年度先进电视台;80人为2003年度优秀电视记者;评出《中国石化新闻》电视节目一等奖1名,二等奖20名,三等奖30名;评出《中国石化专题》电视专题片一等奖3名,二等奖6名,三等奖9名,优秀奖7名。并进行了表彰。

中国电视艺术交流协会石化工作委员会自2002年5月27日正式成立以来,在促进中国石化新闻媒体稳步转型,逐步建立上下合力大格局方面做了一定工作,通过强化组织联系,进一步推进了各企业电视台在新闻宣传、技术进步、机制转换、队伍建设以及上下合作等方面的工作。

图 书 出 版

【概述】 中国石化出版社的办社宗旨是为发展中国石油石化行业的科学技术水平服务,为普及石油石化科技知识,推进石油石化企业的生产、经营、管理服务。其图书出版范围包括:石油勘探开发、石油炼制、石油化工、石油石化产品应用、化学工程、石油化工机械、过程控制、电子计算机应用技术、环境保护、经济管理等方面的科技图书和手册、工具书以及相关专业的基础理论图书。此外,还出版相关专业的大中专、技校统编教材和职工培训教材。

中国石化出版社坚持党和国家的出版方针,始终把社会效益和图书质量放在第一位。立足本专业,面向大科技,不断开发图书新选题。2003年出版新书209种,重印书80种(部分书目见表3),出书总码洋4 288万元,取得了良好的社会效益和经济效益。

(丁纵宇)

【《中国现代科学全书·石油与天然气工程学》出版发行】 《中国现代科学全书》是由全国人大常委会研究室、全国政协研究室和中共中央党史研究室共同组织的我国第一套现代学科技术专著丛书。其中《石油与天然气工程学》是"十五"国家重点图书出版规划项目,由中国石化出版社组织中国石化集团公司、石油大学和西南石油学院部分著名专家教授和学科带头人撰写完成,是一套石油工程技术专著丛书。

《中国现代科学全书·石油与天然气工程学》包括《油气勘探工程》、《油气井工程》、《油气田开发工程》、《油气开采工程》和《油气储运工程》等5本书。全套专著从石油与天然气工程的系统观出发,全面介绍了油气田勘探开发工程的理论基础、技术手段、工作部署、综合评价、经营管理;并根据历史唯物主义的世界观,从油气勘探开发的历史经验和教训两方面,深入阐述了油气勘探的部署原则和油气开发的经营管理;展示了石油与天然气工程技术和管理的最新进展,反映了石油与天然气工程技术理论和技术的最新动态,对于全面了解石油与天然气工程的基本特点、技术内容、工作要点及程序、管理方法、未来研究方向等具有重要的参考价值。

本套丛书读者对象为石油工程技术、石油工程管理人员和石油院校师生以及从事石油工程技术科研和生产管理人员。

(邓敦夏)

【《含硫原油加工技术》专著出版发行】 由张德义主编的《含硫原油加工技术》一书于2003年7月由中国石化出版社出版发行。中国石化股份公司高级副总裁、中国工程院院士曹湘洪为该书作序。

加工含硫原油是当今和今后世界上许多国家特别

是炼油大国炼油工业的发展趋势。中国炼油企业进口含硫原油和高硫原油的加工量也逐年增加。为了系统总结国内外炼油企业加工含硫和高硫原油的实用技术和实践经验，提高中国加工含硫和高硫原油的技术水平，适应国民经济发展对石油产品的需求，中国石化出版社在石化股份公司的大力支持下，组织十多位老专家，在查阅大量国内外资料的基础上进行分析、整理和提炼，历时三年有余，四易其稿，撰写了这本专著。全书共 13 章，约 120 万字。

该书突出论述了含硫原油的特点和硫分布规律，重点介绍了含硫和高硫原油的加工流程与加工技术，扼要介绍了清洁燃料、II/III 类基础油、重交通道路沥青的生产技术，并详细介绍了环保和防腐技术，同时给出了国内外 40 余种含硫和高硫原油的评价数据。本书内容丰富，数据翔实，图文并茂，实用性强，是迄今为止国内外第一部比较全面和系统地专门论述加工含硫原油的科技著作，对正在和即将从事含硫原油加工的科研、设计、生产、管理人员都有重要参考价值，对炼油企业提高加工含硫原油的经济效益和社会效益也有一定的指导作用。

（黄志华）

【《管式加热炉》修订重版】 管式加热炉是石油、石化行业的重要设备。中国石化出版社于 1987 年 9 月出版了《管式加热炉》(第一版)，十余年来，国内外管式加热炉技术有了许多新的发展，设计思想、设计方法和加热炉材料等都发生了很大的变化。自 2001 年起，中国石化出版社组织了《管式加热炉》(第二版)的修订和出版工作，由石油大学钱家麟任主编、华东理工大学于遵宏和北京石化设计院尹朝曦、李文辉和王兰田任副主编，洛阳石化工程公司、河南石油勘探局等多个单位的人员参加编写。

《管式加热炉》是加热炉领域的技术专著、经典之作，有如下特点：①资料新、技术新。讲述了国内外管式加热炉新的技术发展、设计思想、设计方法和新材料的应用等，反映了 20 世纪末的技术水平。②系统全面。内容涵盖了管式加热炉设计、操作、管理、经济评价以及自动控制等内容，并首次将石化行业和油田行业的加热炉较系统地放在一起，便于互相了解沟通和提高。③先进、精练、实用。理论与实践相结合，科研与应用相结合、国内与国外相结合，具有很高的学术性、较强的实用性和较高的质量水平。

《管式加热炉》(第二版)2003 年 1 月由石化出版社出版发行，16 开本，精装，定价 88 元。

（白　桦）

【英语系列图书出版发行】 中国石化出版社为满足广大读者学习外语、使用外语的迫切要求，提高全民族外语水平，适应 WTO 的挑战，加强了外语图书出版力度，成立了外语编辑室专门负责外语图书的出版工作。本着多出书、出好书、创优质品牌的原则，石化出版社为外语类图书注册了“新哌克”专用商标。

截至 2003 年底已成功出版的外语图书主要有：《考研英语 20 天突破实用宝典》(词汇、阅读理解、翻译与完形填空、听力、写作、时文阅读)；《剑桥商务英语证书(BEC)30 天突破》(初级、中级、高级)；《雅思 30 天突破实用宝典》(词汇、阅读、听力、写作、口语)；《大学英语四、六级考试 20 天突破》(词汇、阅读、写作)；《全国英语等级考试阅读教程》(一级 B、一级、二级、三级、四级、五级)；《全国英语等级考试高分突破》(语法词汇、写作、模拟试题、词汇记忆宝典)；《点击英语丛书》(点击 800 个英语时尚词、点击 25 部英文名著、点击 100 个英语句型、点击 85 个英语短语、点击 1200 条英语谚语、点击 120 个英语会话、点击 750 个英文典型错误)；《英语时文进阶》(幽默篇、风土人情篇、史地篇、科技篇、名人演讲篇)；《英语学习与考试词典》、《简明实用英汉词典》；《英语语法指南与实战》(初中、高中、大学)等。今后将陆续出版剑桥少儿英语等级考试辅导及英语阅读等系列丛书，以满足广大在校学生及英语爱好者的要求。

新哌克外语图书以质量第一、读者至上为宗旨。针对广大读者的不同要求，出版应试类、教辅类及应用类书籍，从而使读者在阅读实践中坚实外语基础、提高外语水平，以迎接日新月异的信息时代的挑战。

（王金祐）

表 3　**2003 年中国石化出版社主要书目**

序　号	书　　名	作　　者
1	油气勘探工程(中国现代科学全书·石油与天然气工程学)	张一伟　金之钧　编著
2	油气井工程(中国现代科学全书·石油与天然气工程学)	胡湘炯　高德利　编著

续表

序号	书名	作者
3	油气田开发工程(中国现代科学全书·石油与天然气工程学)	罗平亚　杜志敏　编著
4	油气开采工程(中国现代科学全书·石油与天然气工程学)	何生厚　张琪　编著
5	油气储运工程(中国现代科学全书·石油与天然气工程学)	严大凡　张劲军　编著
6	石油与天然气工程技术手册(上、下册)[美]	李晓明　赵洪才　等译
7	浅海油气勘探开发	李阳　董法昌　编著
8	浅海固定式平台设计与研究	何生厚　洪学福　编著
9	油气井防砂理论及其应用	何生厚　张琪　著
10	孤东地区下第三系沉积相及油气聚集特征	谭河清　彭存仓　著
11	油气田工程测量	代敏　宋长松　李本国　编著
12	油田生产安全技术	王登文　周长江　主编
13	原油管道输送技术	黄春芳　编
14	催化裂化装置技术问答(第二版)	马伯文　主编
15	炼油助剂应用手册	张广林　王国良　主编
16	填料手册(第二版)[加拿大]	程斌　于运花　黄玉强　译
17	现代塑料手册[美]	焦书科　周彦豪　等译
18	溶剂手册[加拿大]	[加拿大]Wypych, G. 主编，范耀华　王光埙　邓春森等译
19	涂料涂装工艺应用手册(第二版)[美]	赵风清　肖纪君　译
20	工业反应过程分析导论	朱开宏　编著
21	化工工艺学	韩冬冰　等编著
22	化学计量学	史永刚　冯新泸　李子存　编著
23	高分子材料概论	韩冬冰　王慧敏　编著
24	现代水性涂料：工艺·配方·应用	耿耀宗　主编
25	汽车粘接剂密封胶应用手册	周一兵　主编
26	合成树脂及塑料牌号手册(上、下册)	陈乐怡　编
27	成纤聚合物的合成与改性	武荣瑞　张天骄　编著
28	玻璃纤维应用技术	姜肇中　邹宁宇　叶鼎铨　主编
29	炼油设备基础知识	马秉骞　主编

续表

序　号	书　　名	作　　者
30	塑料管道及管件加工与应用	张小文　编著
31	管式加热炉(第二版)	钱家麟　主编
32	炼油设备工程师手册	中国石油和石化工程研究会　编著
33	换热器设计手册[美]	钱颂文　等译
34	压缩机手册[美]	郝点　等译
35	泵手册(第三版)[美]	陈允中　等译
36	化工过程设备手册[美]	师树才　乔学福　杨盛启　等译
37	压力管道应力分析	唐永进　著
38	锅炉清洗实用技术	宋业林　编著
39	水处理药剂及其应用	郑书忠　主编
40	水质化验实用手册	宋业林　编著
41	有害化学品安全手册[美]	中国石化集团安全工程研究院　译
42	环境工程计算手册[美]	全燮　杨凤林　等译
43	油田开发水处理技术问答(水处理技术与管理知识问答丛书)	马自俊　编著
44	冷却水处理技术问答(水处理技术与管理知识问答丛书)	祁鲁梁　李本高　编著
45	工业用水与节水管理知识问答(水处理技术与管理知识问答丛书)	祁鲁梁　李永存　编著
46	海水利用技术问答(水处理技术与管理知识问答丛书)	张雨山　王静　编著
47	废水处理技术问答(水处理技术与管理知识问答丛书)	纪轩　编著
48	加油(气)站安全技术与管理	杨槐青　郭建新　主编
49	危险化学品安全评价	国家安全生产监督管理局　编
50	化学论文英语写作	高锦章　主编
51	科技俄语速修读本	隋学本　编著

（丁纵宇）

精神文明建设与企业文化

综　　述

2003年，石化集团公司和各直属单位以邓小平理论和“三个代表”重要思想为指导，全面贯彻党的十六大、十六届三中全会精神，加强党的建设、思想政治工作和精神文明建设。努力弘扬“爱我中华、振兴石化”企业精神，以此激励广大干部职工胸怀全局，立足岗位，建功立业。加强以“竞争、开放、规范、诚信”为核心的企业文化建设，规范企业经营活动，营造企业良好的社会形象和内部环境。推进思想道德建设和职业道德教育，努力培育有理想、有道德、有文化、有纪律的职工队伍，为石化集团公司2003年改革发展目标任务的实现和大局的稳定作出了贡献。

（潘武龙）

“四有”职工队伍建设

【概述】 石化集团公司和各直属单位以兴起学习贯彻“三个代表”重要思想新高潮为主线，加强理论学习，提高广大党员干部职工的思想政治素质。坚持党要管党，在生产经营、改革发展一线，充分发挥党委的政治核心作用、党支部的战斗堡垒作用和党员的先锋模范作用。努力探索新形势下做好思想政治工作的新规律、新思路和新办法，为石化集团公司完成2003年各项中心任务提供了良好的环境。通过开展企业文化建设和精神文明创建活动，努力营造企业良好的社会形象和内部人文环境。

（潘武龙）

【学习贯彻“三个代表”重要思想】 石化集团公司党组理论学习中心组努力发挥示范带动作用，特别是2003年7月、8月两次召开“三个代表”重要思想理论学习研讨会，联系石化集团公司改革发展实际深入学习贯彻“三个代表”重要思想和胡锦涛同志“七一”重要讲话精神，分析面临的形势和挑战，深入思考、研究中国石化深化改革和发展战略的一系列重大问题，在统一思想、提高认识、推动工作等方面收到较好效果。组织学习贯彻“三个代表”重要思想座谈会、报告会、研讨班、培训班，开展学习新《党章》活动，努力用“三个代表”重要思想指导实践、解决问题、推动工作。十六届三中全会和中央经济工作会议结束后，党组及时传达会议有关精神并提出了具体贯彻落实措施。及时做好学习宣传总结和监督检查，以多种形式交流、上报学习贯彻情况。陈同海同志代表党组参加了国资委举办的学习实践“三个代表”重要思想研讨会，作了题为《按照代表先进生产力的发展要求建设具有国际竞争力的企业集团》的发言，并参加了中央“七一”理论研讨会，书面发言被收入大会文集进行了交流。各直属单位党组织按照党组和地方党委要求，在领导班子和领导干部中认真抓好学习，结合贯彻石化集团公司暨石化股份公司工作会议精神，提出了本单位具体贯彻意见和工作措施。采取多种形式组织广大党员学习，不断加深对“三个代表”重要思想和胡锦涛同志“七一”重要讲话的理解，自觉应用到分析形势、指导实践工作中去，使生产经营和改革发展等各项工作取得明显成效。

（潘武龙）

【加强党的建设】 截至2003年12月底，石化集团公司全系统共有党委1 508个、党总支1 553个、党支部22 013个；共有党员40.24万名，在职党员24.74万名，占在职职工总数的29.3%。石化集团公司党组对企业党组织和党员的定位有了更深刻的认识，明确提出：企业党组织是执政党的重要组成部分；企业中每个共产党员都是执政党的成员；企业党委所做的一切工作都是为了加强党的执政基础，增强党的执政能力，提高党的执政威信。增强执政意识要从每个党员做起，无论是处在领导岗位上，还是处在基层工作岗位，都要时刻牢记自己是执政党的一员，一言一行、一举一动都必须从党的利益出发，从人民的根本利益出发。在改革中，石化集团公司党组始终坚持并要求，党的组织不能削弱，党管干部的原则不能动摇，党委参与重大问题决策不能改变。做到无论怎样改革，党组织与行政组织同步到位。石化集团公司坚持一个党组，直属单位上市非上市部分一个党委，统一对口上级党组织和所在地方党委，统一领导上市和非上市两部分党的工作、思想政治工作和精神文明建设。实践证明，这对于企业的改革、发展、稳定起到了非常重要的作用。在总部机关的调整改革中，对新设、改组的部门和专业公司，同步建立党的组织。对于新组建、新并入的直属单位都做到党的组织同时建立、党委会的组成和书记同时确定。各级党组织积极建立和完善工作责任制、目标管理等一系列工作机制，注意在观念思路上探索创新，坚持开展创先争优、创新创效活动，围绕企业中心任务确定党建工作内容，将党建工作融于中心工作的各个环节。在为企业中心工作提供政策指导、组织保证等方面有所作为，加大党组织直接为生产经营服务的力度，为企业扭亏增盈作贡献。党委、党支部在生产改革一线努力发挥政治核心作用和战斗堡垒作用。在深化企业改革的新形势下，探索并坚持开展好以创建先进基层党组织、争当优秀共产党员和优秀党务工作者为内容的“创先争优”活动。各直属单位在党建工作方式方法上不断探索改进,坚持做到原则要求与各企业具体情况相结合,集中统一与小型分散相结合,普遍部署与特殊需要相结合,从而有的放矢地开展党建工作。注意在建立现代企业制度条件下,结合法人治理结构的实际,不断探索完善和细化企业党组织参与重大问题决策的内容、方法和途径,使企业党组织始终保持生机和活力。各直属单位党委组织广大党员在实现生产经营和改革发展稳定目标中建功立业,广泛开展以“我为党旗添光彩”为主题,以创“四无”(即党员所在的岗位或班组无违章违纪、无事故、无黄赌毒、思想政治工作无死角),争“三优”(即实现党员所在的岗位或班组优质完成生产任务、优质完成工作任务、优质服务)为主要内容的“岗位创优竞赛”活动,普遍开展党员责任区、党员奉献日、党员先锋岗活动,把党员教育工作融入到日常生产经营管理工作中,充分发挥党员在提高效益、促进发展、保持稳定工作中的先锋模范作用。继续贯彻“坚持标准、保证质量、改善结构、慎重发展”的方针,做好组织发展工作。坚持开展民主评议党员活动,保持党的活力和战斗力。根据新的形势,各直属单位加大对未转出组织关系的“协解”党员、离退休(内退)党员、下岗职工党员和分散流动党员的管理力度,杜绝有党员无组织、有组织无党员的现象。

(潘武龙)

【开展形势任务教育活动】 深入宣传党和国家方针政策,深入宣传改革开放和现代化建设的伟大成果及成功经验,深入宣传加入世贸组织后中国石化面临的机遇和挑战,深入宣传中国石化的未来发展前景和目标任务、改革发展的重大意义和具体措施,使干部职工既展望未来,充满信心,又看到差距,居安思危。各直属单位党组织认真贯彻总部转发的《中宣部关于做好当前形势宣传教育的通知》,坚持主要领导干部向职工作形势任务报告的制度。采取多种形式,引导干部职工正视差距,迎难而上,积极投身石化集团公司改革发展各项工作中去。围绕石化集团公司2003年的各项工作,继续开展转变观念教育和深化改革教育,帮助广大干部职工解放思想,转变观念,树立与国企改革相适应的市场观念、竞争观念、效益观念、人才观念等。使广大职工认识到,改革是搞好国有企业的必由之路。也只有深化改革,才能逐步解决体制机制上的各种弊端、问题和深层次矛盾,才能充分释放内部活力、发挥潜在效益、赢得生存发展的空间,从而理解、支持并积极参与各项改革。针对石化集团公司生产经营遇到的前所未有的市场挑战和石化集团公司改革发展、改制分流的力度进一步加大的实际情况,各直属单位结合实际深入开展各种形式的形势任务教育和主题活动,取得较好成效,统一了广大干部职工的思想,推进改制分流试点工作和其他各项改革,为石化集团公司改革发展稳定工作创造了良好氛围。在“非典”期间,各直属单位充分利用报纸、新闻网、闭路电视等渠道加强宣传教育工作,广泛宣讲防治疾病的科学知识,使广大干部职工和家属都能以科学的态度和方法提高自我保护能力,进一步增强广大干部职工的凝聚力和战胜“非典”的信心和决心。对开展纪念毛泽东同志诞辰110周年活动进行统一部署,组织举办多种形式的纪念活动,缅怀毛泽东同志的丰功伟绩。

(潘武龙)

【思想政治工作】 围绕石化集团公司2003年以改革管理体制、转换经营机制为重点的7项改革任务,做好深入细致的思想工作。一是按照党组“推进以改制分流为主要形式的减员增效,带动其他方面的改革为突破口”的改革思路,引导干部职工理解、支持主辅分离改制分流工作,为改制分流创造良好的内部环境和有利条件。二是结合广大职工中的热点问题,开展深入细致的思想工作,保持生产经营等各项工作正常进行,保证了职工队伍稳定,为取得更好的经济效益作出了贡献。在分配制度改革中,各级党组织认真做好宣传和动员工作,使这项改革顺利完成,得到绝大多数干部职工的拥护和理解。三是按照“群众利益无小事”的要求,深入职工群众,了解情况,解决职工生产、生活困难,坚持把解决思想问题同解决职工群众工作和生活中的实际问题结合起来,做到理顺情绪,化解矛盾,充分调动广大职工的积极性和创造性。2003年9月,党组结合近年来石化集团公司党建和思想政治工作的实际,经过精心准备,召开了石化集团公司重组以来的第一次思想政治工作会议,系统回顾了过去的工作,表彰了优秀思想政治工作者和先进基层单位,27个单位交流了经验,深刻分析了当前面临的形势,认真部署了今后几年石化集团公司党建和思想政治工作的工作任务,制定了加强和改进工作的具体措施。这次会议进一步明确了方向,凝聚了力量,振奋了精神,有力地推动了党建和思想政治工作,为更好地完成各项工作任务提供了有力的思想政治保证。

(潘武龙)

【继续做好调查研究】 认真贯彻落实石化集团公司党组提出的把2003年继续作为总部机关调查研究年、转变作风年、为企业服务年的要求,党组领导分头带队,总部组织多个调研工作组下基层,帮助企业找准问题,了解职工的思想动态,协助直属单位做好有关工作。组织召开部分企业党建与思想政治工作座谈会,分板块、分地区的党委书记研讨会等，调查了解并反映有关情况。组织进行了石化集团公司政研会思想政治工作优秀研究成果的评选活动。加强总部机关思想作风建设，向40多个直属单位下发了《对总部机关作风建设评价意见表》，征求对进一步加强总部机关作风建设的意见和建议。

（潘武龙）

【加强对维护稳定工作的领导】 在中央和国资委党委的领导下，认真贯彻党组提出的“坚定、沉着、耐心、细致”的工作方针，切实做好维护稳定工作，保持了生产稳定、队伍稳定和企业稳定。加强对维护稳定工作的领导。党组及时调整了维护稳定工作领导小组，党组书记任领导小组组长，两名党组成员任领导小组副组长，相关部门主要负责同志参加，设立了办事机构（维护稳定工作领导小组办公室）。坚持维护稳定工作领导小组碰头会制度，及时对稳定情况进行分析，指导直属单位做好工作。各直属单位把维护稳定工作提到了重要的议事日程，完善了维护稳定工作领导小组以及具体办事机构，使全系统的维护稳定工作从组织机构上首先得到了保证和加强。认真落实维护稳定工作责任制，健全维护稳定工作网络。石化集团公司稳定工作领导小组对全系统维护稳定工作负总责，党组书记是第一责任人，具体工作由石化集团公司维护稳定工作领导小组办公室负责。各直属单位稳定工作由党委负责，党委书记牵头，党政工团齐心协力，完善落实稳定工作责任制。认真分析不稳定因素，采取妥善措施，把存在的不稳定因素化解在基层，采取有力措施及时妥善处理突发事件，保证大局的稳定。与“法轮功”邪教组织的斗争取得新成效。根据中央、国资委党委的要求，认真做好对教育转化成果的巩固工作，依法开展斗争。

（潘武龙）

【企业文化建设】 适应现代化管理的要求和职工思想的变化，坚持以人为本，不断吸收和借鉴国内外先进管理思想、理念和手段，将以“竞争、开放、规范、诚信”为核心的企业文化融入到企业生产经营管理中，引导员工树立与现代企业制度和市场经济相适应的市场意识、竞争意识、大局意识和诚信意识，提高企业内部紧密度和外部竞争力。进一步提升科技进步和管理创新水平，提高广大职工的技术技能水平和科技创新能力，以构建职工终身学习体系为基础，努力创建学习型组织，引导干部职工树立终身学习、全员学习、全过程学习的观念，学习新知识、掌握新技能，不断提升职工队伍的学习能力和创新能力，为企业的改革发展提供坚强的人才保证和智力支持。积极开展扶贫和援藏工作，扶贫开发和援藏工作取得新的进展。2003年，石化集团公司投入援藏项目资金2 600万元，向4个对口扶贫县安排扶贫补助资金970万元，部分项目已经完成，为当地改善生态环境、教育条件和基础设施作出了贡献。积极投身社会公益事业。在广大青年中进行科学文化知识教育，在救助贫困地区失学女童、举办青工科技培训、挽救社会失足青少年、维护青少年合法权益、帮助青年职工转变择业观念等方面，做了大量有成效的工作。积极支持地方防治“非典”工作，石化集团公司总部向北京市和卫生部共捐款1 400万元。组织职工开展向贫困地区捐助活动，仅直属机关职工就捐款286 505.90元，募集棉衣、被16 228件，对改善当地生产、生活条件发挥了积极的作用。

（潘武龙）

【精神文明建设】 各直属单位注意把抓基层、抓载体、抓阵地作为精神文明建设着力点。抓基层就是各单位根据石化企业远离城市、独立形成小社会的特征，依靠基层组织，重点抓好创建文明社区活动，不断提高社区管理水平和服务水平，改善居民生活环境和生活质量，提高社区文明程度。抓载体就是精心设计活动方式，多开展受到职工群众欢迎、便于职工群众参与的创建活动。并注意充实内容，巩固提高，深入拓展，根据形势发展和各企业的实际，在实践中不断创新载体。抓阵地就是充分发挥各类设施、媒体在精神文明建设中的重要作用，把各类文化活动场所建设成为传播精神文明的阵地，营造有利于加强精神文明建设的良好氛围。以党员干部、青年职工和窗口单位的职工为重点，学习贯彻《公民道德实施纲要》，积极开展道德实践活动。以为人民服务为核心、以集体主义为原则、以诚实守信为重点，加强社会公德、职业道德和家庭美德教育，引导职工在遵守基本行为准则的基础上，追求更高的思想道德目标。开展“四五”普法宣传教育，宣传与职工群众生产、生活密切相关的法律法规，提高广大职工的学法守法意识和运用法律维护自身合法权益的能力。利用“中国普法网”，做好依法治企的联系沟通和宣传教育，组织召开石化集团公司普法工作座谈会，推动依法治企工作。

（潘武龙）

【先进典型】 2003年石化集团公司评比表彰了119个优秀思想政治工作基层单位、209名优秀思想政治工作者。组织广大干部职工学习郑培民和在防治“非典”斗争中的先进党组织和共产党员的先进事迹，树立机关服务中心党委和燕山石化公司党委等防治“非典”工作先进典型,其中燕山石化公司党委被国资委党委评为“中央企业防治非典型肺炎工作先进基层党组织”。在上游企业组织开展“五项劳动竞赛”活动,取得较好效果,并进行了表彰和奖励。学习宣传西部勘探指挥部广大参战职工团结融合、艰苦创业、开拓创新、科学高效的“西部新区精神”。组织西部勘探指挥部党工委先进事迹报告团先后到总部机关及部分直属单位作了15场先进事迹报告,10万多人次听了报告,引起强烈反响。还将先进事迹报告制成了200套光盘,向90家直属单位发放。宣传树立塔河油田110万吨/年产能建设工程项目中所涌现出来的先进人物和典型事迹,并召开了现场表彰大会。继续开展好“季评十件好事”、评选“五好文明家庭”活动。举办了廉洁勤政优秀领导干部先进事迹报告会,弘扬正气。

(潘武龙)

民 主 管 理

【概述】 各直属单位坚持全心全意依靠工人阶级的方针,充分发挥各级工会组织在改革、发展和稳定中的作用,推进企业的民主决策、民主管理和民主监督。

(潘武龙)

【学习工会十四大精神】 石化集团公司有29名同志当选工会十四大代表,另有1名特邀代表。会议期间,党组领导与代表们进行了座谈,对进一步落实依靠职工办好企业的方针和做好工会工作提出了要求。会后,在全公司开展了学习贯彻会议精神的活动。2003年,石化集团公司有11人获全国“五一”劳动奖章,3个单位获得全国“五一”劳动奖状。

(潘武龙)

【民主管理】 各直属单位认真落实职工民主权力,切实维护职工合法权益。各级工会组织紧紧围绕石化集团公司改革、发展和稳定的中心工作,突出工会维护的基本职责,有效地保护、调动和发挥职工群众的积极性。坚持以职工代表大会制度为基本形式的民主管理、民主参与和民主监督,重大改革方案都经过职代会审议或通过,民主评议干部、业务招待费、签订集体合同等都通过职代会。各直属单位坚持实行在董事会和监事会中都要有职工代表参加的制度。直属单位有2名工会主席在2003年进入石化股份公司监事会。

(潘武龙)

【厂务公开】 各直属单位认真贯彻落实中办、国办下发关于深入实施厂务公开制度的通知,按照石化集团公司的要求,研究制定了落实措施。全系统直属单位都推行了厂务公开制度,建立健全和强化厂务公开运行机制,紧密结合企业改革和发展的实际,规范内容和程序,拓宽范围和渠道,对厂务公开的内容、形式、方法以及深度、广度等进行积极探索和研究。宣传在厂务公开工作中做出显著成绩的典型,燕山石化公司等9个企业被评为全国推行厂务公开先进单位并受到表彰,茂名石化公司被授予中央企业厂务公开先进单位,管道储运公司受到通报表扬。各直属单位注意推广先进企业的典型经验,指导全系统的工作,指导和推动厂务公开工作深入开展,不断提高厂务公开工作水平。

(潘武龙)

【经济技术创新】 各直属单位以创新是经济技术创新活动的灵魂,其目的是为企业创造效益为出发点,进一步拓宽思路,加大对一线职工的培训力度,把劳动竞赛、装置达标创效、岗位练兵、创新创效等富有成效的活动引向深入,并注意在活动中培养职工的创新意识,在观念创新、管理创新、科技创新、服务创新上下工夫。同时抓好成果评审表彰活动,不断推广新经验,培养树立新典型。通过深入持久的开展技术创新活动,引导职工勤于学习、善于学习、乐于学习,逐步提高职工的创新能力。

(潘武龙)

【送温暖活动】 石化集团公司领导和各直属单位领导深入基层,特别是在“两节”期间深入到困难职工家庭,积极帮助困难职工排忧解难,有力地调动了广大干部职工的工作积极性和主动性。各直属单位工会还通过职工互助捐助等活动、帮助职工就业、开拓就业岗位来解决一些职工遇到的特殊困难。

(潘武龙)

【共青团和青年工作】 2003年石化集团公司有13名同志当选团十五大代表,党组领导与代表们进行了座谈,勉励广大青年为中国石油石化事业贡献青春和才智。在全公司坚持“学习、教育、团结、服务”的工作方针,加强团员青年的思想政治教育,引导青年岗位成才、建功立业,大力提高团员青年的思想素质和业务水平。推进青年岗位能手、青年文明号和创新创效活动,与团中央联合命名了104个石化集团公司全国青年文明号。全系统有1人被团中央授予“全国技术能手”和“全国青年岗位能手”称号,1人被命名为十大“中央企业杰出青年岗位能手”,1个班组被命名为“中央企业青年文明号”。有7人获得“全国青年创新创效奖”,5

家单位团委获“全国青年创新创效活动先进单位”，1家团委被评为“全国青年创新创效大赛组织工作先进单位”。

（潘武龙）

文体活动

【概述】 通过加强管理和引导，使体育场馆、图书馆、文化馆、电影院、娱乐场所等文化场所和各类群众活动中心面向群众，坚持把方便职工服务职工放在首位，开展健康有益、丰富多彩的文体活动，让先进文化占领阵地，使人们在休闲娱乐中增长知识、陶冶情操、提高素质。

（潘武龙）

【文体活动】 围绕庆祝中国石化成立20周年，2003年举办中国石化首届职工运动会和第四届中国石化职工美术书法摄影作品展览，石化集团公司领导和有关方面的领导出席了运动会和展览会的开幕式。运动会和展览会取得圆满成功，受到内外、上下一致好评，许多新闻媒体都进行宣传报道，对外宣传了中国石化，对内凝聚了人心。此外，中国石化体协和中国石化文联举办多项单项文体活动，积极参加全国体育比赛，参加中国职工艺术节、全国安全文艺汇演，都取得可喜成绩，受到有关方面的表彰。

（潘武龙）

油区专项整治

【概述】 石化集团公司和所属各油田、管道企业认真按照公安部等8部委的统一部署，抓住机遇，努力争主动、求实效、扩战果，取得油区治安形势基本好转。

（潘武龙）

【工作情况】 加强与有关部委的联系，为油田和管道企业提供有力的支持。及时指导协调各油田公安系统移交及改制情况，向公安部提交有关打孔盗油、窃电、管道占压、车辆管理等13个专项报告。石化集团公司参加人代会、政协会的代表、委员分别就油田和管道打孔盗油问题提出提案。建立健全通报制度，召开专项整治座谈会，协调企业贯彻落实国家8部委《关于开展整治油气田及输油气管道生产治安秩序专项行动工作方案》，召开油田及管道企业和有关部门主要负责人会议，传达全国专项行动电视电话会议精神及党组要求，并提出具体贯彻落实意见。

（潘武龙）

【打击处理盗油案件取得可喜成果】 2003年，石化集团公司范围内共破获各类涉油案件2 501起，打掉犯罪团伙255个，打击处理违法犯罪嫌疑人3 972名，缴获盗油机动车1 995辆、油品5 749.4吨，取缔土炼油炉595座、窃气点1万余处、窃电点1.37万余处，收缴窃气管线62万米、电力线57万米，清理管道占压物222处，调节工农纠纷2 258起，挽回经济损失3 091.9万元，使油区生产治安秩序得到明显改观。

（潘武龙）

【好人好事】 在专项斗争中，涌现出许多反打孔盗油的感人事迹，其中，管道储运公司沧州处德州站职工王小波同志在抢修被打孔的管线时，为抢救遇险的同志不幸牺牲，2003年10月，被山东省人民政府批准为革命烈士，石化集团公司直属党委追认王小波为中共党员。

（潘武龙）

审计与监察

内部审计

综　述

2003年，石化系统各级审计部门紧紧围绕石化集团公司暨石化股份公司中心任务，克服上半年“非典”疫情带来的不利影响，坚持突出重点、开拓创新、监督到位的工作思路，以经济效益审计为核心，以财务收支合规审计为基础，认真履行监督职责，工作中敢于碰硬，讲真话、重实效，全年共组织开展审计项目22 950项，严肃揭露和查处了一些企业违反财经法规和经营纪律的问题，在规范企业经营行为、提高企业管理水平、推动企业廉政建设的同时，促进企业增收节支14.38亿元。

（王录堂）

效益审计

【概述】 2003年，各单位按照年初石化集团公司党组提出的“审计要紧紧抓住效益审计”的要求，以总部下发的《2003年经济效益审计指导意见》为指南，抓住产供销等生产经营关键环节，开展效益审计770项，促进企业增收节支3.64亿元。

（王录堂）

【总部组织实施的效益审计】 总部（含兼职审计稽察专员）组织开展了对洛阳石化总厂、石家庄炼油厂、仪征化纤股份公司、安庆石化总厂、深圳石油分公司、河南石油分公司、天津石油分公司、国际事业公司本部及境内外机构等8户企业（均含上市与存续两部分）的经济效益审计，以及对山东石油分公司、江西石油分公司2户销售企业的加油站管理情况审计和九江石化总厂、济南炼油厂、南京化学工业公司3户炼化企业的产品销售情况审计。审计查出了一些企业转供水电液化气管理与收费不到位、对外低价销售产品和低价出租优质资产等造成效益流失的问题，并以翔实的数据和有根有据的分析，帮助企业认识到问题的严重性，督促企业切实抓好整改，促进企业增收节支7 861万元。

（王录堂）

【企业组织实施的效益审计】 各单位结合实际积极开展了各项专题效益审计。中原石油勘探局统一部署、统一方案、统一标准，对外部项目资金流动情况进行了专项审计，查实了个别单位采取坐支、隐瞒、转移现金的手法逃避勘探局资金监管等方面的问题，促进了企业的资金管理。江汉石油管理局针对油田运输企业任务不足和修理单位连年亏损的情况，开展了油田内部机动车运费和修理费专项审计，从内部控制、会计核算、产权关系入手，通过“查内部市场准入资格、查车辆平衡表、查往来关系、查派工单、查合同、查票据”，发现经营秩序混乱、核算不规范，导致支付外单位运费和修理费金额较大的问题，引起油田领导的高度重视，促进企业加强了运输及修理市场管理。茂名石化公司从核实车间财务承包指标完成情况及达标情况出发，开展了炼油联合一车间经济效益审计，发现了原材料收发失控、实际消耗与会计核算消耗存在差异等问题，促进了企业的基础管理。上海石化股份公司前移监督关口，加强对产品销售、物资供应、资金管理等内部控制制度的评审，从源头上堵塞了管理漏洞。云南石油分公司为规范合同销售行为，开展了合同销售专项审计，收回“已提未售”油料1.01万吨，产生效益3 317万元；同时，对违反销售纪律的40多个加油站站长实行了停职停薪清欠、36个加油站站长进行了黄牌警告，并扣发了其中50多个直接责任人的工资，发挥了审计的警示和震慑作用。河南石油分公司、广西石油分公司、湖南石油分公司、山西石油分公司等单位针对管理相对薄弱的环节，大力开展加油站量、价、账的审计，核实了油品销售数量、油品损耗和有关费用核算的真实性，揭示了加油站不规范赊销等问题，取得了明显效果。

（王录堂）

固定资产投资审计

【概述】 2003年，各单位积极开展固定资产投资审计和检维修项目审计13 377项，审减工程结算资金6.18亿元，为企业节约了大量建设资金。

（王录堂）

【固定资产投资计划专项审计调查】 根据石化集团公司党组的要求，2003年总部统一组织开展了全系统2002年固定资产投资计划执行情况专项审计调查。各单位按照总部制定的审计调查方案进行了自查，总部（含兼职审计稽察专员）在各单位自查的基础上，抽调全系统审计骨干100多人，历时2个多月，对上、中、下游22户企业（含25个分子公司、21个存续公司）进行了重点抽查，抽查面占全系统投资规模的64.93%。审计组通过检查内控制度建立与执行、投资计划执行情况、投资项目统计管理、投资项目进展和资金支付情况，并分析比较计划数、财务账面数和审计核定数，充分揭示了企业存在的计划外投资、自行调整计划、统计数字不实和会计核算不严谨等共性问题。石化集团公司党组对审计结果高度重视，在石化集团公司暨石化股份公司工作会议上通报了有关问题，进一步促进了各单位的投资计划管理和基础工作。

（王录堂）

【工程结算和决算审计】 2003 年各单位在完成投资计划执行情况自查外，积极深入施工现场，把工程审计向前扩张和向后延伸，下大力气抓了工程结算和决算的全面审计，工程审计发现的主要问题有：工程预结算把关不严，施工单位人为错套、高套定额、重复和加大计算工作量；个别项目违反建设程序，可行性研究不够，设计存在缺陷，导致开工后不断增加预算支出，投资规模控制不力等。通过工程审计，有 16 户企业的工程审减额均在 1 000 万元以上，它们分别是：胜利石油管理局、西北分公司、高桥石化公司、金陵石化公司、齐鲁石化公司、荆门石化总厂、四川维尼纶厂、中原石化有限公司、江苏石油分公司、浙江石油分公司、山东石油分公司、河南石油分公司、湖北石油分公司、湖南石油分公司、广东石油分公司、广西石油分公司等，从而为企业节省了大量建设资金。胜利石油管理局坚持全面开展维修项目结算审计，仅此一项就节约投资和成本 3 740 万元。江苏石油勘探局工程审计积极向检维修项目审计延伸，全年审减不合理工程造价 1 513 万元。高桥石化公司一直以来坚持重点工程自己审计、一般工程委托中介机构审计的办法，全年审减工程结算资金 1 725 万元。金陵石化公司在抓好工程竣工决算审计的同时，继续加强对检维修和技措技改项目的日常审计，全年审减工程结算资金 1 531 万元。四川维尼纶厂严把结算审计关，全年审减工程结算资金1 185万元；北京石油分公司严守基建资金出口，加强对加油站新建改建项目等基建工程的审计监督，为公司节省投资 745 万元。宁波工程公司进一步扩大分包工程审计范围，在审计结算的同时抽审分包工程过程管理情况和分包合同执行情况，避免了效益流失。

（王录堂）

经济责任审计

【概述】 2003 年，各单位按照党组关于“加强对一把手的监督”的指示，全年开展经济责任审计 720 项，促进企业增收节支 7 800 万元。

（王录堂）

【总部组织实施的经济责任审计】 2003 年总部在对管道储运公司、安庆石化总厂、高桥石化分公司、长岭分公司、联合石化等 5 户企业领导干部的经济责任审计中，坚持以领导干部履行经济责任情况为主线、以任职期间资产负债损益的真实性为重点，从促进企业改革发展和提高效益出发，充分揭示了企业在会计信息、经营管理、重大决策等方面存在的问题，摸清了企业家底，明确了领导人员任职期间应承担的经济责任，起到了维护企业利益、促进领导干部认真履行经济责任的重要作用。

（王录堂）

【企业组织实施的经济责任审计】 2003 年各单位不断深化经济责任审计工作，审计部门通过查阅有关经营管理制度、会计报表、账簿及凭证等资料，抽查业务处理和采购合同等情况，核对、盘点固定资产、库存物资等，发现绝大部分单位负责人在任期内都较好地履行了各自的职责。销售公司采取自己组织审计和委托中介机构审计相结合的办法，精心拟订审计方案，开展了对 1 家大区公司和 5 家省、市石油公司的经理离任审计，揭示了部分单位在资金管理、成本核算等方面不规范的问题，划清了离任者和继任者的经济责任界限。胜利石油管理局全年开展了对所属二、三级单位 94 位行政一把手的离任审计，在保证审计质量、作出客观评价的前提下，保证了审计的时效性，审计后平调 57 人、晋升 16 人、免职 21 人，及时为油田党委及组织部门安排和使用干部提供了依据。长岭炼化公司认真开展亏损企业领导人员任期审计，为企业实施改制分流提供了重要依据。仪征化纤股份公司在加大对二级单位厂长、经理离任审计的基础上，开展了对同级财务部主任离任的经济责任审计，促进企业进一步加强了财务管理和会计基础工作。

（王录堂）

财务收支审计

【概述】 2003 年，各单位围绕各项收入和支出的合规合法性、资产负债损益的真实性等内容，开展财务收支审计 1 480 项，在进一步规范企业财务管理和会计核算、提高会计信息质量的同时，促进企业增收节支 3.78 亿元。

（王录堂）

【总部组织实施的财务收支审计】 2003 年总部组织开展了对中原石油勘探局、管道储运公司、第二建设公司、洛阳工程公司、上海石化研究院、石化出版社等6户企事业单位的财务收支审计，审计组从检查被审计单位内部控制制度的建立、健全和执行情况入手，查出一些单位会计核算不规范、资金管理存在漏洞、会计信息不真实，以及违反财经纪律私设“小金库”、账外账等问题，促进了企业严格管理、规范核算。

（王录堂）

【企业组织实施的财务收支审计】 2003年部分企业积极开展年度目标责任制兑现审计和改制分流前的审计。江汉石油管理局在目标责任制审计中注重核实财务收支的真实性，通过查利润、查费用、查产量、查投资计划等，促进增收节支1 166万元，审计确认的数据成为企业进行责任制考核兑现的依据；河南石油勘探局在对局、分公司37个单位全年经营承包指标完成情况的全面审计中，坚持事前介入、突出检查会计行为，发现问题及时整改，确保会计信息真实可靠，同时突出公平、公正原则，使考核结果更具说服力。洛阳石化总厂、仪化集团公司、第二建设公司等单位，根据总部实施改制分流各阶段的要求，确定不同阶段的审计重点，通过清理债权债务、潜盈潜亏，核实资产评估结果报告，有效地防止了国有资产流失，维护了改制企业职工的利益，为企业实施改制分流提供了准确的数据资料。第四建设公司根据经营管理目标及工作重点，选择驻外项目开展财务收支审计，发现个别单位产值上报不及时，少计收入、多摊成本费用，不按分包工程进度控制分包工程款的支付，以及内部控制执行不严格、不到位等问题，进一步强化了项目负责人的法制观念，严肃了财经纪律，促进了依法经营、增收节支。

另外，部分单位注意选准财务审计突破口，取得一定效果。镇海炼化公司审计部门在检查工会财务时，与纪检监察部门密切配合，发现工会长期违规拆出资金1 150万元，督促收回680万元，减少了损失。广州石化总厂通过对同级财务部门的审计，发现改制分流账务处理不及时导致账实不符的问题，规范了会计核算。

（王录堂）

其他工作

【协调配合国务院监事会工作】 2003年初，石化集团公司总部与国务院监事会就监督检查的重点单位和重点内容，及时沟通，提前部署，赢得了工作上的主动性。一是组织完成了总部和企业《2002年度企业基础材料》的填报工作。按照国务院监事会工作办公室的通知要求，及时下发文件组织填报。各单位高度重视，专门成立填报小组，认真填制，严格把关，及时上报，为监事会开展监督检查工作提供了便利。二是认真配合了国务院监事会对总部和有关企业的监督检查。总部在全面、及时地提供国务院监事会所需文件、制度、总结等材料的基础上，还向国务院监事会专题汇报了年度投资、财务管理、油品销售和化工板块生产经营的有关情况；同时，财务公司、销售公司以及河北石油分公司、广西石油分公司、浙江石油分公司等单位，在“非典”期间为监事会开展实地监督检查创造了有利条件。国务院监事会的监督检查，有效地推动了石化集团公司的管理工作，促进企业进一步规范了经营行为。

（王录堂）

【审计信息化建设】 2003年，石化集团公司总部下大力气狠抓了审计软件的推广应用和审计管理信息系统的研制开发，取得新的进展。一是推广应用计算机辅助审计软件取得新的进展。计算机辅助审计软件经上、中、下游部分单位率先应用后，在全系统得到了大力推广，据不完全统计，有40多家单位在审计项目中进行了应用。二是成功研制开发了审计管理信息系统。该系统的办公自动化和统计报表管理两个子系统已通过测试，达到投用条件，为建立规范的审计数据库、法规库提供了条件。大部分单位在推广和应用审计信息化方面也做了大量有益的探索，基本实现了由手工审计方式向计算机辅助审计和手工审计相结合的方式过渡。安徽石油分公司积极开展计算机辅助审计，在实施审计过程中，首先运用辅助审计软件查找线索或疑点，大大提高了审计工作效率；江苏石油分公司充分利用ERP信息系统和辅助审计软件，采取非现场审计和现场审计相结合的办法，开展了月度经济指标审计；北京化工研究院利用本院网络优势，将审计结果在网上进行公告，探索了审计监督的新模式。

（王录堂）

【审计队伍建设和基础工作】 一是审计管理体制有所创新。一些单位认真贯彻总部“加强审计监督”的指示，在企业深化改革、实行扁平化管理过程中，积极创新审计管理体制，审计力量不但没有削弱，反而得到了加强。2003年齐鲁石化公司由二级审计管理体制改为一级审计管理体制；广东石油分公司实行审计业务、人员垂直管理；贵州石油分公司模拟国家审计实行特派员制度等，探索了一条加强内部审计的新路子。二是审计培训力度不断加大。石化集团公司总部重点抓好审计处长和审计骨干的培训，2003年共举办了5期培训班，学习了计算机辅助审计软件、内部控制评审和经济责任审计理论与实务，以及审计相关知识等内容，全系统280人(次)参加了培训；各单位也有针对性地开展了一系列后续教育和培训活动，重点抓好一般审计人员的培训。三是审计制度建设继续取得新成效。总部相继制定下发了《财务审计暂行办法》、《经济效益审计暂行办法》、《领导干部任期经济责任审计暂行规定》、《内部控制审计评价暂行办法》和《计算机辅助审计管理暂行办法》等制度；河南石油勘探局、管道储运公司、西北石油局等单位根据企业实际，制定和修改、完善了有关实施细则和办法，促进了审计工作的规范化、标准化，从制度上为审计工作质量的提高提供了保障。四是审计项目质量不断提高。各单位注意抓住企业管理和效益中的主要矛盾，努力打造审计“精品”项目，经各单位推荐上报，总部评审出一些审计程序严格、组织实施严密、审计档案规范、审计质量较高、审计效果明显的审计项目36个，在全系统进行了表彰，调动了各级审计部门和广大审计人员搞好审计工作的积极性，有力地推动了全系统审计工作整体水平的提高。

（王录堂）

【完成石化股份公司监事会交办的工作】 一是协助做好石化股份公司监事会换届选举工作。2003年4月监事会换届，第二届监事会成员由首届的8名增至12名，其中：股东代表6名、独立监事2名，职工代表监事4名，选举产生了新的监事会主席，组织新监事填写有关材料，配合法律事务部办理公司年检手续。二是组织完成了对石化股份公司2002年年报、2003年中报的审计或审阅工作。主要对石化股份公司年报、中报中会计政策的一贯性，以及资产置换、关联交易、分红派息、债券发行、土地租赁等重大事项的披露，是否符合企业会计准则及制度和中国证监会的有关规定进行了核实，对审计调整差异进行了对比分析，出具了审核意见。三是筹备了首届监事会第13、14次会议和二届监事会第1、2次会议，联系财务部、毕马威会计师事务所分别介绍了公司财务状况和审计调整差异，形成监事会会议记录和决议公告。组织了首届监事会部分企业监事会主席座谈会，交流了上市公司监事会工作的经验和体会；编写了《监事会文件汇编》。四是回答了上海证券交易所对公司内部审计开展情况的问卷调查。

（王录堂）

纪检监察

综　述

2003年，党风廉政建设和反腐败工作紧紧围绕石化集团公司、石化股份公司工作目标，认真贯彻落实“三个代表”重要思想，按照中央纪委第二次全会的部署，坚持标本兼治，加大源头治理力度，反腐倡廉三项工作取得了新的明显成效。

一、领导干部廉洁自律工作进一步加强。石化集团公司总部机关和直属单位以贯彻落实中央纪委第二次全会对国有企业领导人员提出的廉洁自律“新五条规定”为重点，采取措施，加强监督，保证廉洁自律各项规定的落实。各单位领导干部在执行个人重大事项报告制度，处理“三重一大”(重大事项决策、重要干部任免、重要项目安排和大额度资金的使用)事务，开好班子民主生活会，实行厂务公开接受监督等方面有了明显进步。多数领导干部严以律己，勤奋工作，抓方向、议大事、促改革、谋发展、保稳定，确保了企业各项工作的顺利推进。

二、加大办案力度，严惩违纪违法行为。坚持反腐败不动摇，重拳出击，严肃查办了一批职工群众反映强烈、造成国有资产严重流失的大案要案，惩处了一批严重违纪违法分子，挽救教育了一批干部，为国家和企业挽回大量经济损失。通过查办案件，建章立制，强化管理，提高了经济效益，增强了干部职工的凝聚力。

三、效能监察工作不断提高和深化。各单位对效能监察工作的认识和参与度明显加强，呈现出一把手负总责，党政齐抓共管，纪委组织协调，部门各负其责，职工群众积极参与的良好工作局面。2003年石化集团公司总部及各直属单位共立项272项，通过效能监察，减少投资、节约采购资金、清收应收账款共计11.6亿元。通过效能监察，共提出整改建议2 327条，建章立制918项，促进了企业管理。

四、党风廉政宣传教育取得新成果。围绕学习宣传贯彻中央、中央纪委反腐倡廉精神，及时转发了中央纪委《关于开展学习郑培民同志活动的通知》和《关于开展“两个务必”主题教育活动的通知》，建立宣传教育大格局，开展了学习先进典型教育活动，宣传了李文善等10名廉洁勤政优秀领导干部的先进事迹，组织了巡回演讲。同时，进行重点案件的警示教育，以案明纪，组织了依法经营、廉洁从业教育，都取得较好效果。《石化反腐警示录》(第一部)，在中央纪委组织的全国纪检监察系统第三届电教片“卫士奖”评选中，获得二等奖，并被国资委评为中央企业党风廉政建设电化教育优秀电教片。

五、强化监督制约，源头治理工作有了新成效。认真贯彻标本兼治、综合治理的方针，从治本入手，积极探索构建教育、制度、监督并重的惩治和预防腐败体系。建立了石化集团公司总部机关部门和直属企业主要负责人述学述职述廉制度，召开了源头治理工作座谈会和组织了6个片区、70多个单位参加的理论研讨会。加强纪检监察监督网建设，聘任企业中原则性强、有责任感、敢于碰硬的现职或退二线的纪委书记、监察处长参与全系统的办案、效能监察和党风廉政检查等工作，按照任务分工，形成工作制度和监督网络，加强监督制约和管理。

六、纪检监察队伍的综合素质不断提高。在反腐倡廉工作实践中，组织纪检监察干部不断加强学习和自身的磨炼，努力提高思想政治素质，经受住了考验。许多同志在“非典”期间仍然工作在查办案件一线。不少同志为了办案，节假日放弃与家人团聚，表现出高度的政治责任感和积极奋发的精神状态。多数单位认真贯彻党组《关于在重组改制中加强纪检监察工作的指导意见》，加强纪检监察组织建设。队伍结构进一步优化，一批政治可靠、作风正、业务强的干部进入纪检监察队伍行列，熟悉管理、财务、法律的人员比重上升。还通过培训、召开查办案件和审理工作座谈会等多种形式，提高队伍的业务素质和工作水平。涌现出19个纪检监察工作先进集体和250名先进工作者，以及6个优秀办案组、2个党风廉政教育电视片优秀摄制组。

（纪　健）

领导干部廉洁自律

【概述】 围绕贯彻落实中央纪委第二次全会对国有企业领导人员提出的廉洁自律“新五条规定”，学习转发了《中共中央纪委关于2003年领导干部廉洁自律和党风廉政建设责任制工作的安排意见》，要求各企事业单位结合实际抓落实；建立约束制度，加强对领导干部的监督；认真调查并纠正了数起领导干部违反廉洁自律规定的问题，严格要求和约束各级领导干部的行为；在全系统对领导干部用公款配备住宅电脑、购买商业保险以及私设“小金库”、滥发奖金等问题进行清理。据对85个单位的统计，截至2003年底，共修订完善廉政制度2 482项，签订廉政承诺书14 867个，述职述廉、自查自纠12 299人次，上交现金、有价证券655人次209万元，廉政谈话15 756人次，纠正违反规定问题190个，清理“三乱”（乱投资、乱担保、乱借贷）问题12个，涉及金额2 734万元；清理“小金库”211个，涉及金额3 508万元；取消违规新项目87个，制止违规购买轿车64辆，制止违规出国45人次。

（纪　健）

【建立企业领导人员述学述职述廉制度】 2003年5月，会同人事教育部，起草了《关于直属单位党政主要负责人报送述学述职述廉报告的通知》，明确述学述职述廉的范围是：各直属单位任现职的党政一把手和总部机关各部门主要负责人。其中，述廉的内容包括执行领导干部廉洁自律有关规定情况，执行领导干部收入申报、礼品登记、业务招待费使用情况向职代会报告以及个人重大事项报告制度情况，还有带头执行党风廉政建设责任制情况、上级党委领导与下级党政主要负责人谈话制度情况、领导集体议事制度情况和廉政谈话、诫勉谈话制度情况。截至2004年1月底，共有172人报送了述学述职述廉报告。

（纪　健）

查办案件

【概述】 2003年，石化集团公司坚持依法治企，从严治内，不断加大查办案件力度，依法依纪惩处腐败分子，净化企业经营环境，确保国有资产安全与完整，促进企业健康发展。在查办案件中，培养锻炼了一支政治坚定、业务精通、作风过硬、纪律严明的办案队伍，初步摸索出一套适合企业特点的查办案件的思路和做法，总结出一套查办案件的策略、方法和技巧。2003年，全系统共受理群众来信来访和举报电话4 029件，与2002年同比下降3.5%，其中纪检组监察局直接受理512件，同比下降10.1%；共立案442件，同比基本持平，其中大案要案183件，同比基本持平；大案要案共涉及224人，其中局级干部8人，处级干部43人，处级以下干部173人；有671人受到党纪、政纪处分，刑事处理134人。通过查办案件，避免和挽回经济损失8 403万余元。

（纪　健）

【查办大案要案】 2003年，石化集团公司加强与各方面的协调配合，查办了一批大案要案。主要有：湖北化肥厂原厂长冯进东利用职务之便，涉嫌伙同他人贪污、收受他人现金、礼金；原副厂长程建华涉嫌贪污、受贿，对此二人的案件，检察机关正在审理之中。镇海炼化公司原工会主席陈鸿瓒任职期间，利用职务之便，收受贿赂，擅自将工会经费、职工互助基金拆借给一些单位或私企，给企业造成重大损失，宁波市中级人民法院以受贿罪一审判处陈鸿瓒有期徒刑8年。山东石油分公司运销公司原经理宋志建、业务员吕冰等人涉嫌挪用公款拆借给个人，给公司造成巨大债务负担，此案检察机关正在审理之中。上海石油分公司原经理宋剑峰在任职期间，犯有嫖娼错误，涉嫌收受业务单位和私营业主的现金、有价证券及物品，并在任销售华东分公司经理期间设有巨额“小金库”，宋已被移交检察机关处理。石化股份公司原总裁助理、副总工程师王延康在任齐鲁石化公司经理期间，多次收受下属单位、部门负责人所送的钱物；还违反规定，接受下属单位负责人的邀请，携配偶、亲属出国旅游，现已被开除党籍，行政撤职。石化股份公司科技开发部原副主任苗毅利用职权，收受贿赂、接受礼金和贵重物品，现已被行政撤职、开除党籍。齐鲁石化公司催化剂厂原厂长王斌在任职期间，涉嫌贪污、贿赂、挪用公款，指使他人虚开巨额增值税发票，现已移送检察机关处理。各直属单位、专业公司也配合司法机关查处了一批重大案件。

（纪　健）

【查办案件的特点】 从查办的大要案情况看，有以下特点：一是被查处的领导干部多，尤其是年轻干部多。二是窝案串案、案中案多。三是利用职权内外勾结，权钱交易，权色交易，涉案金额巨大。四是打着重组改制、合资合作旗号，大肆侵吞、转移、私分国有资产现象突出。五是私设“小金库”现象仍然严重。个别企业监督制约机制不健全和相关制度法规不完善，以及个别领导干部世界观、人生观、价值观扭曲，没有树立正确的权力观和利益观，是导致腐败问题产生的主要原因。

（纪　健）

【召开查办案件座谈会】 为总结办案经验，探讨企业办案技巧，提高全系统办案工作水平，2003年9月召开了查办案件座谈会。石化集团公司有关领导出席会议并作了重要讲话。中纪委一室、国资委纪委一室、最高人民检察院反贪总局、北京市朝阳区检察院、山东淄博市检察院、北京市房山区检察院的领导应邀参加了会议。会议强调，查办案件始终是纪检监察部门一项繁重而艰巨的任务。各级纪检监察部门要加强实践和研究，不断提高办案水平，把严重危害国企的经济犯罪案件作为查办案件的重点，坚持标本兼治的原则，在治标的同时，加强源头治理，继续加强队伍建设，担负起为企业改革稳定发展保驾护航的神圣使命。座谈会上，胜利油田、广东石油分公司等16个单位进行了大会或书面发言，总结了查办案件工作的成功经验，讨论了查办案件工作的特点、规律，分析了查办案件中存在的突出问题。

（纪　健）

效 能 监 察

【概述】 2003年，效能监察工作进一步深化。石化集团公司总部及各直属单位共立项272项。其中，石化集团公司在工程建设、物资采购、加油站经营等方面直接立项和督办项目18个，分别是：扬—巴一体化工程；巴陵分公司煤代油工程；广州分公司乙烯改造工程；管道储运公司甬—沪—宁原油管线工程；仪化公司45万吨/年PTA项目物资采购；齐鲁分公司乙烯改造项目物资采购；茂名分公司乙烯改造工程；天津石化公司水电汽管理；南化公司6万吨/年环已酮改造工程；新星油气分公司西安石化厂清洁燃料油工程；销售公司西南输油管线物资采购；湛江东兴炼油改造物资采购；胜利石油管理局发电厂二期扩建后续工程；浙江石油分公司杭州建国北路加油站；北京石油分公司望京2号加油站；江苏石油分公司常州延东站；广西石油分公司桂林至梧州高速路服务区；福建石油分公司南平分公司加油站管理。各直属单位立项254项。通过效能监察，减少投资、节约采购资金、清收应收账款共计11.6亿元；共提出整改建议2 327条，建章立制918项，发现案件线索54条，立案10件，涉案金额1 452.07万元，挽回损失307.06万元，处理人员12人，其中纪律处分2人，移送司法机关1人，调整干部13人。进一步关口前移，强化监督，堵塞漏洞，促进了企业管理。石化集团公司先后在中央企业纪检监察工作会议、中央企业效能监察研讨会上介绍了经验，受到中央纪委、国资委等上级部门的肯定和好评。

（纪　健）

【召开3个效能监察现场会】 2003年4月和7月，先后在江汉石油管理局、九江石化总厂、福建石油分公司召开了以“提高、深化”效能监察工作为主题的油田和工程建设、炼化企业、销售企业3个效能监察现场会，党组成员、纪检组组长王作然到会并作了重要讲话，对加强效能监察工作提出要求。会后下发了会议纪要，编印了《创新与实践——中国石化效能监察经验选编》一书，进一步推动了效能监察工作的开展。

（纪　健）

【加强效能监察宣传交流】 2003年，《中国石化报》、《中国纪检监察报》、《中国监察》杂志先后刊载了石化集团公司开展效能监察工作的有关文章和报道。石化集团公司党组成员、纪检组组长王作然代表石化集团公司党组纪检组、监察局，在3月召开的中央企业纪检监察工作会议上，以“与时俱进开创效能监察工作新局面”为题，作了发言，介绍经验。2003年11月，在中央企业效能监察工作研讨会上，石化集团公司总部及胜利石油管理局分别就“国有企业效能监察创新初探”和“深化效能监察的思路与方法”作了大会发言；仪征化纤公司、河南石油勘探局、扬子石化公司等作了书面交流；会上还播放了中国石化效能监察系列教学片《物资采购篇》，引起良好反响。

（纪 健）

【企业效能监察工作】 胜利油田不断推进效能监察工作向企业管理纵深延伸，2003年共开展效能监察338项，避免经济损失1.3亿元，挽回经济损失3 500万元。仪征化纤公司重点抓了45万吨/年PTA项目效能监察，加强对投资和物资采购的管理，使该项目做到了投资少、效益好。齐鲁石化公司、天津石化公司针对水电汽收费这一“老大难”问题开展效能监察，分别取得经济效益9 400万元和622万元。河北石油分公司结合管理上的重点难点，开展了“农村网点建设”效能监察，取得经济效益1 190万元。

（纪 健）

【制定效能监察操作规程】 经过多年探索，并在总结各单位经验的基础上，会同物装部、工程建设部编写了物资采购管理、工程建设项目效能监察操作规程。《物资采购管理效能监察操作规程》把物资采购过程划分为11个环节，确定了27个监察点，并说明了具体的监察方法；《工程建设项目效能监察操作规程》把工程建设项目实施过程划分为7个环节，确定了20个监察点，并说明了具体的监察方法。

（纪 健）

【拍摄效能监察系列教学片】 根据《物资采购管理效能监察操作规程》和《工程建设项目效能监察操作规程》，分别拍摄了《物资采购篇》、《工程建设项目篇》效能监察系列教学片。其中，《物资采购篇》在国资委2003年11月份召开的中央企业效能监察工作研讨会上进行了播放，受到了国资委领导和与会代表的好评。

（纪 健）

【举办效能监察培训班】 2003年9月，举办了由直属单位新任职的纪委副书记、监察处长(副处长)和主管效能监察工作负责人参加的100余人、为期6天的效能监察工作培训班。在重点学习效能监察基本知识的基础上，邀请了石化集团公司总部审计局、物资装备部、工程建设部相关负责人讲课，使参加培训的人员进一步了解了国家和石化集团公司在工程建设、物资采购、资金规范管理等方面的法律法规制度，进一步明确效能监察工作应关注的环节和监察部位，掌握了效能监察工作的规律和要求。

（纪 健）

党风廉政教育

【概述】 2003年，石化集团公司为贯彻全国纪检监察宣传教育工作座谈会精神，建立了有纪检组监察局、办公厅、人事教育部、人力资源部、审计局、思想政治工作部、石化报社等参加的党风廉政宣传教育协调会议制度，初步形成反腐倡廉“大宣教”格局。在《中国纪检监察报》、《中国监察》、《中国石化报》上开辟专栏，采取多项措施加强对反腐倡廉宣教工作的领导，加大教育力度，推动党风廉政教育工作。始终紧紧围绕企业改革发展稳定的大局和石化集团公司的奋斗目标，坚持经常性党风廉政宣传教育，为反腐倡廉创造良好氛围。开展了理想信念教育、正反两方面典型教育、党纪条规和法律法规教育，不断增强党员干部的纪律意识和法制观念，使之经受住市场经济条件下腐蚀与反腐蚀的严峻考验。

为贯彻全国纪检监察宣传教育工作座谈会精神，起草下发了石化集团公司2003年党风廉政建设宣传教育工作安排意见和考评办法，夯实了党风廉政宣传教育工作的基础。各单位普遍围绕学习郑培民和“两个务必”主题，开展了权力观、地位观、利益观教育等丰富多彩的活动。齐鲁石化公司、胜利油田邀请中央纪委原副书记刘丽英作党风廉政教育报告，南京化工公司开展了以廉洁自律、廉洁高效、廉洁奉公为主要内容的“三廉”教育，都收到了较好效果。

进一步加强纪检监察干部队伍建设，队伍素质和结构正在提高并发生变化，据统计，全系统2 500名专职纪检监察干部中，熟悉财经、金融、法律的有1 230人。因工作优异，受到上级表彰的先进集体有126个、先进个人有179人。还制定了考核意见和办法，加强领导、明确职责，使全系统从机制上加大了党风廉政宣传教育工作力度。据统计，全系统共组织旁听法庭庭审138场，参加2 817人；组织收看有关反腐倡廉录像片3 632场，参加人数25.8万人；组织反腐倡廉题材文艺演出 79 场次。

（纪　健）

【实施“4 本书、3 部片”工程】 “4 本书”即：《领导干部廉洁自律规定汇编》，收录了 1995 年以来党中央和中央纪委对国有企业领导人员廉洁自律提出的要求和有关的廉政制度以及石化集团公司的有关廉政规定；《石化好干部——中国石油化工集团公司 10 名廉洁勤政典型先进事迹》，真实地记录了全系统 10 名廉洁勤政优秀领导干部的感人事迹；《创新与实践——中国石化效能监察经验选编》，以召开的油田和工程建设、炼化、销售企业 3 个效能监察现场会的经验材料为基础，汇集了部分单位开展效能监察的经验；《方法与策略——查办案件经验汇编》，收入了近年来部分单位在查办案件方面的做法和体会。“3 部片”即：《中国石化集团公司廉洁勤政优秀领导干部先进事迹》电视片，以演讲为主线，借助电视的表现手法精心制作而成；《石化反腐警示录》（第二部），由 2001 年发生在石化集团公司内部的 5 个典型案例拍成的警示教育片，旨在以案明纪，警示教育广大干部职工牢固树立廉洁从业观念；《中国石化效能监察》教学片，鉴于效能监察工作越来越被各单位高度重视而拍摄了这部操作性强的教学片，推进效能监察工作制度化、规范化、程序化建设。

（纪　健）

【开展先进典型示范教育】 2003 年重点宣传了石化集团公司树立的 10 名廉洁勤政优秀领导干部先进典型，他们是：胜利石油管理局孤岛采油厂党委书记李文善；中原石油勘探局钻井工程技术研究院总工程师王中华；河南石油勘探局地质调查处处长黄成国；江汉石油管理局副总工程师兼盐化工总厂厂长雷进杰；燕山石油化工有限公司合成橡胶事业部党委书记杨万成；安庆石油化工总厂副总工程师陈义炎；济南炼油厂供应处党支部书记杨福成；天津石油蓟县分公司经理刘邦民；湖南石油分公司副经理潘桂妹；广州石油分公司经理李国强。党组领导亲切接见了这 10 名先进典型，并为他们颁发荣誉证书。

（纪　健）

【举办廉洁勤政先进典型事迹演讲会】 2003 年 8 月 26 日—9 月 4 日，组织了石化集团公司廉洁勤政先进典型事迹演讲团，在总部机关和部分直属企业进行了 7 场巡回演讲，引起强烈反响。中央纪委宣教室、第一纪检监察室，国资委纪委和中国纪检监察报社的有关领导，分别出席了在总部机关和燕山石化公司的演讲会，并给以较高评价和热情关注。中央纪委副书记刘峰岩作出了“一个典型一面旗帜，一次演讲教育一片，值得提倡”的批示。

（纪　健）

【开展警示教育】 2003 年组织各级领导干部收看根据发生在石化企业内部的 10 个典型案例摄制的《石化反腐警示录》电视片，以及《不应重复的代价》、《扭曲的人生—李真贪污受贿案剖析》、《马向东、慕绥新腐败案》等警示教育片，引起强烈反响，普遍受到震动。还结合发生在石化企业内部的大案要案，到管理干部学院、直属企业进行典型案例警示教育，做到查办一案，教育一片。

（纪　健）

【开展党纪政纪法纪教育】 2003 年 8 月，组织全系统领导干部参加了国资委纪委“依法经营、廉洁从业”知识学习测试活动，有 3.2 万多名领导干部参加了测试。通过学习测试，使广大党员领导干部进一步熟知了有关法律法规知识，提高了依法经营、廉洁从业的自觉性。纪检组监察局在这次“依法经营、廉洁从业”知识学习测试活动中获得组织奖。

（纪　健）

【成立党风廉政教育影视制作中心】 2003 年 12 月，在仪化集团公司电视台成立了石化集团公司党风廉政教育影视制作中心。主要任务是贯彻落实石化集团公司党风廉政宣传教育工作精神，充分发挥电视媒体的作用，拍摄制作反腐倡廉宣传教育影视作品。

（纪　健）

【纪检监察业务培训】 以荆门培训中心为基地，加强纪检监察处（科）长业务培训，2003 年共举办了两期培训班，培训学员 77 名。各单位普遍加强了业务培训，2003 年共举办各类培训班 106 个，其中参加中央纪委培训 76 人，参加石化集团公司培训 252 人，参加省市纪委培训 129 人。

（纪　健）

监督与管理

【概述】 根据中央纪委标本兼治、综合治理，逐步加大治本力度的要求，认真探讨加强源头治理工作的方式方法，并针对企业反腐倡廉工作面临的新的形势任务，从加强教育、创新制度建设和监督机制等方面提出建议和思路；积极与检察机关、地方纪委加强联系，共同研究产生职务犯罪的深层次原因和条件，提出富有建设性的预防措施和对策；按照工作安排和任务分工，派出检查组，加强巡视检查，对企业中发生的一些问题，及时提出整改意见和建议；充分发挥兼职纪检监察专员(员)的作用，组织他们参加党风廉政检查、查办案件和效能监察工作，并根据人员变化情况和工作需要，对兼职纪检监察专员(员)队伍进行了第五次充实和调整，截至2003年底，石化集团公司有兼职纪检监察专员24名、纪检监察员52名。各直属单位共聘任兼职纪检监察员3 194人，党风廉政信息员、监督员6 900人；签订党风廉政责任书1.59万个，考核二级单位领导班子5 030个，追究责任178人，其中给予党纪政纪处分85人，组织处理94人。全系统通过多种方式，建立健全教育、制度、监督并重的惩治和防范腐败的体系，加强监督与管理，努力从源头上铲除滋生腐败的土壤。

（纪　健）

【召开源头治理工作会】 2003年12月，召开了由党组领导、党风廉政教育联席会议成员单位领导、兼职纪检监察专员(员)、有关直属单位纪委负责人参加的源头治理工作座谈会。要求紧紧围绕企业改革发展稳定的大局和石化集团公司奋斗目标，坚持标本兼治，综合治理，全力推进反腐倡廉工作，把党风廉政建设和反腐败工作进一步引向深入，取得更大成果。在这次座谈会上，通报了2003年石化集团公司加强源头治理工作概况，交流了企业加强源头治理工作的经验做法。会后在《中国石化报》三版开辟“反腐倡廉抓源头论坛”专栏，共刊载文章17篇。

（纪　健）

【开展预防职务犯罪研讨活动】 2003年9—11月，以监察学会石化分会6个片区为单位，分别召开了6个研讨会，突出预防职务犯罪这一主题。邀请了最高检察院职务犯罪预防厅、国资委纪委、地方纪委和检察机关的领导到会给予指导。与会的70多个单位交流了做好预防职务犯罪工作的经验做法，并针对企业中贪污犯罪的苗头性、倾向性问题，共同深入探讨了企业职务犯罪的特点、规律，共交流文章146篇，评出优秀成果一等奖4篇；二等奖7篇；三等奖27篇；优秀奖47篇。

（纪　健）

【监督网建设】 2003年组织了6名兼职纪检监察专员参加党风廉政检查，10名兼职纪检监察专员(员)参加信访调查和查办案件工作，12名兼职纪检监察专员(员)参加效能监察续办、新立和督办项目的检查指导工作。

（纪　健）

【巡视检查】 2003年7—8月，由6名兼职纪检监察专员带领6个巡视检查小组，对胜利油田、石家庄炼油厂、燕山石化公司、石油化工科学研究院、浙江石油分公司、销售中南分公司、河南油田、江汉油田、中原石化公司、湖南石油分公司、巴陵石化有限公司、长岭炼化有限公司、九江石化总厂、仪化集团公司、上海石油分公司、上海海洋石油局等22家单位进行了巡视调研。各巡视小组采取个别谈话、召开座谈会、查看有关资料等形式，侧重了解了各单位对“一把手”监督制约情况，进行实事求是的评价。总的情况是好的。

（纪　健）

【违纪违规通报】 2003年，监察局会同有关部门，对全系统1998年以来在工程建设、物资采购、产品销售以及其他领域采取不正当手段，违规交易的419个系统外企业，分别作出警告、终止业务往来、取消交易资格的处理，净化了企业经营环境。要求各级纪检监察部门切实加强监督，严格规定，严肃纪律，确保业务人员廉洁高效地履行职责，为企业的生产发展做出贡献。

（纪　健）

【纪检监察队伍建设】 2003年5月，以石化集团公司党组文件下发了《关于在企业重组改制中加强纪检监察工作的指导意见》。要求各直属单位要重视党风廉政建设和反腐败工作，并明确了在重组改制中纪检监察组织机构的配置。对保持纪检监察队伍的稳定，调动工作积极性起到了很好的作用。

（纪　健）

企事业单位

中国石油化工集团公司经济技术研究院(中国石化咨询公司)

【概述】 中国石油化工集团公司经济技术研究院(以下简称经济技术研究院)的前身是成立于1971年的中国石油化学工业部规划设计院，1983年中国石化总公司成立后，更名为中国石化总公司规划院。随着我国石油、石化工业的改革重组，2000年石化集团公司决定将原中国石化集团公司规划院和原中国石化集团公司信息中心信息研究部分合并，成立中国石油化工集团公司经济技术研究院，和中国石化咨询公司合署办公。

中国石化咨询公司(以下简称咨询公司)是原石化总公司独资设立的专业公司，成立于1985年，经国家工商行政管理局登记注册，具有独立法人地位；1994年获国家计委认定的首批甲级工程咨询资格，是中国工程咨询协会的常务理事单位和国际咨询工程师联合会(FIDIC)正式会员。

经济技术研究院(咨询公司)的主要业务部门有：发展战略研究所、经济政策研究所、市场营销研究所、信息研究所、评估部、基础部、经营部等。

经济技术研究院(咨询公司)专业配置齐全，主要有石油炼制、石油化工、技术经济、财务金融、工商管理、信息技术、石油勘探开发、环保工程以及公用工程等专业。截至2003年底，经济技术研究院(咨询公司)有专业技术人员188人，其中具有高级专业技术职称的86人，中级专业技术职称68人。绝大多数专业技术人员有大学本科以上学历，其中有硕士和博士学位的专业技术人员48人。

中国工程咨询协会石化分会、全国压力容器技术标准化委员会秘书处、中国石油化工信息学会秘书处均设在经济技术研究院(咨询公司)，咨询公司还在上海浦东开发区设有分支机构——中石化上海咨询公司。

经济技术研究院(咨询公司)拥有较强的信息资源。图书馆现有馆藏达10万余册，拥有8个专业化数据库，3种特种文献。院内设有国家一级科技查新咨询机构，设施齐备可便捷地与国内外著名机构联网检索。新建设的中国石化经济技术信息网(域名www.edri.com.cn)正在试运行中。经济技术研究院(咨询公司)的主要公开出版物有《当代石油石化》(月刊)、《中国石化文摘》(月刊)。此外，还根据业务需要出版部分内部资料和多客户报告。

2003年经济技术研究院围绕石化集团公司的中心工作，在发展战略、经济政策、市场营销、基础研究等领域部署和开展了100多项研究课题。为总部领导提供参谋意见，为企业提供咨询服务，有力地配合和支持了有关部门的工作。其中一些重要参谋意见得到了有关部门的采纳和关注，一些研究课题还获得了奖项。

(郜光明)

【中国石化行业可持续发展战略研究】 在根据国务院温家宝总理指示精神开展的《中国可持续发展油气资源战略研究》中，按照中国工程院的部署和石化集团公司党组的指示，并在石化集团公司为此成立的领导小组的统一组织和专家小组的指导下，经济技术研究院(咨询公司)具体承担了有关中国石化行业发展战略的研究工作。主要完成了石化行业分报告和石油消费预测等工作。为配合和深化课题研究，还组织了与石化行业发展直接相关的20多项子课题的基础研究。在课题研究工作中突出了科学发展观的指导作用，站在保障社会经济全面协调可持续发展高度，从发展环境、经济安全、市场变化、结构调整、质量环保、技术创新等多个层面，分析了影响未来中国石化工业发展的资源、市场、环境等发展趋势，提出了石化行业可持续发展的战略目标、战略措施及政策建议。上述工作及其成果得到上级组织的充分肯定。该项研究成果也为制定石化集团公司“十一五”发展计划和可持续发展战略提供了坚实的基础材料。

(郜光明)

【国家石油战略储备课题】 本项课题是根据国家“十五”计划纲要的要求，由国家发展和改革委员会组织开展的，经济技术研究院和发展和改革委员会综合司承担了主要的研究任务。课题分析和展望了新世纪全球能源地缘政治格局变化趋势和世界石油安全形势，全面系统地介绍了国外应急石油储备的历史、现状和基本经验，分析展望了中国石油安全面临的挑战，提出了中国石油安全战略的总体框架，并结合中国实际情况提出了建立国家石油战略储备的具体设想和措施建议。课题成果已被政府有关部门采纳，对有关部门的决策起到了重要的作用，直接推动了中国石油储备的实践。所完成的《我国石油储备体系与基地建设方案的研究》获中国工程咨询协会2003年度全国优秀工程咨询成果一等奖。

(郜光明)

【中国加入WTO过渡期后国内三大合成材料行业竞争力分析】 本课题在原国家经贸委行业规划司的牵头组织下，由经济技术研究院承担主要研究任务。课题研究紧紧围绕加入 WTO 过渡期这一关键阶段中国三大合成材料行业所面临的竞争环境，对近年来三大合成材料的国际国内贸易、投资动态、技术水平、资产重组、经营体制等多个领域进行广泛研究，剖析了中国三大合成材料市场主要参与者的竞争实力，客观地反映了国有企业在这一阶段内所处的地位，分析了国有企业在过渡期后将面临的竞争态势以及国有企业的优势，提出了提高竞争力的对策建议。研究成果为政府制定相关政策提供了参考，为有关企业研究提高自身竞争力水平起到重要的参考作用。本课题获 2003 年度石化集团公司科技进步三等奖。

（郜光明）

【车用乙醇汽油的经济政策研究】 根据国务院有关领导的指示精神，在原国家经贸委的组织下，经济技术研究院（咨询公司）参与了车用乙醇汽油的经济政策研究工作。本项课题着眼于未来中国替代能源的长远发展趋势，结合中国国情借鉴国外的经验，研究通过使用车用乙醇汽油探索缓解国内油品供需矛盾的有效途径，从分析现有市场环境、财税体制、生产储运、营销消费等环节入手，研究了推广车用乙醇汽油过程中可能遇到的瓶颈制约，提出了政府应当制定的政策和采取的措施。研究成果为政府部门制定相关的产业政策提供了参考依据。

（郜光明）

【提高汽油、煤油、柴油质量的措施及政策趋向】 随着加入 WTO 过渡期的结束，中国油品质量标准的升级步伐日益加快，清洁燃料在未来石油产品市场的竞争中占有越来越重要的地位。本项课题研究了提升中国石化炼油产品竞争力所面临的质量领域的问题，分析了现有生产布局、装置结构、技术措施对未来市场的适应性，通过运用大规模的集成软件对主要炼油企业的生产流程、产品结构进行对比分析、优化调整，指出了影响提高中国石化油品质量的主要制约因素，提出了下一步应当采取的主要措施。本项课题也为制定中国石化的“十一五”发展计划提供了油品质量领域内的研究基础。

（郜光明）

【项目评估和咨询】 作为石化集团公司的主要参谋机构，经济技术研究院（咨询公司）承担石化集团公司和石化股份公司重大投资项目的评估任务。2003 年完成项目建议书和可行性研究报告评估 16 项，涉及投资 40 亿元，经评估后优化方案节省投资约 2 亿元，约占上报投资的 5%。投资项目涉及重要建设工程、技术改造、精细化工、公用工程、辅助设施以及环境保护等多个领域。为了提高前期工作的整体水平，经济技术研究院（咨询公司）还投入力量编撰《参数与数据》等基础资料，供有关部门和设计咨询等单位参考。此外，还为有关企业进行竞争力分析、绩效分析，研究产品结构优化调整的方案，开展目标市场分析工作，提供投资决策过程的咨询服务，针对建设项目中涉及的主要环节问题展开专项调查研究等。

（郜光明）

【项目后评价】 2003 年经济技术研究院（咨询公司）按照石化集团公司的指示和受石化股份公司的委托开展了扬子、上海、燕山等重点乙烯改造项目的后评价工作，与此同时，还及时总结经验探索新的工作方法，编撰完成了《石油化工投资项目后评价报告编制规定》、《中国石化集团公司投资项目后评价实施办法》和《中国石油化工股份有限公司投资项目后评价实施办法》，并获得了总部的批准和试行，为逐步建立石化集团公司的后评价工作制度和完善石化集团公司的投资决策机制做了有益的探索。

（郜光明）

【中国石化加工工业模型系统（PIMS）的开发和应用】 根据中国石化与美国艾斯本（AspenTech）公司合作的中国石化加工工业模型系统（Process Industry Modeling System）开发工作的要求，经济技术研究院（咨询公司）参与并承担了二次开发和推广应用工作。在完成了单炼厂模型和总部集成模型开发应用工作的基础上，2003 年经济技术研究院（咨询公司）按照总部的部署配合有关部门将这套系统的应用拓展到生产排产、资源优化、竞争力分析等多个领域，通过对模型的应用，为战略研究、生产经营、市场分析等决策过程提供服务。

（郜光明）

【市场分析与预测】 2003 年经济技术研究院（咨询公司）参加了石化集团公司组织成立的油气资源市场、油品市场、石化产品市场等 3 个分析预测小组的工作，并承担了基础研究任务。为此，经济技术研究院（咨询公司）加强了市场分析与预测工作的深度，跟踪分析国际形势的变化趋势和国民经济的运行态势，强化对石化工业影响较大的相关行业的分析研究，不断修改完善市场预测模型，提升市场分析与预测工作的水平。在研究工作中，经济技术研究院（咨询公司）加强与总部有关部门的协作配合，认真负责地撰写分析研究报告，并编辑印发反映阶段成果的快报、快讯，及时呈报石化集团公司领导和有关部门，为总部领导层的生产经营决策提供参考。有关研究成果也为有关部门的业绩推介、生产经营、市场营销工作提供支持。

（郜光明）

【研究编撰《中国石油石化产业经济研究年度报告》】 在国家发改委经济运行局和中国石油和化学工业协会的指导下，经济技术研究院（咨询公司）针对政府部门、石化集团公司和投资者关注的石化工业发展过程中的重大问题，研究编撰了《中国石油石化产业经济研究年度报告》。年度报告依托经济技术研究院（咨询公司）的主要研究成果，全面介绍中国和世界石油石化工业、国内外主要石油石化公司的年度发展动态，阐释中国石化工业生产经营的运行态势，分析与石化工业发展相关的重大问题。该年度报告以各级领导、研究人员和投资者为服务对象，研究成果已得到了广大读者的普遍关注和好评。

（郜光明）

中国石化集团国际石油勘探开发有限公司

【概述】 中国石化集团国际石油勘探开发有限公司（以下简称国际石油勘探公司）成立于2001年1月，注册资本6亿元人民币。国际石油勘探公司是石化集团公司的全资子公司。石化集团公司为加大实施“走出去”战略的工作力度，在2003年7月对国际石油勘探公司进行了重组，成立了第二届董事会和经理班子，进一步加强和充实了国际石油勘探公司海外油气勘探开发力量，并对国际石油勘探公司重新定位：国际石油勘探公司是石化集团公司上游海外投资与经营作业一体化的战略经营单位，是对石化集团公司承担海外投资和经营双重责任的利润中心，对海外油气资源的勘探开发和海外投资及项目实行统一经营管理，是石化集团公司从事上游海外投资经营的惟一专业化公司。同时，对中国石化系统现有的有关海外勘探开发的投资经营事项实行归口管理。

国际石油勘探公司设有办公室、人力资源部、计划发展部、财务资产部、法律合同部、公共事务部、项目开发一部、项目开发二部、项目管理部、工程技术部、采办贸易部、企业文化部等12个职能部门和印度尼西亚分公司、尼日利亚公司、厄瓜多尔分公司、中沙天然气公司、苏丹分公司和科威特项目部、伊朗项目部、利比亚项目部、俄罗斯办事处等多个海外分支机构，截至2003年底有包括油气勘探开发、工程施工作业、经济、管理、财务、法律、贸易和外语等方面的经营管理和专业技术骨干145人。

（丛培信）

【公司重组】 2003年5月，石化集团公司为加快贯彻实施上游领域“走出去”战略，加大开拓国际油气勘探开发和石油工程业务的力度，制定印发了《加快实施上游“走出去”战略，进一步加强上游国际化经营和调整有关单位管理的框架方案》，将原国际石油勘探公司统一负责的国际石油工程服务业务分离出去，成立新的国际石油工程公司，同时将原石化股份公司新星油气分公司总部的主要管理和技术力量与原国际石油勘探公司重组为新的国际石油勘探公司，并赋予了新的职能定位。重组工作于2003年7月全面完成。

（丛培信）

【领导班子调整】 2003年7月26日，石化集团公司召开原国际勘探开发公司和原新星石油公司干部大会，石化集团公司领导陈同海、牟书令、张耀仓出席了会议并讲话。会议宣布了重组后的国际石油勘探公司领导班子名单：牟书令任董事长、张耀仓任副董事长，周佰修任总经理兼党委书记，周玉琦、仇祥华、杨晓林、耿宪良、路保平、段智斌、吴明林任副总经理，张景昌任党委副书记兼纪委书记、工会主席和监事会主席。

（丛培信）

【项目开发力度不断加大】 为不断适应石化集团公司国际化经营的需要，积极实施“走出去”战略，国际石油勘探公司2003年在东南亚、中东、北非、西非、南美、俄罗斯及独联体和澳大利亚等国家和地区研究并评估石油勘探与开发及油气田资产转让项目50余个，遍及31个国家和地区。取得了较大进展。“尼日利亚边际油田项目”于2003年2月中标，经过长时间的谈判和多方工作，油田转让方与受让方最终就有关协议条款达成了一致，并于2003年12月签署了《项目转让协议》；“尼日利亚64/66区块风险勘探项目”于2003年3月投标，10月与尼日利亚石油开发公司就该项目进行了谈判并签署了谈判纪要。“苏丹3/7区6%股权转让项目”于2003年12月18日与GULF（苏丹）公司签署了购买协议。

（丛培信）

【海外油气勘探开发项目取得重要进展】 2003年在

海外实施的油气勘探开发合作项目有也门S2区块、印尼Binjai区块两个勘探项目，阿尔及利亚扎尔则油田提高采收率项目，伊朗卡山风险勘探项目，蒙古宗巴音勘探项目，吉尔吉斯斯坦阿拉伊盆地勘探开发项目，伊兹巴斯肯特及马利苏4油田滚动勘探开发项目，阿塞拜疆比尔沙卡特油田等项目。各项目均按计划展开，进展顺利，并取得了阶段性成果。其中：也门S2区块项目Kharwah－1井老井测试，经过4个阶段测试获日产油70米^3，日产气1.4万米^3，显示该油气藏有一定的开发潜力；新实施的Nilam－1探井在两个层段的试油分别获得日产油49.3米^3/气1万米^{3}和日产油22.5米^3/气0.32万米^3，实现了S2区块项目的新发现，展示了该区块良好的勘探前景。印尼Binjai区块项目实施了140.5千米二维地震采集和300千米老资料处理工作，该项目进展总体比较顺利。伊朗卡山(ZAVAREH－KASHAN)风险勘探项目第一口勘探井于2003年12月31日测试发现高产工业油气流。蒙古宗巴音勘探项目在恢复老油井生产并运回两列车权益油的同时，积极开展新的勘探工作，第三口探井发现10米油层。

(丛培信)

【公司运行走向正轨】 国际石油勘探公司在顺利完成组织机构的设置、干部配备以及人员安排等重组过程中的重要工作后，一手抓项目开发、项目实施，一手抓公司融合、制度建设和理顺海外投资及项目管理体制，开展员工国际业务、外语、项目管理等培训。公司融合平稳、顺利，自身建设不断完善和提高，初步理顺了海外项目管理体制和运行机制，强化了项目决策程序，顺利实施了内部分配制度改革，运行逐步走上了制度化、规范化。根据石化集团公司关于海外项目“集中决策和统一管理”精神，为有序和加快开拓海外油气市场，强化决策、加强管理，国际石油勘探公司研究制定了《海外油气项目投资指导纲要》、《海外投资项目开发管理暂行办法》、《海外实施项目管理暂行办法》、《海外资金管理办法》和《海外项目委托管理暂行办法》等办法，为开拓海外油气市场奠定了制度基础。还制定了《劳动合同暂行管理办法》、《公司员工教育培训暂行规定》、《员工绩效考核管理办法》等内部管理制度，确保了公司日常工作有序进行。

(丛培信)

【建立职代会制度】 2003年9月29日召开了国际石油勘探公司首届职代会暨工代会第一次会议，通过了职代会条例实施细则、劳动合同管理办法和内部分配制度改革方案等重要决议，选举产生了公司工会委员会和职工董事、职工监事，选举产生了职代会的3个专门工作小组。

(丛培信)

【强化员工培训】 国际石油勘探公司重组后立即对新进入公司的所有员工进行了两期国际业务普及培训；为了提高员工英语水平，国际石油勘探公司请外教在工余时间对所有员工开展了英语口语培训。还根据未来海外工作的需要，派出27名员工参加中长期脱产外语和国际项目经理境外培训。

(丛培信)

中国石化集团国际石油工程有限公司

【概述】 中国石化集团国际石油工程有限公司(以下简称国际石油工程公司)成立于2003年12月，注册资本金4亿元人民币。作为石化集团公司的全资子公司，国际石油公司是以从事国际石油工程承包和技术服务为主的经营管理公司，对石化集团公司国际石油工程承包、技术服务和劳务合作业务实行归口管理和统一协调；承担自营国际石油工程承包、技术服务和劳务合作业务的经营管理及油田企业自营国际石油工程承包、技术服务和劳务合作业务的管理、监督和协调。承包境外石油工程及境内国际招标工程；对外派遣实施境外工程所需的劳务人员；负责国际石油工程承包项目下的设备、技术和材料的出口工作及境外设备租赁、租购业务。

(何　维)

【成立公司的筹备工作】 石化集团公司2003年6月25日下发了“关于成立国际石油工程公司筹备组的通知(中国石化人[2003]316号)”，2003年7月26日石化集团公司党组召开由原新星石油公司、原国际石油勘探开发公司副处以上干部参加的会议，宣布成立国际石油工程公司筹备组。筹备组成员有刘锦信、王一力、孟德成、李在胜、张永杰、左尧久、刘锦信任筹备组组长。公司筹备时共有员工38人。8月15日筹备组向石化集团公司递交了国际石油工程公司组建方案。11月5日筹备组收到石化集团公司对组建方案的批复，随后完成了公司名称的核准、验资以及公司对外经营权审批工作。12月19日国家工商总局批准并下发了国际石油工程公司营业执照。12月26日，国际石油工程公司在《中国石化报》、《中国油气》杂志上刊登广告，同时发布消息，宣告成立。

（何　维）

【公司筹备中项目进展及新项目开发】 筹备组在抓公司组建工作的同时，加大海外石油工程项目的管理和开发力度。由原国际石油勘探开发公司签订合同，中原油田负责施工的厄瓜多尔 Shushufindi 油田三维地震采集项目，经过项目全体中方员工和800多名当地雇员的艰苦努力，于2003年11月底全部完工，完成合同额1 746万美元。跟踪分析了近20个国际石油工程项目：苏丹3区和7区管道及地面工程建设项目、伊拉克石油重建项目、厄瓜多尔C－Y油田开发项目及VHR油田地震和钻井项目、伊朗南部油田地面工程总承包项目、哈萨克斯坦KOA公司地面综合工程项目、印度修井项目、哥伦比亚KAPPA油田带资总承包项目、阿曼石油工程总承包项目、巴西天然气管道项目、黎巴嫩天然气管道项目。

（何　维）

【三年发展规划的初步研究制定】 在筹备成立公司期间，筹备组及时着手各项基础工作建设，认真分析石化集团公司上游海外工程项目现状，初步研究制定了今后三年石化集团公司国际石油工程项目的发展目标和总体规划。将西非及北非、中东、俄罗斯及中亚、南美及墨西哥、南亚及东南亚确定为今后三年石化集团公司海外工程项目发展的五大目标区域。结合实际，提出了各区域的发展策略，将其目标任务分解至石化集团公司各油田企业，并根据各地区的工程项目现状，结合自身发展的需要，酝酿了2004年在各地区争取实现的任务指标。

（何　维）

【海外工程项目管理】 2003年石化集团公司共有9个上游企业在海外14个国家执行65个项目，完成合同额1.51亿美元，新签合同额1.8亿美元。在海外执行工程项目的装备有钻机27台、海上钻井平台1个、录井设备4套、固井设备2套、物探船1条、地震设备5套以及修井作业机19台。为了协调管理好石化集团公司各油田企业在海外的工程项目，国际石油工程有限公司起草了《中国石油化工集团公司国际石油工程技术服务项目管理办法》(初稿)，于2003年11月发送到石化集团公司各油田企业征求意见，为石化集团公司国际石油工程技术服务项目的规范管理奠定了基础。

（何　维）

中国石化财务有限责任公司

【概述】 中国石化财务有限责任公司(以下简称财务公司)于1988年6月8日经中国人民银行批准设立，1988年7月12日开业。至2003年底实有资本金25亿元人民币(内含6 000万美元)，股东44家，石化集团公司持股34.0%，石化股份公司持股32.0%，其余42家股东持股34.0%。

财务公司最高权力机构为股东会。财务公司实行董事会领导下的经理负责制，董事长为财务公司的法定代表人。公司党委按《公司法》支持和保证股东会、董事会、监事会和经理班子依法行使职权。财务公司设经理1人，副经理3人。财务公司总部现设有办公室、经营管理部、资金营运部、信贷部、结算部、财务会计部、稽核部和人事劳资部8个部室及燕山营业部。财务公司在京外设有上海办事处、广州办事处、南京办事处、兰州办事处、山东代表处和河南代表处等6个分支机构和一些业务点。

2003年3月27日，经石化集团公司党组批准，财务公司组建党委及纪委，隶属石化集团公司直属党委及纪委领导，重新调整和设立公司总部和分支机构共7个党支部。财务公司按石化集团公司批准正式设立人事劳资部，对公司上下人事劳资管理和分配实行改革，初步实现公司组织人事、劳动工资的集中统一管理。同时，经党组审查批准，公司班子增加了1名职数，并增聘了2名副经理，1名原副经理改为调研员。

2003年是财务公司成立15周年，15年来，公司各项经营管理取得较快发展。截至2002年末，公司资产总额在全国同行业中排列第三名，期末各项存款、贷款余额也位居前列。15年来，公司累计向石油石化企业发放各种贷款超过5 000笔(结算贷款笔数未统计在内)，累计金额约5 300多亿元，其中自营贷款4 600多亿元；帮助和代理石化企业发行多期各种石化企业债券77亿元；累计实现利润31.7亿元，实现利税总额35.6亿元，为股东投入资本金总额的1.424倍。

（邓群伟）

【业务范围】 根据银监会2003年9月28日下发的《关于中国石化财务有限责任公司业务范围的批复》(银监办发[2003]99号)，财务公司经营下列人民币、外币业务：

1. 吸收成员单位3个月以上定期存款；
2. 发行财务公司债券；

3. 同业拆借；

4. 对成员单位办理贷款及融资租赁；

5. 办理石化集团成员单位产品的消费信贷、买方信贷及融资租赁；

6. 办理成员单位商业汇票的承兑及贴现；

7. 办理成员单位的委托贷款及委托投资；

8. 有价证券、金融机构股权及成员单位股权投资；

9. 承销成员单位的企业债券；

10. 对成员单位办理财务顾问、信用鉴证及其他咨询代理业务；

11. 对成员单位提供担保；

12. 境外外汇借款；

13. 办理成员单位之间内部转账结算业务；

14. 经中国银行业监督管理委员会批准的其他业务。

（邓群伟）

【业务发展】 2003年，财务公司在石化集团公司党组和银监会的正确领导下，认真执行公司董事会各项决策，全面完成了年初制定的各项服务、经营和改革目标任务。

2003年末，财务公司资产总额为623.6亿元，比上年末增加21.6亿元，资产总额月末平均余额达到590.5亿元，同比增加25.9亿元；各项存款余额514亿元，比上年末减少10.7亿元；各项贷款余额522.5亿元，比上年末增加21.8亿元；实现营业收入8.2亿元，比上年减少1.3亿元。全年实现利润3.3亿元，超额完成石化集团公司下达的3.2亿元利润计划。财务公司资本金利润率为13.23%，资本金分红率可达到7%，期末净资产保值增值率为100.90%。

2003年主要业务发展状况：

1. 加大贷款力度，各类人民币自营贷款日均余额为126.1亿元，比上年增加12.3亿元；紧贴石化集团公司、石化股份公司投资安排，大力推广融资租赁业务，融资规模从0.8亿元上升到5.9亿元，同比增加6.37倍；积极、规范地办理票据贴现、转贴现和承兑等业务，各项票据业务累计完成109亿元；谨慎地开展证券投资业务，证券投资收益和国债利息收入共计1 397万元，同比增加278万元；接受企业委托理财业务，代理投资业务8.44亿元；积极开展企业应收账款保理业务，全年累计发生应收账款保理金额4.18亿元。

2. 按照石化集团公司、石化股份公司关于进一步巩固和扩大内部统一结算的要求，积极推广和完善内部转账网络结算系统，内部转账结算工作向更深、更广的方向发展。自2003年1月1日起，内部转账网络结算系统开始正式运行，全年共完成内部转账结算货物总量21 730.02万吨，金额5 513.82亿元，结算资金进出流量总额达到20 355.34亿元，较2002年增加4 797.11亿元。

3. 加强资金集中统一管理和灵活调度，加大使用力度，充分发挥资金的最大效益。制定下发《进一步加强资金集中统一管理的规定》，2003年内部调剂资金累计1 991亿元人民币；理顺和利用各种外部融资渠道，及时调剂资金余缺，从同业拆借市场累计拆入人民币244亿元；开展同业信贷资产买卖，全年卖出信贷资产（回购方式）160.5亿元；加强短期闲置资金运作。

4. 坚持服务企业的宗旨，充分发挥企业集团内部优势，加大为企业提供金融服务力度，提高服务水平。为石化股份公司集中资金542.98亿元，促进资金周转；通过各种途径使企业节约财务费用3.36亿元；通过票据贴现、融资租赁、应收账款保理等业务为企业融通资金119亿元。帮助企业解决各种资金需求，想企业所想，急企业所急，帮企业所需。

（邓群伟）

【资产负债损益状况】 1999—2003年度，财务公司资产、负债、所有者权益的规模均有较大的增长，保持了较高的收益，自1997—2003年经国家工商总局年检，连续7年被评定为A级企业。具体情况详见表1。

【公司股东】 具体情况详见表2。

表1　　财务公司资产负债损益情况　　万元

区分 ╲ 年份	2003	2002	2001	2000	1999	1998
流动资产	5 376 285	5 741 218	5 669 867	2 320 029	1 603 539	1 795 590
长期资产	398 615	278 718	120 141	131 418	131 992	92 855
无形、递延资产	1 138	159	207	245	335	15
资产总计	5 786 283	6 020 095	5 790 215	2 451 692	1 735 865	1 888 460

续表

区分 \ 年份	2003	2002	2001	2000	1999	1998
流动负债	4 881 478	5 143 220	5 068 955	1 568 692	1 123 372	1 396 216
长期负债	518 912	494 578	351 513	658 305	396 732	287 731
所有者权益	385 893	382 297	369 747	224 695	215 761	204 513
其中：实收资本	250 000	250 000	250 000	150 000	150 000	150 000
资本公积	36 255	36 255	36 255	16 255	16 255	13 652
盈余公积	32 766	29 661	26 282	23 108	20 718	18 305
未分配利润	66 800	66 624	57 678	35 464	28 573	22 556
负债及所有者权益	5 786 238	6 020 095	5 790 215	2 451 692	1 735 865	1 888 460
营业收入	82 396	95 280	121 224	73 785	52 980	60 019
营业支出	34 761	58 275	76 247	42 819	25 837	32 332
营业税金及附加	3 916	5 515	7 888	4 976	3 479	2 887
营业利润	49 160①	31 490	37 089	25 990	23 664	24 800
利润总额	33 481	33 027	37 559	29 251	25 504	36 027
净利润	20 749	23 033	18 851	17 560	17 744	24 726

① 包括各类资产减值准备 11 750 万元。

（邓群伟）

表 2　财务公司股东名称、出资额、出资比例和出资方式①　万元

序　号	股　东　名　称	出资额	出资比例
1	中国石油化工集团公司	85 033	34.01
2	中国石油化工股份有限公司	80 000	32.00
3	中国石化销售有限公司	6 350	2.54
4	中国石化集团胜利石油管理局	6 160	2.46
5	中国石化集团北京燕山石油化工有限公司	5 000	2.00
6	中国石化集团茂名石油化工公司	5 000	2.00
7	中国石化集团齐鲁石油化工公司	5 000	2.00
8	中国石化集团物资装备公司	5 000	2.00
9	中国石化上海石油化工股份有限公司	5 000	2.00
10	中国石化集团扬子石油化工有限责任公司	5 000	2.00
11	中国石化集团金陵石油化工有限责任公司	5 000	2.00
12	中国石化集团新星石油有限责任公司	4 000	1.60
13	中国石化镇海炼油化工股份有限公司	3 000	1.20
14	中国石化集团石家庄炼油厂	3 000	1.20
15	中国石化集团中原石油勘探局	2 112	0.84
16	中国石化集团河南石油勘探局	2 112	0.84
17	中国石化集团江苏石油勘探局	2 112	0.84

续表

序　号	股　东　名　称	出资额	出资比例
18	中国石化集团江汉石油管理局	2 112	0.84
19	中国石化集团广州石油化工总厂	1 700	0.68
20	中国石化集团四川维尼纶厂	1 700	0.68
21	中国石化上海高桥石油化工公司	1 409	0.56
22	中国石化集团天津石油化工公司	1 400	0.56
23	中国石化集团洛阳石油化工总厂	1 000	0.40
24	中国石化集团安庆石油化工总厂	1 000	0.40
25	中国石化集团荆门石油化工总厂	1 000	0.40
26	中国石化长城润滑油集团有限公司	1 000	0.40
27	中国石化集团济南炼油厂	1 000	0.40
28	中国石化集团长岭炼油化工有限责任公司	1 000	0.40
29	中国石化集团巴陵石油化工有限责任公司	900	0.36
30	中国石化国际事业有限公司	600	0.24
31	福建炼油化工有限公司	600	0.24
32	中国石化工程建设公司	500	0.20
33	中国石化集团九江石油化工总厂	500	0.20
34	中国石化集团沧州炼油厂	500	0.20
35	巴陵石化洞庭氮肥厂	500	0.20
36	巴陵石化岳阳石油化工总厂	500	0.20
37	中国石化集团武汉石油化工厂	400	0.16
38	中国石化集团湖北化肥厂	400	0.16
39	中国石化集团第十建设公司	300	0.12
40	中国石化集团第三建设公司	300	0.12
41	中国石化集团第二建设公司	200	0.08
42	中国石化集团第四建设公司	200	0.08
43	中国石化集团重庆一坪高级润滑油公司	200	0.08
44	深圳安惠实业公司	200	0.08
合　　计		250 000	100.00

① 所有股东均以现金方式出资，此表中所称的出资额为出资后折算的注册和实收资本额。

（邓群伟）

中国石化集团物资装备公司

【概述】 中国石化集团物资装备公司(以下简称物装公司)是石化集团公司直属专业公司，其主要职能是：受委托实施总部直接集中采购，负责实施招投标采购，负责资源市场日常管理，负责实施相同装置所需特殊材料、大型事故备件的集资储备，以及进入市场，开拓经营等。

物装公司注册资本 2.5 亿人民币。主要经营范围包括：经销各种原材料(含钢材、有色金属)、燃料、辅料和设备及零部件、汽车(其中小轿车销售到最终用户)、石油(成品油除外)及石化产品；建设工程设备招标代理；设备监造；废塑料、废纸张、废催化剂的回收、加工；煤炭经营；经营进出口业务(按批准的范围)；经营本系统商品的进出口业务；接受本系统单位的委托代理进出口业务；经营本系统的技术进出口业务；承办中外合资经营、合作生产、来料加工、来样加工、来件装配、补偿贸易、易货贸易及转口贸易业务。兼营房地产开发业务；与主营业务有关的技术开发、技术咨询、技术服务、信息服务。

物装公司通过预订、经销、代理、代销、代储、配送、总承包等多种形式，积极探索企业经营的新理念、新思路，努力开拓第三方物流采购与服务，建立了具有相当规模的资源渠道和业务网络，扩大了对社会服务的范围和内容，2003 年实现主营业务收入 13.36 亿元。

物装公司是国家发展计划改革委员会审批的建设工程设备招标和国家经济技术贸易委员会审定的工商领域甲级招标资格代理机构。拥有招投标采购专业队伍，组建有经国家经贸委备案的包括技术、经济等方面专家的专家库，2003 年完成招标采购金额 9.66 亿元，平均节约资金率 11%，降低了企业采购成本，规范了采购渠道和采购行为，有效遏制了物资采购中的暗箱操作，实现了公开、公正、公平“阳光交易”，取得了良好的经济效益和社会效益。1999—2003 年物装公司经营和招标业绩见表 1 和表 2。

2003 年 8 月，物装公司通过 ISO 9001 质量体系认证。

截至 2003 年底，物装公司资产总额 13.4 亿元。在上海、南京、大连、天津等地设有 4 个直属公司，并通过控股、参股等形式设立了 4 个控股公司。

（尚世宏）

表 1　　物装公司经营业绩　　万元

年份 指标名称	1999	2000	2001	2002	2003
商品销售收入	38 360.8	54 352.4	146 388.5	88 993.4	133 625.2
营业利润	3 416.1	3 932.6	2 202.4	1 831.0	2 974.7
利润总额	3 745.3	3 017.1	1 702.4	2 108.1	2 800.4
净利润	2 295.5	1 524.6	976.0	1 613.3	1 351.8

表 2　　物装公司招标业绩　　万元

年份 指标名称	1999	2000	2001	2002	2003
代理招标项目数	22	13	24	72	402
委托金额/万元	38 736	36 620	69 855	58 477	110 552
中标金额/万元	33 654	33 291	61 954	48 779	96 936
节资率/%	13	10	12	16	11.3

中石化百川经济贸易公司

【概述】 中石化百川经济贸易公司(中国石油化工集团公司机关服务中心)(以下简称百川公司)，是主要为石化集团公司总部机关和专业公司提供后勤服务的直属专业公司，由机关事务部发展演变而来，单位性质为全民所有制。百川公司成立于 1993 年，注册资金3 000万元人民币。百川公司下设办公室、人事教育处、财务处、企业经营管理部、大楼管理处、房产管理处、基建处、生活处、交通处、医务室、实华饭店、劳动服务公司、招待所、华夏宾馆、国际旅行社等 15 个处级单位。截至 2003 年底，百川公司有正式职工 214 人，经营实体有正式职工 101 人；资产总额 1.1 亿元。1995 年 2 月经原石化总公司正式批准成立了“中国石油化工总公司机关服务中心(机关服务局)”，即现在的“中国石油化工集团公司机关服务中心”。2002 年经中央机构编制委员会办公室和国家事业单位登记管理局批准，机关服务中心(机关服务局)成为事业单位法人，开办资金 460 万元，宗旨和业务范围是：为石化集团公司机关办公与职工生活提供后勤服务；承办机关委托事项。机关服务中心与百川公司是一个机构、两块牌子。2000 年 9 月，根据石化集团公司领导的指示组建了由百川公司代表石化集团公司控股 31 个直属企业参股的“中国石化集团国际旅行社有限责任公司”。2000 年 10 月，根据石化集团公司领导指示，思想政治工作部把绿化委员会、计划生育办公室、爱国卫生运动委员会的管理职能及绿化基地的全部资产及人员移交机关服务中心管理。2002 年 7 月，根据北京市政府医疗制度改革的规定，总部机关职工医疗纳入社会统筹，实行属地化管理，参加北京市基本医疗保险。

2003 年，在抗击“非典”的斗争中，百川公司担负着重要的任务。及时为3 000多名职工发放各类药品和防护用品，累计达 12 万人次。为不影响总部机关正常工作，办公区消毒坚持夜间作业，经常到凌晨两三点才结束，每日消毒面积达 10 万多平方米。坚持检测体温，累计 8 万多人次。为总部机关抗击“非典”取得阶段性重大胜利做出了积极的贡献，受到石化集团公司党组和总部机关广大职工的好评。在 2003 年，全面完成了总部机关的服务保障任务，共提供会议服务8 424次；完成各类维修服务 1.2 万余次；交通服务共出车 5.8 万余台次，安全行车 231 万千米；提供就餐服务 36.7 万多人次；国际旅行社共接待游客5 102人次。经营工作也有长足的进步，全年实现利润 210 万元。

（李卫平）

【主要职责】 百川公司的主要职责如下：

1. 办公楼的管理与机关办公楼服务保障：百川公司以为石化集团公司和石化股份公司总部、各专业公司提供良好的办公条件和“朴实庄重、整洁卫生、井然有序”的办公环境为目标，努力搞好办公大楼的规范化服务、塑造石化总部机关的良好形象。现办公区由 1、2、3 号楼、附楼及北京市东城区安外大街 58 号楼组成，总建筑面积 7.28 万米^2，内有大、中、小会议室 55 个，可为各类会议和外事活动提供服务。在 1 号楼 3 层设有商务中心，可为中外宾客提供文字、信息服务。在 2 号办公楼首层国际旅行社设有票务中心，可办理火车票、机票事宜。

2. 职工住宅的管理与服务：百川公司自管的总部机关职工住宅楼 14 栋1 370套，总建筑面积 10 万米^2。根据国家住房制度改革的有关政策，1995 年石化集团公司机关实行了住房制度改革，建立了住房公积金制度，90%以上的职工购买了公有住房。与此相适应，对机关单身宿舍实行了公寓化管理。

3. 餐饮服务与管理：职工食堂就餐面积1 800 米^2，职工就餐实行刷卡计费的“自助工作餐”制度，餐具统一清洗消毒，要求做到：“卫生、实惠、方便、省时”。另有小餐厅 7 个，可以为来访的中外宾客提供餐饮服务。

4. 交通服务与管理：交通处现有大、中、小型车辆近百台。负责总部机关职工上下班班车服务，并为机关各部门和专业公司提供公务用车服务。

5. 医疗服务与管理：医务室现有医生、护士 5 人。有 B 型超声仪、心电图机、血常规分析仪等医疗设备。坚持预防为主，做好平时职工医疗保健工作。定期进行职工健康体检。

6. 根据财务部授权范围及限额，负责总部机关管理费用年度计划(包括总部机关、部分专业公司职工住宅年度计划和改善、提高机关办公、生活、医疗、交通条件等年度计划)的编制和财务收支管理工作，负责总部机关国有资产的管理工作。

7. 负责总部机关(含部分专业公司)办公用房安排、调整方案的制定和实施；负责总部机关(含部分专业公司)职工住房分配、调整、出售方案的制定和实施。

8. 负责石化集团公司机关房改办的工作，对总部机关各部门及在京独立产权直属单位的房改工作进行管理和指导。机关房改办负责在京独立产权直属单位公房出售方案的审批工作。

9. 负责人民防空委员会，机关及在京单位交通安全委员会办公室的工作。

10. 负责石化集团公司全系统的绿化管理工作。

11. 负责总部机关和在京直属单位的计划生育、义务献血和爱国卫生运动委员会管理工作。

12. 对下属实华饭店、华夏宾馆、劳动服务公司和招待所等经济实体施行管理、监督。

（李卫平）

中国石化报社

【概述】 中国石化报社成立于 1988 年。主要任务是主办《中国石化报》、《车友报》、《中国石化》杂志、《中国石化新闻界》、《中国石化新闻网站》以及《中国石化电视新闻》等“两报、两刊、两网”。中国石化报社于 2001 年实行社长负责制，下设总编室、新闻部、专刊部、杂志编辑部、声像部、记者部、网络新闻部、通联部、广告发行部、综合办公室 10 个部门，还经石化集团公司批准新设《车友报》新闻编辑部、经营管理部。截至 2003 年底，中国石化报社共有 94 个记者站，110 名专职记者。

中国石化报社组织石化集团公司系统 62 家企业报刊和 48 家电视台站，于 2002 年先后成立了中国石化企业报刊协会和中国电视艺术交流协会石化工作委员会，围绕石化集团公司和所属企业事业单位的中心工作，广泛地开展新闻报道活动，成为石油石化行业重要的舆论阵地。

2003年，中国石化报社提出“继续抓牢主线，加快推进转型”的工作思路，无论在围绕中心，抓住主线，搞好新闻宣传方面，还是在深入调查，加快推进，抓好媒体转型方面都取得了新的进步。

一是媒体的读者意识有明显增强。2003年中国石化报社从适应市场经济发展的角度出发，明确提出要对各媒体的读者定位进行重新审视和思考。主打媒体《中国石化报》提出了“一为主两辐射”的读者定位，其他媒体也都明确了目标读者。在此基础上，报社紧紧围绕石化集团公司党组的中心工作开展新闻宣传，尽力把为目标读者的服务做到位，取得了一定的进展。2003年中国石化报社各个媒体加大了对学习贯彻“三个代表”重要思想的宣传报道，加大了对深化改革、改制分流工作的宣传报道，加大了对开拓资源、开拓市场、做大做强主业的宣传报道，加大了加强改进思想政治工作的宣传报道。2003年《中国石化报》共出版247期，发行量连续6年突破10万份。《中国石化》杂志共出版12期，发行量连续多年突破1.5万份。《车友报》发行到18个省、区、市，发行量突破55万份。中国石化电视新闻在做好每周一期电视要闻的基础上，还增加了每周一期电视专题。中国石化新闻网改版后面目一新，日点击率超过7 000人次。《中国石化新闻界》一直围绕“明确读者定位，提高报道档次”开展研讨。为了总结经验，鼓舞士气，进一步推动工作，中国石化报社还出版了近50万字的历史资料性文集《我们的十五年——中国石化报社前进的足迹》。

二是媒体的经营转型有了实质性的进展。为加快媒体的经营转型，中国石化报社的广告中心经过艰难的探索和筹备，正式实行企业化经营。报社的杂志、电视和网站也正在探索模拟核算的路子。最为突出的是新创办的《车友报》已完成创业期的目标，逐步向良性循环期过渡。作为一种为提高中国石化核心竞争力服务的文化促销品，开始得到销售系统管理者的认可；作为一家为广大司机服务的大众实用媒体，已开始受到目标读者市场的欢迎。

三是媒体的管理体制和机制改革有较大进步。借助石化集团公司干部制度、用人制度和分配制度的改革，结合新闻媒体的实际，中国石化报社加快了管理体制和机制改革的步伐，取得明显的进展。继2002年首次开展处以上中层干部竞聘之后，2003年又进行了新一轮的处以上中层干部竞聘，起用了一批新的骨干，初步形成了能上能下的用人机制。处以下干部在全面定编定岗定责的基础上，也首次实行了全员竞聘，初步建立起全员竞聘上岗的机制。根据石化集团公司分配制度改革的精神，中国石化报社对分配制度进行了改革，激励机制逐步得到规范。中国石化报社还积极探索市场化用人机制，逐步建立起《车友报》的用人和分配制度。这些都为报社的转型发展奠定了较好的体制和机制基础，为激发新闻队伍的活力创造了条件。

四是各企业新闻媒体和队伍建设发生新的变化。随着国家对文化体制改革的深化和石油石化企业改革的深化，石化集团公司所属各企业的新闻媒体和队伍也正在发生较为深刻的变化。中国石化报社驻各企业记者站和专职记者队伍在抓好正常的研讨培训、加强新闻宣传的同时，2003年集中组织了资格培训，提高了基本素质。各企业报刊电视媒体和新闻队伍，在搞好为企业改革发展稳定服务的同时，根据各企业、各媒体的情况，开始进行整顿、改革的探索。中国电视艺术协会石化工作委员会和中国石化报刊协会在积极加强业务研讨的同时，也在积极引导企业媒体进行生存发展的探索。《车友报》驻各地记者站和专职记者队伍，作为一种以新的用人机制建立起的机构和队伍，也在积极探索新的运作机制。根据石化集团公司党组的安排，配合总部有关部门，中国石化报社加紧对各企业媒体的生存发展之路进行深入调查研究，为进一步的整顿、改革做好准备。全系统一个多位一体、上下合力的新闻宣传大格局正在新的形势下得以巩固和完善。

（刘志远）

【《车友报》创刊】 中国石化报社主办的《车友报》于2003年1月8日正式创刊，该报是面向车友的实用性服务类报纸，首期18万份分别在北京、天津、上海、南京、武汉、杭州、广州、深圳等地同时与读者见面。2003年发行量突破55万份。

（刘志远）

【《中国石化报》山东分印点正式设立】 2003年1月，《中国石化报》首个分印点——山东分印点在胜利油田正式设立。

（刘志远）

【《中国石化报》创刊15周年】 2003年7月1日，《中国石化报》正式创办15周年。为回顾15年的探索历程，总结15年的经验，中国石化报社出版了近50万字的历史资料性著作《我们的十五年——中国石化报社前进的足迹》。

（刘志远）

中国石化出版社

【概述】 中国石化出版社(原名烃加工出版社)，是中国石油化工集团公司主管和主办的中央级科技出版社，是经中编委审查批准的石化集团公司的直属事业单位，成立于 1984 年 12 月。出版社实行社长负责制，下设综合处、总编室(勘探开发编辑室)、炼油化工编辑室、装备综合编辑室、年鉴科普编辑室(展览业务处)、发行印务部(含精美实华广告公司、海丰印刷厂、石化文苑书店)等部门。现有职工 55 人，其中具有中、高级职称人员 33 人。

中国石化出版社坚持正确的出版方向，严格执行党和国家的出版方针政策，坚持为石化集团公司和石油石化行业服务的宗旨，立足本专业，面向大科技。主要出版石油勘探开发、石油炼制、石油化工等方面的科技图书，以及有关的辞典、手册等工具书，并出版石油及石化专业的统编教材和职工培训教材。2003 年出版图书 289 种，出书总码洋 4288 万元，取得了较好的社会效益和经济效益。

中国石化出版社拥有先进的出版手段和由著名专家、学者组成的作者队伍，所出版的图书多次获得全国优秀科技图书奖、中国石化集团科技进步奖及部级优秀教材成果奖等奖项。2003 年度《绿色石化技术的科学与工程基础》获得石化集团公司科技进步一等奖；《聚丙烯——原理、工艺与技术》获得科技进步三等奖。

此外，中国石化出版社还负责石化集团公司年鉴、年报的编辑出版工作。

（丁纵宇）

【展览工作】 中国石化出版社(中国石化国内展览办公室)负责组织实施石化集团公司暨石化股份公司参加在国内举办的有关展览工作，制定整体参展方案，负责监督实施；并协助有关部门办好国外展览。2003 年组织参加了第二届中国交通建设博览会、第三届台州塑料商品交易会、第五届余姚塑料博览会、第七届东西部合作与投资贸易洽谈会等 6 个展览项目。这些展览的举办使石化集团公司在收到很好的社会效益和经济效益的同时，也宣传了石化集团公司、暨石化股份公司的整体形象，这些展览受到石化集团公司、石化股份公司领导和参展单位的好评，均被展览组委会评为最佳组织奖和最佳展区设计制作奖。

（丁纵宇）

【中国石油化工集团公司企业志鉴协作组成立】 中国石油化工集团公司企业志鉴协作组于 2003 年 4 月成立。石化集团公司党组成员、石化股份公司高级副总裁曹湘洪致信祝贺。本协作组挂靠中国石化出版社，接受《中国石油化工集团公司年鉴》编辑部的业务指导。

多年来，在石化集团公司和各级领导关心下，石化集团公司各企业在编纂人员的辛勤努力下，修志编鉴工作取得了较大成绩，出版了许多具有浓郁时代气息和鲜明企业特色的各类局志、厂志、年鉴，全面系统地反映了石化集团公司的发展历程，记录了企业改革创新的伟大实践和丰硕成果。不少企业志鉴书籍在所在省(市)志鉴系统获奖，成就可观。

中国石油化工集团公司企业志鉴协作组的成立，标志着石化企业志鉴事业的发展迈上了一个新台阶。她将成为企业交流志鉴编纂经验、探索志鉴编纂规范、培养志鉴编纂骨干的桥梁和纽带。

（蒋　琦）

【绿色化学化工编辑部成立】 2003 年 7 月，中国石化出版社与国家自然科学基金委员会联合在北京召开了《绿色化学化工丛书》编委会第一次会议，这标志着《绿色化学化工丛书》编写工作正式启动。编委会邀请中国著名绿色化学化工专家张存浩、闵恩泽、朱清时三位院士担任顾问，石油化工科学研究院总工程师何鸣元院士、国家自然科学基金委化学部副主任梁文平担任编委会主任。

绿色化学是针对传统化学工业对环境造成的化学污染而提出的新学科。绿色化学是利用化学原理在化学品的设计、生产和应用中即消除或减少那些对人类健康、社区安全、生态环境有毒有害物质的使用和产生，设计和研究没有或只有尽可能小的环境负作用的、并在技术上、经济上可行的化学品和化学过程。正因为如此，科学家们认为，“绿色化学”将是 21 世纪科学的最重要的领域，是实现污染预防的基本和重要科学手段。而绿色化学工艺是化学工业发展的必然方向。从环保、经济和社会的要求看，化学工业需要大力研究与开发从源头上减少和消除污染的绿色化学工艺过程。

为了配合中国绿色化学与化工的发展和研究，中国石化出版社经过调研和研究，决定在已经出版了系列相关著作的基础上，继续组织国内外绿色化学化工的专家学者，编写这套能够反映当代绿色化学化工前沿成果的高水平专著。这套专著全面、系统地阐述绿色化学化工各领域的基础理论和应用技术，反映国内外绿色化学化工各研究领域先进水平，既包括成功应用绿色化学化工的实例，又展望各领域未来的发展方向，是具有科学性、准确性、先进性、权威性的高水平学术专著。本系列专著的目标是为从事绿色化学化工及相关领域研究、开发、教学工作的领导、科技及管理人员提供高水平的前瞻性参考读物。

参加编写的国内外绿色化学化工各研究领域的著名专家、学者，均承担过国家自然科学基金资助的绿色化学项目，有一定的研究成果和知名度。丛书的编写和出版将对总结中国绿色化学科研成果、学习国际绿色化学领域的先进技术、推动和促进中国绿色化学化工事业的发展、实现国民经济的可持续发展，起到积极作用。

绿色化学化工丛书第一批《绿色化学化工的现状与展望》、《离子液体》、《原子经济反应》、《绿色氧化与还原》、《绿色过程系统集成》、《绿色化学的评估准则》、《绿色有机催化》等将于2004年陆续出版。

（赵　怡）

石油化工管理干部学院

【概述】 石油化工管理干部学院(以下简称管理干部学院)是石化集团公司高级管理人才和高级专业技术人才的培训基地，同时又是石化集团公司党校、人才培训中心和继续工程教育中心。1985年筹建，1987年2月正式成立。学院目前主要有四项培训任务：一是工商管理培训。培训对象主要是直属企事业单位的领导干部和中青年后备干部；二是专业技术培训。主要培训全系统的装置专家和学术带头人。培训内容包括催化裂化、勘探、油田开发、钻井、加氢、炼油设备、乙烯、合成树脂、润滑油等9个专业领域；三是战略后备人才培训，先后与大连理工大学、浙江大学、华中理工大学、人民大学、对外经贸大学、英国斯泰福厦大学联合培训MBA和硕士研究生；与天津大学、华东理工大学、石油大学、北京化工大学等联合培养石油、石化行业的工程硕士；四是外语强化培训，与美中教育培训机构(ESEC)、马歇尔大学合作，进行英语口语强化训练。此外，还承担部分处级岗位任职资格培训、中央党校国资委分校石化班的培训和一些短期应急性培训。

依照中国石化人才发展战略的要求，管理干部学院分专业举办各类培训班。主要开设经济学、企业战略、国际金融、市场营销、财务会计、法律、人力资源、计算机、外语等课程，以及石油、石化相关专业技术的高级研修课程。每个学期不断调整、更新教学内容，突出培养学员的综合素质和实践能力，努力为石化集团公司培养“靠得住、有本事、用得上”的高层次人才。

管理干部学院新址位于北京朝阳区立水桥北，占地6.87万米^2，建筑面积5.17万米^2。分教学、生活、文体活动3个区域。设有具备多媒体演示功能的各类教室49间，可容纳909位学员同时在校学习。宽带网络直接延伸到教室、学员宿舍、图书馆、办公室等场所，文体中心建有保龄球馆、篮球馆、游泳馆和多功能厅。

2003年，管理干部学院结合石化集团公司分配制度改革，对管理机构和分配机制进行了改革。机构改革后设9个部门：教务部、管理人员培训部、开发与科研部、继续工程教育部、信息资源部、党政办公室、组织人事部、财务部、总务部。现有教职工148人。专职教师46人，其中教授、副教授27人，博士、硕士学位的25人。同时聘请国内外著名专家、学者26名为学院客座教授。为了满足培训的需要，管理干部学院经常聘请政府部门和石化集团公司总部机关、直属企事业单位的专家、学者来院举办各类专题讲座。

2003年，管理干部学院按照石化集团公司《2002—2005年人才队伍建设实施意见》和“6112”人才培养工程的要求，克服“非典”带来的影响，进一步加大培训工作的力度。全年举办各类培训班95期，共培训学员5 082人次。为了贯彻石化集团公司《关于国际化经营人才队伍建设的意见》和“走出去”战略的要求，管理干部学院在对中原油田调研的基础上，开发了16个国际化经营人才的具体培训方案，全年培训国际化经营人才308人。还组织高级管理人才培训班和部分硕士研究生班到国外企业培训、实习和考察。

按照石化集团公司“1253”培训网络建设规划和党组提出的到2005年，达到机构精干、设施完备、手段先进、师资雄厚、管理科学，办成高水平的企业家和高层次人才培养基地的要求，管理干部学院新校建设工程2002年8月开工，2003年6月28日综合楼封顶。2003年底，新校基本建成，为学院按时搬迁和如期开学奠定了坚实的基础。

2003年，管理干部学院科研工作成果显著。首次承担的石化集团公司《石化企业高级管理人才培训模式研究》科研课题获得石化集团公司科技进步三等奖。石化集团公司科研课题《远程教育建设方案研究》已经结题并评审通过。其余3个石化集团科研课题《以典型行为为导向的课程设计》、《中国石化润滑油营销战略与策略研究》、《中国石化企业化工物流系统优化模式研究》均已开题。

（葛德泉）

石油化工管理干部学院培训情况统计　　人次

年度＼培训内容	直属企业领导干部培训	中青年后备干部培训（含党校）	工商管理硕士 国际贸易硕士	工程硕士	专业技术培训	外语培训	国际化经营培训	应急性培训	合计
2003	781	184	89	0	214	361	308	2 447	4 384
2002	0	156	87	35	347	337	0	2 674	3 636
2001	38	169	23	63	307	217	0	3 115	3 932
2000	119	184	48	0	143	208	0	4 527	5 229
1999	847	124	33	30	224	141	0	3 458	4 857
1998	209	110	41	45	76	100	0	446	1 027
合　　计	1 994	927	321	173	1 311	1 364	308	16 667	23 065

（葛德泉）

中国石化国际事业有限公司

【概述】 中国石化国际事业有限公司(以下简称国际事业公司)是石化股份公司的全资子公司，其前身为中国石化国际事业公司，成立于1984年6月，主要负责石化股份公司的对外贸易业务，并受石化集团公司的委托，集中管理和统一经营石化集团公司的对外贸易业务。

国际事业公司经原国家计委批准，被列为可以使用国外贷款和出国信贷从事国家重点工程建设项目引进工作的5个国家级外贸公司之一，并列为可以使用日本输出入银行提供的首批海外资金协力贷款，承担引进业务的4家外贸公司之一。经国家发改委和商务部批准，获得技术改造项目和机电产品两个国际招标甲级资格。

国际事业公司注册资本14亿元人民币，2003年底固定资产原值23.52亿元人民币，总资产220.37亿元人民币，利润总额8.02亿元人民币。2003年实现进出口总额158.87亿美元，其中进口额138.14亿美元，出口额20.73亿美元。在商务部公布的2003年中国进出口额最大的500家企业排名中，国际事业公司代表石化集团公司连续第五年位居第一位。

截至2003年底，国际事业公司共有职工194人，其中大专以上文化程度的约占90%，具有中、高级技术职称的约占75%。他们既有多年石油和石油化工生产、科研、设计的实践经验，又有多年从事技术引进、石化产品和设备进出口贸易的经历，同时具有较高的国际贸易和外语水平。近年来，国际事业公司有意识地吸收了一批国际经贸、企业管理、国际金融、财务会计、法律等专业的大学毕业生或硕士、博士研究生，成为公司未来发展的新生力量。

国际事业公司本部外贸业务部门有：原油部、产品出口部、设备物资部、设备出口部、炼油项目部、化工项目部、化纤项目部、运输部、招投标部、产品贸易公司、经贸咨询公司；综合管理部门有：办公室、企业管理部、人事部、财务部。在美国、日本、德国、新加坡、厄瓜多尔等国和香港特区设有海外公司和代表处。

作为石化股份公司的3个全资子公司之一，国际事业公司代表石化股份公司作为股东持有负责原油、成品油进出口业务的联合石化公司70%的股份，并依法行使控股方的权力；同时持有在香港上市的红筹股中石化冠德控股有限公司的全部非流通股份。

经商务部批准，国际事业公司的经营范围包括：①自营和代理各类商品及技术的进出口业务(国家限定公司经营或禁止进出口的商品及技术除外)；②石油非国营贸易进口；③石油化工技术和成套设备的进口业务；④石油、石化设备、机械、电气、仪器、仪表、备品配件和专用钢材、天然橡胶的进出口业务，汽车(含小轿车)的销售业务；⑤石油化工原材料的进出口业务；⑥合资经营、合作生产、来料加工、补偿贸易、转口贸易等各种形式的对外经济技术合作业务；⑦经济贸易信息咨询、培训、国际会议、国际展览业务；⑧液化气、润滑油基础油、石油焦、石蜡、石油沥青、蜡油、白油、润滑脂、合成油脂、页岩油及其他石油和石油化工产品、中间产品和副产品、塑料、合成纤维、合成橡胶、催化剂、助剂、溶剂等出口业务；⑨自营进口、易货换进的商品及经营范围所含商品的国内销售业务；⑩国际金融组织贷款项目的国际招标业务；⑪技术引进、机电产品的两个国际招标甲级资格；⑫对外经济合作，承包境外石化工程和境内国际招标工程和境外工程所需的设备材料出口、对外派遣境外工程所需的劳务人员。

（陈大年）

【经营业绩】 2003年，石化集团公司对外贸易取得较大增长，实现外贸进出口总额158.4亿美元，同比增长46.8%。其中，进口总额138.14亿美元，同比增长46.14%；出口总额20.3亿美元，同比增长51.49%。

非国营贸易原油采购。2003年，国家下达给国际事业公司428万吨非国营贸易原油进口配额。实际完成原油采购527万吨，除国际事业公司非国营贸易原油配额外，还使用国际石油勘探公司的配额20万吨，保利公司配额10万吨，超计划领取配额25万吨，按生产经营管理部要求转收储14万吨，转来料加工19万吨，海外销售11万吨。

成品油出口。2003年完成成品油出口611万吨，其中汽油333万吨，航煤97万吨，柴油180万吨(联合石化)，润滑油等其他油品1万吨。中石化(香港)有限公司已成为亚洲最大的成品油贸易商之一，其市场除东南亚地区外，还开拓了欧美、中东等市场；航空煤油供应成为香港机场航空煤油第二大的供应商，此外航空煤油还成功出口到澳门、越南。

以乙烯改造为重点的技术引进和重大设备进口。石化集团公司坚持引进与消化、吸收、创新相结合，在引进先进技术的同时，努力减少投资，提高效益。2003年签署技术设备引进合同606个，金额6.4亿美元，其中软件2.4亿美元。已完成引进并开车成功的重点工程项目有广州、扬子乙烯改造，仪征PTA项目，镇海800万吨/年炼油改造等项目。全面启动的重点工程项目有巴陵、金陵、安庆、湖北等4套化肥改造，齐鲁、茂名乙烯改造，高桥、金陵、扬子以及西安、塔化、东兴等一批炼油改造和扩建项目。系统外及合资项目的开拓有所进步，主要有柳州化肥改造项目技术及设备引进共计500万美元，延安聚丙烯工程1 000万美元，为上海赛科合资公司代理合同70个，5 500万美元。

积极开拓国际市场，努力扩大出口。2003年石蜡出口17万吨，有机化学品、聚乙烯醇、聚对苯二甲酸乙二酯切片等产品出口均有不同程度的增长，石油机械设备和机电产品的出口同比基本持平，特别是2003年首次成交尿素出口1万吨，硫铵、硝铵出口6 000多吨。

2003年，进口单机、设备、机械、电器、仪表、备品配件、钢材、木材等合计金额4.9亿美元。进口的主要单机包括：油田用地震仪、海洋测井仪、沙漠车、水泥车、挖沟机、柴油机等；炼油化工企业用的压缩机、空气分离装置等关键设备及集散控制系统，吊车、消防车、消防泵等。

进口的化工原料主要是油田提高采收率所需的高分子聚合物；炼化企业生产所需的丙烯腈、乙二醇等，化纤原料、化学添加剂、催化剂、助剂等。2003年，进口各种化工原料的金额6.8亿美元。

国际招标。在对外采购中，加大了对外公开招标工作的力度，2003年完成招标金额1.26亿美元，节汇约3 000多万美元，特别是开拓了延安炼厂聚丙烯、河南环宇锂电池设备等两个系统外项目，金额689万美元。目前，国际事业公司的招标工作已实现规范化、标准化，进一步与国际接轨。特别是甬沪宁管线杭州湾海底穿越工程(独立进行的国际招标项目)、油田设备集中采购等完成成交金额2.55亿美元。

（陈大年）

【国内子公司及关联公司】 国际事业公司本部设有全资子公司——中石化国际产品贸易公司，主要从事化工品的进口业务；设有控股的中石化国际经贸咨询公司，主要从事国际会议、国际交流、境内外国际展览及经贸咨询业务。

作为股东持有联合石化公司70%的股份。联合石化公司是石化集团公司与中国化工进出口总公司合资成立的，主要经营原油、成品油的进出口业务。石化集团公司决定由国际事业公司作为股东持有联合石化公司70%的股份，并依法行使控股方的全部权利。

经石化集团公司授权，拥有实华国际租赁公司40%的股份。实华国际租赁公司是石化集团公司与日本瑞穗实业银行、信托银行、丸红株式会社共同成立的中日合资的租赁公司。

（陈大年）

【海外公司及代表处】 为石化集团公司、石化股份公司开展国际化经营服务，为境外投资者服务，进一步开拓国际市场，截至2003年年底，国际事业公司在日本东京、德国法兰克福设立了驻日本、西欧代表处，石化股份公司在美国纽约和香港特区设有美国代表处和香港代表处。在境外和香港特区设立的独资企业有：中石化(美国)有限公司、中石化(新加坡)有限公司、中石化(香港)有限公司、实华(欧洲)商业有限公司、实华(厄瓜多尔)有限公司等5家公司。在境外设立的合资企业有：实华(日本)株式会社、香港中石航有限公司等2家公司。这7家独资或合资的企业主要从事国际贸易。在香港上市的红筹股中石化冠德控股有限公司，石化股份公司决定，由国际事业公司持有其非流通部分的全部股份，该公司主要从事油品贸易。

（陈大年）

中国石化集团胜利石油管理局暨中国石化胜利油田有限公司

【概述】 中国石化集团胜利石油管理局（以下简称胜利石油管理局）和中国石化胜利油田有限公司（以下简称胜利油田有限公司）统称胜利油田。工作区域主要分布在山东省东营、滨州、德州、济南、潍坊、淄博、聊城、烟台等8个市的28个县（区）内，主体位于黄河下游的东营市。按地质构造区划，山东省境内可供找油找气的勘探区域属于渤海湾盆地，主要有济阳、昌潍、胶莱、临清、鲁西南等5个坳陷，总面积约6.1万（千米）^{2}，油田已取得探矿权面积4.5万（千米）^{2}，其中济阳坳陷和浅海地区是胜利油田勘探开发的主战场。截至2003年，胜利油田取得探矿权的勘探面积达17万（千米）^{2}，其中国外风险勘探面积近1万（千米）^{2}，国内探矿区域扩大至全国5个盆地中的4个。油气资源总量达170亿吨。

截至2003年底胜利石油管理局下设43个二级单位，678个三级单位，2 556个四级单位；有12个局属经济实体，12个管理局控股公司，1个直属处的机构，2个直属处级单位。管理局机关设26个职能处室，23个直属单位，另有1个派出机构。

胜利油田有限公司下设22个二级单位，289个三级单位，1 866个四级单位；有限公司机关设14个职能处室，5个直属单位。

胜利石油管理局用工总量13.27万人，其中固定职工10.16万人，劳动合同工2.19万人，集体工5 068人，临时工4 026人。固定职工中，有干部4.16万人，工人5.99万人。管理离退休职工2.51万人。各类专业技术人员3.97万人，其中高级技术职称4 469人，中级技术职称1.61万人。

胜利油田有限公司有员工9.78万人，其中固定职工7.58万人，非固定工2.20万人，劳动合同工1.74万人，集体工1 140人。固定职工中，有干部2.28万人，工人5.29万人。管理离退休职工1.25万人。各类专业技术人员2.19万人，其中高级技术职称1 978人，中级技术职称7 782人。

2003年胜利石油管理局拥有固定资产原值208.01亿元，净值131.10亿元；资产负债率为69%。机械装备总量1.7万台。装机总功率463.65万千瓦，平均设备新度系数为0.43。

2003年胜利油田有限公司的固定资产和油气资产总量为1 115.82亿元，其中固定资产原值158.59亿元，净值96.14亿元，油气资产原值957.23亿元，净值360.21亿元；资产负债率为24.17%。机械装备总量3.32万台，装机总功率278.23万千瓦，平均设备新度系数为0.43。

胜利油田拥有科研院（所）11个，各类专业技术人员6.17万人，高级职称6 447人。有中国工程院院士1人。自1978年全国科学大会以来，胜利油田累计取得各类科研成果4 586项，其中95项获国家级奖励，453项获省（部）级奖励，共取得专利986件。每年科技直接增油量300万吨，科技成果推广率85%。胜利油田主要经济指标见表1，主要生产建设指标见表2。

勘探工作取得突破性进展。2003年新增预测石油地质储量1.3亿吨，控制储量1.16亿吨，探明储量1.13亿吨，首次实现三级储量同时“过亿吨”，改善了资源序列结构。勘探区域进一步扩展，在辽东湾拿到6 500（千米）^{2} 的勘探区块，实现了油田海上勘探由滩海和浅海向深海的新跨越。在胜利老区，阳信洼陷、桩海潜山、郑家－王庄地区、东营凹陷南坡深层取得突破，发现了一批新层、新带、新构造；外围新区勘探有重大突破，新疆准噶尔探区的董1井、排1井，海外伊朗卡山探区的Arn－1井均见到油气显示，Arn－1井试油日产791吨，伴有天然气显示，有望在海外发现较大规模的背斜构造。储量规模有较大改善，在连续勘探开发40年的情况下，胜利老区发现了郑家－王庄、东营南坡、罗家垦西和桩海潜山等4个5 000万吨级的整装区块。

油气开发工作着眼老区稳产，加强油藏经营管理。实施套损井预防与治理、分层注水示范和提高系统效率“三大工程”，油气生产平稳运行，2003年生产原油2 665.5万吨，超计划5.5万吨。开发指标和开发水平进一步好转，自然递减14.19%，综合递减6.13%，综合含水连续7年控制在90%以下，连续第7年实现年度储采平衡。

科技兴油战略向纵深发展。理论创新和科技进步突出资源战略接替和提高采收率两大主题，在隐蔽油气藏成藏理论、老油区提高采收率理论、西部和海外新区找油理论等方面取得进展，胜利油田2003年承担科研课题503项，完成各类科技成果312项，取得专利120项，科技成果转化率达80%，科技进步贡献率为46.3%。

推进内部改革，增强油田发展活力。推广实行以岗效薪点为主要内容和形式的分配制度改革，形成薪酬收入能升能降机制。按照“两种资产管理体系、三种管理模式、五大产业板块”的总体思路，对油田存续经济管理构架和产业格局进行界定和勾划，成立难动用储量开发管理中心、石油工程技术管理处、集体资产管理中心，油田存续部分形成了石油工程技术服务、生产服务、社会服务、集体经济和难动用储量开发5大板块。结构调整和专业化重组取得新进展，将物探公司、设计院由有限公司划入管理局；完成了运输系统和油田淄博制管有限公司的调整重组；物资供应系统进行撤站、设科、撤库、按生产区域设立供应点的改革试点；组建"石油大学胜利学院"和"山东胜利职业学院"，走上多元化投资、社会办学的路子。

油田经营管理水平有新提高。利用信息化手段整合业务流程，改造传统产业，加快信息化建设步伐。地震资料处理速度达到每秒万亿次，年处理能力达到5 000(千米)^2，均居国内领先水平。勘探开发数据库的整合提升，重点生产环节和设施的自动化改造，采油、作业、联合站库、钻井、地震等5类基层队的信息化系统建设，促进了油田生产运行效率的提高。依托全球财务管理信息系统和VPN技术，实现了外部市场核算与外闯市场队伍管理的同步运行。物资系统"三流合一"实现了日清日结，每年利息支出可减少近千万元。社保和医疗系统实现信息对接，油田职工均可持社会保障卡就医。建成全油田共享的中小学教学资源库，远程教育系统投入应用，提高了教育培训效果。在8个社区推广应用社区地理信息系统，部分小区水、电、气"三表"实现远程抄表计量。突出扭亏脱困工作重点，加强对内部承包办法的优化调整，理顺油田各层面经济关系。规范各级组织决策程序和经营行为，抓好内审内控和内部监察，提高了管理效能。全年开展各类审计项目85项，实现增收节支3亿元。加强施工监督和项目预结算过程管理，投资结构进一步优化。财务管理依靠信息技术努力实现成本的精细化管理和全过程管理，节约财务费用4 000万元。

集体经济保持良好发展态势。2003年实现生产经营总值42亿元，实现销售收入38亿元，其中社会市场销售收入17亿元；实现利税4亿元，其中利润0.8亿元；实现企业增加值11亿元。特色产业经济在产业结构调整的引导和推动下逐步形成，农业产业化取得新进展，机电制造业优势项目发展迅速。改良盐碱地1 333.2万米^2，抢种芦竹999.9万米^2，种植速生杨399.96万米^2。国际市场开发取得新进展，全年出口创汇2 489.2万美元。

油田公益事业健康发展。物业管理水平不断提高，职工满意率平均达到80%以上。全年新增国家级文明小区3个、省级3个、局级5个。截至2003年底，油田已建成国家级文明小区25个、省级39个、局级74个。参与创建国家卫生城市和国家环境保护模范城市活动，油田范围内的各项指标均通过考核验收。抓好卫生防疫、卫生监督和"非典"防治工作，在抗击"非典"疫情中，油田上下群策群力、群防群控，全油田没有出现一例"非典"或疑似病例。油田教育质量和考学水平明显提高，在山东省生源急剧增加、统一划线的情况下，2003年油田高考综合录取率达到72.4%，其中本科录取率为34%，比山东省平均水平高出2个百分点。适应油田生产经营需要，加强职工培训工作，全年开展高级工、技师和技术能手培训2.8万人次，青工创新能力培训3万人次。计划生育工作在山东省始终保持较高水平，计划生育率达到100%、人口出生率控制在6.9‰以内。

新时期胜利文化为油田持续发展注入强劲动力。按照"立足全局、系统规划，着眼基层、创新实践，依靠群众、广泛参与"的思路，推进胜利文化建设。经过总结、提炼和升华，提出"从创业走向创新，从胜利走向胜利"为主要内容的新时期胜利精神，以"创业、创新、竞争、发展"为主要内容的新时期胜利文化的核心内涵。油田各级各单位结合自身特点，开展"企业文化建设年"创建活动，在机制创新、开拓市场、打造名牌、培育团队精神等方面，取得很多具体的优秀成果，形成了健康向上的文化氛围。胜利文化获2003年度中国企业文化大奖。

强化党的建设、思想政治工作和精神文明建设，油田大局保持基本稳定。开展"学精神、转观念、谋发展、见成效"活动，推动油田上下思想大解放、观念大转变。加强各级领导班子建设，干部队伍驾驭市场经济和复杂局势的能力进一步增强。人才建设迈上新台阶，油田送培硕士研究生1 738人、博士研究生140人。加大从源头上预防和治理腐败力度，党风廉政建设工作成效明显。以"达标、创优、争强、夺牌"活动为载体的基层建设工作取得丰硕成果，建成达标队3 268个、优秀队548个、行业一强209个和名牌队147个。在石化股份公司组织开展的"五项劳动竞赛"活动中，胜利油田55个基层单位被评为中国石化金牌队和五星级站(库)。下大气力处理和解决一系列难点热点问题，妥善处理油田改革发展稳定的关系。通过制定实施"补利息差"政策，基本解决了长期积累形成的家属历史遗留问题。开展"结对帮扶再就业"活动，使1.3万名"协解"失业人员实现再就业，2 000多名待业子女实现了就业。超前做好分配制度改革过程中可能出现的不稳定因素的排查和应对工作，保障分配制度改革顺利推进。

(王亚宁)

【CB30A－2井获高产油气流】 胜利五号钻井平台是

由美国奥格公司引进的移动自升式钻井平台，型长39.62米，型宽 30.48 米，型深 4.11 米，工作水深25.91 米，最大钻井深度6 000米。胜利五号钻井平台施工的 CB30A－2 井，是胜利油田海上重点超深高难度双靶点定向开发井，设计井深4 645米，完钻层位太古界；完钻原则是进太古界潜山 100 米，井底 50 米无油气显示完钻；钻探目的是开发该区古生界、太古界潜山油藏。于 2003 年 2 月 26 日完钻，完钻井深4 630米；钻井周期 86 天 10 小时，3 月 5 日完井，建井周期 93 天 16 小时。该井是胜利油田海上历史上水平位移最大、施工难度最大的一口井，钻井周期和建井周期刷新了海上深井施工纪录。

3月 14 日，试油放喷，油压 10.5 兆帕，套压 0.16 兆帕，折合日产油 204 米^3、天然气 2 万米^3。

（王亚宁）

【国内最大海油陆采丛式井组完工】 由渤海钻井总公司 32694 钻井队和 32600 钻井队施工的桩 139 平台是国内最大的海油陆采丛式井组，是桩西采油厂重点建设项目，由 21 口同台井组成，多为造斜点浅、造斜率高、大井斜、大位移长裸眼井型。甲方要求每口井的井口位置横要“一”字形排列，纵要在同一水平线上，井间距为 5 米，施工标准高、难度大，技术要求严。

针对同台井特性，施工项目组优化技术方案，制定合理技术措施，采用导向、地质导向钻井技术，强抑制性混油钻井液体系，丛式井防碰技术，定向井 PDC 钻头等相应技术，顺利完成了桩 139 丛式井平台的钻井施工任务。

32600 队和 32694 队从 2003 年 2 月 7 日—8 月 9 日，历时 6 个多月，比计划提前半个月完成施工任务。累计完成进尺 4.68 万米，平均井深 2.23 万米，平均水平位移1 199.93米，单井水平位移超过1 300米的有 8 口，其中桩 139－斜 20 井，井深3 258米，水平位移1 805.67米。各井井身质量、固井质量、中靶率均为 100%。32694 队施工的桩 139－斜 7 井是一口三开定向井，实际井深2 234米，最大井斜 45 度，水平位移1 331米，水平位移与垂深比 1∶0.79，三开后采用 PDC 钻头，从井深 514 米处钻至2 234米，单只钻头进尺1 728米，钻井周期 10 天 4 小时，建井周期 16 天 11 小时，比计划提前 12 天 13 小时。

（王亚宁）

【国内陆上最长水平井完钻】 由渤海钻井一公司 45011 钻井队施工的孤平 1 井是胜利油田部署的重点探井，位于济阳坳陷沾化凹陷孤岛潜山东坡上古生界油藏高部位，钻探目的是了解孤岛潜山东坡 C－P 系不整合圈闭含油气情况。完钻斜深2 843.00米，完钻垂深1 769.71米，造斜点深1 486.90米，最大井斜85.70°，水平段长1 054.21米，总水平位移1 254.21米。2003 年 8 月 16 日开钻，10 月 25 日完井，钻井周期 54 天 17 小时，建井周期 71 天 16 小时，取心进尺24.50米，收获率 98%。施工中，45011 队和定向井公司技术人员与甲方密切配合，制定合理施工方案和措施，实现了对井身轨迹的良好控制，保证了井下安全。创目前国内陆上水平井水平段最长纪录。

（王亚宁）

【综合性能先进的 10000HP 多用途工作船下水投产】 10000HP 多用途工作船——胜利 291 船是胜利油田确定的“引进一批、建造一批、改造一批、淘汰一批”船舶结构调整总体工作部署中最重要、投资额最大、综合性能最先进的船舶建造项目，总投资 1.3 亿元，由上海 708 研究所负责设计，武昌造船厂承建。2002 年 7 月 20 日完成详细设计图纸绘制和送审工作，8 月 22 日开工建造。2003 年 9 月 8 日，经过 1 个月的海上试航后，在上海举行交船签字仪式，9 月 16 日抵达胜利油田船舶公司龙口基地胜利码头，20 日赴桩西采油厂投产。

胜利 291 船综合性能国际领先，船体总长 74 米，总吨位2 416吨；垂间长 70.50 米，型宽 15.6 米，型深 7.10 米，设计吃水 5.80 米。甲板载货面积 400 米^2、载货量 800 吨，散装水泥量 4×50 米^3；具备强大消防能力，达到 FF2 级水平，轴带消防泵 2×3 600 米^3/时，最小射程 150 米，配备能扑灭油类火灾的固定式泡沫灭火系统，可在最短时间内完成紧急情况下的消防救助任务。可满足 CCS 无限航区对船舶的要求，具备 Ice Class B2 级冰区加强能力。

投产后的胜利 291 船，主要承担恶劣海况下的抢险、救助，平台及海上其他大型漂浮构筑物的远距离拖航，海上各种平台及无自航能力大型作业船舶的安全守护，人员接送和物料供应，为采油平台起锚和抛锚，并可供应油水、散灰及钻采器材等物资。填补了胜利油田海上无超大功率多用途工作船的空白，强化了胜利油田海洋装备综合能力，改善了油田船舶结构状况。

（王亚宁）

【全国最大国产燃煤供热发电机组投产运行】 胜利油田发电厂二期工程是国家“十五”重点工程，石化集团公司非上市部分投资最大的电力建设工程。2001 年 1 月国家计委批复项目开工报告，6 月 22 日石化集团公司转发国家计委开工报告，6月26日电厂二期工程正式开工建设。工程安装施工由山东电力建设第三工程公司总承包。

胜利油田发电厂二期工程装机容量为2×300兆瓦，采用采暖抽汽凝汽式国产燃煤机组，采暖期可满足860万米^{2}的采暖需求。锅炉采用两台上海锅炉厂制造的1 025吨/时亚临界中间一次再热自然循环汽包锅炉，配双进双出磨煤机正压直吹系统。每台炉选用2台双室三电场静电除尘器，2台炉合用1座高240米，出口内径7米的烟囱。发电机采用2台东方电机厂制造的300兆瓦汽轮发电机，采用发电机—变压器组单元接线方式，以220千伏接入系统。控制方式采用机、电、炉集中控制，DCS采用西屋公司的OVATION系统。

2003年6月16日受石化集团公司委托，胜利石油管理局组织有关专家对3$^{\#}$机组整套启动调试大纲进行审查。7月31日3$^{\#}$锅炉点火，3$^{\#}$机组总启动，8月18日并网一次成功，完成168小时试运行后正式移交试生产。

热网首站供暖加热汽源取自电厂二期2台300兆瓦机组提供的采暖抽汽，通过供热管道向胜中社区提供135摄氏度的采暖用热水，其回水温度为65摄氏度。配套投产33座Ⅱ级换热站，供暖面积660万米^2，占全局供暖面积的78%。

（王亚宁）

【西气东输工程26标段完工】 胜利油田石油化工建设有限责任公司中标施工的西气东输工程第26标段西起常州无锡界，东至苏州十字洋河西，途经无锡、苏州2市6个区县、18个乡镇，所处地带河流密布、沟汊纵横、湖塘连片，是典型的江南水网地貌。线路总长67.2千米，其中直径1 016毫米×21毫米管线39.7千米，直径1 016毫米×26.2毫米管线20.8千米，2个分输站和3个阀室。穿越河流92条，穿越水塘鱼塘94处，公路顶管穿越15条，大开挖道路、公路穿越190处。

胜利油田油建公司针对西气东输管道施工的特点和工艺要求，组织施工管理人员和职工学习工程施工的多种技术标准和操作规程，集中电焊、防腐等工种实施封闭式强化训练，开展大型模拟练兵和培训取证。有109人取得EN287半自动焊和手工下向焊操作资格证，87人取得半自动焊、连头焊、STT根焊等相关焊接上岗证书。掌握了热收缩套(带)防腐、补口和补伤操作方法、标准。购置了美国林肯DC-400焊机、STT打底焊机、RMS自动焊机以及挖掘机、弯管机、坡口机等专用施工设备。结合水网施工特点，自行研制了浮箱、浮箱桥、防沉板、单管运输车、湿地运管爬犁等水网专用施工设备和机具。

工程于2001年10月26日开工，2003年10月1日竣工投产，按期交付甲方。

（王亚宁）

【IBM SP地震资料处理系统扩容升级】 胜利油田物探研究院IBM SP地震资料处理系统1995年引进，1999年扩容升级后配有60个节点，理论运算速度达到340亿次/秒(34GFLOPS)，应用软件使用Western Geco(西方奇科公司)的OMEGA处理系统。2003年4月，对系统进行技术改造。

升级后增加了微机集群(PC Cluster)256节点，IBM SP并行计算机高性能节点5个，1台STK9 310自动磁带库，并对机房与局域网进行改造。处理系统在原有OMEGA的基础上，增加了法国CGG公司的GeoCluster与美国ADS公司的VIEWS等应用软件，系统运算能力超过1万亿次/秒。

软件的升级与引进，使物探研究院能够在最短的时间获得外国地球物理服务公司的最新处理模块，使物探院处理技术基本保持与世界先进处理技术水平同步发展，具有更加明显的综合优势。

（左兴成）

【“复杂油气藏配套钻井技术及关键装备研究”通过国家验收】 胜利油田钻井研究院承担的“十五”国家重大科技攻关项目——“中国油气资源发展关键技术研究”所属课题——“复杂油气藏配套钻井技术及关键装备研究”于2003年10月29日在北京通过国家科技部、石化集团公司和“中国油气资源发展关键技术研究”项目办公室共同组织有关专家的验收。验收委员会一致认为，该课题按时、全面完成了攻关任务，所提供的验收材料齐全、可靠，符合《“十五”国家重大科技攻关项目验收办法》的要求，同意通过验收，进入后两年滚动研究阶段，滚动阶段的研究期限是2003年10—12月。

项目研制成功了MWD及随钻伽玛测量仪，整套仪器生产15套(双配置)，MWD现场应用82口井，随钻伽玛测量仪经过6口井工业试验，具有较高测量精度和稳定性。课题研究攻关过程中，发表论文17篇，申报专利24项，开发了11套应用软件，研制试验了17种新型工具，形成了8种工艺技术，经过了80余井次现场试验。综合钻井配套技术应用，解决了现场技术难题，取得了显著成果，创造了上亿元产值。

（师　捷）

表 1 胜利油田主要经济指标① 亿元

指标名称＼年份	2003	2002	2001	2000	1999	1998
企业增加值	382.27	277.95	318.53	306.2	177.84	176.80
固定资产油气资产原值	1 323.83	1 302	1 180.2	1 055.64	531.66	570.12
固定资产油气资产净值	587.45	556	517.4	473.4	244.92	261.97
主营业务收入	421.61	493.19	423.43	413.60	231.74	224.80
实现利润②	141.39	98.35	116.71	156.28	—	—
上缴税费	131.82	83.01	108.27	129.27	37.13	37.67

① 2000 年以后数据为胜利石油管理局及胜利油田有限公司合计。

② 2000 年以后利润为扣除胜利石油管理局亏损数。

表 2 胜利油田主要生产建设指标

指标名称＼年份	2003	2002	2001	2000	1999	1998
原油产量/万吨	2 665. 5	2 671.51	2 668	2 675.69	2 665.23	2 731
天然气产量/亿米^3	8.1	7.5	8.41	6.88	7.33	9.18
新增原油生产能力/万吨	282	277	362	332	280	300
新增天然气生产能力/亿米^3	—	—	—	0.16	0.25	0.18
新增探明石油地质储量/万吨	12 315	10 668	11 354	10 669	10 168	10 430
新增探明天然气地质储量/亿米^3	1.13	15.19	10.61	15.16	10.52	10.27
二维地震/千米	2 318	2 301.6	2 490	3 847	1 499	4 229
三维地震/(千米)^2	1 070	896.9	1 616	1 493	1 210	1 049
石油钻井/口	1 138	1 217	1 399	1 253	971	1 077
其中：探井/口	234	216	300	295	125	137
开发井/口	904	1 001	1 099	958	846	940
钻井进尺/万米	254.60	277.08	303.04	301.97	212.28	233.83
勘探直接投资/亿元	—	22.80	26.62	27.55	18.58	18. 23

中国石化集团中原石油勘探局暨中国石油化工股份有限公司中原油田分公司、中国石化中原油气高新股份有限公司

【概述】 中国石化集团中原石油勘探局(以下简称中原石油勘探局)、中国石油化工股份有限公司中原油田分公司(以下简称中原油田分公司)和中国石油化工股份有限公司中原油气高新股份有限公司(以下简称中原油气股份公司)统称中原油田。中原油田地处冀鲁豫 3 省交界处，在地质构造上属于渤海湾沉降带的南部，由于凹陷主体位于河南省濮阳县和山东省东明县一带，故称“东濮凹陷”。东濮凹陷为中原油田的主要开发区域，横跨河南、山东 2 省的 6 个地(市)12 个县(区)，面积5 300(千米)^2；此外，中原油田在国内还有陕北富县、新疆伊犁、内蒙古白音查干、青海民和盆地等探区，登记地质调查面积 6.99 万(千米)^2，登记探矿面积 1.76 万(千米)^2，并在国外也取得了一个区块的风险勘探开发权。中原油田总部位于河南省濮阳市市区，占地面积1 260万米^2，地理位置优越，交通便利，气候宜人。

截至 2003 年底，中原油田用工总量92 523人。其中正式职工73 287人(中原石油勘探局41 051人、中原油田分公司26 864人、中原油气股份公司5 372人)，劳务用工18 975人，其他从业人员 261 人；专业技术人员26 496人，其中高级技术职务2 539人、中级技术

职务10 696人、初级技术职务10 913人、无技术职务2 348人。中原油田共有直属单位92个，其中中原石油勘探局53个、中原油田分公司39个(含中原油气股份公司3个)，股份制企业7个。

油气主业生产取得良好业绩。2003年，中原油田新增探明石油地质储量1 732万吨、天然气地质储量20.33亿米^3、凝析油地质储量74.1万吨。完成钻井1 094口(包括油田外部钻井)，钻井进尺248.16万米。生产原油361.57万吨，生产天然气17.01亿米^3，同比增加0.80亿米^3，商品气量13.45亿米^3，外销商品气11.91亿米^3，保证了向重点用户的平稳供气。油田开发指标进一步好转，分注率提高5.1个百分点，水驱动用程度提高3.8个百分点，老井自然递减下降0.93个百分点，2003年老区自然产量超产3.8万吨，改写了老区自然产量连年欠产的历史。中原油田主要经济指标和主要生产建设指标见表1和表2。

科技攻关会战取得积极进展。围绕4项瓶颈技术和4项综合配套技术，中原油田新一轮3年科技攻关会战全面打响，部分重点项目攻关已初见成效。分层注水工艺技术有了较大进步，油田分注率达到50.5%，分层注水增加水驱动用储量238万吨；低渗油气藏压裂改造技术得到广泛运用，平均单井当年增产原油639吨；油水井套管损坏防治技术配套实施效果明显；钻井工程综合配套技术有新的进展，多项钻井指标均有提升。

外部市场份额进一步扩大。2003年各专业化公司在确保油气主业生产的基础上，实现外部市场收入30.06亿元，同比增加9.35亿元。在国内市场上，新增开拓海外市场队伍80多个，实现收入23.72亿元，同比增长53.52%；在国际市场上，新上钻井队和物探队6个，在国外的专业化队伍达到40个，形成了非洲、中东和拉丁美洲三大市场连片发展的良好态势，实现收入7.05亿元，同比增长27.5%。对外贸易全年实现收入3 500万元；机械制造市场领域进一步拓展，产品出口已达12个国家。

企业经营效益和职工生活质量明显提高。开展多种形式的增产增收、降本增效活动，促进了经营管理水平的提高和经营目标的实现。中原油田分公司(含中原油气股份公司)完成销售收入85.74亿元，中原石油勘探局实现收入62.68亿元，中原油田整体实现利润3.1亿元，同比增长93.8%，超额完成了石化集团公司下达的利润指标。油田职工收入稳定增长，年人均工资同比提高9%。投资1 200多万元，对水质处理系统及8个小区的供水管网分别进行了改造，实现了优质稳定供水；为缓解住房紧张矛盾，两年来实施经济适用房建设计划7 545套，其中5 488套竣工收尾。2003年中原油田有2 398名考生被各类高校录取，其中被清华、北大录取26人。面对突如其来的非典疫情，油田构筑了严密防线，职工家属无一人感染。

党建和思想政治工作得到加强。开展"五项达标"竞赛和经济技术创新创效活动，继续推进"四基"建设，已有达标基层队1 518个，占中原油田基层队的94.1%。切实加强党风廉政建设和反腐败工作，增强了党组织的政治核心作用，组织开展"道德规范进万家"等多种形式的精神文明创建活动，中原油田整体保持了生产稳定、队伍稳定和社会稳定的局面。2003年，中原油田先后被评为全国青年科技创新先进单位、全国青年创新创效先进单位、全国送温暖工程先进单位、石化集团公司效能监察先进单位、河南省职业道德建设"十佳"单位，并被推荐为全国职业道德建设先进单位。

(崔红伟)

【东濮凹陷发现新的含油气层系】 2003年5月19日，中原油田通过对东濮凹陷上古生界整体评价、重新认识，提出了文古2上古生界试油意见，实施后获得日产天然气1.1万米^3、原油7米^{3}的工业油气流，上报控制天然气地质储量102.5亿米^3。这是东濮凹陷古生界历经30年勘探，首次突破上古生界工业油气流关，发现了新的含油气层系。继而对文古2井原油和天然气的有机地球化学分析，证实文留潜山具有新生古储的潜山型油藏和石炭—二叠自生自储气藏的复合特征。文古2井是中原油田2000年为探索文留潜山的含油气情况而部署的一口重点探井，完井后对奥陶系灰岩进行大型酸化压裂，见少量天然气。此次文古2井的突破，既是东濮凹陷新生古储油气藏勘探的突破，又是上古生界自生自储气藏勘探的突破，不仅拓展了东濮凹陷深层勘探的领域，坚定了深层勘探的信心，同时对东濮外围诸多中、新生代凹陷的上古生界勘探具有现实的指导和借鉴意义。

(娄　美)

【中原油田完成厄瓜多尔三维地震项目】 厄瓜多尔Shushufindi - Vista地震项目，是石化集团公司在厄瓜多尔乃至南美洲的第一个物探项目。2002年9月20日，石化国际公司联合当地的Phylls公司一举中标该项目，合同工作量为满覆盖三维地震勘探629(千米)^2，并由中原油田地质调查处组织实施。施工中，地质调查处21199地震队，利用UL408地震接收仪器的网络功能，借助"蛇形排列"技术，较好地解决了跨越障碍的难题。2003年11月14日，21199地震队共完成三维地震采集工作量 644.8(千米)^2、23 098炮，占合同工作量的 102.5%，提前 50 天完成了合同任务，并创造了日产 411 炮的最高纪录。厄瓜多尔 Shushufindi – Vista 地震项目，成功探索、实施了新的海外石油工程服务项目的管理模式，为进一步扩大南美石油工程服务市场奠定了基础。

（娄 美）

【液化天然气系统技术通过专家鉴定】 液化天然气(LNG)系统技术项目是由河南中原绿能高科有限责任公司承担的国家重点技术创新项目。项目于 1999 年 1 月 8 日立项，2000 年 7 月 25 日开工建设，2001 年 9 月 24 日一次投料试车成功。2003 年 7 月 8 日，在石化集团公司组织的 LNG 技术成果鉴定会上，LNG 系统技术通过了石化集团公司、中国社会科学院理化所、石油大学、中国城市燃气学会等部门和单位的 15 位专家的鉴定。LNG 项目具有工艺技术先进、自控水平高、装置安全可靠的特点，并在充分利用原料天然气高压能量、带压储存、异戊烷脱苯、尾气回收、轻油回收等 5 个方面，达到了国际先进水平。为使这项技术取得突破，河南中原绿能高科有限责任公司与德国林德公司、法国索菲公司、中国社会科学院低温控制中心等国内外 10 余家单位和机构开展技术合作与交流，采用复迭式制冷工艺对天然气进行液化处理。截至 2003 年底，河南中原绿能高科有限责任公司共生产、销售 LNG 产品1 414.6万米^3，产品销至北京、上海、苏州、青岛等 10 多个城市。LNG 系统技术成果填补了中国液化天然气生产项目的技术空白。

（娄 美）

【桥 90 井获高产工业油气流】 桥 90 井位于东濮凹陷南部中央隆起带桥口构造东北翼，是一个大型构造背景控制的含气区，具有丰富的深层天然气资源。整个圈闭面积4 000万米^2，剩余天然气资源量 65 亿米^3。为了落实桥口东北翼的整体含气背景，扩大含气范围，探明天然气储量，中原油田在含气面积为 120 万米^2 的桥 90 块部署了一口评价井——桥 90 井。桥 90 井设计井深4 000米，于 2003 年 4 月 9 日完钻，并在钻井过程中见到了良好的气测显示，完井时在沙三中、沙三下电测解释气层 14 层 25.8 米，连续含气井段长达 75 米。尤其在对3 456.3—3 481.5米井段 4 层 10.5 米气层进行测试时，获日产原油 23.5 米^3、天然气74 858米^3 的高产工业油气流。桥 90 井的钻探成功，进一步揭示了桥口深层天然气的整装含气格局，使桥口深层气的储量范围进一步扩大，为桥口构造乃至整个黄河南深层天然气的勘探工作奠定了基础。

（娄 美）

【中原油气配股成功】 “中原油气”股票于 1999 年 11 月 10 日在深圳证券交易所正式挂牌上市。2000 年 11 月，中原油气进行了配股项目可行性论证，作出了配股方案决策，并获得原国家计划委员会、国家财政部、国土资源部的批复。2003 年 4 月 15 日，中国证监会发行审核委员会听取了中原油气董事长刘恩学的答辩陈述，并全票通过了配股申请。8 月 4 日，中国证监会核准中原油气配股。8 月 14 日，中原油气在三大证券报上刊登配股说明书并在北京、深圳、上海进行路演。9 月 4 日(缴款截止日)，共认配5 136万股，募集资金 5.1 亿元，募集资金量位于 2003 年全国 17 家配股公司第二位。9 月 8 日，资金到达中原油气账户，配股融资工作圆满结束。

（娄 美）

【中原油田中标石化集团公司西南成品油管道工程】 西南成品油管道工程，是国家西部开发重点建设项目，也是石化集团公司投资建设的“十五”规划重点工程。工程起于广东省茂名市，止于云南省昆明市，途经广西、贵州两省(区)，全长1 691千米，设计输油量1 000万吨/年，项目总投资 35 亿元。工程于 2003 年 7 月 8 日、8 月 13 日分期招标竞标，中原油田中标 4 个标段，共 312 千米。即广西贵港—黎塘标段(直径 457 毫米 × 长 65 千米)、广东顶岩—早召寨标段(直径 457 毫米 × 长 110 千米)、贵州平寨—晴隆标段(直径 400 毫米 × 长 48 千米)、云南盘县—曲靖标段(直径 450 毫米 × 长 89 千米)，累计中标工作量4 019.3万元。广西贵港—黎塘、广东顶岩—早召寨标工程建设于 2003 年 9 月 19 日开工，计划 2005 年 3 月底完工；贵州平寨—晴隆、云南盘县—曲靖工程建设于 2003 年 9 月 16 日开工，计划 2004 年年底完工。

（汪中华）

【中原油田档案工作实现全国先进“三连冠”】 2003 年 12 月 20 日，在全国档案工作暨表彰先进会议上，中原油田档案管理处(档案馆)获“全国档案工作优秀集体”称号。这是继“八五”、“九五”以来，中原油田档案工作第三次获此殊荣，并使中原油田成为全国石油石化系统惟一实现档案工作全国先进“三连冠”的单位。2000—2003 年 4 年间，中原油田档案管理处坚持管理创新、依法治档，注重档案队伍的教育培训工作，档案管理水平和职工队伍素质全面提高。先后有

1 项成果获中国档案学会档案学优秀成果奖，6 项成果获河南省档案科技进步奖，71 项成果获河南省档案学或史志优秀成果奖，17 项成果获中原油田优秀质量管理成果奖；累计为油田和社会提供档案资料服务 12.4 万人次 100.2 万卷次。

（汪中华）

【中原油田中标“春晓”陆上终端施工图设计项目】 2003 年 4 月 10 日，中原油田中标春晓气田群开发项目陆上终端施工图设计项目。春晓气田群项目是由海洋石油总公司、石化集团公司共同投资建设的项目，项目总投资 90 亿元。中原油田中标的春晓陆上终端施工项目是春晓气田群开发建设项目的子项目，站址在浙江省宁波市三山乡西直塘的盐田中，终端工程主要功能是接收海上气田生产的天然气，回收原料气中 C_3 以上的重烃，生产干气、商品丙烷、商品丁烷、液化气及稳定轻烃等产品。春晓气田陆上终端工程占地 30 万米^2，设计天然气处理规模 760 万米^3/日。春晓陆上终端施工图设计项目于 2004 年 3 月 26 日完工。

（汪中华）

【中原油田与美国森权抽油机国际股份公司签订代理销售抽油机协议】 2003 年 10 月 24 日，中原油田机械制造总厂与美国森权抽油机国际股份公司签订了 2 年内销售 240 台以上常规型 API(美国石油学会)抽油机协议。第一批合同金额 114.1 万元的 9 台 5 种 C160、C228 型号抽油机于 11 月底、12 月初发运出海，并附赠了与 C160 抽油机配套的杆式抽油泵，4 种类型的 D 级抽油杆及接箍，J55、N80、P110 级各 4 种规格的平式及加厚油管、接箍，双金属防腐耐磨油管、加厚油管短节等随机发送。

（汪中华）

【中原油田中标鹤壁万和发电有限公司二期工程】 鹤壁万和发电有限公司二期工程由河南省建设投资总公司、中原油田和鹤壁市经济发展投资公司按 55:40:5 的股金比例共同出资建设，工程总投资 22 亿元。工程于 1992 年开始筹建，在国务院第 68 次会议上被正式批准为 2003 年首批 20 个国家重点项目之一。2003 年 3 月 5 日，国家计划委员会正式批准鹤壁万和发电有限公司二期工程开工，预计在 2005 年底 2 台 30 万千瓦·时机组正式投入发电，年发电量 30 亿千瓦·时，年售电量 28.28 亿千瓦·时。3 月 29 日，中原油田工程建设总公司中标这期施工任务，中标价 900 万元，主要承担前期的循环水管道施工任务，同沟敷设 4 条长度为2 100米、直径2 400毫米的管线。

（汪中华）

【中原油田国际工程新签合同额首次突破 1 亿美元】 截至 2003 年底，中原油田新中标及延期合同 30 个，新签合同额首次突破 1 亿美元，达到 1.26 亿美元。中原油田自 1992 年以来，实施“走出去”战略，共有物探、钻井、测井、录井、固井、井下作业、运输等 36 支专业化队伍 1.7 万多人次先后进入欧洲、亚洲、非洲、拉丁美洲等 13 个国家，相继承揽了 100 多个国际工程项目，累计签订合同金额 6 亿美元。2003 年，中原油田共投标国际工程项目 68 个，投标项目涉及亚洲、非洲和南美洲 20 多个国家，项目内容包括物探、钻井、作业、修井、录井、固井、建筑施工等。与 2002 年相比，国际市场新增钻机 2 台、作业机 2 台和物探队 1 个，开辟了厄瓜多尔新市场，为进一步开拓南美洲石油工程服务市场创造了条件。

（汪中华）

【中国第一套钻机整体移运系统在中原油田试制成功】 2003 年 7 月 4 日，中国第一套 ZJ50D 钻机整体移运系统在中原油田特种车辆修造总厂试制成功。2003 年 3 月，中原油田特种车辆修造总厂针对国内钻机普遍存在移运不便、搬迁安装时间长、拆装工作量大、运输车次多等难题，成立了“钻机整体搬移系统”课题攻关小组，并于同年 5 月投入产品试制。ZJ50D 钻机整体移运系统主要由钻机底座牵引装置、钻机底座起升装置、钻机底座承载桥、井架前托架和井架后托架等五大部分组成，各部分分别与钻机底座和井架组合，以钻机底座和井架为承载体，共同实现 ZJ50D 钻机的整体移运。ZJ50D 钻机整体移运系统适用于地域宽阔的沙漠、戈壁等地区。

（汪中华）

【白音查干凹陷石油地质综合研究项目应用成功率达到 100%】 白音查干凹陷石油地质综合研究项目为石化集团公司重点科研项目，由中原油田勘探开发科学研究院承担，研究时间为 2000 年 1 月—2002 年 6 月。项目从地层、构造、沉积相与储层、油气成藏与勘探目标评价优选等 4 个方面研究了白音查干凹陷的石油地质特征。建立了地层演化序列和划分对比方案；应用现代盆地分析方法理清了构造特征及凹陷的沉积相与储层特征；研究了白音查干凹陷稀、稠油的成因机制与油气二次运移，阐明了达 9 块稠油的根本原因；明确了油气成藏条件及富集规律，提出了“主攻南北两带、开拓勘探新领域”的勘探方针和找稀油方向。2003 年 4—12 月，应用该项研究成果共提供实施井位 6 口，成功率 100%。其中，2 口井在埋深 450—500 米处分获 17.4 吨/日和 12.6 吨/日的高产油流；查 5 井电测未解层试油获 10.8 吨/日的高产油流。预计可新增探明石油地质储量 596 万吨、控制石油地质储量 710 万吨。白音查干凹陷石油地质综合研究项目获 2003 年度石化集团公司科技进步二等奖。

（黄　琥）

【复杂断块油田重复压裂技术项目现场实施有效率 97.1%】 复杂断块油田重复压裂技术项目为石化集团公司重点科研项目，由中原油田采油工程技术研究院承担，研究时间为 2000 年 7 月—2003 年 4 月。项目针对复杂断块油藏的特点，先后开展了重复压裂裂缝破裂机理和裂缝延伸规律的研究，并利用人工岩心实验，进行了重复压裂产生新缝或裂缝转向条件的判断；开展岩心水驱分析，明确孔隙度、渗透率的变化趋势；结合压裂评价技术，对重复压裂效果的影响因素及油藏的增产机理进行分析与研究；利用数模技术且结合统计规律，确定重复压裂的时机；利用粉陶、中陶与降滤失剂对重复压裂实施综合降滤技术，较好地解决了重复压裂的滤失问题；对长井段井实施分层压裂工艺，实现了剖面改善。2000—2003 年底，应用该项研究成果共开展重复压裂施工 69 井次，施工成功率 100%、有效率 97.1%、平均加砂强度 1.57 米^3/米、平均砂比 30.4%，与实验前相比，平均加砂强度和砂比分别提高了 0.52 米^3/米和 5.3%，平均单井增产原油1 277.3吨。复杂断块油田重复压裂技术项目获 2003 年度石化集团公司科技进步二等奖。

（黄　琥）

【井下动力钻具配合高效钻头钻井技术应用研究项目取得重大突破】 由中原油田钻井一公司、钻井四公司、钻井二公司、钻井三公司和钻井工程技术研究院共同完成的井下动力钻具配合高效钻头钻井技术应用研究项目，于 2001 年 1 月开题，2003 年 3 月完成并取得重大突破。成果的主要特点是：开发了钻头选型软件，优选出井下动力钻具组合、PDC 钻头及其配套的钻井参数，形成了井下动力钻具配合高效钻头的复合钻井技术；研制了随钻井壁修整器，保证了井眼畅通，减少了短起下钻次数，提高了钻头的行程钻速。2001—2002 年，井下动力钻具配合高效钻头钻井技术在中原油田 383 口井的钻井过程中应用，与使用常规钻井的速度指标相比：平均机械钻速提高了 2.06 米/时，平均钻井周期缩短 10.32天，平均建井周期缩短 10.03 天。井下动力钻具配合高效钻头钻井技术应用研究项目获 2003 年度石化集团公司科技进步二等奖。

（黄　琥）

【中原油田首次获“全国青年科技创新先进集体”称号】 2003 年 11 月 23 日，在团中央主办的第六届全国青年科技创新奖颁奖大会上，中原油田获“全国青年科技创新先进集体”称号，这是中原油田首次获此殊荣。

（黄　琥）

【中原油田获“全国厂务公开工作先进单位”称号】 2003 年 5 月，中原油田被中共中央纪律检查委员会、中共中央组织部、国务院国有资产监督管理委员会、中央纪委监察部、全国总工会联合授予“全国厂务公开工作先进单位”称号。全国共有 100 家企业获此殊荣。中原油田是石化集团公司获此称号的两家企业之一。

（黄　琥）

【中原油田女职工委员会被评为“全国城镇妇女巾帼建功先进集体”】 2003 年 3 月，中原油田女职工委员会被中华全国妇女联合会等单位联合授予“全国城镇妇女巾帼建功先进集体”称号，成为河南省惟一当选的企业女工组织。

2003 年，中原油田女职工委员会围绕企业中心工作，以最大限度地发挥广大女工参与油田改革与建设的积极性和创造性为出发点做好女工工作。在采油、地质系统开展“油水井单井动态分析”竞赛、“巾帼三争三创”竞赛，在辅助生产和后勤服务单位开展岗位练兵、提合理化建议等活动；为解除开拓海外市场职工的后顾之忧，女工委组织与 528 个开拓海外市场职工家庭结成帮扶对子，并提供了买面换气、陪护病人、学习辅导等 13 项服务；关注女工身体健康，邀请有关专家为 1.6 万多名女工举办卫生保健知识讲座 36 场，为 22 个单位的5 530名女工办理了安康保险，其中为 124 名患病女工索赔 7.72 万元；以家庭周末学校为依托，开展“读一本好书，学一项技能”活动，并举办婚姻与家庭、子女教育、“四自”精神探讨等讲座 47 场次。年内，中原油田工会女职工委员会获河南省先进女职工委员会，并被中华全国总工会评为全国先进女职工集体。

（黄　琥）

【中原油田26名学子考入清华和北大】 2003年，中原油田共有2 839名考生参加高考，被各类高校录取2 398人(本科1 645人、专科753人)，其中被清华大学、北京大学两所高校录取26人(全部为本科生)，占这两校在河南省录取人数的1/6，创下了自1998年以来的6年间，中原油田向这两所高校输送新生的最高记录。

(黄　琥)

【中原油田建成河南省最大的警犬训练基地】 2003年7月，中原油田公安处筹建了集警犬教学、训练、医疗、繁殖于一体的河南省最大的警犬训练基地(以下简称"基地")。基地占地约4.47万米^2，配备警犬训导员97人，驯养德国牧羊犬97条。10月，警犬作为中原油田巡逻防范和打击犯罪的一支特殊队伍投入使用，至年底，先后协助民警侦破各类案件23起，抓获犯罪嫌疑人32人。同时，警犬还在濮阳市建市20周年暨龙文化周开幕式等大型活动中，完成了对观众席和各场馆的搜爆等安全检查任务，展示了警犬特有的简便、快捷、灵活、有效的战斗特点。2003年11月，中原油田警犬训练基地的97条警犬全部列入河南省公安厅公安警犬管理序列，并建立了警犬技术档案。

(黄　琥)

【王立新被评为河南省十大IT青年新锐】 2003年4月29日，中原油田物探研究院党委书记兼副院长王立新，被评为首届河南省十大IT青年新锐，这是河南省IT界的最高荣誉，也是中原油田惟一获此殊荣的人员。本次评选活动由共青团河南省委、河南省信息化领导小组办公室、河南省信息产业厅、河南省青年联合会共同组织，旨在树立河南省IT青年典范，激励全省青年为推进国民经济和社会信息化建设建功立业。王立新1985年7月毕业于北京航空学院，1987年开始从事中原油田信息化建设工作，先后主持了中原油田信息化总体发展规划及年度信息建设计划，内容涵盖信息数据库的建立、软件开发和网络覆盖等方面，并取得了突出成绩。他先后成功破解了CYBER大型计算机内存封锁技术，使计算机内存由16MB扩展到32MB；在国内率先利用ATM高速网络技术建成中原油田IDC中心，实现了勘探数据网络化；主持开发了人事劳资、财务信息、医疗保险等多项应用软件系统，其中物资采购电子商务系统，每年为中原油田节约采购资金2 000多万元；研究开发的"爆炸机τ值精确获取技术"获2000年石化集团公司技术发明二等奖，"东濮凹陷兰聊断层综合地质研究"获2001年石化集团公司科技进步三等奖。

(黄　琥)

【中原油田首次获河南省"职业道德建设十佳单位"称号】 2003年4月，中共河南省委宣传部、河南省总工会、河南省经济贸易委员会授予中原油田等10个单位河南省"职业道德建设十佳单位"称号，这是中原油田首次获此殊荣。

(黄　琥)

表1　中原油田主要经济指标　亿元

指标名称 \ 年份	2003	2002	2001	2000	1999	1998
工业总产值			14.14	14.41	15.03	15.33
中原石油勘探局(现价)	42.30	37.75				
中原油田分公司①	11.55	11.46	11.14	11.50		
中原油气股份公司①	3.14	3.12	3.00	2.91		
工业增加值	57.93	52.02	41.82	49.28	32.41	32.02
中原石油勘探局	13.80	11.86	1.95	1.79		
中原油田分公司	30.42	28.15	28.55	34.57		
中原油气股份公司	13.71	12.01	11.32	12.92		
资产总计	252.20	257.55	228.34	199.68	190.31	158.76
中原石油勘探局	93.53	102.61	91.66	88.30		
中原油田分公司	115.30	114.78	99.94	79.93		
中原油气股份公司	43.37	40.16	36.74	31.45		

续表

年份 / 指标名称	2003	2002	2001	2000	1999	1998
其中：流动资产	73.36	92.27	73.46	83.43	56.44	52.86
中原石油勘探局	42.79	49.96	43.72	54.35		
中原油田分公司	16.57	32.18	18.85	16.59		
中原油气	14.00	10.13	10.89	12.49		
固定资产原值	377.47	362.45	327.19	279.78	226.43	225.02
中原石油勘探局	65.39	65.24	56.99	45.24		
中原油田分公司	244.71	238.07	218.86	193.99		
中原油气股份公司	67.37	59.14	51.34	40.55		
固定资产净值	162.15	140.39	133.45	101.50	85.59	84.26
中原石油勘探局	39.72	40.15	34.07	25.02		
中原油田分公司	90.33	72.29	76.07	60.93		
中原油气股份公司	32.10	27.95	23.31	15.55		
销售收入	148.42	132.19	121.98	123.40	55.31	56.15
中原石油勘探局	62.68	50.72	47.10	36.52		
中原油田分公司	65.20	63.53	57.48	67.76		
中原油气股份公司	20.54	17.94	17.40	19.12		
实现利税	12.92	6.94	10.82	26	5.16	5.21
中原石油勘探局	2.70	－3.77	－7.05	－1.87		
中原油田分公司	2.74	3.94	10.87	18.27		
中原油气股份公司	7.48	6.77	7.00	9.60		
其中：税金	7.09	6.88	9.97	12.85	4.96	4.89
中原石油勘探局	3.73	3.06	2.54	1.53		
中原油田分公司	1.09	1.73	5.52	9.70		
中原油气股份公司	2.27	2.09	1.91	1.62		

① 按 1990 年不变价计算。

表 2　　**中原油田主要生产建设指标**

年份 / 指标名称	2003	2002	2001	2000	1999	1998
原油产量/万吨	361.57	380.04	380.16	377.12	375.40	400.17
天然气产量/亿米^3	17.01	16.21	15.03	13.28	12.43	11.90
新增原油生产能力/万吨	69.99	80.6	71.87	45.02	39.32	41.27
新增天然气生产能力/亿米^3	3.90	3.51	1.88	2.01	0.1	0.40
新增探明石油地质储量/万吨	1 732	2 116	2 618	859	1 009	679
新增探明天然气地质储量/亿米^3	20.33	71.8	35.51	83.67	0.36	15.26
二维地震/千米	5 451	314	180	1 322	777	301
三维地震/(千米)^2	850	310	327	406	297	335

续表

指标名称 \ 年份	2003	2002	2001	2000	1999	1998
石油钻井/口(不含侧钻)	1 094	964	808	373	216	269
其中：探井/口	87	67	54	41	29	40
开发井/口	1 007	346	341	332	187	229
钻井进尺/万米	248.16	258.38	309.08	97.75	61.11	77.75
勘探投资/亿元	5.73	6.51	6.83	5.81	3.78	4.29
开发投资/亿元	30.37	27.64	27.90	20.70	13.11	15.69

中国石化集团河南石油勘探局暨中国石油化工股份有限公司河南油田分公司

【概述】 中国石化集团河南石油勘探局(以下简称河南石油勘探局)和中国石化股份有限公司河南油田分公司(以下简称河南油田分公司)统称河南油田，是以油气生产为主，集油气勘探、开发、炼油化工、施工作业、辅助生产和多种经营、社会服务于一体的专业门类齐全的国有大一类企业。油田地跨河南省南阳、驻马店、平顶山和新疆巴音郭楞蒙古族自治州4地(市)，分布在新野、唐河、桐柏、卧龙、宛城、镇平、泌阳、叶县和新疆博湖、焉耆等10县(区)境内，占地面积3 394万米^2(其中西部公司139万米^2)。截至2003年底，共探明15个油气田(其中西部2个)，含油气面积163.5(千米)^2，探明石油储量2.56亿吨、天然气储量161.01亿米^3，累计生产原油5 650.62万吨，建成62万吨/年的原油加工能力。

截至2003年底，河南油田机关设26个职能处室，分公司下设10个二级单位，勘探局下设24个二级单位，共有92个矿(大队)、469个基层队(车间)、2 555个班组，其中地震队5个、钻井队25个、油建施工队10个。分公司11 437人，勘探局16 613人。全油田有33个二级党委，113个党总支，922个党支部，有党员17 427人，干部8 417人，总人口8万余人。其中教授级30人，高级技术人员726人，中级3 622人，初级3 061人。省(部)级有突出贡献的中青年科技专家4人，石化集团公司优秀青年知识分子4人。

河南油田拥有固定资产原值110.92亿元，净值52.77亿元。2003年河南油田存续部分企业主营业务收入24.03亿元，同比增加3.75亿元；分公司主营业务收入33.31亿元，同比增加5.45亿元。

2003年，河南油田全面实施发展战略，生产经营实现了“三超、两突破、一提高”的新业绩，自1988年起连续16年保持“全国思想政治工作优秀企业”称号。

经济效益指标超额完成。合并报表实现利润2.58亿元(其中分公司实现利润3.81亿元，勘探局控亏1.23亿元)，超额2.09亿元。成本费用控制在计划之内。多种经营预计实现销售收入5亿元、利润100万元。

储量指标超额完成。新增探明石油地质储量1 276万吨、控制1 078万吨、预测1 106万吨，分别为年计划的116%、108%、111%。王集—新庄油气勘探取得突破，5 000万吨储量规模已趋明朗。

原油产量指标超额完成。生产原油186万吨，商品量171.12万吨。在老区优化调整井位部署提高采收率，同时加快新井产能建设，新建产能34.73万吨；新增可采储量189.2万吨，实现了采储平衡，累计采储比达到10.1；开发指标继续保持较好水平，自然递减控制在16.74%，综合递减控制在6.93%。

石油化工全面实施特色发展战略，各项工作取得较好成效。2003年加工原油56.27万吨，吨油完全费用387.49元/吨，与上年同期相比，上升了16.38元/吨，与石化股份公司下达的计划指标相比，降低了16.71元/吨；综合商品率88.1%，比上年同期降低了0.24个百分点，比年度计划降低0.9个百分点；加工损失率为1.23%，单位因数耗能12.2千克标油/吨·因数。深加工产品与燃料产品销售收入比达到5∶5，特色产品达到17个品种26个牌号。

外闯市场取得新突破。对外创收7.5亿元，超收1亿元，为年计划的116%。市场领域不断扩大，外出施工队伍分布在3个国家、21个省区、76个市场，同比扩大8个省区6个市场。河南油田尼日利亚有限公司注册工作基本完成；油建公司对外创收超亿元，地调处外部收入突破7 000万元；20个单位通过ISO 9000质量体系认证，114支施工队伍取得中国石化资质证书，采油一厂获得红旗采油厂称号，地调处2236地震队被西部勘探指挥部评为名牌基层队。

科技进步作为第一生产力的作用得到充分发挥。2003 年科技投入2 800万元，实现科技增油 11.3 万吨，科技增效 1.54 亿元，新产品产值达到 2 亿元。完成科技项目 114 项，申请专利技术 14 件，其中发明专利 4 件，获权专利 13 件，实施专利 30 件。13 项科技成果通过石化集团公司验收鉴定，1 项获国家级科技进步二等奖，有 2 项获石化集团公司科技进步奖二等奖，6 项获石化集团公司科技进步奖三等奖。

建立长效激励机制取得突破。内部分配制度改革全面完成，人力资源结构逐步优化，人才能力向生产力转化步伐加快，努力建设好管理、技术、操作三支队伍。厂(处)领导班子结构明显改善，处级职数降低 10.07%，大学本科以上学历人员由 30.62% 上升到 36.8%，平均年龄由 47.5 岁下降到 44 岁；机关机构整合扎实有效，两级机关共压缩科室 26 个、科级职数 114 个，减员 480 人；引入劳动力市场价位，调整结构，按需设岗，管理、技术、操作“三条线”设计，全员竞聘，初步打破了干部终身制，实现了专业技术职务评聘分开，实现了机关、后勤向科研生产一线流动。

关心职工生活，保持油区大局稳定。职工生活质量不断提高，新建住宅2 326套，职工健康检查21 205人，疗养 389 人；职工收入有新的增长；帮助失业人员提高就业能力和开拓就业机会，失业人员技能培训 1 250人；油区外出再就业 580 人，开发公益性岗位 600 个；关注弱势群体，实施送温暖工程，帮扶困难户2 976户次，金额 89.2 万元，资助困难户子女上学 500 名，金额 35.62 万元；妥善处理群众上访事件，在复杂的局面下维护了油区稳定。

启动企业文化战略，加强社会治安综合治理。大力开展“形象文化、行为文化和精神文化”等三大文化工程建设，塑造“敬业务实、追求卓越”的河南油田企业精神。依法治企、厂务公开、民主管理、油区治安环境专项治理等各项工作取得新成果。打击盗油、窃电，取缔土炼炉 69 座，收回原油 490 吨，减少电量损失 500 万千瓦·时；打掉多个犯罪团伙，维护了油区治安环境。

（陈洪远）

【王集—新庄油田初现5 000万吨储量规模】 2001—2002 年对北部斜坡带的新庄地区新采集及重新处理的三维地震资料精细解释，发现和落实了一批断块圈闭，部署钻探泌浅 57 井等一批浅井，打开该区勘探新局面。2002 年新庄油田新增探明储量1 243万吨。2003 年新增探明储量1 120万吨，新增控制储量1 078 万吨。加上以往王集—新庄地区累计探明＋控制储量 4 764万吨，5 000万吨储量规模的油田初步显现。

（陈洪远）

【第二采油厂稠油日产突破 800 吨】 2003 年，河南油田第二采油厂创新生产运行机制，实施地下、井筒、地面三位一体，油藏、工艺、管理有机结合，生产、科研、基建互动的“三三制”管理模式，5 月份稠油日产首次突破 800 吨大关，并持续稳产在 800 吨左右，全年超产原油 1.3 万吨，创历史新高。

（杜朝阳）

【老井吞吐成功率有较大提高】 2003 年编制、实施开发调整、综合措施和热采注汽调整方案 26 项 181 井次。热采区块通过实施注汽综合调整，老井吞吐成功率有较大的提高，达到 78.5%；完善了“12310”工作制度和油井“ABC”管理法，做到 A 类躺井随躺随扶，B 类躺井不过夜，C 类躺井不隔天，使采油时率与 2002 年同比提高了 0.8%，躺井率由 2002 年的 3% 下降到 0.7%。

（杜朝阳）

【稠油新区产能建设项目开工】 地处泌阳、唐河交界处的稠油新区，是河南油田“十五”后 3 年主要原油产量增长点，是河南油田保持产量稳定的主要开发新区，对河南油田的生存和发展有十分重要的意义。2003 年 9 月 30 日，河南油田分公司在采油二厂隆重召开稠油新区产能建设项目部成立大会，河南油田分公司经理李联五、副经理邱荣华、樊中海参加了大会，邱荣华宣布“河南油田分公司新区产能建设项目部正式成立”。

稠油新区产能建设工程主要有：新庄油田 BQ57 区块、BQ67 区块、杨楼 YQ3 区块和井楼三、六区的产能建设及外围配套工程。

截至 2003 年 12 月 31 日，共完钻 52 口，其中：BQ57 区块直井 12 口，YQ3 区块直井 6 口，BQ67 区块评价井 15 口，井楼三、六区直井 15 口、斜直井 4 口。为加快稠油新区产能建设，第二采油厂积极组织对新庄油田 XQ24 区块、BQ67 区块和 BQ57 区块、杨楼油田 YQ3 区块热力试采，对 9 口油井实施蒸汽吞吐，配套注汽锅炉和生产系统管网，实现了新庄、杨楼油田开发方式的转换，为新区开发奠定了基础。

（韩　伟）

【增产微晶蜡改造工程】 为实现河南油田南阳精蜡厂战略转型目标和可持续发展计划，经石化股份公司批准，河南油田分公司决定建设增产微晶蜡改造工程。

建设规模：设计加工轻脱沥青油 4.28 万吨/年，糠醛抽出油 1.2 万吨/年。装置主要由结晶过滤系统、溶剂回收系统、冷冻系统、安全气真空压缩系统等部分组成。

主要建设工程量：安装蜡下油一、二、三次蒸发塔 4 座；分离罐、分水器 12 座；冷换设备 28 座；溶剂泵、塔底泵等 26 台；转鼓真空过滤机 4 台；低压开关柜 25 台，变压器 2 台，负荷开关 2 套，高压电缆1 200米，电力电缆7 500米，控制电缆8 200米，国产 DCS 系统一套，UPS 电源一套，新建低压配电室 160 米^2 以及土建、仪表自动化、总图、给排水、环保、消防等相应的系统配套工程等。

工程于 2003 年 6 月 29 日开工建设，2003 年 11 月 30 日投料试车一次成功，生产出合格的微晶蜡产品。总投资3 162.5万元，其中利旧设备、材料费1 040.5 万元。

设计单位：河南石油勘探局勘察设计研究院；施工单位：中国石油第一建设工程公司；监理单位：石化股份公司河南油田分公司工程建设监理中心。

（赵　琳）

【85$^{\#}$ 食品级微晶蜡首次出口澳大利亚】 为提高微晶蜡产品质量，生产食品和医药行业用高质量微晶蜡产品，拓宽微晶蜡产品的销售市场，提高产品附加值，河南油田南阳精蜡厂于 2003 年 7 月在凡士林高压加氢装置上首次进行了微晶蜡高压加氢试生产，反应压力 15.5 兆帕，反应温度 340 摄氏度，从 7 月 17—22 日共生产 85$^{\#}$ 加氢微晶蜡 40 吨，一次生产成功，经国内蜡产品检测中心检测，蜡质量满足美国 FDA 质量标准，改变了国内中压蜡加氢无法达到 FDA 标准的现状。通过销售部门的努力，2003 年 8 月份，18 吨 85$^{\#}$ 食品级微晶蜡首次出口到对环保要求非常严的澳大利亚。

（赵　琳）

【XXJ35 斜井修井机、ZJ30K/1700 橇装钻机通过鉴定】 2003 年 4 月，河南油田南阳石油机械厂研制的 XXJ35 斜井修井机、ZJ30K/1700 橇装钻机通过石化集团公司科技部科学技术委员会进行的技术成果鉴定。XXJ35 斜井修井机针对国内浅层斜井修井的实际工作需要，提出了车载移动式井架倾斜角度可无级调节的方案。方案先进，布局合理，配套齐全，调节方便。选用 CAT3406 发动机、CLBT754 液力传动箱及动力水龙头等先进组件及机械化设备。现场修井实践证明，该修井机操作方便，作业效率高。ZJ30K/1700 橇装钻机采用模块化组合式结构，自定位式 V 形连接，具有组合形式多，操作、维护方便，运输车次少，井场占地面积小，能适应山区、平原及沙漠地带作业打井的优点。该钻机可采用双发动机 + 液力驱动和交流变频电机驱动两种驱动形式；井架采用 3 节套装直立无绷绳型、多节分段起升、分段对接型、K 型 3 种形式。集装箱式多功能底座可作为空压机房、液压站房、钳工房及材料房；全自动液压钻杆盒可使钻杆运输、储存方便；整套钻机液气控制由司钻集中操作。经现场工业性试验，主要性能指标达到设计要求，能够满足3 000米以下钻井作业要求。2003 年，该钻机获中国机械工业科学技术二等奖，河南省科技进步二等奖。

（杜朝阳）

【海洋石油装备市场取得新突破】 2003 年河南油田南阳石油机械厂成功拓宽海洋石油装备市场。年初，该厂研制的深海成套修井装备 HXJ125A 列入国家重点新产品计划。5 月 7 日，该厂中标菲利普斯(中国)石油公司蓬莱 19－3 油田海洋修井机项目。该厂与海洋石油总公司油田服务股份公司合作竞标，在这项目中该厂将提供一整套 HXJ112 海洋修井机，合同标的约为 240 万美元。这是国产海洋石油钻修装备首次进入国际市场。南阳石油机械厂于 9 月 23 日举行隆重的开工仪式，12 月 27 日，该机完工，顺利通过用户验收。11 月，该厂又在渤中 25－1 和渤中 34 两个标段的竞标中中标，渤中 25－1 标的是 6 台 120 吨海洋平台钻修机，渤中 34 标的是 1 台 60 吨海洋平台修井机，合同标的4 200万元。2003 年，海洋石油总公司共招标采购了 12 套海洋钻修装备，南阳石油机械厂中标了其中的 9 套。

（韩　伟）

【承办全国录井技术研讨会】 2003 年 9 月 17—18 日，由河南省石油学会主办，河南油田分会与河南油田地质录井公司共同承办的全国录井技术研讨会在广西北海召开。来自中国石化、中国石油、中国海洋石油三大集团所属的录井企业的领导和技术人员、部分石油仪器生产厂商、录井软件开发公司共 30 个单位 76 名代表参加了会议。大会共征集到论文 39 篇，交流论文 16 篇。

（赵　琳）

【泌阳凹陷深层系低孔低渗油气藏勘探及配套技术攻关研究】 主要由河南油田分公司完成，获 2003 年度石化集团公司科技进步二等奖。该项目针对泌阳凹陷深层系勘探现状、储层评价地质难点及储量任务，深入开展低孔低渗储层特征、油气藏成藏规律及勘探配套技术攻关研究。

主要成果及创新点如下：

1. 在研究泌阳凹陷边界断裂对凹陷沉积构造演化控制作用的基础上，首次运用层序地层学理论建立了深层系层序地层格架，查清了沉积体系及砂体展布规律，并开展沉积微相、成岩作用、裂缝展布、储层特征的研究，查明了深层系有利储集相带及裂缝发育特征。

2. 以寻找隐蔽油气藏的工作思路，在物探技术和方法上，做到精细处理与精细解释相结合，通过变速构造解释成图，大大提高了构造解释精度。

3. 针对深层系油气显示层不易发现的问题，应用了定量荧光录井技术，建立了解释图版及神经网络综合评价系统，提高了评价符合率；针对深层系油层“四性”关系及判别标准困难的问题，应用声电成像、核磁测井等新技术，制定了油、气、干、水层标准，应用效果明显。

4. 油层保护方面研制出适合本区储层特点的屏蔽暂堵剂和聚合醇泥浆配方体系。

5. 油气层改造方面应用试井解释新技术，首次建立了本区压裂选井选层标准；研究出三套适合于深层系储层特点的新型低伤害压裂液配方体系，应用国际先进水平压裂设计软件，优化出适合深层系油气层大型压裂的配套工艺技术。

6. 成果应用于深层系勘探，效果显著，探井成功率 66.7%，录井、测井解释符合率≥83%，油保渗透率恢复值≥80%，储层改造实施 20 井次，有效率 85%，其中 11 井次获得高产。安棚地区通过油藏描述和储量计算，整体新增探明储量1 230万吨。平均吨储量成本 12.7 元，取得了较好勘探效益。提出的地质认识及形成的配套技术不仅适合泌阳凹陷的油气勘探，还对中国东部下第三系的中小型断陷盆地低孔低渗油气藏勘探有一定的指导意义。

（赵　琳）

【稠油注蒸汽开采增效技术研究】　主要由河南油田分公司完成，获 2003 年度石化集团公司科技进步二等奖。河南稠油油田已进入中后期开发，吞吐周期高，地层压力保持水平低，地下存水多，导致注蒸汽开采时油汽比低，采注比低，吞吐转汽驱后达不到经济油汽比等问题，进一步提高稠油采收率将面临更大的困难，该技术是针对以上问题研究出的一种进一步提高稠油热采采收率、蒸汽热能利用率和稠油开发综合效益的新型高效蒸汽增效技术。

应用推广情况：截至 2003 年 2 月 28 日，该技术现场应用 4 个蒸汽驱井组和 15 口吞吐油井，阶段油汽比平均提高 146%，采注比平均提高 144%，采收率提高 7—13 个百分点，累计增油 1.54 万吨，净创效益1 780.62万元，投入产出比达到 1∶29.1，效果效益显著。该技术研究成功，突破了薄层、高周期、低压、高积水地层注蒸汽增效的难关，为稠油开发后期的增储上产提供了强有力的技术支持，是一项提高稠油老油田采收率的新技术，在国内外有着广阔的应用前景。

（陈洪远）

【大力推行管理创新战略，管理创新年成果丰硕】
2003 年，河南油田战略管理体系全面形成，制定了以“树立五个观念、建立五个机制、实施五大战略”为核心的《河南油田“十五”后三年及 2010 年发展战略纲要》；依法治企步入新台阶，编制完成以《河南油田企业管理基本制度》为主的内控制度体系，使各项工作在制度的约束下正常有序运行；改制分流取得新成绩，河南油田南石医院、油建工程有限责任公司正式挂牌运作；完成了 17 家企业改制分流方案的编制工作，其中迪士比公司等 3 家多种经营企业改制已进入实施阶段，占石化集团公司上游首批被批准企业总数三分之一；专业化重组取得新进展，精简机构，压缩管理层次，河南油田分公司完成了会计核算层上移，采油辅助生产、作业系统整合，教育强强联合，规模办学；办公自动化系统上线运行，纵向实现了局、厂两级办公，横向实现了远程移动办公，机关公文处理基本实现无纸化，精简文件，压缩会议，提高了工作效率。

（陈洪远）

表 1　　**河南油田主要经济指标**　　亿元

年份 / 指标名称	2003		2002		2001		2000		1999	1998
	勘探局	分公司	勘探局	分公司	勘探局	分公司	勘探局	分公司		
工业总产值①	13.41	41.83	11.85	8.67	2.87	8.44	2.06	8.32	9.25	8.48
工业增加值	4.23	23.11	4.04	17.76	1.48	19.65	0.71	20.39	14.87	15.78
资产总计	31.06	49.76	41.42	49.24	39.37	50.01	39.99	44.70	63.76	69.57

续表

指标名称 \ 年份	2003		2002		2001		2000		1999	1998
	勘探局	分公司	勘探局	分公司	勘探局	分公司	勘探局	分公司		
其中：流动资产	17.43	4.61	23.57	6.20	23.51	8.42	25.64	11.03	23.46	26.27
固定资产原值	15.58	95.34	22.89	89.10	20.49	76.68	18.75	67.46	56.33	61.69
固定资产净值	11.10	41.67	14.51	39.55	13.07	33.02	11.88	28.57	28.62	35.67
销售收入	24.03	33.31	20.29	27.86	18.96	28.48	13.31	30.59	24.62	23.89
实现利税	1.38	7.19	1.49	5.04	-1.23	9.59	-0.80	11.08	3.25	2.99
其中：税金	1.38	3.38	1.49	3.25	1.11	5.89	0.56	6.38	3.19	2.96

① 按1990年不变价计算。

表2　河南油田主要生产建设指标

指标名称 \ 年份	2003	2002	2001	2000	1999	1998
原油产量/万吨	186.00	188.02	186	185.06	183.03	185.99
天然气产量/亿米^3	1.00	1.10	0.90	0.902 5	—	—
新增原油生产能力/万吨	34.73	37.0	22.20	26.70	11.50	21.20
新增天然气生产能力/亿米^3	—	0.48	0.06	—	—	—
新增探明石油地质储量/万吨	1 100	1 243	1 230	1 142	675.47	656.5
新增探明天然气地质储量/亿米^3	—	0	10.68	2.07	—	—
二维地震/千米	914.13	353	1 364	1 586	3 280	1 753
三维地震/(千米)^2	290.09	180	172.81	224.29	50.23	87.45
石油钻井/口	322	251	206	123	110	153
其中：探井/口	67	35	22	22	17	12
采油井/口	208	151	139	70	63	80
注水井/口	45	36	23	19	27	61
资料井/口	2	29	7	12	3	—
钻井进尺/万米	38.82	38.92	43.97	18.76	19.61	25.16
勘探投资/亿元	3.22	2.35	3.51	2.78	2.67	2.17
开发投资/亿元	8.45	8.82	8.85	4.15	3.31	5.24

中国石化集团江汉石油管理局暨中国石油化工股份有限公司江汉油田分公司

【概述】 中国石化集团江汉石油管理局(以下简称江汉石油管理局)和中国石化股份公司江汉油田分公司(以下简称江汉油田分公司)，统称江汉油田。主要从事油气勘探开发、机械制造、油盐化工、多种经营。油田地处江汉平原腹地，总面积5 407万米^2。油气生产区主要分布在湖北省潜江、荆门、荆州、天门、仙桃、利川等市，山东省寿光市、广饶县，陕西省安塞县。2003年年末，江汉油田有职工23 320人，各类专业技术人员12 130人，其中高级技术职称1 490人，中级技术职称4 604人；资产总额103.63亿元，其中固定资产净值62.61亿元。

2003年，江汉油田按照“建设一个开放的大江汉”的发展思路，继续实施资源扩张、资本扩张、市场扩张战略，狠抓油气增储上产，积极开拓市场，强化内部管理，稳步推进改革，油田经济继续保持良好的发展势头，主要经济技术指标创出历史最好水平。

油气勘探取得新进展。2003年完成二维地震

529.63千米，三维地震420.73(千米)^2，完钻探井37口，有16口井获工业油流，新增探明石油地质储量1 390万吨，连续5年超1 000万吨。八面河油区的南部斜坡带新增探明石油地质储量1 014万吨，控制石油地质储量1 102万吨、预测石油地质储量1 048万吨，区带三级储量规模达4 000万吨。江汉盆地的江陵凹陷万城断裂带万5X井获日产原油13.5吨，潜南地区建新断鼻钻探的总3X井获日产原油31.9吨，从而发现了两个含油新区带。西部地区的柴窝堡构造达1井见到油气显示；六盘山盆地海参1井在下白垩系发现良好生储油层。

原油生产保持基本稳定。江汉、八面河、坪北地区在受到暴雨、高温、秋汛等自然灾害影响和原油综合递减速度加快的情况下，注重油田开发管理。同时，加强地质研究、产能建设，实施注水治理，提高难采储量动用程度等技术措施，油区储采平衡系数、注采比稳中有升，综合含水和维护性作业井次均有下降，油井检泵周期、免修期延长，注水系统效率提高。原油生产一直保持稳定状态。2003年共生产原油165.13万吨，为年计划的100.08%；新建产能29.75万吨，新井产油9.9万吨；实施油井措施作业312井次，增油10.2万吨，措施有效率比上年提高6.8个百分点。

天然气滚动勘探开发和产品销售形势向好。建南气田全年完钻新井2口，侧钻井3口，完成试气7口，有4口获工业气流，日产天然气能力增加20万米^3。对2口老井实施安全保障措施，对部分地面站点的管网、流程进行改造，天然气开发配套设施及安全状况进一步改善，全年生产天然气7 016万米^3；加大天然气市场开拓力度，产品销售到重庆市的黔江、万州、石柱、丰都等区、市、县和湖北省的恩施州。全年外销气4 330万米^3，比上年增长83.8%，其中民用气销量2 161万米^3，比上年增长15.3%。

机械制造优势产品产销量持续增长。各机械厂加大新产品开发力度，优势产品比重不断提高，钻头、修井机、钢管、钻井多参数仪，固压设备、水处理设备等优势产品销量保持增长势头。全年完成工业产值11.3亿元，比上年增长19%；实现销售收入10.6亿元，比上年增长14.9%；实现利润8 150万元。

专业施工单位竞争实力不断增强。通过购置新型钻机、修井机、地震仪等先进施工设备，施工单位的市场竞争实力不断增强。2003年全行业共完成劳务收入11.4亿元，比上年增长8.6%；实现利润4 972万元。油建处承担的西气东输9B标段工程竣工；井下作业处、物探处、钻井处对外揽活大幅增长，设计院拓展国外地面工程设计市场，对外创收明显增加。

盐化工产销形势好转。盐化工生产装置满负荷运行，烧碱、漂粉精等产品产量创历史新高。其中，漂粉精产品销量1.2万吨。盐化工实现销售收入2.08亿元，比上年增长21%。

对外经济技术合作深入展开。与吉尔吉斯斯坦国博泰石油公司签订合作开发石油资源协议，并与乌兹别克斯坦、哈萨克斯坦等国达成多项合作意向，首次进入海外油气勘探开发市场；与美国威尔士公司签订联盟协议，在管道施工、设计及水平定向钻等方面进行多种形式合作；在美国设立国际石油科技发展公司；委托美国专家开发设计2500型五缸压裂泵；与越南一家公司达成合资协议，在越南建设漂粉精厂。此外，江汉油田生产的10种高技术含量的产品出口到22个国家和地区，出口额为2.36亿元；专业施工单位开拓外部市场产值达6.94亿元，创历史最好水平。

科研攻关和新技术推广取得新成果。开展局级以上科研项目191项，取得局级以上成果50项，获国家专利38项。海相钻井技术研究、石油钻头并行工程应用等成果达到国内先进水平。推广应用的陆相富油凹陷隐蔽油气藏勘探、复杂断块油气藏勘探、地震叠前偏移成像、油藏精细描述、油气层系统保护等10项新技术在油气勘探开发中发挥了重要作用。机械制造系统开发新产品16个，其中直流电机抽油机、180吨海洋修井机完成开发并投入应用。一批技术改造项目投入实施。投资2.3亿元的直缝钢管生产线建成投产，固压设备和压缩机等2个国产化基地建设项目已全面启动。

企业改革与管理工作得到强化。积极推进工资制度改革，参照社会市场劳动力价格，调整各类人员工资分配关系；加大再就业工作力度，帮助662名下岗和协议解除劳动合同人员及失业子女实现再就业；强化内部管理，油田管理水平得到提高；扩大招投标范围，完成工程建设和物资采购等项目招标6.09亿元，节约资金6 552万元；开展审计监察和法律事务工作，避免和减少经济损失3 253万元；强化质量管理，21个单位通过ISO 9000质量体系认证和复审；4项QC成果获国家优秀QC成果奖，16个单位被评为石化股份公司金、银牌队和星级站点；推行HSE管理体系，安全环保指标达到石化行业考核要求。江汉石油管理局连续5年被湖北省授予“最佳文明单位”称号。

2003年，江汉油田共完成项目投资14.9亿元。实现企业总产值63.3亿元(含多种经营产值)，比上年增长13.7%，其中江汉石油管理局增长11.3%、江汉油田分公司增长15.5%。完成企业增加值29.9亿元。其中，江汉石油管理局8.4亿元，增长25%；江汉油田分公司20.7亿元，增长35%。实现主营业务收入58.74亿元。按新会计制度计提损失后，实现整体盈利2.53亿元，比上年增利2.26亿元，其中江汉油田分公司盈利3.08亿元。江汉油田主要经济指标和主要生产建设指标见表1和表2。

（罗秋林）

【承包吉尔吉斯斯坦国石油钻井、修井工程项目】 2003年4月23日，江汉油田与吉尔吉斯斯坦国博泰石油天然气股份公司签订协议，承包钻井和修井项目。协议规定，江汉油田承担吉尔吉斯斯坦国博泰石油天然气公司所属油区进行油井大修，马利苏四—伊斯巴特肯特油田并在375(千米)^{2}面积区域进行钻井施工，出油后，与该国石油公司和博泰石油公司实行利润分成，其中该国石油公司占35%、博泰石油公司占13%、江汉油田占52%；合作期为20年。9月11日，第一口井开钻。至年底，共钻井4口，进尺4 845米。

（李效权）

【西气东输管道工程23(A)标段完工】 2003年9月5日，由江汉油田建设工程处承建的国家重点工程——西气东输管道工程23(A)标段全部完工。该标段全长125.19千米，管径1 016毫米，总产值5.1亿元。管线始于淮河东岸，经安徽省的怀远、凤阳、定远、滁州4个县(市)。沿线地形复杂，山丘纵横，水网密布，需穿越河流40条、水塘49个、公路和铁路29条，是整个豫皖段施工难度最大的标段之一。该工程于2002年4月10日开工，工期520天，经石油集团公司组织质量验收，达到合格标准。

（李家松）

【八面河油区南部斜坡带探明1 000万吨级整装油藏】 南部斜坡带位于江汉油田八面河油区新塌河东南。1975—1987年，相继在该地区进行钻探，并发现了工业油流；2000—2002年，通过老井复查，控制了一定的含油面积和石油地质储量。2003年，江汉油田清河采油厂通过对南部斜坡构造精细解释及储层综合研究，认为面137块和面138块属同一油藏，在面138块低部位部署钻探面138－斜5井，钻遇沙四段二砂组油层2层6.8米，试油获日产9.6吨的工业油流，证实面137井区和面138井区含油连片，探明含油面积1 710万米^2，探明石油地质储量1 014万吨。

（王明培　周光林）

【八面河油田长输管线更换工程完工】 2003年10月19日，江汉油田八面河油田长输管线更换工程完工。更换后的长输管线设计输送能力为80万吨/年，管径由273毫米改为219毫米，管输里程由33千米减至31.4千米。原管线于1987年建成，已投入使用10多年。由于管线使用时间较长、管壁腐蚀严重，穿孔现象时有发生，造成油田输交油不能正常进行。针对这种现状，清河采油厂于1999年对长输管线进行分批更换，历时4年。工程由江汉油田设计院设计，油建处施工，总投资382万元。

（何　芸　周光林）

【创国内陆上石油裸眼井取换套纪录】 2003年6月13日，由江汉油田井下作业处承担的张27井取换套大修施工完成。刷新了井下作业处2001年12月8日创造的国内陆上石油裸眼井取换套1 521.62米的纪录。张27井是黄场油区的一口报废井，2003年3月23日，通过采用550修井机实施取换套大修，针对施工过程中出现的泥浆漏失、井塌等问题，进行两个多月的攻关，张27井套管回接、试压一次合格，初期日产原油1米^{3}左右。

（张红巨）

【特殊套管井井下工具技术研究项目获石化集团公司科技进步三等奖】 2003年4月19日，江汉油田采油院承担的“特殊套管井井下工具技术研究”项目，获得2003年度石化集团公司科技进步三等奖。该项目1999年1月立项，2002年12月完成。科研人员根据特殊套管井措施工艺的需要，研制了适用于5½吋、7吋套管变形井和4½吋小套管井的6个系列、54种井下工具及组合的管柱。并在江汉、中原、青海、河南、冀东、吐哈、滇黔桂等油田应用于特殊套管井分层注水、找堵水、酸化、压裂等措施共405井次。分注井注水最高压力31兆帕，最高温度138摄氏度，下井成功率97.8%；堵水施工最高压力45兆帕，最高温度145摄氏度，平均有效期8个月；酸化压裂最高压力55兆帕，最高温度132摄氏度。该项技术在套管变形和4½吋套管井工具系列方面达到国内领先水平，在酸压胶筒研制方面达到国际先进水平。

（曾昭华）

【次氯酸钠生产漂粉精技术研究】 江汉油田盐化工总厂承担的“次氯酸钠生产漂粉精技术研究”项目，于2002年立项，2003年完成。该项目对钠法漂粉精生产机理和控制技术进行了研究，确定了用次氯酸钠生产漂粉精的相应工艺参数；对批料控制程序进行改进，完成了相应的逻辑控制模块；并对配套设备进行改进，保证了设备的高效连续运行，使漂粉精生产装置的单批料生产时间缩短 16.4 分钟，日均产量提高 1.78 吨，并解决了盐化工副产品的环保处理问题。该技术在国内同行业中具有良好的推广应用前景，达到国内领先水平。

（张遂胜）

【建成大直径直缝管生产线】 2003 年 7 月 15 日，沙市钢管厂建成大直径直缝埋弧焊管生产线。该生产线总投资 2.3 亿元，设计年生产能力 10 万吨，关键设备和技术从德国引进，可生产最大壁厚为 70 毫米、最大管径为1 422毫米的直缝管，主要为长输油气管道和海洋油气管道提供优质钢管。该生产线 2002 年 1 月动工，工期 1 年半。

（柯　达　杨晓华）

【直线电机抽油机被列为国家重点科技攻关项目】 2003 年 11 月 14 日，国家科学技术部批复，将江汉油田石油机械厂研制的直线电机抽油机列为"十五"国家科技攻关计划项目。该机在国际上首次以大推力、低速度直线电机作为动力，彻底改变了常规抽油机的运动机理，其传动效率为 94%，节能 20%—50%，尤其适应深抽、稠油井(长冲程、大载荷)的采油作业；采取智能化控制，参数无极可调，可实现远程控制。该机于 2003 年 1 月研制成功，已获 2 项国家专利，并得到 PCT 美国、法国、加拿大等 108 个国家的专利保护。

（黄行森）

【准噶尔盆地南缘石油地质条件及勘探评价】 江汉油田勘探开发研究院承担的"准噶尔盆地南缘石油地质条件及勘探评价"项目于 2001 年立项，2003 年完成。该项目主要应用 3D 可视化技术，对该区三维资料进行精细解释；采用裂缝预测软件(3Dmove)对柴窝堡构造进行构造演化史分析、构造运动正演模拟、岩石形变与应力场关系分析；针对改造型盆地的地质特点，采用二维 PSPilot 模拟系统软件和三维 ZhuMod 盆地模拟系统软件，对盆地多期、复杂的构造活动史进行模拟。通过综合评价认为，柴窝堡、米泉区块为最有利勘探区块。其研究成果已应用于柴窝堡区块油气勘探，取得了较好效果。通过目标评价优选，在柴窝堡构造提交井位 2 口，经测井综合解释，柴参 1 侧 1 井气层 44.8 米/6 层，达 1 井气层 29.8 米/13 层，新增预测天然气地质储量 356.1 亿米^3。

（张遂胜）

【井下检波器下井装置获国家实用新型专利】 2003 年 9 月 12 日，经国家知识产权局审查，由地球物理勘探处自主研制的"井下检波器下井装置"获国家实用新型专利。这是该处继江汉 – 6 型地震勘探钻机、地震电缆检波器接线端结构之后，获得的第三项国家专利。该装置于 2001 年 6 月开始研制，经过设计、试制和试验阶段，于当年 10 月完成。该装置解决了原有检波器在下井过程中，其尖端容易插入井壁被卡，难以垂直插入井底，影响施工质量和效率的问题。经在陕西省安塞油田坪北合作区的使用，工作效率和记录质量明显提高。

（秦红政）

【盐 1 井发生天然气喷漏】 2003 年 9 月 15 日晚 18 时 30 分，位于湖北省利川市建南镇的一口停产采卤井——盐 1 井发生天然气喷漏，日喷天然气 3 万米^3。油田和当地政府及时组成抢险指挥部，疏散附近村民，并请四川石油管理局灭火公司支援。至 25 日晚 19 时，井口喷漏得到控制，未发生人畜伤亡事故。

（黄文峰　李效权）

【武汉江钻金刚石钻头有限公司成立】 2003 年 4 月 18 日，由江钻股份公司投资的武汉江钻金刚石钻头有限公司成立。公司注册地为武汉市洪山区珞瑜路 247 号东湖开发区，注册资本为 300 万元人民币。公司成立后，主要从事石油钻井和矿山用金刚石钻头及工具配件的技术开发、生产、销售和服务。年生产金刚石钻头可达 200 只。

（孙海涛）

【江钻股份公司获"中国优秀企业"称号】 2003 年 9 月，经中国企业联合会、中国企业家协会共同评审，江钻股份公司被评为"中国优秀企业"。总经理梅敬民同时被授予"中国优秀企业家"称号。江钻股份公司自 1998 年改制成立以来，实施资本运营战略，走多元化发展的道路，同时紧跟世界一流技术，建立技术创新体系，先后获得国内外技术专利 78 项，其中美国、伊朗等国专利 7 项，完成"CIMS"系统工程建设。企业经济实力不断增强，经济效益持续稳定增长。江汉油田牙轮钻头生产名列世界第三，亚洲第一。

（孙海涛）

【油田遭受暴雨袭击】 2003年7月8—10日，江汉油田连降暴雨，降雨量达290.4毫米，为年平均降雨量的五分之一。其中8日凌晨4时20分至下午1时40分降雨量达139.2毫米，是1970年以来持续降雨时间最长、降雨量最大的一次。暴雨造成油田矿区11条水渠全部超过保证水位，1 866.48万米^{2}农田被淹，12个居民小区8 000户居民家进水，150口油井停产，原油减产1 800多吨，4支钻井队被迫停工，直接经济损失4 650万元。经全力组织抗洪排渍，至13日，油田生产和生活恢复正常。

（李效权　黄文峰）

【油田矿区发生持枪杀人抢劫运钞案】 2003年9月29日上午7时50分，位于江汉油田矿区的中国工商银行广华支行向新小区储蓄所门前发生一起持枪抢劫运钞车案。劫匪谢先荣当场打死3人，重伤1人（后经抢救无效死亡），抢走现金33.83万元及五四式手枪一支。公安部、湖北省公安厅发出A级通缉令，并组织搜捕。10月12日晚6时20分，谢先荣在位于湖北省天门市张港镇附近的汉江江面一渔船上开枪拒捕，被警方击毙。

（黄文峰　李效权）

表1　江汉油田主要经济指标　亿元

指标名称＼年份	2003②	2002②	2001②	2000②	1999	1998
工业总产值①	22.72	24.17	20.26	17.34	10.80	13.33
工业增加值	25.66	21.82	21.57	19.03	14.79	14.94
资产总计	103.63	117.45	110.44	95.62	71.67	67.26
其中：流动资产	37.77	49.50	47.46	41.05	29.67	23.44
固定资产原值	130.94	—	117.19	96.24	65.52	64.77
固定资产净值	62.61	63.80	56.37	45.85	34.17	35.40
销售收入	58.74	48.35	25.98	41.55	25.06	26.52
实现利税	5.66	2.58	3.63	6.91	1.37	2.25
其中：税金	3.13	2.31	4.05	5.09	1.31	2.93

① 按1990年不变价计算。
② 不含江钻股份公司。

表2　江汉油田主要生产建设指标

指标名称＼年份	2003	2002	2001	2000	1999	1998
原油产量/万吨	165.13	168.04	163.2	155.52	156.14	155.35
天然气产量/亿米^3	1.0	1.01	0.75	0.91	0.92	0.81
新增原油生产能力/万吨	29.75	33.2	32.9	27.4	25	15
新增天然气生产能力/亿米^3	0.30	0.33	0.5	—	—	—
新增探明石油地质储量/万吨	1 390	1 217	1 280	1 139	1 269	578
新增探明天然气地质储量/亿米^3	—	48.12	—	—	—	—
二维地震/千米	529.63	1 204	1 015	979.33	1 100	1 112
三维地震/(千米)^2	420.73	284	298	313.20	179	190
石油钻井/口	185	194	333	363	224	192
其中：探井/口①	32	45	38	27	26	22
开发井/口	153	149	295	336	198	170
注水井/口	19	6	24	56	29	15
钻井进尺/万米	39.41	39.86	57.97	65.88	43.98	38.73
勘探投资/亿元	3.11	3.92	3.10	2.5	1.93	1.88
开发投资/亿元	7.23	8.92	9.99	8.69	7.60	6.16

① 石油钻井不含注水井。

中国石化集团江苏石油勘探局暨中国石油化工股份有限公司江苏油田分公司

【概述】 中国石化集团江苏石油勘探局(以下简称江苏石油勘探局)和中国石化股份有限公司江苏油田分公司(以下简称江苏油田分公司)统称江苏油田。组建于1975年4月23日。江苏油田主要从事油气勘探开发。工商核准的经营范围是：石油、天然气勘探、开发、销售；石油化工、化纤及其他化工产品的生产、销售、储运；石油、天然气管道运输；盐化工采输卤；技术及信息的研究、开发、应用。其对外经济技术合作经营权范围为：承包境外石油天然气行业工程及境内国际招标工程；上述境外工程所需的设备、材料出口；对外派遣实施上述工程所需的劳务人员。江苏油田是中国南方最大的陆上石油工业企业。1998年11月，安徽油田并入江苏油田。2001年2月，江苏石油勘探局和江苏油田分公司分设分立。2003年，江苏油田有探矿权、采矿权项目50个，区块面积5.24万(千米)^2。其中苏皖境内19个，面积3.24万(千米)^2，分布在江苏和安徽两省的8个地区17县(市)76个乡镇，主力油区在江苏省扬州市、泰州市、淮安市、盐城市和安徽省滁州市境内。油田总部位于江苏省扬州市经济开发区。油田共有7个生活基地，13个住宅小区。

江苏油田实行勘探局、分公司—二级厂处—基层队站三级管理体制。2003年底，江苏油田共内设厂(处)二级单位29个，机关处室30个，职工总数21 024人。其中，江苏石油勘探局有二级单位22个，职工13 681人；主要专业队伍有地震队10个、钻井队24个；干部中有高级及以上技术职称388人，中级职称1 661人。江苏油田分公司有二级单位7个，职工7 343人；主要专业队伍有采输油(气)队28个、试油作业队20个；干部中有高级及以上技术职称360人，中级职称945人。

2003年，江苏油田固定资产原值99.96亿元，净值49.08亿元。其中，江苏石油勘探局固定资产原值23.92亿元，净值15.10亿元；江苏油田分公司固定资产原值76.04亿元，净值33.98亿元。全油田共有主要设备4 774台(套)，其中：勘探局2 556台(套)，分公司2 218台(套)。

2003年，江苏油田广大职工坚持以“三个代表”重要思想为指导，认真贯彻落实石化集团公司、石化股份公司各项工作方针，油田广大干部职工经受了“非典”和建国以来特大洪涝灾害的严峻考验，克服了资源接替紧张、老区稳产难度高、非上市企业扭亏压力大、改革任务重、外部市场竞争更加激烈等一系列困难和压力，较好地完成了石化集团公司和石化股份公司下达的各项任务指标，在改革发展的各个领域都取得了新的成绩，为苏皖石油工业的持续发展创造了有利条件。

2003年，江苏油田综合经济效益持续增长。江苏油田分公司实现销售收入26.86亿元，税前利润6.5亿元；江苏石油勘探局实现生产总值22.12亿元，亏损额度控制在1.48亿元之内。全年销售原油150.1万吨，原油商品率94.96%，配置率94.07%，油款回笼率100.48%。江苏油田完成总投资规模12.78亿元，其中江苏油田分公司10.75亿元，江苏石油勘探局2.03亿元。

2003年，江苏油田两个精神文明建设协调发展。油田始终坚持“两手抓、两手都要硬”的方针，不断加强和改进思想政治工作，丰富和完善了一套“进班子、到成员、出思路，进班组、到人头、出干劲，进市场、到客户、出效益，进邻里、到家庭、出氛围”的立体式思想政治工作运行机制，保证了油田在改革发展的关键时期队伍稳定、产量递增、效益攀升。油田继续保持和创新了“全国思想政治工作优秀企业”、江苏省“文明单位”、先进基层党组织、企业廉政工作先进单位、全国守合同重信用企业、全国模范职工之家等光荣称号；厂务公开工作作为先进典型在全国国有大中型企业推广。江苏油田主要经济指标和主要生产指标见表1和表2。

(唐富华)

【年增探明石油地质储量1 101万吨】 2003年，江苏油田勘探战线的广大职工，按照“立足苏皖，深挖细抠；走出苏皖，力求突破；油气并举，提高效益”的勘探方针，进一步解放思想，开拓创新，围绕勘探新发现和油气储量增长的核心任务，搞好老区精细挖潜，加快新区勘探步伐，勘探工作取得了新的成果，有效地保证了勘探任务的完成和勘探效益的提高。全年动用8.5个地震队，分别在高邮、金湖、阜阳、徐闻等地区开展地震采集工作，完成二维地震测线1 625.28千米，三维地震满覆盖面积356.88(千米)^2。全年POWERCHALLENGE/XL及oringin2000并行机、SUN工作站等承担地震资料生产任务及辅助处理工作，共完成二维地震处理剖面110条4 163.01千米(含西部81条3 718.16千米)，完成苏北盆地三维地震处理资料19块，满覆盖面积2 088.52(千米)^2。全年动用12个钻井队，主要在高邮、金湖、海安凹陷进行探井钻探，开钻27口，完钻29口，完井30口；完成探井进尺7.34

万米；探井钻井取心 17 口，合计进尺 241.23 米，心长 239.82 米，平均收获率 99.42%。全年探井投试 15 口，试完交井 18 口 29 层；试获工业油流井 15 口。全年勘探投资完成 3.28 亿元。苏北盆地全年新增探明含油面积 690 万米^2、石油地质储量1 101万吨，完成年计划任务的 115.9%；新增控制含油面积 700 万米^2、石油地质储量1 100万吨，完成年计划任务的 158.6%。西部新区准噶尔中部Ⅰ区块，新增控制含油面积8 960万米^2、石油地质储量3 221万吨。新增预测含油面积苏北盆地 760 万米^2，石油地质储量1 039万吨，未作审查的 450 万米^2、石油地质储量 330 万吨；西部新区准噶尔中部Ⅰ区块9 850万米^2、石油地质储量3 819万吨。全年江苏油田东部西部合计新增三级混合储量 1.06 亿吨。截至 2003 年底，苏北盆地第三系江苏油田探区内先后发现 34 个油气田，累计探明储量 1.99 亿吨油当量(其中，石油 1.96 亿万吨，天然气 29.78 亿米^3)，累计剩余控制储量3 132万吨(全部石油)，累计剩余预测储量3 236 万吨油当量。

（唐富华）

【年产原油 158.24 万吨】 2003 年，江苏油田经受住了历时 122 天的大洪水，在 7 个油田、12 个井站、194 口油井、79 口注水井被洪水淹没，影响原油产量 1.5 万吨的困难情况下，通过滚动勘探开发探明储量和落实可动用储量，加强油藏系统管理，加快新区产能建设，连续第 11 年实现了原油产量的持续性增长，全面完成了全年油田开发生产建设任务，继续保持了较好的油田开发生产形势。油田原油产量完成 158.24 万吨；注水量完成 339.74 万米^3；新建产能 25.5 万吨(其中新区 7.8 万吨，老区 17.7 万吨)，核减生产能力 23.7 万吨，年底核定生产能力 159 万吨。年末，共有油井1 308口，开井1 042口，有注水井 403 口，开井 269 口。累计生产原油2 283.01万吨。

（唐富华）

【淮安采输卤工程项目开工建设】 淮安采输卤工程项目是南京化工公司连云港碱厂原料结构调整项目的主要工程，该项目 2002 年 11 月 8 日正式立项，2003 年 10 月 8 日可行性研究报告获得批准，12 月 12 日初步设计获得批准。2002 年上半年，油田高度重视淮安粘盐矿藏的勘探开发，组织人员进行调研与论证。在石化集团公司的关心支持下，2003 年 2 月底，江苏油田历史上最大的一个项目——淮安采输卤工程获准上马。12 月 18 日，该工程正式开工建设。项目总投资规模 2.5 亿元，建设总规模为：钻井 14 口，铺设 170 千米管线，建设一座输卤首站和一座接收末站。工程投产后，每年可生产盐卤 365 万米^3，折合盐约 100 万吨，全部通过管道输往连云港碱厂。该项目的上马，标志着江苏油田从此走上了烃类非烃类矿藏多元勘探开发的道路，将增强江苏石油勘探局自立生存的能力，并为“十五”后 3 年实现江苏石油勘探局扭亏脱困目标增添了后劲。

（唐富华）

【推进 4 项企业改革获成效】 2003 年，江苏油田按照石化集团公司深化改革的部署，积极推进改革步伐，重点推进了 4 个方面的改革。

(1) 内部分配制度改革顺利实施。在做好“三定”工作的基础上,启动和引入了劳动力市场价位,组织制定了工资收入指导线,实施了以分级管理、岗位评价、业绩考核为主要内容的分配制度改革,建立了绩效工资,调整了特岗特薪实施办法,完善了分配激励机制,有效调动了广大职工的积极性。同时,注重内部分配制度改革与内部经营责任制、单位效益目标和改革平稳运行的有机结合,保证了分配制度改革平稳实施。

(2) 劳动用工制度改革获得突破。成立了江苏兴油劳务技术服务有限公司，为合理利用劳务用工的优惠政策，解决结构性缺员的矛盾探索出新的途径，并规范劳务用工审批制度、合作期限、费用结算；出台并实施了引导非石油院校子女本科生以劳务工就业的办法；组织了临时用工使用情况调查，调整完善了相应的管理制度和程序，进一步规范临时用工招聘、安全教育、岗位培训和日常管理。

(3) 改制分流准备工作有序展开。编制了 2003—2005 年江苏石油勘探局改制分流初步计划,上报了两个基层队改制分流初步方案,并获石化集团公司批准。

(4) 加强了队伍重组整合。实施了物探队伍的持续重组，完成地质调查处、安徽勘探处等相关单位的资产置换及人员分流划转工作；按专业化管理原则，整合了消防队伍；工程监理部与勘察设计研究院进行合并，实现了专业互补；整合了小学资源，完成了机厂小学与油田第二小学的合并。

（唐富华）

【经营管理水平有新提高】 2003 年，江苏石油勘探局牢固树立起“投资讲回报、发展靠积累、岗位靠竞争、收入凭贡献、工资自己挣、好事依法办”的观念，千方百计增收节支，降本减费，基本实现了盈利单位持续增盈、减亏单位逐步减亏、费用单位不断减费的总体经营目标，全年共实现生产总值 22.12 亿元，亏损控制在石化集团公司下达的 1.48 亿元指标之内。江苏油田分公司坚持“储量、产量、效益”三统一，创造开发工作新水平，实现了连续 11 年产量稳中有升。外销原油 150.1 万吨，共实现销售收入 26.86 亿元，税前利润 6.5 亿元。2003 年，江苏油田还大力推进管理创新，加强现代企业制度建设，综合管理水平有了新的提高，ERP 项目于 11 月 10 日正式上线，基本建成了集财务成本、项目管理、物资供应、物资管理、原油销售为一体的信息高度集成的业务工作平台，使经营管理的水平提高到一个新的高度。深入开展“对标、追标、创标”工作，掀起了“五项劳动竞赛”和“金银牌基层队”评比热潮，经石化集团公司、石化股份公司评比验收，有 2 个采油厂分获“红旗采油厂”、“优胜采油厂”称号，14 个基层队获金银牌队，12 个基层站库被授予星级站库。加强了投资管理和成本控制，开展了清产核资工作，广泛开展双增双节活动，降本增效见到实效。内部管理逐步规范，清理整顿小法人企业和分支机构，削减了法人企业数量；重新制定了外部合同的管理规定，实行对外部项目统一管理；规范内部管理，强化岗位责任制落实，恢复夜间巡查制度，努力扭转被动的安全生产形势。

（唐富华）

【31 项科研项目通过验收】 2003 年，江苏油田以科学技术为第一生产力，注重科技理论创新和实用技术研究，打造出油田发展的新支点。加大关键技术和理论攻关力度，勘探上继续抓好资源接替战略和域内外资源评价攻关研究，为勘探领域的扩大提供了决策依据；开发上首次运用主力层和非主力层的油藏开发新技术，打开了小断块、老油田后期调整的新思路。加强重大装备和队伍的配套完善，实施了钻机、地震设备、大型计算机等更新项目，为勘探开发增添了力量和手段。继续对学科带头人实行特岗特薪制度，有效调动了广大科技管理人才的积极性。全年共安排科技攻关项目 74 项，新技术推广项目 9 项，科技经费总投入3 354万元，年末有 37 个项目结题，31 项科研项目通过验收。其中，1 项达到国际领先水平、1 项达到国际先进水平、4 项达到国内领先水平、6 项达到国内先进水平。科技成果中，获国家科技进步二等奖 1 项，江苏省科技进步二等奖和三等奖各 1 项，石化集团公司科技进步三等奖 4 项。共有 8 项专利获得授权，其中 1 项获得美国专利。全年科技增油 6.1 万吨，科技增效 1.2 亿元。

（唐富华）

【对外创收 6 亿元人民币】 2003 年，江苏油田继续加快市场化和国际化的步伐，发挥自身的品牌优势、装备优势和人才优势，对外经营，创收增效。江苏石油勘探局全民单位实现外部收入 3.95 亿元，较上年增加 2.05 亿元，增幅达 108%，加上多种经营单位，全年共实现对外创收 6 亿元人民币。在对外创收的领域中，卡塔尔钻井、也门尼克森修井、紫京集团的餐饮服务、哈萨克斯坦捞油、印尼试油、甬沪宁和西南成品油管线、机械厂轻钢结构房等项目不仅产生了良好的经济效益，而且树立了良好的市场信誉，为江苏油田实施“走出去”战略创造了有利条件。

（唐富华）

【70548 钻井队在疆刷新 7 项全国钻井纪录】 江苏油田钻井处 70548 钻井队，2002 年 12 月 16 日承钻中国石化西部勘探新区塔中区块的一口重点探井——塔中 4 井，设计井深6 600米，主探奥陶系——寒武系，兼探石炭系。至 2003 年 12 月 23 日，历经 1 年零 8 天的奋力拼搏，于7 220米井深顺利完钻，一举钻成全国最深的探井。全队职工开展科技攻关先后解决施工中的 9 项技术难点，确保了整个钻探的安全生产。同时还创下采用直径 216 毫米钻头钻井深度第一、采用低密度水泥浆固井深度第一、采用低密度钻井液钻井深度第一、超深井小井眼裸眼段最长、7 000米以上钻井周期最短、7 000米以上直井平均机械钻速最高等 6 项全国石油钻井行业记录。

（唐富华）

【扬州石油化工厂实现销售收入 6.3 亿元】 2003 年，江苏油田控股的扬州石油化工厂石油化工发展势头良好。全年装置开工 338 天，加工原油 24.22 万吨，日加工量同比提高 2.22%。生产石油产品产量 20.45 万吨、化工产品产量 1.54 万吨、聚丙烯 1.28 万吨、特种纤维2 564吨，实现出口 67.21 吨。实现销售收入（不含税）6.31 亿元，同比增长 1.01 亿元；完成利税6 660万元，同比增加 188 万元。

（唐富华）

表 1 **江苏油田主要经济指标** 亿元

指标名称 \ 年份	2003	2002	2001	2000	1999	1998
工业总产值①	40.85		5.89	4.00	3.84	3.33
江苏石油勘探局②	13.99	17.11				

续表

年 份 指标名称	2003	2002	2001	2000	1999	1998
江苏油田分公司	26.86	4.05				
工业增加值	21.15	15.97	16.72	21.99	12.49	10.45
江苏石油勘探局	3.85	2.78				
江苏油田分公司	17.30	13.19				
资产总计	63.75	62.85	69.00	66.05	40.09	36.50
江苏石油勘探局	25.83	27.06				
江苏油田分公司	37.92	35.79				
其中：流动资产	11.60	12.48	15.19	16.53	11.22	10.15
江苏石油勘探局	8.71	9.45				
江苏油田分公司	2.89	3.03				
固定资产原值	99.96	90.97	83.64	73.34	37.10	34.68
江苏石油勘探局	23.92	22.95				
江苏油田分公司	76.04	68.02				
固定资产净值	49.08	46.37	49.86	45.63	19.88	19.99
江苏石油勘探局	15.10	15.21				
江苏油田分公司	33.98	31.16				
销售收入	48.98	38.96	39.17	36.38	14.39	12.94
江苏石油勘探局	22.12	17.11				
江苏油田分公司	26.86	21.85				
实现利税	10.51	6.45	8.22	9.93	2.13	1.86
江苏石油勘探局	1.64	1.30				
江苏油田分公司	8.87	5.15				
其中：税金	4.00	3.24	5.61	4.55	1.70	1.46
江苏石油勘探局	1.64	1.30				
江苏油田分公司	2.36	1.94				

① 按 1990 年不变价计算(自 2003 年起已经取消该计算办法)。

② 指当年企业总产值。

表 2　　江苏油田主要生产建设指标

年 份 指标名称	2003	2002	2001	2000	1999	1998
原油产量/万吨	158.24	157.02	157.02	155.02	145.27	125.82
天然气产量/亿米^3	0.33	0.23	0.23	0.24	0.22	0.17
新增原油生产能力/万吨	25.50	26.2	20.00	26.3	28.00	32.50
新增天然气生产能力/亿米^3	—	—	—	—	—	—

续表

年份 指标名称	2003	2002	2001	2000	1999	1998
新增探明石油地质储量/万吨	1 101	1 096	1 085	1 051.00	1 270	1 287
新增探明天然气地质储量/亿米^3	—	—	—	—	—	—
二维地震/千米	1 978.73	910.72	1 246.56	1 339.44	219.46	1 271.00
三维地震/(千米)^2	1 167.10	369.20	384.04	358.38	443.83	325.81
石油钻井/口	225	159	167	176	122	117
其中：探井/口	43	26	39	46	22	19
开发井/口	182	133	128	130	100	98
钻井进尺/万米	46.32	32.72	32.52	34.45	28.54	25.68
勘探投资	3.28	2.86				
江苏油田分公司	3.28	2.86				
开发投资	6.02	6.18				
江苏油田分公司	6.02	6.18				

中国石化集团滇黔桂石油勘探局

【概述】 中国石化集团滇黔桂石油勘探局(以下简称滇黔桂石油勘探局)是石化集团公司直属的国有大型企业。2002年4月，经石化集团再次重组，滇黔桂石油勘探局成为石化集团公司油田企业第一家与上市公司彻底分离运作的存续企业。主要从事石油工程技术服务、液化气销售、房地产经营、旅游和机械制造加工等社会化服务。直属单位驻地分布于云南、贵州、广西和山东等4省(区)相关市县，总部设在云南昆明。

截至2003年底，滇黔桂石油勘探局共有直属单位17个，机关处室12个，职工总数3 215人，各类专业技术人员1 231人，占职工总数的38%，其中教授级职称5人、高级职称139人、中级职称470人。拥有资产总额12.77亿元，其中固定资产原值为9.34亿元，固定资产净值为5.81亿元。

2003年，滇黔桂石油勘探局按照石化集团公司"团结、鼓劲、创新、抓实"的工作方针，上下一心，奋力拼搏，内抓管理，外拓市场，经受住了非典疫情和企业深化改革的严峻考验，圆满地完成了全年的各项生产经营目标。全年实现各项收入9.5亿元，完成计划投资1.2亿元。滇黔桂石油勘探局主要经济指标见表1。

石油工程技术服务板块效益创历史新高。2003年，全年累计完成二维地震871.8千米；钻井93口，完成钻井进尺21.7万米，钻井、固井及井身合格率均为100%；测井264井次，录井42口，射孔358口，测井、录井、射孔质量合格率100%。全年总收入3.7亿元，实现利润616万元。

多元开发板块整体效益不断提高。液化气销售通过开拓市场抓管理，2003年销售液化气9.5万吨，实现销售收入4.2亿元，利润1 164万元；机械加工降低成本，加大市场销售力度，全年实现收入3 865万元，利润30万元，旅游行业也完成了经济指标。

房地产经营及物业管理板块减亏成效逐步显现。通过强化内部管理，提高物业管理水平，扩大市场营销，增加收入，全年控亏261万元。

企业深化改革平稳推进。顺利完成北海管道燃气有限公司引入社会法人企业进行股权转让工作和物探公司的划转工作；按照石化集团公司薪酬制度改革的部署，在确保完成控亏指标的前提下，得以顺利实施，职工平均收入较上一年实现稳步增长。

企业管理不断改进和完善。针对重组后管理人员减少、财务人员水平参差不齐、财务管理滑波的情况，滇黔桂石油勘探局及时恢复了全局性的财务大检查制度，进一步规范了财务管理。同时，以提高经济效益、堵塞漏洞为目的，大力开展内部审计、效能监察等工作。高度重视安全生产工作，全面贯彻HSE管理体系，加大隐患治理力度，保证了安全生产，全年安全生产千人死亡率、千人重伤率为零。

（梁韩使）

【开拓外部市场实现收入3.7亿元】 2003年，滇黔桂石油勘探局加快实施"走出去"战略，加大市场开拓力度，发挥自身品牌优势、技术优势和服务优势，跻身国内外的钻井市场、地震市场、测录井市场和钻井技术市场，创造了良好的经济效益。第一钻探公司立足胜利油田钻井市场，全年实现收入2.5亿元；第二钻探公司以抓好重点井为契机，以点带面，努力开拓外部市场，全年签订外部钻井合同92份，实现收入4 978万元；测录井公司先后战转滇、黔、桂、川、鲁、陕北等地测录井市场，全年实现收入3 010万元；钻井技术服务公司通过提高科技含量，大力开拓外部钻井技术市场，全年实现收入1 255万元；物探公司利用自身的山地地震勘探技术的优势，跻身南方市场，全年实现收入2 933万元。滇黔桂石油勘探局石油工程技术服务开拓外部市场，全年实现收入3.7亿元。

（梁韩使）

【MTC技术创效1 800万元】 滇黔桂石油勘探局开发及推广应用的MTC固井技术，对所承钻的431口井进行固井施工，结果表明：固井合格率100%，优质率达80%以上，保护了油层，满足了各油气井、地热井的施工，与水泥固井相比，节约固井成本达1 800万元，成为国内第一家成功推广应用MTC固井技术的单位。

MTC固井技术，也称为泥浆转化为水泥浆固井技术，这项技术主要利用矿渣浆与泥浆的相溶性及其中的激活剂，能固化井壁泥饼，能提高固井质量，特别是第二接口的封隔效果，与水泥相比MTC固井技术具有更大的优越性，MTC固化体结构和物理性能，无论是从抗压强度、抗防窜还是从抗高温衰退上评价均优于水泥，能较好地保护油气层。

（梁韩使）

【实施"走出去"战略初见成效】 根据石化集团公司发展战略，滇黔桂石油勘探局发挥自身的优势，坚决实施"走出去"发展战略，已初见成效。在陕北甘泉县找到了有利区块，经过半年多的勘探开发，截至2003年底，累计钻井61口，收购油井10口，共生产原油3 800多吨，销售3 540多吨。同时，利用中国与东盟建立友好合作关系、云南省政府重视东南亚资源合作和资源开发的有利时机，分别与泰国、缅甸有关部门就液化气贸易、油气勘探合作项目进行多次洽谈，对合作的主要条款进一步达成共识，西双版纳进口液化气码头立项、可行性研究等前期工作基本完成。

（梁韩使）

【内部分配制度改革平稳推进】 按照石化集团公司薪酬制度改革的部署，2003年滇黔桂石油勘探局深化内部分配制度改革，通过合理划分岗位，科学定岗定员，简化工资结构，取消了技能工资和平均发放的津补贴，建立岗位工资为重点分配制度，将工资与岗位紧密结合起来，实现了易岗易薪，岗变薪变的动态管理，逐步建立了引入劳动力市场价位调整内部分配关系的机制，健全科学的分配制度，充分发挥了工资分配的激励作用，初步达到了吸引人才、稳定骨干的目的。

（梁韩使）

【液化气客户服务专线开通】 为了发展液化气销售终端，提高市场销售占有率，销售公司在传统的LPG销售中，引入互联网信息技术发展终端销售，发展电子商务，建立客户中心。2003年5月，开通了云南省第一条液化气客户服务专线——96555，客户只要拨打这个号码，即可享受到"滇黔桂液化气"的优质服务。这条热线已成为"滇黔桂液化气"的销售品牌，提升了"滇黔桂液化气"知名度，为其拓宽外部市场打下良好的基础。

（梁韩使）

【北海管道燃气有限公司改制成功】 根据石化集团公司的部署，北海管道燃气有限公司引入法人企业进行股权转让工作已全部完成。经过与中油龙昌（集团）股份有限公司的谈判，北海管道燃气公司于2003年6月顺利改制成功，有23名职工参与了改制，滇黔桂石油勘探局在改制后的"中油龙昌（北海）管道燃气有限公司"里仅持股15.2%。

（梁韩使）

【物探公司划转滇黔桂石油勘探局】 按照重组改革方案，2003年3月1日，物探公司从南方勘探开发分公司划转滇黔桂石油勘探局，共划转职工315人。

（梁韩使）

【王基铭总裁、李春光副总裁到油田调研】 2003年7月6日，石化集团公司党组成员、副总经理、石化股份公司副董事长、总裁王基铭，石化股份公司副总裁李春光率公司总部有关部门负责人到滇黔桂石油勘探局调研。雷文举局长向调研组汇报了滇黔桂石油勘探局上半年工作，公司总部有关部门负责人对滇黔桂石油勘探局提出了意见和建议。王基铭总裁、李春光副总裁作了重要指示。

（梁韩使）

表 1　　滇黔桂石油勘探局主要经济指标　　亿元

指标名称 \ 年份	2003	2002
工业总产值	3.72	2.95
工业增加值	0.84	0.56
资产总计	12.77	15
其中：流动资产	5.74	6.54
固定资产原值	9.34	9.49
固定资产净值	5.81	6.02
销售收入	9.22	6.86
实现利税	0.35	0.52
其中：税金	0.43	0.52

中国石油化工股份有限公司南方勘探开发分公司

【概述】 中国石油化工股份有限公司南方勘探开发分公司(以下简称南方勘探开发分公司)成立于 2002 年 4 月 11 日，其前身为 1999 年 5 月 12 日成立的石化股份公司油田勘探开发事业部南方海相油气勘探项目经理部和 2000 年 2 月 23 日成立的石化股份公司滇黔桂油田分公司的油气勘探开发、科研及物资供应板块。南方勘探开发分公司全面负责南方海相区域的勘探开发工作，负责指定区域的部署和目标任务，完成石化股份公司下达的勘探开发投资、增储任务和效益目标。

南方勘探开发分公司所属探区主要分布于秦岭—大别山—胶南以南的中国南方广大地区，涉及滇、黔、桂、鄂、川、渝、湘、赣、苏、浙、皖、闽、沪、琼、粤等 15 个省(市、自治区)约 200 多万(千米)^2，预计有利勘探面积 95 万(千米)^2，油气资源量 11.6 万亿米^3 气当量。自成立以来，南方勘探开发分公司按照战略展开、战略突破、战略准备三个层次，组织对川东地区(包括川东北和川东南)、鄂西—渝东地区、下扬子句容—海安地区、江汉盆地南部、南盘江秧坝区块、楚雄盆地、十万山盆地、湘鄂西、湘中和松潘—阿坝地区等有利勘探区块进行勘探，并已在川东地区获得油气勘探重大突破。

南方勘探开发分公司承接原滇黔桂油田分公司的勘探开发工作，自营广西百色、贵州赤水、云南陆良和保山等小油气田的滚动勘探开发。

南方勘探开发分公司设 11 个职能处室和一个派出机构，下设 5 个二级单位。总部设在云南省昆明市。

截至 2003 年末，南方勘探开发分公司共有员工 1 227人，其中高级职称 167 人，中级职称 214 人；经营管理人员 333 人，工程技术人员 261 人。

2003 年，在南方海相新区投入地震队伍 16 支，完成二维地震野外资料采集3 881千米，三维地震野外资料采集 689.44(千米)^2；投入钻井队伍 10 支，新开探井 9 口，转接 2002 年探井 3 口，完井 3 口，累计完成进尺14 679米。在广西百色、贵州赤水和云南陆良、保山等现有油气田的滚动勘探开发过程中，新开钻探井 12 口，完井 13 口，累计完成进尺14 745米；新开钻开发井 8 口，完井 8 口，累计完成进尺 6 067米。

超额完成年度储量和油气生产任务。2003 年，南方勘探开发分公司新增天然气探明储量 10.16 亿米^3，为年计划的 101.6%；新增天然气控制储量1 379.85亿米^3，为年度计划的2 759.7%；新增天然气预测储量 1 462亿米^3，为年度计划的1 624.44%。全年共生产天然气 9 040 万米^3，为年计划的 100.44%；生产原油 2.7 万吨，为年计划的 108.11%，完成原油商品量 2.65 万吨，为年计划的 109.38%。

有效控制投资规模和油气生产成本。2003 年南方海相新区进损益勘探费用 4.21 亿元，比预算节约勘探费用 1.16 亿元。现有油气田滚动勘探开发亏损 9 626万元，比计划减亏2 274万元；油气当量现金操作成本为比预算指标下降 0.84 元/桶。

取得 1 个重大突破、2 个重要发现、5 个积极进展的勘探成果。2003 年，南方勘探开发分公司 1 个重大突破是川东北宣汉—达县地区海相天然气勘探取得重大突破，累计获得各类天然气地质储量2 794.17亿米^3。2 个重要发现是：川东南官渡构造带陆相碎屑岩领域获得重要发现，官 8 井在上三叠统须家河组试获日产 9.67 万米^3 天然气流，形成了该区海陆并举、立体勘探开发的新局面；南盘江坳陷秧坝构造双 1 井在上二叠统灰岩段初步试获可燃天然气流，在南方海相构造复杂区及碳酸盐岩裸露区取得了油气勘探重要发现，展示了南盘江盆地广阔的天然气勘探前景。5 个积极进展是：中下扬子平原海相区勘探目标评价优选取得积极进展，发现和落实了一批区带和圈闭目标；松潘—阿坝地区早期评价取得积极进展，初步揭示了若尔盖地块具有形成油气的基本地质条件；南方海相油气成藏理论研究取得积极进展；赤水及邻区中浅层碎屑岩天然气成藏条件研究、赤水外围碳酸盐岩领域的研究认识取得新进展；百色盆地成烃成藏基础理论研究及隐蔽性油气藏勘探和研究取得积极进展，进一步明确了第三系、古潜山和浅层气等 3 个有利勘探领域。

瓶颈技术攻关取得显著进展。一是地球物理综合勘探技术攻关取得进展，初步形成了平原海相、山区海相地震勘探技术方法系列，提高了整个南方海相碳酸盐岩领域勘探技术水平；二是初步形成了适应川东北、鄂西—渝东区块的储层识别和预测技术；三是通过积极引进、应用新技术、新方法，南方海相复杂地区钻探防斜打直、提高钻速、优化井身结构和保护油气层技术获得较大进步；四是通过技术攻关和“三新”技术的推广应用，油气田的开发水平和经济效益得到提高。

内部改革稳步推进。2003 年，南方勘探开发分公司各二级单位下属大队一级单位全部撤销，管理层次进一步扁平化；将所有岗位划分为管理、科研与技术、操作、后勤服务四大系列，共核定岗位 101 个，比原来减少 18 个，在此基础上实施全员解聘后重新竞聘上岗，兑现了一岗一薪和易岗易薪的薪酬制度；参照劳动力市场价位和油田行业内部价位，按四大岗位系列相应制定了 4 套岗位工资标准，除后勤系列外，管理、技术和科研、操作 3 个系列内的岗位工资标准均由低到高随岗位级别的增高而提高，为从事管理、科研和技术及操作的员工，在同一岗位系列内通过努力工作不断谋求更高岗位提供了现实途径。

队伍建设、党的建设及思想政治工作取得新成绩。在 2002—2003 年度石化股份公司开展的“五项”劳动竞赛评比活动中，云南开发公司获“优胜采油厂”称号、云南开发公司陆良采气队获“金牌采气队”称号、广西开发公司采油三队获“银牌采油队”称号。举办了首次职工技术技能大赛，开展了“五杰青年评选活动”。全年以“凝聚、拓新、并进”为主题开展党建和思想政治工作，对凝聚人心，稳定队伍，调动员工积极性起到了积极作用。

南方勘探开发分公司主要经济指标和生产建设指标分别见表 1 和表 2。

（王孝祥）

【毛坝 1 井喜获高产优质气流】 毛坝 1 井位于川东断褶带黄金口构造带，2002 年 1 月 9 日开钻。2003 年 1 月 15—21 日，对4 324—4 352米井段主力气层试气求产，日产天然气 33.02 万米^3，无阻流量超过 100 万米^3，且基本不含硫化氢。毛坝场背斜飞仙关组构造——岩性复合圈闭面积2 250万米^2，预测天然气储量 409.37 亿米^3。这一发现不仅证实了该井所在的宣汉—达县地区“毛坝场背斜”具有良好的“封盖”性能，而且扩大了川东北地区的勘探领域，对实现中国石化资源接替战略意义重大。

（王孝祥）

【普光 1 井钻获高产工业气流】 普光 1 井位于川东断褶带黄金口构造带，2001 年 11 月 3 日开钻，2003 年 4 月 27 日钻至井深5 700米完钻。该井共发现气测异常显示层 94 层 300.07 米，解释含气有利储层 22 层计 265.20 米；其中飞仙关组发现储层 12 层，累计厚 235 米，综合解释气层厚 120 多米，是川东北地区目前发现的最厚的产层。2003 年 7 月 30 日—8 月 10 日，对飞仙关组一段残余鲕粒白云岩储层测试求产，日产天然气 42.37 万米^3。通过气藏早期描述，落实飞仙关组含气面积3 682万米^2，新增天然气控制储量1 379.85 亿米^3；长兴组含气面积4 946万米^2，新增天然气预测储量1 004.95亿米^3。普光 1 井实现重大突破，再次展示了川东宣汉—达县地区良好的天然气勘探前景。

（王孝祥）

【官 8 井钻获工业气流】 官 8 井位于川东南官渡构造带，2002 年 9 月 26 日开钻，2003 年 4 月 11 日钻至井深2 775米完钻。官 8 井钻进过程中在1 823—1 829米发现气浸显示，在2 471.50—2 472.73米须家河组四段砂岩储层发生气喷。2003 年 4 月 30 日—5 月 5 日，对须家河组四段砂岩储层进行输气配产测试，获得稳定天然气日产量 9.67 万米^3。官 8 井勘探突破展示了川东南陆相碎屑岩领域良好的油气勘探前景，使这一区域形成了“海陆并举”的立体勘探新局面。

（王孝祥）

【河坝 1 井中途测试获优质天然气流】 河坝 1 井位于川东北通南巴构造带南阳场断鼻河坝场高点，2001 年 7 月 18 日开钻，设计井深6 100米，主探下三叠统嘉陵江组二段、飞仙关组三段、石碳系黄成组的含油气情况。该井钻至4 462米进入嘉陵江组二段后获得高压气层。2003 年 9 月 13 日—10 月 4 日，对嘉陵江组二段白云岩储层求产测试，最高天然气日产量 6.2 万米^3，最低日产量 2.7 万米^3，平均日产量 3.66 万米^3，放喷点火，焰高 7 米左右。通过现场气样分析，该层天然气中甲烷纯度高达 97%，属川东北地区少有的优质气流。

（王孝祥）

【宣汉—达县地区油气勘探成果获重大发现奖】 2003 年 8 月，石化股份公司油气勘探重大发现奖评审结果揭晓："南方勘探开发分公司四川盆地宣汉—达县地区油气勘探取得重大突破，获发现奖。"中国石化宣汉—达县勘探区块位于四川省宣汉县及达州市，构造位置为四川盆地川东高陡构造带与川中隆起带北东端交界处，持证勘探面积1 115(千米)^2，属南方海相勘探的战略展开区块。截至 2003 年底，区内累计完成二维地震3 097.96千米，三维地震 471.88(千米)^2，钻探井 28 口，累计进尺79 274.81米。

（王孝祥）

【川东勘探大场面形成】 中国石化川东探区包括川东北和川东南两个探区，属南方海相勘探的战略展开层次，持证勘探面积28 592.20(千米)^2。川东北探区构造上位于四川盆地川北复向斜带的九龙山—涪阳坝构造带和川东断褶带的达县—宣汉断褶带，包括宣汉—达县、通南巴、南江和巴中 4 个区块；川东南探区位于四川省东南部、贵州省北部和重庆市西北部，包括天堂坝、綦江、涪陵 3 个区块。2003 年，南方勘探开发分公司在探区内实施的首轮探井毛坝 1 井、普光 1 井、河坝 1 井和官 8 井相继获得重大突破后，进一步加快了这一地区的勘探进程，按照"重点展开勘探宣汉—达县区带，拿探明和控制储量；重点突破通南巴和川东南区带，拿控制和预测储量；重点准备南江区带"的勘探思路，接连部署了 9 口探井和1 725千米二维地震、315(千米)^2 三维地震。2003 年，探区内共投入物探队伍 12 支，完成二维地震1 943.45千米，三维地震 446.28(千米)^2；投入钻井队伍 10 支，累计钻探井 12 口，进尺22 581.78米，新增天然气探明储量 10.16 亿米^3，新增天然气控制储量1 379.85亿米^3，新增天然气预测储量1 462亿米^3。

（王孝祥）

【完成国内首块大面积宽方位角高分辨率山地三维地震】 2003 年 12 月 16 日，国内首块大面积宽方位角高分辨率山地三维地震——川东北宣汉—达县地区 446.28(千米)^2 三维地震野外采集工作圆满完成，为完成全区储量任务和扩大油气勘探成果奠定了资料基础。承担施工任务的胜利油田物探公司 226 队于 2003 年 5 月 1 日进入工区，共投入施工人员5 000余人，采用 12 线 48 炮2 592道超多道接收，使用了 408UL 地震仪和 Omega 处理系统等先进软硬件设施。

（王孝祥）

【完成松潘—阿坝地区首轮二维地震和重磁野外采集任务】 2003 年 8 月 18 日，松潘—阿坝地区首轮二维地震 3 条测线 500 千米野外采集任务通过验收。此次二维地震工作共投入 4 支地震队，于 2002 年底开始至 2003 年 6 月中旬陆续结束。在施工过程中，各施工单位开展了有针对性的地震攻关，初步形成了一套适应这一地区的地震勘探方法。2003 年 8 月 24 日，松潘—阿坝地区20 714个物理点的重磁野外采集任务通过验收，查明了该地及其边缘构造和结构特征，进一步划分了区块内次级构造单元。松潘—阿坝油气勘探项目经石化股份公司和国土资源部审定立项，于 2002 年 5 月正式启动后，即完成了一系列大地电磁、化探以及地质研究工作。

（王孝祥）

【领导班子重新聘任】 2003 年 5 月 15 日，石化股份公司对南方勘探开发分公司行政领导班子进行重新聘任，杨方之为经理，周世良为副经理(兼)，麻建明为副经理，马永生为总地质师，朱铉为总工程师。

南方勘探开发分公司党委由周世良、杨方之、张旭、麻建明、马永生、朱铉等 6 人组成，周世良任书记、杨方之、张旭任副书记，张旭兼纪委书记、工会主席。

（王孝祥）

【实行竞争上岗和易岗易薪】 2003 年 9 月下旬至 10 月上旬，南方勘探开发分公司副处级以上干部除外的所有员工参与了竞争上岗，22 名员工落聘待岗，19 名原科长或副科长或基层队(站)长离开了领导岗位，11 名员工获得晋职资格。全员按竞争后的新岗位兑现岗位工资，实现了岗位职务的动态管理和易岗易薪。

（王孝祥）

【石化股份公司总裁王基铭莅临指导工作】 2003 年 7 月 6 日，石化股份公司副董事长、总裁王基铭，副总裁李春光莅临南方勘探开发分公司检查指导工作。王基铭总裁高度肯定了南方勘探取得的成绩，要求把南方勘探开发分公司建成一支“侦察兵”式的高素质的勘探队伍，依靠科技和人才打开南方海相这个油气宝库。

（王孝祥）

【石化股份公司高级副总裁牟书令3次亲临南方海相新区】 2003年1月26日，石化股份公司高级副总裁牟书令亲临川东北探区听取南方勘探开发分公司的汇报，慰问承钻毛坝1井和普光1井的井队职工，着重指出南方海相勘探要着力解除技术瓶颈。2003年5月16—19日，牟书令再次莅临川东探区调研，要求落实好2003年的勘探计划和“十五”后三年的勘探部署。2003年8月2—7日，牟书令亲临松潘—阿坝地区指导油气勘探工作，要求加快这一地区的地震资料采集、处理和解释工作，加紧第一口参数井的论证。

（王孝祥）

表1 南方勘探开发分公司主要经济指标 万元

指标名称＼年份	2003	2002
工业总产值	8 816	7 447
工业增加值	3 131	3 016
资产总计	62 568	50 108
其中：流动资产	21 067	29 937
固定资产原值	89 694	80 184
固定资产净值	37 647	29 694
销售收入	8 767	7 455
实现利税	－57 437	－35 879
其中：税金	－106	700

表2 南方勘探开发分公司主要生产建设指标

指标名称＼年份	2003	2002
原油产量/万吨	2.7027	3.00
天然气产量/亿米^3	0.904	0.73
新增原油生产能力/万吨	0	0
新增天然气生产能力/亿米^3	0.2952	0.15
新增探明石油地质储量/万吨	0	60
新增探明天然气地质储量/亿米^3	10.16	8.37
二维地震/千米	3 881	2 522
三维地震/(千米)^2	689	28
石油钻井/	24	24
其中：探井/口	16	12
开发井/口	8	12
钻井进尺/万米	3.5622	4.05
勘探投资/亿元	6.6617	3.40
开发投资/亿元	0.2504	0.44

中国石化集团
新星石油有限责任公司

【概述】 中国石化集团新星石油有限责任公司(以下简称新星石油公司，新星油气分公司注销前，新星油气分公司和新星石油有限责任公司统称为新星公司)，是石化集团公司的全资子公司，总部设在北京，现有广州公司、德州石油机械厂、泰州石化总厂、中地石油工程公司等9个直属企业和3个控股公司。是以经营炼油化工、国内外工程勘察施工、石油机械制造为主的多种经营并存的国有大型企业，经营单位主要分布在北京、广州、广西、山东、江苏、陕西、辽宁、吉林、安徽等省市。拥有外经贸部(现商务部)授予的“进出口经营权和对外经济技术合作业务经营权”。

新星石油公司的前身是成立于1955年的地质矿产部石油地质海洋地质局。1997年1月，经国务院批准，在原地质矿产部石油地质海洋地质局的基础上成立了中国新星石油有限责任公司。2000年3月，中国新星石油有限责任公司整体并入石化集团公司，并更名为中国石化集团新星石油有限责任公司。2001年8月，在石化集团公司对新星石油公司进行重组的基础上，石化股份公司向石化集团公司收购了新星石油公司的优质油气资产，成立了中国石化新星石油天然气勘探开发分公司，即上市公司，定名为中国石化股份新星油气分公司。2003年7月，石化集团公司对新星石油公司和新星油气分公司再次进行重组整合。

截至2003年12月31日，新星石油公司有职工3 800人(含西安石化总厂)，其中管理和技术人员1 329人。总资产30.56亿元，净资产21.14亿元。

2003年，新星石油公司在改革与稳定任务艰巨、职工队伍骤然减少、产业规模迅速缩小且主营业务已不突出的情况下，以经济效益为中心，积极转变观念，狠抓内部管理和安全生产，加强思想政治工作，克服“非典”等困难，虽历经两次重组，各项工作仍取得了显著成绩，实现生产经营收入43.94亿元，企业增加值8.17亿元，利润4 234万元，全面完成了生产经营任务，实现了安全生产，超额完成了石化集团公司下达的计划指标。

实施“走出去”战略成效显著。新星石油公司的控股公司中地海外建设公司在年初开始正常运作以后，积极巩固和开拓海外市场，签订了近2亿美元的工程合同，获得了450万美元的利润，资本回报率超过20%。由公司总部直接经营管理的在墨西哥执行合同的勘四海上钻井平台经过艰苦努力，2003年已进入良性运作状态，资金回笼、费用控制以及外部关系都有了较大改善。

炼化企业全面赢利。西安石化总厂和泰州石化总厂在国际油价不断攀升等有利因素的推动下，生产经营形势明显好于往年，全年加工原油150万吨(不含中海沥青)，实现利润1.01亿元，超额完成了石化集团公司下达的各项指标。

其他企业均克服了“非典”带来的不利影响，大部分单位生产经营状况良好。德州石油机械厂在存在许多不利因素的情况下，狠抓经营管理，取得了较好成绩，实现利润311万元。国星油气公司克服LPG国内外市场变化较大、价格剧烈波动的不利因素，有效地规避了市场风险，全年实现净利润272万元，提前实现了扭亏为盈的目标。北京物装公司在经营人员减少，市场发生重大变化的情况下，仍然取得了较好的经营成果，实现利润570万元。

内部管理实现了从粗放型向集约型的转变。新星石油公司在重组后,加快总部从管理型向直接经营型和经营管理型转变步伐,对下属企业的管理推行“指导、协调、监控、服务”的方针,加强财务管理,加大内部审计力度,严格经济责任制制度,在主营业务全部划转石化集团公司管理的情况下,全面完成了石化集团公司下达的指标,并且实现了赢利。在制度建设上,重新修订了《新星石油公司机关各部门岗位职责》,出台了《中国石化集团新星石油公司经济责任制试行办法》。

重组改制工作稳步推进。2003年，新星石油公司除执行石化集团公司的重组决定，将下属6个地区局和西安石化总厂划归石化集团公司直接管理和被石化股份公司收购外，企业内部的改革也取得了很大进展。中地海外以增资扩股方式实施的股权多元化改革取得了理想效果。改制分流工作取得实质性成果，广州公司科光电器厂与基础工程公司、德州机械厂的改制分流初步方案已获石化集团公司批准。

党建工作为企业改革护航。2003年，新星石油公司全面加强了各级党委理论中心且和队处级以上干部的学习，注重深刻理解“三个代表”重要思想的精神实质，注重与新星石油公司的改革发展稳定相结合，把学习贯彻十六大精神和“三个代表”重要思想不断引向深入。通过“三个代表”重要思想的深入学习，促进了党员干部思想水平的明显提高。加强对广大职工的形势任务教育，组织了“新星石油公司改革发展成就图片展”，增强了公司整体的凝聚力。在石化集团公司对新星石油公司持续重组整合的特殊情况下，新星石油公司全体干部职工服从大局，促进稳定发展，实现了赢利目标。

新星石油公司主要经济指标见表1。

(宫艳铭)

【新星石油公司重组整合】 2003年7月,石化集团公司对新星石油公司和新星油气分公司再次进行重组整合:注销新星油气分公司,原新星油气分公司下属的6个地区油气分公司和新星石油公司下属的6个地区局划归石化股份公司和石化集团公司直接管理;新星公司总部划出部分人员与国际勘探开发公司和国际石油工程公司进行了重组。2003年12月,石化股份公司购并了新星西安石化总厂。至此,新星石油公司职工队伍由并入中国石化初期的32 235人,缩减到2 553人(不含西安石化总厂)。

(宫艳铭)

表1 **新星石油公司主要经济指标** 亿元

指标名称 \ 年份	2003②	2002①		2001	2000	1999	1998	1997	1996	1995
		上市部分	存续部分							
工业总产值	38.97	32.93	55.42	66.33	53.22	45.36	44.12	—	—	—
企业增加值	8.17	25.78	15.42	45.83	40.48	28.74	23.61	19.05	15.81	11.52
资产总计	30.56	98.17	74.21	168.16	138.19	113.75	89.74	64.68	58.87	48.98
其中：流动资产	19.14	20.25	32.90	50.50	49.19	40.12	31.17	25.26	24.61	18.87
固定资产原值	21.71	95.26	57.34	144.53	108.69	85.74	75.11	52.44	46.39	35.06
固定资产净值	8.04	66.32	32.63	93.50	67.98	51.94	44.25	29.59	26.72	18.98
销售收入	43.94	30.12	56.63	86.55	82.81	62.95	53.95	39.00	32.18	26.94
利　税	3.08	7.42	3.99	16.81	7.00	4.95	3.22	2.34	2.36	0.75
其中：税　金	2.66	2.03	3.36	6.25	5.68	3.89	2.99	1.64	1.35	0.44

① 上市与存续数据分列，不含上海分公司和上海石油局。
② 2003年数据含西安石化总厂。

中国石化集团上海海洋石油局

【概述】 中国石化集团上海海洋石油局(以下简称上海海洋石油局)原为地矿部上海海洋地质调查局，组建于1973年4月，承担中国海域主要是东海的油气勘探开发。1997年1月，上海海洋石油局归入新星石油公司，2000年3月随新星石油公司整体并入中国石化集团公司。2002年7月，与之前经资产划分后的上市部分上海海洋油气分公司，分别划转为石化集团公司和石化股份公司直接管理。30年来上海海洋石油局向国家提交了一大批油气储量，多次获得国家级重大勘探成果奖和功勋地勘单位称号。在已发现的东海8个油气田中，平湖油气田、春晓油气田已开发和实施开发。

上海海洋石油局是石化集团公司惟一一家从事中深海油气勘探、开发和生产经营活动为主的企业。它具有油气资源研究、调查、海洋物探、海洋钻井、测井、固井、测试等综合油气勘探开发生产能力。拥有两条物探船，两座作业能力达600米、适用水深分别为91米和200米的海洋钻井平台，多艘三用工作船和大马力拖轮等装备，以及能为多个油气田勘探开发同时提供后勤保障支持的作业码头和供应基地。上海海洋石油局还承担了上海市和周边地区大量的市政建设地基勘测、桩基施工等任务，具有国内甲级勘察和一级施工资质。延伸的业务还涉及原油和其他货物运输、仓储、宾馆等。

截至2003年底，上海海洋石油局共有职工1 476人，各类专业技术人员占职工总数46%，其中高级职称149人，中级职称305人。其下属有一海大队、三海大队、浦东轮船公司、海地建设工程公司、玉屏宾馆等11家单位。三海大队(钻探基地)近长江入海口，沿长江建有可停泊万吨轮的300米深水码头。基地总面积10.00万米^2，各种建筑设施2.4万米^2。一海大队(物探基地)近邻上海浦东金桥出口加工区，沿黄埔江长170米的码头可停泊万吨轮。基地总面积7.27万米^2，各种建筑设施2.22万米^2。

2003年是上海海洋石油局各项工作与石化集团公司全面接轨的一年，各方面的工作都有新的起色。

海洋油气工程服务全面进入市场。在经受了市场变化和非典疫情的考验后，上海海洋石油局兼顾内外两个市场，加强管理，深化改革，整体经济发展形势良好。全年累计完成生产经营总收入5.21亿元，为年计划的123%；完成生产增加值1.7亿元，企业积累6 605万元。上海海洋石油局主要经济指标见表1。

大型装备市场开拓取得新进展。物探：“发现号”

物探船重返国际市场，完成古巴海域三维地震 470 (千米)^2 和北海、黑海、西非海域多项二维地震 10 624千米。“奋斗七号”物探船全年参与执行国内项目 6 个，完成二维地震6 517千米，重力和磁力68 906千米。钻探：“勘探二号”钻井平台在渤海浅海全年钻井 5 口，完井 4 口，年总进尺逾 1.6 万米。“勘探三号”钻井平台完成东海 2 口自营井，总进尺6 027米。船舶运营：“石化沪油 001”号轮全年营运 29 个航次。“东方勇士”号和“Viking Boy”大型拖轮分别签订了后续合同和赴东南亚执行服务合同。

海洋石油工程服务核心竞争力提高。直接面向东海油气勘探开发市场的三海(钻探)码头改扩建工程经充分论证后，2003 年向石化集团公司和上海市政府上报了可行性论证和设计方案并获同意。“勘探三号”钻井平台实施特检修理工程，部分单体设备得到了更新改造，提升了市场竞争力。“勘探二号”钻井平台加装悬臂梁改造项目已上报可行性报告并获同意。“奋斗七号”物探船的改造和其他船舶检修工作顺利完成。

持续推进重组改制工作。2003 年企业层面的专业化重组取得突破，剥离三海大队的石油钻井部分组建成钻井分公司，迈出了业务板块战略性调整的重要一步。部署了企业改制分流的 3 年计划，完成 3 家多种经营企业改制分流的前期准备，年末进入实施阶段。“三项”制度改革积极稳妥多方位推进。企业养老保险由“事业单位制度”向“执行企业制度”顺利转变。

党建和精神文明建设得到全面加强。2003 年，三海大队等单位再次获得上海市文明单位称号；“勘探二号”和“勘探三号”钻井平台通过复检，继续保持了“全国杰出青年文明号”和“全国青年文明号”称号；“勘探三号”钻井平台获石化集团公司“优秀思想政治工作基层单位”称号。

(王造国)

【重组钻井分公司进军海洋油气钻探市场】 2003 年 3 月 17 日，上海海洋石油局推出存续企业实行专业化重组的“重头戏”：按照专业化、市场化、社会化、现代化的原则，对已有 28 年建队历史的第三海洋地质调查大队实施重组改革，其石油钻井部分剥离后组建成上海海洋石油局钻井分公司。

重组后的钻井分公司设置钻井工程部、生产调度室、综合办公室和两座海上钻井平台，根据局下达的钻井任务组织施工作业。这一重组全力提升了海洋油气钻井的市场竞争力，适应了石化集团公司在东海联合勘探、自营勘探和国内国际海洋油气钻探市场不断发展的需要。

(王造国)

【“勘探二号”年进尺突破 1.6 万米】 截至 2003 年 12 月 31 日 12 时 20 分，“勘探二号”钻井平台施工的渤海“埕北 39 井”钻至井深3 827米。至此，“勘探二号”钻井平台全年钻井 5 口，总进尺达到 1.6 万米，创下了新的纪录。自 1992 年 5 月，“勘探二号”钻井平台进入胜利油田浅海地区钻井作业，年进尺最大的是 2002 年的 1.51 万米。北上服务 12 年来，共钻井 41 口，总进尺 12.5 万米。

(王造国)

【“石化沪油 001”号油轮上海首航】 2003 年 1 月 20 日，上海海洋石油局上海浦东轮船公司新建的油轮“石化沪油 001”号轮在上海拔锚启航，标志着中国石化系统第一艘采用中国石化标识、并以石化命名排序的油轮正式投入营运。至 2003 年底，“石化沪油 001”号全年安全营运 29 个航次，经济效益明显。

(王造国)

【企业改制分流有序推进】 在完成海地房地产公司改制分流试点基础上，上海海洋石油局制定了企业改制分流 3 年规划，分步对系统多种经营企业实施主辅分离、改制分流。2003 年完成东亚公司等 3 家企业改制的初步方案和实施方案编制、审核报批和资产清查、财务审计、评估等前期工作，至年末开始实施。3 家改制分流企业涉及净资产 296 万元，分流职工 19 人。同时开展了海地建设工程公司工民建板块的改制分流和浦东轮船公司改制可行性方案的编制。

(王造国)

【打造内部审计系统工程】 2003 年 3 月，上海海洋石油局成立内部审计委员会。内部审计工作管理办法、干部任期经济责任审计办法和审计处理、处罚规定等 3 项制度出台试行。“干部任期经济责任审计办法”规定，除常规的离任审计外，企业经济责任人每年还必须接受年度经济效益审计，明确要求对经济责任人的审计结果要在相应范围内通报。审计监督与纪检监察、司法机关的配合是内部审计系统工程必须的程序。由纪检、监察、组织、人事、审计等部门组成的联席会议制已在年内实施。

(王造国)

【牟书令副总裁在东海钻井平台调研】 2003 年 8 月 23 日，石化股份公司高级副总裁牟书令等一行 6 人组成的调研组，冒着酷暑登上正在东海钻井作业的上海海洋石油局“勘探三号”平台和平湖油气田综合生产平台视察、调研工作。牟书令在调研时指出：作为国家和石化集团公司新的经济增长点，东海油气勘探开发一定要抓住机遇，顺应大趋势把握大思路。对于上海海洋石油局的海洋石油工程施工，我们要给予支持。石化集团公司将对加快东海油气勘探开发作统一规划和部署。

（王造国）

表 1　上海海洋石油局主要经济指标　亿元

指标名称 \ 年份	2003	2002	2001	2000	1999	1998
工业增加值	0.69	0.79	0.79	2.03	0.32	4.13
资产总计	6.37	7.81	8.37	12.08	9.89	17.94
其中：流动资产	3.15	4.02	4.22	4.15	5.45	4.44
固定资产原值	11.16	11.21	10.06	10.17	9.79	21.48
固定资产净值	2.88	3.26	3.63	3.25	3.45	12.41
生产经营销售收入	5.21	5.23	4.29	5.54	1.20	7.33
实现利税	0.18	0.23	0.17	0.16	－0.02	0.06
其中：税　金	0.15	0.16	0.11	0.11	0.01	0.06

中国石油化工股份有限公司上海海洋油气分公司

【概述】 中国石油化工股份有限公司上海海洋油气分公司(以下简称上海海洋油气分公司)是专门从事海洋油气勘探和开发的企业，主要承担三大主体业务，一是代表石化股份公司参与两个合作项目即西湖项目和平湖项目的管理，维护石化股份公司的股东权益；二是在东海、南海等海域开展自营勘探，争取发现新的油气田，尽快建立自营勘探开发基地；三是配合上海海洋石油局，参与海外项目的前期调研和油气资源勘探开发评价。

上海海洋油气分公司地处上海浦东，其前身是地矿部上海海洋地质调查局。1997 年 1 月整体归入新组建的中国新星石油公司。2000 年 3 月又随中国新星石油公司整体并入石化集团公司。2001 年上海局的优良资产部分随中国石化收购新星公司增发 A 股整体上市，组建了新星上海分公司，2002 年 2 月正式成立中国石化新星上海分公司。2002 年 7 月直属石化股份公司管理，更名为中国石油化工股份有限公司上海海洋油气分公司。

截至 2003 年底上海海洋油气分公司有职工 223 人，其中工程技术员 88 人、管理人员 105 人。高级职称 99 人、中级职称 69 人，中高级职称人数占职工总数的 75%。设有管理处室 10 个，下属单位 3 个，即海洋石油规划设计研究院、信息网络中心、工程监理中心。

上海海洋油气分公司拥有资产 18.76 亿元人民币，其中流动资产9 138万元、固定资产 9.95 亿元(其中：勘探费用资本化 1.79 亿元、在建工程 8 亿元)、无形资产及其他 621 万元、长期股权投资 7.84 亿元。2003 年实现投资收益 1.87 亿元，经营收入 516.44 万元，完成利润总额4 432.47万元；完成勘探投资 1.18 亿元、开发投资 8 亿元。2003 年，上海海洋油气分公司生产份额原油 11.51 万吨、天然气份额产量 1.46 亿米^3。上海海洋油气分公司主要经济指标见表 1。

西湖合作项目：西湖项目春晓气田原由中国石化和海洋石油总公司联合开发，双方各持 50% 的股份，作业者由海洋石油总公司担任。春晓气田群开发工程面积为7 780万米^2，包括春晓、天外天、残雪、断桥 4 个构造。该工程计划于 2004 年底建成，2005 年 6 月供气。2003 年 8 月，中国石化、海洋石油总公司与英荷壳牌公司、美国优尼科公司在北京签订了西湖凹陷 5 个石油合同，标志着东海油气勘探开发进入了一个 4 方联合的新阶段。

2003 年，春晓气田群主要完成了 991(千米)^2 三维地震资料的连片构造处理和解释；在 27/05 区块完成二维地震采集 636 千米，组织开展了 2003 年新采集二维地震资料处理和3 250千米老地震资料的重新处理；2003 年开展了中心平台和天外天、春晓井口平台的导管架及上部结构的建造，以及天然气长输管线、平台内部管道的卷管和涂敷，完成了宁波三山陆上天然气处理厂的场地和基础建设。

平湖合作项目：平湖油气田是中国在东海发现并投入开发的第一个油气田，面积 242(千米)^2，于 1999 年 4 月正式向上海市供应优质天然气。至 2003 年底，累计生产原油 238 万吨、生产天然气 17.33 亿米^3。2003 年 10 月,平湖油气田开发扩建工程(一期)完工正式投入生产,日供气能力从 120 万米^3 增加到 180 万米^3。

自营项目：2003 年上海海洋油气分公司在东海海礁凸起完成了“礁一井”、“富阳一井”2 口探井的钻探和评价，总进尺6 021.19米；在东海南部、东海钱塘—海礁及粤琼地区徐闻区块共完成二维地震6 312.65千米。

海外项目：上海海洋油气分公司积极参与中国石化海外油气勘探开发项目综合评价，收集了 19 家海外石油公司的背景资料，评价选择油气资源前景较好的风险勘探区块和开发区块，向中国石化提交了“澳大利亚西北陆架油气资源潜力分析”报告。

（雷　雳　林雪梅）

【石油合同正式签订】 2003 年 8 月 19 日，中国石化、海洋石油总公司、英荷壳牌公司、美国优尼科石油公司在北京人民大会堂，共同签署了位于东海西湖凹陷的 5 个石油合同。合同的签订将推动东海油气勘探开发进入一个新阶段，东气上岸也将满足长江三角洲地区对能源的需求。

（雷　雳　林雪梅）

【石化股份公司高级副总裁牟书令莅临上海海洋油气分公司指导工作】 2003 年 8 月 23 日，石化股份公司高级副总裁牟书令等一行 6 人组成的调研组莅临上海海洋油气分公司指导工作，期间视察了在东海钻井作业的“勘探三号”平台和平湖油气田综合生产平台。他希望上海海洋油气分公司要在自营区块上尽快实现突破、尽早取得发现，这是最终目标。

（雷　雳　林雪梅）

【中外联管会第一次会议在上海召开】 2003 年 9 月 9 日，东海西湖项目中外联合管理委员会第一次会议在上海召开。中国石化、海洋石油总公司、英荷壳牌、美国优尼科公司联管会代表和秘书参加了会议。会议确认了各方推荐的联管会代表、联管会主席和副主席、联管会秘书及市场营销和销售部经理，联管会主席和销售部经理由中国石化方担任；同意成立工作计划和预算小组等 4 个专家组。

（雷　雳　林雪梅）

【东海平湖油气田扩建工程(一期)正式投产】 2003 年 10 月 16 日，平湖油气田扩建工程(一期)正式投产。石化集团公司副总经理张耀仓、上海市副市长周禹鹏、海洋石油总公司副总经理罗汉、国家发改委能源局局长徐锭明参加了在上海举办的投产仪式，并作重要讲话。上海海洋油气分公司经理刘申叔、总会计师王雯分别以上海石油天然气总公司副董事长、监事会主席的身份参加该仪式。一期扩建工程于 2002 年 8 月启动，历时 14 个月，正式投产后，平湖油气田日供气能力从 120 万米^3 增加到 180 万米^3。

（雷　雳　林雪梅）

【东海西湖天然气市场营销和销售部成立】 中外 4 方签订的石油合同中，明确由中国石化牵头负责东海西湖项目天然气市场营销工作。中外联管会第一次会议确认了中国石化指派的李良为销售部经理。2003 年 11 月 14 日，东海西湖天然气市场营销和销售部正式挂牌成立，销售部人员由 4 方委派的有关人员组成。

（雷　雳　林雪梅）

表 1　　上海海洋油气分公司主要经济指标　　亿元

指标名称＼年份	2003	2002	2001
工业增加值	0.63	0.99	-0.07
资产总计	18.76	11.22	3.01
其中：流动资产	0.92	0.57	0.39
固定资产原值	0.22	0.16	1.83
固定资产净值	0.15	0.10	0.81
销售收入	0.05	0.18	0.45
实现利税	0.45	0.63	-0.41
其中：税　金	0.007	0.006	0.04

中国石化集团西南石油局

【概述】 中国石化集团西南石油局(以下简称西南石油局)是石油化工集团的全资子公司，主要从事石油天然气物探、钻井、测井、录井、固井、压裂等工程服务和油气田环境治理，进行天然气化工、工程地质、水文地质勘察设计和施工，盐矿及油气伴生资源的勘探开发、加工和综合利用，承担工业和民用天然气管网的设计施工，制造、销售石油天然气工业的物资器材。除拥有颇具实力和特色的石油工程服务业之外，利用找矿优势，开发了具有良好医疗保健特色和度假休闲价值的安县罗浮山温泉。

西南石油局的主体队伍是20世纪50年代参加大庆石油会战的国家"地质勘查功勋单位",曾为发现大庆油田、吉林油田、辽河油田、新疆塔河油田作出过重大贡献。20世纪60年代入川以来,又先后发现了四川中坝、福成寨、雷音铺、新场、洛带等大中型气田。

截至2003年底,西南石油局机关共有15个处室,下属二级单位22个,局属各类企业24个。所属二级单位分布在四川、重庆、贵州,主要工区在川、渝、黔和新疆。有员工1 891人,其中专业技术人员900余人。

2003年西南石油局实现生产经营总收入10.07亿元，是石化集团公司下达年计划的141.84%，是2002年的120%；共实现生产增加值4.0亿元，完成年承包指标2.18亿元的183.09%；实现企业积累1.35亿元，完成年承包指标7 274万元的185.35%；实现利润总额6 713万元，完成承包指标900万元的244%。年末资产总额达17.6亿元，较年初的16.47亿元增加了1.13亿元。2003年西南石油局主要经济指标创造历史新高，提前两年实现了2005年奋斗目标。

（陈　宏）

【生产经营稳健协调发展】 工程作业。2003年西南石油局油田工程施工完成收入7.54亿元，占全局总收入的75%。

钻井从业人员674人，拥有钻机24台，设备新度系数为0.7，施工钻井93口(含跨年度井)，完成钻井进尺22.2万米，比2002年增加7.2万米，同比增加48%。

地球物理勘探从业人员218人，拥有包括408XL、SN388数字地震仪，Trimble、Sercel、Astethc高精度卫星定位系统，Uitra80工作站、资料处理解释PC集群等多套国内外先进设备和配套技术及科研队伍。2003年完成二维地震资料采集满覆盖剖面901.41千米，7 801个物理点，合格率98.3%；完成三维地震资料采集满覆盖面积320.62(千米)^2，12 156个物理点，合格率99%；完成三口井的VSP勘探资料采集，共计2 044个测点，合格率100%；完成小折射测点415个和17个试验物理点，全部合格；完成微测井331口，全部合格。

地球物理测井从业人员168人，完成测井工作总量16 182.2万条件米(含四川、新疆、东北地区)，射孔工作量1 721.3米。2003年共完成254口井，696井次的测井、射孔任务。拥有EXCELL2000i成像测井设备，CLS3700数控测井设备及配套的测井资料处理解释设备和软件系统。

录井从业人员161人，有各类录井设备共53台套，其中进口高档综合录井仪4台，普通综合录井仪23台，气测仪11台，地化仪、荧光仪、P－K仪共15台。全年录井159口(含四川、新疆地区)，录井总进尺42.67万米。完井验收132口井，优良率100%。全年提交完井地质报告107份，优秀率79.4%，良好率20.6%。

井下作业从业人员236人，2003年完成固井137井次，比上年增加38井次，同比增加38%；完成压裂145层次，比上年增加11层次，同比增长8%。

油建工程从业人员56人，2003年建设站场44座，敷设管线148千米。油田施工收入中，国外施工完成收入0.5亿元，占全局总收入的5.1%。

多元经济。2003年西南石油局有各类企业20个，在上年基础上压缩了41%，现有从业人员216人。多种经营完成收入1.96亿元，比2002年增长33%，完成全年计划指标130%，占全局总收入的19%。

基地服务。西南石油局拥有15个基地，从业人员94人，基地物业化管理改革稳步推进，开始收取物业成本费，实现了社会化服务，社区服务完成收入0.38亿元，占全局总收入的3%。

（陈　宏）

【科技创新成绩斐然】 2003年西南石油局新纪录、新指标不断涌现。形成了有特色的工程技术、工艺、方法，解决一批生产中的疑难复杂问题。大幅度提高了工程质量和效率，创下了一批先进的技术指标，创造了一批施工新纪录。多次打破新疆工区单只PDC钻头进尺全国纪录；成功完成了川西中深井段欠平衡钻井施工实施；录井分队在塔里木盆地奥陶系获工业油气流，实现了中国石化在新登区块的首次重大突破。培养了一批学科带头人。

（陈　宏）

【持续进行专业化重组】 2003年，石化集团公司管理体制调整，西南石油局由新星公司管理调整为石化集团公司直接管理。西南石油局内部继续进行专业化持续重组。一是对分散的工程服务专业和队伍进行了重组，以第十一普查勘探大队为基础，整合原分散在7个单位的16个机修、机加、运输、钻前、钻后等工程服务队伍，组建了西南石油局工程服务处，这是西南石油局深化改革的又一个重大举措。二是进行了油建施工队伍的重组，建立了油建分公司的直属施工队伍，集中了资源，理顺了管理关系，增强了油建分公司实力。三是建立了物探工作新体制，上市、存续双方共设一个物探研究院，保持了物探队伍整体在行业内领先的技术优势和品牌优势，并在局机关设立了地物处，解决了物探和测井、录井等专业相互支撑、协调发展的问题。四是对多经企业进行了清理整顿和关停并转，在前年的基础上压缩了41%，保留了与主业关联程度较高、发展前景看好、盈利能力较强的24个企业。同时，落实石化集团公司改制分流的部署，进行了宏达公司的改制工作，并积极推进第二普查勘探大队重庆机械厂的改制分流。通过2003年及前几年持续不断的改革工作，西南石油局企业层面的专业化重组工作基本完成，产业结构和队伍结构日趋合理。2003年底，工程、多经、基地三大板块实现产值的比例为75∶22∶3，“工程强局，多经富局，基地稳局”的崭新格局初步形成。西南石油局的专业化重组以及产业结构和队伍结构调整工作走在了兄弟单位的前面，受到了石化集团公司和有关领导的好评。

（陈　宏）

【队伍资质建设成效显著】 西南石油局重视工程作业队伍的资质建设，进一步完善了质量、安全、环境管理体系，加强队伍资质等级、ISO 9000质量体系、HSE体系的建设。钻井队取得石化集团公司认证的甲级队6支，乙级队12支，达标队2支；录井队取得新星公司甲级队11支，乙级队9支，丙级队11支；固井分队取得甲级队1支，乙级队1支；测井队取得甲级队1支，乙级队4支，射孔达标队2支；物探队取得甲级队3支，乙级队1支。油建分公司取得国家一级压力管道建设安装许可证并通过了ISO 9002质量体系认证。全局工程队伍积极参加石化集团公司油田企业金银牌基层队创建活动，取得优异成绩，局获优秀组织单位奖，两个单位获金牌队，6个单位获银牌队殊荣。

（陈　宏）

【实现安全生产】 落实安全责任制和防范措施，创造稳定的安全生产局面。2003年西南石油局无安全责任事故发生，实现了石化集团公司和四川省政府下达的安全生产管理目标，被石化集团公司评为安全生产先进单位。

（陈　宏）

【精神文明建设】 在西南石油局党委领导下，西南石油局上下深入贯彻十六大精神，掀起了学习“三个代表”重要思想和胡锦涛同志“七·一”重要讲话新高潮。各基层单位广泛开展“学习创新、民主团结、勤政为民、清正廉洁”为内容的“四好”领导班子创建活动和“党员先锋”工程教育活动，对局数十名队(处)级干部进行了全面考核；从打造中国石化西南石油品牌的需要出发，全面启动了局系统的企业文化建设；积极推进党风廉政建设和依法治企，有针对性地采取有效措施，加大了重点工程、重点项目的监控工作力度；配合西南分公司开展油气田治安综合治理，搞好社区精神文明建设，与西南分公司相互配合，抓队伍转型中的职工思想政治工作，化解矛盾，稳定人心，保证了西南石油局生产经营的正常进行。

（陈　宏）

中国石油化工股份有限公司西南分公司

【概述】 中国石油化工股份有限公司西南分公司(以下简称西南分公司)是按照2001年石化集团公司重组改制要求，在原中国石化新星公司西南石油局基础上划分并融入中国石化在国内A股上市的部分。

西南分公司承继了原西南石油局的全部油气田资产，以油气地质综合研究、油气藏工程研究、地球物理研究、油气勘探、油气开发、油气测试、油气田地面建设、采油采气、油气储运、石油天然气及成品油销售、工程技术服务和咨询等为经营范围。西南分公司目前拥有油气三级储量油当量2.85亿吨，其中累计探明油当量1.13亿吨，发现并建成了川渝第一大型整装气田——新场气田，已建设各类天然气集输管道3 000余千米，在川西和川东北分别形成了独立的产供销系统，实现了天然气的集约、规模开发。西南分公司是石化股份公司最重要的天然气产销基地之一。

西南分公司现有员工近3 000人，其中专业技术人员近1 600人。主要工作区域涉及川、渝、黔。通过数十年对四川盆地非常规致密砂岩领域和海相碳酸岩盐领域的油气勘探开发，形成和完善了独具特色的勘探开发理论和工程工艺技术，科研水平绝大多数达到国内、国际领先水平。

2003年生产天然气17.01亿米^3，同比增长13.32%；销售天然气16.34亿米^3，同比增长11.83%；销售原油9 564吨，同比增长14.92%。实现油气销售收入8.95亿元，同比增长14.77%；实现利润总额6 800万元，完成计划目标的108.14%。2003年完成投资10.33亿元。年末资产总额30.8亿元，负债率59.39%。

（陈　宏）

【油气勘探】 2003年西南分公司勘探工作取得了“两个重要发现、六个重要进展”的油气勘探成果。川西深层勘探目标取得了重要阶段性成果，川西、川北、川东北评价勘探取得重要进展。先后有数口井在不同的地区不同的层位有新的进展。一批重要认识为西南分公司下一步油气勘探部署提供了重要依据。全年共完成勘探、开发井49口，钻井进尺10.81万米。全年新增天然气三级储量673亿米^3，超额完成了上级下达的储量目标任务。

（陈　宏）

【油气开发】 截至2003年底，西南分公司共有油气井744口，开井649口，(其中油井13口，气井636口)，天然气日产量超过500万米^3。老井年自然递减率低于13%，年综合递减率低于10%。开发技术取得长足进步，超额34%完成了年度产能建设任务，难采储量评价取得新进展，地面工程建设及时迅速，确保了平稳供气。在日渐形成油气勘探开发大场面的川东北用不到100天的时间，优质、安全、快速地修建了毛坝(宣汉)—达县输气管线工程。确保了10月20日开通输气。

（陈　宏）

【销售工作】 销售工作成效突出，油气款回收进入良性循环。2003年西南分公司销售天然气16.34亿米^3，天然气商品化率96.04%。按照上级优化用户结构、控制油气流向的要求，降低了化肥供气比例。西南分公司与各用户签订了规范的《天然气供用气合同》，与此同时，加强了当期油气款回收和对陈年欠款的清欠工作，全年气款回收率达109.85%。

（陈　宏）

【科技工作】 2003年科技工作取得了引人注目的成绩。“十五”国家重点科技攻关课题“四川盆地西部低渗透气藏勘探开发关键技术研究”下属的3个一级专题、11个二级专题全部完成并通过专题验收与成果鉴定，成果报告均为优秀；石化股份公司委托的四川盆地西部致密碎屑岩气藏描述技术研究项目已经按计划完成，成果评审验收评价为优秀；完成勘探、开发和钻井工程等专业的科技成果登记4项，通过组织申报，获得四川省科技进步二等奖1项、三等奖2项，“川西坳陷侏罗系致密砂岩气藏评价与预测研究”获得2003年度石化集团公司科技进步一等奖；圆满地承办了国土资源部下达的CCOP关于PPM项目(东亚、东南亚地学协调委员会石油政策管理项目)国际会议，开拓了对国际石油政策、资源评价角度的视野，提升了西南分公司的国际声誉。

（陈　宏）

【经营管理】 2003年7月，石化集团公司、石化股份公司调整原新星石油公司领导体制，西南分公司自此由石化股份公司直接管理。西南分公司按照“理顺体制、适应变化、规范有序、加快融合”的要求，进一步明确工作范围，界定机关生产运行部门职责，稳妥进行体制调整和业务对接，有序地推进工作。根据生产运行的需要调整了物质采购供应，集中精力突击川东北管道建设，重点跟踪、及时分析川西深井的钻井过程和油气显示，综合管理和各项业务工作高速运转，确保了生产经营的正常进行。

（陈　宏）

【实现安全生产】 2003年西南分公司加强了工程管理，所有施工项目均有监理到场。工程质量均达到优良；完善并认真执行生产过程中的系列规范，积极发挥油气藏动态管理、分级动态分析、油气井分级管理制度和油气开发计算机网络管理系统的作用，有效地控制了油气田生产动态，使油气生产更趋科学、规范、稳定；认真贯彻《安全生产法》，全年无重大安全、环保责任事故，实现了石化股份公司和四川省政府下达的安全生产管理目标，被评为中国石化和四川省安全生产先进单位；继续开展了HSE认证工作；地面工程建设以保证新井尽快投产为重点，逐步推行HSE管理体系，加大安全环保整改力度，实现了气井正常生产、管网安全高效运行和环境保护的同步进行；继续执行八部委专项整治油气田治安秩序的指示精神，保证了德阳气田良好的治安状况，维护了油气田的正常秩序。

（陈　宏）

【信息化建设成效显著】 完成了覆盖所有二级单位的西南分公司广域网建设；开展了勘探开发研究院、川西采输处两个主干节点网络的建设；完善了西南分公司总部网络的建设并部署了网络防病毒系统，完成了油田事业部推广的勘探、调度综合业务信息管理系统的安装、调试、试运行和上报工作；建立了西南分公司试验性 Web 网站主页。

（陈　宏）

【关联关系】 2003 年，西南分公司与西南石油局关联交易情况正常、执行良好，并在生产经营更多领域、更高的层次上和完成急重难新任务中有了新的升华。在川东北管线工程、川西深井作业等方面，西南石油局给予西南分公司以极大的支持，显示了强大的支撑作用。西南分公司本着团结携手，共谋发展的精神，对代管人员管理、工程作业人员划分、施工安排、资产置换、养老保险等方面的有关问题，数次向上级专题汇报，进行积极稳妥的协调处理。

（陈　宏）

中国石化集团中南石油局暨中国石油化工股份有限公司中南分公司

【概述】 中国石油化工集团中南石油局(以下简称中南石油局)暨中国石油化工股份有限公司中南分公司(以下简称中南分公司)是以从事石油天然气勘探开发、油气工程作业和与油气相关延伸产业生产经营为主的专业化队伍。中南石油局暨中南分公司本部坐落在湖南省长沙市，所属四大生活基地，占地总面积 46.66 万米^2。单位成立于 1971 年，前身是地矿部中南石油地质局，历经改革发展，2003 年 5 月根据中国石化体制调整改革的要求，成为石化集团直属国有企业。下属 3 个专业队(院)和 9 个作业子公司，现有员工2 800多人，其中正式员工1 290人，各类专业技术人员占员工总数的 46%，其中高级职称 227 人、中级职称 324 人。

拥有资产总额 5.8 亿元，各类大型设备2 000余台(套)。具有地质研究、地震勘探、钻井、测录井、油田工程服务、油田建设以及采油、输油等油气勘探开发生产能力，同时具有承担工程勘测、道路桥梁、民用建筑施工、打水供水及房地产开发的资质和能力。

30 多年来，中南石油局、中南分公司先后为松辽、南阳、吉林、塔北、西藏、松滋、湘中的油气发现和突破作出了重要贡献，形成了适合于水网、丛林、高原、沙漠等各种地形、不同气候的油气勘探开发特色和技术方法系列。已形成了江汉盆地西南部、湘中地区、川东北镇巴等 3 个油气勘探开发区。中南石油局作业队伍充分发挥技术、人员与装备优势，开拓西北、东北等油气工程市场取得优异成绩，积极参与地方经济建设，承揽了多个省、市重点工程项目，建立了良好的市场信誉和社会知名度。

2003 年，中南石油局、中南分公司认真践行“三个代表”，以生产经营为中心，把“打造石油湘军，贡献中国石化”作为企业使命，把“敢为人先，勇夺第一”作为企业精神，把“合作，双赢，效益最大化”作为经营理念，把“油气做大，企业做强，员工做富，家园做美”作为工作奋斗目标，队伍凝聚力和企业向心力不断增强，生产经营创历史最好成绩。年内通过了 ISO 9000 质量管理体系、ISO 14001 环境管理体系和各类专业资质认证，全面实施了 HSE 管理，企业管理水平不断提高。中南石油局生产经营总收入达到 4.47 亿元，完成企业积累4 138万元，生产增加值 1.37 亿元，实现利润总额1 206万元。中南分公司按照“立足江汉、突破湘中、开拓新区”的油气发展战略，扩大油气勘探开发规模，达到 1.08 亿元，探明含油气面积叠合 390 万米^2，新投产 5 口井，生产原油 7 088吨，提交三级石油储量 381 万吨。中南石油局主要经济指标见表 1，中南分公司主要经济指标和主要生产建设指标见表 2、表 3。

物探公司 545 队连续两年被评为中国石化西部新区“名牌基层队”，2003 年，又获中国石化“金牌基层队”称号，542 队获“银牌基层队”称号。钻井公司凭借技术创新和细化管理，创下了全国石油钻井行业“单井周期最短”和“单只钻头一次入井钻井进尺”两项新纪录。原 4101 钻井队和 4201 录井分队分获中国石化金、银牌基层队称号。油田工程服务公司 2003 年以质量信誉为品牌，以降本增效为手段，主要服务于新疆工区，在西北分公司塔河油田 110 万吨/年产能建设中被评为先进单位。油建公司下设 4 个施工作业队，共完成油建工程 32 个，在塔河油田油建队伍单井流程评比中获第一名，在 110 万吨/年产能建设中获塔二联项目部通报嘉奖。中扬建设工程公司拥有国家测绘总局颁发的甲级测绘资质、建设部颁发的甲级工程地质勘察资质，湖南省建设厅核准的二级路基、公路路面专业承包二级资质及地基与基础专业承包二级资质。建筑公司具国家二级建筑施工企业资质，具有承担 30 层以下、30 米以内跨度建筑物、100 米以内构筑物施工及水电安装、装饰工程等施工能力。

（丁勇兵）

【生产经营创历史最好成绩】 2003 年中南石油局生产经营继续快速增长，各项指标均创历史最高，有 4 个单位年经营收入超过或接近 1 亿元。全年实现生产经营总收入4.47亿元，为冲刺目标的111.8%，同比增长47.1%。完成企业积累4 138万元，为计划的113%，同比增长55.7%。企业经营应得现金3 029万元，实现利润1 206万元。资产总额达到4.32亿元，同比增长37.7%，其中净资产2.03亿元，流动资产2.35亿元，资产负债率为53%。

中南分公司共完成油气勘探开发投资1.25亿元，实现原油销售收入1 276万元，其他业务收入521万元，完成控亏6 808万元，单位现金操作成本33.5元/桶，资产总额1.49亿元，其中固定资产1.23亿元，全年计提折旧655万元。

（丁勇兵）

【油气勘探开发规模不断扩大】 中南分公司按照“立足江汉、突破湘中、开拓新区”的油气发展思路，松滋油田勘探开发规模不断扩大。完成勘探井3口，进尺1.09万米，开发井5口，进尺1.81万米，累计进尺2.90万米，为计划的102%。提交发现井1口（鄂深14井），3口开发井获工业油流。储、产量完成目标任务，向国家储委提交探明储量152万吨，为计划的101.3%；控制储量92万吨，为计划的184%；预测储量137万吨，为计划的137%，共完成三级石油储量381万吨。生产原油7 088吨，为调整计划的101.3%，销售原油7 060吨，原油销售商品率达99.6%。江汉探区新增圈闭4个，共落实圈闭22个。

湘中海相碳酸盐岩油气勘探项目启动，开展新一轮山地碳酸盐岩裸区地震攻关试验，获得了一批新的油气成果资料。落实川东北镇巴4 500(千米)^{2}的油气勘探新区。

（丁勇兵）

【油气工程核心业务强势发展】 第五物探大队2003年满负荷优质作业，先后完成东北巨宝二维、西北于奇三维、湘中二维试验、西部新区卡塔克1区块二维、3区块沙漠地震攻关、顺南—卡塔克4区块二维等6个地震资料采集项目，完成了中南石油局历史上最大地震项目——西北分公司托甫台三维地震采集，合同金额7 000万元。合计完成二维地震2 185.4剖面千米，生产物理点49 677个，三维地震341.3(千米)^2，物理点14 184个。四普钻井公司全年开动钻机7台，施工28口井，完井25口，累计钻井进尺10.40万米，比上年净增4万米，为计划的127%，同比增长50%以上。钻井施工通过实施优快钻进，钻井效率迅速提高，钻井周期同比缩短40%，台月效率由上年的1 352.6米/(台·月)增加至2 047.6米/(台·月)，纯钻利用率由上年的30%提高至40%。

（丁勇兵）

【油建油服主营业务持续增长】 油建公司抓住施工塔河油田建设二号联合站的市场机遇，努力开拓，质量求胜，完成油建工程32个，其中单井流程7座、掺稀流程5座、单井集输管线20条。油服公司以质量信誉为品牌，以降本增效为手段，完成钻前工程21个、零星工程42个、水井109口，导管98套、热力队成功进入塔中沙漠施工，完成塔河二期供暖，为55个井场提供了冬季供暖服务，创造了良好的经济效益。此外完成原油运输周转量2 062万吨·千米，销售沥青1万吨。

（丁勇兵）

【中扬建设工程公司承接建成湖南标志路】 2003年9月30日，由中扬建设工程公司承建的市政工程——湖南长沙湘府路建成通车。湘府路原名蔡家冲路，因湖南省政府新址位于路侧而改名，全长1.85千米，为城市一级主干道，当年施工当年完成合同金额6 900万元。公司一班人带领员工，克服了“非典”影响，顶烈日，战酷暑，昼夜奋战在工地上，保质按时完成工程，为湖南省政府早日南迁争取了时间。工程质量和进度得到了省市领导和石化集团公司领导高度评价，为此建设公司荣获省市“重合同、守信用”单位称号。

（丁勇兵）

【队伍结构调整进一步优化】 2003年，中南石油局加大了队伍结构调整力度，成立新疆工区指挥部，加强了对新疆工区的统一指挥、协调、组织和管理；中南分公司成立松滋油田采油厂、监理中心、原油销售部，强化了松滋油区的管理。将第五物探大队整体并入研究院，地质研究与物探相互融合，增强了综合研究能力。将基地服务中心、中扬置业公司、矿产公司进行融合性管理调整，加大了基地管理和开发力度，协调了建筑公司与置业公司中扬华苑项目的合作。对中扬建设工程公司进行股份制改造探索。

（丁勇兵）

【首届党代会胜利召开】 2003年2月25日，中南石油局第一次党代会在长沙胜利召开。会议回顾总结了20年来中南石油局党建思想政治工作取得的成就，安排部署今后几年的党建工作，审议通过了《党委工作报告》、《纪委工作报告》，选举产生了新的党委班子和纪委班子，为改革发展提供了强有力的组织保障。第一届党委由宋学林、袁清、雷清亮、谭振山、陈建平5人组成。纪委由陈建平、姚席斌、张春阳、左俊杰、廖双喜5人组成。

（丁勇兵）

【中南石油局管理创新研究项目全面开展】 《中南局重组改制与管理模式创新研究》课题由中南石油局与湖南中大思特咨询公司合作，于2003年6月份启动。中南石油局成立了以局长、书记为首的领导小组，组成以企管部、计划发展部、财务部、劳人部为主的项目班子。11月底初步提交了企业战略报告、管理模式设计、企业文化建设、员工手册等14个设计和方案。此项目的实施对加速管理创新，全面提升企业综合管理水平具有指导和现实意义。

（丁勇兵）

【深入开展"三创三争"活动取得成效】 中南石油局在疆各施工队伍积极参加由西部新区组织的"三创三争"活动(创业、创新、创效，争创名牌基层队、争创优秀基层队、争当十佳职工)，创优夺牌。新疆指挥部在西北局110万吨/年产能建设中获表彰。545队以创新、创效、创业为宗旨，以争夺"金牌"基层队为目标，再次被评为西部新区名牌基层队。工区内3人被评为"四十佳"，4人被评为优秀思想政治工作者，指挥部的"打造石油湘军"课题和545队的"党支部攻关课题"被评为思想政治工作创新奖。在疆的4支钻井队综合技术指标排名进入塔河前30位，有2支钻井队进入前5位。

（丁勇兵）

【四普2项钻井记录荣登《中国企业新纪录》】 四普大力推广钻井新技术、新工艺的应用，在新疆和松滋工区同时实施和推广《优快钻井技术应用研究课题》成果，使钻井技术水平有了质的飞跃。4104钻井队于2003年2月23日—3月18日，在新疆塔河油田施工TK211井，创造了"单只钻头一次入井钻井进尺3 919.66米"的全国纪录。4102钻井队在施工TK220井中于2003年7月2日—8月19日完钻，完钻井深5 700米，全井钻井周期48.42天，刷新塔河油田三级结构开发井钻井周期最短全国纪录。4102和4104钻井队一举荣登《中国企业新纪录》，石化集团公司副总经理张耀仓发贺电表示祝贺。

（丁勇兵）

表1　中南石油局主要经济指标　亿元

指标名称 \ 年份	2003	2002	2001	2000	1999	1998
工业增加值	1.37	0.87	0.63	0.69	0.59	0.52
资产总计	4.32	3.31	3.26	3.25	2.96	2.18
其中：流动资产	2.35	1.50	1.48	1.57	1.26	1.06
固定资产原值	3.08	3.08	2.34	2.57	2.48	1.84
固定资产净值	1.95	1.73	1.64	1.3	1.35	0.91
销售收入	4.47	2.16	2.51	2.23	1.71	1.50
实现利税	0.47	0.22	0.07	-0.02	0.02	0.03
其中：税　金	0.35	0.16	0.12	0.04	0.01	0.01

表2　中南分公司主要经济指标　亿元

指标名称 \ 年份	2003	2002	2001	2000	1999	1998
工业增加值	0.09	0.02	0.13	—	—	—
资产总计	1.49	1.67	1.32	—	—	—
其中：流动资产	0.24	0.53	0.62	—	—	—
固定资产原值	1.41	1.29	1.11	—	—	—
固定资产净值	1.23	0.88	0.57	—	—	—
销售收入	0.13	0.08	0.07	—	—	—
实现利税	-0.68	-0.37	-0.16	—	—	—
其中：税　金	0.003	0.004	0.013	—	—	—

表 3　　中南分公司主要生产建设指标表

指标名称 \ 年份	2003	2002	2001	2000	1999	1998
原油产量/万吨	0.71	0.54	0.41	0.19	0.22	0.03
新增油气生产能力/万吨	0.5	0.3	—	0.5	—	—
新增探明石油储量/万吨	152	105	—	110	—	—
完成二维地震/千米	—	—	—	—	350	777.45
三维地震/(千米)^2	80	90	62	60	—	—
钻井数/口	9	4	1	2	2	1
钻井进尺/万米	3.21	1.40	0.34	0.64	0.74	0.36
勘探开发投资/亿元	1.08	0.65	0.49			

中国石化集团西北石油局暨中国石油化工股份有限公司西北分公司

【概况】 中国石化集团西北石油局(以下简称西北石油局)和中国石油化工股份有限公司西北分公司(以下简称西北分公司)，原为“地质部新疆石油普查勘探指挥部”；1983年4月更名为西北石油地质局；1996年12月7日，国务院批准成立中国新星石油有限责任公司，西北石油地质局隶属其下，并再次更名为中国新星石油有限责任公司西北石油局；2002年4月，西北石油局完成油气分公司体制改革，分设为中国石化新星西北石油局、中国石化新星西北分公司，并于2003年6月整体划归石化集团公司、石化股份公司直属，主要从事新疆塔里木盆地油气勘探开发和下游炼化产业。

西北石油局、西北分公司直属单位驻地分布于新疆维吾尔自治区的天山南北，总部设在乌鲁木齐市新市区北京北路2号，总部占地面积11.84万米^2。

西北石油局、西北分公司建立一个党委，两套行政领导班子，由西北石油局、西北分公司协调委员会协调上市和存续的有关工作。截至2003年底，有领导班子成员7人，下设17个职能处室和14个二级生产基层单位。有职工2 945人，专业技术人员1 321人，其中高级专业技术职务300人。连续10年保持新疆维吾尔自治区级“文明单位”称号，连续3年被中国石化评为安全生产先进单位，连续2年被评为全国“安康杯”竞赛优胜企业，2001年获“全国五一劳动奖状”。

2003年，西北石油局、西北分公司全年实现总收入42.95亿元，实现利税总额14.93亿元，利润总额12.38亿元。其中：西北分公司实现收入29.75亿元，实现利润11.98亿元，实现利税总额12.83亿元，人均创利税53万元，总资产71.59亿元，工业增加值19.69亿元。西北石油局实现生产经营收入13.20亿元，实现利润总额3 975万元，实现利税总额2.10亿元，人均创利税44.89万元，工业增加3.23亿元。西北石油局、西北分公司主要经济指标和主要生产建设指标见表1和表2。

(陈兰凤　王爱敏)

【“14345”五项成果】 2003年，西北石油局和西北分公司实现了1个重大突破、4个重要进展、3个超额完成、4个不超、5项主要管理成果。

1. 1个重大突破

盐下油气勘探取得了具有战略意义的重大突破，开拓了新的领域。针对盐下勘探部署的沙105井、沙106井和沙107井在上奥陶统桑塔木组见良好油气显示，其中沙106井6毫米油嘴测试，日产原油270吨，天然气2万米^3。沙106井的重大发现开拓了新的勘探领域，盐下可供勘探的面积1 500(千米)^2，是培育亿吨级含油区块的重要战场。

2. 4个重要进展

(1) 白垩系钻遇油气显示，纵向上增加了新的勘探层系。

(2) 三叠系等低幅度圈闭油气勘探潜力较大。

(3) 塔河地区西南部上古生界碎屑岩发现油气层，指明了非背斜圈闭油气藏的勘探方向。

(4) 奥陶系4个层位的勘探评价取得了重要进展，进一步扩大塔河油田的含油气面积。

3. 3个超额完成

(1) 储量目标超额完成：共计提交三级地质储量4.65亿吨油当量(石油4.03亿吨，天然气619.8亿米^3)。其中，探明储量石油8 235万吨，天然气126.6亿米^3，合计油当量9 501万吨；控制储量石油1.52亿吨，溶解气493.2亿米^3，合计油当量2.01亿吨；预测储量石油1.69亿吨。

(2) 产量目标超额完成：优质高效完成 110 万吨产能建设任务。生产原油 300.86 万吨，比计划产量超产 3.86 万吨，全年生产天然气 4.52 亿米^3。

(3) 效益目标超额完成：西北分公司实现收入 29.75 亿元，实现利润 11.98 亿元，人均创利税 53 万元，完成生产增加值 20.4 亿元，缴纳税费 2.89 亿元。

4. 4 个不超

(1) 投资不超：2003 年西北分公司完成投资总额 31.64 亿元，完成年计划的 100%，投资效益有较大提高。

(2) 成本不超：西北分公司现金操作成本 130 元/吨，综合成本 580.77 元/吨，均控制在预算指标之内。

(3) 安全生产指标不超：各项安全环保指标均控制在计划之内，安全生产形势良好。被评为新疆维吾尔自治区和中国石化安全生产先进单位。

(4) 开发指标不超：遵循"调整采油速度、强化基础研究、主攻稳油控水、控制综合递减"的油气开发基本原则，加深了对油藏的精细描述，进一步优化了开发指标。综合含水 32.87%(计划 34.19%)，老井综合递减和自然递减分别为 16.59%、24.37%(计划为 20.67%、26.56%)，较上年同期分别下降了 6.96 和 5.12 个百分点，遏制了综合递减趋于上升的势头。

5. 5 项主要管理成果

(1) 完成了管理制度汇编工作，完善了管理考核指标体系，由以往的定性管理转变为科学合理的定量管理。整体管理水平有了很大提高。

(2) "集团化运作、市场化经营、项目化管理、社会化服务"的创新思路的成功实践，确保了勘探开发任务的顺利完成。

(3) 在项目管理上实行"决策、执行、监督"三分离的管理机制，有效地控制了投资，工程建设质量进一步提高。

(4) 初步形成了产、学、研一体化的科技创新体系，对油田增储上产起到了积极有效的作用，也为今后加快油气勘探开发进程提供了有力的支撑。

(5) 按照"在岗不在编，用工不养人"的原则，外聘技术人员和操作工人。既保障了生产的正常进行，又适度控制了队伍规模，降低了生产成本，同时也为东部油田发挥人力资源效用提供了新的条件。

(陈兰凤)

【油气田开发情况】 截至 2003 年底，西北分公司拥有探矿区块 9 个，面积 1.24 万(千米)^2，主要分布在库车坳陷的东南部，沙雅隆起的雅克拉、阿克库勒凸起。拥有已探明的油气田(藏)14 个，累计探明原油地质储量 3.21 亿吨，溶解气地质储量 277.3 亿米^3，天然气地质储量 350 亿米^3，凝析油地质储量1 021.6 万吨；动用原油地质储量 1.84 亿吨，动用溶解气地质储量 138.61 亿米^3，动用天然气地质储量 13.81 亿米^3，动用凝析油地质储量 46 万吨；可采储量 2 541.8 万吨，采收率 13.8%。

2003 年，西北分公司投入开发的油气田(藏)9 个(其中处于上产阶段 3 个、稳产阶段 2 个、递减阶段试采的油气田 4 个)；试采区油气田(藏)2 个；评价区油气田(藏)1 个；暂时关闭、拟核销的油气田(藏)2 个。

截至 2003 年底，全油田累计产油 1 298.2 万吨，剩余可采储量 1 243.6 万吨。2003 年产油 300.86 万吨。

(陈兰凤)

【塔河油田实现油气重大突破】 塔河油田位于新疆维吾尔自治区轮台县与库车县交界处，地质构造上属塔里木盆地沙雅隆起阿克库勒凸起中南端。

塔河油田发现于 1997 年，随着油田勘探、开发规模的不断扩大，以及综合研究工作的逐步深入，至 2003 年已相继在塔河油田 2、4、6、7、8 区奥陶系油藏，1、2、9 区三叠系油藏，塔河油田石炭系油藏，实现油气重大突破。由 1997 年的年产原油 5 万吨，到 2003 年的 288 万吨；塔河油田从小型油田，逐步迈入全国特大型整装油气田的行列。

2003 年，探明区向南延伸到塔河油田 8 区，新增探明地质储量7 791万吨。年产原油 288 万吨，年末保有产能 302 万吨。

截至 2003 年底，塔河油田探明区块叠合面积 422.8(千米)^2，探明原油地质储量 3.12 亿吨，天然气 303.88 亿米^3；保有控制石油储量 1.93 亿吨、天然气储量 548.88 亿米^3；保有预测石油储量 1.69 亿吨。总生产井数 290 口，累计生产原油1 044万吨。

塔河油田的发现是塔里木盆地石油勘探史上的重大成果，塔河油田顺利投入开发，是西北分公司滚动勘探开发方针的重大成功。目前塔河油田已成为中国石化在西部的主力油田。

(陈兰凤)

【沙 106 井获盐下油气重大突破】 为探索塔河地区石炭系盐下奥陶系储层发育特征，扩大塔河油田奥陶系油藏规模，同时兼顾塔河油田整体勘探，探索盐上低幅度背斜圈闭及盐下泥盆系尖灭砂体的含油气性，西北分公司在塔河油田塔里木乡 7 号构造东翼部署了一口探井——沙 106 井。设计井深6 230米，进入奥陶统

241 米完钻，取心 8 回次。沙 106 井于 2002 年 12 月 13 日上钻，2003 年 10 月完钻。在钻于上奥陶统桑塔木组见良好油气显示，经对 5 863.68—5 911.5 米井段进行 DST 测试，折算日产原油 270 吨，日产天然气 2.26 万米^3。沙 106 井是西北分公司塔河油区西南盐下奥陶系第一口获得高产工业油气流的探井。由于沙 106 井的突破，同时发现塔河油田主体以重质油为主油藏外正常黑油油藏，盐下可供勘探面积1 500(千米)^2，预测储量约 5 亿吨以上。

（陈兰凤）

【塔河油田百万吨产能建设投产】 2003 年 10 月 8 日，塔河油田百万吨产能建设、塔河油田二号联合站及重质稠油外输系统工程在新疆阿克苏地区库车县雅克拉装车末站一次性投运成功(投运历时 18 天)。

塔河油田百万吨产能建设是中国石化上游的重点工程，一期 150 万吨/年，是石化股份公司 2003 年惟一一项当年设计，当年建设，当年投产，处理规模在百万吨以上的地面建设工程。塔河油田地面建设工程包括塔河油田二号联合站、计转站、塔河 6 区 47 口油井的油气集输、原油处理、污水处理以及电力、通讯、道桥、土建、热工、暖通、防腐、自控等工程，投资 2.7 亿元；重质稠油外输工程设计规模为 300 万吨/年，投资总计 3.4 亿元。该工程的建成，将彻底改变塔河 6 区和 7 区依靠临时设施处理重质稠油，汽车拉运外输的困难局面。

（王爱敏）

【塔河油田二号联合站竣工并投产运行】 位于新疆维吾尔自治区轮台县西南约 80 千米处，占地面积约 7.44 万米^2，是一座集原油破乳、油气分离、沉降脱水、污水处理等多功能于一体的大型油气集输处理站。主要包括 11 个区块系统，设计原油处理规模为150万吨/年，综合含水 50%，污水处理规模5 000 米^3/日。设计直接进入联合站油井为 11 口。该站采用"单井—计转站—联合站"的布站方式，SCADA 自动监控系统，工艺技术先进，设备安全高效，自动化程度高。该工程于 2003 年 3 月 1 日正式开工，9 月 20 日正式投产运行，处理液量3 650米^3/日、油量3 200 米^3/日、水量 450 米^3/日。截至 2003 年 12 月 31 日，联合站累计处理液量 36.28 万米^3、油量 29.96 万米^3、水量 6.32 万米^3、交油 25.22 万吨。

与塔河二号联合站同期配套建有塔河 6 区计转站 4 座，塔河 7 区计转站 3 座，主要担负塔河油田 6 区、7 区油井的油气处理工作。

（王爱敏）

【塔河油田首次实现国内长输重质稠油新工艺】 新建输油首站 l 座，中间热泵站 2 座，雅克拉装车末站 1 座，库车末站 1 座；新建塔河油田—库车塔化输油管线全长 109.9 千米：其中塔河油田采油二厂输油站首—雅克拉装车末站段长 65.1 千米(2003 年 10 月 8 日建成投产)，管径 406.1 毫米 × 7.1 毫米；雅克拉装车末站—库车塔化末站段长 44.8 千米(在建中)，管径 355.6 毫米 × 7.1 毫米；输油量为6 000—7 000吨/日。此工程是迄今塔河油田管径最大、线路最长、输油温度达 80℃的重质稠油外输工程。该系统综合采用高效加热设备、新型保温材料、变频控制、软启动控制、微机监控等技术，对原油按性质(重质、中质)分储、分输、分炼，完善了塔河油田储运系统，首次实现了国内长输重质原油的新工艺。

（王爱敏）

【110 千伏输变电工程】 包括塔河一号联合站 110 千伏升压站 1 座、塔河二号联合站和雅克拉村 110 千伏变电所各 1 座。塔河一号联合站至库车 110 千伏输电线路长 124 千米，二号联合站至 1# 中间热泵站 35 千伏输电线路 35 千米，雅克拉村至雅克拉装车末站 10 千伏输电线路 5 千米，雅克拉村至 2# 中间热泵站 10 千伏输电线路 19 千米，工程投资 6 328.84 万元。2003 年 9 月 5 日，110 千伏升压站投产一次成功。

（王爱敏）

【塔河油田石油化工厂】 塔河油田石油化工厂(以下简称塔化)，原名为新疆新星实业(集团)公司塔里木石油化工分公司，隶属石化集团公司西北石油局，是一家石油加工型国有独资企业，也是西北石油局(存续)支柱企业。

塔化厂址位于新疆维吾尔自治区南疆塔里木盆地北部，库车县城东，国道 314 线旁，距库车县城中心 7 000 米，南疆铁路从厂区以南1 500米处呈东西向穿过，西距库车车站3 500米，交通便利。

截至 2003 年底，塔化资产总额 4.72 亿元，其中流动资金 2.87 亿元，固定资产原值 2.33 亿元，净值 1.85 亿元。拥有各类设备1 330台(套)。

塔化主要产品有：100#、140#、180#、200# 普通道路沥青和 10# 建筑沥青；0#、- 10#、- 20#、10# 柴油，190# 溶剂油，200#、280# 燃料油及轻蜡油等化工原料；AH - 70#、AH - 90#、AH - 50# 重交沥青小试成功，其中 AH - 90# 重交沥青已成功生产，并开始销售。目前正在研制开发 AH - 110#、AH - 130# 重交沥青。

塔化建立了完整的质量监控体系，各类检测化验设备先进齐全，产品质量监控全部采用国家最新质量指标，主要产品均获得国家质量标准认证。2000年在新疆维吾尔自治区工商行政管理部门登记注册的“塔星”牌建筑沥青和道路沥青已进入青海、西藏、四川、贵州、云南和山西等17个省(区)，沥青销售供不应求，产品质量得到用户的普遍赞誉。

2003年，塔化超额完成原油加工任务，共计加工原油63.9万吨、销售产品61.7万吨，实现销售收入9.98亿元，实现利税总额8 243万元；综合商品率98.17%；原油途耗0.133%；综合加工损失1.84%；轻质油收率35%。

（陈兰凤）

【塔河油田轮台基地投入使用】 塔河油田轮台基地是西北石油局、西北分公司最大的前线工作、生活基地。坐落在新疆维吾尔自治区轮台县城内，该基地占地74.6万米^2，于2000年6月28日奠基，经过3年建设，建成联合办公大楼1栋、；职工公寓楼4栋、物业管理楼1栋、食堂1栋、小车库24间、综合实验楼1栋、动力站1座、开闭所1座，总建筑面积2.7万米^2；箱式变电站3座、10千伏专用电力线路7.2千米、铺设沥青路面总长5 517米、建设综合管沟4 090米、排水管道3 344米，共计形成投资1.04亿元。塔河油田轮台基地于2003年4月验收，6月12日投入使用。中国石化计划将轮台基地作为所属各大油田在南疆塔里木盆地生产、生活基地。

（陈兰凤）

表1　　西北石油局、西北分公司主要经济指标　　亿元

指标名称＼年份	2003	2002	2001	2000	1999	1998
工业增加值	22.92	13.24	15.31	15.09	8.13	4.77
西北石油局	3.23	1.68	1.49	15.09	8.13	4.77
西北分公司	19.69	11.66	13.82	—	—	—
资产总计	74.99	59.72	48.51	46.74	28.58	18.04
西北石油局	3.40	7.30	6.50	46.74	28.58	18.04
西北分公司	71.59	52.42	42.01	—	—	—
其中：流动资产	9.77	12.28	11.63	12.78	6.43	4.29
西北石油局	1.20	2.70	2.40	12.78	6.43	4.29
西北分公司	8.57	9.58	9.23	—	—	—
固定资产原值	74.82	52.67	41.18	31.71	18.47	13.21
西北石油局	5.80	8.50	6.70	31.71	18.74	13.21
西北分公司	69.02	44.17	34.48	—	—	—
固定资产净值	57.60	39.88	31.98	24.46	13.68	8.73
西北石油局	2.20	4.50	3.10	24.46	13.68	8.73
西北分公司	55.40	35.38	28.88	—	—	—
销售收入	42.95	26.50	24.34	22.49	13.82	8.73
西北石油局	13.20	8.10	5.50	22.49	13.82	8.73
西北分公司	29.75	18.40	18.84	—	—	—
实现利润	14.93	7.24	10.60	2.06	1.23	0.72
西北石油局	2.10	0.50	0.50	2.06	1.23	0.72
西北分公司	12.83	6.74	10.10	—	—	—
其中：税　金	2.55	0.94	1.73	1.06	0.88	0.65
西北石油局	1.70	0.40	0.40	1.06	0.88	0.65
西北分公司	0.85	0.54	1.33	—	—	—

表 2　　西北石油局、西北分公司主要生产建设指标

指标名称＼年份	2003	2002	2001	2000	1999	1998
原油产量/万吨	300.86	254.22	229.33	186.88	103.96	51.47
西北石油局	8.03	7.42				
西北分公司	292.83	246.80				
天然气产量/亿米^3	4.52	3.74	4.41	4.43	3.60	2.80
西北石油局	0.36	0.24				
西北分公司	4.16	3.50				
新增原油生产能力/万吨	121.70	74.50	92.90	75.40	75.90	31.70
西北石油局	—	—				
西北分公司	121.70	74.50				
新增探明石油地质储量/万吨	7 791	5 405	3 955	4 883	3 403	4 704
西北石油局	—	—				
西北分公司	7 791	5 405				
新增探明天然气地质储量/亿米^3	78.40（溶解气）	62.20（天然气＋溶解气）	22.50（溶解气）	34.20（溶解气）	18.40（溶解气）	54.80（天然气＋溶解气）
西北石油局	—	—				
西北分公司	78.40（溶解气）	62.20（天然气＋溶解气）				
二维地震/千米				848.65		2 552.5
西北石油局						
西北分公司						
三维地震/(千米)^2	1 229.1	500.00	243.75	791.00	1 008	261.57
西北石油局						
西北分公司	1 229.1	500.00				
石油钻井/口	83	75	79	43	35	17
西北石油局	—	—				
西北分公司	83	75				
其中：探井/口	24	26	33	18	12	14
西北石油局	—	—				
西北分公司	24	26				
开发井/口	59	49	46	25	23	3
西北石油局	—	—				
西北分公司	59	49				

续表

年份 指标名称	2003	2002	2001	2000	1999	1998
钻井进尺/万米	50.27	39.10	42.19	25.23	19.80	7.15
西北石油局	—	—				
西北分公司	50.27	39.10				
勘探投资/亿元	9.96	7.71	6.50	5.80	3.31	2.93
西北石油局	—	—				
西北分公司	9.96	7.71				
开发投资/亿元	7.05	7.79	9.92	8.19	6.19	2.64
西北石油局	—	—				
西北分公司	7.05	7.79				

中国石化集团华东石油局暨中国石油化工股份有限公司华东分公司

【概述】 中国石化集团华东石油局(以下简称华东石油局)和中国石油化工股份有限公司华东分公司(以下简称华东分公司)成立于1970年5月6日，其前身是江苏省石油勘探指挥所。1983年3月20日改名为地质矿产部华东石油地质局，直属地质矿产部领导。1997年1月经国务院批准，在原地质矿产部石油地质海洋地质局的基础上成立了中国新星石油有限责任公司，华东石油局划归新星公司领导，更名为中国新星石油公司华东石油局。2000年4月，新星公司整体并入石化集团公司后，更名为中国石化新星公司华东石油局。2001年中国石化进行重组改制，华东石油局油田开发和研究单位部分上市，成立新星华东分公司，非上市部分仍用原名称。2003年5月石化集团公司管理体制调整，华东石油局和华东分公司由新星公司管理调整为石化集团公司直接管理，调整后名称分别变更为“中国石化集团华东石油局”和“中国石油化工股份有限公司华东分公司”。

华东石油局下属的第六物探大队(物探公司)和第六普查勘探大队(钻井公司)，于1956年开始在江苏地区进行系统的石油普查勘探工作，陆续发现了苏北地区的戴南、祝庄、草舍、真武、永安、刘庄和闵桥等一大批构造。1970年9月11日在苏20井试获工业油流，实现了江苏找油史上的首次突破；1974年11月苏58井试获高产工业油流，实现江苏找油史上的第二次突破。30多年来，累计提交探明石油地质储量近3 000万吨。

华东石油局和华东分公司总部设在南京，是以石油天然气勘探开发销售、盐岩和二氧化碳(液碳)勘探开发销售、国内外工程勘察施工为主体，石油装备制造、路桥、现代农业、宾馆旅游等多元经济并存的国有大型企业。下属有第六物探大队(物探公司)、第六普查大队(钻井公司)、采油厂、规划设计研究院、录井公司、固井公司、测井公司、液碳公司、东进盐岩开发公司、华石技工贸公司、工程设计院、工程建设公司、华东石油技师学院、石油装备制造厂、华东石油医院和珍珠泉山庄等企事业单位。

截至2003年底华东石油局有职工2 447人，其中专业技术人员550人，占职工总数的22.5%；专业人员中，中级职称267人，高级职称69人。拥有固定资产原值5.14亿元，净值3.35亿元。

华东分公司有职工1 432人，其中专业技术人员325人，占职工总数的22.6%；专业人员中，中级职称158人，高级职称70人。拥有固定资产原值12.14亿元，净值0.34亿元。

2003年，华东石油局和华东分公司广大职工坚持以“三个代表”重要思想为指导，认真贯彻石化集团公司党组的总体部署，坚持以市场为导向，以改革为动力，以强化管理和科技进步为依托，面对突如其来的非典疫情和洪涝灾害，开拓进取，迎难而上，圆满完成了全年的各项任务指标，保持了经济的持续发展。

华东石油局：2003年实现生产经营收入5.2亿元，完成计划的108.6%，实现生产增加值1.59亿元，完成利润602万元，生产经营总量比上年增加了16.77%。

华东分公司：2003年生产原油17.04万吨，完成年度计划的100.2%，完成原油商品量16.24万吨，实现商品率95%，实现原油销售收入2.87亿元。新增探明石油地质储量455万吨，新增原油生产能力6.52万吨/年。

华东石油局和华东分公司主要经济指标和主要生产建设指标见表1和表2。

2003年，华东石油局和华东分公司两个文明建设协调发展，取得丰硕成果。全系统第二次党员代表大会成功召开，选举产生了新一届党委，进一步统一了思想，明确了今后一个时期改革和发展的战略思路和目标任务。2003年华东石油局被评为“江苏省文明单位标兵”，多个基层单位获得中国石化“金(银)牌基层队”，多名职工分获“十佳技术能手”、“十佳创新能手”等称号。

（蒋建新）

【油气勘探开发成果显著】 2003年，华东分公司油气勘探获得一系列的发现和突破。全年完成三维地震资料采集100(千米)^2，并进行了资料联片处理和解释；完成探井12口，在东北和苏北探区施工的DB15、DB17、苏285和苏泰286等9口探井获得工业油流，探井命中率达83%。加快了东北探区的勘探力度，在已取得重要突破的基础上，又在6口井9个层次的试油中，8个层次试获工业油流。苏北探区油气成果进一步扩大，连续在溱潼凹陷的西北斜坡及金湖凹陷取得突破，这些发现充分展示了苏北老油区增储上产的潜力，坚定了在苏北老油区扩大勘探、保持稳产的信心。通过黄桥—如皋、海安凹陷南部及淮阜等外围区块新一轮油气勘探目标评价研究，筛选出了一批有利区块及局部构造。受石化集团公司委托，代表中国石化向国土资源部申请了东北松辽盆地外围及周边地区的矿业权登记，计30个区块近13万(千米)^{2}的面积已全部获得矿业探矿权。向国家储委提交的455万吨油气新增探明储量已获审查通过，为石化股份公司下达计划任务的151.67%。

（蒋建新）

【国际工程市场取得新进展】 华东石油局钻井队是中国石化第一支进入哈萨克斯坦的队伍，截至2003年底哈萨克斯坦已占有一定的市场份额，取得了良好的信誉。圆满完成了国际石油勘探公司在印度尼西亚区块的二维地震采集任务。在伊朗实施的喀山大地电磁项目，为中国石化进一步开拓伊朗市场提供了宝贵资料。在泰国的钻井和测井服务项目也有突破，为泰方提供定向井和测井等方面的技术支持，提高了泰国北部小油田的原油采收率和单井产量。华东石油局规划研究设计院先后承担了国际石油勘探公司多个海外油气勘探开发项目的评价、可行性论证和制标工作，其成果受到了国际石油勘探公司的好评。在柬埔寨的路桥工程连续3年取得良好业绩，柬埔寨洪森总理多次参加了华东石油局路桥项目的典礼，多个工程项目得到了柬埔寨各界人士和当地华人、华侨的高度赞誉。

（蒋建新）

表1　　华东石油局和华东分公司主要经济指标　　亿元

指标名称 \ 年份	2003		2002		2001		2000	1999	1998
	上市	存续	上市	存续	上市	存续			
工业总产值	3.77	4.58	3.11	3.38	3.49	3.64	8.10	6.23	7.52
企业增加值	0.70	1.59	1.94	1.61	2.17	1.34	4.46	3.57	3.68
资产总计	7.74	7.09	8.35	7.27	7.33	6.20	10.05	10.54	9.45
其中：流动资产	1.10	3.21	1.53	3.22	1.10	2.78	4.46	4.20	3.72
固定资产原值	12.15	5.14	10.75	5.16	9.52	3.93	8.66	8.35	7.31
固定资产净值	7.30	3.35	6.45	3.58	6.02	2.66	4.74	4.54	3.91
销售收入	3.64	5.17	2.15	3.35	2.84	3.35	7.92	6.20	6.59
实现利税	0.48	0.27	0.06	0.22	0.26	0.12	0.75	0.62	0.54
其中：税金	0.20	0.25	0.19	0.21	0.19	0.18	0.55	0.37	0.39

表 2 华东石油局和华东分公司主要生产建设指标

指标名称 \ 年份	2003	2002	2001	2000	1999	1998
原油产量/万吨	17.04	16.03	16.98	17.45	17.02	20.51
新增原油生产能力/万吨	6.52	2.31	3.32	2.47	1.36	3.9
新增探明石油地质储量/万吨	455	234	106	136	290	193
二维地震/千米				831	1 545	1 864
三维地震/(千米)^2	100	101	134	51		100
石油钻井/口	51	26	27	28	21	38
其中：探井/口	13	13	10	10	11	14
开发井/口	38	13	17	18	10	24
钻井进尺/万米	8.25	5.68	5.95	9.99	5.95	8.14
勘探投资/亿元	1.05	0.99	0.94	0.83	0.93	1.23
开发投资/亿元	1.59	0.78	0.77	0.70	0.70	0.86

中国石化集团东北石油局暨中国石油化工股份有限公司东北分公司

【概述】 中国石化集团东北石油局(以下简称东北石油局)，中国石油化工股份有限公司东北分公司(以下简称东北分公司)，是中国石化在东北地区惟一的一支从事石油天然气勘探开发和生产经营的专业化队伍。总部机关设在吉林省长春市。

东北石油局于 1997 年由原地矿部东北石油局变更为新星石油公司东北石油局。2000 年变更为中国石化新星公司东北石油局。2002 年石化集团公司重组上市变更为中国石化新星东北石油局、东北分公司。2003 年 5 月变更为中国石化集团东北石油局、中国石油化工股份有限公司东北分公司。整体并入中国石化后，各职能部门加快与中国石化对接，各项工作在短时间内全部纳入中国石化规范化管理的轨道。东北分公司、东北石油局充分展示地域和市场优势，确立了“走出十屋、甩开勘探”的目标，一举在所图区块获得突破，打开了松南地区所图区块油气勘探的新局面；找到了一块具有较大开采价值的开发基地；同时在十屋断陷深部领域松南 202、143 井均取得油气新发现，提供了两块可供开发的后备基地；提高了天然气产能，满足了市场的需要。同时抓住原油价格走高的机遇，加快原油产能建设，原油产量由原来的 100 吨/日增加到 140 吨/日以上。

截至 2003 年底，东北分公司有总资产 6.24 亿元，其中固定资产原值 8.03 亿元，流动资产6 020万元，勘探面积 3.42 万(千米)^2。拥有油气探明储量3 105.60万吨油当量。下设 4 个二级单位、5 个直属单位、17 个职能处室，正式职工 542 人。各类专业技术人员 383 人，其中大专以上人员 174 人，高级职称人员 121 人，中级职称人员 88 人。

东北石油局有总资产 1.13 亿元，其中固定资产原值8 980万元，流动资产3 871万元，现有二氧化碳气田一个，工作区域位于吉林省德惠市与农安县交汇处，总面积 103.5(千米)^2，年生产能力达 6 万吨，产品远销东北三省，广泛用于汽车保护焊接和饮料业，最大的用户是一汽和客车厂。东北石油局下设 1 个二级单位，3 个直属单位，6 个职能处室。现有正式职工 268 人，平均年龄 40 岁，具有大专以上学历人员 52 人，高级职称人员 27 人，中级职称 40 人。

东北分公司油气田主要分布在吉林省四平市、公主岭市、德惠市、长岭县、农安县、乾安县境内，已探明一定级别的石油天然气和二氧化碳地质储量，先后开发了孤家子等 6 个天然气田，秦家屯等 4 个油田，拥有一座大型油气联合处理站和 4 座大型集输气站以及近 20 座卫星气站。输气能力 80 万米^3/日，产油 150 吨/日，处理能力达到 10 万吨/年。

通往一汽集团公司和长春市、吉林市、四平市、公主岭市及长岭县的地下输气管线长达 531 千米，为吉林省数百万户城市居民和数十家国有大中型企事业单位供应天然气。占供应吉林省天然气能源总额的 90%以上，特别是为一汽设备改造和提高汽车质量发挥了重要作用。

截至 2003 年底，东北分公司独立勘探区块累计完成二维地震6 034千米，完成三维地震1 243.26(千米)²，共完钻探评井136口，总进尺26.23万米，共发现10个油气田。探明含油气面积40.4(千米)²，探明天然气地质储量146.76亿米³，总的勘探效益为每口探井获得探明石油天然气地质储量24.46万吨油当量，每米进尺获探明石油天然气地质储量126.84吨油当量。东北分公司主要经济指标和主要生产建设指标见表1和表2。

东北石油局紧紧围绕以为上市公司油气主业提供优质服务为宗旨，不断提高装备水平与队伍整体素质，油气田地面工程建设质量不断加强，同时加大了装备与技术的改造力度，2003年投入500多万元，新购买了一批设备，提高了劳动生产率。东北石油局主要经济指标和主要产品产量见表3和表4。

二氧化碳产品作为东北石油局的支柱型产业得到不断发展壮大，并成为经济增长的新亮点，年产2.6万吨高纯度二氧化碳项目正式启动，预计在2004年6月份，99.99%的高纯度二氧化碳产品可投放市场。

2003年东北石油局(东北分公司)被长春市评为精神文明标兵单位。

(李　玲)

【油气勘探取得重要成果】 2003年，东北分公司全年共施工探评井11口，其中发现井3口，超额完成年度勘探、发现、储量任务目标。提交天然气探明储量23.25亿米³，石油控制储量371万吨，石油预测储量651万吨，并全部通过国家储委批准。

(李　玲)

【所图区块获得重大突破】 2003年，东北分公司部署在长岭凹陷所图一号构造上的松南301井，在2 231—2 365米井段青山口组试获工业油流，日产原油13.29吨，找到了一块具有较大开采价值的后备开发基地。该区块矿权登记7 320万米²，油气资源近4 000万吨，是目前松南油气资源较富集的区域。部署在十屋断陷深部领域的松南202、143获得新发现，提交了一批探明储量，形成了两块新的油气开发接替区。

(吴子锋)

【新一届领导班子组建】 2003年6月16日，石化党组[2003]103号文，任命相传林为东北石油局、东北分公司协调委员会主任，庄国强、计有权为委员。石化股份人[2003]252号文，任命相传林为东北分公司经理；唐黎明、李枫、张玉明为东北分公司副经理。石化人[2003]289号文，任命计有权为东北石油局副局长。石化党组[2003]102号文，任命庄国强为东北石油局党委副书记；唐智学为东北石油局纪委书记。

(李　玲)

【内部分配制度改革取得新进展】 2003年根据中国石化内部分配制度改革方案的具体要求,参照长春市劳动力市场价位,对各类人员工资收入进行了调整,初步建立了以岗位工资为主的基本工资制度,提高了明显低于劳动力市场价位的管理和技术岗位的工资收入,强化了薪酬分配制度的激励和约束功能。通过定编、定岗、定员,加大了岗位设置的检查力度,在机关辅助部门归并了部分可兼职或不合理岗位8个,合并了2个处室。

(吴子锋)

【企业办社会职能全部移交社会】 截至2003年底，冬季采暖、二次供水、供电全部移交长春市供暖总公司。职工医疗保险全部移交长春市医保中心。

(吴子锋)

表1　东北分公司主要经济指标　亿元

指标名称 \ 年份	2003	2002	2001	2000①	1999①	1998①
工业增加值	1.27	1.33	1.24	1.64	1.05	0.71
资产总计	6.24	5.55	4.69	6.83	3.38	3.3
其中：流动资产	0.6	0.72	0.58	1.09	0.63	0.46
固定资产原值	8.03	6.58	5.46	3.2	2.27	1.46
固定资产净值	5.59	4.7	4.08	2.72	1.92	1.22
销售收入	1.74	1.7	1.68	1.53	0.91	0.57
实现利税	－0.16	0.52	0.71	0.16	0.18	0.07
其中：税金	0.04	0.02	0.05	0.05	0.08	0.05

① 包括东北石油局。

表 2　　东北分公司主要生产建设指标

指标名称＼年份	2003	2002	2001	2000	1999	1998
原油产量/万吨	4.42	4.01	3.96	3.99	2.44	0.45
天然气产量/亿米^3	1.7	1.9	1.52	1.69	1.22	0.96
新增原油生产能力/万吨	0.1	0.6	0.36	2.5	2	
新增天然气生产能力/亿米^3	0.72	0.71	0.63	0.6	0.81	0.56
新增探明石油地质储量/万吨		52	177	201	310	269
新增探明天然气地质储量/亿米^3	23.25	18.53	5.06	13.35	14.17	
二维地震/千米	611	558.32				150
三维地震/(千米)^2	285			160	161.01	327.07
石油钻井/口	45	51	60	63	50	26
其中：探井/口	11	10	10	11	15	13
开发井/口	34	41	50	52	35	13
钻井进尺/万米	7.97	8.0	8.7	8.89	8.56	5.16
勘探投资/亿元	1.25	0.59	0.37	0.64	0.84	0.98
开发投资/亿元	0.89	0.87	0.91	1.20	0.41	0.30

表 3　　东北石油局主要经济指标①　　万元

指标名称＼年份	2003	2002	2001
工业增加值	2 132	1 893	673
资产总计	11 296	11 389	12 247
其中：流动资产	3 871	4 384	4 330
固定资产原值	8 980	8 538	6 947
固定资产净值	6 159	6 141	5 351
销售收入	4 921	4 330	4 690
实现利税	588	172	-438
其中：税金	461	210	98

① 1998—2000 年数据同表 1。

表 4　　东北石油局主要产品产量　　万吨

产品名称＼年份	2003	2002	2001	2000	1999	1998
二氧化碳	2.34	2.36	2.18	1.88	1.85	1.36

中国石油化工股份有限公司西部新区勘探指挥部

【概述】 中国石油化工股份有限公司西部新区勘探指挥部(以下简称西部勘探指挥部)成立于2001年12月21日。西部勘探指挥部共设有10个职能处室，工作人员92人，下设胜利、中原、河南、江苏、江汉油田和西北局等6个西部勘探公司。西部勘探指标部驻地位于乌鲁木齐市昆明路2号。

2003年，西部新区勘探工作按照“立足大盆地，逼近烃源区，探索多类型，实现大突破”的勘探思路，根据“着眼全区，夯实基础，分清层次，把握关键，遵循程序，加快节奏，油气兼顾，重点突破”的部署原则，以现代化管理方法为依托，在强化石油地质综合研究的基础上，优化勘探部署，严密组织各勘探项目生产运行，当年新增控制石油储量3 221万吨、新增预测储量1.21亿吨油当量，发现了一批有利圈闭和勘探目标。2003年新开钻探井20口，跨年井10口。截至2003年底，共完钻探井17口，正钻探井13口，完成探井进尺9.60万米，完钻探井中，录井见油气显示井15口，占完钻井的76.50%。完成探井试油12口36层，其中获工业油气流井7口，获低产油气流井4口，综合探井成功率41.20%。2003年西部新区实施二维地震资料采集9 991.48千米，完成年计划的100.03%；实施三维地震资料采集2 769.70(千米)^2，完成年计划的99.97%；完成电法1 488个点，完成重力2.84万个点，完成化探3 633个点。完成二维资料处理17 270.75千米，其中塔里木盆地12 554.08千米，准噶尔盆地4 416.6千米，敦煌300千米；完成三维资料处理2 665.25(千米)^2。新发现圈闭36个，圈闭面积2 104(千米)^2，潜在资源量油10.57亿吨、气645亿米^3。其中，新增Ⅰ类储备圈闭12个，面积715(千米)^2，资源量油4.98亿吨油当量。当年完成投资14.98亿元，完成投资计划的100%。其中物化探投资9.22亿元，钻井投资4.37亿元，其他投资1.39亿元(包括科研、非安设备、信息系统建设、管理费等)，分别完成投资计划的100.36%、99.4%和99.45%。西部勘探指挥部主要生产建设指标见表1。

(陈学宏)

【董1井中途测试获高产油流】 董1井位于准噶尔盆地昌吉凹陷董家海子东构造高部位，设计井深6 300米，主要目的层为侏罗系，兼探白垩系。该井于2003年5月13日开钻，12月15日井深5 157米，层位侏罗系头屯河组。录井在4 571—4 873米井段发现油气显示28.32米/12层，其中荧光14.74米/10层、综合录井气层13米/1层、油层0.58米/1层。9月25日钻至侏罗系头屯河组4 871—4 873米进行中途测试，获得高产工业油气流，折算日产原油82.31吨、天然气4.73万米^3。董1井油气勘探的重大突破，是西部新区在准噶尔腹部新地区、新层位、新领域的重大发现，进一步证明准噶尔盆地腹部油源充足、圈闭发育，并具有良好的油气成藏条件。

(陈学宏)

【中1井中途测试获高产气流】 中1井位于塔里木盆地塔中隆起西部倾没端卡1区块5号构造高部位，该井于2002年9月5日开钻，2003年2月27日钻达井深5 581.66米下奥陶统完钻。该井在3 771—5 545米井段共发现油气显259.16米/77层，其中，含油1.62米/4层，油浸2.57米/2层，油斑25.82米/11层，油迹8.20米/13层，荧光215.84米/44层，含气5.11米/3层。全井在石炭系—志留系电测解释油层5.40米/2层；油水同层2.50/1层，在奥陶系电测解释Ⅰ类储层18.80米/5层；Ⅱ类储层56.20米/10层；Ⅲ类储层103.20米/18层。钻探过程中，裸眼中途测试获日产天然气3.1万米^3，回收原油1.58米^3。6月4日进行完井测试，10毫米油嘴日产气6.47万米^3，获得了工业气流，实现了中国石化塔里木盆地新登区块的首次重大突破，表明塔中西部倾没端油气源落实，勘探层系多，圈闭发育，储盖条件配置良好。

(陈学宏)

【中4井奥陶系见油气显示】 中4井构造位于卡4潜山带塔中38井西背斜，设计井深6 600米，主要目的层为奥陶系—寒武系，兼探石炭系。该井于2002年12月16日开钻，2003年12月25日钻至井深7 220米完钻，层位为寒武系。中4井在3 608—5 153.5米(奥陶系)共发现油气显示7层7.50米，其中气显示3层3.50米，油显示4层4米，其中油斑3层3.50米，荧光1层0.50米。完井电测解释Ⅰ类储层2层3.70米，Ⅱ类储层1层2.70米，Ⅲ类储层70层317米。中4井钻进过程中发现油气显示，展示了塔里木盆地卡4潜山带具有良好的勘探远景。

(陈学宏)

【准噶尔中部Ⅰ区块勘探成果进一步拓展】 2002年准噶尔中部Ⅰ区块庄1井取得重大突破后，西部勘探指挥部及时加快对中部Ⅰ区块的整体评价。2003年先后部署了沙窝地北、沙窝地南、征沙村、庄东北等4块三维，通过二维、三维地震资料精细处理与解释，及时调整部署并完成钻井8口，钻探结果有5口探井获得了工业油流，当年新增控制石油储量3 221万吨、预测石油储量3 819万吨，超额完成了全年储量任务。勘探实践表明，准噶尔盆地中部Ⅰ区块下侏罗统三工河组具备大面积叠合连片含油的有利条件，是进一步勘探的首选目标领域，白垩系吐谷鲁群、下侏罗统八道湾组、下三叠统克拉玛依组是该区重要目的层，扩展了中部Ⅰ区块的勘探领域。

（陈学宏）

【形成“三新三高”新型“会战”模式】 按照石化集团公司“集团化操作、项目化管理、市场化运行、社会化服务”的要求，2003年，西部勘探指挥部大力探索勘探项目管理的新路子，创建成了严密的管理系统和高效的管理流程。形成了5个基本体系，即科学的宏观决策体系、高效的项目组织实施体系、快捷的生产运行体系、完备的科技支撑体系、严密的质量控制体系。把握勘探部署、工程设计、资质认证、招投标、合同管理、施工运行、质量监理、工程验收八大关键环节，完善了一套高效的管理流程。在实践中创建了一个精简、高效、严密的管理系统，形成了“新时期、新机制、新思路，高起点、高水平、高效益”的“三新三高”新型“会战”模式。

（陈学宏）

【勘探信息化建设实现“三个零距离”】 继续按照“总体设计、分步实施、建用结合、资源共享”的原则，2003年，西部勘探指挥部加强了勘探信息系统建设，初步建成了一个先进的勘探信息系统网络，实现了研究人员与资料的“零距离”，建成了国内第一个直接面向解释科研人员服务的地震解释项目数据库，基础数据库、项目数据库、静校正数据库已全面建成。实现了西部与东部的“零距离”，与总部和东部各油田网络实现了互联。实现了与施工前线的“零距离”，在每个井队现场安装了卫星小站，实现了钻井施工现场计算机与西指网络的连接。录井数据远程传输系统已经在二十几口井上投入使用。引进了GeoProbe全三维可视化解释、Forword.net常规测井解释、Explorer变速成图、盆地模拟、Reservoir储层砂体预测与反演、LCT重磁震联合反演、PetroBank地震原始数据管理等软件以及IBM 3493自动磁带库，满足了西部新区勘探工作的实际需要。

（陈学宏）

表1　西部勘探指挥部主要生产建设指标

指标名称＼年份	2003	2002
一、主要投资指标		
勘探总投资/亿元	14.98	11.47
物化探/亿元	9.21	7.94
其中：二维地震/亿元	4.89	6.81
三维地震/亿元	4.11	0.77
探井/亿元	4.37	2.52
其他/亿元	1.40	1.01
二、主要工作量指标		
勘探工作量		
二维地震/千米	9 991	16 186
三维地震/(千米)^2	2 769	565
探井数/口	30	13
其中：新区/口	30	13
老区/口	—	—
探井进尺/万米	96 021	44 504
其中：新区/万米	96 021	44 504
老区/万米	—	—

中国石化集团管道储运公司暨中国石油化工股份有限公司管道储运分公司

【概况】 中国石化集团管道储运公司暨中国石油化工股份有限公司管道储运分公司(以下统称管道公司)是石化集团公司从事油气储运的专业化管理企业，基地位于江苏省徐州市，占地面积 119 万米^2，紧临京沪、陇海铁路、京福、京沪高速公路和徐州观音机场。创建于 1975 年 2 月 17 日，时称华东输油管线指挥部，1978 年 9 月经石油工业部批准，改称“华东输油管理局”，1998 年 6 月，石油、石化两大集团公司重组，“中国石化集团管道储运公司”成立。1999 年 8 月，随着石化集团公司重组改制工作的进一步深化，管道储运公司改制后分为非上市部分即中国石化集团管道储运公司(以下简称管道储运公司)和上市部分即中国石油化工股份有限公司管道储运分公司(以下简称管道储运分公司)，2000 年 3 月实现分立运行。

管道公司有下属单位 22 个，截至 2003 年，资产总计 132.38 亿元，共有在册职工8 259人，其中高级职称 246 人，中级职称1 006 人。

2003 年，管道公司全面完成了业绩考核指标。全年输油2 841.56万吨，销油2 853.09万吨，管道储运分公司实现利润 1.01 亿元。管道储运公司实际亏损 3 288.7万元。整体实现盈利6 832.04万元，上缴税金总额 2.02 亿元。

2003 年,管道公司认真落实安全生产责任制,深入广泛开展各类安全活动。开展了 5 次安全生产大检查,狠抓隐患的治理和整改。继续坚决与打孔盗油违法犯罪活动作斗争,积极运作“企警联防、企地结合”的长效护线机制。破获了齐河“4·25”等 7 起大案,缴获盗油车辆 177 台,抓获不法盗油分子 148 人,已判刑 27 人,其中 2 人死刑。2003 年共发生打孔盗油1 083次,与控制指标比下降 9%,同比下降 22%。经过全体干部职工艰苦努力,安全生产总体保持平稳态势,连续第四年获得石化集团公司安全生产先进单位称号。

2003 年，管道公司从石化集团公司的高度出发，结合自身实际，坚持以经济效益为中心，突出核心业务，调整投资方向，重点抓好增量、增效、大型安全技措以及主营业务项目，完成投资计划共计 32.13 亿元，确保了投资计划的完成和投资规模不超。

2003 年，管道公司把促进发展作为人才工作的根本出发点，大力实施人才战略。推荐了 2 名人员参加石化集团公司高级人才培训；推荐了 1 名人员参加了石化集团公司项目管理培训；张明友荣获“全国五一劳动奖章”。组织了 15 批国内外高层次学习与培训班；举办了工程硕士班、英语和计算机培训班；组织了 5 期科级干部培训班；举办了 HSE、ERP、ISO 9001 等系统培训班，近3 000余人次参加培训学习。制定了人才引进优惠政策和具体的激励办法。修订了新进大学毕业生实习期工资和基础奖的有关规定，改善他们的工作和生活条件。建立了青年科技基金，拨出专款支持青年从事科研活动。职工队伍素质得到提高。

2003 年，管道公司两个文明协调发展。制定实施了《公司、分公司领导班子建设十条准则》，深入开展反腐倡廉工作，领导干部廉洁自律有关规定得到贯彻落实。出台实施了职工补充养老保险和补充医疗保险两个办法。建立了社区特困家庭帮扶专项资金，启动社区帮扶专项资金 67 万元。成立了互助会，建立了补充保险储备金，解决特困人员的救急问题。坚持开展送温暖活动，对特困家庭、劳模进行走访慰问，送去组织的关怀和温暖。建立了领导干部信访值班制度，充分发挥信访、保卫和离退休管理处等部门在维护稳定工作中的作用，保持了社区和职工队伍的总体稳定。组织开展了“双文明单位”、“标杆先进输油站”、“十大管道卫士”、“十大青年知识分子”等评比活动，开展了“三讲一树”、服务评价、星级岗位等群众性精神文明创建活动。

管道公司主要经济指标和管道储运分公司主要生产指标分别见表 1 和表 2。

（董　辉）

【甬沪宁进口原油管道工程陆上部分实现了全线贯通】 经国务院、国家计委立项下达，甬沪宁管道工程于 2002 年 9 月 28 日起先后在上海标段、江苏标段、浙北标段和浙南标段打火开焊。管道公司及建设项目部科学组织，精心组织、团结和带领广大干部职工抗非典、顶高温、斗酷暑、战秋汛，克服一个个难以预料的困难，共完成陆上管线施工 591.5 千米，其中山地铺设 40 余处，定向钻穿越各类障碍物 77 条，顶管方式穿越 115 处，其他方式穿跨越 778 处，拆迁各类房屋 560 余户，通过茶园、苗圃、林地、菜棚等 3 980 处，于 2003 年 12 月 25 日提前实现了甬沪宁管线陆上部分的全线贯通。

（董　辉）

【金扬原料互供管道投产成功】 管道公司以 EPC 总承包方式承担建设的金陵至扬子原料互供管线，于 2002 年 12 月 29 日实现了全线贯通。2003 年 1 月 10 日，金扬原料互供管输工程中的石脑油管线投产，1 月 17 日，该工程的另一条筛料管线投产。金扬原料互供管道全面投产成功，在为石化企业降低成本发挥重要作用的同时，还将大大减少化工生产对南京地区及长江的环境影响，经济效益和社会效益非常大。

（董　辉）

【仪征油库扩建工程一期工程开工建设】 随着石化股份公司东部输油管网的进一步完善，国家原油战略储备的实施，作为长江流域最大原油中转库的仪征输油站罐容紧张的矛盾越来越突出，增加库容、确保输油生存的安全平稳运行成了当务之急。仪征油库扩建工程一期工程紧临管道公司仪征输油站，先建设2座15万米^{3}储油罐，这是填补国内大型浮顶储罐研制和建设空白的科研开发攻关项目。此项目由北京设计院和华东管道设计院联合设计，由管道公司负责组织施工。设计有关浮顶采用双盘结构，单台罐净重约2 800吨。罐壁底部强度决定厚度部分和罐底边缘板采用高强度材料，约需1 200吨，罐壁其余部分和罐底中幅板采用国产材料，浮顶、抗风圈、加强圈等结构钢均采用国产材料，总投资为2.21亿元。2003年12月一期工程开工建设，计划于2004年底建成投用。

（董　辉）

【杭州湾海底管道铺设工程进展顺利】 杭州湾海底管线铺设工程是甬沪宁管线建设工程的关键环节和难点之一。杭州湾是世界上三个海况最复杂的海湾之一，有水流急、潮差大、波浪高、冬季季风频繁、冲淤幅度大、海滩长等复杂多变的不利环境。石化股份公司于2003年2月17日在北京与韩国现代重工株式会社签订了EPC总承包合同，合同总价值达1亿多美元。杭州湾海底管道铺设技术是引进国际先进的Spoiler技术，即利用动力学的原理，使水流产生涡旋，冲刷管线底部的土壤，并产生水动力将管线向下压，直到将管线埋在1.5倍管径的深度。杭州湾北岸采用定向钻穿越的方式，穿越长度为1 500米；南岸采用横孔钻机穿越，再用绞盘机施工。管道公司和负责施工的韩国现代株式会社通力合作，精心组织，科学施工，克服了种种困难，杭州湾北岸施工于2003年12月30日胜利完工，于2004年2月12日，实现了南岸直径711毫米的管线拖管成功，长度达3 562米。杭州湾南岸拖管施工创造了世界最强潮流、最长浅滩海底拖管施工纪录，为杭州湾海底管线铺设工程的全面完工和甬沪宁管线的投产奠定了坚实的基础。

（董　辉）

【胜利油停止下海、原油流向调整获得圆满成功】 胜利油调头、停止下海工作是石化集团公司为实现原油资源优化配置、提高整体经济效益而采取的重大举措。工程涉及临沧线冷热交替顺序输送改造、东临线增输改造、鲁宁线运行方式调整等繁重工作，石化集团公司于2003年8月决定实施，要求2003年底前具备投油条件。管道公司接到任务后，于9月份成立了项目部，按照“打破常规、深度交叉、程序不少、确保工期和质量”的原则，倒排工期，昼夜奋战，12月8日，完成了7台新加热炉的安装，工艺管网和输油设备全部实现了贯通。12月13日，全线调试运行一次成功。

（董　辉）

【岙山—镇海进口原油管道工程开工建设】 为充分发挥浙江省舟山地区现有的原油接卸和储运能力，形成中国华东地区完整的原油储运系统，国家计委批复同意建设岙山至镇海进口原油管道工程。该工程也是甬沪宁原油储运网络建设的一部分，由华东管道设计研究院负责设计。管道全长90千米，总投资9.79亿元。工程分为两部分，为岙山—册子岛和册子岛—镇海油库，干线设计能力岙山—册子岛为1 500万吨/年，册子岛—镇海为2 700万吨/年。工程建设范围包括岙山首站、岙山—册子岛段管线、册子岛收发球系统、册子岛—镇海段管线、镇海中转油库和管道配套的自控、通讯等建设内容。总体技术水平是采用先进的SCADA控制系统，实现全线监控；采用先进的管道专用软件，实现系统的模拟仿真、界面跟踪、自动检漏与精确定位；核心输油设备如输油主泵、给油泵和电机从国外引进，泵效和电机效率分别达到85%和96%以上，噪音小于85分贝；关键性的控制阀门全套从国外引进。管道公司作为业主单位，负责项目的组织和管理，胜利油田油建公司承担建设任务。2003年2月获国家批准建设。该管线于2003年10月14日正式开工打火开焊，预计2004年6月底实现贯通。

（董　辉）

【2个单位成功改制分流取得成功】 管道公司在经过2002年3个单位改制分流试点成功的基础上，2003年，经过认真的分析筛选，确定石油机械厂小松汽车维修站、潍坊管理处凯特公司为改制分流单位，经过半年多的准备和精心工作，2个单位34名职工先后与管道公司解除劳动合同，成立了新的公司。

（董　辉）

【鲁宁线运行管理体制发生重大变革】 管道公司按照“用新机制、新体制管理新建管道”的精神，研究决定不再建设甬沪宁输油处基地，打破建一条管线、设一个基地、成立一套管理机构、铺一个新摊子的思维定式和管理模式，下决心整合重组运行20多年的鲁宁线由2个输油处管理的模式，以盘活资产，优化人力资源，降低管理费用。将鲁宁线的运行管理交由邹城输油处(更名为鲁宁输油处)，南京输油处现有生活基地、处机关大部分人员在管好仪征分输站的基础上，主要负责甬沪宁管线的投产操作及今后的运行管理，并结合仪征至长岭原油管道建成投产后运行管理需要，进一步完善配套有关功能，把南京建设成为石化管道输油管理的一个重要枢纽。此项工作从酝酿实施到正式运行，仅用一个月的时间就完成了有关资产、人员、档案的移交等各项工作，鲁宁输油处于2003年8月29日正式成立并运作。

(董　辉)

【《大口径长距离输油管道穿越长江的设计与应用》获得石化集团公司科技进步一等奖】 管道公司紧密结合管道事业发展需要，贴近生产，贴近实际，科技进步取得显著成效。科研开发项目共54项，其中7项列入石化集团公司计划。《大口径长距离输油管道穿越长江的设计与应用》、《长输管道泄漏实时监测系统研究》、《大型罐区区域性阴极保护技术研究》项目分别获得石化集团公司科技进步一、二、三等奖。开展了《易变海床和复杂水文条件下海底管道敷设及自埋技术研究》、《仪征—长岭原油管道沿线总传系数研究》等新科研课题攻关。完成石化集团公司鉴定项目1项，公司级评定项目7项。

(董　辉)

【结构调整取得明显成效】 2003年整合重组了工程公司和建安公司，形成合力，发挥整体优势，管道施工能力和市场竞争能力得到增强。组建了管道穿越分公司、管道防腐公司和物流服务中心，成为新的效益增长点。进一步规范了油品销售业务的管理，经营效果非常明显。清理整顿长期亏损、扭亏无望的企业，撤并企业12家。通过结构调整，主营业务更加突出，经营状况大为好转。

(董　辉)

【ERP系统成功上线】 管道公司ERP项目2003年4月23日正式启动，于10月13日成功上线，是石化集团公司2003年7家试点和推广单位中的第一个成功上线单位。

(董　辉)

【HSE管理体系得到全面推行】 管道公司从2002年8月份开始着手建立HSE管理体系，提出了“试点先行、以点带面、逐步推广”的总体方案。首先在3个试点单位建立了HSE管理体系，并通过了审核。从2003年3月起，在试点成功的基础上，管道公司各单位全面建立HSE管理体系，8月22日，HSE管理体系在管道公司发布运行。

(董　辉)

【ISO 9001:2000质量管理体系认证工作进展顺利】 管道公司按照“全面贯标、重点认证”的原则制定了详细的工作计划，加快了ISO 9001:2000质量管理体系认证工作进度，聘请国内知名公司进行培训。2003年，建立了管道储运公司质量管理体系，完成了管理手册和35个程序文件的编制审查工作，于2004年3月发布运行。

(董　辉)

表1　　管道公司主要经济指标①　　亿元

指标名称 \ 年份	2003		2002		2001	2000	1999	1998
	公司	分公司	公司	分公司				
工业总产值②	8.89	16.74	10.06	15.55	14.87	—	9.76	7.24
工业增加值	1.50	8.38	1.72	7.11	6.27	—	—	—
资产总计	18.66	114.72	15.16	76.23	63.73	55.95	32.62	37.52
其中：流动资产	11.37	39.09	7.12	28.98	18.04	28.76	13.85	23.04
固定资产原值	8.85	81.10	9.27	70.81	72.15	59.22	36.19	31.46
固定资产净值	6.45	41.37	6.77	33.74	36.41	25.87	16.45	13.42
销售收入	13.31	16.74	10.43	17.24	15.03	13.60	10.19	8.35
利润总额	-3.29	1.01	-0.39	1.35	1.51	1.24	0.72	0.05
其中：税　金	0.58	1.47	0.46	1.23	1.01	0.44	3.23	1.70

① 1998—2001年为管道公司分立前数据。

② 按1990年不变价格计算。

表 2　管道储运分公司主要生产指标

指标名称＼年份	2003	2002	2001	2000	1999	1998
收油量/万吨	2 869.81	2 751.97	2 701.11	2 643.31	1 935.47	1 842.92
输油量/万吨	2 841.56	2 730.86	2 661.46	2 615.67	2 198.63	1 892.64
销油量/万吨	2 853.09	2 712.48	2 715.78	2 567.59	1 926.02	1 818.48
周转量/万吨·千米	1 701 029	1 632 309	1 678 104	1 559 530	1 290 252	1 089 005
油总耗/万吨	7.46	7.78	7.47	8.56	11.31	12.48
电总耗/万千瓦·时	40 814.20	39 983.30	50 600.00	44 094.30	32 052.10	26 791.30
综合能耗/公斤标煤·(万吨·千米)$^{-1}$	159.59	167.08	185.43	192.43	225.59	263.10

中国石化集团
北京燕山石油化工有限公司暨
中国石油化工股份有限公司
北京燕山分公司、中国石化北京
燕化石油化工股份有限公司

【概述】 中国石化股份有限公司北京燕山分公司(简称北京燕山分公司，下属单位有炼油厂、研究院、物装中心等)、中国石化北京燕山石油化工股份有限公司(简称北京燕化股份公司，下属单位有化工一厂、聚丙烯事业部、化学品事业部、合成橡胶事业部、聚酯事业部、树脂应用研究所、营销中心等)、中国石化集团北京燕山石油化工有限公司(简称燕山石化公司，下属单位有燕化高新股份公司、动力事业部、环保事业部、建筑安装公司、津脂公司等)。统称燕山石化，是隶属于中国石化集团公司的特大型石油化工联合企业，位于北京市房山区燕山办事处境内，占地面积 1 600 万米^2。前身为1970 年 7 月成立的北京石油化工总厂，后曾更名为北京燕山石油化学总公司，北京燕山石油化工公司、北京燕山石油化工集团有限公司、中国石化集团北京燕山石油化工有限公司。

2002 年末北京东方石油化工有限公司(简称东方石化公司)归燕山石化公司代管。

燕山石化共有职工 2.8 万人，有专业技术管理干部8 000人，其中高级职称 600 多人，中级技术职称2 600多人。有石油化工生产装置 91 套，辅助生产装置 71 套，主要产品有石油产品、有机合成材料、有机化工原料、化纤产品、机械产品、塑料制品和其他工业及民用产品。原油加工能力 850 万吨/年。乙烯生产能力 71 万吨/年，占全国总产能的 15%；聚乙烯生产能力 56 万吨/年，占全国总产能的 18%；橡胶生产能力 23 万吨/年，占全国总产能的 19%；聚丙烯生产能力 44 万吨/年，占全国总产能的 13%；苯酚丙酮 19.5 万吨/年，占全国总产能的 32%；润滑脂生产能力 3 万吨/年，占全国总产能的 30%。可以生产 218 个品种、625 个牌号的产品。主要产品中，合成树脂、合成橡胶、苯酚丙酮、润滑脂等生产能力居全国第一。在国家统计局公布的 2002 年全国大型工业企业名单中，燕山石化名列第 11 位。在有 2.7 万家企业参加的首届“中国化工 500 强排行榜”活动中，燕山石化按销售额排列位居首位。

2003 年，燕山石化加工原油 724.08 万吨，创北京市原油加工量历史最高纪录；其中加工进口原油 32.59 万吨，创历史最高水平；生产汽油 151.44 万吨，柴油 170.17 万吨，生产裂解料 203.60 万吨；轻油收率 73.41%，原油综合损失率 1.64%，综合商品率 92.03%。化工部分全年生产乙烯 72.22 万吨，生产合成树脂 98.87 万吨，专用料比例 59.21%，合成橡胶 21.18 万吨，苯酚丙酮 17.60 万吨，乙二醇 7.68 万吨。炼油化工多项经济技术指标均创历史最好水平。完成不变价工业总产值累计 124.52 亿元。实现销售收入 324.98 亿元，同比增长 17.09%。扣除 3 个公司内部互供产品的影响因素，实现合并销售收入 230.77 亿元，增长 17.89%。东方石化公司全年实现销售入 52.99 亿元，同比增长 22.25%。2003 年燕山石化实现利税 26.44 亿元，同比增长 23.73%，完成税金及附加 18.18 亿元。2003 年实现考核利润 8.51 亿元，比石化集团公司下达的考核利润指标 7.7 亿元多实现利润8 100万元，超额完成了石化集团公司下达的考核利润指标。

自建厂至 2003 年，燕山石化已累计加工原油 1.97 亿吨，实现销售收入2 727.11亿元，实现利税累计 442.86 亿元，实现利润累计 188.37 亿元。

燕山石化主要经济指标和主要产品产量见表 1

和表2。

（孙　明）

【原油加工量创历史新高】 2003年，北京燕山分公司进厂原油累计720.47万吨，加工724.08万吨，其中大庆原油691.49万吨、进口油32.59万吨；同比增加8万吨，创历史最高水平。全年生产汽油151.44万吨；其中高标号汽油生产93.87万吨，同比增加8.45万吨，97#汽油同比增加6.51万吨，增加效益约1 500万元；生产柴油170.17万吨，生产低凝柴油55.37万吨，同比增加3.78万吨，增加效益约1 000万元；生产裂解料203.64万吨，筛料完成3.42万吨，增加效益约510万元；生产润滑油基础油及脱蜡基油料31.17万吨，同比增加1.93万吨，生产石蜡9.70万吨，同比增加0.91万吨。润滑油基础油、异丁烯料、三苯等高附加值产品产量较上年同期也有了大幅增长。主要加工装置保持高负荷运行，重油消化力度加大，可比综合商品率达到92.05%，增加效益1亿元左右；轻油收率同比增加0.18个百分点，增加效益1 470万元左右；炼油厂综合损失率1.64%，同比降低0.05个百分点，相当于节约原料油3 600吨，增加效益720万元以上。

（孙　明）

【首次加工俄罗斯原油】 2003年，北京燕山分公司炼油厂一蒸馏装置完成加工俄罗斯原油改造。7月1日，建在东方石化公司北京化工四厂接卸俄罗斯原油的铁路专用线扩建工程完成。7月8日下午，举行首次接卸俄罗斯原油进厂仪式，共接卸原油48个油罐车2 807吨，卸车时间7小时30分钟。7月25日14时30分第一批俄罗斯原油与大庆原油混合接入一蒸馏装置。全年共加工进口原油35.59万吨，其中俄罗斯油35.39万吨、哈萨克斯坦油2 013吨。

（孙　明）

【化工系统共节约原料1 827吨】 北京燕化股份公司全年生产乙烯72.22万吨，生产合成树脂98.87万吨，橡胶21.2万吨，乙二醇、苯乙烯、苯酚、丙酮等4种产品生产总量33.38万吨，间二甲苯1.76万吨，间苯二甲酸(PIA)1.66万吨。2003年化工系统共节约原料约1 827吨，经济效益550万元以上。

（孙　明）

【树脂专用料比率达到59.21%】 2003年，北京燕化股份公司在塑料生产总量比上年同比减少4.1万吨的情况下，专用料产量达到58.54万吨，同比增加4.28万吨，专用料比率达到59.21%，增加3.72个百分点。高压聚乙烯(HDPE)6380M实现工业化稳定生产，打破了进口料独占市场的局面。HDPE6360、中空容器料的开发生产及PPR、PPB高透明注塑料、输液瓶料的开发也取得了进展。新高压聚乙烯LD104、LD165、LD160的开发，提高了产品的稳定性，并成功开发了35千伏及以下交联电缆专用基础树脂LD100BW，实现了长周期稳定工业化生产，可替代进口料；使该装置LD100通用料系列占总量的比例由86%下降到30%，产品差价由原来最高470元/吨下降到191元/吨，销售利润率由-3.06%提高到13.08%。

（孙　明）

【自有资金技改投资完成4.47亿元】 2003年，燕山石化技改投资完成4.47亿元。其中：北京燕化股份公司完成2.19亿元，北京燕山分公司完成1.58亿元，燕山石化公司完成0.7亿元，资金来源均为自有资金。共完成技术改造项目185项。炼油部分主要完成接卸俄罗斯原油措施、一蒸馏装置加工俄油改造、二催化和三催化烟机改造、油气回收等项目；跨年度实施项目有航煤加氢、干气回收、污水回用等；三催化装置进行了脱气罐入口斜管和高温取热器改造，解决了困扰多年的流化问题。化工系统检修期间完成乙烯二轮改造完善项目，并建成BA-115炉，为装置实现高负荷生产消除了瓶颈；完成MTBE装置扩能改造、西区苯酚装置扩能和乙二醇装置环氧乙烷精制单元扩能改造。新产品开发进行了低顺式聚丁二烯橡胶、埋地排水管材料、着色聚丙烯管材料、气相法输液瓶专用料等新产品的工业化试生产，效果良好。存续部分完成三电站水煤浆脱硫、三电站至化一蒸汽管线建设等项目。东方石化公司技改投资全年完成9 907万元。

（孙　明）

【技术经济指标明显改善】 通过加强管理力度，优化操作条件，主要装置实现了高负荷平稳运行，技术经济指标有了明显改善，在考核的35套生产装置中有23套装置的能耗、19套装置的物耗再创历史最好水平，30套装置实现了全面达标。在考核的41项专业达标中有31项达到了考核要求。在公司级40项攻关优化项目中有35项已开展，其中有30项达到了预期目标，直接经济效益达1.3亿元以上。节能工作成绩突出，全年总体工业生产燃动综合能耗同比减少3.34万吨标油，节水330万吨。

（孙　明）

【科研工作】 2003年，燕化己烯-1中试项目完成鉴定验收，炼油厂节水减排和RIDOS催化汽油降烯烃项目进展顺利。HDPE6380M是国内第一家通过ISO/TR 9080：1992认证的PE80级管材专用料，埋地排水管材料、着色管材料、输液瓶料、BOPP料等新产品开发均取得新成果。自主研发的医用输液瓶专用料、高线速BOPP薄膜专用料、中高流动透明聚丙烯专用料、流延膜用聚丙烯专用料4种无规共聚专用料通过鉴定，部分牌号属国内首创，产品质量达到国际先进水平。银催化剂YS-8500、YS-8、YS-7的研制取得实质性进展。

（孙　明）

【安全环保指标全面达标】 2003年，燕山石化推进HSE管理体系的建立与实施，12月24日，聚丙烯事业部通过HSE管理体系认证，成为燕山石化首家通过HSE管理体系认证的企业。年内，炼油厂、化工一厂、建安公司举行了发布会，HSE管理体系进入了试运行阶段。燕山石化认真落实安全生产责任制，对涉及危险化学品单位进行了安全评估和登记，对具有危险化学品运输资质的二级单位进行安全检查；努力消除安全隐患，民用液化气系统隐患治理二期工程，苯酚丙酮装置加消防喷淋水系统，炼油厂北区消防水系统改造等石化集团公司重点项目治理完成。到2003年底，实现无上报石化集团公司重大事故908天，荣获石化集团公司2003年度“安全先进单位”称号。环保工作强化源头控制的战略，落实《清洁生产促进法》，外排水综合合格率为97.51%，吨原油工业废水排放量0.87吨，万元产值COD排放量2.11千克，牛口峪外排COD累计均值39毫克/升，均优于北京和石化集团公司考核指标。石化集团公司和燕山石化考核的35套生产装置环保指标全面达标。

（孙　明）

【乙烯二轮改造后首次大检修】 2003年6月，燕山石化进行了2001年第二轮乙烯改扩建完成后的首次大检修，完成了57套装置8 583个检修项目，同时完成炼油系统14套装置的检修和改造，累计检修项目5 454项。检修中消除了三催化、裂解、新高压聚乙烯、苯酚丙酮等重要生产装置及其公用工程系统中存在的各类设备缺陷70余项。开展提高压力容器和工业管道安全等级等工作。使生产装置非计划停工同比减少9.37%，累计停工时间同比减少48%。

（孙　明）

【供化工产品销售连续4个月突破10亿元】 2003年完成采购物资总额25.62亿元，节约采购成本4 790万元。化工产品销售创造了连续4个月销售收入突破10亿元的历史纪录。在中国石化8家乙烯中，保持了库存最低，合成树脂系列产品平均价排名第一。炼油自销产品积极开拓市场，实现了全产全销，多种自销产品的价格均有不同程度的提高。

（孙　明）

【“强化管理年”活动初见成效】 2003年燕山石化开展“强化管理年”活动，进一步细化机关部门的职责和流程，深入推行全面预算管理，每月进行经济活动分析，跟踪监控。严格执行经济责任制考核制度，奖惩分明，有效地控制了各项成本费用支出。通过推进“品牌战略”，开展“质量月”等活动，北京燕山分公司和北京燕化股份公司分别荣获“北京市质量管理优秀企业”、“北京市质量效益型企业”称号，北京燕化股份公司被中国质量协会全国用户委员会评为“全国用户满意服务企业”。炼油厂、橡胶事业部、聚丙烯事业部获“北京市质量先进企业”称号。广泛开展争创“星级车间(队)”和“红旗班组”活动，提高基层管理水平。成立信息部，开展石化集团公司ERP试点工作。

（孙　明）

【污水回用项目使全年新鲜水用量再下降约600万米^3】 炼油厂锅炉排污水回用是石化集团公司“十条龙”攻关项目之一，是将工业废污水加工还原成再生水，提高工业水重复利用率。这一项目的实施，使燕山石化在生产规模不断提高的前提下，新鲜水总用量逐年递减。吨油水耗由2002年的1.1吨降到0.86吨。同时减少了向河道的排水量，最大限度利用再生水。使新鲜水用量大幅度减少，1997年新鲜水总用量约为7 329万米^3，2002年下降到6 000万米^{3}以内，2003年降为5 370万米^3，全年实际利用再生水182万米^3。

（孙　明）

【北京中石化燃气有限公司成立】 2003年9月1日，北京中石化燃气有限公司完成工商注册，正式设立。11月1日正式挂牌运营。该公司是石化集团公司根据北京市政府实行液化石油气专业化配送制度的有关要求，将燕山石化下属的与液化气经营相关的优良资产重组成立的专业化的液化气销售企业，隶属于石化股份公司北京燕山分公司。该公司实行“统一品牌、统一价格、统一配送、统一服务”的经营原则，向北京市民提供“中国石化”品牌的液化石油气产品。

（孙　明）

【燕山石化居中国化工企业之首】 2003年7月26日，由中国石油和化学工业协会等主办、国家化工网承办的有27 000家化工生产企业参加评选的首届“2003年中国化工500强排行榜发布大会”在人民大会堂举行，燕山石化以销售收入277.5亿元名列销售额首位。同月，国家统计局按新发布标准划分的全国大型工业企业名单，燕山石化列2002年大型工业企业第11位，其销售收入2 775 470万元，资产合计2 261 940万元，从业人数25 252人。12月，由北京企业联合会、北京市企业家协会等9家行业协会联合首次评选2003年北京企业100强揭晓，燕山石化排名销售收入第二名、利润额第五名。

（孙　明）

【3家企业实施改制分流】 2003年，原燕山石化公司化纤地毯厂、仪表厂和燕化供销公司所属燕联公司实施改制分流。2月18日，北京燕山仪表有限公司召开第一次股东大会，选举产生了董事会和监事会。原北京燕山石油化工有限公司仪表厂编制撤销。2月28日，北京燕山地毯有限公司召开一届一次股东大会，选举产生了董事会董事和监事会监事，原北京燕山石油化工有限公司化纤地毯厂编制撤销。11月18日，北京燕山燕联物流有限公司，召开首次股东大会选举首届领导班子；该公司由燕化供销公司原燕联公司等几个单位改制而成。

（孙　明）

【职工创新成果冠名授牌并奖励】 2003年12月19日，燕山石化工会在炼油厂三催化车间举行创新成果现场会，向炼油厂许淑云气压机操作法、橡胶事业部韩冰SBS反应温度控制法、化工一厂王文海管式加热器操作法予以冠名授牌，并奖励个人5 000元。许淑云气压机操作法每年可节约蒸汽费用320万元；韩冰SBS反应温度控制法可使SBS每釜生产周期缩短，产量增加；王文海管式加热器操作法可使倒空置换时间缩短。职工创新成果冠名活动在全体职工中产生了很大反响，有47项创新成果申报。

（孙　明）

【东方石化公司实现盈利】 2003年，东方石化公司销售额突破50亿元，实现利润超过5 000万元，比预定目标提前两年实现扭亏。东方石化公司自2002年末成立以来，引入中国石化安全生产管理体制，各主要产品产量、物耗能耗等经济技术指标创造了历史最好水平。东方石化公司以技术改造为契机，努力实现产品结构、产业结构、人员结构、组织结构和资产结构的调整。对财务实行集中管理，财务费用大幅减少。实施了6方面32项降本减费增效措施，非生产性费用得到有效控制。营销部门采取灵活的销售策略，生产部门及时调整产品结构，使产品的售价接近或高于市场平均水平。物资采购成本明显下降。年内东方石化的资产负债率为30.97%，比一年前降低了6.26个百分点。

（孙　明）

表1　燕山石化主要经济指标　亿元

指标名称 \ 年份	2003	2002	2001	2000	1999	1998
原油加工量/万吨	724.08	715.71	647.75	694.42	665.35	602.24
工业总产值①	124.52	122.36	93.39	107.95	104.09	68.56
其中：北京燕山分公司	40.52	40.21	37.60	40.49	37.94	—
北京燕化股份公司	76.06	78.60	47.46	57.11	57.11	—
燕山石化公司	7.94	3.86	8.32	8.68	8.67	—
东方石化公司	41.31	38.86	—	—	—	—
工业增加值	51.07	43.99	27.35	33.30	36.32	29.92
其中：北京燕山分公司	17.45	19.40	14.39	9.10	—	—
北京燕化股份公司	27.01	16.81	8.08	18.62	19.02	—
燕山石化公司	6.61	7.79	4.88	5.58	—	—
东方石化公司	1.38	0.92	—	—	—	—
资产总计	257.35	224.95	235.81	244.29	216.76	203.85
其中：北京燕山分公司	49.73	54.00	55.27	54.35	52.42	—
北京燕化股份公司	148.18	102.86	107.56	92.21	87.08	—
燕山石化公司	59.44	68.09	72.98	85.31	71.83	—

续表

指标名称 \ 年份	2003	2002	2001	2000	1999	1998
销售收入	324.98	277.90	232.48	267.71	130.90	108.86
其中：北京燕山分公司	169.84	146.71	132.71	147.10	92.42	—
北京燕化股份公司	114.74	94.43	59.75	78.53	64.73	54.18
燕山石化公司	40.40	36.76	40.01	42.09	16.78	—
实现利税	26.44	21.37	5.96	14.41	17.95	16.59
其中：北京燕山分公司	11.33	13.53	9.68	4.58	—	—
北京燕化股份公司	14.69	6.67	-2.80	9.70	10.48	3.99
燕山石化公司	0.42	1.17	-0.92	0.13	—	—
实现利润	8.51	4.88	-7.86	0.11	4.04	3.75
其中：北京燕山分公司	0.11	2.49	-0.17	-3.99	-2.03	—
北京燕化股份公司	9.15	2.75	-5.29	6.51	6.55	0.68
燕山石化公司	-0.75	-0.36	-2.40	-2.40	-0.48	—

① 按 1990 年不变价格计算。

表 2 **燕山石化主要产品产量** 万吨

产品名称 \ 年份	2003	2002	2001	2000	1999	1998
北京燕山分公司						
汽　油	151.44	154.12	146.69	146.20	124.27	118.06
柴　油	170.17	174.05	186.74	183.92	170.07	117.13
润滑油基础油	28.89	27.88	27.08	25.56	23.75	27.52
燃料油	64.49	56.07	63.51	76.12	65.32	104.73
化工原料油	212.71	198.60	117.98	171.34	187.60	
液化气	38.42	23.52	26.19	23.90	33.28	26.46
石　蜡	9.70	8.79	8.33	8.45	7.38	7.08
纯　苯	13.01	13.24	15.60	9.27	10.92	9.38
甲　苯	2.48	1.90	2.23	1.90	2.18	1.39
混合二甲苯	2.23	2.16	1.60	1.58	1.94	1.06
北京燕化股份公司						
乙　烯	72.22	74.41	39.00	48.67	53.07	49.14
丙　烯	46.39	47.91	18.30	23.49	36.71	26.94
丁烯-1	12.71	7.91	4.94	7.57	—	
间二甲苯	1.76	1.63	0.95	0.41	0.52	—
苯乙烯	8.10	8.87	4.97	6.08	6.47	6.10
乙二醇	7.68	8.08	5.63	7.19	7.71	6.01
苯　酚	10.89	12.04	8.21	9.24	8.17	8.38
间甲酚	—	—	—	—	0.30	0.21
丙　酮	6.71	7.33	5.10	5.67	5.20	5.00
低密度聚乙烯	41.01	41.20	14.90	14.90	19.26	21.59
高密度聚乙烯	15.90	16.46	12.43	15.68	17.30	16.33

续表

产品名称＼年份	2003	2002	2001	2000	1999	1998
聚苯乙烯	4.89	5.14	3.51	4.52	5.02	4.49
聚丙烯	37.06	40.15	22.84	27.80	30.28	19.12
顺丁橡胶	12.22	12.03	9.10	9.54	10.42	7.65
SSBR	—	—	0.06	—	0.11	0.49
SBS	6.26	5.81	3.77	2.82	1.54	1.14
丁基橡胶	2.70	2.15	0.42	0.41	—	—
间苯二甲酸	1.66	1.28	0.44	0.46	0.59	0.21
聚　酯	0.03	0.45	1.63	4.01	4.09	4.15
色母粒	0.03	0.03	0.03	0.03	0.03	0.03
燕山石化公司						
润滑油	4.32①	1.29	2.36	3.15	1.00	—
润滑脂	3.20	2.76	3.55	2.11	1.76	
化纤地毯/万米^2	22.84	115.52	142.53	111.44	116.86	135.54
簇绒地毯	17.16	102.96	102.27	66.73	77.57	84.63
编织地毯	5.68	12.56	40.26	44.71	39.29	50.90
发电量/万千瓦·时	43 754	46 021	37 128	31 505	35 176	36 730
塑料制品/吨	542	348				

① 含津脂公司产品。

中国石化集团齐鲁石油化工公司暨中国石油化工股份有限公司齐鲁分公司、中国石化齐鲁股份有限公司

【概述】 经过1998—2002年的持续重组改制，原齐鲁石化公司地区形成了中国石油化工股份有限公司齐鲁分公司(简称齐鲁分公司)、中国石化集团齐鲁石油化工公司(简称齐鲁石化公司)和中国石化齐鲁股份有限公司(简称齐鲁股份公司)“三个实体、一个整体”的新体制，统称齐鲁石化。齐鲁石化位于山东省淄博市临淄区南部，西距山东省会济南120千米，东距滨海城市青岛270千米，北距胜利油田90千米。公司北临济青高速公路，胶济铁路、309国道东西向横穿公司地区，交通十分便捷。公司总占地约1 996万米^2，石化地区范围110(千米)^2。

2003年，齐鲁分公司有直属单位9个，职工13 706人；实现工业总产值57.34亿元，为上年的99.06%；实现销售收入183.4亿元，同比增加23.44%；完成利税9.8亿元，利润－1.15亿元。固定资产总值123.06亿元，固定资产净值55.78亿元。全年加工原油794.56万吨，同比增加47.4万吨；其中加工进口原油445.5万吨，同比增加45.6万吨；生产成品油447.88万吨，同比增加55万吨；生产醇类21.1万吨，同比增加27.5%；生产腈纶纤维6.04万吨，为上年的97.4%。

2003年，齐鲁石化公司有直属单位24个，职工19 907人；实现工业总产值8.09亿元，同比增加10.82%；实现销售收入29亿元，同比增加7.8%；实现利税1.22亿元，实现利润－1.35亿元。固定资产总值54.59亿元，固定资产净值29.29亿元。全年发电28.16亿千瓦·时，同比增加8 400万千瓦·时；生产炼油催化剂2.98万吨，同比增加5 100吨。

2003年，齐鲁股份公司有直属单位8个，职工10 866人；全年实现工业总产值67.22亿元，为上年的92.42%；实现销售收入94.6亿元，同比增加31.93%；实现利税12.88亿元，同比增加8.72亿元；实现利润7.5亿元(未经审计)，同比增加6.84亿元。固定资产总值126.31亿元，固定资产净值49.77亿元。全年生产乙烯56.3万吨，同比增加7.8%；塑料

75.94万吨，同比增加8.22%；合成橡胶19.41万吨，同比增加14.08%；苯类产品27.52万吨，同比增加8.70%；烧碱25.87万吨，同比增加14.18%。

2003年，齐鲁石化按照“团结、鼓劲、创新、抓实”的工作方针，贯彻“三个实体、一个整体”的工作要求，坚定不移地围绕效益、改革、发展、稳定开展工作，克服了非典疫情和伊拉克战争带来的不利影响，把握住了市场转好的难得机遇，深入推行以改制分流、分配制度改革为重点的各项改革，全力组织好乙烯二期改造、140万吨/年焦化重点工程建设，生产经营和改革发展均取得了丰硕的成果，在“重塑齐鲁形象、再创新的辉煌”讨论与实践活动中迈出了坚实的步伐。

齐鲁石化主要经济指标和主要产品产量见表1、表2。

（王敬华）

【经济效益大幅提升】 2003年，3个公司合并实现工业总产值134.65亿元，为上年同期的98%；实现销售收入307亿元，同比增加24.1%；实现利税23.9亿元，同比增加15.2亿元；实现利润5亿元(其中齐鲁分公司限亏1.15亿元，齐鲁石化公司限亏1.35亿元，齐鲁股份公司实现利润7.5亿元)，同比增加8.06亿元。圆满完成了石化集团公司下达的目标任务，在2001—2002年分别亏损5.75亿元、2.5亿元的严峻形势下，一举扭转了亏损严重的危局。

炼油加工量创出新高，全年累计加工原油794万吨，比上年增长了6.34%；油种配置更加优化，加工进口原油445万吨，比上年增加45万吨，其中适合生产裂解原料的沙轻、阿曼原油比计划增加26.6万吨，为发挥油化一体优势，实现整体效益最大奠定了基础。

化工生产抓住了市场需求旺盛和乙烯改造实施“二改一”方案带来的良好机遇，实现了量效齐升。乙烯、合成树脂、合成橡胶、烧碱等产品产量，均创出了历史最好水平。

热电等公用工程系统，克服了原煤供应紧张等困难，实现了平稳、经济运行，为炼油、化工高负荷生产奠定了坚实基础。热电全年发电量突破28亿千瓦·时,供汽达到555万吨；生产催化剂2.97万吨，其中出口1 800吨；建设公司完成工程检维修作业值2.23亿元，机械厂完成机加工量产值9 682万元，均刷新了历史最高纪录。

（王敬华）

【安全和生产管理得到优化】 一是安全管理进一步强化。通过层层落实安全生产责任制，认真组织开展春秋两次安全生产大检查，加强关键装置要害部位的安全监控，持续进行隐患查改工作，狠抓二期改造过程的安全管理，避免了重大事故的发生，保证了生产和改扩建施工过程的安全。及时处理了减压渣油加氢脱硫(VRDS)反应器出现热点等问题，对大空分装置实施带压堵漏，较好地稳定了生产，避免了重大非计划停车。持续进行隐患整改，完成了消防水系统改造、原油成品油罐区安全措施等重大安措隐患治理项目。

二是生产管理全面优化。不断细化工艺、设备管理，狠抓装置达标生产。合理优化资源配置，积极组织乙烯和橡胶原料外购，保证了装置高负荷生产。认真开展经济活动分析，加大节能管理力度，着力提升经济技术指标，物耗、能耗、加工损失率等同比大幅度降低，综合商品收率明显提高。全年节约标准油3.18万吨，降低生产成本4 770万元；齐鲁石化考核的37项经济技术指标中，有23项创出历史最好水平，其中，高压聚乙烯、线性聚乙烯装置单耗水平名列石化股份公司同类装置第一。定期对炼油生产的难点和矛盾点进行协调、攻关。注重盈利能力分析，组织了炼油标定，为进一步优化生产提供了基础数据。在中国石化炼油达标竞赛中，二催化装置顺利达标。通过提高焦化、VRDS处理量，提高催化掺渣比，商品燃料油同比减少7万吨。努力提高裂解原料质量，链烷烃含量达70%以上，为乙烯收率创新高奠定了基础。不断推进产品质量升级和新产品开发，提前完成了汽油质量升级，实施简易汽油调合措施，有效保证了新标准汽油的质量。开发了脱庚烷油、3D高缩短纤等新产品，市场领域进一步拓宽。

（王敬华）

【改革改制稳步推进】 一是改制分流全面推开。编制了2004—2006年改制分流总体规划，灵活运用多种形式，加快了改制步伐。2003年内先后上报了9个单位的改制初步方案，其中8个单位获得了总部批复，6个单位完成了实施方案的编报，第一化肥厂和一化实业部水汽车间、塑料分厂，成为中国石化系统内第一家上市、非上市联合改制的试点单位。二是分配制度改革顺利完成。确立了以岗位工资为主的全新工资制度，增资人员比例达到了94%，绝大多数员工享受到了改革成果。三是多渠道实施了减员分流。积极争取总部的政策支持，对分配制度改革和汽运公司的齐运工贸公司及机械厂铁路罐车分厂等单位关停“瘦身”当中显现的富余人员进行了妥善安置。在职工完全自愿的前提下，全年协议或协商解除劳动合同1 699人(其中齐鲁分公司344人，齐鲁石化公司1 193

人，齐鲁股份公司162人)。四是专业重组取得了新的突破。重组成立了齐鲁分公司信息技术管理部、齐鲁股份公司服务保障中心、齐鲁石化幼教中心和齐鲁石化燃料中心，申办组建了山东化工职业学院，首次招生即达到897人。调整了基础教育布局，撤销了齐鲁石化七小和齐鲁石化三中。完成了晏婴路产权和催化剂厂自办小学的移交，迈出了移交办社会职能的第一步。

(王敬华)

【挖潜增效成果显著】 2003年围绕全年效益目标，制定落实了143条挖潜措施，促使各项经济技术指标明显提升，经济效益显著提高。齐鲁石化考核的59项经济技术指标有44项优于去年，44项创出了历史最好水平。其中，轻油收率达到76.4%，同比增加了1.4个百分点；乙烯收率达到30.52%，同比提高了0.2个百分点；高压聚乙烯、线性聚乙烯装置单耗水平列石化集团公司第一；热电厂供电标煤耗降到375克/千瓦·时，同比降低了6.6克/千瓦·时。外供能源管理成效显著，全年收入达到1.77亿元，同比增收6 000多万元，其中动力管理中心通过契约化规范运作，收入突破4 000万元，同比增长233%。

(王敬华)

【技术改造步伐加快】 2003年在非典疫情影响正常进度的情况下，综合分析各方面的因素，提出并落实了乙烯改造"二改一"总体方案，确定了新建焦化装置年内建成，乙烯二期改造和丁辛醇扩能改造同步完成的目标。按照"抓安全、保质量、抢进度"的总体方针，进一步完善了工程组织管理机构，细化了具体施工方案，加强了设计、订货、施工、资金等各方面的管理，开展了"重点工程建设大干一百天"劳动竞赛，各项工程均实现了年度控制点。140万吨延迟焦化装置已于年底基本建成，同步进行了生产准备进展良好。乙烯二期改造总体设计和17个单项设计获得总部批复，设备和特殊材料订货基本完成，各单项工程施工进展顺利，2台大型裂解炉基本建成，苯乙烯新罐区完工投用。丁辛醇改造于11月1日正式开工建设。热电新建炉机项目通过了总部的初步设计审查，完成了现场拆迁和三大主机订货，正在进行桩基施工；催化剂一条线的改造顺利完成；齐鲁—伊斯曼精细化工项目已经开工建设。

(王敬华)

【企业管理明显加强】 一是营销管理日臻完善。遵循"用户是伙伴，合作求双赢"的营销理念，引入了营销评价、客户管理等全新管理模式，不断强化营销服务，努力促销推价，使营销工作更加紧密地贴近了生产，贴近了市场，实现了销售量和销售收入的大幅提升。有8种产品年均售价高于中国石化平均水平。二是财务管理更加到位。推行全面预算管理，规范量值传递和关联交易，加强了对成本、费用的全过程控制，资金运作水平不断提高，2003年降低财务费用1.15亿元。三是物资管理不断深入。在保证生产和工程建设需要的同时，强化了比价采购，扩大了招议标和框架采购的范围，采购成本同比降低3.94%。全面开展了清仓利库工作，对积压、账外及废旧物资进行了处理，2003年降库利库1.5亿元。

(王敬华)

【稳定工作确保了生产经营和改革发展的良好环境】 2003年，齐鲁石化按照稳定压倒一切的原则，针对"法轮功"活动，协议、协商解除劳动合同人员、待业青年、家属工等各类群体上访事件等不稳定因素，多次召开党政领导会议，分析形势，研究部署稳定工作方案，并深入基层调研，靠前指挥，强化责任，落实措施，加大了对"法轮功"练习者的处理力度，先后将13名未转化的"法轮功"练习者送省教育基地进行了教育转化。建立健全"打、防、控、管"一体化治安防范网络和三级综合治理工作网络，遏制了抢劫、抢夺、盗窃等刑事犯罪的势头。通过耐心细致地协调与说服教育，使群体上访的协议、协商解除劳动合同的人员基本稳定。采取有理有据的方式，处理了几十起其他群体上访事件。开辟了信访工作"绿色通道"，建立了预警信息排查机制，认真处理群众来信来访，把矛盾和问题解决在萌芽状态。通过各种深入扎实的稳定工作，为改革发展和生产经营建设创造了良好的条件。

(王敬华)

【重塑4个方面良好形象创出6个方面新的辉煌】 由于2001—2002年，齐鲁石化遇到了前所未有的困难和挑战，观念陈旧、亏损严重、改革滞后、管理滑坡、改造迟缓等五大问题集中凸现，受到上级领导的严厉批评，齐鲁石化整体形象受到严重影响。2003年，公司党委面对困难的繁重的形势和任务，对内外部环境认真分析，对干部职工队伍思想状况调查摸底，确立了在全公司开展"重塑齐鲁形象、再创新的辉煌"讨论与实践活动这一主题。并研究制定了活动方案，召开了公司动员大会、分片研讨会、基层活动启动会，紧紧抓住领导干部树形象这一关键环节，从抓领导班子建设入手，深化两级领导班子和干部队伍思想作风整顿，大力加强基层党组织建设和党风廉政建设。通过两级党委民主生活会、公司领导与职工代表面对面对话会等形式找差距、定措施、抓整改，对领导干部、机关干部和基层职工群众3个层次人员如何重塑形象，对上市与存续两部分企业如何再创辉煌分别提出了明确要求。广泛开展了笔谈、征文、学习报告会等形式多样的讨论活动，组织了合理化建议、劳动竞赛、技术比武等实践活动。充分发挥报纸、电视、宣传栏、广播、计算机网络等舆论阵地作用，为活动的深入开展营造了浓厚氛围。在贯穿全年的活动中，边讨论边实践，边总结边深化，有力地促进了公司各项工作的开展。公司上下关系顺了，管理细了，风气正了，面貌变了，效益好了，各方面工作都有了新的起色和转机。重塑了4个方面的良好形象、创出6个方面新的辉煌，即：被动局面得以扭转，齐鲁石化在石化集团公司和山东省重塑了良好形象；公司两级领导班子和干部队伍精神面貌发生了可喜变化，在职工群众中重塑了良好形象；职工队伍精神面貌发生了可喜变化，在维护稳定和顾全大局等方面重塑了良好形象；企业管理和经济效益大幅度提高，齐鲁石化在市场上重新树立了良好形象。齐鲁石化整体经济效益创出了新的辉煌；各项改革取得新突破；改造发展取得新进展；各项经济技术指标有了新提高；企业整体管理水平显著提升；党委各项工作取得新成效。

（王敬华）

表1 齐鲁石化主要经济指标② 亿元

指标名称 \ 年份	2003	2002	2001	2000	1999	1998
原油加工量/万吨	794.56	747.23	756.55	750.80	678.70	672.56
工业总产值①	134.65	137.91	148.00	110.44	90.16	78.88
工业增加值	44.17	37.47	40.11	49.26	52.03	40.34
资产总计	208.25	226.69	250.17	279.30	225.91	225.45
其中：流动资产	55.96	62.62	74.37	100.09	51.26	50.62
固定资产原值	303.96	366.02	314.26	306.91	261.07	233.85
固定资产净值	134.84	154.42	154.85	164.21	147.11	133.67
销售收入	307.00	246.96	251.50	259.28	144.46	124.58
实现利税	23.90	11.42	9.46	20.76	21.96	16.02
其中：税　金	17.10	14.52	15.21	18.01	15.66	13.01

① 按1990年不变价计算。

② 2000—2003年每项统计数字均为齐鲁分公司、齐鲁石化公司、齐鲁股份公司3部分之累加。

表2 齐鲁石化主要产品产量 万吨

产品名称 \ 年份	2003	2002	2001	2000	1999	1998
汽　油	114.19	85.82	95.72	113.60	103.39	104.66
柴　油	305.77	280.39	279.27	270.38	229.38	202.52
煤　油	27.92	26.58	21.93	25.09	22.17	19.03
液化气	12.92	7.88	8.50	9.56	11.30	5.58
沥　青	16.70	12.09	14.40	17.59	20.94	41.55
合成橡胶	19.41	17.01	17.60	10.96	12.04	12.40
炼油催化剂	2.98	2.64	2.48	2.23	2.06	2.02
烧　碱	25.90	22.66	24.70	23.13	22.09	19.24
乙　烯	56.32	52.27	55.50	50.58	49.34	33.56
聚乙烯	41.99	38.60	40.86	37.49	36.61	22.30
聚氯乙烯	24.48	23.58	23.38	20.29	20.84	18.09

续表

产品名称 \ 年份	2003	2002	2001	2000	1999	1998
苯乙烯	7.02	6.52	6.77	6.33	7.00	5.44
丙烯腈	4.15	4.14	4.01	3.76	3.03	2.72
腈纶纤维	6.04	6.20	5.15	4.85	4.25	4.11
甲　醇	5.58	2.05	5.28	4.36	2.21	5.73
丁　醇	5.82	5.10	4.78	4.42	4.62	3.04
辛　醇	9.13	8.80	8.44	8.18	8.79	5.43
纯　苯	16.32	15.10	16.41	15.65	16.20	12.24
对二甲苯	5.30	5.25	5.21	5.07	4.85	3.79
邻二甲苯	4.74	4.29	4.44	4.11	4.11	3.53
苯　酐	4.95	4.36	4.35	6.68	4.50	3.37
甲基叔丁基醚	5.75	5.23	4.98	3.73	2.97	2.69
1－丁烯	1.92	1.67	1.58	1.03	0.97	—
发电/亿千瓦·时	28.16	28.20	27.19	25.92	24.87	16.11

中国石化集团上海高桥石油化工公司

【概述】 中国石化集团上海高桥石油化工公司(以下简称高桥石化公司)成立于1981年11月，是中国第一个跨部门、跨行业的特大型石油化工联合企业。2000年1月，按照石化集团公司重组改制的统一部署，分立出中国石油化工股份有限公司上海高桥分公司。高桥石化公司位于上海市浦东新区，紧邻黄浦江吴淞口，水陆交通便利，占地80万米^2，共有21套生产装置，主要生产聚醚、过氧化二异丙苯(DCP)、助剂、洗涤剂等产品，主体生产单位有上海炼油厂、高桥化工厂、聚氨酯事业部、精细化工事业部和热电事业部，另有国际贸易公司、工程建设有限公司、职业病防治所、教育培训中心等单位，公司机关设16个处室。截至2003年底，高桥石化公司共有职工5 788人，其中管理和专业技术人员1 475人，具有高级职称人员80人，具有中级职称人员569人。

2003年，高桥石化公司面对诸多不利因素，积极优化生产方案，狠抓产品结构调整，各化工装置和热电机组保持高负荷平稳运行。高桥石化公司狠抓科技进步，组织了BIPB技术攻关，初步攻克了工艺、安全上的难关，在对工艺技术、设备、原料配方等作了改进后，运行安全性有了很大提高，装置于10月份开车一次成功，产品外观等也得到了很大的改善，大部分产品出口国外。高桥石化公司重视产品质量的提高，全年聚醚一级品率达到94.5%，同比提高28.65个百分点。外贸出口增幅较大，全年聚醚出口7 052吨，同比增长57.88%，出口品种增加到了16种，市场分布也进一步扩大；DCP继续保持世界领先地位，全年出口量6 734吨，同比增长35.79%，国际市场占有率达到45%。高桥石化公司采取多项措施开展降本压费工作，全年管理费用比计划下降84万元，营业费用比计划下降508万元，财务费用比计划下降711万元。

2003年，根据石化集团公司的要求，高桥石化公司结合实际，积极稳妥地推进了扁平化改革工作，年内撤销了下属化工三厂、精细化工厂、热电厂的工厂建制，改为事业部。公司继续开展改制分流工作，完成了物业管理公司的改制收尾工作，并选择了条件比较成熟的工程监理公司、高热实业有限公司、上炼运输公司进行改制。在上两年对外长期投资清理整顿的基础上，高桥石化公司加快了对长期亏损扭亏无望、产品结构不合理、没有发展前景的投资单位的关停撤拆步伐，至年底，131家对外投资单位中列入清理整顿范围的有102家，累计清理了87家。此外，高桥石化公司本着“资质、设备、技术、管理四共享”的原则，整合原分散在下属单位的5个检维修企业，合并重组而成上海高桥石化工程建设有限公司。高桥石化公司主要经济指标和产品产量分别见表1和表2。

（陈建浩）

【过氧化二异丙苯成套技术工艺包开发成功】 过氧化

二异丙苯(DCP)成套技术工艺包开发为2003年石化集团公司科研开发项目，由高桥石化公司、上海工程有限公司联合开发。该项目以高桥石化公司精细化工事业部1.2吨/年 DCP 装置的生产技术为基础，通过DCP成套技术工艺包的开发，使 DCP 装置的工艺技术不断优化，物耗能耗不断降低，对产品质量、安全环保、控制手段等方面经验进行总结和提高，并为新建 DCP 装置提供设计依据。

该项目于2003年6月份正式立项，11月30日通过了石化集团公司的鉴定。在工艺包的开发过程中，通过物料平衡、热量平衡数据，并结合历年技术攻关、技术改造的成果，采用过程模拟软件进行计算，不断优化装置的工艺流程。通过采用专业设备工艺设计软件对反应器、容器、塔等装置关键设备进行工程设计计算，进一步优化设备的结构。通过对关键管道的水力学计算，确定经济管径。根据现有装置的操作条件、控制要求，优化控制回路的配置和安全联锁，确定联锁方案和联锁逻辑。

(陈建浩)

【3家多种经营企业改制分流成功】 根据石化集团公司的统一部署，高桥石化公司在2002年开展改制分流工作的基础上，进一步深入开展此项工作。根据职工自愿、改制企业必须是盈利企业、改制后企业要有市场、有效益以及资产、人员要相匹配等原则，2003年高桥石化公司选择工程监理公司、高热实业有限公司、上炼运输公司3家多种经营企业进行改制，并于年内完成方案制定等工作。经石化集团公司和上海市有关部门批准，3家企业分别于2004年3月和5月工商登记成功。工程监理公司涉及置换资产809万元，人员49人；高热实业有限公司涉及置换资产1 948万元，人员184人；上炼运输公司涉及置换资产862万元，人员77人。

(陈建浩)

【上海高桥石化工程建设有限公司成立】 高桥石化公司原有4支检维修队伍和一家工程建设管理单位，其中除一家为分支机构外，其余均为独立法人单位，且分别由高桥石化公司下属各事业部主管。存在着各单位之间工作忙闲不均、管理分散、机构庞大，以及资质、技术、设备、市场、人力等资源无法实现共享等问题。2003年，高桥石化公司根据“资质、设备、技术和管理四共享”原则着手对检维修系统进行专业化集中，将工程公司、炼油安检、炼维公司、化工安检和高热检修分公司等5家企业重组合并。2003年12月18日正式成立上海高桥石化工程建设有限公司，注册资金6 000万元，涉及人员2 215人。

(陈建浩)

表1 **高桥石化公司主要经济指标①** 亿元

指标名称 \ 年份	2003	2002	2001	2000	1999	1998
原油加工量/万吨	—	—	—	—	617.23	522.24
工业总产值②	14.14	11.83	10.88	9.32	54.30	44.47
其中：炼　油	—	—	—	—	36.19	29.54
化　工	12.82	10.56	9.60	8.01	18.24	14.04
工业增加值	2.73	2.63	2.25	2.03	19.60	17.66
资产总计	41.05	40.01	44.16	49.26	97.00	92.60
其中：流动资产	16.22	16.66	19.09	23.77	31.01	30.86
固定资产原值	24.74	24.07	23.32	23.37	92.11	79.94
固定资产净值	13.97	13.91	13.85	14.99	54.26	30.70
销售收入	19.60	19.94	31.79	20.72	119.49	95.11
实现利税	1.95	1.10	0.65	0.99	14.25	13.46
其中：税　金	0.75	0.79	0.95	0.75	11.66	11.40

① 1998—1999年为改制前高桥石化公司统计数字。

② 按1990年不变价计算。

表 2 高桥石化公司主要产品产量① 万吨

产品名称＼年份	2003	2002	2001	2000	1999	1998
发电量/亿千瓦·时	12.20	12.07	12.02	12.00	10.94	10.84
供热量/万吉焦	1 164	1 174	1 208	1 257	1 116	1 120
环氧丙烷	7.72	7.41	7.52	6.20	5.63	3.86
聚　醚	10.91	8.81	8.30	6.50	5.64	4.01
DCP	1.30	0.98	0.78	0.62	0.44	0.24

① 同表1①

中国石化股份有限公司上海高桥分公司

【概述】 中国石化股份有限公司上海高桥分公司(以下简称上海高桥分公司)成立于2000年1月，由原高桥石化公司炼油厂、化工厂、供销公司的主业部分组成。上海高桥分公司地处浦东经济开发区，西临黄浦江，北近吴淞口，占地302万米^2。炼油厂成立于1950年，现有原油加工能力1 130万吨/年，是华东地区惟一能生产润滑油、石蜡产品的综合型石油加工厂。化工厂成立于1961年，现有合成橡胶、合成树脂和有机化工三大系列产品。截至2003年底，职工总数4 871人，其中专业管理人员1 400人，包括116名高级专业人员、520名中级专业人员。现上海高桥分公司机关设10个处室，下辖炼油事业部(原炼油厂)、化工事业部(原化工厂)、供应销售部(原供销公司)3个单位，共有46套生产装置，主要装置有：1#蒸馏330万吨/年、3#蒸馏800万吨/年，1#催化90万吨/年、2#催化60万吨/年、3#催化140万吨/年，60万吨/年连续重整、180万吨/年汽柴油加氢精制，140万吨/年延迟焦化，40万吨/年润滑油装置系列，15万吨/年石蜡装置系列，9.6万吨/年顺丁橡胶、12万吨/年苯酚丙酮、6 000吨/年丙烯腈—苯乙烯聚合物(AS)等。

2003年，上海高桥分公司加工原油841.73万吨，比上一年增加19.15万吨。汽、煤、柴、润四大类石油产品产量605.54万吨，同比增加29.96%。上海高桥分公司切实加强达标管理，努力提高生产运行水平，有15套装置的能耗、5套装置的物耗分别达到或创造了历史最好水平，公司考核的达标装置实现达标率91.9%。上海高桥分公司大力开展节能降耗活动，2003年节能降耗总价值6 646万元，开展节能项目35个，形成年节约价值能力1 008万元，当年节约611万元。

2003年，上海高桥分公司积极推进项目建设，140万吨/年加氢裂化、30万吨/年润滑油加氢、4万米^3(标准)/时制氢、20万吨/年苯酚丙酮项目按节点进展顺利，20万吨/年ABS、10万吨/年丁苯橡胶项目完成与外商的技术引进谈判。

2003年，上海高桥分公司共下达科研计划57项，安排新产品试产7项，有11个项目通过技术鉴定和技术评审。公司对3#蒸馏电脱盐进行攻关，改用了新型破乳剂，使经过电脱盐处理后的原油含盐合格率达到90%以上。上海高桥分公司重视环保工作，开展了清洁生产技术研究，实施了环保内部收费措施。化工事业部清污分流二期等一批环保项目的改造、投用，使该公司环保控制水平得到进一步提高。2003年，上海高桥分公司外排废水达标率达到100%，外排COD、SO_2均比市控总量大幅下降，炼油事业部吨油新鲜水耗量为0.95吨，首次降到1吨以下。

上海高桥分公司积极拓展国内外市场，全年销售收入首次超过200亿元，达到210.82亿元。在2003年第四季度市场汽柴油供应全面告急的情况下，该公司用最短的时间打通流程，将航煤加氢装置改为柴油方案生产。2003年8月份，还在全国范围内首次供应0#城市车用柴油，首批4 500吨高标准低硫柴油发往广州。在连续6年出口保持高增长的情况下，全年出口产品总量99.26万吨，同比增长40%；出口创汇2.76亿美元，同比增长48.39%。其中，汽油出口61.46万吨，同比增长15.18%；柴油出口17.78万吨，同比增长231.74%；顺丁橡胶出口1.3万吨，同比增长60.60%。上海高桥分公司主要经济指标和主要产品产量分别列于表1和表2。

(陈建浩)

【研发的高标准低硫车用柴油率先投放市场】 2003年8月19日，上海高桥分公司成功生产调合出高标准低硫0#车用柴油，首批4 500吨投放市场，在中国炼油企业中率先向市场批量供应高标准低硫车用柴油。该油品是一种可以大大改善城市汽车尾气排放的清洁柴油，这是中国当时投放市场最为清洁的柴油，其特点是硫含量大大降低，达到 0.05%，仅为市场上普通 0# 轻柴油指标的四分之一，其他技术指标也优于 0# 轻柴油。

2003 年 3 月，上海高桥分公司开始高标准低硫车用柴油的研制开发工作，经过 4 个多月的努力，8 月 13 日拿出了小试的配方并进行试生产，经分析，其主要指标相当于欧洲Ⅱ类排放标准。据统计，上海高桥分公司 2003 年共生产投放市场高标准低硫车用柴油 7.51 万吨。

（陈建浩）

【组织苯酚反倾销申请获得初步成功】 苯酚是上海高桥分公司的主要化工产品之一，市场销售的正常价格为每吨7 000—8 000元，最高可达每吨 1 万多元。中国加入 WTO 后，国外化工产品进入的门槛降低，从 2001 年开始，日本、韩国、美国和台湾地区大幅度低价倾销苯酚使中国苯酚市场的价格逐步跌至历史最低水平每吨4 000元，中国苯酚产业遭到严重损害，2001 年 6 月上海高桥分公司 1 号苯酚装置被迫停工，2002 年初 2 号苯酚装置提前进行检修。

为了维护企业利益，稳定国内市场，上海高桥分公司、燕山石化、哈尔滨石化、吉林化工等国内几家主要的苯酚生产企业在北京召开会议，达成了一致的认识。2002 年 5 月，4 家公司向国家外经贸部和国家经贸委正式提出苯酚反倾销调查申请。同年 8 月外经贸部和国家经贸委发出公告，决定对原产于日本、韩国、美国和台湾地区的进口苯酚产品进行反倾销立案调查。2003 年 6 月 9 日，苯酚反倾销获得肯定性初裁，以及商务部对进口上述 4 个国家和地区的苯酚产品提供 7%—144%保证金的初裁措施。同时，上海高桥分公司积极配合外经贸部、国家经贸委及商务部的核查工作，开展了企业工业产值、销售额、进口量以及市场和客户等状况的调查、整理工作。

（陈建浩）

【全力确保市场汽柴油供应】 2003 年第四季度，中国市场汽柴油一度告急，部分地区加油站限量供油甚至售罄。上海高桥分公司按照上海市和石化集团公司的要求，为缓解供需矛盾，保障市场供应，千方百计增加产量。首先全力保证船期不脱，争取原油源源不断进厂，同时采取措施保证柴油、汽油的出厂进度；其次加强对装置监测，确保长周期运行，特别是确保汽柴油的高质量，确保出厂产品合格；第三打破常规增产，所有装置特别是催化，进入满负荷运转状态。针对正在加工的进口原油酸含量高，加工后形成半成品多而成品少的状况，上海高桥分公司组织多个攻关组进行攻关，并用最短的时间打通流程，将航煤加氢装置改为生产柴油，10 天内将 2.1 万吨酸值超标的柴油转化为合格产品。

（陈建浩）

【建成百万吨级出口基地】 2003 年，上海高桥分公司克服了海运价格普遍上涨、保险费用增加等不利因素，在连续多年外贸出口高增长的情况下，全年产品出口总量 99.26 万吨，同比增长 40%，提前实现“建成百万吨级出口基地”的目标；出口创汇 2.76 亿美元，同比增长 48.39%。上海高桥分公司重视出口产品的质量管理，年内开展了顺丁橡胶的质量攻关，使产品质量稳步提高，从而赢得了外商的信任，出口量同比增长 60.6%。伊拉克战争期间，保险、海运价格上涨给出口带来困难，上海高桥分公司与保险公司、船公司谈判，努力降低各项费率、费用。

（陈建浩）

【原油加工量创历史新高】 2003 年，上海高桥分公司完成原油加工量 841.73 万吨，为历史最高水平，比 2002 年增加 29.4%。其中加工进口原油 635.7 万吨，同比增长 59%，亦为历史新高。在进口原油大幅增加的同时，上海高桥分公司采用多个油种生产航空煤油，2003 年成功利用 8 种混合原油试生产航空煤油获得成功。上海高桥分公司现有年原油加工能力 800 万吨、330 万吨的蒸馏装置各一套，是石化集团公司千万吨级炼油基地之一。

（陈建浩）

【吨原油耗水量首次降至 1 吨以下】 2003 年，上海高桥分公司节水工作取得明显实效，全年共节水 323.61 万吨，炼制每一吨原油的新鲜水消耗为 0.95 吨，首次降到 1 吨以下。2003 年，上海高桥分公司炼油事业部在水平衡测试验收的基础上，对存在的用水不合理的状况进行整改，在装置检修时解决了江水与循环水互串的问题，完成了节水型水龙头的更换等工作。上海高桥分公司化工事业部为消化 2.4 万吨/年异丙苯开车的不利因素，对用水量大的冷换设备进行冷却温度的调研和控制冷却温差，取得明显效果。

（陈建浩）

【原油储运损耗同比大幅下降】 2003 年，上海高桥分公司重视原油储运损耗管理，全年原油储运损耗为

0.68%，比2002年的0.91%有明显下降，合计减少原油损失近2万吨。上海高桥分公司一方面加强内部管理，建立、完善各类原油台账、报表；另一方面加强外储油罐和中转港的计量监督，派专人常驻中转港对原油装船的每一个环节跟踪把关。

（陈建浩）

表1　上海高桥分公司主要经济指标①　亿元

指标名称 \ 年份	2003	2002	2001	2000	1999	1998
原油加工量/万吨	841.73	650.25	652.48	700.20	617.23	522.24
工业总产值②	63.39	53.84	52.94	54.70	54.30	44.47
其中：炼　油	49.52	40.71	39.20	41.00	36.19	29.54
化　工	15.44	14.46	15.32	15.17	18.24	14.04
工业增加值	26.51	19.81	19.79	14.65	19.60	17.66
资产总计	74.48	77.37	69.33	73.71	97.00	92.60
其中：流动资产	24.31	31.93	27.03	31.22	31.01	30.86
固定资产原值	79.67	82.64	74.19	74.62	92.11	79.94
固定资产净值	39.51	42.10	37.19	41.41	54.26	30.70
销售收入	210.82	146.27	153.48	168.04	119.49	95.11
实现利税	15.23	12.93	13.67	8.13	14.25	13.46
其中：税　金	12.08	10.59	12.56	7.48	11.66	11.40

① 1998—1999年为原高桥石化公司统计数字。
② 按1990年不变价计算。

表2　上海高桥分公司主要产品产量①　万吨

产品名称 \ 年份	2003	2002	2001	2000	1999	1998
汽　油	208.46	179.32	161.31	175.72	153.69	138.94
煤　油	47.48	31.45	29.21	30.00	34.07	28.00
柴　油	322.59	229.26	232.67	243.20	225.45	161.16
石油芳烃	3.08	2.05	3.13	2.65	2.86	1.85
润滑油	27.01	25.90	25.04	22.88	28.73	24.89
商品燃料油	22.59	39.25	37.73	37.50	18.43	29.24
石　蜡	16.23	14.56	15.14	12.73	15.22	14.19
石油焦	26.29	6.09	8.99	9.69	9.31	7.70
沥　青	—	0.58	0.33	0.52	2.50	1.46
合成橡胶	15.19	14.23	13.06	11.20	9.87	8.95
其中：顺丁橡胶	9.27	8.46	8.57	7.77	7.34	6.87
丁苯橡胶	5.93	5.77	4.49	3.34	2.53	2.08
丙　烯	15.11	13.83	13.82	14.03	8.53	7.77
丁二烯	3.19	2.87	2.53	1.93	0.94	0.97
苯　酚	7.79	7.48	8.39	8.40	5.28	4.64
丙　酮	4.90	4.63	5.13	5.31	3.25	2.82
塑　料	1.00	1.47	1.62	1.78	1.70	1.76
其中：AS	0.46	0.51	0.41	0.51	0.51	0.50
聚苯乙烯	0	0.96	1.21	1.27	1.20	1.26

① 同表1①

中国石化集团
金陵石油化工有限责任公司

【概述】 中国石化集团金陵石油化工有限责任公司(以下简称金陵石化公司)位于南京市的东北郊，占地823万米^2。所属工厂北濒长江，南临京沪铁路和沪宁高速公路，万吨级油轮可直达厂区，铁路专用线通达全国，地理位置得天独厚。

金陵石化公司是经国务院批准，于1982年元月成立的具有对外经济技术合作权的国家特大型石化企业。金陵石化公司拥有有机化工原料、合成洗涤剂、表面活性剂、合成塑料及制品等多家专业工厂和科研、教育、设计、工程、外贸等多家专业公司和直属单位。拥有大型生产装置40余套，是中国最大的烷基苯和苯酐生产基地。产品除满足国内需要外，还远销世界20多个国家和地区。2003年末，资产总计43.22亿元；职工总数10 474人，其中各类专业技术人员2 628人，具有高级职称的197人，中级职称的1 092人。

2003年，受伊拉克战争和非典疫情的影响，国际原油和化工原料价格大幅攀升，产品盈利空间大幅缩小，生产经营遇到了前所未有的困难。与此同时，企业内部重组和改革的任务也相当繁重。面对效益、改革和稳定的巨大压力，金陵石化公司全体员工振奋精神，开拓创新，强化管理，深化改革，较好地完成了全年的各项任务。年销售收入71.35亿元，比上年增长2.66%；实现利税1.71亿元，其中税金1.36亿元，利润3 500万元。自营进出口总额7 157万美元，创汇394万美元。多种经营实现销售收入8.59亿元，实现利税1 500万元。三资企业完成销售收入17.6亿元，实现利润7 557万元。

挖潜增效，主要技术经济指标有所改善。2003年，金陵石化公司万元产值综合能耗2.1吨标煤，同比降低3.67%；尿素、苯酐、聚丙烯等主要产品物耗有所下降。12个主要产品中有6个超额完成年度计划。三聚氰胺、800#聚醚、二套托盘、成都金陵石化装置等完成竣工验收，正式投入生产，形成新的效益增长点。安全生产保持良好势头，HSE体系开始试点。

加强财务管理，完善全面预算管理体系，做到事前预测、事中控制和事后分析，有效控制了各项费用开支。与石化集团公司下达的费用考核指标相比，金陵石化公司管理费用下降930万元，营业费用下降60万元，修理费用下降1 700万元，财务费用下降440万元，人工成本下降2 979万元，文教卫社区服务净支出下降130万元。同时，金陵石化公司进一步加强对外投资管理，做好投资收益的回收工作。2003年共对10家长期投资单位进行了清理，及时处理存货，停支有关费用，收回和变现了部分资产，避免了资产损失。

面向市场与发展，科研开发取得明显成效。双烯选择加氢工艺及其催化剂、低不饱和度聚醚多元醇的工业化试验、水基型农药制剂专用配套助剂的产业化开发等项目已完成验收和鉴定。合成软泡聚醚的工业放大试验获得成功。烷基多糖苷、乙酰柠檬酸三正酯中试得到进一步完善，应用开发和市场开发、销售比上年均有大幅度增长；用多金属催化剂生产低不饱和度聚醚多元醇的工业应用项目在化工二厂和高桥石化三厂等单位已成功投入生产。BC-239苯酐催化剂更换工作顺利完成，目前装置运行稳定，对降低生产成本、提高产品竞争力起到了积极作用。

坚持深化内部改革不动摇，改制分流工作取得新突破。按照石化集团公司的统一部署，金陵石化公司改制分流工作坚持与产业结构调整相结合、与实现扭亏脱困和自立生存相结合、与社区改革目标相结合，以点带面，有序推进。塑料厂、炼油厂医院已完成改制分流实施方案的上报；海南金陵石化实业开发公司的实施方案已经石化集团公司批复，正在办理工商登记注册；化工二厂和化工一厂凡士林加氢装置已完成资产评估工作，正在进行减员瘦身，履行民主程序。化肥厂三聚氰胺等装置和烷基苯厂职工医院已上报初步方案，其中烷基苯厂职工医院已获批复并已开始资产评估。以上7家单位共涉及员工总数3 115人，涉及资产11.76亿元。人事制度改革进一步深化，对厂处级干部岗位实施公开竞聘；按照“引入市场价位，调整收入关系”的要求，改革薪酬分配制度，内部管理体制进一步理顺。

金陵石化公司主要经济指标和主要产品产量见表1、表2。

（曹国梁）

【江苏金桐年产7.2万吨烷基苯装置投产】 由金陵石化与英属维尔京群岛宝智投资公司合资的江苏金桐化学有限公司7.2万吨/年烷基苯装置，经过一年多的建设，于8月23日在南京经济技术开发区一次投料开车成功，生产出合格的烷基苯产品，9月20日正式投入生产。该装置的建成，标志着南京地区已形成年产烷基苯近30万吨的生产能力，从而成为亚洲最大的烷基苯生产基地。

（曹国梁）

【金陵帝斯曼树脂有限公司不饱和聚酯树脂装置扩建奠基】 2003年1月23日，金陵帝斯曼树脂有限公司举行不饱和聚酯树脂装置扩产项目奠基仪式。

金陵帝斯曼树脂有限公司是由金陵石化公司与荷兰DSM公司合资兴建。该公司不饱和聚酯树脂装置自1992年投产以来，以其高品质、高技术含量的产品在国内外享有很高的声誉，产品供不应求。

该装置原设计能力为1万吨/年，后经技术改造，装置能力达到2万吨/年。为适应市场发展和进一步引进新技术的需要，合资双方一致同意，将现有的2万吨/年装置扩大到4.2万吨/年。该项目建成后，不仅经济效益显著，而且装置的环境保护也将达到一个新水平。

（曹国梁）

【烷基多糖苷产品首次出口欧洲】 2003年3月26日，由金陵石化研究院研制生产的烷基多糖苷产品首次出口欧洲。

烷基多糖苷是由可再生资源淀粉和油脂以及它们的衍生物葡萄糖等为基础研制的非离子表面活性剂，是金陵石化研究院经过10年攻关，独立开发和研制生产的新一代绿色表面活性剂。具有优良的去污性和较好的发泡和稳定性，且耐碱和耐强电解质。目前世界上对烷基多糖苷的需求量每年约15吨，主要用于洗涤剂，其次是化妆品。

（曹国梁）

【低不饱和度聚醚多元醇工业试验研究项目通过部级鉴定】 由金陵石化研究院、化工二厂和上海高桥化工三厂共同承担的低不饱和度聚醚多元醇工业试验研究项目2003年7月13日通过石化集团公司的鉴定。

聚醚多元醇是合成聚氨酯的重要原料。近年来，围绕聚醚多元醇产品质量性能的提高和生产成本的降低，国内外进行了大量的研究，其中最具代表性的就是低不饱和度聚醚多元醇的开发。金陵石化研究院1997年开始该项目研究，2000年5月2吨/年的双金属（多金属）催化剂中试装置建成并一次开车成功。中试生产的多金属催化剂性能好，活性高，质量稳定。为使该项成果尽快转化为生产力，2000年12月，金陵石化与高桥石化共同向中国石化申报了《低不饱和度聚醚多元醇工业试验》项目，经过两年多的攻关，终于取得了成果。

该项目在国内首次将多金属氰化物类催化剂应用于万吨级聚醚工业生产，开发了新的聚醚生产工艺，不饱和度低于0.01摩尔/千克，收率达99.5%，生产周期为原来的1/2，具有明显的经济和社会效益。

（曹国梁）

【丙烯氯醇法制环氧丙烷新工艺开发成功】 2003年7月，金陵石化公司化工二厂丙烯氯醇法制环氧丙烷新工艺的开发通过石化集团公司的鉴定。

氯醇法生产环氧丙烷，产品收率及副产率主要取决于丙烯氯醇化反应。国内环氧丙烷厂家氯醇化工序大多采用干塔式、管塔式结合丙烯氯醇化反应装置。该工艺设备庞大，副产较多，反应效率较差，影响了环氧丙烷收率。丙烯氯醇法制环氧丙烷新工艺是在丙烯氯醇化管式反应小试的基础上进行的中试研究项目。新工艺是氯醇法生产环氧丙烷传统工艺的一种突破，具有多点进料，梯级提浓，螺旋式上升的反应器布局等技术创新点，还具有原料消耗低，废水排放少，可大大减少污染等特点，各项技术指标优于目前国内同类装置水平。

（曹国梁）

【烷基苯厂5年回收铂金110千克】 烷基苯厂催化剂车间铂回收装置5年共回收铂金110.15千克，价值高达1 650万元。

该厂生产中使用的脱氢催化剂失效后，其内所含贵金属铂的价值却很高。为了回收催化剂中的铂金，该厂催化剂车间对铂金属回收装置多次进行扩容改造，并持续不断地进行技术改进。大胆采用“全溶法”替代“溶解载体法”，回收技术由粗变精，回收产量由少到多，铂回收产量由最初的年14.5千克增加到年36.79千克，翻了一番还多。该装置的运行成功，不仅为催化剂的制备生产提供了充足的铂金原料，而且有效降低了催化剂制备的生产成本，成为催化剂车间经济效益增长的重要支撑点。

（曹国梁）

【金陵石化为南京市抗“非典”捐款】 2003年5月14日，金陵石化公司党委书记、董事长周厚松代表金陵石化18 000余名职工向南京市慈善总会捐款100万元，支持南京市抗击“非典”的斗争。南京市副市长许仲梓代表市防“非典”指挥部接受了金陵石化的捐款，奚永明副市长颁发了捐赠荣誉证书并发表讲话，代市长蒋宏坤出席了损赠仪式。

（曹国梁）

表 1　　金陵石化公司主要经济指标①　　亿元

指标名称＼年份	2003	2002	2001	2000	1999	1998
工业总产值②	21.76	25.07	26.19	23.70	51.62	47.78
工业增加值	7.72	3.49	1.79	5.19	21.57	18.89
资产总计	43.22	53.85	54.49	51.42	88.24	81.07
其中：流动资产	20.96	27.10	26.52	24.33	36.03	32.67
固定资产原值	45.99	42.74	42.42	40.95	79.03	75.67
固定资产净值	19.29	17.33	17.85	17.51	33.50	33.72
销售收入	71.35	69.50	62.14	39.76	132.50	122.41
实现利税	1.71	2.58	1.32	1.00	16.96	11.54
其中：税　金	1.36	2.19	1.94	0.97	12.54	9.94

① 1999 年以前为原金陵石化公司合计数。

② 按 1990 年不变价计算。

表 2　　金陵石化公司主要产品产量　　万吨

产品名称＼年份	2003	2002	2001	2000	1999	1998
凡士林	0.36	0.40	0.51	0.63	0.51	0.42
烷基苯	9.35	10.94	10.26	7.46	8.41	8.11
磺　酸	—	4.28	4.47	3.52	3.33	3.32
轻　蜡	10.38	12.68	13.12	9.18	9.71	6.16
合成洗衣粉	—	2.72	6.24	5.08	8.05	7.63
苯　酐	8.16	8.80	8.30	9.10	4.93	5.25
增塑剂	7.39	7.46	7.24	6.08	4.60	4.09
环氧丙烷	3.37	3.82	3.69	3.17	3.44	2.98
农药乳化剂	0.43	0.54	0.59	0.61	0.62	0.83
聚　醚	3.17	3.08	3.29	2.30	2.39	1.89
聚丙烯	6.12	8.45	11.91	10.93	8.00	4.98
聚氯乙烯电缆料	0.02	0.03	0.03	0.09	0.09	0.11
中空容器	0.05	0.07	0.10	0.07	0.09	0.09
聚乙烯托盘	0.04	0.04	0.07	0.05	0.06	0.09

中国石油化工股份有限公司金陵分公司

【概述】 中国石油化工股份有限公司金陵分公司(以下简称金陵分公司)座落于南京东郊景色秀丽的栖霞山麓，北依“黄金水道”长江，南临京沪铁路和沪宁高速公路，与现代化的禄口国际机场有快速通道相通。连接胜利油田的鲁宁输油管道穿越长江直达公司油库，5 万吨级以下油轮可通过长江直达自备码头，铁路专用线直接连接尧化门铁路编组站，地理位置得天独厚，水陆空交通十分便捷。

金陵分公司成立于 2000 年 2 月，由原金陵石化公司炼油厂、化肥厂、热电厂的主业部分组成。其中炼油厂筹建于 1958 年，1965 年正式投产；化肥厂筹建于 1974 年，1978 年正式投产；热电厂筹建于 1987 年，1990 年正式投产。2001 年 11 月 20 日，金陵分公司对内部管理体制进行了调整，取消所属工厂形态，实行公司—车间两级管理。公司下设11个行政职能处室、4个专业公司、23个车间级直属单位。截至2003年12月31日，金陵分公司资产总额为59.35亿元，其中，流动资产为15亿元，固定资产为44.30亿元。

金陵分公司占地422万米²，拥有各类炼油、化工装置40余套，原油一次加工能力达1 050万吨/年，综合配套加工能力达800万吨/年，其中含硫原油加工能力达400万吨/年，是国家确定的加工含硫原油和原油储备中转基地。以石脑油为原料的化肥装置，年生产能力为合成氨30万吨/年、尿素52万吨/年。自备热电装置装机容量200兆瓦。以“红叶牌”为注册商标的石油产品和以“枫叶牌”为注册商标的化肥产品有50余种，其中有30余种产品先后获得国家、部、省及石化集团公司优质产品称号，是中国华东及沿江地区汽油、煤油、柴油、燃料油、石油焦、沥青、液态烃、石油苯、尿素等产品的主要生产企业。产品除满足华东地区外还远销全国各地，并多年出口石脑油、航煤、汽油、石油焦，是江苏省的出口创汇大户。随着原油加工量不断增加，金陵分公司积极组织加工进口原油，先后加工过中东、东南亚、非洲、美洲、欧洲等世界各地的原油40余种，进口原油比例达50%。

2003年，金陵分公司加工原油715万吨，同比增长12.7%；原油、原料油加工总量达746.7万吨，主要装置全年保持了高负荷生产。发电13.86亿千瓦·时,同比增长5.85%。化肥根据市场情况开工100天，生产合成氨10.4万吨，尿素18.1万吨。实现现价工业总产值166.7亿元，同比增长27.1%。实现销售收入165.0亿元，同比增长25.4%。全年完成利税14.44亿元，同比增长9.6%；其中利润3.0亿元，同比持平；税金11.44亿元，增长12.4%。金陵分公司主要经济指标和主要产品产量见表1和表2。

2003年，金陵分公司各项费用有效控制，主要技术经济指标有所改善。通过深入开展经济活动分析，加强全面预算管理，较好地控制了修理费、财务费、管理费、人工工资、动力消耗等大额费用的支出，完成了石化股份公司下达的考核指标。全年炼油完全加工费184.4元/吨，比考核指标低0.6元/吨；尿素现金操作成本670.6元/吨，比考核指标低0.4元/吨。主要技术经济指标有了不同程度的提升，11项达标指标全部实现目标。其中轻油收率76.03%，同比提高0.22个百分点；可比综合商品率92.80%，同比提高0.04个百分点；炼油产品等级品率为119.32%，同比提高1.21个百分点；原油储运损耗和加工损耗合计为1.65%，同比下降0.06个百分点；原油加工综合能耗81.50千克标油/吨，同比下降0.47千克标油/吨。

2003年，金陵分公司安全生产继续保持良好势头，HSE体系开始试点。全年没有发生一起上报石化集团公司的安全事故，安全生产保持连冠。隐患治理进展顺利，罐区标准化整改等石化集团公司级隐患治理项目全部如期完成。设备管理基础进一步加强，装置非计划停车次数有所减少。初步建立起了HSE管理体系，完成了各类作业环节危害识别、风险评估、程序文件编写和人员培训等工作，并在连续重整、加氢裂化、制氢等装置检修过程中进行了试点，取得了一定成效。

2003年，金陵分公司内部管理体制初步理顺。本着精简效能，职能下沉，促进生产力发展的原则，对原化肥、热电两个分部进行了体制调整，建立了联合车间管理模式，进一步压扁了管理层次。对钳、电、仪车间实行委托管理，成立了维修公司，强化了装置生产的日常维护。成立了专门的ERP项目组，在石化股份公司的指导下，如期实现了ERP上线任务，初步实现了“三流合一”。结合ERP项目的推广实施，组建了物资装备中心，进一步提高了物资供应管理效能。

2003年，金陵分公司一批技改工程建成投用，炼油、化肥改造全面启动。金陵—扬子互供料管输工程如期建成投用；催化裂化、延迟焦化节能设施改造等一批“短、平、快”项目顺利完成，并在实际生产中发挥了重要作用。热电改扩建工程通过竣工验收，铁路运煤专用线及卸煤设施完成工程建设，即将投用。配合甬沪宁原油管道工程建设，完成了相关的信息系统建设和配套工程的完善工作。组建了炼油改造工程、水煤浆改造工程、三套常减压改造工程等3个项目经理部，全面启动了以炼油、化肥改造为核心的“十五”发展项目。

2003年，金陵分公司分配制度进一步与市场接轨，选人用人机制有所创新。初步建立了具有一定竞争力的分配机制。完善了干部竞聘和考核制度，对部分处级干部岗位、物装中心科级干部岗位和一般管理岗位进行了公开竞聘。按照石化集团公司的减员分流政策，开展了协议解除劳动合同工作。结合领导干部换届考核和定员定编、竞争上岗工作的即将展开，出台了处级干部实行非领导职务管理、科级干部退居二线管理等新办法，对新形势下选人用人途径进行了积极有益的探索。

（高在华）

【金陵分公司ERP系统成功上线】 2003年3月底，

金陵分公司《ERP 实施项目总体方案》通过石化股份公司审批，以财务为核心，集物流、资金流、信息流为一体的 ERP 系统在金陵分公司正式启动。经半年多的努力，12 月 9 日，金陵分公司 ERP 系统成功组织上线运行。

（高在华）

【完成了化肥、热电两分部的进一步扁平化管理】 2003 年 6 月 9 日，金陵分公司召开干部大会，全面部署化肥、热电两分部实施扁平化管理工作。金陵分公司本着“灵活、快捷、精简、高效”的原则，组织对化肥分部、热电分部及其所属车间的管理层次进行精简压缩，撤消了化肥分部和热电分部，组建化肥联合车间和热电联合车间，改变以前的化肥、热电部分三级管理模式为两级管理的新型管理体制。

（高在华）

【维修公司正式成立】 金陵分公司自 2003 年下半年起将钳、电、仪等专业从建安公司划出，单独成立了维修公司，并且实行由金陵分公司直接托管的模式，7 月 1 日新的维保体制正式运行。

（高在华）

【金陵分公司干部竞聘工作逐步深化】 2003 年 6 月 20 日，随着《金陵公司关于厂处级干部新一轮聘任处理意见》的出台，正式拉开了金陵分公司新一轮厂处级干部聘任工作的序幕。本次竞聘工作全面引入了竞争机制，并率先对公司机关处级干部实行公开竞聘，随后结合各单位实际，根据条件逐步推开。

（高在华）

【金陵分公司炼油改造工程正式展开】 2003 年 9 月 20 日，金陵分公司 150 万吨/年加氢裂化装置改造工程试桩工程招标会成功召开，这标志着金陵分公司 1 300万吨/年加工高硫原油总体改造工程中的 3 个新建项目已全面进入施工准备阶段。1 300万吨/年高硫原油总体改造工程是金陵分公司今明两年重点建设项目，除 800 万吨/年常压蒸馏装置改造工程外，还包括 150 万吨/年加氢裂化装置、80 万吨/年延迟焦化装置、5 万吨/年硫磺回收装置 3 个新建项目。按照总体进度计划，这 3 个装置都要在 2004 年底建成达中交条件。

（高在华）

【金陵分公司化肥水煤浆改造工作正式开工】 金陵分公司化肥水煤浆技改工程于 2003 年 10 月 18 日正式开工。该工程是金陵分公司为了彻底改变化肥装置长期亏损状况报经国家经贸委批准建设的。工程总投资 10.63 亿元，计划于 2005 年 3 月建成投产。

（高在华）

表 1　金陵分公司主要经济指标　亿元

年份 指标名称	2003	2002	2001	2000	1999	1998
原油加工量①/万吨	715.05	633.48	626.02	678.54	582.06	555.01
工业总产值②	41.21	39.46	37.78	38.34	—	—
其中：炼　油	39.17	35.67	34.15	29.73	—	—
化　工	2.61	4.85	4.79	5.28	—	—
工业增加值	19.27	20.56	15.14	6.83	—	—
资产总计	59.35	54.26	56.51	59.10	—	—
其中：流动资产	14.99	10.76	12.32	19.00	—	—
固定资产原值	79.33	78.31	75.87	66.74	—	—
固定资产净值	35.72	37.30	37.03	30.49	—	—
吨油利润	56.06	63.14	-39.93	5.60	—	—
销售收入	165.51	131.59	137.94	151.00	—	—
实现利税	13.82	13.18	6.70	7.06	—	—
其中：税　金	10.80	10.18	10.30	8.37	—	—

① 1998—1999 年为原金陵石化公司数据。

② 按 1990 年不变价计算。

表 2　　金陵分公司主要产品产量①　　万吨

产品名称＼年份	2003	2002	2001	2000	1999	1998
汽　油	131.27	112.37	102.92	104.89	86.38	73.78
煤　油	37.43	47.31	42.22	46.95	44.46	38.42
柴　油	248.60	215.05	233.03	250.09	215.66	189.60
溶剂油	20.25	17.00	16.57	15.57	7.32	9.15
化肥用石脑油	5.30	13.09	15.99	12.35	24.12	23.49
烷基苯料	23.11	25.66	24.73	21.66	22.14	22.05
商品燃料油	31.11	23.97	28.82	51.51	67.68	60.13
商品液化气	22.00	22.47	19.82	21.02	19.75	23.57
石油焦	50.18	45.42	30.17	31.02	25.58	26.18
沥　青	0	0.54	2.80	3.24	1.66	6.79
苯类合计	25.43	23.35	22.05	27.16	23.83	13.59
合成氨	10.40	26.36	28.09	20.37	35.74	36.56
尿　素	18.10	45.91	49.07	35.31	61.54	63.04

① 1998—1999 年为原金陵石化公司数据。

中国石化集团茂名石油化工公司

【概述】 中国石化集团茂名石油化工公司(以下简称茂名石化公司)位于广东省茂名市，占地面积 3 000 万米^2(含页岩矿山 2 300 万米^2)，创建于 1955 年，是一家国有特大型石化企业。下设 9 个二级单位，截至 2003 年底，共有职工 10 468 人，其中技术人员 2 281 人(高级职称 291 人，中级职称 1 429 人)。固定资产原值 162.90 亿元。

茂名石化公司拥有 11 套化工生产装置及 13 套辅助装置，乙烯生产能力 38 万吨/年；拥有 3 千吨级、1 万吨级、3 万吨级成品油码头、3 千吨级液体化工品码头、2 万吨级杂货重件码头各 1 座，25 万吨级单点系泊原油接卸系统 1 座，拥有湛江至茂名、北山岭至茂名原油长输管线各一条，达到吞吐能力1 700万吨/年。

茂名石化公司乙烯生产装置分别采用美国、意大利、日本等国的专利技术，工艺技术达到国际先进水平。生产过程高度自动化，每年可为市场提供合成树脂、合成橡胶、有机化工原料等 200 多种产品。

2003 年，茂名石化公司走过了不平凡的历程，经受住生产、效益、改革的严峻考验，开创了生产经营的新局面。生产乙烯 39.24 万吨，乙烯产量连续 7 年超过设计能力。乙烯裂解等主要生产装置连续运转 58 个月未大修，创国内乙烯长周期生产新纪录。生产塑料等化工产品 105.2 万吨。接卸原油 1 148 万吨，达到历史最好水平。实现销售收入 75.98 亿元(其中化工部分 53.19 亿元)，实现利润 1.71 亿元(其中化工部分实现利润 4.23 亿元，支出非化工部分消化公司中小学移交地方、下属华粤公司规范劳动关系、减员费用等 2.52 亿元)。

改革取得丰硕成果，发展迈出新的步伐。石化医院成功改制，房地产开发公司等 7 家单位的改制分流初步方案获石化集团公司批准并进入实施阶段。关停并撤、移交办社会职能和协议解除劳动关系等减员方案力度加大，下属铁运公司车辆检修厂业务关停，13 所中小学移交茂名市政府管理。通过各种改革途径，完成了石化集团公司下达的减员任务，增强存续公司独立生存能力，并为 2004 年 1 月乙烯工业公司整体上市创造条件。同时，茂名石化公司以分配制度为中心的“三项制度”改革也已经完成，通过重新定编定岗，竞争上岗，机关管理岗位定编减少 39.1%，定员减少 21.5%。在此基础上，建立并实施了岗位绩效工资制，为留住和吸引人才、调动职工的工作积极性提供了机制保证。

专业管理进一步加强，生产出现良好局面。设备管理方面，乙烯通过加强设备检维修，实现了 32 台关键机组安全连续运行。质量管理方面，化工产品出厂合格率和上级抽检合格率均达 100%。环保方面，化工外排废水达标率、万元产值 COD 排放量等指标均好于石化集团公司考核标准。安全生产方面，通过开展安全教育活动和安全生产责任制检查，实现了“三零三率”，被推荐为石化集团公司安全生产先进单位。企业发展迈出坚实步伐。80 万吨/年乙烯改扩建工程获国家批准，主要技术引进合同签订生效，工程设计等前期准备工作正有条不紊地进行。

茂名石化公司主要经济指标和主要产品产量见表1、表2。

（江国培）

【25万吨级单点系泊原油接卸创国内石化行业海上接卸新纪录】 茂名石化港口公司25万吨级原油单点系泊接卸系统1994年开始投产，负责系统操作和管理的员工在2002年全年接卸原油849.5万吨。2003年10月29日，中国企业新纪录(第8批)新闻发布会审定，茂名石化25万吨级单点系泊接卸原油创国内石化行业海上浮动式原油码头接卸量新纪录。

（江国培）

【茂名80万吨/年乙烯改扩建工程获国家批准建设】 2001年11月，茂名80万吨/年乙烯改扩建项目被列入国家经贸委第二批“双高一优”导向性计划，视同批复项目建议书。2002年7月被列入国家经贸委第七批国债技术改造贴息项目。同年9月，由中国石化工程建设公司编制的项目可行性研究报告上报国家经贸委。2003年1月22日通过中国国际工程咨询公司评估，2月经国家经贸委审查，3月上报国务院。2003年10月13日获国家正式批准。

茂名80万吨/年乙烯工程总投资43.54亿元，新建3套装置，改造7套装置，建设周期32个月，将于2006年7月建成投产。

（江国培）

【茂名石化乙烯工业公司创2项中国企业新纪录】 茂名石化乙烯工业公司推行科学的生产管理，努力延长装置的运转周期，实现降本增效。其中乙二醇装置使用的银催化剂已连续7年未更换，节约费用2 017万元；38万吨/年乙烯装置从1999年2月8日改扩建后，连续平稳运行51个月未大修。2003年10月29日在中国企业新纪录(第八批)新闻发布会上，乙烯工业公司乙二醇装置创国内石化行业同类生产装置连续使用银催化剂时间最长、乙烯装置创连续运行51个月未大修等2项中国企业新纪录。

（江国培）

【茂名石化医院整体分流】 茂名石化医院是茂名石化公司下属二级单位，2002年开始，响应国家、石化集团公司和茂名石化公司有关企业改制分流辅业号召，做好各项改制分流工作，并达到改制分流要求，经石化集团公司批准，从2003年7月1日起实施改制分流。

茂名石化医院有注册资产3 500万元，茂名石化公司出资19%，其余资产为医院490多名参与改制职工所有，2003年6月29日茂名石化医院召开第一次带资者代表大会，产生医院院务委员会和监督委员会，通过“茂名石化医院章程”。

（江国培）

【茂名石化公司中小学整体移交茂名市政府管理】 从2002年开始，茂名石化公司与茂名市政府根据国家六部委《关于进一步推进国有企业分离办社会职能工作的意见》，就中小学移交地方管理进行协商。经双方商定从2003年9月起，将茂名石化一中、二中、四中、五中、职中等5所中学，茂名石化一小、二小、三小、四小、五小、六小、七小等7所小学及茂名石化军政学校、振华教育服务公司移交茂名市政府管理。茂名石化公司中小学拥有固定资产原值1.05亿元，教职员工826人，在校学生1.46万人。

2003年8月30日，茂名石化公司中小学移交茂名市管理协议书签字仪式在茂名石化官度村举行，茂名市长罗荫国、茂名石化公司经理房广信等领导出席签字仪式。

（江国培）

【聚丙烯装置再获最高操作成就奖】 2003年，在聚丙烯装置环管工艺专利商Basell公司举办的2002—2003年度全球聚丙烯环管工艺综合评比中，茂名石化乙烯工业公司聚丙烯装置综合得分为99.42，获全球排名第四，亚太地区第一，再次获得最高操作成就奖，标志着茂名石化乙烯工业公司聚丙烯装置的经济技术指标已达到世界先进水平。Basell公司通常每年组织对其在全球的专利技术装置，从计划停车次数、非计划停车次数、长周期运行时间、产品质量、牌号切换频率、产品生产结构等方面进行综合评价。这是茂名石化乙烯公司聚丙烯装置自1999年参加评比以来连续第三次获得最高操作成就奖。2003年茂名石化乙烯工业公司聚丙烯车间按照一体化管理体系要求，大力加强各项专业管理，狠抓制度落实，对装置安全隐患实施标本兼治，完成了挤压机EX－801A/B进料系统改造，新装备了一台丙烯回收压缩机组PK－301B，每年可回收大量丙烯，降低了装置物耗和能耗，取得了显著的经济效果。注重日常管理，加大日查、周检、月总结力度，在实践中不断完善和落实《岗位工作标准》。聚丙烯车间分别于2003年7月和11月组织开展了主操和运行组长竞聘，通过竞聘激发了员工的工作积极性，使车间日常管理走上了良性循环，为装置平稳生产提供了很好的保障。2003年完成产量17.31万吨，各项经济技术指标创历史同期最好水平，装置连续第六年实现了全面达标。车间紧贴市场参与竞争,依靠自主开发,自我完善,不断创新,新产品开发能力不断增强,逐步形成了以家用电器料 EPC30R－H 为代表的一系列拳头产品。并成功开发生产了汽车保险杠料 HHP4、第四代 BOPP 料等高附加值的新产品。目前,聚丙烯装置已开发生产了 18 种产品,专用料的比重逐年上升。同时,通过不断优化切换方案,对过渡料的融熔指数、拉伸强度等性能指标进行准确量化,确定产品的物理性能、用途范围,供应给相应的客户,减少了过渡料和废料,实现了效益最大化。

(姬伟毅)

【茂名石化乙烯工业公司主业资产重组上市】 茂名石化乙烯工业公司主业资产收购上市是 2003 年茂名石化公司及中国石化的一件大事。6 月份，乙烯工业公司主业资产上市前评估、审计工作正式开始。为此，乙烯工业公司组织了大量人力，对资产进行了全面核查和清理，并配合中介机构开展了两轮调查，对乙烯工业公司的资产、经营、获利等情况作了评价。10 月份，乙烯工业公司主业资产转让协议正式签订；12 月 31 日，资产正式交易，乙烯工业公司 32.9 亿元主业净资产纳入石化股份公司茂名分公司。

(蒋喜文)

【茂名石化乙烯工业公司取得 ISO 9001、ISO 14001、GB/T 28001 认证证书与国际互认证书】 为了进一步提升企业管理水平，茂名石化乙烯工业公司自 1999 年起推行了质量管理体系，2001 年 5 月同时推行了 ISO 14001 环境管理体系和 HSE 管理体系，2002 年 3 月发布试运行 ISO 14001 环境管理体系和 HSE 管理体系。针对 3 个体系同时独立运行，不能很好地相互协调、相互补充、相互衔接，导致管理繁琐，制约各个体系整体功能发挥的实际，乙烯工业公司经过可行性研究，提出了管理体系一体化的设想，将这些使用共有要素的管理体系融合在一起，建立了一体化管理体系。一体化管理体系的建立与实施，有利于管理体系的整体策划、资源优化配置、体系间优势互补，使企业管理更加规范化、程序化、科学化、系统化。经过全体职工的共同努力，2003 年 4 月乙烯工业公司一体化管理体系通过了中国方圆标志认证中心第三方审核，5 月取得了 ISO 9001、ISO 14001、GB/T 28001 认证证书与国际互认证书。

(朱燕武)

【茂名石化乙烯工业公司获“国家环境保护百佳工程”称号】 茂名石化乙烯工业公司严格遵守国家和地方的有关环境保护法律、法规及其他要求，重视环境保护工作，坚持经济效益、社会效益和环保效益三统一的原则，实施科学的“一体化”管理体系，深化环保专业管理，开展装置环保达标、红旗竞赛活动，强化现场环保管理，控制污染源，积极推行清洁生产和资源综合利用工作，不断改善和美化环境，为保护生态环境及职工身体健康做了大量深入细致的工作。全厂各装置自开工以来，实现了污染事故为零，“三废”处理率达 100%，排放指标始终保持石化集团公司最好水平，其中外排废水综合合格率 100%，比石化集团公司考核指标提高 5%。2003 年 7 月，38 万吨/年乙烯工程被国家环境保护总局评为“国家环境保护百佳工程”，并获得了证书和奖章。

(刘秀丽)

表 1　　茂名石化公司主要经济指标①　　亿元

指标名称 \ 年份	2003	2002	2001	2000	1999	1998
原油加工量/万吨	—	—	—	—	816.30	722.10
工业总产值②	38.87	39.40	39.40	37.90	69.13	57.23
其中：炼　油	—	—	—	—	38.04	26.24
化　工	38.87	39.40	39.40	37.90	31.09	26.24
工业增加值	15.87	13.07	12.22	10.42	10.05	22.38
资产总计	125.03	198.98	199.72	203.36	283.44	280.06
其中：流动资产	27.82	38.17	36.76	34.19	43.08	35.64
固定资产原值	162.90	197.10	191.82	190.12	251.40	74.51
固定资产净值	98.13	149.28	152.09	156.31	208.38	74.52
销售收入	75.98	80.13	77.54	66.96	138.79	109.85
实现利税	5.24	4.53	2.03	6.39	0.68	11.02
其中：税　金	3.59	3.68	3.55	4.09	13.62	11.01

① 1998—1999 年数据包括茂名分公司、茂名炼化股份公司。

② 按 1990 年不变价计算。

表 2　　**茂名石化公司产品产量表**　　万吨

产品名称＼年份	2003	2002	2001	2000	1999	1998
乙　烯	39.24	39.38	39.24	39.54	33.92	30.44
混合芳烃	20.10	20.29	19.37	21.30	19.07	15.80
苯	7.01	8.12	.7.36	7.52	6.63	5.88
甲　苯	4.05	4.81	4.38	4.30	3.08	2.92
二甲苯	3.27	3.40	3.27	3.48	2.32	2.25
聚丙烯	17.31	17.37	17.77	17.35	14.96	14.01
线性聚乙烯	16.09	17.00	17.09	17.20	14.72	13.35
高压聚乙烯	12.33	12.45	11.98	12.50	10.87	9.75
丁二烯	4.57	5.08	5.13	5.14	4.14	3.54
MTBE	3.12	3.48	3.52	3.36	2.96	2.97
1－丁烯	1.22	1.33	1.46	1.37	1.01	1.13
乙二醇	9.61	9.53	10.26	10.96	9.40	7.75
苯乙烯	10.45	10.17	10.44	9.93	8.99	8.40
丁苯橡胶	0.94	0.63	0.62	0.91	1.35	1.12
顺丁橡胶	—	0.05	—	0.13	—	—
SBS	4.19	4.73	4.59	3.49	2.16	0.41

中国石化茂名炼油化工股份有限公司

【概述】 中国石化茂名炼油化工股份有限公司(以下简称茂名炼化股份公司)位于广东省茂名市，占地面积 800 万米^2，厂区有两条原油输油管线分别与湛江油港、电白北山岭油库管线相接。成品油通过输油管线可达水东港口，自备铁路与广茂铁路相连，厂外公路与广湛高速公路相接，交通运输四通八达，地理位置优越。茂名炼化股份公司创建于 1955 年 5 月，是一家燃料—润滑油型特大型企业。其前身为茂名石化公司炼油厂，1999 年 4 月成立茂名石化炼油化工股份有限公司，同年 7 月 16 日在深圳证券交易所公开发行 15 亿可转换公司债券。2000 年 10 月，更名为中国石化茂名炼油化工股份有限公司。下设 8 个直属中心和 19 个直属车间。截至 2003 年底，共有职工 6 247 人，其中，专业技术人员 1 773 人(高级职称 162 人，中级职称 844 人)。固定资产原值 75.22 亿元。

茂名炼化股份公司生产系统有 77 套生产装置，原油加工能力1 350万吨/年，润滑油生产能力 30 万吨/年。主要产品有：汽油、煤油、柴油、液化气、三苯、10# 道路沥青、溶剂油等 58 个牌号石油产品；润滑油基础油、润滑脂、石蜡等润滑油产品。产品全部采用“南海”牌注册商标。炼油产品出厂合格率和上级抽检合格率均达到 100%。

2003 年是茂名炼化股份公司发展具有重要历史意义的一年，经受住“非典”和成品油价格不到位等困难的严峻考验，谱写了生产经营和改革发展稳定的新篇章。全年加工原油 1 153.06 万吨，同比增加 108.01 万吨，扭转了原油加工量连续 3 年徘徊不前的局面。增炼了苏丹尼罗油等 4 个新油种，使加工原油的种类达 73 种，居全国同行业之首。生产汽煤柴产品 630 万吨，其中高标号汽油 59.76 万吨，同比增加 22.16 万吨；石蜡、沥青、白油料等产品产量创历史新高。实现销售收入 262.72 亿元，创历史最好水平，实现利润 5.1 亿元(含石化股份公司茂名分公司 0.4 亿元)。

内部改革实现重大突破。2003 年是茂名炼化股份公司历史上改革力度最大的一年。以分配制度改革为中心的“三项制度”改革完成并实施。通过重新定岗定编、竞争上岗，机关管理岗位定编减少 22.61%，总定员减少 13.07%。并在此基础上建立岗位绩效工资制，为留住和吸引优秀人才、优化职工队伍、调动职工的积极性提供了机制保证。通过各种途径改革，完成了石化集团公司下达的减员任务。

企业发展迈出坚实步伐。基本建设方面，100万吨/年延迟焦化装置于2003年4月开工建设，目前已进入设备安装阶段；100万吨/年连续重整装置的可行性研究报告已通过石化咨询公司的评估；炼油高硫焦化油循环流化床(CFB)锅炉项目已由石化集团公司上报国家发展与改革委员会；60万吨/年对二甲苯(PX)联合装置的设计已经完成；250万吨/年柴油加氢精制装置的可行性研究报告初稿已经完成。茂名炼化股份公司将面临更大的发展机遇。安全管理方面，开展了安全教育活动，加强安全责任制检查，实现了安全平稳生产，茂名炼化股份公司连续3年获石化集团公司安全生产先进单位称号。设备管理方面，完成了炼油装置的检修，炼油主要生产装置实现长周期运行的新纪录。环保管理方面，炼油外排废水达标率、万元产值COD排放量等主要环保指标均达到石化集团公司下达的考核指标。

茂名炼化股份公司的主要经济指标和主要产品产量见表1、表2。

(江国培)

【茂名炼化原油加工首次突破1 100万吨新闻发布会】 2003年12月13日，茂名炼化股份公司与茂名石化公司在茂名市影剧院联合召开“茂名石化80万吨/年乙烯改扩建”、“茂名炼化原油加工首次突破1 100万吨”新闻发布会。石化股份公司副总裁王天普、广东省副省长游宁丰、广东省政协副主席王兆林及茂名市领导600多人出席会议。新闻发布会后，石化股份公司领导与来宾参观了炼油厂区、乙烯厂区和港口公司，并进行了合作洽谈。

茂名炼化股份公司自2000年原油加工量超过1 000万吨后，连续3年加工量在1 050万吨水平徘徊，经济效益与国内先进水平相比有差距。2003年茂名炼化股份公司提出并实施“抓住机遇，做大炼油蛋糕，打好效益翻身仗”。充分利用茂名炼化股份公司是中国千万吨级炼油基地，具有加工进口含硫原油的技术优势和规模优势。加大安全管理力度，严格按照HSE管理制度进行生产，保证各套装置平稳运行。同时优化生产流程，推广PIMS软件排产，实现效益最大化，2003年原油加工量首次突破1 100万吨，达1 153.06万吨，为历史最好水平。

(江国培)

【100万吨/年延迟焦化装置动工建设】 2003年4月7日，茂名炼化股份公司为加快炼油结构调整和技术改造步伐，发挥加工含硫原油优势，实现效益最大化，决定投资2.15亿元，建设100万吨/年延迟焦化装置。参加工程建设的有茂名石化公司下属的工程公司、建设公司、物资公司等单位。工程建设分5个阶段。4月前为前期“四通一平”及“三同时”阶段；4—6月为土建施工阶段；6—12月为钢结构和设备安装阶段；12月到2004年2月为工程建设收尾阶段。整个工程将于2004年6月投产。

茂名炼化股份公司原有焦化装置已运行31年，设备老化，技术落后，污染严重，安全隐患突出，严重威胁到炼油生产。100万吨/年延迟焦化装置的建设对于炼油生产安全、优化资源配置、提高经济效益有重要意义。

(江国培)

【炼油系统企业改革迈出坚实步伐】 2003年茂名炼化股份公司以劳动、人事、分配“三项制度”为中心深化企业改革，从6月份开始在全公司范围内实施全员竞争上岗，并建立能出能进，能上能下的用人机制。9月份建立并实施岗位绩效工资制。这次企业改革，减少机关管理岗位定编22.61%，总定员减少13.07%，实施岗位绩效工资，为留住人才和吸引人才、优化职工队伍，调动职工的积极性提供了机制保证。

(江国培)

【炼油新区装置大修进度快】 2003年10月27日，茂名炼化股份公司对炼油新区装置进行大修，工程包括12套装置开停，9套装置大修，检修项目1 865项，总投资近2亿元。参加大修的有茂名石化建设公司、第四建设公司、第十建设公司等20多个单位，3 000多名职工。这次大修时间紧，工作量大，为确保大修高质量完成，做到精心组织，24小时轮班作业。科学统筹，全面推行HSE管理，开创了文明施工检修局面。大修在12月2日结束，开汽并生产出合格产品。这次大修创造了国内同类装置大修改造停工时间最短、渣油加氢脱硫装置催化剂卸装最快、一次更换催化剂总量最多等纪录。

(江国培)

【中共广东省委书记张德江视察茂名炼化股份公司】 2003年7月19日，中共中央政治局委员、中共广东省委书记张德江和广东省副省长游宁丰到茂名炼化股份公司视察。在听取公司领导汇报，到炼油装置了解情况后，对公司生产经营和改革发展取得的成绩给予肯定，希望茂名石化发挥南方最大炼油化工基地的优势，为发展石化支柱产业和广东率先实现现代化作出更大贡献。张德江书记对茂名乙烯改扩建极为关心，说省委省政府全力支持茂名乙烯改扩建，只要有市场有效益，乙烯能力能搞到多大就搞到多大。茂名石化要搞好国企改革，抓住机遇，加快发展，再创新辉煌。

（江国培）

表 1　　茂名炼化股份公司主要经济指标①　　亿元

指标名称＼年份	2003	2002	2001	2000	1999	1998
原油加工量/万吨	1153.06	1045.05	1063.64	1052.69	816.30	722.10
工业总产值②	83.14	81.32	82.66	77.46	69.13	57.23
资产总计	85.02	80.03	78.89	95.52	283.44	280.6
其中：流动资产	41.42	34.41	30.16	46.75	43.08	35.64
固定资产原值	75.22	73.12	71.79	70.56	251.40	74.51
固定资产净值	39.60	41.26	43.57	46.40	208.38	74.52
销售收入	262.72	214.62	226.11	231.88	138.79	109.85
实现利税	18.17	15.40	14.94	13.76	0.68	11.02
其中：税　金	13.57	12.00	14.54	14.63	13.62	11.01

① 1998—1999 年数据含茂名石化公司。全部数据含茂名分公司。

② 按 1990 年不变价计算。

表 2　　茂名炼化股份公司主要产品产量　　万吨

产品名称＼年份	2003	2002	2001	2000	1999	1998
汽　油	155.98	140.49	142.76	150.97	126.10	131.94
煤　油	115.03	121.87	118.30	112.46	88.83	71.90
柴　油	358.98	340.08	381.11	358.65	269.36	204.30
润滑油	—	23.68	26.10	25.62	27.59	24.56
液化气	35.03	30.80	28.52	32.14	24.18	25.03
溶剂油	13.90	12.22	12.47	10.80	9.40	7.84
三　苯	2.55	4.85	6.05	5.48	4.61	4.12
重　油	93.98	53.50	52.99	79.85	51.94	44.43
石油焦	17.95	17.66	14.64	13.31	16.14	14.52
沥　青	33.86	28.93	22.57	24.32	25.93	21.50
其中：重交沥青	—	0.31	17.67	20.25	16.20	8.57
石脑油	124.12	117.08	120.51	109.77	74.45	61.50
加氢裂化尾油	—	1.74	8.04	11.55	13.29	7.80

中国石化集团天津石油化工公司暨中国石油化工股份有限公司天津分公司

【概述】 中国石化集团天津石油化工公司(以下简称天津石化公司)暨中国石油化工股份有限公司天津分公司(以下简称天津分公司)是隶属于石化集团公司和石化股份公司的国家特大型炼油、乙烯、化工、化纤联合企业，位于天津滨海新区的大港区，占地面积 1 324万米^2，与天津市区和塘沽新港有铁路、公路相通，与大港油田和天津港南疆石化码头有输油管线相连，地理位置优越，海陆运输方便。天津石化公司成立于1983年12月28日，2000年石化集团公司重组上市后，天津石化公司分设为天津石化公司和天津分公司。截至2003年底，天津石化公司与天津分公司下设乙烯、化工、化纤、三石化、热电等7个生产厂，物装、运销、检维修、电仪、信息等12家二级单位；正式职工人数17 761人，各类专业技术人员3 785人，其中具有高级技术职称的580人，具有中级技术职称的1 693人。主要生产装置包括炼油装置16套，化工装置15套，化纤装置9套，原油加工量500万吨/年，乙烯生产能力20万吨/年，聚酯20万吨/年，对二甲苯30万吨/年，精对苯二甲酸30万吨/年，涤纶短纤维16万吨/年，涤纶长丝9万吨/年，聚醚7万吨/年；拥有与主要生产装置相配套的装机容量20万千瓦，17万吨/日供水等公用工程系统。

主要产品有：汽油、柴油、煤油、石脑油、燃料油、液化气、丙烯、石油焦、对二甲苯、精对苯二甲酸、石油苯、乙烯、聚乙烯、聚丙烯、环氧乙烷、乙二醇、聚醚、聚酯切片、涤纶长丝、涤纶短纤维等70多个品种、200多个规格的产品。

2003年，天津石化公司与天津分公司落实石化集团公司确定的“团结、鼓劲、创新、抓实”的工作方针，坚持“改革、增效、创新、发展”的思路，以扭亏脱困为第一要务。生产经营上克服了“非典”冲击、原油成品油和化工化纤产品价格激烈动荡的影响，抢抓机遇，紧贴市场，做大总量，积极增收，降本减费，完善各项管理，实现了扭亏为盈。改革重组上，积极稳妥地开展了管埋扁平化的企业层面重组；全面开展了以引入劳动力市场价位为主要形式的薪酬分配制度改革，积极推进主辅分离、改制分流等重点工作。企业发展上，在石化集团公司和天津市的大力支持下，努力开展第三次创业，迎来了有效发展的新机遇。

2003年天津石化公司与天津分公司共实现销售收入181.77亿元，净增加40亿元，同比增加29%，其中天津分公司销售收入110.05亿元，天津石化公司销售收入71.77亿元，同比分别增长35%和24.62%，均创历史最高水平。天津分公司实现利润7 135万元，同比增效1.2亿元；天津石化公司实现利润1 330万元，增效3.53亿元，天津石化公司与天津分公司合计报表实现利润8 465万元，全面完成了总部下达的各项工作目标。

2003年天津石化公司与天津分公司全面推行HSE和设备全员管理，加强安全监督检查，实现安全稳定生产。在安全的基础上，开足马力，极限生产，做大蛋糕，主要技术经济指标创历史最好水平。

安全生产工作取得新进步。公司与天津分公司持续推进HSE管理体系和TPM全员设备管理，完善了管理体系和制度，与去年同期相比，天津石化公司非计划停车减少30%，天津分公司未发生非计划停车事故，公司与天津分公司实现了“四个重大事故”为零目标，连续3年实现安全生产，第四次获得安康杯优胜奖。

炼油装置实现主要装置、专业双达标，经济技术指标继续保持石化股份公司先进水平。炼油装置负荷率达到95.7%，加工总量达到478.5万吨，实现了历史性的突破，全年生产汽柴煤油总量284.16万吨，炼油综合商品率95.33%、可比轻油收率81.66%，同比分别提高2.12%和2.07%；炼油加工损失同比降低0.09个百分点，综合能耗和炼油单位完全费用同比分别降低2%、5.6%。

乙烯装置主要技术经济指标和生产经营工作水平稳步提升。2003年全年乙烯产量首次突破23万吨，同比增长8.11%，乙烯装置双烯收率、聚乙烯、环氧乙烷/乙二醇(EOE)当量物耗、聚乙烯、环氧乙烷装置能耗等在石化集团公司同类装置中排名前三位，乙烯双烯收率、加工损失率同比分别降低0.28、0.31个百分点，乙烯能耗达到624千克标油/吨，为同行业先进水平。

聚酯装置负荷高，指标好，扭亏为盈。短丝、聚酯、长丝、PTA装置负荷率均保持在100%以上，新区聚酯、短丝等主要生产装置实现装置达标，化纤实现专业达标，其中PTA和聚酯装置能耗在石化集团公司同类装置中排名第一，达到国内同行业先进水平。短丝、聚酯、长丝能耗以及主要装置物耗也都有所下降。天津石化公司聚酯板块实现利润2 849万元，实现了扭亏为盈。

天津石化公司与天津分公司主要经济指标和主要产品产量分别见表1和表2。

（张作洋）

【天津乙烯实现扭亏为盈】 2003年，天津乙烯抓住市场机遇，通过优化资源、开拓市场、强化管理等措施，努力使有限的资源创造出最大的效益，扭亏脱困取得了重要成果。1—12月，实现销售收入27.79亿元，利润2.59亿元，同比分别增加6.79亿元和3.04亿元，在石化集团公司的中型乙烯企业中效益领先。

天津乙烯工程是国家“八五”重点建设项目，1992年5月开工，1995年底投产。由于装置规模较小、资本结构不合理等原因，天津乙烯投产后长期处于亏损状态。在国家、天津市和石化集团公司的大力支持下，天津乙烯1999年顺利实施了债转股，将43亿元债权转为股权，资产负债率由115.6%降到51.2%，资产结构得到优化，财务费用大大降低。2001年天津乙烯成功实施了挖潜改造，利用较少的投资使乙烯生产能力从16万吨/年提高到20万吨/年，特别是采用自行开发的诱导冷凝技术使聚乙烯生产能力从6万吨/年提高到12万吨/年，聚丙烯、环氧乙烷生产能力也相应增加，同时合成树脂专用料比例达到60%以上。经过努力，近几年天津乙烯经营状况逐步好转，取得了从减亏到阶段扭亏再到盈利的明显成效。

（张作洋）

【天津分公司实现扁平化管理】 根据石化集团公司扁平化管理的要求，在全体干部职工的大力支持下，上半年天津分公司炼油管理体制改革取得突破性进展。原炼油厂工厂形态取消，两级机关合并，人员、机构调整，天津分公司全面建立起扁平化管理组织结构，企业管理体制实现历史性转轨。扁平化过程中将主要生产装置合并组成4个联合车间，并将原有生产辅助系统单元分别组建成3个作业部，同时对部分机关处室职能进行了调整，并相应增设了市场处、企划处、安全环保处、党群工作部4个处室。通过扁平化，减少了管理层次，提高了管理效力和管理效率。

（张作洋）

【天津石油化工厂实行重大结构调整】 2003年7月18日，经石化集团公司批准，天津石化公司与中国蓝星集团总公司在天津迎宾馆正式签署石化厂资产划转协议，天津石化公司经理李希宏与蓝星总公司总经理任建新分别在协议书上签了字。根据协议，天津石化公司将所属石油化工厂主业资产2.8亿元及1 450名在岗正式员工重组划归蓝星总公司。石化集团公司副总经理刘根元，天津市市长戴相龙、副市长杨栋梁，以及天津市政府和石化集团公司有关部门负责人出席了签字仪式。

天津石化公司石油化工厂是天津市建立最早的石油化工基地，主要拥有100万吨/年炼油能力及4.3万吨/年聚丙烯装置，成立30多年来对地方的经济建设和石油化工发展作出过重大贡献。由于国家产业结构和产品结构调整以及亏损等方面原因，2001年初炼油部分实行关停，化工部分维持运营，几年来石油化工厂一直处于亏损状态，成为天津石化公司主要亏损单位。为减少天津石化公司的亏损，促进发展和增效，在石化集团公司领导下，天津石化公司先后研究和探讨投资改造生产道路沥青、重组改造30万吨/年乙醇装置等方案，但由于种种原因都未能实施。2001年3月蓝星总公司提出利用天津石化公司石油化工厂现有条件建设蓝星总公司在天津的化工新材料基地。

本次资产划转工作是严格根据国家经贸委、财政部有关文件精神进行的，目的是为了促进国有资产的有效流动和优化配置。协议明确，双方按照国家关于国有企业国有资产无偿划转和管理关系变更的形式，由蓝星总公司接收并对石油化工厂进行经营管理，并安置主业在岗职工。重组划转后，原石油化工厂作为蓝星总公司在津子公司重新登记注册。蓝星总公司接管石油化工厂后，初步确定在3年内利用石油化工厂的基础和条件，结合蓝星公司的技术和市场优势，对天津石油化工厂进行一系列技术改造和装置建设，主要包括对炼油部分进行技术改造，实现扭亏为盈，并成为蓝星总公司在津的石油化工基地。

（张作洋）

【全面推行劳动力市场价位分配机制】 2003年天津石化公司继续加快分配机制改革，在总结天津分公司炼油厂劳动力市场价位试点经验的基础上，开始全面推行分配制度改革。经天津石化五届二次职代会审议通过，4月正式下发了《关于天津石化公司暨股份分公司推行劳动力市场工资指导价位实施意见(试行)》和《关于精简组织机构、开展定编定员工作的指导意见》等辅助文件，开展了压缩组织机构、定编定员、岗位测评，实施全员绩效考核，建立竞聘上岗机制，精简机构，减少人员。并继续推行专家特薪制度，在独立法人单位处级领导干部中实施年薪制。初步建立起量绩付酬的分配新机制。

实行内部分配制度改革，增强了职工的危机意识和竞争意识，促进职工观念的转变，提高了企业在人才市场上的竞争力，企业人力资源得以优化。

（张作洋）

【成功举办2004年产品订货会】 为树立大型企业新形象，打造天津石化公司品牌，2003年10月20—24日和10月25—28日，天津石化公司分别在昆明和厦门成功举办2004年产品订货会。订货会围绕产品推介、客户服务、合同签订等主题展开，组织了客户调查、走访、座谈等系列活动，得到了客户的认同，并对会议中的新产品发展方向及产品引导消费的介绍新形式给予很高评价。化工、化纤、乙烯、三石化各厂共有202家客户参加此次订货会。主要产品订货总量达到117.9万—126.8万吨，占2004年计划生产量的92%—93%。

（张作洋）

【网上采购创历史最好水平】 2003年，天津石化坚持货比三家，进一步加强网上采购力度，充分利用石化集团公司资源市场，全年实现网上采购额12.75亿元，占全部采购金额的43%，上网率为43.78%，网上采购额和上网率均创历史最好水平。

为实现优质、高效的保供降本目标，天津石化物资采购部门采取有力措施，狠抓上网采购工作，明确规定：凡属总部网上采购目录的物资，必须无条件实行上网，同时加大监督考核力度，将网上采购情况纳入经济责任制考核。网上采购率逐月提高，全年上网率超过了石化集团公司下达的12.87亿元网上采购总金额，上网率达44%，完成并超过了总部下达的网上采购率达到40%的指标，为历史最高水平。

（张作洋）

【大港牌石油苯获天津市名牌产品称号】 2003年，天津石化公司注重品牌效应，多种产品市场知名度进一步提高。在天津市名牌产品评选活动中，天津石化公司化工厂生产的“大港牌”石油苯继被评为天津市著名商标后，又被评为天津市名牌产品，成为继“天仙”牌涤纶短纤维、“津化”牌聚醚多元醇和聚合物多元醇之后，天津石化公司第四个获得天津市名牌产品称号的产品。

天津石化公司化工厂为了提高产品在市场上的竞争力，在注重紧跟市场，及时调整产品结构的同时，坚定不移地实施名牌战略，以ISO 9000质量管理体系贯标为契机，狠抓产品质量，严格按照ISO 9002认证的标准做好各方面工作，由于管理到位，措施得力，天津石化公司化工厂质量管理工作成效显著，经济效益逐步提高，2003年被评为天津市“质量效益型先进企业”。

（张作洋）

【天津港石化码头成功接卸15万吨油轮】 2003年装载12.37万吨原油的印度籍15万吨油轮“卡乐什”号成功靠泊天津港石化码头公司南一泊位，至此天津港结束了主航道南侧只能装卸10万吨以下大型船舶的历史。

天津港位于华北平原海河入海口，处于京津城市带和环渤海经济圈的交汇点，背靠三北，面向东亚。天津港15万吨级航道竣工和天津石化南疆原油库区增容后，天津港原油接卸能力已达到每年10 00万吨。截至2003年底，天津石化南疆原油库区总库容达到30万米^3，原油及成品油年转输能力达到520万吨，这将大幅度降低天津石化进口原油上岸费用，每年可降低原油成本6 000万元。

（张作洋）

【建立总法律顾问制度】 为适应加入世贸组织后的形势需要，根据国家经贸委等七部委联合下发的《关于在国家重点企业开展企业总法律顾问制度试点工作的指导意见》要求，天津石化公司从2003年4月开始，加强企业法律建设，全面推行企业总法律顾问制度。公司法律顾问室由原来挂靠公司经理办公室改为单独设立，承担公司所有的法律事务工作。通过建立企业总法律顾问制度，企业能有效防范和化解法律风险，从而全面提高企业国际竞争力，为企业依法决策、依法经营、依法维护权益提供重要的保障。

（张作洋）

【开发出新型共聚聚丙烯填补国内一项空白】 2003年，天津石化公司成功开发出了高流动性抗冲型共聚聚丙烯注塑专用料系列产品TJPP2027和TJPP2028，填补了国内单环管工艺产品的空白。

该产品具有流动性好、成型性佳、刚性强、弯曲模量高、抗冲击性能好等特点，可广泛应用于家电、洗衣机、摩托车和汽车配件等大型薄壁注塑制品。由于生产难度大、技术含量高，该产品的成功开发和批量生产吸引了众多厂家争相订购。

（张作洋）

表1 天津石化公司与天津分公司主要经济指标 亿元

指标名称 \ 年份	2003	2002②	2001	2000	1999	1998
原油加工量/万吨	468.3	414.79	467.30	480.67	370.14	324.92
工业总产值①	44.81	83.50	86.90	43.13	36.80	29.68
天津石化公司	64.30	59.72	—	—	—	—
天津分公司	30.51	23.78	—	—	—	—
工业增加值	29.46	23.09	16.41	12.74	15.88	14.44
天津石化公司	17.54	12.46	—	—	—	—
天津分公司	11.92	10.63	—	—	—	—

续表

年份 指标名称	2003	2002②	2001	2000	1999	1998
资产总计	139.45	183.51	191.22	149.37	122.88	101.92
天津石化公司	101.47	139.64	—	—	—	—
天津分公司	37.98	43.87	—	—	—	—
其中：流动资产	31.86	31.34	32.98	32.05	20.25	22.12
天津石化公司	16.63	18.82	—	—	—	—
天津分公司	15.23	13.52	—	—	—	—
固定资产原值	207.99	220.78	217.43	115.78	91.59	82.72
天津石化公司	156.85	155.17	—	—	—	—
天津分公司	51.14	65.61	—	—	—	—
固定资产净值	126.55	142.95	151.09	72.48	46.18	40.91
天津石化公司	104.80	113.21	—	—	—	—
天津分公司	21.75	29.74	—	—	—	—
销售收入	181.77	139.17	151.95	123	79.04	65.63
天津石化公司	71.72	57.60	—	—	—	—
天津分公司	110.05	81.57	—	—	—	—
实现利税	11.24	4.16	-0.51	3.32	8.10	5.49
天津石化公司	4.24	-5 875	—	—	—	—
天津分公司	7.00	4.75	—	—	—	—
其中：税　金	10.40	8.14	9.65	7.85	7.87	7.49
天津石化公司	4.11	2.90	—	—	—	—
天津分公司	6.29	5.24	—	—	—	—

① 按 1990 年不变价计算。

② 2002 年天津石化正式分为天津石化和天津分公司，故从 2002 年开始数据分开列出。

表 2　　天津石化公司与天津分公司主要产品产量　　万吨

年份 产品名称	2003	2002	2001①	2000	1999	1998
汽　油	66.00	50.67	65.45	66.55	73.62	66.01
煤　油	27.07	26.90	22.37	32.57	15.36	9.76
柴　油	191.09	174.28	193.24	180.85	151.63	109.3
化工轻油	98.31	86.50	90.81	78.03	56.57	38.56
商品液化气	18.78	17.37	19.77	13.63	13.63	11.66
燃料油	21.12	11.39	18.55	33.72	27.94	50.94
石油苯	12.45	10.83	7.43	19.78	28.50	1.97
对二甲苯	26.16	27.33	24.75	5.95	8.32	5.27
精对苯二甲酸	31.69	29.00	23.80	—	—	—
聚　酯	25.01	20.98	21.78	—	—	—
其中：聚酯切片	5.79	5.51	4.03	4.49	3.79	2.22

续表

年份 产品名称	2003	2002	2001①	2000	1999	1998
涤纶短丝	11.20+	8.76	11.96	6.97	7.24	5.40
涤纶长丝	7.60	6.48	8.30	0.57	1.10	0.95
聚醚多元醇	6.37	5.59	5.04	5.34	4.08	3.32
丙　烯	10.64+	10.87	8.49	7.34	6.76	5.50
乙　烯	23	21.28	18.15	17.10	16.82	13.48
聚乙烯	14.35	13.04	10.67	9.56	9.08	6.66
聚丙烯	6.84	11.06	10.32	5.04	4.77	3.97
乙二醇	4.90	3.94	3.99	4.51	4.56	3.87
环氧乙烷	3.73	4.30	3.31	3.31	2.53	1.81

① 2001年是20万吨/年聚酯二阶段工程试生产的第一年。

中国石化集团扬子石油化工有限责任公司

【概述】 中国石化集团扬子石油化工有限责任公司(简称扬子石化公司)1998年9月由原扬子石油化工公司(占地1 014万米^2)改制设立，是石化集团公司全资子公司，位于江苏省南京市北郊的南京化学工业园区内。截至2003年底，总资产92.99亿元，职工总数8 006人，其中专业技术人员2 775人，具有高级职称的402人，中级职称的1 069人。拥有与扬子石化股份公司化工生产相配套的装机容量360兆瓦的热电厂，供水66万吨/日、污水处理4 600米^3/时的水厂；沿江建有固液体装卸码头14座、泊位16个，其中万吨级码头4座，铁路、公路年运输能力达140万吨；并拥有3万门程控交换机和局域宽带网以及工程设计、工程管理、生活后勤、检维修安装制造等服务能力。

2003年，扬子石化公司冷静分析形势，抢抓机遇，趋利避害，扎实工作，取得了良好的经营业绩。实现主营收入54.01亿元，利润达到0.8亿元。全年发电24.39亿千瓦·时，供汽448万吨，供水1.14亿吨，处理污水2 066万吨。完成运输总量1 215万吨，首次跃上千万吨台阶，完成工程建设投资10.9亿元、设计投资额10.53亿元、检维修作业价值1.02亿元；圆满代理了387.8万吨原油的进口；自营产品25万吨，比上年增长29%；全年生产苯乙烯12.34万吨、聚苯乙烯19.66万吨、氧气2.13亿米^3(标准)、氮气3.18亿米^3(标准)、塑料热收缩膜1 349吨。D套空分建设稳步推进，弯管项目建成试生产。总校教学质量、医疗水平进一步提高。高考专科达线率98%，囊括了全区高考前13名，医院全年创收3 047万元。

2003年，扬子石化公司加大了开拓外部市场力度。全年外部市场创收20.4亿元，占总收入的37.77%，比上年增长34.2%。充分发挥新增一炉一机和供水、污水处理设施能力，向网上供电达到1.71亿千瓦·时，比上年增长167.19%，并开始向化工园供水供汽。全年签订工程设计合同30份、金额3 814万元。推进了扬子石化—巴斯夫有限责任公司(BYC)基础化学联合装置(BCC)、丁辛醇装置(OXO)和扬巴电厂(GTCC)、基础设施和界区外公用工程(IOU)罐区火炬移位等项目建设，BCC项目罐区1 600米^{3}砼施工获扬—巴公司一体化联合管理组(IMT)最高奖——“金星奖”；成功竞标获得了BYC裂解罐区乙烯罐组和沧州储运罐区等设计项目。夺得了南京化学工业园的供汽、供水管线施工和扬—巴公司IOU管廊防腐、天然气管线、110千伏线路工程施工以及扬—巴公司变电所运行长期服务合同，检维修外部市场收入超过了2 000万元。运输公司与国内外多家物流企业联手，成功夺得了南钢扩建工程设备吊装、扬—巴公司工程物流、D套空分项目服务管理等项目，全年实现外部运输收入8 325万元，同比增长41.97%。扬—巴公司一体化工程丙烯塔的吊装，创造了省内最重、全国最长、亚洲体积最大三项新纪录。经营开发单位强化市场分析，大力抢抓商机，全年自营创效比例达46%以上。扬子宾馆积极克服“非典”对餐饮业的影响，提升服务档次和水平，外部市场份额达到57.3%。信息公司成功开辟了BYC、南京化学工业园等外部电信、数据、宽带网建设和石化集团公司甬沪宁工程信息系统金陵公司接入光纤等项目，积极引资建成了社区宽带网，实现放装1 000多户。医院与SOS等医疗机构联手，大力发展特色门诊和专家服务，提升医疗水平，开拓扬—巴公司工程IMT现场医疗服务创收400

万元。总校积极调整教学力量，创造办学条件，首次面向六合区招生 60 名。

2003 年，扬子石化公司加大了改革工作力度。精细化工公司和工程公司混凝土分公司、机械修理厂的改制分流初步方案均获总部批复，精细化工公司正式实施方案已编报，其余 2 个单位改制分流正式实施方案正在编制。按照“精简、精干、高效”的原则，进行了岗位测评，在公司各二级单位中普遍推行了部室制，科级机构精简 71 个，精简率达 29%，正式职工定员数比原有职工人数减少了1 863人。平稳实施了内部分配制度改革，3 月份开始，通过测评、分析和调研，深化细化分配改革方案，顺利完成了分配制度的初步改革。深化了“三化”(专业化、社会化、市场化)改革。工程设计重组迈出了向 EPC 总承包公司转变的步伐，顺利完成了资产评估、领导班子和机构初步调整。经与地方部门多次协商，中小学移交工作已进入最后的谈判阶段。热电厂、工程公司等单位食堂向社会招标经营，走出了职工食堂社会化改革的路子。平稳推进了职工协议解除劳动合同工作。经总部批准，12 月份，实施了专业化重组结构调整中下(待)岗富余人员和关停并转装置人员的协解工作。

2003 年，扬子石化公司加大了内部控制管理的力度。一是开展“五项清理整顿”工作。3 月中旬开始，公司派出 5 个工作组对下属 22 个单位进行了检查验收，多次听取验收组及各单位汇报，研究落实整改工作。清理撤销对外投资公司 2 个，撤销银行账户 12 个，集中资金 1.6 亿元，有力促进了下属单位规范管理。二是强化日常经营组织管理。新设了经营管理机构，建立了经营指标考核体系，强化了每月经营情况的统计分析考核，规范了物资采购管理。强化了定期的经济活动分析会，有力地促进了公司的日常经营管理。三是加强对子公司的管理。加强了委派董事对子公司经营决策力度，强化了子公司的经济责任，落实了对子公司的绩效考核，集中上收了子公司的资金和部分折旧。四是加强对合资企业的管理，开好合资企业董事会前的中方董事及有关部门参加的汇报会，定期听取委派人员的工作汇报，建立了与合资企业的定期协调沟通机制。组织对 6 家已经投入运营的合资企业进行了自费审计，积极探索了加强对合资企业监管的有效形式。

扬子石化公司主要经济指标见表 1。

（胡　焱　朱军涛）

【热电厂 9 号炉 6 号机改扩建工程建成投产】 2003 年 1 月 2 日，扬子石化公司热电厂 410 吨/时的 9 号炉改扩建工程建成，并一次点火成功；7 月 25 日新建 60 兆瓦的 6 号机并网成功，使扬子石化公司装机容量达到 360 兆瓦，供蒸汽能力达到2 170吨/时。该项目是扬子石化股份公司 65 万吨/年乙烯改造工程的配套技改项目，2001 年 11 月开工，2002 年 12 月建成中交，历时 13 个月，总投资 3.5 亿元，由南京扬子石化工程有限责任公司承担项目实施与管理，中国石化集团第五建设公司、江苏省电建一公司和中建二局二公司分别承担土建安装工作。9 号炉 6 号机扩建工程建成投产后，大大缓解了热电厂高负荷生产的汽电供需矛盾，并为扬子石化股份公司乙烯改造后发挥效益提供了有力保证。

（胡　焱　朱军涛）

【基因技术处理石化废水工程课题正式启动】 2003 年 3 月 10 日，由扬子石化公司水厂与南京大学联合承担，国家环保总局(南京所)、香港大学共同参与的国家“863”计划项目——“跨界融合构建基因工程菌处理石化废水生物工程技术研究”正式启动。年内完成了现场改造、工程设计、设备委托制造和安装调试，建立了相关分析实验室，完成了菌体繁殖及挂膜，进入负荷试验状态。该项目是利用基因工程技术构建高效特种菌(Fhhh)，采用生物处理技术——膜处理与活性污泥法相结合，通过全自动反馈调节，实现石化废水的高效处理，处理效率可提高 12 倍(出水水质达到国家一级标准[GB8978—1996])。该项目一旦成功完成，将使我国 PTA 废水处理技术全面领先世界水平，并进一步推动我国环保技术的发展。

（胡　焱　朱军涛）

【扬巴一体化工程丙烯塔吊运创 3 项纪录】 2003 年 3 月，经过扬子石化运输有限责任公司严密组织、精心操作，成功吊运(从船上吊运到大件运输汽车上)重达 720 吨的扬—巴公司一体化工程丙烯塔，创造省内设备吊装最重(720 吨)、国内设备吊装最长(92 米)、亚洲设备吊装体积最大(7 510米^3)3 项纪录。这台编号为 C－540 的丙烯精馏塔是扬—巴公司一体化工程基础化学联合装置的关键设备之一，从韩国船运至扬子石化公司江边 8 号码头。为确保这次吊运成功，扬子石化运输有限责任公司与山东力神起重运输公司、上海外运公司等单位密切配合，按照国际规范，精心制订方案，缜密组织实施，实现了吊装一次成功。

（胡　焱　朱军涛）

【污水自控处理工程建成投用】 2003 年 4 月 21 日，由石化集团公司和扬子石化公司共同投资 900 万元的石化集团公司环保示范项目——扬子石化公司水厂污水自控处理工程建成并投入运行。该项工程的建成投用，实现了先进信息技术与工业化污水处理技术的有机结合，达到了污水处理与控制一体化管理，提升了污水处理的技术水平，有助于降低物耗能耗、提高污水总排合格率。扬子石化公司在建设化工生产装置的同时，建成了包括4 600吨/时污水处理能力在内的完善的环保设施，并因优异的环保工作业绩而成为南京市环保先进企业和江苏省、南京市环保教育基地，取得了良好的经济效益和社会效益。

（胡　焱　朱军涛）

表 1　　扬子石化公司主要经济指标　　亿元

指标名称＼年份	2003	2002	2001	2000	1999	1998
原油加工量/万吨	—	—	—	—	428.33	412.68
工业总产值	13.35	11.53	11.15	4.74	69.35	68.58
工业增加值	5.59	5.16	6.14	5.45	31.69	29.74
资产总计	88.19	92.99	97.24	100.19	177.04	185.01
其中：流动资产	38.08	45.21	48.41	55.58	49.68	53.56
固定资产原值	44.70	41.64	46.54	39.55	206.11	198.84
固定资产净值	25.67	24.10	27.87	25.67	99.47	103.72
销售收入	54.01	43.23	33.49	33.46	93.23	82.42
实现利税	2.87	2.84	1.77	2.01	14.67	13.21
其中：税　金	2.07	2.03	1.42	2.00	8.49	5.44

中国石化扬子石油化工股份有限公司

【概述】 中国石化扬子石油化工股份有限公司(以下简称扬子石化股份公司)是石化股份公司的控股子公司，创立于 1998 年 4 月 23 日(其前身是中国石化扬子石油化工公司，占地1 014万米²)，1998 年 5 月 12 日在深圳证券交易所上市，位于南京市北郊。截至 2003 年底，扬子石化股份公司总资产 133.3 亿元，职工总数为 9 341 人，其中科技人员 3 371 人，具有高级职称的 437 人，中级职称的 1 217 人，现拥有以 800 万吨/年原油加工、65 万吨/年乙烯、85 万吨/年芳烃、70 万吨/年精对苯二甲酸(PTA)、80 万吨/年聚烯烃塑料、30 万吨/年乙二醇为主的 34 套大型石油化工装置；可生产聚烯烃塑料、聚酯原料、基本有机化工原料、成品油四大类 43 种产品，年商品总量超过 600 万吨。扬子石化股份公司是目前国内最大的纯苯、对二甲苯、邻二甲苯、PTA、乙二醇、丁二烯和环氧乙烷生产商之一，名列 2003 年度中国上市公司竞争力排行榜第二位和 CCTV2003 中国最具价值上市公司第五位。

2003 年，扬子石化股份公司不断挑战极限，挖掘装置潜力，大力开拓市场，积极稳步推进改革，强化以财务为核心的各项管理，生产经营和改革发展取得了显著成绩。全年实现销售收入 220.05 亿元，同比增加了 45.26%，利润 16.58 亿元，同比增长了 132%。

2003 年，扬子石化股份公司充分发挥乙烯联合装置新老区之间的互补优势，组织装置高负荷生产，有效提高了装置能力利用率。全年共加工原油 625.9 万吨，同比提高 26.8%，商品总量 608 万吨，同比提高 22.5%。主要产品产量特别是“三烯”、塑料、“三苯”等产品产量均创历史年度最高水平，生产“三烯”124.65 万吨，其中乙烯 76.53 万吨，同比增长 59.2%；生产“三苯”109.5 万吨，同比增长 5.68%；生产塑料 83.4 万吨，同比增长 71.9%；实现了 65 万吨乙烯改造工程当年改造、次年达标的目标。17 套考核装置达标率 94.1%，乙烯能耗、乙二醇能耗、PTA 耗对二甲苯和能耗、芳烃联合装置物耗和能耗、一常总拔、焦化能耗等 36 项技术经济指标创历史最好水平。全年共回收火炬气 11.1 万吨，节能降耗同比增效 2.89 亿元。

供应和销售工作成绩显著。全年共组织原料 726.4万吨，其中管输原油 242.4 万吨，进口原油 387.8 万吨，同比提高 91.7%，组织煤炭 199.7 万吨，组织三剂化学品 4.78 万吨，物资供应 9.12 亿元，及时组织混合 C_4、混合二甲苯等中间物料 94.99 万吨，为公司做大蛋糕提供了条件；共销售产品 612.3 万吨，同比增加 22.2%；出口对二甲苯、苯、丁二烯

23.9万吨，创收4 658万美元，创历史之最。

技术进步效果明显。全年完成科研开发和技术攻关126项，申请专利16项，获得授权专利2项。6个项目分别获国家、石化集团公司、省市科技进步奖，其中"乙烯生产过程基于神经网络的软测量和智能控制技术"获国家科技进步二等奖。国家"863"项目"后过渡金属聚烯烃催化剂开发"研究取得突破性进展；成功完成了汽油质量升级；完成了国产NG催化剂工业化试验和应用工作；在1#聚丙烯装置上成功开发出高速BOPP及管材料C180/R180。全年共生产专用料31.5万吨，专用料比例达到37.8%，创历史之最。

改革工作取得重大突破。按照"精简、高效"的原则，积极推进了"三定"(定员、定岗、定编)工作，压扁了管理层，精简了机关部室和二级单位车间、科室79个；重组整合了物装系统和各二级单位的机修系统，成立了南京检维修分公司，实现了物装系统、检维修系统的统一管理；坚持协商一致的原则，在下(待)岗富余人员中实施了"协解"工作。

装置改造取得重要进展。低温丙烯贮存装置顺利建成并开车运行，为发挥聚丙烯装置的规模优势提供了条件。改造后的两台乙烯裂解炉已经顺利投用。800万吨/年炼油改造项目进入了全面实施阶段，所有装置桩基、土建施工已完成，酸性水汽提装置已建成。140万吨/年芳烃改造项目已获总部批准，并已上报国家发改委。实施了从烯烃厂到芳烃厂的氢气管线、14#和16#码头输送物料品种改造等17个技术改造措施项目，取得了较好的预期效果。ERP项目建设进展顺利。全年共完成投资7.15亿元。

各项管理得到进一步加强。以推进健康、安全、环保(HSE)体系建立为契机，加强现场管理，强化直接作业环节的安全监控，积极消除隐患，实现了安全生产目标，连续6年获得石化集团公司安全生产先进单位称号。顺利完成财务管理"二改一"，强化了财务零基预算管理，严格控制各项费用的支出，偿还了部分投资贷款，全年财务费用降低2 266万元。强化质量管理，积极推进ISO 9000贯标，扬子石化股份公司贯标质量体系初步运行，11种产品获得了省市名牌产品称号，PTA产品被评为2003年"全国用户满意产品"。加强人力资源管理，实施了单位和个人的绩效考核以及单位工资总额包干，扩大实施了特岗特薪，723人享受特殊津贴，留住了人才，稳定了队伍。向扬子石化—巴斯夫有限责任公司(BYC)推荐录用了268人。

思想政治工作、企业文化建设、精神文明建设同步发展。扬子石化股份公司紧紧围绕中心任务，结合"三定"、"协解"、分配制度改革等热点难点问题，大力做好职工思想政治工作；举办了中层管理人员"三个代表"重要思想学习班，掀起了学习"三个代表"重要思想新高潮；举办了"厂庆20周年"系列活动，总结提炼出20年来形成的企业文化，获得江苏省企业文化优秀奖；编制了《员工手册》，规范职工的行为；涌现出8个标杆车间、28个文明车间；连续13年被评为南京市有功单位。

扬子石化股份公司主要经济指标及产品产量分别见表1、表2。

(胡　焱　朱军涛)

【扬子石化股票成为熊市牛股】 2003年12月，扬子石化(000866)股价突破11元大关，年内创出11.51元新高，与上市后最低价3.28元相比，涨幅达251%，成为证券市场的牛股。扬子石化股票受到证券市场投资者追捧的原因，一是扬子石化股份公司积极克服伊拉克战事和非典疫情带来的影响，发挥第二轮乙烯改造后的规模优势，优化资源配置、优化装置运行、优化产品结构，全面组织安全稳定高负荷生产，产品产量显著提高；二是加强了以财务管理为核心的各项专业管理，大力节能降耗，降本压费，提高了资金使用效率；三是面向国内外两个市场，精心组织营销工作，建立完善的销售网络，扩大了产品市场份额，最大限度地提高了产销率，2003年实现销售收入220.05亿元，同比增加了45.26%，利润16.58亿元，同比增长了132%。扬子石化股份公司良好的业绩吸引了国内众多证券投资基金，易方达、国泰、鹏华等基金纷纷投资扬子石化股票，推动了扬子石化股价的上扬。

(胡　焱　朱军涛)

【建成全国最大的低温丙烯贮存装置】 2003年6月18日，全国最大规模的扬子石化股份公司贮运厂2万米^{3}低温丙烯贮存装置建成中交。该贮存装置于2002年10月16日开工，占地0.8公顷，总投资近1亿元。该装置由日本东洋公司和扬子石化设计公司共同设计，中国石化集团第二建设公司承建。该装置的建成，为扬子石化股份公司外购丙烯、发挥聚丙烯装置的潜力、提高丙烯上下游装置缓冲能力提供了强有力的保障。

(胡　焱　朱军涛)

【PTA产品获"全国用户满意产品"称号】 2003年12月8日，扬子石化股份公司化工厂PTA产品获中国质量协会用户委员会颁发的"全国用户满意产品"称号。

自1998年贯标以来，扬子石化股份公司化工厂质量管理水平不断提高，产品质量不断跨上新台阶，PTA产品优级品率一直保持100%，并连续7次获得“江苏省名牌产品”称号。

（胡　焱　朱军涛）

【重组成立南京检维修分公司】 2003年6月18日，扬子石化股份公司南京检维修分公司正式挂牌成立。组建检维修分公司旨在适应专业化重组的要求，优化整合内部检维修力量，提高劳动生产率。检维修分公司的人员主要来自扬子石化股份公司6个生产厂的检维修车间。重组后的检维修分公司按照“磨合、稳定、提高、壮大”的要求，充分发挥新单位、新体制、新机制的优势，不断增强自我生存能力和参与市场竞争的本领。

（胡　焱　朱军涛）

【软测量和智能控制技术获国家科技进步二等奖】 2003年，扬子石化股份公司“乙烯生产过程基于神经网络的软测量和智能控制技术”获得国家科技进步二等奖，还获得中国高校科技进步一等奖，以及3项国家发明专利和1项软件著作权登记。该项目由扬子石化股份公司和华东理工大学共同研制开发，主要解决了国外先进控制技术和软件无法适应国内乙烯生产原料多变的状况，很难长周期投入使用的问题。该控制技术可广泛应用于大中型乙烯装置，对提升乙烯工业乃至石油化工过程生产技术水平和企业竞争力有着重要的影响。

（胡　焱　朱军涛）

【成为石化集团公司首家清洁生产企业】 2003年7月31日，扬子石化股份公司13套主要化工生产装置通过石化集团公司清洁生产专家组的验收，扬子石化股份公司成为石化集团公司首家清洁生产示范企业。扬子石化股份公司严格执行“三同时”的环保规定，大量采用当今世界石化行业先进的新技术、新工艺、新设备，大力推广清洁生产工艺，从原料采购到生产过程并延伸到产品销售，全程控制“三废”的产生和排放，大大改善了企业员工、社区居民的工作和生活环境，实现了企业发展与环境保护的和谐统一。

（胡　焱　朱军涛）

【800万吨/年含硫原油改扩建工程全面开工】 2003年10月28日，扬子石化股份公司800万吨/年含硫原油改扩建工程全面开工。该工程包括：新建120万吨/年柴油加氢精制装置和100万吨/年加氢裂化联合装置、160万吨/年延迟焦化装置、7万年/吨硫磺回收装置和10万吨/年尾气处理装置、3万$米^3$(标准)/时气体脱硫和80吨/时酸性水汽提装置，扩建配套的辅助设施和公用工程，工程总投资14亿元，预计在2004年10月竣工。该工程完成后，将为优化乙烯裂解原料和芳烃原料提供有利条件，并可增产市场急需的清洁柴油。

（胡　焱　朱军涛）

表1　　扬子石化股份公司主要经济指标　　亿元

指标名称＼年份	2003	2002	2001	2000	1999	1998
原油加工量/万吨	625.90	515.34	432	504.1	428.33	412.68
工业总产值①	213.19	145.77	128.51	82.64	69.35	68.58
工业增加值	44.15	29.87	23.76	31.03	31.69	29.74
资产总计	133.3	134.74	117.68	105.26	110.93	115.03
其中：流动资产	43.26	38.26	35.48	38.19	34.17	31.51
固定资产原值	211.71	213.56	171.67	165.52	166.54	163.49
固定资产净值	78.89	90.12	57.58	61.92	70.53	77.10
销售收入	220.05	151.49	128.12	153.78	92.23	80.48
实现利税	29.86	16.19	8.82	15.79	12.26	7.61②
其中：税　金	13.28	9.04	7.46	8.44	6.7	2.82

① 1998—2000年按1990年不变价计算，2001—2003年按现价计算。

② 为扬子石化股份公司成立分账后(5月份以后)的税金＋全年利润。

表 2　　扬子石化股份公司主要产品产量　　万吨

产品名称＼年份	2003	2002	2001	2000	1999	1998
乙　烯	76.53	48.08	40.55	43.40	39.60	40.91
丙　烯	36.16	23.60	19.17	20.44	19.14	19.56
丁二烯	11.96	7.63	5.80	6.14	5.43	5.52
聚乙烯	43.40	22.90	15.94	16.74	16.72	17.15
聚丙烯	40.01	25.63	20.32	21.57	17.88	16.93
精对苯二甲酸	72.30	72.55	67.29	72.22	66.05	67.37
乙二醇	18.01	19.63	19.54	23.39	18.91	19.29
纯　苯	35.30	29.53	26.13	27.86	24.68	27.01
对二甲苯	56.14	53.43	48.36	52.95	47.92	53.70
邻二甲苯	18.10	20.69	15.37	17.69	12.24	12.07
醋　酸	9.64	7.85	6.44	8.48	6.94	9.90
环氧乙烷	8.60	7.32	6.38	5.28	3.14	2.57
柴　油	143.70	110.83	105.02	114.46	97.57	35.32

中国石化集团巴陵石油化工有限责任公司

【概述】 中国石化集团巴陵石油化工有限责任公司(以下简称巴陵石化公司)是以石油炼制为龙头，生产合成橡胶、合成塑料及其他有机化工产品的特大型石化联合企业。巴陵石化公司位于岳阳市云溪区，占地面积约 830 万米^2。截至 2003 年底，拥有固定资产原值 66.51 亿元，在职职工14 549人，拥有各类专业技术人员 4 387 人，其中具有高级职称的 365 人，具有中级职称的2 163人。巴陵石化公司下设烯烃事业部、环己酮事业部、合成橡胶事业部、环氧树脂事业部、供排水事业部、热电事业部、动力事业部、供销部、检安公司、金石集团等 19 个直属单位；共有生产装置 58 套。1998 年企业通过 ISO 9002 质量体系认证，2002 年通过 ISO 9002 质量体系换证监督审核。主要生产油品、液化气、环己酮、环己烷、SBS、聚丙烯、顺丁橡胶、环氧树脂、氯丙烯、氯丙烷、环氧氯丙烷、烧碱等 30 多种产品共计 120 多个牌号，全年商品总量达 220 多万吨，全部注册“巴陵”牌商标。

2003 年，巴陵石化公司认真贯彻“团结、鼓劲、创新、抓实”的工作方针，坚持立足于“企业是市场竞争的主体”和“跨越生死线，渡过存亡关”来思考问题，以超常的思维，下大决心、用大力气同步推进改革、扭亏、发展、稳定等工作，取得了较为显著的成效。

主要经济技术指标大幅提升。累计加工原油 163.33 万吨，同比增加 14.83 万吨，增长 9.9%；累计生产化工产品 63.19 万吨，同比增加 11.30 万吨，增长 21.78%；累计实现工业总产值(1990 不变价) 44.43 亿元，同比增长 10.05%；实现不含税销售收入 72.15 亿元，同比增加 13.32 亿元，增长 22.64%；全年上交国家税金 5.76 亿元；剔除协议解除劳动合同费用、消化非经营性因素和处理历史遗留问题，以及执行《企业会计制度》等对效益的影响，与上年同口径相比，减亏达 2.4 亿元以上，实现了整体扭亏。

改革取得了重大突破。按照建立“内部运作市场化机制，适应市场的退出机制，能上能下的干部选拔任用和管理监督机制，与市场劳动力价位接轨的分配机制，职工能进能出的劳动用工机制，技术创新的激励机制，营销的激励与约束机制”的改革目标和“有利于调动积极性，有利于提高效率，有利于提高效益，有利于转换机制，有利于增强企业竞争力”的改革基本原则，全面推进了精简机构、干部制度、改制分流、分配制度等改革，取得了预期效果。

营销管理能力和水平得到提升。进一步完善了营销体制和机制，及时调整了营销策略，强化了营销专业管理。全年炼油产品同比增销 23.85 万吨，化工产品同比增销 11.84 万吨；出口产品9 220吨；优化原油、大宗化工原料和煤炭运作创效 4 500 多万元。2003 年公司产品综合产销率为 101.33 %，货款回笼率达100%。

强化了专业管理。改进工艺，优化操作，有效降低了生产成本，33套装置中有28套能耗同比下降，40项主要原材料消耗指标中有34项同比下降，全年节能降耗创效4 523万元。加强设备监控，狠抓隐患整改，主要设备完好率达到99.60%。进一步落实安全生产责任制，深入反“三违”，实现了安全环保“4个为零”、“6率达标”。强化质量控制，加强质量攻关，30项可比产品质量指标稳定提高率达100%，7个质量攻关项目全部完成，聚丙烯等3种产品创湖南省名牌。

加快了内涵发展。“2万吨/年茂系氢化SBS(SEBS)成套技术开发”进入石化集团公司“十条龙”技术攻关项目，与“高性能低成本工程塑料制备新技术”项目一同被列入国家“863”计划；“仿生催化氧化环己烷制备环己酮”成功进行了5釜工业试验；开发出适销对路的200#、190#、120#溶剂油新品种和SEBS、SIS、CYD－128J树脂、高纯邻甲酚醛树脂等新品种和SBS新牌号；同时，对炼油装置进行了消缺改造；确定了“内涵发展为主，通过装置挖潜、技术改造和技术创新，去枝强干，做精、做优、做强主业，立足一个基础(炼油)，强化三大拳头(锂系聚合物、环己酮、环氧树脂)，实现高质量、高效益发展”的公司“十五”后期发展的指导思想和总体目标。

巴陵石化公司的主要经济指标和主要产品产量见表1、表2。

（龚　诚）

【全力推进企业改革】 一是改革了管理体制。将城区三个社区重组为一个社区管理中心，将供销公司、物装公司、铁运处重组为供销部，将三所医院重组为一所医院，两个教育培训中心重组为一个，并对科研、财务等系统进行了重组，直属单位由24个重组为19个，公司机关部室从30个精简到18个；按事业部制建立内部机构，二级机关按照“6＋2”模式设置行政和党群职能部门。二是改革了干部制度。理清能级，分A、B、C 3个管理层，领导人员全员竞聘上岗，B、C层领导人员对应原处级、科级职数分别压缩了39.70%和38.50%。三是实施了分配制度改革，初步引入了市场劳动力价位。四是实施了化纤关停退出，完成了4个单位的改制分流试点工作。

（龚　诚）

【巴陵石化公司实现增产增收、管理挖潜创效超过2亿元】 2003年，巴陵石化公司以增产增收为主导，以管理挖潜为重点，千方百计做大总量，大力降本压费，实现了增产增收、管理挖潜创效超过2亿元。全年累计生产炼化产品220.54万吨，与上年同比增加29.15万吨，增长15.23%，通过增产增收创效5 831万元，调整产品结构创效7 629万元；累计降低能耗创效2 823万元，降低物耗创效1 700万元，提质创效650万元，优化原油运作创效2 739万元，修理费同比下降1 200万元，文教卫及社区服务净支出同比下降650万元，财务费同比下降6 600万元。

（龚　诚）

【巴陵石化公司化纤厂成功实现改制分流】 鉴于巴陵石化公司原化纤厂资产负债率高、人员多、负担重、多年巨额亏损，已被市场无情否决的实际，按照国家和石化集团公司的改革要求，2003年年初，巴陵石化公司正式决定对化纤厂关停退出，实施改制分流。在切实把握好“深入调研拟订方案、征求意见完善方案、广泛深入宣贯方案、层层动员通过方案和稳妥细致实施方案”等环节的基础上，对原化纤厂1 984名职工，采取协议解除劳动合同、企业内部退养、分流到其他单位以及改制分流等综合措施进行了妥善安置。化纤改制后的新公司引入了全新的管理体制和运行机制，并于2003年12月召开了首届股东大会，产生了董事会、董事长，聘任了首届经营班子，化纤改制新公司开始了正常的生产经营活动。

（龚　诚）

【成功实施环己烷仿生催化氧化全球首次工业化试验】 由巴陵石化公司、巴陵分公司、湖南大学、工程建设公司、巴陵设计院5家单位共同承担的“环己烷仿生催化氧化制备环己酮工业试验”于2003年9月1日在巴陵石化公司4.5万吨/年环己酮装置一次开车成功。此工业化试验开辟了烃类催化氧化的新领域，在全球尚属首次，意义十分重大。这一试验得到石化集团公司的充分肯定，该技术被列入石化集团公司“十条龙”科技攻关计划。

（龚　诚）

【巴陵石化公司总经理张德明当选全国十届人大代表】 在2003年1月20日召开的湖南省第十届人民代表大会第一次会议上，巴陵石化公司总经理张德明高票当选为第十届全国人民代表大会代表，并于3月5—18日出席了第十届全国人民代表大会第一次会议。中央驻湘企业当选第十届全国人民代表大会代表仅此一人。

（龚　诚）

【巴陵石化公司荣获全国“模范职工之家”荣誉称号】 巴陵石化公司坚持“依靠”方针，不断推进“职工之家”建设。近三年来，巴陵石化公司共有 10 人被授予全国劳动模范、全国五一劳动奖章、省部级劳动模范荣誉称号。2003 年 9 月 29 日，巴陵石化公司被中华全国总工会授予“全国模范职工之家”荣誉称号。

（龚　诚）

【巴陵石化公司鹰山社区被授予全国“五一劳动奖状”】 继2003 年 3 月被共青团中央、民政部、建设部和国家工商行政管理总局命名为全国第三批“青年文明社区”荣誉称号后，巴陵石化公司鹰山社区又于 2003 年“五一”前夕被授予全国“五一劳动奖状。”

（龚　诚）

表 1　　巴陵石化公司主要经济指标①　　亿元

指标名称 \ 年份	2003	2002	2001	2000	1999	1998
原油加工量/万吨	163.33	148.51	118.58	125.56	102.14	41.92
工业总产值②	44.33	40.37	35.44	33.39	24.35	16.09
其中：炼　油	7.97	7.16	5.58	5.87	4.78	1.97
化　工	31.98	29.02	24.94	21.44	16.32	10.82
化　纤	0.46	1.24	2.42	3.70	2.86	2.40
其　他	4.03	2.95	2.44	2.38	0.39	0.89
工业增加值	13.84	11.07	11.74	9.07	6.81	3.18
资产总计	68.12	85.12	85.67	84.31	44.31	40.41
其中：流动资产	27.83	32.55	33.20	33.75	14.64	12.21
固定资产原值	66.51	65.19	55.83	48.10	34.13	33.33
固定资产净值	44.65	45.74	38.84	34.22	23.10	23.34
销售收入	72.15	58.82	50.21	49.84	29.94	15.88
实现利税	5.76	3.67	2.86	1.12	3.81	0.50
其中：税　金	5.76	5.97	5.00	1.90	3.77	1.58

① 1998—1999 年数据为原岳阳石油化工总厂数据。
② 按 1990 年不变价计算。

表 2　　巴陵石化公司主要产品产量①　　万吨

产品名称 \ 年份	2003	2002	2001	2000	1999	1998
90# 汽油	19.44	19.73	20.89	24.26	27.01	11.19
93# 汽油	18.91	16.98	10.93	10.55	0.61	—
97# 汽油	3.24	0.20	—	—	—	—
0# 柴油	48.90	55.21	45.19	47.91	38.43	13.45
石脑油	8.76	8.50	5.62	7.19	6.74	2.91
液化气	17.53	16.40	13.76	14.20	12.43	5.15
干　气	3.73	3.48	2.85	2.72	2.64	1.27
丙　烯	9.17	8.37	7.53	7.51	6.34	2.31
烷基苯	4.26	5.26	2.89	—	—	—
油　浆	2.01	1.34	1.43	1.59	0.76	0.32
溶剂油	8.34	2.12	—	—	—	—

续表

产品名称 \ 年份	2003	2002	2001	2000	1999	1998
合成橡胶	14.68	12.45	11.17	9.82	7.73	4.65
其中：顺丁橡胶	1.85	1.04	2.96	2.71	2.66	1.33
SBS热塑弹性体	12.50	11.12	8.10	7.05	5.03	3.32
环氧树脂	2.09	1.51	1.68	1.18	0.90	0.57
锦纶切片	0.15	1.77	2.17	2.45	1.68	1.02
合成纤维	0.35	0.56	1.12	1.72	1.38	1.19
环己酮	4.54	4.53	3.81	3.40	2.83	2.65
烧碱	9.69	7.94	4.68	4.71	4.20	3.83
盐酸	4.18	4.44	1.56	1.66	1.52	1.49
液氯	7.63	5.77	3.31	3.20	3.02	2.62
聚丙烯	5.40	4.74	4.58	4.82	4.03	1.36
氯丙烯	3.99	3.03	1.73	1.90	2.00	1.78
环氧丙烷	0.60	0.35	0.37	0.32	0.33	0.12
环氧氯丙烷	1.86	1.13	0.40	0.53	0.26	0.36

① 1998—1999年数据为原岳阳石油化工总厂数据。

中国石油化工股份有限公司巴陵分公司

【概述】 中国石油化工股份有限公司巴陵分公司(以下简称巴陵分公司)位于湖南岳阳市，生产装置占地145万米^2，临洞庭，倚长江，傍京广铁路、107国道和京珠高速公路，水陆交通十分便利。

巴陵分公司2000年4月由原洞庭氮肥厂、鹰山石化厂主业部分重组而成。2002年5月按照石化股份公司的统一部署，与巴陵石化公司分立运行。截至2003年底，拥有固定资产原值49.63亿元、净值21.94亿元，职工3 395人，其中专业技术人员1 248人。有大型化肥、化工、化纤生产装置20余套，主要产品生产能力为：合成氨33万吨/年、尿素60万吨/年、己内酰胺7万吨/年、环己酮7万吨/年、帘子布1.3万吨/年、双氧水10万吨/年、复合肥10万吨/年、硫铵10万吨/年，是全国重要的己内酰胺和化肥生产基地。

公司新、老领导班子致力于企业生产经营与改革发展。2003年，在现场生产，大力推行HSE体系，认真执行危害识别、风险评价和过程控制，主要装置基本实现安全稳定运行，月度产品产量再创历史新高。全年共生产己内酰胺6.72万吨，环己酮6.40万吨，帘子布9 140吨，切片3.56万吨。化肥装置根据总部要求，实行了3个月的阶段性生产，累计生产合成氨7.24万吨，尿素12.65万吨。巴陵分公司自成立以来，安全生产连续3年实现“五个为零、五率达标”。

在市场营销方面，巴陵分公司克服了2003年“非典”和国外大公司倾销对销售带来的不利影响，紧紧抓住被称为“中国入世后反倾销第一案”的己内酰胺反倾销终裁胜诉的机遇，扩大市场份额，积极稳价推价。尤其是9月份扁平化改革到位后，公司通过强化市场营销管理，10种外销产品产销率均超过100%。公司还积极开展产品国际市场开发工作，2003年帘子布产品首年实现批量出口。

在管理创新上，巴陵分公司大力引进先进的管理模式，博采世界管理文明的优秀成果，2003年，以管理扁平化改革为核心，有效解决了内部“机构重叠、职能交叉、管理费用居高不下、人力资源浪费严重”等问题。针对扁平化改革后出现的管理人员减少、管理跨度加大的问题，公司引进一体化管理体系，加强信息网络建设，强化人力资源的绩效管理。目前扁平化的工作观念、市场化的经营理念、体系和网络化的工作方法正在形成，以体系规范管理、以网络提升管理、以绩效强化管理的运行模式在公司初步确立。

2003年，加快了技术进步和有效发展的步伐，实现了化肥装置“煤代油”改造、己内酰胺装置扩能改造等项目的稳步实施，硫酸、精细化工、工程塑料等新产品开发单元如期组建。巴陵分公司计划在未来 2 年内，采用新技术，做大主业；利用“煤代油”原料资源，调整化肥产品结构；开发高附加值、高技术含量的精细化工产品，向下游行业延伸，力争做到资源综合利用最大化，主导产品规模效益最大化，把巴陵分公司建设成为国内最大的聚酰胺生产基地和最重要的化肥生产基地。

2003 年，巴陵分公司在改革发展上取得了 5 个方面的进展：一是通过推行扁平化改革，实现了内部组织结构与市场竞争环境相适应；二是通过氨肟化、双氧水两大装置的建设和投产，实现了己内酰胺 14 万吨/年扩能改造；三是通过推行干部竞聘上岗和机关人员分流，实现了新的用人机制；四是通过引入劳动力市场价位理念，实行了薪酬改革，实现了用工机制的突破；五是通过推行体系一体化和信息网络建设，理顺和提升了内部管理，实现了内部管理规范化。

巴陵分公司 2003 年主要经济技术指标和主要产品产量分别见表 1 和表 2。

（廖小卫　周　健）

【石化集团公司暨石化股份公司调整巴陵分公司领导班子】 2003 年 3 月 25 日，石化集团公司暨石化股份公司对巴陵分公司领导班子进行调整。张德明任巴陵分公司代表，朱泽华任巴陵分公司经理，原公司经理尹家振任巴陵石化有限责任公司党委书记。

（廖小卫　周　健）

【巴陵分公司推行管理扁平化改革】 为了解决困扰巴陵分公司多年的体制问题，2003 年 5 月开始，公司以推行管理扁平化为突破口，压扁管理层次、再造管理流程。这次改革以取消中间管理层次为核心，以机构重组和干部竞聘为重点，以公司各类资源的优化为目标。7 月 25 日，机关部室和各单位负责人竞聘到位，取消了产品部，公司管理由过去的公司—产品部—车间三级管理转变为公司—作业部两级管理。改革后，两级机关部室由 48 个减少到 16 个。到 2003 年底，管理人员全部竞聘到位，生产单元和作业单元按照物流、资金流、信息流顺畅和有利于专业化精细管理的要求，实现了整合和优化。通过改革，机关管理前移，基层管理到位，相关接口逐步理清，管理费用呈逐月下降的趋势。

（周　健）

【巴陵分公司全面推行竞聘上岗制度】 2003 年在管理扁平化改革的同时，巴陵分公司在管理、技术岗位全面推行竞聘上岗制度，努力造就一种能上能下、能进能出、有效激励、充满生机和活力的用人机制。竞聘采取笔试、面试、群众评议、组织考察等方式。通过推行竞聘上岗制度，公司处级干部从 208 人减为 B 级领导人员 102 人，科级干部从 414 人减到 C 级领导人员 216 人，一般机关干部由 456 名减少到 154 人。对弃、落聘干部，按照专业特长和个人志愿充实生产、科研一线和组建新产品开发平台。

（廖小卫　周　健）

【巴陵分公司帘子布产品首年实现批量出口】 2003 年 5 月 15 日，首批 300 吨白坯帘子布从湖南岳阳城陵矶港发往印度，标志着巴陵分公司帘子布产品首次实现批量出口。2003 年，巴陵分公司全年组织出口白坯帘子布和浸胶帘子布2 851吨，占全部产品销量的 30%强。

（廖小卫　周　健）

【己内酰胺反倾销案终裁获胜】 2003 年 6 月 6 日，国家商务部公布对原产于日本、比利时、德国、荷兰和俄罗斯的进口己内酰胺产品进行反倾销调查的终裁决定。被称为中国入世后“反倾销第一案”的己内酰胺反倾销案经过近两年的努力终于获胜。

（廖小卫　周　健）

【“煤代油”项目全面动工】 巴陵分公司“煤代油”工程 2001 年 5 月获国务院批准，2003 年 6 月项目初步设计方案获石化集团公司暨石化股份公司批准，8 月 28 日项目开工报告获国家发展和改革委员会批复，10 月 29 日公司召开“煤代油”项目开工动员会，标志工程正式全面启动。

（廖小卫）

【巴陵分公司己内酰胺扩能改造项目(“七改十四”)一期工程完工】 具有自主知识产权的己内酰胺核心装置——氨肟化装置于 2003 年 8 月 30 日生产出合格环己酮肟，与之配套的 8 万吨/年双氧水装置也于 12 月 13 日开车成功，顺利实现己内酰胺扩能改造项目一期工程当年立项、当年投产的目标。与此同时，核心攻关技术环己烷仿生催化新工艺取得重大进展，工业试验成功，环己基过氧化氢加氢分解新技术、无硫铵重排新技术、苯加氢新技术等均有可喜进展，为二期工程的启动创造了条件。

（廖小卫　周　健）

【巴陵分公司全面推行一体化管理】 从 2002 年 9 月开始，巴陵分公司逐步引进 ISO 9001 质量管理体系、ISO 14001 环境管理体系、OHSAS 18001 职业健康安全管理体系标准，并充分整合石化集团公司推行的 HSE 管理体系，全面建立了质量/健康/环境/安全一体化管理体系。2003 年 11 月 12 日，巴陵分公司召开一体化管理体系文件发布暨体系运行动员大会，标志着该体系正式全面运行。

（廖小卫　周　健）

【巴陵分公司管理干部先上网，再上岗】 按总部 ERP 规划，到 2003 年底，巴陵分公司规划、设计、开发与推广了 20 套应用系统，包括信息管理系统、办公自动化系统、实时数据库系统、经理综合查询系统、电子商务管理系统、财务系统、市场价格信息管理系统、供应资源管理系统、销售管理系统、安全监控系统、封闭化管理系统、生产综合管理系统、大型机组设备状态监测系统、设备和备件管理系统等，网络成为加快公司信息流速、提高公司管理效率的重要支撑。在 2003 年管理干部竞聘中，熟悉网络操作成为管理干部竞聘上岗的一项基本条件。

（廖小卫　周　健）

表 1　巴陵分公司主要经济指标　亿元

指标名称＼年份	2003	2002	2001	2000	1999	1998
工业总产值①	13.80	16.49	14.60	14.76	—	—
其中：化　工	8.64	9.56	9.39	8.83	—	—
化　肥	1.37	3.23	2.11	3.14	—	—
化　纤	3.79	3.70	3.09	2.79	—	—
工业增加值	—	—	—	1.07	—	—
资产总计	31.57	34.12	34.79	36.44	—	—
其中：流动资产	7.04	9.03	10.24	11.11	—	—
固定资产原值	49.63	47.45	46.75	46.20	—	—
固定资产净值	21.94	22.30	23.44	24.69	—	—
销售收入	10.87	13.17	11.54	14.68	—	—
实现利税	-7.30	-3.81	-4.07	-2.69	—	—
其中：税　金	0.21	0.19	0.21	0.49	—	—

① 按 1990 年不变价计算。

表 2　巴陵分公司主要产品产量　万吨

产品名称＼年份	2003	2002	2001	2000	1999	1998
合成氨	7.24	20.05	11.56	19.31	35.94	35.89
尿　素	12.65	31.46	17.11	31.39	61.12	58.93
己内酰胺	6.72	7.24	7.25	6.84	5.96	6.28
锦纶纤维(原丝)	1.30	1.20	1.13	1.03	0.69	0.48
尼龙 6 切片	3.56	2.00	1.55	1.41	1.25	0.91
帘子布	0.91	1.10	0.78	0.60	0.26	0.33
硫酸铵	9.14	9.48	10.04	8.91	8.68	9.95
环己酮	6.40	6.90	6.62	5.86	5.13	5.56
双氧水	2.96	3.08	2.34	1.78	2.15	2.00
复合肥	0.20	5.00	4.45	4.14	2.51	2.18

中国石油化工股份有限公司长岭分公司

【概述】 中国石油化工股份有限公司长岭分公司(以下简称长岭分公司)作为石化股份公司的直属分公司，成立于2000年4月份，由原长岭炼油化工总厂主业部分(炼油部分和聚丙烯装置)构成，坐落在洞庭湖畔、长江之滨的湖南省岳阳市，北临长江、南靠京广铁路，与107国道、京珠高速公路相邻，水陆交通便利，占地面积217万米^2。

长岭分公司目前拥有21套炼油化工生产装置，年原油加工能力为500万吨，其中常减压蒸馏装置2套(年加工能力500万吨)，重油催化裂化装置2套(年加工能力220万吨)、延迟焦化装置1套(年加工能力120万吨)、连续重整装置1套(年加工能力50万吨)，加氢精制装置3套(年加工能力170万吨)，聚丙烯装置1套(年生产能力为150万吨)。炼油产品主要有丙烯、液化石油气、石脑油、高牌号车用无铅汽油(90#、93#、95#、97#、98#)、3#喷气燃料、煤油、-10#军用柴油、优质(出口)轻柴油、轻柴油(-5#、0#、+5#)、各种溶剂油、芳烃(苯、甲苯、二甲苯)、各牌号重油、石油焦、工业硫磺等37种牌号的石油产品及聚丙烯等化工产品共60余种，有17种产品获省部级以上优质产品称号，其中出口轻柴油和6#抽提溶剂油获国家金质奖，石油甲苯、二甲苯和120#溶剂油等产品获国家银质奖。长岭分公司拥有固定资产原值43.30亿元。

长岭分公司下设长盛公司、销售公司等7个直属二级单位，石化研究院、计算机所2个科研机构。截至2003年底，长岭分公司有职工3 506人，其中具有高级技术职称的103人，中级职称的507人。

2003年是长岭分公司起色较大的一年。面对伊拉克战争、“非典”和汽油质量升级等不利因素影响，长岭分公司深入开展形势任务教育，认清形势、明确任务、理清思路、落实措施，号召全体员工抓责任落实、抓措施到位，正确处理市场需求与加工总量的关系，紧跟市场变化，调整产品结构，调整销售策略，实施五大类29条降本增效措施，加强全面预算管理，效益逐月好转。全年加工原料油384.76万吨，比上年增加23.27万吨，增长6.43%；实现销售产值89.08亿元，比上年增加13.51亿元，增长17.87%；按石化股份公司要求，完成了效益目标。5项技术经济指标全部实现达标。综合商品率为91.81%，比达标指标提高0.01个百分点；可比轻油收率为70.63%，比达标指标提高1.63个百分点；综合能耗为82.93千克标油/吨原油，比达标指标降低0.07个单位；加工损失率为0.96%，比达标指标降低0.04个百分点；原油途耗0.35%，比达标指标降低0.01个百分点。成品油出厂质量合格率继续保持100%，一等品率、优等品率分别达到38.93%和30.99%。

2003年完成工程建设投资3.18亿元，完成了1#催化装置灵活多效催化裂化(FDFCC)技术应用，焦化蜡油加氢、重整增产二甲苯、聚丙烯装置扩能、汽油碱渣及废水处理、四垅罐区标准化等改造项目，开发了环保型溶剂油、醋酸异丙酯、车用液化气等新产品，使产品质量得到保证、产品结构调整的手段增加。

引入市场机制，实施分配制度改革，初步建立了以岗位工资为主的薪酬制度。优化机构设置，机关处室由10个减为8个，组建了3#联合装置和供排水联合装置，对动力厂、油品处、物资供应处的内部机构进行了调整，共撤销处级机构2个、车间建制7个、二级单位科室机构13个。按照“先干部、后职工，先机关、后基层，先管理层、后操作层”的原则，进行了全员考核竞聘上岗，激发了干部职工的竞争意识和上进心。

(王毅平)

【企业资源计划ERP系统成功上线】 ERP系统是以财务为核心，集物流、资金流、信息流为一体，支持企业经营管理和规范化运作的管理信息系统，体现了系统管理的思想。2003年，长岭分公司经过近9个月的紧张努力，于2003年12月11日正式上线，并在原有模板基础上，修改流程近20个，新增流程近10个，使系统的流程更符合自身应用实际，特别是计划管理模块(PP模块)的应用，为该模块在国内炼化企业的应用开了先河。

(王毅平)

【1#催化装置FDFCC技术改造项目实现开车一次成功】 长岭分公司1#催化增设FDFCC项目是石化股份公司“十条龙”攻关项目之一。通过增加一根汽油提升管和一些相配套的改造，不仅可以提高装置操作条件调节的灵活度，实现催化汽油降烯烃改质目标，还可增产液态烃、丙烯，年增效益在3 000万元左右。装置于2003年5月24日实现中交，5月29日15:08时喷油，实现了装置开车一次成功。

(王毅平)

【7万吨/年聚丙烯装置扩能改造成功】 2003年5月15日，随着聚丙烯装置开工投运，标志着7万吨/年聚

丙烯装置扩能改造成功。该项目是2003年石化股份公司下达的短平快项目,投资550万元,通过反应器环管加高6米,新上一台丙烯进料泵(P301C)以及管线配套改造,实际处理能力可望达到11万吨/年以上。

(王毅平)

【30吨/年柴油精制装置成功改造为焦化蜡油加氢装置】 为了改善催化裂化装置的原料结构和产品分布,提高经济效益,长岭分公司对闲置的30吨/年柴油精制装置进行了技术改造。通过完善工艺流程、增加一台焦化蜡油反冲洗过滤器等改造,该项目于2003年9月4日成功投用,9月19日进行了标定。标定结果表明:焦化蜡油经加氢处理后具备较好的改质效果,有效地降低了催化汽油的硫含量及烯烃含量,对汽油合格出厂和降低产品质量成本发挥了重要作用。

(王毅平)

表1　长岭分公司主要经济指标　　亿元

指标名称＼年份	2003	2002	2001	2000	1999	1998
原料油加工量/万吨	384.70	361.50	317.20	400.88	374.61	311.29
工业总产值	89.42	74.96	68.20	21.75	—	—
工业增加值	13.38	9.80	6.05	17.53	—	—
资产总计	34.72	35.40	36.55	37.82	—	—
其中:流动资产	13.57	13.09	13.23	18.50	—	—
固定资产原值	43.30	41.97	41.54	32.83	—	—
固定资产净值	20.54	20.16	21.78	16.79	—	—
销售收入	85.56	68.88	64.63	91.37	—	—
实现利税	6.39	6.80	3.21	6.78	—	—
其中:税　金	6.79	7.30	7.12	7.97	—	—

表2　长岭分公司主要产品产量　　万吨

产品名称＼年份	2003	2002	2001	2000	1999	1998
汽　油	80.69	79.47	76.82	85.66	79.77	88.81
柴　油	129.96	130.62	147.14	168.47	158.27	73.14
航　煤	6.97	7.94	4.00	8.11	10.25	6.64
化工轻油	6.82	4.86	3.31	21.70	23.75	25.96
重　油	12.77	27.33	22.44	24.60	21.31	25.49
石油焦	23.04	19.58	18.88	18.64	16.61	15.09
三　苯	9.48	11.06	5.87	2.94	2.78	3.03
溶剂油	6.58	6.68	1.87	6.50	4.32	6.28
聚丙烯	10.08	9.64	7.31	7.60	7.67	3.95

仪化集团公司

【概述】 仪化集团公司位于江苏省仪征市,1978年筹建,原名江苏石油化纤总厂,历经停缓建,1981年12月成立仪征化纤工业联合公司。1993年12月进行股份制改组,发起设立仪征化纤股份有限公司。1996年4月,仪征化纤工业联合公司更名为仪化集团公司。1997年10月加入中国东联石化集团公司。1998年7月,随中国东联石化集团公司整体加入新组建的中国石油化工集团公司。截至2003年底,总资产34.27亿元,总负债39.54亿元,资产负债率115.38%。本部现有职工5 210人。其中,具有高级专业技术职称的236人,中级专业技术职称的750人,初级专业技术职称的 528 人。

仪化集团公司是仪化股份制改组剥离出来的多行业、多法人联合体，是石化集团公司的全资子公司。经营领域涉及非纤聚酯、棉纺、工程建设、后勤服务等多个行业。现有 22 个下属单位。设有 4 个机关部室，其余管理职能委托仪征化纤股份公司管理。主要生产装置的生产能力为：聚酯薄膜 0.6 万吨/年，PBT 树脂和工程塑料 2 万吨/年，聚丙烯织物2 000万米^2/年，包装袋 170 万条/年，涤纶长丝 4.5 万吨/年，纱 0.8 万吨/年，布 600 万米^2/年，床上用品 60 万套(件)/年。

2003 年，在石化集团公司的正确领导下，仪化集团公司认真贯彻落实 2003—2005 年自立生存规划纲要，围绕减亏扭亏和自立生存目标，一手抓经营管理，一手抓改革创新，生产经营和改革调整都取得了较好成绩，在实现自立生存的道路上迈出了坚实的一步。全年共实现经营收入 24 亿元，账面亏损 1.21 亿元，为年度控亏目标的 82%；剔除非经常性因素，实际经营亏损9 118万元，比上年减亏4 724万元，为年度控亏目标的 61.6%。全年生产经营活动现金净流入 1.7 亿元。

外部市场开拓能力进一步提高。仪化东丽薄膜公司新产品销售比例达到 41.3%，成为盈利的主要支撑。仪化倍利特公司坚持产品和市场开发并举，出口产品达到总销量的 25%，形成了新的效益增长点。无锡大通公司紧贴市场，强化营销，亏损比上年减少 33%。工程建设单位外部市场开拓力度进一步加大。安检公司外部建设项目投标中标率达 38.7%，全年对外经营创收3 087万元，在聚酯化纤行业创出了品牌。设计院对外经营收入比例从 5%上升到 10%。南师大二附中高中部大力推进社会办学机制，狠抓教学质量，高考取得好成绩，生源进一步扩大。

成本费用得到有效控制。全年共发生管理费 2.65 亿元、营业费3 225万元、财务费 1.00 亿元、修理费4 300万元、人工成本 3.64 亿元、社区净补贴4 100万元(不含股份公司关联交易收入)，分别比上年减少3 600万元、2 023万元、1 356万元、1 299万元、260 万元和1 492万元。

收缩、盘活资产取得重大突破。在石化集团公司和地方政府的关心、支持下，完成了扬州合成化工总厂的关闭清算。完成北方公司所属白斯特出租汽车公司、白沙宾馆等股权转让。南京康成公司的股权转让取得突破，首付款5 000万元已到账。

“四清理”工作基本结束。全年共完成清理债权项目 159 笔、金额 1.55 亿元，清理短期投资 4 笔、金额2 838万元。清理三级以下法人单位 13 个。在国资委和石化集团公司的支持下，共核销 18.4 亿元的不良资产，消除了历史包袱，提高了资产质量。

结构调整项目按期推进。1.5 万吨/年的仪化东丽薄膜 2# 线装置土建工程进入扫尾阶段，主体工程安装完成 85%，公用工程及辅助工程安装完成 95%。大康公司精细化工项目相继建成投产，并迅速占领市场，取得较好的经济效益。生产、工程和社区板块的改造和安全整改项目也取得实效。

各项改革稳步推进。4 月份完成怡华商贸公司和大康所属车辆修理厂的改制。常州大明针织总厂的转让改制方案已通过职代会审议，正抓紧推进。星源公司、印刷厂和深圳南方公司改制即将挂牌。安检公司、医院和大康公司服装厂改制分流初步方案获得批复。内部各单位按照所在行业的特点，建立市场取向的分配办法，强化绩效考核，增强了分配制度的激励作用。通过实施专业化重组和压扁管理层，科级机构压缩了 28%，管理人员减少了 15%。减员力度进一步加大。全年共减员2 644人。其中本部减员1 418人，外埠子公司减员1 226人。

仪化集团公司主要经济指标和主要产品产量分别见表 1 和表 2。

（陆秀宏）

【怡华商贸公司改制分流添活力】 怡华商贸公司是仪化集团公司的全资子公司，前身是仪化商业服务公司，1996 年 12 月进行公司化改造后成立，集商饮服务、物流配送和化纤贸易于一体。改制前有员工 885 人。其中在岗正式工 291 人，计划内临时工 21 人，自用工 225 人，劳务工 248 人，内退人员 70 人。

根据石化集团公司改制分流工作的总体要求，仪化公司确定怡华商贸公司为首批改制分流试点单位之一。加强组织领导，精心制定方案，针对干部职工思想实际，有针对性、分阶段地开展工作。具体措施为：①深入学习宣传改制分流政策文件，进一步统一思想，提高认识。②调整内部经营结构和组织结构，精简机关、压缩冗员，共减少商业零售临时用工 254 人，机关人员从 42 人减为 24 人，科室从 7 个精简为 3 个。③切实统一经营班子的思想认识，并采取组织措施果断调整主要成员，确保改制工作稳步推进。2003 年 4 月 28 日改制企业正式挂牌。

改制后的怡华商贸公司深化改革，强化管理，开拓经营，规范运作，在仪化集团公司和仪征化纤股份公司的支持下，经济效益大幅提高，起到了良好的示范作用。全年共实现经营收入 5.6 亿元，比上年增长 33%；实现利润总额 613 万元，比上年净增 778 万元。

（陆秀宏）

【扬州合成化工总厂完成清算关闭】 扬州合成化工总厂是仪化集团公司的全资企业，成立于 1949 年 9 月，主要生产涤纶长丝、聚酯切片以及聚氨酯产品等。1990 年 9 月成为仪化集团公司紧密层企业。1997 年 12 月资产正式划转。由于生产装置规模小、设备陈旧、工艺技术落后、人员负担重等原因，在聚酯市场竞争日趋激烈的形势下，企业连年亏损，生产经营难以为继。2001—2002 年，主要生产线被迫陆续关停。2003 年装置全面停产，已严重资不抵债。

为彻底解决扬州合成化工总厂问题，加快扭亏自立进程，仪化集团公司落实石化集团公司非上市部分“十五”改革与发展计划纲要精神，紧紧抓住该厂所在区域规划调整、政府回购土地的有利时机，经反复慎重研究，并报石化集团公司批准，决定对该厂实施关闭清算。在扬州市委、市政府的大力支持下，加强组织领导，精心制定方案，强化协调配合，确保组织到位、宣传到位、政策到位、程序到位、资金到位、工作到位。2003 年 4 月正式进入关闭清算程序。经过半年的努力，共妥善安置职工 897 名，办理结转退休手续和供养直系亲属结算手续 382 人。并通过公开拍卖，处置资产、设备，收回现金3 100万元。10 月底完成土地转让，关闭清算全面完成。关闭清算后，仪化集团公司每年可减少亏损1 500万元。

（陆秀宏）

【成功转让北方公司资产，实现国有资产保值增值】 仪化集团公司贯彻落实石化集团公司非上市部分“十五”改革与发展计划纲要精神，围绕 2005 年末实现整体扭亏的目标，加快清理、收缩、盘活存量资产。2002 年以来，抓住北京申奥成功带来的商机，报请石化集团公司批准，果断对所属北方公司下属的北京市白斯特出租汽车公司、北京白沙宾馆和北京市童装三厂的产权进行转让。经多次调研和多轮谈判，2002 年 11 月签订整体转让框架协议，2003 年 10 月 15 日收回全部现金，合同履行率 100%。本次产权转让共转让账面资产3 325万元，收回现金8 606万元，实现了国有资产的保值增值。同时减少用工 802 人。

（陆秀宏）

【1.5 万吨/年聚酯薄膜装置建设进展顺利】 1.5 万吨/年聚酯薄膜项目是仪化集团公司“十五”自立生存三年规划确定的做精做强重点项目。2002 年 10 月，由仪化集团公司与日本东丽公司按合资比例增资扩股建设，投资概算 3.8 亿元。主要生产超薄、高强度、高透明、易粘接等高质量、高附加值的薄膜，以满足中国包装和工业用聚酯薄膜不断增长的需求。2003 年 4 月正式开工建设。在石化集团公司领导和部门的大力支持下，仪化集团公司与参建单位密切配合，克服非典疫情、特大洪涝灾害和高温酷暑等影响，强化工期、质量、安全、投资和合同控制，精心组织施工。8 月 10 日主厂房中间交安。9 月 30 日设备安装全面铺开。12 月 31 日土建工程进入扫尾阶段，主体工程安装完成 85%，公用工程及辅助工程安装完成 95%。预计 2004 年 4 月初全面建成投产。该项目的建成，将进一步增强仪化东丽聚酯薄膜公司的市场竞争力和盈利能力，有力地促进仪化集团公司的扭亏减亏和自立生存。

（陆秀宏）

表 1　　仪化集团公司主要经济指标　　亿元

指标名称＼年份	2003	2002	2001	2000	1999	1998
工业总产值①	19.01	21.10	20.52	17.71	14.40	9.53
工业增加值	2.12	2.26	2.82	2.53	1.45	1.20
资产总计	34.26	50.91	55.25	52.07	92.96	92.96
其中：流动资产	12.31	19.39	21.17	18.05	23.02	21.66
固定资产原值	30.18	34.20	33.93	35.84	31.41	30.57
固定资产净值	21.26	25.09	25.76	28.26	25.04	24.88
销售收入	24.33	24.26	27.06	29.05	24.31	22.80
实现利税	0.34	0.75	-0.62	-0.23	-0.48	-1.92
其中：税　金	0.73	0.75	0.82	0.79	0.14	0.66

① 按 1990 年不变价计算。

表 2　**仪化集团公司主要产品产量**

产品名称＼年份	2003	2002	2001	2000	1999	1998
纱/吨	9 377	9 541	8 618	9 770	10 108	8 067
布/万米	582	561	494	346	370	300
絎缝制品/万套(件)	28	23	26	26	21.29	28.64
聚酯切片①/吨	4 336	25 989	31 137	15 896	12 414	8 097
涤纶长丝/吨	38 032	38 459	40 834	41 130	36 063	28 353
化工产品催化剂②/吨	2 526	914	701	823	673	541
包装袋/万条	194	182	184	187	168.45	162.30
其中：切片袋/万条	35	35	36	30	26.94	36.86
短纤袋/万条	159	147	148	157	141.51	125.44
塑料薄膜/吨	569	490	498	419	302	422
聚酯薄膜/吨	7 403	6 376	6 657	6 257	5 527	1 869
聚丙烯织物/万米^2	2 616	2 005	1 772	1 778	1 656	1 435
PBT 工程塑料粒/吨	175	523	347	199	401	241
PBT 树脂/吨	20 426	20 066	14 849	11 254	3 216	1 951

① 扬州合成化工总厂 3 月份起停产关闭。

② 2003 年新增钴锰混合液 1 048 吨。

中国石化仪征化纤股份公司

【概述】 中国石化仪征化纤股份有限公司(以下简称仪征化纤股份公司)是中国最大的现代化化纤和化纤原料生产基地。位于江苏省仪征市，占地 1 000 万米^2。1978 年筹建，1981 年 12 月设立仪征化纤工业联合公司。1993 年 12 月进行股份制改组，设立仪征化纤股份有限公司。1994 年和 1995 年，14 亿 H 股和 2 亿 A 股分别在香港和上海发行上市。1998 年加入石油化工集团公司，2000 年改为现名。40 亿总股本中，42%由石化股份公司持有，18%由中国国际信托投资公司持有，40%为社会公募。现有 5 个主体生产厂、3 个公用工程厂、3 个专业公司、2 个事业部、5 个直属单位、16 个机关部室以及 2 家子公司。截至 2003 年底，总资产 120.79 亿元，资产负债率 24.01%。本部现有职工13 454人。其中，具有高级专业技术职称的 406 人，中级专业技术职称的 964 人，初级专业技术职称的 614 人。

仪征化纤股份公司主要从事聚酯切片和涤纶纤维的生产及销售，并配套生产聚酯主要原料精对苯二甲酸(PTA)。主要产品有纤维级聚酯切片、瓶级聚酯切片、涤纶短纤维、涤纶中空纤维和涤纶长丝 POY、FDY、DTY。产品商标统一为“白斯特”牌。产品质量管理体系通过 ISO 9001(2000)版国际认证。ISO 14001 环境管理体系通过国际认证。截至 2003 年底，具有精对苯二甲酸(PTA)设计能力 77.5 万吨/年、聚酯聚合能力 131 万吨/年、固相缩聚能力 18.8 万吨/年、抽丝生产能力 78.1 万吨/年、涤纶加工丝能力 10.5 万吨/年，以及相应的公用工程配套能力。按聚酯聚合生产力能计，名列世界第四位；而一地聚酯聚合生产能力则居世界首位。

2003 年，面对严峻的市场竞争和伊拉克战争、“非典”等突发事件的影响，仪征化纤股份公司外拓市场、内降成本、沉着应对、扎实工作，实现了近 3 年来最好的经营业绩。全年共实现主营业务收入 103.44 亿元，实现利税 7.88 亿元。其中净利润 2.40 亿元，税金 5.48 亿元。

强化安全、质量、工艺、设备等现场管理，生产实现安稳长满优。公司 128 项主要生产技术经济指标中，有 84 项创历史最好水平。全年共生产涤纶产品 149.88 万吨，聚酯装置的有效产能利用率达

102.10%，生产 PTA 71.98 万吨，比上年同期增长 110.20%。产品质量稳中有升。主产品降合格品数量同比下降 46.3%，用户投诉率同比下降 78%。公司连续第四年荣获石化集团公司安全生产先进单位。

产品销售坚持贴近市场，全产全销，努力卖出当期最好价。全年共销售聚酯产品 120.08 万吨，比上年增长 4.8%；扣除内部自用量，产品综合产销率达 99.98%。货款回笼率 100%。实现产品出口 3.24 万吨。

产品开发和技术进步取得新进展，差别化和专用料产品对效益的贡献进一步提高。2003 年新开发品种 14 个，12 个实现工业化生产。全年共申请专利 22 项，获得专利授权 6 项。膜级切片、食用油瓶专用切片、长丝 P170/192—D110/192、轿车内装饰用长丝、油毡基布专用中长短纤等差别化产品实现批量生产，特别是 1.33dtex 有光缝纫线短纤已实现长年生产，全年销售量达 5.4 万吨。吸湿快干纤维、水刺专用短纤、聚乳酸(PLA)纤维等科研开发项目取得阶段性成果。全年共生产切片专用料 31.23 万吨，专用料比例 63.16%；生产差别化纤维 31.58 万吨，差别化率 49.69%。

成本费用得到有效控制，增收节支取得明显成效。2003 年是公司低成本和高附加值战略三年规划纲要实施的第一年，公司严格实行全面预算管理，大力挖掘内部潜力，强化成本费用的过程监控。全年主产品原料消耗下降，共节约总成本 689 万元；吨产品综合能耗同比下降 3.71%；原料储备天数同比减少 3 天；全年可控费用比计划节约 4 008 万元，降幅 8.13%；修理费比上年节约3 707万元。

结构调整项目按期建成投产，充分发挥效益贡献。列为公司生命线工程的 45 万吨/年 PTA 项目以及纺丝 5K 中空改造、9 万吨/年直纺短纤、450 吨/日聚酯专用料等结构调整项目，分别于 4 月、7 月、7 月和 10 月按期建成投产，并迅速稳产达标，充分发挥投资效益。20 万吨基础切片(CP)及固相缩聚(SSP)项目于 11 月 28 日正式开工建设。

内部改革不断深化，管理创新积极推进。公司 ERP 系统 7 月份起实行全面单轨稳定运行。ISO 14001 环境管理体系 8 月通过国际审核认证。公司荣获全国质量管理奖提名奖和全国质量管理先进企业称号。公司内部控制制度完成制定并开始试行。物资管理体制第二步改革顺利实施，物资供应职能实现一级集中管理。精简机构、人员工作大力推进。全年共精简科级机构 27 个，减少管理岗位人员 293 人；有 848 名职工协议解除了劳动合同。

仪征化纤股份公司主要经济指标和主要产品产量分别见表 1 和表 2。

(陆秀宏)

【45 万吨/年 PTA 项目建成投产】 仪征化纤股份公司 45 万吨/年 PTA 项目是国家"十五"重点建设项目，被视为公司结构调整的"生命线工程"。装置引进美国杜邦公司的工艺技术，由英国克瓦纳公司承担基础设计，是目前国际上同类装置单系列产能最大的装置。2000 年 9 月批准，2001 年 7 月正式开工建设，2003 年 4 月 23 日建成投产。8 月 16 日装置通过设计值 72 小时考核。项目建设过程中，仪征化纤股份公司在石化集团公司领导和部门的关心支持下，打破常规，积极探索，实现了"四个创新"。一是自行独立承担工程建设总承包，只引进工艺软件包和基础设计，选择国内单位承担详细设计，对 PTA 项目建设方式实现创新。二是工程建设前后仅用 30 个月的时间，安全、质量管理到位，刷新了国际国内装置建设周期的最短纪录。三是通过国际招投标、独立采购国外设备，严格实行建设项目法人责任制、工程监理制、合同管理制和限额设计、项目投资全过程管理等手段，大幅降低了投资。项目实际投资比批复概算节省 2 亿元左右，达到了国内同类装置较低的吨产品投资水平。四是坚持"能国产的不引进"的原则，不搞设备成套引进，努力加大国产化比例。国产化设备有 400 多台(套)，国产化比率达 78%，是目前国内国产化比例最高的 PTA 装置。该项目建成后，仪征化纤股份公司的 PTA 产能从 35 万吨/年提高到 77.5 万吨/年以上，原料自给率从 33%上升到 70%，有效地改善了原料资源结构，增强了综合竞争能力和盈利能力。PTA 项目投产当年，累计生产 PTA 36.57 万吨，取得了显著的经济效益。

(陆秀宏)

【9 万吨/年涤纶短纤维项目全面建成投产】 9 万吨/年涤纶短纤维项目是仪征化纤股份公司"十五"规划的建设项目之一。2002 年 6 月通过初步设计审查，7 月 26 日正式开工建设。第一条线于 2003 年 7 月 1 日投料，7 月 2 日生产出合格产品；第二条线于 7 月 10 日投料，7 月 11 日生产出合格产品。均实现一次投料开车成功。项目依托仪征化纤股份公司现有生产和公用工程设施，发挥多年积累的生产技术和管理经验，由外方提供基础设计，仪化集团公司设计院承担详细设计，只引进专利技术、基础设计和关键设备，努力提高设备国产化比例。设备台(件)国产化比例达 70%以上，有效地降低了投资，并刷新了同类装置建

设周期最短、开车间隔最短等多项记录。该项目的建成，进一步提高了仪征化纤股份公司聚酯纤维装置的技术水平，增强了仪征化纤股份公司短纤维产品的市场竞争力，为做优、做精、做强聚酯主业奠定了基础。

（陆秀宏）

【450 吨/日聚酯专用料项目建成投产】 450 吨/日聚酯专用料项目是仪征化纤股份公司拓展专用聚酯产品领域、调整产品结构的重要项目。2002 年 12 月通过初步设计审查，12 月 28 日正式开工建设，2003 年 10 月 26 日建成投产。该项目依托仪征化纤股份公司现有生产和公用工程设施，由仪化集团公司设计院承担详细设计，采用石化集团公司拥有自主知识产权的国产化聚酯工艺技术，国产化比例达到 93%，进一步节省了投资。建设过程中，坚持强化工期、质量、投资、安全、合同五大控制，仅用不到 10 个月的时间就顺利建成投产，刷新了国内同类装置建设周期最短的纪录。该项目的建成，优化了产品结构，提升了聚酯装置技术水平，巩固了仪征化纤公司在国内聚酯市场的领先优势，增强了产品的市场竞争力。

（陆秀宏）

【1.5 万吨/年中空纤维装置柔性化改造圆满成功】 为拓展中空纤维产品市场，增强现有纤维生产装置的市场应变能力和竞争能力，2002 年底起，仪征化纤股份公司利用自身技术力量，组织对 1.5 万吨/年的涤纶一厂 5K 短纤生产线进行了中空纤维柔性化改造。通过组织对装置的技术攻关和对纺丝、电气、仪表及公用工程等装置、设备的技术改造，2003 年 7 月，该生产线成功改造为既可生产常规短纤品种，又可生产中空纤维等多品种的柔性生产线。该装置的改造成功，显著提高了仪征化纤公司同类生产装置的市场应变能力，进一步提高了仪征化纤公司中空纤维产品的质量。

（陆秀宏）

【ISO 14001 环境管理体系通过国际认证】 仪征化纤公司一贯坚持“经济建设与环境保护协调发展”的原则，以保护环境、造福人类为己任，严格遵守国家环保法律法规，在提供优质的“白斯特”产品的同时，不断改进企业环境行为，多次获得全国环保 100 佳、江苏省环保先进企业等荣誉称号。

为进一步提高企业综合素质，增强产品国际竞争力，实现可持续发展，2002 年起，仪征化纤股份公司组织开展创建 ISO 14001 环境管理体系的贯标工作。2003 年 4 月完成体系建设。经过 3 个月的有效运行和改进，2003 年 8 月 1 日顺利通过法国 BVQI 公司的现场认证审核，并一次性取得英国 UKAS 证书及荷兰 RVA 证书。ISO14001 环境管理体系的创建，进一步提升了全员的环境意识，实现了环境管理的标准化、系统化、规范化、科学化。2003 年公司万元产值 COD 含量仅为 0.67 千克(不含新建的 45 万吨/年 PTA 装置污水)，低于上级下达指标值 61.7%；主产品物料单耗比计划下降 1.2 千克/吨，能耗同比下降 3.71%；产品排污费仅 1.85 元/吨，取得了良好的经济效益、社会效益和环境效益。

（陆秀宏）

【ERP 系统实现全面单轨稳定运行】 仪征化纤股份公司 ERP 系统是石化股份公司首批 4 个 ERP 试点项目之一，2001 年 8 月正式启动。按照“国际水准、中国国情、石化特色”的建设方针，结合企业实际，共规划、设计和实施了财务会计(FI)/管理会计(CO)、销售分销(MM)、物料管理(SD)、设备维护(PM)、生产计划(PP)五大功能模块。2002 年 10 月 18 日系统成功上线。2003 年 6 月 18 日通过由石化集团公司、埃森哲、SAP、石化盈科公司等单位专家的联合验收。7 月 1 日起实现全面单轨稳定运行。11 月 28 日通过后评估，综合评分列 4 个试点项目之首。仪征化纤股份公司 ERP 系统的全面单轨稳定运行，实现了物流、信息流、资金流三流合一，提高了数据的准确性、实时性和集成性，规范了业务流程，提高了管理效率，显著提升了企业信息技术水平，取得了明显的经济效益，对中国石化 ERP 系统的实施、推广起到了导向和示范作用。

（陆秀宏）

【荣获 2003 年度全国质量管理奖提名奖】 2003 年 11 月，仪征化纤股份公司获得中国质量协会授予的全国质量管理奖提名奖，成为石化集团公司和江苏省惟一获此殊荣的企业。

继 2002 年获得全国质量管理奖鼓励奖之后，2003 年，面对全国质量管理奖首次全面引用美国“波多里奇奖”评审标准的重大变化，仪征化纤股份公司树立质量经营理念，全面导入卓越管理模式，努力提升企业综合管理水平，持续改进绩效，不断追求卓越，并精心组织撰写自评材料，在众多的申报单位中脱颖而出，成为 9 家进入现场评审的企业之一，最终获得全国质量管理奖提名奖和全国质量管理先进企业。

（陆秀宏）

表1 仪征化纤股份公司主要经济指标 亿元

指标名称＼年份	2003	2002	2001	2000	1999	1998
工业总产值①	136.05	127.84	118.46	108.56	99.27	78.58
工业增加值	21.39	18.44	18.28	26.36	25.99	8.49
资产总计	120.79	121.79	110.24	113.61	115.03	119.80
其中：流动资产	28.01	30.24	26.91	36.08	34.11	33.46
固定资产原值	151.55	131.45	110.26	112.71	109.54	104.95
固定资产净值	86.47	74.41	64.94	71.20	75.04	75.69
销售收入	103.44	80.10	71.04	90.14	70.76	56.34
实现利税	7.88	5.54	5.41	9.85	9.06	-2.28
其中：税　金	5.48	4.14	3.70	1.39	1.36	-0.04

① 按1990年不变价计算。

表2 仪征化纤股份公司主要产品产量 万吨

产品名称＼年份	2003	2002	2001	2000	1999	1998
涤纶产品产量	149.88	142.49	124.86	114.26	103.00	94.28
聚酯切片	54.40	54.33	56.25	48.98	44.70	48.35
瓶级切片	16.86	15.56	5.39	4.18	3.36	3.19
涤纶短纤维	45.11	39.08	37.94	39.43	36.70	34.97
其中：中空纤维	4.62	3.98	3.64	3.51	2.98	2.91
涤纶长丝	23.55	23.99	19.11	16.29	14.80	4.79
加工丝	9.96	9.54	6.17	5.38	3.44	2.98
PTA	71.98	34.26	32.61	34.02	29.05	26.71

中国石化集团南京化学工业有限公司

【概述】 中国石化集团南京化学工业有限公司(以下简称南京化工公司)位于南京市东北郊的六合区，本部占地面积578万米^2。南京化工公司创建于1934年，是生产经营化肥、无机和有机化工原料、催化剂、化工机械、化学纤维六大类200多个产品，并从事化工工程的科研、设计、制造、施工和安装的特大型化工企业，也是国内化肥、催化剂、纯碱和化工机械制造的基地之一。1998年7月，随中国东联石化集团公司整体进入中国石化集团公司。南京化工公司下辖21个二级单位。截至2003年底，有职工16 304人，其中各类专业技术人员5 038人，专业技术人员中具有高级职称的508人(其中教授级高级工程师9人)、具有中级职称的1 756人。固定资产原值38.79亿元，净值22.75亿元。主要产品生产能力：化肥13.7万吨/年(折100%)、纯碱90万吨/年、硫酸50万吨/年、苯胺5.2万吨/年、催化剂1万吨/年、化工机械1万吨/年。

2003年，南京化工公司实现销售收入33.26亿元，比2002年同口径增长11.4%；实现工业总产值(不变价)34.58亿元，比2002年同口径增长13.6%；

现有生产经营盈利1 906万元，合并大化肥装置试车亏损额1.35亿元，全年亏损1.16亿元，实现了石化集团公司下达的1.2亿元的控亏目标。

2003年全年产销率99.6%，资金回笼率105%，出口创汇2 181万美元。纯碱、稀硝酸、苯胺、硫基复肥等13种产品产量刷新历史年产最好水平，13种产品产量36次刷新历史月产最好水平。加强源头控制和污染治理，强化环保责任制及环保管理动态跟踪考核。完成了石化集团公司和南京市政府下达的安全生产指标，通过南京市2003年度“安全生产先进单位”初评。

2万吨/年苯胺填平补齐项目已于2003年第3季度建成投产，成为公司新的增长点；与己内酰胺合资改造相配套的6万吨/年环己酮项目和硝酸装置节能降耗技术改造项目正在加快建设；除氮肥厂大型变压吸附装置(PSA)要待大化肥原料路线改造项目实施后才能启动外，其他3个项目(大化肥原料路线改造项目、输卤脱硝项目、碱厂纯碱100万吨/年配套项目)都已启动。大化肥装置原料路线改造项目经国家批准，列入国家重点技改“双高一优”项目导向计划。

2003年年内，通过石化集团公司鉴定项目4项；获石化集团公司科技进步奖2项、江苏省科技进步奖3项、南京市科技进步奖2项；申请专利14项，获授权发明专利4项。先后完成了办公自动化、经理查询、调度管理、南京化工公司人力资源管理等系统开发推广工作，并与12个二级单位实现了互联互通，扩大了办公综合业务处理系统的应用范围。

根据专业化要求组建了南化工程公司和南化检修公司；南化医院、永元印刷厂的改制分流实施方案得到石化集团公司批准，其中医院方案上报国资委待批，永元公司等5家单位的改制分流初步方案得到石化集团公司批复；列入石化集团公司统计口径的全民职工年末人数降至16 304人；协议解除劳动合同的工作稳步开展，共有2 773人协议解除了劳动合同。

全公司开展“三比三赛”、“树讲保攻”活动，努力使党建和思想政治工作更好地贴紧生产经营、贴紧改革发展、贴紧以人为本；工会开展“建设新南化立功竞赛”来调动广大职工的积极性；共青团组织以“创新创效”活动为载体，引导广大青工立足岗位，争做贡献；科协组织发动了科技人员开展科技攻关和科技创新活动。

继续抓好职工集资建房建设，建成职工住宅3万米^2。对住户的电表进行更新，共更新了12 000余户电表。职工人均收入比2002年增长了10%。大力实施送温暖工程，关注弱势群体，帮助职工解决生活困难。在计生工作中全面推进“婚育新风进万家”活动，完成了计生各项指标。

南京化工公司主要经济指标和主要产品产量分别见表1和表2。

（陈　华）

【南京化工公司主要产品产量创历史最好水平】 2003年，南京化工公司实现不变价工业总产值比2002年同口径增长13.6%，有13种产品产量刷新历史年产最好水平，有13种产品产量36次刷新历史月产最好水平。碱厂抓好稳产高产，纯碱产量92.04万吨，其中低盐重灰50.2万吨，均创了历史纪录。氮肥厂抓装置的长周期稳定运行，生产合成氨17.2万吨，稀硝酸产量达到41万吨，都为历史最好水平。磷肥厂强化生产管理，搞好装置的扩产改造，全年共产苯胺4.07万吨、硝基苯5.9万吨、硫酸钾复合肥24.89万吨，都创下历史新高。化机厂抓住市场机遇，精心组织生产，全年实现产值2.71亿元，也取得了前所未有的好成绩。

（陈　华）

【南京化工公司产品质量管理取得新成果】 2003年，南京化工公司重视产品质量管理，一批产品获得了国家、江苏省和南京市的名牌产品称号。经企业自愿申请，有关专家严格评审，中国名牌战略推进委员会确认了138家企业生产的142个品牌的产品为2003年中国名牌产品，南京化工公司连云港碱厂生产的长江三角牌纯碱名列其中，国家质量监督检验检疫总局于2003年8月28日对此进行了表彰。江苏省、南京市名牌战略推进委员会也组织了名牌产品的申报认定工作，南京化工公司的红三角牌硝酸铵等5个产品获2003年江苏名牌产品称号，红三角牌苯胺等4个产品获南京市名牌产品称号。

（陈　华）

【南京化工公司氮肥厂消防工作为安全生产提供保障】 2003年，南京化工公司氮肥厂从教育、制度、投入等方面入手，全面推行消防工作责任制，有效地预防了火灾的发生，为企业的生产经营提供了有力的保障。2003年，南京化工公司氮肥厂共进行了公司、厂、车间三级消防演习10次，3月份和6月份组织了2次全厂范围内的消防器材使用及消防知识学习，使职工的防火意识得到加强。制定制度，对防火器材每月检查一次，对重点防火部位每周检查一次。年内新增室外消防栓5台，新购置消防器材730件。从源头抓起，先后组织了423次禁烟检查，使厂区生产的火险隐患大大减少。

（陈　华）

【南京化工公司磷肥厂硫酸钾复合肥装置扩产改造获得成功】 2003年,南京化工公司的重点技改工程——磷肥厂硫基复合肥装置扩产改造项目获得成功,使装置的生产能力由15万吨/年上升到20万吨/年以上,每年可新增效益100多万元。硫基复合肥是一个适销对路的化肥产品,深受广大农民的欢迎,同时也有较好的经济效益。通过扩产改造,2003年南京化工公司磷肥厂生产硫基复合肥24.89万吨,比2002年增长了60%。

（陈　华）

【南京化工公司化机厂制造成大型甲醇合成塔】 2003年1月6日，南京化工公司化机厂为上海焦化有限公司制造的20万吨/年甲醇合成塔通过专家检测和评审后运往工程现场。这台甲醇合成塔内径4.09米，长12米，重314吨，采用管壳式结构，集反应器与废热锅炉于一体，具有转化率高、循环率低、节约能源等特点。甲醇合成塔是煤化工装置的核心设备，结构复杂，制造工艺技术要求高，国内长期依赖进口。为了实现大型甲醇装置关键设备的国产化，南京化工公司化机厂工程技术人员和工人相继攻克大型薄管板堆焊防变形、大直径球封头拼焊和厚壁圆筒椭圆度控制等技术难关，仅用了不到6个月的时间，就成功制造了这台大型甲醇合成塔。

（陈　华）

【南京化工公司化机厂开发的新产品、新技术获“中国企业新记录”证牌和国家级奖项】 南京化工公司化机厂全力抓好产品和技术开发工作，新成果不断涌现，得到了国家有关方面的肯定。2003年4月中旬，南京化工公司化机厂开发制造的聚酯成套主反应器、TA干燥机、聚乙烯反应器荣获中国企业家联合会和中国企业家协会颁发的“中国企业新记录”证牌。由南京化工公司化机厂和中国纺织工业设计院共同开发成功的10吨/年聚酯成套技术于2003年7月初荣获2002年国家技术进步二等奖。

（陈　华）

【南京化工公司连云港碱厂纯碱废液压滤工程建成投产】 2003年9月26日，总投资达4 000万元的南京化工连云港碱厂纯碱废液压滤工程建成投产，这对保护周边的生态环境有着重要的意义。纯碱废液排放是一个世界性难题。南京化工公司连云港碱厂为环保综合治理和生产持续发展的需要，与芬兰罗拉克斯公司合作，引进代表世界先进水平的压滤设备和压滤技术用于纯碱废液治理。该工程建成投产后，年废液处理能力达到380万米^3。纯碱生产过程中排放的废碱液经过压滤处理后，产生的无污染清液可直接向海里排放，产生的碱渣可混合后制成工程填垫材料。此项目具有较好的社会效益。

（陈　华）

【南京化工公司为范旭东先生重立铜像】 为了纪念中国现代著名实业家、中国民族化学工业的奠基人之一、南京化工公司创始人范旭东先生诞辰120周年，南京化工公司为范先生重立的铜像于2003年10月24日在南京沿江工业区的范旭东广场揭幕。南京化工公司的前身——永利铔厂曾于1948年为范先生立过铜像，后不幸毁损。这次重立的铜像高6.2米，寓意其享年62岁，连同基座高10.24米，寓意其生辰月日10月24日。铜像形态逼真、造型生动，较好地展现了这位实业巨子、化工先驱的风采。在黑色大理石制作的基座上，正面镌有“范旭东”三个镏金大字，是拓自中国著名化学家侯德榜先生的墨宝，背面镌有南京沿江工业开发区和中国石化集团南京化学工业有限公司共同撰写的铭文——《范旭东先生铜像重立记》。

（陈　华）

【南京化工公司将范旭东先生的“四大信条”确定为“南化信条”】 为了进一步弘扬范旭东先生的崇高精神，南京化工公司第六届职代会第七次代表团长联席(扩大)会于2003年9月13日作出决议，将范旭东先生的“四大信条”(我们在原则上绝对的相信科学，我们在事业上积极的发展实业，我们在行动上宁愿牺牲个人顾全团体，我们在精神上以能服务社会为最大光荣)确定为南京化工公司“南化信条”。

（陈　华）

【南京化工公司建立厂史陈列室】 2003年10月24日，南京化工公司厂史陈列室建成并对外开放。厂史陈列室位于南京化工公司会议中心内东侧，占地245米^2，整个陈列室分为序厅、先驱、沃土、凝聚、展望5个板块，共有215张照片、47件实物、10个模型、1.3万字的文字说明，较为完整地展现了南京化工公司近70年的发展历程。厂史陈列室的建立，是南京化工公司企业文化建设的重要举措，有力地推动了企业两个文明建设的协调发展。

（陈　华）

表 1　　南京化工公司主要经济指标[①]　　亿元

指标名称＼年份	2003	2002	2001	2000	1999	1998
工业总产值[②]	34.58	39.90	36.15	33.74	30.92	31.48
工业增加值	5.67	5.68	6.24	5.96	5.56	6.01
资产总计	71.68	85.35	92.47	91.77	87.74	80.40
其中：流动资产	18.31	26.72	25.16	26.59	27.04	28.62
固定资产原值	38.79	36.74	52.49	51.10	51.06	51.15
固定资产净值	22.75	21.35	32.32	32.73	34.83	36.35
销售收入	33.26	35.77	32.43	30.97	27.90	28.73
实现利税	0.14	0.34	0.24	1.85	－0.50	0.08
其中：税　金	1.28	1.53	1.89	1.94	1.55	1.48

① 自 1996 年起长期投资按权益法核算。

② 按 1990 年不变价计算。

表 2　　南京化工公司主要产品产量　　万吨

产品名称＼年份	2003	2002	2001	2000	1999	1998
合成氨	17.15	21.11	16.46	14.64	13.48	14.00
硫　酸	41.59	38.89	31.83	34.34	32.71	31.96
纯　碱	92.04	90.00	88.10	85.61	83.64	79.01
己内酰胺	—	6.50	6.07	5.71	4.91	5.36
尿　素	0.41	5.52	—	—	—	—
普通过磷酸钙	40.58	52.01	50.55	47.35	42.57	43.02
硝酸铵	11.47	11.41	12.20	12.90	12.40	12.00
硫酸铵	—	8.76	8.45	8.20	8.22	8.33
甲　醇	1.05	0.91	1.08	1.13	0.76	0.98
甲　醛	2.12	1.35	1.71	1.74	0.63	0.87
浓硝酸	7.58	6.97	6.24	5.72	4.03	4.38
硝酸钠	1.31	1.24	1.17	0.97	0.99	1.08
亚硝酸钠	0.98	0.90	0.85	0.72	0.76	0.84
氟硅酸钠	0.19	0.24	0.23	0.24	0.23	0.23
苯　胺	4.07	2.35	1.08	0.91	0.60	0.51
环己胺	0.17	0.22	0.21	0.26	0.16	0.20
催化剂总量	0.58	0.44	0.53	0.56	0.53	0.48
复合、混配肥	49.16	41.88	36.54	33.87	28.36	29.75
其中：硫酸钾复合肥	24.89	15.55	10.43	6.68	1.30	—
化机产品	0.77	0.64	0.73	0.43	0.74	0.58
帘子布	1.50	0.91	0.63	0.61	0.48	0.61
化纤地毯/万米^2	231.1	248.9	230.8	226.16	216	210

中国石化集团广州石油化工总厂

【概述】 中国石化集团广州石油化工总厂(以下简称广州石化总厂)，成立于 1973 年 6 月 18 日，1978 年建成投产。厂区位于广东省广州市黄埔区，占地面积 501 万米^2(广州石化总厂 110 万米^2，广州分公司 390 万米^2)，北依广深高速公路，南临珠江黄埔港，厂内铁路专用线与广九准高速铁路接轨，惠州港广州石化码头原油输油管线与厂区相接，水陆交通十分便利，是华南地区现代化石油化工生产基地。2003年底在册职工人数3 811人，有各类专业技术人员1 500名，其中具有高级技术职称的105名，中级技术职称的698名。2003年被评为“广东省先进单位”、“全国厂务公开先进单位”。

广州石化总厂下设14个职能部室，2个事业部，13个全资或控股子公司。主要生产装置有装机容量10.5万千瓦·时的自备热电站、3万吨/年碳五装置。

广州石化总厂坚持“有所为，有所不为”的发展战略，重点做精做强动力、码头、仓储物流和石油加工副产品后加工等主营业务。动力事业部全年生产中压蒸汽213.2万吨，发电6.55亿千瓦·时，自产水1 090.2万吨；供电标准煤耗定额完成率在石化集团公司热电系统经济技术指标竞赛中排名第五。开展仓储业务进出库量53万吨、货运业务量70万吨。完成检维修业务总产值1.43亿元。出口创汇2 878.9万美元。

2003年，广州石化总厂大力调整资产结构，处置不良资产，减少非盈利性资产。停业处置深圳百事特彩印公司；转让所持江苏哈斯特公司股份；停办客运服务业务，处置车辆197台，变现资金510万元；清查出资产损失5 305万元，经财政部、国资委同意在企业资本金中核销。

加强资金集中管理。盘活闲置资金月平均达1.04亿元，内部融资控制在1.3亿元以内，流动资金贷款平均控制在1.5亿元以内，全年节约财务费用700万元；清理应收账款3 000万元；审减工程款2 901万元。

实施战略性资产重组。整合运输公司与仓储事业部业务，成立以化工仓储及运输为主业的广石物流公司。重组4家贸易类公司，明确各公司发展定位，其中，冠德油站管理公司主营油品贸易、中冠公司主营化工贸易、国际事业广州公司主营进出口贸易、中穗燃气公司主营燃气贸易，形成清晰的业务板块架构。

完成固定资产投资7 728万元。主要项目建设情况是：碳五精制项目完成设备基础、钢结构、设备吊装、电气地下工程施工；华德公司陆域油库项目施工进展顺利，两个10万米^{3}油罐及配套设施预计在2004年6月完成中交；“东江水供水扩容改造——向广州分公司乙烯化工区供水”项目中的供水管线全部完工；完成“浓硫酸、甲醇罐区改造”项目建设并投用，当年实现盈利；部分利用中石化冠德董事会酬金完成明珠宾馆的更新改造，为其下一步重组改制创造条件。

广州石化总厂主要经济指标见表1。

（王新忠）

【实施HSE管理体系】 鉴于存续部分单位分散，安全管理难度较大的情况，广州石化总厂于2002年3月开始着手建立HSE管理体系。经9个月筹备，2003年1月6日，广州石化总厂正式向社会发布实施HSE管理体系。至此，广州石化上市和存续部分都建立起HSE管理体系。广州石化成为石化集团公司第一家上市部分和存续部分都建立HSE管理体系的企业。广州石化总厂按体系要求进行严格管理，重点做好对危险化学品、关键生产部位的管理及对隐患的治理，HSE管理水平明显提高。2003年无上报石化集团公司事故，无重大环境污染和重大环境扰民事件。

（王新忠）

【碳五精制项目基本完成】 2003年，化学品事业部先后筛选30多个化工类项目，从中寻找具有资源优势、市场前景、经济效益和竞争力的项目进行可行性研究。3万吨/年碳五精制项目获石化集团公司批准立项。该项目技术成熟、流程短、投资少，有地域优势和竞争力，可直接向广州分公司提供乙烯诱导冷凝剂。该项目已基本完成。

（王新忠）

【华德公司增建原油库区及配套工程】 为适应广州分公司生产发展和南海石化、中国海油1 200万吨/年炼油业务的需要，广州石化总厂控股子公司华德公司在惠州大亚湾增建原油库及配套设施项目。该项目工程建设用地36万米^2，计划分批建设16台10万米^{3}原油罐。首期2台10万米^{3}原油罐于2003年7月正式动工建设，预计将于2004年6月建成投用。

（王新忠）

【改革改制工作取得新的突破】 按石化集团公司关于工程公司实行专业化重组的总体战略,广州石化总厂积极与洛阳石化工程公司商谈中元公司并入事宜。2003年6月,顺利将中元公司的相关资产及人员整体并入洛阳石化工程公司,并入后中元公司可依托洛阳石化工程公司的资质和技术力量进一步巩固和拓展市场,提升竞争力。建设监理公司和建安公司改制分流初步方案业经石化集团公司批准,并正着手组织实施。加快分离企业办社会职能步伐:停办物业公司,物业公司职工带资整体并入已改制的绿化公司;退出客运服务,全面实行职工上下班交通用车和领导干部公务用车制度改革,职工上下班交通服务转由社会专业客运公司承担。车改后预计可节约成本费用780多万元。经反复协调,中小学移交地方事宜基本得到地方政府同意;探索石化医院的改制分流工作也取得一定的进展。精简管理部室和人员。通过开展以定编制、定职责、定岗、定员为内容的“四定”工作,对部分部、室进行调整,分离管理职能部门和非管理职能部门,使广州石化总厂管理部门由 14 个减少到 11 个,科室由 44 个减少到 26 个,管理部室人员减少 130 多人。

（王新忠）

【防治“非典”，实现正常生产和队伍稳定】 2003 年年初全国爆发“非典”疫情，企业成立防治“非典”工作领导小组和医疗救护小组，制定防治预案，实行每天疫情统计报告制度。采取拨专款购买消毒、隔离、预防设备及急救药品；设立隔离病区；对学校、幼儿园、食堂、会议室、交通车、影院等公共场所定期消毒等措施，确保队伍稳定和企业生产、大修、改造等各项任务完成。4 月 28 日，广州石化在广州市第一家捐资 100 万元，用于奖励和慰问抗击“非典”的医务工作者，在社会上产生良好反响。

（王新忠）

【旧单身楼定向爆破拆除成功】 12 栋单身楼是 20 世纪 70 年代修建的单身宿舍。为拓展企业的发展空间，充分利用现有的土地资源，广州石化总厂决定拆除 12 栋旧单身宿舍，并由中人爆破公司采取群体定点爆破方式进行拆除。10 月 31 日，爆破获得成功。此次爆破因规模大、难度大、技术新，引起广州多家媒体关注。爆破既确保安全又为广州石化总厂节省上百万元费用，还扩大了企业的知名度。

（王新忠）

表 1　　广州石化总厂主要经济指标　　亿元

指标名称 \ 年份	2003	2002	2001	2000	1999	1998
工业总产值①	0.82	0.77	0.66	0.67	29.99	26.67
工业增加值	1.98	1.70	1.69	1.93	15.58	15.37
资产总额	21.78	24.97	26.05	27.16	113.14	55.81
其中：流动资产	4.76	7.59	6.48	8.31	31.77	18.17
固定资产原值	17.36	15.20	17.13	15.96	93.80	46.49
固定资产净值	10.70	8.50	9.81	9.14	60.10	26.56
销售收入	21.00	23.99	23.77	23.13	78.66	66.40
实现利税	1.60	1.46	1.05	0.88	13.74	12.08
其中：税　金	1.30	1.28	1.04	0.82	8.67	9.54

①按 1990 年不变价计算。

中国石油化工股份有限公司广州分公司

【概述】 2000 年 3 月 1 日，按石化集团公司整体重组改制的要求，原中国石化集团公司广州石化总厂(以下简称广州石化总厂)主业部分重组改制设立为中国石油化工股份有限公司广州分公司(以下简称广州分公司)。自此，广州分公司和广州石化总厂在业务、资产、财务、机构、人员等方面各自独立运作。

广州分公司下辖 10 个管理部室,6 个中心,11 个作业部。炼油专业拥有 35 套生产装置和 3 套辅助设施；化工专业拥有 18 套生产装置和 1 套辅助设施。主要产品有汽油、柴油、航空煤油、石脑油、重油、溶剂油、液化气、道路沥青、石油焦、硫磺、聚乙烯(PE)、聚丙烯(PP)、聚苯乙烯(PS)等 60 多种,固体塑料产品 PE、PS、PP 三大类共 160 多个牌号,销售网络覆盖整个华南地区,部分产品出口港澳和东南亚。截至 2003 年底,在册职工人数4 640人,其中有各类专业技术人员1 694人,其中具有高级职称的 123 人,具有中级职称的 557 人。2003 年广州分公司被评为石化股份公司计量工作先进单位、物资供应管理先进单位,并入选广州市最具竞争力高新技术企业 100 强第 3 名。

2003 年，广州分公司完成炼油东区 15 套装置大修和 20 万吨/年乙烯大修改造。通过优化生产方案，精心操作，炼油、化工各主体装置生产稳定，基本实现满负荷运行。炼油 6 套装置和炼油专业实现达标。炼油专业克服原油结构偏重、性质较差、原油衔接困难等问题，实现持续高负荷生产。4—12 月原油月加工量均在 60 万吨以上，达到历史最好水平；化工专业在有效生产时间较短情况下，乙烯收率创历史最好水平，达到 31.4%；8—12 月历史性地实现连续盈利。在实施 20 万吨/年乙烯改扩建工程后，广州分公司又被确定为石化集团公司第二轮乙烯改造中的首家单位。乙烯将进一步扩能改造到 60 万—80 万吨/年。

抓好原油采购工作。在国际石油市场价格起伏波动大环境下，坚持非均衡采购，紧盯市场、合理采购、注重运输，保证了原油资源需求，全年原油平均到岸价格比石化股份公司低0.29美元/桶，节约成本1.12亿元。继续运用PIMS软件，优化原油混炼方案。发挥炼化一体化优势，合理搭配原油品种，为乙烯提供较好的石脑油原料。全年来料加工原油45万吨，取得较好经济效益。

坚持“拓市场、保出厂、卖好价、快收款”营销策略，加强内部管理和产销衔接，实现产销平衡。调整产品结构和营销策略，增创销售收入1.13亿元。推行新营销模式，化工产品采用“竞价销售”新模式，提高产品销售价格，实现效益最大化；采用“公式作价”方式，避免因产量、时间等因素对销售的影响；开发直接用户，主要产品产销率达100%。加强对应收账款和结算的管理力度，应收账款月均低于4.8亿元，长期欠款降低125.63万元。加强工程审计，审减工程款3 200万元。

完成炼油、乙烯大修改造3.5万项物资供应，确保炼油、乙烯大修改造按时、保质完成。全年采购物资8.96亿元，节约采购资金6 699万元，网上采购6.62亿元，网上采购率达73.9%。开展清仓利库工作，压缩库存储备，年底库存资金降至2.63亿元，同比下降1.16亿元；处理积压物资6 070万元，回收资金2 307万元。

加强制度化建设。结合ISO 9000质量管理体系、计量检测体系、HSE管理体系的要求和生产经营管理的实际需要，对已有的43项制度进行修订，并制定27项新制度。持续推进各项管理体系的有效运行，质量体系运行良好、有效，再次通过ISO 9000监督复审。抓好计量管理工作，完成“完善计量检测体系”到期换证工作。

为建立HSE管理体系动态循环，实施持续改进，组织对HSE管理体系的实施情况进行全面调研，检查内容200多项，采集大量数据，为体系的持续改进奠定基础。贯彻落实“两区”大修改造HSE措施，创造未发生一起安全环保事故的历次大修最好纪录。落实“三类人员”的一岗一责制，深入开展反“三违”和反“三个主义”活动，现场监督、监护工作得到强化，施工现场违章次数明显减少。9项隐患治理项目按期完成。环保投入2 040万元，新建和投用治理废气的催化燃烧工业化装置、污水净化回用装置和“三泥”资源化处理装置，取得良好经济效益和社会效益。清洁生产审核已列为实施HSE管理的主要内容，60%主体装置完成清洁生产审计。全年外排废水综合合格率达95.3%。无上报石化集团公司、石化股份公司事故，无重大环境污染和重大环境扰民事件。

广州分公司主要经济指标和主要产品产量见表1和表2。

（王新忠）

【1 000万吨/年炼油改扩建项目正式启动】 2003年10月13日，广州石化加工中东含硫原油及生产清洁原料配套改造工程项目获国务院批准。该项目的建设规模为原油综合加工能力从现有770万吨/年改扩建到1 000万吨/年，其中进口高含硫原油加工能力由100万吨/年增加到480万吨/年，投资总额为30.7亿元。炼油千万吨改扩建项目获得批准，为广州石化的发展带来良好的机遇，将提升广州石化在国内外炼化行业的竞争力和生存能力。该项目完成后，可使企业的销售收入新增53亿元，利税新增4.8亿元，创造工业产值500亿元。是年10月，千万吨炼油改扩建工程进入实施阶段。截至2003年底，已完成制氢装置、200#溶剂油装置改造和三循环水装置并网，原化肥厂拆卸搬迁工作基本完成，为扩建用地打下了基础。

（王新忠）

【完成20万吨/年乙烯改造】 2002年1月，石化股份公司批准广州分公司20万吨/年乙烯技改工程方案，项目总投资3.12亿元。2003年2月10日，化工区生产装置开始进行停车大修和技术改造，4月完成改造并一次投料成功。5月初各装置开始提负荷并达到改造设计值。经过原料优化及装置调优，并解决制约高负荷生产的问题后，下半年以来基本实现高负荷生产，乙烯平均收率超过32%。全年生产乙烯17.01万吨，各项经济技术指标创乙烯投产以来的最好记录，8—12月连续5个月实现月盈利超千万元。

（王新忠）

【运作美元短期融资】 广州分公司财务部利用国际市场利率差，运作短期美元融资。在国内形成以石化股份公司贷款为龙头的短期贷款融资方式；在国外形成以香港冠德公司为平台，以国际贸易为背景，以延长信用期限为手段的国际化融资操作模式。通过这两种方式融资短期美元资金近4亿美元，使广州分公司短期融资成本下降了30%。融资结构从以票据为主过渡到以美元融资为主。与国内贷款相比，节约融资成本折合人民币1 000多万元。

（王新忠）

【广州石化成为广州市工业旅游景点之一】 2003年，广州石化入选广州工业名企一日游之列。8月5日，第一批80多名游客在接受安全教育后，进入厂区参观旅游。是年共接待439批2万人参观旅游。为配合工业旅游，企业制作了宣传单张和电视专题片。广州石化作为广州名企一日游的一个参观点，在公众中树立了石化企业的良好形象，宣传了企业安全、环保的概况，提高了企业知名度。

（王新忠）

【化肥装置拆迁，支援西部建设】 广州石化化肥装置是 20 世纪 70 年代从法国引进的 13 套大型化肥装置之一，设计能力为 30 万吨/年合成氨和 52 万吨/年尿素，于 1978 年建成投产。在计划经济条件下，化肥是卖方市场产品。1992 年之后，由于广东化肥市场长期走低，化肥出现亏损。在征得石化集团公司同意后，广州石化于 2000 年 7 月，关停了化肥装置，将合成氨装置改造转产制氢，闲置的尿素装置于 2003 年拆迁，无偿赠送给新疆阿克苏地区，“明珠牌”尿素商标无偿转让给巴陵分公司使用。

（王新忠）

【加强科研管理，促进科技向生产力转化】 2003 年完成石化股份公司下达的“第二代 MCI 技术工业应用”、“催化汽油选择性加氢脱硫技术工业应用”、“国产浆液催化剂研制及工业化应用”、“污水处理场废气治理工业化”、“ASPEN 流程模拟技术”等科研项目，均达到科研攻关要求。其中，“第二代 MCI 技术工业应用”通过国家“十五”科技攻关项目验收。加大新产品开发力度。根据市场需求，先后开发共聚 PP、BOPP、PPR、中密度 PE 和 180 号燃料油等新产品，并完成推广工作。

信息化建设工作取得较大进展。实施了网络安全项目和企业基础代码项目，企业信息化基础工作进一步得到加强。完成办公综合业务系统 OA 二次开发项目，进一步推进办公自动化和无纸化办公的进程。设备管理软件系统一期项目投用，可对维修项目实现有效控制。先后完成物供信息管理系统、生产调度优化、化验室信息管理系统、企业数据中心及企业管理 KPI 系统和全面预算管理系统等项目的调研、立项，并开始前期工作。

（王新忠）

表 1　广州分公司主要经济指标①　亿元

指标名称 \ 年份	2003	2002	2001	2000	1999	1998
原油加工量/万吨	688.59	673.80	628.33	649.05	559.55	474.42
工业总产值②	47.25	47.49	43.81	46.71	29.99	26.67
工业增加值	27.48	23.86	21.02	19.27	15.58	15.37
资产总额	80.09	78.11	80.90	93.75	113.14	55.81
其中：流动资产	29.12	23.22	21.77	31.45	31.77	18.17
固定资产原值	99.07	91.62	96.94	94.66	93.80	46.49
固定资产净值	45.96	44.76	51.44	54.87	60.10	26.56
销售收入	155.11	129.81	127.84	142.07	78.66	66.40
实现利税	14.47	12.47	11.33	10.56	13.74	12.08
其中：税　金	12.55	11.08	10.85	9.65	8.67	9.54

① 1998—1999 年数据为原广州石化总厂数据。

② 按 1990 年不变价计算。

表 2　广州分公司主要产品产量①　万吨

产品名称 \ 年份	2003	2002	2001	2000	1999	1998
汽　油	148.35	148.67	131.08	134.21	125.18	131.52
煤　油	30.20	38.58	37.53	35.22	34.08	30.51
柴　油	260.60	239.18	231.89	232.33	208.29	157.27
燃料油	45.49	40.43	37.52	44.55	27.08	20.34
液化气	28.14	25.26	19.78	20.84	17.27	17.25
沥　青	8.05	7.43	8.43	7.29	7.62	6.11
石油焦	26.55	25.10	22.64	22.39	22.29	22.76
乙　烯	17.01	16.68	17.17	15.31	3.38	—
聚乙烯	14.96	14.00	14.66	12.91	2.64	—
聚丙烯	14.88	14.96	15.52	13.63	7.26	5.95
聚苯乙烯	4.92	5.02	6.05	3.91	0.55	—

① 同表 1①。

中国石化集团安庆石油化工总厂暨中国石油化工股份有限公司安庆分公司

【概述】 中国石化集团安庆石油化工总厂(以下简称安庆石化总厂)暨中国石油化工股份有限公司安庆分公司(以下简称安庆分公司),统称安庆石化,坐落在安徽省安庆市西北郊,地处长江下游的北岸,占地面积1 000万米^2。依托京九铁路干线,上通京、津,下达穗、港,凭借黄金水道,西可航鄂、川,东可到宁、沪,便利的交通为安庆石化的发展提供了有利的条件。

安庆石化前身为安徽炼油厂,始建于1974年,1983年7月1日划归原中国石油化工总公司,改称中国石油化工总公司安庆石油化工总厂,1998年11月更名为中国石化集团安庆石油化工总厂。2000年2月28日,原中国石化集团安庆石油化工总厂正式重组为安庆石化总厂(存续公司)和安庆分公司(上市公司),并从2000年4月1日起正式分立运行。

重组后的安庆石化总厂,主要承担主业的公用工程、油品贮运、检维修、建筑安装、工程设计、后勤服务等业务,下辖热电厂、港贮公司、检安公司、生力公司、华成公司、庆达公司、石化医院以及工程部、设计院等单位。截至2003年底,职工总数5 708人,有各类专业技术人员1 676人,其中具有高级职称的162人,中级职称的743人。

安庆石化总厂2003年实现主营收入10.96亿元,上交税金7 361万元,限亏、成本、费用都超额完成了石化集团公司下达的考核指标。热电厂实现高负荷安全生产,全年共发电12.05亿千瓦·时,同比增加2.7亿千瓦·时,创历史最好水平;全年累计上网电量5.20亿千瓦·时;回收粉煤灰11.56万吨。港贮公司完成油品输转量527.9万吨。检安公司积极拓展外部市场,全年完成企业总产值2.07亿元,同比增加528万元。全年共完成项目投资3 310万元,资产结构得到优化。改制分流工作取得实质性进展,专业化重组持续推进,实行了分配制度改革,开展了新一轮定岗定编工作,按照有关政策开展了协议解除劳动合同工作,共有582名职工与安庆石化总厂协议解除了劳动关系。

重组后的安庆分公司,主要集中了炼油、化肥、腈纶等主业生产部分,为了保证生产安全稳定运行,还健全了物资供应、产品销售、科研开发、信息通讯、安全消防等配套系统。2003年4月,安庆分公司全面实施了扁平化管理,重新整合组建成12个职能管理部、9个业务服务部、8个生产作业部,实现了由“分公司—厂(公司、中心)—车间(室、站)”三级管理模式向“分公司(管理部)—业务部、作业部(大车间)”两级管理模式的转变。安庆分公司职工总数4 142人,有各类专业技术人员1 263人,其中具有高级职称的134人,中级职称的523人。

安庆分公司目前主要拥有年原油加工能力550万吨的常减压装置,年加工能力120万吨的催化裂化装置、70万吨催化裂解装置、120万吨延迟焦化装置、160万吨加氢精制装置,年产33万吨合成氨装置和58万吨尿素装置,年产8万吨丙烯腈装置和7万吨腈纶装置等各类生产装置38套;并拥有50万吨的化肥装船码头,30万吨液态烃码头,全长13千米的厂内铁路专用线和一个工业编组站。主要产品有以“双环”牌为主的化肥、油品系列,以“双铃”牌为主的化工系列和以“黄山”牌为主的腈纶系列等各类优质产品40余种。

2003年,安庆分公司各项工作进展良好,主要取得了以下几个方面的成绩:

1.生产经营业绩显著增长。实现销售收入83.15亿元,同比增长25%;上缴税金8.23亿元,同比增长14.8%;消化协解和库存物资报废费用后利润亏损9 015万元,实际亏损5 406万元。其中,完成加工量、实现销售收入和利润均达到了2000年原油、成品油与国际接轨以来的最好水平。

2.严格专业管理,关键技术经济指标明显提升。安庆分公司大力推进HSE管理,安全生产连续7年实现“3个重大事故为零”的目标,安庆石化总厂、安庆分公司获得“2003年度石化集团公司安全生产先进单位”称号。深入开展“双达标”和“比学赶帮超”活动,着力提升技术经济指标,全年综合商品率93.68%,轻油收率72.02%,加工损失率1.09%,柴汽比2.07,腈纶差别化率28.81%,原油途、储耗0.99%。炼油综合能耗88.32千克标油/吨、化肥纯氮综合能耗61.88吉焦/吨、丙烯腈综合能耗190.01千克标油/吨、腈纶综合能耗1 017.5千克标油/吨,均达到或超过了总部下达的指标,特别是炼油综合能耗同比去年实际水平下降8.4个单位,节约成本近3 000万元,大大提升了炼油板块的整体竞争力。全年产品出厂分析准确率和各类产品质量抽检合格率均为100%,“双环”、“黄山”两个品牌被中国企业品牌推进委员会授予“中国著名品牌”称号,90# 车用汽油等6种产品顺利通过安徽省名牌产品复审,双环牌尿素继续保持国家免检产品称号,安庆分公司顺利通过质量管理体系ISO 9000认证审核。

3.依托科技进步,促进有效发展,重点工程建设取得突破性进展。全年共完成固定资产投资 1.69 亿元，其中1 000万元以上投资项目 5 项，占总投资的 76%。重点工程建设方面：化肥油改煤工程进入全面实施阶段。技术改造方面，Ⅰ套常减压和催化多产异构烷烃(MIP)改造完成后一次开车成功，并在 8 月份成功对催化装置进行了整改消缺，使改造全面达到了预期效果。同时，顺利完成炼油综合能力配套标定工作。技术应用和开发方面，“常规剂补油控温加氢脱硫”项目成功实施，“焦化原料结焦倾向快速测定与装置操作优化”项目基本完成、“超净高纯乙腈的产品开发”通过技术评议。信息化建设方面，进一步加强了信息化基础设施建设，完成了 10 套生产装置集散式控制(DCS)系统数据接口平台的建设，实现了实时数据库系统和管理数据平台的集成，为 2004 年 ERP 上线打下了良好的基础。

4. 深化企业改革，实施管理创新，成功推进扁平化管理。积极推进分配制度改革，建立了以岗位工资为主的基本工资制度，同时进一步改进经济责任制考核。深入开展减员增效，先后进行了两轮定岗定编工作，并及时编报了安庆分公司 2004—2006 年改制分流整体规划。2003 年共减员 298 人，其中，协议解除劳动合同 232 人，大力减少劳务用工，降低劳务费用，今后每年将减少人工成本费用5 500万元。截至 2003 年底，安庆石化总厂、安庆分公司在职人数合计 9 850人，企业在职人数近 10 年来首次降到万人以下。

随着化肥原料“油改煤”项目以及沿江原油管线、“安庆—合肥”成品油管线等重点工程项目的正式启动和实施，安庆石化将进一步降低成本，增强竞争实力，全力实践“更大、更快、更强”的发展理念。

安庆分公司主要经济指标和产品产量见表 1、表 2。

（黄望旗）

【化肥原料“油改煤”工程进入全面实施阶段】 安庆分公司化肥原料“油改煤” 项目于 2000 年 5 月正式启动，至 2003 年已完成了大量的前期准备工作，并取得了实质性的进展。

2003 年 8 月 19—20 日，在石化集团公司工程部的主持下，召开基础设计协调会，研究落实了基本工艺方案和技术要求，确定了工程范围和设计规模，明确了设计进度及建设总体进度目标。

9 月 15 日，项目可行性研究报告获国家发展和改革委员会最终批复(发改工业[2003]1192 号)。

11 月 28 日—12 月 1 日，在石化股份公司发展计划部的主持下，于安庆石化召开工程基础设计审查会，通过了该项目的基础工程设计。

12 月 16 日“四通一平”土方工程全部完工。煤气化、低温甲醇洗等专利技术引进合同已经签订，气化炉、空分等主体设备已经订货，各项工作正在按照节点加快推进。

（丁 葵）

【Ⅰ套常减压蒸馏装置实施更新改造后成效显著】 安庆分公司Ⅰ套常减压蒸馏装置更新改造项目于 2003 年 1 月建成投用，实现一次开车成功。项目总投资为 5 396万元。该项目实施后彻底解决了Ⅰ套常减压装置主体设备存在的重大安全隐患，实现原油集中加工，降低了原油加工能耗，使装置结构更加合理，提升了装置生产技术水平，加工含硫原油的适应性得以提高。标定证明改造后常减压装置日处理量达11 533 吨，按年开工8 400小时计，年加工能力计算值可达 400 万吨；原油换热终温较高(有催化油浆时换热达到 315—325 摄氏度)，两炉热效率在 89%—90%；装置能耗为 11.95 千克标油/吨原油，虽比改造前降低了 2.56 千克标油/吨原油，但高于国内先进水平，主要受投资控制影响，有待于进一步节能降耗。

（陈家和）

【催化裂化装置采用 MIP 工艺技术成效显著】 安庆分公司于 2002 年在催化装置上进行了再生器、沉降器更新改造并采用 MIP(多产异构烷烃)技术，该项目由洛阳工程公司承担设计，第二建设公司和安庆石化总厂检安公司承担工程施工，项目总投资11 994万元，装置于 2003 年 1 月建成投产。改造后的装置在同轴式反应再生系统基础上采用 MIP 新工艺，彻底解决了反应再生两器存在的重大安全隐患、降低了催化汽油中的烯烃和硫含量，提升了装置技术水平。经过不断摸索和工艺调整以及一系列的整改完善措施，MIP 新技术得到充分发挥，装置主要经济技术指标水平不断提高，不仅汽油烯烃含量由改造前的 50%左右降到 35%以下，现金操作费用、综合能耗、馏出口合格率、液化气收率、总液收和重油掺炼比等主要指标均呈现出改善态势。标定证明催化裂化装置能耗为 69.18 千克标油/吨原料，达到了设计要求。

（陈家和）

【化肥装置二氧化碳压缩机组技术改造】 安庆分公司化肥装置二氧化碳压缩机组已运行了 24 年，设备老化严重，高、低压缸性能匹配差，高压缸防喘振阀长期不能完全关闭，压缩机因喘振诱发的设备事故频发，人工成本和备件成本上升。为此，安庆分公司化肥部于 2002 年底投资 415 万元与西安交通大学赛尔机泵成套设备有限责任公司共同合作，采用“全涡控三元流转子”技术，整体更换了二氧化碳离心压缩机低压缸和高压缸内缸组件，并用国产的低压缸轴承、增速器齿轮和膜片联轴器替代了原机组的进口产品。机组投入运行后，在小流量工况(2.2 万米^3(标准)/时)下仍可实现防喘阀全部关闭，相对国外同类设备节能 10%以上。每年节省检修、人工、材料消耗、能量损失等各项费用约 440 多万元，与国外公司相比，一次性减少技改投资1 585万元，经济效益和社会效益明显。该项技术在二氧化碳压缩机组实际生产中的应用，突破了离心压缩机叶轮出口相对宽度的使用极限和同类机器稳定工况的最小流量极限，能耗下降 10.2%，有效提升了中国流体机械设计制造技术的国际竞争力，具有较高的技术推广价值。

(郑乾坤)

【陶瓷烧成新型气化燃料及其燃烧技术开发成功】 针对汽柴油非车用燃料应用途径开发和重整拔头油应用市场开发的需要，安庆分公司技术中心开展了以轻烃、重整拔头油等代替液化石油气或煤气作陶瓷窑炉燃料的实验研究及工业窑炉应用试验，同时研制开发了拔头油应用于陶瓷窑炉的气化设备及成套燃烧技术。该气化装置和燃烧技术分别申请了国家实用新型专利和发明专利，并于 2003 年 11 月 15 日通过了安徽省科技厅组织的技术鉴定，获安庆市科技进步一等奖。该项目能显著提高轻烃的附加值，具有低硫、高热值的特点，在使用安全性、经济性、提高产品质量及对环境影响等方面均优于现有技术。

(王　俊、陈家和)

【热电厂机炉 DCS 改造工程实施】 安庆石化总厂热电厂机炉 DCS 改造工程采用先进的国产 DCS 系统(含数据与采集系统 DAS、模拟量控制系统 MCS、锅炉炉膛安全监控系统 FSSS 和辅机顺序控制系统 SCS)对 5# 炉、4# 机和 4# 炉、3# 机的控制系统进行改造，并对 3# 机和 4# 机增设电液调节控制系统(DEH)，实现完善的机炉集中优化控制。该项目由安徽省电力设计院设计，安徽省电力建设第二工程公司施工，安庆石化工程建设监理公司监理，工程总投资包括：机炉 DCS 改造投资1 347万元，电缆改造投资 498 万元，配套工程改造投资 375 万元。2003 年 1 月完成主控制改造内容，5 月份完成 4# 炉、3# 机 DCS 及配套现场仪表改造一期工程，DCS 一期工程投用后控制稳定，提高了上网电的平稳度。

(陈家和)

【新型粉煤灰砖生产线建成投产】 安庆石化总厂检安公司年产1 500万块的新型粉煤灰砖生产线于 2003 年 8 月底顺利投产。此项目投资 180 万元，采用热电厂的粉煤灰做原料，制成工业和民用建筑用粉煤灰砖。生产出的粉煤灰砖和小型空心砌块产品，经安徽省建筑工程质量第二监督检测站为期一个月的检测，强度等级、抗冻性、外观质量均高于标准相应等级的技术要求，随机抽样的 120 块粉煤灰砖和小型空心砌块均被评定为一等品。该产品已于 11 月获得了安徽省建设厅颁发的《安徽省建设工业产品登记备案证书》，市场前景较好。新型粉煤灰砖生产线的建成投产，既能充分利用热电厂粉煤灰资源，减少环境污染，又能减少黏土砖使用，保护国土资源，社会效益和经济效益显著。

(杨晓青)

【安庆分公司积极稳妥推行扁平化管理】 2003 年 4 月份，为了消除束缚企业发展的体制性障碍，安庆分公司全面实施了扁平化管理，撤销了原来二级厂的建制，将原来的 11 个管理处室、10 个生产及辅助单位中的 68 个科室(基层单位)和 35 个生产车间，重新整合组建成 12 个职能管理部、9 个业务服务部、8 个生产作业部，形成了“分公司(管理部)—业务部、作业部”两级管理模式。安庆分公司推行扁平化管理实施方案，事前进行了广泛调研并听取了各方面的意见，制定的配套办法和实施细则，充分体现了安庆石化的管理特色。安庆分公司扁平化管理方案的实施做到了“大改革、小震动”，优化了组织结构、压扁了管理层次、精减了管理人员、实现了降本减费。安庆分公司推行扁平化管理的成功实践，得到了石化集团公司总部的充分肯定。

(陈文斌)

【安庆石化总厂稳步推进改制分流工作】 安庆石化总厂在广泛听取各方面意见和充分调研的基础上，制定了《2003—2005 年改制分流工作规划》和《改制分流实施细则》。根据工作规划，2003 年 5 月份安庆石化总厂对拟改制单位进行了资产清查，专题研究了拟改制单位提出的 57 项问题并进行了答复。设计院、华亭宾馆、食品厂、石化医院等 4 个单位已按石化集团公司批复的实施方案先后改制并正式挂牌，标志着安庆石化改制分流工作迈出了实质性一步。安庆石化总厂的改制分流工作，突出了宣传发动、学习政策、制定方案、规范运作 4 个环节，做到了组织领导、工作班子、工作方案、工作措施 4 个落实，工作成效受到了石化集团公司的充分肯定。

(陈文斌)

【安庆石化持续实施专业化重组】 2003 年安庆石化在专业化重组方面取得了一系列进展：一是将原炼油、化肥、腈纶 3 厂的电气、仪表车间重组为电仪部，统一承担安庆分公司各作业部的电气、仪表维护检修任务；二是撤销了安庆石化总厂教培处，在安庆石化总厂劳资处成立职工培训科，统一承担安庆石化总厂、安庆分公司的职工培训管理职能，安庆石化总厂职工培训中心成为专门的培训办学机构；三是将石化宾馆和太平湖培训中心专业化整合为一个经济实体，互补互惠，增强了实力；四是按照专业化整合的原则，将安庆石化总厂生力公司修建大队成建制重组到检安公司，使安庆石化总厂检修建筑安装专业化管理程度得到了进一步提高；五是将安庆分公司锅炉压力容器检测站与检安公司起重机械安全技术检测检验站进行专业化整合，进一步优化了组织结构；六是确定了检安公司内部重组方案，决定将检安公司 28 个基层单位重组合并为制造分公司、建筑安装分公司、动设备检修分公司、静设备检修分公司、设备安装分公司等 12 个基层单位，使检安公司内部形成了专业化管理格局；七是确定了工程部重组方案，按照规范管理的要求，将工程部重组为工程管理处、工程预决算审核中心、工程质量监督站、工程监理公司等 4 个单位(部门)，工程监理公司将注册为企业法人，适时改制分流。

（陈文斌）

表 1　　安庆分公司主要经济指标①　　亿元

指标名称＼年份	2003	2002	2001	2000	1999	1998
原油加工量/万吨	330.97	307.81	288.01	343.86	287.46	281.36
工业总产值②	28.11	26.27	24.69	28.67	29.87	25.33
其中：炼　油	14.31	12.96	12.24	14.95	13.64	11.25
化　工	1.30	0.79	1.15	1.78	2.50	1.60
化　肥	3.23	3.76	3.51	4.00	4.17	4.53
化　纤	9.25	8.76	7.79	7.94	6.31	6.63
工业增加值	13.08	10.84	9.17	11.86	14.07	4.15
资产总计	41.17	44.92	48.50	51.80	49.95	47.53
其中：流动资产	10.57	10.42	15.00	14.40	18.34	15.10
固定资产原值	73.14	70.80	68.75	66.90	51.26	48.76
固定资产净值	31.62	33.24	34.78	36.70	29.01	29.34
销售收入	83.15	66.44	64.70	83.60	51.65	45.50
实现利税	7.31	5.73	3.68	6.46	9.29	4.37
其中：税　金	8.23	7.14	6.87	7.65	7.67	5.86

① 1998—1999 年数据为原安庆石化总厂数据。

② 按 1990 年不变价计算。

表 2　　安庆分公司主要产品产量①　　万吨

产品名称＼年份	2003	2002	2001	2000	1999	1998
汽　油	71.90	66.86	63.29	79.38	69.86	31.50
柴　油	146.31	134.69	129.15	151.85	129.93	83.03
燃料油	2.19	7.44	5.67	10.68	13.61	18.96
化工轻油	26.01	21.24	15.09	18.57	18.76	25.05
液化气	22.57	18.87	18.40	20.38	18.42	18.01
石油焦	27.22	22.08	23.05	23.03	18.04	15.99
聚丙烯	2.42	1.51	2.52	3.28	3.02	2.55
合成氨	26.97	30.75	26.74	29.62	31.01	34.02
尿　素	39.44	46.15	42.49	48.48	52.57	59.33
丙烯腈	8.23	8.01	6.44	6.62	5.38	5.91
腈　纶	7.46	6.83	6.70	7.01	5.79	5.80

① 同表 1①。

中国石化集团洛阳石油化工总厂暨中国石油化工股份有限公司洛阳分公司

【概况】 2003年，中国石化集团洛阳石油化工总厂(以下简称洛阳石化总厂)和中国石油化工股份有限公司洛阳分公司(以下简称洛阳分公司)，统称洛阳石化面对原油资源供应紧张、化纤装置停工检修以及非典疫情等不利因素，贯彻落实石化集团公司党组提出的“团结、鼓劲、创新、抓实”的工作方针，以增加产量、降本减费、提高效益为中心，稳定装置运行，加强经营管理，深化内部改革，加强生产组织，经营指标实现了新的突破。全年累计加工原料油481.77万吨(其中原油456.86万吨)，生产汽油99.81万吨、柴油173.17万吨、航空煤油15.88万吨、液化气33.29万吨、丙烯9.34万吨，生产PX 15.99万吨、PTA 28.09万吨、聚酯22.20万吨、长丝8.62万吨、短纤维10.03万吨、聚丙烯10.76万吨、拉膜0.49万吨、丙纶强力丝0.44万吨。实现销售收入140.07亿元，同比增长23.7%，其中洛阳分公司销售收入首次突破百亿元大关；洛阳石化总厂归还化纤工程在开发银行的贷款本金3亿元，支付利息2.15亿元，超额完成了石化集团公司下达的效益指标。

洛阳分公司主要经济指标及主要产品产量见表1和表2；洛阳石化总厂主要经济指标及主要产品产量见表3和表4。

(胡小予　剧长华)

【优化装置运行，提升技术经济指标】 2003年，洛阳分公司相继投用了减压、溶剂脱沥青装置，增加了减粘裂化装置，以常减压、溶剂脱沥青、减粘、催化裂化的长流程工艺模式代替了常压、催化裂化的短流程工艺模式，优化了产品结构，提高了技术经济指标。洛阳石化总厂化纤装置第一次全面停工检修后，进行工艺调整，并通过劳动竞赛、技术攻关、节能降耗、强化考核等措施，实现了第一阶段达标目标，非计划停工次数大幅度减少。洛阳石化共有33项技术经济指标创历史最好水平。全年炼油综合商品率90.97%，轻质油收率74.45%，综合能耗84.95千克标油/吨，柴汽比1.73，加工损失率1.00%，原油途耗0.33%(其中路运原油0.83%，管输原油0.13%)。PX单耗659.44千克，醋酸单耗46.86千克，PTA单耗858.28千克，乙二醇单耗334.46千克，长丝POY、FDY熔体单耗分别为1 018.79千克、1 020.86千克，短纤维熔体单耗1 022.62千克。聚丙烯公司、宏力化工厂丙烯单耗分别比上年下降了13.78千克和39.52千克。

(胡小予　剧长华)

【推进技术进步，提高企业竞争力】 2003年，洛阳石化先后完成PTA装置扩能改造、PX装置第一阶段改造、聚丙烯公司聚合釜改造以及油浆拔头、汽油在线调合、重整氢膜分离、纬八路电缆沟改造等技术改造58项。对二催化1#主风机转子进行了更换，在石化系统率先实现了进口轴流风机转子国产化。将空压站负荷转至自发电供电的35千伏5号站，利用二催化烟机发电，有效减少了下网电量，全年发电7.02亿千瓦·时，实现了历史性突破。组织直柴加氢装置开工运行，通过采取稳定汽油回炼，适量加入降烯烃催化剂、降硫助剂和综合运用MGD技术，实现了汽油按新标准出厂。年初制定的“两炉两机”长周期运行、降低短纤维熔体单耗、提高POY优级品率等78项技术攻关项目，大部分已经完成或阶段性完成。加大调整产品结构力度，增产高附加值产品，开发生产了车用液化气、100#道路沥青，以及FDY138dtex/144f、550dtex/96f、POY83dtex/72f和1.33dtex短纤维等差别化新产品，长丝、短纤维产品的差别化率分别达到了57%和36%。高标号(93#与97#)汽油占汽油总量的比例提高到41.77%。聚丙烯生产抓住市场机遇，开发出了非织造布专用料、注塑级透明料、薄膜专用料等新产品，专用料比例达到了66.5%。

(胡小予　剧长华)

【严格内部管理，企业管理上台阶】 2003年，洛阳分公司根据总部下达的经济效益和成本费用指标，按照倒推的办法，层层量化分解，深化全面预算管理。建立月度经济活动分析例会制度，坚持对日常经营活动深入分析，加强对生产经营活动的指导、控制和监督。对各项预算指标控制实现了网上实时动态管理，各项费用指标得到了有效控制。“石化企业以低成本为目标的管理”成果获国家级企业管理现代化创新成果二等奖。推动ISO 14001、ISO 9001和HSE三大管理体系的建立和运行，提高了管理标准化、程序化和科学化水平。洛阳石化总厂完善了板块考核机制，加大考核力度，各板块降本减费、挖潜增效的积极性持续提高。截至2003年底，在43项可比考核指标中，有33项比2002年先进，13项攻关项目有9项增效。加强产销衔接，提高直销比例，规范价格调整程序，完善结算办法和激励机制，销售工作取得了较大进步，产销率均超过了 100%，长丝产品实现了首批外贸出口。

（胡小予　剧长华）

【企业改革迈出新步伐】 2003 年，洛阳石化按照整体规划、分步实施、配套改革、稳妥推进的原则，继续深化企业内部改革。撤销了炼油厂、动力厂，将其所属生产车间变为直属车间，实现了扁平化管理。撤销了研究院编制。职工医院通过了医院章程，改制为独立的法人事业单位，职工与洛阳石化总厂变更了劳动关系，成为洛阳石化首家完成改制的单位。通达公司、隆惠公司的改制分流进入了实施阶段。设计院的改制分流初步方案获得石化集团公司批复，工程建设公司改制分流初步方案已经上报。对长期亏损的 2 套生产装置(TA 残渣回收装置、宏达工程塑料厂)、3 家驻外办事机构(上海办事处、郑州办事处、威海职工培训中心)和职工第一食堂实施了关停。历经 7 个月 6 轮商谈，完成了中小学移交地方政府工作。开展了全厂性的竞争上岗，通过“自核、初核、反馈、审定”等步骤，明确了各单位定员，显现了富余人员，竞争上岗机制初步形成。经过严格细致的测评、设计，并报石化集团公司批准和洛阳石化职代会团组长会议讨论通过，实施了分配制度改革方案，保持了生产、队伍和企业稳定。此外，按照石化集团公司的要求，集体企业改制、社区改革等方面的工作也有了新进展。

（胡小予　剧长华）

【精神文明建设取得新成果】 2003 年，洛阳石化按照“两手抓、两手都要硬”的方针，在党委统一领导下，加强党的建设和思想政治工作，开展了“向管理要效益”主题教育活动，加强廉政建设，改进工作作风，完善民主管理，推进厂务公开，繁荣企业文化。在资金十分紧张的情况下，千方百计改善职工的物质文化生活条件。新建并出售经济适用住房 444 套，对生活区部分住宅的水电线路和采暖系统进行了整改完善，改善了厂区、生活区环境。为6 000多名职工进行了身体健康检查和流感疫苗接种，组织了生产技术骨干和先进模范人物的荣誉疗养。计划生育、信访民调、厂志年鉴、治安武装、社区管理、离退休和后勤服务工作水平都有了新的提高。

（胡小予　剧长华）

【罗干视察洛阳石化】 2003 年 5 月 15 日，在河南省委书记李克强、省长李成玉、省委常委、市委书记孙善武、市长李贵基的陪同下，中共中央政治局常委、中央政法委书记罗干视察了洛阳石化。并在洛阳石化领导陪同下视察了常减压车间、一催化车间和长丝车间。罗干要求洛阳石化要一手抓“非典”防治，一手抓生产经营，努力完成全年销售收入 130 亿元的生产经营目标，为中国石化和地方经济的发展作贡献。

（胡小予　剧长华）

【洛阳石化总厂学校移交洛阳市管理】 2003 年，洛阳石化总厂被石化集团公司确定为企业自办中小学移交政府试点单位。1 月 27 日，洛阳石化总厂与吉利区政府签订了《关于新建高中投入使用及洛阳石油化工总厂中小学移交区政府的协议书》。由于市政府不同意移交后继续返还教育附加费，使计划中的移交区政府管理改为移交洛阳市政府管理。4 月 20 日，洛阳石化总厂与洛阳市政府开始第一轮次的商谈。此后，双方又进行了六轮次的谈判，最终就学校移交问题达成了原则性意见。9 月 24 日，洛阳石化总厂与洛阳市人民政府签订《洛阳市国有企业自办中小学移交政府管理协议书》，规定自签字之日起，洛阳石化总厂中小学整体移交并归属洛阳市政府管理。共移交人员 191 人，移交资产原值 6 223.90万元，资产净值5 812.06万元；洛阳石化总厂一次性支付洛阳市人民政府办学补贴费用1 500万元。妥善处理了教职工工资待遇、学历和职称认定、住房公积金和各类保险转移、档案转交以及子女入学享受优惠政策等问题，达到了职工、企业、政府三满意。

（胡小予　剧长华）

【洛阳石化医院顺利改制】 2003 年 1 月 1 日，洛阳石化医院正式揭牌，成为洛阳石化首家实施改制分流的单位。洛阳石化医院的前身是洛阳石化职工医院，隶属于洛阳石化总厂。改制前职工医院有职工 134 人，是国家卫生部审定的二级乙等医院。改制分流后的洛阳石化医院性质为非赢利性医疗事业法人单位，并将按照股份制的模式独立经营。洛阳石化医院从洛阳石化总厂分离后，双方不再具有行政隶属关系，但仍是洛阳市政府批准的洛阳石化职工基本医疗保险定点医院。

（胡小予　剧长华）

表 1 **洛阳分公司主要经济指标** 亿元

指标名称 \ 年份	2003	2002	2001	2000	1999	1998
原油加工量/万吨	456.86	433.55	423.95	410.17	—	—
掺炼外购原料油/万吨	24.90	21.84	18.88	11.17	—	—
工业总产值①	105.60	86.42	55.48	35.92	—	—
工业增加值	10.38	12.55	10.66	9.89	—	—
资产总计	30.83	34.14	35.94	47.92	—	—
其中：流动资产	9.33	10.37	11.12	21.88	—	—
固定资产原值	46.99	46.33	45.47	43.02	—	—
固定资产净值	20.96	22.63	24.20	24.53	—	—
主营业务收入	104.78	84.80	89.20	90.53	—	—
实现利税	8.22	10.87	7.63	5.03	—	—
其中：税　金	8.11	8.84	8.72	6.10	—	—

① 按 1990 年不变价计算。

表 2 **洛阳分公司主要产品产量** 万吨

产品名称 \ 年份	2003	2002	2001	2000	1999	1998
90# 汽油	58.12	68.21	71.76	78.74	83.88	56.77
93# 汽油	37.21	31.76	22.40	20.34	0.87	—
97# 汽油	4.49	1.62	—	—	—	—
3# 喷气燃料	15.88	17.55	16.46	14.05	16.09	22.76
灯用煤油	—	—	0.07	0.53	4.92	1.34
分子筛料	15.16	19.59	13.85	8.40	6.88	—
0# 柴油	147.35	131.77	142.55	114.86	116.69	88.74
-10# 柴油	25.82	23.02	16.94	13.99	10.99	—
-20# 柴油	—	1.46	—	—	—	—
+5# 柴油	—	3.62	5.55	29.28	8.32	—
化工轻油	19.98	47.02	54.48	49.04	43.14	7.39
溶剂油	0.98	—	0.01	3.28	3.08	2.55
商品重油	28.33	15.35	10.56	14.84	9.03	9.41
液化石油气	33.29	30.75	29.76	28.06	18.13	12.46
丙　烯	9.34	7.48	7.20	7.58	5.98	5.40
丙　烷	0.06	0.01	0.02	0.06	0.13	—
石油酸	0.01	0.03	0.04	0.01	0.02	0.03
硫　磺	1.01	0.95	0.89	0.74	0.76	0.54
液　氨	0.09	0.09	0.06	0.04	0.02	0.03

表 3　**洛阳石化总厂主要经济指标**　亿元

指标名称＼年份	2003	2002	2001	2000	1999	1998
工业总产值①	38.60	37.48	36.69	17.20	23.96	18.48
其中：化　纤	25.54	26.93	23.73	3.09	—	—
化　工	8.75	7.01	7.70	9.59	2.42	0.79
塑　料	3.36	2.79	2.70	2.42	1.70	2.18
其　他	0.95	0.75	2.56	2.10	19.84	15.51
工业增加值	4.90	3.08	0.71	2.82	15.90	13.83
资产总计	49.86	66.42	67.96	71.80	92.67	67.65
其中：流动资产	15.34	14.55	11.62	13.37	20.41	21.55
固定资产原值	58.97	56.55	55.02	50.05	37.22	33.36
固定资产净值	44.24	44.67	46.25	48.37	22.53	20.73
主营业务收入	36.48	28.44	28.00	3.59	55.02	44.74
实现利税	1.55	1.34	-2.27	-0.93	9.39	7.40
其中：税　金	1.55	1.34	1.00	0.07	7.86	6.90

① 按 1990 年不变价计算。

表 4　**洛阳石化总厂主要产品产量**　万吨

产品名称＼年份	2003	2002	2001	2000	1999	1998
聚丙烯	10.76	9.1	8.49	7.14	7.02	6.54
其中：聚丙烯(粉料)	1.96	1.71	1.46	—	—	—
双向拉伸薄膜	0.49	0.38	0.36	0.26	0.28	0.23
丙纶强力丝	0.44	0.34	0.32	0.22	0.11	0.09
纯　苯	6.32	4.47	6.37	3.90	—	—
甲　苯	8.07	6.43	7.47	4.68	—	—
对二甲苯	15.99	9.71	16.47	10.10	—	—
精对苯二甲酸	28.09	24.65	24.28	12.54	—	—
聚　酯	22.20	22.99	22.38	11.10	—	—
涤纶长丝	8.62	9.15	8.87	2.50	—	—
涤纶短纤维	10.03	10.39	8.14	1.24	—	—

中国石化集团荆门石油化工总厂暨中国石油化工股份有限公司荆门分公司

【概述】 中国石化集团荆门石油化工总厂(以下简称荆门石化总厂)位于湖北省荆门市。荆门石化总厂始建于 1970 年。1969 年 11 月随着江汉油田的开发，成立了五七油田会战指挥部第八分部。1970 年 5 月第一套生产装置(常减压)破土动工。1972 年五七油田会战指挥部第八分部撤销，成立荆门炼油厂，隶属石油部江汉石油管理局。1983 年，划归中国石油化工总公司。1991 年 12 月，更名为中国石化荆门石油化工总厂。1993 年由国家大一型企业升为国家特大型企业。1998 年 11 月，更名为中国石化集团荆门石油化工总厂。2000 年 3 月企业重组改制为上市(主业)部分和存续部分，主业部分成立了中国石油化工股份有限公司荆门分公司(以下简称荆门分公司)。2002 年重组成立了润滑油荆门分公司。企业占地面积1 167万米^2。

荆门石化总厂下设 23 个直属单位，14 个机关处室。截至 2003 年底，全厂职工总数为3 928人，其中各类专业技术人员1 054人，技术人员中具有高级职称的69人，中级职称的528人。

荆门分公司下设27个直属单位，11个机关处室。截至2003年底，全公司职工总数为3 555人，其中各类专业技术人员976人，技术人员中具有高级职称的45人，中级职称的397人。润滑油荆门分公司职工总数140人。

截至2003年底，荆门石化总厂固定资产原值8.68亿元，净值4.51亿元；荆门分公司固定资产原值44.76亿元，净值19.50亿元。现有生产装置38套，其中燃料油系统15套、润滑油系统15套、综合利用6套、化工装置2套，是石化集团公司系统内加工手段比较齐全、生产灵活性较大的炼油化工企业之一。现原油加工能力为500万吨/年，主要加工来自南阳油田和江汉油田管输进厂的原油，以及通过洪湖中转油港管输进厂的进口原油、海洋原油和通过铁路运输的新疆原油，能生产燃料油、润滑油、溶剂油、化工原料、石蜡、沥青、石油焦、液化气、聚丙烯等九大类100多个牌号的石油化工产品。荆门石化总厂和荆门分公司(合称荆门石化)主要经济指标及主要产品产量见表1、表2。

2003年，荆门石化按照石化集团公司、石化股份公司的部署，坚持"团结、鼓劲、创新、抓实"的工作方针，各项工作均取得了新的成绩。

生产经营任务圆满完成。全年共组织进厂原油及原料油339.02万吨，加工原油及原料油333.66万吨。商品总量达305.36万吨，销售石化产品302.68万吨。实现主营业务收入88.29亿元，上交税金及附加7.38亿元。

技术经济指标全面达标。可比综合商品率为91.99%，高附加值产品产率为82.92%，原油储运损失率为0.90%，加工损失率为1.30%，炼油总能耗为104.77千克标油/吨。产品出厂合格率、抽检产品合格率继续保持100%。

新产品开发实现突破。开发出以55#橡胶填充油为代表的环保型橡胶填充系列、白油系列、纯凡士林系列等17个新产品。累计销售新产品2.6万吨，实现销售收入1亿多元。

节能降损取得优异成绩。强化节能专业化管理，狠抓过程用能和节能技改技措项目管理，并重点对原油交接过程加强了管理，加强了瓦斯、氢气、凝缩油的平衡及流程优化，有效降低了能耗及损失。水、电、蒸汽消耗同比大幅下降。

工程建设、技改技措进展顺利。煤焦代油CFB锅炉工程、清洁燃料措施等重点工程形象进度良好。装置检修实现了安全平稳停工、检修和开工，检修深度达到了规定要求。实施了10项技改技措，有效解决了影响生产的"瓶颈"问题。

企业改革稳步推进。稳妥地完成了职工医改和配套的退休人员、工伤职工、女职工生育、职工供养直系亲属的医疗改革工作。实施了内部分配制度改革及配套性工作。提出了企业科研体制改革及改制分流的初步方案。

加强了内部管理工作。加强了制度建设管理工作，新制定141项，修订完善646项，废除63项制度。加强了设备管理，强化设备专业和达标管理，积极采用先进技术和设备。加强了物资供应管理和效能监察工作，取得了较大成绩。

2003年，共开办各类培训班86期，培训4 746人次，先后有4人获得全国技术能手、湖北省技能大师等称号，企业钳工代表队在全国职工职业技能竞赛中取得团体第一名。安全保卫方面，加大了社会治安综合治理力度，维护了生产、生活的正常秩序。后勤服务方面，加强了社区服务和厂区文明建设，搞好绿化、美化和环境卫生，创造了良好的生活环境。离退休工作方面，广泛开展健康向上的老年文化活动，分别获得全国老年文艺会演金、银、铜牌奖。

2003年，企业为职工群众办了10件实事：一是企业职工平均收入普遍增加；二是为职工和退休人员办理了大病医疗保险；三是为企业职工办理了意外伤害保险；四是帮助家属参加了商业团体医疗保险；五是自筹资金，建立了职工互助保障基金；六是为协议解除劳动合同人员争取到了失业保险金；七是完善生活区文化娱乐设施，增设了28套健身器材；八是安排1 592人例行疗养，218人健康疗养；九是对4 012人进行了健康体检；十是走访慰问特困户及病、伤、残职工4 000人次。

2003年，继续保持了全国思想政治工作优秀企业和全国模范职工之家称号，并获得了全国重信用守合同单位、全国厂务公开先进单位、全国计量工作优胜单位、湖北省企业管理"金鹤奖"等称号。

(周东平)

【成立新产品开发中心】 荆门分公司新产品开发中心于2003年3月7日成立。已经开发的特种蜡系列产品主要有：RPW－1、2、3橡胶防护蜡及乳化炸药蜡；凡士林系列产品主要有：1#、2#纯凡士林及医用凡士林；白油系列产品主要有：55#、90#橡胶填充油和5#、7#、32#、36#、68#工业白油，以及1#、2#稀释剂；特种油系列产品主要有：化工专用溶剂油；化工助剂主要有：消泡剂、增粘剂、涂料等。产品已销往福建、浙江、广东、江苏、天津等地，取得了较好的经济效益。

(周东平)

【成立节能办公室】 荆门分公司节能办公室于 2003 年 3 月 7 日成立。主要是由总调度室、计划处、技术处、研究院等单位力量整合组建，其成立标志着荆门分公司节能管理走上了专业化管理道路。主要工作是过程用能管理和节能技改技措项目管理。通过能量测试评价、优化运行操作方案和监控体系的运行，积极采用节电技术、加热炉热效技术等，以及短、平、快节能项目的实施，使新鲜水、电、蒸汽指标得到了有效控制，炼油能耗达到了石化股份公司的指标要求。

(周东平)

【技术改造与技术开发】 2003 年，荆门石化共实施重点技术改造项目 16 项，投资 1.28 亿元。主要有：5 万吨/年硫酸装置、100 万吨/年焦化装置改造、重油催化装置改造、地蜡加氢装置扩能改造、气柜系统改造。

全年共完成技术开发项目 9 项，投资 570 万元。主要有：轻液蜡生产工艺研究及工业应用技术 加氢改质副产品开发、APC 先进控制技术、BWJ 喷嘴烃类气体雾化技术开发、DSZ 降低汽油硫含量工艺开发。

(周东平)

【医用凡士林项目竣工投产】 荆门分公司医用凡士林项目于 2003 年 6 月动工建设，历时 5 个月，于 12 月竣工投产，实现了当年立项，当年投产，当年获利。该项目规模为 0.5 万吨/年，总投资为 100 万元，主体厂房由武汉大成设计咨询公司设计承建。

(周东平)

【新型透明聚丙烯开发获得成功】 2003 年，荆门石化针对透明聚丙烯专用料生产技术，进行了一系列科技开发活动，经过反复试验，解决了添加剂浓度配比、生产工艺参数调整、成核剂用量控制等多项技术难题，自行开发出了一种新型透明聚丙烯。该产品各项指标均达到相关标准要求，物理机械性能好，有较高的热变形温度，易加工成型，并具有优良的透明度和光泽度，可广泛应用于医疗器械、办公用品及家庭日用微波炉炊具、饮料杯、高温消毒产品等透明塑料制品。

(周东平)

【荆门—荆州成品油管道建成运营】 2003 年 7 月，荆门—荆州成品油管道建成运营。该管道 2001 年立项，由华东管道设计院设计，江汉石油勘察设计研究院总承包，总投资约 1 亿元人民币，全长 93 千米，管径 377 毫米，年输油量 150 万吨。该工程是采用 SCADA 先进技术的成品油长输管道，从荆门直输长江黄金水道，可辐射三峡地区和江汉平原，是石化集团公司调整油品市场格局，降低成品油运输成本，占领和巩固油品市场的重要战略举措。

(周东平)

【质量管理水平得到提高】 2003 年，荆门石化树立"大质量"观念，提出持续质量改进，追求顾客满意的质量方针，制定出产品出厂合格率 100%，国家、行业和地方抽检产品合格率 100%，顾客满意率大于 90%的质量目标，不断完善质量管理运行机制，针对新标准汽油、润滑油基础油、聚丙烯产品质量，细化过程质量管理，使产品出厂合格率、抽检产品合格率继续保持 100%，质量等级品率达 100%。总部抽检的微晶蜡、全精炼石蜡、T36F 聚丙烯、90# 车用汽油等产品全部达到标准要求。实验室信息管理系统(LIMS)的投用，实现了化验分析数据资源共享，做到了分析数据实时传递，标志着生产过程信息化管理迈上了新台阶。

(周东平)

【企业获压力管道安装许可证】 荆门石化总厂所属工程建设公司是从事压力管道安装的单位，其工厂化预制深度大、施工环节控制严、工程质量高，质保体系运行完全符合国家标准要求。2003 年经过国家有关部门的联审，通过国家监督检验检疫总局 GA2 级 + GB 类 + GC1 级压力管道安装资格论证。是石化集团公司在中南地区检修联合体中惟一具有此资质的企业。压力管道安装许可证的取得对企业外拓市场具有重大意义。

(周东平)

【职工教育培训取得佳绩】 2003 年，荆门石化从开发人力资源，提高职工队伍素质着手，开办干部培训班 40 期，2 050人次，培训专业包括：炼油、化工、计算机技术、企业管理、财务管理、营销管理等；工人培训班 46 期，2 696人次，培训内容：包括节能技术、清洁燃料技术、炼油设备知识等；外出培训 542 人次；压力容器、危险化学品作业等 7 个工种的1 695 名技术工人参加了地方政府部门组织的特殊工作岗位取证(复审)培训及考试。在全国职工职业技能竞赛活动中，荆门石化钳工代表队取得了团体第一名，钳工技师郭振恩取得个人第三名。在湖北省职工职业技能竞赛活动中，分别取得钳工、电焊两个工种的团体第一名，参赛选手个人也都取得了前 6 名的成绩。

(周东平)

【开展青年志愿者注册暨为老服务金晖活动】 2003年3月，荆门石化共青团举行了青年志愿者注册暨为老服务金晖行动启动仪式。首批400人佩戴“中国志愿者”徽章，并领取了《中国青年志愿者注册服务证》，提出“尽己所能，不计报酬，帮助他人，服务社会，践行志愿精神，传播先进文化，为建设团结互助、平等互爱、共同前进的美好社会贡献青春和智慧”。通过有组织、有纪律、有成效的活动，将进一步规范志愿者服务行为，推进志愿服务事业的发展。

（周东平）

【企业职工教育和共青团网正式开通】 2003年8月，荆门石化职工教育网正式开通，网址为 http://10.121.2.100/jmtr 或通过登录荆门石化主页链接。该网站由企业职工教育培训中心和职工培训学校联合建设，是服务于企业职工教育和培训的专门网站，主要提供职工教育方面的培训动态、管理制度、考核鉴定及理论研究等方面的信息发布，并提供各种最新培训资料、教材和软件的查询下载。9月，荆门石化共青团网站开通，网址为 http://www.jmpc.sinopec.com.cn/zctw/。

（周东平）

【获得优秀企业金鹤奖】 2003年7月，荆门石化总厂在湖北省优秀企业评比中，获得优秀企业金鹤奖奖杯及证书。

（周东平）

【石化集团公司领导来企业调研】 2003年6月，石化集团公司党组成员、石化股份公司高级副总裁曹湘洪率总部有关部门负责人一行8人来荆门石化进行调研。7月，石化股份公司高级副总裁王天普来企业调研。

（周东平）

【湖北省领导来企业调研】 2003年1月，湖北省省长罗清泉来企业调研，听取了汇报，视察了现场，提出了要求。3月和12月，副省长任世茂先后来企业调研。

（周东平）

表1　荆门石化主要经济指标　亿元

指标名称 \ 年份	2003	2002	2001	2000	1999	1998
工业总产值①	21.41	20.51	22.25	18.78	14.64	11.83
工业增加值	11.03	12.29	10.21	4.76	9.10	5.22
资产总计	38.44	38.66	46.26	35.20	32.48	29.80
其中：流动资产	11.26	9.97	14.22	14.57	8.14	8.44
固定资产原值	53.38	52.36	57.28	34.34	31.54	24.03
固定资产净值	24.01	26.24	29.83	18.60	16.36	10.74
销售收入	88.29	94.73	78.84	70.77	40.63	33.62
实现利税	6.15	6.06	5.07	1.80	5.35	4.09
其中：税　金	7.38	7.20	7.13	4.78	5.10	3.57

① 按1990年不变价计算。

表2　荆门石化主要产品产量　万吨

产品名称 \ 年份	2003	2002	2001	2000	1999	1998
原油加工量	333.66	305.51	298.42	338.03	271.52	232.94
汽　油	80.07	70.39	66.39	55.02	53.15	49.76
柴　油	124.41	116.98	114.23	117.39	103.81	65.69
煤　油	10.79	14.66	13.94	12.41	14.16	18.35
润滑油	6.17	6.79	7.07	6.02	12.58	7.89
重　油	9.89	7.32	7.03	12.12	7.84	22.47
石　蜡	5.29	5.66	5.51	4.27	8.44	7.07
沥　青	4.58	1.50	2.25	3.07	2.22	5.53
石油焦	16.83	16.94	16.60	13.17	11.39	8.31
聚丙烯	11.95	9.46	9.10	9.20		

中国石化集团四川维尼纶厂

【概述】 中国石化集团四川维尼纶厂(以下简称四川维尼纶厂)位于重庆市长寿区境内的"重庆长寿化工园区"，工厂占地面积 280 万米^2，是全国惟一以天然气为主要原料生产化工、化纤产品的大型联合企业。

四川维尼纶厂于 1973 年经国家计委批准建设，1974 年破土动工，1979 年投料试生产，1983 年竣工投产。1995 年 12 月，与英国 bp 公司合资成立扬子江乙酰化工有限公司(以下简称扬子公司)。截至 2003 年底，主厂在岗职工6 014人，其中，各类专业技术人员2 004人，具有高级职称的 110 人，中级职称的 922 人。

四川维尼纶厂主要生产装置分别从英、法、德、日、美等国成套引进，主要产品有甲醇、醋酸乙烯(VAC)、聚乙烯醇(PVA)、醋酸乙烯—乙烯共聚乳液(VAE)、白乳胶、甲醛、维纶短纤维、维纶牵切纱等。合资企业主要产品有醋酸、醋酸酯等。四川维尼纶厂系经 ISO 9001—2000 质量认证企业。主要产品在国际国内市场有良好的信誉和较大的市场占有率。PVA、维纶牵切纱、PVA 高强高模纤维、PVA 水溶纤维是企业创汇的主要产品。

2003 年，四川维尼纶厂按照石化集团公司的统一部署，抓紧实施改制分流、机构扁平化和内部分配制度改革，实现了预期的改革目标；天然气乙炔工程按期全面建成，实现一次投料试车成功，产出合格产品；渝怀铁路川维专用线部分工程已完成中交验收，项目主要控制工程2 201米川维桂花湾隧道提前贯通；合资企业扬子公司第三期工程——35 万吨/年醋酸扩能项目，中英双方签署了合资合同和章程修改协议及醋酸许可证协议，并获国家外经贸部批准，1 月 24 日正式开工建设。继续实施新一轮产品、技术升级行动，产品、技术、装备升级成效显著。开发生产的不同用途的 PVA 新产品、"'3S'水溶纤维中试"、"提高 PVA 高强高模纤维制成率"等项目通过了石化集团公司组织的技术鉴定；乙炔法制 VAC 固定床新型催化剂已进入工业化试验；化工空压站扩容二期项目、PVA 车间 2M971C 冷冻机组改造、乙炔/甲醇火炬点火系统改造、VAC 排气回收改造、计算机主干网络建设等一批技改项目竣工验收；VAE40705—40707、PVA 水溶短纤获 2003 年重庆名牌产品，VAE40716 获重庆市优秀新产品三等奖。精心组织、强化管理，边生产、边试车。2003 年在天然气乙炔工程新装置施工建设、投料试车的同时，确保了老装置安稳长满优生产，大部分主要产品产量超过上年。同时，抓住国际国内市场需求趋旺的有利时机，紧贴市场变化，增加销售，获得较好的经济效益。2003 年，四川维尼纶厂就美国公司提出的 PVA 反倾销案奋起应诉，获得成功。

2003 年，四川维尼纶厂实现销售收入 14.77 亿元，其中出口创汇2 385万美元，实现利润 1.25 亿元，实现利税总额 2.44 亿元，首次突破 2 亿元大关。销售收入和利税总额均超过历史最高水平，企业保持良好的发展势头。主要经济指标和主要产品产量分别见表 1 和表 2。

（奚燕来）

【实施改制分流、机构扁平化、分配制度三项改革】 2003 年，四川维尼纶厂在完成对建安公司、维丰公司成功改制分流的基础上，继续深化内部改革。改制分流方面，工程公司、储运公司改制分流方案获石化集团公司批准，完成了两公司资产清查与评估、财务审计、职工与主厂协议解除劳动合同等工作。扁平化改革方面，主要是撤销分厂、重组车间、并构处室、深化科研体制改革、加强科研开发力量。涤纶厂实行整体关停，职工转岗安置。同时组建了化工、维纶、装备等三个技术开发中心。在基本完成扁平化改革的基础上，按照《集团公司基层单位内部分配制度改革指导意见》的原则精神，在全厂实施了内部分配制度改革。参照劳动力市场价位，对工资结构和各类人员的收入进行了调整。

（奚燕来）

【天然气乙炔工程按期建成，并一次投料试车成功】 四川维尼纶厂天然气乙炔工程项目，系石化集团公司按照国务院第 171 次总理办公会议精神，落实国家计委计投资〔1998〕77 号文《国家计委印发关于研究川东氯碱工程停建后善后处理工作的会议纪要的通知》的要求，本着为国分忧、减少停建损失的原则，将原川东氯碱工程中制氧、乙炔、甲醇 3 套装置易地四川维尼纶厂配套建设。工程主要由 1.35 万米^3 氧气/时空分装置、3.0 万吨/年乙炔装置、10.5 万吨/年甲醇装置、9.0 万吨/年醋酸乙烯装置、1.5 万吨/年聚乙烯醇装置、240 吨/时高温高压蒸汽煤粉锅炉—12 兆瓦前置汽轮发电机组等 6 套核心装置组成，总体设计项目总投资为 9.40 亿元。工程于 2001 年 12 月 12 日开工建设，2003 年 11 月 5 日投料试车，生产出合格的乙炔、VAC、PVA 和甲醇产品，实现一次投料试车成功。天然气乙炔工程建成投产，使四川维尼纶厂生产规模翻了一番，将大大降低产品生产成本，改变产品结构，增强产品的市场竞争力和应变能力。

（奚燕来）

【成功应诉美国公司 PVA 反倾销案】 2003 年 8 月，四川维尼纶厂历时 1 年应诉美国 PVA 反倾销案获得成功。2002 年 9 月初，应美国赛拉尼斯公司和杜邦公司的申请，美国商务部决定对原产于中国、韩国、德国、日本、新加坡的聚乙烯醇进行反倾销立案调查。四川维尼纶厂积极应诉，成为国内 8 家生产出口 PVA 企业中惟一应诉的企业。在美国国际贸易委员会和美国商务部的调查过程中，四川维尼纶厂按照国际反倾销应诉规则，经过认真的准备，以大量事实和准确翔实的材料通过了美国商务部的实地核查，四川维尼纶厂应诉美国反倾销案终于获得成功。反倾销案的成功应诉，使四川维尼纶厂成为被起诉的中国、韩国、日本和德国企业中惟一一家继续向美国市场出口 PVA 的企业。这是四川维尼纶厂继 1996 年第一次成功应诉美国 PVA 反倾销案后取得的又一次胜利，成功的应诉提高了四川维尼纶厂产品在国际市场的地位。

（奚燕来）

【更新营销观念，提升营销水平，精心打造“川维品牌”】 2003 年，四川维尼纶厂深化“用户是川维生存发展的阳光、空气和水”的经营理念，开展“服务质量零抱怨”活动和客户满意度调查，搞好产品技术一条龙跟踪服务，受到客户欢迎。通过制定“五要五不准”的营销服务公约和员工服务行为规范，开通销售服务热线电话，接受客户咨询和投诉，开展“优秀诚信客户”评选授牌工作，进一步密切了与客户的关系，增强了与客户建立长期友好合作伙伴关系的基础。

（奚燕来）

【中央、省市、石化集团公司领导来厂视察】 2003 年 5 月 15 日，中共中央政治局常委、国务院副总理黄菊及国家有关部委领导，在重庆市委书记黄镇东、市长王鸿举等陪同下到四川维尼纶厂视察“非典”防治工作，黄菊副总理作了“防治‘非典’和发展经济两不误”的重要指示。5 月 25 日，重庆市政协主席刘志忠到四川维尼纶厂视察“非典”防治工作。2003 年 1 月 24 日，石化集团公司副总经理刘根元、重庆市副市长童小平、英国 bp 集团副总裁德开瑞博士莅临四川维尼纶厂参加扬子公司醋酸酯装置竣工暨醋酸扩能项目奠基仪式，期间，刘根元副总经理会见了四川维尼纶厂领导班子成员，对 2003 年的工作提出了希望。7 月 29 日，石化股份公司高级副总裁王天普到四川维尼纶厂视察。

（奚燕来）

表 1　四川维尼纶厂主要经济指标　亿元

指标名称＼年份	2003	2002	2001	2000	1999	1998
工业总产值①	11.31	11.01	10.55	12.27	12.13	11.20
其中：化　工	9.71	8.70	8.33	8.37	8.00	6.72
化　纤	1.36	2.07	1.98	3.65	3.88	4.26
其　他	0.24	0.24	0.23	0.25	0.24	0.22
工业增加值②	7.66	5.52	5.90	5.60	4.72	3.50
资产总计③	29.20	27.63	25.74	24.41	25.78	26.85
其中：流动资产	5.68	5.43	6.22	7.20	9.87	8.00
固定资产原值	24.88	26.48	26.24	25.88	23.12	24.20
固定资产净值	9.47	10.66	11.99	12.67	11.51	13.20
销售收入④	14.77	12.89	12.02	11.44	8.58	8.90
实现利税⑤	2.44	1.79	1.73	1.14	0.31	0.21
其中：税　金	1.19	1.1	1.11	0.95	0.73	0.69

①按 1990 年不变价计算，不含合资企业。
②③④⑤数据不含合资企业和改制企业。

表 2　　**四川维尼纶厂主要产品产量**　　万吨

产品名称 \ 年份	2003	2002	2001	2000	1999	1998
甲　醇	24.83	23.6	22.50	23.24	23.02	17.47
VAC	11.27	10.49	10.36	10.50	10.37	9.77
PVA	5.02	4.66	4.51	4.57	4.80	4.49
甲　醛	2.22	2.15	2.14	1.75	1.57	1.23
VAE	3.24	2.73	2.58	2.20	1.70	1.52
维纶短纤	0.79	0.77	0.60	0.56	0.40	0.61
维纶牵切纱	0.19	0.17	0.22	0.19	0.15	0.20
涤纶 DTY	0.02	0.29	0.23	0.59	0.62	0.64
涤纶 FDY	0.02	0.07	0.11	0.48	0.56	0.60
醋　酸①	19.49	18.39	17.84	17.09	14.27	0.53

① 为合资公司产品。

中国石化集团九江石油化工总厂

【概述】 中国石化集团九江石油化工总厂(以下简称九江石化总厂)前身为九江炼油厂，于 1977 年 6 月正式开工建设，1980 年 10 月建成投产，1991 年 10 月更名为中国石化九江石油化工总厂，1998 年 10 月更名为中国石化集团九江石油化工总厂。2000 年 3 月，根据石化集团公司重组改制统一部署，主业部分从原九江石化总厂分立而出，设立石化股份公司九江分公司，存续部分保留九江石化总厂名称。

重组后的九江石化总厂，主要承担主业的部分公用工程、检维修、建筑安装、后勤服务、教育培训、保卫安全、社区管理等业务，以及原有的多种经营业务。下辖三鑫总公司、建安公司、职介所等 3 家全资子公司，物业公司、力源公司、绿环公司、制袋厂等 4 家控股公司，以及供、排水车间、教培中心、石化医院和 12 个机关处室：办公室、综合处、财务处、组织部、劳动工资处、宣传部、工会、团委、保卫处、武装部、审计处、纪委(监察处)。截至 2003 年底，企业拥有固定资产原值 7.72 亿元。职工总数 2 285人，其中各类专业技术人员 621 人，具有高级技术职称的 37 人；具有中级技术职称的 333 人；具有初级技术职称的 251 人。主要生产能力：1 200万条/年的编织袋生产线，4 000吨/时的供水系统，0.53 万米^3 油库容量，700 米^3 液化气罐，140 辆铁路、汽运自备槽车等。2003 年九江石化总厂主要经济指标和主要产品产量详见表 1、表 2。

2003 年，九江石化总厂以经济效益为中心，深化改革，调整结构，加强管理，降本减费，完成了石化集团公司下达的任务目标。全年实现销售收入 12.47 亿元，税收4 279万元，利润亏损1 795万元。一年来，企业取得了较好成绩，生产经营、改革发展、企业管理、维护稳定及生活后勤、文教卫生、治安保卫、精神文明建设等均取得明显进步。

(吴　婕)

【经济效益有新提高】 2003 年九江石化总厂合并主营业务收入 12.47 亿元，同比增长 37.74%；实现利税2 484万元，其中税金及附加4 279万元，利润亏损 1 795万元，同比减亏 701 万元。其中辅助生产板块主营业务收入4 707万元，利润 63 万元；检维修及工程建设板块主营业务收入8 336万元，同比减少 249 万元，亏损 12 万元(消化了潜亏 366 万元，人工成本同口径增加 213 万元)；文教卫生及社区服务板块主营业务收入4 256万元，同比增长 667 万元，亏损2 486 万元；多种经营板块主营业务收入 10.74 亿元，同比增长 2.87 亿元，利润 640 万元。

(吴　婕)

【技术投资取得成效】 2003 年，九江石化总厂完成投资1 440万元。主要投资项目有：三鑫总公司液化气终端销售网络、车用液化气出厂设施、8 万吨/年溶剂油加氢精制及偏三甲苯新产品开发等。获得石化集团公司项目开发经费 240 万元，用于重点项目建设，已完成重交沥青产品鉴定准备工作、特导电炭黑项目前期市场调研、煤代油热电项目建议书。

(吴　婕)

【石化中、小学移交地方管理】 2003年11月27日，九江石化总厂与九江市教育局正式签订石化中、小学移交地方管理交接协议，标志着该厂移交企业办社会职能取得进展。从协议签字之日起，石化中、小学的人、财、物由九江市教育局统一管理。

（吴　婕）

【实行内部制度改革】 2003年九江石化总厂按照立足现在、适当按社会劳动力价格拉开分配差距的思路，实施以岗位效能为核心的内部分配制度改革，重点解决管理和技术骨干收入低于劳动力市场价位的问题，理顺分配关系，改革分配制度，建立激励机制。同时，在三鑫总公司、实华宾馆等单位试点的基础上，推行机关领导干部岗位竞聘。

（吴　婕）

【建安公司检修业务进入省外市场】 2003年4月，九江石化总厂建安公司首次走出厂门参与长岭炼化装置大检修，做到质量过硬、文明施工，受到长岭炼化表彰；当年两赴上海金山参与工程施工，工程质量均达到业主方国际化标准要求，受到业主好评，走出一条自立生存的道路。

（吴　婕）

表1　　**九江石化总厂主要经济指标①**　　亿元

指标名称＼年份	2003	2002	2001	2000	1999	1998
工业总产值②	0.29	0.28	0.22	0.15	19.52	14.18
企业增加值	1.61	1.24	1.15	2.48	12.67	8.75
资产总计	8.86	9.45	8.99	9.75	60.63	29.25
其中：流动资产	2.87	3.05	3.41	3.91	15.61	8.18
固定资产原值	7.72	8.13	6.52	6.51	55.41	24.66
固定资产净值	5.29	5.77	4.80	4.98	41.55	18.02
销售收入	12.47	9.05	8.66	10.81	50.34	37.45
实现利税	0.25	0.02	－0.18	－0.03	10.17	8.11
其中：税　金	0.43	0.37	0.32	0.31	7.80	6.58

① 1998—1999年为原中国石化集团九江石化总厂数据。

② 按1990年不变价计算。

表2　　**九江石化总厂主要产品产量**

产品名称＼年份	2003	2002	2001	2000	1999	1998
新鲜水/万吨	1 503					
循环水/万吨	24 038					
化肥袋/万条	1 184.35	1 184.35	849.39	529.98	1 032.36	1 148.46
聚丙烯袋/万条	453.21	453.21	401.35	293.69	202.71	56.16

中国石油化工股份有限公司九江分公司

【概述】 中国石油化工股份有限公司九江分公司(以下简称九江分公司)，成立于2000年3月，由原中国石化集团九江石化总厂炼油、化工、化肥等主业部分组成。

九江分公司位于江西省九江市东郊，北濒长江，南倚庐山，东枕鄱阳湖，占地面积420万米^2。地处长江与京九铁路交汇点，是京九线上惟一的大型石化企业，地理位置优越，交通便利。厂区距长江仅1千米。沿江设有6个5 000吨级泊位的自备油品码头，可直接对外轮开放。厂内铁路专用线与京九线等国家干线相连，产品可通过铁路发运到全国各地。截至2003年底，九江分公司固定资产原值50.74亿元，净值28.17亿元。职工总数2 708人，其中各类专业技术人员677人，包括49名高级专业人员、369名中级专业人员和259名初级专业人员。九江分公司机关设10个处室，分别为办公室、计划处、生产调度处、技术处、企业管理处、审计监察处、人事处、财务处、安全环保监督处、机动处，下属车间作业部及直属单位26个(其中代管九江石化总厂车间2个)。主要生产装置有：常减压、催化裂化、催化重整、加氢精制、气体分馏、氧化沥青、甲基叔丁基醚(MTBE)、芳烃抽提、硫磺、聚丙烯、合成氨、尿素装置等。装机容量为4.6万千瓦的自备电厂并入华中电网。主要产品有：汽油、煤油、柴油、燃料油、沥青、液化气、精丙烯、苯类、溶剂油、聚丙烯、尿素等31个品种、34个牌号。九江分公司已具有500万吨/年原油加工能力、52万吨/年尿素和10万吨/年聚丙烯生产能力，形成了炼油、化工、化肥配套生产和文化生活设施齐全的大型石油化工联合企业。

2003年是九江分公司整体效益大幅减亏的一年。全年实现销售收入76.2亿元，实现税收7.4亿元，利润亏损2 375万元(不含日元汇兑损失1.66亿元)，比中国石化总部利润调整指标减亏7 125万元，减亏比例达75%，其中炼油板块实现利润3 741万元，化肥板块亏损6 116万元(不含日元汇兑损失1.66亿元)，分别比调整指标增盈3 241万元和减亏3 884万元。主要实物量指标创新高。全年炼油加工量328.7万吨，超计划11.7万吨；生产聚丙烯10.9万吨、尿素57.3万吨，分别超计划0.9万吨、4.3万吨。九江分公司强化销售服务，进一步加强产品宣传力度，扩大“江海牌”品牌影响，尿素的年平均售价同比提高104元/吨，并首次向越南、马来西亚出口1.29万吨。全年销售各类油品241.8万吨，聚丙烯11.15万吨，尿素56.89万吨，液化气19.78万吨，产销率达100.07%。生产上成功实施了炼油、化工、化肥生产装置大检修，实现了“三大事故”为零的安全目标。

2003年，九江分公司从强化财务、计量、审计、物资管理入手防止效益流失，管理日趋完善。采用“单位限额卡”等管理办法，发挥财务预算作用，控制成本费用；加强计量基础建设和管理，原油损失率为0.86%，产品出厂计量误差控制在±0.3%内；审计工作直接审减工程费用、降低物资采购成本合计406.93万元。九江分公司获得“石化股份公司计量工作优秀单位”、江西省“AAA重合同守信用企业”称号，纳入全国152家建立企业标准体系国家级试点单位，“江海牌”商标确定为江西省著名商标，液化气、车用无铅汽油获省名牌产品称号。九江石化企协获江西省管理现代化创新成果推荐工作组织奖；一批管理现代化成果和企业管理论文分别在石化集团公司、江西省获奖，为历年来最好成绩。

2003年，九江分公司技术改造新开项目29项，全年完成总投资1.5亿元；新技术开发项目29项，投资1 414.6万元。产品开发取得新成果，水成泡沫灭火剂技术经中国石化总部鉴定，填补了国内空白，达国际先进水平；多通道渣油气化喷嘴国产化项目综合性能达国外同类喷嘴的技术水平。

2003年，九江分公司实施了扁平化管理、分配制度改革、领导干部竞聘工作。从2003年3月份开始组织实施扁平化方案，至6月中旬，完成了扁平化工作，撤销了3个二级厂机关建制，减少正处级单位3个、科室17个、车间8个，实现了由三级管理向二级管理的转变；参照市场劳动力价格，制定并实施了内部分配制度改革方案；开展了领导干部竞聘上岗工作，完成了试点单位和机关副科以上干部的竞聘上岗工作。

2003年九江分公司主要经济指标和主要产品产量详见表1、表2。

（吴　婕）

【完成炼油、化工、化肥装置大检修】 2003年九江分公司组织了炼油、化工部分装置及公用工程系统、化肥装置停工大检修，为企业生产经营奠定了物质基础。3月份进行了炼油、化工部分检修，历时25天，涉及一常、一催、聚丙烯、气分等14套主要装置，完成检修项目1 091项。同时进行了减压塔更新、主风机机组更新、一催MGD改造、脱硫精制系统改造、一套气分改造、聚丙烯挤压造粒机改造等12项重点项目技术改造。8月化肥部分进行了检修，历时37天，完成气化炉更换、废锅盘管更换、压缩机检修等600余项检修项目 。

（吴　婕）

【实施专业化重组和扁平化管理】 2003年3月，九江分公司本着“灵活、快捷、精简、高效”的原则，开始组织实施专业化重组和扁平化管理，至6月份，撤销了炼油、化工、化肥等3个二级厂机关建制，将原23个车间整合为4个作业部、11个车间，减少正处级单位3个、科室17个、车间8个，实现了由三级管理向二级管理的转变，企业管理水平、工作效率得到提高。

（吴　婕）

【“江海牌”尿素首次进入国际市场】 2003年10月23日，九江分公司5 500吨尿素出口东南亚，标志着“江海牌”尿素首次进入国际市场。九江分公司化肥装置自1996年投产以来，产品质量不断提高，逐步成为江西省及周边省市农民首选品牌。为进一步树立尿素品牌形象，拓展国际市场业务，该公司高度重视此次产品出口，强化过程监控，精心组织包装，保质保量地完成出口任务。

（吴　婕）

【50万吨/年溶剂脱沥青装置建设全面展开】 重油加工装置匮乏、化肥原料成本高是影响九江分公司效益的难题，为此，在石化股份公司的支持下，确定由天津分公司拆迁一套溶剂脱沥青装置，依托九江分公司催化裂化能力充足的优势，对化肥装置进行适当改造，实现原料劣质化和廉价化。2003年2月石化股份公司批复了九江分公司脱油沥青替代渣油作化肥原料改造项目可行性研究报告，作为整个改造工程的龙头，50万吨/年溶剂脱沥青装置建设全面展开，历经初步设计审查、拆迁、施工几个阶段，至年底，成立溶剂脱沥青装置试车指挥部，进入施工收尾和试车准备阶段。

（吴　婕）

【试行内部会计控制制度】 2003年7月1日，九江分公司在石化股份公司范围内率先试行内部会计控制制度。该项制度包括5个部分：内部会计控制基本制度、内部会计控制专项制度、内部会计控制基本办法、内部会计控制专项管理办法和岗位职责。实施内部会计控制制度，将有利于规范会计行为，保证会计信息真实、完整，堵塞效益漏洞，保护资产完整，提高企业管理水平。

（吴婕）

【"水成膜泡沫灭火剂"等两项目通过鉴定】 2003年8月29日，"水成膜泡沫灭火剂"和"化肥多通道渣油气化烧嘴国产化"两个技术项目通过石化股份公司科技开发部鉴定，具备良好社会和经济效益。"水成膜泡沫灭火剂"由石化股份公司委托九江分公司、北京大学和中国石化株洲储运所合作开发，填补了国内空白，达到国际先进水平。"化肥多通道渣油气化烧嘴国产化"由石化股份公司委托华东理工大学、兰州设计院和九江分公司合作开发，达到国际同类喷嘴实物水平。

（吴　婕）

【完成信息网络化建设规划】 为加快信息化建设步伐，九江分公司制定了2003—2005年信息网络化建设规划。该公司信息化建设分3层结构，即企业资源计划(ERP)层、生产管理层、操作控制层。第一阶段逐步建立企业信息化基础设施；第二阶段开发企业内部信息技术应用系统，重点是生产控制和成本核算系统；第三阶段推广建立ERP系统，全面对接石化股份公司ERP系统。

（吴　婕）

【"江海牌"获省著名商标】 江西省工商行政管理局、江西省著名商标认定委员会2003年12月11日公布，全省共有210件注册商标被认定为"江西省著名商标"。九江分公司的"江海"牌尿素、"江海"牌汽油、柴油、煤油商标名列其中。

（吴　婕）

【九江石化列入省核心企业发展目标】 2003年11月，江西省将九江分公司和九江石化总厂(合称九江石化)列入"十一五"计划核心企业发展目标。提出九江石化发展目标为：汽柴油及石油产品实现年销售收入超100亿元，利税总额超10亿元；建设延迟焦化装置、加氢装置适应产品质量升级、提高轻油收率项目，总投资4.4亿元，年销售收入15亿元，由九江市人民政府和九江石化共同落实。江西省将集中全省的优势资源和生产要素重点支持核心企业，由此带动其他产业发展。

（吴　婕）

表1　　九江分公司主要经济指标[①]　　亿元

指标名称＼年份	2003	2002	2001	2000	1999	1998
原油加工量[②]/万吨	328.74	310.00	309.87	336.60	305.91	275.35
工业总产值[③]	22.84	21.33	19.99	20.36	19.52	14.18
其中：炼　油	13.51	12.49	12.72	14.19	12.55	11.91
化　工	4.81	4.27	4.08	3.76	3.01	2.27

续表

指标名称＼年份	2003	2002	2001	2000	1999	1998
化　肥	4.52	4.57	3.19	2.41	3.96	3.43④
工业增加值	11.72	10.76	8.96	9.68	12.67	8.75
资产总计	42.11	38.54	39.24	47.70	60.63	29.25
其中：流动资产	12.33	7.77	11.58	11.58	15.61	8.18
固定资产原值	50.74	49.54	50.22	50.62	55.41	24.66
固定资产净值	28.17	29.72	30.09	35.19	41.55	18.02
销售收入	76.20	61.68	61.83	75.29	50.34	37.45
实现利税	5.32	5.24	5.06	5.16	10.17	8.11
其中：税　金	7.38	6.93	6.90	6.71	7.80	6.58

① 1998—1999 年为原中国石化集团九江石化总厂数据。

② 1998—2003 年原油加工量含原料油分别为 27.06 万吨、25.58 万吨、8.65 万吨、12.87 万吨、8.36 万吨、16.84 万吨。

③ 按 1990 年不变价计算。

④ 1998 年化肥总产值未并入九江石化总厂工业总产值。

表 2　　九江分公司主要产品产量　　万吨

产品名称＼年份	2003	2002	2001	2000	1999	1998
70# 汽油	—	—	—	—	—	11.31
90# 汽油	58.38	64.16	61.73	68.19	57.70	37.19
93# 汽油	18.73	9.14	9.03	13.56	16.15	5.68
柴　油	115.73	111.80	110.14	125.82	109.89	91.95
煤　油	5.08	4.08	0.73	2.36	2.13	2.44
其中：3# 航煤	2.20	1.80	1.48	2.08	1.83	1.63
燃料油	52.10	42.25	53.78	54.27	55.27	44.44
溶剂油	3.30	3.32	3.40	3.47	2.63	14.47
烷基苯料	2.20	1.07	1.60	1.18	2.01	2.11
液化气	19.79	17.73	18.92	16.92	16.10	14.19
沥　青	1.06	1.75	2.75	2.31	2.59	3.45
精丙烯	9.57	8.95	9.00	8.39	1.89	3.02
聚丙烯	10.87	10.36	9.72	8.57	7.09	2.99
苯　类	5.83	3.89	4.39	3.72	3.12	3.87
硫　磺	0.60	0.62	0.66	0.41	0.45	0.11
尿　素	57.27	58.01	40.50	30.69	50.55	43.14

中国石化集团湖北化肥厂暨中国石油化工股份有限公司湖北化肥分公司

【概述】 中国石化集团湖北化肥厂(以下简称湖北化肥厂)暨中国石油化工股份有限公司湖北化肥分公司(以下简称湖北化肥分公司)，位于湖北省枝江市，南濒长江，上游距三峡水利枢纽工程80千米，北临宜(昌)黄(石)高速公路，西接焦柳铁路，东距古城荆州40千米，占地面积160万米^2，生产装置是国家20世纪70年代引进的13套大型化肥装置之一。工厂1974年10月动工，1980年1月投产，现拥有30万吨/年合成氨、52万吨/年尿素的生产能力。1999年，湖北化肥厂根据石化集团公司重组上市的要求进行改制，于2000年3月划分为上市部分(湖北化肥分公司)和存续部分(湖北化肥厂)。其中，存续部分下设10个部门和15个直属单位，职工899人。2003年固定资产原值为5.43亿元，工业总产值0.71亿元(1990年不变价)，主营业务收入0.91亿元。上市部分下设10个部门和9个直属单位，职工1 057人。2003年固定资产原值为15.35亿元，工业总产值1.54亿元，销售收入2.34亿元。两部分各类专业技术人员527人，占职工总人数的26%，其中，具有高级职称的40人，中级职称的224人。

2003年，湖北化肥厂和湖北化肥分公司遵照石化集团公司党组“团结、鼓劲、创新、抓实”的工作方针，继续按原料油供应计划和减亏指标实行有限生产。由于油价受中东局势的影响一路上扬，湖北化肥分公司一季度未能获准开车生产，错过了第一个销售季节，传统市场受到一定冲击。4月份恢复开车后，遭遇非典疫情，销售受到一定影响，加上因设备的老化故障频出，生产一度被动。在此情况下，企业首先抓住安全生产重点，保证装置安全稳定运行。其次，规范引导保护市场。复产后，企业在对市场进行深入调查和分析后，作出“治理、激励、考核、配合”的应对策略，调动经销商的积极性，落实当期经营措施。其三，围绕降低成本和压缩费用，把住效益审计和效能监察两个关口，做好控亏减亏工作，全年亏损控制在总部下达的指标以内。湖北化肥厂则坚持“服务主业，多种经营；减亏保标，谋求发展”的方针，完成全年的目标任务。

湖北化肥分公司主要经济指标和主要产品产量分别见表1和表2。

(刘　焱)

【煤代油改造项目工程开工】 2003年8月20日至23日，煤代油项目基础设计在湖北化肥分公司完成评审。9月11日，总部批复《湖北化肥分公司煤代油改造工程初步设计》，要求进一步落实初步设计有关审查意见，并核定工程总投资。工程建设于10月28日开工。

(刘　焱)

【建设环保在线监测系统】 2003年1月，由总部投资，在湖北化肥分公司建设环保在线监测系统。这套监测系统建成后，将对企业生产过程中的环保情况进行全面监控。

(刘　焱)

【完成ERP计划统计网络的建设】 湖北化肥分公司信息化建设在2003年取得进展：先后进行企业外网的宽带升级和财务信息网络的软件升级；完成ERP建设中计划统计网络的建设；科技情报信息系统、质量信息管理系统也初步建立。

(刘　焱)

【清理库存物资提高网上采购率】 湖北化肥厂和湖北化肥分公司以清仓利库为重点，加强物资供应管理。按新编制的《物资储备定额手册》，对库存物资进行全面清理、建账，并在局域网上发布，以“高代低，大代小”的原则尽可能利用，有效地控制库存。2003年全年利库300万元，网上采购率61.3%。

(刘　焱)

【对两试点单位进行改制】 2003年5月，湖北化肥厂完成了对改制试点单位饲料厂和纯净水厂的改制分流。改制后，这些单位生产经营状况良好，实现了“改比不改过得好”。同时，根据石化集团公司对改制分流工作的要求，加强对改制分流工作的领导，调整改制分流工作领导小组，修订2004—2006年改制分流整体规划，并对下一步拟改制分流单位的资产进行评估，制定医院、幼儿园等单位的改制分流方案，这两个单位的改制分流初步方案已上报石化集团公司。

(刘　焱)

【完成部分社区改革的基础工作】 按照石化集团公司社区改革三次专题会要求，湖北化肥厂在学习其他企业先进经验的同时，针对本企业所在地社区现状，对社区进行改革探索，并初步实施。一是将净支出费用进行分解，落实到社区各单位。对幼儿园实行月补贴包干，不足部分由其通过扩招地方上的幼儿入托解决；对医院、物业饮业实行内部承包，补贴费用逐年递减直至停止。以《降本增效责任书》的形式与厂签订协议，将执行情况与经济责任制和年终绩效挂钩考核。二是完善计量设施，规范收费。厂先期投入部分资金，将社区内老式电表全部更换成IC卡电表，提高水、电费收费率；为准确反应社区内一些单位的经营状况和赢利水平，实行考核和规范收费管理，补充和完善公用的水、电、汽计量设施。

（刘　焱）

【获全国"重合同、守信用先进单位"等荣誉称号】 2003年，湖北化肥厂和湖北化肥分公司先后被授予全国"重合同、守信用先进单位"、"湖北省思想政治工作优秀企业"、"湖北省文明单位"、"宜昌市文明单位"等荣誉称号。

（刘　焱）

【调整湖北化肥厂暨湖北化肥分公司领导班子】 2003年9月，结合湖北化肥厂和湖北分公司的实际情况，经石化集团公司人事教育部、石化股份公司人力资源部考核，在广泛听取职工意见的基础上，石化集团公司党组经过慎重研究，并征得宜昌市委同意，对湖北化肥厂暨湖北化肥分公司党政班子进行调整。中共湖北化肥厂委员会由金继前、杨华章、郑滋松、张正军、吴天平、胡明生、阮绍毅委员组成。金继前任党委书记，胡明生任党委副书记、纪委书记、工会主席。湖北化肥厂厂长杨华章、副厂长郑滋松。湖北化肥分公司经理金继前、副经理张正军、吴天平。

（刘　焱）

表1　湖北化肥分公司主要经济指标①　亿元

指标名称＼年份	2003	2002	2001	2000	1999	1998
工业总产值②	1.54	2.13	1.38	1.82	4.42	4.05
工业增加值	0.25	0.41	0.27	0.32	0.53	0.51
资产总计	4.01	4.70	5.53	10.07	11.19	8.22
其中：流动资产	1.93	3.28	3.38	6.99	7.92	6.10
固定资产原值	15.35	15.35	15.32	15.20③	6.47	6.96
固定资产净值	0.81	1.18	2.10	3.02	0.28	0.59
销售收入	2.34	3.04	3.09	3.52	6.29	5.65
实现利税	－1.89	－1.67	－1.94	－3.12	0.04	0.68
其中：税　金	—	—	0.04	—	0.03	0.02

① 1998—1999年为原湖北化肥厂数据。
② 按1990年不变价计算。
③ 中咨公司1999年重新评估。

表2　湖北化肥分公司主要产品产量①　万吨

产品名称＼年份	2003	2002	2001	2000	1999	1998
合成氨	11.51	15.66	10.17	13.14	32.36	30.06
尿　素	19.59	27.06	17.57	23.11	56.18	50.71

① 同表1①。

中国石化集团石家庄炼油厂暨中国石化石家庄炼油化工股份有限公司

【概述】 中国石化集团石家庄炼油厂（以下简称石家庄炼油厂）位于河北省石家庄市东郊，始建于1978年，1983年建成投产。1997年石家庄炼油厂作为独家发起人，通过资产重组，采用局部改制方式，以炼油化工主体资产投入，募集资金发起设立中国石化石家庄炼油化工股份有限公司（以下简称石家庄炼化股份公司），注册在河北省石家庄市高新技术产业开发区。

石家庄化纤有限责任公司是河北省政府与石化集团公司于1997年5月18日合资设立，依托石家庄炼油厂合资建设石家庄5万吨/年已内酰胺工程。

至2003年底上市、非上市部分形成固定资产原值72.32亿元，共有职工3 900多名。

石家庄炼油厂主要由文教、社区后勤服务和油品储运等辅助生产系统组成。

石家庄炼化股份公司主要包括350万吨/年常减压装置、200万吨/年催化裂化装置、80万吨/年焦化装置等20余套炼油化工生产装置。主要产品有汽油、煤油、柴油、液化气、聚丙烯等18个品种、25个牌号。其中0#柴油、2#灯油、聚丙烯等石油化工产品获省优质产品称号，-10#轻柴、90#汽油获部优质产品称号。石家庄化纤有限责任公司主要包括6.5万吨/年已内酰胺装置和5 000吨/年锦纶装置。主要产品有已内酰胺、苯甲酸、六氢苯甲酸、聚酰胺切片、锦纶长丝、塔夫绸、牛津布、硫铵等。

2003年，石家庄炼油厂积极应对伊拉克战争带来的国际油价大幅波动和非典疫情带来的经营风险，坚持以安全生产为根本，效益为中心，市场为导向，努力提高炼油加工效益，抓好化纤平稳生产和扩能改造，积极推进存续部分的改制分流和责任目标承包经营，稳步实施分配制度改革，贯彻执行质量、健康、安全和环境(QHSE)管理体系，不断提升企业管理的整体水平。

石家庄炼化股份公司炼油部分全年加工原油及原料油271万吨，同比增加24万吨；轻油收率为77.68%(含轻质燃料油)，同比提高0.24个百分点；综合商品率为90.95%，同比降低0.71个百分点；原油加工损失率为0.97%，同比降低0.07个百分点；原油途耗为0.20%，同比降低0.05个百分点；综合能耗为84.56千克标油/吨，同比降低3.42个单位；实现销售收入60.17亿元，实现利税5.94亿元，同比增加1.68亿元，其中利润7 654万元，同比增加5 684万元。

石家庄化纤有限责任公司全年生产已内酰胺5.74万吨、硫酸铵22.42万吨、聚酰胺切片2.43万吨，实现销售收入7.6亿元。全年亏损3.74亿元。

石家庄炼油厂努力做大核心业务，石化贸易公司、石灵碳素公司、工建公司等单位创收明显增加，同时开展优质服务，社区管理水平进一步提高；积极稳妥推进改制分流工作。全年实现主营业务收入2.84亿元，亏损6 300万元。

2003年，认真贯彻实施质量、健康、安全和环境(QHSE)管理体系标准，全面提高管理水平。不断加大培训力度，增强了干部职工的规范管理意识。对贯标体系文件进行了反复修改，修订了37项健康、安全和环境管理规章制度，同时评价、识别危险源7 990项、环境因素1 400多项，制定了贯彻实施管理体系的目标、措施和管理方案。通过两次内审，对发现的168个不合格项进行了整改，初步形成了按照体系文件开展各项工作的管理模式，5月1日，在石家庄炼化股份公司、石家庄化纤有限责任公司开始全面试行。

加强隐患治理。对隐患评估、立项、申报、审批、实施和验收等各个环节进行严格监督管理，完善了隐患治理档案。2003年对22项上报石化集团公司、石化股份公司隐患、73项厂级隐患项目投资2 200万元，均按进度完成。

继续加强源头控制，强化末端治理，实现稳定达标排放。化纤部分对05单元排放的高含氮废水进行回收，减少了污染源。全年炼油外排水综合合格率99.32%，同比提高0.09个百分点，万元产值COD排放量1.62千克，同比降低0.04千克，吨原油工业废水排放量1.00吨，同比降低0.01吨，化纤全年环保外排水合格率达到80%。

2003年，上市、非上市部分实现了火灾爆炸、生产、设备、人身、交通5项重大事故为零的目标，月千人负伤率为0.089，无上报石化集团公司级事故，再次被评为石化集团公司安全生产先进单位。

强化营销管理工作。密切产销衔接，积极开拓市场，加大高附加值产品销售力度，提高经济效益。炼油部分在严格执行成品油配置计划的基础上，积极增产高附加值产品。对自销产品做到信息灵、反应快，价格调整到位，每天与周边炼厂互通信息，联手保价推价，形成了价格联动的机制，为卖出当期最好价格打下了基础。

石家庄化纤有限责任公司抓住已内酰胺反倾销终裁和下半年化工市场回升的有利时机，积极开拓市场，扩大销售。通过完善销售承包制，实行销售收入、货款回笼、产销率与销售费用全额承包，销售业绩与收入挂钩，提高了销售人员的积极性。同时加大已内酰胺直销比例，增加硫铵出口；严格执行款到发货原则，加强售前、售中和售后服务，取得了较好的营销业绩。全年共销售已内酰胺3.29万吨、硫铵24.5万吨、聚酰胺切片2.38万吨、工业苯甲酸800吨、苯甲醛950吨。实现已内酰胺产销率101.76%，硫铵产销率107.03%，聚酰胺切片产销率99%，苯甲酸产销率100.56%，苯甲醛产销率100%。

物资供应充分利用信息化、网络化优势，大力推行上网采购，坚持货比三家、公开透明操作。2003年物资上网采购率名列石化股份公司炼化企业前茅。

树立市场观念，强化服务意识，实现降本减亏目标。石家庄炼油厂进一步转变观念，加强管理，改善服务。2003年工建公司所维护的石家庄炼化股份公司、石家庄化纤有限责任公司及存续部分设备完好率达到98%以上，泄漏率低于3‰。石灵碳素公司积极培育效益增长点，抓住煅后焦产品畅销的机遇，搞好装置扩容，生产能力已由3万吨/年扩能至6万吨/年，全年完成销售收入1.07亿元，同比增加5 136万元。

倡导优质服务，规范社区文教卫管理。物业公司开通了24小时"125"服务热线，积极为居民服务，随时解决用户的各类问题，提高了用户满意度。职工医院改制已经完成，创立了石家庄瑞得医院并正式挂牌营业。

积极稳妥推进劳动分配制度改革。按照石化集团公司的统一部署，在广泛宣传发动，集中做好干部职工思想工作的基础上，把握好时机，掌握好力度，坚持依法合规、公平公正、民主决策，聘请劳动和社会保障部工资改革研究所共同开展内部分配制度改革工作，通过民意测验、职工座谈、岗位调查、职责描述等前期工作，完成了岗位测评、岗位排序，并参照劳动力市场价位制定了薪酬方案，召开职工代表大会，顺利审议通过了实施方案。

石家庄炼化股份公司主要经济指标和主要产品产量见表1、表2。

石家庄化纤有限责任公司主要经济指标和主要产品产量见表3、表4。

（刘文征）

【炼油24项降本增效措施收到明显成效】 2#燃煤锅炉2003年8月27日建成投用，全部替代燃油发生蒸汽，全年节约燃油2 500吨；同时完善了炼油、化纤电力联网，最大限度利用自发电，外购电费大幅下降，每年可增效700万元。

通过加强常减压、催化、焦化等重点装置的工艺管理，催化装置结合新增CO焚烧炉回收能量，抓好烟机的长周期平稳运行，解决了叶片角度调优后机组的震动问题，每小时多节电200千瓦·时，几项措施使装置能耗同比降低10个单位；常减压装置针对生产实际，停用一级电脱盐设备，同时搞好装置间的原料热供，减少了能量损失并降低了输转电耗。

聚丙烯装置应用尾气膜分离技术，同比降低聚丙烯单耗0.03个百分点，多回收丙烯750吨。完成了处理后污水补充循环水工作，每年可降低新鲜水消耗100万吨。

（刘文征）

【石家庄化纤有限责任公司新组合工艺技术具备工业化应用条件】 2003年12月20日，一项大幅降低己内酰胺生产成本的新工艺：六氢苯甲酸—环己酮肟联产己内酰胺组合工艺中试在北京顺利通过石化股份公司组织的技术鉴定。

该项组合工艺是利用意大利SINA甲苯法生产己内酰胺工艺的酰胺化反应液中浓度达到11%的三氧化硫，催化环己酮肟重排，在不增加烟酸使用量的情况下增产己内酰胺，实现降低硫铵产量、降低成本的目标。该项目被石化股份公司列为2003年重点开发项目，由石家庄化纤有限责任公司、湘潭大学、石油化工科学研究院、巴陵石化设计院、华东理工大学共同合作开发。2002年11月组合工艺小试通过石化股份公司鉴定，2003年5月石家庄化纤有限责任公司建成中试装置，10月底完成中试试验，12月20日通过国家自然科学基金委化学部、石化股份公司、清华大学、湘潭大学、华东理工大学、石油化工科学研究院、经济技术研究院、巴陵分公司、石化股份公司等单位22名专家组成的鉴定委员会审查鉴定。专家认为，该组合工艺在新增负荷150%的情况下，环己酮肟转化率达到99.78%，己内酰胺选择性达到98.9%，产品质量优于意大利SINA甲苯法，各项指标全部达到设计要求。该工艺技术先进，流程合理，达到国际先进水平。

石化股份公司高级副总裁曹湘洪作为鉴定委员会主任主持了项目的鉴定会和评议。

组合工艺的开发成功，在不新增副产硫铵的情况下，使己内酰胺装置生产能力由6.5万吨/年改造为16万吨/年成为可能，为石家庄化纤有限责任公司今后扭亏脱困提供了技术保障。

（刘文征）

【石家庄化纤有限责任公司己内酰胺装置扩能由5万吨/年改为6.5万吨/年一次成功】 该项目总投资2 465万元，项目自2002年5月开始策划、筹备，10月份呈报石化集团公司审批，确定了详细的改造方案。2003年5月8—14日进行了为期一周的停工抢修扩容改造，基本完成了己内酰胺"5改6.5"扩容项目的改造任务，共计28项。

6月份改造完成投产后，己内酰胺装置生产负荷能够达到130%左右。2003年6—10月份平均月产量达到5 216吨，比去年同期提高了21.03%，并且在10月份产量达到了5 801吨，基本达到了己内酰胺"5改6.5"扩容改造的目标。

此次扩容改造项目多、涉及面广、技术含量高，通过与清华大学、天津大学、中国科学院工程所、石油化工科学研究院、巴陵石化设计院等很多科研院所合作，多项新技术、专利技术得到了应用，并解决了生产中的一些瓶颈问题。

（刘文征）

【石家庄化纤有限责任公司联合兄弟企业反倾销成功】 2003年6月6日，国家商业部公布了己内酰胺反倾销案终裁决定：自即日起对原产于日本、比利时、德国、荷兰、俄罗斯等5国进口到中华人民共和国境内的己内酰胺征收反倾销税。

从市场看，中国国内己内酰胺产量与己内酰胺市场需求属同步增长。但从1999年开始，日本、比利时、德国、荷兰、俄罗斯对中国出口己内酰胺数量出现明显逐年增长，其出口的己内酰胺占中国国内市场份额也维持在较高水平，使得价格呈现下降趋势，2001年尤为明显，给国内产业发展带来很大不利影响。

2001年销售收入较2000年出现较大幅度下降，而且远大于国内己内酰胺销售量下降幅度，石家庄化纤有限责任公司被迫于2001年下半年停产。在此情况下，石家庄化纤有限责任公司联合南京东方化工有限公司、巴陵石化鹰山化工厂向原国家外经贸部提出反倾销申诉。

这起反倾销案于2001年12月7日正式立案，随后原外经贸部和国家经贸委按法定程序进行了初步调查。2003年1月7日原外经贸部作出初步裁定，公告从2003年1月7日起对原产于前述5国的进口己内酰胺开始实施临时反倾销措施。并就本案进一步调查和搜集证据，调查期间经全国人大十届一次会议批准，由新组建的商务部承担反倾销调查职能，于2003年6月6日作出了终裁决定。

（刘文征）

【职工医院完成了改制分流工作】 石家庄炼油厂职工医院完成了改制分流工作，改制分流人员76人，资产433万元，于2003年3月19日正式挂牌改为石家庄瑞得医院。改制过程中规范操作，充分运用国家和石化集团公司的政策，制定改制方案，认真实施资产评估、股权认购和改制单位的选举工作，保证了改制工作顺利进行。目前瑞得医院运转正常。

（刘文征）

表1 石家庄炼化股份公司主要经济指标 亿元

指标名称＼年份	2003	2002	2001	2000	1999	1998
原油加工量/万吨	266.05	243.35	265.02	280.90	187.06	185.58
工业总产值①	16.53	14.23	14.82	16.47	10.83	11.83
工业增加值	7.83	6.13	7.92	4.33	5.03	8.04
资产总计	25.64	27.54	29.44	31.11	25.98	26.45
其中：流动资产	15.18	15.22	17.27	15.73	9.30	11.73
固定资产原值	21.79	21.64	19.30	17.33	16.56	15.48
固定资产净值	9.56	9.94	9.70	8.55	9.36	9.20
销售收入	60.17	47.74	51.92	57.66	28.65	26.07
实现利税	5.94	4.26	5.20	2.39	5.12	6.73
其中：税　金	5.17	4.07	4.97	4.20	3.80	3.79

① 按1990年不变价计算。

表2 石家庄炼化股份公司主要产品产量 万吨

产品名称＼年份	2003	2002	2001	2000	1999	1998
汽　油	61.78	52.99	59.28	67.68	47.24	52.78
煤　油	11.43	8.71	9.15	12.69	12.95	11.32
柴　油	107.67	98.45	108.67	110.90	66.32	66.99
燃料油	9.95	9.02	3.58	8.80	4.09	4.24

续表

产品名称＼年份	2003	2002	2001	2000	1999	1998
液化气	13.02	11.26	12.10	12.98	21.31	10.23
硫　磺	0.91	0.80	0.71	0.48	0.27	0.32
精丙烯	4.95	4.30	5.22	6.57	3.86	4.95
聚丙烯	3.29	2.69	3.05	4.34	3.12	4.27
石油焦	11.83	13.02	15.98	13.42	10.41	11.44

表 3　　**石家庄化纤有限责任公司主要经济指标**　　亿元

指标名称＼年份	2003	2002	2001	2000	1999	1998
工业总产值①	9.45	5.02	2.64	5.82	—	—
工业增加值	-1.45	-1.68	-3.32	-0.40	—	—
资产总计	27.51	31.19	33.45	35.54	—	—
其中：流动资产	3.46	1.99	1.38	2.13	—	—
固定资产原值	35.76	35.50	34.94	33.22	—	—
固定资产净值	26.23	28.31	30.87	31.25	—	—
销售收入	7.70	4.10	2.03	4.59	—	—
实现利税	-6.77	-3.96	-4.76	-2.60	—	—
其中：税　金	0.02	0.01	0.01	0.09	—	—

① 按 1990 年不变价计算。

表 4　　**石家庄化纤有限责任公司主要产品产量**　　万吨

产品名称＼年份	2003	2002	2001	2000	1999	1998
己内酰胺	5.74	3.04	1.61	3.51	—	—
硫　铵	22.42	11.99	6.42	14.78	—	—
苯甲酸	0.08	0.04	0.16	0.61	—	—

中国石油化工股份有限公司济南分公司

【概述】 中国石油化工股份有限公司济南分公司(以下简称济南分公司)原为中国石化集团济南炼油厂生产主业部分，始建于 1971 年，1975 年投产，1983 年划归中国石化总公司，1998 年留转至石化集团公司，2000 年根据重组改制方案，企业进行主辅分离，主业即进入石化股份公司，成为济南分公司。

济南分公司位于山东省济南市历下区，占地面积 240 万米^2，距市中心 11 千米，地处胜利、中原两大油田之间，自备铁路与胶济线相连，厂区南北有济王路、309 国道和济青高速公路，距济南遥墙国际机场 15 千米，地理位置优越，交通运输四通八达。

截至 2003 年底，济南分公司固定资产原值 35.70 亿元，具备 350 万吨/年原油综合加工配套能力，拥有常减压蒸馏、重油催化裂化、延迟焦化、汽油催化重整、柴油加氢精制、丙烷脱沥青、糠醛精制、酮苯脱蜡、白土补充精制、气体分馏、甲基叔丁基醚、聚丙烯等 32 套主要生产装置，可生产汽油、煤油、柴油、液化气、石油焦、聚丙烯、硫磺、润滑油基础油等 50 余种产品，产品出厂合格率始终保持 100%。截至 2003 年底，济南分公司职工人数为1 906人，其中各类专业技术人员 661 人(高级职称 80 人，中级职称 336 人)。

2003年，受伊拉克战争和“非典”因素影响，石油市场跌宕起伏，一波三折；加之日本核电站事故使米纳斯油价偏离正常价位而导致利润减少约1.39亿元，济南分公司生产经营始终承受着巨大压力。为消除外界客观因素带来的不利影响，济南分公司狠抓降本压费和结构调整，千方百计挖潜增效。同时，积极克服原油品种多、性质差别大给生产调整增加的难度，使生产经营保持了良好的发展势头，原油加工量有了较大增长。2003年，济南分公司加工原油300.39万吨，同比增长14.77%，首次突破300万吨大关；实现销售收入65.32亿元，同比增长27.18%；实现利税7.42亿元，实现利润1.14亿元；吨油完全费用230.22元，较石化股份公司下达的指标低24.78元。主要经济技术指标较上年有明显改善，并再次荣获石化集团公司及济南市“安全生产先进单位”称号。

济南分公司以市场为导向，依靠技术进步和科学管理，不断加快产品结构调整步伐。2003年，清洁汽油产量占汽油总量的75.17%，同比提高56.42个百分点；聚丙烯专用料比例为93.33%，同比提高18.17个百分点；200#溶剂油产量同比增加120.26%；润滑油基础油同比增长68.46%；填充油同比增长186.00%，石蜡同比增长58.49%；新开发了石脑油型化工轻油、分子筛料、洗萘油、重交沥青和4#轻燃料油等新产品，累计生产13.53万吨，产品结构调整效果显著。

在抓好生产经营工作的同时，济南分公司不断加强精神文明建设，坚持两手抓，两手硬，企业精神文明建设取得了丰硕成果。2003年，企业获得“济南市思想政治工作优秀企业”称号，连续6年被评为山东省“省级文明单位”。

济南分公司主要经济指标和主要产品产量见表1和表2。

（邓顺平）

【分配制度改革顺利实施】 按照石化集团公司统一部署，济南分公司于2003年对沿用多年的内部分配制度进行了改革，通过引进市场劳动力价位机制，逐步建立起注重绩效、注重贡献的分配激励制度。为了保证改革规范科学开展，公司邀请了国家劳动和社会保障部劳动工资研究所专家组进行协助。6月10日，济南分公司就分配制度改革向全体职工开展问卷调查，为方案的制定奠定了广泛的群众基础。同时，各单位在专家组的指导下，进行了岗位说明书的编制、审定以及岗位测评等准备工作。8月14日改革预案上报石化集团公司，通过预审后，济南分公司召开了职工代表组长会议，经过充分讨论，会议全票通过了改革整体方案。9月26日，石化集团公司对改革方案进行了正式批复，10月20日，济南分公司下发了《分配制度改革实施方案》，并于11月1日正式实施。改革过程中，济南分公司广泛地进行了宣传教育工作，取得了干部职工对改革的理解和支持。随着改革方案的颁布实施，企业内部生产秩序井然，职工队伍稳定，达到了预期效果。

（邓顺平）

【原油加工量首次突破300万吨】 2003年12月29日20:09，济南分公司原油加工量一举突破300万吨，加工规模跃上新台阶，标志着企业发展进入了崭新阶段。济南分公司积极将企业生产优化调整情况及时向上级部门汇报，围绕计划落实，多方组织油源，调配运力，保证原油按时进厂，满足生产需求。2003年，原油进厂量超过300万吨，原油品种多达11类，其中进口原油占进厂总量的22.64%。为了减少原油损失，济南分公司重新修订了《原油进厂管理办法》，加大考核力度，增强对供方的制约。2003年，原油途耗0.39%，同比降低0.04%；原油储耗0.57%，同比降低0.16%；汽运原油实现了零亏损。

（邓顺平）

【通过济南市最高环保信用等级验收】 2003年11月17日，济南市企业环保信用评审组一行8人到厂，对济南分公司申报的最高环境保护信用等级进行检查验收。评审组采用听取汇报、查阅资料、现场核实相结合的方式，从大气、水、噪声、污染物排放、总量控制、环境污染控制、污染防治设施运行、清洁项目管理及固体废物综合利用等12个方面，对公司的环境行为进行了全面评审。最终，评审组认为济南分公司环保意识明显，注重环保工作与生产经营的同步发展，效果显著，在济南市工业企业中具有良好的示范作用，符合最高环保信用等级标准，通过验收。

（邓顺平）

【通过2000版质量体系监督审核】 2003年11月5—7日，北京三星九千认证中心专家组对济南分公司质量体系换版升级后进行了第二次监督审核，审核的依据为GB/T 19001—2000 idt ISO 9001—2000版标准和济南分公司现行质量体系文件有效版本及有关法律、法规标准，审核的范围包括燃料油、沥青、硫磺、聚丙烯树脂、石油焦产品的设计、开发和生产涉及的部门、场所、设施和活动。通过审核，北京三星九千认证中心对济南分公司质量体系给予了较高评价，认为济南分公司产品质量稳定，以用户为关注焦点的思想在员工中逐步形成，公司领导保持了较强的质量意识和质量管理水平。在产品升级换代、提高服务质量和改进质量管理体系方面，体现了持续改进要求，认为现行质量体系运行有效。审核组决定：保持济南分公司认证注册资格。

（邓顺平）

【石化集团公司安全环保局来厂开展安全大检查】 2003 年 10 月 29 日，石化集团公司安全环保局副局长孟庆鹏率安全大检查组一行 10 人到厂，对济南分公司安全生产工作进行了全面检查。检查组对部分管理人员进行了安全知识测试，并深入机关处室和基层车间，对消防器材、各类报警仪器、电气工作票及压力容器、安全阀等进行了全面检查。11 月 1 日，济南分公司召开中层干部大会，检查组对检查情况作了总结讲评，认为济南分公司安全生产工作基础良好，作风务实，同时对存在的问题和不足提出了改进的建议和要求。

（邓顺平）

【通过石化集团公司清洁生产示范企业验收】 2003 年 9 月 15 日，石化集团公司清洁生产示范企业验收组来厂，对济南分公司的清洁生产工作进行全面检查验收。检查组对重油催化裂化、延迟焦化、润滑油、油品储运及环保装置进行了现场抽检，并查阅了审核报告、清洁生产台账、操作记录、培训记录等。检查组认为，济南分公司有健全的清洁生产组织机构，建立了持续清洁生产的长效机制；积极应用先进的清洁生产技术，取得了良好的环境效益和经济效益；连续 3 年外排工业废水指标合格率大于 95%，连续两年实现万元产值 COD 削减 5% 以上；清洁生产工作扎实，符合《清洁生产示范企业验收标准》要求，通过现场验收。

（邓顺平）

【济南分公司被评为全国质量效益型先进企业】 济南分公司紧紧围绕“用户至上、诚信在先”的质量方针，坚持质量第一，以市场为先导，以效益为中心，切实加强全面质量管理，积极开展质量认证贯标，注重技术进步和科学管理，使质量控制覆盖并贯穿于生产经营的全过程。自建厂以来，始终保持产品出厂合格率和政府质量监督部门抽检合格率均为 100%；汽、柴油质量升级处于国内领先水平，并根据市场需求，不断推出新产品。高质量的产品和良好的信誉使济南分公司在区域市场内享有较高的评价。2003 年 4 月 22 日，中国质量协会授予济南分公司“全国质量效益型先进企业”荣誉称号。

（邓顺平）

表 1　　济南分公司主要经济指标①　　亿元

指标名称 \ 年份	2003	2002	2001	2000	1999	1998
原油加工量/万吨	300.39	268.08	240.89	241.24	185.18	180.07
工业总产值②	17.28	15.36	14.40	13.87	10.79	10.54
工业增加值	10.65	10.50	12.65	8.21	11.42	9.06
资产总计	26.77	24.69	25.31	25.95	24.64	26.64
其中：流动资产	7.66	6.21	8.05	9.16	8.15	8.58
固定资产原值	35.70	31.82	29.89	27.69	27.05	26.38
固定资产净值	18.39	16.45	15.93	15.22	12.78	14.63
销售收入	65.32	51.36	49.74	52.82	30.32	26.33
实现利税	7.42	7.49	5.48	4.81	7.14	5.26
其中：税　金	6.27	5.76	5.33	4.39	4.95	3.55

① 表内 1998—1999 年数据为济南炼油厂主要经济指标。

② 按 1990 年不变价计算。

表 2　　济南分公司主要产品产量①　　万吨

年份 / 产品名称	2003	2002	2001	2000	1999	1998
汽　油	81.50	74.46	68.51	64.68	49.47	50.59
煤　油	—	—	0.33	1.43	0.79	2.35
柴　油	124.22	111.61	103.29	98.26	70.91	60.99
沥　青②	8.81	12.92	9.07	—	14.59	17.95
商品重油	1.99	9.27	6.28	5.54	3.52	4.92
液化石油气	13.36	13.62	11.53	10.74	9.47	9.26
润滑油③	5.77	3.42	3.62	5.77	5.47	7.50
聚丙烯	7.10	7.66	7.19	7.19	4.90	3.17

① 表内 1998—1999 年数据为济南炼油厂产品产量。
② 2001—2003 年数据为沥青料产量。
③ 2000—2003 年数据为润滑油基础油产量。

中国石化集团武汉石油化工厂暨中国石油化工股份有限公司武汉分公司、中国石化武汉凤凰股份有限公司

【概述】 2000 年根据石化集团公司整体重组改制部署，原中国石化集团武汉石油化工厂一分为三。即：以炼油装置为核心，成立了中国石化股份有限公司武汉分公司(以下简称武汉分公司)；以化工装置为核心的中国石化武汉凤凰股份有限公司(以下简称武汉凤凰股份公司)；以辅助生产、服务储运、检维修工程建设、多种经营和文教卫社区服务五大板块为核心的非上市部分仍称中国石化集团武汉石油化工厂(以下简称武汉石化厂)，三部分统称武汉石化。武汉石化位于武汉市青山区，自拥铁路、码头和车队，水陆交通极为便利，其业务、资产、人员等概况见表 1。

武汉石化年加工原油 400 万吨，是一座大型的燃料化工型企业。始建于 1971 年，扩建于 1975 年，投产于 1977 年，已开工生产装置 24 套，占地面积 188 万米^2。主要生产黄鹤牌汽油（90#、93#、95#、97#）、灯用煤油、3#喷气式航空燃料油、轻柴油(0#、－10#)、石脑油、溶剂油、烷基苯料、环烷酸、甲基叔丁基醚、专用重油(1#、2#、3#、4#、7#)、180#燃料油、工业片状硫磺、石油焦、聚丙烯树脂(粉料、粒料)、聚丙烯树脂专用料、石油液化气等 16 种产品，13 种产品获部优、省优，－10#柴油获国家银质奖。产品行销鄂、湘、川、渝等 12 个省区，硫磺和聚丙烯等部分产品进入国际市场。

1992 年武汉石化发起控股组建了武汉凤凰股份有限公司，该公司股票于 1993 年挂牌上市(股票代码：000520，简称：中国凤凰)，成为中国石化第一家在深圳证券交易所上市的股份有限公司。2003 年初再次被入选为指标股。

截至 2003 年底，武汉石化累计实现工业总产值 331.44 亿元(不变价)，利税 84.21 亿元。2003 年加工原油 285.41 万吨，实现并表工业总产值现价 83.31 亿元，完成并表销售收入 90.91 亿元，实现并表利税 7.12 亿元，实现并表利润亏损1 527万元。先后获全国思想政治工作先进单位，中国设备管理先进企业，湖北省优秀企业、湖北省工业计量管理先进企业、湖北省最佳文明单位、湖北省五一奖状，石化集团公司安全生产先进企业，武汉市经济效益先进企业等称号。2003 年武汉石化主要财务指标完成情况见表 2，武汉石化主要经济指标和主要产品产量见表 3、表 4。

（董建斌）

【开展“安全管理年”活动，实现连续安全生产 428 天】 针对 2002 年发生“10·29”报总部事故，2003 年武汉石化开展了“找差距、查隐患、定措施、纠违章”为主题的安全管理年活动，重点开展了 6 个方面的工作：进一步贯彻落实《安全生产法》；切实落实各级安全生产责任制；加强专业检查、抽查力度，开展第 56 次、第 57 次岗检和深化“安康杯”竞赛活动；狠抓检修改造装置“三同时”；突出加油站安全整治和危险化学品专项治理；列入整改计划的 8 项隐患已全部治理完毕。实现了连续安全生产 428 天，实现报总部事故为零。

（董建斌）

【主辅业全面完成了年度经营目标任务】 2003 年，武汉石化厂亏损总额达2 554万元，超额完成石化集团公司下达的限亏3 000万元指标，管理费用10 585万元、营业费用1 825万元、财务费用 780 万元，控制在石化集团公司下达的11 900万元、2 035万元和807 万元的考核指标范围内。武汉分公司和武汉凤凰股份公司合并实现利润 1027 万元，比石化股份公司下达的利润指标 500 万元增加 527 万元，其中武汉分公司亏损7 596万元，管理费用9 246万元、吨油完全费用 215.61 元/吨，现金操作成本 173.17 元/吨，扣除各项特殊会计处理事项后，各项成本指标均完成了石化股份公司下达的考核指标；武汉凤凰股份公司实现利润8 623万元，现金操作成本16 406万元，完全费用20 689万元，全面控制在下达的现金操作成本16 528万元和完全费用22 072万元的考核指标范围内。

（董建斌）

【武汉分公司 10 万吨/年气体分馏装置建成投产】 该装置及配套系统总投资约3 900万元，是武汉分公司2004 年“做精、提效”的有力举措之一。2003 年 4 月 22 日打下第一根桩，4 月 30 日土建工程全面展开，7 月 10 日开始设备安装；9 月 30 日工程正式中交，11 月 6 日生产出合格精丙烯。从打下第一根桩到一次投产成功并生产出全部合格产品，历时 8 个月，刷新工程建设新纪录。

（董建斌）

【武汉分公司 5 项技术经济指标创历史最好水平】 武汉分公司面对主要生产装置 3 年未大修的不利形势，精心组织生产，全力抓好降本增效工作，优化原油品种、优化生产方案、优化操作、优化产品结构，克服重重困难，抓好设备检修末期的安全、平稳、经济运行。2003 年实现了原油加工量、销售收入、利税、聚丙烯产量和 93# 以上高标号汽油比例等 5 项指标创历史最好水平。

（董建斌）

【武汉分公司 40 万吨/年延迟焦化扩能改造和 150 万吨/年联合常压装置节能改造】 为大力提高轻收、解决二次加工手段不足的矛盾，2002 年底武汉分公司实施了 40 万吨/年延迟焦化装置跨年扩能改造。为赢得时间，厂有关部门组织施工单位克服边生产边施工的困难，在 2002 年 11 月 25 日正式停工前提前完成了“两塔一炉”建设。经过 53 天紧张施工，2003 年元月 17 日生产出了第一炉合格石油焦炭。扩改后的延迟焦化装置处理量达到 100 万吨/年，并使全厂轻收增加约 3 个百分点，柴汽比提高 0.08，2003 年增效近3 000万元。武汉分公司 2002 年 12 月 18 日启动了 150 万吨/年联合常压装置节能改造，2003 年元月 7 日一次投产成功，换热终温提高 10 摄氏度以上，装置平均能耗下降 1.39 千克标油/吨，年增效 250 万元。

（董建斌）

【武汉凤凰股份公司首次实现聚丙烯生产量和销售量“双十”万吨新高】 武汉凤凰股份公司 3 套聚丙烯装置设计能力为 10.5 万吨/年，2003 年聚丙烯产量达到 10.23 万吨/年，销售量达到 10.25 万吨/年均创历史最好水平，专用料比例达到 57%。年生产量和销售量同步达到 10 万吨，对武汉凤凰股份公司来说还是第一次。7 万吨/年聚丙烯装置长周期运行 3 年后，通过技术攻关和引进先进控制优化化操作，聚丙烯年产量达到 9.03 万吨/年，大大超过设计能力，为实现“双十”目标奠定了基础。

（董建斌）

【武汉石化厂不良资产处置有了实质性进展】 针对10年前盲目投资、法人治理结构混乱的历史状况，2003 年武汉石化厂加大了不良资产处置力度，并取得实质性进展，降低了企业潜在的巨大经营风险，为存续公司的生存创造了良好条件。经石化集团公司、中介机构和国资委逐级审核确认，武汉石化厂核销了25 637万元的资产清查损失。2003 年党委、厂部下定决心，完成了神州房地产投资项目的清理整顿，处置了异地部分零星房产和烂尾楼，收回四川郫县石油公司 213 万元历史呆坏账，盘活了部分不良资产，为2004 年全面推进法人治理和执行总部“账消案存”政策积累了经验。

（董建斌）

【改制分流试点单位武汉石化交运有限公司 8 月 22 日挂牌运行】 武汉石化交运公司是武汉石化第一家改制分流单位，也是总部 2002 年批准的第一批改制分流试点单位之一。经过了一年多的资产清查、财务审计和资产评估等一系列准备工作后，2003 年 8 月 22 日改制后的新公司正式挂牌成立，剥离 90 人(全民 69 人，集体 21 人)。改制企业武汉石化交通运输有限公司正式运行后，职工队伍稳定，经济效益平稳，2003 年实现利润 33 万元。

（董建斌）

【武汉石化厂 2 个单位改制分流初步方案获总部批准】 武汉石化厂所属的绿色公司和职工医院共 120 人的两个改制分流初步方案先后于 2003 年 11 月 11 日和 12 月 31 日获总部批准。2003 年 2 个单位完成了资产清查、财务审计和资产评估工作，年底前 2 个实施方案初步拟定。2004 年 3 月 31 日绿色公司改制分流实施方案获总部批准，5 月 30 日完成工商注册，6 月 28 日挂牌运行。

（董建斌）

【加强目标成本管理实现成本费用有所降低】 2003 年，武汉石化上下不断深化成本利润考核，成本控制取得明显成效。通过加强车间成本利润考核，落实班组成本核算，武汉石化厂的主要动力产品单位制造成本均有所降低；武汉分公司的吨油费用较上年下降 3.19 元/吨。在动力产品增加的情况下，武汉石化厂动力及辅助材料消耗同比降低 320 万元；职能处室“四费”考核和落实责任成本并重，管理费用中可控费用有所降低，“四费”支出同比减少 65 万元。

（董建斌）

【武汉分公司完成 ISO 9001:2000 转版认证，武汉石化厂 ISO 9001:2000 一次贯标认证通过】 武汉石化厂贯标认证工作，自 2003 年初开始策划，3 月份完成了《质量手册》、《程序文件》的编制和发布，9 月份开始运行，经过 2 次内部质量体系审核，1 次管理评审和模拟审核，2003 年 12 月份通过了现场评审。武汉分公司转版认证工作同步进行。在转版和贯标中，武汉石油化工厂创造性将全厂财务、党群系统纳入了体系进行整体认证，这在石化集团公司企业中尚属首例。

（董建斌）

【武汉分公司启动 8 套装置跨年停工大检修】 至 2003 年武汉分公司大部分装置进入设备检修末期，2003 年底武汉石化厂启动了常减压装置节能技术改造、7 万吨聚丙烯扩能改造，1# 催化、1# 气分、重整加氢、焦化、7 500吨硫磺、气回装置大检修，排水车间二污工艺优化等 8 套装置跨年停工大检修。年末进行的改造任务主要有：联合催化节能改造，单塔汽提及氨精制系统扩能改造，启动芳烃抽提装置建设项目。一季度完成 1# 加氢处理焦化蜡油技术改造，其他检修改造任务先后至 2004 年上旬结束。

（董建斌）

【武汉分公司 6 项专业达标指标 3 项未实现】 由于重整加氢联合装置投产以及主要装置处于 3 年未大修的设备尾期，2003 年轻质油收率为 70.3%，比达标指标低 1.7 个百分点；年加工损失率为 1.06%，同比上升 0.12 个百分点，比达标指标高出 0.11 个百分点；炼油综合能耗为 80.06 千克标油/吨，比达标指标高出 6.06 个单位，比去年同期上升 7.98 个单位。

（董建斌）

表 1　2003 年末武汉石化业务、土地、资产、人员结构概况

单位＼项目	占地面积/万米^2	业务范围	固定资产/亿元		职工/人	
			原值	净值	在册	在岗
武汉石化厂	84	动力、三产	8.35	4.32	2 204	2 072
武汉分公司	73	炼油	18.57	10.22	1 893	1 415
武汉凤凰股份公司	31	化工	10.54	4.97	493	288
合计	188		34.46	19.51	4 590	3 775

表 2　2003 年末武汉石化主要财务指标完成情况　万元

单位＼指标	销售收入	利税	利润	工业总值(现价)
武汉石化厂	127 448	1 165	－2 554	5.92
武汉分公司	666 686	69 960	－7 596	77.39
武汉凤凰股份公司	114 968		8 623	
模拟合并	909 102	71 125	1 527	83.31

表3 武汉石化主要经济指标① 亿元

指标名称 \ 年份	2003	2002	2001	2000	1999	1998
原油加工量/万吨	285.41	274.50	255.91	299.59	252.79	220.94
工业总产值②	24.58	23.43	19.33	21.60	19.16	15.66
工业增加值	10.07	10.15	9.05	9.37	9.98	8.09
资产总计	44.84	49.08	44.16	40.51	32.87	36.55
其中：流动资产	20.38	22.96	23.46	24.23	13.64	14.66
固定资产原值	34.46	34.16	34.08	30.53	17.68	19.87
固定资产净值	19.51	17.87	18.91	17.22	10.12	12.14
销售收入	90.84	73.64	71.00	85.05	40.12	32.80
实现利税	7.12	7.10	5.10	5.88	6.46	5.38
其中：税　金	7.00	6.54	6.19	6.77	5.94	5.05
利　润	-0.15	0.24	-1.25	-0.90	1.42	1.29

① 1998—1999年为原武汉石油化工厂数据。
2000—2003年为三家模拟合并数据。
② 按1990年不变价计算。

表4 武汉石化主要产品产量① 万吨

产品名称② \ 年份	2003	2002	2001	2000	1999	1998
汽　油	86.13	73.33	59.90	72.02	61.08	59.40
煤　油	2.09	2.67	3.17	4.45	5.72	4.75
其中：航　煤	2.09	2.67	3.17	4.13	4.12	3.85
柴　油	118.84	107.78	95.37	107.28	101.38	57.23
化工轻油	5.00	12.50	14.26	21.51	17.60	16.60
燃料油	9.79	19.98	22.74	24.70	19.34	37.56
液化气	34.76	32.42	32.08	34.85	19.20	19.17
聚丙烯	10.19	10.20	9.39	8.69	7.97	4.55
硫　磺	1.17	0.90	0.83	0.66	0.57	0.33
环烷酸	0.13	0.10	0.08	0.12	0.08	0.05

① 同表1①
② 聚丙烯为武汉凤凰股份公司产品，其余为武汉分公司产品。

中原石油化工有限责任公司

【概述】 中原石油化工有限责任公司(以下简称中原石化公司)位于冀、鲁、豫三省交汇之地的国家级园林城市——河南省濮阳市，总占地面积154万米^2，是国家大型石油化工企业。主要生产经营石油化工产品及其合成材料、衍生物，并按照一业为主，多元经营的方针，积极开拓新的领域。中原石化公司总投资为49.33亿元，所属的乙烯、聚乙烯、聚丙烯等3套主要生产装置全部成套从国外引进。主要产品为聚乙烯和聚丙烯。聚乙烯主要包括粒状线性低密度和高密度两大类126种牌号，聚丙烯主要包括均聚物、三元共聚物、无规共聚物及多项共聚物等四大类57种牌号。主要副产品由混合苯1$^{\#}$、2$^{\#}$和液化气、燃料油、C_5等十几种。截至2003年12月31日，共有员工1 719人，其中各类专业技术人员860人，中级以上职称356人。下设17个职能处室和11个基层单位(9个生产车间及物资供应、运销部门)。

2003年是中原石化公司克服困难生产取得突出

成绩的一年，在装置大修准备不足，停车21天的前提下，全年生产乙烯19万吨，聚乙烯20.02万吨，聚丙烯7.02万吨，产量分别比上一年增加2%、2.3%和4.6%，全面完成了年初确定的生产目标。全年实现销售收入24.63亿元(含税)，比2002年增长20.7%。产品综合平均售价达到5 258元/吨(含税)，比2002年增长925元/吨。全年亏损1 600万元，比上一年减亏2.05亿元，比石化集团公司下达的1.5亿元的指标减亏1.34亿元。中原石化公司经营状况明显好转，银行借款总额由年初的19.4亿元下降到年末的15.2亿元，降低21.6%，取得了建厂以来最好的经济效益。2003年是中原石化公司改革取得成效的一年，中原石化工程公司和运输公司两个单位顺利实现改制，实业公司的改制初步方案已得到石化集团公司批复。原服务公司开始分立运作，完成了公司注册，为下一步改制打下了基础。

中原石化公司主要经济指标和主要产品产量见表1和表2

（刘　涛）

【中原乙烯 C_4 利用工程得到批准】 2003年1月8日，中原5万吨/年混合 C_4 综合利用工程可行性报告得到石化集团公司正式批复。该项目总投资6 744万元，其中工程建设投资6 648万元。项目资本金3 372万元，为总投资的50%。项目以现有副产品混合 C_4 资源生产1-丁烯供聚乙烯装置做共聚单体，替代现有乙烯双聚制1-丁烯装置。混合 C_4 装置建设规模为5万吨/年，主要包括丁二烯选择加氢单元、异丁烯醚化单元、1-丁烯精制单元、罐区及外管廊。装置做到了不新征土地，不新增定员，所需公用工程及辅助工程全部依托现有装置解决。项目于2003年7月1日正式开工建设。

（刘　涛）

【10万吨/年芳烃抽提项目获批并开工建设】 2003年2月26日，中原乙烯10万吨/年芳烃抽提项目获得石化集团公司批准。根据石化集团公司对中原乙烯10万吨/年芳烃抽提项目可行性研究报告的批复意见，同意新建10万吨/年芳烃抽提装置及容量为1 000米^{3}的产品苯储罐3台。装置不新征土地，不新增定员，项目总投资为2 902万元。项目建成后使中原乙烯副产品得到更深一步的综合利用，每年销售收入可达2.6亿元，增效1 438万元。项目于2003年7月1日开工建设。

（刘　涛）

【中原石化公司工程公司改制成功】 2003年3月6日，濮阳市中原石化工程公司正式挂牌成立，标志着原中原石化公司工程公司改制成功。为适应石化集团公司改制分流工作的需要，中原石化公司工程公司积极响应号召，主动要求与主业分离。该公司已在濮阳市工商行政管理部门正式注册，实现独立经营，自负盈亏。该公司共有员工73名，全部与中原石化公司解除了劳务合同，改制人数占员工总数的4%。

（刘　涛）

表1　　中原石化公司主要经济指标　　亿元

指标名称 \ 年份	2003	2002	2001	2000	1999	1998
工业总产值①	13.15	17.04	12.41	14.40	9.31	5.46
工业增加值	3.71	1.04	0.87	1.24	0.03	-3.30
资产总值	20.92	41.57	45.03	45.96	45.45	47.23
其中：流动资产	3.02	4.57	5.73	5.62	4.67	3.63
固定资产原值	50.26	48.75	48.64	45.67	45.46	43.15
固定资产净值	17.56	35.49	37.56	36.76	39.01	40.95
销售收入	21.11	17.43	17.62	14.31	13.29	6.79
实现利润	-0.16	-1.71	-2.23	-1.96	-2.49	-5.46
其中：税　金	1.04	0.73	0.70	1.69	1.28	0.36

① 按1990年不变价计算。

表 2　　中原石化公司主要产品产量　　万吨

产品名称＼年份	2003	2002	2001	2000	1999	1998
聚乙烯	20.02	19.57	19.12	13.82	13.73	8.13
聚丙烯	7.02	6.71	6.88	5.10	5.10	3.18
乙　烯	19.01	18.64	18.63	14.03	14.03	8.91
丙　烯	7.56	7.42	7.46	5.19	5.19	3.30
1# 苯	12.51	12.71	12.2	10.07	10.07	6.20
其中：商品量	0.36	0.68	0.04	4.16	4.16	2.35
2# 苯	9.10	8.76	8.49	4.42	4.42	2.57
裂解燃料油	2.87	2.64	2.33	1.41	1.41	0.93
液化气	—	0.02	—	—	—	0.12
C_4	4.37	4.63	4.77	3.32	3.32	1.98
C_5	1.73	1.54	1.92	0.43	0.43	0.46
C_6	0.02	0.40	0.08	0.10	0.10	0.05
C_9	1.19	1.33	1.54	0.71	0.71	0.57

中国石化集团沧州炼油厂暨中国石油化工股份有限公司沧州分公司

【概述】 中国石油化工集团公司沧州炼油厂(以下简称沧州炼油厂)暨中国石化股份有限公司沧州分公司(以下简称沧州分公司)坐落于河北省沧州市北郊，占地面积 180 万米^2，固定资产原值 20.41 亿元，是石化集团公司暨石化股份公司直属的大型炼油化工企业和国家环境保护先进企业。地处胜利、中原、大港、华北四大油田之间，紧依京杭大运河、朔黄铁路、京沪铁路和京沪高速公路，地理位置优越。

沧州炼油厂始建于 1971 年，1975 年 10 月建成投产。截至 2003 年底，共有员工2 636人(沧州分公司1 231人，沧州炼油厂1 405人)，其中具有大专以上学历人员 731 人，占员工总数的 27.73%。有教授级高级工程师 2 人，高级工程师 111 人，工程师 350 人。生产装置一次加工能力 350 万吨/年，配套能力 250 万吨/年。主要有常减压、重油催化裂化、延迟焦化、汽柴油加氢精制、沥青、重整、气体分馏、聚丙烯、二甲基亚砜、特种油加氢精制、车用液化气、MTBE、制硫、焦化干气制氢等装置，以及配套的蒸汽锅炉、发电机组、新水供应、污水处理、油品储运等设施。

原料来源以胜利原油、进口原油和新疆塔河原油为主，冀东原油和其他陆上原油为辅。

主要产品有各种标号的汽油、柴油、溶剂油、铝箔油、变压器干燥油、沥青、聚丙烯、液化石油气、车用液化气、二甲基亚砜、石油焦、硫磺、特种铝箔油、各种助燃剂等。产品远销云南、广西等省，石油焦出口到美国、加拿大，产品合格率始终保持100%。企业自行研制开发的 200# 溶剂油荣获国家银质奖，铝箔油轧制系列油、变压器干燥油获国家及省(部)级科技进步奖，填补了国内空白。曾连续 9 年名列国有企业 500 强之列，被河北省命名为优势企业、重点保护企业。1999 年通过了 ISO 9002 国际质量体系认证。2000 年 1 月，按照石化集团公司的统一部署，实施资产重组，分为上市部分的沧州分公司和存续部分的沧州炼油厂。

2003 年，沧州炼油厂暨沧州分公司在石化集团公司暨石化股份公司的正确领导下，认真贯彻总部各项工作部署，大力弘扬“艰苦创业、顽强拼搏、自尊自强、献身沧炼”的企业精神，战胜了国际石油价格大幅震荡、非典等不利因素的影响，生产经营、改革发展都取得了较好的业绩。沧州分公司全年加工原油 240 万吨，再创历史新高，实现销售收入 50.55 亿元；沧州炼油厂实现销售收入 4.56 亿元。两部分合计实现利润3 053万元，其中沧州分公司实现利润2 522万元；沧州炼油厂实现利润 531 万元，双双跨入了石化集团公司、石化股份公司盈利企业行列。企业社会地位进一步提高，在国家统计局公布的全国大型企业排名中，列第 198 位。并被河北省环保局评为 2003 年度环境保护先进企业。

沧州炼油厂和沧州分公司主要经济技术指标和主要产品产量见表1至表4。

（刘治洲）

【首列哈萨克斯坦原油进厂】 2003年2月21日，首列哈萨克斯坦原油试验列车到达沧州分公司油品栈台，标志着又一条陆上原油进口通道开通。至此，沧州分公司已经拥有了从黄岛上岸的国际海运原油运输线、途经蒙古人民共和国在二连浩特转运的俄罗斯原油运输线和经阿拉山口进关的哈萨克斯坦原油铁路运输线。

（刘治洲）

【第五套聚丙烯装置一次开车成功】 2003年4月21日，沧州炼油厂第五套聚丙烯装置一次开车成功，正式生产出了合格产品。至此，沧州炼油厂的聚丙烯生产能力已经达到3.5万吨/年。

（刘治洲）

【二甲基亚砜装置全线开车成功】 2003年5月15日，沧州炼油厂6 000吨/年二甲基亚砜装置全线开车成功，生产出了合格的二甲基亚砜产品。二甲基亚砜是一种优良的中性溶剂，广泛应用于医药、电子、化工、日用、农药等领域。目前，国内其他厂家采用二硫化碳法生产工艺，成本较高。沧州炼油厂采用以过剩的酸性气为原料生产二甲基亚砜的方法，技术含量高，在成本上也有绝对优势。二甲基亚砜装置的投产，标志着沧炼在精细化工领域迈出了一大步，为存续部分彻底扭亏脱困创造了条件。

（刘治洲）

【沧州炼油厂化工公司8月份聚丙烯产量创历史新高】 2003年下半年，聚丙烯市场需求旺盛，沧州分公司丙烯原料充足，针对内外部良好的形势，沧州炼油厂化工公司采取一系列措施，千方百计增加聚丙烯产量，加快了生产节奏，调整了自动化控制程序，经过努力，8月份聚丙烯产量突破了4 000吨大关，创历史最好水平。

（刘治洲）

【成功改造汽油近红外光谱仪】 沧州分公司与石油化工科学研究院合作将NIR－2000汽油近红外光谱仪技术改造成NIR－3000技术项目获得成功并投入使用。改造后的仪器在分析汽油辛烷值族过程中，波长精度由原来的0.05纳米提高到0.03纳米，测光精度由原来的小于0.008AU提高到小于0.005AU，大大提高了分析的精密度。

（刘治洲）

【沧州分公司97#汽油首次出厂】 2003年10月28日，沧州分公司成功生产的97#汽油首次出厂投放市场。沧州分公司是华北地区继燕山分公司之后第二家能够生产97#高清洁汽油的企业，填补了河北省没有97#高清洁汽油的空白。也为企业进一步拓展市场空间增加了新的活力。

（刘治洲）

【沧州分公司油品降耗效益显著】 沧州分公司狠抓原油、成品油的计量管理，努力降低原油和成品油损耗，取得了可观的经济效益，2003年1—11月，沧州分公司原油途耗、储耗、油品储耗等比计划达标值降低了1.2万吨，累计增加效益达2 000多万元。

（刘治洲）

【新建硫磺回收联合装置开工】 2003年11月14日，沧州分公司1 000吨/年硫磺回收联合装置一次开车成功，使沧州分公司硫回收能力提高了1.6倍。新建成的硫磺回收联合装置采用了多项先进技术，制硫工艺应用了两级转化克劳斯技术、尾气加氢技术、钢带成型机、烧氨火嘴技术，使总硫回收率可达到99.8%以上。污水汽提采用了单塔加压工艺，降低了消耗，节约了成本，为企业进一步提高环保水平奠定了基础。

（刘治洲）

【亚砜产品打入国际市场】 2003年11月2日和11月18日，沧州炼油厂分别同河北亚诺化工公司和中化辽宁进出口公司签订了亚砜外销代理合同，共有36.8吨亚砜产品打入印度市场。标志着沧州炼油厂二甲基亚砜产品具备了出口能力。

（刘治洲）

【薪酬制度改革方案正式实施】 按照石化集团公司暨石化股份公司内部分配制度改革工作会议部署，沧州炼油厂、沧州分公司大力推进分配制度改革，聘请中国劳动和社会保障局工资研究所的专家研究制定了《沧州炼油厂暨沧州分公司薪酬制度改革方案》。2003年9月10日薪酬改革方案经总部预审通过，9月27日经沧州炼油厂第十一届七次职工代表大会讨论通过，10月9日得到总部正式批复，11月份正式实施。

（刘治洲）

【效能监察工作取得可喜成果】 2003 年，沧州炼油厂效能监察工作领导小组加强了对效能监察工作的领导，对降低物资采购费用、规范液化气销售等项目展开效能监察，及时纠正经营管理过程中的不规范行为，截至 7 月份共节支增效 680 多万元。

（刘治洲）

【教育费附加返还工作取得重大突破】 为进一步推进企业办社会职能的移交工作，沧州炼油厂积极向沧州市政府申请教育费附加返还，几次向市政府打报告进行交涉，沧州炼油厂黄焯明厂长充分行使省人大代表的权利，多次向省人大提交议案，经过多方努力，沧州市财政局首次向沧州炼油厂拨付了 2003 年度返还资金 150 万元，实现了有史以来的首次返还。

（刘治洲）

【职工医院正式移交地方】 2003 年 9 月 12 日，沧州市政府委托沧州市人民医院代表政府成建制地接收了沧炼职工医院，实现了医院资产无偿划拨，人员、机构成建制移交。沧州炼油厂移交办社会职能工作迈出了可喜的一步。

（刘治洲）

【道德建设活动取得丰硕成果】 2003 年，沧州炼油厂党委围绕企业中心工作，在全厂广泛开展了职业道德、社会公德和家庭美德“三讲一比”主题创建活动。围绕职业道德建设开展了“讲敬业、讲诚信、讲创新、比贡献”活动，围绕社会公德建设开展了“讲公德、讲文明、讲卫生、比素质”活动，围绕家庭美德建设开展了“讲美德、讲友善、讲学习、比家风”活动。在企业形成了敬业奉献、崇尚文明、讲究卫生、激励先进的良好风气。

（刘治洲）

【石化集团公司副总经理刘根元来沧州炼油厂调研】 2003 年 7 月 1 日，石化集团公司副总经理刘根元率炼化管理部、财务计划部的有关领导对沧州炼油厂进行了为期一天的现场办公。其间，刘根元副总经理深入到车间班组了解情况，在座谈会上，刘根元副总经理对沧州炼油厂的工作给予了充分肯定，并对 2003 年存续部分的扭亏工作提出了要求。

（刘治洲）

表 1　　**沧州炼油厂主要经济指标**　　亿元

指标名称 \ 年份	2003	2002	2001	2000	1999	1998
工业总产值①	1.13	0.72	0.40	0.06		
工业增加值	0.97	0.64	0.03	0.00		
资产总计	4.70	4.42	4.03	4.82		
其中：流动资产	1.38	1.14	1.24	2.27		
固定资产原值	4.69	4.28	3.00	2.87		
固定资产净值	2.92	2.65	1.94	1.79		
销售收入	4.56	3.15	1.33	1.61		
实现利税	0.22	0.10	-0.18	-0.13		
其中：税　金	0.05	0.10	-0.27	0.07		

① 按 1990 年不变价计算。

表 2　　**沧州炼油厂主要产品产量**　　万吨

产品名称 \ 年份	2003	2002	2001	2000	1999	1998
聚丙烯	1.96	1.50	0.74	1.13		
聚　酯	—	0.07	0.13	0.14		
液化气	1.92	1.16	—	—		
干　气	2.74	1.92	—	—		
硫　醚	—	0.08	—	—		

续表

产品名称 \ 年份	2003	2002	2001	2000	1999	1998
亚　砜	0.11	—	—	—		
新　水	225.37	—	—	—		
氮　气	0.59	—	—	—		
净化风/万米^3	3 483.67	—	—	—		
非净化风/万米^3	5 402.86	—	—	—		
富　氧/万米^3	193.68	—	—	—		

表 3　　**沧州分公司主要经济指标**①　　亿元

指标名称 \ 年份	2003	2002	2001	2000	1999	1998
原油加工量/万吨	240.54	210.06	150.94	200.45	141.56	90.56
工业总产值②	50.51	10.72	7.2	10.24	7.43	5.34
工业增加值	5.70	5.66	2.25	5.37	3.90	3.27
资产总计	20.47	20.47	20.36	20.18	17.22	15.11
其中：流动资产	6.89	6.08	5.51	10.90	6.29	4.85
固定资产原值	15.72	15.56	16.09	17.38	14.77	9.56
固定资产净值	9.11	9.80	10.14	11.36	10.16	5.63
销售收入	50.55	39.07	28.56	40.72	20.16	13.78
实现利税	4.10	3.99	0.95	2.65	3.56	2.29
其中：税　金	3.85	3.75	2.70	3.42	2.96	2.19

① 1998—1999 为原沧州炼油厂数据。
② 按 1990 年不变价计算。

表 4　　**沧州分公司主要产品产量**①　　万吨

产品名称 \ 年份	2003	2002	2001	2000	1999	1998
汽　油	44.27	35.84	33.54	47.28	34.52	24.39
柴　油	104.71	94.15	66.44	92.96	67.92	32.87
溶剂油	2.65	3.30	0.78	—	—	6.44
沥　青	4.06	3.20	0.42	3.47	1.54	6.27
液化石油气	9.45	7.70	4.40	6.71	5.27	3.98
铝箔油	4.18	2.30	0.99	0.82	0.33	0.25
石油焦	14.15	15.15	11.89	12.65	7.88	—
硫　磺	0.86	0.80	0.35	0.60	0.38	—

① 同表 1。

中国石油化工股份有限公司润滑油分公司

【概述】 中国石油化工股份有限公司润滑油分公司(以下简称润滑油分公司)于2002年5月29日正式挂牌成立，总部设在北京市海淀新技术产业开发区内。润滑油分公司总占地面积105万米^2，是国内最大的高档润滑油产销企业。截至2003年底有职工2 970人，各类专业技术人员1 232人，高级专业技术人员87人，中级专业技术人员458人。2003年，润滑油分公司经过管理体制改革，将润滑油分公司管理机关与润滑油长城分公司管理机关进行整合，成立了9个管理部门，将原长城分公司所属的燕化分公司、武汉分公司、天津分公司划转为润滑油分公司直属企业。截至2003年底，润滑油分公司共有分公司及石化股份公司控股参股企业11个，研究单位2个。润滑油分公司全部固定资产为12.49亿元，调合生产能力140万吨/年，包装油生产能力为60万吨/年。可生产润滑油共19大类，500多个牌号。

2003年，润滑油分公司加大对经营和管理的协调力度，加强对资源的统一配置和利用，调动各方面的积极性，实施了管理体制改革和营销体制的改革，实行了扁平化管理，在统一品牌上又取得了新的突破。全年润滑油、脂销售总量完成了102.9万吨，同比提高15%；高档油销售总量完成36.4万吨，同比提高21%；高档油比例37%；包装油达到45万吨，同比提高12.5%。其中SG、CF－4以上高档油同比提高22%，各项指标均实现两位数增长。实现销售收入50.74亿元，实现利润4 210万元。存续企业中，长城润滑油公司全年共实现销售收入1.73亿元，同比增长27.8%，实现盈亏持平的效益目标。重庆一坪润滑油公司实现销售收入4 000万元，控制在限亏指标内。长城及一坪特种润滑油脂成功应用于神舟五号载人飞船，又一次为中国航天事业发展作出贡献，受到国家航天部门及石化集团公司的多次嘉奖。

2003年上半年，受国际局势的影响，石油市场价格大幅度波动，国内非典疫情严重，对刚刚开始整体运作的润滑油分公司造成了较大的影响。润滑油分公司加强对基础油资源的统一配置和总体协调能力，加强内部统一调拨。与各炼油厂签订了基础油按质定价的交接协议，节约基础油购入成本1 200余万元。全年基础油接收完成计划的101%，内部调拨基础油13.78万吨。

在科研管理上，润滑油分公司初步整合了内部科技资源，对部分产品标准、产品配方实现了统一。科研课题实现了统筹管理，全年共取得石化股份公司科研项目10项，获得了1 100万元的科研资金投入。

在营销管理上，对散油销售、同品牌区域销售和价格管理、产品内部调拨、OEM市场开发、国际市场开发、系统内用油推广等进行了统一的管理。加强了与中国石化销售有限公司的合作。2003年10月，润滑油分公司实施营销体制改革，成立了营销中心和五大销售中心，搭建起区域销售的组织架构，为下一步实施统一的营销管理、品牌及渠道整合创造了条件。

在市场开发中，润滑油分公司密切注视市场走向，及时调整产品营销策略和销售价格，保证了整体效益的持续增长。与中国石化销售有限公司合作开展“长城之星”加油站的评选活动，制定OEM市场开发与管理的原则，全年OEM总销量达到3.44万吨，同比增长48%。

按照石化股份公司的要求，2003年，润滑油分公司加快了品牌统一的步伐，实施了“一坪牌”、“海牌”、“南海牌”向“长城牌”的转换。成立了品牌统一推进委员会和工作小组，总体指挥、协调品牌统一工作。年底前顺利实现了第一批转牌产品在润滑油上海分公司和茂名分公司的下线，标志着品牌统一工作已进入全面实施阶段，使“长城”品牌产品可以在所有分公司生产和销售。

在推进品牌统一的同时，润滑油分公司确定了2004年“长城”品牌宣传推广的方案，并以稳健的姿态参加了中央电视台广告投标。在石化股份公司的支持下，润滑油分公司聘请国内著名导演担任广告片制作，打造高科技的精品广告，取得了较好的社会反响。借助于“神舟五号”载人飞船试验成功、品牌转换、营销体制改革、汽车展览等大型活动，加大品牌宣传力度，对市场销售、品牌影响力都起到了积极的促进作用。

润滑油分公司主要经济指标及主要产品产量见表1、表2。

(李　梅)

【润滑油分公司实施管理体制改革】 2003年5月29日，润滑油分公司召开管理体制改革工作会议，宣布实施管理体制改革的重大决定。这次改革将原润滑油分公司总部机关与长城润滑油分公司管理层进行整合，设9个机关职能管理部门，包括：经理办公室、综合计划部、市场营销部、科技开发部、人力资源部、财务资产部、物资供应部、党群工作部、审计纪检监察部。同时在公司本部设立润滑油长城分公司(生产管理部)、长城润滑油销售分公司

(北京营销中心)和长城润滑油应用研究中心3个单位。原属于润滑油长城分公司管理的长城润滑油武汉分公司、燕化分公司、天津分公司转为润滑油分公司直属管理。

(李　梅)

【举办“长城之星”加油站评选活动】 为发挥中国石化的营销网络资源优势，促进中国石化加油站在润滑油营销中的积极作用，润滑油分公司与石化股份公司油品销售事业部共同组织开展“长城之星”加油站评选活动。2003年2月11日，在石化集团公司总部召开了第一届“长城之星”加油站评选表彰大会，石化股份公司高级副总裁张家仁、王天普参加了会议，并为评出的110座加油站颁发了奖状。同时，《中国石化报》组织了“我与长城润滑油”征文活动，并评出了10篇优秀征文。

12月26日，第二届“长城之星”加油站的评选活动启动大会在京召开，润滑油分公司及销售系统的各省市石油公司代表参加了会议。

(李　梅)

【润滑油分公司赢得抗击“非典”战】 2003年4月，北京、广东等地非典疫情严重，润滑油分公司本部地处疫情最严重的北京市海淀区。为确保生产经营不受影响，润滑油分公司在积极做好疫病的防控措施的同时，努力抓好生产经营及体制改革工作，全公司范围内没有出现1例“非典”病例及疑似病例。润滑油分公司还向北京市120急救中心捐赠价值10万元的润滑油，支持北京市抗击“非典”。润滑油分公司“非典”防治工作的成绩得到了石化集团公司的肯定。

(李　梅)

【长城润滑油融入汽车服务行业】 2003年8月，长城润滑油汽车养护服务中心在北京正式开业。这是长城润滑油为开拓更广阔的市场空间，积极融入相关产业发展的一次尝试。截至2003年底，已有学院路、华清嘉园、通州3家汽车养护中心连锁店开业，倡导“以养代修”的经营理念，制定了“专业”、“快捷”、“微笑”、“满意”的4S服务标准，为发展迅速的汽车市场提供专业化的服务。

(李　梅)

【润滑油分公司推出新“环球”品牌系列产品】 2003年8月8日，润滑油分公司在山东济南召开“新环球、新形象、新发展”的品牌推广会，向市场推出农用机油系列产品。山东环球润滑油股份公司作为润滑油分公司的控股企业，所拥有的“环球”润滑油产品系列定位于大众经济型，按照新机制开展经营活动，成为润滑油分公司细分市场的重要补充。

(李　梅)

【长城润滑油荣获“中国名牌”】 经国家质量监督检验检疫总局授权，中国名牌战略推进委员会于2003年9月1日公布，“长城润滑油”商标被认定为“中国名牌”。

(李　梅)

【润滑油分公司实施营销体制改革】 2003年9月26日，润滑油分公司召开新闻发布会，宣布实施营销体制改革，设立润滑油营销中心以及北京、上海、重庆、茂名、武汉五大销售中心，同时成立国际市场部和客户服务中心。

(李　梅)

【长城润滑油为神舟五号提供润滑保障】 2003年10月，神舟五号载人飞船试验成功，润滑油分公司长城分公司、一坪分公司为神舟五号飞船提供了润滑、密封产品，再一次为中国的航空航天事业作出贡献，受到中国航天科技集团公司、解放军总装备部、石化集团公司等单位的表彰。

(李　梅)

【长城润滑油中标央视广告】 2003年11月18日，在一年一度中央电视台激烈的黄金时段广告招标中，“长城润滑油”中标黄金时段的A特段广告位置。

(李　梅)

【长城润滑油联手张艺谋打造广告精品】 2003年12月17日，润滑油分公司在北京钓鱼台国宾馆举行了“引领中国动力——张艺谋执导长城润滑油广告片新闻发布会”，正式邀请中国著名导演张艺谋执导长城润滑油广告片，力求以其高水平的制作，演绎“长城润滑油”作为国际化品牌的涵义。

(李　梅)

【长城润滑油与北汽福田签订战略合作框架协议】 2003年12月，润滑油分公司与北汽福田汽车股份有限公司正式签订了战略合作框架协议，借助双方品牌及网络优势，促进在产品资源、生产能力、市场管理等方面的共同发展。长城润滑油将作为“北汽福田”惟一的油品供应商，为其提供全部的装车油及服务用油。

（李　梅）

【润滑油分公司加快品牌统一步伐】 2003 年 10 月 16 日，润滑油一坪分公司正式启动品牌转换工作，将原“一坪牌”润滑油转换为“长城牌”，一坪分公司成为长城润滑油在西南地区的重要生产基地。

11 月，石化股份公司总部领导多次批示，要求润滑油分公司加快推进品牌统一，深化体制改革。按照石化股份公司的整体部署，11 月 26 日，润滑油分公司成立了品牌统一推进委员会和 5 个工作小组，总体协调润滑油品牌统一工作，制定了详细的品牌整合计划。

12 月 19 日，“长城润滑油”在润滑油上海和茂名分公司正式下线，标志着品牌整合工作进入全面实施阶段。

（李　梅）

表 1　润滑油分公司主要经济指标①　亿元

指标名称＼年份	2003	2002	2001	2000	1999	1998
工业总产值②	16.61	15.61	6.51	7.73	6.59	6.52
工业增加值	3.98	3.12	1.93	2.42	2.75	2.27
资产总计	20.34	21.74	12.81	14.09	15.70	15.15
其中：流动资产	12.33	13.99	6.80	8.21	7.81	6.72
固定资产原值	12.49	11.53	8.16	7.77	9.15	9.50
固定资产净值	6.86	6.55	5.44	5.33	6.23	6.88
销售收入	50.74	27.67	13.61	13.04	14.80	12.80
实现利税	1.80	0.95	0.81	1.07	0.91	1.10
其中：税　金	1.38	0.93	0.63	0.54	0.63	0.58

① 1998—2002 年指标数据为长城分公司和一坪分公司各项指标的简单合并。

② 按 1990 年不变价计算。

表 2　润滑油分公司主要产品产量①　吨

产品名称＼年份	2003	2002	2001	2000	1999	1998
内燃机油	367 399	220 031	117 882	114 380	104 158	130 942
液压油	336 933	180 270	65 649	94 945	22 439	26 689
齿轮油	33 897	20 398	12 485	10 524	10 149	9 764
防冻液	6 165	3 055	2 296	2 152	1 338	1 040
全损耗系统用油	165 172	52 521	2 314	30 427	180 741	94 338
压缩机油	5 339	1 515	401	1 307	1 394	2 934
润滑脂	5 069	2 767	2 242	1 703	1 338	1 087
合成润滑油	4 347	4 153	1 193	936	925	1 181

① 1998—2002 年数据为长城分公司和一坪分公司各项指标的简单合并。

中国石化集团南京化工厂

【概述】 中国石化集团南京化工厂(以下简称南京化工厂)地处南京市北郊，长江之滨，燕子矶畔。工厂始建于 1947 年，1999 年划归中国石油化工集团公司，是中国橡胶助剂和有机中间体的重要生产企业。

南京化工厂占地面积 70 万米^2，现有 11 个生产车间和辅助车间，拥有 20 余套化工生产装置，产品分橡胶助剂、有机中间体和氯碱三个系列，其中硝基氯苯、苯胺、RT 培司、间苯二酚、防老剂 4020、防老剂 RD 等主导品种装置在国内同行中处领先位置，年产品总量46万吨，其中商品量22万吨。“兰花”牌系列产品多次被评为江苏省、南京市名牌产品。截至2003年底，南京化工厂共有在岗职工2 249人，其中专业技术人员648人，具有高级职称的84人，中级职称的297人。工厂固定资产原值7.79亿元，净值4.03亿元。

2003年，南京化工厂切实贯彻上级各项工作部署，按照“团结、鼓劲、创新、抓实”的工作方针，克服伊拉克战争带来的纯苯价格波动影响，抓住市场需求旺盛期，积极实现增产增收，应得尽得；克服非典型肺炎的影响，加大重点部位和重点环节的防控工作，取得抗击“非典”和生产经营的双胜利；克服原料、产品价格两头受挤的压力，千方百计促销推价，以销量的增加弥补效益的不足；克服烧碱隐患治理对生产的影响，保证质量，保证进度，基本消除安全隐患。通过扎实有效的努力，确保了生产经营工作一着不让，改革发展举措纵深推进，经济总量迈上新台阶，企业发展开创新局面。

2003年，面对需求上升背景下的迅速变化、剧烈波动的市场形势，南京化工厂灵活制定营销策略，搞好中间体和橡胶助剂的市场细分工作，月计划，旬安排，日落实，以大客户的稳定供货确保销量和销价。外贸出口把握商机，调整结构，巩固多元化出口格局。生产组织以大吨位产品为主线，加强生产过程控制，充分发挥装置能力，全年累计17个品种66次刷新月产历史最好水平。深入推进毛利核算体系，着力突出生产车间效益中心的主体地位，形成和完善与市场接轨的成本考核体系。借助月度经济活动分析制度，分析走势，研究对策，传递压力，提高经济运行的质量和效率。

2003年，南京化工厂不断做强主导品种，充分发挥规模优势，按计划完成硝基氯苯技术改造项目，结晶工段采用DCS系统，实现对硝结晶全过程自动化控制。配套实施氯化器放大、液氯汽化装置及8吨/时废酸浓缩改造，使硝基氯苯生装置能力达到10万吨/年生产规模。促进剂CBS按要求实施2 500吨/年技术改造，防老剂RD形成8 000吨/年生产能力。烧碱隐患治理项目完成氯氢处理系统、总降系统改造及电解、蒸发厂房加固工作，顺利实现与生产系统的衔接。2#库隐患治理项目按计划完成主体施工任务。界区整治大步迈进，顺利实现“一年初见成效，三年面貌大变”的厂容整治目标。

2003年，南京化工厂慎重、稳步推进内部分配制度改革，引入市场劳动力价位，合理拉开档次，创新环境，留住人才。21名骨干人才按要求享受特薪补贴，作为工厂内部分配制度改革的有益补充。工厂进一步打破“小而全”格局，将分散在各单位的保全工集中划入检安公司统一管理，增强专业化、规范化管理水平。厂办幼儿园作为改制分流试点单位，分步实施，规范操作，实现自主经营、市场化运作。运输公司结合实际实施关停。职工医院按要求进行重组。对显化出来的300名富余人员，按要求开展协议解除劳动合同工作。

在安全监督管理上，南京化工厂认真贯彻石化集团公司安全工作会议、安全及稳定工作紧急电视电话会议精神，落实各级安全生产责任制，加强直接作业环节管理，修订、完善《安全目标考核实施细则》和《一岗一责制》，认真落实关键装置要害部位领导干部联系制度，定期开展反事故综合预案演练，为工厂创造安全的生产和工作环境。在环保管理上，开好环保治理装置，促进达标排放。配合南京市“创卫”、“创模”工作的开展，加强环境监督管理工作。质量管理及计量管理体系有效运行。

在提高职工队伍素质方面，坚持以人为本，一是经过任期考核，实施干部调整，优化组织机构，整合内部资源配置。二是加强各类人员的教育、培训工作，提高工程技术人员、技术工人的业务能力和综合素质。三是加强党建工作和思想政治工作，深化“三个一”活动，强化“四个意识”教育，提高基层党组织的创造力、凝聚力和战斗力，为企业的改革发展稳定提供有力的组织、思想、作风和队伍保证。

南京化工厂近年主要经济指标及主要产品产量见表1和表2。

（王志方）

【销售收入突破10亿元】 2003年，南京化工厂销售收入突破10亿元，实现了南化人多年的夙愿，进一步巩固了南京化工厂在精细化工领域的优势地位，在工厂发展历史上写下了浓浓的一笔。

2003年，南京化工厂生产所需的纯苯、丙酮、甲酮等主要原料价格一路攀升，平均价格指数增长15.94%。与此同时，产品价格增幅有限，平均价格指数仅增长1.76%，其中邻硝、橡胶助剂等品种价格不升反降，产品盈利能力大大减弱。面对严峻市场形势，南京化工厂辩证分析所处环境，坚持紧贴市场，灵活制定营销策略，加大中间体产品重点客户的促销力度，销量同比增长16.4%，收入同比增长15.7%。橡胶助剂销售采取“一厂一策，一事一议”的策略，细分市场，调整结构，统筹安排，销量同比增长24%，收入同比增长17.5%。从而以量价的互动优化推动效益的稳步增长，牢牢把握市场竞争的主动权，实现销售收入的新突破。

（王志方）

【烧碱装置消除安全隐患】 截至 2003 年 10 月，经过 8 个月的紧张施工，南京化工厂烧碱隐患治理项目按计划完成，顺利实现与生产系统的衔接，彻底消除安全隐患，提高了整套装置的技术水平和生产负荷，使工厂走上持续发展的新阶段。

烧碱装置隐患治理项目是南京化工厂 2003 年度的重点工作之一。该装置始建于 1958 年，电解厂房为木顶结构，蒸发厂房腐蚀严重，总降整流系统亟需淘汰更新。这些安全隐患一直以来影响着南京化工厂的生存发展，牵动着全厂职工的心。经过石化集团公司多次调研论证，最终采取了就地加固的方案，在保证生产的同时，实施原地改造，消除安全隐患。在项目推进中，南京化工厂采用项目负责人制，各职能部门和车间紧密配合，精心组织，全力以赴，经过两次短时间停工衔接，相继完成氯氢处理系统、总降系统改造和蒸发、电解厂房加固工作，蒸发系统实施了 DCS 控制，盐水系统采用戈尔膜过滤，总降整流变压器实现电源、电压信号的“三遥”(遥测、遥讯、遥控)，提高了整套装置运行的安全性、稳定性和可靠性。

烧碱装置隐患治理项目的实施，一方面消除了长期存在的安全隐患，提高了装置技术水平，另一方面在实践中锻炼了队伍，塑造出一支团结协作、爱岗敬业的职工队伍，培育了一批技术人才和管理人才。

（王志方）

【深入推进毛利核算体系】 2003 年，南京化工厂在生产车间全面实施毛利核算体系，使车间由过去的生产中心转为效益中心，形成较为完善的与市场接轨的成本考核体系，有力确保了石化集团公司下达的2 200万元利润目标的完成。

2001—2002 年，南京化工厂开展了目标成本试点工作，增强了职工的成本核算和成本控制意识，积累了目标成本管理的有效经验。2003 年，南京化工厂进一步在各生产单位全面实施“倒推毛利”的核算办法，从产品的市场售价减去目标利润开始倒推，模拟市场核算，确定每一个产品的“目标毛利润”，使车间直接感受到市场的压力，千方百计降本压费。同时，南京化工厂加大考核力度，将完成毛利与职工收入挂钩，严格考核，硬性兑现，使职工收入成为产品毛利贡献的“晴雨表”。

南京化工厂毛利核算体系的实施，在各单位内部形成了勤算账、算细账的良好氛围，使确保产品毛利贡献率成为提高企业竞争力和经济效益的主要手段。

（王志方）

【实施内部分配制度改革】 2003 年，南京化工厂在深入调研、认真测算的基础上，在全厂范围实施内部分配制度改革，改变过去一体化的收入分配体系，将职工收入分为价位调节工资和效益浮动工资，按照岗位性质及工作职责合理拉开档次，制定不同岗位系数，努力贴近市场劳动力价位，并按石化集团公司要求，正确处理好工资存量、增量与总量的关系，构筑吸引人才、留住人才的良好环境。同时，经过严格审核，对 21 名生产经营、科研开发等方面的管理和技术骨干，发放特薪补贴，作为工厂内部分配制度改革的有益补充。

（王志方）

【改制分流工作稳步推进】 根据石化集团公司有关要求，南京化工厂稳步推进改制分流工作，厂办幼儿园经过慎重、规范操作，于 2003 年 6 月挂牌运行，实现自主经营、市场化运作。检修安装公司在精简人员的基础上按计划实施改制分流。职工医院经撤销重组并与社区相结合，承担工厂职业病防治、爱国卫生等工作。300 名岗位富余人员按规定开展了协议解除劳动合同工作。

（王志方）

【调整机构，优化配置】 2003 年 5 月，南京化工厂对组织机构实施调整，新成立工程部、热电车间、水处理车间、十车间等 4 个单位，撤销老单位 6 个，更换名称 2 个，进一步整合内部资源，优化了生产要素的配置。

（王志方）

【启动 HSE 管理体系建立工作】 2003 年 9 月，南京化工厂聘请石化集团公司专家来厂，开展(安全、环境与健康)(HSE)管理体系初始状态评审工作，并组织相关培训，制定实施计划，成立工作小组，标志着该厂 HSE 管理体系建立工作正式启动。

HSE 管理体系是一种事前进行风险分析，确定可能产生的危害及后果，采取有效防范手段和措施，防止事故发生，以减少可能引起的人员伤害、财产损失和环境污染的有效管理方法，是国内外石化行业推行的规范的安全管理体系。HSE 管理体系的建立，将进一步推动南京化工厂安全监督管理迈上新台阶，提高企业本质安全，有利于形成完善的安全生产长效管理机制。

（王志方）

【厂容厂貌明显改观】 2003年，南京化工厂进一步加大界区整治力度，拆除旧厂房、旧装置面积达1.46万米^2，实施绿化面积0.98万米^2，有力改善了厂容厂貌。

2001年，南京化工厂提出了“一年初见成效，三年面貌大变”的环境整治目标，制定计划，分步实施，逐步打破以往“厂中有厂，院中有院”的封闭体系，拆旧建绿，美化环境。3年来累计拆除面积1.75万米^2，实施绿化1.1万米^2，使厂区布局更加合理，内在形象明显改观，实现了企业面貌与社区环境的协调发展。

（王志方）

表1　　南京化工厂近年主要经济指标　　亿元

指标名称＼年份	2003	2002	2001	2000	1999	1998
工业总产值①	14.60	12.48	10.95	9.95	9.22	9.36
工业增加值	2.75	2.20	2.26	2.00	1.84	1.91
资产总计	7.25	7.22	7.17	6.86	6.75	6.57
其中：流动资产	2.87	2.69	2.98	2.97	2.81	2.64
固定资产原值	7.79	7.39	6.28	6.49	6.10	4.49
固定资产净值	4.03	3.76	3.08	3.47	3.24	1.84
销售收入	10.12	8.76	8.29	7.48	6.40	6.94
实现利税	0.36	0.48	0.35	0.18	0.43	0.65
其中：税　金	0.32	0.32	0.49	0.45	0.40	0.49

① 按1990年不变价计算。

表2　　南京化工厂主要产品产量　　万吨

产品名称＼年份	2003	2002	2001	2000	1999	1998
硝基苯	5.70	5.51	5.07	4.38	3.99	3.31
对硝基氯化苯	5.60	4.55	3.95	3.12	2.47	2.73
邻硝基氯化苯	3.11	2.58	2.18	1.74	1.36	1.51
苯　胺	4.12	3.99	3.59	2.91	2.63	2.15
RT培司	1.32	1.15	1.13	0.68	0.56	0.75
烧　碱	4.38	4.54	4.49	4.38	4.52	4.31
氯化苯	6.53	5.44	4.74	4.25	3.36	3.59
防老剂RD	0.64	0.45	0.28	0.21	0.20	0.20
防老剂4020	0.46	0.30	0.19	0.11	0.16	0.13
防老剂4010NA	0.59	0.54	0.50	0.44	0.49	0.67

中国石化集团清江石油化工有限责任公司

【概述】 中国石化集团清江石油化工有限责任公司（以下简称清江石化公司）位于江苏省淮安市西郊工业区，京杭大运河穿厂而过，建有2座5 000吨级的水运装卸码头，新沂至长兴铁路，北京至上海、同江至三亚、南京至连云港、徐州至盐城高速公路和205国道横贯此地，水陆交通便捷。

清江石化公司始建于 1958 年，1959 年投产，时称清江半焦厂，后根据产品等变化，曾更名为清江人造石油厂、清江化工厂、清江石油化工厂、淮阴清江石油化工有限公司，1999 年整体划转石化集团公司后，更名为中国石化集团清江石油化工有限责任公司。清江石化公司现为一家以原油加工为基础，以精细油品、精细化工和各种系列特种溶剂油为特色的国家大二型石油化工企业。截至 2003 年底，清江石化公司拥有总资产 6.05 亿元，占地 85 万米^2，职工总数 1 696人(其中各类专业技术人员 368 人，高级职称 9 人，中级职称 68 人)，拥有 110 万吨/年原油一次加工、62 万吨/年二次加工、20 万吨/年柴油加氢、8 万吨/年煤油加氢、6 万吨/年溶剂油分离、5 000吨/年聚醚、2 000吨/年乙醇胺等生产能力。

清江石化公司下辖炼油厂等 5 个二级单位，机关设置职能处室 11 个，拥有常减压、催化裂化、加氢精制、溶剂油分离、乙醇胺、聚醚等 18 套生产装置。自备 1 万吨位的运输船队和 800 吨位的运输车队。主要产品有：汽油、柴油、无味煤油、液化石油气、多种型号溶剂油、高档铝箔轧制液、乙醇胺、乙二醛、消泡剂、多种系列聚醚等 80 余个品种。产品注册商标“双猫牌”。

2003 年，清江石化公司在面临政治、经济环境种种不确定因素，特别是上半年伊拉克战争，加剧了原油价格的大起大落，4—5 月间突如其来的非典疫情使成品油消费量和价格急剧下滑的情况下，根据石化集团公司的部署和年初确立的工作总体要求，通过积极的技术改造、扎实的基础管理、灵活的营销手段，继续保持着强劲的盈利势头。全年完成原油加工量 79.20 万吨，销售收入 19.39 亿元，利税总额 2.69 亿元，利润4 669万元，完成工业增加值 3.63 亿元，国有资产保值增值率为 113.65%，产品出厂质量合格率和技术监督部门抽检合格率继续保持 100%。

2003 年，清江石化公司为适应日益增长的市场需求，围绕提高产品质量和“重油轻质化，轻油特种化，石化产品精细化”的企业发展战略，共投入技改资金9 538万元，10 万吨/年气体分离、8 万吨/年煤油加氢、常顶汽油异构化等技改装置相继建成投产。全年开发新产品并投入生产 5 项。

2003 年，清江石化公司内部改革进一步深化，管理工作紧紧围绕提“三率”、降“四耗”、压“五费”进行。生产管理坚持“以人为本”。装置设备实现了 2—3 年大修一次。工资分配根据市场劳动力价位和岗位、责任、贡献的不同，进一步拉大了档次。完成了 ISO 9001 和 ISO 14001 认证。成本管理已成为基础管理工作的核心内容，各生产经营单位都在年初对公司下达的目标成本和效益进行分解，通过加强核算与员工分配挂钩、与干部考核挂钩，保证目标实现。全年千人负伤率为 0，无任何重大安全和火灾事故，无刑事和治安案件。

清江石化公司主要经济指标和产品产量见表 1 和表 2。

2003 年，清江石化公司物质文明与精神文明建设保持着同步、快速发展。董事长、党委书记王永和 3 月 5 日光荣出席了第十届全国人民代表大会第一次全体会议。企业被中华全国总工会授予“全国五一劳动奖状”。

（王清宁）

【围绕质量、特色搞技改】 2003 年，清江石化公司在坚持专业化、特色化发展战略的基础上，进一步围绕质量和特色搞技改，全年完成实际技改投入9 538万元。8 万吨/年煤油加氢技改项目于 11 月 23 日正式投产。10 万吨/年气体分离装置建设已进入扫尾阶段。空压站、循环水场、冷榨脱蜡等装置改造、搬迁工作按计划顺利完成。

（王清宁）

【完成了 ISO 9001 和 ISO 14001 的认证】 2003 年 3 月，清江石化公司开始组织 ISO 9001 和 ISO 14001 国际标准的培训和认证工作，编制了《清江石化质量手册》、《清江石化环境手册》及相配套的 40 个程序文件，5 月下旬实施质量体系和环境体系的运行，9 月 20 日和 10 月 15 日分别通过认证，11 月 17 日获中国方圆标志认证委员会的认证证书及国际认证联盟(IQNET)证书。

（王清宁）

【完成汽油产品质量升级】 清江石化公司根据 2003 年 7 月 1 日汽油质量实行新国家标准的要求，对现有生产装置进行了相应的工艺改造，一是进行直馏汽油异构化，二是对两套催化提升管进行扩径改造，三是实施双功能第二提升管回炼粗汽油，四是采用河北工大 CTST 塔盘和天津大学的细分浮阀两项专利技术改造了双功能分馏、吸收、稳定系统，按期实现了汽油质量达标要求。

（王清宁）

【中共江苏省委书记李源潮来厂视察】 2003 年 6 月 2 日，中共江苏省委书记李源潮在中共淮安市委书记丁解民的陪同下，在清江石化公司进行调研和视察。视察期间，李源潮书记认真听取了清江石化公司的工作汇报，到主要生产装置看望了当班人员，对清江石化公司坚持特色化的企业发展战略和发挥自身优势努力做大、做精、做强予以了充分肯定。

（王清宁）

【董事长、党委书记王永和出席第十届全国人民代表大会】 2003年3月5日，清江石化公司董事长、党委书记王永和光荣出席了第十届全国人民代表大会第一次全体会议。

（王清宁）

【清江石化公司再次荣获“全国五一劳动奖状”】 2003年，清江石化公司全体员工锐意进取，奋发图强，各主要经济技术指标均创历史最好水平，物质文明和精神文明建设保持着健康、快速、同步发展，4月被中华全国总工会授予“全国五一劳动奖状”。

（王清宁）

表1 清江石化公司主要经济指标 亿元

指标名称 \ 年份	2003	2002	2001	2000	1999	1998
原油加工量/万吨	79.29	70.71	64.57	64.16	45.14	38.33
工业总产值①	6.38	4.92	4.15	4.20	2.67	2.62
工业增加值	3.63	3.25	1.88	2.52	1.19	1.01
资产总计	6.05	5.53	4.78	5.36	3.98	2.66
其中：流动资产	2.54	2.44	2.07	3.06	1.96	1.38
固定资产原值	4.85	4.06	3.33	3.00	1.77	1.72
固定资产净值	3.09	2.70	2.24	2.05	0.94	1.01
销售收入	19.39	14.61	14.11	14.71	7.11	5.30
实现利税	2.69	2.31	2.03	2.07	1.11	0.53
其中：税　金	2.22	1.96	1.78	1.74	0.92	0.48

① 按1990年不变价计算。

表2 清江石化公司主要产品产量 万吨

产品名称 \ 年份	2003	2002	2001	2000	1999	1998
汽　油	25.00	19.44	17.22	13.04	5.40	0.94
煤　油	0.23	0.21	0.07	2.91	3.84	0.54
柴　油	18.67	20.67	21.13	17.19	10.89	3.22
重　油	3.99	3.70	4.30	6.54	7.65	11.83
液化气	10.55	8.35	6.91	6.79	2.65	2.53
190#溶剂油	1.23	1.55	0.71	2.27	1.56	5.75
油漆工业溶剂油	4.09	3.55	2.79	3.12	1.12	0.40
其他油墨溶剂油	0.99	0.81	0.42	0.66	0.14	0.14
D系列溶剂油	1.32	1.20	0.75	0.54	1.20	0.74
其他溶剂油	0.85	0.90	0.65	0.66	0.21	—
化工轻油	0.37	1.67	2.33	1.71	0.83	—
溶剂油料	0.44	0.13	0.25	1.27	0.25	4.77
300#液体石蜡	0.93	0.90	0.39	—	—	—
高档铝箔轧制油	1.72	1.17	0.88	—	—	—
4#燃料油	1.56	—	—	—	—	—
乙醇胺	0.01	0.01	0.01	0.02	0.04	0.04
聚醚产品	0.09	0.09	0.08	0.07	0.03	0.03

中国石化集团保定石油化工厂

【概述】 中国石化集团保定石油化工厂(以下简称保定石化厂)位于河北省保定市西北郊工业区，占地面积 44 万米^2，是集石油炼制、建筑防水材料生产于一体的国有大一型企业。现有加工能力 70 万吨/年常减压装置、16 万吨/年催化裂化装置、6 万吨/年氧化沥青装置、1 400万米^2/年防水卷材生产装置和6 000千瓦热电联产装置各一套，并配有原油长输管道、油品贮存、自备铁路专用线、汽车运输、污水处理、机修、电气、仪表等生产辅助设施。主要产品有 90$^\#$、70$^\#$汽油、5$^\#$、0$^\#$、－10$^\#$柴油、200$^\#$溶剂油、10$^\#$建筑沥青、液化石油气、工业燃料油以及四大系列、20 多类、100 多个品种的高中档防水卷材产品。因 2000 年 7 月 8 日全厂炼油主业停产，进行产业结构调整，截至 2003 年底主要产品有蒸汽和系列防水卷材等。保定石化厂地处京、津、石大三角腹地，毗邻京广铁路、京深高速公路和保津高速公路，附近有华北、大港、渤海三大油田和天津、秦皇岛、黄骅三大港口，交通便利，地理位置优越。

保定石化厂始建于 1972 年，原行政隶属保定市化工局，1999 年 10 月划归石化集团公司。截至 2003 年底，保定石化厂拥有固定资产原值 5.03 亿元。职工 826 人，各类专业技术人员 178 人，其中高级职称 20 人、中级职称 94 人、初级职称 64 人。

2003 年，针对严峻的形势以及停产整顿以来职工思想的波动，保定石化厂领导班子始终贯彻石化集团公司“鼓劲、顺气、抓实”的工作方针，坚定信心、振奋精神、周密细致地围绕着团结、稳定、生存、发展的主线做了大量实质性的工作，积极寻找产品有市场、服务有特色、技术先进、竞争力强又与企业现有工艺装备相适应的新项目，同时努力盘活存量资产，充分利用现有设备开展生产自救，从整体上维护了稳定的生产生活秩序。2003 年保定石化厂生产防水卷材 51.91 万米^2，蒸汽 18.00 万吨，外供蒸汽 14.00 万吨，实现销售收入 0.35 亿元。

保定石化厂主要经济指标和主要产品产量见表 1 和表 2。

（张姿琳）

【积极开发无胎自粘防水卷材新产品】 2003 年 7 月，保定石化厂防水材料分厂经过认真分析防水市场现状以及发展趋势，果断决策开发无胎自粘新产品。在分厂领导和技术人员积极有序地组织下，新产品配方迅速出台，与之相配套的设备调整也在一个月内完成，从而具备了批量生产规模和条件。与此同时，展开销售市场的开发，相继确定了北京、常熟、上海、深圳等 4 个比较具备实力的产品代理机构，并在随后的几个月里，承揽了北京具代表性的光大公司房地产工程、中国海洋石油总公司办公大楼工程、清华大学防水工程，并成为北京奥运工程入选产品。

（张姿琳）

【MIBK 项目技术讨论会在京召开】 保定石化厂始终贯彻石化集团公司“鼓劲、顺气、抓实”的工作方针，积极寻找产品有市场、服务有特色、技术先进、竞争力强又与企业现有工艺装备相适应的新项目。2003 年 3 月 18 日，由保定石化厂上报并由石化集团公司和石化股份公司炼化管理部、科技开发部、发展计划部、财务计划部共同组织的“中国石化集团 MIBK(甲基异丁基酮)项目技术讨论会”在北京实华宾馆召开，南京化工公司、金陵石化公司、抚顺石油化工研究院、石油化工科学研究院等多家单位参加了研讨。这是保定石化厂主业停产 3 年来第一个由石化集团公司组织立项研究的新项目。

（张姿琳）

【企业内部局域网络改造完成】 根据 2003 年 5 月 29 日石化集团公司召开的信息化工作电视电话会议精神，保定石化厂制定了企业内部网络的改造规划，将主干网传输线路改为光纤接入，主干网络交换设备更换为具有 3 层交换功能的交换机，分支选择一般 100bps 交换机，有计划地更新淘汰了部分旧设备，并将全厂各单位纳入企业局域网中。2003 年，保定石化厂信息中心重点加强了网络及其安全保障体系的建设，建立完善了网络安全机制和网络管理机制，提前对计算机操作系统的服务器和工作站存在的漏洞打好补丁，在 2003 年“冲击波”病毒肆虐的日子里，全厂的计算机网络运行正常，设备硬件和软件、数据安然无恙，成为整个石化集团公司为数不多的企业网络运行零事故的企业之一。为企业 ERP 及 CIMS 的全面实施打下坚实的基础。

（张姿琳）

【积极谋划自立生存，一年上报 12 项新项目】 自 2000 年 7 月炼油装置停工以来，保定石化厂就一直在积极谋划新项目，以求自立生存，独立发展。在新项目定位过程中始终积极寻找产品有市场、服务有特色、技术先进、竞争力强又与企业现有工艺装备相适应的新项目。2003 年保定石化厂的技术人员不断探索新思路、新工艺、新技术，先后报批了 MIBK、

2246抗氧剂、北京化工实验厂食用黄油、北京东大日化、癸二酸、融雪剂、双乙酸钠、双酸A、三溴甲苯等12个新项目。截至2003年底，与上海石油化工研究院、高桥石化公司联合开发的2246抗氧剂中试完毕并生产出合格产品，目前处于试验工程设备设计阶段。

（张姿琳）

【压缩精简机构，实行扁平化管理】 根据石化集团公司2003年非上市炼化企业加大重组改革和结构调整力度的工作目标和要求，保定石化厂鉴于主业已停产3年半，现存续的生产车间少的实际情况，进一步改变“大而全、小而全”的管理模式，相应的调整企业内部的组织机构和运行机制，机关处室由30个缩减到25个，管理层次由3级缩减到2级，将3级单位合并和撤销，进一步减少管理层次。从而进一步提高了组织的运行效率和整体效能，达到降低管理费用，提高企业盈利能力的目的。

（张姿琳）

【汽车运输队实行全面独立核算、承包试运行】 2003年，保定石化厂汽车运输队针对石化集团公司提出的深化改革、转换经营机制、实施主辅分离的指示精神，结合自身实际制定了汽车运输队的全面独立核算承包方案。该方案打破大锅饭，引入个人风险，充分调动了职工的劳动生产积极性。实行承包一年中，运输队不仅圆满完成保定石化厂厂区内的运输任务，还同时对外承揽了妙士集团、蒙牛集团、香格里拉乳业公司、邮政物流等多个单位的运输业务，并和多家单位签订了长期服务意向。通过一年的承包试运行，保定石化厂汽车运输队运费收入近10万元，基本达到了盈亏平衡，完成了年度考核目标，为自立生存奠定了基础。

（张姿琳）

【建北加油站改造】 地处市区繁华街道上的建北加油站是保定石化厂所属5个加油站中地理位置及经营业绩都较好的经营单位。但因建站时间较早，站内设备及建筑设施都已破落陈旧。2003年，正值全国加油站治理整顿，建北加油站的地理规划、环境保护、消防设施等方面都不再能适应保定市的整体要求。为此，经过党政联席会的集体研究通过，2003年2—5月，保定石化厂对建北加油站进行了整体改造，对站内全部建筑进行了翻新，按石化集团公司的要求统一了加油站的外观和标识，按加油站设计规范要求深埋了储油罐，并购置了新的加油设备和控制设备。6月，建北加油站以全新的面貌重新开业经营，经过半年的运行，建北加油站凭借其良好的设备、整洁的环境、优质的服务使其销售收入比往年同期有了显著的提高。

（张姿琳）

表1　　保定石化厂主要经济指标　　亿元

指标名称＼年份	2003	2002	2001	2000	1999	1998
原油加工量/万吨	—	—	—	17.97	39.59	41.17
工业总产值①	—	0.27	0.25	0.91	1.82	1.73
其中：炼油工业产值	—	—	—	0.77	1.67	1.65
其他工业产值	—	0.12	0.12	0.14	0.15	0.08
工业增加值	—	-0.06	0.28	-0.09	0.65	0.63
资产总计	3.12	5.28	5.31	5.37	5.89	5.12
其中：流动资产	0.99	1.45	1.39	1.38	1.81	1.68
固定资产原值	5.03	5.06	5.04	5.04	4.93	3.55
固定资产净值	3.71	3.88	3.83	3.90	3.90	2.57
销售收入	0.35	0.36	0.19	3.42	5.66	5.09
实现利税	0.01	0.02	0.02	0.20	0.16	0.20
其中：税　金	0.01	0.02	0.02	0.20	0.53	0.48

① 按1990年不变价计算。

表 2　　保定石化厂主要产品产量　　万吨

产品名称＼年份	2003	2002	2001	2000	1999	1998
汽　油	—	—	—	3.44	7.82	6.50
其中：90#	—	—	—	2.73	4.66	1.72
70#	—	—	—	0.71	3.16	4.77
柴　油	—	—	—	5.88	13.07	13.71
燃料油	—	—	—	4.28	8.93	9.26
溶剂油	—	—	—	0.75	1.24	1.21
液化气	—	—	—	0.47	1.20	1.07
沥　青		0.13	—	1.78	3.91	5.12
石脑油	—	—	—	0.20	0.64	1.67
改性防水卷材/万米^2	51.91	58.44	77.68	113.27	145.70	74.10
蒸　汽	18.00	20.12	17.80	11.60	16.60	16.60

中国石化集团青岛石油化工厂

【概述】 中国石化集团青岛石油化工厂(以下简称青岛石化厂)位于山东省青岛市李沧区，占地 69.2 万米^2，厂区临近黄岛油港，有两条原油输油管线分别与黄岛油库、东黄输油管线相接，另有两条汽、柴油输油管线与青岛石油公司油库相接。自备铁路与胶济线相连，厂外公路与济青、青银高速公路相依。地理位置十分优越，交通运输四通八达。

青岛石化厂始建于 1964 年，是一个具备 300 万吨/年原油加工能力的国有大一型石油化工企业。截至 2003 年年底，企业总资产为 30.42 亿元，其中，流动资产 12.47 亿元、固定资产原值 16.97 亿元、固定资产净值 13.37 亿元，资产负债率为 52.10%。在岗职工总数1 643人，具有各类专业职称的人员 329 人，具有中专以上学历的人员 419 人，分别占职工总数的 17.54%、25.50%。全厂设有 23 个处室、9 个车间，另有 4 个独立核算、自负盈亏的经济实体。

主要生产装置有：300 万吨/年常减压蒸馏、100 万吨/年重油催化裂化、35 万吨/年重油催化裂化、60 万吨/年柴油加氢精制、25 万吨/年催化重整、15 万吨/年气体分馏、2 万吨/年气体分馏、5 000吨/年聚合及汽油脱硫醇、硫磺回收、氧化沥青等装置。另有与生产装置相配套的蒸汽锅炉、变配电站、污水处理、铁路装卸油、空气分离及贮存能力为 25.37 万米^3 的原油、成品油储罐等系统公用工程。

主要产品有汽油、煤油、柴油、溶剂油、石脑油、燃料重油、液化气、车用液化气、商品干气、丙烯、聚丙烯、硫磺等 10 余种。

2003 年，青岛石化厂克服市场竞争激烈、技改项目多、生产经营任务重等诸多困难，采取各项措施积极应对，不断开拓市场，确保生产稳定。认真贯彻落实“团结、鼓劲、创新、抓实”工作方针，努力追求企业经济效益，一方面做好现有装置的“安、稳、长、优”运行，另一方面做好在建技改项目的施工和新建装置的开车工作。在上半年原油价格较高对企业经济效益造成不利影响的困难局面下，下半年结合加氢、重整等新建装置的开工投产，加大对原油选择的范围，紧盯国际原油市场，抓住机遇，不断优化原油品种的选择，有效地降低了原油采购成本，从而为企业在下半年走出困境创造了有利条件。2003 年，加工原油 186.45 万吨，同比提高 22.64%；生产成品油 116.99 万吨，同比增长 19.68%；销售收入达到 42.00 亿元，同比增长 32.24%；完成工业增加值 5.00 亿元，同比增长 5.22%；实现利税总额 3.71 亿元，实现利润3 180万元。在主要经济技术指标中，炼油单位现金操作费用 156.03 元/吨、石油产品综合商品率为 91.51%、轻油收率为 78.29%、原油加工损失率 1.00%，原油途耗 0.45%等，全面完成了石化集团公司下达的各项考核指标。

按照石化集团公司有关批复精神，青岛石化厂继续组织了炼油配套完善技改项目的实施。2003 年，15 万吨/年气体分馏、黄岛油库—青岛石化原油输油管线技改项目获总部批复，25 万吨/年催化重整装置于当年下半年建成，9 月上旬一次开车成功，新增加的 93# 汽油品种，结束了青岛石化厂不能生产高标号清洁汽油产品的历史，装置完全达到符合环保要求的生产条件，向建设清洁环保工厂又迈出了新的一步。气分装置于9月开工建设，年底该装置建设取得很大进展，脱乙烷塔、脱丙烷塔、精丙烯B塔等大型设备顺利安装就位，为2004年5月份实现装置中交，创造了良好条件。“黄岛油库—青岛石化原油管线”项目于2003年年底前进入工程设计阶段。

青岛石化厂积极贯彻石化集团公司开展主辅分离、改制分流工作的统一部署，继续大力推进企业内部改革。结合企业实际，有计划、有步骤地开展了改制分流工作，全面落实总部下达的减员分流指标，2003年完成了青岛石化厂2004—2006年主辅分离改制分流计划的细化和完善工作。对符合改制分流条件的经济实体，积极稳妥地开展了情况调研、编制方案等前期准备工作。

2003年4月11日，国务院国有资产监督管理委员会以国资函〔2003〕1号文件，正式批准青岛石化厂实施债转股。根据批复精神，这次债转股的额度99 673万元。12月份，石化集团公司又向青岛石化厂注入了近3.9亿余元的资本金，使资产负债率由转股前的95.26%下降到52.10%。通过实施债转股，青岛石化厂融得近14亿元资金的投入，企业债务负担大大减轻，盈利能力大大增强，这对于青岛石化厂今后实现经济效益不断增长和持续有效发展将产生重大积极影响。

青岛石化厂主要经济指标和主要产品产量见表1和表2。

（周立川）

【全面完成债转股工作】 2003年1月底和3月下旬，国务院5位副总理先后两次在原国家经贸委、财政部、中国人民银行等部门上报国务院审批的有关文件上作出批示，同意按特例批准青岛石化厂实施债转股。4月11日，国务院国有资产监督管理委员会以国资函[2003]1号文件，正式批准青岛石化厂实施债转股。根据批复精神，这次债转股的额度99 673万元。12月份，石化集团公司又向青岛石化厂注入了近3.9亿余元的资本金，使资产负债率由转股前的95.26%下降到52.10%。按照《公司法》等法律法规和国务院有关债权转股权的政策性规定，青岛石化厂转股后新设立的“中国石化集团青岛石油化工有限责任公司”按期完成工商登记等法律手续。公司股权结构是：公司注册资本为159 477万元，其中，石化集团公司以资产和现金形式出资59 804万元，占37.5%；中国长城资产管理公司以债转股形式出资50 991万元，占31.97%；中国华融资产管理公司以债转股形式出资48 682万元，占30.53%。

（周立川）

【成品油输油管线正式投用】 青岛石化厂投资8 000多万元、被列为青岛市2002年度重点工程之一的成品油输油管线，历经8个月的建设，于2002年底全线建成。2003年1月上旬，经过一周时间的贯通试压达到合格条件，于1月11日正式投用。青岛石化厂成品油输油管线，包含汽、柴油输油管线各一条，长度为15.33千米，在青岛石化厂所属成品油罐区设输油首站通往青岛石油公司油库，其设计满负荷输送能力各为140万吨/年。该输油管线的建成投用，改变了青岛石化厂只能依靠铁路、公路运输油品的局面，解决了因产品输出方式制约企业生产效能发挥和今后发展的“瓶颈”问题，对于企业进一步提高产品辐射范围和经济效益，具有十分重要的意义。

（周立川）

【15万吨/年气体分馏装置开工建设】 2003年4月16日，石化集团公司以中国石化财投[2003]54号文件，正式批复青岛石化厂15万吨/年气体分馏装置项目可行性研究报告。该项目主要是与现有的100万吨/年重油催化装置相配套，以解决由于原气分装置加工能力过小，制约生产效能发挥等问题。该装置建成投产后，主要生产精丙烯、车用液化气产品，项目总投资2 976万元。9月3日，青岛石化厂与青岛英派尔化学工程有限公司签订了15万吨/年气体分馏装置项目EPC总承包合同，随即该装置开工建设。到年底，该装置大型设备安装工作基本结束。

（周立川）

【抗击“非典”，确保生产安全运行和职工身体健康】 进入2003年4月份，从全国到地方，抗击“非典”的形势日趋严峻。为确保企业生产安全运行和职工的身体健康，青岛石化厂党政领导班子高度重视非典型肺炎的防治工作，按照石化集团公司、青岛市的统一部署，利用各种方式广泛宣传上级部门的指示精神，并采取了一系列有效的预防措施。有关职能部门及时购置了预防“非典”的药品、器具、消毒用品等发给职工使用，定期或不定期地对办公区域、职工食堂、生产装置操作室及职工宿舍等地点进行全面喷洒药水消毒。各车间、部门按照厂部要求，强化生产一线管理，确保生产安全运行。当年4月和5月份，青岛石化厂分别实现销售收入36 791万元、29 618万元，实现利润593万元、357万元，1—5月累计实现利润

450 万元，一举扭转了年初出现的亏损局面。

（周立川）

【25 万吨/年催化重整装置建成投产】 2003 年 9 月 4 日，青岛石化厂 25 万吨/年催化重整装置开始引油，于次日下午生产出合格的汽油产品，该装置实现一次开车成功。25 万吨/年催化重整装置，是青岛石化厂划转后由石化集团公司批复同意的第一个技改工程项目。该项目由中国石化集团洛阳石油化工工程公司实行 EPC 总承包，于 2002 年 7 月开工建设。在项目建设过程中，青岛石化厂与施工安装、工程监理、质量监督等单位密切配合，合力攻关，确保了该装置于 2003 年 5 月实现中间交接。进入装置开工准备阶段后，总部派来由各有关企业、部门组成的开工专家组，帮助、指导青岛石化厂催化重整装置的开工工作。该装置成功投产后，新增加的 93# 汽油品种，结束了青岛石化厂不能生产高标号清洁汽油产品的历史，装置完全达到符合环保要求的生产条件。

（周立川）

【全面实施 HSE 管理体系建设】 2003 年 9 月 16 日，青岛石化厂举行 HSE 领导意识培训活动，以此标志着青岛石化厂开始全面实施 HSE 管理体系建设工作。9 月 19 日，有关专家在进行了 3 天的初始评审后，召开了青岛石化厂 HSE 管理体系初始状态评审会议。10 月 28 日，中国石化集团安全工程研究院 HSE 咨询组组长薛洪旺一行来厂举行 HSE 管理体系标准、危害识别及风险评价等专题知识讲座，对青岛石化厂建立 HSE 管理体系的工作进行指导。11 月 4 日，厂部召开了建立全厂 HSE 管理体系工作会议，对前段时间开展建立 HSE 管理体系的工作进行了总结，对下一阶段的工作进行了详细部署。

（周立川）

【开展“大干四季度，全力保效益”劳动竞赛活动】 从 2003 年 9 月份开始，国内成品油市场出现需求急剧增加、资源供应趋紧的形势，青岛石化厂按照总部要求，根据市场变化，及时调整生产方案，想方设法增产成品油，有效地保证了成品油资源的市场供应。为进一步挖掘经济效益的潜力，努力实现全年利润指标，从 10 月份起在各车间、部门开展了“大干四季度，全力保效益”的劳动竞赛活动，各车间进一步优化各项工艺控制指标，采取行之有效的措施，消除装置运行中存在的隐患，确保各生产装置安全运行。各职能部门将降本压费的指标层层落实到人，加大各管理环节的考核力度，圆满完成了全年各项生产任务。10—12 月份，青岛石化厂每月的原油加工量均在 20 万吨以上，与上半年月平均加工水平相比，提高了约 7 万吨，比全年平均加工水平高出约 6 万吨。这 3 个月，青岛石化厂盈利大大提高，取得了显著的经济效益，全年加工原油达到 186.45 万吨，实现利润3 180 万元。

（周立川）

【通过青岛市清洁生产企业考核验收】 2003 年 12 月 27 日，由青岛市经委、环保局等部门组织的清洁生产审核专家组对青岛石化厂清洁生产工作进行了考核验收。专家组通过对审看资料、现场考察、对有关人员进行调查询问等程序，对青岛石化厂在开展清洁文明生产、环保投入、污染治理、综合利用、环保管理等方面所做的一系列工作给予充分的肯定。青岛石化厂最终以 95 分的成绩一次通过了青岛市清洁生产企业的考核验收。

（周立川）

【参加石化集团公司首届运动会取得良好成绩】 2003 年 10 月 10—11 日，青岛石化厂 28 名运动员组队参加了石化集团公司首届运动会田径比赛。全体运动员不畏强手、顽强拼搏，最终以 240.5 分的总成绩获得田径项目团体总分第五名，加上参加在此之前举行的乒乓球、桥牌比赛所取得的成绩，青岛石化厂获得本届运动会团体总分第七名，同时还被大会组委会授予体育道德风尚奖。

（周立川）

表 1　　青岛石油化工厂主要经济指标　　亿元

指标名称 \ 年份	2003	2002	2001	2000	1999	1998
原油加工量/万吨	186.45	152.03	105.87	120.36	103.44	101.54
工业总产值①	9.79	7.78	5.45	5.44	4.26	4.72
工业增加值	5.00	4.99	3.50	3.45	2.47	2.04
资产总额	30.42	23.60	21.35	22.55	19.53	15.80

续表

指标名称＼年份	2003	2002	2001	2000	1999	1998
其中：流动资产	12.47	7.83	7.93	11.38	9.37	8.54
固定资产原值	16.97	14.48	11.08	4.05	4.18	3.94
固定资产净值	13.37	11.76	9.09	4.02	4.14	3.78
销售收入	42.00	31.64	22.48	26.05	13.88	12.04
实现利税	3.71	3.50	1.17	2.33	1.40	1.41
其中：税　金	3.32	3.34	2.39	2.73	1.19	1.40

① 按 1990 年不变价计算。

表 2　　青岛石油化工厂主要产品产量　　万吨

产品名称＼年份	2003	2002	2001	2000	1999	1998
90# 汽油	44.68	36.29	26.64	24.30	11.35	6.32
煤　油	—	—	1.96	3.67	2.60	3.47
0# 柴油	65.99	50.03	36.84	37.66	31.42	27.45
－10# 柴油	2.13	7.93	6.13	4.16	0.02	0.11
5# 柴油	—	3.50	—	—	—	—
70# 汽油	—	—	—	—	10.59	8.05
石脑油	18.44	19.71	9.40	6.91	0.62	—
溶剂油	11.01	5.23	4.03	3.49	0.50	8.57
燃料油	11.11	10.04	6.93	22.72	34.28	36.64
软麻油	—	0.08	0.06	0.08	0.10	0.05
建筑沥青	—	—	—	1.82	2.08	4.83
道路沥青	—	—	—	0.04	0.04	—
液化气	13.58	10.34	6.68	5.54	3.67	3.17
丙　烯	0.84	0.75	0.54	0.74	0.55	0.75
聚丙烯	0.29	0.06	0.04	0.11	0.15	0.34

中国石化集团杭州炼油厂

【概述】 中国石化集团杭州炼油厂(以下简称杭州炼油厂)位于浙江省杭州市拱墅区康桥镇，占地 31 万米^2。厂区与高速公路相依，与京杭大运河紧邻，建有原油码头和成品油码头各一座，厂区东南向 2 千米处，建有一条铁路专用线，单班装卸能力 12 万吨/年，地理位置优越，水、陆、铁路交通十分便利。

杭州炼油厂创建于 1951 年，经过 50 多年的建设与发展，现已成为一家以原油加工为基础，以白油系列产品和精细油品为特色的石油化工企业。全厂设有 24 个处室、8 个车间(5 个基本生产车间，3 个辅助车间)，另有 7 个独立核算、自负盈亏的全资及控股子企业。职工总数1 747人，其中各类专业技术人员 208 人(高级职称 21 人，中级职称 76 人)，占 11.91%；截至 2003 年底，杭州炼油厂拥有总资产 7.34 亿元，其中流动资产 2.75 亿元，固定资产原值 7.05 亿元，固定资产净值 4.20 亿元。

杭州炼油厂主要生产装置有：常减压—催化裂化、延迟焦化、白油加氢、油品精制、石油磺酸盐、化学试剂等。拥有与生产装置相应配套的蒸汽锅炉、变配电站、污水处理、铁路装卸站及储存能力为 4.4 万米^3 的原油和1 164米^3 成品油储罐等系统公用工程。

杭州炼油厂主要产品有汽油、煤油、柴油、液化气、白油系列产品、特种溶剂油、石油磺酸盐、化学试剂等九大类 60 多个品种牌号的产品。产品注册商标“双环牌”。

2003 年，杭州炼油厂面对生产经营的诸多制约因素，灵活实施经营策略，积极推进结构调整，确保了生产的稳定和经济效益的提高。全年加工原油 60.40 万吨，生产销售白油 2.32 万吨，完成工业总产值 5.08 亿元，实现销售收入 14.86 亿元，同比增加 3.51 亿元，增长 30.92%，实现利税总额 2.117 亿元，同比增加3 364万元，增长 18.90%，其中利润2 311万元。通过技术改造，完成了工艺流程的调整，形成了常减压—催化裂化—焦化—加氢精制的全厂新流程，为提高原油品种的适应性，调整产品结构，增产高附加值产品创造了基础条件。

2003 年，杭州炼油厂围绕效益目标，加强了企业内部管理。汽、柴油按时达标生产，落实了畜用白油产品 GMP 认证的技术和管理措施，全年产品质量抽检合格率 100%；加强装置运行管理，催化装置安全运行 15 个月；全年压减库存物资 8.3%；进一步强化原油和产品的计量监督，降低原油途耗和储存损失；安全生产继续保持平稳。

杭州炼油厂主要经济指标和主要产品产量见表 1 和表 2。

（袁黎明）

【干气制氢—油品精制联合装置投产】 经过一年的施工建设，2003 年 2 月 25 日，杭州炼油厂5 000米^3(标准)/时制氢和 25 万吨/年油品精制项目正式进入开车试运行。这套装置以催化干气作原料，每小时生产 5 000米^3(标准)的氢气，不但可以满足白油加氢、柴油加氢的用量，设计上还留有一定的扩容余地，为今后白油加氢扩量技术改造作好了准备。

（袁黎明）

【白油产品市场核心领域客户增加】 2003 年，杭州炼油厂白油产品在市场开拓和经济效益上取得较大突破，高品质、高技术含量的白油产品在诸多核心领域得到推广应用，取得令人鼓舞的进展。高粘度白油进入多家聚苯乙烯生产企业，化妆行业也有更多国际品牌改用杭州炼油厂生产的白油产品，全年销售白油 2.3 万吨。

（袁黎明）

【技术改造进展顺利】 10 万吨/年白油扩量技术改造完成了项目建议书，可行性研究报告等前期工作；催化烟气能量回收系统技术改造全面启动；油品精制装置顺利建成投入生产；新标准汽油生产的技术措施全部落实；成品油码头延伸工程顺利完成。

（袁黎明）

【“五金防锈油”、“高级针织机油”两新产品通过鉴定】 经过一年多的研制，杭州炼油厂新产品开发中心成功开发了“五金防锈油”、“高级针织机油”两种新产品，并于 2003 年 12 月 23 日顺利通过由杭州市科技局组织的技术鉴定。这两种新产品质量达到国内领先水平，用户使用后效果较好，市场前景广阔，经济效益显著。新产品开发中心全年利润同比增长 10%。

（袁黎明）

【启动了兽用白油国家药品生产质量管理规范(GMP)认证工作】 为适应市场发展需要，提高兽用白油的质量，规范生产操作标准，自 2003 年 4 月开始对兽用白油进行 GMP 认证工作，成立了 GMP 认证领导小组及 GMP 认证专项验证工作小组，对 165 名职工进行了 GMP 知识的培训及考试。制定了 320 项管理制度，完成了油品车间灌装发货洁净室的建设，经国家建筑工程质量监督检验中心监测，洁净室综合性能的各项指标全部合格。

（袁黎明）

【运输公司实施改制分流模拟运作】 根据石化集团公司“主辅分离、辅业改制”的统一部署，2003 年 7 月 1 日，杭州炼油厂改制分流试点单位汽车运输公司在基本完成基础工作的前提下，开始实施改制分流模拟运作，实行自主经营、自负盈亏，取得明显成效。

（袁黎明）

【实施分配制度改革】 根据“效率优先，兼顾公平”的分配原则，2003 年 9 月，厂职工代表大会审议通过了《中国石化集团杭州炼油厂岗位绩效工资实施办法》，制定并实施了基薪、绩效工资制度。改革了企业内部长期以来分配关系不合理的状况，强化了竞争和激励机制，推动了全厂收入分配制度和劳动人事制度改革的进程。

（袁黎明）

【广泛开展了保持共产党员先进性教育活动】 根据杭州市委的统一部署和整体要求，从 2003 年 4 月初开始，杭州炼油厂党委结合企业实际，在全体党员中有计划、有步骤地开展了保持共产党员先进性教育活动。活动从提高党员的整体素质和解决党员队伍中存在的突出问题入手，把找问题差距、抓整改提高融于

"保先"教育的全过程，确保了活动出实效，不走过场。通过"保先"教育活动，使党员素质有了进一步的提高，促进了各项工作。厂党委被杭州市工业资产经营有限公司党委评为保持共产党员先进性教育活动先进党组织，受到了表彰。

（袁黎明）

【获全国投入产出调查先进集体称号】 2003 年上半年，全国第四次投入产出调查工作全面展开，杭州炼油厂被浙江省列入重点调查对象，经全厂和有关部门通力合作，圆满完成调查任务。8 月，被国家统计局授予"2002 年度全国投入产出调查先进集体"称号。

（袁黎明）

【实施补充医疗保险】 为减轻职工医疗负担，根据石化集团公司的统一部署，杭州炼油厂制定了《补充医疗保险实施办法》。根据该实施办法，职工在使用完个人账户资金后，对在职和退休职工符合送保规定的自负普通门诊医疗费和住院医疗费给予适当报销，调动了广大职工的积极性。

（袁黎明）

表 1　　杭州炼油厂主要经济指标　　亿元

指标名称＼年份	2003	2002	2001	2000	1999	1998
原油加工量/万吨	60.40	50.82	49.64	60.06	50.10	50.08
工业总产值①	5.08	4.43	4.08	4.51	3.22	5.51
其中：炼　油	4.17	3.70	3.61	3.93	2.67	5.10
白　油	0.71	0.63	0.38	0.42	0.40	0.41
工业增加值	2.40	2.17	1.64	2.40	1.72	1.42
资产总额	7.34	7.91	7.66	8.47	7.87	7.41
其中：流动资产	2.75	2.92	2.86	2.72	1.94	2.85
固定资产原值	7.05	6.09	6.04	6.14	4.29	4.31
固定资产净值	4.20	3.71	4.06	4.27	2.71	3.30
销售收入	14.86	11.35	11.33	13.79	8.51	7.63
实现利税	2.11	1.78	1.59	1.95	1.36	0.93
其中：税　金	1.88	1.71	1.58	1.72	1.28	0.86

① 按 1990 年不变价计算。

表 2　　杭州炼油厂主要产品产量　　万吨

产品名称＼年份	2003	2002	2001	2000	1999	1998
液化气	4.96	4.11	3.87	5.70	5.35	4.87
车用汽油	14.32	14.12	8.08	10.81	14.44	10.14
灯用煤油	—	—	0.33	1.35	0.65	1.00
轻柴油	18.15	15.22	1.29	17.33	18.12	7.00
溶剂油	5.83	3.15	2.92	3.28	2.48	2.30
白　油	2.32	1.98	1.09	1.04	0.96	0.95
化学试剂	0.04	0.23	0.001	0.001	—	—

湛江东兴石油企业有限公司

【概述】 湛江东兴石油企业有限公司(以下简称湛江东兴公司)是一家中外合资炼油企业，位于广东省湛江市霞宝工业区，占地面积 71 万米^2。其前身是湛江美亚炼油厂，最早立项于 1980 年，由于资金不到位，长期处于缓建之中。1992 年 10 月，经广东省计委、外经委批准成立了湛江东兴石油企业有限公司，1993 年 12 月建成投产。2002 年 3 月，经国务院、原国家计委批准同意，石化集团公司完成了对湛江东兴的收购工作，使其成为石化集团公司直属管理的炼油企业，且继续保持中外合作企业的体制、机制。湛江东兴公司在职员工 497 人，其中具有大专以上文化程度的员工 216 人，中级以上专业技术职称的员工76 人。

湛江东兴公司现有原油加工能力 200 万吨/年，所加工的原油均为进口轻质低硫原油。主要生产装置包括一套 200 万吨/年的常压蒸馏装置、一套 40 万吨/年的催化裂化装置，一套 33 万吨/年的重整装置和一套 18 万吨/年的异构化装置以及相应的油品储运和公用工程系统。湛江东兴公司主要生产汽油、柴油、化工轻油、燃料油和液化石油气等石油产品，销往广东、海南、西南地区、湖南、湖北、江苏和天津等地。2003 年加工原油 205.13 万吨，实现销售收入 49.96 亿元，上缴税金 4.11 亿元。

2003 年 4 月 10 日，中共中央总书记、国家主席胡锦涛亲临湛江东兴公司视察，给公司的全体干部员工以巨大的鼓舞。

湛江东兴公司目前正在实施 500 万吨/年炼油改扩建工程，以进一步扩大生产规模、优化调整原料和产品结构、提高企业市场竞争能力。

湛江东兴公司主要经济技术指标和主要产品见表 1 和表 2。

（陈光明）

【胡锦涛主席视察湛江东兴公司】 2003 年 4 月 10 日，中共中央总书记、国家主席胡锦涛亲临湛江东兴公司视察。胡锦涛主席在中共中央政治局委员、广东省委书记张德江，中央财经领导小组办公室主任王春正，国家有关部委领导，广东省省长黄华华，湛江市委书记邓维龙，市长徐少华等陪同下，视察了湛江东兴公司的主要生产装置，听取了公司关于生产经营和 500 万吨/年炼油改扩建工程的情况汇报。

（陈光明）

【500 万吨/年炼油改扩建工程开工建设】 2003 年 1 月，石化集团公司批准了湛江东兴 500 万吨/年炼油改扩建工程项目。1 月 15 日，石化集团公司陈同海总经理亲自到广东省协调该项目的批复工作，1 月 16 日，该项目获广东省批准。3 月 15 日完成了项目的 EPC 招标投标，基础设计工作全面铺开。5 月 31 日按计划完成了基础设计审查，7 月底石化集团公司工程部正式批复基础设计，8 月 8 日改扩建工程正式动工建设。

湛江东兴公司 500 万吨/年炼油改扩建工程主要项目包括：①新建 500 万吨/年常减压蒸馏装置；②40 万吨/年催化裂化装置改造为 50 万吨/年；③新建 120 万吨/年中压加氢裂化装置；④新建 50 万吨/年连续重整装置；⑤新建 0.6 万吨/年硫磺回收装置；⑥新建 3×12.5 万米^3 原油贮罐；⑦新建 2×65 吨/时中压燃油锅炉；⑧新建 4 万米^3(标准)/时 PSA 氢提浓装置；⑨新建 110 千伏/10 千伏总变电站以及相应的油品贮运和公用工程系统。

湛江东兴 500 万吨/年炼油改扩建工程批复总投资为 15.43 亿元，其中工程建设投资 13.88 亿元。

改扩建工程管理采用了项目联合管理组(IMT)领导下的项目管理公司(PMC)管理工程和总承包(EPC)为主的工程建设管理模式。生产装置、储运系统和动力系统的施工建设采用总承包(设计、采购、施工)的形式。通过分层管理，实现改扩建工程的质量、安全和工期三大目标控制。

湛江东兴公司 500 万吨/年炼油改扩建工程 2003 年累计完成工程投资 1.98 亿元，计划于 2004 年 12 月建成实现中间交接，2005 年一季度投料试车。

（陈光明）

表 1　　湛江东兴公司主要经济指标　　亿元

指标名称＼年份	2003	2002	2001	2000	1999	1998
原油加工量①/万吨	205.13	203.96	153.77	165.01	153.83	134.45
工业总产值	11.37	11.07	7.93	8.13		
资产总计	25.04	22.93	12.20	12.54	11.45	11.75

续表

年份 指标名称	2003	2002	2001	2000	1999	1998
其中：流动资产	11.48	9.62	4.85	5.90	4.15	3.93
固定资产原值	11.40	11.36	9.68	8.33	8.78	8.73
固定资产净值	6.65	7.83	6.17	5.16	6.14	6.73
销售收入	49.96	44.53	31.29	35.60	21.97	18.39
实现利税	4.44	4.99	0.57	2.72	4.37	2.96
其中：税　金	4.11	4.66	2.40	2.47	3.56	3.18

① 按 1990 年不变价计算。

表 2 **湛江东兴公司主要产品产量** 万吨

年份 指标名称	2003	2002	2001	2000
汽　油	67.11	67.47	49.97	46.63
柴　油	96.79	106.33	72.33	64.12
化工轻油	16.24	8.61	5.51	19.86
溶剂油				
液化石油气	12.00	10.12	7.09	6.13
燃料油	2.75	4.57	5.48	6.81

中国石油化工股份有限公司北海分公司

【概述】 中国石油化工股份有限公司北海分公司(以下简称北海分公司)位于广西壮族自治区北海市，濒临北部湾，距北海港码头约 2 千米，占地 47.2 万米²，现有员工 379 人(含托管 83 人)，其中具有中级及以上职称的员工 76 人。

北海分公司原是一家地方投资兴建的石油化工企业，设计原油加工能力 20 万吨/年，1991 年 5 月建成投产。1993 年初，该厂产权转让给中国石油天然气总公司滇黔桂石油勘探局。1998 年 5 月随滇黔桂石油勘探局划归石化集团公司。2002 年 7 月经剥离直属石化股份公司。经过几年挖潜改造和技术革新，原油加工能力由 20 万吨/年扩增到 60 万吨/年，装置各项技术指标显著提高，综合能耗、原油途耗、产品质量、综合商品率等指标达到石化集团公司装置达标要求。

北海分公司现有 60 万吨/年常压装置、36 万吨/年催化裂化装置、8 万吨/年催化气体脱硫装置、500 吨/年硫磺回收装置各一套，主要生产装置实现 DCS 计算机控制。北海分公司设有常压车间、催化车间、油品车间、动力车间、供水车间、机修车间、电气车间、仪表车间、化验室 9 个生产车间。拥有专用双泊位油品码头和专线铁路，储运、环保等配套设施齐全，海路、陆路运输十分方便。主要产品有 90# 高级车用汽油、0# 柴油、4# 轻燃料油、化工轻油、液化石油气、重油等 6 个品种，产品全部达到国家最新质量标准。1999 年 5 月，北海分公司通过了国家技术监督局“计量体系认证”，2000 年 12 月，通过了 ISO 9000 质量管理体系认证。

2003 年北海分公司克服伊拉克战争、非典疫情、台风等不利因素的影响，认真贯彻石化集团公司“团结、鼓劲、创新、抓实”的工作方针，跟踪市场变化，深挖加工潜力，加强管理，科学决策，各方面都取得了较大的成绩。全年加工原油 51.37 万吨；实现综合商品率 91.2%，同比上升 0.06 个百分点；原油途耗 0.32%，同比下降 0.02 个百分点。实现销售收入 11.38 亿元，同比增加 1.05 亿元，增幅 10.12%；综合加工费 185.15 元/吨，比考核指标下降 2.85 元/吨，同比降低 24.79 元/吨；吨油利润 93.4 元/吨，同比上升 63 元/吨。实现税前利润 4 798 万元，同比增加 3 178万元；应交税金总额 2.27 亿元，同比增加1 474 万元。2003 年，北海分公司的综合商品率、原油途耗两项指标又创历史最好水平。

北海分公司的主要经济指标及产品产量见表 1、表 2。

(吴硕琼)

【分配制度改革激活人力资源】 为了构建精简、高效、协调的公司机构，充分发挥员工工作积极性，盘活人力资源，留住、吸引优秀人才，建立适应市场经济要求的人力资源管理体系，2003 年 3—10 月，北海分公司进行了用工制度和分配制度改革。这次改革，一是进行了公司组织机构再设计，加强了公司部门间的关联度；二是重新进行了定岗定员，核定了 140 个岗位，每个岗位编写了职位说明书；三是在公司范围内对所有岗位进行公开竞聘，让重要岗位由合适人员担任，让员工聘上适合自己的岗位；四是根据岗位责任大小、劳动强度、技术含量，结合石化集团公司内部薪酬特点和周边劳动力市场价位，重新核定了 140 个岗位薪酬水平，形成了高低有别、层次分明的薪酬体系。此次分配制度改革调动了员工工作积极性，增强了员工岗位责任心，激活了人力资源。

（吴硕琼）

【广西炼油工程预可研会议在南宁召开】 2003 年 4 月 27—29 日，广西炼油工程预可研会议在南宁召开。会议期间，石化集团公司与广西壮族自治区人民政府就在广西北海市铁山港区建设广西炼油工程的可行性进行了广泛的讨论。会议认为，在广西建设炼油工程符合国家西部大开发政策，符合石化集团公司发展战略，符合广西壮族自治区经济发展要求。北海区位优势明显，港口优良，水、电、交通条件优越，适合建造大型炼油工程。

（吴硕琼）

【陈同海出席广西炼油项目合作协议签字仪式】 2003 年 7 月 18 日，石化集团公司与广西壮族自治区人民政府就建设广西炼油项目在南宁西园饭店举行签字仪式。签字仪式上，石化集团公司和广西壮族自治区人民政府共同表示，要在建设广西炼油项目上加强协作，相互支持，并共同开发好广西成品油市场。石化集团公司党组书记、总经理、石化股份公司董事长陈同海，中央文献研究室主任滕闻生，中央外事办主任刘华秋，国务院侨办副主任李海峰，原国家经贸委副主任、广西壮族自治区副主席赵维臣，广西壮族自治区党委书记、自治区人大主任曹伯纯，广西壮族自治区党委副书记、自治区代主席陆兵等领导出席了签字仪式。

（吴硕琼）

【王天普高级副总裁到北海分公司视察工作】 2003 年 8 月 31—9 月 1 日，石化股份公司高级副总裁王天普到北海分公司视察工作。王天普高级副总裁要求北海分公司认真抓好生产，充分把握当前成品油需求旺盛的有利时机，多加工原油，多出效益。尤其要强化安全管理，落实好安全生产责任制，制定好应急预案，提高抗击台风等自然灾害和处理突发事件的能力。王天普高级副总裁还考察了广西炼油项目拟选厂址。

（吴硕琼）

【王基铭总裁到北海考察广西炼油项目】 2003 年 9 月 20—21 日，石化集团公司副总经理、石化股份公司总裁王基铭到北海考察广西炼油项目。王基铭总裁考察了铁山港区拟选厂址，与北海市政府进行了会谈，再次表明了中国石化在广西建设炼油厂的决心，明确了北海分公司为炼油项目负责单位，要求北海分公司多与地方政府沟通，积极推进广西炼油项目前期工作。王基铭总裁还听取了北海分公司的工作汇报，视察了主要生产装置现场，对北海分公司在企业经营管理工作方面取得的成绩予以充分肯定。

（吴硕琼）

【广西炼油项目前期工作完成环境评价大纲】 2003 年，北海分公司积极参与、组织广西炼油项目前期工作，组织完成了炼油项目选址，完成了炼油项目预可行行性研究报告(代项目建议书)，委托中国石化集团抚顺石油化工研究院编制完成了《广西炼油工程环境评价大纲》。

（吴硕琼）

表 1　北海分公司主要经济指标　亿元

指标名称 \ 年份	2003	2002	2001	2000	1999	1998
原油加工量/万吨	51.37	53.76	54.13	55.09	50.19	49.01
工业总产值①	2.45	2.58	2.55	2.62	2.40	2.50
工业增加值	2.87	2.59	2.92	2.66	2.00	2.96
资产总计	3.11	3.71	2.87	4.01	3.90	5.56

续表

指标名称 \ 年份	2003	2002	2001	2000	1999	1998
其中：流动资产	1.63	2.06	1.06	2.02	2.03	2.62
固定资产原值	3.03	3.01	2.98	2.96	2.93	3.86
固定资产净值	1.48	1.65	1.81	1.98	1.77	2.74
销售收入	11.38	10.34	10.90	11.66	7.72	7.37
实现利税	2.75	2.28	2.46	2.26	1.70	2.67
其中：税　金	2.27	2.12	2.13	2.22	1.68	1.72

① 按 1990 年不变价计算。

表 2　　**北海分公司主要产品产量**　　万吨

产品名称 \ 年份	2003	2002	2001	2000	1999	1998
90# 汽油	12.91	13.58	13.38	14.75	13.86	14.60
0# 柴油	18.63	21.31	23.71	23.13	20.84	18.15
化工轻油	1.98	2.97	4.81	4.04	3.02	0.15
液化石油汽	4.69	3.99	4.77	4.91	5.10	5.62
4# 轻燃料油	4.32	2.77	—	—	—	—
重　油	2.46	2.90	2.36	2.75	2.13	2.28

中国石化上海石油化工股份有限公司

【概述】 中国石化上海石油化工股份有限公司(以下简称上海石化股份公司)位于上海西南部金山卫，占地面积 940 万米^2，是目前中国集炼油、化工、化纤和塑料产品于一体，高度综合的现代化大型联合企业之一，其前身为创建于 1972 年的上海石油化工总厂。1993 年 6 月改制为上海石油化工股份有限公司。2000 年 10 月，更名为中国石化上海石油化工股份有限公司。

上海石化股份公司下设炼油化工部、化工事业部、涤纶事业部、腈纶事业部、塑料事业部 5 个事业部和化工研究所、合成纤维研究所、科技开发公司 3 个科研单位，另有销售供应公司以及热电总厂、公用事业公司、环保中心 3 个辅助单位和信息中心、新闻中心、培训中心等 6 个专业单位，并由全资子公司上海石化企业发展有限公司、上海石化投资发展有限公司分别管理多种经营企业和对外投资企业。截至 2003 年底，上海石化股份公司总资产达 275.81 亿元，拥有主要生产装置 66 套，在册员工总数31 008人，其中专业技术人员占 14.15%。2003 年全年，上海石化股份公司实现工业总产值(不变价)155.47 亿元，比上年增长 16.26%；实现工业增加值 76.72 亿元，比上年增长 40.57%，创历史最好水平；实现销售收入 296 亿元，净利润 13.86 亿元。全年，上海石化股份公司加工原油 861.01 万吨，比上年增长 15.91%(其中加工进口原油 671.41 万吨)，再创历史新高；生产汽油 89.48 万吨、柴油 248.76 万吨、航空煤油 57.58 万吨，比上年分别增长 0.89%、11.45%和 68.51%；生产乙烯94.83 万吨(继续保持全国石化行业乙烯产量首位)、丙烯 53.31 万吨，比上年分别增长 18.53%和 24.44%；生产合纤单体 42.13 万吨、合纤聚合物 50.76 万吨、合成纤维 31.58 万吨，比上年分别增长 10.71%、7.02%和 5.28%；生产合成树脂 90.05 万吨，比上年增长 34.72%。

2003 年是上海石化股份公司在四期工程建成投产后再创新业绩的一年。催化裂化增产丙烯改造项目于 2 月完成；年产 13 万吨丙烯腈改造项目于 4 月投料开车；催化汽油选择性加氢脱硫科研项目于 6 月底建成。火炬气回收项目于 9 月投入运行，使乙烯等 5 套生产装置排放的可燃气体得到利用，达到节约能源、降低成本、保护环境的目的。新建年产7 000吨戊烷装置于 10 月投料开车并产出高纯度戊烷合格产品。年产 15 万吨聚酯技术改造项目于 6 月开工；年加工800万吨原油的常减压装置易地改造工程已启动。此外，石化集团公司甬、沪、宁进口原油管道工程白沙弯油库(一期)工程于年底实现中间交接，册子岛油库及码头工程于10月启动。

2003年，上海石化股份公司加大技术攻关和新产品开发力度，取得新的成果。全年有13个项目通过石化集团公司技术鉴定，4个项目通过上海市新产品鉴定，48个项目通过公司评定。申请专利52件，授权专利26件，其中发明专利20件。2003年，上海石化股份公司获全国爱国拥军模范单位称号，被国家商务部授予中国外贸企业信用体系指定示范单位，并被评为“2003年上海市用户满意企业”。

上海石化股份公司主要经济指标及主要产品产量见表1和表2。

(顾忠礼)

【召开改制上市10周年研讨会】 2003年8月12日，上海石化股份公司召开改制上市10周年研讨会。原全国政协副主席陈锦华、石化集团公司总经理陈同海、石化股份公司总裁王基铭、上海市副市长唐登杰等领导、专家和学者80多人参加研讨会。1993—2002年，上海石化股份公司改制10年来，22.5万千瓦燃煤电站、2#乙烯改扩建工程、100万吨/年延迟焦化装置以及四期工程、加工含硫原油改造工程等一大批重大基建、技改项目相继建成投产，取得明显的投资效益。10年来，上海石化股份公司的总资产从115亿元增长到266亿元，增长1.31倍，净资产从40亿元增长到141亿元，净增101亿元，增长2.53倍；国有股权益从40亿元增加至78亿元，增长96.15%；累计上缴国家税收131亿元，派发国有股红利29亿元；累计实现税后利润93亿元。与会领导和专家肯定上海石化改制10年来取得的业绩，同时对上海石化股份公司今后坚持“创国内一流、争国际先进”的战略定位纷纷建言献策。

(顾忠礼)

【乙烯产量再创全国新纪录】 2003年，上海石化股份公司乙烯产量突破90万吨大关，达94.83万吨，比上年增长18.53%，再创中国石化行业全国新纪录，乙烯产量实现连续5年新突破。2003年全年，上海石化股份公司2套乙烯装置实现非计划停车总时间比上年下降82%，有效地延长了生产装置运行周期，为乙烯产量突破历史纪录创造了条件，也是上海石化四期工程70万吨/年乙烯装置改造投产一年来取得的成绩。

(顾忠礼)

【合成树脂产量突破90万吨大关】 2003年，上海石化股份公司合成树脂产量突破90万吨大关，比上年增长34.72%，实现历史性跨越。上海石化股份公司发挥新装置优势，挖掘老装置潜力，全年3套聚乙烯装置、2套聚丙烯装置分别创生产长周期运行的纪录，为提高产品质量和技术含量、建设具有国际竞争力的百万吨级聚烯烃基地奠定了基础。

(顾忠礼)

【国家级合成纤维研究中心通过竣工验收】 2003年3月17日，合成纤维国家工程研究中心(以下简称合纤中心)通过由国家发展和改革委员会委托石化股份公司组织的竣工验收。该项目是1995年11月由原国家计委批准立项的3个依托各大型企业集团建设的国家级工程研究中心之一，该项目通过改造上海石化股份公司合纤所原有厂房和辅助设施，并利用世界银行贷款建设而成，总投资6 419.54万元。合纤中心建成后先后完成3万吨/年腈纶、3万吨/年涤纶短纤维、日产450吨三釜流程聚酯、TCS纺丝4项工程化成套技术项目建设，并进行共聚型磷系阻燃聚酯及纤维等6项新材料、PBT弹性纤维等10项功能性纤维的研究开发，多项研究成果具有国际先进水平，标志着上海石化股份公司已具备了合成纤维工程技术研究和转化的能力。

(顾忠礼)

【6.6万吨/年腈纶改造项目通过竣工验收】 2003年10月16日，上海石化股份公司6.6万吨/年腈纶改造项目通过竣工验收。该工程是上海石化四期工程建设项目之一，总投资7.65亿元。工程于2000年10月16日开工，2001年8月12日建成投产。至2003年底，上海石化股份公司腈纶生产能力达20万吨/年，成为目前国内最大的腈纶生产商。产品差别化率超过25%。验收委员会一致认为上海石化股份公司利用石化集团公司自行开发的专有技术，对老生产装置进行技术改造，并淘汰落后的工艺设备，成功地将科研成果转化为生产力，实现工业化大生产，填补国产腈纶工艺技术的空白，实现了新的飞跃。

(顾忠礼)

【7#空分装置及精氩装置项目通过竣工验收】 2003年10月30日，上海石化股份公司7#空分装置及精氩装置项目通过竣工验收。7#空分装置产能为1.5万米^3(标准)/时氧气，精氩装置是7#空分装置的配套装置，项目总投资1.66亿元。该项目于2000年4月13日开工，2001年8月28日实现中间交接，同年11

月 29 日—12 月 13 日进行两周试运行，成功产出合格的氧气、氮气及氩气。经整改后，2002 年 2 月 4 日对外供气，同年 11 月 28 日达到性能考核要求。该装置建成后，不仅满足上海石化乙二醇装置生产能力从 15 万吨/年扩大到 22.5 万吨/年增量改造的需求，还增加了上海石化股份公司稀有工业气体的品种。

（顾忠礼）

【白沙湾油库一期工程实现中间交接】 2003 年 12 月 30 日，白沙湾油库一期工程实现中间交接。该工程是石化集团公司甬、沪、宁进口原油管道工程的重要组成部分，共建设 8 座 10 万米^3 原油储罐、原油输送站及公用配套设施。工程于 2002 年 12 月 18 日开工，2003 年年底实现中间交接，历时 1 年建成，比原计划提前 3 个月，再创上海石化股份公司工程建设史上的“金山速度”。

（顾忠礼）

【15 万吨/年聚酯技术改造项目开工】 2003 年 6 月 10 日，上海石化股份公司 15 万吨/年聚酯技术改造项目开工。该项目采用上海石化股份公司自主知识产权的“15 万吨/年聚酯三釜流程国产化成套技术工艺包”，是国内第一套拥有石化集团公司自有技术的建设项目。项目总投资 1.49 亿元。至 2003 年年底，主厂房结构封顶，土建施工结束，酯化分离器、酯化反应器和酯化加热器等 3 台酯化设备吊装成功，进入设备安装阶段，该项目计划于 2004 年 6 月建成投产。项目改造后可达到国际同类工艺装置先进水平。

（顾忠礼）

【20 万吨/年国产化第二代环管聚丙烯成套技术开发项目通过鉴定】 2003 年 11 月 27 日，20 万吨/年国产化第二代环管聚丙烯成套技术开发项目通过石化股份公司组织的鉴定。该项目由上海石化股份公司、中国石化工程建设公司和北京化工研究院 3 家单位共同开发。2002 年 2 月，上海石化股份公司采用该成套技术新建的 20 万吨/年聚丙烯工业化生产装置投产，并实现长周期运行。专家认为，该项目开发了具有自主知识产权的催化剂，并完成了 20 万吨/年国产化第二代环管聚丙烯成套技术工艺包的开发和编制。聚合反应工艺、氢气分离系统的设计和预聚合工艺均有创新，达到国外同类工艺技术的先进水平。

（顾忠礼）

表 1　上海石化股份公司主要经济指标　亿元

指标名称 \ 年份	2003	2002	2001	2000	1999	1998
原油加工量/万吨	861.01	742.84	663.21	601.16	532.44	479.11
工业总产值①	155.47	133.72	106.61	102.90	95.41	84.36
工业增加值	76.72	55.35	43.57	51.57	50.33	39.02
资产总计	275.81	265.62	247.70	220.99	219.08	222.09
其中：流动资产	79.94	69.46	62.29	69.62	71.53	70.87
固定资产原值	317.40	298.56	243.64	221.69	203.85	196.81
固定资产净值	170.57	168.64	126.92	117.72	114.31	118.32
销售收入	295.67	223.23	201.97	212.77	143.86	110.81
利润总额	15.77	10.36	0.94	10.81	8.76	2.53
所得税	1.47	0.83	0.07	1.53	1.22	0.59

① 按 1990 年不变价计算。工业产值部分为公司主体企业数据。

表 2　上海石化股份公司主要产品产量　万吨

指标名称 \ 年份	2003	2002	2001	2000	1999	1998
汽　油	89.48	88.69	79.07	87.98	63.54	46.13
煤　油	57.58	34.17	24.67	19.61	20.46	14.37
柴　油	248.76	223.19	215.52	158.10	89.93	34.82

续表

指标名称 \ 年份	2003	2002	2001	2000	1999	1998
渣　油	261.77	211.20	190.45	205.57	197.7	107.25
乙　烯	94.83	80.00	63.09	59.05	59.26	50.35
丙　烯	53.31	42.84	32.16	32.09	32.40	28.33
纯　苯	24.43	21.41	18.57	17.55	18.60	12.92
对二甲苯	21.37	22.44	21.59	19.04	21.87	18.84
乙二醇	19.34	17.42	11.48	13.11	14.01	12.43
乙　醛	4.45	4.71	4.71	4.30	4.23	4.70
醋　酸	1.75	1.53	2.61	4.33	4.53	4.79
聚乙烯	42.82	30.46	19.46	19.75	18.88	17.23
聚丙烯	47.23	36.38	24.73	24.27	21.14	18.31
合纤单体	42.13	38.05	35.77	35.29	33.08	34.51
其中：PAT	31.31	30.75	29.02	28.00	27.09	26.91
丙烯腈	10.82	7.30	6.75	7.29	5.99	7.23
合纤聚合物	50.76	47.43	42.89	40.85	37.45	31.68
其中：聚乙烯醇	4.38	4.69	4.54	4.39	4.64	3.72
涤纶聚酯	46.38	42.75	38.35	36.46	32.81	27.96
合成纤维①	31.58	28.51	22.83	24.74	27.19	21.69
其中：涤　纶	13.87	12.46	13.32	14.14	12.37	9.82
腈　纶	15.67	14.19	7.65	7.78	12.17	12.33
丙　纶	2.01	1.83	1.75	2.39	2.11	0.93

① 合成纤维和腈纶纤维产量统计中均不包括金阳腈纶厂产量。

中国石化镇海炼油化工股份有限公司

【概述】 中国石化镇海炼油化工股份有限公司(以下简称镇海炼化股份公司)位于浙江省宁波市，占地489万米^2，是石化股份公司控股的特大型炼油化工股份制企业。前身为始建于1975年的浙江炼油厂，1983年划归原中国石化总公司，1984年更名为中国石化镇海石油化工总厂，1994年6月28日改制为镇海炼油化工股份有限公司，同年12月在香港联合交易所上市，2000年更名为中国石化镇海炼油化工股份有限公司。截至2003年底，拥有1 600万吨/年原油综合加工能力，主要生产装置40多套，其中，1 000万吨/年常减压、300万吨/年催化裂化、150万吨/年延迟焦化、300万吨/年加氢精制、45万吨/年对二甲苯(PX)、20万吨/年聚丙烯(PP)、410吨/时循环流化床锅炉(CFB)等都是中国规模领先、技术领先的炼油、化工和热电装置。各主要生产装置均实行DCS控制，部分装置实施先进控制(APC)，在管理上实现统一的ERP业务平台。主要生产和销售各种规格的无铅汽油、优质柴油、航空煤油、液化气、高等级道路沥青、尿素、苯类、聚丙烯等40多个品种优质石油化工产品，其中汽油、航空煤油等多种产品出口美国、日本、印度、韩国、新加坡等国及香港、台湾等地区。自备海运码头位于著名的宁波北仑港区，共拥有包括25万吨级原油泊位在内的泊位7座，年吞吐能力近3 000万吨。镇海炼化股份公司还拥有总罐容超过280万米^{3}的原油和成品贮存能力及相应的输转设施，是中国最大的原油进口和成品油出口基地之一。镇海炼化股份公司下设10个专业生产运行部，质管中心、技术中心、信息中心、教育培训中心、离退休职工管理中心、卫生医疗中心等6个中心，并拥有5家主要全资子公司、5家联营公司及63座加油站。有在岗职工8 525人，其中高级职称217人，中级职称1 341人，各类专业技术人员超过36%。

2003年，镇海炼化股份公司抓住市场机遇，充分发挥装置规模优势，取得了优异的生产经营业绩：

全年累计加工原油 1 360.97 万吨，比上年增加 14.6%，继续列国内炼厂之首；主要产品产量均比上年增加，经济效益创历史最好水平。同时，继续获石化集团公司“安全生产先进单位”称号。

完成固定资产投入 25.75 亿元。安全、准点完成 3 批炼油装置大修。100 万吨/年连续重整、45 万吨/年 PX、2×410 吨/时化肥 CFB、20 万吨/年 PP 等 4 套新装置建成投产，标志着扩建 800 万吨/年炼油工程所有项目建成投产，镇海炼化股份公司成为国内规模最大的炼油基地，并实现了向下游化工领域的跨越。80 万吨/年乙烯工程前期工作取得进展，《项目建议书》通过专家组评估。

内部体制机制改革继续深化。全面实施分配制度改革。HSE 体系正式发布运行。ERP 系统通过石化股份公司组织的专家组验收。

环保工作取得新进步。通过石化股份公司组织的清洁生产示范企业验收。扩建 800 万吨/年炼油工程(第一步)获首批“国家环境保护百佳工程”称号。并被评为“浙江省绿色企业”和“宁波市环保模范工厂”。

同年，在《财富》杂志(中文版)公布的“中国上市公司 100 强”排行榜中，镇海炼化股份公司居第 12 位。在国家统计局公布的全国1 588家大型工业企业中，镇海炼化股份公司居第 13 位。

镇海炼化股份公司主要经济指标及主要产品产量见表 1、表 2。

(庄美琦)

【100 万吨/年连续重整和 45 万吨/年 PX 装置建成投产】 100 万吨/年连续重整和45 万吨/年 PX 装置是镇海炼化股份公司扩建 800 万吨/年炼油工程(第二步)的重要项目。两套装置均由洛阳工程公司设计(其中，连续重整变压吸附单元由镇海炼化工程公司设计)，分别由中国石化集团第二建设公司、中国石化集团第三建设公司、浙江省第二建设公司、浙江省伊麦克斯基础公司等单位承担施工任务。工程于 2001 年 12 月 28 日打桩，2003 年 4 月 18 日两套装置顺利建成中交，转入开工阶段。同年 8 月底，镇海炼化股份公司 PX 产品首供仪征化纤股份公司。这两套新装置的建成，使镇海炼化股份公司综合配套能力进一步提高，特别是 PX 装置的建成，对镇海炼化股份公司向下游化工方向发展具有突破性意义，标志着镇海炼化向化工领域迈进了一大步。

(庄美琦)

【化肥煤代油工程建成投运】 化肥煤代油工程是镇海炼化股份公司自 2002 年开始实施的大型技措项目，总投资 9 亿元，其主体设备两台 410 吨/时 CFB 燃煤锅炉由美国 Foster Wheeler 公司设计，采用循环流化床工艺。工程由浙江省开元建设安装公司、浙江省第二建设公司、伊曼克斯等公司承建，镇海炼化工程公司监理。2003 年 8 月 15 日，镇海炼化股份公司化肥煤代油改造项目之一——3# CFB 锅炉瓦斯点火烘炉，转入开车阶段。同年底，4# CFB 锅炉交付生产。这两台锅炉是镇海炼化股份公司继炼油两台 CFB 锅炉后建成投运的又一组 CFB 锅炉。投运后，镇海炼化股份公司在运的炼油、化肥燃油锅炉将被逐步取代，对其进一步改变化肥运行模式，降低化肥装置运行成本、提高化肥产品竞争力、增强化肥盈利能力有重要意义；同时，镇海炼化股份公司在原来已经实现化肥向炼油供氮、供氢的基础上，实现化肥向炼油供电、供汽，将进一步促进炼油化肥联合，有效地降低生产成本，提高企业整体效益。

(庄美琦)

【20 万吨/年聚丙烯装置建成中交】 20 万吨/年聚丙烯装置是镇海炼化股份公司扩建 800 万吨/年炼油工程(第二步)暨十五发展项目的重要组成部分，是镇海炼化股份公司继 PX 装置后建成的又一大型化工装置。项目总投资 6.11 亿元，采用国产化第二代环管聚丙烯工艺技术，于 2002 年 12 月份动工建设，2003 年 12 月 18 日，如期实现中交。

(庄美琦)

【实施分配制度改革】 根据石化股份公司有关意见和精神，2003 年，镇海炼化股份公司全面实施内部分配制度改革。由于改革涉及面广，政策性强，镇海炼化股份公司始终坚持积极、稳妥、负责任的态度，一方面反复研究、测算和调整，另一方面广泛征求不同层次的意见，不断对改革方案进行完善。2003 年 10 月，《内部分配制度改革实施方案》及《奖金分配实施细则》经职工代表大会审议通过并报经石化股份公司审批同意后正式出台。此后，经过岗位分类、岗位竞聘，12 月 1 日起方案正式实施。新方案调整了收入结构，进一步理顺了分配关系，初步建立了以岗位责任、工作绩效为导向的分配制度。

(庄美琦)

【HSE 体系正式运行】 镇海炼化股份公司自 2002 年 7 月正式启动 HSE 管理体系的创建工作，2003 年 2 月 15 日，HSE 管理体系进入试运行。期间，完成了建立 HSE 管理体系的基础性工作，并进行了内部审核、管理评审、模拟认证等一系列体系检查与改进，HSE

方针逐步成为全体员工的行为准则，体系管理效果初步显现。2003 年 9 月 8 日，镇海炼化股份公司正式举行 HSE 管理体系发布会。公司董事长、总经理孙伟君代表公司宣布：从 2003 年 9 月 8 日起，镇海炼化股份公司全面实施健康、安全与环境(HSE)管理体系。并向社会庄严承诺：镇海炼化股份公司最大限度地关注员工及周边地区的安全、环境与健康，以满足人们对石油化工企业清洁生产、优美环境和人身及财产安全的要求。

(庄美琦)

【ERP 系统通过验收】 镇海炼化股份公司是石化股份公司首批 ERP 项目试点企业之一，2002 年 10 月 14 日率先实现 ERP 系统成功上线，并且系统运行稳定。2003 年 7 月 15—16 日，经石化股份公司信息管理部组织的专家组评定，认为镇海炼化股公司 ERP 试点项目在系统模块控制、权限设置、系统和网络的稳定性、系统安全保密性等各方面都达到验收标准，并一致同意通过验收。

(庄美琦)

【80 万吨/年乙烯工程项目建议书通过中国国际工程咨询公司评估】 2003 年 12 月 1—3 日，受国家发改委委托，中国国际工程咨询公司对镇海炼化股份公司大乙烯工程进行项目建议书评估。咨询公司有关专家，中国石化、浙江省、宁波市有关领导和有关部门领导参加了评估会。中国国际工程咨询公司专家对项目建设的必要性给予了充分肯定。认为利用镇海炼化的优势条件，建设世界级规模的乙烯及下游装置，成为油化一体化为特色的现代化石化基地，不仅可以缓解该地区的石化产品紧缺状态，为地区经济的发展注入活力，也对增强中国石化产业的竞争力具有积极意义。

(庄美琦)

【镇海炼化碧辟(宁波)液化气公司成立】 镇海炼化碧辟(宁波)液化气有限公司(BPZR)是镇海炼化股份公司与 BP 公司按 50∶50 股份比例投资组建的中外合资企业，注册资金为1 000万美元，总投资近2 500万美元，专业销售镇海炼化股份公司生产的和宁波华东 BP 液化石油气有限公司进口的液化石油气产品，满足浙江省及华东地区日益增长的液化石油气需求。2003 年 10 月 28 日，BPZR 正式成立并正式开始营业。BPZR 是中国石化与 BP 的重要合作项目之一，石化股份公司和镇海炼化股份公司、BP 公司都给予了高度重视。2002 年 8 月合资双方先期成立了镇海炼化碧阳液化气咨询公司，协调镇海炼化股份公司所产液化气销售和 BP 宁波液化气的进口业务。合作过程中，双方本着“为社会提供安全、健康、环保的产品与服务”经营理念，切实从共同利益出发，在开拓市场、构建销售渠道、营造品牌等方面取得了较好的业绩，为销售公司的正式运作和今后发展创造了有利条件。

(庄美琦)

【自备发电机组上网发电】 针对 2003 年入夏以来，宁波地区电力供应持续紧张的局面，镇海炼化股份公司精心维护自备机组稳定运行，加快新机组建设开工进度，并从 2003 年 11 月起，与地方有关部门多次协商，利用富余的发电能力，帮助地方缓解电力供应紧张状况。2003 年 12 月 25 日 19：00，镇海炼化股份公司自备发电机组通过 110 千伏石化变电站成功发电上网，最大上网电量达 35 兆瓦，取得良好的社会效益和经济效益。

(庄美琦)

【“东海”牌尿素出口越南】 2003 年 9 月，镇海炼化股份公司与浙江省农资公司一起，争取到出口越南 1 万吨尿素的业务。同年 11 月 6 日，装载5 000吨“东海”牌尿素的巴拿马籍“江唯”号货轮驶离宁波镇海港，前往越南。12 月，余下5 000吨尿素运往越南。这标志着镇海炼化股份公司“东海”牌尿素进入国际市场，实现了出口“零突破”。

(庄美琦)

表 1　　镇海炼化股份公司主要经济指标　　亿元

指标名称 \ 年份	2003	2002	2001	2000	1999	1998
原油加工量/万吨	1 360.97	1 188.28	1 072.19	1 050.44	732.80	638.72
工业总产值①	65.62	60.60	55.31	54.47	42.35	39.03
工业增加值	50.41	45.64	35.98	32.20	30.64	24.83
资产总计	137.38	119.26	104.03	119.15	110.29	99.28

续表

年份 指标名称	2003	2002	2001	2000	1999	1998
其中：流动资产	37.84	32.49	26.94	45.83	36.17	29.49
固定资产原值	133.84	107.17	94.87	89.02	80.09	54.31
固定资产净值	83.30	63.60	57.92	59.74	58.32	38.10
销售收入	290.70	224.85	207.65	225.58	115.70	95.30
实现利税	34.84	31.63	20.52	17.54	20.25	17.42
其中：税　金	18.49	17.95	13.86	11.28	11.22	10.89

① 按 1990 年不变价计算。

表 2　　镇海炼化股份公司主要产品产量　　万吨

年份 指标名称	2003	2002	2001	2000	1999	1998
汽　油	230.73	184.82	166.44	168.16	129.94	126.12
煤　油	110.31	100.40	85.02	105.93	82.28	62.69
柴　油	531.54	473.66	425.00	370.07	261.50	226.33
原料油	88.54	103.48	97.17	101.39	72.77	46.64
燃料油	61.52	53.82	68.76	113.75	52.34	55.03
液化气	68.34	56.41	46.08	37.19	29.02	31.40
溶剂油	10.82	8.83	5.17	6.00	4.34	3.78
沥　青	57.25	37.51	29.20	36.29	27.60	34.08
丙　烯	19.45	15.88	10.05	8.82	5.93	5.84
聚丙烯	1.11					
苯　类	33.65	31.95	28.35	27.09	24.36	26.30
硫　磺	9.07	7.44	6.14	3.99	2.22	2.20
石油焦	42.22	42.41	39.73	31.73	23.11	23.49
尿　素	55.70	58.03	56.88	52.79	62.66	68.20

中国石化福建炼油化工有限公司

【概述】 中国石化福建炼油化工有限公司(以下简称福建炼化有限公司)是由石化股份公司和福建省石油化学工业公司各出资 50% 合资建设的石化企业，位于福建省泉州市泉港区，占地 274 万米^2。其前身福建炼油厂始建于 1989 年 1 月，1993 年 9 月全面建成投产，1995 年 12 月改制为有限责任公司。现有原油加工能力 400 万吨/年，聚丙烯生产能力 7 万吨/年。能生产 90#、93#、95#、97# 车用无铅汽油、轻柴油、3# 喷气燃料、液化气、丙烯、燃料油、溶剂油、聚丙烯、石油焦、硫磺等六大类 22 个品种 58 个品牌的石化产品，其中 3# 喷气燃料、轻柴油、车用无铅汽油获得了福建省"优质产品"、"用户满意产品"称号。共有炼油化工生产装置 13 套，以及相应的公用工程、油品储运和钳、电、仪、检维修等配套设施。主要生产过程全部由 DCS 进行控制，经营管理采用 CIMS 系统。福建炼化有限公司先后两次被国家科技部授于"国家高科技研究发展计划 CIMS 应用示范企业"称号。自建的海运码头位于著名的湄洲湾南岸，设有 10 万吨级原油泊位在内的泊位 4 个，是国家批准的一类对外开放口岸。产品通过海运、公路、铁路三条通道销往福建、江西、浙江、江苏、广东、广西、海南等地，其中汽油还出口到东南亚和欧洲市场。

2003 年，福建炼化有限公司实现工业总产值(按

1990年不变价计)20.88亿元。截至2003年底，固定资产原值为44.34亿元，净值为20.62亿元；公司下设18个管理部门、41个直属单位。职工总数2 788人，其中：各类专业技术人员占职工总数的32.89%，具有高级以上职称的133人、中级职称458人。

2003年是福建炼化有限公司的收获年，福建炼油化工一体化项目工程建设正式启动，原油加工量、产品产量、销售收入、利润总额、吨油利润、已占用资本回报率等指标均创公司历史新纪录。全年加工原油362.42万吨，同比增长8.37%，生产各类产品335.12万吨，同比增长8.44%；实现销售收入82.14亿元，利税总额8.47亿元，其中利润3.46亿元，同比增加5 600万元。加工吨油利润95.23元，同比增加8.68元。已占用资本回报率(ROCE)为10.96%，同比提高了2.58个百分点。资本保值增值率为109%，同比提高了2个百分点。全年偿还银行贷款4.91亿元，年末福建炼化有限公司的资产负债率为17.31%，资本负债率为3.07%，分别比年初下降了11.28和16.01个百分点。

2003年，福建炼化有限公司投入技术改造资金3 690.77万元、设备更新费用2 176.86万元、技术开发费用383.44万元，完成了28个技术改造项目、8个技术开发项目，取得了明显成效。成功开发了工艺陶瓷用燃料油、不锈钢固溶油等新产品；提前顺利实现了汽油产品的质量升级；开发投用了LIMS系统，有效保证了产品质量；顺利完成了CIMS三期工程中8个子项目的开发。

2003年，福建炼化有限公司狠抓达标工作。全年轻油收率为78%，综合商品率为92.23%，综合自用率为6.65%，加工损失率为1.09%，综合能耗为73千克标油/吨原油，催化剂单耗为0.81千克/吨原料，均完成了石化股份公司的达标考核指标，同比均有一定的提升。

2003年，福建炼化有限公司狠抓企业内部管理。正式启动了HSE管理体系的认证工作，完成了HSE宣贯培训、危害识别和风险评价及程序文件的编写工作，为下一步HSE管理体系的运行打下坚实的基础。积极推行内部控制制度，进一步规范了企业生产经营活动。同时，狠抓“三基”工作，狠反“三违”现象，进一步强化设备管理，加强设备监测，努力减少一般事故，杜绝重大事故，避免非计划停工，确保了装置的安全平稳运行。全年无上报石化股份公司的安全事故。为此，获得了中国石化和福建省“2003年度安全生产先进单位”、“第六届全国设备管理优秀单位”、“中国石化计量先进单位”和“福建省首届最佳信用企业”等荣誉称号。

2003年，福建炼化有限公司精神文明建设喜获丰收。成功举办了公司第二届职工运动会，获得了“全国模范职工之家”、福建省“先进基层党组织”、“思想政治工作先进单位”、“文明单位”等荣誉称号。

福建炼化有限公司主要经济指标和主要产品产量分别见表1和表2。

（姚养鹏）

【福建炼化一体化项目工程建设正式启动】 按照中国政府批准的福建炼化一体化可研报告，福建炼化有限公司与美国埃克森美孚公司、沙特阿美海外公司合资建设福建炼化一体化项目。2003年4月，因对成品油销售问题存在分歧，外方暂停谈判工作。8月10日，石化集团公司党组书记、总经理、石化股份公司董事长陈同海和福建省委副书记、省长卢展工在厦门共同主持了双方高层联席会议，决定中方先行启动福建炼油化工一体化项目。8月11日，陈同海、卢展工一行还专程来到福建炼化有限公司，现场踏勘了福建炼化一体化项目新建原油码头现场及厂址。9月7日，新建30万吨码头联络公路破土动工，标志着福建炼化一体化项目工程建设正式启动。

（姚养鹏）

【福建炼化一体化项目实施协调领导小组召开第一次会议】 2003年10月21日，中国石化和福建省在福州召开了一体化项目实施协调领导小组第一次会议，石化股份公司总裁、领导小组组长王基铭主持了会议，福建省人大常委会副主任贾锡太等出席了会议。会议审查并批准了一体化项目的总工艺流程优化方案、工程建设管理方案和项目进度关键控制点。根据中国石化和福建省的统一部署，福建炼化有限公司启动了一体化项目基础工程设计，完成了专利技术招标文件的编制和审查工作，初步确定了装置的设计基础和总图布置。同时，配合地方政府开展了征地拆迁工作。截至2003年底，新建30万吨级码头联络公路路基土石方施工已全部完成；火炬系统前期工程已完成全部拆迁和铁丝网围墙施工；完成房屋拆迁114幢206户，占总量的7.8%和10%。

（姚养鹏）

【荣获“第六届全国设备管理优秀单位”称号】 2003年12月，福建炼化有限公司被中国设备管理协会授予“第六届全国设备管理优秀单位”荣誉称号，已连续两届获此殊荣。福建炼化有限公司现有各类设备16 191台，静密封点594 506个，设备完好率99.5%，主要设备265台，主要设备完好率99.2%，静密封点泄漏率为0.13‰，各装置基本实现了“三年一修”。通过加强设备专业管理，开展日查周检月评比、设备在线监测、大机组多专业特护、设备定检和预防性维修等工作，提高了设备管理水平，有效地杜绝了非计划停工，确保了装置的安全生产。

（姚养鹏）

【焦化装置连续运行562天】 福建炼化有限公司焦化装置自2002年3月经大修后转入正常生产，至2003年10月停工。期间通过采取优化工艺操作、启动设备在线监测、多专业特护等手段，装置安全平稳运行了562天，取得了较好的经济效益，创下了该装置投产以来长周期运行的新纪录，位居石化股份公司焦化装置单炉双塔长周期运行的前列，并首次实现了石化股份公司的装置达标。

（姚养鹏）

【实现节能降耗价值2 500万元】 2003年，福建炼化有限公司通过开展技术攻关、强化专业管理、促进装置达标、增强节水节电意识等途径，全年实现节能降耗总价值2 500万元，其中：3 000千瓦机组累计运行363天、燃气轮机累计运行335天，自发电3 161万千瓦·时，比2002年增加了100万千瓦·时；CO燃烧器累计运行221天，节约燃料油6 250吨。全年加工吨原油耗电49千瓦·时，同比下降了2.8千瓦·时；吨原料消耗化工原材料为26.62元，同比下降了1元/吨，节能降耗效果明显。

（姚养鹏）

【自销产品平均售价位居石化股份公司前列】 2003年，福建炼化有限公司积极应对市场变化，及时调整自销产品价格，扩大了赢利空间。全年自销产品调价295批次，自销产品单价为2 557元/吨，同比增加了407元/吨，比石化股份公司平均单价高出349元/吨，其中聚丙烯平均单价达到7 836元/吨。自销产品平均售价位居石化股份公司炼油企业第二名，赢利系数为1.66，比石化股份公司平均水平高出0.82个单位。

（姚养鹏）

【顺利完成企业内部分配制度改革】 2003年10月，福建炼化有限公司顺利完成了企业内部分配制度改革。建立了以岗定薪为主的基本工资制度，撤销了53个科级机构，设立了23个类别的岗位，岗位工资最高收入与最低收入差距达到6.67倍，拉开了收入差距。同时，完善了绩效考核制度，调动了职工的积极性。

（姚养鹏）

【成功开发实验室管理系统(LIMS)】 2003年12月，福建炼化有限公司与北京汇博精锐公司共同开发的LIMS系统获得成功。该系统遵循ISO/IEC 17025、ISO 9000的要求，帮助福建炼化有限公司中心化验室建立了完整的质量保证体系和优良的自动化运行方案，并具有强大的数据统计和查询功能。该系统的成功开发，提高了实验室分析数据的自动采集水平和检验数据的可靠性，能及时发现和处理馏出口质量波动和潜在的不合格因素，从而有效保证了产品质量。

（姚养鹏）

【生产区实现封闭化管理】 为适应石化股份公司安全管理的要求，2003年，福建炼化有限公司投入235万元对生产区实施了封闭化改造，利用内部光纤网，建立了先进的门禁管理系统，10月份投入使用。同时，修订了生产区封闭化管理制度，人员、车辆一律凭证刷卡进出生产区，进一步规范了生产区管理，提高了安全生产的可靠度。

（姚养鹏）

表1 **福建炼化有限公司主要经济指标** 亿元

指标名称 \ 年份	2003	2002	2001	2000	1999	1998
原油加工量/万吨	362.40	335.17	353.48	361.14	303.46	279.08
工业总产值①	20.88	19.61	20.70	19.97	15.93	15.58
工业增加值	12.80	10.54	11.79	7.65	10.75	8.92
资产总计	32.10	34.16	36.80	42.47	39.12	43.75
其中：流动资产	9.55	9.35	10.70	14.43	8.75	7.20
固定资产原值	44.34	43.62	41.83	40.89	40.96	39.37
固定资产净值	20.62	22.49	23.25	25.22	27.73	28.43

续表

年份 指标名称	2003	2002	2001	2000	1999	1998
吨油利润(元/吨)	95.23	86.55	74.04	48.24	92.38	3.69
销售收入	82.14	66.48	70.97	78.50	43.16	40.66
实现利税	8.47	7.55	7.63	7.50	9.44	6.81
其中：税　金	5.00	4.65	5.01	5.73	6.64	6.71

① 按 1990 年不变价计算。

表 2　　福建炼化有限公司主要产品产量　　万吨

年份 产品名称	2003	2002	2001	2000	1999	1998
汽　油	104.03	96.48	98.34	102.22	86.69	66.11
柴　油	147.38	147.08	161.26	161.49	138.60	96.63
航空煤油	5.74	4.56	5.90	7.38	6.10	4.42
灯用煤油	0.36	0.37	0.43	1.27	1.25	—
石脑油	9.88	6.75	8.78	5.42	6.82	—
液化气	21.87	20.90	21.8	22.98	14.97	13.82
丙　烯	9.44	7.53	7.94	0.07	—	4.17
聚丙烯	9.05	7.68	7.89	5.79	5.97	2.28
燃料油	20.50	10.29	3.16	9.70	5.22	28.79
溶剂油	3.19	2.09	1.67	1.61	0.68	33.45
石油焦	12.51	11.24	11.83	11.97	10.28	7.39
硫　磺	0.77	0.72	0.59	0.49	0.46	0.22
液　氨	0.09	0.07	0.05	0.07	—	—

扬子石化—巴斯夫有限责任公司

【概况】 扬子石化—巴斯夫有限责任公司(以下简称扬巴公司)成立于2000年12月8日，是由中国石化和德国巴斯夫以50：50的股比共同出资设立的大型石化企业。公司位于江苏省南京市六合区，总投资约29亿美元，占地220万米^2，是目前国内最大的中德合资项目。

扬巴公司以60万吨/年乙烯装置为核心，同时包括30万吨/年乙二醇装置、40万吨/年低密度聚乙烯装置、25万吨/年丁辛醇装置、16/21.5万吨/年丙烯酸/丙烯酸酯装置、3万吨/年丙酸装置、5万吨/年甲酸装置、3万吨/年甲胺装置和3万吨/年二甲基酰胺装置等9套世界级规模的工艺装置。装置采用世界最先进的技术和巴斯夫的“联合体”概念，预计每年可生产乙二醇、低密度聚乙烯、丁辛醇、丙烯酸及丙烯酸酯、碳一化学产品、苯、甲苯和混二甲苯等高质量石化产品170万吨。

项目于2001年9月28日开工建设，计划于2004年底机械竣工，2005年投入商业运行。

截至2003年底，投资累计完成占批准建设投资的62.52%，项目总体进度累计完成55.76%，完成项目设计总进度为95.39%，设备材料采购订单发出94%，主要长周期设备的订货采购已全部落实，主要设备、材料已开始陆续交付；施工总进度完成56.21%。

与此同时，公司开始招聘和培训生产操作人员，生产准备及开车方案正着手展开，并进行产品预销售。截至2003年底，扬巴公司员工总数为682人。

（陈小平）

【一体化石化基地(IPS)项目融资签字仪式在南京举行】 2003年3月7日，IPS项目融资文件签字仪式在南京金陵饭店举行。这标志着融资关闭这个一体化项目重要里程碑的实现。

按照“世界级、高科技、一体化”构思而成的一体化项目，采取了国际化的“有限追索权”项目融资方式。历时8年的融资过程中，在中、德政府的大力支持下，在双方发起人、合资公司与中外融资银团及各律师行的共同努力下，通过银行间公开竞标，确定了总额达14.2亿美元的融资银团的组成和贷款结构以及关键的角色银行，使得一体化项目融资成为中国石油化工业目前最大的有限追索权融资。正如扬巴公司副董事长倪宣德博士在签字仪式上所讲：“对巴斯夫而言，这是最大的单一银行融资交易之一，也是中国石油化工业中首个有限追索权融资项目，标志着中国以及整个项目融资市场跨出了一大步。”

（范奕红）

【陈同海、王基铭关注IPS项目建设进展】 2003年2月10日，石化集团公司总经理、石化股份公司董事长陈同海及财务副总监张秀林视察了扬巴公司并听取了公司负责人的工作汇报。

上午，陈同海一行首先视察了IPS工程现场，听取了扬巴公司总裁布铭邦的工作情况报告。下午在扬子石化宾馆详细听取了项目建设情况汇报。

陈同海指出，经过有关各方的共同努力，扬巴一体化项目得以顺利推进，形象进度令人满意。下一步要强化设计把关，做好设备采购工作和开车计划方案的编制工作，加强协调，严把工期不松懈；要强化大局意识，增强紧迫感，抓住机遇，确保把扬巴一体化项目安全优质地建设好。

3月16日，石化集团公司副总经理、石化股份公司副董事长、总裁王基铭视察了扬巴工程施工现场。

（陈小平）

【德国总统约翰内斯·劳访问公司】 2003年9月13日，德国总统约翰内斯·劳访问了扬巴公司。

当日上午11:50，劳总统一行乘车抵达扬巴公司装置现场，并与迎候在那里的巴斯夫执行董事凯迈业博士及扬巴公司董事会成员及高层管理人员一一握手。

劳总统随后听取了凯迈业关于扬巴一体化合资项目的情况汇报和扬巴公司总裁布铭邦关于工程建设情况的汇报。随后，他来到位于会议厅一角的巴斯夫“小小化学家”实验室，观看小朋友们进行的化学实验并与他们亲切合影。

约翰内斯·劳总统还乘车参观了正在施工中的扬巴一体化建设工地。在蒸汽裂解装置前，约60名在宁工作的德国工程技术人员及其家属挥动德国国旗欢迎总统到访，劳总统下车与他们握手并愉快交谈。

12:30，约翰内斯·劳总统结束了访问。参观扬子石化—巴斯夫有限责任公司是劳总统访问江苏的第一项行程。

（陈小平）

【布铭邦获中国政府“友谊奖”】 扬巴公司总裁布铭邦博士2003年9月30日在北京人民大会堂获得2003年度中国政府“友谊奖”。

9月30日下午，国务院总理温家宝在人民大会堂亲切接见了获得“友谊奖”的50名外国专家，扬巴公司总裁布铭邦博士作为江苏省惟一的获奖者位列其中。温家宝总理对获奖者为中国现代化建设所作出的贡献表示感谢，并表示将为他们创造良好的工作和生活条件，充分发挥他们的作用。

在颁奖仪式上，布铭邦博士接受了国务院副总理吴仪的颁奖。吴仪副总理在颁奖仪式上说，“友谊奖”是中国政府授予在华外国专家的最高荣誉奖项。获奖专家不仅是中国建设的有功之臣，也是各国人民的友好使者。她欢迎更多的外国朋友到中国来参与中国的现代化建设。

“友谊奖”是中国政府为在现代化建设中作出突出贡献的外国专家设立的奖项，获得此次“友谊奖”的外国专家来自德国、日本、美国等19个国家。

（陈小平）

石化盈科信息技术有限责任公司

【概述】 石化盈科信息技术有限责任公司(以下简称石化盈科公司)是一家致力于流程工业信息化建设的系统集成公司。石化盈科公司于2002年7月18日成立，注册资金人民币5000万元，石化股份公司和香港电讯盈科有限公司(以下简称电讯盈科)分别按照55%和45%的股份共同合资组建。石化盈科公司总部设在北京市中关村科技园区，在上海市有一家分公司。

石化盈科公司自成立以来，借助两大母公司的支持，已经建立了良好的内部运营管理构架，培养了一支具有先进管理理念和专业协作精神的信息技术和项目管理团队。公司绝大部分技术人员具有深厚的石油化工及能源行业工作背景和实施重大信息技术项目的经验，通过吸收香港电讯盈科国际化运作经验，石化盈科公司更加具备全方位理解和把握流程工业信息化建设的能力，在推动石化股份公司信息化建设方面发挥了重要作用。

石化盈科公司主要经营领域分为4个方面：企业经营、生产管理信息系统集成；生产过程先进控制与优化；网络系统建设与管理；信息技术培训与咨询。公司建立了以市场为导向的管理运营体制，已承担了多项影响深远、具有行业示范作用的企业信息化建设项目。

石化盈科公司的经营理念是：客户主导，诚信至上；以人为本，开拓自强；广泛合作，博采众长。未来几年内，石化盈科公司将以服务中国石化为基础，逐步建立起面向全国、力争走向亚太的信息技术服务网络，成为知名的流程工业信息技术系统集成公司。

截至2003年底，石化盈科公司员工总数为133人，其中各类专业技术人员118人；总资产达2.07亿元。2003年，石化盈科公司共完成收入(含增值税)3.19亿元，实现净利润3 179.86万元，全年累计签订合同金额2.9亿元人民币，资金到位2.85亿元人民币。

2003年，石化盈科公司承接了包括中国石化ERP扩大试点及推广、甬沪宁管输网信息系统及调度优化、中国石化骨干网提升和网络安全建设及物资和化工两个电子商务系统的提升、科研管理信息系统等五大项目在内的33个中国石化的信息化建设项目。公司围绕着“客户至上”这一原则，严把质量关，得到了客户的认可和好评。同时，在对外合作、资质建设、企业宣传及内部管理方面也开展了一系列卓有成效的工作。

(任志婷)

【中国石化ERP推广项目】 2002年石化盈科公司在参与中国石化镇海、仪征、江苏石油和天津石油公司4个ERP项目试点的基础上，2003年又独立承担了长岭、金陵、湖南石油和海南石油4个企业的ERP推广实施工作。在中国石化ERP项目管理委员会的领导下，石化盈科公司与用户紧密配合，2003年4个单位的ERP项目全部按计划成功上线运行，其中湖南石油比预定计划提前3个月上线运行。

(任志婷)

【“石化企业MES应用研究及关键技术攻关”项目】 “石化企业MES应用研究及关键技术攻关”项目于2003年下半年向国家科技部申请启动，主要依托单位为石化盈科公司，合作单位有中科院软件所和浙江大学。该项目得到了国家科技部的充分肯定和大力支持，作为国家重点项目给予了大额科研拨款，此课题也是国家发改委发展中国民族软件的重点扶持项目。

项目试点范围包括茂名分公司、安庆分公司和荆门分公司，项目的主要目标是在3个试点企业实现对ERP的全面支撑，在此基础上总结经验，形成具有自主知识产权的MES系统，并在中国石化推广应用。

(任志婷)

【中国石化网络提升项目】 2003年石化盈科公司承接的中国石化网络提升项目包括五个子项：工程设计、骨干网提升、总部局域网提升、网络与系统管理和网络管理中心建设，项目涉及100个中国石化直属企事业单位的230台联网设备的安装调试、总部70台局域网设备和1 800台个人电脑及服务器的配置调整，整个项目于10月份通过了验收。项目完成后，使网络带宽、稳定性都有了较大提高，同时也使网络的维护和管理具有了先进的技术手段和工具。2003年，石化盈科公司负责的电视会议系统，确保了中国石化召开的各种规模的电视会议104次，参会人员达72 988人次。尤其在“非典”期间，电视会议系统满负荷运行，其优势得以充分体现，为保证中国石化上下沟通发挥了重要的作用，取得了良好的效果。

(任志婷)

【甬沪宁原油管网信息系统项目】 甬沪宁原油管网信息系统是甬沪宁原油管线的配套项目，目的在于保证甬沪宁管网的正常运行。2003年3月完成该项目相关企业调研，11月原油管理、生产运行监控、地理信息3个子系统投入试运行，12月完成甬沪宁管网SCADA实时控制系统与总部实时数据库系统的实施、集成以及远程工作站的安装、调试和连通，调度子系统完成了总部模型的集成。整套系统于2003年12月18日通过了阶段性验收。

(任志婷)

【中国石化二次物流优化项目】 2003年石化盈科公司针对中国石化销售系统20个省市公司的具体业务需求，完成了成品油二次物流优化系统项目。通过该系统的实施建设，实现了中国石化成品油二次物流配送的优化运行，提高油品配送的管理和运营水平；降低二次分销成本，提高了零售利润；加快了各石油分公司对市场的反应速度，扩大了市场占有率。

2003年先在山东、北京、上海、深圳、浙江、广东等6省市进行试点，6月完成各实施点的基础数据采集工作，8月该系统的配套软件——周边物流系统开发完毕，9月完成4省市的建模和模型验证工作，11月上海、深圳、广东3省市正式上线，其余3省市将在2004年上线。

（任志婷）

【中国石化先进控制项目】 先进控制（APC）是集计算机、过程控制和工艺于一体的高等复杂的过程控制，它可解决常规控制所不能解决的控制问题，主要包括预测控制、推理控制和自适应控制等。它能在更高水平上实现“安稳长满优”运行，增强企业竞争力。

2003年石化盈科公司分别承担了齐鲁石化2#催化裂化装置、九江石化重整和芳烃抽提装置、洛阳石化常减压装置、石家庄炼厂的常减压和催化装置的先进控制推广应用项目。目前，所有项目均已开工，并完成了功能设计和初步详细设计。

（任志婷）

【建立ISO 9000质量管理体系】 为了保障项目的实施质量，提高公司内部管理水平，石化盈科公司于2003年4月开始着手建立质量管理体系。石化盈科公司确定了质量管理组织机构，开展了质量工作人员的培训，编写了各个层面的质量管理体系文件。6月份通过电视电话会议召开了全体员工ISO 9000质量管理体系文件发布动员会，正式发布了公司确定的质量管理方针、质量手册、质量体系文件。经过3个月的试运行，石化盈科公司在持续改进、不断完善的过程中，于2003年10月24日顺利通过了ISO 9000质量管理体系的认证审核，获得了证书。通过这次认证，不但规范了石化盈科公司内部与质量有关的各项工作，而且为今后公司的质量工作提供了管理基础和依据。

（任志婷）

【建立良好的外部合作环境】 2003年石化盈科公司分别与石油化工科学研究院和金陵分公司签署了双方合作意向书和协约书，就今后的合作进行了深入的探讨。石化盈科公司与中国石化其他企业就合作的可能性也进行了广泛的接触与磋商，包括扬子石化、上海石化、江苏石油勘探局、江苏省石油公司、仪征化纤、河南油田、茂名石化、胜利油田胜利软件公司、浙江省石油公司、齐鲁胜利炼厂、广州石化总厂、江汉油田等多家企业，其中大部分企业表达了合作的愿望。

同时，石化盈科公司还与PCCW、IBM、SAP、西门子、微软、ASPENTECH、HONEYWELL、联想、方正等国内外著名公司就长期或项目合作进行了沟通，并与IBM公司签订了赛科弱电项目中的合作意向书。

（任志婷）

中国石油化工股份有限公司北京石油分公司

【概述】 中国石油化工股份有限公司北京石油分公司（以下简称北京石油分公司）是石化股份公司直属大型销售企业，成立于1950年，主要从事石油成品油经营业务。公司的前身是中国油脂公司华北区北京石油分公司，1990年12月更名为北京市石油产品销售总公司。1997年12月31日经北京市人民政府批准，改制为北京石油集团有限责任公司。根据国务院关于组建石油、石化两大集团公司的决定，1998年7月1日成建制上划石化集团公司。2000年1月，按照石化集团公司重组改制方案的要求，将主营业务、资产、人员等划归石化股份公司，设立中国石油化工股份有限公司北京石油分公司。

北京石油分公司下设11个管理处室，14个经营公司，资产总额28.46亿元，职工5 511人。现有油库13座，大小油罐950余个，总容量30万米^3，铁路专用线10条，总长度5914.4米，油罐车200余辆，地下输油管线75千米，自有加油站500余座，涉及批发、零售各类石油产品的经营网点300多家，占地面积116.71万米^2，形成了遍布城乡的成品油营销网络和日臻完善的服务体系。

2003年，北京石油分公司在石化集团公司、石化股份公司的正确领导下，以提高企业的持续盈利能力、持续竞争能力和持续发展能力为中心，不断解放思想，更新观念，与时俱进，不断加快市场化、专业化进程，积极应对激烈竞争的市场挑战，经营业绩实现了历史性跨越。2003年，销售油品234.06万吨，比2002年增长14.98%；实现利润6.24亿元，比2002年增长44.8%。在2003年北京“百强企业”评比中名列第16位（以2002年的销售额为评比依据）。

（张卫峰）

【持续扩大经营总量，经营质量显著提高】 2003年，北京石油分公司紧盯国内外市场变化，充分利用国际油价持续攀升的利好因素，抓住两大集团公司有效调控资源投放量、联手推价稳价的有利时机，准确把握市场消费需求旺盛、资源供求协调互动、市场秩序出现好转的难得机遇，大胆开拓，坚定不移地坚持“绝不丧失每一个市场机会，不放过每一张客户订单，最大限度地争取每一吨油品的盈利空间”的经营原则，充分发挥各经营公司协同作战的规模优势。全年经营总量同比增长14.98%，报表利润同比增长50%，吨油费用同比减少23元，吨油报表利润同比增长31%，在销售系统中名列前茅。

（张卫峰）

【降本压费，强化财务管理】 北京石油分公司把财务管理工作作为企业管理的中心环节，实行财务工作对业务经营的实时监控，在实现企业利润最大化的同时，严格控制和压缩可控费用的支出，为企业取得良好的经营业绩奠定了坚实的基础。2003 年财务费用比 2002 年减少了 326 万元；短期借款期末余额为零，比 2002 年减少 2 亿元，财务工作管理质量明显提高。

（张卫峰）

【机关改革先行，建设精干高效指挥机构】 2003 年，北京石油分公司根据石化集团公司、销售公司的统一要求，结合自身实际进行机关改革，解决精简高效问题。通过改革，岗位职责更加明晰，工作效率和管理水平进一步提高，机关处室由 12 个调整为 11 个；机关人员总数由原来的 107 人减少到 88 人，其中，处级干部由 35 人减少到 23 人；平均年龄由 37 岁降低到 33 岁；大专以上学历占总人数的比例由改革前的 50%提高到 70%。

（张卫峰）

【强化安全管理工作，确保企业安全运行】 北京石油分公司牢固树立"保安全就是保全局，保安全就是保稳定，保安全就是保效益"的思想，真正把安全工作当成企业的生命工程来抓。一方面严格落实安全生产责任制，建立健全安全、生产制度，加强现场作业管理；另一方面，加大对安全隐患的检查、整改和治理力度，做到设备安全运营。2003 年，投入 868.3 万元专项资金，对延庆、顺义、朝阳等油库的安全隐患进行了有效治理，投入资金2 400万元，对 16 座加油站进行了整体改造，实现第 53 个无火灾年。

（张卫峰）

【抓好网络建设，增强企业持续发展能力】 2003 年，北京石油分公司牢固树立"发展是硬道理"的思想，从提高企业未来持续发展能力，构筑抵御外国公司对中国石化冲击的坚固防线的高度，以对事业负责、对未来生存发展负责的高度责任感，始终不渝地抓好网络建设，紧密围绕城市中心地区、奥运场馆周边地区和高速公路，积极发展网络。全年共发展网点 38 个，预计可新增加油能力 18 万吨/年。

（张卫峰）

【运用先进网络技术，提高企业现代化管理水平】 2003 年，随着北京石油分公司经营业务的不断发展，计算机网络技术已成为提高经营管理水平，适应市场竞争的重要手段。北京石油分公司有计划地做好京房输油管线自动化计量管理系统、配送中心物流管理系统、油库计量报表汇总管理系统、加油站信息管理系统的开发，用先进的网络技术装备企业，提高企业现代化管理水平。并结合 IC 卡二期改造，大力推广使用银行卡，全面提升加油站管理水平。

（张卫峰）

【完善考核体系，用工分配机制实现创新】 2003 年，北京石油分公司新的绩效考核和薪酬制度得到有效落实。打破多年来按计划指标考核兑现的分配模式，引入吨油劳动报酬和人均劳效概念，并不断完善考核体系，实现按经营业绩进行考核，有效调动了职工的工作积极性，提高了职工收入水平，全年职工平均收入增长 9%。

（张卫峰）

【抓民心工程，为一线员工办实事】 2003 年，北京石油分公司在学习贯彻"三个代表"重要思想的过程中，时刻把维护职工利益放在首位。分配向创效岗位倾斜，切实为一线员工办实事。公司领导班子深入基层，发现问题，及时解决。在全系统开展了"三个代表在加油站"活动，帮助基层公司解决一线员工饮水难、吃饭难等实际问题。充分体现了党对广大职工的关怀，提高了一线员工的积极性，释放和发展了生产力。

（张卫峰）

【提供免税加油服务】 2003 年，为了方便外国使团车辆用油，北京石油分公司与外交部礼宾司密切合作，在全市 370 个加油站实现了为外国使团车辆提供免税加油服务。

（张卫峰）

【加强数质量管理】 2003 年，北京石油分公司狠抓油品数质量责任交接制度的落实。加大了对油库计量账表册单的监督检查力度，规范油库业务流程，细化管理。真正把油品移动全过程中每一个环节产生的损耗责任落实到岗，落实到人。通过制度的落实，实现了零损耗的目标，维护了中国石化的金字招牌。

（张卫峰）

中国石油化工股份有限公司天津石油分公司

【概述】 中国石油化工股份有限公司天津石油分公司(以下简称天津石油分公司)的前身是天津石油集团有限公司，1998年6月上划石化集团公司，2000年4月改制为天津石油分公司。改制后的天津石油分公司使石化系统在津的销售企业得到了整合，进一步强化了天津石油分公司的整体竞争实力，成为天津地区最大的成品油销售企业。

截至2003年底，天津石油分公司共有职工5 406人，具有高中级专业技术职称的156人。公司机关设有10部2室，下设22家分公司；有油库5座，仓储总量32万米^3。2003年，天津石油公司实现销售总量180.37万吨，同比增长16.05%，市场占有率达到70%以上；实现销售收入51.7亿元，利润2.16亿元，比2002年翻了一番以上。

(翟树俊)

【降本压费】 针对成本大、费用高的现状，天津石油分公司把控费、降费放在了管理工作的首要位置，并采取了一系列有力举措。一是制定实施了《费用预算归口管理办法》，明确了重点费用的预算、控制、管理的责任，规范了预算流程。二是确定了归口部门或控制点，职责明确、分兵把口、各负其责。三是本着“节俭、高效、控制、考核”的原则，重新修订并下发了《机关处室费用报销管理规定》，起到了明显作用。四是利用ERP的实时查询功能，针对各单位月度费用控制目标的进度进行实时监控和事中控制，收到了较好效果。五是设置专人专岗，利用ERP系统，加强对应收款的实时监控，最大限度地降低坏账发生的可能。

通过上下努力，天津石油分公司2003年的费用得到了有效控制，年度吨油费用185元，同比下降21元，降幅居销售系统前列；公务性支出同比下降了110万元，其中业务招待费下降41万元，降幅为6.6%；财务费用同比下降了840万元，降幅为31%。

(翟树俊)

【减员分流】 2002年底，天津石油分公司的用工总数高达6 800人，这与公司的经营规模是很不匹配的。根据石化集团公司减员分流工作会议精神，天津石油分公司于2003年3月初成立了减员分流工作领导小组，先后8次召开经理办公会专项研究，制定了符合企业实际的改制分流实施方案。在完成“定岗、定编、定员”的基础上，通过内部竞聘和末位淘汰，机关管理人员总数由原来的157人减至98人。压编减员方面：管理人员总数由888人减至538人，降幅为40%；科级人员由287人减至138人，降幅为51%；科处室机构由146个减至82个，压缩了44%。本次改制分流结束后，全系统共减员1 393人，其中正式工156人，合同工1 237人；截至2003年底，企业的用工总数为5 406人(其中正式工2 304人，合同工3 102人)，实现了将2003年度的用工总量控制在5 500人以内的目标。

(翟树俊)

【网络建设】 为了有效应对国际石油集团的未来挑战，2003年天津石油分公司遵照总部指示，开展了新一轮优化网络，抢建和收购加油站的工作。一是重新审视辖区市场，确定新形势下的投资思路。针对天津石油分公司的市场控制力还不很强，在某些路段、某些地区或有空白点，或难以上量的弱点。天津石油分公司将网络优化的重点放在市区新建道路、滨海新区、高速公路和规划新区上。二是组织专业队伍，加大工作力度。天津石油分公司成立了由党政一把手挂帅，主管经理负责，班子成员积极参与的网络优化领导小组，将网络建设列为公司大事，专题研究，重点部署，定期检查；同时抽调专业人员组成项目组，具体组织落实。到2003年底，天津石油分公司新建加油站8座，其中外环线5座，滨海物流区1座，高速公路2座；收购租赁社会加油站15座。企业的市场控制力和竞争实力进一步增强。

(翟树俊)

【小型站改革】 天津石油分公司零售增量潜力不足的原因是小型站比例大，加油站活力不足，分配机制僵化，站长、员工的积极性没有充分发挥。为此，天津石油分公司从2003年一季度就开始在全系统的加油站推行以联量计酬和承包经营为主要形式的经营管理工作目标责任制。到二季度，天津石油分公司的347座自营加油站基本完成了目标责任制的改革，其中272座站推行了联量计酬；101座小站中有75座实行了以“定人、定量、定费、定价”为主要内容的经营承包责任制，其中夫妻承包的8座，员工经营承包67座。通过导入激励机制、风险机制和竞争淘汰机制，明确了站长的责权利，调动了站长扩量、降费、增效的积极性。小站改革初步实现了减员、降费、增量、扭亏、增效的目标。截至2003年底，101座小站中有22座摘掉小型站帽子；单站平均用工人数由5.8人降至4.3人；101座小站的单站月平均加油量由41吨增至48吨，增幅为17%。

（翟树俊）

中国石油化工股份有限公司河北石油分公司

【概述】 中国石油化工股份有限公司河北石油分公司（以下简称河北石油分公司）总部位于河北省石家庄市，其前身成立于1949年。1998年6月27日，正式划归石化集团公司管理。2000年5月23日，按照石化集团公司企业重组改制精神，其主营业务重组成立中国石油化工股份有限公司河北石油分公司，其存续部分称河北石油集团有限责任公司（以下简称河北石油公司）。

河北石油分公司在河北全省11个省辖市、138个县设有分公司和经营部；公司拥有强大的资源保障体系和完善的经营网络体系。主要经营200多种规格的汽、煤、柴、润四大类成品油，销售区域覆盖河北省全境，42座油库遍布于全省各主要交通枢纽和城镇，总容量达75万米^3；建有38条铁路专用线共34.21千米，连接炼油厂的输油管道8千米；拥有全资加油站（含加气站）1 739座、农村销售网点637个；拥有油罐汽车、配送车436辆，油船8艘，销售网络覆盖全省城乡各地，社会市场占有率在70%以上。河北石油公司主要经营成品油运输、清洁剂等石化产品。

截至2003年底，河北石油分公司有正式职工5 583名，其中管理人员1 818人，高级、中级工程师52名，各类专业技术人员1 000名。拥有资产总额39.25亿元，其中流动资产10亿元，长期投资35万元，固定资产28.64亿元，无形资产及其他资产2 633万元。

2003年，河北石油分公司共销售四大类成品油344.08万吨，其中零售完成199.82万吨，完成计划的105.2%，同比增长16.5%；配送直销完成104.99万吨，完成计划的104.99%，同比增长15.8%；零售比重为58%，终端销售比重为88.6%，分别比上年增长12个百分点和14个百分点。实现销售收入105亿元，同比增长16%。还原后利润为5.57亿元（其中河北石油分公司5.57亿元，河北石油公司63万元；河北石油分公司报表利润4亿元，河北石油公司报表利润－5 195万元），同比增长104.03%；实现利税总额6.79亿元（其中河北石油分公司为6.56亿元，河北石油公司为2301万元），同比增长33.93%。利润和利税总额均创历史最好水平。

（常文峰）

【大力推广客户经理制】 近年来，河北石油系统涌现出了一大批“销售状元”、“推销能手”，但是由于缺乏科学规范的管理和有效的激励机制，很多典型、模范往往是昙花一现，没有形成稳定持续的团队支撑力。为建立一支专业化、规模化的客户经理队伍，对市场资源进行系统性、全方位的整体开发，2003年河北石油分公司积极借鉴保险、银行、电信等行业的成熟经验，从各级业务和营销队伍中精心遴选出615名综合素质高、工作作风硬、沟通应变能力强的人员，组建起了一支精干、高效的客户经理队伍。对顾客实施一对一的营销，不仅开展一般性的市场调查、客户维护、交易结算等“常规服务”，而且还增加了为客户提供信息咨询、设计消费计划、帮助用户理财、成立大客户俱乐部、实施亲情服务等高“情商”和高增值性的服务内容，提高对用户的长久吸附力。通过实行工资收入与销量、业绩、货款回收、客户增减变化等指标完成情况挂钩的激励机制，充分激发了客户经理的工作热情，年底终端用户发展到9 083家。

（常文峰）

【组建客户服务中心】 针对客户群体庞大，成分多元，客户需求越来越呈现出差别化和个性化的特点，秉持“客户满意最大化”的经营宗旨，依托中国联通河北公司的技术支持，2003年9月10日，组建河北石油分公司客户服务中心，10月1日开通服务热线10109999，这在全国石油石化系统是第一家。

新组建的客户服务中心担负着客户信息采集、客户需求分析、客户价值分级、市场调研、直接营销和形象展示等重要责任，是企业整个商务链条的有机组成部分，是企业与客户密切沟通，双向互动，巩固和稳定现有客户，挖掘和发展潜在客户的有效途径。

（常文峰）

【网络建设有新进展】 2003年，河北石油分公司共完成投资2.16亿元，新增加油站64座，其中新建9座，收购55座，使全系统在营加油站达到1 599座；单站加油量为3.4吨。同时改造69座，发展特许加盟572座，网络实力进一步增强。

2003年，河北石油分公司把发展特许经营作为提高市场控制力、实施低成本扩张的重要措施来抓。为了保证特许经营油站的质量，防止鱼龙混杂，河北石油分公司本着“严格标准、确保质量、加强管理”的原则，参照国内外成功企业开展特许经营的管理规范，制定出了自己的特许加盟条件，明确了双方的权利及义务。社会加油站必须符合当地政府规划并且具有消防证和工商营业执照，日均加油量在3吨以上；河北石油分公司与社会加油站不存在任何共同投资、代理、租赁、承包等关系，社会站独立经营、自主决策，并按照国家有关法规要求交纳税费和承担全部民事责任；社会加油站使用中国石化连锁经营统一标牌，同时使用标牌的地点仅限于河北石油分公司确认的加油站；与河北石油分公司签订特许协议后，社会站不得再与第三方签订同类协议，不得通过河北石油分公司以外的任何途径购进油品，并每月保证一定进货数量。

（常文峰）

【加速开拓农村市场】 为扩大农村市场，河北石油分公司积极采取新建、租赁、加盟、流动等多种形式发展农村网点，统一配送资源、统一销售价格、统一库存管理、统一形象标志。2003 年，新增农村网点 433 个，极大地提高了农村市场的占有率。在经济较为发达的乡镇、专业市场、大型种养殖基地和物资集散地附近，或独资新建网点，或采取投资加油站、油罐、管线、消防等设备，合作方提供土地、房屋等固定设施，双方实行吨油返利、定额分成、价格折让等模式进行联营。此外，根据农业用油地域广阔、数量零散、时令性季节性强的特点，积极利用新购、租赁、加盟等方式构建流动售油网点，以此扩大供油范围和网点经营的灵活性。对农村网点，河北石油分公司采取直接派员经营、承包经营、实施委托经营等不同形式，以充分实现责权利的统一，最大限度地调动经营者的积极性。对网点进货、销售、库存、价格、服务、安全等方面进行全程监控和指导。并随时对网点进行巡查，每月进行一次盘点，发现油品损耗由网点经营者承担。农村网点必须做到各项报表、台账健全，货款及时回收，严格执行统一的传递手续，发票实行统一管理使用。

（常文峰）

【一体化改革向纵深推进】 为进一步压扁管理层，推进一体化改革进程。2003 年 1 月将 170 个县公司的独立核算职能并入所属市级公司统一核算，使独立核算单位从 181 个锐减至 11 个。各县公司(经营部)撤销原支出账户，重新开设纳税专用账户，用于税款缴纳。市公司对县公司(经营部)实行内部报账制，日常费用开支实行备用金制，并在财务预算管理的范围内明确经营部的日常开支范围及权限。县公司实行“零库存”管理，原市县公司之间的调拨购销关系改为内部移库，商流关系不再存在，只存在物流配送关系。2003 年 7 月 1 日，河北石油公司又将市公司所有权库存全部上收，各市公司实现“零库存”运转，从而实现了全省资源的统一管理、统一配送、统一库存运转、统一结算、统一营销，实现了省市公司业务管理一体化。同时，在全省系统建立了集购进、销售、调运、库存、价格等业务经营数据处理为一体的计算机网络化管理系统，形成了完整的业务信息反馈与监控机制，使全省系统业务流程的各个环节都处于河北石油分公司的实时动态的监控之中。

（常文峰）

【实行全方位效能监察】 2003 年，河北石油公司根据所属各企业经营管理的不同特点，分别采取不同的方式，实施事前、事中、事后效能监察，取得良好效果。年初立项的农村网点建设、加油站零赊销、成品油批发业务等 3 项效能监察项目全部完成，共为企业避免经济损失、增加效益或节约开支1 985万元。

2003 年初，河北石油分公司计划投资3 200万元，兴建农村网点 600 座，为避免一哄而上、盲目投资行为的发生，河北石油分公司效能监察小组采取事前监察的方式，在审批和投资前，派出 3 个小组，对 11 个市级公司上报的 890 个农村网点一一进行了考察筛选，共审减了不符合建点条件的网点 197 个，保证了所选网点地址的合理性和科学性。

（常文峰）

【大力改革用人制度】 为改变各级公司机关机构庞大，设置不合理的现象，2003 年河北石油分公司聘请国内著名咨询公司——北大纵横咨询公司，历时 3 个月，对全省组织机构进行重新设计，对各个岗位设置进行详细描述。在此基础上，省市两级机关针对本部人员构成情况，经过反复研究，制定出了竞聘上岗的原则、程序，对中层干部、一般岗位的数目、标准进行了重新设置，而后大胆实施、高效运作，机关管理人员实行了前所未有的整体解聘、重新竞争上岗的用人制度改革。在这次改革中，竞争岗位由传统的中层干部岗位拓展为机关全部的管理岗位，参加竞争人员的范围扩展到省公司所有员工，在操作程序上体现了严密、公正、规范。新的选人用人机制较好地解决了“由少数人选人、在少数人中选人”的问题，初步形成了机构设置合理，管理人员精干、高效的良好局面。

（常文峰）

【小站改革显活力】 2003 年河北石油分公司采取了 3 种经营模式改革小型加油站，取得了喜人效果。据统计，河北石油分公司日加油量 2 吨以下的小型加油站共有 659 座，占该公司加油站总数的近三分之一。这些小站费用高，市场控制力低，效益不佳。2003 年公司对小型加油站主要采取了 3 种经营改革模式：即家庭承包经营模式，联量计酬经营模式，委托经营模式。全系统 605 座小站通过改革，单站月销量由过去的 29.6 吨增加到 38 吨，增长 29.7%；单站月费用由过去的5 500元减少到4 600元，下降 16.7%；单站月利润由过去的 2 361 元增加到 5 002 元，增长了 111.9%。小站改革后体制灵活，适应性强，经营者积极性高，小站经营充满活力。

（常文峰）

中国石油化工股份有限公司山西石油分公司

【概述】 中国石油化工股份有限公司山西石油分公司(以下简称山西石油分公司)本部位于太原市万柏林区，是山西省最大的成品油销售企业，承担着全省成品油计划编制、资源配置、市场供应任务，主营汽油、柴油、煤油、润滑油。下辖 12 个市(地)分公司、1 个直属实体、68 个县(区、市)分公司，实行人、财、物统一管理。截至 2003 年末，共有正式职工 4 126人，资产总额达 32 亿元，在用油库 32 座，总库容 57.1 万米^3，油罐车 267 辆，加油站1 289座。

山西石油分公司的前身是山西省石油总公司，成立于 1950 年 4 月，公司名称随着国家的经济调整曾几经变更，1998 年 6 月，划转石化集团公司。2000 年 4 月，石化集团公司按照建立社会主义市场经济体制的目标和现代企业制度对原山西省石油总公司进行了战略性重组，设立了山西石油分公司。山西省石油总公司作为存续公司在石化集团公司领导下自主经营。

2003 年，山西石油分公司以石化集团公司暨石化股份公司各项经营方略为指导，以增量降本为基础，以提高经济效益为中心，以增强市场控制力为目标，加强市场分析预测，合理把握库存结构，不断提高经营质量，坚持“以零售创效、以配送增量”的经营策略，适时组织开展了形式多样的顺势营销和促销活动，有效地战胜了天气、战争、SARS、调价、资源紧缺等带来的重重困难，全面和超额完成了石化集团公司下达的各项任务，多项指标再创历史新高。截至 2003 年底，共销售成品油 195.48 万吨，其中零售 129.3 万吨，零售比重较上年提高了 11 个百分点；直销配送 54.56 万吨，较上年增长了 31%。实现利润 2.8 亿元，较上年净增 1.61 亿元，增幅达 57%；实现利税 4.2 亿元，较上年增长了 68%。油库、加油站安全工作连续 6 年获石化集团公司安全生产先进单位称号，连续 7 年被山西省政府评为安全生产先进单位，全系统油库、加油站实现了多年安全生产无事故。

为弘扬中国石化“规范、严谨、诚信”的企业文化，山西石油分公司本着“团结拼搏、务实创新”的企业精神和“信誉第一、顾客至上”的服务宗旨，坚持不懈地开展“计量准确、质量合格、明码标价、服务一流”的优质服务活动，全面推行了“管理科学化、作风军事化、服务酒店化和手势交警化”的一流服务标准。

（李彦彬）

【发展高速公路加油站】 2003 年 9 月 28 日，贯穿山西省全长 666 千米的大运高速公路全线通车。为适应山西经济发展和山西高速公路发展的需求，山西石油分公司始终把销售网络的建设、规划与地方宏观经济和道路交通规划紧密结合，经过不懈努力，以租赁、参股等多种形式，先后取得了大运、京大、夏汾、长邯等高速公路 25 个服务区加油站的经营权，并以高起点规范经营管理，全面实行标准化管理、规范化服务，全力打造以加油站为龙头的集餐饮、住宿、修车、购物为一体的高速路服务区，不仅进一步优化和完善了山西省成品油销售网络，也满足了市场供应，成为山西石油分公司新的效益增长点。

（李彦彬）

【推行销货款银行保理业务】 为降低经营成本，加速资金回笼，从根本上规避销货款风险，2003 年，山西石油分公司经与中国银行协商，在所属石化股份公司山西朔州石油分公司首家推行了销货款银行保理业务，即供货方在货物销售后将发票、发票单据向供货方银行出示，申请办理银行承兑汇票，可以及时支付购货资金；购货方在保理期内未按期付款，供货方也可以获购货方银行的担保付款，既可快速回收货款，又不存在资金占压问题及债权风险。石化股份公司山西朔州石油分公司每年向平朔露天煤矿合同供油 7 万多吨，月平均占用资金在2 500万元左右，资金占用周期长、风险大，而且回收货款的人力、物力花费多。推行销货款银行保理业务后，一年可节约近 10 万元的收账费用和 50 余万元的财务费用。

（郝岳才）

【美伊战前增加库存确保市场供应】 在美伊战争一触即发，国际原油和成品油价格持续走高，一些经营单位纷纷兜售库存，规避战争可能带来风险的严峻市场压力面前，山西石油分公司把社会效益放在第一位，不仅没有压减油品库存，反而将汽煤柴润四大类成品油库存量增至 18 万吨，高于月平均销量 1.5 万吨，从而确保了山西工农业生产和人民生活用油。

（郝岳才）

【经受 SARS 考验】 山西是 SARS 疫情的重点防治地区。受此影响，与成品油息息相关的交通、运输、旅游、餐饮等行业受到重挫，致使成品油市场需求大幅下降，许多经营者纷纷关门歇业。为确保工农业生产和人民生活用油，山西石油分公司站在政治的高度，严控疫情，稳定人心，稳定经营。一方面制定了统一指挥、密切协作、责任明确的防治预案，要求各级、各部门务必在当地政府和卫生部门的指导下，认真搞好环境卫生，做好消毒和预防工作，减少会议和外出，实行外出申报制，加强职工及家属疫情监测和追踪调查，保证做到早发现、早报告、早隔离、早治疗，保证了近万名职工无一人被感染或隔离。另一方面，辩证地看待 SARS 的影响，既不回避其消极影响，又不过分夸大其负面作用，而是抓住周边省份低价资源对山西成品油市场冲击空前减少和私人购车高增长的有利时机，千方百计借势营销。在继续坚持效益第一、量价互动的原则下，拿出巨额奖励资金开展以“抓直销、增零售、拓市场、抢进度、创效益”为主题的销售竞赛活动。零售方面，各个加油站因势利导促销售。在主动为加油车辆消毒的同时，把以往作为促销礼品的手巾、手套换成了口罩、消毒液和刊登有《空中课堂》辅导资料的报纸等；深入田间地头、农户家中，送油上门；利用私家车旺销之势，大力促销高标号汽油等。在 2003 年 4—5 月间，共零售油品 21 万吨，比上年同期增长了 2%，零售比重达 69%，超计划目标 7 个百分点。其中高标号汽油销售 2.73 万吨，比上年同期增长了 25%。为了打好销售攻坚战，山西石油分公司还有的放矢地强化直销配送。在对竞争对手的经营策略、目标、手段、量价、优劣势进行调查研究，全面剖析了自身在客户、网络、社会关系等方面的优势和弱势的基础之上，确立了“实行差别化营销、差异性定价”的营销策略，建立了按行业细分的客户档案，并采取电话回访、感情投入、人情攻关等方式不断渗透市场，在巩固老用户的同时，又拿下了诸如闻喜海鑫集团、阳泉电厂、汾柳高速等一批新的大客户的定单。仅 2003 年 4 月，山西石油分公司共直销油品 4.18 万吨，环比增长 24%，同比增长 17%，完成月度计划的 209%。在 2003 年 SARS 肆虐的 4—5 月份，山西石油分公司人心稳定，经营正常，共实现利润5 459万元，比上年同期增长 33%，费用总额较月度目标共节约 470 万元。

（李彦彬）

【机关率先推进人事制度改革】 2003 年山西石油分公司机关率先开展了以精干管理层为主要内容的人事制度改革。在充分调查研究的基础上，对原有处室和实体的职能进行了重组合并，并增设了直销配送、润滑油经营等部门，精简处室领导职数和员工编制，在山西省系统范围内公开招聘中层管理人员，共有 189 人次竞聘 49 个管理部门正副职，其中，基层报名参加竞聘人员 52 人次。经过竞聘演讲和 65 名干部及职工代表的民主推荐，有 2 名基层参加竞聘的同志被初选到管理部门领导岗位，管理部门正副职以及上岗员工分别比改革前减少 12 和 21 名，收到了良好的效果。

（郝岳才）

【配合山西省政府规范经营甲醇汽油】 山西是全国甲醇汽油推广试点省份。近年来，山西省政府和山西石油分公司共同进行了小范围甲醇低比例掺烧汽油试验销售，积累了一定的经验。由于这是一项全新的工作，在进货、结算方式、销售及售后服务上存在的问题，对此山西石油分公司制定了具体的措施加以改进。一是在甲醇汽油国家技术标准未出台之前，仅限于太原、阳泉、忻州、晋城 4 个市(地)石化加油站销售，禁止其他加油站销售，对擅自销售的，将追究有关人员责任。二是由山西石油分公司统一进货、统一结算、统一调配、统一价格、统一技术支持、统一员工培训。三是鉴于甲醇汽油的特殊理化属性，规定试点加油站必须对加注甲醇汽油的车辆实行登记制，包括车辆编号、加油品种、数量、金额和加油时间等。四是为防止意外发生，要求各试销公司与当地信用好、检测手段完善、具有救援能力的汽修厂签订维修合同，并将各汽修厂的联系电话、联系人通知试销加油站。五是在物价部门对甲醇汽油销售价格未做出明确规定之前，以同规格汽油零售价格销售。

（李彦彬）

【千方百计减少城建损失】 随着城市规则、改造、道路拓宽等建设不断发展，从 1999—2003 年，山西石油分公司已有 24 座加油站被迫拆除和停用，资产原值为2 792万元，净损失达2 510万元。对此，山西石油分公司积极同山西省政府、公路和城建规划部门协商，尽最大努力争取不拆或少拆，能同位置后移的尽量保存；不得已必须拆除的，尽最大努力争取政府经济补偿，包括积极协商土地置换、规划新站址、土地征购价格优惠、减免城建配套费等方面给予优惠。经过努力，在部分加油站被拆除的同时，山西省政府也给予了山西石油分公司部分优惠政策。

（李彦彬）

【运城、三门峡、渭南三公司跨区联合，共保市场】 在山西、河南、陕西三省毗邻交界地区，成品油市场价格波动较大，过度的恶性竞争一度导致市场供应不稳，经营者的合理利益受损。本着维护市场秩序的原则，2003 年下半年，石化股份公司河南三门峡石油分公司、石油集团公司陕西渭南分公司在山西石油分公司运城石油公司的倡议下，共同召开了业务协调会，会上达成如下共识：一是加强三方业务合作，稳定本区域内的成品油市场，发挥主渠道的作用；二是形成规范化的协调交流机制，实现信息资源共享。原则上每季度召开一次业务协调会，每周进行电话沟通交流；三是相互学习、广泛交流，引导市场规范运作；四是在相互理解、相互体谅的基础上，恪守承诺，尽力缩小三门峡、风陵渡大桥边沿加油站的价格差异，相互不能跨区域倾销，最大限度地抵制劣质油品冲击，引导所在地区社会加油站共同规范经营。

（李彦彬）

中国石油化工股份有限公司上海石油分公司

【概述】 中国石油化工股份有限公司上海石油分公司(以下简称上海石油分公司)，是石化股份公司在上海的直属成品油销售企业。2003 年，面对非典疫情、持续高温和油品紧缺的严峻形势，上海石油分公司在石化集团公司和石化股份公司的领导下，充分发挥网络设施优势，突出零售直销，深化改革，加强管理，艰苦奋斗，开拓发展，取得了较好的经营业绩。

2003 年，上海石油分公司销售各类油品 324.78 万吨，同比增长 19.3%，其中：成品油销售 237.63 万吨(零售量 166.58 万吨，直销量 40 万吨)，燃料油销售 72.28 万吨，润滑油销售 9.82 万吨，液化汽销售 4.54 万吨。实现利润 3.97 亿元，同比增长 58%，吨油商品流通费用 152 元，吨油现金操作费用 119 元。

截至 2003 年底，上海石油分公司拥有加油站及农村网点 584 座；油库 4 座、总容量 68 万米^3；油品专用码头 12 座，总靠泊能力 12.6 万吨，其中单座最大靠泊能力为 5 万吨；铁路专用线 3 条、总长度3 155 米；职工2 460人。

（陈成凯）

【加强促销增量，扩大市场份额】 2003 年，上海石油分公司坚持“力保市场占有，贯彻量价互动，加强终端控制，把握效益优先”的工作方针，突出零售、直销、高标号，加强市场分析，调整经营策略，把握销售节奏，提升经营质量，确保了量升利增。一是加强市场信息收集，搞好经营分析。通过《每日动态》、《一周油市》、每月经营活动分析会等形式，分析经营现状，预测市场走势，为后期经营提供科学决策。二是调整营销策略，提高零售量。鼓励并支持加油站开展小额配送业务，大力开展加油站定点加油业务，拓展了加油站周边市场，扩大了零售市场的份额。三是调整销售结构，扩大直销配送。实行直销业务“客户经理制”，加强对终端用户市场的专题分析和研究，建立直销客户档案，实行差别化经营，使直销量稳步上升。四是大力促销高标号汽油，提升经营质量。在增设高标号汽油销售网点的同时，进一步加强宣传促销力度，还调整了销售高标号汽油奖励分配的权重，有效地调动职工销售高标号汽油的积极性，确保高标号汽油销量的明显上升。五是不断扩大其他油品的市场份额。依托加油站网络优势，在加油站开设营销或换油中心，不断扩大润滑油销售的同时，通过建立稳定的进货渠道和相对稳定的客户群体，继续扩大燃料油销售。

（陈成凯）

【深化体制改革见成效】 2003 年，上海石油分公司在前两年业已初步建立区县一体化统一经营和专业化管理的基础上，先后出台并落实了多项改革措施，为全面实施一级管理奠定了基础。一是初步建立了成品油统一配送体系。对运输体制进行整合和重组，基本形成了以三大中心油库为依托，以加油站和终端用户为支撑的成品油物流配送体系。二是实行全公司的统一纳税，所属企业全部取消一般纳税人资格。在此基础上，建立了会计一级核算体制，通过压缩会计核算层次，提高了核算质量，降低了库存成本。

（陈成凯）

【努力降本增效】 2003 年，上海石油分公司以实施全面预算管理为目标，进一步完善财务的集中管理体制，实行预算管理，建立与完善以利润和费用为中心的月度、季度、年度预算管理体系，强化资金、资产管理，提高了经济效益，达到了节费增效的目标。

（陈成凯）

【不断完善销售网络】 2003 年，上海石油分公司将网络建设工作作为事关公司生存与发展的根本大计和重中之重，积极抓住下半年资源偏紧的有利时机，加大加油站网络拓展工作力度，截至年底，公司拥有加油站及农村网点 584 座，占全市加油站总数的 70%。

（陈成凯）

【加强基础设施建设】 2003 年，上海石油分公司基础设施建设有了进一步发展，完成了所属高桥油库6#—9#码头扩建为3万吨级（兼靠5万吨船）码头的改造项目；金山石化至闵行油库55千米成品油长输管线建设工程全面贯通并投入试运行。

（陈成凯）

【加强信息网络建设】 2003年，上海石油分公司加快了信息网络建设，一是全面推广实施了销售管理系统“业务二期”，提高了业务信息的及时、准确和有效性。二是全面推广运用了Aspen项目，优化了二次物流运行。三是加快了中国石化加油卡项目的推广，进行卡机联动改造，逐步完成石油龙卡向中国石化加油卡的过渡。四是进行交通卡加油功能的开发，建立了上海交通卡支付系统。

（陈成凯）

【全面实行HSE管理体系】 2003年，上海石油分公司坚持“安全第一，预防为主，全员动手，综合治理；改善环境，保护健康；科学管理，持续发展”的HSE方针，强化干部职工的HSE意识，严格HSE管理程序，加大HSE现场检查力度，狠抓隐患治理，全年投入隐患治理资金1 449余万元，确保了库、站安全。同时，还认真做好防治“非典”工作，保护职工身心健康，确保经营活动不受影响。年底再次获得中国石化安全先进单位称号，实现了中国石化安全先进单位“五连贯”。

（陈成凯）

中国石油化工股份有限公司江苏石油分公司

【概述】 中国石油化工股份有限公司江苏石油分公司是国有大型石油流通企业，地处长江三角洲，濒江临海，地理位置优越，市场容量巨大。1997年10月，江苏省石油总公司改制为江苏省石油集团有限公司，1997年11月加入中国东联集团有限公司，1998年7月整体划转中国石油化工集团公司。按照石化集团公司重组改制的要求，2000年上半年江苏省石油集团有限公司主营业务部分组成中国石油化工股份有限公司江苏石油分公司（以下简称江苏石油分公司），下辖南京等14个区域分公司，主要经营汽油、煤油、柴油、润滑油四大类成品油及其他石化产品，拥有经营机构150个、加油站近1900座、职工近2万人，2003年，江苏石油分公司经营总量达到592万吨，成品油市场占有率达到70%左右。

（苏　石）

【初步建立零售专业化营运体系】 2003年江苏石油分公司建立了“省零售部—区域零售中心—零售片区—加油站”的零售管理体系；形成了直管站、加油站管理公司和改制小站多元并存的油站管理模式；进一步完善了零售网络，新增加油站（点）263座；强化专业化、差别化经营，建立了年、月、周、日动态运营分析和决策指挥体系；统一实施高标号、迎春耕等营销策划，实现了扩量增效；以客户为中心，全面开展加油站整顿，大力推进达标创星，顾客满意度和企业美誉度进一步提升。全系统全年实现零售量327万吨，实现零售毛利16.4亿元，成品油零售比重已达55%。

（苏　石）

【强化物流，确保市场供应】 2003年江苏石油分公司面对市场保供的严峻考验，在扩大销量和低位库存的双重压力下，全系统加强资源调度指挥和统筹协调，基本保障了市场供应，进销资源调控、运行质量和物流管理水平得到提高。在月均库存处于历史最低位的情况下，创造了月均销量的历史最高水平。

（苏　石）

【直销业务进一步扩大】 2003年江苏石油分公司直销工作坚持以客户为中心、以市场为导向的运作方式，强化“服务客户”意识和差别化营销。建立和完善了各项基础工作制度和工作流程，初步实现了对日常经营的有效监控；建立了奖勤罚懒、优胜劣汰的客户经理绩效考核激励机制，激发了直销队伍的活力；全面开展了对客户和竞争对手的调研，营销工作的针对性、有效性明显提高；突破传统营销模式，通过召开客户联谊会、加大社会媒体宣传、提供免费油品检测等活动，使企业品牌价值日益凸现。全年实现直销量143万吨，实现毛利5.1亿元。

（苏　石）

【初步创建HSE管理体系】 2003年江苏石油分公司完成了全员HSE意识培训、危害识别、风险评估和环境影响评价、法律法规和其他要求的识别获取等工作。建立了包括《HSE管理手册》、程序文件、运行控制文件和作业指导文件的管理体系文件架构。HSE管理体系开始发挥对各类危害风险的事前识别、评估和防范作用，初步控制和降低了各类安全风险。HSE管理体系进入全面试运行阶段。

（苏　石）

【强化企业财务管理】 狠抓会计基础工作，实现所有核算单位会计基础工作一级达标；分支公司统一核算全面到位，实现了分支公司财务会计一体化；降低资金成本，优化资产结构，压缩债权规模，使资金、资产高效运行，为企业后续发展增添了活力。

（苏　石）

【实施岗位职务评估】 江苏石油分公司在国际咨询公司的指导下，2003 年完成了系统所有职位的分析和评估，同时又依据岗位责任、贡献大小等因素，参照当地劳动力市场价位，确定了不同地域、不同岗位的薪酬档次与等级，为今后岗位设置、员工招聘、绩效考核等创造了条件。

（苏　石）

【信息化管理工作取得进展】 2003 年江苏石油分公司 ERP 系统经过一年的实际运作，对规范业务操作、堵塞经营管理漏洞、加强基础管理，起到了较好的推动和促进作用；加油 IC 卡在局部地区投入使用，江苏石油分公司和南京、苏州等 8 家分公司的数据中心、发卡充值网点和 455 座卡机联动加油站建设任务已经完成。

（苏　石）

中国石油化工股份有限公司
浙江石油分公司

【概述】 中国石油化工股份有限公司浙江石油分公司前身为中国石油公司杭州支公司，始建于 1950 年，1990 年更名为浙江省石油总公司，1998 年 8 月与省内各级石油公司一同成建制划转石化集团公司。2000 年 4 月按照石化集团公司的统一部署实施重组，主营业务、资产、人员等划归石化股份公司，设立中国石油化工股份有限公司浙江石油分公司(以下简称浙江石油分公司)。

公司经营范围涉及石油、石油产品、天然气、石油化工化纤及其他化工产品的销售、储运等，是浙江省内最大的成品油销售企业。

浙江石油分公司本部位于浙江省杭州市，设有 13 个职能处室和润滑油、燃料油等专业经营部门，下辖 13 个分公司，在全省各个县(区)均设有分支机构，经营销售网点遍布浙江省城乡各地。公司储运设施完备，在全省各地有各类大、中型石油库 45 座，储油总容量 115 万米^3，拥有各类营业零售网点1 600 余座，已全面实施“中国石化”统一企业形象和规范化服务。截至 2003 年底，公司资产总额 40.29 亿元，从业人员 1.6 万多人。

2003 年，销售各类油品 803 万吨，商品销售纯收入为 229 亿元，实现利润同比增长 98.6%。各项经济指标连续多年位居中国石化销售系统前列。

2003 年，浙江石油分公司积极深化体制改革，逐步实现了分支公司的一体化管理，激活终端销售细胞，加快企业信息化建设步伐，经营上继续发挥“全省一盘棋”的作用，不断提升“低库存运作”水平，销量与效益创历史最佳；不断加快发展步伐，开拓终端市场，终端销售占全部销量的比重达到了 71%；继续加强油品安全和数质量管理，建立健全 HSE 的长效管理体系，保证企业的生产经营工作顺利平稳开展；进一步深化分配制度改革，加强了人才引进和干部队伍建设；加强了企业党建和思想政治工作，维护企业稳定。

（边　炜）

【积极推行分支公司一体化改革】 2003 年浙江石油分公司以下属分支公司财务一体化核算、区域经理人管理和客户经理制度为主要内容，逐步实现了使省—分—支公司三级管理体制向省—分公司两级专业化管理迈进，达到了压扁管理层，提高工作质量的目的。通过一体化核算，核算单位和合并账套从原先 134 个减少到 14 个，分支公司共减少财务人员 31 人，分支公司吨油费用同比下降 14 元，会计信息资料更加真实、准确、及时和完整。业务经营上推行客户经理制，改变了传统的营销模式，变坐商为行商。因考核责任到人，激励和压力并存，营销服务态度明显改善，优质服务蔚然成风，2003 年全省系统业务直销量同比增长 24.6%。加油站区域经理人管理制度从根本上推进了分支公司一体化进程，强化了对零售网点的管理责任。原支公司经理积极转变思想观念，明确工作重点，努力抓好网点经营管理和网点建设，尽快实现向区域经理人的转变。通过改革，加油站规范化服务、内部管理水平都大大提高，全年零售量同比增加 17.6%，至年底营业零售网点数达到1 622座，陆上加油站全年单站销量2 724吨，比上年提高了 433 吨。

（边　炜）

【业务经营水平进一步提高】 2003 年浙江石油分公司继续贯彻“任何时候都不能丢失市场”的经营思想，通过业务经营管理体制改革提升了全省一盘棋的经营理念，进一步强化了分公司在当地市场的主力军地位，极大地调动了分公司扩销增效的积极性，增强了全省系统协同作战、整体抗击市场风险的能力。低库存运作的经营思路，保证了业务经营的整体效益最大化，极大地挖掘了全省系统在调度运输优化、储运设施利用、库存统筹管理等方面的潜力，既保证了市场供应，又释放了经营风险。2003年浙江石油分公司汽煤柴三大类成品油销量达到690万吨，同比增长11.3%。

（边　炜）

【终端销售网络进一步优化】 2003年浙江石油分公司新增网点总数159座，其中新增陆上加油站132座，占83%。至2003年底，浙江石油已取得省内建成通车的6条高速公路上共42座服务区营业加油站中40座加油站的经营权，其中已完成控股和相对控股的高速公路加油站26座。全省已有342座加油站具有97号汽油供应能力，全年高标号汽油零售量65.57万吨，同比增长97.4%，高标号汽油占汽油零售量比例为40.9%，较上年同期提高14.4%。杭州、宁波、绍兴3分公司已经有400多座加油实现了IC卡联网加油，全省系统还通过建立零售管理信息系统，进一步提升了零售网点的管理水平。加油站非油品业务试点工作顺利开展，全省已有31座加油站(试点站)的便利店营业，累计销售额330万元。2003年，浙江石油分公司终端销量达549万吨，占汽煤柴经营量的79%。

（边　炜）

【加强分配制度改革】 2003年浙江石油分公司在石化集团公司的统一部署下开展了劳动分配制度改革，通过改革引入市场机制和竞争机制，逐步实现全省系统员工的薪酬与市场劳动力价位接轨，使人才和一般劳动力能引得进、流得动；通过合理设置固定与变动的薪酬比例，使员工的收入与技能、岗位、贡献更直接挂钩，企业效益与全体员工的薪酬更直接挂钩，充分发挥薪酬制度的激励作用。

（边　炜）

【推广小站费用承包改革】 截至2003年底浙江石油分公司共有532座1 000吨以下加油站实施小站费用承包改革，用工总人数从原来的2 280人减至1 606人，减员674人，减幅达29.5%。按可比口径计算，456座承包经营的小型站平均每月节约可控费用27.9万元，降幅为30%，其中有60%以上的小站在费用承包改革后月均销量有不同程度的提高。

（边　炜）

【润滑油、燃料油经营良好】 2003年浙江石油分公司以加油站、润滑油专营店为重点，完善润滑油终端销售网络，提高终端销售比例。全年全省系统共销售润滑油23.4万吨，同比增长29.3%；有营业润滑油专营店85座，终端销售比例达到63%。燃料油销售经营基础进一步稳固，2003年全省系统共销售燃料油89.8万吨，同比增长18%，省内市场占有率达到65%。

（边　炜）

【规范企业财务行为】 2003年浙江石油分公司结合分支公司一体化核算的有利条件，强化了计划预算和投资计划管理，控制费用支出，加强营运资金管理，提高资金使用效率，通过健全制度、落实措施，收回大量以前年度遗留的应收款；精打细算，充分用好各项税收政策，降低税费支出。全年费用总额增幅大大低于全省系统的销量和效益增幅，在零售量大增的情况下，吨油完全费用下降了2元。全省全年财务费用2 495万元，剔除利息资本化因素同比减少987万元，减幅45.5%。

（边　炜）

【加强安全、数质量管理】 2003年浙江石油分公司层层落实安全生产责任制，狠抓隐患治理工作，有效解决安全难题，加强安全队伍建设，提高全员安全意识，强化督查，狠反“三违”，确保全年未发生重大油库、加油站事故。浙江石油分公司全年共落实和细化石化集团公司下拨隐患治理资金项目计划47项，完成了1 850座加油站的安全评价和审核工作。全面推进HSE管理体系的实施工作，使员工在实际工作中初步建立起了HSE理念。油品质量应急处理能力大大增强，妥善处理严把油品质量关与市场资源紧张的矛盾。通过选用合适的油品清净剂，每年为全省系统节约成本7 000多万元。数量管理工作通过抓运输损耗包干和零售环节两头，全年同比降耗1.07万吨。

（边　炜）

中国石油化工股份有限公司安徽石油分公司

【概述】 中国石油化工股份有限公司安徽石油分公司(以下简称安徽石油分公司)是根据石化集团公司2000年整体重组改制上市的统一部署，于同年底由原安徽省石油总公司改制组建的国有大型成品油销售股份制企业，主营汽油、柴油、煤油、润滑油的储运、销售，兼营油库、加油站设施的设计、安装，以及经营燃料油、液化气、沥青、化肥等多种业务。

安徽石油分公司本部位于合肥市，设有13个管理部门，下辖合肥等16个市级分公司，长丰等64个县经营部。截至2003年底，共有正式职工3 371人；资产总额27亿元，固定资产16亿元；成品油购进量247.79万吨，经营总量271.3万吨，其中成品油纯销量250.64万吨，较2002年增长5.27%，完成销售公司下达计划的102.3%；销售收入79.61亿元，实现利税7.95亿元，实现利润5.93亿元，较2002年增加3.8亿元，完成石化股份公司下达利润指标的166%，经济效益创历史最好水平；有油库37座，库容总量59.69万米^3；铁路专用线总长4 932米，接卸油码头27座，油罐运输车345辆；自有加油站842座，特许经营加油站369座，农村网点在营384个，销售网络覆盖安徽省城乡各地。

（汪　政）

【提高零售创效能力】　2003年安徽石油分公司进一步推动经营战略向零售的转移，做强企业效益支撑。一是加强零售配送，加大农村和水上市场开拓力度，千方百计提高零售量。二是加强经营指导，全面实施零售经营月度预算，发现问题，及时纠正，不断提高零售经营质量。在零售价格上，根据地理位置、竞争状态和市场容量等不同，按照“管住一块、浮动一块、搞好一块”的经营思路实行差别化定价。三是加强高标号汽油营销，重点落实分销渠道和专项营销资金，制定营销方案。四是完善加油站激励机制，激活单站创效动力。继续推广站长竞聘上岗制度，发挥站长“三权”(一定的经营自主权、分配权和用工权)效应；收入联量、联利、联费，调动站长、员工积极性。五是推进加油站达标创星，不断提高加油站管理水平、服务水平。经过努力，全年完成零售量145.3万吨，完成销售公司下达计划的107.6%，较2002年增长17.97%，零售毛利7.67亿元；高标号汽油零售量17.15万吨，占汽油总销量36.3%，同比增幅12.5%。

（汪　政）

【力拓直销配送市场】　2003年安徽石油分公司进一步主动适应市场竞争的内在要求，大力拓展直销配送市场。首先，创新经营策略，树立“五个零”理念，“五个零”即销售零距离，情感零障碍，服务零缺陷，质量数量零投诉，运输零动手。其次，提高营销人员素质，做到“四勤三用”，即对用户勤走访、勤联系、勤观察、勤联络感情，用真诚感动顾客、用亲情呼唤顾客、用行动招揽顾客。第三，完善考核奖惩办法，提高直销配送的考核奖励比重。各市分公司配送中心的员工工作主动性得到提高，经营上出现了现有市场与潜在市场、本地市场与边缘市场齐抓，拉住大用户、留住小用户、发展新用户的良好局面，全年直销量82.9万吨，较2002年增长33.5%，完成销售公司下达计划的118.4%。

（汪　政）

【润滑油坚持实施品牌战略】　2003年安徽石油分公司提升“一个核心、二个中心”的润滑油经营战略即以经营预算为核心，以提高市场占有率和效益为中心，树立“扩品牌、促效益、占市场、上规模、创效益”的经营思路，建立以客户为重心的客户档案管理系统，与此相配套建立不同层次的客户维护体系，市场占有率持续快速提高。推行全员客户经理制，有计划、有目标、有步骤地对终端用户进行维护、开发和定期走访；对终端用户实行差异化营销策略，采取一厂一价；积极发展汽车修理厂、配件厂用户，扩大中国石化品牌影响。此外，积极开拓农村市场，与有关企业共同开发适销对路的“福”牌系列农用润滑油，提高了农村市场占有率。全年实现润滑油销售7.52万吨，较2002年增长4.4%，完成销售公司下达计划的134.33%。

（汪　政）

【强化费用管理】　2003年安徽石油分公司进一步完善以目标利润为中心的预算管理体系，充分发挥预算管理对经营的指导作用，费用得到有效控制，经济效益稳步增长。根据不同费用项目，采取定额控制、上报审批、据实列支、联量联利相结合等办法，将66项费用落实到12个职能部门，实行费用归口管理责任制。同时重点抓好对影响企业经营成果的财务费用、人工成本、运杂费、公务性支出等项目的管理，加强对费用开支与预算差异原因、开支的合理性、资金来源及去向的分析，总结管理经验，提出改进降本减费的措施。对公务性费用实际支出超预算达10%的部分，按20%扣减市分公司领导班子收入。全年费用总额5.06亿元，吨油完全费用控制在销售公司下达的179元指标之内。

（汪　政）

【企业内部改革不断推进】　为进一步改革成品油储运配送管理体系，2003年安徽石油分公司在全面完成市、县一体化重组的基础上，按照资源的合理流向进一步优化资源配置，持续推动企业改革重组，将所属合肥、淮南、六安3个市级分公司组建为合肥、淮南2个区域公司，进一步压扁了管理层次，减少了中间环节，有助于强化零售、整合批发、优化配送、发挥整体优势、提高经营创效能力。减员分流工作继续积极稳步开展，全年共减员2 342人，其中正式职工1 552人，集体混岗人员减员660人，集体企业人员减员130人，全面完成石化集团公司“十五”期间减员目标。加油站经营机制和用工制度改革进一步深化，年底共有911座加油站点实行了承包经营模式，162个聘用工走上了加油站经理岗位，占加油站经理人总数的19.2%，加油站用工总量6 450人，其中聘用工4 058人，占63%，逐步形成了以正式工为骨干，劳务工为主体，临时工为补充的多元用工模式。

（汪　政）

【严管投资保回报】 2003年安徽石油分公司投资工作坚持“确保经营优先到位、其他统筹兼顾”原则，严控投资规模，优化投资项目，加强投资管理，提高投资回报，努力做到投入成本低、投产效益高。在确定项目上，重点保证发展高速公路和大中城市加油站、农村网点建设和属石化集团公司立项的油库、加油站的储运设施建设、重大隐患整改等所需配套资金；在投资管理上，制定固定资产投入产出责任追究制度，完善有关办法，进一步明确投资主体的责任，加强项目的投入产出审查、报批和监督，严格项目施工的招投标管理和施工过程的现场管理。

（汪　政）

【人工成本实行三步走】 2003年安徽石油分公司加强人工成本控制管理，收到了销量增长、人工成本下降的良好效果。具体做法是，第一步，每月由各单位上报人工成本预算数，列出当月详细人工成本计划，做到事前有计划；第二步，省分公司人事部门按当月各单位计划预算数结合每家用工总量和当月实际销量核拨当月人工费用，做到事中有控制；第三步，省分公司每月核拨费用后，各单位次月上报人工费用实际使用数，做到事后有监督。

（汪　政）

【拓宽安全管理领域】 2003年安徽石油分公司继续把各级安全责任制落实放在全年工作的突出位置来抓，拓宽安全管理领域，全面推行目标管理，将储运生产事故率、交通事故率、职工伤亡率、停工停产率、经营中诈骗案件发生率等指标进行全面量化，综合考核。从严执行岗位职责和操作规程，加强动态作业的现场安全管理，特别是动态作业领导干部到位制度的落实工作。继续加大隐患治理力度，完善市分公司油库消防系统，对县公司油库在定位基础上进行整治。强化安全教育培训和消防技能培训，加强储运工的专业技能培训，提高安全工作人员的专业素质和全员的安全责任感。全年未发生上报石化集团公司安全等级责任事故。

（汪　政）

【效能监察显成效】 安徽石油分公司根据石化集团公司2003年开展效能监察工作的8个重点，加大效能监察力度。在工作中注重“四个到位”：一是提高认识，宣传到位，为做好效能监察工作奠定思想基础。二是加强领导，组织到位。省分公司根据所立项目分别成立3个项目领导小组，主要领导和分管领导多次带队到油库、加油站和相关职能部门指导检查工作；各市分公司也相应成立领导小组。三是制定方案，措施到位。根据所立项目，制定实施方案，规定监察的范围、程序、时间、步骤及方法，明确项目责任人和奖惩标准。四是规范操作，整改到位。为切实解决部分市分公司加油站损耗过大的问题，省分公司从账册表单规范填报入手，全过程跟踪实物计量、损溢管理等环节，做到统一盘点，统一计量验收，统一账册表单填报，统一核销盈亏损溢。全年通过对所立31个项目开展效能监察，共增加经济效益992.5万元，避免损失142.6万元，挽回经济损失83.87万元。

（汪　政）

中国石油化工股份有限公司
福建石油分公司

【概述】 中国石油化工股份有限公司福建石油分公司（以下简称福建石油分公司）的前身为福建省石油总公司，成立于1952年10月13日，1998年7月，成建制划归石化集团公司，2000年3月，按主辅业分离的原则，福建石油公司相应重组为中国石油化工股份有限公司福建石油分公司（上市公司）和中国石油化工集团福建石油总公司（非上市公司，以下简称福建石油公司）。福建石油分公司作为石化股份公司全资所有的省级区域性成品油专业销售公司，主要承担福建省境内市场的成品油供应业务，是福建省内最大的成品油销售企业。

福建石油分公司本部位于福州市鼓楼区中山路18号，设有15个职能处室，下辖9个设区市分公司，1个油轮运输公司、58个县级分公司（经营部），县级分公司（经营部）的建制只保留牌子，直接隶属设区市分公司管理，实行人、财、物一体化管理。

截至2003年12月底，福建石油分公司共有正式员工3 865人，劳务工4 764人，正式员工中，大学本科以上学历的有254人，各类中高级专业技术人员230人。资产总额22.33亿元，其中，固定资产原值

18.68 亿元；拥有自营加油站 795 座(含海边网点 30 个)；在营油库 44 座(含海边网点 11 个)，总储量 74.29 万米^3；铁路专用线 11 条，长度 6.27 千米；拥有油轮 6 艘，吨位 1.91 万吨；码头 34 座，总吨位达 16.75 万吨，构成了功能齐全，覆盖全省城乡的“储、运、销”一体化网络。

2003 年福建石油分公司共销售油品 316.77 万吨，其中成品油销售 257 万吨，比 2002 年增长 9.34%；销售燃料油 59.88 万吨，同比增长 23.72%；成品油零售量 160.24 万吨，同比增长 16.71%，成品油零售量占销售总量的比例，由 2002 年的 58.43%提高到 62.38%；实现报表利润 4.93 亿元，同比增长 91.83%，各项经济指标均创历史最好水平。全年安全生产形势平稳，实现了无死亡事故和上报集团公司等级事故，事故直接经济损失低于石化集团公司和福建省政府的考核标准，被评为石化集团公司暨石化股份公司 2003 年度安全生产先进单位。

（黄　平）

【全面推行市县一体化改革】 为适应不断开放的市场和日益激烈的竞争需要，福建石油分公司在全省 9 个设区市、58 个县级公司中根据压扁管理层次、实现专业化管理的要求于 2003 年 4 月底全面完成了市县一体化改革，并取得初步成效。全省 58 个县级分公司(经营部)保留县级分公司牌子，由市级分公司对其进行专业化管理，并设置了加油站管理经理、销售经理和财务代表，直接隶属市级分公司零售管理科、综合业务科和财务科管理。在成品油经营方面，实行计划、配置、调入、结算、作价“五统一”；在资金管理上，采取全省收支两条线运行，取消了全系统银行账户 100 个，提高了管理水平。县级分公司的批发配送得到了有力的拓展，成绩明显。在分配机制上，建立了销量、费用、管理目标同个人收入紧密挂钩的激励约束机制，极大地调动了员工的积极性，增加了销售量，一些县公司实现了批发配送零的突破。减少了用工，县级公司加油站共减少用工 205 人，其中减少县级管理人员 166 人，加油站定员定编后减少 39 人；人工费用、业务活动费、交通费、通讯费、办公费等 5 项可控费用分别比改革前同期下降 27.73%、62.21%、67.36%、39.37%和 92.98%；增加了效益，月均直销配送量与零售量由改革前的 2.72 万吨/月与 5.03 万吨/月提高到 3.50 万吨/月与 5.79 万吨/月。

（黄　平）

【积极开拓市场，坚持量价互动，不断扩大市场占有】 福建石油分公司充分发挥市县一体化经营管理体制改革后的优势，有力地推动了零售与直销配送工作。2003 年县级分公司的直销配送量由每月平均 2.7 万吨上升到 3.5 万吨，经营总量达到了 104.66 万吨；海边网点销售量由上年的 17.26 万吨增加到 19.44 万吨。特别是宁德、漳州分公司通过整合经营机构联量计酬等措施，使海边网点的经营量有了较大的突破，分别比上年增长了 42.79%与 27.73%。2003 年全省增加特许加盟加油站 46 个，总数达 303 个，销量达 19.85 万吨，进一步改善了销售结构。通过制定《营销管理工作实施细则》等一系列管理办法与经营策略，规范经营行为，进一步调动基层员工经营积极性。2003 年 1 月福建石油分公司对中国石化销售企业业务管理系统进行试运行，4 月正式运行，为公司经营决策提供了及时、准确的成品油进、销、存信息支持，使企业整体经营管理水平得到进一步提升。此外，开始在一定范围内模拟优化二次物流配送工作，为 2004 年全面推广进行积极的探索。为加强燃料油经营，福建石油分公司于 10 月成立业务二处，专门负责燃料油经营的专业化管理，并取得较好成绩，全年销售燃料油 58.99 万吨，其中厦门和福州分公司的销售业绩突出。根据需求量、信誉度等情况，将客户划分为特、A、B、C 四类进行分级管理，实现差别化经营。同时，牢牢把握量价的平衡点，灵活运用价格机制，处理好不同价格策略期的客户工作以及差别价与推价、挂牌价的关系，从而确保了市场占有和效益目标的同步实现。福州石油分公司在营销模式的改革中，根据终端市场业务拓展的实际需要，专门设立了客户服务中心，全年新开发客户 212 个，配送量达 1.45 万吨，完成年度目标任务的 120.8%。

（黄　平）

【提升零售管理水平，优化批零结构】 2003 年福建石油分公司牢牢把握“零售量不能降，终端大户不能丢”的经营原则，通过以规范化服务、站容站貌、经营和财务管理、安全与设备管理、数质量管理、水上网点的建设与规范、零售管理体制机制等为主要内容的加油站全面整顿工作，使系统内加油站的站容站貌大为改观，规范化服务水平明显提高，在销售公司组织的综合考评中获得第一名。同时，扩大小站改革的范围，对福州、厦门、漳州、泉州、莆田等 5 个地(市)的年加油量低于 700 吨的加油站，宁德、三明、南平、龙岩等 4 个地(市)的年加油量低于 500 吨的加油站进行改革，在 2 个权利(用人权、分配权)和 3 个不变(规范管理不变、二级配送不变、油品价格不变)的前提下，通过管理责任制和家庭责任制的模式进一步扩大经营自主权，在营的 145 座小型加油站人员从原来的536人减少到373人，单站月平均销量从41.28吨增加到48.12吨，吨油可控费用从原来82.95元/吨降到59.12元/吨。全年零售与终端配送量占成品油经营总量的80.86%，成品油销售的批零、品种结构持续改善，全年成品油零售量占销售总量的比例，由上年的58.43%提高到62.38%，高标号汽油销售占汽油销售总量的比重，由上年的48%提高到49.32%。

（黄　平）

【优化投资方向和结构】 福建石油分公司坚持有效发展的方针，加大网建工作特别是高速公路、中心城市、新工业区和新开发区的网点拓展力度，2003年新增加油站69座，除高速公路14座外，新建加油站22座，收购、联营、租赁加油站33座。通过联营新建、全资新建、租赁等多种形式将福建省境内所有高速公路加油站的经营管理权全部纳入中国石化经营管理范畴，并取得福建境内未来高速公路所有加油站的联营开发经营权。福建石油分公司于11月成立零售管理二处，专门负责高速公路加油站与服务区的经营管理工作。

（黄　平）

【加快IC卡工程建设】 福建石油分公司2003年7月全面启动加油IC卡卡机联动加油站与发卡网点的建设，截至2003年12月底，共投入运行IC卡加油站242座，设立发卡网点89个，发行用户卡31 740张，发卡量为中国石化系统各省(市)第一，对稳定和扩大零售量起到了重要的作用。

（黄　平）

【加强资金、资产监控，实施全面预算管理】 2003年在继续完善“收支两条线”基础上，福建石油分公司建立了资金日报表制度，监督资金收支余情况，实行内部资金有偿占用，考核资金占用成本，并纳入季度、年度考核，大大提高了资金周转速度；同时，进一步加大了银行账户清理工作力度，共取消资金账户9个；通过合理安排贷款方式及压缩贷款规模，极大地提高了资金使用效益，财务费用比上年下降1 277万元。通过清仓查库，处置多年积压物资，对不良资产和债权的核销，优化了资产的库存和企业资产结构。

（黄　平）

【加强安全管理，努力提高数质量管理水平】 福建石油分公司坚决贯彻《安全生产法》，在层层落实安全生产责任制的基础上，提出并实施市县一体化改革后的安全管理工作意见，加强日常的安全监督管理和安全检查力度，加大隐患治理，实行隐患治理责任制，全年共投入治理资金1 329.05万元，完成隐患治理项目330项，确保了改革后的安全生产。同时，完成了全省油库、加油站的危害识别与风险评价，编写出福建石油分公司风险评估报告，为HSE管理体系的建立和实施，打下坚实基础。2003年被评为福建省安全生产先进单位。着力健全数质量管理体系，进一步规范了油品进、销、存管理和损溢处理，采取重量交接、升数管理模式，加强对加油站零售环节的数量管理，认真落实油品配送专车专用制度和加油站的数量管理，强化了运输环节中的数量交接管理，数质量管理水平得到明显提高。

（黄　平）

【非上市公司取得良好业绩】 福建石油公司通过清理历史遗留债务，消化不良资产、呆坏账，使非上市部分资产发生了质的变化，资产创效能力不断提高；妥善解决全省石油系统历史遗留的集体员工的问题，清退集体企业集体工685人；润滑油、化工产品的经营通过多层次拓展销售网络、发展直供用户、树立品牌形象、改善品种结构、提高营销队伍素质等措施，销量和效益都有明显提高，实现销售润滑油化工产品13.7万吨，其中润滑油销售7.04万吨、化工产品销售6.64万吨，完成利润3 050万元；运输车队通过健全内部规章制度、完善单车营运考核指标体系、强化集中统一管理等措施，运量、效益和安全管理都有新的进展，全省138部车辆2003年实现成品油配送运输136.5万吨，同比增长43.79%；设备检维修服务也通过规范服务流程、向社会拓展服务范围以及提高服务质量等措施，使经营收入和利润水平都有很大提高。

（黄　平）

【加大纪检监察和效能监察的力度】 福建石油分公司2003年共受理群众来信来访和电话举报44件，并按分级管理原则进行了核查。通过健全制度，使效能监察工作更加规范化和制度化，全年共提出建议77条，建章立制23项130条，为企业节约资金420.8万元。在7月中旬，石化集团公司销售企业效能监察工作现场会在福建省召开，对福建石油分公司的效能监察工作给予了肯定。

（黄　平）

中国石油化工股份有限公司江西石油分公司

【概述】 中国石油化工股份有限公司江西石油分公司

原名为江西省石油总公司，始建于1950年10月，是江西省专营成品油的国有大型企业，担负着全省成品油计划编制、资源配置、市场供应和管理的任务。主要经营石油、石油化工、化纤及其他油库、加油站专用设备与材料的销售、储运。1998年7月江西省石油总公司成建制划转石化集团公司，2000年2月，在石化集团公司的统一部署下，江西省石油总公司进行重组改制，主要业务、资产、人员等划归石化股份公司，设立中国石油化工股份有限公司江西石油分公司(以下简称江西石油分公司)。辅业资产及人员组建中国石油化工集团江西石油总公司，主要进行成品油的运输及为江西石油分公司的经营活动提供服务。

江西石油分公司本部设有9个职能管理处室，下辖12个分公司和83个支公司。截至2003年底，江西石油分公司共有正式职工3 650人，其中各类专业技术人员254人，专业技术人员中具有高级技术职称的15人，中级技术职称的238人；资产总额23.96亿元，固定资产原值15.89亿元；拥有加油站941座，油库32座，总库容量48万米^3；铁路通槽点22个，铁路专线22条，总长15.67万米；通航点14个，水路接卸码头13座，总吨位1.17万吨，油罐汽车257辆。

2003年，在石化集团公司及江西省委、省政府的正确领导下，江西石油分公司经营业绩和企业效益大幅增长。全年购进成品油213.65万吨，同比增长4.39%；销售成品油211.99万吨，同比增长3.88%；加油站零售量131.82万吨，同比增长18.37%；实现利润4.08亿元，同比增长107%，实现利税5.87亿元，创江西石油发展史上最好成绩。

（舒　娜）

【继续深化企业改革】 2003年，江西石油分公司紧紧围绕经济效益这一中心，从深化企业体制、机制改革入手，全面推进企业各项管理。一是加大区域重组的力度，使经营机构更趋精简、合理。樟树石化公司、樟树支公司与新余分公司合并，组建跨区域的公司；九江办事处成建制划归九江分公司。各分公司按照市县一体化改革指导意见，推进了市县一体化改革，取得了初步成效。二是精简机关，完善全员竞聘机制。江西石油分公司大力压缩机关处室，由14个处室合并为9个。公司机关中层正职竞聘上岗，中层副职面向全系统选聘，并首次引入末位淘汰制；机关职工全员竞争上岗，大大改善了公司机关人员的知识、年龄和专业结构。各分公司通过定编定岗定员大力推行竞聘上岗。大部分分公司的中层干部和774座加油站站长(经理)实行了竞聘、竞争上岗。三是深化分配制度改革。将分公司领导班子成员纳入省公司绩效考核范围，“按效益论赏”，拉开了分配差距，调动了积极性，提高了业绩，增加了收入。四是进行了小站改革。178座单站销量500吨以下、地处偏远的加油站(点)实行了不同形式的改革。五是部分非上市企业实行了改制分流。上饶、鹰潭、抚州分公司将适合个体经营的“三类”资产进行置换，改制分流。关停了县级公司和部分分公司规模小、效益差的实体。

（舒　娜）

【规范财务和资金管理】 从2003年1月起，江西石油分公司对下属分公司实行了增值税统一缴纳，这一措施走在中国石化销售企业的前列，为企业内部改革打下了基础。进一步完善了收支两条线，实行了收、支分户的严格管理，取消了支公司独立核算，实行了报账制，保障了资金的安全。加大了审计与效能监察力度，全年共完成审计项目240个，审减金额280多万元，效能监察立项14项，为企业效益的增长起到了保驾护航的作用。

（舒　娜）

【以安全为重点，认真落实安全生产责任制】 2003年，江西石油分公司多次派工作组检查油库、加油站，检查了加油站671座。投入了3 700多万元进行油库隐患治理，加大了隐患治理。完善了安全绩效考核制度和考核办法，加强了安全知识培训，提高了领导的HSE意识。

（舒　娜）

【完善油品数质量管理体系，严把数质量关】 2003年，江西石油分公司重新制定了加油站管理台账，完善了加油站质量、货款回笼、票证管理体系，加强了加油站损溢管理。统一了油库管理台账，做好零库存管理数量方面的准备工作。确保了所售油品数量充足、质量合格，维护了中国石化的品牌形象。

（舒　娜）

【销售网络布局日臻完善】 2003年，江西石油分公司新建加油站47座，收购58座，改造14座，净增加油站91座。截至2003年底，拥有加油站941座，其中在营业加油站873座。高速公路加油站建设、经营取得了重大进展，与有关部门签订了昌泰、京福、昌金、赣粤高速公路服务区20个加油站的合作协议，已经有12座加油站投入了使用，为江西石油分公司零售量的增长打下了良好的基础。

（舒　娜）

【减员分流成效突出】 2003年江西石油分公司减员分流3 792人，其中正式职工减员2 361人。(协议解除劳动合同的769人，改革用工方式的1 552人，非整体改制的25人，内退托管的15人)，大集体职工1 432人。正式职工与上年相比下降39.85%，较好完成了上级下达的减员分流任务实现了多元化用工形式，为深化企业体制、机制改革创造了条件。

(舒 娜)

中国石油化工股份有限公司山东石油分公司

【概述】 中国石油化工股份有限公司山东石油分公司(以下简称山东石油分公司)位于济南市历山路，其前身山东省石油公司成立于1953年，1992年被山东省政府批准为大型(一)企业，1998年6月划转石化集团公司。山东石油分公司下属17个市公司，截至2003年底，共有职工6 833人；固定资产原值60.8亿元；油库39座，库容总量91.2万米^3；加油站2 429座；铁路专用线8.36千米；油码头12座；油罐运输车597辆。

山东石油分公司主营石油、石油制品、天然气、化纤及其他化工产品销售、储运；石油、天然气管道运输。兼营油品计量、咨询、信息服务等。

(陶永旭)

【量利双增，销售量和实现利润均创造历史最好水平】 2003年，山东石油分公司系统共销售成品油569.3万吨(其中汽油194.8万吨，柴油371.3万吨，煤油3.3万吨)，比上年增加53.2万吨。实现利润6.2亿元，比上年增加4.7亿元。

(陶永旭)

【上市公司一体化经营机制和管理体制得到完善】 2003年，山东石油分公司上收了市分公司的部分管理职能，统一了库存管理、资源配置、营销策略和计划制定等，市分公司转型为执行层，强化了经营职能，统一组织区域内的零售和配送。县级经营单位作为零售操作现场，实行报账制。省、市、县三级管理和经营职能分工更加明确，实现了全省的一体化运营。

(陶永旭)

【创新分配机制】 2003年，山东石油分公司大力开展分配制度改革，引入劳动力市场价位，调整各类岗位人员之间的分配关系，对一线营销人员，实行联利、联费、联量与工资挂钩，对各级经营管理人员，实行了岗位基薪工资制。

(陶永旭)

【稳步推进减员分流工作，减员6 339人】 2003年，山东石油分公司继续坚持精兵简政政策，坚持正式工减员分流和清退临时用工并举，通过改制分流、转换用工形式、协议解除劳动合同等方式，减员6 339人。

(陶永旭)

【小站改革取得阶段性成果】 2003年，山东石油分公司采取承包租赁、改制分流等方式，对年销量500吨以下的小站进行了改革，关停了57座扭亏无望、不能承包租赁或改制分流的站，堵塞了效益流失的漏洞。

(陶永旭)

【县级非上市公司全部撤销】 2003年，山东石油分公司积极推动非上市公司持续重组，实施改制分流，大力开展减人、减机构、减资产、减债、减经营业务“五减”工作，撤销了县级非上市公司。16个市非上市公司和6家经营实体由省非上市公司垂直管理。认真清理非上市公司银行账户和历史遗留问题，大力开展资产清查工作，共处置闲置资产账面原值3 473万元，净值3 042万元，净收入2 255万元，为非上市公司退出国有企业经营领域打下了基础。

(陶永旭)

【初步建立了全省一体化连锁经营体系】 2003年，山东石油分公司致力于建立全省一体化的成品油连锁经营体系。一是制定二次物流优化方案，发挥库站联网的组织功能。对在用的39座油库(91.2万米^3)优化布局，以市上市公司油库为中心库，部分铁路、水路或管输能够直达的油库为配送库，按照运输半径50—100千米的标准，对加油站和用户的就近配送，油库年周转率达到8次以上。二是合理控制库存，加强了库存的集中统一管理。对油库实行了单库费用预算管理，将所有权库存由2002年底的36.5万吨，压缩到20万吨以内，全年减少资金占用3.2亿元。三是以高速公路、中心城市和城市中心为重点，进一步完善了营销网络布局。全年新建加油站77座、收购35座，租赁12座，改造了156座有区位优势的加油站。把增设农村和水上网点作为开拓市场的重要载体，新增农村网点160个，水上网点3个。四是特许加盟站发展有新的进展。2003 年新增特许加盟站 100 座，特许加盟站总数达到 600 座。五是山东石油分公司被山东省政府确定为重点扶持的大型连锁经营企业，实现了市上市公司统一纳税，为建立全省一体化连锁经营体系奠定了好的基础。

（陶永旭）

【强化经营工作，全力扩大零售和直销配送】 2003 年，山东石油分公司建立了经营质量分析会议制度，每月初组织对上月的经营情况进行分析，研究制定经营策略，对指导做好经营工作发挥了积极作用；充分发挥中国石化的品牌效应，营造品牌优势，同时，通过提高吨油现金费用挂钩标准，增加促销费，有力地调动了员工开展零售的积极性，全年零售量达到 358.5 万吨，比上年增加 58.6 万吨；建立了客户经理制，组建了配送营销网络，以加油站为依托，发挥其辐射功能，直销量稳定增长，全年直销 141.4 万吨，比上年增加 5.9 万吨；优化成品油资源配置，坚持使资源向效益好的区域和零售、配送销售方式流动，把批发作为销售的补充手段，提高了资源效益；把推价稳价作为一项长期性工作，与中国石油、社会零售商联手，坚持价格日跟踪制度，同时，区别不同销售地域和对象，根据竞争情况和市场变化趋势，实行差别化定价策略，有效促进了推价稳价、扩大销售；大力开展高标号促销活动，进一步健全了高标号营销网点。2003 年累计销售高标号汽油 50.4 万吨，比上年增加 21.9 万吨。

（陶永旭）

【润滑油、燃料油销售成为企业新的增效点】 2003 年，山东石油分公司加强对润滑油和燃料油的统一资源管理和市场运作，组建了燃料油经营管理部门，实施统购分销，有力地促进了润滑油和燃料油销售。全年共销售润滑油 17.8 万吨，销售燃料油 19.2 万吨。

（陶永旭）

【强化监管内控，提高了企业管理水平】 2003 年，山东石油分公司大力加强内控管理，一是强化资金管理，加强了对资金使用情况的调查分析和加油站建设等专项资金使用的监控，降低货币资金存量，减少了资金闲置。加大了清欠力度。严禁擅自赊销，把 2 年、3 年以上的应收账款作为重点，清收各类欠款 5.2 亿元。二是全面实行费用预算管理，各项费用均控制在限额之内。2003 年，业务招待费、会议费等可控费用比上年减少 215 万元，平均吨油费用 167 元，比预算降低 9 元/吨。三是积极推动达标创星活动，系统加油站管理工作有了大的改善和提高。强化了加油站模拟核算工作，对模拟核算程序和内容进行了升级，保证了核算工作的真实性、可靠性，提高了经营质量。全年创 5 星站 3 个，4 星站 12 个，3 星站 49 个。四是实行物资统一采购，全年节省采购成本 500 多万元。五是加强员工培训，完善考核机制，提高了队伍素质。全年举办各类专业培训 200 余期，培训员工近9 000人次。引入社会劳动力市场价格机制，对加油站经理以上管理人员，建立业绩考核档案，依据考核结果确定其岗位去留。六是企业信息化建设进一步加强。积极实施 ERP，制定了山东石油分公司信息建设规划，加强了对办公综合系统和人力资源数据库的开发应用，加快了推广应用微机控制收发油系统、IC 卡加油系统和全省局域网建设步伐，二次物流优化试点运行情况良好。七是进一步加强效能监察，依法治企，从严治内。重点加强了对固定资产投资、物资采购等方面工作的审计、监察。全年查处违法案件 6 起，涉案人员 6 人。通过效能监察工作，2003 年，山东石油分公司避免经济损失5 363.6万元，挽回经济损失 208.5 万元，增加经济效益2 476.3万元。

（陶永旭）

【连续 4 年安全经营无事故】 山东石油分公司始终把预防工作放在首位，认真落实安全责任制，切实抓好安全隐患治理，大力加强安全监管，进一步树立“安全、环保和健康”的理念，广泛发动职工全方位开展危害识别、风险评价活动，进一步提高了职工的安全意识和防范风险的能力，建立 HSE 管理体系，确保了企业安全经营。2003 年，连续 4 年实现安全经营无事故。

（陶永旭）

中国石油化工股份有限公司
河南石油分公司

【概述】 中国石油化工股份有限公司河南石油分公司（以下简称河南石油分公司）地处河南省郑州市，前身为河南省石油总公司，成立于 1949 年 12 月，时隶属商业系统。1998 年划转石化集团公司，河南省 108 个县级石油公司同时上收河南石油总公司管理。2000 年重组上市，上市部分名称为河南石油分公司，非上市部分名称为中国石化集团河南石油总公司（以下简称河南石油公司）。

截至 2003 年底，河南石油分公司下辖 18 个市级分公司；拥有油库 46 座，总容量 110 万米^3，铁路专用线 41 条，加油站1 800座，农村网点2 272座，资产总额 39.97 亿元；职工总数4 851人，其中高级职称 9 人，中级职称 413 人，是河南省资产规模最大、经营设施最全、服务人员最多的成品油储运、销售企业。2003 年完成油品销售 313 万吨，其中零售 188.8 万吨，实现利润 2.96 亿元。

河南石油公司职工总数2 643人，其中高级职称 1 人，中级职称 149 人；油罐车 399 辆；资产总额 6.5 亿元，所有者权益 - 5.4 亿元，固定资产原值 5.4 亿元，固定资产净值 3.9 亿元。

（张红星）

【加大固定资产投资力度，增强赢利能力】 2003 年，河南石油分公司按照投资工作“中心城市、新城区、高速公路”3 个重点和向郑州、洛阳两市倾斜的原则及抓重点、填空白、抢速度的总要求，积极采取有效措施，继续狠抓销售网络建设，全年完成固定资产投资 5.02 亿元，新增、改造加油站 220 座，建设农村网点母站 47 座、子站1 097座，加油站数量已达1 800 座，农村网点2 272座，企业的赢利能力得到进一步增强。同时，重点区域加油站特别是高速公路加油站建设取得了一定成绩，京珠、连霍高速公路服务区 12 座加油站启动经营，实现了高速公路加油站零的突破，网络布局得到进一步优化。

（张红星）

【实施零库存管理，提高资源利用效率】 为提高资源利用效率，实现低库存运作，自 2003 年 4 月 1 日起，河南石油分公司对市（县）分公司及其下属加油站推行了以先销后结为主要特征的财务意义上的零库存管理，5 月底又完成了库存所有权由市分公司向河南石油分公司的转移，11 月份进一步推行了加油站和农村网点库存量考核，深化了零库存管理。推行零库存管理后，一方面优化了资源配置，提高了资源利用效率，为低库存运作创造了条件；另一方面又加快了资金周转，每月可节省财务费用近 90 万元；同时还实现了全系统进项税一次性抵扣，减少纳税资金占用 5 000多万元。

（张红星）

【加大营销宣传力度，初步建立起统一营销机制】 为改变过去营销各自为战，影响面小的局面，河南石油分公司细分市场，强化营销调控，组织开展了国道统一营销和高标号汽油促销，2003 年 6 月 10 日和 8 月 9 日，先后启动了 107、311 国道 35 座中心站统一营销。开展营销后，中心站月均销量同比增长2 000吨，增幅超过 10%；从 2003 年 6 月 8 日起，在河南省各市（区）的 500 座加油站同时开展了高标号汽油营销活动，全年高标号汽油销售同比增加 7 万吨，增幅 50%。

（张红星）

【资金管理效果显著】 2003 年，河南石油分公司强化资金管理，从 4 月份开始，实行了货币资金限额、应收款限额、资金上划率与市分公司领导班子奖金硬挂钩的考核办法，取得了显著成果。2003 年末货币资金余额4 906万元，比年初下降了 1.2 亿万元，降幅 71%；2003 年全年平均货币资金余额 1.3 亿元，比上年平均余额减少 1.6 亿元，降幅 55%；全年累计资金上划率 100%，较上年提高 4 个百分点；全年使用票据结算规模 8 亿元，同比增加了 5 亿元；清回以前年度欠款 1. 1 亿元；全年节约财务费用1 400万元。

（张红星）

【优秀职工先进事迹巡回演讲】 为了推介一线员工的先进经验和用优秀职工的先进事迹激发广大加油站员工的工作热情，推动“我为零售增量创效作贡献”活动的开展，河南石油公司党委组织了优秀职工先进事迹巡回报告活动，选取中国石化销售公司和河南石油分公司表彰的 10 名优秀加油站长和加油员组成报告团，从 2003 年 6 月开始，历时一个月，在 19 个市级分公司举行报告 33 场，5 000余名干部职工聆听了先进事迹报告会，在职工中产生了强烈反响。

（张红星）

【车用乙醇汽油试点工作有条不紊】 在南阳、郑州和洛阳三市政府的支持下，河南石油分公司及所属的南阳、郑州和洛阳三个分公司紧密配合，于 2003 年 3 月、6 月先后实现了车用乙醇汽油在南阳、郑州和洛阳三市市区的封闭运行。2003 年全年共销售车用乙醇汽油 15 万吨，圆满完成了当年车用乙醇汽油试点任务，为 2004 年河南省全境的封闭运行积累了经验。

（张红星）

【安全生产连续三年获石化集团公司先进单位】 2003 年，河南石油分公司认真贯彻落实各级安全生产责任制，对安全生产全员动手的“一岗一责”制进行了修订和完善并加强了安全生产责任制的量化考核，强化领导干部特别是一把手的安全生产责任，执行安全“一票否决”制，进一步明确和加大了安全指标在经济责任制考核中的权重，对安全生产情况、事故发生情况和隐患治理项目完成情况进行综合考核并与经济责任制考核挂钩。河南石油分公司与所属市分公司，市分公司与油库、加油站和县分公司，油库与班组层层签订安全经营目标责任书，建立安全生产的重奖重罚机制，使考核与个人经济收益直接挂钩；同时认真开展油库、加油站安全大检查，于2003年4月、6月和11月先后组织了3次安全大检查，通过查看台账资料、传递手续和作业许可证，检查作业现场，进行安全知识考试和消防演练等方式，对油库、加油站和农村网点全面进行了深入细致的检查，发现、整改隐患和问题1 317处，切实起到了检查隐患、监督整改和保障安全生产的作用，避免了事故的发生，继2001年、2002年之后连续第三年获石化集团公司安全生产先进单位。

（张红星）

【领导班子调整】 2003年3月，石化集团公司对河南石油分公司领导班子进行调整，原书记孙久勤改任经理，原经理陈天源改任书记，原副经理马振全、万德泉和副书记兼纪委书记程有才3位留任，调任田中山、提任焦德才为河南石油分公司副经理，原副经理谷奇峰、尤振方改任调研员。

（张红星）

中国石油化工股份有限公司湖北石油分公司

【概况】 中国石油化工股份有限公司湖北石油分公司(以下简称湖北石油分公司)是湖北省成品油市场的主渠道企业。前身是成立于1953年的湖北省石油总公司，1998年7月整体划属中国石化集团公司管理，2000年4月，按照中国石化整体重组的要求实行“两分”，分别组建中国石油化工股份有限公司湖北石油分公司(上市公司)和中国石化集团湖北石油总公司(存续公司)。

湖北石油分公司下辖12家市(州)公司、72家县(区、市)公司(经营部)，受石化股份公司委托，对武汉石油(集团)股份有限公司(深交所上市公司)行使控股股东权力。截至2003年底，资产总额54.9亿元，油库117座，总容量143.17万米^3，其中运营油库43座，总容量64.93万米^3，加油站1 522座，成品油输油管道93千米，铁路栈桥3.65千米，货位485个，专用码头29个。在湖北全省拥有一个布局合理、设施完善、功能齐全、技术雄厚、信誉卓著、批零网点遍布城乡的储运销网络。

2003年，湖北石油分公司以“管理年”为主题，把工作重心放在强化管理上，把工作措施定位在争取主动上，不断转变思想观念促进工作落实，不断顺应企业改革增强整体合力，不断创新经营管理提高运行质量，当期经营效益显著提高。成品油销售同比增加7%，加油站销售增加20%，直销配送增加23%，利润增加2.9倍，均创历史同期最好水平。

（许志勇）

【经营质量和效益明显提高】 2003年，湖北石油分公司不断深化对成品油市场经营规律的认识，推进理性经营。根据不同时期市场变化情况，在效益细分的基础上，有针对性地实施不同的经营策略，在经营油品的同时，努力经营市场、经营资源、经营环境，通过量价互动实现效益最大化。加强资源管理，在实施库存统一管理、坚持低库存运行的同时，采取收购、串换、监控等手段，开展竞争对手之间的竞争与合作，充分发挥有限资源的最大效益，在销量增长7%的同时，销售收入同比增长了28%。转变营销观念，引入市场机制，大力推广高标号汽油营销，收到了明显成效，截至2003年12月底，全省零售高标号汽油比重超过了60%，比年初提高了近40个百分点，走在了中国石化销售企业的前列。利用业务信息网络实施销售与价格管理，有效地解决统一与搞活的矛盾。加强武汉市场的协调与统一，使武汉市场经营创效的龙头作用得到发挥，武汉石油和直属销售公司两家合计利润同比增长136%，同时也带动了整体效益的提高。零售和直销配送的比重达到90%，同比增加了7个百分点，销售利润率同比增加了3个百分点，吨油费用同比减少了18元。

（许志勇）

【充分发挥成品油市场的主渠道作用】 在湖北汛期来临的时候，湖北石油分公司以“保防汛”为己任，专门成立以经理为组长的防汛抗洪领导小组，积极做好以油品供应为重点的各项准备工作。2003年下半年，面对国内成品油资源紧张的局面，湖北石油坚持以大局为重，把“保市场”作为工作的重中之重，精心组织，周密安排，有效地维护了湖北的市场稳定。2004年春运期间，在油品资源极度紧张的情况下，湖北石油分公司积极为政府分忧，为百姓解愁，义不容辞地履行主渠道责任，千方百计组织资源，缓解油品紧张局面，保证了春运正常进行。与此同时，成立了质量计量中心，加强数质量管理，确保油品质量合格、计量准确，24小时开通800免费电话，接受消费者的咨询和投诉，维护消费者合法权益，全省系统100座加油站被湖北省技术监督局授予计量信得过加油站。坚持守法经营，依法纳税，全年上缴各类税收3.8亿元，同比增加了36%，为湖北省的经济建设和社会发展作出了积极贡献，受到省委省政府和社会各界的高度赞誉。

（许志勇）

【加油站建设和经营再上新台阶】 2003年湖北石油分公司累计完成投资近2亿元，重点用于高速公路、公路主干道、中心城区加油站的建设和市场前景好、增量潜力大的加油站收购与改造。全年新增加油站29座，使得加油站总数达到1 522座。成立了高速公路加油站管理公司并掌握控股权，取得了高速公路加油站建设和经营的主动权，高速公路加油站占有率超过90%。通过大规模改造水上加油站，增加农村网点建设的投入，购置小型配送车，大力拓展水上、农村和直销市场。在抓好加油站建设的同时，注重抓好加油站的经营管理。进一步改革加油站经营管理体制，大中型站和部分水上加油站站长全部实行竞聘上岗，小型加油站全部实施契约化经营管理改革。同时强化加油站基础管理，狠抓《加油站管理规范》和达标创星细则的落实，认真开展加油站专项整顿，不断提升加油站的经营管理，在中国石化销售系统加油站大检查中受到了通报表扬。

（许志勇）

【科学化管理水平不断提升】 2003年湖北石油分公司强化目标管理，严格指标考核，用同一把尺子奖优罚劣，在同一个起跑线上比学赶超。按月排序通报各市州公司主要经营指标完成情况，按季考核奖惩，“激励快牛，鞭策慢牛，重打懒牛”。深化全面预算管理，重新修订预算管理办法，细化经济指标，落实管理责任，每月根据完成情况进行通报，及时纠正经营管理工作中的偏差，促进了全年销量、效益、吨油费用等几项主要计划指标的完成。突出财务管理，把资金管理作为财务管理的“牛鼻子”，对资金回笼率低于95%的实行“一票否决”，确保资金安全高效运行，全年货款回笼率达到近99%。分类甄别应收款项，进一步提高清欠工作效率，对可能收回的欠款，近80%都已经收回或进入法律程序清收阶段。严格执行“一切可控费用必须可控”的要求，吨油公务费用同比下降了12元。努力解决费用结构性矛盾，不断强化安全管理，落实安全生产责任制，确保正常经营和稳定。加大审计监察力度，堵塞效益的明沟暗渠，保障企业健康发展。

（许志勇）

【荆荆成品油管道建成运营】 由中国石化投资近1亿元、湖北石油分公司承建的从荆门炼厂直达荆州柳林洲油库的荆荆成品油管道于2003年7月27日全线贯通运营。这是湖北省贯通运营的第一条成品油输油管道。该管道全长93千米，沿途穿越2个地市6个区县11个乡镇，年输油能力150万吨。荆荆成品油管道贯通运营，打通了荆门炼厂成品油下江通道，改变了湖北的成品油调运格局，更好地满足了湖北腹地以及湖南省比邻地区的成品油需求。对湖北省成品油的发展具有重要作用。

（许志勇）

【内部改革继续向前推进】 通过改革用工方式、改制分流、终止劳动合同、转变经营方式等多种形式，继续推进减员分流，2003年湖北石油分公司用工总量在2002年基础上又减少2 900多人，其中正式工减少了1 600多人；按照“只有高效益才有高分配、只有高效率才有高收入”的指导原则，稳步推进内部分配制度改革，各岗位职工收入与市场劳动力价位基本实现了接轨；非上市企业继续把做“减法”摆在突出位置，在减人、减债、减机构、减资产、减经营活动上有了新的进展。汉通运输公司、咸宁运输公司等5个项目改制分流已进入整体实施阶段。改革过程中建立稳定工作责任制，妥善处理各种矛盾和不稳定因素。

（许志勇）

【企业凝聚力进一步增强】 以湖北石油成立50周年为契机，搞好企业文化建设。2003年在全省系统组织“我为零售建功立业”巡回演讲，历时16天，行程近3 000千米，在湖北石油分公司机关及14个市州公司举行了15场报告会，近200名干部职工聆听了报告。广泛开展“十佳县公司经理”、“十佳直销配送能手”、“十佳加油站长”、“十佳加油员”评选活动，多形式、多层次激励员工为企业建功立业。同时，通过改革用工、分配制度，建立和完善企业“拴心留人”的机制，培养职工对企业的认同感，尊重职工对事业的成就感，形成领导“把人当人”、员工“把事当事”的良好局面。坚持不懈地开展党风廉政教育和职工培训，全年组织各类教育培训3 313人次，干部职工队伍素质不断提高。

（许志勇）

中国石油化工股份有限公司湖南石油分公司

【概述】 中国石油化工股份有限公司湖南石油分公司（以下简称湖南石油分公司）位于湖南省长沙市湘春路

113 号。前身为成立于 1950 年 7 月的中国石油公司长沙分公司。截至 2003 年底，下辖 15 个分公司(包括 14 个市、州分公司和销售分公司)，67 个支公司。共有员工 10 899 人，其中正式工 4 689 人，劳务工 6 210 人。高级职称 10 人，中级职称 352 人。固定资产原值 23.93 亿元，净值 19.09 亿元。在营油库 59 座，总库容 85.6 万米^3，铁路通槽点 38 个，铁路专用线 38 条，总长 24.3 千米，内河通航点 22 个。在营加油站 1 380座。

2003 年，湖南石油分公司共销售各类油品 342 万吨，同比增长 14.3%，其中零售 198 万吨，同比增长 15.5%；直销 101 万吨，同比增长 39.5%。实现利润 6.5 亿元，同比增长 44%。

（徐业芳）

【狠抓资源调运，确保市场供应】 2003 年上半年全国爆发"非典"后，经营一度受到影响，湖南石油分公司在资源购进上采取稳健原则提报要货，全面把握销售节奏，使全系统库存由年初的 11.7 万吨上升到 16.4 万吨，接近合理库存水平。下半年由于国民经济的快速增长，以及全国性缺电导致柴油需求的猛增。与此同时，由于全国资源不足，加上湖南持续干旱造成河干水浅，铁路运输紧张，导致资源调运困难，供需矛盾相当突出。在此情况下，一是调集 100 余艘运油船共计 5 万吨运力，采取减载装运、小船过驳接卸等方式加强水运；二是积极向总部、政府、铁路部门汇报，争取合理资源配置，将成品油列入重点物资予以铁路运输保证；三是在铁路、水运都受阻的情况下，组织长沙、株洲、湘潭、岳阳等公司 80 多台油罐车从长岭分公司公路出库；四是对全系统库存实施合理调度、摆布，进行跨区调剂，保证各市、州不脱销不断档；五是联络新闻媒体加强正面宣传，保持市场稳定，同时采取适度限量措施，保证重点单位供应。由于措施得力，全年共计完成轻油进货 335 万吨，配置计划兑现率达到 100%，其中自采资源 18 万吨，有效弥补了资源缺口，保证了市场供应。

（徐业芳）

【细分市场，拓展零售、配送业务】 2003 年，进一步落实了站长(经理)负责制，极大地调动了站长积极性；7—10 月，认真开展了以"提高服务、强化管理、打造品牌、促进销量"为主要内容的加油站整顿工作，投入专项资金 468 万元，使加油站站容站貌、基础管理、安全工作、服务水平和经营能力大大改善和提高；在认真开展的"青年文明号""青年岗位能手"创建活动中，全系统共有 11 个青年集体、10 名优秀个人被授予"湖南省青年文明号""湖南省青年岗位能手"称号。通过这些措施，有力推动了加油站整体服务和创效水平的提高，使月均零售量达到 16 万吨，最高月销量达到了 18.68 万吨。另外，将1 300多座在营加油站细分为高速、城区、省国道、农村、水上 5 种类型，分别制定营销策略，扩销增量，效果明显。通过重点对京珠高速湖南段实施整体经营战略，初步形成了形象统一化、促销规范化、价格一体化、服务标准化、富有竞争力及创新能力的经营整体，全年实现零售总量 25.8 万吨。农村小站经营上，进一步推行了"两权分离"的改革，先后推广了娄底、蓝山公司的成功经验。配送方面，进一步规范了配送档案管理，实施了客户经理制度，同时加大了考核和激励力度，调动了配送人员积极性。客户经理达到 80 多个，年销量2 000吨以上的直销大户 45 个。各加油站也积极改进配送措施，完善奖罚办法，不断拓展小额配送业务。全年加油站配送量达到 6.5 万吨，占全年零售增量的 29%。全省零售配送占经营总量比例已达 88%，经营质量明显增强，经济效益大幅提高。

（徐业芳）

【高标号、燃料油销量大幅增长】 2003 年销售高标号汽油 55 万吨，同比增长 36.8%。高标号零售量占零售总量比例达到 56%。销售燃料油 11.2 万吨，实现了从无到有，从少到多的飞跃。

（徐业芳）

【销售网络进一步完善，市场控制力进一步增强】 2003 年完成固定资产投资 6.2 亿元，动工新建加油站 172 座，其中竣工 70 座，是历年来竣工数量最多的一年。收购加油站 80 座，增加农村网点 40 座。发展特许加油站 137 座，使特许加油站达到了 362 座。一是长沙城区加油站建设有了新突破。长沙核心城区竣工投产 7 座大型加油站，在建 5 座，征地 9 座。长沙霞凝油库建设项目还列入长沙市重点工程。二是农村网点建设摸索出了新路子。郴州分公司利用旧钢管、旧油罐、旧加油机，低价租赁地皮，自己动手兴建农村网点，建成投产 13 个，平均投资 7 万元，日均销量 1.5 吨，单站最高日加油量达到了 4 吨。投入少、产出高、效果好。

（徐业芳）

【新运公司挂牌成立】 2003 年 11 月 26 日，湖南石油分公司与长沙铁路总公司联营组建的新运石油有限公司正式挂牌成立。两家公司的强强联合实现了优势互补，对于增进湖南石油分公司的市场控制力必将起到积极的作用。

(徐业芳)

【财务管理不断加强，管理效益不断显现】 2003年完成了县公司核算上移、市县公司财务核算一体化工作，加快了会计信息归集速度，核算质量进一步提高。争取到了税务部门支持，实现了省、市、县公司集中核算，合并纳税。各级财务部门的监督职能逐步得到显现，月、季、年度都做到了有分析报告。会计报表编制质量进一步提高，成为销售系统惟一一个连续三年获得会计报表先进单位的省公司。在月均资金进出额高达39亿元，月结算资金同比增加19亿元的情况下，做到每天及时上划、付出资金，存款利息同比减少11万元，资金周转速度明显加快，财务费用同比减少1 270万元。共清理出非并表单位83家，注销、撤并、脱钩42家。

(徐业芳)

【投资和资产管理进一步强化】 投资管理方面，严格遵循固定资产投资管理制度，强化计划观念，狠抓决策优化，投资行为和投资程序进一步规范，基本杜绝了无计划投资行为。强化了工程管理，严格工程监管，2003年全年审核工程300多项，核减不合理投资资金4 000多万元。同时，严把工程结算审计和资金使用关，增强投资回报意识，全年共审计265个项目，核减投资519万元。资产管理方面，下发了资产管理办法，明确了责任管理部门，分别建立了油库、加油站、土地台账，做到动态管理，及时掌握变化情况。全年清理出关闭、拆除待处理加油站104座、油库20座，净值9 462万元，报批处置1 192万元。

(徐业芳)

【加强审计管理和效能监察】 2003年各级审计、监察部门主要从工程建设物资采购、库站溢余、水运损耗、债权债务、销售管理、联营参股企业经营管理等6个方面开展工作。全年共完成22个效能监察项目。通过对水运损耗的监察，全年损耗率同比下降了2个多千分点，超耗部分全部由承运方赔付，产生了明显的经济效益。

(徐业芳)

【加强安全管理，确保重大事故为零】 2003年认真落实了安全管理一岗一责制和领导干部要害部位定点联系制度，切实做到“谁主管、谁负责”；加强了安全检查，现场巡查，及时发现隐患，切实纠正“三违”。全年共处罚违章违纪责任人370人次，投入3 025万元资金用于加油站、油库安全隐患整改，确保了库、站本质安全；大力开展了“学法律、学制度、学规程、反三违、练操作、保安全”活动。组织了安全技能大比武运动会，全系统15个分公司105名队员参加了13个项目比赛，湘潭、常德、永州分公司获得团体前三名。湖南经济电视台以《安全的品牌——中国石化》为题进行了专题报道，树立了良好的企业形象。2003年还完成了1 380座加油站的安全评估工作。

(徐业芳)

【ERP按期上线运行】 湖南石油分公司是石化集团公司确定的第一批ERP推广单位。项目正式启动后，项目组成员克服了时间紧、任务重、条件艰苦等一切困难，加班加点，先后完成了网络建设、流程设计、数据录入、人员培训等一系列工作，网络覆盖了全省15个分公司，72个县公司，108个开票点，64座油库；培训关键用户、骨干人员1 319人，12月1日按期上线。

(徐业芳)

【减员分流1 181人】 2003年湖南石油分公司计划减员1 000人，实际减员1 181人，超额完成了年度任务。

(徐业芳)

【存续公司各项工作向纵深推进】 中国石化集团湖南省石油总公司2003年实现报表利润－357万元，消化减员费用2 086万元，实际利润1 728万元。一是狠抓开拓经营，确保了收入增长。全年销售润滑油5.3万吨；同比增长27%，创利488万元，同比增长73%；销售各类石化产品4.8万吨，经营量创下历史新高；通过开拓社会市场和强化内部管理，运输各类成品油237万吨，同比增长15%；其他多种经营效益良好。陋园宾馆经受住了“非典”冲击，收入同比有所增长，在折旧摊销420万元后实现利润238万元。二是狠抓改革重组与遗留问题处理，确保了“五减”工作稳步推进。非上市县公司年底前基本实现了关停或撤销，在营独立核算单位比年初减少了10个。2003年共减员574人，湖南石油航运公司除领导班子外其余人员已全部分流。三是资产盘活效果明显。通过改制处置了一部分闲置与不良资产，银行借款与应收款均比年初减少3 000多万元，经石化集团公司初审并报国资委确认核销不良资产7 200万元，大大减轻了重组分立时留下的历史包袱。

(徐业芳)

中国石油化工股份有限公司
广东石油分公司

【概述】 中国石油化工股份有限公司广东石油分公司(以下简称广东石油分公司)是石化股份公司下属公司，主要从事成品油销售。广东石油分公司的前身是成立于1950年6月的中国石油贸易公司广州分公司，1961年11月更名为广东省石油公司，1992年8月改组为广东省石油企业集团公司，1998年7月，广东省石油企业集团公司及其属下的116家市、县公司整体划转中国石化集团公司。2000年3月，重组为中国石油化工股份有限公司广东石油分公司和广东省石油企业集团公司(以下简称广东石油公司)。

广东石油分公司下设14个管理部门和18家市级分公司。截至2003年底，广东石油分公司和广东石油公司共有在职职工22 295人；油库48座，总库容146万米^3；加油站2 053座；油码头39座；铁路专线6.78千米；固定资产原值82.49亿元，净值69.07亿元。

2003年，广东石油分公司全年销售油品1 019.4万吨，同比增长27.2%。其中，成品油销售797.5万吨，同比增长14.9%；燃料油销售221.9万吨，同比增长106.8%。

按销售结构划分，零售量476.8万吨，同比增长13.5%。配送139.9万吨，同比增长21%，零售加配送616.7万吨，同比增长2.7%。

(曾　励　黄远林)

【拓展经营规模，提高经营质量】 2003年为了提高市场占有率，广东石油分公司及时调整经营思路，把经营工作的重心从"以经济效益为中心，兼顾市场占有"调整到"以经济效益为中心，拓展经营规模，提高经营质量"上来。

一是开拓资源渠道，扩大自采规模。在积极争取配置资源的同时，广东石油分公司专门出台自采油奖励办法，千方百计调动市公司的自采积极性，扩大自采规模，弥补配置资源不足。经过努力，全年自采资源122.4万吨，同比增长89.8%，为全面完成销售任务提供保障。

二是明确经营重点，挖掘市场潜力。根据广东市场特点，广东石油分公司合理布局批发配送网点，提高服务质量，努力扩大批发配送业务；重点挖掘高速公路、水上网点、小站改革和小额配送的市场潜力，进一步改善销售结构，提高经济效益；加速开拓工业燃料油经营，不断扩大经营规模。为此相应出台了许多改革措施：如改进批发配送价格和加油站价格管理办法，赋予市公司更大的价格自主权；实行批发配送客户经理制和加油站经理制；完善以联量返费为主要内容的加油站经营管理体制；对粤东、汕尾、惠州分别实行放开和半放开经营等，使经营规模实现了新的突破。全年配送量同比增长21%，零售量同比增长13.5%，工业燃料油同比增长132.4%。

三是加强营销分析，提高经营质量。在经营过程中，广东石油分公司从各级领导到业务部门，都十分重视市场信息的采集和分析工作，2003年建立起职能部门每天分析和分管领导每周调度分析的制度。全年公司共下发67个营销通知，进一步细化了营销调度，指导市公司做细做实营销工作，经营质量明显提高。

(曾　励　黄远林)

【全面落实预算管理　着力抓好降本减费】 2003年广东石油分公司出台《2003年度费用预算管理实施细则》，进一步明细费用子目，按7大类164个子目细化费用预算管理。把费用预算从单纯考虑进度的静态管理向量价费结合的动态滚动管理转变。同时强化对可控费用、三四级运杂费和损耗的监控。突出对市公司经理等费用控制责任人的考核奖惩，层层传递降本减费压力；加强资金管理，提高使用效率。广东石油分公司从年初就开始对降低库存资金占用、强化日常资金调度运作、加油站和配送中心赊销管理、加强加油站资金三级监控等方面作出部署，切实提高资金使用效率，降低财务费用；全部取消县公司会计核算层次，实现省市两级集中统一核算，达到减机构、减人员、减费用、降成本的目的。18个市实现了统一纳税，减轻了企业税负，并为撤并县公司创造了条件。

广东石油分公司降本减费成效显著，全年吨油费用同比下降16.8%，其中吨油人工成本同比下降11.5%，吨油可控费用同比下降26%，吨油运杂费同比下降7%。

(曾　励　黄远林)

【完善零售网络布局　提高市场控制力度】 2003年，广东石油分公司贯彻总部关于"抢抓历史机遇、坚持有效发展、优化网络布局、提升网络质量、提高市场稳固率"的网络发展思路，全力拓展高速公路、城区加油站和水上网点，全年新增零售网点94座，其中高速公路新增22座，总量达50座；城区加油站新增20座，总量达748座；水上加油站新增40座，总量达68座。公司拥有的加油站总量达2 050座，进一步增强了零售市场控制力。

(曾　励　黄远林)

【推进专业管理 提高运营效果】 按照总体改革发展思路，广东石油分公司在2003年加快了重组步伐，推进专业化管理。一是组建零售资源配送中心，统一配送零售资源，彻底解决加油站资源由市公司自行配送存在的流向不合理、库存不合理、运力效率低下、运费管理漏洞多、运输成本高等问题。6月份零售资源配送中心开始运作，打破行政区域，对全省系统加油站资源实行主动配送，统一计划，统一调度，统一管理。该项工作从珠三角地区开始试运行，至12月底，9个市公司的1 097座加油站开始实行统一配送。二是组建仓储分公司。针对现有37座运营油库实行分级管理存在的种种弊端，8月份开始组建仓储分公司，把油库的人、财、物全部上划仓储分公司，实行专业化管理，逐步建成全省系统的物流调度指挥中心。

（曾 励 黄远林）

【初建HSE体系 提升管理水平】 2003年，广东石油公司成立了HSE领导小组和工作小组，加强对实施HSE管理体系的领导，制定工作计划，积极、稳妥地组织实施，完成了全省系统领导和全体员工HSE意识培训、全省系统HSE初始状态评估、6个市公司风险评价、HSE法律法规收集等各项工作。6月底，全省系统49座运营油库(提油点)、1 863座加油站、59座水上加油网点、18个油品运输车队HSE管理体系试运行。

（曾 励 黄远林）

【加大重组力度 落实“五减四无”】 按照石化集团公司关于实施资产战略重组的总体部署和销售公司“五减”(减人、减机构、减资产、减债、减经营业务)“四无”(无经营机构、无经营活动、无经营人员、整体无亏损)工作要求，结合企业实际，广东石油公司全力做好非上市业务的改革重组工作。一是关停并撤分支机构。2003年撤销县(区)公司10个，关停经营实体74个，申请破产县公司1个。二是盘活闲置资产。全年盘活资产30项，收回资金3 906万元，清收历史陈欠近300万元。三是完善承包租赁经营。从2002年开始，广东石油公司非上市部分共有60个项目推行承包租赁经营，大部分项目在2003年运作良好，效益明显增长，职工收入有所增加。

（曾 励 黄远林）

【发挥主导作用 努力稳定市场】 2003年下半年，国内对成品油的有效需求逐步增加，特别是进入四季度以后，受全国性缺电缺煤的影响，成品油需求快速增长，供需矛盾非常突出。广东石油分公司及时向总部汇报市场情况，取得大力支持，多次追加对广东资源投放量，10—12月累计投放配置资源188万吨，比前三个季度平均增加31.3万吨；与此同时，为确保广东经济平稳运行，广东石油分公司在资源紧张、自采成本高的情况下，想尽办法自采成品油25.4万吨供应市场，牺牲了部分经济效益，但稳定了广东石油市场，受到广东省政府有关部门的赞扬。

（曾 励 黄远林）

中国石油化工股份有限公司广西石油分公司

【概述】 中国石油化工股份有限公司广西石油分公司位于广西壮族自治区首府南宁市，是中国石化惟一设在少数民族自治区的省级石油公司。前身是成立于1952年的广西壮族自治区石油总公司，2000年按照石化集团公司重组改制、主辅分离的原则，上划组建为中国石油化工股份有限公司广西石油分公司(以下简称广西石油分公司)和中国石化集团广西石油总公司(以下简称广西石油公司)，共设13个职能处室和5个直属公司，下辖9个地级分公司和78个县(市)级公司(经营部)，主要经营成品油和石油化工产品。

2003年，广西石油分公司利用社会经济和投资持续高速增长，拉动油品消费的契机，充分发挥销售主渠道作用，强化集权经营意识、主导市场意识和精细管理意识，纯销量、零售量和利润总额均创历史最好水平。全年购进成品油224.99万吨，销售成品油230.35万吨，同比增长7.78%，其中零售量164.14万吨，同比增长9.47%，零售比率71.26%；直销量37.29万吨，直销比率16.19%；销售润滑油4.61万吨；销售燃料油12.13万吨。经营规模的扩大和高终端销售比率的稳定，促进了经济效益的跨越式增长，全年实现销售收入76.12亿元，同比增长25.20%；实现利税8.24亿元，同比增长47.12%；实现利润5.91亿元，同比增长55.31%。

截至2003年底，广西石油分公司共有正式员工3 423人，其中高级专业技术人员28人，中级专业技术人员402人。拥有在营业加油站977座；油库28座，库容50万米^3；铁路专用线17条，总长12.30千米；沿海沿江码头8座，总吨位3.60万吨；油罐汽车294辆，总运力3 788吨。资产总额28.28亿元，其中固定资产原值为25.91亿元，同比增加1.99亿元；净值20.32亿元，同比增加1.11亿元，确保了国有资产的保值增值。全年完成固定资产投资1.70亿元，已占用资本投资回报率(ROCE)为33.09%，同比增长

12.28 个百分点。

（莫淑新）

【提前超额完成年度利润目标】 2003 年，广西石油分公司坚持走集约化、精细化管理的发展道路，紧紧抓住全区煤、电资源短缺且系统外无资源可供的有利时机，努力发展新用户，扩大经营总量。同时，着力提高经营质量，从价格和策略上引领市场，积极推价造市，撑大了盈利空间。通过提高加油站综合管理水平，实施直销配送机制改革，深入开拓终端市场，优化经营结构，零售配送比率达 87.45%。盈利空间的扩大和经营结构的优化，全面提高了企业的经营质量，全年实现成品油吨油毛利 530.18 元、吨油利润 262.48 元，同比分别增长 18.02% 和 46.17%，提前 4 个月完成年度利润目标，超额完成利润 2.11 亿元。

（莫淑新）

【一盘棋经营成效显著】 2003 年，广西石油分公司牢固树立一盘棋的营销理念，从全局的高度把握市场销售，重新界定区、市两级公司的销售管理权限，将分公司的销售价格、优惠幅度、供应对象、销售数量和品种等权限上移到区公司，通过集权经营使整个系统形成合力，一致对外，通过集权经营严肃营销纪律，规范经营行为，切实做到“统一对策、统一协调、统一指挥、统一行动”，不但提高了企业的内部控制力，确保经营部署的全面落实，而且增强了企业的整体竞争力和市场驾驭能力。特别是在四季度，油品资源异常紧张，供求矛盾尤为突出，广西石油分公司力抓全区系统经营措施和价格策略的统一执行，管好销售价格，管住经营行为，严控销售节奏，力保零售市场不脱销，用 8 万吨的库存，保证了 20 万吨的市场销售，维护了石化集团公司的企业形象。

（莫淑新）

【高标号汽油成为新的效益增长点】 广西石油分公司将高标号汽油作为抢占市场和提高效益的“法宝”，抓住广西旅游业蓬勃发展和家庭小轿车迅猛增加的有利时机，开展全方位、多方式的宣传促销工作，在当地新闻媒体进行了 3 个月的强势宣传，通过专家推荐、媒体推介、司机感受等形式，扭转用户消费观念，引导客户使用符合发动机压缩比的高标号汽油。在加油站内部开展以“六个一”为主题的宣传活动，通过“一句话促销、一分钟宣传、一个引车动作、一条授带、一条标语、一块板报”推介高标号汽油，并将高标号汽油加油机调整到醒目的位置。在收入分配上，有意识地向高标号汽油倾斜，规定卖 1 吨高标号汽油等于卖 1.3 吨柴油的工资分配系数。同时，还制定了高标号汽油销售奖罚办法。这些措施极大地调动了各分公司的销售积极性，全年高标号汽油零售量 23.09 万吨，同比增长 34%，占汽油零售比例的 35.13%，仅高标号汽油就能给企业增加零售毛利 1.77 亿元，成为新的效益增长点。

（莫淑新）

【成功占领高速公路油品市场】 2003 年 11 月 18 日，广西石油分公司与广西壮族自治区交通厅签订《组建广西辉煌交通石化有限公司合同书》，广西石油分公司占 51% 的股权。广西辉煌交通石化有限公司长期租赁经营以双方为业主单位的已有及规划新建高速公路加油站，全程注入石化集团公司科学、成熟的管理模式，发展品牌统一、功能齐全、服务上乘的加油站经营方式，切实提升高速公路加油站的整体形象和配套服务功能。至此，广西石油分公司成功占领了广西高速公路油品市场。截至 2003 年底，共发展高速公路联营站 23 座。

（莫淑新）

【库存运作水平明显提高】 2003 年，国内成品油资源持续紧张，广西石油分公司长时间处于低库存运作，确保市场供应的压力非同寻常。广西石油分公司把库存运作与市场销售、库存成本有机结合起来，将购进计划的确定建立在科学预测市场需求的基础上，根据每个地区月初的库存情况、当月配置计划和当月预测的销量，计算下旬后每个品种的库存数量，预计出现资源缺口或剩余的地区及数量，提前制定解决措施。通过合理调剂炼厂间和月度间的资源，做好炼厂、运输、数量、品种、地区和时段等多方面的动态平衡，每天监控各地销量、库存数量及品种的变化情况，按照销售进度，精心平衡库存，科学摆布资源，切实做到当进当销，不但降低了资金占用，吨油财务费用同比减少 2.79 元，而且经受住了资源紧张、市场面临脱销的严峻考核，实现了高质高效的库存运作。

（莫淑新）

【降本减费取得实效】 2003 年，广西石油分公司多渠道开展降本减费工作，在油品销量同比增长 11.51% 的情况下，费用总额同比减少 6 万元，实现了经营规模扩大，总体费用下降的良性循环。一是调整融资结构，科学管理流动资金，全年银行承兑汇票使用率达 97% 以上，流动资金筹资额同比减少 1.6 亿元，存货平均占用同比减少 1.1 亿元。二是实行部门控费、岗位控费责任制，将控费责任和压力分解到各职能部门和岗位，严格执行预算计划，强化资金过程管理，从源头压减各项费用，全年财务费用同比减少402万元，吨油现金操作费用同比减少16.09元，吨油完全费用同比减少26.73元。三是严肃财经纪律，增强审计监察工作的威慑力，加强工程项目和物资统采的招投标管理，全年审减资金1 506万元，各类招投标项目共节省资金1 207.75万元，成为降本减费的新亮点。四是全面启用零售卷筒发票。4月份，全区系统加油站全面启用零售卷筒发票，规范了零售经营行为和发票管理工作，有效降低了加油站的管理费用，共节省资金36万元。

（莫淑新）

【全员建设安全、环境与健康(HSE)管理体系】 2003年，广西石油分公司深入开展安全管理创新活动，全员参与，全员动手，建设HSE管理体系，完成了HSE初始状态评审工作，对各种危害隐患作出了合理的风险评价。以建设HSE管理体系为契机，严格落实一把手安全生产责任制，下沉管理重心，强化现场管理，加大安全教育培训力度，重点治理设备隐患和思想隐患，有效提高了安全保障系数。全年投入隐患整改资金2 625万元，比2002年增加825万元，全区系统没有发生任何上报事故，事故发生率同比下降20%。

（莫淑新）

【用工总量减少1 260人】 2003年，广西石油分公司将减员分流工作纳入各分公司年度绩效考核范围，以定岗定编为主线，通过自上而下和自下而上的形式，明确用工总量，显现富余人员，采取改革用工方式、置换身份和协议解除劳动合同等多种方式，分阶段、有步骤地持续开展减员分流改革，注重工作方法，合理制定方案，加强政策宣传，有效推动了减员分流工作的顺利进行，全年减少用工总量1 260人，超额完成石化集团公司下达的年度任务目标。

（莫淑新）

【建立动态的工资劳务费分配机制】 2003年7月份，广西石油分公司正式实施月度绩效考核与工资劳务费分配挂钩改革，通过月度三联考核，即联量、联费、联利考核，引入竞争机制，建立了动态的工资劳务费分配机制。在运作中，以联量考核为主，占50%，以联费考核和联利考核为辅，分别占20%和30%，这要求各分公司不但要做大经营总量，还必须提高经营质量，降低吨油费用，有效地提高了各分公司开拓市场、挖潜增效的主动性，较好地调动了经营积极性。

（莫淑新）

中国石油化工股份有限公司海南石油分公司

【概述】 中国石油化工股份有限公司海南石油分公司(以下简称海南石油分公司)的前身是中国石油公司广东省海南公司，创建于1953年。1988年海南建省后从广东省公司划出，成立海南省石油总公司，隶属海南省商贸厅。1998年9月划转石化集团公司。2000年4月，按照石化集团公司重组改制的要求，将海南省石油总公司的主业印分划分出来，成立海南石油分公司。海南石油分公司主营石油、天然气、石油化工、化纤及其他化工产品，是海南最大的成品油批发零售企业，负责海南全省的成品油供应，销售网络覆盖海南省海、陆两域。截至2003年底有加油站255座(含海上加油站)，占全省加油站总数的60%，有68座加盟加油站，5座油库和2座分销油库，专用油码头7座。海南石油分公司下辖海口石油分公司、油气分公司、三亚石油分公司、琼海石油分公司、东方石油分公司等5个区域公司，区域公司分片管理9个市县石油分公司和12个市县经营部以及2个控股公司。海南石油分公司位于海口市龙舌路16号。

海南石油分公司有正式职工691人，其中管理人员215人，各类专业技术人员141人，中、高级技术职称47人。

海南石油分公司是按照石化集团公司重组改制的要求，从原海南省石油总公司划分出来的主业部分。

2003年海南石油分公司调整了领导班子，面对非典疫情冲击、市场变幻莫测、资源异常短缺等带来的诸多困难，公司领导团结和带领全体干部职工，紧紧围绕经营管理工作思路和改革发展任务，抓住机遇，深化改革，加强管理，降本增效，各项工作取得显著成效。经营总量和经济效益都有了较大幅度增长，创造了历史最高水平。全年完成成品油经营总量57.35万吨，比上年增加12.2万吨，同比增长27%；零售量达到34.77万吨，同比增长32%，占经营总量的60.6%；直销配送11.62万吨，同比增长17.9%；加油站日均零售销量4.6吨，同比增长24%；全年实现利润8 675万元，同比增长197%。

（李春贻）

【实施三项改革】 从2003年5月开始，海南石油分公司进行了3项重大改革。

以定岗定编定职定责和竞争上岗为主要内容的机构改革。公司东部管理岗位由原来的113人，减至86人；部门正副职岗位减少5个，科员岗位减少24个。改革后，管理干部大专以上学历占82.8%，比改革前提高8.6个百分点，管理干部的整体素质得到提高。

推动企业内部分配制度改革。海南石油分公司在竞聘上岗、定编定员、业绩考核等工作的基础上，于2003年7月1日开始推行内部分配制度改革。内部分配制度改革以劳动力市场价位为依据，坚持效率优先、兼顾公平原则，引进竞争机制，克服平均主义，合理拉开分配差距，使分配形式切实与职工的岗位职责、工作业绩和实际贡献挂钩，逐步形成重实绩、重贡献的分配激励机制。不仅解决了长期以来困扰公司的历史遗留的工资分配问题，而且建立起尊重劳动、尊重知识、尊重人才、尊重创造的良好氛围，充分调动广大干部职工的积极性和创造性，增强企业的凝聚力和向心力。

实行加油站"三联"计酬改革。2003年8月1日，海南石油分公司实行了加油站"三联"计酬管理办法。管理办法是在对全省255座加油站的零售量、定员、费用基数进行核定后，由区域公司以目标责任书的形式承包给加油站经理，加油站经理对加油站的站容站貌、规范化管理、经营管理、财务管理、安全管理、数质量管理、接卸与储存和设备管理等8个方面全面负责，真正做到联量、联利、联费计酬，充分调动加油站经理和员工的积极性。经过半年的实践，全省系统的加油站面貌焕然一新，用工精干，管理加强，销量增加，费用降低，效益提高。

（李春贻）

【ERP成功上线】 实施ERP管理，是深化企业改革，再造流程的重大举措。2003年6月，海南石油分公司被石化股份公司列为ERP的推广单位，并于11月11日成功上线。海南石油分公司ERP管理覆盖公司本部、4个专业公司、19个县级营销经营部、零售管理部和5座油库、2座分销库。其特点是：ERP零售数据每天直接从加油站提取，传输到公司东部；全省的信息主干网络全部实现光纤铺设；油库批发业务实现全天候24小时实时在线操作。

（李春贻）

【编写出版企业文化手册】 海南石油分公司走过了50年的光辉历程，经历几代石油人的辛勤劳动，开拓创新，形成了具有自身特色的企业文化，形成了体现广大员工"勤奋、守纪、敬业、创效"的企业精神。面对激烈的市场竞争和改革发展过程中面临的种种实际问题，为了不断更新干部职工的思想观念和价值观念，继承和发扬优良的传统和作风，创建具有时代特征、适应现代企业发展、具有持久生命力的企业文化，引领广大干部职工，积极投身公司的改革大潮，海南石油分公司适时总结提炼，2003年编写出版了《中国石化海南石油公司企业文化手册》(以下简称《手册》)。

《手册》共分思考篇、发展篇、价值篇、管理篇、行为篇、形象篇和公司沿革7大部分。《手册》在继承"爱我中华，振兴石化"企业精神的基础上，认真学习践行大庆人"三老四严"、"四个一样"、"说了算、定了干"、"艰苦奋斗、艰苦创业"、"雷厉风行、立竿见影"等优良传统和作风，确立了企业文化的建设目标，确立了发展是第一要务的思想，确立了崭新的经营管理理念，确立了精细管理的管理模式，确立了尊重、诚信、沟通、合作的行为准则和依法经营、诚实守信、创新高效的企业形象。

《手册》是海南石油几代人无私奉贤、开拓创新、艰苦奋斗的优良传统和作风的结晶，是贯彻"三个代表"重要思想的忠诚实践，是鼓舞全体员工努力拼搏的精神食粮，是规范每位员工言行品德的座右铭。海南石油分公司把企业文化手册分发给每一位职工，通过各种形式宣传和学习，加强交流。广大员工在工作之余认真学习，忠诚实践，与时俱进，不断丰富自我，企业凝聚力和向心力日益增强。

（李春贻）

【被指定为第53届世姐大赛汽车油料供应商】 2003年第53届世界小姐总决赛在海南省三亚市举行，海南石油分公司被指定为本次大赛汽车油料供应商。12月6日，第53届世界小姐总决赛组委会与海南石油分公司在三亚麒麟豪威大酒店举行油料赞助协议签约仪式。三亚市委常委、常务副市长、第53届世界小姐总决赛组委会副主任兼秘书长张琦向海南石油分公司授予"第53届世界小姐总决赛组委会指定汽车油料供应商"铜牌及"荣誉证书"。

本次大赛，海南石油分公司共赞助油料25吨，价值约合人民币15万元。充分显示了中国石化对本届世姐大赛的全力支持以及对海南经济建设的有力支援。同时，也为中国石化品牌扩大世界知名度提供了宣传的窗口。

大赛期间，海南三亚石油分公司抓住机遇，联合比赛组委会在三亚展开了全方位、多样式的中国石化品牌宣传和促销活动，让世人"用美丽的眼睛看世界、用美丽的眼睛看中国石化"。各加油站采取多种形式抓形象建设，抓服务质量，进一步提高了中国石化加油站的知名度，打开了销售新局面。各加油站销售量普遍实现了跳跃式突破，位于三亚市区解放四路的二亚加油站月销售油品725吨，创下海南单站最高销售记录。

（李春贻）

中国石油化工股份有限公司贵州石油分公司

【概述】 中国石油化工股份有限公司贵州石油分公司(以下简称贵州石油分公司)本部位于贵州省贵阳市解放路21号，是贵州省最大的成品油经营企业。前身贵州石油总公司成立于1951年，1998年划归石化集团公司管理，2000年石化集团公司重组改制，成为石化股份公司在贵州的分支机构，主要经营汽油、柴油、煤油、润滑油、液化气及其他石化产品。

2003年，贵州石油分公司机关设12个职能部门，下辖8个地州市分公司和1个润滑油(脂)销售公司，73个县级支公司。贵州石油分公司拥有大、中型油库15座，总库容量31万米^3。有铁路专用线15条，有遍及全省中心城市、国道、省道、公路主干道及农村的成品油零售网络体系，拥有在营加油站650余座，另有特许加盟站191座，资产总额达14亿元。

2003年，贵州石油分公司紧紧围绕经济效益这个中心，采取有效措施，大力提升市场控制力和竞争力，积极完善成品油零售服务网络，较好地完成了预定的各项目标任务。2003年，贵州石油分公司销售成品油125万吨，同比增长14.12%，其中终端销售107万吨，比重达85.2%；实现利润2.3亿元，同比增长83.4%，上缴各种税费2.16亿元。企业的市场控制能力，盈利能力和核心竞争能力进一步提升。

（杨继锋）

【抓好终端销售，零售整体竞争能力进一步增强】 2003年，贵州石油分公司自上而下建立了零售专业管理体系，初步实现了零售经营的统一指挥和管理，零售专业化运营和整体竞争能力明显提高，形成了462座直管站、191座加盟站和189个改制小站多元并存的加油站经营管理模式，零售量、单站加油量和高标号汽油销量都取得了显著成效：零售量达86.3万吨，同比增长2个百分点；单站平均加油量增加200吨，达1 300吨，同比增长18.2%；高标号汽油销售量11.1万吨，同比增长53.7%。

（杨继锋）

【认真落实以客户为中心的营销理念，直销工作迈上新台阶】 2003年，贵州石油分公司坚持以客户为中心，强化“服务客户”意识，全面推广客户分级开发维护管理责任制，全面开展对客户和竞争对手的调研，营销工作的针对性、有效性明显提高。同时直销工作突破了以往传统的营销模式，通过开展客户联谊会，加大社会媒体宣传，为客户提供免费附加值服务等活动，使中国石化企业品牌价值进一步凸现。2003年，全省大用户80%用油都由贵州石油分公司直接供应，全年实现直销量20.7万吨，同比增长2.3个百分点。

（杨继锋）

【实现油库、加油站油品数质量100%合格】 2003年，贵州石油分公司大力强化数质量管理，认真落实对油库库存油品数质量月检查，对加油站油品数质量季度抽检及不定期抽检，促进了贵州石油分公司数质量管理水平的提高。2003年，贵州省质量监督检查部门对公司对所属油库、加油站进行了4次质量抽查，共检查油库56座次，加油站1 750座次，抽查汽、柴油样4450个样品，合格率均为100%，得到了地方质监部门的好评，也赢得了用户的信赖。

（杨继锋）

【加快新建加油站网络建设步伐，市场控制能力进一步增强】 2003年贵州石油分公司经过与有关部门的多次协调，在总部关心及省政府的大力支持下，高等级公路和高速公路上新建加油站网络建设取得突破。2003年贵州石油分公司分别取得了省内水黄(水城—黄果树)、关兴(关岭—兴仁)、贵新(贵阳—新寨)高等级公路上10座加油站以及清镇(清镇—镇宁)、遵崇(遵义—崇溪)高等级公路上10座加油站的建设经营权，这进一步提升了贵州石油分公司的持续盈利能力与核心竞争力。

（杨继锋）

【审计体制改革取得了突破性进展】 为适应地县一体化改革后加强企业经营管理的要求，遵照“依法治企，从严治内，突出重点，开拓创新，监督到位”的审计工作原则，经反复研讨，完善了审计体制改革方案。2003年12月贵州石油分公司审计委员会及3个审计办事处正式挂牌成立，审计人员关系隶属贵州石油分公司审计委员会统一管理，这将进一步加大审计工作力度，提高审计工作的质量。

（杨继锋）

【小型加油站改革成效初步凸现】 2003年6月，贵州石油分公司制定颁布了《小型加油站经营管理体制改革实施办法》，改革小型加油站 189 座，占 500 吨小型加油站的 81.5%，占 800 吨小型加油站的 50.3%。改革后单站月均销量同比增长 2%，月均现金费用同比降幅 20%，用工量有所减少，小型加油站改革取得阶段性成果，为进一步降低费用，控制好用工总量奠定了基础。

（杨继锋）

【非上市企业深化改革，经营业绩再创佳绩】 2003 年，非上市企业以关停县级公司、减员分流为重点，经过认真细致的工作，实行了县级公司的全部关停。2003 年运送成品油 86.3 万吨，同比增加 20.6 万吨，增幅为 31%；润滑油(脂)销售1 693吨，同比增长 41 倍；固定资产租赁收入达1 131万元，同比，增长 28%；其他石化产品经营工作步入正轨。全年经营收入共计7 201万元，经营成本3 371万元。实现利润 105 万元，同比增加 104 万元。

（杨继锋）

中国石油化工股份有限公司云南石油分公司

【概述】 中国石油化工股份有限公司云南石油分公司(以下简称云南石油分公司)是石化股份公司设置在云南的石油成品油销售企业，前身为云南省石油总公司。公司成立于 1952 年，1998 年 6 月整体划转石化集团公司，并于 2000 年 2 月重组改制更改为现名，本部设在云南省昆明市，经营范围为汽油、柴油、煤油、润滑油、液化气及其他石化产品。

继续加大市场开拓力度。云南石油分公司对内充分挖掘潜力，强化管理、活化经营，扩大市场空间，提升单站销量，2003 年使市场占有率达到 64.4%，比上年提高 3.7 个百分点；对外积极开拓区外境外市场，探索向东南亚扩张的新路子。经营规模继续扩大，全年完成成品油购进 161.46 万吨，比上年增长 14.47%；完成销售 162.4 万吨，比上年增长 10%；实现利润 3.10 亿元，比上年增长 51.34%。

继续大力深化体制机制方面的改革。2003 年，云南石油分公司全部撤销了县级支公司，全面完成了地(县)一体化的管理改革；将全省 14 个地(市)级分公司进一步重组为 7 个区域公司，打破了传统的按行政区划设置机构的限制，精简了机构，为推行经营体制改革创造了条件；积极推进小型加油站的管理改革，全省有 162 座小加油站实行了“两权”分离的管理模式，达到了“增量、降费、减员、增效”的目的；进一步推进经营体制改革，按照专业化、规范化要求将成品油储运配送、直销批发和零售分开，组建物流、直销批发和零售 3 个中心，同时组建财务结算中心，推行4 个中心“四条线”垂直运行管理的专业化经营模式。

继续抓好加油站网络建设。2003 年，云南石油分公司不断加大高速公路加油站建设权和经营权的争夺力度，与高速公路有关部门开展了十分成功的合作，在楚大、大保、玉元、嵩待、曲胜等多条高速公路上取得了 32 座加油站的经营权；积极抢占中心城市市场，在昆明及各地州首府地区和关键点上积极收购和新建了 49 座加油站，保持了加油站销售网点与城市和交通的同步配套发展；加大农村网点建设力度，新增农村网点 44 个，进一步挖掘了农村市场的潜力。年内，云南石油分公司新增加油站 81 座，加油站拥有总数达到 940 座，比上年增长 7.18%。

截至 2003 年 12 月底，云南石油分公司共有资产总额 23.19 亿元，其中固定资产原值 15.60 亿元；共有正式职工3 006人，其中管理人员 773 人。全年实现销售收入 53.33 亿元，完成利税总额 4.90 亿元。

（易荣华）

【利润突破 3 亿元大关】 2003 年，云南石油分公司继续加大力度降本减费、提高效益，使全年利润取得大突破。一是严格价格管理，全省实行“梯次定价”，公司对价格控制实施高度集权，未经价格管理部门通知，任何人、任何部门不得擅自降价销售，保证了最大差价。二是加强资产运营管理，年内关闭了召跨、东川、建水 3 座低效通槽油库，在各项费用大幅降低的同时，石林、滇中、松林等相关在营油库年周转次数进一步提高。三是加强财务资金管理，在搞好“收支两条线”和全面费用预算控制的同时，积极开展“网上银行”和票据业务，使财务费用进一步降低。四是加大清收应收款力度，全年共收回应收款5 059万元，全省历年油料赊欠款结余仅1 609万元，极大地降低的资金风险。2003 年，云南石油分公司实现利润突破 3 亿元大关，达 3.10 亿元，比划转石化集团公司前年最高利润增长近 10 倍。

（易荣华）

【接替非上市经营项目】 2003 年，云南石油分公司成立了石化产品分公司，接替了非上市企业的石化产品经营业务。几年来，云南石油系统非上市企业改革力度较大，县级公司全部撤销并入地(州)公司，地(州)公司也与上市公司同步重组为 7 个区域公司，各地(州)公司基本停止了经营业务。2003 年，按照非上市企业“做足‘减法’、有序退出经营领域”的要求，对非上市企业的经营业务和管理机构进行调整：将石化产品项目划归上市公司经营，将汽车油罐车及其运输业务划归上市公司管理；加快带资分流步伐，将所属云南石化大酒店、云南石油工程安装公司和泸沽湖大酒店3户企业列为整体改制单位进行改制，同时拿出部分单项资产如车辆、铺面等进行带资分流；精简整合机构，省、地两级公司均将存续人事部并入股份人事处，将财务部与股份财务资产处合署办公，综合经营办剥离经营管理职能，只负责后勤服务；加强资产管理，盘活变现闲置资产827万元，处理资产损失1.13亿元，减轻了包袱。通过上述调整，云南石油系统存续企业已成为机构最精、人员最少、包袱较轻的单位，为下一步退出经营做了有力铺垫。

（易荣华）

【组建区域公司】 2003年，云南石油分公司全部撤销了县级支公司后，地(州)分公司还有昆明、曲靖、大理、玉溪、楚雄、红河、昭通、文山、保山、临沧、丽江、德宏、怒江、迪庆共14个。2003年7月，为进一步推进经营体制改革，精简机构，彻底实行区域化经营和区域化管理，云南石油分公司开始对全省各地(州)分公司进行区域化重组，按照“去枝强干，抓大管小”的原则，保留了拥有通槽油库的分公司，将不通槽、销量小、辐射范围不大的7个边远地(州)分公司合并：将文山并入红河，将丽江并入楚雄，将保山、临沧、德宏、怒江、迪庆并入大理，至12月底，最终形成了昆明、曲靖、大理、玉溪、楚雄、红河、昭通7个区域公司。区域公司组建后，云南石油分公司不仅业务经营实现了区域化，机构设置也实现了区域化。

（易荣华）

【“四条线”经营体制改革】 2003年10月，云南石油分公司组建了物流中心，标志着“四条线”经营体制改革正式启动。“四条线”经营体制改革是彻底打破行政区划的制约，按物流、商流、资金流组建物流中心、直销批发中心、零售中心和财务结算中心，变多级分权的“块块式”综合经营管理为一级高度集权的“条条式”专业化经营管理。物流中心统一负责成品油资源的储运和配送，将7个区域公司的油库管理及储运配送业务剥离成立配送中心，作为物流中心下属机构，库存直接管到加油站。直销批发中心专门负责成品油的批发和大客户、特许加油站的直供销售业务，将7个区域公司的批发和直供销售剥离成立客户中心，由直销批发中心垂直管理，下设若干名客户经理，直接对客户开展直销批发营销业务。原7个区域公司在剥离油库管理、调运配送和直销批发业务后，职能转换为专司零售，行政上隶属云南石油分公司，业务上受零售中心领导。区域公司根据实际需要，下设若干片区公司或中心加油站，对加油站实行划片区管理。

在组建上述3个中心的同时，公司将下属各单位的财务机构和财务人员划归财务资产处垂直管理，并改建为财务结算中心，实行派驻制，纵向接受财务资产处指令，横向为其他3个中心代理财务管理和会计核算。

云南石油分公司“四条线”经营体制改革2003年10月启动，物流中心11月开始试运行，直销批发中心、零售中心、结算中心12月底基本就位。

（易荣华）

【启动HSE项目】 2003年9月，云南石油分公司委托诺卫安全环境技术(广州)有限公司正式推行健康、安全与环境管理HSE国际行业标准管理体系。为顺利推进HSE管理体制，公司成立了HSE管理委员会，制定了项目推进计划，并积极组织实施，预计一年后正式运行。

（易荣华）

中国石化工程建设公司

【概述】 中国石化工程建设公司(以下简称SEI)是石化集团公司所属的集工程项目的可行性研究、勘察、设计、设备材料采购、施工管理及工程监理、工程总承包、项目管理服务、技术咨询、技术服务为一体的国际型工程公司。拥有资产总额29.79亿元人民币，注册资金3.48亿元人民币。

SEI具有50年的发展历史，积累了丰富的勘察、设计、项目管理和工程总承包经验，在全国勘察设计单位综合实力测评中名列榜首。拥有专业门类齐全，梯次结构合理的人力资源。截至2003年底公司有员工2 300余人，其中中国工程院院士2名，国家勘察设计大师5名，教授级高工60余名，高级工程师、高级经济师等高级职称人员760余名。

SEI按照2000版ISO 9001标准建立了质量管理体系，取得了ISO 9001质量体系认证证书。拥有中华人民共和国对外经济合作经营资格证书、工程总承包甲级资格证书、工程设计甲级资格证书、专项工程设计资格证书(环保)、甲级工程勘察证书、甲级测绘资格证书、甲级工程监理资格证书、工程造价咨询单位甲级资格证书、工程咨询甲级资格证书、甲级招标代理资格证书、甲级环境影响评价证书、压力容器设计单位批准书、压力管道设计资格批准书、中国国际咨询协会 FIDIC 会员证书等国家顶级资质。

中国石化行业的 13 个设计技术中心、中心站等技术管理机构设在 SEI。

勘察设计院(以下简称 IDI)是 SEI 的直属勘察设计单位，现持有甲级工程勘察、甲级工程测绘、甲级工程咨询、一级地基与基础工程施工、甲级地质灾害防治工程勘查、建设工程地震安全性评价许可证、工程桩动测单位资质、工程监理乙级等资格证书，主要从事大中型炼油厂、化工厂、化肥厂、油库、输油(气)管线和其他工业、民用建筑、高层建筑的岩土工程勘察、设计、施工、检(监)测、监理、咨询和工程测绘，具有承担大型石油化工建设工程的工程勘察、地基治理与岩土施工能力，在大型油罐软土地基勘察、设计、岩土施工及工程监测等方面达到国内领先水平。

(张秀东)

【全面完成生产经营指标】 2003 年共完成设计项目 311 项，完成设计投资额 149 亿元，其中前期工作 105 项；初步设计(基础设计)86 项；详细设计(一段设计、施工图)118 项；竣工图 2 项。完成各类勘察、测量、施工、测试等项目 98 项，完成勘察产值3 522万元。全年共有 32 套装置投料试车成功，主要项目见表 1。

(刘　玮)

【SEI 名列进入 ENR 工程设计百强的中国公司之首】 2003 年 SEI 在美国著名杂志《Engineering News－Record》(工程新闻记录)国际工程设计公司 200 强排名中上升至 58 位，比上年提高 6 个名次，再次名列入围的 8 家中国工程公司之首；同时入围 ENR 国际承包商 225 强，名列 129 位，成为中国为数不多的 7 家双入围企业之一。标志着 SEI 在创建国际型工程公司、开展工程总承包和项目管理等方面取得了较大的进展，并且具备了较强的国际竞争实力。

(屈　波)

【SEI 荣获全国工程总承包和项目管理企业百强之首】 2003 年 12 月 31 日，由中国勘察设计协会和中国工程咨询协会主办，在中国首次进行的全国“工程总承包企业”和“工程项目管理企业”百强排名中，SEI 双双名列榜首，独占鳌头，标志着 SEI 在工程总承包和工程项目管理方面处于国内领先地位。

(屈　波)

【SEI《运营管理标准》编制完成】 2003 年底，作为公司三大标准体系之一的《运营管理标准》编制完成。该标准是以梳理公司运营管理流程为基础，以实现公司运营管理的规范化和科学化为目标，以保证标准的可操作性为前提进行策划和编制的，具有较强的可操作性。它对规范公司运营管理行为，提高企业管理水平，加快国际接轨步伐，将起到重要作用。

(屈　波)

【技术攻关再创佳绩】 SEI 参加的石化集团公司“十条龙”攻关项目中的 10 万吨/年 C_5/C_6 烷烃异构化技术工业放大试验、20 万吨/年第二代环管聚丙烯装置成套技术在 2003 年 12 月石化集团公司“十条龙”攻关工作会上胜利出“龙”。中压加氢裂化技术(RMC)的开发与工业应用、车用乙醇汽油的研究开发与应用、上流式渣油加氢保护剂开发和工业应用等 10 项成果获石化集团公司科技进步奖(其中一等奖 3 项，二等奖 2 项，三等奖 5 项)；上海石化股份公司 20 万吨/年聚丙烯装置、中原 18 万吨/年乙烯技术改造工程、齐鲁石化公司 140 万吨/年加氢裂化装置、中原石化公司乙烯改造工程 20 万吨/年聚乙烯装置、北京燕山分公司化工一厂 2 台 10 万吨/年 SL－I 型裂解炉、克拉玛依石化分公司 30 万吨/年润滑油高压加氢装置等 10 个项目获石化集团公司优秀工程设计奖(其中一等奖 6 项，二等奖 2 项，三等奖 2 项)；上海 2×10 万米^{3}油罐地基勘察岩土工程等 2 个项目获石化集团公司优秀工程勘察奖(其中一等奖 1 项，二等奖 1 项)；聚合物模拟软件二次开发等 10 项成果获石化集团公司优秀计算机软件奖(其中一等奖 1 项，二等奖 2 项，三等奖 7 项)；苯和乙烯液相烷基化生产乙苯成套技术开发、24 万吨/年乙烯裂解气压缩机组获国家级科技进步二等奖；获国家知识产权授权专利 6 项；新申请专利 6 项；通过鉴定的技术开发项目 8 项。

(马晓华)

【15 万吨/年大型裂解炉技术开发通过审查和验收】 由 SEI 为组长单位承担的大型乙烯工程关键技术开发——15 万吨/年大型裂解炉工艺包，在 2003 年 3 月 4 日通过了石化集团公司审查和国家科技部的验收。15 万吨/年大型裂解炉工艺包的开发完成有助于提高中国裂解制乙烯技术水平，推进中国裂解炉的发展进程，此技术可用于各种规模的新裂解炉的设计之中，并为 15 万吨级以上更大型裂解炉的开发奠定了基础。

(马晓华)

【80 万吨/年乙烯分离成套工艺包开发通过审查和验收】 由 SEI、北京化工研究院、上海石化研究院、燕

化公司共同承担的80万吨/年乙烯分离成套工艺包开发在2003年11月28日通过石化集团公司组织的审查和国家科技部的验收，该课题是“大型乙烯工程关键技术开发项目”课题之一，总体技术达到国际先进水平，LECT流程和分凝分馏塔(CFT)技术均申请了国内外专利。

(马晓华)

【30万吨/年气相法全密度聚乙烯工艺包开发通过审查和验收】 由SEI、天津石化公司、浙江大学、北京化工研究院、上海化工研究院共同承担的30万吨/年气相法全密度聚乙烯工艺包开发项目于2003年11月27日在北京通过了石化集团公司的审查和国家科技部的验收。它是“大型乙烯工程关键技术开发项目”课题之一。它确定了气相法全密度聚乙烯的工艺流程，建立了反应动力学、吸附与脱附和流体力学等数学模型，开发了全流程模拟和计算流体力学模拟软件，为工程化提供了可靠的理论依据，在冷凝模式的切换、反应器流化质量监控、导流器和循环气冷却器等关键技术方面有创新性，申请了32项国内外专利，已有12项获得授权，主要工艺设计指标达到国际先进水平。

(马晓华)

【第二代环管聚丙烯装置成套技术通过鉴定和验收】 由SEI、北京化工研究院、上海石化股份公司共同承担的第二代环管聚丙烯装置成套技术于2003年11月27日通过石化集团公司组织的鉴定和国家科技部的验收。它是“大型乙烯工程关键技术开发项目”课题之一。该技术开发了具有自主知识产权的催化剂，完成了20万吨/年第二代环管聚丙烯装置成套技术工艺包的开发和编制。在此基础上进行了工程化技术开发，完成了工业示范装置的成套工程设计。在聚合反应工艺、氢气分离系统的设计和预聚合工艺方面均有所创新。形成了拥有专利技术和专有技术的成套技术，达到国外同类工艺技术的先进水平。采用该成套技术建成了20万吨/年聚丙烯工业化生产装置，一次开车成功，并实现了长周期稳定运行。考核结果表明：装置的生产能力、能耗、物耗和产品质量等技术指标全部达到设计要求。

(马晓华)

【聚丙烯熔融指数软测量及牌号的切换技术的研究和开发通过石化集团公司鉴定】 由SEI、清华大学、扬子石化股份公司合作完成的聚丙烯熔融指数软测量及牌号的切换技术的研究和开发于2003年12月13日通过石化集团公司组织的技术鉴定。该项目建立了Hypol工艺的聚丙烯高熔融指数软测量的机理模型和统计模型，并建立了聚丙烯牌号切换模型。所开发的在线预报系统考虑的影响聚合反应的因素全面、详细，参数物理意义明确。模型适应性较好，可操作性强，界面友好。熔融指数软测量精度较高，为牌号切换过程的优化控制奠定了基础。投运后在线指导操作，提高了聚丙烯产品的质量，实现年经济效益180万元左右。在国内属首创，达到国际先进水平。

(马晓华)

【21世纪千万吨/年级炼厂概念设计(研究)通过鉴定】 由SEI完成的21世纪千万吨/年级炼厂概念设计(研究)于2003年4月2日通过石化集团公司组织的技术鉴定。该成果在原油资源与产品市场、国外炼厂技术发展趋势及国内炼厂的差距，21世纪初炼厂建设的技术策略等6个方面进行了广泛的研究，提出了新一代炼厂设计与建设的技术方案。按照这一新的理念设计与建设的新一代炼厂，各项技术经济指标将达到世界先进炼厂水平，可实现清洁化生产和生产清洁燃料，降低炼厂建设与生产成本，提高占有资本回报率。该项目研究成果已用于上海石化股份公司和高桥分公司1 000万吨/年炼厂改扩建工程的规划、可行性研究和工程设计，经济效益和社会效益显著。

(马晓华)

【10万吨/年 C_5/C_6 烷烃异构化技术工业放大试验通过鉴定】 由SEI、金陵石化分公司、华东理工大学合作开发的10万吨/年 C_5/C_6 烷烃异构化工业放大试验于2003年10月29日通过石化集团公司组织的技术鉴定。该项目采用脱异戊烷-异构化反应工艺流程，采用自主开发的NNI-1催化剂，以 C_5/C_6 为原料，C_5 的异构化率达62%—64%，C_6 的异构化率达82%—83%，异构化油辛烷值(RON)达82—85，液体收率97%，达到了国际同类装置的水平。

(马晓华)

【伊朗炼厂改造项目顺利竣工并获广泛赞扬】 经过32个月的艰苦努力，由SEI承担EPC总承包、合同总价约1.5亿美元的伊朗炼厂改造(CROS)项目一期工程于2003年11月全部竣工。2003年3月22日，NEKA罐区开始接卸从里海沿岸国家输入的原油，进罐储存并顺利经管道泵送至德黑兰；5月初，大布里士炼厂停车，经过40天艰苦奋斗，炼厂重新投油炼制，产品合格，各项指标均满足要求；9月及11月上旬，德黑兰炼厂南北两条炼油生产线分别投料试车成功。

2003 年 11 月 29 日，SEI 在伊朗举行了 CROS 项目完工招待会，整个项目的总承包工作圆满成功，项目进入保运期。该项目的圆满完成，得到了业主和石化集团公司领导的高度评价，为中国石化赢得了荣誉。伊朗石油部副部长称赞 SEI 是众多国外工程公司中最好的一个。该项目的成功实施，使 SEI 在按国际通行标准进行设计及项目管理方面取得了突破性进展，为 SEI 今后更大规模地进入国际市场奠定了良好基础。

（彭志强）

【SEI 建立人力资源分级管理体系和新的工资结构】 2003 年，SEI 根据石化集团公司的总体部署，按照国际接轨的要求，在反复研究和广泛征求意见的基础上，建立了人力资源分级管理体系和新的工资结构。SEI 人力资源分级管理体系分为运营管理、专业技术、项目管理、生产辅助 4 个系列共计 50 个职等。2003 年 10 月，SEI 开始实施以岗位工资为主的新的工资结构，实现了新老工资体系的平稳过渡，对完善 SEI 人力资源开发和激励约束机制奠定了基础。

（屈　波）

【SEI 博士后科研工作站正式成立】 2003 年 12 月 22 日，SEI 博士后科研工作站举行揭牌仪式，国家人事部、石化集团公司人事教育部的有关领导出席揭牌仪式。石化集团公司高级副总裁曹湘洪为工作站揭牌，首届 2 名博士后正式进站。SEI 博士后工作站的正式挂牌成立，对中国石化工程建设行业培养和吸引人才，推进技术进步与创新，加快科技成果转化，强化 SEI 在产、学、研相结合中的桥梁和纽带作用，促进中国石化工业和石化集团公司的技术发展，将起到重要作用。

（景红玲）

【SEI 举行 50 周年纪念活动】 2003 年，适逢 SEI50 周年华诞。盛华仁、陈锦华、李毅中、叶如棠、侯祥麟等领导为 SEI 题词，石化集团公司发去贺信，盛赞 SEI50 年来取得的辉煌业绩以及为石化工业的发展和进步所做出的重大贡献，勉励 SEI 在创建国际型工程公司的征程中再谱华章。SEI 举办了一系列纪念活动，并向全体职工赠送了 50 周年纪念册——《辉煌历程 1953—2003》和纪念品。

（米元红）

【洛阳工程公司、兰州设计院从 SEI 整体划出】 2003 年 5 月 6 日，石化集团公司下发中国石化建[2003]218 号文《关于中国石化集团洛阳石油化工工程公司管理体制问题的通知》，洛阳工程公司从 SEI 整体划出；2003 年 8 月 6 日，石化集团公司下发中国石化企[2003]363 号文《关于兰州设计院、第三建设公司重组设立宁波工程有限公司的批复》，兰州设计院从 SEI 整体划出。

（米元红）

【SEI 选派项目管理人员赴美国 Fluor 公司培训】 2003 年 2 月，SEI 选派 25 位项目管理人员赴美国 Fluor 公司进行项目管理培训。此次培训分为两个阶段：第一阶段从 2 月 17 日—3 月 1 日，由 Fluor 公司专家在北京进行项目管理理论知识培训；第二阶段从 8 月 11—22 日在美国 Fluor 公司总部进行项目管理实际操作方法的培训。这次培训对培养一支符合国际工程项目要求的高级项目管理队伍，加快 SEI 与国际接轨步伐将起到积极作用。

（庄石珍）

【SEI 召开第一届党代会】 2003 年 3 月 25—26 日，SEI 在炼油设计楼召开了第一届党代会，124 名正式代表和 60 名列席代表参加会议。大会分别审议批准了刘玉焕、孟庆晖同志代表公司党委、纪委所作的工作报告，选举产生了公司第一届党委会(7 人)和纪委会(5 人)。石化集团公司有关部门领导王培军、苏文生、吉秀海等出席会议。

（牟洪章）

【SEI 召开第一届职工(会员)代表大会】 2003 年 4 月 8—9 日，SEI 第一届职工(会员)代表大会在炼油设计楼召开。参加会议的正式代表有 181 人，列席代表 66 人；石化集团公司直属机关工会主席刘宝申、副主席陈其胜出席了大会。王曰杰同志向大会作了题为《认真履行职责，努力开拓创新，团结和动员全体员工为实现公司宏伟目标而奋斗》的工作报告。会议选举产生了由 17 名委员组成的第一届工会委员会。

（刘颖异）

【SEI 召开第二届职工运动会】 2003 年 9 月 20 日 SEI 第二届职工运动会在首都体育学院田径场隆重举行。石化集团公司思想政治部主任苏文生等领导出席了开幕式。此次运动会有 19 个代表队1 254名运动员参赛，2 862人次参加了男女 3 个年龄段的 69 个田径和趣味项目的比赛，有 5 人次打破石化集团公司机关纪录。

（刘颖异）

【SEI召开质量工作会议】 2003年10月9日，SEI召开质量工作会议。总经理刘家明、党委书记刘玉焕等公司领导、副总师、职能部门负责人及项目经理等100余人出席了会议。刘家明总经理主持会议并讲话，王子宗副总经理作了公司2003年度质量工作报告，专业室、项目组以及职能管理部门代表在大会发言。会议交流了经验，明确了近几年质量管理的目标和要求，促进了质量管理工作的深入开展。10月末，SEI质量管理体系顺利通过了外部监督机构开展的年度监督审核。

（梁　正）

【SEI召开信息化工作会议】 2003年8月，SEI召开了首次信息化工作会议，总结了公司2年来的信息化工作，交流了经验，表彰了先进，明确了今后3年信息化建设的方针、目标和发展思路，部署了近期信息化建设的具体任务，进一步推动了公司信息化进程。

（高学武）

【大型设计及管理软件的开发应用取得新突破】 2003年，SEI在五大软件系统的开发应用方面取得新突破。运营管理系统（OA）的开发应用完成了恢复、普及与完善工作，实现了系统整合，进入全面的提高阶段，它的推广应用促进了公司管理水平和工作效率的提高；材料管理系统（MARIAN）结合具体建设项目，边开发边应用，取得突破性进展和明显的成效，进一步规范了材料管理程序，实现了多专业协同工作，满足了项目的需求，得到了国外同行和业主的赞赏。该系统的开发应用有力地促进了采购管理和材料控制工作的程序化与国际化；三维工厂设计系统（PDMS）进行了大量的二次开发与定制工作，打通了全部流程，并在项目中得到成功应用，取得了良好效果；PDS系统在规范化、程序化和应用深度上有了新进展，利用SP Review进行设计审查工作正在规范化，SP PID在南海项目上的开发应用也有新突破，达到国际领先水平；项目文档管理系统（DOCUMENTUM）的开发应用取得初步成果，制定了文档结构和编码规则，确定了文档属性和权限与分发矩阵，正在6个项目上应用和进一步开发。

（高学武）

【IDI完成ISO 9000标准1994版到2000版的转换，通过了认证审核】 2003年，IDI按照2000版ISO 9000标准的要求，开展了重塑质量管理体系的工作，将原有的22个程序文件和37个作业文件分别整改为14个和22个。IDI新的质量方针为：管理科学，技术先进，服务优良，持续改进，顾客满意；质量目标为：信守合同，履约率100%；保证质量，合格率100%；工程勘测优良率85%；岩土施工优良率50%。无重大质量、安全事故。2003年10月，IDI新的质量管理体系通过了外部认证审核工作。

（武竹艳）

【IDI新技术的引进与应用见成效】 工程测绘专业积极解决工程项目中的技术难题，将阿斯泰克动态双频GPS接收机的应用、SV300测绘软件的二次开发与应用以及“数字地面模具”的建立等几项新技术贯穿于测绘工程工作之中，使技术水平、劳动生产率都得到了很大的提高。

（武竹艳）

表1　　2003年SEI主要项目投料试车一览表

序　　号	项　　目　　名　　称	投料试车日期
1	中国石化天津石化新乙烯回收技术扩大中试装置总承包	3月18日
2	中国石化广州20万吨/年聚乙烯装置改造	4月20日
3	中国石化仪征化纤股份公司45万吨/年PTA装置及公用工程	4月23日
4	中国石化仪征化纤股份公司45万吨/年PTA污水处理场	4月23日
5	中国石化长岭分公司10万吨/年聚丙烯装置改造	5月10日
6	中国石化燕化一厂6万吨/年BA115乙烯裂解炉	7月20日
7	无锡树脂厂2.5万吨/年双酚A装置	11月28日
8	中国石化燕化公司环氧乙烷精制单元扩能改造	11月18日
9	中国石化北京燕山分公司炼油厂加氢裂化—连续重整联合装置改造	6月4日

续表

序　号	项　目　名　称	投料试车日期
10	中国石化北京燕山分公司炼油厂第三套催化裂化装置改造	6月6日
11	延炼实业集团公司100万吨/年催化裂化装置扩能改造	7月1日
12	延炼实业集团公司40万吨/年柴油加氢精制装置	9月8日
13	中国石化胜利油田有限公司石化总厂150万吨/年常减压蒸馏装置改造	9月11日
14	中国石化济南分公司80万吨/年重油催化裂化装置	10月21日
15	大连港务局海滨原油罐区及配套系统	11月22日
16	中国石化北京燕山分公司炼油厂第二套催化裂化装置改造	12月12日
17	中国石化西南油气田分公司南充炼油化工总厂35万吨/年重油催化裂化装置改造	12月25日
18	伊朗德黑兰北厂常减压蒸馏装置改造	11月2日
19	伊朗德黑兰南厂常减压蒸馏装置改造	9月6日
20	伊朗大布里士常减压蒸馏装置改造	6月18日
21	伊朗大布里士减粘裂化装置	6月18日
22	伊朗大布里士脱硫脱硫醇装置	6月18日

中国石化集团上海工程有限公司

【概述】 中国石化集团上海工程有限公司(以下简称上海工程公司)，原名中国石化集团上海医药工业设计院(SPIDI)，位于上海市浦东新区张杨路769号，英文简称SSEC，注册资本人民币2亿元。

上海工程公司创建于1953年，曾用名“化工部上海化工医药设计院”、“国家医药管理局上海医药设计院”、“中国石化集团上海医药工业设计院”等，是国内历史最久的医药专业设计单位，也是国内最早从事石油化工和化工工程设计的大型综合性勘察设计单位之一。2002年，根据石化集团公司的决定，中国石化集团上海医药工业设计院联合中国石化上海金山工程公司和上海高桥石化设计院进行重组，依照《中华人民共和国公司法》组建为有限责任公司，更名为“中国石化集团上海工程有限公司”。

上海工程公司至今已走过50年历程，专业配置齐全，装备先进，持有多项专利技术，拥有一支技术精湛的工程技术队伍，积累了丰富的实践经验。1999年6月通过ISO 9001质量管理体系认证，2002年5月完成ISO 9001:2000版转版。

上海工程公司现持有化工、石化、医药、建筑工程设计、建筑智能化设计、环境保护、环境评价、工程勘察、工程造价、工程咨询、石油天然气、轻纺、商物粮行业等十多项甲级资质，取得了甲级工程总承包、二级工程施工总承包、乙级测绘证书，以及轻工、市政、电子、冶金等行业与压力容器、压力管道设计的资格证书、科技咨询证书等，对药品生产符合GMP要求的工程设计具有专长。

上海工程公司可以承接石油化工、医药、化工、化纤、炼油、天然气、油(气)集输、油(气)品储运销售设施及基础设施、轻工、电子、食品、冶金、工业与民用建筑、环境保护、市政等诸多领域的工程勘察设计和EPC总承包。

上海工程公司拥有工程技术人员1 100多人，其中，国家级设计大师5名，中、高级职称720人，各类执业资格人员110人。

截至2003年底，上海工程公司共完成各类工程项目4 000多项，其中大部分是国内石油化工、化工、医药等行业中的重点工程项目；共获国家、部、省(市)级优秀工程设计、科技进步等各类奖项400多项；还主办并编辑出版《化工设备设计》、《制药机械》、《医药工程设计》3种技术刊物。

2003年是上海工程公司重组改制后全面正常运作的第一年，各项指标和任务极具挑战性，全体干部、职工团结融合，充分发挥积极性，化解非典型肺炎带来的影响，艰苦奋斗，在石化、医药、化工、炼油、化纤等诸多领域取得显著成绩，生产经营继续保持较好势头，各项工作均完成或超额完成年初预定目标。全年共签订合同642项，完成各类工程及设计项目279项、审图项目360项，完成设计投资额65亿元。13项工程获奖，6项技术开发通过石化集团公司组织的鉴定和审查。HSE(健康、安全与环境)管理体系建立和认证工作也于年内全面启动。

(魏永忠)

【上海工程公司创建50周年】 2003年，上海工程公司创建50周年，公司贯彻“既简朴又有意义”的原则，在10月下旬举办庆典活动，并编写了70余万字的《公司五十年发展历程》。庆典不开大会，不搞大型活动，不请来宾，由各部门自行组织形式多样的活动，讲传统、讲团结、讲奋进，提炼企业精神，提升企业形象，要求干部、职工做一名有理想、有道德、讲文明、守纪律的员工，并把公司50年来几代人积淀的宝贵传统——“艰苦奋斗、开拓创新、团结协作、诚信服务”的精神代代传下去。

(魏永忠)

【完成工商更名及资质更名手续】 结合2002年的重组改制工作，上海工程公司抓紧办理工商登记更名手续，于2003年4月完成工商更名登记，更名为“中国石化集团上海工程有限公司”，依照《中华人民共和国公司法》组建成为有限责任公司。各项资质更名工作也相继展开，年内完成了综合设计资质证书、勘察资质证书更名手续，通过了压力管道、压力容器设计资格换证审查，其他行业专项资质证书的更名工作也按计划进行。

(魏永忠)

【被上海市政府授予“上海市优秀公司”、“上海市文明单位”荣誉称号】 上海工程公司积极参与上海市创建文明工地和重点工程立功竞赛活动，通过建立领导小组，组建项目临时党支部，健全制度，责任到人，树立公司新形象、新品牌，使各个项目的进度和安全均处于受控状态。在上海市2003年度重点工程实事立功竞赛表彰大会上，上海工程公司被授予“上海市优秀公司”荣誉称号，2个集体分别获得“上海市优秀集体”、“重大工程文明工地”荣誉称号，5位个人分别获得“上海市建设功臣”、“上海市市级记功个人”、“上海市优秀组织者”荣誉称号。在上海市2003年精神文明建设工作会议上，上海工程公司被命名为“上海市文明单位”。

(魏永忠)

【百强排序名列前茅】 2003年，中国勘察设计协会、中国工程咨询协会对从事工程项目管理和工程总承包企业营业额进行了统计，上海工程公司在2002年工程总承包百名排序中列第2位。另据国家建设部2003年发布的全国工程勘察设计企业2002年年报汇总资料，在2002年全国工程勘察设计企业营业收入前100名企业中，上海工程公司排名第21位。

(魏永忠)

【赛科、扬巴、齐鲁、金山等重点项目按节点进展】 2003年，上海工程公司共有几百个工程项目全面展开，有10项总承包项目同时进行，数量多，规模大。上海工程公司合理调度，明确重点，将上海赛科50万吨/年乙苯/苯乙烯、30万吨/年聚苯乙烯、60万吨/年聚乙烯、外围和公用工程、南京扬巴一体化16万吨/年丙烯酸及21.5万吨/年丙烯酸酯、25万吨/年丁辛醇六大项目和齐鲁石化30万吨/年丁辛醇改造、上海石化1#常减压蒸馏装置易地改造等工程项目列为生产重点，每周召开项目协调会，一手抓生产，一手抓基础工作，派遣质量工程师常驻项目，明确各专业室分管主任，组织编制工程建设标准体系和采购、施工、材料控制、仓储、费用控制等工程总承包工作手册，使EPC项目有章可循。经过各部门通力协作，各项目均按预定节点顺利进展。赛科、扬巴六大项目预计在2004年春节前后完成施工图设计。齐鲁石化丁辛醇改造于11月1日开工打桩，上海石化1#常减压蒸馏装置易地改造于12月31日开工打桩。

(魏永忠)

【推行分层次、系统化的教育培训】 2003年，上海工程公司探索教育培训新路子，推进分基础层、中间层、提高层三个层次、系统化的培训工作：基础层，通过专业室组织和网络考试，进行设计技能、质量管理和行政管理制度基本知识培训；中间层，紧贴EPC业务，开展例行的技术轮训和持证继续教育培训；提高层，由个人报名、部门推荐、专家评议，选派在项目执行和日常考核中成绩突出的人员外出培训。按照以上方针，2003年教育培训工作取得新成效，有9名专业人员通过了美国项目管理学会(PMI)的PMP(项目管理专业人员资格)考试。

(魏永忠)

【改制分流第一阶段工作结束】 2003年，上海工程公司按计划推进改制分流工作，在纳入试点实施的8个改制企业中，有7个企业完成了改制分流试点，完成工商登记变更手续，分流人员154人，再一次精简了队伍，第一阶段改制分流工作基本结束。

（魏永忠）

【《化工工艺设计手册》第三版出版】 上海工程公司编写的《化工工艺设计手册》于 1986 年和 1996 年发行了两版，总发行量达 10 万余套，其实用性受到好评。2002 年，化学工业出版社决定修订再版，上海工程公司本着科学严谨、不断进步的精神，再次组织专业人员成立编委会，认真编修。该手册第三版于 2003 年 10 月由化学工业出版社出版发行，全书五篇 36 章，450 万字。第三版保持了第二版的原有特色，并尽力增强实用性、综合性，偏重于使用者查找方便，同时，体现设计行业技术发展，介绍新的设计方法和手段，特别是计算机软件和 CAD 应用，较为全面地反映了现代设计管理运作程序、方法和手段。

（魏永忠）

【扬子 65 万吨/年乙烯改造工程乙烯装置通过性能考核】 2003 年 9 月，上海工程公司承担设计的扬子石化 65 万吨/年乙烯改造工程乙烯装置，经过一年稳定运行，顺利通过性能考核，各项指标均达合同规定值，工程圆满成功。该改造工程于 2002 年 9 月建成投产，采用了大型高效裂解炉、急冷油粘度控制系统、高效换热器、分离器、二元制冷和 CD 催化精馏等一系列高新技术，使改造后的装置能耗、物耗有较大下降，投资省，流程短，运行成本低，达到 20 世纪末世界先进水平。

（魏永忠）

【500 吨/年泰乐菌素项目技术创新获高度评价】 继完成西安亨通光华制药有限公司一期工程 200 吨/年泰乐菌素项目后，上海工程公司又承接了二期工程 500 吨/年泰乐菌素项目，于 2003 年 5 月开始初步设计。该二期工程建发酵罐总容积2 500米^3，最大发酵罐容积 180 米^3。设计人员在对原有 4 台 30 米^3 中试发酵罐系统摸索的基础上，进行工程放大，对发酵罐及搅拌系统、提取设备大型化和公用工程配置进行重大创新。在 110 米^3 发酵罐中，采用适合于泰乐菌种的轴向流和径向流组合叶轮，大大改善了整个罐内的传热、传质和供氧条件，在单位体积发酵罐电机功率下降 20%的条件下，发酵单位提高了 30%，为制药公司带来了极好的效益。设计人员进一步改进公用工程节能方案，设计了 2 个系统组合冷却的自控方案，进一步降低发酵罐冷却能耗。

在发酵罐搅拌电动机功率选择上，设计人员考虑到前期几个小时培养基消毒时的功率，要比 180 小时发酵过程的功率大 25%左右，于是采用一套变频系统交替拖动几台发酵罐培养基消毒低速搅拌，而在正常发酵时仍采用全速搅拌工艺，使发酵罐电机功率选择减少了 20%，达到节能效果。此外，还对一、二期大型空压站、冷冻站、循环水系统和供热系统进行全面节能设计。一系列节能措施使制药公司每年可节约 10%的电能(折合 800 万千瓦·时)。

2003 年 10 月，二期工程 500 吨/年泰乐菌素项目通过初步设计审查，审查会专家对项目中的技术创新给予了高度评价。该项目可行性研究报告被评为 2003 年度全国优秀工程咨询成果奖二等奖。

（魏永忠）

【SPG 聚丙烯连续本体聚合新工艺工业应用通过技术鉴定】 2003 年 11 月，上海工程公司自主开发的 SPG 聚丙烯连续本体聚合新工艺工业应用通过石化集团公司组织的技术鉴定。该工艺经过多年开发，在完成中试技术开发基础上，进行了工业化技术开发，并在石油集团公司辽河石化公司建成 2 万吨/年工业化装置，在国内首次实现工业化应用，长周期稳定运行。鉴定会认为，SPG 工艺流程设计合理，在催化剂加料、釜式连续预聚技术、淤浆聚合与卧式釜气相聚合组合的工艺上均有所创新，采用 SPG 工艺建成的工业化装置国产率高，部分设备系国内首次试制、应用，为降低建设投资提供了基础，而且，SPG 装置运行稳定，产品质量较好，其中气相釜压力较高，有利新产品开发，具有较好推广应用价值。该工艺已取得国家发明专利，并获 2003 年度石化集团公司技术发明三等奖。

（魏永忠）

【过氧化二异丙苯(DCP)成套技术工艺包通过技术鉴定】 2003 年 11 月，由上海工程公司与高桥石化精细化工厂共同开发的过氧化二异丙苯(DCP)成套技术工艺包通过石化集团公司组织的技术鉴定。经过科研开发、技术改造和攻关，DCP 装置在多年生产实践中形成了具有特色的成套先进技术，上海工程公司在此基础上组织开发的 DCP 成套技术工艺包，内容、深度达到石化集团公司《石油化工装置工艺设计包(成套技术工艺包)》规定要求，技术先进可靠，提供的产品物耗、能耗、产品质量指标达到国际先进水平。

（魏永忠）

【获全国优秀工程设计金质奖 2 项、其他奖项 11 项】 经行业专家评选，全国优秀勘察设计评选委员会审定，上海工程公司承担设计的扬子石化 60 万吨/年精对苯二甲酸(PTA)装置改造工程、与华北制药集团规划设计院合作设计的1 500吨/年青霉素生产线，分别获得第十届全国优秀工程设计金质奖。

国家新药筛选中心国家上海新药安全评价研究中心、葛兰素威康(苏州)制药项目分别获得第七次全国医药优秀工程设计一等奖和二等奖。上海浦东新区生活垃圾焚烧厂、桂林金科实业总公司基因工程分别获得石化集团公司优秀工程设计一等奖。与上海石化联合完成的3万吨/年腈纶工程化成套技术开发项目获2003年度石化集团公司科技进步一等奖。西安亨通光华制药有限公司500吨/年泰乐菌素改扩建工程可行性研究报告、上海石化90万吨/年乙烯工程可行性研究报告分别获得全国优秀工程咨询成果奖二等奖。上海石化120万吨/年柴油加氢精制装置及配套工程、大连珍奥药业有限公司制剂车间技术改造项目分别获得石化集团公司优秀工程设计三等奖。压力容器设计技术条件专家系统获石化集团公司优秀工程设计计算机软件三等奖。SPG聚丙烯连续本体聚合新工艺开发获2003年度石化集团公司技术发明三等奖。

（魏永忠）

中国石化集团洛阳石油化工工程公司

【概况】 中国石化集团洛阳石油化工工程公司(以下简称洛阳工程公司)前身是石油部抚顺设计院，创建于1956年10月，位于河南省洛阳市，占地约28.86万米^2；是石化集团公司直属的、集工程设计、承包、监理和石化炼制工艺、设备研究于一体的国家重点勘察设计企业，拥有国家化工、石化、医药、建筑行业工程设计、工程承包、工程监理、工程造价咨询、工程咨询、环保影响评价甲级资质，压力容器和压力管道甲级设计资质、石油天然气行业油气库和管道输送工程、市政行业燃气和排水工程甲级设计资质、商业系统工程咨询甲级资质、市政行业给水和热力工程乙级设计资质，具有对外经济合作经营和进出口资格，石化集团公司节能技术中心和总图、储运、建筑设计技术中心站挂靠在洛阳工程公司，并承办《炼油技术与工程》和《石油化工腐蚀与防护》等国家重点科技期刊。

2003年按照石化集团公司决定，洛阳工程公司从工程建设公司整体划出，直属石化集团公司管理；广州石化总厂所属广州中元石油化工工程有限责任公司(以下简称中元公司)整体并入洛阳工程公司，组建中国石化集团洛阳石油化工工程公司广州分公司(以下简称广州分公司)；洛阳工程公司将所属炼制研究所和设备研究所合并组建中国石化集团洛阳石油化工工程公司工程研究院(以下简称工程研究院)。经过几年深化改革，洛阳工程公司职工由1997年的4 370人减到2003年底的2 192人(不含广州分公司和内部退养职工)，其中中国科学院院士1人，国家设计大师3人，享受政府特殊津贴的专家22人，教授级专业技术职务人员24人，高级专业技术职务人员523人，各类注册工程师182人。

洛阳工程公司2003年完成工程设计投资59亿元，完成工程总承包投资7.7亿元，实现利润1 825万元，年末资产总额8.7亿元(其中固定资产1.9亿元)；获国家优秀工程设计奖4项，获河南省工程勘察设计创新特等奖2项；完成科研开发项目27项，通过部级鉴定9项，获国家专利授权19项，登记中国石化专有技术14项，获国家科技进步奖1项，获中国石化科技进步奖14项；按照GB/T19001—ISO 9001:2000标准通过了质量管理体系换证审核。

（唐会炘）

【中元公司整体并入洛阳工程公司】 2003年6月13日经石化集团公司批准，广州石化总厂所属中元公司整体并入洛阳工程公司，同年6月18日正式成立洛阳工程公司广州分公司，同时中元公司作为洛阳工程公司的全资子公司，保留独立法人资格，实行“一个机构两块牌子”。广州分公司原为广州石化总厂所属广州石油化工设计院，始建于1973年，1998年改建为国有独资有限责任公司——中元公司，位于广州市黄埔区，建筑面积1.58万米^2，注册资金5 000万元，是集工程设计、工程承包、工程管理、技术咨询为一体的工程设计企业；具有工程施工总承包二级企业资质，石油产品深加工、石油及化工产品储运工程设计甲级、化工石化医药行业工程设计乙级、广东省自动消防系统工程设计甲级、市政公用行业燃气(含加油站)工程设计乙级资质，工程咨询乙级资质及压力容器、压力管道设计资质，可承担石油化工、化工、建筑行业的工程设计、工程总承包、工程技术咨询等业务；2002年按照GB/T19001—ISO 9001:2000标准通过了质量体系换证审核。截至2003年底有职工164人，其中教授级高级工程师1人，高级专业技术职务人员36人，中级专业技术职务人员80人，各类注册工程师12人，各类项目经理资质人员35人。2003年完成工程设计投资2.99亿元，实现利润81.44万元，年末资产总额1.66亿元(其中固定资产0.39亿元)；承担工程总承包的“华德石化有限公司原油码头及配套设施二期扩建工程”获2003年度国家优质工程银质奖。

（唐会炘）

【组建工程研究院】 2003 年 7 月 18 日按照石化集团公司的批复，洛阳工程公司将所属炼制研究所和设备研究所合并组建工程研究院，仍按石化集团公司直属科研院所管理，独立核算。工程研究院是集石油化工工艺、设备研究于一体的科研单位，在化学工程、炼化工艺、石油化工腐蚀与防护、石化助剂、特种油品、环保检测等研究领域具有突出特色，国家燃料油质量监督检验中心和石化集团公司石油化工设备防腐蚀研究中心、石油化工设备质量监督检测中心站、加热炉检测评定中心洛阳中心站挂靠在工程研究院，并承办国家重点科技期刊《石油化工腐蚀与防护》。截至 2003 年底有职工 335 人，其中教授级专业技术职务人员 7 人，高级专业技术职务人员 83 人，中级专业技术职务人员 147 人。2003 年开展科研课题 61 项，完成 16 项，通过技术鉴定 9 项，获国家专利授权 9 项，获石化集团公司科技进步奖 7 项，科研收入3 654万元，年末资产总额 1.07 亿元（其中固定资产 0.45 亿元）。其科研成果转化基地有多项国家级新产品，2003 年实现销售收入3 293万元，利税 304 万元。

（唐会炘）

【渣油加氢脱硫成套技术获国家科技进步一等奖】 由洛阳工程公司和茂名分公司、抚顺石化研究院、齐鲁分公司联合开发的渣油加氢脱硫技术，是国家“九五”重点科技攻关项目，在 2002 年度国家科技进步奖评选中获一等奖。洛阳工程公司承担了工程技术攻关和工程设计，在进行工艺设备国产化和装置大型化技术开发的同时，开展了渣油生成油的催化剂性能试验、结焦积垢抑制剂开发、原油深度脱盐及设备防腐蚀等 7 项课题的技术攻关。中茂名分公司 200 万吨/年渣油加氢脱硫装置投产后，与采用引进技术的其他同类装置相比，工艺流程更完善合理，催化剂活性高、稳定性好，产品性能和脱金属、脱硫、脱氮、脱残炭等均优于设计指标，整体技术达到国际先进水平，填补了中国在含硫原油加工技术领域的空白。该项目共申请国内外专利 86 项。

（唐会炘）

【4 项工程设计获国家优秀工程设计奖】 在第十届全国优秀工程设计奖评选中，洛阳工程公司设计的茂名 200 万吨/年渣油加氢脱硫装置获金质奖；长岭 50 万吨/年低压组合床重整装置、镇海 300 万吨/年催化裂化装置获银质奖；与镇海炼化工程公司联合设计的镇海 150 万吨/年常减压蒸馏装置改造（800 万吨/年常减压蒸馏装置）获铜质奖。

（唐会炘）

【14 项科研成果获石化集团公司科技进步奖】 洛阳石化工程公司 14 项科研成果获石化集团公司 2002 年度科技进步奖。其中多产异构烷烃的催化裂化工艺（MIP）工业应用和高效电脱盐/脱水技术的研制与开发等 2 项获一等奖；低压组合床重整技术、催化裂化再生系统设备裂纹原因及对策的研究、加氢裂化工艺与工程等 3 项获二等奖；芳烃型橡胶填充油的开发与工业应用、HAF－1 型渣油加氢处理阻垢剂的研制及工业应用、EDC－140 环保型酯类铜管拉拔油、第二代降低催化裂化汽油烯烃助剂的开发、新型催化裂化汽提设备的开发、TAKW3600－20/2600 增安型无刷励磁同步电动机、3Cr－1Mo－1/4V 材料及加氢反应器研制、大型催化裂化烟气能量回收系统三旋的研究与开发、催化裂化先进控制等 9 项获三等奖。

（唐会炘）

【催化裂化降低汽油烯烃技术开发通过国家验收】 在石油化工科学研究院、抚顺石化研究院和洛阳工程公司共同承担的国家“十五”科技攻关项目——“清洁汽车材料及油品技术开发”项目中，洛阳工程公司承担“第二代降低催化裂化汽油烯烃助剂（LAP－2）”等 2 项子课题的攻关。2003 年底国家科技部高新技术司和中国石化科技开发部联合主持对课题进行了评议和验收。国家科技委的验收报告指出，课题达到攻关总体目标要求，技术属于同类国际先进水平。

（唐会炘）

【9 项科研成果通过技术鉴定】 洛阳工程公司 2003 年完成 27 项科研开发课题，其中降低催化裂化再生烟气 NO_x 助剂的研究、CAF－1 型延迟焦化加热炉阻焦剂的研制、催化裂化汽柴油非临氢脱硫技术研究、天然气分离装置研究、神经网络技术在复杂腐蚀体系的应用、炼油装置防腐综合成套技术开发（材料部分）、催化裂化吸收稳定系统防腐蚀应用研究、PX 装置大型化工程技术开发及镇海炼化 180 万吨/年蜡油加氢脱硫技术开发等 9 项成果通过石化集团公司组织的技术鉴定。

（唐会炘）

【2 项工程设计获河南省工程设计创新特等奖】 洛阳工程公司承担的洛阳化纤工程 16 万吨/年 PX 装置和 22.5 万吨/年 PTA 装置工程设计，在 2003 年河南省勘察设计协会工程设计创新奖评选中获特等奖。1998 年洛阳工程公司承担了 2 套装置的设计和总承包任务，在技术引进谈判中对国外公司的工艺技术从工艺流程、能量利用、三废排放和产品质量等方面提出合

理建议，在基础设计联络中又提出调整中间罐、缓冲罐设置和优化供料模式、改进固体物料输送配置方案等措施，保证了装置工艺技术和设备技术的先进可靠。2000 年 2 月和 5 月 2 套装置先后投产并生产出合格产品，2002 年曾获国家工程总承包银钥匙奖。

（唐会炘）

【扬—巴项目冷却塔工程总承包获最佳实施表现奖】 洛阳工程公司 2002 年通过投标承担了扬子石化—巴斯夫一体化工程中循环水场冷却塔供货和安装总承包任务。通过认真筹划、科学管理，保证了项目顺利实施，先后受到石化集团公司、业主、联合工程项目管理组的赞扬。2003 年 5 月获当月最佳质量总承包商奖，同年底在扬子石化—巴斯夫有限公司对参加该项工程建设的各类承包商进行的综合考评中，获最佳实施表现奖。

（唐会炘）

【镇海 45 万吨/年 PX 装置建成投产】 洛阳工程公司承担设计的石化集团公司重点工程、镇海炼化股份公司 800 万吨/年炼油改扩建工程(第二步)中最重要的 2 套核心装置、国内目前单系列规模最大的 45 万吨/年 PX 和 100 万吨/年连续重整联合装置 2003 年 4 月建成中交。1996 年洛阳工程公司开始进行 45 万吨/年 PX 的可研、配合业主进行引进工艺技术谈判，2000 年 12 月开展基础设计和详细设计，在消化引进专利技术基础上，应用自行开发的装置大型化工程技术成果，完成了大型反应器、再沸器、加热炉、二甲苯分馏塔以及大直径管件的工程技术开发和工程设计，其中二甲苯分馏塔高 98 米、直径 8.4 米。2002 年 1 月开始施工，2003 年 4 月建成中交，同年 8 月 4 日生产出合格产品。

（唐会炘）

【FDFCC 技术实现工业应用】 洛阳工程公司开发的灵活多效催化裂化(FDFCC)工艺技术 2002 年完成工业试验并通过石化集团公司技术鉴定，同年开始用该技术对长岭分公司的 1# 重油催化装置进行技术改造，2003 年 5 月利用装置检修实施改造，一次投产成功。装置改造后运行平稳，催化汽油烯烃含量大幅度降低，汽油提升管出口改质汽油的烯烃含量在 18% 以下，硫含量降低 25—35 个百分点，装置加工重质原料油的适应性和操作灵活性、液化气和柴油产率显著提高，液化气中丙烯含量提高到 40%(体积)以上，丙烯产率提高 4 个百分点左右。后又在石油股份公司大庆分公司和齐齐哈尔石化总厂 ARGG 装置、清江石化总厂重油催化裂化装置的技术改造中应用，均顺利投产。中国石化经济技术研究院对 FDFCC 工艺进行了全面经济技术评价，认为与改造前比，掺渣比提高，产品分布改善，综合经济效益显著。

（唐会炘）

【获准设立博士培养点和博士后工作站】 2003 年洛阳工程公司与河南师范大学联合申报的挂靠在兰州大学的博士培养点获国家教育部批准，同年洛阳工程公司申报建立博士后工作站获国家人事部批准。

（唐会炘）

【质量管理体系通过换证审核】 洛阳工程公司在 1997 年通过 GB/T 19001:1994 质量管理体系认证的基础上，2002 年按照 GB/T 19001—ISO 9001:2000 标准要求，完成了 126 项约 100 万字的质量管理体系文件修订，同年 10 月发布实施。2003 年 8 月北京中设质量体系认证中心对洛阳工程公司质量管理体系进行了全面审核，认定质量管理体系文件符合标准要求，领导和员工均有较强的质量意识，拥有适用的硬件设备和工程设计所需的软件，资源满足资质证书范围内的工作需要，体系运行有效，持续改进机制基本建立，产品满足顾客和法律、法规的要求。同年 9 月换发了认证证书。

（唐会炘）

中国石化集团宁波工程有限公司

【概述】 中国石化集团宁波工程有限公司(以下简称宁波工程公司)是经石化集团公司批准，由原中国石化集团兰州设计院和中国石化集团第三建设公司重组设立的国有独资公司，注册地为浙江省宁波市科技园区。宁波工程公司在充分整合人才、技术、市场资源的基础上，实现优势互补，强强联合。其发展定位是以设计为先导，工程项目承包和工程项目管理为主体，拥有专有专利技术并具备融资能力，面向国内、国际两个市场提供技术服务和管理服务的全能型国际工程公司。

2003 年是宁波工程公司起步发展的一年。10 月，原兰州设计院和第三建设公司顺利完成重组，设立宁波工程公司。重组后的宁波工程公司按照新的发展要求和思路，在短期内基本实现了统一领导、统一薪酬、统一财务、统一经营的“四个统一”，实现了生产经营活动的平稳过渡。新公司按工程总承包、工程设计与工程施工 3 个板块进行运作。11 月，宁波工程公司初步完成组织机构调整，设 18 个职能部门，在上海及兰州分别设立了具备设计、制造和安装能力的分公司，同时设计板块设6室，施工板块设12个专业公司及多个项目经理部(项目部)，并成立有4个工程总承包项目部。截至2003年底，共有员工2 700余人，其中国家级设计大师2人，高级职称179人，中级职称521人，其他专业技术人员580余人。

宁波工程公司资质齐全。持有国家化工石化、医药行业及建筑行业建筑工程甲级工程设计证书，市政公用行业(燃气、热力、排水)乙级工程设计证书，工程造价咨询甲级资格证书，环境影响评价甲级资格证书，化工石油工程施工总承包一级资质证书，AR2、AR3级压力容器设计、制造许可证，压力管道设计、安装许可证，CNACL认可实验室资格证书、一至六级锅炉安装许可证和美国ASME锅炉和压力容器制造许可证以及国家商务部批准的对外经营资格证书等。宁波工程公司还持有中国船级社质量认证公司签发的ISO 9001认证证书。

宁波工程公司拥有30多项专有专利技术，形成企业独有的核心技术优势和施工安装能力。在天然气化工、石油化工、煤化工以及合成气化工等领域的设计处于全国领先地位；在管道钢结构工厂化预制、设备制造、大型储罐和长输管线施工、大型或特大型设备吊装方面构筑了强大的差异化竞争优势。2003年，宁波工程公司在EPC总承包项目上取得了长足的发展，实现了经营模式上的根本转变。

2003年，宁波工程公司全面完成了各项工程建设任务，各项经济技术指标均创历史最好水平。共完成建筑业总产值70487万元，完成设计投资额34.56亿元，实现设计收入首次超过亿元，达到1.07万元，与上年同期相比，分别增长了33.6%，243.54%和57.41%；实现利润5 610万元，与上年同期相比，增加了3 735万元，增幅为199.20%；完成建筑业劳动生产率为33.08万元/人，与上年同期相比增长率为41.67%。其中，产值、设计投资额、利润指标均创历史新纪录。

宁波工程公司紧密结合企业自身特点，自觉规范经营行为，不断深化改革、强化管理，有力地推动了新公司的融合发展。2003年，宁波工程公司被评为“中国石化集团公司安全生产先进单位”，“浙江省首届AA级守合同重信用企业”，并第四次获得“全国优秀施工企业”称号，总经理朱海兴获“全国优秀施工企业家”称号。

（宣淑瑛）

【企业重组工作顺利完成】　原兰州设计院和第三建设公司的重组作为石化集团公司层面上进行的跨行业、跨地区的专业化重组工作，石化集团公司十分重视，专门成立了宁波工程公司筹建协调组和筹备组。根据石化集团公司的整体部署，原兰州设计院和第三建设公司进行了多达十余次的高层接触，认真、细致、深入地做好专业化重组的各项准备工作。2003年6月下旬，石化集团公司副总经理刘根元率领总部有关部门到宁波进行考察指导。7月下旬，石化集团公司党组专门听取并批准通过了兰州设计院和第三建设公司的整体重组实施方案。8月6日，石化集团公司正式批复重组设立宁波工程公司。9月30日，完成了工商注册。10月29日，在宁波科技园区宁波工程公司新址举行了隆重的成立揭牌暨大楼奠基仪式。11月，及时进行了机构设置和调整，并明确了相应的职责和人员。宁波工程公司正积极推进内部改革，以促进新公司的融合发展。

（宣淑瑛）

【完成设计施工项目超百项】　2003年，宁波工程公司设计板块先后完成了前期工作28项，可行性研究报告15项，基础工程设计(初步设计)15项，详细设计(施工图)21项，现场服务23项。其中广州乙烯装置改造、丹化集团醋酐装置、兰化乙烯装置改造、兰化高密度聚乙烯装置、上海13万吨/年丙烯腈装置、大庆石化丙烯腈装置扩能改造、吉化公司丙烯腈装置改造、川维乙炔工程、乌石化一化肥气代油技改、宁夏一化肥油改气工程、大庆石化化工二厂汽轮机改造、白银集中供热等项目完成了设计、现场服务、协助开车等全部工作，实现了一次开车成功。

2003年宁波工程公司完成的主要施工项目有：镇海炼化45万吨/年对二甲苯装置工程、镇海炼化岚山一期2×10万米^{3}油罐及配套工程、无锡双酚A装置工程、上海卡博特5万吨/年新技术炭黑三期工程、宁波大榭利万工程、甬沪宁原油长输管线工程(上海段、宁波段)、上海白沙湾2×10万米^{3}油罐工程、杭州至湖州天然气管线工程、上海石油公司金闵管输工程等。其中镇海炼化45万吨/年对二甲苯装置、20万吨/年聚丙烯装置以及上海卡博特5万吨/年新技术炭黑三期等装置均在年内一次投产成功。

（宣淑瑛）

【获各类工程奖项14项】　2003年，齐鲁丙烯腈应用新技术扩能改造、安庆丙烯腈扩能改造项目、丙烯腈成套工业技术开发等7个项目分别获国家建设部2002年度优秀设计金质奖、石化集团公司2003年度优秀工程设计二等奖、2002年度国家科技进步二等奖、2002年度甘肃省科技进步一、二、三等奖；《上海石化丙烯腈装置技术改造可行性研究报告》获2002年度国家优秀工程咨询成果三等奖；上海石化20万吨/年聚丙烯、70万吨/年乙烯改扩建工程和150万吨/年加氢裂化等3套装置的安装施工，获上海市2003年度"申安杯"优质安装工程奖；镇海炼化180万吨/年蜡油加氢脱硫及300万吨/年柴油加氢精制联合装置被评为石化集团公司2003年度优秀施工奖；上海石化70万吨/年乙烯改扩建工程以及高化苯酚丙酮项目被上海市政府重大工程办公室授予"重大工程文明工地"称号。

（宣淑瑛）

【三大煤气化项目EPC总承包启动】 岳阳中石化壳牌、湖北化肥厂和安庆石化分公司等三大煤气化项目是宁波工程公司设立后承担的EPC总承包建设项目的重点。宁波工程公司多次组织专题会议，部署落实相关工作，并明确由两位副总经理分别出任三大化肥总承包项目的总监和副总监，负责协调项目建设。在全力加快详细工程设计的同时，按照"打捆运作、统一管理、资源共享"的思路，成立三个煤气化项目部，及时建立起包括进度计划、费用控制、材料控制、合同管理、QA/QC、HSE、IT和财务等体系的项目管理系统。为进一步实现相互间的资源共享，使项目管理尽快与国际接轨，IT中心组织技术力量，制定煤气化网站建设框架及后台数据库总体构架，为项目管理人员提供信息交流平台。三大煤气化EPC总承包项目的正式启动，为宁波工程公司实现向EPC总承包和项目管理方向的转变迈出实质性的一步。

（宣淑瑛）

【完成4项标准规范的修订工作】 2003年9月在成都召开的自控中心站技术委员会议上，石化集团公司自控中心站(设在宁波工程公司)作为组织单位，与其他主编单位共同对《石油化工仪表接地设计规范》、《石油化工安全仪表系统设计规范》、《石油化工仪表供电设计规范》、《石油化工仪表配管配线设计规范》等4个石化行业标准进行了修订审查。此4项标准规范的修改稿于11月25日通过各技术委员函审，并最后完成了报批稿。

（宣淑瑛）

【组织编写完成《石油化工工程建设概算实务》和《国际工程工程量清单计价方法》】 石化集团公司设计概预算中心站(设在宁波工程公司)协助石化集团公司工程建设管理部组织工程经济、设计、施工方面的专家编写了《石油化工工程建设概算实务》一书，并建立了试题库，本书被指定为中国石油化工行业造价员从业资格培训考试教材。同时，对于建设项目的业主、设计、承包、施工、监理等单位以及银行、审计、招投标管理等部门有较大的实用性和参考价值。此书于2003年12月正式向全系统发行。

为了配合《建设工程工程量清单计价规范》在石油化工系统的推广使用，促进工程造价计价依据和方法改革，石化集团公司设计概预算中心站于2003年8月组织编写出版了《国际工程工程量清单计价方法》一书，主要目的是通过对国际上通行的建设项目工程量清单计价方法和技巧的介绍，帮助技术人员正确理解、掌握和使用《建设工程工程量清单计价规范》。

（宣淑瑛）

【上海赛科乙烯仓储服务拓宽营销思路】 2003年春节后，宁波工程公司通过竞标，顺利承揽到上海赛科乙烯装置价值约27亿的物资、设备仓储服务项目。面对第一次以第三方身份并独立组织运作的这项大额仓储管理业务，宁波工程公司根据合同要求和仓储服务业务特点，在合同签订的45天内全面完成了机构设置、库区规划、资源配置、管理手册编制和治安消防系统设置，建立了以管理部门为龙头、3个仓库为主的接收质量检验业务管理体系、以安保部为龙头、3个仓库为主的HSE、治安消防管理体系和以调度室为龙头，运输装卸车辆、装卸工人为主的配送作业体系等三大组织管理体系，并分别在6月份通过了上海赛科方面和上海市公安局金山分局的验收、确认；7月初通过英国BP公司亚太地区物流治安首席执行官的验收。通过努力摸索仓储服务管理模式，拥有1万米^{2}室内仓库、2.5万米^{2}露天堆场的仓储服务项目部已开始成功运用仓储管理CONVERO系统，完成了和赛科公司的物流信息对接，并基本形成了适合赛科乙烯工程建设的材料设备接收、检验、入库、接单、配送的仓储物流链。宁波工程公司由此成为目前国内最大的石化项目仓储服务专业承包商。

（宣淑瑛）

【1 250吨吊车打造大型设备吊装品牌】 2003年，宁波工程公司围绕1 250吨吊车的运作管理，充分发挥核心优势，培育系统内外两个市场体系，在获得良好经济效益的同时，逐步形成了自身在大型设备吊装方面的品牌。继2002年两次刷新吊装记录后，2003年3月，宁波工程公司1 250吨吊车转战南京扬巴，顺利完成了60万吨/年乙烯装置第一台大型设备——重345吨的急冷水塔吊装；紧接着，1 250吨吊车联合吊装了高96米、重850吨的丙烯精馏塔，再次刷新了

国内石化特大型设备吊装的记录；时隔一周，又独立完成了该装置中“第一高塔”——重420吨、高97米的分离塔的吊装任务。此次扬巴征战，共完成17吊100吨以上的大型设备吊装任务，充分展示了宁波工程公司在石化施工板块中特大型设备吊装上的整体实力。6月，1250吨吊车和500吨吊车挺进大西南，联合参战川化集团二化技改项目。在国内首次采用二台大型吊车联合作业，分别将重223吨和376吨的该项目核心设备汽提塔和甲铵冷凝器顺利吊装就位。之后，1250吨吊车或以施工总承包方式，或以设备租赁方式，参与上海漕泾赛科90万吨/年乙烯项目中的乙烯、聚乙烯、聚丙烯、丙烯腈、苯乙烯、芳烃/丁二烯等多套装置近70台特大型及大型设备吊装。

（宣淑瑛）

中国石化集团第二建设公司

【概述】 中国石化集团第二建设公司(以下简称第二建设公司)位于江苏省南京市栖霞区，占地面积65.95万米^2，是国家一级大型施工企业；具有建筑、安装、设备制造、大型设备运输和吊装、理化检测、物资采购等综合配套施工能力。持有化工石油工程总承包一级资质证书，国家一、二、三类压力容器设计、制造及现场组焊许可证，D≤220吨/时、P≤10兆帕锅炉安装许可证，美国机械工程师协会的ASME“U”钢印证，压力管道安装许可证，国家职业安全卫生管理体系HSE认证证书和ISO 9001质量体系认证证书等。

截至2003年底，第二建设公司下设8个生产单位，3个后线单位，职工总数3 870人，其中高级职称92人，中级职称413人，初级职称722人；主业人员3 521人，一级项目经理资质的专业人员100人，各类持证焊工650人，并可根据需要及时调配协作单位专业管理人员及技术工人约8 000人。拥有固定资产1.58亿元，拥有包括国外引进的500吨、280吨、160吨大型吊车在内的各种施工机械设备1 754台，总功率2.02万千瓦。

2003年，第二建设公司围绕工程建设，全面实施精品战略，强化了ISO 9001质量体系和HSE管理体系的有效运行，工程管理水平得到进一步提升。安庆石化总厂120万吨/年催化“两器”更新工程、仪征化纤股份公司45万吨/年PTA装置、镇海炼化股份公司100万吨/年重整装置、镇海炼化股份公司20万吨/年聚丙烯装置及配套火炬工程、青岛石化厂15万吨/年重整装置、扬子石化股份公司2台2 000米^{3}球罐、扬子石化股份公司储运厂2万米^{3}低温储罐、南京化学工业园次管廊钢结构工程、泉州德化隆泰化工有限公司3万吨/年氯酸钠工程、吴江丝绸公司8万吨/年聚脂装置、涌沪宁进口原油管道工程镇海中转油库2台10万米^{3}储罐、涌沪宁进口原油管道工程、山东垦利炼油厂30万吨/年汽柴油加氢装置、齐鲁石化公司胜利炼油厂140万吨/年延迟焦化装置加热炉项目、清江石化厂8万吨/年煤油加氢精制装置、广饶石化总厂15万吨/年气分装置等工程，无论是工程质量、工期、HSE管理、文明施工、现代化管理，还是服务等方面都满足了业主和总包方的要求，树立了公司良好的企业形象和队伍形象。2003年共完成工程管理总产值8.2亿元，其中自营施工产值5.8亿元，实现利税总额2 205万元。

2003年，第二建设公司顺利通过了ISO 9001质量体系的复审和HSE管理体系的监督审核；承建的济南炼油厂120万吨/年加氢工程获江苏省省外优质工程奖(扬子杯)；扬子石化股份公司20万吨/年聚丙烯、金陵石化公司热电厂2×220吨/时CFB锅炉工程获石化集团公司优秀施工奖。第二建设公司还被评为2003年度全国用户满意企业、江苏省建筑业最佳企业和江苏省2002年度质量管理先进单位(2003年颁奖)。

（张章兴）

【25项工程按期竣工】 2003年，第二建设公司施工任务主要分布在江苏、山东、安徽、浙江、福建、江西、湖北等7省、17市、30个建设单位共89个施工项目。全年共完成中交(竣工)项目25个，装置检修改造27套，新开项目26个，非标设备制造203台计3 280吨。单位工程(产品)质量合格率为100%，安装工程单位工程质量优良率为97.06%，土建工程单位工程质量优良率为84.62%，焊接一次合格率达到96.77%，设备制造一等品率为84%，计量器具周检率为98.60%，重大工程质量事故为零，重伤、死亡事故为零。各项工程(产品)均提前或按期实现控制点目标，竣工项目全部实现投料试车一次成功。

2003年，第二建设公司在围绕工程建设、创建精品工程的同时，加快技术进步，积极进行技术攻关。在镇海岚山4台10万米^{3}大型储罐的施工过程中，全面推行数控切割下料技术，解决了大型储罐立缝自动焊一次成型的难题，并完成了角缝自动焊机的改造，工程进度和质量得到业主和监理方的高度评价。在镇海聚丙烯铝镁料仓施工中，第二建设公司从更新焊接设备、完善焊接工艺两方面入手，解决了铝镁料仓焊接一次合格率低的技术难题，焊接一次合格率达95%以上，达到国内领先水平。为满足扬巴工程施工需要，第二建设公司在江北生产基地筹建了集软、硬件于一体的管道自动生产线，实现了管道工厂化预制，大大提高了工艺管道的施工效率。

2003年第二建设公司完成的主要工程项目见表1。

（张章兴）

【开辟长输管道施工新领域】 2003年，第二建设公司承接了涌沪宁进口原油管道句容段工程，这是第二建设公司首次涉足长输管道工程施工领域。由于施工管道跨河流、穿水塘、越丘陵、过道路，施工难度大、环境差，第二建设公司在施工前做了充分的准备工作，经过精心组织，该工程于2003年9月按期实现高标准中交。工程的焊接质量和现场管理得到了中国石化工程质量监督总站的赞扬和肯定。涌沪宁进口原油管道句容段工程的施工，为第二建设公司在长输管道施工及移动电站设备的使用与管理方面积累了宝贵的经验，开辟了新的施工领域。

（张章兴）

【市场开发喜获丰收】 2003年第二建设公司承揽了扬巴一体化LDPE、AA/AE的部分土建、安装工程和全部电仪工程；IOU裂解罐区配套工程；BCC5台乙烯裂解炉土建、安装、电仪工程；BCC的芳烃抽提、汽油加氢、开工锅炉工程；扬子双加氢工程、罐区改扩建工程和炼油厂催化改造工程等项目。在扬巴9个国际上知名的工程公司管理的EPC项目上，第二建设公司占近1/3的建筑安装市场份额，电仪工程占一半以上的份额，与其中6个EPC承包商直接打交道，成为扬巴战场上名副其实的主力军。在齐鲁市场上，第二建设公司相继中标了齐鲁乙烯二轮改造聚氯乙烯装置、裂解汽油加氢装置和焦化装置的焦化炉工程，同时还承揽了2 000万元以上的非标设备制造任务。在系统外项目上，第二建设公司承揽了浙江60万吨/年PTA项目；吴江、张家港2套8万吨/年聚酯；垦利炼厂30万吨/年汽柴油加氢；广饶石化15万吨/年气分以及南京化工园副管廊钢结构和地管等项目。第二建设公司2003年共签约合同额8.9亿元，承揽产值突破10亿元，创公司有史以来任务承揽的最好纪录，其中安装工程承揽突破8亿元，土建工程承揽1.5亿元，设备制造、吊装及其他工程承揽也突破1亿元；按行业统计，系统内承揽产值7亿元，占64%，系统外承揽产值4亿元，占36%。

（张章兴）

【改制分流工作取得新成效】 第二建设公司根据石化集团公司关于改制分流工作的指导意见和工作要求，结合自身的实际情况制定了2003年改制分流工作计划，并认真组织实施、稳步推进，取得了新的成效。第二建设公司下属的检测工程公司和幼儿园两个单位于2003年11月30日正式实施改制分流，职工医院、建筑工程公司、设备制造厂改制分流实施报告已得到石化集团公司批复，改制分流全民职工276人。

（张章兴）

【专业化重组改革顺利完成】 2003年，第二建设公司按照“优化整合资源，发挥专业优势、增强盈利能力”的专业化改革目标，对各二级单位进行专业化重组，组建各专业化分公司。第二建设公司通过调整二级单位的职能，改革内部管理体制，把原来的二级生产经营单位、劳务公司按专业类别调整为各专业化公司，同时撤销了项目管理人才中心，合并重组成立了机械化(物装)公司，进一步理顺了内部管理、经营体制，使各专业公司的专业施工能力得到逐步提高，核心竞争力得到进一步增强，专业化优势得到初步体现。

（张章兴）

【开展机关机构改革和定编定员工作】 为提高机关工作效率，适应市场经济的发展要求，2003年11月，第二建设公司开展了机关机构改革和定编定员工作，机关部门数量由原有的23个减少到15个，减少了34.9%，机关管理人员由原来的240人减少到178人，减少了25.84%；机关部门领导职数由原来的56个减少到41个，减少了26.8%；机关工人由原来的39人减少到26人，减少了33.3%。通过机关机构改革和定编定员，公司机关的机构设置更趋合理，人员更加精干，工作效率有了明显提高，而且通过公开竞聘上岗，机关管理人员的整体素质得到进一步改善。

（张章兴）

【荣获全国“守合同重信用”企业和“全国用户满意企业”称号】 第二建设公司本着为业主打造“精品工程、放心工程、满意工程”的宗旨，信守承诺，严格按照合同约定，认真履行合同义务，为各业主单位奉献了一个个高质量的工程项目，得到各业主单位的高度评价。2003年，第二建设公司被国家工商行政管理总局评为全国“守合同重信用”企业、被中国施工企业管理协会评为“全国用户满意企业”。同时，第二建设公司还连续18年被南京市评为“守合同重信用”企业、连续4年被江苏省评为“守合同重信用”企业。

（张章兴）

表 1　　2003 年第二建设公司完成的主要工程项目

序　号	项　目　名　称	竣工日期
1	安庆石化总厂 120 万吨/年催化“两器”更新工程	1 月
2	张家港陶氏化工有限公司固体环氧树脂工程	1 月
3	仪征化纤股份公司 45 万吨/年 PTA 装置	3 月
4	金陵金桐石化股份公司 23 台储罐	3 月
5	镇海炼化股份公司 100 万吨/年重整装置	4 月
6	镇海炼化股份公司 PX 罐区 2 台 2 万米^3 储罐	4 月
7	青岛石化厂 15 万吨/年重整装置	5 月
8	扬子石化股份公司 2 台 2000 米^3 球罐	5 月
9	扬子石化股份公司储运厂 2 万米^3 低温储罐	6 月
10	扬子石化股份公司 2 台 3000 米^3 储罐	6 月
11	南京化学工业园次管廊钢结构工程	6 月
12	泉州德化隆泰化工有限公司 3 万吨/年氯酸钠工程	6 月
13	浙江岙山中化兴源石油储运公司 2 台 3 万米^3 储罐	6 月
14	镇海炼化股份公司聚丙烯装置配套火炬工程	7 月
15	吴江丝绸公司 8 万吨/年聚脂装置	8 月
16	涌沪宁进口原油管道工程镇海中转油库 2 台 10 万米^3 储罐	8 月
17	涌沪宁进口原油管道工程	9 月
18	济南炼油厂 1 台 1000 米^3 球罐	10 月
19	南京化学工业集团连云港碱厂钢结构工程	10 月
20	福建湄洲湾氯碱有限公司片碱项目	10 月
21	山东垦利炼油厂 30 万吨/年汽柴油加氢装置	11 月
22	镇海炼化股份公司 20 万吨/年聚丙烯装置	11 月
23	齐鲁石化公司胜利炼油厂 140 万吨/年延迟焦化装置加热炉项目	12 月
24	清江石化厂 8 万吨/年煤油加氢精制装置	12 月
25	广饶石化总厂 15 万吨/年气分装置	12 月

中国石化集团第四建设公司

【概述】 中国石化集团第四建设公司(以下简称第四建设公司)位于天津市大港区，占地 419 万米^2。是大型综合性施工企业。公司具有年内在建 10 套、新开 10 套、交工 10 套大中型石化生产装置和同时完成 10 多个石化厂大检修的施工能力。可承包境外工程及境内国际招标工程；可进行上述境外工程所需的设备、材料出口；可对外派遣实施上述工程所需的劳务人员。第四建设公司具备化工石油工程施工总承包一级企业资质，持有原国家对外贸易经济合作部颁发的对外经济合作经营资格证书，美国 ASME“U”钢印授权证书，国家劳动部颁发的 AR2、AR3 级压力容器制造许可证，国家质量技术监督局首批颁发的压力管道安装许可证。1995 年通过 GB/T 19002—ISO 9002 质量体系认证，2000 年通过 ISO 14000、OSHAS 18000 两个体系认证，获得北京新世纪认证公司和英国 NQA 认证机构的认证资格证书。

2003 年，第四建设公司有职工5 558人，其中各类专业技术人员1 610人，获中级以上专业技术职称人员占 57%。191 人持有施工企业项目经理资质证书，其中 105 人持有国家建设部核定的一级项目经理资质证书。下设从事设备、工艺安装，电气仪表安装、调试，建筑、吊装运输、设备制造等行业的 8 个专业化工程公司。拥有资产总额 8.5 亿元，拥有各类机械设备2 013台，固定资产原值 3.1 亿元，设备总功率24 063千瓦，动力装备率 4.5 千瓦/人，技术装备率

2.2万元/人。

2003年，第四建设公司加强了对市场的研究，分析确定重点目标，有针对性地跟踪并实施投标报价。在巩固系统内市场的同时，加大开拓系统外市场的力度，先后中标新疆阿克苏化肥装置、大庆高压聚乙烯、南海乙烯、广东两台16万米^{3}LNG储罐工程。全年共组织投标121项，中标42项，中标率34.7%。全年签订合同239份，承揽任务合同额8.6亿元。公司系统外市场依赖度从2002年的23.0%增加到40.8%。

2003年，第四建设公司面对施工任务不足、效益下滑、包袱沉重、资金紧缺等一系列实际困难，奋力开拓市场，深化内部改革，努力推进改制分流工作，统筹兼顾，合理安排施工生产，加强企业管理，努力开源节流，维持了企业生产经营的正常运转，为企业尽快走出低谷创造了条件。在经济极其困难的情况下，第四建设公司经过艰苦努力，顺利完成了各项施工生产任务，维护了企业信誉，保持了企业稳定。全年实现了川维天然气乙炔工程核心装置、沧州炼厂污水处理/硫磺回收/溶剂再生联合装置、武汉石化10万吨/年气分装置、鹰山化工厂双氧水配套工程、上海白沙湾2台10万米^{3}储罐、甬沪宁进口原油管道线路工程、锦州石化焦化改造、天津古林古海岸遗迹博物馆等17项工程中交；完成了广州石化、长岭炼化、巴陵石化、天津石化、中捷石化等单位的21项检修改造任务；扬巴、上海、南海三大乙烯及其他各项工程达到工期控制点要求。全年完成总产值7.8亿元，其中自行完成产值6.1亿元，建筑业劳动生产率10.31万元/人，实现利税2 848万元。

2003年，第四建设公司施工生产创出新水平。一是顺利完成上海白沙湾油库2台10万米^{3}罐施工，填补了10万米^{3}罐施工空白。二是顺利完成甬沪宁进口原油管道线路工程、海南长输管线施工，又承揽到漕泾—吴泾长输管线和西南长输管线施工任务，真正进入长输管线施工领域。三是引进、开发的2 500吨/100米门式液压吊装系统在扬巴工程首次正式使用，顺利完成了高95米、重845.8吨的丙烯精馏塔吊装，创造了国内石化行业特大设备整体吊装新水平。

2003年，第四建设公司安全、质量始终处于可控状态。安装工程质量优良率100%，公司质量体系、HSE体系顺利通过年度监督审核，扬子乙烯改造工程的乙烯装置安装工程获石化集团公司优秀施工奖，获得国家级QC成果1项，省(部)级QC成果9项。

（王振萍）

【17项工程按期完成】 2003年第四建设公司依靠科技进步和管理创新，加强施工准备，精心组织施工，争创名优工程和品牌工程，树立了良好的市场信誉。进一步理顺公司、项目部、专业公司三者之间关系，明确职能，落实责任，加强项目管理和安全、质量、进度、成本目标控制，按照统筹计划安排，抓住关键，努力干好在手工程，抢上工程形象进度，确保了各项控制点实现。实现了17项新建或改造工程中交；21项检修、技措工程按期完工。年内完成工程项目见表1。

（王振萍）

【门式液压吊装系统首吊成功】 2003年4月6日，在石化集团公司工程部统筹安排下，由第四建设公司采用2 500吨/100米门式液压吊装系统与第三建设公司的1 250吨履带式起重机联合吊装，扬巴一体化工程60万吨/年乙烯装置特大型设备丙烯精馏塔安全平稳、高水平吊装，一次就位成功。历时5小时30分。该塔吊装长度95米，总吊装重量845.8吨，其吊装成功创造了国内石化特大型设备吊装施工的最新水平。

丙烯精馏塔安全稳妥高水平吊装成功，得到了在施工现场观摩的中外专家高度评价。工程总承包商SW公司项目主任Keith Carrie先生评价说：这是他们首次应用这么大吊装系统进行大设备吊装。吊装水平很高，很了不起。丙烯精馏塔的顺利联合吊装成功，不仅验证了2 500吨/100米门式液压吊装系统在超大型设备吊装上具有广泛适应性，也显示了石化施工板块在特大型设备安装上的整体实力和竞争优势。

（王振萍）

【上海白沙湾10万米^{3}大型储罐顺利建成】 2003年10月28日，由第四建设公司承建的上海白沙湾2台10万米^{3}大型储罐经过近10个月的紧张施工，按期优质安全顺利交工。上海白沙湾库区一期工程8台10万米^{3}原油储罐为双浮盘外浮顶结构，罐高21.2米，内径81米，主要材料为日本产SPV490Q、SPV490Q—SR钢板和国产Q235A钢板及型钢，单台重约1 800吨。

第四建设公司在两罐的安装施工中，合理采用新技术、新工艺，焊接一次合格率达96.5%。罐底和罐壁分别采用CO_2气体保护半自动焊、埋弧自动焊和气电立焊等焊接方法，罐底凹凸度控制在40毫米(允许50毫米)以内，罐壁整体垂直度控制在45毫米(允许50毫米)以内。工程质量得到监理及甲方的好评。

（王振萍）

【成功攻克大型变压器调试关】 第四建设公司在2003

年3月广州石化装置电气仪表安装施工中，成功攻克了大型石化设置变电站有载调压变压器调试技术难关，填补了公司电气安装调试史上的一项空白。

第四建设公司在广州石化装置检修电气仪表安装调试施工中，首次遇到大型石油化工装置变电站的变压容量为4万千伏·安/110千伏/6.3千伏的有载调压调试施工任务，为保证在检修期内及时完成调试任务，现场成立了技术攻关小组，经过反复试验和精心调试，仅用15天的时间，成功攻克了这项大型石化装置变电站有载调压变压器调试17个挡位自动调压技术难关。受到了供货商及业主的高度评价。

（王振萍）

【质量管理成效显著】 2003年，第四建设公司以扬巴乙烯、上海赛科乙烯、南海乙烯等工程为施工重点，合理安排，强化管理，全面完成了全年各项质量目标，工程(产品)质量总体保持可控状态。安装单位工程优良率100%，工艺管道焊接一次合格率97.2%，设备焊接一次合格率95%。顺利通过长城(天津)质量认证中心对第四建设公司质量管理体系进行的年度监督审核；扬子乙烯改造工程乙烯装置安装工程获石化集团公司优秀施工奖；获国家级QC成果1项，省(部)级QC成果9项(其中天津市级3项、石化集团公司级3项、中施企协1项、化工装备协会2项)。

（王振萍）

【改制分流工作稳步进行】 2003年，第四建设公司把改制分流工作作为企业改革的重点，按照石化集团公司的统一部署，成立改制领导小组，制定了改制分流工作程序、总体目标和实施计划。通过媒体对改制分流工作进行动员和宣传，对土地、人员劳动关系变更、党群关系处理等政策与地方政府达成一致意见。先后完成了金属结构厂、建筑公司、衬里工程公司、招待所、职工医院、幼儿园、检验试验中心等7个单位的改制分流初步方案。选举产生了部分改制企业经营者，拟定了改制企业章程、持股会章程和各类协议，为2004年顺利实施改制计划奠定了良好的基础。

（王振萍）

【积极推行区域项目管理】 2003年，为了优化资源配置，降低管理费用，提高经济效益，第四建设公司继续改进项目管理。在天津、南京、上海、南海、岳阳、黑龙江等工程项目比较多的地区实行了区域项目管理，按照“机构不重、职责不少、人员精简、尽量兼职”的原则进行机构设置和人员配置的整合，使项目部达到用最低的成本获得最佳效益的目的。

（王振萍）

【实施机构和干部制度改革】 2003年，第四建设公司按照“强化经营管理职能、精干施工生产职能、大力精简其他职能”的原则，对机关重新进行职能划分和机构设置，定编定员，实行竞争上岗。机关部门总数从23个精简到18个，管理人员从312人精简到203人。

（王振萍）

表1 **2003年完成工程项目表**

序　　号	项　　目　　名　　称	竣工日期
1	天津绿源生态工程	5月
2	四川维尼纶厂聚乙烯醇装置	3月
3	塘沽油码头15吨/时锅炉	7月
4	沧州炼油厂污水处理/硫磺回收/溶剂再生联合装置	9月
5	石家庄炼油厂130吨锅炉	7月
6	武汉石化总厂10万吨/年气体分馏装置	9月
7	鹰山化工厂双氧水配套工程	9月
8	广州石化总厂增建3万米^{3}原油罐	7月
9	上海白沙湾10万米^{3}储罐	12月
10	天津佩克石油储运有限公司	6月
11	辽阳瑞兴二硫化碳装置	8月
12	甬沪宁长输管线上海段	8月

续表

序　　号	项　　目　　名　　称	竣工日期
13	甬沪宁长输管线嘉善段	10月
14	中海石油管道输气有限公司东方—洋浦—海口输气管道工程	8月
15	鲁西化工集团公司化肥厂扩建工程	7月
16	锦州石化公司焦化改造	9月
17	中国古林古海岸遗迹博物馆	10月

中国石化集团第五建设公司

【概述】 中国石化集团第五建设公司(以下简称第五建设公司)成立于1953年，位于甘肃省兰州市西固区，占地面积37万米^2，第五建设公司持有化工石油工程施工总承包一级企业资质证书、国外工程承包资质证书、对外经济合作经营资格证书、GB/T 19001—ISO 9001:2000质量体系认证证书、职业安全卫生管理体系认证证书、安全环境与健康(HSE)管理体系认证证书、AR3和BR1级压力容器制造安装许可证、A级锅炉安装许可证和A级锅炉修理改造许可证、压力管道安装许可证、压力管道元件制造单位安全注册证书、海洋石油工程二级资质证书、建筑业企业安全资格证书、对外无损检测许可证、工程设计证书(建筑丙级)、一级混凝土预制构件和商品混凝土生产资质证书。

第五建设公司成立50年来，管理施工经验丰富，技术力量精湛，实力雄厚，特别是在大型锅炉安装、大型精密传动设备(组)安装与调试、DCS自动化集散控制系统安装与调试、空分工程、大型设备吊装等方面形成了独特的企业技术优势，居国内领先水平。50年来，第五建设公司先后为国内外60余家客户承建了300余套大中型石油化工、炼油、化工、化肥、化纤装置，工程质量优良，均实现一次试车投产成功。1980年以来，有2项工程获中国建筑工程鲁班奖，有4项工程获国家优质工程银质奖，有29项工程获省(部)优质工程奖，3次获全国先进施工企业称号。

2003年，第五建设公司下设14个二级单位，有职工2 435人，其中各类专业技术管理人员650人，具有高、中级技术职称262人。国家一级项目经理71人，二级项目经理86人。拥有资产总额3.06亿元，拥有各类机械设备1 381台，固定资产原值1.76亿元，设备总功率1.69万千瓦，技术装备率32 317元/人，动力装备率6.97千瓦/人。第五建设公司年施工能力可完成建安产值8亿元，能独立承担国内外大中型化工石油项目的施工建设、中型海洋石油、工业与民用建筑、公路、独立大桥、设备和锅炉安装、消防施工、装置技术改造和检修等工程，以及一、二类压力容器制作、三类压力容器现场组焊、电气仪表盘箱制造、混凝土预制构件、商品混凝土生产、无损检测等。

2003年，第五建设公司在建筑市场竞争和非典疫情暴发的双重夹击、施工任务不足、重点工程条件不理想、均衡组织施工难度大、资金紧张矛盾多等不利形势下，坚持一手抓防治非典，一手抓市场开拓和施工生产，及时调整经营机构，不断完善投标报价运行机制，努力降本增效，不断深化企业改革，强化工程项目管理，转变工作作风，确保实现了年度企业生产经营目标。全年共参加工程投标90项，中标27项，中标率30%，中标额2.7亿元。2003年完成施工产值3.8亿元，比上年增长7.6%；完成建筑业劳动生产率14.34万元/人·年，比上年增长26.2%；实现利税总额1 659万元，其中实现利润850万元，比上年增长13.3%。施工产值、建筑业劳动生产率、实现利润均创历史最好水平，全面完成了石化集团公司下达的各项经济技术指标。

2003年，第五建设公司先后通过长城(天津)质量保证中心对GB/T 19001—ISO 9001:2000质量体系监督审核、青岛中化阳光管理体系认证中心对HSE管理体系监督审核、国家质量监督检测检疫总局对GB/T 19022·1—ISO 10012—1计量检测体系认证审核；取得了甘肃省质量技术监督局颁发的特种设备安装改造维修保养单位资格许可证、甘肃省建设厅颁发的民用建筑工程室内环境质量污染检测资质证书；分别获得了全国施工企业设备管理优秀单位、第六届全国设备管理优秀单位、甘肃省职工职业道德建设先进单位，承建的扬子石化公司20万吨/年聚乙烯装置获石化集团公司优秀施工奖，清收拖欠工程款被石化集团公司评为效能监察优秀项目，“运用QC方法，加强现浇柱垂直度控制”被评为石化集团公司工程建设优秀质量管理小组，“大型机组油系统冲洗工法”被评为2001—2002年度石化集团公司级优秀工法，“单桅杆200吨设备吊装技术”项目被授予2002年“中国安装之星”，连续 14 年保持了兰州市文明单位称号。

（丁建华）

【18 项工程按期竣工】 2003 年，第五建设公司针对非典疫情的影响、在建和新开工程点多面广、部分项目前期条件不理想、施工组织难度大等不利因素，采取各种措施，掀起"创优杯"劳动竞赛，公司领导定点分工鼓动，一线指挥，履行指导，督办职责，严格质量贯标和 HSE 管理，加大企业资源的组织和调配，强化施工动态管理，倒排施工计划，将任务层层分解，责任落实到人，确保了 18 项工程按期中交，均实现投料试车一次成功。完成了 12 项检修任务，有 13 项在建工程形象进度均按期达到控制点目标。2003 年完成的主要工程项目见表 1。

（丁建华）

【企业内部改革取得新成绩】 2003 年，第五建设公司本着积极稳妥的原则，大力推进内部改革。一是推行了专业化重组改革。在总结 2002 年企业扁平化管理的基础上，学习借鉴兄弟单位经验，实施战略性结构调整，3 月 18 日，对第一、二安装工程公司、专业人员管理中心、路桥公司、建筑公司及 4 个专业工程队实行重组整合，按专业特点成立了 11 个专业公司。5 月 5 日，对南京分公司实施了专业化重组，成立了 7 个专业队和 1 个钢结构管道制造厂。8 月 2 日，将机械吊装工程公司与南京分公司机械运输队进行重组合并，成立了机械化施工公司。通过专业化重组整合，使企业建立起比较精干、高效、协调的生产经营管理体制，为企业实现与国际先进管理模式接轨，实现"四自"创造了条件。二是实施机构调整和竞聘上岗工作。6 月 16 日，对公司机关原机构设置重新调整，理顺了 17 个部门管理职能，对机关正、副职及管理人员进行竞聘，机关管理人员由原来 275 人减少到 200 人，规范了机关各部门职能，理清了相互间关系，精简了人员，增加了工作压力，提高了工作效率。三是推进改制分流工作。制定了改制分流计划，成立了改制分流领导小组，做好宣传引导，协调、解决改制分流中涉及到的法规、政策、资产和土地处置、劳动关系等诸多问题，按计划完成了兰州新希望电子有限公司的改制，对建筑公司、检测中心、精安公司、预制厂 4 家进行改制分流，共改制分流 626 人，其中协议解除劳动合同职工 197 人，参加改制 142 人，使企业改制分流工作取得了突破性进展。

（丁建华）

【实现利润 850 万元，再创历史最好水平】 2003 年，第五建设公司全面开展降本减费活动，第一，严格执行"收支两条线"原则，加强资金统一集中管理，各类资本性支出均由企业统一安排，项目部收益性支出按照企业有关规定办理。第二，对项目部、专业公司、分公司独立核算，实行人工费总额与完成责任成本目标的"双控"考核。第三，严格物资、设备采购效能监察和压缩库存。对项目部所需材料、设备实行集中购置，招标采购，比质比价，纪监部门效能监察，截至 2003 年底材料、设备采购节约资金分别为 87.4 万元、60.4 万元；通过再利用、代用、调剂等手段节约采购资金 36.1 万元，处理库存积压物资 81.8 万元。第四，对项目部的审计由项目完工后审计向项目初期审计转变，解决了许多难纠正的问题，为企业挽回经济损失 48.9 万元。第五，采取清欠工作与效能监察、绩效挂钩相结合等措施，全年共清收工程款5 491万元。2003 年实现利润 850 万元，按期完成了石化集团公司下达的利润指标，再创第五建设公司历史上最好水平。

（丁建华）

【石化集团公司副总经理刘根元到五建调研】 2003 年 7 月 9 日，石化集团公司副总经理刘根元率总部机关有关部门负责同志一行 8 人来到第五建设公司调研，期间听取了第五建设公司经理田建军工作汇报。刘根元副总经理对第五建设公司各项工作给予了很高的评价和充分肯定，对第五建设公司 50 年来在西部地区十分艰苦条件下，能够不断生存发展，尤其是 1999 年 7 月 1 日划归石化集团公司管理后，对企业经济效益、经营管理、减员增效、完成施工任务、抗击非典、职工精神风貌等方面表示赞赏。刘根元副总经理对第五建设公司今后在工程建设、开拓市场、降本增效、改制分流、抓好党风廉政建设五个方面提出了具体要求。

（丁建华）

【石化集团公司副总经理王基铭视察西安施工现场】 2003 年 10 月 22 日，石化集团公司副总经理、石化股份公司副董事长、总裁王基铭一行 20 人视察了西安石化总厂清洁燃料生产技术改造项目现场。视察期间，召开了现场办公会议，王基铭总裁、西安市副市长李雪梅和石化集团公司等有关部门领导听取了第五建设公司经理田建军有关工程方面专题汇报，并到施工现场视察。王基铭总裁对第五建设公司承建的西安石化总厂清洁燃料改造项目施工进度给予了充分肯定，认为现场总体进展不错，特别是开展的"创优杯"劳动竞赛非常好。同时对第五建设公司寄予厚望，把客观因素影响工期的时间抢回来，注意安全，保证质量，按期中交，要把西安石化总厂清洁燃料生产技术改造项目建成21世纪中型的“样板工程”。

（丁建华）

【石化集团公司调整五建领导班子】 2003年1月3日，在第五建设公司中层干部大会上，石化集团公司人事教育部副主任谈全政代表石化集团公司宣读了党组关于第五建设公司领导班子调整的一系列文件，任命田建军为公司经理、王建军为公司副经理。原公司经理申浩航、副经理夏宝明因年龄原因退居二线，分别任调研员。

（丁建华）

【举办成立50周年庆典活动】 2003年2月28日，第五建设公司隆重召开了成立50周年庆典大会。甘肃省建设厅、石化集团公司工程部、中国石油系统设计施工等50家企业的领导和来宾与第五建设公司数百名职工欢聚一堂，共庆企业50岁生日，中国石化工程建设公司等21家企事业发来贺电。围绕50周年庆典活动，第五建设公司开展了丰富多彩的庆祝活动，印制了反映企业50周年创业发展历程变化的画册，举办了厂庆征文、摄影、千人长跑、排球、大众趣味体育竞技等活动，弘扬了企业精神，提升了员工的凝聚力和向心力。

（丁建华）

表1 **2003年第五建设公司完成的主要工程项目**

序号	项目名称	竣工日期
1	兰州石化公司8 000吨/年 C_5 加氢石油树脂工程	1月
2	四川维尼纶厂240吨/小时锅炉工程	2月
3	四川维尼纶厂10.5万吨/年甲醇装置	5月
4	兰州石化公司14万吨/年高密度聚乙烯装置	5月
5	甘肃东兴石油股份有限公司定西加油站	5月
6	扬—巴公司 C_1 化学试桩及临设	7月
7	洛阳石化总厂32.5万吨/年 PTA 扩能改造工程	7月
8	扬—巴公司乙二醇地下管网	8月
9	扬子石化公司热电厂9[#]炉干除灰改造工程	9月
10	扬子石化公司热电厂35千伏变电所改造工程	9月
11	扬子石化公司热电厂110千伏联网出线改造	9月
12	第五建设公司西固西区外管网改造工程	9月
13	甬—沪—宁长输管道工程溧阳段	10月
14	甘肃白银银光厂TDI技术改造工程	11月
15	甘肃白银甘藏铬盐化工有限责任公司1万吨/年重铬酸钠工程	11月
16	甘肃白银银聚公司技术改造工程	11月
17	兰空2209工程指挥部银川52团雷达站	11月
19	兰空银川52团汽车库及机场营区道路	11月

中国石化集团第十建设公司

【概述】 中国石化集团第十建设公司(以下简称第十建设公司)位于山东省淄博市临淄区，成立于1970年10月，占地面积162万米^2，是石化集团公司直属大型施工企业。公司以承建石油化工建筑安装工程为主，兼营设备制造、大型设备吊装、运输及大型机械修理业务，具有国家建设部颁发的化工石油施工总承包一级企业资质证书，国家对外贸易经济合作部颁发的国外承包工程劳务合作经营许可证，山东省经贸委颁发的中华人民共和国进出口企业资格证书，国家质量监督检验检疫总局颁发的AR2级、AR3级压力容器制造许可证、A类锅炉安装许可证，国家质量技术监督局颁发的压力管道安装许可证，美国机械工程师协会(ASME)颁发的“U”和“S”授权证书及钢印，取得了 ISO 9001:2000 标准及 UKAS 双证证书，通过了国家职业安全卫生管理体系认证，是国家一级计量单位、一级企业档案工作目标管理单位。

截至 2003 年底，第十建设公司共有职工5 450人，其中各类专业技术人员1 589人，具备高级职称的 127 人，中级职称的 649 人，工程技术人员 625 人。下设安装、仪电、储运、重型机械施工等 9 个专业分公司，14 个机关处室。拥有固定资产原值 2.90 亿元，机械设备2 702台(套)(其中 200 吨以上起重机 5 台，吊装总吨位2 935吨)，机械设备原值 1.70 亿元，技术装备率 2.31 万元/人，动力装备率 9.27 千瓦/人。

2003 年，第十建设公司在开拓市场中求生存，在改革创新中求发展。面对日益严峻的建筑业市场，不断加大市场开发力度，重点跟踪了上海赛科乙烯、齐鲁乙烯改造、扬巴高压聚乙烯、新疆塔化炼油改造、浙江三鑫 PTA 等大型建设项目，累计承揽合同额 12.4 亿元。同时，克服项目分散与非典疫情带来的不利影响，认真抓好广州乙烯改造、四川维尼纶厂乙炔装置、海南化肥工程、甬沪宁长输管道等项目的施工，全年建成 26 个单项工程，全部实现一次投料试车成功。全年自行完成施工产值 6.54 亿元、附营产值3 383万元，分别为年计划的 100.7% 和 147.1%；实现利润 589 万元，扭转了年初效益亏损的局面；建筑业劳动生产率达到 13.28 万元/(人·年)，比 2002 年同期增长 19%。

2003 年，第十建设公司顺利通过了北京九千标准质量管理体系认证中心的监督审核，继续保持了 ISO 9001 标准质量管理体系认证证书注册资格，并被中国建筑业协会授予“2003 年度全国工程建设质量管理优秀企业”称号。

(王 勇)

【建成竣工 26 项工程】 2003 年，第十建设公司 39 个在册项目部分布在 15 个省市自治区及国外，是公司有史以来项目分布最广的一年。二季度突如其来的非典疫情给施工生产的组织调度带来严重影响。面对严峻考验，第十建设公司加强项目管理，注重安全质量，精心组织施工，广州 20 万吨/年乙烯检修改造顺利完工，实现高标准中交；甬沪宁原油管线沪芦公路段在 16 个标段中率先实现全线贯通；海南化肥工程实物造粒成功并产出合格产品；福建、大连湾、白沙湾等地的 10 万米^3 原油储罐也相继建成竣工；首次以 EPC 方式承建的国外项目——约旦复合肥工程胜利竣工。2003 年，第十建设公司共建成竣工项目 26 项，工程质量合格率 100%，优良品率 96.60%。此外，齐鲁 72 万吨/年乙烯改造、上海赛科 90 万吨/年乙烯、上海高桥 30 万吨/年润滑油加氢、新疆塔河 220 万吨/年稠油技改、西南成品油长输管道及光缆等重点在建工程的期末形象进度均达到控制点目标。2003 年第十建设公司完成的主要工程项目见表 1。

(王 勇)

【实施专业化重组】 根据石化集团公司工程部专业化重组专题会议精神，在广泛调研的基础上，第十建设公司于 2003 年 4 月对原劳务公司进行了专业化重组，并根据工程管理与施工的需要组建成立了新的专业公司。至年底，第十建设公司共有安装一公司、安装二公司、大连分公司、南方分公司、仪电一公司、仪电二公司、储运工程公司、海外工程公司、重型机械施工公司 9 个专业分公司。各专业公司领导班子及管理、技术、施工人员进一步充实，职能机构更加健全。第十建设公司同时制定实施了新版《项目管理标准》，建立起公司和专业公司两级管理的项目施工管理模式，进一步理顺了专业公司与项目部之间的关系。

(王 勇)

【约旦凯米拉复合肥装置投产】 第十建设公司以 EPC 方式承担的约旦凯米拉复合肥工程于 2003 年 10 月 23 日隆重举行投产剪彩仪式。约旦国国王阿卜杜拉二世参加了仪式，石化集团公司副总经理刘根元一行 10 人组团出席仪式并接见了第十建设公司参建职工。第十建设公司作为该工程主装置——硝酸钾及磷酸二钙装置的工程总承包商，应邀参加了剪彩仪式。

该工程业主为凯米拉阿拉伯钾肥有限公司(Kemira Arab Potash Company Ltd.)，由达尔罕德森公司(Dar Al-handasah)监理。为确保工程按期竣工，第十建设公司克服了资金、材料、语言等方面的困难，合理调配现有人力、财力、物力资源，严格按照工艺要求和技术规范进行施工管理，土建、安装及电气仪表工程一次合格率均达到 100%。全体参战职工打破土建、安装、电气仪表的工种界限，夏秋战高温，冬春战风沙，发扬“吃三睡五干十六(小时)”的拼搏精神，确保了工程顺利中交。

该工程的投产被约旦能源矿产部部长巴塔尼、约旦石油炼制公司主席瑞赛特誉为“中约工程建设成功合作的典范”，在约旦国产生了良好的反响，得到了约旦国政府和业主的盛赞。刘根元副总经理对第十建设公司实施“走出去”战略，积极开拓约旦和中东市场并取得初步成功给予了高度评价。

(王 勇)

【推进技术管理与开发应用】 2003 年第十建设公司

加强技术管理标准化工作，对《施工技术标准》进行修订，并主编了石化集团公司《大型设备吊装工程施工工艺标准》、《石油化工低温钢焊接规程》等施工规范。公司大力推进技术开发和应用，钛管道焊接工法、大型双盘浮顶油罐罐壁预制及内脚手架正装施工工法2003年被评为石化集团公司级优秀工法。

（王　勇）

【开展机关机构改革和定编定员工作】 为适应专业化重组后新的管理体制的需要，第十建设公司于2003年11月按计划、有步骤积极稳妥地开展了精简机关机构工作。公司机关及专业人员管理中心、物资装备公司、社区事务管理中心、离退休管理处、公安处等5家单位共计减员172人，减幅达41%，同时对岗位职责和工作职责进行了重新编制。通过此次定编定员，上岗人员感到了压力，增强了动力，未上岗人员或转岗前方一线，或参加改制分流，或协议解除劳动合同，从而实现了优化调整人员结构的目的，机关工作效率有了新的提高，基层一线人员得到充实，为公司的长远发展奠定了良好的基础。

（王　勇）

【积极推进改制分流】 为改变企业负担过重的不利局面，把主业做精做强，让辅业开放搞活，提高企业竞争力，2003年，第十建设公司在石化集团公司的大力支持下，抓住改制分流的大好时机，对所属9家辅助生产和社会服务单位进行了改制，分流职工1 021人。

原建筑公司、防腐公司、检测公司、职工医院整体改制；原劳动服务公司分解为服装厂、纯净水厂、食堂、网绳厂4家经营单位分别改制；计算机网、电视网、内部通讯网由原来3家单位管理整合为三网公司统一改制。12月31日，第十建设公司隆重举行了“改制分流总结大会暨扶持协议签字仪式”，与9家改制单位分别签订了协议，改制分流工作取得了阶段性成果，促进了企业的结构调整。

（王　勇）

表1　**2003年第十建设公司完成的主要工程项目**

序　号	项　目　名　称	竣工日期
1	珠海45万吨/年PTA装置	1月
2	福建泉州10万米^{3}储罐	1月
3	齐鲁乙烯103#裂解炉改造工程	3月
4	广州20万吨/年乙烯改造检修工程	3月
5	茂名众和化塑二乙醇胺和巯基乙胺装置	3月
6	齐鲁制药无菌车间扩建工程	4月
7	山东京博30万吨/年催化裂化工程	5月
8	西安石化总厂2台3 000米^{3}储罐	5月
9	青岛石化储运系统2台5 000米^{3}储罐	5月
10	茂名众和化塑股份公司苯乙烯尾气PSA装置	5月
11	扬巴LDPE装置打桩工程	5月
12	茂名1台12.5万米^{3}储罐	6月
13	东平瑞星锅炉工程	6月
14	甬沪宁进口原油及乙烯石脑油管道工程	6月
15	桓台博汇PVC技改扩建工程	6月
16	石家庄化纤公司聚合回收系统改造	7月
17	上海高桥科技信息大楼	8月
18	青岛石化储运系统管网工程	8月
19	蓝帆化工增塑剂工程	9月
20	中海石油海南89万吨/年化肥工程	9月

续表

序　　号	项　　目　　名　　称	竣工日期
21	东营胜利石化 40 万吨/年延迟焦化装置	10 月
22	四川维尼纶厂 3 万吨/年乙炔装置	11 月
23	大连港 3 台 10 万米^3 油罐	11 月
24	盘锦复合肥改造工程	11 月
25	山西孝义油库工程	12 月
26	上海白沙湾 4 台 10 万米^3 储罐	12 月

中国石油化工股份有限公司石油勘探开发研究院

【概述】 中国石油化工股份有限公司石油勘探开发研究院(以下简称石油勘探开发研究院)成立于 2000 年 7 月，占地 22.86 万米^2，总部位于北京市海淀区中关村高科技园区，京外设有一个分院(西部分院)和 5 个研究所(无锡实验地质研究所、南京石油物探研究所、荆州新区勘探研究所、合肥石油化探研究所、德州石油钻井研究所)，其前身为 20 世纪 60 年代初地矿部筹建的 7 家研究单位。经过 40 余年的油气勘探实践，在资源战略与规划部署研究、区块评价技术、石油天然气成藏理论与勘探技术、油气开发编制及配套工程技术等方面形成了自己的优势，是国家石油勘探开发甲级工程咨询单位。

石油勘探开发研究院的职能定位为“三部一中心”，即：油气勘探开发及上游发展战略参谋部、上游核心技术研发和技术服务部、上游高级技术人才培训部、油气勘探开发资料信息中心。主要承担国家级及石化股份公司重点项目的研究或牵头组织工作，包括勘探开发前瞻性的基础理论及应用技术开发研究、资源评价研究、储备性工程技术研究；承担石化股份公司油气勘探开发发展战略研究，提出上游发展规划建议；参与重大油气勘探开发科研项目和重大生产经营项目的技术经济研究论证、设计审查；承担国外油气资源、信息研究，参与利用国外资源的选区评价论证及可行性研究。

截至 2003 年底，石油勘探开发研究院职工总数为1 249人。上市部分1 001人，其中教授级高级工程师 51 人，高级工程师 402 人；科技人员中博士(含博士后)70 人，硕士 149 人。非上市部分 293 人，其中技术人员 46 人，管理人员 31 人。上市部分资产总额 3.82 亿元，其中固定资产 2.37 亿元；非上市部分资产总额 1.11 亿元，其中固定资产4 142万元；拥有并行机、服务器、工作站等各类计算机硬件设备1 389 台(套)，各类测试分析仪器 164 台套，引进或自主开发的各类计算机软件 54 余套。

建院 40 余年来，石油勘探开发研究院承担或参与的石油天然气国家重点科技攻关项目、课题和专题 400 多项，其中获国家级奖励 48 项、表彰 5 项，并 2 次获国家科技进步一等奖，获省(部)级奖励 405 项。

2003 年，石油勘探开发研究院完成各类科研项目 37 项，获得江苏省科技进步二等奖 1 项，石化集团公司科技进步三等奖 3 项；申请国内专利 8 项、国外专利 2 项，在国内外公开出版刊物上发表科技论文 296 篇，出版专著 5 部；有 1 人获李四光野外地质奖，1 人获得孙越琦能源奖，1 人获得地质科技银锤奖。

(张　杰)

【地震波场参数化(SWAP)技术的开发研究获江苏省科技进步二等奖】 “SWAP(Seismic Wavefield Parameterization)技术的开发研究”是“九五”国家重点科技攻关项目“直接找油气的新方法新技术研究”的一级专题(95-112-01-03)，由南京石油物探研究所完成。该项目研制开发了一套地震资料多参数提取分析技术。通过地震多参数综合分析，进一步解决了利用地震资料预测油气的多解性问题，具有快速灵活、精度高、实用有效等特点，其中“拟零偏地震速度的求取”和“采用叠前偏移加倾角滤波生成平点剖面”等技术具有创新性。该技术已推广应用到许多地区的油气勘探开发实际工作中，提高了钻前油气预测的可靠性和钻井的油气命中率，取得了显著的经济效益和社会效益。

(张　杰)

【万亿次国产超级计算机开始服务于中国石化油气勘探开发】 2003 年 6 月 9 日，中国石化第一台“神威新世纪-256P”万亿次国产超级计算机在石油勘探开发研究院总部就位。

该机主要技术指标：系统峰值计算能力为每秒

12 288亿次浮点结果；网络聚合峰值带宽为每秒128Gbit；存储器总容量为256GB；磁盘总容量为7 896GB(分布)+10 000GB(集中)。系统硬件由128个计算结点、2个服务结点、1个I/O结点组成；每个结点双CPU，2.4GHz的P4xeon处理器；计算结点间、计算结点与I/O结点间千兆网互连，构成计算/存储网络，同时配有百兆管理网络，支持高性能的计算和系统管理。系统软件不仅提供了集群管理软件CMS和个性化高性能平台，而且配有特色的监控系统软件。“神威新世纪-256P”万亿次国产超级计算机的到位，使石油勘探开发研究院地球物理资料处理能力增长了数十倍，满足了对海量数据精细处理的要求。

（张 杰）

【中国石油行业第一个多学科综合决策虚拟现实中心落成】 2003年12月25日，多学科综合决策虚拟现实中心在石油勘探开发研究院总部落成，它是目前国内规模最大的一套，也是国内石油行业界的第一套。该套系统涵盖了许多领域的先进技术，其中包括SGI公司的三维图像处理系统，Landmark公司的解释处理系统以及音像和投影系统。该系统应用先进的计算机图形学原理，能够以“虚拟现实”的方式，对油气勘探开发所涉及的多种数据进行充分“实时的”三维展示，为科研和决策人员营造一种身临其境的环境，充分调动使用者的感觉分析器官对研究对象进行全方位、多层面、多维多尺度的立体感知，地质学家们能够迅速浏览地下岩石构造，并可以交互的方式对其进行综合分析、协同工作，以达到对勘探开发目标进行综合、高效、科学的研究和认知的目的，从而极大地降低勘探开发的风险，提高项目运行效率，真正达到降本增效的目的。

（张 杰）

【超大尺寸悬挂器研制成功】 德州石油钻井研究所2003年研制成功SSX-A型直径339.7毫米×直径244.5毫米超大尺寸液压尾管悬挂器，具双锥双液缸、8片卡瓦，悬挂能力达到260吨，填补了国内空白。该悬挂器已在渤海CB32-A-2C井中得到成功应用，该井直径339.7毫米套管下深1 706米，直径311.1毫米钻头钻深3 330米，累计下入直径244.5毫米套管1 804.7米，重量达到126吨，尾管、悬挂器、送入工具入井十分顺利，坐挂、倒扣、固井均一次成功。该技术国内国际市场前景广阔，随着东部海洋钻井和西部深井钻井的发展，悬挂超大尺寸套管的机会将越来越多。

（张 杰）

【南京所VSP测井队走向国际市场】 南京石油物探研究所VSP(垂直地震剖面)队具有多年国内施工和研究经验，形成了特色的方法技术系列，先进的技术和良好的服务为他们赢得了信誉和市场。2003年9月签订了泰国Fa-HNg-46-01井的VSP测井项目，经过一个多月的努力，圆满完成了合同任务，赢得了泰国专家的赞赏，加深了两国的友谊，为进一步开拓国际市场积累了宝贵的经验。

（张 杰）

【中国石化地质资料中心成立】 石化股份公司地质资料中心于2003年11月21日在石油勘探开发研究院总部成立。该中心是石化股份公司直属的一级地质资料管理机构。中心的任务是负责向国家汇交石化股份公司的地质资料；负责接收、保管石化股份公司下属各单位上交的成果地质资料；对地质资料进行整理、分类、编录和提供借阅服务；监督指导各单位地质资料的汇交工作，牵头组织石化股份公司上游各单位地质资料管理人员的业务交流、学术研究和培训；定期编辑和整理地质资料，并向有关部门和单位发布信息成果；建立并维护石化股份公司地质资料信息管理系统数据库和网络服务系统，推进信息化建设；开展中国石化内部、社会两个层面的地质资料服务工作。实现地质资料管理流程法制化、馆藏机构标准化、地质资料数字化、服务网络化。这一中心的正式运转，有利于地质资料的集中保管和二次开发利用已形成的成果资料，实现信息共享，形成整体优势。

（张 杰）

【院总部博士后科研工作站挂牌】 经国家人事部批准，石油勘探开发研究院总部博士后科研工作站于2003年12月25挂牌。石化股份公司高级副总裁曹湘洪和副总裁王志刚为博士后科研工作站揭牌，国家科技部、石化股份公司人力资源部等有关领导出席了挂牌仪式。曹湘洪副总裁在讲话中说，建立博士后科研工作站，吸引博士到研究院工作，一是有利于提高研究开发水平；二是有利于同社会上的科研机构更好地联系起来；三是有利于进一步吸引各种高层次的人才。

（张 杰）

【分配制度改革完成】 石油勘探开发研究院按照“简化工资结构，参考市场价位，突出岗位绩效”的总体思路，本着“效率优先、兼顾公平、竞聘上岗、平稳过渡”的原则，建立了一套不惟学历、不惟职称、重视能力的薪酬分配方案，提高了骨干人员和工作业绩突出的人员收入水平，逐步形成了与现代企业制度相适应的、具有市场竞争力的内部分配机制，建立和健全了激励和约束机制。同时制定了竞聘上岗、绩效管理、离退人员养老金补差、特薪制度调整等管理办法。

（张　杰）

中国石油化工股份有限公司石油化工科学研究院

【概述】 中国石油化工股份有限公司石油化工科学研究院(以下简称石油化工科学研究院）位于北京市海淀区，创建于1956年7月(时称石油工业部北京石油炼制研究所筹建处)。以石油炼制和石油化工技术开发及应用技术研究为主，同时注重相关应用基础研究和高新技术探索，具有从原油评价和各项炼油工艺技术及催化剂开发，到石油产品研制和评价的整体开发实力和研发优势。主要从事原油评价和石油加工流程方案、石油炼制和石油化工工艺及催化剂、石油产品及添加剂、石油和化工分析测试评定、石油化工自动化和计算机应用等方面的研究与开发，可为炼油与石油化工企业提供技术支撑、技术服务和技术咨询。

石油化工科学研究院下设22个研究室，拥有一支综合技术优势突出的科研队伍，截至2003年底，职工总数为1 021人，各类技术人员795人。其中，中国科学院、中国工程院院士6人，教授级高级工程师65人，高级技术人员298人，中级技术人员297人；博士110人，硕士177人。拥有数百套中小型炼油和石油化工试验装置及各种化学分析仪器，可满足炼油工艺、石油化工、催化剂和添加剂，以及油品应用研究等领域的研发需要，固定资产净值约5亿元。

石油化工科学研究院下设炼油工艺与催化剂国家工程研究中心、石化集团公司原油科技情报站、润滑油评定中心、水处理技术服务中心等机构；是全国石油产品标准化归口单位。另外，国家石油产品质量监督检验中心、中国石油学会石油炼制分会也挂靠在石油化工科学研究院；是《石油学报》、《石油炼制与化工》和英文版的《China Petroleum Processing and Petrochemical Technology》3个技术性期刊的编辑、出版单位；是化学工艺、应用化学专业博士学位，以及化学工艺、应用化学、工业催化和化学工程专业硕士学位授予单位，设有博士后流动站。

在催化裂化、催化加氢、催化重整、芳烃生产等技术领域，石油化工科学研究院开发的一批催化剂和工艺技术，已经占据了国内技术市场的主要份额。产品和技术开始走向世界，出口到欧美和东南亚等十几个国家。深度催化裂解(DCC)等催化裂化家族技术、重油加工组合工艺技术、RN系列加氢精制催化剂、PS系列连续重整催化剂、中压加氢改质技术(MHUG)、ZRP分子筛、SKI系列二甲苯异构化催化剂得到了国际认可。特种润滑油、脂及添加剂等石油产品，成功应用于“神舟”系列飞船发射，为国防和航天工业发展作出了贡献。

开发满足日益严格的环保法规要求的清洁燃料生产技术，以及最大限度地增加轻质油收率、增产柴油的技术，为企业技术进步和降本增效提供有力的技术支撑，始终是石油化工科学研究院研究开发的重要目标。近几年来，根据市场需求，石油化工科学研究院适时开发了多项企业急需的调整产品结构和提高产品质量的技术，为中国石化走出一条科技含量高、经济效益好、能源消耗低、生态环境得到保护的新型工业化发展道路，在解决共性和关键技术问题方面，发挥了石化行业科研开发“国家队”的作用。

降低催化裂化汽油烯烃含量GOR催化剂、催化裂化汽油加氢异构技术(RIDOS)、多产异构烷烃催化裂化新技术(MIP)、劣质柴油加氢改质提高十六烷值(RICH)等技术相继开发成功并获得工业应用，使石化企业能够在技术上较好地应对车用燃料国家新标准实施和油品质量升级带来的压力，生产出符合欧洲Ⅱ号排放要求的汽/柴油。多产柴油催化裂化催化剂和工艺、多产柴油和液化气的催化裂化技术(MGD)得到大面积推广应用，产生了巨大的经济和社会效益。

此外，石油化工科学研究院还承担了国家重大基础研究规划(973)项目等多项国家科技攻关，在清洁汽/柴油生产系列技术、替代能源研究方面取得了一批具有重要创新意义的新成果。

2003年，石油化工科学研究院围绕清洁燃料生产、石油产品质量升级和增产丙烯等重点任务，新开发了一批创新性技术成果。通过技术鉴定项目35项，进行工业化试验59项。申请中国专利230项，获得授权170项；申请国外专利7项24件，获准授权19件。获得国家科技进步二等奖1项，获得石化集团公司科技进步奖、技术发明奖13项。

（侯明铉）

【“苯和乙烯液相烷基化生产乙苯成套技术开发”获国家科技进步二等奖】 乙苯是生产苯乙烯的原料，而苯乙烯则用于生产聚苯乙烯、丁苯橡胶、ABS树脂等合成材料。传统的乙苯生产多为三氯化铝法，其缺点为工艺流程长、设备腐蚀和环境污染严重。20世纪80年代初出现的气相烷基化工艺，使用含ZSM－5分子筛的催化剂，解决了设备腐蚀和环境污染问题，但存在着产品乙苯中二甲苯含量较高等缺点。

石油化工科学研究院自1990年开始苯和乙烯液相烷基化合成乙苯的研究，经过专利构思、小试研制、中试和工业试验，开发了活性高、乙苯选择性好的AEB-2型烷基化催化剂和AEB-1型烷基转移催化剂，开发了循环固定床烷基化新工艺，并在北京燕山石化公司新建的6.7万吨/年乙苯生产装置上进行了工业运转。结果表明：液相循环烷基化工艺流程合理，装置运行平稳，操作方便，易于控制，属清洁生产工艺。烷基化催化剂具有活性高、乙苯选择性好、活性稳定等特点。烷基转移催化剂的反应温度低于国外同类催化剂，具有乙苯选择性好、活性稳定等优点。此项技术先后被评为2002年度石化集团公司科技进步一等奖和2003年度国家科技进步二等奖。

（侯明铉）

【“中压加氢裂化技术(RMC)的开发与工业应用”获石化集团公司科技进步一等奖】 中压加氢裂化技术(RMC)采用高加氢脱氮、芳烃饱和活性的RN系列精制催化剂，高裂化活性、选择性的RT系列裂化催化剂，可在操作压力不高于12.0兆帕的条件下，加工终馏点在520—540摄氏度的高硫减压馏分油或掺炼焦化蜡油(CGO)原料油，转化率可达到50%以上，中间馏分油选择性可达到65%以上，能够生产高芳潜的优质重整原料和低硫、低芳烃优质柴油，以及BMCI值低、乙烯收率高的加氢裂化尾油。在装置投资和操作费用方面，比传统的高压加氢裂化技术降低10%—30%。

2000年5月，燕山石化分公司采用RMC技术，成功地将原100万吨/年中压加氢改质装置扩能改造为130万吨/年中压加氢裂化装置。经过3年多工业试验，装置运行平稳，产品质量优良，加氢裂化尾油的乙烯裂解产率超过32%，标定结果与设计数据吻合。该技术2002年11月通过石化股份公司科技开发部组织的技术鉴定，并被评为2003年度石化集团公司科技进步一等奖。

（侯明铉）

【“车用乙醇汽油的研究开发及应用”获石化集团公司科技进步一等奖】 车用乙醇汽油是指将乙醇脱水及变性处理后与汽油以一定比例混配而成的燃料，其研究开发及应用对促进农业生产、节约石油资源、改善环境，对国民经济的可持续发展具有重要的战略意义。根据国家车用乙醇汽油领导小组的统一安排和部署，石科院与有关单位一起，先后进行了车用乙醇汽油调合特性实验室研究和工业试生产，车用乙醇汽油分水及储存特性、材料相容性实验室研究，金属腐蚀抑制剂的研制开发，车用乙醇汽油行车试验研究，车用乙醇汽油国家标准制定及车用乙醇汽油经济性研究等主要研究工作。依据上述研究成果，2002年3月起车用乙醇汽油在河南等地开始推广应用。该项目评为2003年度石化集团公司科技进步一等奖。

（侯明铉）

【“磁稳定床用于己内酰胺加氢精制”获石化集团公司技术发明一等奖】 针对现有连续釜式己内酰胺加氢精制工艺存在催化剂活性低、产品质量差等问题，石油化工科学研究院从1999年开始，采用新型非晶态合金SRNA-4催化剂和磁稳定床新反应工程，开发出了具有自主知识产权的己内酰胺加氢精制新技术。在小试和冷模中试研究的基础上，2001年在巴陵分公司建成了6 000吨/年工业侧线装置，首次成功进行了磁稳定床反应器在国内石化工业中的应用试验，显示出优异的加氢性能，同时大幅度降低了催化剂消耗量。该技术2002年6月通过石化股份限公司科技开发部组织的技术鉴定，并被评为2003年度石化集团公司惟一的技术发明一等奖。

（侯明铉）

【炼油工艺与催化剂国家工程研究中心(NERC)通过竣工验收】 炼油工艺与催化剂国家工程研究中心位于中关村科技园区昌平园内，占地12.8万米^2，是经国家计委批准，利用世界银行科技发展项目贷款，由石化股份公司提供配套资金，依托石油化工科学研究院建设的国家工程研究中心。自筹建以来，按照边建设边开展研究开发工作的方针，参与承担了国家和石化股份公司下达的多项研究开发项目，在催化裂化新工艺和新技术、新型催化材料制备工艺技术和催化蒸馏新技术等方面取得了可喜的成果，起到了科技成果向工业化转化的桥梁作用。

2003年2月9日，炼油工艺与催化剂国家工程研究中心顺利通过了国家发展计划委员会委托石化股份公司组织的项目竣工验收。石化股份公司高级副总裁曹湘洪院士担任验收委员会主任，国家计委高技术产业发展司马德秀司长、石化股份公司总工程师袁晴棠院士分别担任验收委员会副主任。由有关方面25位专家组成的验收委员会听取了炼油工艺与催化剂NERC建设情况的汇报，现场察看了建筑和实验设备，审阅了工程档案资料，经过认真讨论一致同意炼油工艺与催化剂国家工程研究中心建设项目通过国家验收。随后，曹湘洪高级副总裁、马德秀司长分别发表讲话，高度评价了炼油工艺与催化剂NERC建设和研究开发所取得的成绩，勉励其为中国石化工业的发展做出更大的贡献。

（侯明铉）

【陈同海总经理来院视察】 2003年6月3日，石化集团公司党组书记、总经理，石化股份公司董事长陈同海等总部领导到石油化工科学研究院视察工作，听取了石油化工科学研究院的工作情况汇报，参观了部分实验室，并发表了重要讲话。陈同海总经理对石油化工科学研究院多年来在石化工业科技研究开发、人才培养等方面取得的突出成绩和为石化集团公司发展所作的重要贡献给予了积极评价和充分肯定，强调科研必须坚持走市场化之路，要为提高产品质量、降低生产成本、增强中国石化核心竞争力作贡献。

（侯明铉）

【进行分配制度改革】 2003年，根据石化集团公司、石化股份公司的统一部署，石油化工科学研究院按照收入与岗位职责、工作绩效挂钩的指导原则，参照劳动力市场价位，制定并实施了浮动岗位工资制度。比较合理地确定了不同类别人员的收入水平，较大幅度地增加了重点岗位、科研骨干和关键经营管理岗位人员的工资收入，有效调动了科技人员加快开发创新技术、推广技术成果的积极性，对吸引、稳定和激励人才具有重要意义。

（侯明铉）

【院领导班子进行调整】 2003年12月，石化集团公司党组决定对石油化工科学研究院领导班子进行调整：龙军任院长，李大东任学术委员会主任，景振华、何鸣元、舒兴田任学术委员会副主任。

（侯明铉）

【特种润滑油产品为中国首次载人航天飞行作出贡献】 军工油品研制是石油化工科学研究院科研开发的重要组成部分，近年来又参与了神舟系列飞船所需特种润滑油产品的研制工作。2003年10月，中国载人航天工程办公室向石油化工科学研究院颁发奖状，纪念其为中国首次载人航天飞行圆满完成作出的贡献。

（侯明铉）

中国石油化工股份有限公司
北京化工研究院

【概述】 中国石油化工股份有限公司北京化工研究院（以下简称北京化工研究院）创建于1958年6月，是石化股份公司直属科研机构。院本部位于北京市朝阳区，占地面积9.7万米^2，建筑面积6.8万米^2。科学试验基地设在北京市通州区台湖镇，占地面积17万米^2，建筑面积3.8万米^2。

截至2003年底，北京化工研究院在职职工总数为934人，其中各类专业技术人员634人，包括教授级高工和高级专业技术人员261人，中级专业技术人员273人。专业技术人员中有中国工程院院士1人，享受政府特殊津贴9人，博士31人，硕士134人，大学本科毕业生359人。

建院以来，北京化工研究院一直以石油化工为主要专业方向，形成了乙烯技术和有机化工、聚烯烃催化剂和工艺研究、塑料改性和加工应用、化工环境保护等4个优势科技领域，注重石油化工应用技术的研究开发和高新技术的探索研究，在多种石油化工催化剂的研究和工业应用方面达到国际先进水平。

北京化工研究院设有6个主要的研究中心(所)以及信息中心、测试中心、器材部等7个配套部门，拥有从事研究开发工作所需的配套设备和现代化分析测试仪器，建有石油烃类裂解、有机合成催化剂、聚烯烃催化剂、环管聚丙烯中试、气相聚乙烯模试、改性塑料等19套中试、模试装置及数十套烯烃聚合评价装置。

聚烯烃国家工程研究中心具有催化剂研究开发和生产制备、聚合工艺评价与成套技术开发、合成树脂表征及应用等综合配套的工程研究及开发能力。其高分子表征中心配备有傅立叶红外光谱仪、核磁共振仪、X射线衍射仪、凝胶渗透色谱仪、制备型和分析型高分子分级装置、原子力显微镜、各类流变仪(动态、拉伸、扭矩)及热分析仪等，具有国内领先、国际先进水准。科学试验基地已建成了烯烃聚合中试装置以及聚烯烃高效催化剂、塑料加工等中试和生产装置，水、电、汽等配套公用工程设施齐全，拥有较为广阔的发展空间。

北京化工研究院设有国家化学建材测试中心、国家基本有机原料质量监督检验中心等全国性技术中心。北京化工研究院负责编辑出版的学术刊物有《石油化工》、《国内外石油化工快报》和《化工环保》。

北京化工研究院自1964年开始招收研究生，是国务院批准的首批硕士学位授予单位之一，共有材料学、化学工艺学、工业催化3个硕士学位授予点，设有博士后科研工作站。

1998—2003年，北京化工研究院共有76个项目通过了省(部)级以上组织的技术鉴定；取得省部级以上科技奖励31项；共获得授权专利159项。2003年技术和产品出口金额近500万美元。2003年度北京化工研究院科研成果概况见表1。

（苗莲香）

【聚丙烯新型高效催化剂的研究开发及工业应用获国家技术发明二等奖】 聚丙烯新型高效催化剂(以下简称DQ催化剂)是科研工作者经过10多年的艰苦努力，发明的一种活性高、氢调敏感、定向能力高、等规度可调性好的具有自主知识产权的新型高效催化剂。它替代了进口催化剂在国内大型聚丙烯生产企业的Spheripol环管法工艺装置上使用，效果良好，已形成系列牌号，并实现了工业化生产及大规模工业应用。截至2003年底，为石化企业增加效益近2亿元。

DQ催化剂应用于国内开发的双轴(向)拉伸聚丙烯(BOPP)生产工艺，主要性能指标都已达到甚至优于国际同类催化剂的先进水平，生产的高质量BOPP高速膜，加工速度从1.2万米/时增加到2.52万米/时，质量超过进口树脂。

（杜宏斌）

【气相法高效聚乙烯催化剂获国家科技进步二等奖】 气相法高效聚乙烯催化剂(BCG)是北京化工研究院自主研究开发适用于Uniop工艺的气相聚乙烯催化剂。科研人员经过催化剂模试制备研究，于2000年5月完成催化剂中试放大试验，在中原乙烯12万吨/年气相聚乙烯装置上进行了工业化应用试验。结果表明：装置运行平稳，BCG具有活性高、流动性好、氢调和共聚性能好等特点，所生产的树脂质量稳定，综合性能优于同类进口催化剂，达到国际同类催化剂的先进水平。

BCG催化剂已在中原乙烯、广石化等生产厂家使用，每吨聚乙烯用催化剂的成本降低了200元，具有很大的经济和社会效益。

BCG催化剂具有自主的知识产权，已申请3项中国专利和2项国外专利(其中3项已授权)。

（周俊领）

【高速BOPP薄膜专用料的研制和开发获石化集团公司科技进步一等奖】 高速BOPP薄膜专用料的研制和开发项目是在掌握了该专用料分子链结构和产品特性的基础上，制定出科学合理的生产工艺和产品配方，并解决了高速成膜性、助剂低迁移性、热稳定性等关键技术问题，首次在10万吨/年环管聚丙烯装置上生产出了拉膜速率为1.2万—2.52万米/时的BOPP专用料，产品性能全面达到并部分超过进口高速BOPP专用料的水平。该项目的技术填补了国内空白，并达到了国际先进水平。

（郭梅芳）

【几种重要聚丙烯专用料的基础研究及工业应用获石化集团公司科技进步一等奖】 本项目在对高速BOPP、无规共聚聚丙烯(PPR)和流延聚丙烯(CPP)等重要聚丙烯专用料进行基础理论研究和全面系统表征相应进口专用料分子链结构的基础上，提出了包括聚丙烯在内的高分子熔体拉伸流动稳定性理论模型和适用于聚丙烯管材挤出的流变学模型以及满足高速BOPP膜、高性能PPR管材及高性能CPP所要求的分子链结构特征，进而提出了相应专用料制备技术的新理论。并在上述基础理论的指导下，进行了积极有效的工业转化和推广应用工作，提高了中国聚丙烯生产企业的技术水平和竞争能力，获得了显著的经济和社会效益。该研究结果属原创性知识创新和技术创新成果，达到国际先进水平。

（郭梅芳）

【国产NG催化剂在20万吨/年气相法聚丙烯装置上工业应用获石化集团公司科技进步一等奖】 NG催化剂在气相法聚丙烯装置上工业应用项目由北京化工研究院、北京燕化股份公司和北京市奥达石化新技术开发中心3家共同承担。

石化股份公司决定采用北京化工研究院开发的有独立知识产权的NG催化剂替代进口催化剂在北京燕化股份公司从国外引进的20万吨/年AMOCO工艺(现称Innovene工艺)气相聚丙烯生产装置上进行工业应用试验。结果表明：生产装置运行平稳，NG催化剂具有良好的氢调性能和共聚性能，综合性能与同类进口催化剂相当，生产出的均聚、无规共聚及抗冲共聚等多种牌号的聚丙烯树脂质量优良。

目前，NG催化剂在气相法聚丙烯装置上基本取代了进口催化剂，大幅度降低了北京燕化股份公司聚丙烯树脂的生产成本，仅催化剂成本就节约5 000多万元，经济效益及社会效益十分显著。

（高明智）

【中型乙烯成套技术—天津乙烯改造技术获石化集团公司科技进步二等奖】 中型乙烯成套技术—天津乙烯改造技术项目是石化集团公司十条龙攻关项目之一。北京化工研究院承担了核心部分——裂解炉辐射段工艺设计工作。该炉以CBL裂解技术为基础，吸收了国内外炉管的优点，具有比表面积大、结构简单、裂解温度高、停留时间短、裂解选择性高、造价低等优点。该裂解炉具有裂解石脑油和加氢尾油的灵活性。经过 3 年多的运行表明，该裂解炉生产能力大、操作简单、运行平稳。该裂解炉的开发成功标志着我们开发的 CBL 技术已经完全成熟、可靠，达到了工业化生产的要求，可以满足对中小型乙烯裂解炉改造的需要。

（张兆彬）

【反应性聚烯烃合金的开发及应用获石化集团公司科技进步三等奖】 反应性聚烯烃合金的开发及应用项目研究了反应性聚烯烃及其在聚合物合金中的应用，并开发出新型的聚合物合金。该聚烯烃用作合金中的增容剂可提高合金材料的性能。所制备的合金可用于汽车和电器、电子零部件等。本项目开发的技术对设备、单体等要求较低，可满足于小批量多品种的要求。与国外同类接枝技术相比，枝物上的活性基团含量较高，并且分子链上链结构降解或交联较少，且可用于 PA、PET、PC/ABS 等聚合物合金，性能很好，已有较大规模的工业应用。所开发的接枝聚烯烃材料以及工程塑料合金已经能稳定生产，并替代了进口，填补了国内空白。

（尹　华）

【科里奥利质量流量计的研制与开发获石化集团公司科技进步三等奖】 科里奥利质量流量计是直接测量流体质量流量的仪表。本项目是在原流量计基础上利用先进的数字处理技术和强大的单片机软件功能开发的智能型流量计，不仅具备瞬时流量、质量总量的测量功能，而且增加了密度、温度、两相流体的比率浓度等测量功能，还具备自动批量控制功能和远程通讯功能，其技术性能已达到国内领先水平。仪表内部无可动部件，安装方便，使用寿命长。由于该流量计可直接测量流体的质量流量而不受压力、温度、密度、粘度等影响，又具有极高的准确度、线性度，因而广泛应用于石油、化工、航天、冶金、造纸、食品等各个领域。

（郎　琦）

【国际化学品安全卡网络查询系统获国家安全生产科技成果三等奖】 国际化学品安全卡网络查询系统介绍了2 000多种常用危险化学品的理化特性、健康危害、预防中毒、爆炸及急救/消防、泄漏处置措施等数据，可供从事化工生产、科研、职业病防治、安全和环保管理工作人员了解危险化学品的安全知识和编制安全技术说明书之用。该系统网站建设得到了联合国国际化学品安全规划署和国际劳工组织的赞扬和支持，已经作为国家网站并入联合国设在美国职业安全与健康研究所的国际查询系统中，并成为联合国环境规划署、国际劳工组织和经济合作与发展组织共同组建的“全球化学品安全信息网络”链接的中国重要化学品安全网站。

（李政禹）

【聚烯烃国家工程研究中心通过验收】 根据《国家工程研究中心竣工验收大纲》的有关规定，国家计委组织的验收委员会，于 2003 年 1 月 16 日在北京对聚烯烃国家工程研究中心(以下简称工程中心)建设项目进行验收。

验收委员会认真听取了工程中心建设情况的汇报，实地考察了项目设施，并审阅了有关文件和资料，经过认真讨论一致认为：聚烯烃国家工程研究中心的建设内容已全部完成，符合国家计委批复的可行性研究报告中规定的建设要求及石化股份公司批复增加的建设内容。建设期间，在科研开发、成果产业化、市场推广应用、人才队伍建设以及国内外合作交流等方面已取得较大的成绩，为我国聚烯烃行业的技术进步与发展作出了重要的贡献。同时希望工程中心不断加强与企业、高校、科研及设计单位的合作，继续加大聚烯烃工程化技术开发和高附加值产品开发的力度，做好人才培养工作。尽早建成国内一流、国际知名的研究机构。

（李正琪）

【15 万吨/年裂解炉开发通过验收】 2003 年 3 月 4 日，北京化工研究院和中国石化工程建设公司、兰州化机院共同承担的国家科技攻关计划“大型乙烯工程关键技术开发项目——15 万吨/年大型裂解炉开发”项目顺利通过了科技部和石化股份公司科技开发部组织的验收。该项目的顺利完成，表明中国石化核心技术领域之一的乙烯技术，在中国具有独立知识产权的 CBL 炉开发基础上又迈上了一个新台阶，解决了裂解炉大型化的技术难题，为中国新建和改建裂解炉打下了坚实的技术基础。

在验收会上，专家们一致认为，总体方案设计合理，技术可行，所采用的主要技术有扎实的工业应用基础。所开发的双炉膛结构大型裂解炉选择性高，运转周期长，热效率高，实现了攻关目标，总体技术水平达到国际先进水平。

（张兆彬）

【北京化工研究院紧急制定出过氧乙酸国家标准】 2003 年非典型肺炎在我国部分地区出现以后，过氧乙酸作为消毒剂被广泛和大量地使用，但过氧乙酸的生产还没有统一的国家标准。为使过氧乙酸产品安全有效使用，国家标准化管理委员会于5月13日向标准归口单位北京化工研究院基础部标准化组(全国化学标准化技术委员会有机分会秘书处)下达制定过氧乙酸国家标准的紧急任务，要求5月16日中午之前提出《过氧乙酸》产品国家标准和《过氧乙酸含量的测定》试验方法国家标准报批稿及其编制说明。北京化工研究院基础部标准化组按要求完成任务，该两项标准于5月16日由中国质量监督检验检疫总局发布并实施，标准号分别是GB 19104—2003，GB/T19108—2003。

（楼　霁）

【院科学试验基地暨奥达石化中心建设10年成绩喜人】 2003年3月6日，北京化工研究院隆重举行科学试验基地暨北京市奥达石化新技术开发中心(以下简称奥达中心)建设10周年庆祝大会。北京市人大常委会副主任金生官、石化股份公司科技开发部主任兼奥达中心董事长洪定一等领导出席会议并讲话。院长兼奥达中心总经理杨元一作了题为《回顾过去，展望未来，为加快建设石化科学城和世界一流的聚烯烃催化剂生产企业而努力奋斗》的讲话。

北京化工研究院科学试验基地是从1992年开始筹建的，经过10多年的艰苦创业，滚动发展，现已建成占地面积17万米^2，建筑面积3.8万米^2，员工300余人，建有N催化剂、DQ催化剂等生产和中试装置，以及烯烃聚合评价装置、产品检测所需的现代化分析检测仪器和配套公用工程的科研成果转化园区。产品也由最初的聚丙烯N催化剂一个品种，发展到目前的聚丙烯、聚乙烯催化剂7个品种的系列产品，并且产品已打入泰国、马来西亚、印尼等市场，实现了批量出口。一跃成为年销售额接近2亿元，在国内外聚烯烃催化剂领域颇有影响的高新技术企业。

（曹西京）

【内部分配制度改革进展顺利】 内部分配制度改革工作涉及面广、政策性强，是一项复杂的系统工程。为确保这项工作稳步推进，院成立了领导小组，有关部门协同配合，全院上下共同努力，工作进展顺利。特别是2003年3月石化集团公司暨石化股份公司内部分配制度改革工作会议召开后，通过认真学习，进一步明确了改革思路，调整了工作部署，加快了改革步伐。这期间先后进行并完成了在奥达中心的改革试点工作和内外部调研、学习宣传、定岗定编、工作分析、编写岗位说明书、方案设计、岗位评估、方案审查等工作。到2003年10月内部分配制度改革已经取得阶段性胜利，已基本达到改革预期目标。通过适当提高岗效工资标准，全年收入明显低于市场价位的科研生产、经营管理关键岗位骨干的收入水平已向市场价位靠拢。内部分配制度改革体现了尊重知识、尊重人才，起到了稳定管理技术业务骨干人才的作用。

（高国利）

【陈同海总经理来院调研视察】 2003年6月3日下午，陈同海总经理、曹湘洪高级副总裁到北京化工研究院调研、视察工作。

陈同海认真听取了杨元一院长、于文秀书记就北京化工研究院进入石化集团公司以来的主要研究领域及贡献、科研、生产、科技体制改革、精神文明建设、今后发展规划等方面的情况汇报。陈同海参观了院里实验室和科学实验基地，并就一些前沿问题与专家们进行讨论，同时提出了希望与要求。

陈同海要求科研机构在改革中要坚持按照市场规律办事，结合分配制度改革，建立一整套充满活力的管理体制和运行机制，充分调动广大科技工作者的积极性、主动性和创造性，进一步提高科研水平和技术实力。只有实现科研成果商品化、市场化，才能真正体现“科技是第一生产力”，才能真正形成尊重人才、尊重科学的局面，才能真正提高核心竞争力。

（刘　昌）

表1　2003年度北京化工研究院科研成果概况一览表

序　号	项　目　名　称	奖　别	等　级
1	聚丙烯新型高效催化剂的研究开发及工业应用	国家技术发明奖	二等
2	气相法高效聚乙烯催化剂	国家科技进步奖	二等
3	高速BOPP薄膜专用料的研制和开发	石化集团公司科技进步奖	一等
4	几种重要的聚丙烯专用料的基础研究及工业应用	石化集团公司科技进步奖	一等
5	国产NG催化剂在20万吨/年气相法聚丙烯装置上工业应用	石化集团公司科技进步奖	一等

续表

序　号	项　目　名　称	奖　别	等　级
6	中型乙烯成套技术—天津乙烯改造技术	石化集团公司科技进步奖	二等
7	反应性聚烯烃合金的开发及应用	石化集团公司科技进步奖	三等
8	科里奥利质量流量计的研制与开发	石化集团公司科技进步奖	三等
9	聚丙烯原理、工艺与技术	石化集团公司科技进步奖	三等

中国石油化工股份有限公司抚顺石油化工研究院

【概述】 中国石油化工股份有限公司抚顺石油化工研究院(以下简称抚顺石油化工研究院)位于辽宁省抚顺市望花区，创建于1953年，是新中国最早建立的石油研究机构。经过50多年的艰苦创业，已发展成为以临氢催化、生物工程、环境保护以及沥青、特种蜡开发为核心专业，同时包括石油化工、科研装备产品开发等重点专业领域的综合性科研开发基地。

抚顺石油化工研究院现有职工700余人，其中，各类专业技术干部521人。有中国工程院院士1名、高级研究人员223人、中级研究人员222人。设有博士后科研工作站和研究生工作站。全院占地21万米^2，拥有中小型炼油及化工试验装置近200套，其中具有当今世界先进水平的加氢试验装置50多套、各类大型分析测试仪器200余台。

抚顺石油化工研究院下设14个专业研究室(部)及环境保护研究所、科研中试基地，设有国家石油产品检验实验室，是石化集团公司环境监测总站、加氢科技情报站、石蜡科技情报站以及国家石油蜡类产品标准化的依托单位。主要从事加氢裂化催化剂及工艺技术开发，馏分油及蜡类产品加氢精制催化剂及工艺技术开发、渣油加氢处理催化剂及工艺技术开发，半再生固定床催化重整催化剂及工艺技术开发，生物化学工程技术开发、石化企业和油田废水、废气、废渣治理技术开发以及石油沥青、特种蜡产品生产技术开发。此外，在石油化工、临氢催化基础研究和催化剂表征、临氢催化动力学及其过程模拟软件开发，原油评价、油品分析测试和石油蜡类产品标准化，计算机应用开发，科研装备开发等方面也具有雄厚的技术实力。抚顺石油化工研究院贴近企业、贴近市场，积极开展与上述技术相关的技术服务、技术咨询、技术转让以及相关成套技术开发等业务。

截至2003年底，抚顺石油化工研究院已取得科技成果300多项，其中部(省)级以上成果奖250余项，国家科技进步奖和发明奖19项。抚顺石油化工研究院的加氢技术已处于国际同类技术的先进水平，目前已开发出高压加氢裂化、中压加氢裂化、缓和加氢裂化、中压加氢改质等工艺技术以及配套的十大类30多个牌号的催化剂；开发出一段加氢处理、劣质柴油加氢改质(MCI)、两段法加氢处理生产清洁柴油等加氢精制工艺技术以及与之配套的3大类23个牌号的催化剂；开发出适合于减压渣油加氢处理的4大类33个牌号的催化剂和适合于常压渣油加氢处理的3大类10个牌号的催化剂，全部获得工业应用。截至2003年底，抚顺石化研究院已申请中国专利724件，申请国外专利74件，获国内外专利权425件。

1998—2003年抚顺石油化工研究院科技成果获奖情况和专利申请及授权情况见表1和表2。

（王　专）

【院领导班子调整】 2003年2月，石化集团公司党组和石化股份公司对抚顺石油化工研究院领导班子进行了调整。此次调整，是石化集团公司人教部、石化股份公司人力资源部联合干部考察组在进行认真考核、广泛听取干部职工意见的基础上，经石化集团公司党组慎重研究，进行任前公示，并对公示后收集到的意见再一次进行调查、核实，并征得中共抚顺市委同意后作出的。

调整后的领导班子成员为：院长方向晨，党委书记兼副院长刘振华，副院长刘纪端、李杰，党委副书记王延河，总工程师关明华。

（王玉良）

【实施机构改革，加强人力资源管理】 抚顺石油化工研究院树立以人为本、人力资源是第一资源的理念，坚持人才战略，营造和建立稳定人才、吸引人才和人事相宜的拴心留人机制。实施分配制度改革，引入市场劳动力价位，向科研倾斜，拉开差距，实行动态调整；机关管理人员实行定岗定编、竞争上岗，内部人员流动实行双向选择；中层领导干部选拔任用实行公开选聘(选任)。

(王玉良)

【"上流式渣油加氢保护剂开发和工业应用"获石化集团公司科技进步一等奖】 上流式渣油加氢处理是一种比较新的工艺技术。其技术特点在于，反应器内的反应物流自下而上通过反应器，使催化剂床层处于微膨胀状态，增加了反应流体的流通面积，从而可减缓催化剂床层压降的增长速度，延长装置运转周期。该技术主要用于渣油加氢处理的前部，以脱除渣油原料中的金属杂质为主。抚顺石油化工研究院开发的FZC-10U和FZC-11U保护剂，是专门用于上流式反应器的渣油加氢处理保护剂，它以具有双峰孔结构的氧化铝为载体，以Mo-Ni为活性组分，具有孔容、孔径大，机械强度高，抗磨性好，脱金属活性高等特点，可有效保护下游固定床反应器内的脱硫、脱氮催化剂，延长其使用寿命。FZC-10U和FZC-11U两种上流式渣油加氢处理保护剂于2001年6月起在齐鲁分公司150万吨/年UFR/VRDS装置上进行了工业应用，装置连续运转467天，加工原料174万吨/年，表现出良好的活性和活性稳定性，达到国际先进水平。"上流式渣油加氢保护剂开发和工业应用"获2003年度石化集团公司科技进步一等奖。

(刘建宇)

【"小晶粒β沸石的研制及其工业应用"获石化集团公司技术发明二等奖】 小晶粒β沸石(0.1—0.5微米)是一种新的催化材料，它具有硅铝比高、结晶度高、二次孔多、酸度低、酸中心数少且分布均匀等特点，可用作石油及石油化工固体酸催化反应催化剂的主要酸性组分。作为一种新的催化材料，在小晶粒β沸石研制过程中，抚顺石油化工研究院申报发明专利6件，授权4件，该项技术属国内首创，达到了当前国际同类沸石的领先水平，具有较为广阔的应用前景。采用小晶粒β沸石为酸性组分制备的加氢催化剂具有优良的中油选择性、活性和稳定性。用于劣质柴油加氢改质，可生产低凝点、高十六烷值清洁柴油产品。以小晶粒β沸石为关键组分制备的FC-14催化剂(可用于单段高压加氢裂化或柴油加氢改质异构降凝)、FC-16催化剂(用于多产中间馏分油高压加氢裂化)、FC-20催化剂(用于高压加氢裂化或柴油加氢改质异构降凝)已分别应用于不同的工业装置，显示出优良的反应性能。"小晶粒β沸石的研制及其工业应用"获2003年度石化集团公司技术发明二等奖。

(刘建宇)

【全馏分FCC汽油芳构化降烯烃技术通过技术评议】 全馏分FCC汽油芳构化降烯烃技术(以下简称OTA)是为适应中国汽油产品升级换代而开发的一项清洁汽油生产技术。使用该技术可使FCC汽油中的烯烃通过烷基化、芳构化、异构化等反应，转化为各种类型带侧链的芳烃和异构烷烃，从而达到既能降低汽油中的烯烃含量，又能保证其辛烷值降低很小甚至不降低的目的，在该技术的开发过程中已申请10余件专利。OTA技术具有以下特点：①工艺流程简单，FCC汽油不必经过分馏，可直接进行加氢处理；②装置通用性强，利用工厂现有加氢装置略加改造即可应用该技术；③降烯烃能力强(可由原料的烯烃含量大于40%降至烯烃含量小于10%)；④汽油收率高(可达95%以上)；⑤辛烷值损失小(处理某些原料油时，辛烷值还略有增加)；⑥脱硫脱芳效果好；⑦氢耗低。OTA技术于2003年11月通过了石化股份公司科技开发部组织的技术评议。与会专家一致认为，OTA技术属原始性创新，居于当前国际同类技术领先水平。在石化股份公司2003年度"十条龙"科技攻关会上，该技术被列为"十条龙"攻关项目，并确定2004年在金陵分公司进行工业应用试验。

(刘建宇)

【新一代加氢技术转化为生产力】 2003年，由于狠抓了科技成果转化，抚顺石油化工研究院有多项新开发的加氢技术进行了工业应用，都取得了很好的效果。主要有：①FF-16加氢精制催化剂和FC-12加氢裂化催化剂在上海石化股份有限公司150万吨/年加氢裂化装置工业应用。FF-16催化剂是抚顺石油化工研究院新开发的加氢裂化预处理催化剂，属国际同类催化剂的先进水平；FC-12催化剂则是加氢裂化催化剂，具有活性高、抗氮能力强、加氢性能好等特点。装置标定结果表明：与上周期相比，换用新催化剂后，中间馏分油(航煤+柴油)收率明显提高，产品质量得到改善，氢耗有所降低，液化气收率和轻石脑油收率有所降低，达到了预期目的。②FC-26催化剂。FC-26催化剂是抚顺石油化工研究院开发的新一代高中油型加氢裂化催化剂。该催化剂于2003年在镇海炼化100万吨/年加氢裂化装置进行了工业应用。装置标定结果表明，FC-26催化剂具有加工原料适应性强、中油选择性好、活性高、氢耗低、产品质量好等优点，使用FC-26催化剂使企业达到了多产中间馏分油的目的。③FHI柴油加氢改质异构降凝技术。该技术选用具有强异构功能的催化剂，对直馏柴油和/或二次加工柴油进行加氢处理，在实现深度脱硫、脱氮、脱芳和选择性开环的同时，可以使油品中的正构烷烃等高凝点组分进行异构化反应，从而大幅度降低柴油凝点、提高其十六烷值。由于适应了企业需求，该技术一经开发成功即于 2003 年在多家企业应用，取得了很好的结果。④HDO－18 催化剂。HDO－18 催化剂是抚顺石油化工研究院开发的专门用于重整生成油加氢处理的催化剂，其特点是在大幅度降低原料中烯烃含量的同时，可保证芳烃损失在较小的范围内。HDO－18 催化剂可用于处理半再生重整生成油苯馏分、全馏分和第二代连续重整生成油 BTX 馏分。茂名分公司重整生成油选择性加氢装置上的应用结果表明，该催化剂具有良好的活性、选择性和稳定性。⑤FCC 汽油选择性加氢脱硫技术(以下简称 OCT－M)。OCT－M 是抚顺石油化工研究院针对中国 FCC 汽油高硫高烯烃现状而开发的清洁汽油生产技术。使用该技术处理 FCC 汽油，可以在大幅度降低汽油硫含量的同时，保证其辛烷值损失较小，从而生产出低硫汽油产品。OCT－M 技术于 2003 年 3 月起在广州分公司进行工业应用，取得了预期效果。⑥FH－DS 催化剂。FH－DS 是抚顺石油化工研究院开发的柴油深度加氢脱硫催化剂，该催化剂的脱硫活性明显优于目前国内外同类催化剂。FH－DS 催化剂在茂名 60 万吨/年柴油加氢装置的应用结果表明，使用 FH－DS 催化剂在常规加氢脱硫工艺条件下，可将劣质柴油的硫含量由大于$20\,000\times10^{-6}$脱至小于 300×10^{-6}，适当调整工艺条件，则可生产硫含量小于 30×10^{-6}的清洁柴油。

（刘建宇）

【举行建院 50 周年庆典活动】 2003 年 8 月 18 日，庆祝抚顺石油化工研究院建院 50 周年大会隆重召开。石化集团公司、石化股份公司科技开发部等发来贺电，来自石化集团公司总部、各兄弟企事业单位的代表及我院职工1 000多人参加了庆祝大会。

与会领导和来宾参观了主要专业领域的研究室及试验、生产基地，参加了“抚顺石油化工研究院技术恳谈会”等系列活动，并祝愿抚顺石油化工研究院以 50 年的深积厚淀为基础，以中国石化“建设具有国际竞争力的世界级一体化的能源化工公司”的发展目标为契机，实现向现代化、国际化更高目标的迈进。

（耿　新）

【与高校联手成立研究生工作站】 为充分发挥高校和科研单位各自的优势，2003 年 12 月，抚顺石油化工研究院和辽宁石油化工大学联合成立研究生工作站。旨在以科研项目为依托，以高层次人才培养为纽带，把两院建设成开放型石油化工技术研究与人才培养中心，为国家培养高素质、创新型、综合型、国际化人才。

（王玉良）

【院第十一次党代会召开】 2003 年 12 月 16 日，中共抚顺石油化工研究院第十一次代表大会召开。会议审议通过了第十届委员会的工作报告和纪律检查委员会工作报告，选举产生了第十一届委员会和新一届纪律检查委员会。刘振华当选为党委书记，王延河当选为党委副书记兼纪委书记。

大会以“三个代表”重要思想为指导，提出了全面加强党的建设，为建设世界一流研究院而奋斗的工作目标。

（王玉良）

表 1　　抚顺石油化工研究院科技成果获奖情况

奖励等级＼年份		2003	2002	2001	2000	1999	1998
国家科技进步奖和发明奖	一等	—	1	—	—	—	—
	二等	—	—	1	1	1	—
	三等	—	—	—	—	1	—
石化集团公司和辽宁省科技进步奖和发明奖	一等	2	2	3	3	2	2
	二等	2	4	2	2	3	1
	三等	3	2	3	5	5	7
	四等	—	—	—	—	—	2
总　计		7	9	9	11	12	12

表 2　抚顺石油化工研究院专利申请及授权情况

项目 \ 年份		2003	2002	2001	2000	1999	1998
国内申请数	发明专利	108	107	93	100	55	38
	实用新型	10	11	12	10	15	1
	小计	118	118	105	110	70	39
国内授权数	发明专利	136	47	37	44	15	4
	实用新型	11	11	10	17	10	5
	小计	147	58	47	61	25	9
国外申请数		16	5	11	0	13	12
国外授权数		2	6	3	2	5	3

中国石油化工股份有限公司上海石油化工研究院

【概述】 中国石油化工股份有限公司上海石油化工研究院(以下简称上海石油化工研究院)创建于 1960 年 6 月(时称上海石油化工研究所),是石化股份公司直属科研机构。院本部位于上海市浦东新区,占地面积 5.18 万米^2,建筑面积 6.6 万米^2。

截至 2003 年底,全院在职职工 620 人,其中各类专业技术人员 438 人,中国工程院院士 1 人,享受政府特殊津贴的有 15 人,教授级高工及高工 103 人,博士 25 人,硕士 56 人。上海石油化工研究院下设 11 个研究部(室)、1 个催化剂评价中心及相应的职能管理部门,是基本有机原料国家工程研究中心的依托单位;附设有石化股份公司有机原料情报中心站、上海市石油化工产品质量监督检验站、全国石油化学与标准化委员会、上海市催化剂行业测试中心等技术支持机构;并设有博士后流动工作站。

上海石油化工研究院主要从事石油化工烯烃和芳烃的化工利用技术(包括基本有机原料催化剂和工艺技术、有机合成、功能高分子材料合成与加工等技术)领域的研究,研究开发工作涵盖了前瞻性探索研究、应用基础研究、成套工艺技术及配套催化剂研究开发、工程化放大等。

建院 40 多年来,上海石油化工研究院的科技人员坚持不断创新与精益求精,成功开发了具有国际先进水平、适用于多种单元过程的石油化工催化剂及成套技术,其中大部分已成功应用于国内大中型石化生产装置。2003 年,完成了 MXT-01 新型甲苯歧化催化剂在天津石化的工业侧线试验、乙苯脱氢-氢氧化制苯乙烯催化剂工业挂件试验、SHP-01 裂解汽油一段加氢催化剂在中原乙烯的工业侧线试验和 MP-01 液相烃化制异丙苯分子筛催化剂在燕山石化工业侧线试验等多项工作。

2003 年,由石化集团公司和中国科学院联合推荐,以上海石油化工研究院为依托单位的“973”国家重点基础研究项目(新结构高性能多孔催化材料创制的基础研究)得到国家科技部的批准,为上海石油化工研究院在有机原料催化剂技术的原始创新方面提供了一个平台。2003 年科研开发工作取得了新的突破。“SAC-2000 新型丙烯腈催化剂研究开发”、“GS-10 高空速乙苯脱氢制苯乙烯催化剂研制”等 12 个项目通过石化集团公司的技术鉴定和评审。荣获石化集团公司科技进步奖 2 项、技术发明奖 2 项、上海市发明奖 3 项。截至 2003 年底,上海石油化工研究院已申请专利 528 项,获国内外授权的专利 291 项。其中 2003 年申请国内专利 101 项,国外专利 7 项,获国内外授权专利 68 项。连续 9 年获得上海市高新技术企业称号。1999—2003 年,上海石油化工研究院获省部级以上科技奖励 35 项。共有 54 个项目通过了省(部)级以上组织的技术鉴定和评审。

(潘　波)

【13 万吨/年丙烯腈成套技术在上海石化应用成功】 上海石油化工研究院参与开发的 13 万吨/年丙烯腈成套工艺技术应用于上海石化丙烯腈装置的扩能改造,将原 6 万吨/年丙烯腈装置扩能改造至 13 万吨/年。在装置改造过程中,上海石油化工研究院为装置的建设与开车提供现场技术服务,并承担了急冷塔的改造施工工作。2003 年 3 月,扩能改造后的丙烯腈装置一次开车成功,生产出合格的丙烯腈产品。该装置的成功改造,不仅可使丙烯腈年产量从 6 万吨提高到 13 万吨,同时将石化集团公司自行开发的专有技术应用

到装置改造，进一步提高了丙烯腈装置的市场竞争力，同时也为上海石化股份公司创造了良好的经济效益和社会效益。

（潘　波）

【100万吨/年甲苯歧化装置在镇海炼化开工建设】 2003年5月，上海石油化工研究院完成了镇海炼化股份公司100万吨/年甲苯歧化单元工艺包的编制，这是继1997年完成的伊朗第三芳烃厂87万吨/年甲苯歧化工艺包后的第三套采用上海石油化工研究院自主知识产权工艺技术的装置。该工艺包以上海石油化工研究院荣获国家发明二等奖的“甲苯与重质芳烃歧化与烷基转移成套技术及催化剂”为基础，设计的甲苯歧化反应器为目前国内最大的轴向固定床反应器，设计采用的HAT-096催化剂具有国际先进水平，设计方案中进行了充分的热联合，充分利用装置内可利用的不同品位的热资源，达到了节能降耗的目的。整套装置达到了国际先进水平，具有技术先进、成熟可靠和经济合理的特点。镇海炼化股份公司的100万吨/年甲苯歧化装置将于2004年建成投产。

（潘　波）

【“新结构高性能多孔催化材料创制的基础研究”获国家“973”计划批准立项】 2003年11月5日，由石化集团公司和中国科学院推荐，以上海石油化工研究院为依托单位的“新结构高性能多孔催化材料创制的基础研究”获国家重点基础研究发展计划(973计划)批准立项。2003年全国申报“973”项目约240余项，经过多轮专家评审，国家科技部正式批准立项25项。

“新结构高性能多孔催化材料创制的基础研究”项目总体目标为：针对石化工业产品，特别是大宗化学品(烯烃、芳烃等)和高附加值精细化学品的巨大需求，以催化材料的创新为突破点，开展多孔催化材料合成、结构和性能的导向性基础研究，发展催化材料表征方法学和合成方法学。集中研究国家急需且能带动化学工业发展的几类代表性催化材料，即多孔催化材料、金属氧化物修饰的多孔催化材料和组装纳米金属粒子的多孔催化材料。创制若干石化工业的关键催化材料，推动上述化学品生产技术创新，增强我国石化工业的竞争力，为我国石油化学工业可持续发展做贡献。

“新结构高性能多孔催化材料创制的基础研究”项目由上海石油化工研究院、中科院大连化学物理研究所、南开大学、南京大学、复旦大学等单位共同承担。

（潘　波）

【谢在库教授当选“973”计划项目首席科学家】 2003年11月，国家科技部聘任上海石油化工研究院院长谢在库教授级高级工程师为“973”项目“新结构高性能多孔催化材料创制的基础研究”首席科学家。2003年谢在库教授代表“973”项目“新结构高性能多孔催化材料创制的基础研究”申报单位，参加科技部组织的多轮专家评审答辩，最终使该项目获得国家科技部批准立项。“973”计划实行首席科学家领导下的项目专家组负责制，每个项目设立一位首席科学家，全面负责项目的执行。自1998年“973”计划启动以来，科技部在全国共聘任“973”项目首席科学家201人。

（潘　波）

【苯乙烯成套技术开发及推广应用】 由上海石油化工研究院为牵头单位，联合上海华东理工大学、上海工程公司共同合作完成了20万吨/年乙苯脱氢制苯乙烯装置成套技术工艺包的编制，于2003年应用于齐鲁石化公司20万吨/年装置的施工设计和建设。

新建的齐鲁石化公司20万吨/年苯乙烯装置计划在2004年9月投料开车。这是继6万吨/年、10万吨/年苯乙烯装置后，国内开发的具有自主知识产权的又一套大型国产化苯乙烯装置。

乙苯脱氢制苯乙烯成套技术国产化不仅打破了国外公司在苯乙烯领域的技术垄断，而且在节约外汇及装置建设投资方面取得了显著的经济效益。

（潘　波）

【“苯和乙烯制乙苯的烷基化催化剂”获中国专利优秀奖】 2003年，由上海石油化工研究院总工程师杨为民教授级高级工程师、孙洪敏高工等研究发明的发明专利“苯和乙烯制乙苯的烷基化催化剂”经中国专利奖评审委员会评审，获得了第八届中国专利优秀奖。该奖项由国家知识产权局和世界知识产权组织联合设置，并由其向获奖项目的发明人(设计人)和专利权人颁发证书和奖状。自1999年起至今，苯和乙烯制乙苯的烷基化催化剂已在广州石化分公司、盘锦乙烯工业公司、大庆石化总厂、江苏丹化集团等气相法制乙苯工业装置上成功应用，获得了良好的经济效益和社会效益。

（潘　波）

【甲苯歧化催化剂评价实验室建设】 2002年，上海石油化工研究院在石化集团公司的支持下开始筹建甲苯歧化催化剂评价实验室，从国外引进甲苯歧化催化剂评价试验系统10套，其中4套为氢循环反应系统，6套为非氢循环反应系统。该项目由上海石油化工研究院和美国的 XYTEL 公司共同开发。上海石油化工研究院提供装置的 PFD 图及工艺参数，并对 8 套装置的建设安装以及装置的热物料进行调试。XYTEL 公司负责装置设计和整套装置的零部件采购，负责安装 OT 系统和 HR 系统各一套并进行装置的流程调试，同时对人员进行装置的安装培训。该项目经过双方的共同努力，于 2003 年 5 月底，10 套评价装置零部件运抵上海，开始了装置的建设安装工作。同年 8 月完成 10 套装置安装和公用工程配套建设工作，9 月份起进行装置调试和试运行并投入使用。

该项目的建设有助于上海石油化工研究院逐步形成科研装备规模化建设的管理模式，不但对院科研产品的质量控制，而且对提升研究院科研装备技术水平，提高科研开发工作效率，加速科研项目成果转化，促进基本有机原料国家工程研究中心的发展提供了技术支撑。

（潘　波）

【基本有机原料技术开发工程化与产业化基地建设方案出台】 2003 年，在石化集团公司总部的支持下，上海石油化工研究院经过多次方案比较，进行建设用地申报、市场调研、项目论证、方案报批等一系列的前期筹备工作，并于同年通过石化集团公司总部的批复，同意在上海化学工业园区建设基本有机原料技术开发工程化与产业化基地暨基本有机原料国家工程研究中心。该基地已征用土地 16.67 万米^2，总建筑面积约 4.0 万米^2，总投资估算 1.5 亿元人民币。该中心将进行一次规划、分步实施、滚动发展。总体分两个阶段进行规划建设。第一阶段的建设项目根据创新基地规划、项目发展水平及资源整合、科研发展的要求进行建设，用地 12 万米^2。第二阶段预留土地 4.67 万米^2 作为前瞻性、导向性技术开发项目的建设用地。

基本有机原料国家工程研究中心的建设内容包括基本有机原料新催化剂的开发、基本有机原料大型化工艺工程技术开发、基本有机原料新型催化剂制备工艺工程开发等 10 多个项目。

（潘　波）

中国石油化工股份有限公司青岛安全工程研究院

【概述】 中国石油化工股份有限公司青岛安全工程研究院(以下简称安全工程研究院)创建于 1979 年(时称化学工业部职业安全卫生研究院)，是石化股份公司直属科研机构，1999 年 7 月 1 日整体进入石化集团公司，同年 10 月按照石化集团公司要求实施重组改制，其中上市部分称为：中国石油化工股份有限公司青岛安全工程研究院；非上市部分称为：中国石化集团安全工程研究院。安全工程研究院位于山东省青岛市市南区海滨，地处青岛市行政文化中心，占地面积 1.23 万米^2。

安全工程研究院下设 10 个研究室(部)：过程安全研究室、安全工程研究室、监测检验研究室、职业卫生研究室、安全卫生信息研究室、培训中心、HSE 研究室、化学品安全研究室、安全评价研究室和 HSE 工程监理部。

附设 4 个专业技术机构：国家化学品登记注册中心、国家职业安全卫生管理体系认证中心(青岛)、国家石油与化工建设项目(工程)劳动安全卫生预评价中心、石油与化学工业安全仪器检验中心。

截至 2003 年底，安全工程研究院共有职工 150 人，其中专业技术人员 124 人。专业技术人员中有教授级高级工程师 1 人、高级工程师 62 人、工程师 30 人；博士 1 人，硕士 17 人。

2003 年承担 2 项国家科技攻关项目和 1 项国家 863 计划。2003 年安全工程研究院主要科研成果见表 1。

（宋书峰）

【推行 HSE 管理体系】 安全工程研究院全面配合石化集团公司及所属企业推行 HSE 管理体系。在石化集团公司安全环保局的统一部署下，指导多家石化集团公司所属企业进行 HSE 管理体系的建立和实施工作，取得良好效果，提升了企业形象。作为石化集团公司全面推行 HSE 管理体系的重要技术支撑单位，主持起草了石化集团公司勘察设计企业 HSE 管理体系管理规范和勘察设计企业 HSE 管理体系工作监督管理办法；编制了石化集团公司企业 HSE 管理体系应用手册；在石化集团公司的大力支持下，重新修订了 HSE 培训教材，举办了 8 期 HSE 管理体系培训班。2003 年共签订认证合同 100 份，咨询合同 65 份，有 41 家企业于 12 月底前取得了认证证书。

（宋书峰）

【危险化学品管理与紧急救援】 挂靠在安全工程研究院的国家化学品登记注册中心，是国家安全生产监督管理局为强化化学品安全管理，全面实施《危险化学品安全管理条理》和国际“第 170 号公约”，推行“化学品安全技术说明书”和“安全标签”制度而建立的国家级化学品登记注册管理机构。24 小时应急救援咨询电话是：0532－3889090。主要负责国内生产、使用、储存单位的危险化学品登记、化学品危险性的鉴别与分类、危害预防对策和控制措施的研究(包括化学品危险性参数测定、化学品危险性鉴别与分类、重大危险源的辨识和评价管理、化学事故应级预案)、“化学品安全技术说明书”和“化学品安全标签”的审核等工作。

2003 年为石化集团公司所属企业开展危险化学品登记提供技术支持，设计了石化集团公司安全技术说明书和安全标签的统一格式，开发相应的生成系统；与石化集团公司所属的金陵、扬子、燕山等 17 家企业签订了应急代理服务协议。另外为国内外 87 家化工企业提供应急代理服务，其中外资企业 18 家。

（宋书峰）

【科研成果转化有新进展】 由安全工程研究院监测检验研究室开发研究的“应用稀有元素降低烟中 CO 及其有害物质的研究”项目已经进入中试生产阶段；“水成膜泡沫灭火剂的研制”项目则具有广阔的市场前景，预计 2004 年会将产品推向市场。

（宋书峰）

【获得国家一级安全生产培训机构资格】 2003 年 4 月 24 日，安全工程研究院获得了国家安全监督管理局授予的一级安全生产培训机构资格，成为当前国内石油化工行业中惟一被授予一级安全生产培训机构资格的单位。安全工程研究院主要在全国范围内开展石油化工安全生产培训工作，从事 HSE 管理体系内、外审核员培训及危险化学品专项安全评价人员培训。

（宋书峰）

【“大型石化生产过程安全评估”课题获国家 863 计划立项】 2003 年 7 月 25 日，由安全工程研究院牵头，清华大学、同济大学、北京化工大学、上海科技生产力促进中心和上海广电(集团)有限公司等单位共同合作承担的“大型石化生产过程安全评估”课题获国家 863 计划立项。其主要研究内容是大型石化生产过程安全评估和基于网络的监测与优化控制技术。课题于 2003 年 10 月开始实施，至 2005 年 9 月全部完成。

（宋书峰）

【2003 年新开科研项目】 2003 年新开科研项目是：加氢装置设备完整性管理技术的研究、有毒气体检测报警器检测及管理系统、石化控制室雷击风险评估技术及应用、聚乙烯仓储静电燃爆实用技术的研究、海上石油工程风险评估技术研究、抗溶聚合物的合成及超浓缩泡沫灭火剂的研制、大型油库火灾风险评价与安全监控系统的研究。

（宋书峰）

【内部分配制度改革顺利实施】 安全工程研究院于 2003 年 11 月 13 日按照内部分配方案发放了职工工资，标志着内部分配制度改革的顺利实施。安全工程研究院在内部分配工作中遵循以下原则：一是引入市场价位，调整收入关系；二是突出岗位责任和工作绩效，建立以岗位工资为主的基本工资制度；三是不以资历、学历、任职资格作为确定工资的直接依据。注意落实好民主监督作用，严格程序，按照总部要求，内部分配制度改革方案经过职代会审议通过，并上报石化集团公司批准后予以实施。由于组织周密、方案公开、程序严谨、宣传到位，这次内部分配制度改革提高了全院职工的积极性，达到了预期目的。

（宋书峰）

表 1　2003 年青岛安全工程研究院主要科研成果

序　号	项　目　名　称	进 展 情 况	获 奖 情 况
1	化学品紧急救援系统	通过石化集团公司技术鉴定	
2	欧美国家石化安全卫生技术标准信息资源建立	通过石化集团公司技术鉴定	
3	石油化工毒物分布与防护措施研究	通过石化集团公司技术鉴定	
4	油田钻井作业噪声危害治理研究	通过石化集团公司技术鉴定	
5	洗槽站集中供气式长管呼吸防护系统的研究	通过石化集团公司技术鉴定	
6	油品泄漏覆盖消防两用泡沫的研究	通过石化集团公司技术鉴定	
7	中国石化安全网	通过石化集团公司技术鉴定	获石化集团公司科技进步三等奖

人　物

全国“五一”劳动奖章获得者

【刘汝滨】 齐鲁石化公司胜利炼油厂重油加氢车间副主任,1957年10月出生,山东淄博人,中共党员,大专文化,助理工程师,1975年9月参加工作。刘汝滨长期在生产一线工作,有着较高的专业技术水平。几年来,他先后解决了一系列制约生产的“瓶颈”问题,如:SSOT装置3台高压换热器检修后出现泄漏问题,他提出了“计算扭力矩值与现场实测值相结合”的处理方案,解决了这个生产装置“老大难”问题,创效368万元。SSOT装置机K1210每年都因故自停多次,严重威胁装置的安全生产,他先后解决了封油参考气压力波动等重大问题,实现了装置长周期运行,创效益250万元。2001年,加氢裂化装置机K-402因震动超标,导致装置非计划停工,他将脱硫剂的过滤罐由原来的上部蒸汽吹扫改为下部水置换,利用闲置设备作脱硫剂的沉降罐,有效解决了机组震动超标问题,挽回经济损失168万元。2001年,加氢裂化装置6台高压离心泵因多次故障造成装置停工,他采取了在泵入口增设过滤防涡器等措施,根除了故障,取得了高压离心泵连续运行26个月无故障的好成绩,创效益286万元。2002年,重油加氢装置高压反应器在运行中由于床层差压升高,造成催化剂失活,他积极采取措施,对8台反应器床层进行处理,使催化剂使用寿命同比延长3个月,创效益688万元。同时,他还提出了许多关键设备改造的合理化建议,对保证机组长周期安全平稳运行作出了突出贡献。他凭着自己的勤劳和智慧,不断进取、追求卓越,为企业创造了1 000余万元的经济效益。自2000年以来,刘汝滨连续三年被评为厂级劳动模范,2002年被评为齐鲁石化公司劳动模范。

(古季扬)

【张明友】 管道储运公司物业管理处计量维修服务站室内维修班工人,1957年2月出生,四川南充人,中共党员,初中文化,1975年11月参加工作。张明友在维修服务岗位20多年如一日,坚持“用户需求第一,优质服务第一,居民满意第一”的服务理念,以“宁愿一人脏、换来千家洁”的无私奉献精神,服务居民,奉献社区。平时只要有报修,他随叫随到,态度热忱,服务周到,用户满意。近3年张明友单独上门为用户疏通下水道、修水箱等服务3 612户次,赢得了用户的广泛信任。张明友1999年获得中国石化管道储运公司劳动模范称号,2000年4月获得中国石化集团公司劳动模范称号,2001年获得中国石化集团公司直属机关党委优秀共产党员称号,2002年获得江苏省劳动模范称号。

(古季扬)

【姚 波】 江汉油田钻井处50630钻井队队长,1967年10月17日出生,甘肃临泽人,中共党员,1986年毕业于江汉油田技工学校钻井专业,助理工程师。自1995年5月担任队长至今,他勤勤恳恳做工作,率先垂范带队伍,大力开展科学打井,积极推广和应用新技术、新工艺,创造了多项钻井生产新纪录。1998年9月,他带队到陕西坪北打井,一干就是4年。4年里,他和全队干部职工一起,战风沙、斗严寒,克服了种种困难,实现累计打井93口,总进尺13万米,安全生产无事故,创8项坪北钻井新纪录,并开创了江汉钻井进入陕北地方私营油气市场之先河,成为第一支“吃螃蟹”的钻井队。2003年8月,他又带队远赴吉尔吉斯斯坦打井,克服气候恶劣、地层复杂、材料供应不足和生活条件差等诸多困难,打了一口高难度水平井,为江汉油田首次赴境外打井树立了良好的形象。2001年,他获得江汉石油管理局“双文明十大标兵”称号,2002年被评为湖北省劳动模范。

(古季扬)

【朱金南】 滇黔桂石油勘探局第一钻探公司副总工程师,1965年12月生,广西平南人,中共党员,大学文化,高级工程师。朱金南勇于创新,锐意进取,大力开展“科技创新、管理创效、素质创业”活动。他主持参与完成了3个获奖科技项目,发明的老井套管修复工艺,每年为公司创效益100多万元;他负责的固井大队固井合格率始终保持在100%,优质率达80%以上。在工作中,他做到了身先士卒,吃苦耐劳,攻坚啃硬,起到了一个共产党员的模范作用。2002年获得云南省劳动模范称号。

(古季扬)

【董 平】 湖北石油公司咸宁崇阳县石油分公司(经营部)经理,1965年5月出生,河北石家庄人,中共党员,大学文化。董平在2002年4月至2003年担任湖北石油咸宁石油公司贺胜加油站站长期间,面对激烈的市场竞争,坚持“诚信”第一,努力打造“中国石化”的品牌形象,以全新的经营理念、营销策略、管理模式和规范快捷的服务赢得了市场,赢得了客户。创造了“三量服务招客法”、“知己知彼定位法”、“乡情乡音留客法”、“规范经营诚信法”、“优质保价制胜法”、“站警共创平安法”、“站车连心互利法”、“内部管理六联法”。这8法在全行业广泛推广运用,为企业创造了丰厚的经济效益。2002年4月被授予湖北省劳动模范称号。

（古季扬）

【刘　平】 西南石油局四川钻井公司 32661 钻井队队长，1964 年 11 月出生，四川荣县人，中共党员，大专文化，助理工程师。刘平从事石油地质、钻井工作 20 年，他北上吉林，西赴新疆，南下海上油田，直至 2003 年新场气田会战，足迹遍及祖国的大江南北，由一名普通的钻井工人成长为一名成熟的万米井队长。先后主持、参与并完成了 20 余口深井及中深井的施工任务。在他主持的井队历程中，创造了多个第一：在川孝 378－1 井，创下了西南石油局钻井周期最短、纯钻效率最高、最高班进尺 3 项纪录；在四川钻井公司第一个年进尺突破万米大关，第一个年施工 4 口中深井全为优质井，第一个在西南石油局获公司轿车奖励，为公司贡献率最高。

（古季扬）

【贾荣康】 石化股份公司金陵分公司化肥联合车间化工操作工，1949 年 12 月出生，江苏南京人，中共党员，初中文化。1976 年 1 月至 2003 年底，一直在化肥联合车间合成工区担任化工操作工。在平凡的岗位上，他 28 年如一日，以坚定执着的爱岗敬业精神、娴熟精湛的岗位技能、一丝不苟的工作态度、以厂为重的奉献精神，坚持精心巡检，先后 10 多次发现重大事故隐患，为确保化肥装置“安全、稳定、长周期、满负荷、优质”生产作出了突出贡献。不仅为企业避免了数百万元损失，而且维护了企业形象和社会声誉，成为金陵石化公司公认的操作工的楷模、安全生产的楷模。

（古季扬）

【杨振华】 胜利油田胜建集团总经理助理、第三工程处经理，1959 年 12 月出生，山东省济阳县人，中共党员，大学文化，工程师，1977 年 1 月参加工作。1996 年 12 月，他任胜建集团第三工程处经理期间，为使企业发展壮大，根据市场需求，成立了电梯、消防、锅炉、技术网络 4 个特种设备安装工程公司，占据了一片市场。项目部也由原来的 3 个，发展到现在的 23 个，承接着一个个油田矿区和市政工程。第三工程处承接的工程项目多次获得山东省奖励，产值、利润连年上台阶，2003 年完成施工产值 4.2 亿元，实现利税达 4000 多万元，成为胜建集团的利润大户。2000 年 10 月，他被授予山东省建筑施工企业优秀项目经理，2001 年，被授予石化集团公司劳动模范，2004 年 3 月，被授予山东省十大优秀创业者。

（古季扬）

【杨万成】 北京燕化石化股份有限公司合成橡胶事业部党委书记，1945 年 9 月出生，河北省秦皇岛人，大学本科，教授级高级政工师。他担任党委书记以来，始终把促进企业发展与进步，推进生产力水平的提高作为自己的重大责任，经过他和同志们的努力，合成橡胶的年生产能力从 20 世纪 90 年代初期的 6 万吨发展到 2003 年的 24 万吨。他工作勤奋，大胆创新，创造了许多新的工作经验，得到上级的肯定和推广，多篇管理论文在省（部）级刊物上发表。他以自身人格力量引导和带动职工，坚持共产党员本色，加强党性原则，不搞特殊化。他平易近人，联系群众，帮助群众解决问题。该厂党委 10 次获得燕山石化公司先进党委称号，其中 2 次获北京市工业系统先进党委称号；建党 80 周年之际，又被北京市委命名为先进基层党组织。该厂也连年被命名为“首都文明单位”，被评为优秀思想政治工作先进单位。他本人先后获得首都劳动奖章、北京市优秀工会干部、北京市优秀思想政治工作者、石化集团公司劳动模范、北京市工业系统廉政公仆等荣誉称号。

（古季扬）

【徐　惠】 石化股份公司上海高桥分公司副经理，曾任炼油厂总工程师，1955 年出生，江苏昆山人，中共党员，博士，教授级高级工程师。徐惠自 1995 年起，担任高桥石化公司炼油厂“九五”新区工程建设副总指挥，负责全部技术工作。在他的带领下，3 年中，所有新建项目全部一次投产成功。实现了汽油无铅化，柴油全部达到一级品，提高了重油转化深度，大幅度提高了工厂经济效益，保证了国家第一阶段燃料清洁化的进程。2000 年，在他的主持下，炼油厂进一步推进以清洁生产、清洁产品为主要标志，以自动化、信息化、设备大型化为主要手段的新一轮炼油技术改造工作，在国内首先向市场提供了低烯烃清洁汽油。2001 年起，他又负责炼油厂“十五”新区建设，所有建设项目次年全部一次开车成功。新装置的顺利投产真正成为企业新的效益增长点，也构成了千万吨级炼油基地和出口油品基地的初步框架。他曾获得上海市劳动模范称号，并享受政府特殊津贴。

（古季扬）

【陈　旺】 巴陵石化有限责任公司烯烃事业部一联合车间副主任，1975 年 2 月出生，湖南湘阴人，中专文化，助理工程师。陈旺刻苦学习新知识，钻研新技术，围绕本装置安稳生产大搞技术革新。负责组织编制《装置长周期运行管理制度》，使装置运行周期得到了有效延长，装置连续运行创造出新的周期记录。针对产品质量合格率不高、原油种类较多的情况，组织人员分析催化液收情况；根据不同油品不同工况下的变化规律，建立起以统筹安排和激发热情为核心的“日事日清”考核体系。编制、实施《质量改进计划》、《质量考核办法》与《原辅材料管理方法》，提出按每罐油为单元的加工作业计划，采用油浆间断外甩、连续外甩及全回炼等方案，使装置优化生产能够在最短的时间内实现，装置的能耗、物耗达到较好的水平，产品合格率与上年比有了较大的提高，装置成功实现效益最大化。

（古季扬）

SINOPEC 中国石化
http://sfc.sinopec.com.cn
(http://10.1.2.120)

中国石化财务有限责任公司

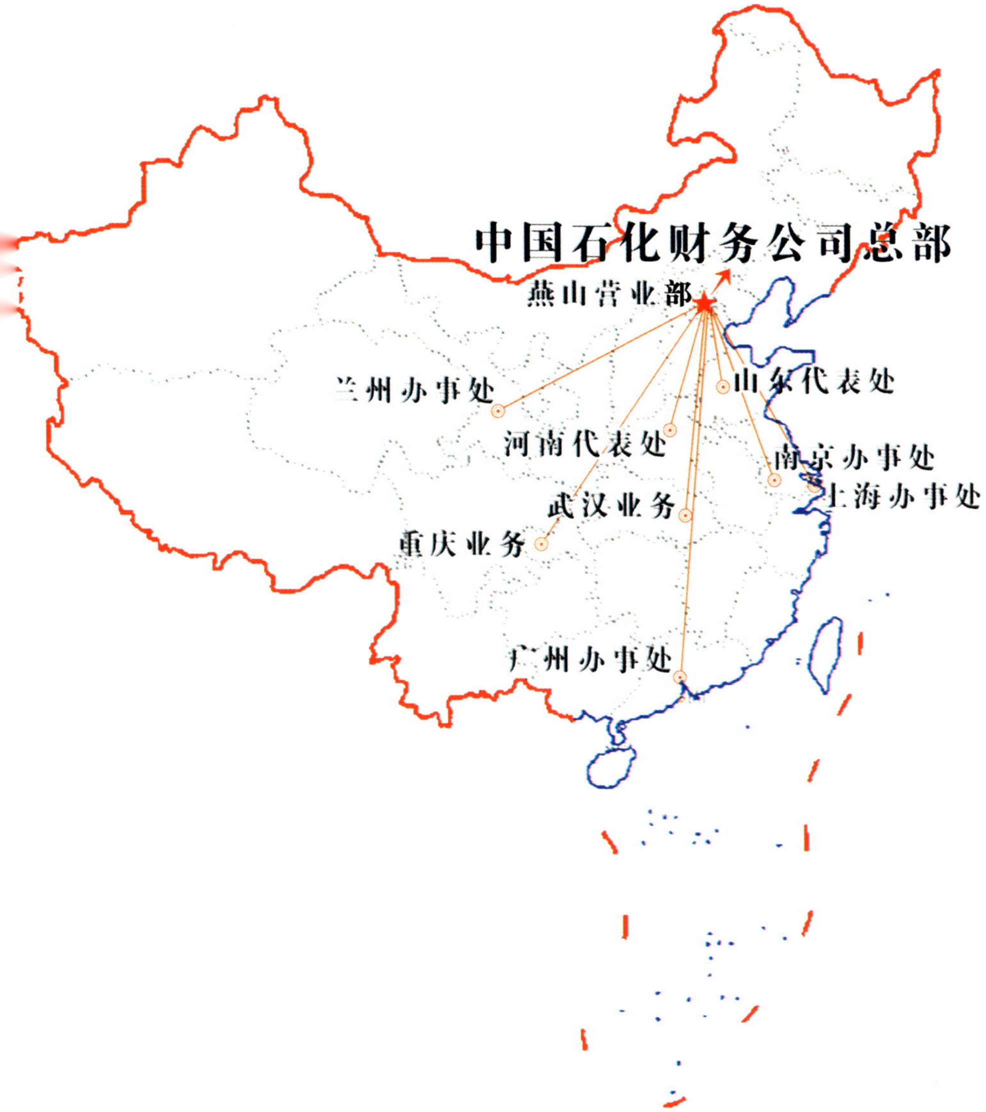

中国石化财务公司是石化集团唯一的金融专业公司，由包括集团公司、股份公司在内的44家股东共同出资 公司以加强集团资集中管理、提高集团资金使用效率为目的，为集团成员单位提供内部转账结算、存贷款、票据贴现、理财等多层次、多品种、多式的金融服务，全力支持集团公司及其成员单位的经营和发展 2003年末，公司资产总额达到578.6亿元，其中各类信贷资产22.5亿元，净资产余额38.6亿元 公司实有资本25亿元，期末资本充足率为29.06%

内部转账结算是公司服务集团成员单位的重要手段，也是在全国财务公司系统开始较早、较有特色的 2003年1月1日起内部网结算系统正式开始运行，目前主要开展原油、成品油、物资集中采购、催化剂、润滑油、石脑油及部分化工产品、工程结算、企间互供产品、关联交易等十几个转账结算品种和类别，基本覆盖了石化集团的主要产品 2003年，公司全年完成结算总量21,730吨，结算金额达5,514亿元，结算资金进出流量达到20,355亿元，在加快企业资金周转、降低企业财务费用方面发挥了重要作用

中国石化集团天
中国石油化工股份有

中国石化集团天津石油化工公司暨中国石油化工股份有限公司天津分公司（以下简称天津石化）是中国石化在天津市的特大型石油化工制品生产经营企业，位于天津市大港区，陆运、海运和空中运输便利。天津石化起步41年来，已经由单一生产凡士林的企业发展成为目前具有石油炼制、石油化工、化纤及其完备的生产辅助系统的特大型石油化工生产基地。2003年实现销售收入182亿元，一举实现扭亏为盈。

天津石化石油炼制部分原油一次加工能力为500万吨/年，并拥有常减压、催化裂化、加氢裂化、制氢、延迟焦化、加氢精制、气体分馏、烷基化等主要生产装置，可生产汽油、煤油、柴油、化工轻油等10类、18种石油制品。

石油化工部分有乙烯、聚乙烯、聚丙烯、乙二醇、聚醚多元醇等生产装置。乙烯生产能力20万吨/年，聚乙烯生产能力12万吨/年，聚丙烯生产能力6万吨/年，环氧乙烷生产能力2.2万吨/年，乙二醇生产能力5万吨/年聚醚多元醇装置生产能力7万吨/年。

化纤原料及化纤部分有芳烃、PTA、聚酯、涤纶短纤维、涤纶长丝等装置，重整加工能力60万吨/年，芳烃生产能力33万吨/年，PTA30万吨/年；聚酯生产能力20万吨/年，涤纶短纤生产能力10万吨/年，涤纶FDY POY长丝生产能力9万吨/年。

在未来的发展中，天津石化将充分利用渤海湾油气资源，天津港优越的码头地理条件，抢抓战略机遇，加快石油化工发展的历史进程，在“十五”及“十一五”期间建设成为具有千万吨级炼油能力和百万吨级乙烯能力的石油化工化纤基地；打造天津石化的核心竞争力、技术创新能力、市场开拓能力、经营管理能力和持续盈利能力，努力把天津石化建设成为中国沿海有竞争力的大型油化纤一体化基地。

津石油化工公司
限公司天津分公司

中国远洋运输（集团）总公司

CHINA OCEAN SHIPPING (GROUP)COMPANY

中国远洋运输（集团）总公司是中国特大型远洋运输企业，是国家认定的首批39家大型骨干国有企业之一。目前中远集团拥有和经营600余艘现代化商船，3000多万载重吨，年货运量超过2亿吨，远洋航线覆盖全球160多个国家和地区的1300多个港口。

中远集团是国内较早进入国际资本市场的企业之一，目前在国内外拥有7家上市公司，其中中远太平洋（香港）、中远投资（新加坡）凭借出色的业绩双双进入国际资本市场蓝筹股行列。

2004年3月，中远集团总裁魏家福被美国长滩港授予“港口领航人”大奖，表彰中远对中美贸易及世界海运业的重大贡献。

中远油轮船队现有船舶 19 艘，近200万载重吨。在未来几年，中远的油轮船队将进一步扩大，规模将接近400万载重吨。下图为中远30万吨级超大型油轮

東方石油 集團成立已逾三十年，總部設在香港；並於星加坡、馬來西亞、日本、英國、美國、中國的上海、天津、深圳、秦皇島、大連及廣州等地均設有分公司、辦事處或合資公司。集團業務多元化，主要業務有：潤滑油與化工產品生產及銷售、加油站經營及投資、船舶用燃料油供應服務（香港及星加坡）、油品化工商品貿易（基礎油、燃料油等），經營油庫、液化氣化工壓力庫儲運（馬來西亞、秦皇島及天津等），通用倉庫及集裝箱儲運物流業務的投資及運作，船舶投資及代理，非油品類出入口貿易，房地產物業投資等。

東方石油集團

Feoso Group of Companies

總公司：香港九龍荔枝角道877號東方石油大廈9–11樓　電話：(852) 3162 3888　傳真：(852) 3162 3600

新加坡公司：新加坡烏節路400號豪傑大廈13–06室 • 新加坡郵區 238875　電話：(65) 6732 1732 (12線)　傳真：(65) 6732 2055

香港 • 新加坡 • 馬來西亞 • 日本 • 英國 • 美國 • 中國—上海、天津、深圳、秦皇島、大連及廣州

中国银行
BANK OF CHINA

地址：中国北京市复兴门内大街1号5

邮编：100818

网址：www.bank-of-china.com

改革开放以来，中国银行始终走在中国金融业改革与商业银行发展的前列，对中国的民经济和对外经贸发展作出了重要的贡献。在新的世纪里中国银行将不断推进良好的公司理机制的建设，以崭新的姿态迎接全球经济一体化的挑战，与我们的客户们精诚合作，共发展，携手迈入新世纪。

1999年3月，中国银行总行公司业务部的组建，标志着中国银行新型公司业务发展体系式建立。2000年，中国银行提出了“以信息科技为依托，大公司、大零售并重”的发战略。我行公司业务以授信存款产品为基础，向客户提供包括结算、理财、投资银行等在的各项金融产品和融资，财务解决方案，同时坚持围绕客户的多种业务需求提供金服务。

目前我们已逐步完善了营销体制，加强了总分行之间，国内外分行之间，商业银行与资银行间的整体连动。以“效益、质量、风险”为目标，加大了对优质客户，集团客户、家大型重点项目及经济发达地区的营销力度。同时，通过业务流程再造，以不断创新的服模式推出综合性，个性化，高附加值的金融产品，务力现公司业务的可持续发展。

我们一直崇尚“以市场为导向，以客户为中心，以效益目标”的经营理念；同时重视人力资源开发，重视信息科技设，重视金融创新；致力于为公司客户提供满意的全方位服务，创建国际一流的公司业务服务体系。

不断创新、优质高效的产品和服务是中国银行的发展础，同时也是联结公司客户与中国银行之间长期友好、互利合作关系的根本纽带。中国银行与中国石油化工集团是合作伙伴，一直不断地向中国石油化工集团、中国石油化份公司所属企业提供优质的银行服务和金融产品。目前除民币贷款、外汇贷款、授信额度、银团贷款、票据贴现等的公司产品外；针对客户需求，我们还推出了现金管理、追索权的项目融资、应收帐款收购、飞机融资业务、全球额度、统一大授信等新产品，给企业提供更便捷的服务。

| 中银企业网上银行 | CBS ONLINE |

商场驰骋 强大后盾

Strong support for your business success

中银香港全面推出的「中银企业网上银行」服务，为企业客户提供24小时跨地域的电子理财服务，让你随时随地透过互联网全面管理公司财务，节省成本，提高效率，商场上尽占先机！

》**全面理财**— 全面管理所有在中银香港、南商及集友开立的公司账户资料

》**资金灵活安排** — 网上汇款至中银香港及中国银行在内地逾190家指定分行，即日到汇入账*，另可预设转账指示、发放薪金、上传强积金供应档案、购买保险、缴付账单等

》**节省开支**— 享网上电汇手续费优惠及本地同业拨款服务（CHATS）优惠

》**一站式贸易业务管理** — 申请开立信用证，查询进出口业务情况、押汇额度或信用登记录，以及建立范本等

》**安全保密** — 采用电子证书、128位元加密技术及密码管控，更可按公司架构设定多层授权

中国银行(香港)
南洋商业银行
集友银行

* 需于每个营业日的截汇时间前成功递交申请，并只限“中银快汇”服务

中国银行(香港)
BANK OF CHINA (HONG KONG)

中银与您 共创新机
MAKE EVERY DAY AN OPPORTUNITY

客户服务专线
96169
来
网络金融新感觉
ttp://www.bccb.com.cn

CICC

中国国际金融有限公司

CHINA INTERNATIONAL CAPITAL CORPORATION LIMTED

携手并进　共创辉煌！

中国石油化工股份有限公司

全球首次公开发行

总融资额34.6亿美元

联席全球协调人、簿记管理人、保荐人、主经办人

2000年10月

中国石油化工股份有限公司

A股公开发行

总融资额118.16亿人民币

主承销商

上市推荐人

2001年7月

中国石油化工股份有限公司

以64.5亿元人民币

收购新星石油公司

联席财务顾问

2001年8月

现金管理平台
CASH MANAGEMENT PLATFORM
步步为赢 网控全局
帐户0余额/资金0在途/管理0风险/控制0距离
◆ 提供集团客户综合理财方案◆ 集中管理集团资金，降低财务成本提高客户价值◆ 提供全国乃至全球范围的收款和电子付款服务◆ 促进资金流、信息流和物流紧密结合，优化业务流程
欲了解详情，欢迎拨打咨询电话：95599 或访问 www.abchina.com
光道
Golden way
中国农业银行
AGRICULTURAL BANK OF CHINA

紧密相系，共享每份佳绩。瑞银集团一向视客户成功为己任，我们优秀的团队专心致志，务求深彻洞察客户的财务需要
以卓越独到的解决方案，助客户成功。我们不仅是全球首屈一指的投资银行，汇聚投资银行、证券、固定收入、利率及外
的专业建议与卓著专长，更让客户随时随地选用我们超卓的环球资产管理和领先全球的财富管理服务。环球睿智与地
承诺交互辉映，客户必然对自己的投资决策和这份长久的知己情谊充满信心。www.ubs.com

Wealth Management 财富管理 | Global Asset Management 环球资产管理 | Investment Bank 投资银行

UBS 瑞银集

JBS 2004. The key symbol and UBS are registered and unregistered trademarks of UBS. All rights reserved.

The complex transition from raw materials to final product.
Made possible by BNP Paribas Energy, Commodities, Export and Project.
www.enercomxp.bnpparibas.com
The bank for a changing world
BNP PARIBAS
Energy Commodities Export Project

兴业财智星
巧智赢财富
贸易直达星
票据快车星
全能保理星
融资顾问星
在线兴业星
财税助手星
投资管家星
业财智星 闪耀神州
企业签约即享贵宾待遇
★－优先推荐新产品新服务
★－优先享受兴业银行的各项优惠政策
★－优先量身定制个性化理财方案
★－公司业务现场培训
★－客户经理团队服务
巧智赢财富
献巧妙专业智慧　实现客户兴业目标
您身边的兴业银行
广州　杭州　深圳　上海　福州　济南　沈阳　武汉　南京　重庆　天津
宁波　厦门　泉州　长沙　漳州　龙岩　莆田　南平　宁德　三明
兴业银行
INDUSTRIAL BANK CO.,LTD.
全国服务热线：95561　www.cib.com.cn

ING is part of ING Group, one of the largest integrated financial services organisations in the world. For more information : www.ing.com.

Local Ingredients. Global Recipe.

With ING on your side you know you have a winning formula. With a solid local presence in over 50 countries, ING delivers world-class solutions to meet your every need in banking, asset management and insurance. Anywhere in the world.

ING 首创安泰人寿

ING 太平洋安泰人寿

上海网球俱乐部和公寓

招商基金
CHINA MERCHANTS FUND

ING
荷兰商业银行

ING INSURANCE
荷兰保险

ING
REAL ESTATE
荷兰国际房地产

ING

Just in from South Africa.
刚来自南非

STRUCTURED TRADE AND COMMODITY FINANCE

With head office in South Africa, Absa has become a major international financial institution. Now Absa expertise is at the financial service of the petrochemical industry in Asia, providing structured trade and commodity finance, foreign currency accounts, discounting of financial instruments, performance guarantees and forex trading. Call Shanghai +86 21 6249 7050, Hong Kong +852 2531 9388, Singapore +65 6333 1033.

结构及大宗商品贸易融资

总行设于南非的Absa已成为一所主要国际金融机构。我们的专业从业员已蓄势待发准备随时为您提供各项专业服务：包括石油化工的贸易融资，结构及大宗商品贸易融资，外币户口，为金融票据提供贴现，履约保函，外币交易。

请电上海代办朱瑾小姐 8621 6249 7050
香港办事处 852 2531 9388
星加坡办事处 65 6333 1033

ABSA
Today Tomorrow Together
今天，明天，我们在一起

ABSA Bank Ltd. Reg No 1986/004794/06

Y&R 132801

中国光大银行总行营业部

中国光大银行总行营业部负责光大银行在北京地区的业务经营和管理，1999年1月8日正式挂牌成立，拥有28家营业网点，员工近800人。光大银行总行营业部一贯秉承“以客户为中心”的服务宗旨，始终致于为广大客户提供全方位、综合化、个性化的金融服务。除了传统的银行产品外，我行还能够为您提供下特色服务：

- 集团金融服务网：光大银行通过全国400多家网点柜台、自助设备、网上银行、电话银行等多种渠道为集团客户办理账户管理、资金汇划、综合授信、延伸需求等银行服务。
- 全国一柜通：凡在我行开立对公人民币结算账户的单位，均可委托我行全国任何一个对公营业网点办理款项划转、现金存款业务，并做到实时到账。
- 网上一柜通：集团总公司或企业的总部通过“网上一柜通”可以对在光大银行全国开户的成员单位账户进行（批量）查询、（批量）扣划、（批量）拨款、余额控制等操作，满足内部资金集中管理、资金无在途的管理目标。
- 银企通：“银企通”能够使企业财务管理软件与我行网上银行系统直接交互信息，真正实现客户自身财务管理与银行账务管理的无缝连接，使得客户财务管理更加方便、快捷、安全、准确。
- 结构性存款：是指在普通外汇存款上附加一定的结构，该结构是存款方根据对汇率、利率和信用等不同金融指标或工具的预期，卖出某种期权，从而获取比普通利息更高的收益但要承担一定风险的金融衍生产品。
- 全程通汽车金融网：我行针对汽车制造商、特约经销商和终端消费用户在不同阶段的不同需求量身定做的全程化和个性化的信贷产品和服务，它覆盖了与汽车生产和销售相关的全程金融服务，具体分为上游、中游和下游信贷产品。
- 保理：保理是指卖方/供应商/出口商将其现在或将来的基于其与买方(债务人)订立的货物销售/服务合同所产生的应收账款转让给我行，由我行为其提供贸易融资、销售分户账管理、应收帐款的催收、信用风险控制与坏账担保等服务。
- 企业年金业务：企业年金即补充养老保险，我行能够为年金基金的投资管理提供托管服务和账户管理服务。
- 代客理财：由我行为客户在债券市场、外汇市场等进行投资，或通过与证券公司、基金公司、信托公司等金融同业的合作，联合为客户提供在资本市场上的投资机会，使企业的资金获得更高的投资回报率。
- 票据“及时贴”：业务范围包括银行承兑汇票贴现、商业承兑汇票贴现、可回购式贴现、买方付息票据贴现、协议付息票据贴现、国内票据包买、商票第三方保兑贴现、票据服务等。

我们致力于金融产品和服务方式的不断创新，以帮助您获得更高效的理财服务和更灵活的融资安排。中，中国光大银行强大的金融集团背景使得我们在综合化金融服务、企业综合理财等方面有着天独厚的优势。

以“让每一位客户都满意”为服务宗旨，中国光大银行总行营业部愿与您共图发展！

中国光大银行 总行营业部
CHINA EVERBRIGHT BANK H.O. BANKING DEPARTMENT

客户服务电话：95595
网址：www.cebbank.com

山东兴华有限责任会计师事务所

法人代表、高级会计师、中国注册会计师：苏风升先生

山东兴华有限责任会计师事务所是由山东实华会计师事务所（原齐鲁石化公司二级单位）根据国家有关脱钩改制规定重新组建而成的中介机构。现有中国注册会计师27人，中国注册评估师13人，中国注册税务师12人，中国注册工程造价师13人，专职执业人员65人。具有资产评估资格、工程造价咨询乙级资格、大中型企业报表审计资格及从事股份制改制企业审计、评估等相关业务资格，中国人民银行总行等批准的从事金融相关业务资格。同时，本所还有企业管理高级咨询专家，可以承担企业效绩评价、管理咨询、财务咨询及改制分流方案策划和相关业务。

近年来，山东兴华有限责任会计师事务所先后为300多家企业事业单位进行过年度会计报表审计、专项审计等业务。先后承担了齐鲁石化公司、济南炼油厂、天津石化公司、中国石化第十建设公司及清江炼油厂等国家特大型企业的报表审计业务。参与了齐鲁石化公司兼并淄博两厂的资产评估及齐鲁石化股份公司的资产评估业务，并与国际毕马威会计公司合作圆满完成了对齐鲁石化国外上市部分企业审计工作。此外，几年来改制前后的会计事务所坚持独立、客观、公正的原则，以全心全意为客户服务为宗旨，工程造价咨询业务一直保持着“守信誉单位”荣誉称号。近年来，每年平均完成送审值5亿元以上，审减额平均在5000万元以上，出色完成了齐鲁石化公司45万吨乙烯改扩建工程审查工作和各厂大检修工程及部分民用工程的预决算审查工作，为国家节约了大量资金，上述业务均得到了国家有关主管部门和客户的一致好评。

今后山东兴华有限责任会计师事务所将继续坚持“独立、客观、公正”的执业原则，以更加优质高效的服务回报社会对她的厚爱！

地　　址：淄博市临淄区人民路6号

联系电话：7325799 7322106 7325136 7320797

交通银行 BANK OF COMMUNICATIONS 上海分行 SHANGHAI BRANCH

交通银行上海分行作为交通银行系统规模颇大的管辖分行，成立于1987年。在经历了管理体制、组织架构、自身经营机制以及运作形式等方面的改革创新之后，已走出了一条适合自身特点的全新银行发展模式，在国内外同业中享有盛誉。

上海分行国内全辖营业网点逾130个，形成以上海为中心，向长江三角洲辐射的业务网络，并依托总行地处上海的优势，积极支持上海产业的发展，竭诚为各类企业和广大市民提供金融服务。同时与国际金融市场建立了广泛的业务联系，在海外与全球1273家的境外银行建立了代理行关系，形成了全方位、多渠道的发展态势。

地址：上海市中山南路99号

邮编：200010

电话：021-63111000

全新财富方式 交银理财 BOCOM FORTUNE

圆梦宝

汇市通 Waihui Bao

客服电话：95559　网址：http://www.95559.sh.cn

恭贺中国
石油化工集团
成立二十周年
www.kpmg.com.cn
AUDIT ▪ TAX ▪ ADVISORY
审计 ▪ 税务 ▪ 咨询
KPMG

HERBERT SMITH
史密夫律师事务所

本年度欧洲律师事务所
2004年度法律业务奖

本年度律师事务所
2003年度律师奖

本年度收购合并队伍
2003年度法律业务奖

信誉昭著

务受客户『高度推荐』的处理中国公司及企业交易事宜的律师事务所
球律师3000，2003

处理中国的银行业务与融资、资本市场、争议解决及基建与项目融资事宜『首屈一指』的律师事务所
太法律500，2003-2004

史密夫律师事务所是一家国际性的律师事务所，拥有逾千名律师(包括约200名合伙人),在欧洲和亚洲的主城市均设有办事处。本所在公司事务、商业及争议解决等领域为世界各地的客户提供法律专业服务。

史密夫律师事务所擅长处理收购合并及各类型的融资事宜。我们的专业服务包括能源、基建、保险和知识权等业务范畴。我们在英国及亚洲的本地及国际性诉讼、仲裁及其它争议解决事务方面也享负盛名。

史密夫律师事务所在香港、北京和上海均设有办事处，处理中国业务。上述三个办事处各自在中国业务中当重要和独特的角色，并互相配和，满足客户在中国进行投资、融资和贸易活动的需要。

京
国北京建国门外大街1号
贸大厦一座1410-1415室
编：100004
舌号码：+86 (0)10 6505 6512
真号码：+86 (0)10 6505 6516
里合伙人：肖志岳

上海
中国上海
上海市延安东路222号
外滩中心38楼
邮编：200002
电话号码：+86(0)21 63351144
传真号码：+86 (0)21 63351145
管理合伙人：骆伟德

香港
香港毕打街11号
告罗士打大厦23楼
电话号码：+852 2845 6639
传真号码：+852 2845 9099
管理合伙人（亚洲）：白嘉士
管理合伙人（香港）：陆威廉

v.herbertsmith.com
ert Smith in association with Gleiss Lutz and Stibbe

ert Smith Bangkok Beijing Brussels Hong Kong Jakarta* London Moscow Paris Shanghai Singapore Tokyo *associated firm
ss Lutz Berlin Brussels Frankfurt Munich Prague Stuttgart Warsaw **Stibbe** Amsterdam Brussels London New York

rt Smith, Gleiss Lutz and Stibbe are three independent firms which have a formal alliance assisting them in delivering cross-border services to their respective clients.

誠信天下
穩健一生

中国太平洋财产保险股份有限公司
CHINA PACIFIC PROPERTY INSURANCE CO.,LTD.

》中国太平洋财产保险股份有限公司是按照产、寿险分业经营的要求，在原中国太平洋保险公司产险业务基础上成立，总部设在上海，注册资本为24.52亿元。公司自成立以来，遵循“稳健经营，以效益为中心”的经营理念，开拓进取，锐意创新，积极为客户提供完善的风险保障服务。

》公司承保人民币和外币的各种财产保险、短期健康保险和意外伤害保险业务，涉及电力、汽车、化工、电子、航天航空、船舶、以及高科技产业等多个领域；在100多个国家和地区的170多个主要港口城市聘请了保险检验、理赔和追偿代理人，与国内外多家保险机构建立了代理和业务往来关系。同时，公司在全国设有589家分支机构，拥有员工2万余人。

》公司先后成功承保包括工行、宝钢、沃尔玛、诺基亚、金光、中国远洋运输集团、中国石油化工集团在内的众多大型知名企业的多险种财产保险，以及五大发电集团下属电厂、三峡工程、中国海洋石油公司所属油田、全国26家机场的责任险等众多社会影响大、技术要求高的重大项目。

》目前，公司已建成贯通全国、联结全球的保险电子商务系统，设有全国统一的客户服务电话。

电子商务平台：www.cpic.com.cn
全国统一客户服务热线：95500

丰富信息，追求卓越

若您的目标是优化经营绩效，Experion Process Knowledge System（PKS 过程知识系统）就是您的最佳途径。我们领先的开放技术将为您整合数据，优化知识，以帮助您制定更有效的商务决策！由此您将获得利润，生产效率和安全性的最大化，同时降低 30% 的维护成本。仅仅通过一套统一的全厂适用的用户界面，让您运筹帷幄之间，洞悉全厂运营的每个环节。

www.acs.honeywell.com

DEPLOY OPTIMIZE EVOL

Honeywell

©2004 Honeywell International Inc.

ABB与中国的关系可以追溯到上个世纪初，1907年ABB向中国提供了第一台蒸汽锅炉。从此，ABB公司与中国的贸易关系有了长足的发展。1974年ABB在香港设立了中国业务部，随后又于1979年在北京设立了其永久性办事处。如今，ABB公司在中国总共拥有23家分公司和销售办事处以及20家以上的合资和独资公司。在中国的员工总数超过了6,500人。

ABB是向炼油和石油化学工业提供自动化系统、电力产品、先进解决方案和服务的世界知名供应商之一。我们的工作是帮助用户在提高产品质量，保持工厂安全和保护环境的同时又帮助提高生产率和利润率。ABB利用Industrial[IT]解决方案把用于现代化炼厂和石油化工设施的各种先进技术集成起来。我们的解决方案可以满足用户当前的以及今后发展的需要。

在石油，石化，化工，医药及消费品领域，ABB可以提供行业专用产品、系统、软件及解决方案，全方位行业服务和工程技术服务。同时，ABB中国能够提供分析及高级解决方案，以其丰富的实验室及过程分析经验为基础，包含全面的Analyze[IT]套件，能够满足应用与测量技术最广泛、最严格的需求，是Industrial[IT]成套解决方案一个组成部分。

Analyze[IT]产品包括：连续气体分析仪、FTIR和FT-NIR光谱仪、气相色谱仪、质谱仪、光度计、物理性质分析仪和网络组件。内嵌于分析仪、控制器、工厂网络等各处的应用软件完善了Analyze[IT]产品家族，而且为分析仪的维护、诊断和配置创造了条件并提供控制手段。OPC技术实现了软件、设备和采样附件的整合，能提供来自ABB或第三方供应商的广泛的解决方案。

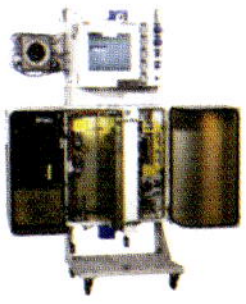
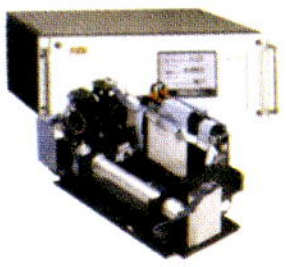
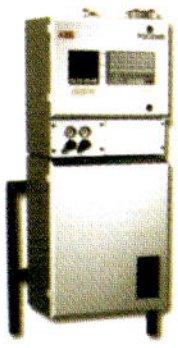
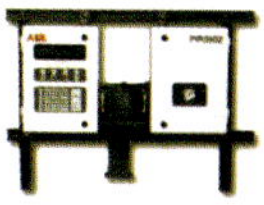

ABB为您量身定制Industrial[IT]解决方案，以最大限度地提高盈利能力、降低成本。在您寻找解决方案的过程中，我们将成为您的合作伙伴。从安装、调试、开车、培训直到长期的后续服务和维护，我们将始终伴您左右。

石油、天然气、运输和储藏领域产品

- 远程终端设备
- 分析仪器
- 仪器仪表、电机、驱动器
- 电力技术产品
- BTU 分析器
- 交流钻探驱动器
- 水下驱动器

解决方案

- 提高原油生产能力
- 泵吸人工提升
- 培训模拟器
- 陆上石油生产
- 能源管理
- 安全性
- 电信
- 轻型高压直流输电（HVDC）
- 泵站及压缩机站
- 管道输送解决方案
- 转运站解决方案
- 电信
- 电气化

石化及化工领域产品

- 过程分析器
- 仪器仪表、电机、驱动器
- 机器人技术

解决方案

- 自动化系统
- 批量管理系统
- 高级过程控制
- 实时优化
- 塑料膜测量系统
- 咨询及工程设计服务
- 培训模拟器
- 安全系统
- 电气化
- 电力管理系统
- 情报检索系统开发
- 模拟器
- MRP/ERP解决方案
- 分析型解决方案

ABB现在已经完全可以为炼油和石化工业中所有领域提供各种Industrial[IT]解决方案：原油提炼，异构化，裂解，烯烃，氢气，天然气处理，加氢裂化，除蜡，苯，聚乙烯，天然气液化，丙烯腈乙苯，苯乙烯，芳香烃，柴油混合，原油调和，润滑油调和，沥青调和，油料输送，转运站，管线。

ABB公司近几年在石化领域的重大业绩：

- 2004年6月，ABB ATPC 成功中标上海漕泾的BASF/HUNTSMAN/LIANHENG的合资项目——联合炭氨脂（IIP）中的总电气供应商，中标价：约1000万美金。
- 2003年10月，ABB ATPC为甬沪宁进口原油管线提供提供Industrial[IT]产品和技术解决方案。甬沪宁管线全长700多公里，是及今为止中石化旗下最大的管线项目，含1个控制中心，2个管理中心，7个分输泵站和6个调控阀站。

ABB

CENTUM CS 3000 R3

威力强大的
生产过程控制

YOKOGAWA全力推出极为可靠的综合控制系统-----CS1000 / 3000 R
它的控制站拥有以Windows 2000/XP为基础的测量控制系统。

本系统具有可扩张的结构,
能够非常灵活地适应从
小规模到大规模的各种应用
保险无瑕的技术确保了
强有力系统的相互衔接。

CENTUM CS3000 R3

高性能和低价格是选用CENTUM系列产品的最有力根据

横河电机株式会社　YOKOGAWA

卡特彼勒和索拉携手
为中国提供最可靠动力

卡特彼勒是世界最大的工程和建筑机械的生产商，也是全球柴油机和天然气发电机的首席供应商。其全资拥有的索拉透平(国际)有限公司，50多年来一直是燃气轮机及天然气离心式压缩机制造、系统设计及集成的先驱，为中国的开采石油及天然气项目提供可靠动力，无惧任何恶劣环境。迄今为止，卡特彼勒不断在世界各地作出贡献，成功取得领先优势，索拉公司更雄据生产1-15兆瓦工业型燃气轮机及天然气离心式压缩机的世界领导地位，深受超过90个国家用户的信赖。此外，为了配合国内石油及天然气事业发展的需求，卡特彼勒及索拉公司继续增加产量，扩大地区服务范围，并提供全面技术和零配件支持，保证用户得到最及时周到的服务。

卡特彼勒(中国)投资有限公司：(010) 8525 3636　直线399

CATERPILLAR®　www.CAT.com

Solar® Turbines
A Caterpillar Company

我们要发展，但能持续吗？

陶氏能做到！

一百多年来，陶氏每天都在致力改善人类的生活。今天我们更清晰地认识到，我们的使命就是通过掌握和运用科学技术，坚持不懈地改进影响人类社会进步的要素。

我们也常常自问：在企业取得成功发展的同时，是否能与人类生活环境和谐共存，让世界变得更美好呢？这正是推动陶氏秉承“可持续发展”的驱动力。

我们高度重视人类健康和环境保护，并将可持续发展的理念贯彻公司所有经营活动和决策过程，多年来严格遵从健康和环保标准，力争向无事故、无工伤、无环境危害的“零目标”迈进。取得重要成果，并在全球性的“道琼斯可持续发展指数”的评估中，连续两年在全球化工行业中名列前茅。

我们将朝着同样的目标，对可持续发展作出贡献，并持之以恒。

www.dow.com

健康

生活

通讯

交通

建筑

DOW

创新生活每一天

*陶氏化学公司商标

树脂产品制造商很快可以利用单台反应器
JNIPOL PE工艺生产双峰聚乙烯，得到高密度聚乙
烯（HDPE）薄膜和高性能管材。Univation公司最
新的催化剂技术具有双重优势。

- 产品性能同于或优于利用多级反应器生产的产品性能。
- 与多级式生产工艺相比预期投资额节省20%-40%。

先进的双峰催化剂技术与经济的UNIPOL单线聚
乙烯生产工艺相结合提供了一种很经济的途径，
即：通过利用单台反应器获得双峰产品性能，这是
利用成本效率竞争高密度聚乙烯（HDPE）市场的有
力保障。

欢迎与我们联系，询问Univation公司的双峰技
术可以带给您利益和无限商机。

Univation
TECHNOLOGIES
Delivering Value to the PE Industry

Single Reactor Bimodal HDPE
单反应器双峰HDPE

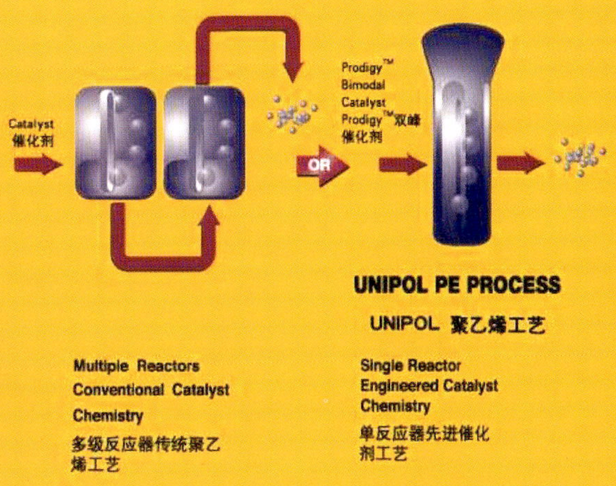

orld Headquarters · 5555 San Felipe, Suite 1950 · Houston, Texas 77056 USA · 713.892.3700 · www.univation.com

招商局

CHINA MERCHANTS GROUP

Since 1872

招商局 创立于一八七二年晚清洋务运动时期，是中国
代民族工商企业的先驱，在中国近现代化进程中起到过重
推动作用。

赖于几代人的努力，现已成长成为一个实力雄厚的综
性企业集团，在交通基建（港口、公路）、金融、房地产及
用设施、能源运输及物流和其它产业领域内有着成熟的业
网络和市场经验，拥有总资产近五百亿港元。

集团总部位于香港，业务分布于香港、中国内地、东
亚等极具活力和潜力的新兴市场，被列为香港“四大中资
业”之一，在国际工商界有着广泛影响。

www.cmhk.c

中国航油（新加坡）股份有限公司

中国航油（新加坡）股份有限公司（简称“中国航油”），是在新加坡交易所主板挂牌的上市公司，是“依托中国，走向世界”的石油类跨国企业。

中国航油的控股股东—中国航空油料集团公司（简称“集团公司”），是直属中国中央政府的国有大型航空运输保障企业，在中国 100多个机场拥有供油设施，并为中、外100多家航空公司的飞机加油。

石油实业投资

中国航油目前拥有西班牙著名的石油设施公司——CLH 公司 5% 的股权，与各持相同股份的壳牌、BP 等国际著名石油公司共同参与该公司的管理；中国航油还收购了上海浦东国际机场航空油料有限责任公司 33% 的股权，成为该公司的大股东之一，拥有中国某大机场的航油设施经营权和航油供应权。另外，中国航油还收购了水东油库区 80% 产权。水东油库区位于中国广东省茂名市水东港，其输油管线直接与茂名炼油厂相连接。

中国航油还全面收购了英国上市公司富地石油公司的全资子公司——香港富地航油有限公司的股权，该公司持有中国民航较大的中外合资项目——华南蓝天航空油料有限公司 24.5% 的股权。

国际石油贸易

从1999年始，中国航油不断拓展国际石油贸易业务，贸易品种包括原油、燃料油、汽柴油、石脑油和石化产品等，并成功地实现了多种贸易方式的交叉运营；市场区域则从新加坡和中国，延伸到整个东亚、东南亚、中东、东非、欧洲和美国。

中国进口航油采购

中国航油通过市场竞争，在中国进口航油市场的占有率由1997年恢复运营时不足 3 % 的微弱地位逐年上升，目前已经达到100%，其供油量相当于中国民航全国航油消耗总量的三分之一。中国航油还在国际航油市场频频出手，多次成功地为中国民航进口航油压低油价，通过公开招标、批量采购、集中运输、规范接轨等方法为集团公司节省了大量的采购成本。由于中国航油在国际石油贸易和进口航油采购方面所取得的巨大成绩，新加坡政府特授予“全球贸易商计划”成员资格，并因此给予优惠的税收待遇。

中国的智慧，世界的经验

依托中国的智慧、运用国际的经验将有助于企业在激烈的全球竞争中脱颖而出、发展壮大、并立于不败之地。中国航油所追求的就是这样一种贯穿古今、融汇东西、中西合璧的境界；并在实践中不断地吸取中国智慧的精华和巧妙地运用西方现代管理思想。为此，中国航油制定了“中国的智慧，世界的经验”的企训，用以指导企业经营并成为员工的工作守则。

China Aviation Oil (Singapore) Corporation Ltd

中国航油（新加坡）股份有限公司

8 Temasek Boulevard #31-02 Suntec Tower Three, Singapore 038988

Tel: (65) 6334 8979 Fax: (65) 6333 5283 Tlx: CAO RS20338

Website: http://www.caosco.com Email: admin@caosco.com

上海浦东国际机场航空油料有限责任公司

上海浦东国际机场航空油料有限责任公司是浦东国际机场较早一家为起降于浦东机场的中、外航空公司提供飞机加油服务的专营性公司，公司成立于1997年9月，注册资本为2亿元人民币。公司的三家股东分别是为上海国际机场股份有限公司、中国航油（新加坡）股份有限公司、中国石化上海高桥石油化工公司。

公司目前拥有的主要供油设施为：高桥中转油库、机场使用油库、航空加油站、机场内、外输油管线。其中，高桥中转油库和机场使用油库各有六座10000立方米的储油罐，总储油量12万立方米；航空加油站有4辆容量均为65立方的罐式加油车和15辆管线加油车；从高桥中转油库至机场使用油库的输油管线长约42公里。

供油系统的整个运作和管理自动化控制程度较高，输送过程为：航油在高桥中转油库接受后经场外输油管线输入机场使用油库，再经场内输油管线输送至机坪，通过罐式加油车和管线加油车两种方式实现航空加油服务。

伴随1999年10月浦东国际机场的正式通航，公司投入了运营。四年多来，公司的加油量、加油架次增长较快。2000年公司全年的加油量为41.03万吨，加油28231架次；2001年加油量为59.43万吨， 加油38273架次；2002年加油量为为75.15万吨，加油51673架次；2003年加油96.28万吨，加油60232架次。

除了保障正常航班供油，公司还出色地完成了各类专、包机加油保障任务，其中有“99’·上海《财富》论坛500强会议”的公务飞机加油保障、2001年的上海五国首脑会议以及上海APEC会议的专机保障等等。

公司安全、优质、及时、周到的加油服务，一直深受落户浦东国际机场的中外航空公司的好评。

乘着浦东国际机场迅猛发展的东风，在公司股东各方的大力支持下，公司将进一步认真借鉴国内外先进的管理经验，科学管理，与时俱进，确保安全，优质服务，为把公司建设成为与亚太地区一流枢纽航空港形象相匹配的现代化企业而努力。

公司地址：上海浦东国际机场机场大道1号

邮编：201202

电话：021-68343536

ABB Lummus Global

ABB 鲁玛斯

ABB 鲁玛斯公司是一家以专利和专有技术为先导的著名国际工程公司，为石油、天然气、炼油和石油化工领域提供广泛的工艺技术、工程设计、采购、施工及项目管理服务，并提供控制系统及软件，是ABB 集团在石油、天然气及石化领域的重要成员。

ABB 鲁玛斯公司成立于 1907 年，在全球 70 余个国家和地区中，共有员工近 6000 名。

自从 1973 年 ABB 鲁玛斯公司为北京燕山石化提供乙烯工艺技术以来，ABB 鲁玛斯公司的乙烯及乙苯、苯乙烯工艺在中国特别是中国石化被广泛采用。目前 ABB 鲁玛斯公司在中国乙烯及苯乙烯市场占有率均超过 50%。近年来，ABB 鲁玛斯进一步扩充了其所转让技术范围，包括重油加工工艺、苯酚丙酮、聚丙烯、聚苯乙烯、气体处理及催化蒸馏反应等技术。

服务范围

- 项目规划、流程优化和可行性研究
- 工艺技术
- 传热技术
- 项目管理
- 基础工程设计
- 详细工程设计
- 项目采购
- 项目施工及施工管理
- 项目开车、投料试车及培训服务
- 技术服务

ABB

智慧的力量™

ABB 鲁玛斯公司与中国石化有广泛的合作关系：

- 1985 年与中国石化北京设计院成立合资公司——华鲁工程公司。
- 与以中国石化科技开发公司为首的科研力量达成稀乙烯制乙苯、双酚 A 及 RFCC 催化剂外取热器等多项技术合作。
- 1998 年与中国石化科技开发公司达成乙烯裂解炉技术合作协议，并成功地将该合作技术运用于燕山石化、扬子石化、上海石化、齐鲁石化乙烯的改扩建等项目以及上海赛科 90 万吨乙烯项目上。
- 2000 年 6 月与中国石化达成在新乙烯回收技术上的合作，共同开发新一代乙烯分离流程。

地址：北京酒仙桥路 10 号恒通商务园 B5 一层

电话：(010) 84566688

传真：(010) 84323813　64323852

热烈祝贺中国石化成立二十周年！

振华石油
ZhenHua Oil

振华石油控股有限公司（简称振华石油公司）是经中国政府批准注册成立的专业化石油公司，主要从事石油产业的投资、海外油气田勘探开发、国际石油贸易等业务。注册资本 3 亿元人民币。

振华石油公司是首批获得国家批准的非国营石油贸易资格的企业，年进口原油和成品油配额 150 万吨。经过多年经营，振华石油公司已建立起完善的国际营销网络，在 10 多个国家设立了分支机构，同国际国内知名的石油公司、银行建立了业务和金融联系。振华石油公司与中国石油天然气集团公司、中国石化集团公司已建立密切的战略合作伙伴关系，共同参与海外油气勘探开发项目。

目前，振华石油公司正处于高速发展期，在中东地区已获得数个油气田项目，在非洲、东南亚、中西亚地区即将签约油气田开发项目。在国家能源开发政策的大力支持下，振华石油公司充分发挥资金、人才、运行机制等方面的优势，不断拓展海外油气田开发及国际石油贸易业务。振华石油公司按照企业发展战略规划，以精干高效为原则，建成了包括石油天然气各专业、国际贸易、经营管理的高素质员工团队。

展望未来，我们的使命是：为满足中国日益增长的能源需求，努力获取海外油气资源，持续不断地向国内提供油气产品和相关服务。为此，我们愿同海内外的合作伙伴携手并进，为中国经济的繁荣与发展做出贡献。

董事长兼总经理　植玉林　　副董事长　王一彤　　副总经理　张勍　海进和　康启发

振华石油控股有限公司 China ZhenHua Oil Co.Ltd.

地址：北京市西城区复兴门内大街 158 号远洋大厦 F205　邮编：100031　网址：www.zhenhuaoil.com
电话：(010)66418989　传真：(010)66410365　邮箱：zhenhuaoil@zhenhuaoil.com

中国石油化工股份有限公司茂
中国石化集团茂名石油化工公

茂名石化创建于1955年，现已发展成为我国含硫原油加工基地和南方较大的石油化工基地，拥有以1350万吨／年原油加工和38万吨／年乙烯为主体，包括设计科研、建筑安装、机械制造、港口和铁路运输等门类的生产经营系统。工艺技术先进，配套设施齐全。年销售额超过300亿元，出口创汇一亿多美元，在全国500家大型工业企业中名列前茅。随着中国石化的重组改制，茂名石化现分为上市部分中国石油化工股份有限公司茂名分公司、中国石化茂名炼油化工股份有限公司和存续部分中国石化集团茂名石化公司。2003年，公司原油加工首次突破1100万吨，达到1153万吨，乙烯产量连续七年超过设计能力；实现销售输入338.49亿元，利润6.81亿元，上缴国家各种税金近20亿元，为国家和地方财政做出了积极的贡献。

改革开放以来，茂名石化大力推进科技进步，加强企业管理，采用国际标准组织生产，300多种牌号的“南海牌”石油化工产品在国内外市场享有盛誉。茂名石化先后获得广东省先进企业、文明单位、中国石化集团公司经营管理先进单位、全国企业管理优秀奖、全国思想政治工作优秀企业及全国精神文明建设工作先进单位等荣誉。

茂名石化地处广东沿海，面向东南亚，背靠大西南，拥有一套25万吨级单点系泊原油接卸系统和吞吐能力达1700万吨／年的现代化港口码头，原油输入、产品输出方便快捷。今后，茂名石化将把原油加工能力扩大到1800万吨／年，乙烯生产能力扩大到100万吨／年，力争建设成具有国际经济规模和竞争力的石化工业基地。

地址：广东省茂名市红旗北路2号　邮编：525011
电话：0668-2264248
传真：0668-2269317

名分公司

司

荆　门

夜幕下的糠醛车间

荆门石化始建于1970年，是中国石化集团公司直属的国有特大型石油化工企业，现有炼油能力500万吨／年，占地面积14平方公里，拥有生产装置38套，其中燃料油系统15套，润滑油系统15套，化工装置2套，综合利用6套，是石化系统炼油加工手段比较齐全、产品结构调整比较灵活的炼油化工企业之一。能生产燃料油、润滑油、溶剂油、化工原料、石蜡、沥青、石油焦、液化气、聚丙烯等9大类100多个牌号的产品。

建厂34年来，荆门石化经历了五个大的发展阶段。

1970－1975年是建成投产阶段。1970年5月18日我厂第一套生产装置常减压装置破土动工，到1974年底建成了常减压等10套炼油装置及系统，成为炼油能力250万吨／年的燃料油型炼油厂，1975年正式承担国家计划。

1976－1984年是由燃料油型企业向燃料油－润滑油型企业转型阶段。建成了润滑油系统装置，对炼油生产装置及系统进行了技术改造，实现了由燃料油型炼油厂向燃料－润滑油型炼油厂的转变。

1985－1990年是完善加工手段，形成500万吨／年加工能力阶段。建成了第二套常减压、一套聚丙烯等装置，对关键装置进行了一系列技术改造，炼油加工能力达到500万吨／年。

1991－1997年是由内陆型企业向沿江型企业转化阶段。兴建了重油催化装置，建成了洪湖（长江边）到荆门长达210多公里、接卸能力350万吨／年的原油码头、输油管线及辅助设施，实现了内陆企业向沿江企业的转变。1997年通过ISO9002质量体系认证，企业以较好的业绩跨入国有特大型企业行列。

1998年至今是向综合型石油化工企业发展阶段。建成了7万吨／年聚丙烯装置，实施了一套催化装置DCC－Ⅱ和重油装置改造，完成了4套装置的DCS改造。2001年投产了20万吨／年润滑油加氢改制装置，使荆门石化成为集团公司润滑油、石蜡生产及特种蜡出口基地。

34年来，荆门石化在国家投入只有3亿多元的情况下，通过企业自筹资金和滚动发展，固定资产原值已从1975年底的2.95亿元增加到现在的53.38亿元。企业曾先后获得"全国五一劳动奖状"等荣誉。从1988年开始连续保持了"全国思想政治工作优秀企业"、"全国模范职工之家"等称号。

34年来，荆门石化物质文明和精神文明建成的丰硕成果。

企业经济实力不断增强。生产装置由投产初期的10套增加到现在的38套，固定资产原值已从1975年底的2.95亿元增值到2003年底的53.38亿元，企业实现了由内陆向沿江，由燃料－润滑油向炼油－化工型企业的转变。

为国家作出了应有的贡献。34年累计加工原油7300万吨，上缴国家利税110多亿元，企业多项

焦化装置检修现场

沸腾的焦化车间检修现场

润滑油加氢装置

石　化

重大科研成果获得省部级以上奖励。

内部改革取得较大突破。我们稳步推进了劳动、人事、分配、医疗、住房制度的改革，实施了调动科技人员积极性的8个管理办法，完善了内部承包考核体系，"三分、三走、四化、五重组"工作全面展开，各项基础管理工作进一步夯实，强化了安全、审计、财务、纪检监督，形成了科学的内部管理制度和自我约束机制。

精神文明建设取得丰硕成果。我们一贯重视思想政治工作和企业文化建设，坚持两个文明一起抓不动摇。党组织政治核心作用充分发挥，党风廉政建设和各级领导班子建设不断加强，职工中涌现出了一批又一批劳动模范和先进工作者，连续多年保持了全国思想政治工作优秀企业称号。在34年的发展过程中，逐步形成了"敬业爱岗、实干兴厂"的企业精神。

职工生活质量不断提高。企业内部教育体系日益完善，职工医疗卫生条件有了较大改善，建成了体育馆、文化宫、公园等配套的职工文化娱乐场所。全厂职工的收入逐年增加，建成职工住宅257栋9631套共计67.4万平方米，绿化覆盖率达到48%，厂区面貌焕然一新，职工生活迈向小康。

联系人：荆门石化总厂党委
宣传部　宋艳玲
邮　编：448039
电　话：(0724)2211592

蓝天白云下的生产装置

洪湖输油码头

催化裂化二车间

生活区一角

生产区全景

中国石化集团金陵石化有限责任公司
中国石化股份有限公司金陵分公司

金陵石化公司是具有对外经济技术和合作权的国家特大型石化企业。近年来，以建立现代企业制度为目标，金陵石化改组改制为金陵石化有限责任公司和中国石化股份公司金陵分公司，初步建立起与国际接轨的现代企业管理体制与运行机制。

经过多年的建设与发展，金陵石化现拥有大型生产装置64套，资产总额100多亿元。金陵分公司是我国千万吨级的炼油基地，金陵石化有限公司是我国较大的洗涤剂原料和苯酐生产基地，产品销往世界30多个国家和地区，年销量额200多亿元。

中國石化儀征化纖股份有限公司
SINOPEC YIZHENG CHEMICAL FIBRE CO., LTD.

地址：江苏省仪征市

邮编：211900

电话：0514-3232235

传真：0514-3233880

股票简称：仪征化纤

股票代码：600871（A股—上交所）

1033（H股—香港联交所）

www.ycfc.com

中国石化仪征化纤股份有限公司是中国较大的现代化化纤和化纤原料生产基地，以2003年底聚酯聚合装置产能计，是世界优秀的聚酯生产商。

公司于1993年12月31日注册登记成立，先后发行10亿H股、2亿A股和4亿新H股，并分别在香港联合交易所和上海证券交易所挂牌上市。2002年2月25日，中国石油化工股份有限公司成为公司第一大股东。

公司主要从事生产、销售聚酯切片和涤纶纤维业务，并配套生产聚酯主要原料精对苯二甲酸(PTA)。截至2003年底，公司已形成年产PTA氧化精制能力85.5万吨，聚酯聚合能力131万吨，涤纶纺丝能力78.1万吨，瓶级切片固相缩聚(SSP)能力18.8万吨，以及涤纶加工丝10.5万吨的综合生产能力，规模效益显著。

面对国内化纤业国有及国有控股、民营、外资及合资企业三足鼎立的新格局，公司以做大做强聚酯主业为根本，锐意改革，开拓创新，坚定不移地实施低成本战略和高附加值战略，加快结构调整，突出科技创新，不断增强企业的核心竞争力和盈利能力，推进公司从大到强的重大转变，到“十五”末期将公司初步建成主业突出、结构合理、盈利能力强、投资回报高的专业化公司，聚酯产能力争进入世界前三名。

白斯特 BST®

持 续 满 足 用 户 需 求

巴陵石化由中国石化集团巴陵石油化工有限责任公司、中国石化股份公司巴陵分公司两部分组成。经过30多年的发展，巴陵石油化工有限责任公司已经成为以石油炼制为龙头，生产合成橡胶、合成塑料、合成纤维和其他有机化工产品的国有特大型石化联合企业，是全国较大的锂系聚合物生产基地、环氧树脂生产基地和商品环已酮生产基地，目前企业拥有固定资产原值65.19亿元，年商品总量达300多万吨，年销售收入突破85亿元。巴陵分公司拥有大型化工、化纤、化肥生产装置20余套，固定资产原值47.45亿元，年销售收入15亿元，是全国较大的己内酰胺生产基地和重要的化肥生产基地。

居危思進　超越自我

巴陵石化协调委员会主任
巴陵石化公司董事长总经理　张德明
巴陵分公司代表

巴陵石化公司党委书记
巴陵石化公司副董事长　尹家振

巴陵分公司经理　朱泽华

巴陵石油化工有限责任公司地址：湖南省岳阳市云溪区
联系电话：0730-8412741　0730-8492348
传真：0730-8481456　邮政编码：414014
网址：www.Blsh.Net

巴陵分公司地址：湖南省岳阳市洞庭大道1号
联系电话：0730-8501322　0730-8501323
传真：0730-8501303　邮政编码：414003

做精做强　领先同行

中国石化工

SEI 办公大楼

中国石化工程建设公司（以下简称SEI）是中国石油化工集团公司所属的集工程项目的可行性研究、工程设计、采购、施工管理及工程监理、工程总承包、项目管理、技术咨询、技术服务为一体的国际型工程公司，是我国颇具实力的工程设计和工程总承包企业。

SEI 拥有专业门类齐全，梯次结构合理的人力资源，现有员工2228人，

高桥石化公司常减压装置

上海石化聚丙烯装置

程建设公司

其中中国工程院院士2名，国家勘察设计大师5名，教授级高工90余名，高级工程师、高级经济师等高级职称人员720余名。SEI具有雄厚的技术研发实力，拥有专利技术90多项，专有技术80多项，获省级以上科技进步奖励600余项。SEI拥有先进的计算机网络平台体系和应用体系，建立了工程设计、项目管理和办公自动化三大集成系统，能够满足国内外业主的要求，并具备与国际工程公司合作设计和管理的网络系统和应用软件体系。

50年来，SEI与世界上著名的专利商、工程公司、科研机构和学府有着广泛的交流和合作，承接了遍及世界各地的数千个项目的工程设计、工程总承包和项目管理，积累了丰富的工程设计、项目管理和工程总承包经验，拥有催化裂化、连续重整、加氢裂化、乙烯、聚丙烯、裂解炉等一大批拳头产品，具备了较强的综合竞争实力，在国内外工程建设市场上享有较高的知名度和良好的声誉。

SEI获得工程总承包金钥匙奖

茂名石化乙烯装置

福建炼油厂

中国石化集团国际石油工程有限公司

Sinopec International Petroleum Service Corporation

中国石化集团国际石油工程有限公司是以从事国际石油工程承包和技术服务为主的经营管理公司，对集团公司国际石油工程承包、技术服务和劳务合作业务实行归口管理和统一协调；承担自营国际石油工程承包、技术服务和劳务合作业务的经营管理及油田企业自营国际石油工程承包、技术服务和劳务合作业务的管理、监督和协调。承包境外石油工程及境内国际招标工程；对外派遣实施境外工程所需的劳务人员；负责国际石油工程承包项目下的设备、技术和材料的出口工作及境外设备租赁、租购业务。

公司总经理：刘锦信
地　址：北京市东城区安定门外大街 58 号
邮　编：100011
电　话：010-84271820
传　真：010-84271826

中国石化管道
中国石化管道储运(分)公司
SINOPEC Pipeline Storage & Transportation Corporation(SINOPEC Limitd Subsidiary)
中国石化管道公司，是中国石化集团公司暨石化股份公司旗下惟一的专业化管道公司。主营：长输管道储运的运营管理，长输管道储运的设计施工，长输管道储运的技术作业，长输管道储运的物流运作等。
中国石化管道，现管辖16条长输管道，600多万方储油库，是中石化上下游一体化战略的关键纽带，是国民经济可持续发展的重要动脉。随着2004年甬沪宁进口原油管线的建成投产，仪征至长岭原油管线的开工在即，面对市场经济国际化的趋势，我们的使命是：连接上下游，构架最具活力的油气储运网络，提供优质服务，铸就良好人品。
请联系我们：
地址ADD：中国.江苏.徐州
电话TEL： 00 86 0516-3455495
传真FAX： 00 86 0516-3453386
网址http：//www.gdcygs.com
邮编P.C： 221008
版式：

中原石油勘探局

中原石油勘探局隶属于中国石化集团公司，是从事国内外石油天然气勘探开发、石油工程技术服务、石油化工、机械制造和地面工程建设的综合型特大企业。

中原石油勘探局自上世纪90年代初进入海外市场以来，已先后赴巴基斯坦、苏丹、孟加拉国、埃塞俄比亚、印度尼西亚、卡塔尔、也门、沙特阿拉伯、厄瓜多尔、莫桑比克等国，为壳牌、阿莫科、埃索、菲利普斯、德士古、哈斯基、凯恩、兰丁、道达尔、阿美、马来西亚国家石油公司等知名国外公司提供了各类工程技术服务，成为在国际市场上具有较高知名度和信誉度的工程技术服务商，曾连续三年荣获河南省“外经工作先进企业”、“实施‘走出去’战略先进企业”和“外经业务完成营业额状元企业”三项殊荣。

近三年来，中原石油勘探局海外事业发展迅速，市场规模不断扩大，队伍数量不断增加。2001年新签合同额4524万美元；2002年新签合同额9029万美元；2003年新签合同额1.258亿美元；2004年新签合同额有望超过2亿美元。目前，中原石油勘探局共有48支专业化队伍奋战在海外市场上，海外项目分布在苏丹、沙特、也门、莫桑比克、印尼、厄瓜多尔、伊拉克等7个国家，在阿联酋的迪拜建有一个后勤基地，初步形成了非洲、中东、南美三大市场格局。

中原石油勘探局制造的具有API标准的石油设备和特种车辆已远销蒙古、印度尼西亚、伊拉克、苏丹、伊朗、利比亚、巴基斯坦、印度、美国、阿根廷等国家。

中原石油勘探局愿在友好合作、互惠互利的原则下，以其良好的质量和信誉，安全、高效地为国内外用户提供优质的服务。

址：河南省濮阳市兴业路7号
编：457001
话：0086-393-4828008/4732045/4821363
真：0086-393-4465861/4491879/4462666
子信箱：ZPEB@CHINA.COM
址：HTTP://WWW.ZPEBINT.COM

中国石化集团第四建设公司

THE FOURTH CONSTRUCTION COMPANY OF SINOPEC

中国石化集团第四建设公司是中国石化集团直属的大型综合性骨干施工企业。具有化工石油工程施工总承包壹级企业资质，持有对外经济合作经营资格证书和进出口企业资格证书。

公司技术实力雄厚，各类专业人才济济，施工机具设备精良齐全。具备大型设备吊装、大型压缩机组安装、大型储罐安装、特殊材料焊接、电仪DCS安装调试等5项核心竞争力技术。

公司自组建成立以来，先后承建了国家重点新建、扩建、技改工程项目200多个，在朝鲜、日本、德国、科威特、新加坡、香港等国家和地区承建了炼油装置、罐区、管线等石化项目及劳务输出。所有承建项目全部达到设计标准，投料试车一次成功，工程质量优良率持续稳定在96%以上。获得省（部）级以上优质工程奖63个，其中8个生产装置获“中国建筑工程鲁班奖”。公司多次受到上级部门的表彰奖励。先后两次获得“国家质量管理奖”，获得“优质工程企业”、“全国优秀施工管理企业”等100多项荣誉称号。

扬子65万吨/年乙烯工程乙烯装置
获2003年度中国石化集团公司“优秀施工奖

中石化白沙湾油库两台十万立方米储罐工程

采用国际领先的2500吨/1
米门式液压吊装系统与1250吨
带式起重机联合吊装，扬巴一
化工程60万吨/年乙烯装置特大
设备丙烯精馏塔安全平稳一次
位成功。

法人代表：**杨庆华**
地址：中国天津市大港区世纪大道
电话：(022)63862214 63862213
传真：(022)25990156
网址：http://www.pfcc.com.c
电邮：bgs@pfcc.sinopec.com.

中国石化集团 第十建设公司

THE TENTH CONSTRUCTION COMPANY OF SINOPEC

中国石化集团第十建设公司是中国石化集团直属的综合性大型施工企业，具有化工石油工程施工总承包一级等多项企业资质，持有国外承包工程劳务合作经营许可证。

公司拥有先进的施工工艺技术和项目管理经验，在大型和特大型设备吊装、大型构筑物施工、设备衬里、球罐组焊、精密传动设备安装、焊接、DCS调试等方面形成了自己的核心技术优势。公司成立30多年来，建成国内外炼油、化工、化肥、化纤、医药、纺织、电力等行业大中型建设项目200多个，全部实现试车一次成功，工程质量优良。齐鲁30万吨/年乙烯、茂名30万吨/年乙烯裂解、天津25万吨/年PTA等装置获中国建筑工程鲁班奖，另有20多套装置获省部级优秀施工、焊接奖项。公司被授予“全国优秀施工企业”、“全国工程建设质量管理先进企业”等多项荣誉称号。

邮编：255438

电话：(0533) 7501143

传真：(0533) 7501126

电邮：tcc@sinopecten.com

网址：http://www.sinopecten.com

地址：山东省淄博市临淄区建设路6号

中国石化西部新区勘探指挥部

中国石化西部新区勘探指挥部成立于2001年12月21日，作为中国石油化工股份有限公司派出机构，全面负责中石化西部新区油气勘探领导组织工作。该机构的设立是响应党中央、国务院开发大西部号召，实施集团公司油气资源战略的重大战略举措。目前，西部新区在准噶尔盆地、河西走廊地区共取得探矿权区块68个，面积29.6万平方公里。

三年来，西部新区勘探工作按照“集团化操作、项目化管理、市场化运行、社会化服务”的运作模式，坚持思路、理论、技术、管理创新，推行项目管理，取得了“三个突破、一个扩展、七个新发现”的可喜成果，勘探主攻方向和重点勘探目标逐步明朗。2003年新增控制石油储量3221x10^4吨、预测储量12063.9x10^4吨油当量，进一步证实了西部新区良好的勘探前景。

面对肩负的艰巨历史重任，“西部新区人”将继续坚持“立足两盆，主攻两中，多区突破，形成规模”的勘探思路，以资源潜力为基础，以经济效益为中心，以科技创新为动力，加快准噶尔、塔里木两大盆地油气勘探步伐，立足寻找大油田，力争为建成200－300x10^4吨产能规模的油气田作出新贡献。

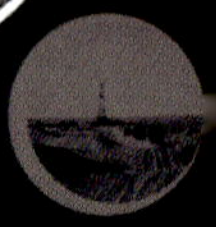

中国石化集团

宁波工程有限公司

SINOPEC NINGBO ENGINEERING CO., LTD

中国石化集团宁波工程有限公司是由中国石化集团兰州设计院和中国石化集团第三建设公司重组设立的国有独资公司，是以设计为先导，工程项目承包和工程项目管理为主体，拥有专有专利技术并具备融资能力，面对国内、国际两个市场提供技术服务和管理服务的全能型国际工程公司。

公司资质功能齐全，技术力量雄厚，管理经验丰富。拥有20多项专有专利技术，在天然气化工、石油化工、煤化工以及合成气化工等领域的设计处于全国领先地位；在管道钢结构工厂化预制、设备制造、大型储罐和长输管线施工、大型设备吊装等方面构筑了企业特有的核心技术能力和明显的差别化竞争优势。

公司信奉“至诚、至信”，愿为顾客、为社会奉献高品质的产品，提供高标准的服务，以尽善尽美的工作，为中国石化工业和地方经济的发展作出新的贡献。

公司设计的丙烯腈装置 ←

公司承建的70万吨/年乙烯装置 ←

公司拥有的1250吨履带式起重机 ←

2003年10月29日，宁波工程有限公司在浙江宁波科技园区举行隆重的成立揭牌暨新大楼奠基仪式。←

司地址：浙江省宁波市科技园区院士路
话：0574—86262462
真：0574—86262591
子邮件：MAILBOX@SNEC.COM

中国石化集团宁波工程有限公司办公大楼夜景

中国石化股份有限公司

云南石油分公司

云南石油分公司是一家有着52年辉煌历史的成品油经营企业。主要销售各类成品油、润滑油液化石油气及其他石化产品。目前拥有7个区域公司、4个管理中心、14个在用油库以及1000座加油站。销售网络遍布云南全省，是云南成品油供应的主渠道。

2003年，云南石油分公司率先在石化销售系统中实施经营体制改革，打破了传统的经营模式，把横向管理变为纵向管理，把综合管理边为变业化管理，促进了物流、资金流、信息流“三流”顺畅，实现了开拓市场、促进销售、堵塞漏洞、提高效益的预期目标。

新的一年云南石油将继续深化改革，完善管理、力拓市场，力争使销售突破200万吨，实现跨越式发展的新目标。

公司地址：昆明市拓东路45号一年世博大厦
公司经理：孟繁昌
党委书记：黄绍民
联系电话：(0871)3115099
传　　真：(0871)3115210

中国石化销售有限公司华东分公司

中国石化销售有限公司前身为国营上海石油运销公司，始建于1949年5月，负责华东地区石油采购供应工作。1950年10月，改称为中国石油公司华东区公司。1953年10月改制为中国石油公司上海批发站。1955年10月改名为中国石油公司上海采购供应站。1958年改制为上海石油采购供应站。1985年成建制划归中国石油化工总公司，更名为中国石化销售公司华东分公司，1992年更名为中国石化销售华东公司。2002年更名为中国石化销售有限公司华东分公司。

中国石化销售有限公司华东分公司隶属中国石化销售有限公司。**注册地址：**上海市愚园路819号；**营业地址：**上海市愚园路819号。**负责人：**吴云峰。

中国石化销售有限公司华东分公司对华东六省一市地区的石油公司和炼厂实施资源配置、区间调拨、协调运输、沟通信息、加强监督的职能。负责协调成品油资源配制和总量平衡，加强配制计划动态管理，协助省市公司制定营销策略。对成品油和其他石化产品市场需求作分析、预测，引导炼厂按需生产。负责东北下海油计划衔接，调运结算以及市场协调工作。加强运输协调和调度，开展完善的统计报表工作。负责区内销售企业市场信息网络的管理，及时提供市场信息。做好成品油统一结算工作。协助价格监督，执行国家定价。及时收集了解炼厂的生产、销售、品种、数量、价格、运输、库存等情况，向销售管理部反馈信息。

广东石油分公司

中国石油化工股份有限公司广东石油分公司（以下简称广东石油分公司）是中国石油化工股份有限公司在广东的直属大型销售企业，主营成品油的批发、零售、配送业务。经过五十多年的建设和发展，广东石油分公司下辖16家市（区域）分公司，销售网络遍及全省，经营业务不断发展，成为广东省成品油市场的主要供应商，发挥着主渠道的作用。

2003年，广东石油分公司紧紧围绕“以效益为中心，拓展经营规模，提高经营质量，提升管理水平”的总体思路，审时度势，正确把握大局，抓住市场机遇，精心调度，细化营销，差别经营，灵活应对，全年销售1019.4万吨，同比增加218.2万吨，增长27.2%。其中，成品油销售797.5万吨，同比增加103.6万吨，增长14.9%，约占广东省成品油社会需求总量（不含深圳）的64%；燃料油销售221.9万吨，同比增加114.6万吨，增长106.8%。经营规模和经济效益取得历史性突破。

面对激烈的市场竞争，广东石油分公司将紧密结合广东实际，抓住历史机遇，充分发挥销售网络健全、储运设施完备、资产实力雄厚、资信良好等优势，立足做大，突出做强，深化企业改革，加快网络发展，强化基础管理，提高队伍素质，全面提高核心竞争力，力争用三年时间实现广东石油的跨越式发展，迎接市场的挑战，为中国石化和广东经济的发展做出积极贡献。

址：广东广州中山七路81号

编：510145

话：020－81298015

箱：gdsyjlb@gdp.sinopec.com.cn

中国石油化工股份有限公司山东石油分公司

中国石油化工股份有限公司山东石油分公司（以下简称山东石油公司）位于济南市历山路，其前身山东省石油公司成立于1953年，1992年被山东省政府批准为大型（一）企业，1998年6月划转石化集团公司。下属17个市公司，截至2004年底，山东石油公司共有职工6833人；固定资产原值60.8亿元；油库39座，库容总量91.2万m3；加油站2429座；铁路专用线8361.6m；油码头12座；油罐运输车597辆。山东石油公司主营石油、石油制品、天然气、化纤及其他化工产品销售、储运；石油、天然气管道运输。兼营油品计量、咨询、信息服务等。

2003年，山东石油公司始终坚持以效益为中心，强化市场意识、竞争意识和服务意识，以变应变，及时调整营销策略，克服困难，深化改革，强化管理，开拓经营，努力提高市场竞争力、控制力和持续盈利能力，经受了市场动荡变化的考验，度过了经营工作中的难关，全面完成了总部下达的各项工作任务。全年共销售成品油569.3万吨（其中汽油194.8万吨，柴油371.3万吨，煤油3.3万吨），同比增加53.2万吨；实现销售收入182.5亿元，同比增加38.8亿元；各项费用均控制在定额之内。实现利润6.2亿元，同比增加4.7亿元。

北京龙禹石油化工有限公司

BEIJING LONGYU PETROLEUM&CHEMICAL CO.,LTD

北京龙禹石油化工有限公司是由中石化控股和中石油参股组建的股份制公司，是一家具有一定模、一定影响的成品油流通企业。龙禹公司具备在北京、重庆、哈尔滨开展批发、新建加油站和许加盟的资质，以北京、重庆、哈尔滨和大连地区为主开展成品油批发、配送和零售业务。利用禹公司资金、运输优势，资源和商业专业知识为客户提供优质服务，保证健康、安全、环保。

创业十年以来，龙禹公司已由最初资产只有几百万元的小企业，以小搏大滚动发展，并出“立足北京、面向全国、走向世界”的发展战略。经过多年创业，现龙禹已发展成在全国具有定影响的成品油流通企业。龙禹公司现有总资产2.5亿元，所有者权益1亿多元，年销售油品60多吨，年销售额20多亿元，为国家上缴税金1亿多元，股本收益率达百分之二十。

龙禹公司在北京市区，有十几座龙禹加油站，有一百多座龙禹连锁加盟加油站；一座占地60余亩，油2.2万立方米的大型油库坐落于平谷，油库消防、发油设施设备齐全，有接卸火车龙组的铁路专用；在重庆、哈尔滨有龙禹公司控股的成品油销售公司，拥有相当储量的大型油库和十几座现代化加站，形成了成品油及化工产品储运、批发、配送、零售一体化的服务网络，覆盖市内、城郊以及城周边的各个地区。

北京龙禹石油化工有限公司是我国石油成品油流通体制改革的产物，是中国石化和中国石油两集团合作的结晶。龙禹创业之初就坚持以贸易为主，以石油成品油的批发、配送、零售为主的经方向不动摇；企业十年来经过不断完善和发展，建立了归属清晰、权责明确、保护严格、流转顺的现代产权制度；形成身跨石油、石化两大集团独特的龙禹经营模式。

维德路特 -- 全球共识的油品管理专家

世界各大石油公司至少在一点上达成一个共识 --- 这就是美国维德路特公司的油罐监测系统。

壳牌、埃克森美孚、BP等等这些世界级的石油公司都在用同种品牌的油罐监测系统绝非巧合，因为他们需要世界上最好的库存管理系统，因此他们一致选择了维德路特油罐液位仪。

作为世界上发明并生产地下油罐液位监测系统的制造商，维德路特公司投入了巨大的研发经费，力求生产出油品零售业领先的油品监测系统和代表尖端正压输油技术的红夹克潜油泵。多年来，维德路特的液位仪及潜油泵已被业内专家推举为准确、可靠、易操作和性价比好的加油站设备和油品管理系统。全球市场占有率遥遥领先。

事实上，我们的系统已在全球范围内监测超过600,000个地下油罐。这些系统都由我们遍布全球的训练有素的分销商提供技术支持，同时又有维德路特公司专业技术人员作为强有力的后盾，因此维德路特在世界范围内都可以为您的加油站提供高水准的技术支持。

请相信来自全球各大石油零售公司的共同推介， 让维德路特为您的加油站做得更多!

VEEDER-ROOT

维德路特——油品管理专家

欲了解更多关于维德路特公司及油品管理系统相关信息， 请随时访问我们的中文网站：www.veeder.com.cn

TLS　REDJACKET®　FMS

为成品油零售行业提供完整的设备解决方案
通过ISO14001
环境管理体系认证
健康
安全
环保
正星

海南石油太平洋有限责任公司

海南石油太平洋有限责任公司成立于2000年，是由“中国石化集团”控股，在海南南部颇具实力的成品油批发销售企业。

公司位于三亚市天涯镇红塘湾风景秀丽的海边，在著名的旅游名胜风景区“天涯海角”和“南山寺”之间，距市中心25公里。公司占地588亩，一期投资2亿多元。具有海南南部最强的装卸成品油、管道输送、仓储、销售和配送能力。

公司的控股股东“中国石化集团”是中国大型的石化经营企业，具有行业优势。公司以“中石化”为依托，加入中石化网络销售体系，面向海南南部五个市县的机场、加油站、工矿、企业、酒店、农场、林场、渔业、运输等企业供应优质的成品油。

公司有全岛较大的2万吨级油码头，东西长度278米，引桥长度383米；安装有目前世界上先进的输油设备—从日本引进的“新泻铁”输油臂4台；有3.1万立方米成品油储油库，是海南南部颇大的仓储油库，具备完善的海上和陆地接发油设施。

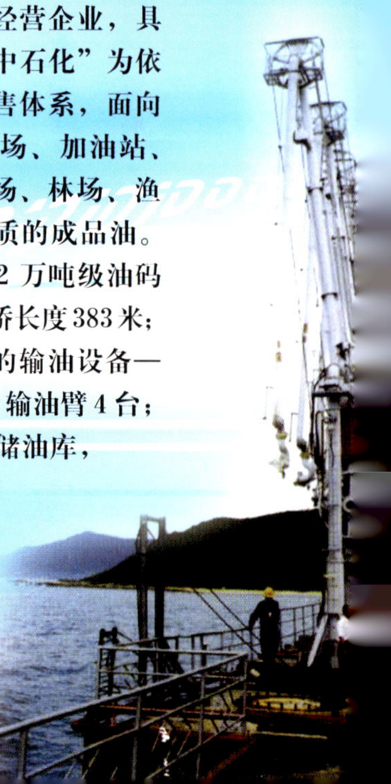

总经理：陆建平
地址：海南省三亚市天涯镇红塘管区　　邮编：572000
电话：(0898)88913115　　传真：(0898)88913116

中国石油化工股份有限公司湖南石油分公司

中国石油化工股份有限公司湖南石油分公司隶属中国石油化工股份有限公司，是湖南省专业经营石油成品油的国有大型企业，负责全省成品油资源配置、采购、储运、供应。截至2003年底，公司资产总额30亿元，下辖14个市州分公司，核算单位98个，在营油库59座、加油站1380座，正式职工4689人。

公司上划中国石化集团以来，以“爱我中华、振兴石化”为己任，以“企业效益、股东回报两个最大化”为目标，以“发展湖南经济、服务顾客”为宗旨，紧围绕“一、三、五、八”工作思路，大力发展终端销售，全方位开拓经营，强销售、拓配送，实现了企业经济效益和综合实力持续快速健康发展。成品油销量每年以15%的速度增长，由1995年的152万吨增加到2003年的342万吨。1999年以来公司投资22亿多元收购、租赁、新建油库、加油站，基本形成了“城乡纵横、水路交错，布局合理”的销售网络，油库、加油站分别由1995年的60万立方米增加到2003年的90万立方米，409座增加到1380座。利润由1995年的37亿元增加到2003年的6.5亿元。公司一贯坚持“用户至上，信誉第一”的经营方针，诚信经营，依法经营，是“消费者信得过单位”，长沙市“国税免检单位”，长沙市“A级纳税信誉单位”。

地址：湖南省长沙市湘春路113号
邮编：410005
电话：0731-4841848
传真：0731-4841801

◆ 中国石化润滑油正式将下属润滑油品牌“长城”、“海牌”、“南海”整合为“长城”牌，现在“长城”是中国石化独树一枝润滑油品牌。

◆ 品牌整合后，长城润滑油将占据中国润滑油市场三分之一的强势份额，将以更加优秀的产品与服务为我国各行各业提供出色的滑保障。

◆ 长城润滑油的品牌标志以两个英文字母“C”为设计题材，由“C”造型演化成两条运动有力的弧线，内侧红色的“C”代表“客户”(Customer)，外侧蓝色的“C”代表“品质”(Character)，充分体现长城润滑油以“客户”为核心、以卓越“品质”为客户提供全方位服务的品牌追求。

标志采用高饱和度的红、蓝两色，在明快生动的视觉冲击中，提升品牌的国际感，寓意着“长城润滑油”凭借中国石化的强大实力，在经历一次次变革、一次次挑战后，更加生机勃发，品牌形象不断提升，正在成为中国石化国际化形象的代表。

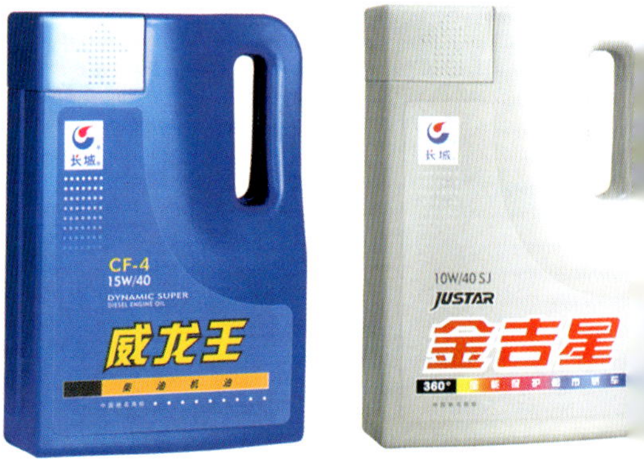

中国石化润滑油公司　地址：北京市海淀区安宁庄西路6号　邮编：100085　传真：010-62917732　免费服务热线：800-810-9886　长城润滑油网站：www.si

2003年

1月

2—3日 李毅中、牟书令率总部机关有关部门负责人到胜利油田，亲切慰问广大干部职工并宣布新调整的胜利油田领导班子。

10日上午 李毅中、牟书令在总部会见了伊朗驻华大使韦尔内贾德。

12日上午 王基铭作为中国石油化工信息学会理事长主持召开中国石油化工信息学会理事会。

9—15日 陈同海带队赴杭州、广州调研。并先后会见了浙江省委书记习近平、常务副省长吕祖善，中共中央政治局委员、广东省委书记张德江、常务副省长黄华华，广州市委书记林树森、常务副市长张广宁，就有关项目合作问题交换意见。

14—15日 国家经贸委组织的国有大中型企业改制分流促进再就业工作经验交流会在武汉召开。刘根元代表石化集团公司作大会典型经验交流发言。

15日 石化集团公司暨石化股份公司2003年度安全工作电视电话会议在总部召开。李毅中作重要讲话，王基铭主持会议，张家仁作工作报告。

16日上午 李毅中在总部会见了乌干达能源国务部长多迪·米格瑞科先生。

17日上午 陈同海出席中沙两国友协第五次联席会议及中沙企业家委员会执委会第一次会议。

18日 由石化股份公司与山东省鲁信投资控股有限公司共同出资组建的山东省天然气管道有限责任公司和山东实华天然气有限公司成立大会在济南举行。李毅中总经理致信祝贺。张耀仓、山东省副省长王仁元到会讲话，并和山东省人大常委会副主任王道玉、山东省政协副主席李殿魁一起为两个公司揭牌。

20日 李毅中会见并宴请了德国巴斯夫公司执行董事贺斌杰博士。

21日下午 中国石化迎春招待会在北京东方君悦大酒店举行。王基铭致祝酒辞。

22日下午 陈同海会见了沙特阿美海外公司驻京代表处首席代表苏比翼先生。

23日上午 张家仁出席"海关总署调查局与中国石化、中化公司、中粮公司、太钢《合作备忘录》签字仪式"，并代表石化集团公司在《合作备忘录》上签字，海关总署盛光祖副署长出席签字仪式并讲话。

23日下午 王基铭在总部会见了来访的中国台湾宏仁集团董事长王文洋一行，双方就公司间下一步的合作进行了探讨。

20—26日 王天普率中国石化代表团赴日本参加日本国际石油交流中心(JCCP)第21届国际研讨会，并在会议上发表了题为"奉献清洁能源，创造和谐环境"的讲话。

25—27日 李毅中、张耀仓一行到中原油田，听取了工作汇报，慰问生产一线员工，并宣布了油田领导班子调整情况。

27—28日 王基铭赴石家庄炼油厂，听取了石炼化和石化纤2002年生产经营和2003年生产计划安排的汇报，察看了主要生产装置，并代表石化集团公司党组向生产一线的干部职工拜年。王基铭与河北省省长季允石、副省长付双建就双方间下一步的合作初步交换了意见。

31日上午 中共中央、国务院在人民大会堂举行2003年春节团拜会。集团公司李毅中、王作然和费志融、吴协刚参加。

31日上午 陈同海在镇海炼化股份公司主持召开国家石油储备项目组织协调会，传达了国家对这项工作指示精神，就下一步工作进行部署。宁波市常务副市长邵占维及市有关部门、总部机关有关部门及镇海炼化负责人参加。

2月

1日(正月初一) 李毅中、牟书令、王作然先后到燕化公司和北京石油拜年，向节日坚守岗位的干部职工表达新春的祝福和振兴石化、全面建设小康的良好祝愿。

10—11日 陈同海赴南京就扬巴项目及南京地区整体资源优化问题进行调研。期间，还会见了江苏省委书记李源潮、江苏省副省长吴瑞林、南京市常务副市长蒋宏坤，双方就有关合作和南京化工园区建设等问题交换了意见。

14日上午 陈同海会见并宴请中国长江航运(集团)总公司总经理刘锡汉一行，双方就原油输送等有关问题交换了意见。

12—15日 "中国石化销售企业2003年工作会议"在南京召开，陈同海、王基铭、张家仁出席会议并讲话。

16日上午 陈同海赴上海石化，察看了甬沪宁进口原油管道工程——白沙湾原油库区及上海石化部分生产装置现场，听取了工程建设情况汇报。下午，陈同海出席中国石化集团上海工程有限公司揭牌仪式，并参观了办公场所及工作业绩展览。国家药品监督管理局局长郑筱英出席并致辞。在沪期间，陈同海还会见了中共中央政治局委员、上海市委书记、市长陈良宇，双方就有关项目合作问题交换了意见。

18日上午 王基铭在总部会见来访的美国埃克森—美孚公司高级副总裁葛兰特一行。双方就福建一体化合作项目中的一些重要问题进一步交换了意见。李毅中、陈同海、王基铭在总部宴请了葛兰特高级副总裁一行。

17—19日 中共中央纪委第二次全体会议在京西宾馆召开。李毅中参加了19日上午的大会，王作然参加会议。

19—20日 陈同海赴武汉就湖北地区资源优化进行调研。期间，还会见了中共中央政治局委员、湖北省委书记俞正声，湖北省省长罗清泉，常务副省长周坚卫和武汉市市长李宪生，就有关项目合作问题交换了意见。

21日下午 陈同海会见台湾石化相关产业投资大陆联谊会会长，和桐化学公司董事长陈武雄先生一行，双方就项目合作有关事宜交换了意见。晚上，盛华仁，李毅中、陈同海宴请了陈武雄一行。

21日 中央企业纪检监察工作会在京西宾馆召开。李毅中、王作然和其他400多名代表参加了会议。

24日下午 陈同海会见山东省副省长王仁元一行，双方就青岛大炼油工程有关问题交换了意见。

25日下午 王基铭在总部会见了来访的瑞士Wingate基金公司董事长嘉夫瑞和中银国际CEO李山一行，双方就下一步的合作进行了探讨。

24—26日 中国共产党第十六届中央委员会第二次全体会议在北京举行。李毅中出席。

3月

1日 张耀仓出席中吉阿拉伊盆地地质研讨会开幕式并会见吉尔吉斯斯坦能源代表团。

1—2日 石化集团公司2003年纪检监察工作会议在京召开。李毅中在会上作了重要讲话，陈同海主持会议，王作然传达了中央纪委第二次全会精神并作工作报告。

2日中午 王基铭在北京贵宾楼饭店会见并宴请了英国BP集团公司执行董事、首席财务总监高拜伦和BP集团公司副总裁德开瑞先生一行，双方就下一步的合作进行了探讨。

3日上午 李毅中在总部会见并宴请了吉尔吉斯斯坦能源代表团。牟书令、张耀仓及总部机关有关部门、有关企业负责人参加。

6日下午 陈同海会见广西壮族自治区区委副书记、常务副主席王万宾一行，双方就有关广西石化发展项目问题交换了意见。

8日中午 王基铭在北京钓鱼台大酒店会见并宴请了美国波顿化学公司总裁兼首席执行官莫里森先生和美国全球股本公司董事长田林芝女士等一行，双方就下一步的合作进行了探讨。

11日上午 陈同海会见中国工商银行副行长王丽丽一行，双方就有关项目融资合作事宜交换了意见。

10—12日 石化集团公司暨石化股份公司改制分流工作会议在京召开。李毅中在会上作了重要讲话，刘根元作工作报告，张耀仓作总结发言。

13日下午 陈同海会见江西省委副书记、常务副省长吴新雄，副省长孙刚一行，双方就江西有关石化工业的发展问题交换了意见。

14日上午 李毅中在总部会见并宴请电讯盈科主席李泽楷先生。

15—17日 石化股份公司炼油工作会议在南京召开。王基铭出席开幕会并讲话，王天普作工作报告并在闭幕会上作总结讲话。

17日上午 陈同海会见中国长江航运(集团)总公司总经理刘锡汉一行，双方就有关合作达成协议并签署备忘录。

17日上午 陈同海会见河北省常务副省长郭庚茂一行，双方就河北石化工业发展问题交换了意见。

19日上午 王基铭在海南会见并宴请了台湾中油公司副总裁谢荣辉先生。

19—21日 2003年海峡两岸暨北美地区华人石油和石化科技研讨会在海南三亚举行。王基铭率中国石化代表团参加并作了“抓住机遇，加快发展，不断增强中国石化整体实力”的主题演讲。

21日上午 国务院总理温家宝主持召开新一届国务院第一次全体会议，并发表了重要讲话。李毅中列席会议。

22日 石化集团公司暨石化股份公司内部分配制度改革工作会议在京召开。李毅中在会上作重要讲话，陈同海、王基铭出席会议并讲话。

24日中午 陈同海、王基铭在钓鱼台国宾馆会见并宴请英荷壳牌集团董事长马博德先生一行，双方就有关合作问题交换了意见。

16—26日 张耀仓率团访问了缅甸和泰国。在缅甸期间，代表团先后访问了缅甸国家石油公司(MOGE)、石油化工公司(MPE)，并先后会见了缅甸能源部长龙迪中将。在泰国期间，滇黔桂石油勘探局与泰国国家石油公司(PTT)签署了LPG以及国家允许的石油产品贸易合作谅解备忘录，张耀仓和PTT公司高级副总裁签字见证。代表团还在泰国国务院拜会了泰国副总理查瓦里将军。

26日上午 国务院总理温家宝主持召开国务院常务会议。李毅中参加会议。

25—27日 石化集团公司非上市部分2003年财务工作会议在京召开。李毅中在会上作重要讲话，陈同海出席会议并讲话，刘根元作工作报告，王作然出席会议。

28日上午 石化股份公司首届董事会第三十一次会议在京举行。李毅中董事长主持会议并讲话。会议审议并通过了李毅中董事长所作的2002年度董事会工作报告，王基铭总裁所作的关于2002年经营工作完成情况及2003年经营工作安排的报告，听取了副总裁兼财务总监张家仁关于2002年经营业绩和财务状况的说明、审计委员会主任陈清泰关于2002年度财务报告的审阅意见，审议并通过了2002年度报告及摘要、2002年财务报告、2002年利润分配方案等议案，以及毕马威华振会计师事务所和毕马威会计师事务所提交的年度审计报告等。

4月

1日上午 石化集团公司召开总部机关干部大会宣布中央对石化集团公司主要领导调整决定。中共中央组织部副部长王东明到会宣布中央关于石化集团公司主要领导调整的决定：李毅中任国务院国有资产监督管理委员会党委书记、副主任，陈同海任石化集团公司党组书记、总经理。王东明、李毅中、陈同海在会上讲话。王基铭主持会议并讲话。

6—7日 曹湘洪到上海主持召开中国石化与美国菲利普斯公司联盟指导委员会会议，双方就之前的合作项目进行了总结，并对今后的合作进行了讨论研究。

8日下午 全国安全生产电视电话会议在国务院第一会议室召开。黄菊副总理总结讲话，会议由尤权副秘书长主持。陈同海代表石化集团公司出席。

9日下午 石化集团公司召开2003年度审计工作电视电话会议。陈同海主持会议并讲话，王作然作工作报告。王天普在会上宣读了石化集团公司关于表彰优秀审计项目的决定。

10日下午 中共中央总书记、国家主席胡锦涛一行视察了中国石化集团湛江东兴石油企业有限公司。中共中央政治局委员、广东省委书记张德江，中央财经领导小组办公室主任王春正，广东省省长黄华华，黄鉴等陪同。

10日下午 王基铭在钓鱼台国宾馆出席了中国通用技术集团控股有限责任公司董事长佟常印的宴请。双方就有关合作事宜进行了探讨。

16日下午 王基铭在总部会见了来访的美国派森斯能源化工公司董事长兼首席执行官霍尔一行。

21日下午 陈同海会见并宴请德国巴斯夫公司执行董事凯迈业先生一行，双方就有关石化项目合作事宜交换了意见。

22日上午 在京广中心召开石化股份公司2003年度第一次临时股东大会。公司首届董事会董事长李毅中主持会议。

大会听取了首届董事会董事长李毅中作的《首届董事会工作总结报告》和首届监事会主席于清波作的《首届监事会工作总结报告》。

22日下午 石化股份公司第二届监事会第一次会议在总部举行。

23下午 陈同海会见印度国防部长乔治·费尔南德斯先生一行，双方进行了亲切友好会谈，并就共同关心的问题交换了意见。

30日下午 在北京抗击非典型性肺炎的严峻时刻，陈同海一行到北京石油分公司所属的展览路、平安大街和建设中的丰台正兴加油站向一线职工致以节日的问候。张家仁和李春光陪同。

30日 继4月23日石化集团公司向北京市政府捐款300万元之后，今天又向卫生部捐款600万元，同时燕化公司向北京市工委捐款500万元，新星石油公司也向北京市海淀区捐款100万元。

5月

1日 陈同海一行到燕化公司，向该公司和石化集团公司全体干部职工、家属和离退休人员致以节日的问候。

14日下午 国务院国有资产管理委员会李荣融主任带领有关司局的同志到石化集团公司进行调研。陈同海就当前生产经营工作、防治“非典”工作等情况进行了汇报。

15日下午 中共中央政治局常委、国务院副总理黄菊率国家有关部委领导到四川维尼纶厂视察。

15—19日 王基铭带领黄鉴、张保鉴及总部机关有关部门和SEI组成的工作组到海南省，向海南省委、省政府通报了中国石化建设海南炼油项目的意见和实施方案。

19日下午 陈同海、张家仁会见美国易金卡公司诺顿董事长一行，双方就有关问题交换意见。

19日 中共中央政治局委员、全国人大常委会副委员长、全国总工会主席王兆国在福建省省长卢展工等的陪同下，到福建炼化公司视察。

20日上午 陈同海会见壳牌东北亚集团主席陈逸嘉先生一行，就有关项目合作事宜交换了意见。

22日上午 编制石油天然气工业中长期发展规划座谈会在中国科技会堂召开。陈同海代表石化集团公司出席并发言。

26日上午 温家宝总理在国务院主持会议听取中国工程院重大咨询项目——“关于我国石油天然气发展战略研究”课题的汇报。陈同海出席会议并发言。

28日 全国人大常务委员会副委员长兼秘书长盛华仁到福建炼油化工有限公司考察。

6月

2—5日 王基铭赴海南召开海南炼油项目筹备组成立会议。期间，王基铭分别会见了海南省委书记、省长汪啸风及副省长刘琦，就有关事宜交换了意见。

5—7日 应英荷壳牌集团公司董事长马博德先生(Mr. Malcolm Brinded)的邀请，陈同海率团访问俄罗斯萨哈林地区油气项目。

10日上午 石化股份公司召开2002年度股东年会。陈同海、王基铭、王作然出席。

10日下午 陈同海、王基铭在中南海向国务院副总理曾培炎汇报了有关工作。国务院副秘书长汪洋一同听取了汇报。

14日 中共中央政治局委员、北京市委书记刘淇，北京市委副书记、代市长王岐山一行到燕化公司考察工作。陈同海、曹湘洪陪同。

15—23日 陈同海率总部机关有关部门负责人先后到天津、山东济南、青岛、东营市和胜利油田、齐鲁石化、天津石化及石油大学(华东)等地和单位进行考察调研。

15日下午 陈同海、刘根元、王作然等抵达天津，与天津市市长戴相龙就发展天津石化工业有关问题交换了意见。

16日上午 陈同海、刘根元、王作然等与天津市市长戴相龙等就加快推进天津大乙烯合作项目前期工作等问题进行工作会谈，会谈结束后签署了会谈纪要。中午，中共中央政治局委员、天津市委书记张立昌会见陈同海、刘根元、王作然等，就合作发展天津石油石化工业进一步交换了意见。

16日下午 陈同海一行抵达济南，与山东省委书记、省人大主任张高丽就中国石化和山东省在石油化工方面全面合作交换了意见。

17日上午 陈同海、刘根元、王作然等与山东省省长韩寓群等就青岛大炼油项目的下一步工作和关停地方小炼油等进行工作会谈。

25日晚 王基铭出席了中国石化—法国德希尼布公司《合作谅解备忘录》的签字仪式。德希尼布公司董事会主席兼首席执行官瓦洛、高级执行副总裁JEAN DESEILLIGNY先生一行和刘根元出席。

27日上午 国资委党委组织召开深入贯彻“三个代表”重要思想座谈会。陈同海代表石化集团公司出席并发言。

30日上午 王基铭会见英国BP集团执行董事、首席财务官高拜伦博士。中午，陈同海、王基铭在总部宴请了高拜伦博士一行。

7月

1—3日 由中央宣传部、中央政策研究室、中央党校、中央文献研究室、中央党史研究室、教育部、中国社会科学院、解放军总政治部联合召开的“三个代表”重要思想理论研讨会在北京召开。胡锦涛总书记作了重要讲话，刘云山部长作了总结讲话。陈同海、王作然分别参加了会议。

3日下午 陈同海到海洋石油总公司与海洋石油总公司总经理卫留成就双方合作有关事宜交换了意见，并签署了中海油境外分成原油供应框架协议。

4日上午 陈同海会见中国国际金融有限公司总裁朱云来一行，双方就有关合作问题交换了意见。

3—6日 陈同海赴上海市，分别于4日下午和5日下午拜会了中共中央政治局委员、上海市委书记陈良宇和上海市副市长周禹鹏，重点就中国石化与上海市加强合作等问题交换了意见。

3—7日 王基铭赴云南省昆明市。4日上午，王基铭主持召开西南成品油管道建设协调领导小组第一次会议。云南省副省长李新华、贵州省副省长包克辛、广东省副秘书长黄业斌、广西自治区发展计划委员会副主任梁斌和武警水电指挥部政委吴云峰及四省区、武警水电指挥部有关负责人参加。

7日 美国《财富》杂志公布了按营业收入排序的2002年度全球500强企业名单，中国大陆有11家企业入围，其中石化集团公司以营业收入445.03亿美元列第70位。

8日下午 国务委员陈至立在国务院召开会议，对国有企业的科研体制改革及创新进行了座谈。曹湘洪参加。

11日上午 陈同海在总部会见了中国银行行长肖钢一行，双方就有关业务合作事宜交换了意见。

11 日 王基铭一行赴上海。中午，王基铭赴上海市人民政府会见了上海市副市长冯国勤。晚上，王基铭在上海兴国宾馆出席了 BP 化工首席执行官 Lain Conn，BP 集团副总裁 Steve Weich、Mike Buxzzacott 和 Andrew MacKenie 的宴请。

16—18 日 陈同海率总部机关有关部门到广西北海、南宁等地和单位进行考察调研。

18 日上午 王基铭在总部会见了来访的也门共和国驻华大使苏卡尼一行。

18 日上午 刘根元出席天津石化公司石化厂划转中国蓝星(集团)总公司签字仪式。天津市市长戴相龙、副市长杨栋梁出席签字仪式。

21 日下午 王基铭在总部会见了来访的德国 BASF 公司董事局执行董事凯迈业一行，双方就下一步合作进行了探讨。

22 日下午 陈同海在总部会见了上海市副市长唐登杰一行。随后王基铭和唐登杰签署了石化集团公司与上海市人民政府有关合作协议。

22 日下午 王基铭在总部会见了来访的美国艾默生公司负责国际销售总裁汉特一行。

23 日下午 陈同海会见了瑞银投资银行全球执行主席布列坦勋爵一行。

23 日下午 陈同海会见了国际能源署副署长拉姆赛先生一行。

25 日晚 石化集团公司在钓鱼台国宾馆举行中国石化改革发展 20 周年纪念活动。陈锦华、盛华仁、李毅中出席纪念活动并发言。陈同海向出席纪念活动的老领导、老同志赠送了反映中国石化“历史性的跨越”的画册。

30 日—8 月 1 日 石化集团公司暨石化股份公司工作会议在京西宾馆召开。这次会议的主要内容是深入学习贯彻“三个代表”重要思想，总结上半年工作，部署下半年任务。

8 月

10—14 日 陈同海率总部机关有关部门负责人到福建、上海、湖南等地和单位进行考察调研。

10 日下午 陈同海与福建省省长卢展工就福建炼化一体化项目工作召开联席会议，并出席了联席会议纪要签字仪式。

12 日上午 上海石化改制上市 10 周年研讨会在上海石化金山宾馆举行。原全国政协副主席陈锦华、原中国证监会主席刘鸿儒、原国家人事部副部长孙树义、原上海市副市长顾传训、全国社会保障基金理事会副理事长高西庆、澳门南光集团公司董事长吴亦新、中国证监会主席助理汗建熙、上海市副市长唐登杰和陈同海、王基铭等出席并发言。下午，陈同海一行赴湖南长沙，分别会见了湖南省省委书记杨正午、代省长周伯华、副省长郑茂清，就有关企业班子调整及合作事宜交换了意见。

19 日上午 石化集团公司、海洋石油总公司、英荷壳牌公司和美国优尼克石油公司在人民大会堂共同签署了东海西湖天然气勘探开发项目的 5 个合同。签字仪式前，国务院总理温家宝在中南海紫光阁接见参加仪式的中外代表，陈同海、牟书令参加。牟书令出席了新闻发布会，并回答了中外记者的提问。中午四方签字仪式在大会堂举行，陈同海代表石化集团公司在合同文本上签字。

19 日 王基铭在北京塔里木宾馆参加了中国工程院组织的“中国可持续发展油气资源战略研究课题组”咨询委员会会议。全国政协副主席、中国工程院院长徐匡迪和中国科学院、工程院院士侯祥麟为咨询委员们颁发了聘书。

22 日上午 石化股份公司第二届董事会第三次会议在总部机关召开。陈同海召集并主持会议。

9 月

4 日上午 陈同海在总部会见了日本丸红株式会社副社长桑原茂树、特别顾问西田一等一行。

4 日上午 陈同海在总部会见了中国工商银行行长姜建清，就加强合作等事宜交换了意见。

10 日下午 陈同海赴海洋石油总公司会见了海洋石油总公司总经理卫留成，就双方合作事宜交换了意见。

11 日下午 陈同海会见中国华能集团公司总经理李小鹏一行，双方就加强合作等事宜进行会谈并交换了意见。

17 日上午 王基铭在总部会见了来访的美国亨茨曼化工公司董事长亨茨曼一行。

19 日上午和 20 日上午 曹湘洪陪同陈锦华先后前往扬子石化公司、金陵石化公司调研。19 日下午，扬子石化公司庆祝建厂 20 周年座谈会在扬子石化举行。陈锦华出席并作重要讲话，江苏省副省长李培林、江苏省人大主任韩培信、曹湘洪先后在会上发言。

18 日下午至 21 日 王基铭一行赴广西壮族自治区。18 日下午，王基铭分别会见了广西自治区党委书记曹伯纯、代主席陆兵一行，就广西炼油项目及加油站建设等合作事宜进行了会谈。19 日上午，王基铭在广西黎塘出席了中国石化西南成品油管道工程开工典礼。

24 日上午 陈同海在北京饭店会见吉尔吉斯共和国总理塔纳耶夫一行，双方就两国经贸合作等问题交换了意见。

25 日下午 中国石化/中国海运合资合作签字仪式在人民大会堂举行。陈同海出席并致辞，王基铭主持会议，张家仁代表中国石化签字。中国海运(集团)总公司总裁李克麟出席并致辞，党组书记李绍德出席，副总裁徐祖远代表中国海运签字。

27—29 日 陈同海、牟书令、张耀仓到中原油田调研。期间，陈同海还会见了河南省省长李成玉，双方就加快在豫企业的发展，以及移交办社会职能的有关问题交换了意见。

10 月

2 日、4 日 石油大学(北京)、石油大学(华东)分别在北京和山东东营举行建校 50 周年庆祝大会。中共中央政治局委员、国务院副总理、卫生部部长吴仪和中共中央政治局委员、国务委员、公安部部长周永康分别出席了两地的庆祝活动并讲话。陈同海在北京校区代表中国石化发言，并和中国石油、中国海油、中化进出口公司一起与石油大学签署了校企共建协议。牟书令出席了北京校区和山东校区的活动，并代表中国石化、校友在山东校区发言。

8 日 国务院副总理黄菊在商务部《关于成品油市场整顿情况和继续做好成品油市场监管工作的报告》上批示：望各部门并两大石油公司在已取得成效基础上，继续按照国务院有关部署，严格市场准入，标本兼治，把这项工作持之以恒地抓下去。

10—11 日 中国石化第一届职工田径运动会在国家奥林匹克体育中心田径场举行。10 日上午，运动会在奥林匹克体育中心开幕。陈同海宣布开幕，牟书令致辞、王作然主持。国务院国有资产监督管理委员会党委书记、副主任李毅中出席。50 个代表团近 800 名运动员在历时 2 天的田径运动会上，进行了 51 个项目的比赛(其中包括 4 项领导干部趣味比赛)。11 日下午，运动会闭幕。胜利油田、齐鲁石化公司、燕山石化公司分获中国石化第一届职工运动会团体总分和田径团体总分前三名。

17—18 日 石化集团公司暨石化股份公司主辅分离改制分流工作座谈会在北京召开。陈同海在开幕会上传达了党的十六届三中全会精神并作重要讲话，王基铭通报了 1—3 季度生产经营情况，刘根元代表党组作工作报告，张耀仓作会议总结讲话。

21 日下午 陈同海会见香港船东会代表团团长顾国华先生一行。

21 日下午 陈同海会见霍金·豪森律师事务所主席高瑞文先生一行。

24—26 日 陈同海赴上海石化股份有限公司调研，与公司主要负责人进行了谈话，出席了公司领导班子会议和中层以上干部大会。

21—27 日 刘根元率团访问约旦，参加了由中国石化第十建设公司以 EPC 总承包承建的约旦复合肥项目投产剪彩仪式，约旦国王阿卜杜拉二世·本·侯赛因出席剪彩仪式并与代表团合影留念。

27 日上午 陈同海会见摩根士丹利公司全球主席兼首席执行官裴熙亮先生一行。

27 日下午 陈同海会见美国能源、科技和环境部副部长罗伯特·卡德先生一行。

27 日晚 陈同海出席美驻华大使雷德先生为商务部埃文斯部长举行的欢迎晚宴，双方就共同关心的问题进行交谈。

29 日晚 陈同海会见并宴请英国 BP 公司首席执行官布朗勋爵一行。

30 日上午 温家宝总理在国务院主持会议，听取中国石油天然气资源可持续发展战略汇报。陈同海出席会议。

30 日晚 陈同海会见英荷壳牌石油公司董事长马博德一行。

29—31 日 “中英论坛”第四次会议在北京凯宾斯基饭店举行。31 日上午，国务院副总理黄菊在人民大会堂香港厅接见了出席“中英论坛”的部分中英代表。王基铭作为“中英论坛”工业组组长和核心成员之一，参加了黄菊副总理接见和“中英论坛”会议。

11 月

10 月 31 日—11 月 4 日 陈同海一行赴海南，出席了博鳌亚洲论坛 2003 年年会。期间，会见了海南省委书记汪啸风，副书记、代省长卫留成，副省长刘琦，还察看了洋浦经济开发区炼化项目厂址。

5 日上午 温家宝总理在国务院主持召开国务院第 27 次常务会议，听取关于 2004 年经济工作基本思路的汇报。陈同海代表石化集团公司参加。

19—20 日 由国务院国有资产监督管理委员会和联合国工业发展组织联合举办的“并购重组国际高峰论坛北京 2003”会议在人民大会堂举行。19 日晚，王基铭出席了在钓鱼台国宾馆举行的欢迎酒会和晚宴。20 日上午，王基铭出席大会分论坛并作嘉宾发言。

25 日上午 陈同海会见美国 FOAMEX 公司董事

长柯根先生和ING投资银行董事总经理黄雨旦先生一行。

26日下午 王基铭在总部会见了来访的美国ABB鲁玛斯公司首席执行官萨米尔·毕耐科一行。

12月

2日晚 陈同海会见澳门特别行政区行政长官何厚铧一行。

10日中午 陈同海在总部会见并宴请了桑普拉公司全球主管唐纳德(Marco Dunand)先生。

11日上午 国务院副总理曾培炎在中南海紫光阁会见德国巴斯夫集团公司董事长贺斌杰先生一行,双方就共同发展事宜进行亲切交谈,陈同海参加会见。

11日中午 陈同海陪同盛华仁在人民大会堂安徽厅会见并宴请德国巴斯夫集团公司董事长贺斌杰先生一行。

17日下午 中国石化与招商局集团进口原油运输合作框架协议签字仪式在北京钓鱼台国宾馆举行。陈同海、王基铭和章建华、蔡希有,招商局集团董事长秦晓、副总裁周祺芳等出席签字仪式。章建华、周祺芳分别代表双方签字。

18日上午 石化股份公司2003年度第三次临时股东大会在总部举行。会议投票表决“关于持续关联交易”的议案。张家仁主持会议。

26日下午 王基铭在钓鱼台国宾馆会见了来访的沙特基础工业公司(SABIC)副董事长兼总裁阿尔马迪(Mohammed Al－Mady)一行。双方进行了友好会谈。之后,原全国政协副主席陈锦华会见并宴请了沙特基础工业公司的代表,陈同海、王基铭和辽宁省省长薄熙来出席。总部机关有关部门负责人陪同。

27—29日 石化集团公司暨石化股份公司2003年度工作会议在燕化昌平会议中心召开。

27日上午 会议开幕。陈锦华、李毅中出席会议并作重要讲话。陈同海结合中央经济工作会议精神作了题为“以改革统揽全局,抓住机遇加快有效发展”的工作报告。下午,会议分组讨论。

28日上午 举行全体会议。王基铭作石化股份公司生产经营和投资工作的报告,刘根元作存续部分生产经营和改革工作的报告。下午,会议分组讨论。

29日上午 举行全体会议,通报了安全、审计、纪检监察情况,王作然作了讲话。下午,会议闭幕。陈同海作了总结讲话。

(办公厅总值班室)

统 计 资 料

中国石油化工统计

表 1 石化集团公司主要经济指标

项目＼年份	2003	2002	2001	2000	1999	1998
工业总产值/亿元						
按 1990 年不变价格计算	1 937.43	1 848.37	1 673.27	1 515.51	1 222.21	1 065.53
按现行价格计算	4 675.24	3 805.54	3 698.61	3 875.01	2 248.38	1 883.67
工业增加值/亿元	1 292.11	980.92	894.72	894.91	715.92	610.80
实现利税总额/亿元	708.14	542.98	504.45	558.96	347.96	265.83
其中：利　润	289.69	182.44	170.86	231.05	77.05	34.93
年末职工总数/万人	84.51	89.67	90.62	115.65	101.76	118.15
其中：工人	38.04	41.53	41.43	51.00	55.28	62.71
工程技术人员	9.63	10.53	10.76	11.06	11.87	12.39
管理人员	12.70	13.08	12.82	14.55	15.85	17.84
服务人员	12.18	11.76	12.60	10.10	17.01	9.27
其他人员	11.96	12.77	14.45	24.16	18.61	8.52
工资总额/亿元	208.86	190.02	199.68	199.73	167.68	139.87
主营业务收入/亿元	4 666.73	3 780.04	3 436.62	3 753.90	3 467.81	2 818.47
资产总值/亿元	5 592.37	5 768.75	5 612.90	5 353.09	4 460.22	4 275.50
其中：固定资产原值	6 087.65	6 091.79	5 556.55	4 971.40	3 624.00	3 313.07
固定资产净值	3 370.79	3 299.51	3 062.16	2 719.12	2 105.42	1 907.52
负债总值/亿元	2 911.68	2 930.65	2 837.26	2 744.16	2 553.89	2 459.97
其中：流动负债	2 176.63	2 138.65	2 080.72	1 920.04	1 376.93	1 328.34
长期负债	732.15	785.46	756.25	824.12	1 176.96	1 131.63

表 2 石化集团公司主要产品产量及占全行业百分比　　万吨

项目＼年份	2003	2002	2001	2000	1999	1998
原　油	3 816.29	3 800.01	3 791.04	3 724.35	3 456.49	3 531.74
全行业	16 955.90	16 720.03	16 493.14	16 262.03	16 021.54	16 017.61
占全行业/%	22.5	22.73	23.0	22.9	21.6	22.0
天然气/(亿米^3)	53.16	50.63	46.12	39.16	22.26	23.24
全行业	350.2	326.11	303.44	277.26	242.94	223.10
占全行业/%	15.2	15.53	15.2	14.1	9.2	10.4
原油加工量	12 417.00	11 219.09	10 605.28	11 177.21	9 136.21	8 060.28
全行业	24 255.13	21 896.51	21 050.59	21 061.95	18 190.72	15 239.15
占全行业/%	51.2	51.2	50.4	53.1	50.2	52.9
汽煤柴润总量	7 479.41	6 817.16	6 477.76	6 677.18	5 540.08	4 428.51
全行业	14 590.23	13 178.1	12 782.98	12 419.36	11 001.51	8 532.08
占全行业/%	51.3	51.7	50.7	53.8	50.4	51.9

续表

项目 \ 年份	2003	2002	2001	2000	1999	1998
其中：						
汽　油	2 386.76	2 151.22	1 979.98	2 137.88	1 785.77	1 652.55
全行业	4 790.86	4 319.87	4 154.66	4 134.67	3 697.09	3 197.68
占全行业/%	49.8	49.8	47.7	51.7	48.3	51.7
煤　油	531.49	506.13	450.10	499.42	444.81	365.57
全行业	855.30	826.11	789.35	872.29	719.46	574.99
占全行业/%	62.1	61.3	57.0	57.3	61.8	63.6
柴　油	4 456.52	4 063.35	3 956.95	3 944.97	3 203.80	2 317.66
全行业	8 532.78	7 669.23	7 485.66	7 079.62	6 243.37	4 544.45
占全行业/%	52.2	53	52.9	55.7	51.3	51.0
润滑油	104.63	96.46	90.73	94.91	105.70	92.73
全行业	411.29	362.89	353.31	332.78	341.59	214.97
占全行业/%	25.4	26.6	25.7	28.5	30.9	43.1
乙　烯	414.69	350.93	291.35	287.16	269.62	226.78
全行业	611.77	541.35	480.67	470.00	434.80	377.24
占全行业/%	67.8	64.8	60.6	61.1	62.0	60.1
塑　料	682.09	594.57	503.51	488.84	433.03	329.87
全行业	1 652.08	1 366.46	1 211.61	1 096.70	851.00	702.86
占全行业/%	41.3	43.5	41.6	44.6	50.9	46.9
合成橡胶	75.89	69.43	60.86	49.90	45.74	36.87
全行业	134.83	116.76	104.88	88.88	76.11	58.92
占全行业/%	56.3	59.4	58.0	56.1	60.1	62.6
合成纤维原料	336.07	287.05	266.64	264.48	215.20	207.34
全行业	559.25	402.59	378.15	380.89	316.12	303.53
占全行业/%	60.1	71.3	70.5	69.4	68.1	68.3
合成纤维聚合物	239.09	223.34	216.18	186.84	156.25	129.73
全行业	829.09	699.8	570.25	454.30	401.52	283.88
占全行业/%	28.8	31.91	37.9	35.3	38.9	45.7
合成纤维	171.56	157.32	144.21	121.64	105.15	85.61
全行业	1 089.00	918.62	780.40	639.85	554.20	460.42
占全行业/%	15.8	17.1	18.5	19.0	19.0	18.6
合成氨	138.17	194.01	167.65	189.90	273.24	285.43
全行业	3 822.70	3 654.19	3 407.70	3 363.70	3 371.85	3 162.77
占全行业/%	3.6	5.3	4.9	5.6	8.1	9.0
氮肥(折合氮 100%)	105.09	144.47	123.03	141.14	208.91	216.33
全行业	2 814.50	2 742.6	2 526.72	2 398.00	2 471.96	2 175.19
占全行业/%	3.7	5.3	4.9	5.9	8.5	9.9
尿　素	203.17	291.69	248.36	292.25	443.60	461.94
全行业	3 634.30	3 437.55	3 121.93	3 030.56	3 024.39	2 636.50
占全行业/%	5.6	8.5	8.0	9.6	14.7	17.5

表 3 石化集团公司与全行业石油产品分品种产量 万吨

项目 \ 年份	2003	2002	2001	2000	1999	1998
原　油						
石化集团公司	3 816.29	3 800.01	3 791.04	3 724.35	3 456.49	3 531.74
全行业	16 955.90	16 720.03	16 493.14	16 262.03	16 021.54	16 017.61
天然气/亿米^3						
石化集团公司	53.16	50.63	46.12	39.16	22.26	23.24
全行业	350.20	326.11	303.44	277.26	242.94	223.10
原油加工量						
石化集团公司	12 417.00	11 219.09	10 605.28	11 177.21	9 136.21	8 060.28
全行业	24 255.13	21 896.51	21 050.59	21 061.95	18 356.58	15 239.15
汽煤柴润总量						
石化集团公司	7 479.41	6 817.16	6 477.76	6 677.18	5 540.08	4 428.51
全行业	14 590.23	13 178.1	12 782.98	12 419.36	11 105.00	8 532.08
其中：						
汽　油						
石化集团公司	2 386.76	2 151.22	1 979.98	2 137.88	1 785.77	1 652.55
全行业	4 790.86	4 319.87	4 154.66	4 134.67	3 741.27	3 197.68
煤　油						
石化集团公司	531.49	506.13	450.10	499.42	444.81	365.57
全行业	855.30	826.11	789.35	872.29	719.46	574.99
柴　油						
石化集团公司	4 456.52	4 063.35	3 956.95	3 944.97	3 203.80	2 317.66
全行业	8 532.78	7 669.23	7 485.66	7 079.62	6 302.68	4 544.45
润滑油						
石化集团公司	104.63	96.46	90.73	94.91	105.70	92.73
全行业	411.29	362.89	353.31	332.78	341.59	214.97
溶剂油						
石化集团公司	154.24	121.58	97.93	109.96	72.33	132.97
全行业	241.26	207.18	182.17	196.65	131.54	179.99
燃料油						
石化集团公司	882.67	748.6	765.13	979.89	837.29	935.23
全行业	2 004.84	1 845.5	1 864.39	2 053.67	1 936.37	1 833.84
其中：商品量						
石化集团公司	624.41	485.12	537.00	674.15	407.47	516.49
全行业	1 184.74	1 137.02	1 229.17	1 264.52	1 000.31	1 170.88
石　蜡						
石化集团公司	49.41	45.81	48.99	43.42	47.35	42.62
全行业	147.89	131.45	134.75	136.70	129.99	111.72

续表

项目 \ 年份	2003	2002	2001	2000	1999	1998
石油焦						
石化集团公司	413.42	348.64	325.51	300.21	240.74	209.97
全行业	603.18	508.03	485.84	451.71	392.28	356.53
石油沥青						
石化集团公司	285.27	219.59	161.92	170.91	153.81	202.23
全行业	861.30	709.97	581.07	470.94	419.37	349.39
洗涤剂原料						
石化集团公司	13.13	15.2	17.05	13.57	13.06	9.20
全行业	46.68	36.45	34.16	30.77	29.86	29.72
化工轻油						
石化集团公司	1 696.77	1 557.32	1 269.12	1 376.12	1 110.70	1 149.63
全行业	2 353.13	2 105.26	1 859.08	2 007.97	1 646.27	1 655.84
商品原料油						
石化集团公司	532.41	474.74	397.63	423.17	167.06	162.59
全行业	710.95	699.92	634.56	665.86	402.59	521.19

表 4　　石化集团公司与全行业有机化学品分品种产量　　万吨

项目 \ 年份	2003	2002	2001	2000	1999	1998
乙　烯						
石化集团公司	414.69	350.93	291.35	287.16	269.62	226.78
全行业	611.77	541.35	480.67	470.00	434.80	377.24
丙　烯						
石化集团公司	385.99	346.21	294.58	292.68	254.21	206.08
全行业	593.23	544.47	477.85	482.56	392.87	328.23
丁二烯						
石化集团公司	62.37	50.74	42.02	38.14	34.61	29.93
全行业	85.82	73.62	64.51	59.05	53.42	46.70
纯　苯						
石化集团公司	136.03	123.02	108.79	102.96	93.99	80.14
全行业	240.83	213.06	198.75	184.67	153.04	131.77
甲　苯						
石化集团公司	51.07	43.52	41.34	37.64	29.13	27.21
全行业					50.94	43.38
二甲苯						
石化集团公司	54.69	56.36	58.15	54.56	34.25	33.51
全行业					58.19	52.75

续表

项目＼年份	2003	2002	2001	2000	1999	1998
烷基苯						
石化集团公司	23.67	21.25	21.53	16.17	16.66	16.25
全行业	44.11	39.04	36.43	31.46	31.18	26.95
对二甲苯						
石化集团公司	131.57	118.15	116.39	96.25	82.96	81.61
全行业	157.08	147.47	145.42	130.11	113.08	110.82
苯乙烯						
石化集团公司	45.26	46.95	42.15	42.53	35.85	31.76
全行业	94.82	89.56	79.90	76.38	59.83	51.54
苯　酐						
石化集团公司	13.11	13.16	12.65	13.40	9.48	8.81
全行业	59.83	53.65	42.78	41.52	31.65	25.68
精甲醇						
石化集团公司	33.67	28.07	30.39	30.86	27.37	25.24
全行业	298.87	210.95	206.48	198.69	173.72	158.07
丁　醇						
石化集团公司	6.04	5.28	4.96	4.42	4.62	3.04
全行业	20.38	17.42	17.43	11.93	11.18	11.29
辛　醇						
石化集团公司	14.30	8.80	8.44	8.18	8.79	5.43
全行业	24.97	23.89	24.06	25.56	23.05	18.58
苯　酚						
石化集团公司	18.69	19.52	16.61	17.64	13.45	13.02
全行业					20.13	23.06
丙　酮						
石化集团公司	11.61	11.95	10.62	10.98	8.46	7.82
全行业					12.41	12.10
甲　醛						
石化集团公司	7.07	6.22	5.78	5.17	2.71	3.02
全行业	308.97	255.68	234.40	206.80	138.77	125.38
乙　醛						
石化集团公司	12.36	11.46	9.95	10.93	9.68	12.41
全行业	38.97	35.50	37.02	35.88	30.85	30.37
醋　酸						
石化集团公司	30.88	27.77	26.88	29.90	25.75	15.22
全行业	94.68	84.09	86.13	86.51	72.37	58.84

表 5　石化集团公司与全行业合成纤维及原料分品种产量　万吨

项目＼年份	2003	2002	2001	2000	1999	1998
合成纤维原料						
石化集团公司	336.07	287.05	266.64	264.48	215.20	207.34
全行业	559.25	402.59	378.15	380.89	316.12	303.53
其中：DMT						
石化集团公司			5.72	12.53	12.28	8.69
全行业	2.11	6.42	13.77	23.20	23.00	14.95
精对苯二甲酸						
石化集团公司	235.36	191.21	177.01	158.26	122.19	120.99
全行业	394.05	235.96	219.86	202.44	164.07	160.88
尼龙 66 盐						
全行业	0.05	0.65	1.83	1.60	1.53	2.21
己内酰胺						
石化集团公司	12.45	16.78	14.93	15.99	10.94	11.63
全行业	20.08	17.05	15.25	16.39	11.32	11.96
丙烯腈						
石化集团公司	24.39	20.47	18.10	18.54	15.20	16.66
全行业	60.73	51.90	46.69	46.50	31.82	38.55
乙二醇						
石化集团公司	63.87	58.60	50.87	59.16	54.59	49.36
全行业	96.93	90.61	80.75	90.75	84.38	74.97
合成纤维						
石化集团公司	171.56	157.32	144.21	121.64	105.15	85.61
全行业	1 089.00	918.02	780.40	639.85	554.22	460.42
其中：锦　纶						
石化集团公司	1.65	1.71	2.11	2.51	1.87	1.76
全行业	56.51	47.23	42.00	40.36	35.44	32.23
涤　纶						
石化集团公司	130.63	118.47	112.45	89.82	77.50	58.70
全行业	932.62	777.04	648.94	517.50	444.06	357.48
腈　纶						
石化集团公司	35.27	33.09	25.90	25.09	22.21	22.82
全行业	62.86	59.40	54.83	47.37	45.71	44.95
维　纶						
石化集团公司	1.17	1.11	1.10	1.16	1.14	1.16
全行业	3.26	3.25	3.01	2.54	2.50	2.48
丙　纶						
石化集团公司	2.81	2.91	2.62	3.04	2.42	1.18
全行业	27.50	29.16	30.98	29.44	24.25	23.10
其他(全行业)	6.25	2.94	0.68	0.64	2.26	0.20

表 6　石化集团公司与全行业合成橡胶分品种产量　万吨

项目 \ 年份	2003	2002	2001	2000	1999	1998
合成橡胶						
石化集团公司	75.89	69.34	60.86	49.90	45.74	36.87
全行业	134.83	116.76	104.88	88.88	76.11	58.92
其中：顺丁橡胶						
石化集团公司	28.14	25.77	25.25	23.85	24.33	19.36
全行业	39.06	34.12	33.41	31.34	29.29	22.50
丁苯橡胶						
石化集团公司	21.72	19.44	18.62	12.22	12.64	12.64
全行业	49.73	43.79	42.56	35.23	32.43	26.25
氯丁橡胶						
全行业	3.80	3.88	3.99	3.03	2.65	2.58
丁腈橡胶						
全行业	1.91	1.75	1.48	1.08	0.90	0.96
乙丙橡胶						
全行业	2.04	2.00	1.50	0.75	0.73	1.09
SBS 热塑弹性体						
石化集团公司	23.00	21.68	16.46	13.36	8.77	4.87
全行业	23.00	21.68	16.46	13.36	8.77	4.87
SIS 热塑弹性体						
石化集团公司		0.29	0.11	0.07		
全行业		0.29	0.11	0.07		
丁基橡胶						
石化集团公司	2.70	2.15	0.42	0.41		
全行业	2.70	2.15	0.42	0.41		
其他橡胶						
全行业	12.59	7.10	4.95	3.61	1.34	0.67

表 7　　石化集团公司与全行业塑料分品种产量　　万吨

项目＼年份	2003	2002	2001	2000	1999	1998
塑料						
石化集团公司	682.09	594.57	503.51	488.84	433.03	329.87
全行业	1 652.08	1 366.46	1 211.61	1 096.70	851.00	702.86
聚乙烯						
石化集团公司	279.56	239.12	191.72	187.78	173.59	137.76
全行业	413.2	355.2	308.30	300.00	271.40	229.21
聚丙烯						
石化集团公司	291.19	270.29	228.68	226.19	193.39	146.34
全行业	426.82	380.01	333.96	323.95	268.77	207.49
聚苯乙烯						
石化集团公司	38.51	35.81	36.69	35.47	30.23	15.85
全行业	100.92	83.28	95.61	81.41	54.29	45.75
聚氯乙烯						
石化集团公司	38.96	23.58	23.38	20.29	20.84	18.09
全行业	400.65	338.87	291.82	238.73	191.56	159.91
ABS 树脂						
全行业	47.56	37.55	21.59	18.45	13.53	9.86
聚氨酯塑料						
石化集团公司	0.08	0.55		0.06	0.18	0.06
全行业					1.66	1.07
聚醚树脂						
石化集团公司	21.12	19.7	18.35	15.45	12.31	9.57
全行业					18.96	13.19
环氧树脂						
石化集团公司	2.09	1.51	1.68	1.18	0.90	0.57
全行业					3.80	1.54
不饱和聚酯树脂						
石化集团公司		2.04	1.54	1.35	0.72	
全行业					3.71	3.63
EVA 树脂						
石化集团公司						0.47
全行业					3.81	2.61
AS 树脂						
石化集团公司	0.46	0.51	0.41	0.51	0.51	0.50
全行业	1.67	1.56	5.02	4.88	2.42	3.05
酚醛塑料　（全行业）					2.94	3.02
氨基塑料　（全行业）					1.63	1.55
有机玻璃　（全行业）					0.34	0.61
聚酰胺树脂（全行业）					3.07	1.72
其他塑料						
石化集团公司	5.59	1.45	1.06	0.54		0.66
全行业	261.26	144.74	132.68	110.70	9.10	18.66

表 8

中国石油与石油产品进口数量与金额

产品名称	2003年		2002年		2001年		2000年		1999年		1998年	
	数量/万吨	金额/百万美元	数量/万吨	金额/百万美元	数量/万吨	金额/百万美元	数量/万吨	金额/百万美元	数量/万吨	金额/百万美元	数量/万吨	金额/百万美元
原油	9 112.63	19 824.20	6 940.77	12 760.90	6 025.54	11 672.00	7 013.43	14 831.98	3 661.37	4 641.23	2 680.17	3 199.24
成品油	425.62	1 475.39	372.90	1 151.78	321.05	1 035.28	323.86	1 149.62	307.01	723.65	529.00	989.50
汽油	0.00	0.03	0.01	0.03	0.02	0.07	0.03	0.06	0.004	0.02	1.49	[illegible]
石脑油	23.80	62.40	24.26	57.30	10.94	25.63	12.25	32.75	37.23	54.24	73.54	117.41
溶剂油	11.69	38.81	2.06	8.40	0.56	3.73	0.34	3.45	—	—	—	—
其他汽油馏分	—	—	0.34	1.81	0.27	2.37	0.23	1.61	2.86	3.88	0.32	1.34
煤油	210.27	622.75	214.74	552.85	212.90	578.41	225.48	711.52	217.66	410.42	132.76	226.45
轻柴油	84.75	222.55	48.08	109.81	27.47	63.44	25.94	66.39	31.04	49.48	302.90	435.95
重柴油	—	—	—	—	—	—	—	—	0.02	0.02	0.39	0.55
润滑油、脂	16.40	232.32	13.37	193.21	13.78	162.04	14.34	186.50	18.20	205.59	17.60	204.66
润滑油基础油	78.71	296.51	70.04	228.37	55.11	199.59	45.25	147.34	—	—	—	—
燃料油	2 395.94	4 389.10	1 660.75	2 642.20	1 823.58	2 700.15	1 480.23	2 503.52	1 756.99	1 946.10	1 625.85	1 383.81
石蜡	3.24	27.53	2.83	24.98	3.18	23.83	2.36	18.64	1.74	14.11	1.31	10.31
石油沥青	261.10	511.21	227.39	405.41	163.07	288.72	139.46	239.68	147.00	199.20	87.41	111.50
石油焦	125.83	80.84	127.77	53.90	20.90	24.31	3.94	11.75	2.78	5.22	6.53	9.23
液体石蜡	2.33	10.49	1.48	7.15	0.27	2.77	0.59	4.01	—	—	5.29	8.75
液化石油气	638.29	1 987.74	626.08	1 596.77	488.99	1 382.39	481.74	1 539.94	554.26	1 196.52	478.47	815.55

表 9 **中国石油与石油产品出口数量与金额**

产品名称	2003 年		2002 年		2001 年		2000 年		1999 年		1998 年	
	数量/万吨	金额/百万美元	数量/万吨	金额/百万美元	数量/万吨	金额/百万美元	数量/万吨	金额/百万美元	数量/万吨	金额/百万美元	数量/万吨	金额/百万美元
原　油	813.33	1 661.22	720.81	1 232.49	755.06	1 385.37	1 043.98	2 118.95	716.66	747.55	1 560.07	1 527.45
成品油	1 308.60	3 566.24	1 006.83	2 275.30	879.74	2 059.83	793.04	2 042.23	616.27	1 052.66	372.20	659.96
汽　油	754.24	2 037.45	612.20	1 349.28	577.17	1 268.64	455.10	1 113.11	413.83	645.75	182.00	280.82
石脑油	113.12	311.04	91.11	210.89	90.24	202.95	68.74	174.29	9.84	18.98	—	—
溶剂油	0.77	2.93	0.57	2.20	0.29	0.87	0.10	0.36	—	—	—	—
其他汽油馏分	—	—	0.01	0.03	—	—	—	—	—	—	0.02	0.01
煤　油	201.68	602.92	170.00	400.00	178.65	480.67	198.98	566.83	124.96	269.37	89.44	199.72
轻柴油	224.06	533.94	125.70	271.14	25.65	62.78	55.48	131.86	60.45	90.97	98.52	163.29
重柴油	—	—	—	—	—	—	—	—	0.02	0.02	—	—
润滑油脂	5.98	45.51	5.31	36.24	4.65	33.75	5.20	33.77	7.17	27.57	2.22	16.03
润滑油基础油	8.74	32.42	1.93	5.52	3.09	10.17	9.44	22.02	—	—	—	—
燃料油	76.13	151.05	63.92	110.87	44.11	74.30	33.35	61.11	25.74	34.36	48.62	57.26
石　蜡	69.74	310.54	66.15	264.97	58.36	257.18	60.79	262.06	58.80	238.47	59.50	248.08
石油沥青	10.19	7.38	10.27	6.60	16.01	8.37	15.88	7.86	26.03	12.77	16.63	9.85
石油焦	84.23	87.95	77.91	78.02	160.28	121.31	133.41	82.67	112.49	77.19	116.44	85.60
液体石蜡	0.01	0.08	0.01	0.03	0.09	0.41	0.88	3.84	3.09	8.09	3.36	8.14
液化石油气	2.43	7.64	5.65	13.12	2.12	4.84	7.58	14.31	7.59	14.41	50.85	83.40

表 10 中国主要石化产品进口数量与金额

产品名称	2003年 数量/万吨	2003年 金额/百万美元	2002年 数量/万吨	2002年 金额/百万美元	2001年 数量/万吨	2001年 金额/百万美元	2000年 数量/万吨	2000年 金额/百万美元	1999年 数量/万吨	1999年 金额/百万美元	1998年 数量/万吨	1998年 金额/百万美元
一、合成树脂与塑料及制品合计	2 124.80	20 893.90	1 935.79	17 257.80	1 751.63	15 169.98	1 524.73	14 205.97	1 337.77	11 356.57	1 135.36	10 215.74
（一）初级形状合成树脂与塑料	1 691.19	15 589.18	1 566.01	13 211.88	1 413.84	11 635.67	1 197.81	10 709.73	1 072.40	8 567.64	950.92	7 816.73
1. 聚乙烯	469.02	3 039.23	455.94	2 698.30	411.25	2 657.47	296.71	2 133.75	259.90	1 631.77	246.25	1 629.90
低密度聚乙烯	145.34	992.47	242.53	1 458.03	238.89	1 562.37	175.29	1 278.58	163.68	1 044.39	181.38	1 209.8[illegible]
高密度聚乙烯	219.68	1 412.67	213.41	1 240.27	172.36	1 095.10	121.42	855.17	96.22	587.38	64.86	420.1[illegible]
2. 聚丙烯	273.43	2 024.51	244.23	1 635.24	208.65	1 361.25	164.03	1 144.39	147.27	929.37	154.51	992.59
3. 聚苯乙烯	156.43	1 311.59	162.75	1 319.32	153.81	1 216.96	152.83	1 233.89	151.70	1 105.36	137.59	1 069.55
可发性聚苯乙烯	17.81	155.54	17.44	154.12	16.97	149.75	19.87	175.54	23.14	181.54	23.04	192.37
其他聚苯乙烯	138.62	1 156.04	145.31	1 165.20	136.84	1 067.21	132.96	1 058.35	128.56	923.82	114.55	877.18
4. ABS 共聚物	179.01	1 882.61	163.76	1 676.86	142.60	1 456.22	146.97	1 528.01	133.42	1 254.70	107.08	1 085.38
5. 聚氯乙烯	229.24	1 503.22	225.14	1 335.68	250.80	1 459.98	192.41	1 352.93	179.73	1 077.65	157.70	1 021.42
纯聚氯乙烯	175.88	1 123.34	170.06	983.51	191.64	1 092.64	144.50	996.31	130.44	755.77	117.12	742.50
未塑化聚氯乙烯	44.68	297.53	47.33	286.29	51.45	305.72	40.45	290.47	43.64	270.75	35.48	235.51
已塑化聚氯乙烯	8.69	82.35	7.76	65.88	7.70	61.62	7.46	66.15	5.65	51.13	5.10	43.41
以上五大类通用塑料小计	1 307.13	9 761.16	1 251.83	8 665.40	1 167.11	8 151.88	952.95	7 392.97	872.02	5 998.85	803.12	5 798.84
（二）塑料的废碎料和下脚料	302.41	774.32	245.75	540.81	222.51	525.79	200.72	490.84	138.84	253.79	65.48	114.86
（三）塑料半制品与制品	131.20	4 530.40	124.03	3 505.11	115.29	3 008.52	126.20	3 005.49	126.53	2 535.14	118.96	2 284.15
二、合成橡胶及胶乳合计	101.00	1 157.52	91.91	944.49	75.67	799.70	71.50	726.79	65.22	602.05	47.41	466.65
1. 丁苯橡胶	34.77	293.99	35.91	271.95	26.38	204.72	22.81	172.75	18.89	131.13	9.49	73.00
其中：丁苯胶乳	10.14	62.60	8.93	57.64	8.64	59.57	9.25	62.14	6.04	42.46	2.59	20.62
2. 顺丁橡胶	6.40	68.28	5.28	46.51	4.53	42.13	4.52	40.30	4.55	38.62	1.89	19.64
3. 丁基橡胶	6.21	132.10	3.91	81.62	3.68	78.97	3.48	75.25	2.75	48.00	2.33	36.34
4. 氯丁橡胶	1.78	32.55	1.88	33.50	1.81	36.38	1.69	33.70	1.73	34.92	1.06	20.60
5. 丁腈橡胶	6.76	71.54	4.82	54.50	4.74	58.06	3.74	47.18	2.88	38.54	1.61	24.35

续表

产品名称	2003年		2002年		2001年		2000年		1999年		1998年	
	数量/万吨	金额/百万美元	数量/万吨	金额/百万美元	数量/万吨	金额/百万美元	数量/万吨	金额/百万美元	数量/万吨	金额/百万美元	数量/万吨	金额/百万美元
6. 异戊二烯橡胶	3.73	40.41	1.44	10.88	0.81	7.37	1.71	13.27	1.00	7.32	0.02	0.35
7. 乙丙橡胶	2.94	44.47	2.61	38.15	2.66	40.30	2.54	37.67	1.42	22.71	1.17	19.18
8. 其他合成橡胶	38.41	474.18	36.06	407.38	31.06	331.76	30.99	306.67	31.99	280.83	29.82	273.19
其中：其他胶乳	1.70	16.84	2.09	20.38	2.65	26.29	3.26	30.01	4.15	34.16	4.10	33.73
三、合成纤维	176.04	2 540.23	170.70	2 252.88	139.47	1 827.97	157.43	2 002.52	128.46	1 436.43	151.90	2 001.06
1. 锦　纶	25.04	497.30	23.87	449.73	16.61	339.20	15.03	291.43	11.91	228.33	7.37	183.77
其中：长　丝	23.81	458.35	22.70	420.68	15.63	316.01	14.14	270.36	11.26	215.24	6.88	172.78
短纤维及纤维条	1.23	38.95	1.17	29.05	0.97	23.19	0.89	21.07	0.65	13.09	0.49	10.99
2. 涤　纶	99.25	1 095.60	98.64	964.19	81.42	821.39	103.60	1 060.72	84.86	784.58	102.29	1 152.98
其中：长　丝	41.53	578.54	38.60	498.40	29.03	390.54	41.38	516.52	31.74	377.43	48.70	708.84
短纤维及纤维条	57.72	517.07	60.04	465.79	52.39	430.85	62.22	544.20	53.12	407.15	53.59	444.14
3. 腈纶短纤维及纤维条	45.84	666.33	42.31	554.06	37.44	495.26	35.31	515.02	25.74	321.71	38.16	543.86
4. 丙纶长丝	0.50	10.30	0.49	8.62	0.30	4.98	0.45	6.45	0.60	9.25	0.36	8.44
丙纶短纤维及纤维条	0.20	2.92	0.09	1.03	0.23	1.28	0.25	2.02	1.91	10.45	0.51	6.02
5. 氨纶长丝	3.65	227.60	3.56	228.81	1.84	119.87	1.04	83.90	0.72	48.39	0.42	67.31
6. 其　他	1.76	43.10	1.74	46.44	1.64	45.97	1.76	42.98	2.72	33.70	2.69	38.67
其中：长　丝	0.87	28.81	0.91	33.64	0.91	33.68	0.87	28.10	1.03	15.37	1.06	18.27
短纤维及纤维条	0.89	14.29	0.83	12.80	0.73	12.29	0.89	14.88	1.69	18.33	1.63	20.40
四、制成肥料	1 212.26	1 760.67	1 681.57	2 351.94	1 108.84	1 585.75	1 189.14	1 729.40	1 335.11	2 246.37	1 392.31	2 538.96
尿　素	13.49	15.42	79.07	91.82	—	0.02	—	0.01	6.81	9.36	11.91	17.22
五、有机化学品												
（一）芳烃												
乙　烯	4.66	22.36	8.52	33.88	7.43	33.03	8.89	52.31	3.72	16.03	3.86	14.25

续表

产品名称	2003年		2002年		2001年		2000年		1999年		1998年	
	数量/万吨	金额/百万美元	数量/万吨	金额/百万美元	数量/万吨	金额/百万美元	数量/万吨	金额/百万美元	数量/万吨	金额/百万美元	数量/万吨	金额/百万美元
纯　苯	0.99	4.68	4.18	14.57	6.23	21.38	7.51	29.16	5.17	14.14	7.73	16.47
甲　苯	98.05	435.77	86.34	266.82	72.85	213.07	57.31	188.82	49.54	117.47	36.94	83.57
混合二甲苯	4.33	18.68	5.33	18.64	3.98	13.66	6.39	21.88	10.65	29.34	10.08	24.51
邻二甲苯	24.27	125.00	21.51	91.56	6.67	28.18	7.56	32.25	3.21	13.79	0.81	2.86
对二甲苯	101.86	574.39	27.48	116.10	17.39	79.02	20.37	92.55	13.63	43.17	10.33	31.21
苯乙烯	266.06	1 843.10	179.85	1 057.19	160.79	816.43	115.75	860.44	102.69	506.15	58.34	238.13
乙　苯	0.01	0.17	0.10	0.46	0.12	0.53	0.23	1.05	0.20	0.64	0.30	0.87
（二）主要有机原料												
甲　醇	140.16	328.08	179.96	278.73	152.13	212.78	130.65	187.92	137.39	148.98	69.10	81.46
丁　醇	29.58	176.52	24.30	121.31	22.28	105.03	26.32	113.56	24.11	89.81	15.19	62.17
辛　醇	32.33	197.05	31.09	168.06	25.90	133.85	21.80	123.41	16.63	72.71	8.65	35.08
醋　酸	50.46	197.75	34.86	124.93	19.92	72.74	10.36	39.71	10.59	33.28	13.54	48.69
苯　酚	32.27	223.95	21.75	110.15	20.53	104.87	9.69	63.71	7.38	33.87	3.72	24.00
丙　酮	20.90	120.69	16.91	72.17	14.41	51.93	10.21	53.72	7.37	25.35	6.71	25.94
丁　酮	15.12	93.25	12.41	65.50	11.37	75.66	10.21	76.00	9.08	51.12	6.66	33.64
（三）主要合成纤维原料												
乙二醇	251.61	1 583.87	214.57	886.20	159.71	728.62	104.97	582.70	56.69	240.47	32.77	142.65
对苯二甲酸	454.61	2 568.68	429.69	2 099.40	311.66	1 390.54	250.54	1 225.17	154.23	625.81	72.85	268.32
尼龙66盐	0.80	9.77	0.73	8.71	1.02	12.72	0.60	8.79	0.95	11.04	2.91	41.73
丙烯腈	38.15	312.94	31.00	217.20	26.01	174.10	15.30	137.96	15.82	69.22	9.90	48.91
己内酰胺	37.70	430.60	32.04	312.80	30.60	308.75	24.44	338.40	22.08	227.13	17.59	221.31
聚酯切片	17.20	137.31	17.54	114.75	12.32	86.09	33.52	246.10	34.43	194.74	35.92	261.37

表 11

中国主要石化产品出口数量与金额

产品名称	2003年		2002年		2001年		2000年		1999年		1998年	
	数量/万吨	金额/百万美元	数量/万吨	金额/百万美元	数量/万吨	金额/百万美元	数量/万吨	金额/百万美元	数量/万吨	金额/百万美元	数量/万吨	金额/百万美元
一、合成树脂与塑料及制品合计	710.19	9 827.69	589.36	7 992.47	479.25	6 695.77	442.28	6 388.56	364.56	5 114.41	347.97	5 099.3
（一）初级形状合成树脂与塑料	69.63	1 002.55	55.08	152.93	41.05	616.93	42.20	583.47	30.4	394.52	40.88	462.07
1. 聚乙烯	1.44	10.61	1.07	8.43	0.70	6.38	0.93	8.40	1.14	9.05	3.49	25.17
低密度聚乙烯	0.73	6.23	0.70	6.26	0.43	4.32	0.60	5.72	0.92	7.18	2.07	15.35
高密度聚乙烯	0.59	3.62	0.37	2.17	0.27	2.06	0.33	2.68	0.22	1.87	1.42	9.82
2. 聚丙烯	1.19	12.73	1.25	12.62	0.93	9.99	1.02	11.79	0.87	6.99	2.83	18.85
3. 聚苯乙烯	5.39	48.33	4.32	35.22	4.69	36.75	6.56	58.74	2.79	19.37	9.76	68.36
可发性聚苯乙烯	3.45	29.32	2.49	18.88	3.24	26.41	1.38	12.53	1.02	6.29	1.89	12.64
其他聚苯乙烯	1.94	19.01	1.83	16.34	1.43	10.34	5.19	46.21	1.77	13.08	7.87	55.72
4. ABS共聚物	2.14	24.70	1.96	24.30	2.87	30.32	2.75	12.53	2.13	22.71	2.91	36.52
5. 聚氯乙烯	4.53	36.23	3.78	28.53	3.62	25.26	4.08	31.92	3.03	23.61	4.00	30.52
纯聚氯乙烯	2.28	14.45	1.69	9.77	1.99	11.05	1.88	13.60	0.91	6.79	1.41	10.68
未塑化聚氯乙烯	0.24	2.05	0.24	1.78	0.20	1.62	0.18	1.00	0.13	0.99	0.49	2.93
已塑化聚氯乙烯	2.01	19.73	1.85	16.98	1.43	12.59	2.02	17.32	1.99	15.83	2.10	16.91
以上五大类通用塑料小计	14.69	132.60	12.38	109.10	12.81	108.70	15.34	123.38	9.96	81.73	22.99	179.42
（二）塑料的废碎料和下脚料	3.04	6.74	2.87	4.81	2.32	3.67	1.02	1.99	0.76	2.09	0.74	2.50
（三）塑料半制品与制品	637.52	8 818.40	531.39	7 223.18	435.87	6 075.17	399.06	5 803.10	333.40	4 717.80	306.35	4 634.73
二、合成橡胶及胶乳合计	7.62	87.11	8.35	76.12	11.57	64.13	6.41	50.94	4.56	33.30	2.95	25.90
1. 丁苯橡胶	1.86	16.29	2.63	18.89	3.12	22.07	1.12	8.17	1.47	8.11	0.23	1.62
其中：丁苯胶乳	0.36	2.04	0.30	1.75	0.27	1.78	0.15	1.03	0.08	0.61	0.20	1.38
2. 顺丁橡胶	2.95	27.36	3.17	21.29	2.80	18.96	3.46	22.30	1.77	10.42	1.14	6.93
3. 丁基橡胶	1.00	16.07	0.99	15.15	0.31	4.51	0.10	1.67	0.02	0.36	0.17	3.16

续表

产品名称	2003年		2002年		2001年		2000年		1999年		1998年	
	数量/万吨	金额/百万美元	数量/万吨	金额/百万美元	数量/万吨	金额/百万美元	数量/万吨	金额/百万美元	数量/万吨	金额/百万美元	数量/万吨	金额/百万美元
4. 氯丁橡胶	0.08	1.58	0.07	1.35	0.14	2.88	0.06	1.20	0.01	0.21	0.03	0.69
5. 丁腈橡胶	0.14	1.74	0.02	0.27	0.01	0.07	0.01	0.12	—	0.06	0.02	0.38
6. 异戊二烯橡胶	0.02	0.18	0.03	0.36	—	—	—	—	—	—	—	—
7. 乙丙橡胶	0.06	0.70	0.16	1.93	0.13	1.71	0.12	1.50	0.18	2.39	0.22	2.96
8. 其他合成橡胶	1.51	23.19	1.30	16.88	5.05	13.93	1.54	15.97	1.11	11.75	1.13	10.16
其中：其他胶乳	0.05	0.48	0.03	0.55	0.01	0.60	0.01	0.60	0.03	1.11	0.23	1.81
三、合成纤维	26.35	425.67	18.44	285.78	7.66	159.14	6.38	154.51	5.12	117.36	10.71	197.01
1. 锦　纶	5.51	150.33	4.43	113.82	2.17	59.52	2.32	71.06	1.04	28.43	1.02	34.26
其中：长　丝	5.41	146.08	4.36	111.63	2.05	56.12	2.26	66.00	1.01	31.64	0.97	31.04
短纤维及纤维条	0.10	4.25	0.07	2.19	0.12	3.40	0.06	5.06	0.03	3.05	0.05	3.22
2. 涤　纶	16.26	173.89	10.84	102.92	2.80	45.24	2.19	43.90	2.08	33.75	6.49	86.86
其中：长　丝	4.66	74.95	3.67	58.33	2.19	38.85	1.95	41.65	1.69	31.62	5.07	72.97
短纤维及纤维条	11.60	98.94	7.16	54.40	0.61	5.90	0.24	2.25	0.39	3.35	1.42	13.89
3. 腈纶短纤维及纤维条	0.08	1.25	0.05	0.84	0.14	2.11	0.08	1.78	0.13	1.84	0.56	7.95
4. 丙纶长丝	0.18	2.86	0.07	1.16	0.05	1.07	0.07	1.06	0.05	0.69	0.12	2.33
丙纶短纤维及纤维条	0.38	4.64	0.42	4.49	0.32	3.67	0.33	3.78	0.32	3.54	0.34	3.99
5. 氨纶长丝	0.41	31.05	0.14	7.95	0.12	5.70	0.04	6.04	0.09	14.32	0.14	25.30
6. 其　他	3.91	66.29	2.49	44.79	2.06	41.83	1.35	26.86	1.41	27.44	2.02	36.32
其中：长　丝	0.41	12.38	0.30	7.21	0.18	4.65	0.09	1.92	0.06	1.74	0.89	14.52
短纤维及纤维条	3.49	53.91	2.19	37.58	1.88	37.18	1.26	24.94	1.35	25.60	1.13	21.80
四、制成肥料	535.36	788.20	246.62	340.22	287.33	380.90	250.48	314.48	169.80	221.31	120.07	156.47
尿　素	273.03	396.61	41.30	54.25	127.07	158.40	96.07	114.00	5.38	7.06	12.51	18.61

续表

产品名称	2003年		2002年		2001年		2000年		1999年		1998年	
	数量/万吨	金额/百万美元	数量/万吨	金额/百万美元	数量/万吨	金额/百万美元	数量/万吨	金额/百万美元	数量/万吨	金额/百万美元	数量/万吨	金额/百万美元
五、有机化学品												
（一）芳烃类												
乙烯	3.21	12.79	2.61	10.16	—	—	—	—	—	—	0.68	2.49
纯苯	10.93	45.77	9.01	31.26	3.89	9.58	9.01	29.20	9.51	19.68	2.74	5.66
甲苯	0.16	0.69	0.22	0.78	0.24	1.20	0.50	1.81	0.27	0.92	0.24	0.77
混合二甲苯	0.20	1.18	0.15	0.77	0.10	0.46	0.46	1.59	1.97	5.74	0.04	0.50
邻二甲苯	0.01	0.04	0.0037	0.07	0.0059	0.11	0.55	2.09	0.62	2.55	1.94	4.98
对二甲苯	8.90	56.54	3.52	12.77	6.38	25.80	2.11	9.27	3.08	11.04	4.96	14.87
苯乙烯	0.61	4.27	0.22	1.29	0.31	1.54	0.66	5.03	0.22	1.22	0.15	0.63
乙苯	—	0.01	0.0027	0.03	—	—	—	0.29	—	—	—	—
（二）主要有机原料												
甲醇	5.08	12.17	0.09	0.40	0.96	2.06	0.05	0.30	0.13	0.39	2.88	4.67
丁醇	0.10	0.74	0.05	0.42	0.31	3.68	0.75	4.89	0.31	2.35	0.18	1.14
辛醇	0.09	0.69	0.04	0.28	0.02	0.20	0.20	1.18	1.36	5.67	0.12	0.69
醋酸	0.15	0.99	0.13	0.86	0.06	0.46	0.08	0.59	0.04	0.27	0.02	0.16
苯酚	0.09	1.91	0.04	1.02	0.04	0.56	0.28	2.12	0.04	0.99	0.01	0.29
丙酮	0.04	0.28	0.03	0.21	0.04	0.30	0.48	2.62	0.02	0.16	0.03	0.22
（三）主要合成纤维原料												
乙二醇	2.34	10.17	3.19	10.61	0.23	1.03	0.01	0.18	0.01	0.18	0.52	3.09
对苯二甲酸	0.45	2.57	0.0002	0.02	0.0006	0.03	—	0.02	0.00	0.52	1.20	7.28
尼龙66盐	—	—	—	—	0.0001	—	—	—	0.00	0.05	0.00	0.16
丙烯腈	0	0.02	0.0019	0.07	0.0076	0.27	0.0025	0.03	0.00	0.00	0.00	0.08
己内酰胺	0.10	0.80	0.15	1.20	0.97	9.93	1.25	17.43	1.44	15.08	2.37	31.93
聚酯切片	19.18	161.42	6.67	47.43	0.37	2.87	0.17	1.22	2.40	12.42	7.62	59.82

世界石油化工统计

表 1 世界部分国家(地区)人均国民生产总值 美元

国家(地区) \ 年份	2003	2002	2001	2000	1999	1998
美国	36 924	35 060	34 870	34 260	30 600	29 340
日本	33 819	33 550	35 990	34 210	32 230	32 380
德国	29 137	22 670	23 700	25 050	25 350	25 850
法国	29 222	22 010	22 690	23 670	23 480	24 940
意大利	25 527	18 960	19 470	20 010	19 710	20 250
英国	30 355	25 250	24 230	24 500	22 640	21 400
加拿大	27 097	22 300	21 340	21 050	19 320	20 020
澳大利亚	26 525	19 740	19 770	20 530	20 050	20 300
荷兰	31 759	23 960	24 040	25 140	24 320	24 760
挪威	48 881	37 850	35 530	33 650	32 880	34 330
西班牙	20 424	14 430	14 860	14 960	14 000	14 080
瑞士	43 486	37 930	36 970	38 120	38 350	40 080
瑞典	33 925	24 820	25 400	26 780	25 040	25 620
新加坡	21 195	20 690	24 740	24 740	29 610	30 060
泰国	2 273	1 980	1 930	2 010	1 960	2 200
马来西亚	4 227	3 540	3 640	3 380	3 400	3 600
印度尼西亚	944	710	690	570	580	680
韩国	11 059	9 930	9 400	8 910	8 490	7 970
印度	555	480	460	460	450	430
菲律宾	1 005	1 020	1 050	1 040	1 020	1 050
南非	3 551	2 600	2 820	3 020	3 160	2 880
墨西哥	5 945	5 910	5 540	5 080	4 400	3 970
巴西	2 700	2 850	3 060	3 570	4 420	4 570
中国	1 100	940	890	840	780	750
中国香港	22 618	24 750	25 920	25 950	23 520	23 670

资料来源：联合国网站。

表 2 **中国国民经济主要指标** 亿元

指标＼年份	2003	2002	2001	2000	1999	1998
年底总人口/万人	129 227	128 453	127 627	126 583.0	125 909	124 810
工业总产值	141 481.2	110 776.5	95 449.0	85 673.7	126 111	119 048
农林牧渔业总产值	29 691.8	27 390.8	26 179.6	24 915.8	24 519.1	24 516.7
国内生产总值	116 898	105 172	95 933	89 403.6	81 910.9	78 017.8
固定资产投资	55 118	43 500	36 898	32 917.7	29 854.7	28 406.2
进出口总额/亿美元	8 509.9	6 207.7	5 098	4 742.9	3 606.3	3 239.2
其中：出口/亿美元	4 382.3	3 256	2 662	2 492.0	1 949.3	1 837.6
进口/亿美元	4 127.6	2 951.7	2 436	2 250.9	1 657.0	1 401.7
财政收入	21 691	18 904	16 386	13 395.2	11 444.1	9 875.95
财政支出	24 607	22 053	18 902.6	15 886.5	13 187.7	10 798.18

资料来源：《中国统计摘要》2004 年。

表 3 **中国进出口贸易额居世界的位次** 亿美元

位次	2003 年		2002 年		2001 年	
	国家（地区）	贸易额	国家（地区）	贸易额	国家（地区）	贸易额
1	美　国	20 296	美　国	18 960.16	美　国	20 387.61
2	德　国	13 501	德　国	11 055.57	德　国	10 475.86
3	日　本	8 549	日　本	7 523.70	日　本	8 587.19
4	中　国	8 512	英　国	6 157.39	英　国	6 188.65
5	法　国	7 731	法　国	6 559.37	法　国	6 047.32
6	英　国	6 922	加拿大	4 801.21	加拿大	4 986.69
7	意大利	5 792	意大利	4 930.86	意大利	4 749.80
8	荷　兰	5 545	中　国	6 207.68	中　国	4 554.29
9	加拿大	5 177	荷　兰	4 610.68	荷　兰	4 251.67
10	比利时	4 889	香　港	4 092.17	香　港	3 909.83
11	香　港	4 566	比利时	4 088.79	比利时	3 777.21
12	韩　国	3 731	墨西哥	3 372.44	墨西哥	3 316.53
13	西班牙	3 520	西班牙	2 725.96	西班牙	2 785.03
14	墨西哥	3 443	韩　国	3 145.97	韩　国	2 684.10
15	新加坡	2 720	新加坡	2 418.16	新加坡	2 377.47
16	瑞　士	1 969	马来西亚	1 758.74	马来西亚	1 803.35
17	奥地利	1 939	瑞　士	1 711.25	瑞　士	1 552.12
18	瑞　典	1 832	瑞　典	1 466.95	瑞　典	1 378.13
19	马来西亚	1 818	奥地利	1 567.84	奥地利	1 331.53
20	澳大利亚	1 590	澳大利亚	1 377.23	澳大利亚	1 272.77

资料来源：世界贸易组织 2004 年 4 月 5 日新闻发布会。

表 4　　中国原油产量居世界的位次　　万吨

位次	2003 年		2002 年		2001 年	
	国家	产量	国家	产量	国家	产量
1	沙特阿拉伯	42 150	俄罗斯	36 777	俄罗斯	34 337
2	俄罗斯	41 080	沙特阿拉伯	36 752	沙特阿拉伯	32 221
3	美国	28 625	美国	28 735	美国	28 934
4	伊朗	18 650	伊朗	17 181	中国	16 409
5	中国	17 075	中国	16 932	挪威	15 600
6	墨西哥	16 825	墨西哥	15 836	伊朗	15 587
7	挪威	15 175	挪威	15 687	墨西哥	15 438
8	阿联酋	14 125	委内瑞拉	12 027	委内瑞拉	14 093
9	加拿大	11 100	英国	11 205	英国	11 255
10	尼日利亚	10 600	加拿大	10 931	尼日利亚	10 458
11	英国	10 475	伊拉克	10 109	加拿大	10 159
12	委内瑞拉	10 075	阿联酋	9 661	伊拉克	9 761
13	科威特	9 250	尼日利亚	9 611	阿联酋	7 744
14	巴西	7 675	科威特	7 968	科威特	7 171
15	利比亚	7 000	巴西	7 410	利比亚	6 773
世界总计	340 434		328 893		317 200	

资料来源：美国《油气杂志》2003 年 12 月 22 日。

表 5　　中国炼油能力居世界的位次　　万吨/年

位次	2003 年		2002 年		2001 年	
	国家	能力	国家	能力	国家	能力
1	美国	83 491	美国	83 117	美国	82 822
2	俄罗斯	27 177	俄罗斯	27 177	俄罗斯	27 177
3	日本	23 515	日本	23 835	中国	25 856
4	中国	22 641	中国	22 641	日本	23 932
5	韩国	12 720	韩国	12 801	韩国	12 801
6	意大利	11 567	意大利	11 504	意大利	11 414
7	德国	11 447	德国	11 336	德国	11 294
8	印度	10 673	印度	10 673	印度	10 673
9	加拿大	9 939	加拿大	9 917	加拿大	9 720
10	法国	9 757	法国	9 517	法国	9 482
11	巴西	9 571	巴西	9 326	巴西	8 929
12	英国	9 087	英国	8 943	英国	8 920
13	沙特阿拉伯	8 725	沙特阿拉伯	8 725	沙特阿拉伯	8 725
14	墨西哥	8 420	墨西哥	8 420	墨西哥	7 625
15	伊朗	7 370	伊朗	7 370	伊朗	7 420
世界总计	410 273		409 388		405 832	

资料来源：美国《油气杂志》2003 年 12 月 22 日。

表 6　　中国乙烯生产能力居世界位次　　万吨/年

位　次	2003 年		2002 年		2001 年		2000 年	
	国　家（地区）	能　力	国　家（地区）	能　力	国　家（地区）	能　力	国　家（地区）	能　力
1	美　国	2 765.3	美　国	2 929.6	美　国	2 876	美　国	2 718
2	日　本	757.6	日　本	705.8	日　本	685	日　本	705
3	沙特阿拉伯	564	沙特阿拉伯	565.0	沙特阿拉伯	565	加拿大	517
4	韩　国	545	德　国	522.8	德　国	527	德　国	513
5	德　国	541.5	加拿大	535.2	加拿大	527	韩　国	491
6	加拿大	537.7	韩　国	493.0	韩　国	492	沙特阿拉伯	485
7	中　国	498.8	中　国	498.8	中　国	474	中　国	446
8	荷　兰	390	荷　兰	390.0	荷　兰	369	FSU	444
9	法　国	343.3	法　国	335.3	法　国	363	法　国	323
10	俄罗斯	330	俄罗斯	330.0	俄罗斯	330	荷　兰	309
11	英　国	285.5	巴　西	283.5	巴　西	284	巴　西	284
12	巴　西	283.5	英　国	285.5	英　国	282	美　国	250
13	中国台湾	236.5	印　度	240.1	印　度	240	印　度	242
14	印　度	236.3	中国台湾	261.5	中国台湾	237	中国台湾	237
15	比利时	222	意大利	217.0	意大利	212	意大利	212
世界总计	11 077.8		10 943.4		10 703.6		10 078	

资料来源：美国《油气杂志》历年乙烯生产能力统计，中国实际能力数据为 565 万吨/年，居第三位。

表 7　　中国合成纤维生产能力居世界位次①　　万吨/年

位　次	2003 年		2002 年		2001 年		2000 年	
	国　家（地区）	能　力	国　家（地区）	能　力	国　家（地区）	能　力	国　家（地区）	能　力
1	中　国	1 227.50	中　国	932.30	中　国	781.20	中　国	649.60
2	中国台湾	366.65	中国台湾	380.74	中国台湾	392.03	中国台湾	403.27
3	美　国	343.25	美　国	344.72	美　国	350.20	美　国	396.21
4	韩　国	297.69	韩　国	267.79	韩　国	308.92	韩　国	303.76
5	印　度	203.73	印　度	181.62	印　度	199.67	日　本	178.88
6	日　本	155.90	日　本	173.69	日　本	178.10	印　度	177.51
7	印度尼西亚	149.51	印度尼西亚	132.84	印度尼西亚	142.92	印度尼西亚	124.06

续表

位次	2003年		2002年		2001年		2000年	
	国家（地区）	能力	国家（地区）	能力	国家（地区）	能力	国家（地区）	能力
8	泰国	102.20	土耳其	93.04	泰国	85.43	土耳其	85.40
9	土耳其	98.64	泰国	88.70	土耳其	85.40	泰国	80.20
10	巴基斯坦	74.35	墨西哥	70.05	墨西哥	77.35	墨西哥	77.60
11	墨西哥	66.95	巴基斯坦	61.85	巴基斯坦	60.85	独联体	66.21
12	独联体	52.51	独联体	60.81	独联体	56.58	巴基斯坦	53.75
13	马来西亚	50.20	马来西亚	50.20	马来西亚	52.70	马来西亚	43.00
14	巴西	34.82	巴西	43.06	巴西	38.82	巴西	37.99
15	伊朗	22.00	伊朗	19.90	南非	16.80	加拿大	18.40
世界总计			3 301.05		3 245.49		3 123.01	

① 1996年以来西洲无分国别生产能力统计，故西欧各国未排位。

资料来源：美国《纤维公报》历年第6期；为各年3月份能力，不包括聚烯烃纤维。

表8　　中国合成纤维产量居世界位次①　　万吨

位次	2003年		2002年		2001年		2000年	
	国家（地区）	产量	国家（地区）	产量	国家（地区）	产量	国家（地区）	产量
1	中国	1 044.11	中国	888.13	中国	729.89	中国	603.89
2	中国台湾	304.59	中国台湾	308.93	中国台湾	297.75	美国	316.69
3	美国	269.32	美国	278.72	美国	261.84	中国台湾	312.07
4	韩国	241.80	韩国	234.12	韩国	238.12	韩国	268.15
5	印度	179.20	印度	168.99	印度	142.88	印度	150.15
6	印尼	114.33	日本	112.91	日本	123.95	日本	130.79
7	日本	103.03	印尼	102.20	印度尼西亚	109.20	印度尼西亚	105.36
8	泰国	87.25	泰国	84.07	泰国	77.25	泰国	73.33
9	土耳其	76.69	土耳其	73.49	土耳其	66.20	土耳其	70.07

续表

位次	2003年		2002年		2001年		2000年	
	国家（地区）	产量	国家（地区）	产量	国家（地区）	产量	国家（地区）	产量
10	巴基斯坦	57.96	巴基斯坦	51.97	巴基斯坦	53.18	墨西哥	60.04
11	墨西哥	45.76	墨西哥	50.96	墨西哥	53.06	巴基斯坦	49.59
12	马来西亚	35.11	马来西亚	43.09	马来西亚	42.37	马来西亚	41.35
13	独联体	32.19	独联体	30.21	独联体	32.97	独联体	31.55
14	巴　西	31.42	巴　西	29.31	巴　西	28.88	巴　西	31.49
15	加拿大	15.74	伊　朗	16.82	伊　朗	15.69	加拿大	14.28
世界总计	2 949.84		2 788.97		2 583.67		2 601.06	

① 1996年以来西欧无分国别产量统计，故西欧各国未排位。

资料来源：各国数据来自美国《纤维公报》历年第6期，各国数据均不包括聚烯烃纤维。

表9　　中国合成橡胶产量居世界位次　　万吨

位次	2003年		2002年		2001年		2000年	
	国家（地区）	产量	国家（地区）	产量	国家（地区）	产量	国家（地区）	产量
1	美　国	219.9	美　国	215.39	美　国	206.30	美　国	238.20
2	日　本	157.74	日　本	152.20	日　本	146.55	日　本	159.17
3	中　国	127.22	中　国	113.29	中　国	105.24	中　国	83.57
4	俄罗斯	107	俄罗斯	91.90	俄罗斯	91.96	德　国	83.16
5	德　国	88.8	德　国	86.92	德　国	84.62	俄罗斯	78.35
6	法　国	71.77	法　国	68.11	法　国	67.17	韩　国	68.01
7	韩　国	70	韩　国	67.80	韩　国	66.25	法　国	66.92
8	中国台湾	52.88	中国台湾	53.49	中国台湾	46.00	中国台湾	45.88
9	巴　西	40.5	巴　西	34.30	巴　西	34.00	巴　西	37.20
10	英　国	32.19	英　国	28.10	意大利	27.40	英　国	28.57
11	意大利	24.3	意大利	25.00	英　国	27.01	意大利	28.50
12	墨西哥	17.96	墨西哥	18.18	荷　兰	18.80	墨西哥	20.40
13	荷　兰	17.6	荷　兰	17.60	墨西哥	17.31	加拿大	18.80
14	加拿大	15.17	加拿大	15.01	加拿大	14.50	荷　兰	18.80
15	泰　国	12.5	泰　国	13.20	泰　国	11.00	泰　国	12.00
世界总计	1 147		1 085.00		1 050.0		1 078.0	

资料来源：国际橡胶研究集团（IRSG）历年《橡胶统计公报》，中国数据为国内公布数据。

表 10 世界石油探明储量 亿桶

国家(地区) \ 年份	2003	2002	2001	2000	1999	2003 年份额/%	2003 年储采比/%
美　国	307	304	304	297	286	2.7	11.3
加拿大	169	69	66	64	68	1.5	15.5
墨西哥	160	126	269	283	284	1.4	11.6
北美国家合计	636	499	639	644	637	5.5	12.2
阿根廷	32	29	30	31	27	0.3	11.0
巴　西	106	83	85	81	73	0.9	18.7
哥伦比亚	15	18	18	26	26	0.1	7.3
厄瓜多尔	46	46	21	21	21	0.4	29.6
秘　鲁	10	3	3	3	4	0.1	28.4
特立尼达及多巴哥	19	7	7	7	6	0.2	31.1
委内瑞拉	780	778	777	769	726	6.8	71.5
其他中南美洲国家	15	20	19	14	12	0.1	24.8
中南美洲国家合计	1 022	986	960	952	895	8.9	41.5
阿塞拜疆	70	70	70	69	70	0.6	61.2
丹　麦	13	13	11	11	11	0.1	9.5
意大利	7	6	6	6	6	0.1	19.0
哈萨克斯坦	90	90	80	80	80	0.8	22.3
挪　威	101	103	94	94	108	0.9	8.5
罗马尼亚	9	10	10	14	14	0.1	20.6
俄罗斯联邦	691	600	486	486	486	6.0	22.2
土库曼斯坦	5	5	5	5	5	②	7.1
英　国	45	47	49	50	52	0.4	5.4
乌兹别克斯坦	6	6	6	6	6	0.1	9.8
其他欧洲和欧亚大陆国家	21		23	23	23	0.2	11.9
欧洲与欧亚大陆国家合计	1 059		841	844	860	9.2	17.1
伊　朗	1 307	897	897	897	897	11.4	92.9
伊拉克	1 150	1 125	1 125	1 125	1 125	10.0	①
科威特	965	965	965	965	965	8.4	①
阿　曼	56	55	55	55	53	0.5	18.5
卡塔尔	152	152	152	132	37	1.3	45.5
沙特阿拉伯	2 627	2 618	2 618	2 617	2 635	22.9	73.3
叙利亚	23	25	25	25	25	0.2	10.5
阿联酋	978	978	978	978	978	8.5	①
也　门	7	40	40	40	40	0.1	4.2
其他中东国家	1	1	1	2	1	②	6.1
中东国家合计	7 266	6 856	6 856	6 836	6 757	63.3	88.1
阿尔及利亚	113	92	92	92	92	1.0	16.7
安哥拉	89	54	54	54	54	0.8	27.5
喀麦隆	2	4	4	4	4	②	9.0

续表

国家(地区) \ 年份	2003	2002	2001	2000	1999	2003 年份额/%	2003 年储采比/%
刚果共和国	15	15	15	15	15	0.1	17.1
埃　及	36	37	29	29	29	0.3	13.2
加　蓬	24	25	25	25	25	0.2	27.0
利比亚	360	295	295	295	295	3.1	66.3
尼日利亚	343	240	240	225	225	3.0	43.1
苏　丹	7					0.1	7.5
突尼斯	5	3	3	3	3	②	20.8
其他非洲国家	23	3	9	6	6	0.2	17.5
非洲国家合计	1 018	774	767	748	749	8.9	33.2
澳大利亚	44	35	35	29	29	0.4	19.3
文　莱	11	14	14	14	14	0.1	14.1
中　国	237	183	240	240	240	2.1	19.1
印　度	56	54	48	47	48	0.5	19.3
印度尼西亚	44	50	50	50	50	0.4	10.3
马来西亚	40	30	30	39	39	0.3	12.5
巴布亚新几内亚	4	2	2	3	3	②	22.5
泰　国	7	6	5	4		0.1	8.7
越　南	25	6	6	6	6	0.2	18.4
其他亚太国家	9	8	7	8	8	0.1	15.4
亚太国家合计	477	387	438	440	44	4.2	16.6
世界总计	11 477	10 477	10 500	10 464	10 338	100.0	41.0
经合组织	858	720	850	848	856	7.5	11.1
欧佩克	8 820	8 190	8 188	8 144	8 025	76.9	79.5
非欧佩克[③]	1 788	1 51	1 658	1 667	1 659	15.6	13.6
独联体	869					7.6	22.7

① 100 年以上。
② 小于 0.05%。
③ 不包括独联体。
资料来源:《BP 能源统计》2004 年。

表 11　　世界各国(地区)石油产量[①]　　万吨

国家(地区) \ 年份	2003	2002	2001	2000	1999	1998	2003/2002 增加/%
美　国	34 114	35 042	35 166	35 350	35 470	36 790	-1.6
加拿大	14 187	13 562	12 912	12 630	12 030	12 470	5.9
墨西哥	18 878	17 837	17 657	17 210	16 610	17 440	5.8
北美国家合计	67 178	66 440	65 735	65 190	64 110	66 700	1.9
阿根廷	3 896	3 944	4 060	4 120	4 270	4 490	-1.9
巴　西	7 683	7 442	6 633	6 350	5 630	5 000	3.3
哥伦比亚	2 789	2 975	3 105	3 610	4 250	3 890	-6.2
厄瓜多尔	2 172	2 085	2 116	2 070	1 950	1 960	4.2
秘　鲁	447	476	490	530	550	580	-6.2
特立尼达及多巴哥	787	753	652	810	660	650	4.4
委内瑞拉	15 345	15 145	17 616	16 680	1 650	17 180	-7.2

续表

年份 国家（地区）	2003	2002	2001	2000	1999	1998	2003/2002 增加/%
其他中南美洲国家	835	754	728	660	660	580	6.8
中南美洲国家合计	33 951	33 572	35 397	34 820	34 020	3 430	-3.1
阿塞拜疆	1 553	1 534	1 492	1 490	1 380	1 140	0.6
丹　麦	1 791	1 807	1 694	1 780	1 450	1 170	-1.3
意大利	557	536	410	460	560	590	0.7
哈萨克斯坦	5 221	4 724	3 970	3 530	3 000	2 590	8.4
挪　威	15 302	15 736	16 207	15 750	14 910	15 000	-2.7
罗马尼亚	590	610	625	630	640	650	-2.9
俄罗斯联邦	42 140	37 960	34 809	32 330	30 480	30 430	11.0
土库曼斯坦	1 042	901	802	740	740	550	15.6
英　国	10 557	11 594	11 787	12 620	13 710	13 260	-8.9
乌兹别克斯坦	714	720	726	750	810	810	-0.9
其他欧洲和欧亚大陆国家	2 337		2 271	2 260	2 270	2 440	1.2
欧洲与欧亚大陆国家合计	81 802		74 791	72 340	69 940	68 640	4.1
伊　朗	19 005	16 684	18 289	18 660	17 520	18 770	12.6
伊拉克	6 592	9 970	11 785	12 810	12 550	10 530	-33.9
科威特	11 020	9 184	10 415	10 560	9 930	10 760	20.0
阿　曼	4 067	4 458	4 739	4 780	4 520	4 490	-8.6
卡塔尔	4 117	3 465	3 599	3 700	3 340	3 690	17.3
沙特阿拉伯	47 478	41 812	42 288	44 120	41 180	44 320	13.8
叙利亚	2 951	2 859	2 729	2 810	2 900	2 930	3.9
阿联酋	11 777	10 564	11 324	11 470	11 140	12 140	17.3
也　门	2 143	2 236	2 166	2 080	1 880	1 830	-1.9
其他中东国家	224	227	227	230	230	230	—
中东国家合计	109 371	101 460	107 560	111 240	105 200	109 680	8.3
阿尔及利亚	7 901	7 018	6 575	6 700	5 650	5 890	11.4
安哥拉	4 360	4 460	3 600	3 640	3 850	3 750	-2.2
喀麦隆	345	365	405	450	480	530	-5.5
乍　得	210						>100
刚果共和国	1 253	1 330	1 395	1 370	1 460	1 220	-6.2
埃　及	3 684	3 696	3 733	3 950	4 140	4 290	-0.5
赤道几内亚	1 233	1 174	897	530			5.0
加　蓬	1 200	1 473	1 503	1 640	1 700	1 780	-18.5
利比亚	6 998	6 465	6 698	7 060	6 800	6 920	8.2
尼日利亚	10 715	9 864	10 524	10 390	9 990	10 620	8.6
苏　丹	1 256						9.4
突尼斯	312	358	344	370	400	290	-9.2
其他非洲国家	360	295	1 393	1 220	590	720	14.6
非洲国家合计	39 825	37 644	37 066	37 320	3 550	36 010	5.5
澳大利亚	2 665	3 154	3 184	3 550	2 450	2 720	-15.6

续表

国家(地区) \ 年份	2003	2002	2001	2000	1999	1998	2003/2002 增加/%
文　莱	1 046	1 025	950	950	890	770	2.1
中　国	16 932	16 887	16 493	16 230	15 930	15 990	1.5
印　度	3 673	3 673	3 609	3 650	3 620	3 640	-0.1
印度尼西亚	5 751	6 245	6 856	6 780	6 820	7 190	-8.6
马来西亚	3 877	3 696	3 510	3 620	3 660	3 450	5.5
泰　国	897	789	706	680			15.7
越　南	1 795	1 726	1 708	1 620	1 460	1 260	4.0
其他亚太国家	943	734	661	640	660	1 170	1.3
亚太国家合计	37 577	38 142	37 942	38 050	36 450	36 540	-1.0
世界总计	369 703	355 679	358 491	358 960	345 220	351 890	3.8
其中：经合组织	99 751	100 968	100 691	101 040	98 910	101 280	-0.7
欧佩克	146 694	136 416	145 968	148 940	140 990	148 000	6.6
非欧佩克②	171 698	172 806	170 103	170 580	167 230	167 760	-0.2
独联体	51 311						10.2

① 包括原油、页岩油、油砂和天然气液体，不包括从煤制取的液体燃料。
② 不包括独联体。
资料来源：《BP 能源统计》2004 年。

表 12　　**世界各国(地区)石油消费量①**　　百万吨

国家(地区) \ 年份	2003	2002	2001	2000	1999	1998	2003 年所占比例/%
美　国	914.3	894.3	895.6	933.4	882.80	852.4	25.1
加拿大	96.4	89.7	88.0	88.4	83.00	83.2	2.6
墨西哥	82.6	80.9	82.7	91.6	81.3	81.9	2.3
北美国家合计	1 093.2	1 064.9	1 066.3	1 113.4	1 047.1	1 017.5	30.1
阿根廷	17.5	16.8	19.0	21.4	23.2	23.1	0.5
巴　西	84.1	85.4	85.1	90.9	83.2	83.2	2.3
智　利	10.4	10.8	12.0	12.7	11.7	11.6	0.3
哥伦比亚	10.0	10.0	9.9	11.5	10.8	12.3	0.3
厄瓜多尔	6.1	5.9	5.9	7.0			0.2
秘　鲁	7.4	7.0	6.8	7.5			0.2
委内瑞拉	23.9	22.9	22.2	24.6	21.9	18.4	0.7
其他中南美洲国家	57.3	56.0	57.5	56.8	54.4	68.1	1.6
中南美洲国家合计	216.6	214.8	218.4	232.3	218.8	216.7	6.0
奥地利	14.3	13.0	12.4	12.0	12.0	12.3	0.4
阿塞拜疆	4.4	3.6	4.6	7.5	6.3	5.9	0.1
白俄罗斯	6.1	5.8	5.9	5.5	10.0	9.9	0.2
比利时/卢森堡	34.8	32.9	32.3	34.1	32.1	31.5	1.0
保加利亚	4.3	4.2	4.6	5.2	4.5	5.2	0.1
捷克共和国	8.6		8.3	8.5	8.2	8.4	0.2
丹　麦	9.3	9.8	10.1	10.7	10.6	10.8	0.3
芬　兰	11.4	10.9	10.5	11.0	10.7	10.6	0.3
法　国	94.2	92.8	95.8	100.1	96.4	94.5	2.6
德　国	125.1	127.2	131.6	137.4	132.4	136.6	3.4
希　腊	20.9	21.8	19.4	19.4	18.2	18.7	0.6
匈牙利	6.2	6.4	6.8	7.2	7.0	7.2	0.2

续表

国家(地区) \ 年份	2003	2002	2001	2000	1999	1998	2003年所占比例/%
冰　岛	0.9	0.9	0.9	1.0	0.9	0.9	②
爱尔兰共和国	8.4	8.7	8.7	8.5	8.3	7.4	0.2
意大利	92.1	92.9	92.8	96.9	93.3	94.7	2.5
哈萨克斯坦	9.5	6.5	7.7	6.2	6.4	12.6	0.3
立陶宛	2.5	2.7	2.8	3.0			0.1
荷　兰	44.5	43.8	43.9	44.8			1.2
挪　威	9.6	9.4	9.7	10.2	10.1	10.1	0.3
波　兰	20.5	19.7	19.0	22.2	21.2	18.7	0.6
葡萄牙	16.6	14.9	15.2	15.9	15.4	14.1	0.5
罗马尼亚	11.0	10.9	10.1	9.2	9.5	12.1	0.3
俄罗斯联邦	124.7	122.9	122.3	123.2	126.2	122.3	3.4
斯洛伐克	3.7	3.3	3.4	3.0	3.4	3.6	0.1
西班牙	75.5	73.5	72.7	72.5	67.4	66.4	2.1
瑞　典	15.8	15.0	15.6	15.9	16.1	16.2	0.4
瑞　士	12.1	12.4	13.1	13.2	12.6	13.0	0.3
土耳其	31.9	29.9	30.4	34.4	29.0	30.1	0.9
土库曼斯坦	3.7	2.6	2.4	4.7	4.5	3.6	0.1
乌克兰	13.1	12.9	12.7	10.5	13.3	14.3	0.4
英　国	76.8	77.2	76.1	83.4	78.7	80.5	2.1
乌兹别克斯坦	6.5	6.6	6.5	6.7	7.1	7.0	0.2
其他欧洲和欧亚大陆国家	23.5		21.5	22.1	24.8	25.5	0.6
欧洲与欧亚大陆国家合计	942.3		929.8	966	937.2	944	25.9
伊　朗	54.0	53.2	54.2	58.3	59.6	58.0	1.5
科威特	13.7	10.7	10.5	8.0	8.5	8.2	0.4
卡塔尔	1.7	2.0	1.4	1.2			②
沙特阿拉伯	67.0	63.4	62.7	66.5	62.5	59.1	1.8
阿联酋	15.0	12.4	14.3	13.9	17.8	17.7	0.4
其他中东国家	63.4	65.7	63.3	68.5	66.6	61.2	1.7
中东国家合计	214.9	207.4	206.4	216.4	215.0	204.2	5.9
阿尔及利亚	10.0	9.9	8.8	9.7	8.7	8.4	0.3
埃　及	25.9	26.1	26.2	27.1	27.8	27.3	0.7
南　非	24.2	23.6	23.0	23.7	21.8	21.3	0.7
其他非洲国家	60.3	59.0	59.0	62.5	57.3	55.0	1.7
非洲国家合计	120.5	118.6	117.0	123.0	115.6	112.0	3.3
澳大利亚	38.1	38.0	38.1	43.3	38.0	37.4	1.0
孟加拉国	4.2	3.4	3.4	3.2	2.8	2.9	0.1
中　国	275.2	245.7	231.9	241.0	200.0	190.3	7.6
中国香港	13.1	13.1	9.5	10.0	9.2	8.9	0.4
印　度	113.3	97.7	97.1	103.1	94.8	86.1	3.1

续表

国家（地区） \ 年份	2003	2002	2001	2000	1999	1998	2003 年所占比例/%
印度尼西亚	53.9	51.2	52.3	53.0	46.0	43.7	1.5
日　本	248.7	242.6	247.2	275.1	258.8	255.0	6.8
马来西亚	23.9	22.5	18.6	22.2	17.4	19.0	0.7
新西兰	6.9	6.8	6.2	6.7	6.2	6.1	0.2
巴基斯坦	17.0	17.9	18.9	19.2	17.3	17.5	0.5
菲律宾	15.6	15.6	16.5	17.4	18.0	18.2	0.4
新加坡	34.1	35.5	36.9	27.9	28.3	29.2	0.9
韩　国	105.7	105.0	103.1	109.5	99.9	93.3	2.9
中国台湾	41.7	38.8	37.7	40.6	39.9	37.2	1.1
泰　国	38.7	35.3	33.8	35.6	35.7	34.5	1.1
其他亚太国家	19.0	22.5	21.5	21.2	16.4	15.3	0.5
亚太国家合计	1 049.1	991.6	972.7	1 029.0	928.7	894.6	28.8
世界总计	3 636.6	3 522.5	3 510.6	3 680.1	3 462.4	3 389.0	100.0
其中：欧盟 15 国	639.7	634.4	637.1	662.5	632.2	633.6	17.6
OECD	2 225.8	2 181.9	2 189.6				61.2
独联体	175.4	168.3	169.6				4.8
其他新兴市场经济体	1 235.4	1 172.3	1 151.4				34.0

① 国内需求加国际航空燃料、船用燃料、炼厂燃料和损失。

② 小于 0.05%。

资料来源：《BP 能源统计》2004 年。

表 13　世界天然气探明储量　万亿米^3

国家(地区) \ 年份	2003	2002	2001	2000	1999	1998
美　国	5.23	5.19	5.02	4.74	4.65	4.74
加拿大	1.66	1.70	1.69	1.73	1.81	1.81
墨西哥	0.42	0.25	0.84	0.86	0.85	1.80
北美国家合计	7.31	7.15	7.55	7.33	7.31	8.35
阿根廷	0.66	0.76	0.78	0.75	0.69	0.68
玻利维亚	0.81	0.68	0.68	0.52	0.12	0.12
巴　西	0.25	0.23	0.22	0.23	0.23	0.23
哥伦比亚	0.11	0.13	0.12	0.20	0.20	0.20
秘　鲁	0.25					0.25
特立尼达与多巴哥	0.74	0.66	0.66	0.60	0.56	0.52
委内瑞拉	4.15	4.19	4.18	4.16	4.04	4.04
其他中南美洲国家	0.22	0.18	0.42	0.37	0.37	0.32
中南美洲国家合计	7.19	7.08	7.16	6.93	6.31	6.21
阿塞拜疆	1.37	0.85	0.85	0.85	0.85	0.85
丹　麦	0.09	0.08	0.08	0.10	0.10	0.11
德　国	0.21	0.32	0.34	0.33	0.34	0.35
意大利	0.22	0.23	0.23	0.23	0.23	0.23
哈萨克斯坦	1.9	1.84	1.84	1.84	1.84	1.84
荷　兰	1.67	1.76	1.77	1.77	1.77	1.79
挪　威	2.46	2.19	1,25	1.25	1.17	1.17
波　兰	0.12					
罗马尼亚	0.31	0.10	0.10	0.37	0.37	0.37
俄罗斯	47	47.57	47.57	48.14	48.14	48.14

续表

国家(地区) \ 年份	2003	2002	2001	2000	1999	1998
土库曼斯坦	2.9	2.01	2.86	2.86	2.86	2.86
乌克兰	1.11	1.12	1.12	1.12	1.12	1.12
英　国	0.63	0.70	0.73	0.76	0.76	0.77
乌兹别克斯坦	1.85	1.87	1.87	1.87	1.87	1.87
其他欧洲和欧亚大陆国家	0.46		0.34	0.35	0.35	0.35
欧洲与欧亚大陆国家合计	62.3		61.00	61.92	61.85	61.91
巴　林	0.09	0.09	0.09	0.11	0.11	0.12
伊　朗	26.69	23.00	23.00	23.00	23.00	23.00
伊拉克	3.11	3.11	3.11	3.11	3.11	3.11
科威特	1.56	1.49	1.49	1.49	1.49	1.49
阿　曼	0.95	0.83	0.83	0.83	0.80	0.80
卡塔尔	25.77	14.40	14.40	11.15	8.49	8.49
沙特阿拉伯	6.68	6.36	6.22	6.05	5.79	5.79
叙利亚	0.3					
阿联酋	6.06	6.01	6.01	6.01	6.00	6.00
也　门	0.48	0.48	0.48	0.48	0.48	0.48
其他中东国家	0.05	0.05	0.29	0.29	0.25	0.25
中东国家合计	71.72	56.06	55.91	52.52	49.52	49.53
阿尔及利亚	4.52	4.52	4.52	4.52	4.52	3.69
埃　及	1.76	1.66	1.00	1.00	1.00	0.89
利比亚	1.31	1.31	1.31	1.31	1.31	1.31
尼日利亚	5	3.51	3.51	3.51	3.51	3.51
非洲其他国家	1.19	0.84	0.84	0.82	0.82	0.82
非洲国家合计	13.78	11.84	11.18	11.16	11.16	10.22
澳大利亚	2.55	2.55	2.55	1.26	1.26	1.26
孟加拉国	0.34	0.30	0.30	0.30	0.30	0.30
文　莱	0.35	0.39	0.39	0.39	0.39	0.39
中　国	1.82	1.51	1.37	1.37	1.37	1.37
印　度	0.85	0.76	0.65	0.65	0.65	0.54
印度尼西亚	2.56	2.62	2.62	2.05	2.05	2.05
马来西亚	2.41	2.12	2.12	2.31	2.31	2.31
缅甸	0.36					
巴基斯坦	0.75	0.75	0.71	0.61	0.61	0.61
巴布亚新几内亚	0.43	0.35	0.35	0.22	0.15	0.15
泰　国	0.44	0.38	0.36	0.33	0.35	0.35
越　南	0.23	0.19	0.19	0.19	0.19	0.19
其他亚太国家	0.39	0.69	0.66	0.65	0.65	0.65
亚太国家合计	13.47	12.61	12.27	10.33	10.28	10.17
世界总计	175.78	155.78	155.08	150.19	146.43	146.39
其中：欧盟 15 国	2.88	3.14	3.21	3.24	3.25	3.31
经合组织国家	15.48					
独联体	56.4					

资料来源：《BP 能源统计》2004 年。

表 14 **世界天然气产量** 亿米^3

国家(地区) \ 年份	2003	2002	2001	2000	1999	1998
美　国	5 495	5 477	5 554	5 556	5 405	5 438
加拿大	1 805	1 835	1 720	1 678	1 623	1 604
墨西哥	364	348	347	358	374	348
北美国家合计	7 663	7 660	7 621	7 592	7 402	7 390
阿根廷	410	361	384	373	336	293
玻利维亚	52	54	41	33	41	32
巴　西	101	91	77	77	67	65
哥伦比亚	61	62	61	59	52	63
特立尼达与多巴哥	248	168	129	126	109	86
委内瑞拉	294	273	289	272	320	299
其他中南美洲国家	21	21	20	24	28	29
中南美洲国家合计	1 186	1 030	1 001	964	953	867
阿塞拜疆	48	48	52	53	56	52
丹　麦	79	84	84	81	78	76
德　国	177	174	170	169	178	168
意大利	137	151	155	168	176	187
哈萨克斯坦	129	123	108	107	92	76
荷　兰	583	599	614	573	601	636
挪　威	734	654	575	524	510	478
波　兰	40					
罗马尼亚	126	108	126	136	138	140
俄罗斯	5 786	5 549	5 424	5 450	5 510	5 513
土库曼斯坦	551	499	479	438	213	117
乌克兰	177	172	171	168	168	167
英　国	1 027	1 031	1 058	1 081	996	903
乌兹别克斯坦	536	538	535	522	519	511
其他欧洲和欧亚大陆国家	106		120	124	119	124
欧洲与欧亚大陆国家合计	10 239		9 698	9 621	9 384	9 182
巴　林	96	92	89	86	85	79
伊　朗	790	645	606	602	525	500
科威特	83	87	95	96	70	93
阿　曼	165	148	134	85	56	52

续表

国家(地区) \ 年份	2003	2002	2001	2000	1999	1998
卡塔尔	308	293	325	285	240	200
沙特阿拉伯	610	564	537	470	462	460
叙利亚	63					
阿联酋	444	460	413	398	380	365
其他中东国家	18	26	81	75	54	61
中东国家合计	2 577	2 356	2 280	2 097	1 872	1 810
阿尔及利亚	828	804	782	893	822	728
埃　及	250	227	210	180	147	122
利比亚	64	57	54	55	59	62
尼日利亚	192	177	134	110	57	52
其他非洲国家	81	67	60	57	52	48
非洲国家合计	1 414	1 332	1 240	1 295	1 137	1 012
澳大利亚	332	345	327	311	306	306
孟加拉国	122	112	108	103	81	78
文　莱	124	115	114	116	113	110
中　国	341	326	303	277	243	220
印　度	301	284	264	261	249	235
印度尼西亚	726	706	629	639	664	684
马来西亚	534	503	474	442	430	413
缅　甸	69					
新西兰	54					
巴基斯坦	211	209	199	190	178	158
泰　国	196	189	181	178	171	149
其他亚太国家	96	165	201	137	113	105
亚太国家合计	3 105	3 017	2 800	2 654	2 548	2 458
世界总计	26 185	25 276	24 640	24 223	23 296	22 718
其中：欧盟15国	2 046	2 088	2 129	2 121	2 079	2 022
经合组织国家	10 930					
独联体	7 232					
其他新兴市场经济体	8 023					

资料来源：《BP能源统计》2004年。

表15 　　**世界天然气消费量** 　　亿米^3

国家(地区) \ 年份	2003	2002	2001	2000	1999	1998
美　国	6 298	6 675	6 162	6 544	6 170	6 124
加拿大	874	807	726	778	715	703
墨西哥	454	421	337	355	354	362
北美国家合计	7 626	7 903	7 225	7 677	7 239	7 189

续表

国家(地区) \ 年份	2003	2002	2001	2000	1999	1998
阿根廷	346	303	332	331	334	297
巴　西	159	137	109	94	71	65
智　利	70	65	56	58	38	28
哥伦比亚	60	61	61	59	52	62
厄瓜多尔	1	2	1	1		
秘　鲁	5	4	4	4		
委内瑞拉	294	273	289	272	320	299
其他中南美洲国家	160	135	118	107	106	109
中南美洲国家合计	1 095	980	970	926	931	860
奥地利	86	81	74	79	81	76
阿塞拜疆	80	79	84	54	56	52
白俄罗斯	164	166	161	162	153	150
比利时/卢森堡	160	148	147	149	148	138
保加利亚	29	29	26	31	30	30
捷克共和国	90		89	86	86	76
丹　麦	52	51	51	49	50	48
芬　兰	45	41	41	37	37	37
法　国	438	428	407	396	377	375
德　国	855	826	829	792	801	795
希　腊	23	20	19	17	17	—
匈牙利	130	119	119	107	109	108
冰　岛	—		0	—		
爱尔兰共和国	41	41	40	38	33	31
意大利	717	636	645	638	617	572
哈萨克斯坦	126	97	101	80	79	73
立陶宛	31	29	28	27		
荷　兰	393	393	393	383	379	387
挪　威	43	39	45	39	38	38
波　兰	125	112	114	111	103	104
葡萄牙	30	30	25	60	23	8
罗马尼亚	184	174	175	162	175	182
俄罗斯	4 058	3 884	3 727	3 772	3 636	3 647
斯洛伐克	71	76	74	57	64	57
西班牙	238	208	182	168	150	131
瑞　典	8	8	8	9	8	8
瑞　士	29	28	28	27	26	26
土耳其	210	174	155	141	120	99
土库曼斯坦	146	132	129	126	113	95
乌克兰	675	698	658	685	730	688

续表

国家(地区) \ 年份	2003	2002	2001	2000	1999	1998
英　国	953	945	954	957	916	887
乌兹别克斯坦	472	524	511	498	493	470
其他欧洲和欧亚大陆国家	138		147	134	153	173
欧洲与欧亚大陆国家合计	10 841		10 186	10 071	9 801	9 561
伊　朗	804	679	650	629	557	517
科威特	83	87	95	96	70	93
卡塔尔	116	107	160	145		
沙特阿拉伯	610	564	537	470	462	460
阿联酋	375	393	343	334	314	298
其他中东国家	239	227	230	216	350	350
中东国家合计	2 227	2 057	2 015	1 890	1 753	1 718
阿尔及利亚	214	263	216	244	225	216
埃　及	246	227	210	179	147	122
南　非	—		①	—	—	—
其他非洲国家	207	184	176	166	148	149
非洲国家合计	668	674	602	589	520	487
澳大利亚	263	240	225	213	198	203
孟加拉国	122	112	108	103	79	78
中　国	328	301	277	248	214	193
中国香港	15	24	25	25	27	26
印　度	301	282	263	250	237	232
印度尼西亚	356	347	297	278	272	319
日　本	765	774	790	762	746	695
马来西亚	284	270	216	217	210	204
新西兰	46	55	57	54	48	44
巴基斯坦	211	209	201	190	178	158
菲律宾	27	18	1	—	—	—
新加坡	53	18	25	15	15	15
韩　国	269	262	231	210	187	156
中国台湾	87	85	75	69	62	64
泰　国	266	259	211	209	164	157
其他亚太国家	61	47	49	50	45	46
亚太国家合计	3 455	3 303	3 051	2 893	2 682	2 590
世界总计	25 910	25 355	24 049	24 046	22 926	22 405
其中：欧盟 15 国	4 039	3 856	3 815	3 772	3 637	3 493
经合组织国家	13 706					
独联体	5 827					
其他新兴市场经济体	6 378					

资料来源：《BP 能源统计》2004 年。

表 16 **世界原油加工能力前 30 名的国家(地区)** 万吨/年

名次	国家(地区)	炼厂数	平均规模	总加工能力	焦化	催化裂化	催化重整	加氢裂化	加氢处理	润滑油
1	美国	132	633	83 491	12 560	28 189	15 071	7 077	57 077	903
2	俄罗斯	42	647	27 177	467	1 654	3 333	285	10 274	439
3	日本	33	713	23 515	514	4 380	3 141	866	20 379	223
4	中国	95	238	22 641	1 683	4 460	675	610	1 670	260
5	韩国	6	2 120	12 720	105	894	982	600	4 709	78
6	意大利	17	680	11 567	248	1 541	12 141	1 364	5 617	147
7	德国	16	715	11 447	438	1 717	1 705	924	10 075	77
8	印度	17	628	10 673	247	1 487	179	273	1 072	83
9	加拿大	21	473	9 939	219	2 474	1 513	1 309	4 067	119
10	法国	13	751	9 757	0	1 921	1 255	81	5 466	203
11	巴西	13	736	9 571	474	2 498	105	0	1 110	106
12	英国	11	826	9 087	356	2 092	1 456	180	5 630	136
13	沙特	8	1 091	8 725	0	518	831	659	2 599	0
14	墨西哥	6	1 403	8 420	776	1 875	1 222	90	4 625	90
15	伊朗	9	819	7 370	0	150	720	699	999	169
16	新加坡	3	2 198	6 593	0	345	621	489	2 730	188
17	委内瑞拉	5	1 282	6 411	797	1 159	213	0	1 832	64
18	西班牙	9	706	6358	237	942	848	639	3 445	51
19	荷兰	6	1 018	6 108	215	529	643	968	3 556	61
20	乌克兰	6	854	5 124	122	351	622	36	1 481	0
21	印度尼西亚	8	620	4 964	179	507	400	499	110	0
22	中国台湾	4	1 150	4 600	83	615	495	0	1 471	28
23	科威特	3	1 482	4 446	396	180	58	821	2 375	0
24	比利时	5	793	3 965	0	568	423	0	2 838	0
25	澳大利亚	8	472	3 775	0	1 140	745	77	1 549	44
26	埃及	9	403	3 631	216	0	268	168	977	24
27	土耳其	6	595	3 571	0	145	282	269	1 246	31
28	泰国	4	879	3 516	0	388	402	215	2 155	0
29	阿根廷	10	320	3 195	608	843	253	105	716	42
30	伊拉克	8	367	2 938	0	0	331	190	1 330	119
世界总计		717	572	410 273	23 135	71 643	48 513	22 837	189 560	4 498

资料来源：美国《油气杂志》2003 年 12 月 22 日。

表 17　　世界最大的 10 座炼厂　　万吨/年

名次	炼厂名称	总加工能力	减压蒸馏	焦化	热加工	催化裂化	催化重整	加氢裂化	加氢处理	烷基化	润滑油	沥青
1	委内瑞拉帕拉瓜纳炼油中心	4 681.2	2 671	797	0	833	174	0	1 904	128	64	198
2	韩国 SK 公司蔚山炼厂	4 068.7	418	0	0	225	299	143	1 580	17	0	16
3	韩国 LG－加德士公司丽水炼厂	3 075.2	55	0	0	369	292	0	1 356	0	16	30
4	埃克森美孚新加坡裕廊/亚逸查湾岛炼厂	2 923.3	867	0	612	0	404	178	1 470	0	154	74
5	美国埃克森美孚贝汤炼厂	2 773.9	1 338	446	0	1 013	525	138	3 035	0	477	47
6	印度信任石油公司贾姆纳加尔炼厂	2 689.2	0	0	0	650	0	0	0	0	0	0
7	维尔京群岛圣克鲁瓦炼厂	2 614.5	1 140	319	424	650	538	0	2 100	43	0	0
8	韩国 S－Oil 公司汉山炼厂	2 589.6	848	0	0	300	185	376	1 290	0	48	47
9	美国埃克森美孚巴吞鲁日炼厂	2 447.7	1 169	594	0	1 135	310	122	1 543	109	85	0
10	壳牌新加坡布库姆岛炼厂	2 280.8	396	0	350	165	159	180	985	9	34	46

资料来源：美国《油气杂志》2003 年 12 月 22 日。

表 18　　世界最大的 25 家炼油公司　　万吨/年

位次	公司名称	能力	位次	公司名称	能力
1	埃克森美孚公司	26 475	14	伊朗国家石油公司	7 370
2	壳牌石油公司	24 075	15	日本三菱石油公司	5 785
3	英国石油公司	16 425	16	莱普索－YPF 公司	5 485
4	委内瑞拉国家石油公司	13 355	17	科威特石油公司	5 425
5	中国石化股份有限公司	13 325	18	鲁克石油公司	5 265
6	科诺科菲利浦斯石油公司	12 980	19	尤科斯石油公司	5 240
7	道达尔公司	12 980	20	印尼国家石油公司	4 965
8	雪弗龙得士古公司	10 915	21	马拉松阿希兰石油公司	4 675
9	沙特阿美石油公司	10 730	22	阿吉普石油公司	4 560
10	巴西国家石油公司	9 650	23	SK 公司	4 085
11	墨西哥国家石油公司	9 255	24	印度石油有限公司	3 885
12	中国石油天然气股份公司	8 940	25	中油公司(中国台湾)	3 850
13	Valero 能源公司	8 295			

资料来源：美国《油气杂志》2003 年 12 月 22 日。

表 19　**世界主要国家(地区)乙烯生产能力**　万吨/年

(2004 年 1 月 1 日)

国家（地区）	生产能力	国家（地区）	生产能力	国家（地区）	生产能力
美　国	2765.3	墨西哥	138.2	奥地利	34.5
日　本	757.6	伊　朗	121.4	阿塞拜疆	33
沙特阿拉伯	564	卡塔尔	103	芬　兰	33
韩　国	545	罗马尼亚	84.4	葡萄牙	33
德　国	541.5	科威特	80	埃　及	30
加拿大	537.7	阿根廷	78.6	尼日利亚	30
中　国	498.8	瑞　典	61	塞尔维亚与黑山	20
荷　兰	390	阿联酋	60	斯洛伐克	20
法　国	343.3	委内瑞拉	60	以色列	20
俄罗斯	330	乌克兰	55	白俄罗斯	19.3
英　国	285.5	澳大利亚	54.2	乌兹别克斯坦	14
巴　西	283.5	土耳其	52	阿尔及利亚	13.3
中国台湾	236.5	印度尼西亚	52	哈萨克斯坦	13
印　度	236.3	捷克共和国	48.5	哥伦比亚	10
比利时	222	挪　威	45	克罗地亚	9
意大利	217	南　非	44.5	北朝鲜	6
泰　国	197.2	保加利亚	40	智　利	4.2
新加坡	188	波　兰	36	瑞　士	3.5
马来西亚	163	匈牙利	36	希　腊	2
西班牙	143	利比亚	35	**世界总计**	11 077.8

资料来源：美国《油气杂志》2004 年 3 月 22 日。中国实际能力数据为 565 万吨/年，居第三位。

表 20　**世界主要国家(地区)的乙烯产量**　万吨

年份 / 国家(地区)	2003	2002	2001	2000	1999	1998
美　国	2 300	2 380	2 250	2 510	2 530	2 360
加拿大/墨西哥	590	550	510	530	500	460
北美国家合计	2 890	2 930	2 760	3 040	3 030	2 820
南　美	360	370	340	350	340	320
西　欧	2 080	2 060	1 990	1 950	1 940	1 890
东　欧	430	420	370	390	380	360

续表

国家(地区) \ 年份	2003	2002	2001	2000	1999	1998
日　本	740	720	740	760	770	710
韩　国	590	560	540	540	530	500
中　国	612	540	480	460	435	377
中国台湾	270	240	250	160	130	100
其他亚太国家	860	770	600	440	380	—
亚太国家合计	3 070	2 830	2 600	2 530	2 390	2 737
中　东	880	780	650	630	580	530
其他地区	120	120	100	100	90	100
世界总计	9 830	9 510	8 810	9 030	8 745	8 167

资料来源：历年日本《化学经济》第3期增刊;中国产量为国内公布数据。

表21　　世界10大乙烯生产装置　　万吨/年

名　次	国　家	生产公司	工厂地点	生产能力
1	加拿大	诺瓦化学	阿尔伯特省诺夫尔	281.2
2	沙　特	阿拉伯石化公司	朱拜勒	225
3	美　国	埃克森美孚化工公司	得州贝汤	215
4	美　国	雪佛龙菲利普斯化工公司	得州斯韦尼	190
5	美　国	等　星	得州钱纳尔维纽	175
6	荷　兰	道化学公司	Temeuzen	175
7	沙　特	延布石化公司	延　布	160
8	美　国	道化学公司	得州自由港	154
9	美　国	台　塑	得州 Point Comfort	153
10	美　国	壳　牌	路易斯安那州 Norco	150

资料来源：美国《油气杂志》2004年3月22日。

表 22　　**世界主要国家(地区)丙烯产量**　　百万吨

国家(地区) ＼ 年份	2003	2002	2001	2000	1999	1998
美　国	15.5	15.1	14.2	15.3	14.2	13.5
加拿大/墨西哥	1.1	0.9	1.0	1.0	1.1	1.1
北美国家合计	16.6	16.0	15.2	16.3	15.3	14.6
南　美	2.0	1.9	1.8	1.9	1.7	1.7
西欧/东欧	14.6	14.1	13.8	13.8	13.3	12.9
前苏联	1.2	1.1	1.0			
日　本	5.6	5.3	5.3	5.4	5.5	5.1
韩　国	3.8	3.7	3.6	3.4	3.4	3.5
中国台湾	1.7	1.5	1.6	1.1	0.8	0.5
中　国	5.9	5.3	4.3	3.6	3.7	2.9
南　亚	3.5	3.3	3.4			
亚洲国家合计	20.4	19.1	18.6	16.2	15.8	14.2
中东/非洲/印度	4	3.7	3.5	4.2	3.3	2.9
世界总计	58.8	55.9	53.9	53.5	50.4	47.3

资料来源：历年日本《化学经济》第 3 期增刊;中国产量为国内公布数据。

表 23　　**世界各国苯酚产量**　　万吨

国家(地区)	产　量	国家(地区)	产　量
美　国	292.0	**东　欧**	41.8
其他北美国家	4.3	**中东/非洲**	3.0
北美国家合计	296.3	中　国	28.7
南　美	13.0	印　度	8.2
法　国	10.5	印度尼西亚	—
德　国	77	日　本	93.0
英　国	—	韩　国	13.0
意大利	48	马来西亚	—
荷　兰	12.0	新加坡	25.0
其他西欧国家	92.0	中国台湾	32.0
西欧国家合计	239.5	**亚太合计**	202.4

资料来源:《化学周刊》2004 年 1 月 7/14 日。

表 24 **世界各国甲苯产量** 万吨

国家(地区)	产　　量	国家(地区)	产　　量
美　国	701.7	**东　欧**	199.0
其他北美国家	86.0	**中东/非洲**	11.3
北美国家合计	787.7	中　国	71.6
南　美	99.8	印　度	2.5
法　国	9.5	印度尼西亚	25.0
德　国	62.3	日　本	191.1
英　国	48.8	韩　国	153.3
意大利	21.0	马来西亚	—
荷　兰	24.5	新加坡	50.3
其他西欧国家	36.0	中国台湾	66.0
西欧国家合计	202.1	**亚太合计**	559.8

资料来源:《化学周刊》2004 年 3 月 17 日。

表 25 **世界各国丁二烯产量** 万吨

国家(地区)	产　　量	国家(地区)	产　　量
美　国	274.2	**东　欧**	117.0
其他北美国家	12.0	**中东/非洲**	18.0
北美国家合计	286.2	中　国	76.8
南　美	37.7	印　度	13.2
法　国	42.0	印度尼西亚	—
德　国	50.5	日　本	102.2
英　国	10.0	韩　国	72.4
意大利	32.0	马来西亚	—
荷　兰	40.5	新加坡	5.5
其他西欧国家	15.2	中国台湾	40.3
西欧国家合计	190.2	**亚太合计**	310.4

资料来源:《化学周刊》2004 年 2 月 11 日。

表 26 **世界各国醋酸产量** 万吨

国家(地区)	产　　量	国家(地区)	产　　量
美　国	376.3	**东　欧**	40.5
其他北美国家	2.0	**中东/非洲**	—
北美国家合计	378.3	中　国	127.4
南　美	7.2	印　度	26.9
法　国	40	印度尼西亚	3.4
德　国	13	日　本	54.3
英　国	75	韩　国	37.4
意大利	—	马来西亚	40.0
荷　兰	—	新加坡	53.9
其他西欧国家	6.0	中国台湾	33.0
西欧国家合计	134.0	**亚太合计**	376.3

资料来源:《化学周刊》6 月 30 日/ 7 月 7 日。

表 27 **世界各国对二甲苯产量** 万吨

国家(地区)	产　　量	国家(地区)	产　　量
美　国	428.4	**东　欧**	—
其他北美国家	61.0	**中东/非洲**	192.5
北美国家合计	489.4	中　国	106.2
南　美	26.8	印　度	120.0
法　国	—	印度尼西亚	77.0
德　国	29.6	日　本	233.5
英　国	—	韩　国	338.0
意大利	20.5	马来西亚	75.0
荷　兰	50.0	新加坡	35.0
其他西欧国家	53.5	中国台湾	87.0
西欧国家合计	153.6	**亚太合计**	1 153.7

资料来源:《化学周刊》2003 年 4 月 2 日/9 日。

表 28 **世界各国聚乙烯产量** 万吨

国家(地区)	产　　量	国家(地区)	产　　量
美　国	1 199.3	**非　洲**	85.9
其他北美国家	404.9	**中　东**	
北美国家合计	1 604.2	中　国	362.8
中南美	277.4	印　度	162
法　国	195	印度尼西亚	46
德　国	262.3	日　本	292
英国	71.4	韩　国	353
意大利	114.5	马来西亚	88.0
西班牙	92	新加坡	96.0
其他西欧国家	449.4	中国台湾	100.5
西欧国家合计	1 184.6	其他亚太国家	149.7
中欧及东欧	244.4	**亚太国家合计**	1 650
		世界总计	5 610

表 29 **世界主要国家(地区)乙苯产量** 万吨

国家(地区)	产　　量	国家(地区)	产　　量
美　国	583.4	沙　特	117.6
加拿大	96.5	伊　朗	10.7
墨西哥	14.1	澳大利亚	11.0
阿根廷	12.4	中　国	112.5
巴　西	45.6	印度尼西亚	38.8
中欧及东欧	77.4	日　本	352.2
英　国	12.6	韩　国	284.9
法　国	81.0	马来西亚	22.1
德　国	132.6	新加坡	79.2
意大利	64.2	中国台湾	137
荷　兰	—	泰　国	50.2
西班牙	50.5	**世界总计**	2 626.9

表 30　　**世界主要国家(地区)乙二醇生产能力**　　万吨/年

国家(地区) \ 年份	2003	2002	2001	2000	1999	1998
美　国	314.7	377.5	377.5	330.8	330.8	324.3
沙特阿拉伯	211.0	211.0	221.0	189.0	130.0	130.0
中　国	93.2	93.2	93.2	77.2	77.2	75.2
中国台湾	93.0	93.0	93.0	65.2	48.0	28.0
韩　国	88.5	88.5	88.5	85.0	85.0	85.0
印　度	59.4	59.4	59.4	86.4	86.4	64.4
德　国	30.5	26.6	26.6	25.0	22.0	27.5
比利时	64.0	56.0	56.0	53.5	53.5	53.5
前苏联	38.5	19.5	32.5	32.5	32.5	32.5
加拿大	146.0	146.0	146.0	118.5	106.0	106.0
墨西哥	43.5	43.5	43.5	45.5	45.5	45.5
日　本	91.0	91.0	91.0	98.0	98.0	98.0
世界总计	1 525.5	155.75	1 555.4	1 480.3	1 355.3	1 296.6

资料来源：日本化纤协会《纤维手册》2004 年，表中中国数据与实际有出入。

表 31　　**世界十大乙二醇生产厂**　　万吨/年

国家(地区)	公　司	厂　址	工　艺	投产时间	2003 年能力
美　国	道化学	塔夫托	联　碳	—	72.0
沙特阿拉伯	东部石化	朱拜尔	壳　牌	1985 年	135.0
加拿大	壳　牌	艾伯塔	壳　牌	—	40.0
美　国	壳牌化学	盖斯马	壳　牌	1979 年	48.0
加拿大	艾伯塔·定向乙二醇	普伦蒂斯	联　碳	—	41.0
韩　国	湖南石化	丽　川	壳　牌	1980 年	40.0
沙特阿拉伯	延派特	延　布	—	1985 年	35.0
美　国	Equidtar	Bayport	SD		36.0
科威特	Equate	舒艾巴	—	1997 年	35.0
韩　国	现代石化	大　山	SD		37.5

资料来源：日本化纤协会《纤维手册》2004 年，表中中国数据与实际有出入。

表 32 **世界主要国家(地区)PTA/DMT 生产能力** 万吨/年

国家(地区)	2003		2002		2001		2000		1999		1998	
	DMT	PTA	DMT	PTA	DMT	PTA	DMT	PTA	DMT	PTA	DMT	PTA
日　本	30.0	140.0	30.0	152.0	30.0	152.0	34.0	182.0	34.0	158.5	34.0	158.5
韩　国	15.0	500.0	15.0	450.0	15.0	450.0	12.0	486.0	12.0	456.0	12.0	416.0
中　国	30.5	426.1	30.5	221.1	30.5	223.6	30.5	264.1	30.5	179.1	30.5	179.1
中国台湾	—	484.0	—	389.0	—	390.0	—	383.0	—	339.0	—	337.0
印度尼西亚	—	204.5	—	204.5	—	192.5	—	191.0	—	187.5	—	187.5
印　度	44.5	150.0	44.0	150.0	44.0	138.5	44.0	157.5	44.0	297.5	44.0	234.5
英　国	—	57.0	—	55.0	—	55.0	—	55.0	—	55.0	—	55.0
德　国	78.0	8.0	61.0	8.0	61.0	8.0	61.0	7.5	61.0	8.0	61.0	8.0
意大利	18.5	18.0	18.5	18.0	18.5	18.0	18.5	13.0	18.5	20.0	18.5	11.0
前苏联	60.6	—	30.0	—	30.0	—	35.4	25.0	35.4	25.0	35.4	25.0
美　国	131.0	370.8	160.5	377.0	160.5	341.0	160.5	300.0	160.5	281.1	160.5	269.6
墨西哥	50.0	95.0	50.0	45.0	50.0	45.0	50.0	102.5	50.0	97.5	50.0	97.5
巴　西	12.5	92.0	12.5	90.0	12.5	90.0	125.0	120.0	125.0	117.0	125.0	63.0
世界总计	559.0	3 061.9	531.9	2 637.6	531.9	2 481.1	650.5	271.45	650.5	2 550.2	650.5	2 280.2
DMT 折算为 PTA	477.8		454.6		454.6		556.0		556.0		556.0	
世界 PTA 总计	3 539.7		3 092.2		2 935.7		3 270.5		3 106.2		2 836.2	

资料来源：日本化纤协会《纤维手册》2004 年，表中中国数据与实际有出入。

表 33 **世界十大 PTA 生产厂** 万吨/年

国家(地区)	公　　司	厂　　址	工　　艺	投产时间	2003 年能力
中国台湾	中美和	园　林	阿莫科	1979 年	142.0
美　国	BP—阿莫科	迪凯特	阿莫科	1958 年	110.0
美　国	BP—阿莫科	库珀河	阿莫科	1978 年	122.8
韩　国	三星石化	蔚　山	阿莫科	1980 年	100.0
韩　国	高　合	蔚　山	—	1990 年	100.0
韩　国	三南石化	丽　川	三菱化学	1990 年	150.0
比利时	BP—阿莫科	吉　尔	阿莫科	1976 年	96.0
中国台湾	台湾化纤	麦　寮	—	1999 年	100.0
中国台湾	远东杜邦石化	观　音	ICI	1992 年	90.0
中　国	翔鹭石化	厦　门	伊斯曼	2003 年	90.0

资料来源：日本化纤协会《纤维手册》2004 年，表中中国数据与实际有出入。

表 34　　世界主要国家(地区)己内酰胺生产能力　　万吨/年

国家(地区)＼年份	2003	2002	2001	2000	1999	1998
日　本	64.5	57.8	57.8	57.7	57.9	56.2
韩　国	23.7	11.7	11.4	12.0	11.0	8.3
中　国	15.8	15.8	24.5	18.0	15.7	10.7
中国台湾	25.4	27.8	24.5	25.0	12.5	11.0
印　度	12.5	12.5	13.2	13.2	12.0	12.0
荷　兰	23.5	23.5	23.0	22.0	23.0	23.0
比利时	46.0	40.0	36.5	36.5	36.5	36.0
德　国	24.0	25.0	26.0	21.5	21.5	21.5
意大利	14.0	14.0	29.5	24.5	29.5	24.0
前苏联	58.5	57.5	58.0	58.0	58.0	55.8
波　兰	13.2	13.2	11.5	11.5	11.5	10.5
美　国	83.0	87.5	84.3	84.3	84.3	79.8
墨西哥	8.0	8.0	7.5	7.5	7.5	7.5
世界总计	453.7	435.4	448.0	432.2	418.7	400.7

资料来源：日本化纤协会《纤维手册》2004 年，表中中国数据与实际有出入。

表 35　　世界十大己内酰胺生产厂　　万吨/年

国家(地区)	公　司	厂　址	工　艺	投产时间	2003 年能力
美　国	霍尼韦尔	霍普威尔	联合信号	1954 年	36.0
美　国	巴斯夫化学	弗里波特	巴斯夫	1962 年	27.0
荷　兰	国家矿业	赫　伦	国家矿业	1952 年	23.5
比利时	巴斯夫安特卫普	安特卫普	巴斯夫	1968 年	28.0
美　国	DSM 化学	奥古斯塔	国家矿业	—	20.0
德　国	巴斯夫	路德维希港	巴斯夫	—	14.0
比利时	拜耳安特卫普	安特卫普	拜　耳	1971 年	18.0
意大利	埃尼化学	波尔图	拜　耳		14.0
中国台湾	中国石化开发	小　港	—	2000 年	17.0
俄罗斯	格罗德诺	格罗德诺	国家矿业	1971 年	12.5

资料来源：日本化纤协会《纤维手册》2004 年，表中中国数据与实际有出入。

表36 世界主要国家(地区)丙烯腈生产能力 万吨/年

国家(地区) \ 年份	2003	2002	2001	2000	1999	1998
日本	75.0	75.0	75.0	75.8	68.7	68.7
韩国	52.0	37.0	37.0	37.0	37.0	37.0
中国	41.8	34.8	45.3	45.3	57.9	43.3
中国台湾	40.0	40.0	40.0	49.0	29.0	19.0
英国	28.0	28.0	28.0	28.0	28.0	28.0
荷兰	20.0	20.0	20.0	20.0	20.0	18.0
德国	34.0	36.0	30.0	35.0	35.0	35.0
西班牙	13.0	12.0	12.0	12.0	12.0	11.5
意大利	0	7.5	18.0	14.0	14.0	14.0
前苏联	24.0	9.0	22.5	22.5	22.5	22.5
罗马尼亚	8.8	8.8	10.2	10.2	10.2	10.2
土耳其	9.0	9.0	9.0	9.0	9.0	9.0
美国	189.5	191.0	191.0	187.1	162.1	162.0
墨西哥	17.4	17.4	17.4	22.4	22.4	22.4
巴西	8.0	8.0	7.8	7.8	7.8	7.8
世界总计	585.9	560.9	558.7	632.9	599.6	575.1

资料来源：日本化纤协会《纤维手册》2004年，表中中国数据与实际有出入。

表37 世界十大丙烯腈生产厂 万吨/年

国家(地区)	公司	厂址	工艺	投产时间	2003年能力
美国	Solutia	巧克力山	索亥俄	1965年	51.0
美国	BP化学	绿湖	索亥俄	1981年	46.0
美国	斯特林化学	得克萨斯城	索亥俄	1977年	34.0
德国	BP	多尔玛根	索亥俄	1965年	28.0
英国	巴斯夫化学	锡尔山德斯	索亥俄	1969年	28.0
美国	西泰克工业	福尔捷	索亥俄	1940年	22.0
韩国	泰光产业	蔚山	孟山都	1997年	25.0
韩国	东西石化	蔚山	索亥俄	1972年	27.0
中国台湾	台塑	桃园	—	—	20.0
荷兰	Sabic欧洲石化	赫伦	索亥俄	1969年	20.0

资料来源：日本化纤协会《纤维手册》2004年，表中中国数据与实际有出入。

表 38　世界主要国家(地区)苯乙烯产量　万吨

国家(地区)	产　　量	国家(地区)	产　　量
美　国	516.7	沙　特	104.5
加拿大	85.2	伊　朗	9.5
墨西哥	12.5	澳大利亚	9.8
阿根廷	11.0	中　国	100.0
巴　西	40.5	印度尼西亚	34.5
中欧及东欧	70.9	日　本	312.6
英　国	5.5	韩　国	252.8
法　国	72.0	马来西亚	19.6
德　国	110.0	新加坡	69.6
意大利	57.0	中国台湾	121.8
荷　兰	—	泰　国	44.6
西班牙	43.9	**世界总计**	2 329.0

表 39　世界主要苯乙烯生产公司　万吨/年

名　次	国家(地区)	公 司 名 称	生产能力
1	英/荷	壳牌	329.8
2	美　国	道化学	222.4
3	德　国	巴斯夫	194.0
4	美　国	莱昂戴尔化学	151.7
5	法　国	道达尔	117.4
6	加拿大	诺瓦	89.6
7	英　国	BP	80.3
8	美　国	Sterling 化学	77.2
9	韩　国	三星化学	67.0
10	意大利	埃尼化学	66.0
11	中国台湾	台塑	60.0
12	沙　特	SABIC	57.7
13	日　本	出光兴产	56.7
14	西班牙	莱普索—YPF	47.7

表 40　世界主要国家(地区)塑料产量　万吨

地 区	年　份 国家(地区)	2002	2001	2000	1999	1998
亚洲	日　本	1 384.8	1 388.1	1 472.0	1 456.7	1 390.9
	韩　国	1 008.3	949	913.7	—	—
	印　度	—	—	—	—	—
	中国台湾	623.5	597.6	531.1	—	—
	中　国			1 096.7	1 079.5	702.8
	菲律宾	—	—	—	—	—
	以色列		49.6	49.9	49.9	46.6
	土耳其	115.8	108.6	71.5	48.1	50.1
	泰　国	—	—	—	—	—
	沙特阿拉伯	—	—	—	—	—
	印度尼西亚	—	—	—		
	马来西亚	161	153	142.5	100.0	90.0
	合　计	—	—	—	—	—

续表

地区	国家(地区) \ 年份	2002	2001	2000	1999	1998
西欧	英国	240.6	265.6	266.1	273.2	245.1
	荷兰	—	—	—	—	—
	比利时	550	528	511.6	530.0	443.1
	西班牙	362.6	379.2	363.9	347.9	324.5
	葡萄牙	—	—	—	—	—
	法国	675.1	654.7	650.0	625.0	600.0
	意大利	384	384	399.0	391.0	396.0
	瑞士	—	—	14.2	—	—
	希腊	—	—	—	—	—
	德国	1 650	1 560	1 550.0	1 410.0	1 285.8
	挪威	55	53	52.0	50.0	50.0
	瑞典	—	—	—	—	—
	芬兰	60.8	58.7	58.5	63.5	51.7
	奥地利	—	—	—	—	—
	合计	—	—	—	—	—
东欧	波兰	—	—	—	—	91.5
	匈牙利	113.6	103	100.9	82.0	87.9
	斯洛伐克	47.2	42.7	32.8	32.5	16.7
	保加利亚	—	—	—	—	—
	罗马尼亚	30.4	29.3	31.1	—	—
	南斯拉夫	14.5	14.1	10.9	—	—
	俄罗斯	—	—	—	—	—
	合计	—	—	—	—	—
北美洲	美国	4 875.5	4 595.8	4 539.4	3 589.3	4 334.7
	加拿大	454.9	424.4	426.3	389.8	356.0
	合计	5 330.4	5 020.2	4 965.7	3 979.1	4 690.7
中南美洲	阿根廷	—	—	88.6	—	—
	巴西	389.9	368.6	382.6	—	332.1
	委内瑞拉	—	—	—	—	—
	墨西哥	234.6	223.9	354.6	264.5	281.7
	智利	—	—	14.5	4.0	4.5
	哥伦比亚	—	—	—	—	—
	合计	—	—	—	—	—
非洲	南非共和国	102	83.5	65.0	88.5	—
大洋洲	澳大利亚	114.6	113.2		104.5	109.0
世界总计		—	—	—	—	—

资料来源：日本《塑料》历年第6期。

表 41 **世界主要国家(地区)合成纤维生产能力** 万吨/年

国家(地区)	2003年3月			2002年3月			2001年3月		
	长丝	短纤维	合计	长丝	短纤维	合计	长丝	短纤维	合计
欧洲									
西欧	116.05	136.90	252.95	123.20	150.80	274.00	138.20	139.20	277.40
独联体	25.46	27.05	52.51	33.63	27.18	60.81	29.60	26.98	56.58
罗马尼亚	4.20	3.00	7.20	4.20	30.0	7.20	3.50	4.30	7.80
南斯拉夫	4.20	0	4.20	2.21	0	2.21	5.30	3.50	8.80
波兰	5.50	4.20	9.70	6.15	3.87	10.02	4.90	4.14	9.04
美洲									
美国	170.19	173.06	343.25	178.56	166.16	344.72	180.80	169.40	350.20
加拿大	16.45	0	16.45	16.40	0	16.40	15.80		15.80
巴西	20.22	14.60	34.82	25.72	17.34	43.06	22.72	16.10	38.82
墨西哥	26.85	40.10	66.95	26.95	43.10	70.05	31.55	45.80	77.35
亚洲									
中国	767.60	459.90	1 227.50	550.60	381.70	932.30	468.50	312.70	781.20
中国台湾	250.34	116.31	366.65	264.63	116.11	380.74	269.75	122.28	392.03
韩国	197.73	99.96	297.69	175.75	92.04	267.79	212.65	96.27	308.92
印度尼西亚	96.26	53.25	149.51	81.90	50.92	132.84	91.98	50.94	142.92
印度	125.48	78.25	203.73	104.33	77.29	181.62	114.07	85.60	199.67
巴基斯坦	11.85	62.50	74.35	10.35	51.50	61.85	13.85	47.00	60.85
泰国	48.80	53.40	102.20	40.50	48.20	88.70	42.53	42.90	85.43
土耳其	55.04	43.60	98.64	53.24	39.80	93.04	44.50	40.90	85.40
日本	74.70	81.20	155.90	85.99	87.70	173.69	88.38	89.72	178.10
世界总计	2 119.93	1 507.36	3 627.29	1 886.96	1 414.09	3 301.05	1 880.74	1 364.75	3 245.49

资料来源：美国《纤维公报》各年第6期，世界各国统计中不包括聚烯烃纤维，长丝中包括单丝，短纤维中包括丝束和填充纤维。

表 42　　**世界主要国家(地区)合成纤维产量**　　万吨

国家(地区)	2003 年			2002 年			2001 年		
	长丝	短纤维	合计	长丝	短纤维	合计	长丝	短纤维	合计
欧洲									
西欧	93.40	121.35	214.75	93.40	121.35	214.75	95.46	117.70	213.16
独联体	15.42	16.77	32.19	13.90	16.31	30.21	16.52	16.45	32.97
波兰	5.04	4.27	9.31	4.62	4.10	8.72	4.54	3.26	7.80
美洲									
美国	139.84	129.48	269.32	141.08	137.64	278.72	132.22	129.62	261.84
加拿大	15.74	0	15.74	14.49	0	14.49	12.47		12.47
巴西	18.48	12.94	31.42	16.95	12.36	29.31	16.84	12.04	28.88
墨西哥	20.66	25.10	45.76	22.20	28.76	50.96	20.93	32.13	53.06
亚洲									
中国	623.36	420.75	1 044.11	527.47	360.66	888.13	430.80	299.09	729.89
中国台湾	202.58	102.01	304.59	206.50	102.43	308.93	200.93	96.82	297.75
韩国	168.07	73.73	241.80	159.75	74.37	234.12	162.58	75.54	238.12
印度	107.73	71.47	179.20	102.44	66.55	168.99	84.08	58.80	142.88
印度尼西亚	71.12	43.21	114.33	55.34	46.86	102.20	64.20	45.00	109.20
日本	45.77	57.26	103.03	48.84	64.07	112.91	56.67	67.28	123.95
马来西亚	26.31	8.80	35.11	32.29	10.80	43.09	31.24	11.13	42.37
巴基斯坦	8.32	49.64	57.96	8.17	43.80	51.97	8.98	44.20	53.18
土耳其	37.68	39.01	76.69	40.35	33.14	73.49	36.00	30.20	66.20
泰国	42.53	44.72	87.25	40.43	43.64	84.07	35.31	41.94	77.25
伊朗	6.89	8.02	14.91	6.78	10.04	16.82			
沙特阿拉伯	4.36	6.30	10.66	4.67	5.60	10.27			
非洲									
南非	5.42	3.61	9.03	5.15	4.46	9.61	7.20	4.96	12.16
世界总计	1 692.73	1 257.11	2 949.84	1 580.98	1 207.99	2 788.97	1 464.19	1 119.48	2 583.67

资料来源：美国《纤维公报》各年第 6 期，世界各国统计中不包括聚烯烃纤维，长丝中包括单丝，短纤维中包括丝束和填充纤维。

表 43　　**2003 年世界主要国家(地区)合成橡胶生产能力**　　万吨/年

国家(地区)	SBR	顺丁橡胶	异戊橡胶	乙丙橡胶	丁基橡胶	丁腈橡胶	氯丁橡胶	合计
加拿大	2	9	—	—	9	2	—	22
美国	59.7	90.2	9	50.8	25.3	5	10	275.5
北美国家合计	61.7	99.2	9	50.8	34.3	7	10	297.5
阿根廷	5.4	—	—	—	—	0.2	—	5.6
巴西	28.1	7	—	3.4	—	2.1	—	48.2

续表

国家(地区)	SBR	顺丁橡胶	异戊橡胶	乙丙橡胶	丁基橡胶	丁腈橡胶	氯丁橡胶	合　计
墨西哥	13.6	2	—	—	—	4	—	28.6
拉美国家合计	47.1	9	0	3.4	0	6.3	0	82.4
比利时	0.7	—	—	—	11.5	—	—	22.2
法　国	15.1	20.3	—	8.5	5.6	9.6	4	69.6
德　国	9.1	12.6	—	5.5	—	—	6.5	39.7
意大利	13	8	—	8.5	—	3.3	—	41.8
荷　兰	8.5	—	2.5	15	—	—	—	28
西班牙	2.4	2.8	—	—	—	—	—	15.2
英　国	10	8	—	—	9.3	1.5	—	28.8
保加利亚	2	—	—	—	—	—	—	2
捷　克	7.6	—	—	—	—	—	—	7.6
波　兰	10.4	—	—	—	—	—	—	10.4
罗马尼亚	10	6	9.1	—	0.5	—	—	26.1
土耳其	2.7	1.4	—	—	—	—	—	4.1
独联体	51.6	24.6	50.2	0.5	9.5	3.4	0.5	140.3
前南斯拉夫	4	—	—	—	—	—	—	4
欧洲国家合计	147.1	83.7	61.8	38	36.4	17.8	11	439.8
伊　朗	5	—	—	—	—	—	—	5
南　非	5	4.3	—	—	—	—	—	9.3
中东/非洲合计	10	4.3	0	0	0	0	0	14.3
澳大利亚	3.4	1	—	—	—	—	—	4.5
中　国	43	41.5	—	2	3	2.9	—	112.4
印度尼西亚	6	—	—	—	—	—	—	6
印　度	0.5	5	—	1	—	0.8	—	7.3
日　本	67	29.8	7.3	20.5	11.5	8.6	9.8	157.2
韩　国	27.7	16.3	—	4	—	3.5	—	51.6
中国台湾	11.5	9.1	—	—	—	1.2	—	49.2
泰　国	6	10.5	—	—	—	—	—	16.5
亚太国家(地区)合计	165.2	113.2	7.3	27.5	14.5	17.1	9.8	404.7
世界总计	431.1	309.4	78.1	119.8	85.2	48.2	31.3	1 238.7

注：以上生产能力不含胶乳。2003 年起开始包括苯乙烯类热塑性弹性体的生产能力。
资料来源：Rubber Statistical Bulletin，IRSG，Vol.58(6)，2004 年 3 月。

表 44　世界主要国家(地区)合成橡胶产量　万吨

国家(地区)＼年份	2003	2002	2001	2000	1999	1998
加拿大	15.17	15.01	14.50	18.80	18.00	24.10
美　国	219.90	21.39	206.30	238.20	235.40	261.00
阿根廷	5.74	4.10	4.81	5.11	5.24	5.34
巴　西	40.50	34.30	34.00	37.20	36.60	34.00
墨西哥	17.96	18.18	17.31	20.40	17.13	16.66
奥地利	0.50	0.50	0.50	0.50	0.50	0.50
比利时	10.40	10.40	10.40	10.40	10.00	12.00
芬　兰	4.00	4.00	4.00	4.00	4.00	3.90
法　国	71.77	68.11	67.17	66.92	56.94	60.55
德　国	88.80	86.92	84.62	83.16	72.01	58.04
意大利	24.30	25.00	27.40	28.50	27.90	29.00
荷　兰	17.60	17.60	18.80	18.60	18.50	22.00
西班牙	8.80	8.80	8.80	9.00	9.60	10.50
瑞　典	3.80	3.70	4.00	4.00	3.80	5.00
英　国	32.19	28.10	27.01	28.57	28.29	25.22
保加利亚	2.00	2.00	2.40	2.40	2.29	3.00
捷　克	8.80	8.80	8.80	8.80	8.40	8.20
波　兰	9.00	8.70	8.90	10.21	9.70	9.39
罗马尼亚	1.18	1.78	2.32	2.02	1.62	2.22
俄罗斯	107.00	91.90	91.96	78.35	73.49	68.85
土耳其	3.49	3.55	4.34	4.44	4.27	4.91
南斯拉夫	2.50	2.49	2.32			
其他欧洲国家	0.40	0.40	0.39	0.40	1.64	5.00
南　非	7.70	6.83	6.28	6.55	6.30	6.29
澳大利亚	0.95	0.81	0.42	2.98	3.13	3.80
中　国	127.22	113.29	105.24	83.57	68.41	58.92
印　度	8.56	7.64	6.87	5.86	6.51	7.27
印度尼西亚	3.80	3.40	4.80			
伊　朗	7.17	6.80	6.80	6.80	6.50	6.20
日　本	157.74	152.20	146.55	159.17	157.67	152.01
韩　国	70.00	67.80	66.25	68.01	65.48	52.32
中国台湾	52.88	53.49	46.00	45.88	49.26	42.78
泰　国	12.50	13.20	11.00			
世界总计	1 147.00	1 085.00	1 050.00	1 078.00	1 021.48	1 010.02

资料来源：国际橡胶研究集团（IRSG）历年《橡胶统计公报》；中国产量为国内公布数据。

表 45　　世界主要国家(地区)合成橡胶消费量　　万吨

国家(地区)＼年份	2003	2002	2001	2000	1999	1998
加拿大	22.53	22.79	22.80	23.30	22.10	23.81
美　国	192.64	189.69	184.00	211.80	209.40	235.44
巴　西	34.96	31.40	30.40	35.10	31.20	31.50
墨西哥	14.00	12.60	14.20	17.70	16.90	16.50
其他拉美国家	20.10	17.72	19.85	21.00	22.10	21.80
比利时/卢森堡	11.80	11.30	11.90	12.50	12.00	13.60
法　国	49.32	46.93	46.45	48.15	41.12	45.14
德　国	61.50	61.20	63.00	62.10	60.50	56.90
意大利	24.70	26.20	27.60	29.20	28.70	27.50
西班牙	29.40	29.20	26.20	23.90	24.20	22.87
英　国	20.10	16.20	16.70	18.80	18.90	17.70
其他欧盟国家	36.98	36.52	34.68	37.10	36.60	37.30
白俄罗斯	3.80	3.40	3.50	3.80	2.70	3.20
捷　克	9.90	9.30	9.60	9.20	8.80	8.50
波　兰	13.40	12.50	11.90	12.40	9.53	10.10
罗马尼亚	2.85	2.65	3.00	2.85	2.50	2.90
俄罗斯	61.90	55.20	62.00	48.00	42.50	35.80
土耳其	12.35	10.30	8.90	10.00	10.10	10.10
乌克兰	6.50	5.60	5.80	6.00	6.00	6.10
其他欧洲国家	15.63	13.80	15.17	14.20	12.90	14.30
南　非	6.60	5.80	5.00	6.10	6.50	6.30
其他非洲国家	5.12	5.46	5.58	5.80	6.30	5.90
澳大利亚	4.70	4.20	4.40	5.60	5.30	5.50
中　国	220.22	175.00	157.50	145.50	114.27	100.18
印　度	20.31	19.17	17.17	17.13	16.36	15.48
印度尼西亚	11.10	9.60	11.40	14.20	10.80	10.50
日　本	111.07	108.76	108.51	113.75	113.29	111.57
韩　国	33.70	38.40	36.40	38.20	39.40	27.68
马来西亚	10.50	11.40	9.60	9.70	9.90	7.90
中国台湾	29.30	26.30	22.70	26.00	26.50	27.20
泰　国	16.30	14.80	14.00	14.40	11.70	10.00
其他亚洲国家	17.63	18.24	19.19	20.00	16.90	17.60
世界总计	1 137.00	1 065.00	1 036.00	1 068.00	999.27	989.18

资料来源：国际橡胶研究集团（IRSG）历年《橡胶统计公报》；中国产量为国内公布数据。

表 46　　**世界主要国家(地区)原油进口量**　　万吨

国家(地区) \ 年份	2003	2002	2001	2000	1999	1998
美　国	48 030	45 050	45 540	44 600	42 760	42 580
加拿大	4 510	4 320	4 700	4 540	4 060	3 830
墨西哥	—	—	—	—	—	—
中南美洲	3 770	4 220	4 460	4 460	5 430	5 310
欧　洲	48 850	46 740	46 460	40 270	39 350	41 790
前苏联	—	—	—	30	—	—
中　东	1 050	420	420	420	420	420
北　非	850	830	810	790	770	750
西　非	270	290	260	280	380	220
东南非洲	2 500	2 470	2 650	2 230	2 360	2 470
大洋洲	2 420	2 450	2 610	2 430	2 860	2 580
中　国	9 110	6 940	6 030	7 030	3 660	2 730
日　本	21 320	20 220	21 200	21 500	21 490	21 870
其他亚太国家	34 320	32 720	33 260	32 420	29 410	26 980
其他国家	—	—	—	—	—	1 800
世界总计	177 000	166 670	168 400	166 070	157 810	158 490

资料来源:《BP 能源统计》2004 年。

表 47　　**世界主要国家(地区)原油出口量**　　万吨

国家(地区) \ 年份	2003	2002	2001	2000	1999	1998
美　国	110	130	190	320	660	810
加拿大	7 720	7 110	6 590	6 440	5 840	6 350
墨西哥	9 970	9 340	9 080	8 670	8 120	8 520
中南美洲	9 610	10 340	10 520	10 430	11 020	11 510
欧　洲	5 220	6 710	5 480	6 370	6 050	3 980
前苏联	22 990	18 870	15 950	14 290	13 580	12 330
中　东	83 180	78 730	83 870	83 590	79 410	81 700
北　非	9 960	9 310	9 870	10 030	9 930	10 090
西　非	17 560	15 150	15 470	16 150	14 540	15 250
东南非洲	1 030	840	710	600	220	—
大洋洲	1 290	1 640	1 620	1 720	1 040	1 020
中　国	780	730	660	1 040	790	1 430
日　本	—	—	—	10	20	—
其他亚太国家	5 080	4 830	4 840	4 820	5 360	4 590
其他国家	2 500	2 940	3 550	1 580	1 220	900
世界总计	177 000	166 670	168 400	166 070	157 810	158 490

资料来源:《BP 能源统计》2004 年。

表 48　　世界主要国家塑料进口量　　万吨

国家＼年份	2002	2001	2000	1999	1998	1997
美　国	683.5	615.1	—	—	249.2	244.8
日　本	116.3	116.7	118.5	112.0	88.2	77.6
德　国	613.0	642.0	632.0	600.0	634.0	549.9
法　国	380.0	391.4	388.4	362.1	342.0	318.3
意大利	478.0	463.0	442.0	417.5	380.5	347.5
英　国	336.0	339.2	351.6	327.3	329.7	343.1

资料来源：日本《塑料》历年第 6 期。

表 49　　世界主要国家塑料出口量　　万吨

国家＼年份	2002	2001	2000	1999	1998	1997
美　国	1 119.3	1 059.6	—	—	359.1	522.1
日　本	466.3	402.9	431.3	423.8	384.3	372.1
德　国	985.0	960.0	939.0	847.0	741.0	746.2
法　国	503.3	509.5	518.3	501.2	454.7	450.0
意大利	150.0	152.5	155.5	150.0	147.0	137.5
英　国	151.0	136.8	146.4	136.7	120.8	101.6

资料来源：日本《塑料》历年第 6 期。

表 50　　世界主要国家(地区)合成橡胶进口量　　万吨

国家(地区)＼年份	2003	2002	2001	2000	1999	1998
加拿大	32.41	32.90	33.17	33.88	30.12	28.62
美　国	57.65	60.67	59.47	65.66	58.16	52.55
阿根廷	3.03	2.85	2.20	2.83	3.00	2.20
巴　西	11.64	9.99	10.59	11.38	8.59	10.80
智　利①	1.99	1.88	1.85	1.69	1.80	2.00
哥伦比亚①	3.06	3.06	3.14	3.89	3.60	3.60
墨西哥	9.65	8.88	9.90	10.01	9.41	8.60
秘　鲁	1.03	1.07	0.95	0.86	0.76	0.79
委内瑞拉①	3.29	2.80	4.00	4.20	4.20	3.80
其他拉美国家①	5.60	5.60	6.80	6.80	6.67	6.40
奥地利①	4.25	3.61	3.09	4.20	4.25	3.93
比利时/卢森堡	38.06	37.59	37.09	42.35	38.24	35.44
丹　麦①	1.39	1.36	1.74	1.37	1.69	1.65
芬　兰①	1.89	2.63	2.03	1.91	2.60	2.47
法　国	35.57	33.73	32.50	37.31	34.31	34.27
德　国	42.59	43.77	42.42	43.54	39.38	40.53
希　腊①	1.07	1.15	1.03	0.97	1.42	1.19
爱尔兰①	1.21	1.41	1.03	0.92	0.65	0.84
意大利	32.21	32.00	31.89	34.91	32.95	32.02
荷　兰	16.25	13.97	14.80	15.34	15.72	11.67
葡萄牙①	4.45	4.76	3.95	4.44	5.20	4.34

续表

国家(地区) \ 年份	2003	2002	2001	2000	1999	1998
西班牙	28.34	28.40	25.33	23.15	23.63	21.76
瑞　典	4.42	5.53	6.20	7.11	4.31	4.58
英　国	18.42	15.90	16.15	21.96	19.71	21.88
白俄罗斯①	3.81	3.40	3.50	3.80	2.70	3.50
捷　克	7.50	6.80	7.38	6.20	6.00	4.60
匈牙利①	3.00	2.85	3.00	3.00	3.00	2.30
波　兰	10.67	9.79	8.04	6.00	5.40	6.00
罗马尼亚	1.79	1.51	1.49	1.45	0.94	1.01
俄罗斯	3.30	2.79	3.36	3.06	1.21	1.47
斯洛伐克①	3.63	2.60	2.83	2.40	2.45	2.39
斯洛文尼亚①	3.92	3.20	3.55	3.00	3.00	3.00
瑞　士①	1.93	2.14	2.19	2.29	1.94	2.08
土耳其①	9.31	7.70	5.06	6.63	6.92	5.40
乌克兰①	6.50	5.60	5.80	6.00	6.00	8.00
南斯拉夫	1.40	1.40	1.39	1.49	0.95	1.20
其他欧洲国家①	1.24	1.65	2.40	2.68	2.92	3.04
埃　及①	0.60	0.90	1.00	1.14	1.80	1.70
尼日利亚①	0.48	0.52	0.50	0.52	0.40	0.40
南　非	1.90	1.77	1.43	1.58	1.49	1.78
其他非洲国家	4.04	4.04	4.08	4.11	4.12	4.56
澳大利亚①	4.42	4.06	4.41	2.90	2.56	2.40
孟加拉国	0.24	0.24	0.20	0.20	0.20	0.12
中　国	100.58	89.21	71.46	67.03	48.52	44.42
中国香港①	2.34	4.15	3.92	3.48	2.34	3.27
印　度①	12.05	11.85	10.58	9.08	7.46	7.70
印度尼西亚①	10.09	10.84	10.32	13.00	8.40	7.50
伊　朗	0.60	1.20	1.30	1.20	1.20	1.20
以色列①	1.60	1.60	1.80	1.80	2.20	1.80
日　本	18.57	17.51	16.46	17.07	12.22	9.78
韩　国	11.62	14.29	10.16	12.12	11.41	8.40
马来西亚①	10.48	11.41	9.55	9.57	9.95	7.88
新西兰①	1.37	1.28	1.31	1.28	1.29	1.33
巴基斯坦①	1.53	1.41	1.48	1.55	1.48	1.25
菲律宾①	1.80	1.85	2.12	2.65	2.00	1.40
斯里兰卡①	1.41	1.40	1.40			
中国台湾	13.93	14.14	11.36	12.26	11.30	10.32
泰　国	13.30	13.20	10.78	10.83	8.40	2.00
其他亚洲国家①	2.40	2.31	2.86	4.27	2.79	2.83
世界总计	647.00	621.00	592.00	616.00	543.66	512.00

① 净进口量。

资料来源：国际橡胶研究集团（IRSG）历年《橡胶统计公报》；中国产量为国内统计数据。

表 51　　世界主要国家(地区)合成橡胶出口量　　万吨

国家(地区)＼年份	2003	2002	2001	2000	1999	1998
加拿大	25.05	25.12	24.74	29.32	25.72	23.87
美国	92.04	86.44	84.44	88.60	79.68	74.21
阿根廷	3.64	3.37	2.94	3.54	2.40	2.80
巴西	17.05	13.81	11.40	12.92	13.81	13.20
墨西哥	13.63	14.37	13.00	12.76	9.55	7.60
比利时/卢森堡	38.00	40.41	39.00	42.80	41.50	37.50
法国	58.02	54.87	53.24	56.05	50.12	49.68
德国	66.76	62.31	64.07	64.70	51.05	45.58
意大利	31.75	31.20	31.70	34.45	32.40	33.95
荷兰	22.95	22.00	24.80	26.99	24.82	19.51
西班牙	7.70	8.00	8.00	8.40	9.00	7.20
瑞典	0.90	1.23	1.69	2.08	1.25	0.83
英国	30.01	29.10	31.35	31.58	28.97	28.89
保加利亚	1.60	1.60	2.50	2.60	3.60	3.60
捷克	6.40	6.40	6.54	6.00	5.80	5.80
波兰	6.23	5.82	5.07	4.00	5.30	4.40
罗马尼亚	0.08	0.63	0.78	0.62	0.06	0.19
俄罗斯	50.20	41.59	34.73	31.95	29.91	25.71
土耳其	0.42	0.34	0.48			
南斯拉夫	3.85	4.13	3.27			
其他欧洲国家①	0.20	0.20	0.20	3.43	3.76	3.28
南非	2.99	2.89	2.65	2.07	1.30	1.87
澳大利亚	0.66	0.68	0.40	0.26	0.43	0.40
中国	7.58	11.16	7.77	6.72	2.66	3.16
印度尼西亚	3.46	4.90	3.71			
伊朗	2.29	2.19	2.20	3.00	3.00	3.00
日本	55.70	57.47	48.85	53.63	55.71	48.99
韩国	47.91	43.53	40.01	41.71	37.48	33.99
中国台湾	40.04	39.08	35.26	33.66	33.39	29.76
泰国	9.50	8.84	7.74			
世界总计	647.00	621.00	59.20	616.00	557.76	512.00

① 包括亚美尼亚和阿塞拜疆。

资料来源：国际橡胶研究集团（IRSG）历年《橡胶统计公报》；中国产量为国内统计数据。

表52　2002年世界最大的50家石油公司综合排名(按前6项指标综合测算)

年度公司排名位次		公司名称	国有比例	石油储量/亿吨	天然气储量/亿米^3	石油产量/万吨	天然气产量/亿米^3	炼制能力/万吨·年$^{-1}$	油品销量/万吨	总收入/亿美元	总资产/亿美元	利润/亿美元
2002	2001											
1	1	沙特阿拉伯国家石油公司	100	358.63	65 090	40 065	572	11 024	13 791	—	—	—
2	2	埃克森美孚公司	—	17.29	15 768	12 480	1 080	31 395	38 521	1 820.55	1 526.44	114.60
3	3	委内瑞拉国家石油公司	100	106.71	41 771	14 500	413	16 288	13 036	411.04	570.00	25.00
4	4	伊朗国家石油公司	100	135.73	229 881	17 765	614	7 320	6 277	269.76	344.97	42.91
5	5	皇家荷兰/壳牌集团	—	13.88	15 123	11 860	973	22 511	36 743	1 821.69	1 526.91	94.19
6	6	BP公司	—	12.55	13 807	10 090	899	17 550	32 592	1 826.16	1 591.25	68.43
7	8	雪佛龙德士古公司	—	11.87	5 472	9 485	452	11 039	19 208	560.00	773.59	11.32
8	7	墨西哥国家石油公司	100	23.56	4 241	17 645	323	8 402	7 360	470.32	676.25	-29.57
8	9	道达尔菲纳埃尔夫公司	—	9.91	6 106	7 945	468	13 210	15 722	981.49	894.33	56.39
10	10	中国石油天然气股份有限公司	90	15.07	10 986	10 545	225	9 864	7 007	430.00	583.01	56.65
11	12	科威特国家石油公司	100	132.19	15 554	9 335	78	4 494	5 641	275.68	370.00	—
12	13	美国大陆菲利普斯公司	—	7.04	4 539	4 930	211	12 961	11 213	509.88	768.36	-2.95
13	13	印度尼西亚国家石油公司	100	5.48	19 633	4 225	518	4 931	5 011	122.05	160.00	6.94
13	11	阿尔及利亚国家石油公司	100	12.6	44 997	4 855	786	2 235	3 551	207.30	280.00	—
15	15	巴西国家石油公司	33	12.27	2 681	7 675	170	10 036	12 122	236.00	320.18	23.11
16	16	阿布扎比国家石油公司	100	75.63	55 496	8 450	599	2 523	993	—	—	—
17	17	意大利埃尼集团	36	5.18	5 272	4 605	341	3 248	5 204	472.18	689.73	43.60
17	18	西班牙雷普索尔-YPF集团	—	2.77	5 152	2 920	241	6 128	5 815	295.51	398.95	18.53

续表

年度公司排名位次		公司名称	国有比例	石油储量/亿吨	天然气储量/亿米^3	石油产量/万吨	天然气产量/亿米^3	炼制能力/万吨·年$^{-1}$	油品销量/万吨	总收入/亿美元	总资产/亿美元	利润/亿美元
2002	2001											
19	21	马来西亚国家石油公司	100	5.07	24 763	3 500	397	2 130	4 569	348.94	468.51	39.75
20	26	俄罗斯鲁克石油公司	8	20.9	6 838	7 725	36	9 716	4 589	185.00	220.01	18.43
21	19	伊拉克国家石油公司	100	153.42	31 130	10 200	38	2 994	2 334	—	—	—
22	20	尼日利亚国家石油公司	100	20.41	35 092	8 935	78	2 210	1 425	—	—	—
23	22	利比亚国家石油公司	100	49.32	12 727	4 875	62	1 887	1 753	—	—	—
24	24	埃及石油总公司	100	2.53	8 278	1 890	113	3 605	3 119	—	—	—
25	25	卡塔尔石油总公司	100	20.83	257 569	3 200	408	680	387	—	—	—
26	23	中国石化股份有限公司	57	4.55	942	3 695	51	13 244	6 992	309.72	453.57	19.42
26	31	俄罗斯尤克斯公司	—	18.81	2 199	6 960	24	3 715	3 700	114.02	143.94	30.58
28	27	俄罗斯苏尔古特油气公司	—	9.1	3 341	4 950	133	1 837	1 460	120.02	155.00	—
29	29	挪威国家石油公司	80	2.56	3 812	3 710	186	1 614	2 135	214.33	295.27	21.40
30	28	印度石油天然气总公司	95	6	7 592	2 765	260	—	2 379	72.63	91.56	23.39
31	30	俄罗斯天然气公司	38	20.55	373 560	1 020	4 958	—	497	920.43	776.67	9.21
32	34	俄罗斯石油公司	100	15.06	38 961	1 610	64	998	1 907	43.32	51.93	3.23
33	32	俄罗斯秋明石油公司	—	11.68	1 137	3 790	37	5 021	2 086	92.49	99.74	11.67
34	33	马拉松石油公司	—	0.99	956	1 035	127	4 643	6 545	158.00	178.12	5.16
35	39	哥伦比亚国家石油公司	100	2.24	1 299	2 890	62	1 564	1 381	71.48	87.40	4.67
36	35	阿塞拜疆国家石油公司	100	4.25	3 821	895	51	2 185	646	—	—	—

续表

年度公司排名位次		公司名称	国有比例	石油储量/亿吨	天然气储量/亿米^3	石油产量/万吨	天然气产量/亿米^3	炼制能力/万吨·年$^{-1}$	油品销量/万吨	总收入/亿美元	总资产/亿美元	利润/亿美元
2002	2001											
37	38	阿曼石油开发公司	60	4.33	4 975	2 580	67	397	238	—	—	—
38	37	叙利亚国家石油公司	100	2.26	1 588	1 705	58	1 192	1 276	—	—	—
39	36	美国阿美拉达赫斯公司	—	1.07	701	1 625	78	1 306	1 902	109.62	132.62	-2.18
39	47	加拿大石油公司	18	1.14	781	1 225	85	1 554	1 738	71.19	85.22	6.21
41	n/a	美国埃尔帕索能源公司	—	0.19	1 251	245	138	2 344	1 495	346.18	462.24	-14.67
41	44	俄罗斯西丹科石油公司	—	9.01	5 105	1 900	11	700	526	—	—	—
43	43	安纳达科石油公司	—	1.55	2 032	1 235	182	—	—	160.00	182.48	8.25
44	41	加拿大能源公司	—	1.65	2 169	1 020	204	—	—	171.88	198.63	7.78
45	40	俄罗斯西伯利亚石油公司	—	6.47	408	2 550	14	1 942	1 217	67.00	75.48	11.61
46	44	挪威水利公司	44	1.45	1 876	1 850	64	214	209	235.72	297.83	11.13
47	51	美国戴文能源公司	—	0.87	1 652	835	215	—	—	125.43	162.25	0.94
48	46	美国加州联合油公司	—	0.93	1 856	835	189	—	—	102.18	107.60	3.31
49	49	美国伯灵顿资源公司	—	0.81	2 233	545	198	—	—	97.03	106.45	4.54
50	56	英国天然气公司	—	0.72	2 373	5 75	160	—	—	105.49	108.79	6.18
50	50	美国西方石油公司	—	2.70	580	2 050	65	—	—	154.49	165.48	9.89

资料来源：美国《石油情报周刊》2003 年 12 月 15 日。

（刘剑平　廖　健　崔德仁）

附 录

附录 1

科技成果获奖名单

表 1　获 2003 年度国家科技进步奖项目

项 目 名 称	主 要 完 成 单 位	主 要 完 成 者
二 等 奖		
1. 已开发油田水平井地质设计及薄油层水平井钻井技术	中国石化胜利油田有限公司 中国石化胜利油田管理局	李 阳 赵金洲 刘显太 孙海芳 王建勇 都振川 孙民生 王升廷 邢正岩 贺兆顺
2. 断陷盆地多样性潜山带成因、成藏与勘探配套技术	中国石化胜利油田有限公司	李丕龙 张善文 曲寿利 宋国奇 王永诗 王延光 杨长春 肖焕钦 郭汝泰 马立驰
3. 气相法高效聚乙烯催化剂	中国石油化工股份有限公司北京化工研究院 上海化工研究院 中原石油化工有限责任公司 中国石化集团茂名石油化工公司 上海立得催化剂有限公司 中国石化齐鲁股份有限公司	李天益 肖明威 唐瑞国 房广信 田玉善 叶晓峰 张西国 蔡祥军 钟向宏 罗河宽
4. 苯和乙烯液相烷基化生产乙苯成套技术开发	中国石油化工股份有限公司石油化工科学研究院 中国石化北京燕化石油化工股份有限公司 中国石化工程建设公司 湖南建长石化股份有限公司 温州市双华石化三剂制造厂	张凤美 杨清雨 王 瑾 宋嘉波 肖雪军 张 赪 黄志渊 赵西明 李明林 何应华
5. 年产 24 万吨乙烯裂解气压缩机组	沈阳鼓风机厂 杭州汽轮机股份有限公司 中国石油天然气股份有限公司大庆石化分公司 中国石化工程建设公司 中国石油化工集团公司	刘云飞 王 昱 严建华 苏永强 王文祥 吴光华 李春基 马将发 王金娥 徐润清
6. 3000 米车装钻机	中国石化集团河南石油勘探局南阳石油机械厂	郭谊民 胡德祥 鲁其青 尹永晶 陈增伟 唐大鹏 杨汉立 孟宪媛 解学跃 余利军

表 2　获 2003 年度国家技术发明奖项目

项 目 名 称	主 要 完 成 单 位	主 要 完 成 者
二 等 奖		
1. 聚丙烯新型高效催化剂的研究开发及工业应用	中国石油化工股份有限公司北京化工研究院	

表 3　　获 2003 年度石化集团公司科技进步奖项目

项　目　名　称	主要完成单位	主　要　完　成　者
	一　等　奖	
1. 东营凹陷成藏组合体理论研究	中国石化胜利油田有限公司	李丕龙　宋国奇　张林晔　宗国洪　郝雪峰　刘　庆　卓勤功　张守春　熊　伟　徐兴友　闵　伟　王　茹　宁方兴　孔祥星　李　政
2. 全三维地震勘探技术研究	中国石化胜利油田有限公司	曲寿利　赵殿栋　丁　伟　刘传虎　王　鑫　刘洪文　吕公河　季玉新　刘书会　徐锦玺　刘成斋　韩宏伟　张庆淮　宋玉龙　王延光
3. 陆相断陷盆地隐蔽油气藏形成机制与勘探	中国石化胜利油田有限公司	李丕龙　张善文　潘元林　宋国奇　肖焕钦　李干生　王永诗　时华星　谭明友　吕希学　邱桂强　石砥石　赵铭海　朱家俊　翟庆龙
4. 川西坳陷侏罗系致密砂岩气藏评价与预测技术研究	中国石化集团西南石油局 中国石油化工股份有限公司西南分公司	杨克明　唐建明　张晓鹏　陈必孝　杨　宇　黄　跃　张　虹　叶　军　李书兵　胡华伟　吕正祥　甘其刚　唐　宇　黎从军　张　筠
5. 胜利开发油区复杂砂岩油藏滚动勘探开发技术	中国石化胜利油田有限公司	李　阳　张宗檩　周建宇　史文东　王新征　付金华　康仁华　何瑞武　刘魁元　侯庆功　孙　国　彭尚谦　蔡宏兴　韩忠义　孟　阳
6. 胜利油田聚合物驱油配套技术研究及工业化应用	中国石化胜利油田有限公司	宋万超　李　阳　孙焕泉　才汝成　李振泉　张绍东　王东海　张以根　郭兰磊　杜荣光　曹绪龙　宋新旺　陆先亮　田　冀　姜颜波
7. 欠平衡压力钻井配套技术研究	中国石化集团胜利石油管理局	王宝新　杲传良　韩来聚　李　阳　李宗清　易文所　张桂林　苗锡庆　刘显太　陈永明　杨德京　燕修良　乔　军　王绍先　李作会
8. 180 万吨/年含硫蜡油加氢脱硫成套技术开发	中国石化镇海炼油化工股份有限公司 中国石化集团抚顺石油化工研究院 中国石化集团洛阳石化工程公司	方向晨　任炽刚　曾　茜　俞仁明　吴宜冬　蒋文钧　王继锋　胡江青　李立权　钱华良　祁兴维　洪　波　梁湘程　罗锦保　陈崇刚
9. 中压加氢裂化技术(RMC)的开发与工业应用	中国石油化工股份有限公司石油化工科学研究院 中国石油化工股份有限公司北京燕山分公司 中国石化工程建设公司	石亚华　杨清雨　熊震霖　刘家明　华　炜　胡志海　孙丽丽　姜殿虹　史建文　张　强　聂　红　朱印全　石玉林　李振谦　孙　毅
10. 车用乙醇汽油的研究开发及应用	中国石油化工股份有限公司石油化工科学研究院 中国石油化工集团公司经济技术研究院 中国石油化工股份有限公司河南石油分公司 中国石化工程建设公司	张永光　杨国勋　刘顺涛　由爱农　景振华　张　欣　马振全　赵广明　吴明清　张国生　郭　莘　焦德才　蒋福康　李凤奇　徐燕声
11. 上流式渣油加氢保护剂开发和工业应用	中国石化集团抚顺石油化工研究院 中国石油化工股份有限公司齐鲁分公司 中国石化工程建设公司	刘纪端　刘家明　王志武　孙振光　刘喜来　胡正海　彭　派　孙丽丽　韩照明　穆海涛　雷　平　李文儒　李银绪　刘凯祥
12. 3 万吨/年腈纶工程化成套技术开发	中国石化上海石油化工股份有限公司 中国石化集团上海工程有限公司	任国强　杜重骏　车　地　瞿国华　茅烟桥　洪贵学　钱桢仪　柴卫工　孙盛康　邱火生　王逸君　徐　静　梅诗宇　彭理通　洪志铨

续表

项　目　名　称	主要完成单位	主　要　完　成　者
13. 高速 BOPP 薄膜专用料的研制和开发	中国石油化工股份有限公司北京化工研究院 中国石化上海石油化工股份有限公司	施培明　乔金梁　陆秋欢　陈海林　黄伟东　陈斌康　刘　勇　王荣和　蒋忠辉　任敏勇　董　超　郭梅芳　王良诗　黄红红
14. 几种重要的聚丙烯专用料的基础研究及工业应用	复旦大学 中国科学院长春应用化学所 中国石油化工股份有限公司北京化工研究院	杨玉良　乔金梁　何天白　张红东　薄淑琴　杨德才　卢红斌　姜炳政　郭梅芳　杨鸣波　周恩乐　邱　枫　王良诗　张京春　黄红红
15. 国产 NG 催化剂在 20 万吨/年气相法聚丙烯装置上工业应用	中国石油化工股份有限公司北京化工研究院 中国石化北京燕化石油化工股份有限公司 北京市奥达石化新技术开发中心	李　刚　王志武　马良兴　李天益　杨清雨　高明智　赵起超　谭　忠　吴炳印　杨菊秀　华　炜　刘海涛　刘子军　张　凯　袁春海
16. 海上自升式钻修平台	中国石化集团胜利石油管理局	何生厚　曹耀峰　孙东昌　郭洪升　张剑波　王　泉　孙永泰　张孝友　亓和平　龚　闽　刘忠彦　李学景　肖　熙　李孟杰　姜文水
17. 大口径长距离输油管道穿越长江的设计与应用	中国石油化工股份有限公司管道储运分公司	夏于飞　钱建华　高河东　刘　胜　张德桥　陈雪华　郭敏智　金　键　卜文平　金　勇　吴　勇　康新生　刘　硕　祁志江　赵富贵
18. 绿色石化技术的科学与工程基础	中国石化出版社 中国石油化工股份有限公司石油化工科学研究院 北京化工大学	闵恩泽　李成岳　李贤均　金子林　毛在砂　王祥生　沈师孔　范康年　何奕工　吴　越　孙桂大　何重金　赵　怡　吴　巍　米镇涛
	二　等　奖	
1. 泌阳凹陷深层系低孔低渗油气藏勘探及配套技术攻关研究	中国石油化工股份有限公司河南油田分公司	陈　祥　秦伟军　邱荣华　曾光明　林社卿　赵克超　孙凤华　陈代林　黄青松　罗家群　张永华　温志新
2. 白音查干凹陷石油地质综合研究	中国石油化工股份有限公司中原油田分公司	冯建辉　吕延仓　孙宜朴　库国正　靳广兴　许书堂　蒋飞虎　张放东　张亚敏　邓已寻　王婧韫　杨　静
3. 复杂岩性储层高精度反演及应用技术	中国石化胜利油田有限公司	孟宪军　慎国强　王延光　钮学民　孙振涛　王玉梅　李海涛　刘成斋　黄捍东　陈　娟　王秀玲　谢雄举
4. 重磁电震联合反演技术研究及应用	中国石化胜利油田有限公司	陈建平　阎汉杰　谭明友　贾红义　李云平　夏吉庄　刘国宏　张云银　林治模　胡加山　张晓凤　冯国志
5. 录井信息评价技术及仪器国产化配套研究	中国石化集团胜利石油管理局	张殿强　李联玮　孙兴海　张　卫　刘宗林　梁东河　陈锡武　慈兴华　刘志勤　章江海　刘其春　王维凯
6. 稠油注蒸汽开采增效技术研究	中国石油化工股份有限公司河南油田分公司	谢建军　樊中海　黄青松　石步乾　黄德明　张明亮　尹晓静　马道祥　郝立军　王新亮　韩　怀　许玉春
7. 江汉油区滚动勘探开发研究	中国石油化工股份有限公司江汉油田分公司	常子恒　杨国圣　胡　辉　张建荣　向树安　邓江宏　索绪昌　苏　苇　曾　强　杨　斌　陈　丽　彭义成

续表

项目名称	主要完成单位	主要完成者
8. 塔里木盆地塔河油田深井碳酸盐岩储层深度酸压改造工艺技术	中国石油化工股份有限公司西北分公司 西南石油学院 中国石油集团新疆石油管理局 中国石油集团吐哈石油勘探开发指挥部 四川石油管理局	陈令明 孟 伟 赵金洲 常志远 郭建春 王艳伟 袁 栋 王 庆 马卫荣 刘发洪 刘雄飞 李子甲
9. 复杂断块油藏重复压裂技术	中国石油化工股份有限公司中原油田分公司	王寿平 李明志 杜卫平 张强德 刘三威 张敬武 刘地渊 王安培 林 涛 李凤霞 曾雨辰 刘迎香
10. 砂岩油藏动态模型及剩余油分布模式基础研究	中国石化胜利油田有限公司	孙焕泉 孙 国 吴素英 程会明 曲岩涛 赵嘉陵 邓玉珍 隋淑玲 刘志宏 刘 津 杨仁金 孟小海
11. 提高常规注水管柱工作寿命配套技术研究	中国石化胜利油田有限公司	王增林 崔玉海 唐高峰 辛林涛 李世文 丁晓芳 王洪宝 郭 慧 张洪军 乜冠祯 孙鑫宁 马来增
12. 300万吨/年催化裂化装置技术攻关	中国石化镇海炼油化工股份有限公司 中国石化集团洛阳石油化工工程公司 中国石油化工股份有限公司石油化工科学研究院	任炽刚 郝希仁 屈文杰 王亚民 郝嵩岳 马 宏 陈尧焕 王泽育 吴 青 张立新 胡江青 汪建羽
13. 催化柴油深度加氢处理RICH技术开发及工业应用	中国石油化工股份有限公司石油化工科学研究院 中国石油化工股份有限公司洛阳分公司 长岭炼油化工有限责任公司催化剂厂	应亦兵 王治卿 胡志海 赵新强 薛稳曹 赵振辉 蒋东红 刘志坚 陈水银 贾景山 张凤美 聂 红
14. 乙二醇中毒PX吸附剂再生技术研究与工业应用	中国石油化工股份有限公司石油化工科学研究院	郁 灼 官调生 赵毓璋 郑国栋 王辉国 朱书贞 杨海鹰 杨 哲 冷家厂 薛玉松 余富海 王建青
15. PS－VI型连续重整催化剂的研制和工业应用	中国石油化工股份有限公司石油化工科学研究院 中国石化镇海炼油化工股份有限公司	马爱增 任炽刚 潘锦程 罗卫东 张朋成 杨森年 景振华 胡江青 纪长青 倪小亮 刘 辰 孙敏杰
16. FDS－4加氢脱硫催化剂的研制及工业应用	中国石油化工股份有限公司抚顺石油化工研究院 中国石化茂名炼油化工股份有限公司 中国石油化工股份有限公司金陵分公司	周 勇 卞凤鸣 孙 荣 郭 蓉 李 扬 汪东红 王 宏 高玉兰 申 涛 祁兴维 曹凤兰 姚运海
17. 中型乙烯成套技术——天津乙烯改造技术	中国石化集团天津石油化工公司 中国石化工程建设公司 中国石油化工股份有限公司北京化工研究院 南京石化工业炉联合设计研究所	李广华 李希宏 吴孝炽 王 斌 王松汉 信墨庆 赵百仁 魏 斌 邱国平 张兆斌 高云忠 康 翼
18. 聚合物多元醇GPOP－2042的研制	中国石化集团上海高桥石油化工公司	顾良民 陈凤秋 顾卫东 陈颂义 徐 清 沈立飞 刘 敏 徐文跃 潘建华
19. 裂解碳五制高纯度异戊烯的工业技术开发	中国石化上海石油化工股份有限公司 中国石化齐鲁石油化工股份有限公司	郝兴仁 郭世卓 杨忠保 王 伟 王迎春 唐 豪 刘华婷 张金永 高步良 高 进 孙春水 李玉田

续表

项目名称	主要完成单位	主要完成者
20. 可乐用瓶级切片系列产品的开发	中国石化仪征化纤股份有限公司	唐周军 魏高富 邵荣华 陈 群 李德宏 陈锦国 马立刚 吴海彬 邵 群 戴钧明 何胜君 戴志彬
21. 1.33dtex 超有光缝纫线用涤纶短纤维研究开发	中国石化上海石油化工股份有限公司	俞明康 王鸣义 顾成保 李 旭 倪江宁 郁培龄 虞辛日 林雪梅 卢守华 王伟川 葛 群
22. 2000 型成套压裂设备	中国石化集团江汉石油管理局	高文金 吴汉川 乔 春 唐 军 陈 兴 张保弟 许亚彬 杨洪方 岳 刚 周爱军 周向东 刘玉贵
23. ZJ50/3150DZ 石油钻机	中国石化集团中原石油勘探局	李春第 国建军 邓卫东 张 斌 周梅谦 于滨武 李德征 彭代清 何毓民 李良青 李 威 陈蔚茜
24. 超高压管式反应器国产化	北京燕化建筑安装工程公司 中国石化北京燕化石油化工股份有限公司	尹士安 吕长钦 傅文亮 闫永立 魏 纯 郑继民 隗合君 翁必生 王占军 李 晔 闫国平 杜成光
25. 长输管道泄漏实时监测系统研究	中国石油化工股份有限公司管道储运分公司	钱建华 夏于飞 卜文平 王 俊 李保国 李 健 靳春义 王慧勇 尚孟平 王立坤 张厚亮 殷振兴
26. 石油钻头并行工程应用示范工程	中国石化集团江汉石油管理局江汉石油钻头股份有限公司	梅敬民 洪春玲 赵进斌 张志檩 余立新 吴 杰 吴 鹏 郭承富 宋远峰 肖新启 周 勇 程 永
27. 国家标准《汽车加油加气站设计与施工规范》GB 50156—2002	中国石油化工集团公司工程建设管理部 中国石化工程建设公司 四川石油管理局勘察设计研究院 中国市政工程华北设计研究院 解放军总后勤部建筑设计研究院 中国石油天然气股份有限公司规划总院 中国石化集团第四建设公司	韩 钧 陆万林 周家祥 欧清礼 计鸿谨 吴文革 范慰颉 朱晓明 张申远 许文忠 汪庆华 程晓春
28. 我国标准化工作现状及其未来发展的对策研究	中国石油化工集团公司经济技术研究院 国家经济贸易委员会 国家财政部 中国机械工业联合会 中国机械科学研究院	王为国 寿比南 朱 煜 贾立克 徐 淮 谭湘宁 王世刚 孙光奇 盛喜军 白荣春 王晓齐 徐小汀

表 4　获 2003 年度石化集团公司技术发明奖项目

项目名称	主要完成单位	主要完成者
	一 等 奖	
1. 磁稳定床用于己内酰胺加氢精制	中国石油化工股份有限公司石油化工科学研究院 中国石油化工股份有限公司巴陵分公司	孟祥堃 慕旭宏 朱泽华 江雨生 宗保宁 傅送保 闵恩泽 罗耀邦 朱怀瑾

续表

项目名称	主要完成单位	主要完成者
二等奖		
1. 小晶粒β沸石的研制及其工业应用	中国石油化工股份有限公司抚顺石油化工研究院	张奎喜　尹泽群　阮彩安　申　柯　齐邦峰　黄　薇　赵　红　谷明镝
2. 钯碳催化剂抗中毒方法	中国石油化工股份有限公司石油化工科学研究院 石家庄化纤有限责任公司	张晓昕　寇建朝　宗保宁　刘　岚　杨克勇　赵承军　闵恩泽　宛悍东
三等奖		
1. 火烧驱油点火工艺技术	中国石化胜利油田有限公司	张　毅　王世虎　曹钧合　谢志勤　蔡文斌　杜永欣　李友平
2. SPG 聚丙烯连续本体聚合新工艺的开发	中国石化集团上海医药工业设计院	高　煦　梁富栩　丁锦华　杨　荻　姚逢胜　徐　伟　向　红
3. 甲醇胺化制甲胺成套工艺技术及催化剂	中国石化股份有限公司上海石油化工研究院	程文才　邵百祥　言敏达　宋良兴　张惠明　刘文杰　杨德琴
4. 高纯乙腈精制回收技术	中国石油化工股份有限公司上海石油化工研究院	方永成　熊　瑾　顾军民　戴德斌

附录 2

中国石油化工集团公司企事业单位名录

序号	单位名称	地址	邮政编码	电话	传真	董事长/经理(厂长)
1	中国石油化工集团公司经济技术研究院	北京市朝阳区安外小关街 24 号	100029	(010)64449006	(010)64449005	刘均安
2	中国石化集团国际石油勘探开发有限公司	北京市海淀区北四环中路 263 号	100083	(010)82310862	(010)82310841	牟书令/周佰修
3	中国石化集团国际石油工程有限公司	北京市东城区安外大街 58 号	100011	(010)84271820	(010)84271826	刘锦信
4	中国石化财务有限责任公司	北京市朝阳区惠新东街甲 6 号	100029	(010)64998551	(010)84645704	张秀林/唐文清
5	中国石化集团销售实业有限公司	北京市朝阳区惠新东街甲 6 号	100029	(010)64998828	(010)84641014	李春光
6	中国石化集团物资装备公司	北京市朝阳区惠新东街甲 6 号	100029	(010)64999459	(010)84642206	温勇祥
7	中石化百川经济贸易公司	北京市朝阳区惠新东街甲 6 号	100029	(010)64998551	(010)84630551	谢银虎
8	中国石化报社	北京市东城区安外大街 58 号	100011	(010)84271813	(010)84273681	何绍改
9	中国石化出版社	北京市东城区安外大街 58 号	100011	(010)84278950	(010)84289982	王子康
10	石油化工管理干部学院	北京市朝阳区立水桥北甲 1 号	100012	(010)51201203	(010)51201206	唐登志
11	中国石化集团胜利石油管理局	山东省东营市济南路 258 号	257001	(0546)8555007	(0546)8551496	曹耀峰
12	中国石化集团中原石油勘探局	河南省濮阳市中原路 277 号	457001	(0393)4733506	(0393)4823311	李春第
13	中国石化集团河南石油勘探局	河南省南阳市宛城区官庄镇	473132	(0377)3830011	(0377)3830027	袁正文/李联任
14	中国石化集团江汉石油管理局	湖北省潜江市广华寺江汉路 1 号	433124	(0728)6502051	(0728)6502784	常子恒
15	中国石化集团江苏石油勘探局	江苏省扬州市文汇西路 1 号	225009	(0514)7762001	(0514)7760009	雍自强
16	中国石化集团滇黔桂石油勘探局	云南省昆明市青年路 143 号	650021	(0871)6145534	(0871)6145534	雷文举
17	中国石化集团新星石油有限责任公司	北京市北四环西路 1 号	100083	(010)82335150	(010)82335152	张爱东
18	中国石化集团上海海洋石油局	上海市浦东商城路 1225 号	200120	(021)68763242	(021)68769284	李培廉
19	中国石化集团西南石油局	四川省成都市一环路北四段 116 号	610081	(028)83332295	(028)83333773	乐绍东
20	中国石化集团中南石油局	湖南省长沙市梓园路 11 号	410007	(0731)5601207	(0731)5601200	袁　清
21	中国石化集团西北石油局	新疆乌鲁木齐北京北路 2 号	830011	(0991)3600768	(0991)3600768	徐向荣

续表

序号	单位名称	地址	邮政编码	电话	传真	董事长/经理（厂长）
22	中国石化集团华东石油局	南京市下关区热河南路 37 号	210011	(025)58822349	(025)58822000	刘银春
23	中国石化集团华北石油局	河南郑州市中原区伏牛路南段 197 号	450006	(0371)8629519	(0371)8612902	左文岐
24	中国石化集团东北石油局	吉林省长春市西安大路 4936 号	130062	(0431)7973631	(0431)7974693	相传林
25	中国石化集团管道储运公司	江苏省徐州市	221008	(0516)3453129	(0516)3888434	高河东
26	中国石化集团北京燕山石油化工有限公司	北京市房山区岗南路 1 号	102500	(010)69342295	(010)69342736	王永健
27	中国石化集团齐鲁石油化工公司	山东省淄博市临淄区	255408	(0533)7180777	(0533)7180406	张瑞生
28	中国石化集团上海高桥石油化工公司	上海市浦东大道 3000 号	201208	(021)58711001	(021)58712207	江正洪
29	中国石化集团金陵石油化工有限责任公司	江苏省南京市玄武区龙蟠路 51－8 号	210037	(025)5097114	(025)5410220	张大福
30	中国石化集团茂名石油化工公司	广东省茂名市红旗北路 2 号	525011	(0668)2242241	(0668)2269317	王　强/房广信
31	中国石化集团天津石油化工公司	天津市大港区北围堤路 163 号	300271	(022)63804611	(022)25990747	李希宏
32	中国石化集团扬子石油化工有限责任公司	江苏省南京市六合区	210048	(025)57782200	(025)57784389	戴厚良/吴元春
33	中国石化集团巴陵石油化工有限责任公司	湖南省岳阳市云溪区	414014	(0730)8492348	(0730)8481456	张德明
34	中国石化集团长岭炼油化工有限责任公司	湖南省岳阳市云溪区	414012	(0730)8451000	(0730)8451824	王胜利
35	仪化集团公司	江苏省仪征市胥浦镇	211900	(0514)3235595	(0514)3233880	钱衡格
36	中国石化集团南京化学工业有限公司	江苏省南京市六合区大厂葛关路 189 号	210048	(025)57791292	(025)57792812	陈鸿光
37	中国石化集团广州石油化工总厂	广东省广州市黄埔区石化路 239 号	510726	(020)82123888	(020)82399045	洪志铭
38	中国石化集团安庆石油化工总厂	安徽省安庆市高花亭	246002	(0556)5375133	(0556)5385852	丁荣香
39	中国石化集团洛阳石油化工总厂	河南省洛阳市吉利区	471012	(0379)6992302	(0379)6993999	郑怀杰
40	中国石化集团荆门石油化工总厂	湖北省荆门市白庙路	448039	(0724)2211501	(0724)2211539	郑国华
41	中国石化集团四川维尼纶厂	重庆市长寿区朱家镇	401254	(023)68974061	(023)68974009	刘家荣
42	中国石化集团九江石油化工总厂	江西省九江市滨江东路 228 号	332004	(0792)8492005	(0792)8617005	周　昌
43	中国石化集团湖北化肥厂	湖北省枝江市迎宾大道 15 号	443200	(0717)4212089	(0717)4212660	金继前/杨华章

续表

序号	单位名称	地址	邮政编码	电话	传真	董事长/经理（厂长）
44	中国石化集团石家庄炼油厂	河北省石家庄市东郊	050032	(0311)5162314	(0311)5161234	毕建国/卢立勇
45	中国石化集团济南炼油厂	山东省济南市工业南路 26 号	250101	(0531)8987331	(0531)8984709	王富龙
46	中国石化集团武汉石油化工厂	湖北省武汉市青山区长青路	430082	(027)86515662	(027)86515962	邬昆华
47	中原石油化工有限责任公司	河南省濮阳市胜利西路	457000	(0393)4471114	(0393)4416227	鹿令义
48	中国石化集团沧州炼油厂	河北省沧州市北郊	061000	(0317)3552247	(0317)3552688	黄焯明
49	中国石化集团长城润滑油有限公司	北京市海淀区安宁庄西路 6 号	100085	(010)62949875	(010)62917732	宋云昌
50	中国石化集团重庆一坪高级润滑油公司	重庆市九龙坡区渝州路 62 号	400039	(023)68799311	(023)68799333	蔚晓宁
51	中国石化集团南京化工厂	江苏省南京市和燕路 560 号	210038	(025)85311213	(025)85302204	张培毅
52	中国石化集团清江石油化工有限公司	江苏省淮安市化工路 22 号	223002	(0517)3633097	(0517)3633425	王永和/陈正洪
53	中国石化集团保定石油化工厂	河北省保定市石化路 58 号	071059	(0312)3109018	(0312)3112482	夏军伟
54	中国石化集团青岛石油化工厂	山东省青岛市李沧区滨海路 8 号	266043	(0532)4825511	(0532)4816594	王英彬
55	中国石化集团杭州炼油厂	江苏省杭州市康桥平炼路 48 号	310015	(0571)88041011	(0571)88043460	陈 霆
56	湛江东兴石油企业有限公司	广东省湛江市湖光路 15 号	524012	(0759)2280499	(0759)2358479	陈晓文
57	中国石化集团北京石油有限责任公司	北京市朝阳区静安里 12 号	100028	(010)64678255	(010)64678612	郑立新
58	中国石化集团天津石油有限责任公司	天津市和平区解放北路 94 号	300040	(022)24134086	(022)24134078	耿 勇
59	中国石化集团河北石油有限责任公司	河北省石家庄市槐南西路 8 号	050021	(0311)5816881	(0311)5813737	徐建春
60	中国石化集团山西石油总公司	山西省太原市万柏林区大王路 28 号	030024	(0351)6197617	(0351)6197620	韩烈火
61	中国石化集团上海石油有限责任公司	上海市黄浦区中山东一路 24 号甲	200002	(021)63219490	(021)63210762	宋剑峰
62	中国石化集团江苏石油有限责任公司	江苏省南京市中山北路 395 号	210003	(025)8828629	(025)8803729	周立和
63	中国石化集团浙江石油总公司	浙江省杭州市河坊街 54 号	310009	(0571)87816836	(0571)87816839	张海潮
64	中国石化集团安徽石油总公司	安徽省合肥市芜湖路 391 号	230061	(0551)2867474	(0551)2869024	邬国庆
65	中国石化集团福建石油总公司	福建省福州市晋安区六一北路 92 号	350013	(0591)7586233	(0591)7586233	吕建华
66	中国石化集团江西石油总公司	江西省南昌市洪都北大道 102 号	330046	(0791)8512992	(0791)8511107	于忠国

续表

序号	单位名称	地址	邮政编码	电话	传真	董事长/经理（厂长）
67	中国石化集团山东石油总公司	山东省济南市历山路 73 号	250013	(0531)6947940	(0531)6947784	冯东青
68	中国石化集团河南石油总公司	河南省郑州市卫生路 10 号	450053	(0371)3827097	(0371)3827097	焦德才
69	中国石化集团湖北石油总公司	湖北省武汉市汉口宝丰路 103 号	430030	(027)83601075	(027)83601075	陈火军
70	中国石化集团湖南石油总公司	湖南省长沙市湘春路 113 号	410005	(0731)4314473	(0731)4313111	马崇彪
71	中国石化集团广东石油总公司	广东省广州市中山七路 81 号	510145	(020)81298183	(020)81298088	张国强
72	中国石化集团广西石油总公司	广西南宁市桃源路 67 号	530021	(0771)5322886	(0771)5323338	吴健雄
73	中国石化集团海南石油总公司	海南省海口市龙舌路 16 号	570203	(0898)65358713	(0898)65324481	张连俊
74	中国石化集团贵州石油总公司	贵州省贵阳市解放路 21 号	550002	(0851)5947391	(0851)5985902	李小平
75	中国石化集团云南石油总公司	云南省昆明市拓东路 45 号世博大厦	650011	(0871)3115215	(0871)3115210	孟繁昌
76	中国石化集团深圳石油总公司	广东省深圳市太白路 3077 号	518019	(0755)25517025	(0755)25513351	麦文伟
77	中国石化工程建设公司	北京市朝阳区安慧北里安园 21 号	100101	(010)84876145	(010)64963395	刘家明
78	中国石化集团上海工程有限公司	上海市浦东新区张杨路 769 号	200120	(021)58366600	(021)58358142	汪镇安
79	中国石化集团洛阳石油化工工程公司	河南省洛阳市中州西路 27 号	471003	(0379)4887114	(0379)4857177	闫少春
80	中国石化集团宁波工程有限公司	浙江省宁波市镇海 60 信箱	315207	(0574)86262591	(0574)86262591	朱海兴
81	中国石化集团第二建设公司	江苏省南京市栖霞区尧石二村 100 号	210046	(025)85662000	(025)85561051	向文武
82	中国石化集团第四建设公司	天津市大港区世纪大道	300270	(022)63862214	(022)25990156	周为民
83	中国石化集团第五建设公司	甘肃省兰州市西固区康乐路 35 号	730060	(0931)7961285	(0931)7356578	田建军
84	中国石化集团第十建设公司	山东省淄博市临淄区建设路 6 号	255438	(0533)7501143	(0533)7501126	车林宝
85	中国石化集团石油化工科学研究院	北京市海淀区学院路 18 号	100083	(010)62327551	(010)62311290	李大东
86	中国石化集团北京化工研究院	北京市朝阳区北三环东路 14 号	100013	(010)64211993	(010)64228661	杨元一
87	中国石化集团抚顺石油化工研究院	辽宁省抚顺市望花区丹东路东段 31 号	113001	(0413)6389339	(0413)6429551	方向晨
88	中国石化集团上海石油化工研究院	上海市浦东北路 1658 号	201208	(021)68462737	(021)68462283	谢在库
89	中国石化集团安全工程研究院	山东省青岛市延安三路 218 号	266071	(0532)3864217	(0532)3861318	张海峰

中国石油化工股份有限公司企事业单位名录

序号	单位名称	地址	邮政编码	电话	传真	董事长/经理
1	中国石化胜利油田有限公司	山东省东营市济南路258号	257001	(0546)8555007	(0546)8551496	曹耀峰
2	中国石化销售有限公司	北京市朝阳区惠新东街甲6号	100029	(010)64998879	(010)84641014	李春光
3	中国石化国际事业有限公司	北京市朝阳区安立路安立花园C座	100011	(010)64906348	(010)64216972	杨树杉
4	中国石油化工股份有限公司中原油田分公司	河南省濮阳市中原路277号	457001	(0393)4822172	(0393)4821957	刘恩学
5	中国石油化工股份有限公司河南油田分公司	河南省南阳市宛城区河南油田	473132	(0377)3830011	(0377)3830027	袁正文/李联伍
6	中国石油化工股份有限公司江汉油田分公司	湖北省潜江市广华寺江汉路1	433124	(0728)6502051	(0728)6502784	方志雄
7	中国石油化工股份有限公司江苏油田分公司	江苏省扬州市文汇西路1号	225009	(0514)7762001	(0514)7760009	朱 平
8	中国石油化工股份有限公司南方勘探开发分公司	云南省昆明市官渡区关上中路201号	650200	(0871)6145171	(0871)6145654	杨方之
9	中国石油化工股份有限公司上海海洋油气分公司	上海市浦东商城路1225号	200120	(021)68763242	(021)68769284	刘申叔
10	中国石油化工股份有限公司西南分公司	四川省成都市一环路北四段116号	610081	(028)83332295	(028)83333773	乐绍东
11	中国石油化工股份有限公司中南分公司	湖南省长沙市梓园路11号	410007	(0731)5601207	(0731)5601345	雷清亮
12	中国石油化工股份有限公司西北分公司	新疆乌鲁木齐北京北路2号	830011	(0991)3600768	(0991)3600768	徐向荣
13	中国石油化工股份有限公司华东分公司	南京市下关区热河南路37号	210011	(025)58822349	(025)58822000	周荔青
14	中国石油化工股份有限公司华北分公司	河南郑州市中原区伏牛路南段197号	450006	(0371)8629519	(0371)8612902	左文岐
15	中国石油化工股份有限公司东北分公司	吉林省长春市西安大路4936号	130062	(0431)7973631	(0431)7974693	相传林
16	中国石油化工股份有限公司西部新区勘探指挥部	新疆乌鲁木齐市昆明路2号	830011	(0991)3662821	(0991)3662195	牟书令
17	中国石油化工股份有限公司管道储运分公司	江苏省徐州市	221008	(0516)3453145	(0516)3888434	钱建华
18	中国石油化工股份有限公司北京燕山分公司	北京市房山区岗南路1号	102500	(010)69342923	(010)69342736	杜国盛
19	中国石油化工股份有限公司齐鲁分公司	山东省淄博市临淄区	255408	(0533)7180777	(0533)7180406	张 深
20	中国石油化工股份有限公司上海高桥分公司	上海市浦东大道3000号	201208	(021)58711001	(021)58712207	章建华

续表

序号	单位名称	地址	邮政编码	电话	传真	董事长/经理
21	中国石油化工股份有限公司金陵分公司	江苏省南京市栖霞区甘家巷	210033	(025)85092322	(025)85592004	王永杰
22	中国石油化工股份有限公司茂名分公司	广东省茂名市红旗北路 2 号	525011	(0668)2242972	(0668)2269317	王　强
23	中国石油化工股份有限公司天津分公司	天津市大港区上古林西	300271	(022)63804301	(022)63803000	常振勇
24	中国石油化工股份有限公司巴陵分公司	湖南省岳阳市洞庭大道 1 号	414007	(0730)8501323	(0730)8501303	朱泽华
25	中国石油化工股份有限公司长岭分公司	湖南省岳阳市云溪区	414012	(0730)8452003	(0730)8451824	黄景汉
26	中国石油化工股份有限公司广州分公司	广东省广州市黄埔区石化路 239 号	510726	(020)82123888	(020)82396591	徐　钢
27	中国石油化工股份有限公司安庆分公司	安徽省安庆市高花亭	246002	(0556)5381717	(0556)5380542	余夕志
28	中国石油化工股份有限公司洛阳分公司	河南省洛阳市吉利区	471012	(0379)6996114	(0379)6993999	王治卿
29	中国石油化工股份有限公司荆门分公司	湖北省荆门市白庙路	448039	(0724)2211501	(0724)2211539	郑国华
30	中国石油化工股份有限公司九江分公司	江西省九江市滨江东路 228 号	332004	(0792)8614911	(0792)8617006	周　昌
31	中国石油化工股份有限公司湖北化肥分公司	湖北省枝江市迎宾大道 15 号	443200	(0717)4212089	(0717)4212660	金继前
32	中国石油化工股份有限公司济南分公司	山东省济南市工业南路 26 号	250101	(0531)8831114	(0531)8984709	李国梁
33	中国石油化工股份有限公司武汉分公司	湖北省武汉市青山区长青路	430082	(027)86515662	(027)86515043	张敬武
34	中国石油化工股份有限公司沧州分公司	河北省沧州市北郊	061000	(0317)3552221	(0317)3552668	齐洪祥
35	中国石油化工股份有限公司润滑油分公司	北京市海淀区安宁庄西路 6 号	100085	(010)62949898	(010)62917732	王天普
36	中国石油化工股份有限公司北海分公司	广西壮族自治区北海市北海大道西	536000	(0779)3915026	(0779)3905519	闫　宏
37	中国石油化工股份有限公司上海腈纶销售分公司	上海浦东南路 360 号	200120	(021)68863601	(021)68863601	车　地
38	中国石油化工股份有限公司西安石化分公司	陕西省西安市未央区建章路北段 6 号	710086	(029)84312985	(029)84312981	孙七一
39	中国石油化工股份有限公司塔河分公司	新疆库车县天山路东 573 号	842000	(0997)7979067	(0997)7979067	雷　鸣
40	中国石油化工股份有限公司北京石油分公司	北京市朝阳区静安里 12 号	100028	(010)64678255	(010)64678612	郑立新
41	中国石油化工股份有限公司天津石油分公司	天津市南开区南京路 338 号	300100	(022)27201588	(022)27201555	薛良达

续表

序号	单位名称	地址	邮政编码	电话	传真	董事长/经理
42	中国石油化工股份有限公司河北石油分公司	河北省石家庄市槐南西路 8 号	050021	(0311)5811789	(0311)5813737	徐建春
43	中国石油化工股份有限公司山西石油分公司	山西省太原市万柏林区大王路 28 号	030024	(0351)6197556	(0351)6197567	韩烈火
44	中国石油化工股份有限公司上海石油分公司	上海市黄浦区中山东一路 24 号甲	200002	(021)63219490	(021)63210762	宋剑峰
45	中国石油化工股份有限公司江苏石油分公司	江苏省南京市中山北路 395 号	210003	(025)8802138	(025)8803729	周立和
46	中国石油化工股份有限公司浙江石油分公司	浙江省杭州市河坊街 58 号	310009	(0571)87805026	(0571)87818822	张海潮
47	中国石油化工股份有限公司安徽石油分公司	安徽省合肥市芜湖路 391 号	230061	(0551)2867474	(0551)2869024	邬国庆
48	中国石油化工股份有限公司福建石油分公司	福建省福州市中山路 18 号	350003	(0591)7821534	(0591)7837153	吕建华
49	中国石油化工股份有限公司江西石油分公司	江西省南昌市洪都北大道 102 号	330046	(0791)8512247	(0791)8511107	于忠国
50	中国石油化工股份有限公司山东石油分公司	山东省济南市历山路 73 号	250013	(0531)6947940	(0531)6947944	冯东青
51	中国石油化工股份有限公司河南石油分公司	河南省郑州市卫生路 10 号	450053	(0371)3823394	(0371)3944182	孙久勤
52	中国石油化工股份有限公司湖北石油分公司	湖北省武汉市汉口宝丰路 103 号	430030	(027)83601053	(027)83646081	陈火军
53	中国石油化工股份有限公司湖南石油分公司	湖南省长沙市湘春路 113 号	410005	(0731)4314473	(0731)4313111	马崇彪
54	中国石油化工股份有限公司广东石油分公司	广东省广州市中山七路 81 号	510145	(020)81298272	(020)81297207	张国强
55	中国石油化工股份有限公司广西石油分公司	广西壮族自治区南宁市桃源路 67 号	530021	(0771)5322886	(0771)5323338	吴健雄
56	中国石油化工股份有限公司海南石油分公司	海南省海口市龙舌路 16 号	570203	(0898)65358713	(0898)65324481	张连俊
57	中国石油化工股份有限公司贵州石油分公司	贵州省贵阳市解放路 21 号	550002	(0851)5986622	(0851)5985810	李小平
58	中国石油化工股份有限公司云南石油分公司	云南省昆明市拓东路 45 号世博大厦	650011	(0871)3115215	(0871)3115210	孟繁昌
59	中国石油化工股份有限公司深圳石油分公司	广东省深圳市文锦中路 1018 号	518003	(0755)25668554	(0755)25669235	麦文伟
60	中国石油化工股份有限公司石油勘探开发研究院	北京市海淀区学院路 31 号	100083	(010)82312980	(010)82312089	金之钧
61	中国石油化工股份有限公司石油化工科学研究院	北京市海淀区学院路 18 号	100083	(010)62327551	(010)62311290	龙　军
62	中国石油化工股份有限公司北京化工研究院	北京市朝阳区北三环东路 14 号	100013	(010)64211993	(010)64228661	杨元一

续表

序号	单位名称	地址	邮政编码	电话	传真	董事长/经理
63	中国石油化工股份有限公司抚顺石油化工研究院	辽宁省抚顺市望花区丹东路东 31 号	113001	(0413)6427881	(0413)6429551	方向晨
64	中国石油化工股份有限公司上海石油化工研究院	上海市浦东北路 1658 号	201208	(021)68462737	(021)68462283	谢在库
65	中国石油化工股份有限公司青岛安全工程研究院	山东省青岛市延安三路 218 号	266071	(0532)3864217	(0532)3861318	张海峰
66	中国石化上海石油化工股份有限公司	上海市金山区金一路 48 号	200540	(8621)57943143	(8621)57940050	陆益平
67	中国石化镇海炼油化工股份有限公司	浙江省宁波市镇海区	315207	(0574)86444213	(0574)86270077	孙伟君
68	中国石化扬子石油化工股份有限公司	江苏省南京市六合区	210048	(025)57782200	(025)57784389	戴厚良
69	中国石化仪征化纤股份有限公司	江苏省仪征市胥浦镇	211900	(0514)3233880	(0514)3233880	傅兴堂/徐正宁
70	中国石化福建炼油化工有限公司	福建省泉州市泉港区	362800	(0595)7789188	(0595)7789130	康　飚
71	中国国际石油化工联合有限责任公司	北京市朝阳区惠新东街甲 6 号	100029	(010)64990308	(010)64990300	张家仁/蔡希有
72	中国石化北京燕化石油化工股份有限公司	北京市房山区燕山岗南路 1 号	102500	(010)69342295	(010)69342736	许红星
73	中国石化齐鲁股份有限公司	山东省淄博市临淄区	255408	(0533)7180777	(0533)7180406	王浩水
74	中国石化茂名炼油化工股份有限公司	广东省茂名市红旗北路 2 号	525011	(0668)2244078	(0668)2269317	房广信
75	中国石化胜利油田大明(集团)股份有限公司	山东省东营市济南路 228 号	210048	(0546)8558412	(0546)8224942	曹耀峰
76	中国石化中原油气高新股份有限公司	河南省郑州市高新技术产业开发区	450001	(0371)7981018	(0371)7984573	刘恩学
77	中国石化石家庄炼油化工股份有限公司	河北省石家庄市东郊	050032	(0311)5162314	(0311)5161234	毕建国/卢立勇
78	中国石化武汉凤凰股份有限公司	湖北省武汉市青山区长青路	430082	(027)86515662	(027)86515043	邬昆华
79	中国石化武汉石油(集团)股份有限公司	湖北省武汉市万松小区 18 楼	430022	(027)83601087	(027)83601075	陈火军
80	中国石化山东泰山石油股份有限公司	山东省泰安市东岳大街 104 号	271000	(0538)8265456	(0538)8265450	冯东青
81	扬子石化－巴斯夫有限责任公司	江苏省南京市六合区	210048	(025)7770888	(025)7770061	中方:庞家盛
82	上海赛科石油化工有限责任公司	上海市金山区	200540	(021)3799000	(021)57957426	王基铭/李鸿根
83	石化盈科信息技术有限责任公司	北京市海淀区科学院南路 2 号	100080	(010)82861988	(010)82861996	王立行

索　引

使用说明

1. 本索引采用主题索引法编制。除“大事记”外，年鉴内容均在标引和检索范围之内。

2. 本索引基本上按汉语拼音音序排列。具体如下：以数字开头的，排在最前面，以英文字母打头的，列于其次；汉字标目则按首字的音序、音调依次排列，首字相同时，则以第二个字排序，并依此类推。

3. 在索引中，索引标目之后的数字，表示主题内容所在年鉴正文的页码。英文字母 a、b，表示左右两个栏别。

4. 为反映索引款目间的逻辑关系，对于二级标目，采取在上一级标目下缩二格的编排形式予以体现，之下的索引款目仍按上列排序方法依次排列。

0～9

A～Z

A

C

D

E

F

G

H

J

K

L

M

N

R

T

W

X

Z

（王彦祥　毋　栋　编制）

赛科 SECCO

上海赛科石油化工有限责任公司

Shanghai SECCO Petrochemical Co.,Ltd

中的赛科

上海赛科石油化工有限责任公司是由中国石油化工股份有限公司、中国石化上海石油化工股份有限公司和BP分别按30%、0%、50%的比例出资组建的合资公司，总投资额约合27亿美元。坐落在上海化学工业区内，占地约200公顷，是国内较大的中外合资石化项目之一。公司于2001年10月成立，目前正处在工程建设阶段，预计于2004年底机械竣工，2005年投入商业运行。

建成后的赛科将是世界规模的一体化石化基地，由8套装置及配套的公用工程组成。其中，90万吨/年乙烯裂解装置是目前世界上单线产能最大的乙烯装置之一，其它装置也均达到世界规模：60万吨/年聚乙烯装置、50万吨/年乙苯/苯乙烯装置、50万吨/年芳烃抽提装置、30万吨/年聚苯乙烯装置、26万吨/年丙烯腈装置、25万吨/年聚丙烯装置和9万吨/年丁二烯装置。

赛科是集中、外双方的先进管理理念和技术优势与一身的强强联合石化企业。我们提倡客户导向的企业文化，致力于提供优质的客户服务，及时的物流配送和专业的技术支持。赛科同时非常重视HSSE（健康/安全/保安/环境），它是赛科的重要企业理念之一。保护我们的员工和产品使用者，重视社会公众的安全和健康，关注环保是我们的承诺。

联系方式：
上海市长宁区仙霞路299号，远东国际大厦A 栋30层
电话：021-52574688

上海化学工业区西河路
电话：021- 67250400，67250411

网址：www.secco.com.cn

中国石化集团
中国石油化工股份有限

中国石化集团华北石油局、中国石油化工股份有限公司华北分公司全体员工团结一心，开拓创新，扎实工作，2003年取得了油气勘探开发的新成果，创造了生产效率的新纪录，实现了经济效益的新增长。华北分公司初步在鄂尔多斯盆地形成了南油北气、以气为主的勘探开发新格局，为早日建成鄂尔多斯大型油气田打下了良好的基础，为我们迎来了快速发展的历史性机遇。华北石油局的油气工程作业市场进一步拓展，施工装备进一步改善，队伍的资质建设和整体形象得到进一步提升。在鄂北、西北、东北市场的油气工程施工份额进一步扩大，同时成功地开拓了印尼和哈萨克斯坦钻井市场。在石化集团两年一度的金银牌基层队评比中，我局有9支队伍获得奖牌。在集团公司塔河油田110万吨产能建设中，华北局西部工程公司、测井站、三普建设公司分别获得先进集体，有5名个人获得先进个人受到表彰。在西北分公司组织的2003年作业业绩评比中，我局有6个专业参评，其中4个专业获得了第一，充分彰显了我局的工程作业水平。

展望未来，我们将在集团公司和股份公司的领导和支持下，紧密合作，依靠科技创新，严格管理，充分发挥各工种的施工整体优势，加快鄂尔多斯盆地的油气勘探开发步伐，实现局和分公司“十五”油气勘探开发发展目标，为中国石化能源发展战略目标的实现作出新的贡献。同时我们将一如既往地为系统内外和国外市场的油气勘探开发提供优质的工程服务，争创名牌工程。

中国石化集团华北石油局局长、
中国石油化工股份有限公司华北分公司经理：左文岐

中国石化集团华北石油局党委书记：黄筛章

华北石油局
公司华北分公司

地址：河北省沧州市北郊
邮编：061000
电话：0317?3552247 3552221
传真：3552688

“不在守业中求生，要在扩业中图强”的企业理念，使沧炼一年一个台阶，实力不断增强，在全国、石化系统和河北省的企业地位不断提升，中国石化集团公司副总经理刘根元（左二）来沧炼调研，对沧炼工作予以充分肯定。

两个文明一起抓，生产生活一起抓。2003年底，随着欣园生活小区的建成投用，从根本上改变了沧炼干部职工多年来居住环境的面貌。

江苏泰州石油化工总厂

中鼎

全球化投资经营
台湾较大工程与科技服务团队
台湾天下杂志甚佳声望标杆企业
拥有20余家子公司与关系企业

服务对象 AREAS OF ACTIVITY

- 炼油 REFINERY
- 石油化学 PETROCHEMICAL
- 化学类 CHEMICAL PROCESSING
- 电 厂 POWER PLANT
- 生化及高科技 BIO-TECH
- 公共工程 INFRASTRUCTURE
- 一般工业 GENERAL INDUSTRY
- 环境工程 ENVIRONMENTAL

服务内容 COMPREHENSIVE SERVICES

- 工程管理 PROJECT MANAGEMENT
- 工程采购 PROCUREMENT
- 设备制造 FABRICATION
- IT资讯科技 INFORMATION TECHNOLOGY
- 试车与保养 COMMISSIONING & MAINTENANCE
- 可行研究及整体规划 FEASIBILITY STUDY & PLANNING
- 工程设计 ENGINEERING DESIGN
- 工程建造 CONSTRUCTION
- 品保及工安 Q. A. & SAFETY

中鼎工程股份有限公司
CTCI CORPORATION

总公司：台北市敦化南路二段77号中鼎大楼 TEL: 886-2-2700-9659 FAX: 886-2-2709-9303
高雄作业区：高雄市三民区博爱一路366号20楼 TEL: 886-7-315-1011 FAX: 886-7-313-3108
上海代表处：上海市中山西路1279弄6号国峰科技大厦10层 TEL: 86-21-62199779 FAX: 86-21-62199001

DNV UKAS QUALITY MANAGEMENT 013
Certificate No. 00417-96-AQ-LDN-UKAS
通过ISO 9001验证

To Provide Reliable Solutions to Customers Through *Innovation, Speed and Value Addition.*

Largest solvent manufacturer in Taiwan
Second largest SBS & Pentaerythritol manufacturer in the world
Excellent safety and environmental record
Founding member of Taiwan Responsible Care Association
All plants ISO 14001 certified

L C Y C I C

李 长 荣 化 学 工 业 股 份 有 限 公 司

中国台湾：

李长荣化学工业股份有限公司

■Largest solvent manufacturer in Taiwan

http://www.lcy.com.tw E-mail: lcy@lcy.com.tw

李长荣科技股份有限公司

■Copper Foil

http://www.lcyt.com.tw E-mail: lcyt@lcy.com.tw

李长荣实业股份有限公司

■Chemical Plant Construction

■Steel drums and packing.

E-mail: lcycom@ms24.hinet.net

卡达：

卡达燃料添加剂公司

■Methanol (1,000,000MT+2,400,000MT)

■MTBE (650,000MT)

中国大陆：

镇江李长荣综合石化工业有限公司

■Formaldehyde (150,000MT)

■Paraformaldehyde (30,000MT)

E-mail: lcyzj@public.zj.js.cn

镇江李长荣石化仓储公司

■Import/Export warehousing, mixing, packaging and transport of petrochemical products.

美国：

LCY Elastomers LP

■SBS- Styrene-Butadiene-Styrene Copolymer

■SIS- Styrene-Isoprene-Styrene Copolymer

液态／瓦斯 化学品船队

全球的远洋运输，专业化学货轮可装载50余种化学品

总管理处：105台北市松山区八德路四段83号4楼长德大楼

4F., No.83, Sec. 4, Bade Rd., Songshan District, Taipei City 105, Taiwan (R.O.C.)

电 话：(02)27631611 传 真：(02)27645749

WEBSITE: http://www.lcy.com.tw EMAIL: lcy@lcy.com.tw

产品资讯欢迎至本公司网站查询

香港航煤供应企业

AFSC

电话：　(852) 2511 3380
传真：　(852) 2511 3320
电邮：　afscinfo@afsc.com.hk
网址：　www.afsc.com.hk
地址：　香港大屿山赤腊角观景路3号机场航煤油库

香港航煤供应企业是由七家实力强大的石油公司及二家庞大的航空公司组成。

香港航煤供应营运有限公司获得为期20年的专营权合约，操作香港机场的航煤供应系统，包括码头、储油库及地下加油管道等。并严格遵守国际指引，合乎航空煤油Jet A-1的规格。

码头可同时停泊两艘各载满6千公吨的油船，而码头的控制系统以微波传送接往油库的电脑系统。燃料从接收码头，经过长达12公里的海底及地下管道，输送往储油库。油库储存量高达1亿7千万公升，足够13天使用，是全球大型机场储油库之一。

其姊妹公司香港航煤供应加油有限公司则提供24小时航机加油服务，其崭新技艺的管道加油车辆，平均每天为航机添加约为7百万公升燃料，或2百班次。

每部管道加油车均可以每分分钟地下管道系统提取3,850公升航煤为航机加油。此外，我们亦拥有容量高达18,000公升的加油槽车。

除提供世界水平的可靠及安全加油服务外，我们亦使用先进的电脑输送及报告系统，以配合航煤供应商及航空公司之运作。

大连远洋运输公司

大连远洋运输公司是中国远洋运输（集团）总公司所属的大型国有航运企业。1996年11月通过SMS认证。1997年7月通过ISO9002国际质量体系认证。

大连远洋运输公司现有油轮、液化气船、化学品船、货船、客货班轮共35艘、200多万载重吨。业务遍及全世界70多个国家和地区的300多个港口。公司经营的3艘30万吨超级油轮已经和即将投入营运，3艘15万吨SUEZMAX型油轮将于2003年年底全部投入营运。届时，公司的总运力将达到300万载重吨以上。

大连远洋运输公司坚持以发展油轮为重点的液体散货运输为主的经营方针，公司下属的十几家独资、合资企业的经营业务涉及海陆客货运输、海员劳务输出、船舶供应、货运代理、修船、房地产、物业、商贸、旅游、餐饮等，为企业规避航运风险，提高经济效益提供了有力的支持和保证。

大连远洋运输公司总经理　孟庆林

大连远洋运输公司3000多名员工平均年龄37.5岁，70%以上毕业于航海类专业院校，2400多名船员全部符合STCW公约要求，适应在各种类型船舶上工作。

大连远洋运输公司始终不渝地奉行“客户第一，服务至上”的宗旨和理念，全心全意为货主和客户提供优质的服务，与国内外百余家货主和客户建立了长期、稳定、互利、双赢的合作关系，受到广大货主和客户的高度赞誉。

大连远洋运输公司愿与国内外各界有志人士携手，开拓创新，与时俱进，共同为促进世界航运事业的发展和友谊而竭尽全力。

大连远洋运输公司VLCC“远大湖”轮

地址：大连市中山区七七街29号　　邮编：116001

电话：(0411)2636161　　传真：(0411)2634500　　http://www.coscodl.com

中国工艺品进出口总公司 中艺华海进出口有限公司

CHINA ARTS HUAHAI IMP.&EXP.CORP.LTD.

中艺华海进出口有限公司是1995年9月在珠海成立，具有独立法人资格，享有全国报关权。本公司主要从事原油、燃料油、化工、沥青、钢材等大宗商品的进口及轻纺、土畜等产品的出口和代理进出口业务；开展对销贸易和转口贸易；对外派遣工程生产及服务行业的劳务人员；经营国家实行进出口许可证管理的商品及国内贸易。同时进行与油品经营相配套的码头、油库、仓储设施的投资与经营。是一家贸易与实业相结合的综合性贸易公司。

1997年，我们在南通如皋港开发区征地500亩地，征用深水岸线540米，随后成功组建了南通东方石油化工港储有限公司、南通东方燃料销售有限公司和南通长江燃料油净化有限公司，总投资达2.5亿元人民币。从1998年10月5万吨级码头、5万立方米储罐群开始立项建设至99年7月正式投运；2002年10月又用6个月时间建成了年产50万吨燃料油净化装置并于2003年5月投产。现在，一个整体现代化的5万吨级和两座5000千吨级的石化专用码头、25万立方米的仓储库群和年产50万吨的净化油装置屹立在如皋港区。

除了上述在南通如皋港的投资外，还在江苏省南京市投资有1.2万吨级的燕子矶油库（码头1.5万吨级，两个5000吨储罐及2000吨储罐一个）；在宁波（岱山油库5万吨）、东莞（电化油库）及武汉（武汉石油）常年各租用和联营储量为一万吨级的油库；在山东莱州投资建设了6万吨油库仓储设施，于2004年5月竣工投产；在广州南沙与广州小虎岛投资建设有限公司、泰山集团投资有限公司共同投资建设码头、仓储、中转过驳、保税贸易等的项目。

珠海恒基达鑫国际化工仓储有限公司

珠海恒基达鑫国际化工仓储有限公司成立于2001年，位于珠海西部珠海港的南迳湾。公
司现有库容35万立方米，最大单罐容积4.8万立方米，最小罐容1000立方米，专门从事石
化工产品的储存、中转、保税仓业务。库区采用先进可靠的计算机系统进行控制和管理，
目前华南地区条件非常好的仓储基地之一。拥有8万吨级码头和8千吨级码头各一座，是目前华
南地区较大的液体化工码头，共有6个泊位。可同时停靠2艘万吨级船和2艘5000吨级船，或可
同时停靠6条千吨级船。库区已通过BP、SHELL、ATOFINA等国内外大公司的HSE评估，
建立长期业务关系。

宁波港集团有限公司

宁波港由宁波老港区、镇海港区、北仑港区、大榭港区、穿山港区组成，是一个多功能的现代化深水大港，也是目前国内最大的油品、液化品中转基地。现有500吨级以上生产泊位145座，其中包括25万吨级原油码头、20万吨级（可兼靠30万吨船）矿石码头、第六代国际集装箱专用泊位以及5万吨级液体化工专用泊位在内的深水泊位34座。2003年全港完成货物吞吐量1.85亿吨，同比增长20.4%,吞吐量连续四年保持我国大陆港口第二。其中，原油和成品油、液化产品吞吐量分别超过5400万吨、220万吨，同比增长23%、30%。

南京化学工业园区

南京化学工业园区位于南京市北部，长江北岸，距南京市中心30公里。园区规划面积45平方公里，重点发展石油化工、基本有机化工原料、精细化工、高分子材料、新型化工材料，主攻区域项目，区内现有扬子石化，扬子—巴斯夫有限公司等一批大型石化企业，公用工程完善，配套设施齐全。

南京化学工业园区是获国家批准的重点石油化工基地，按照产业发展、公用设施、商贸物流、环保安全、管理服务五个一体化的开发方针，园区将最终建成我国最具竞争力的石化生产基地、物流中心和化工研发基地。

邮编：210047

地址：南京市六合区方水路90号

电话：025—58394763、58394797

传真：025—58392793、58392412

网址：www.ncip.cn

E—mail：office@ncip—cn.com　zpd@ncip—cn.com

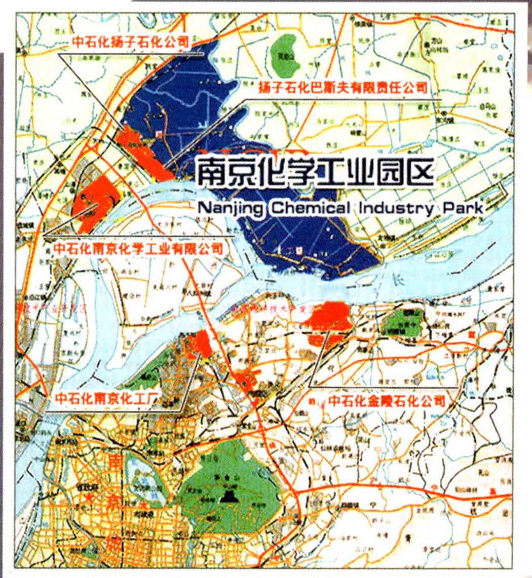

EAST TOWN

东城贸易公司及东城石油化工有限公司於一九七八年由赵先生创立，现董事长赵先生具有三十多年的出人口贸易经验，相信东城定能为客人提供优质服务.

我们是中国石化国内石化产品出人口商之一，其中代理的石油副产品包括石蜡，特种蜡，及各种石化产品，为顾客提供一站式贸易服务.

东城早已立足中国，放眼国际，掌握贸易优势，生意夥伴更是遍布全世界各地.我们在现有基础上，以国际市场为导向，以提高经济效益为中心，一业为主，多业并举，坚定不移地走向国际化，实业化，集团化道路．坚持互惠互利，共同发展，信守合同，注重信誉的经营宗旨.

East Town Trading Company and East Town Petroleum & Chemicals Ltd. were initiated in 1978. Our Chairman Mr. Chiu has been in the Import/Export Commerce for over thirty years; with the perspective proficiency he has established one of the foremost corporations.

We are one of the import and export petrochemical corporations for China Petroleum & Chemical Corporation (SINOPEC), in relation to products of Paraffin Wax, Special Wax, along with all kinds of Petrochemical products, meant for a one-stop shop trade service.

East Town establishment in China ahead of time, opening vision toward international, business associates spread worldwide. We firmed embark on the road of industrialization, internationalization and conglomeration on the bases of international orientation, putting foreign trade in the lad and improving economic results. Strict on the bases of "Mutual benefit and intergrowth adhere to the contract and stress prestige." East Town desires to provide domestic and foreign friends with best services.

东城贸易公司
EAST TOWN TRADING COMPANY
东城石油化工有限公司
EAST TOWN PETROLEUM & CHEMICALS LTD.
Addr.: Unit D-E, 16/F, Golden Sun Centre, 59-67 Bonham Strand West, Hong Kong
Tel.: +(852) 25412417, Fax.: +(852) 25418386, E-mail: info@easttown.com.hk

http://www.easttown.com.hk

充分的自信，
源自全面的解决方案
Total solutions, Total confidence

从炼油、化工、冶金到电子等行业，只要是我们客户所涉足的领域，BOC都有能力提供各种规模的一体化公用工程解决方案，涵盖了从工业气体，能源到水务等一系列的公用工程需求。

Unrivalled in gas and utility solutions for a whole range of customers - from refinery, chemicals, metals to semiconductors - BOC's expertise also includes the integration and management of utilities such as water and energy for a complete tailored package, whatever the scale of the requirement

对于大型一体化公用工程项目的实施，从项目的初期规划，建设直至装置的运行管理，BOC拥有首屈一指的控制能力。

Our ability to handle complex projects is second to none - right from the initial planning stage through to completion, we have the capability to build, own and operate entire schemes

如果您在迅速变化的中国市场寻求经验丰富的公用工程伙伴，请随时联络附近的BOC 代表处。

BOC's global resources are backed by priceless local know-how We have the long term commitement to China market If you're looking for an experienced partner to help you succeed in this dynamic environment, call your nearest BOC representative

比欧西（中国）投资有限公司
BOC(China)Holdings Co. Ltd.　Tel：8621-3898 4577
北京代表处
Beijing Rep. Office　Tel：8610-6518 6212
集团网址Website　Http//:www.boc.com

BOC
比欧西公司

PRAXAIR

公司创建于1907年，并成为世界上较早商业化生产的工业气体公司之一，至今已有将近3000项专利。作为一家全球化的企业，普莱克斯年销售额已达56亿美元。

普莱克斯于1988年进入中国发展，目前，在中国投资总额已超过3亿美元，是中国大型的工业气体生产商和供应商之一，至今在中国已有21家独资、合资企业，三个战略合作伙伴，一个应用技术中心和一个工程设计中心，除了中国区总部设在上海之外，亚洲区域总部也于2003年搬迁至上海。

中国是普莱克斯亚洲业务的技术支持中心，其中有70多位本地的专业技术和工程管理人员，拥有设计、采购、施工、建造管理大型空气分离厂和小型现场制气装置的交钥匙工程能力。

化工和炼油领域：

普莱克斯是全球第二大面向化工企业的气体供应商，它提供氧气、氮气、氢气、合成气以及其它工业气体。普莱克斯利用自己在工业气体中的经验和专利技术，帮助化工行业中的客户降低成本、提高产量并达到环保要求。

普莱克斯的氢气、氧气、氮气和混合气体被用于世界各地的炼油厂来提高产量、减少环境污染和降低生产成本。普莱克斯氧气可以对您的流化催化裂化装置（FCCU）进行富氧或者增加克劳斯硫回收装置的产量。普莱克斯氢气用于加氢处理和加氢裂解，它能提高汽油产量和质量并帮您达到严格的环保标准。

普莱克斯分别在上海化学工业园区和惠州大亚湾石化工业开发区拥有投资项目，为赛科和中海油-壳牌以及其他化工项目，提供值得信赖的稳定的工业气体供应。

让我们的地球更富饶

Making our planet more productive

普莱克斯大中华区总部
上海浦东新区世纪大道1600号
浦项商务广场6楼
邮编：　200122
电话：（021）2894-7000
传真：（021）6876-9970

Praxair Great China Headquarter
6th Floor, POS Plaza, 1600 Century Avenue
Pudong New Area, Shanghai 200122, PRC
Tel:　(86-21) 2894-7000
Fax:　(86-21) 6876-9970

http://www.praxair.com.cn

上海石油天然气有限公司简介

上海石油天然气有限公司由上海申能股份有限公司、中海石油（中国）有限公司、中国石化股份有限公司联合组建，是集海上油气勘探、开发、建设、生产经营和管理为一体的高新技术企业。公司成立于1992年9月，注册资本9亿元人民币。

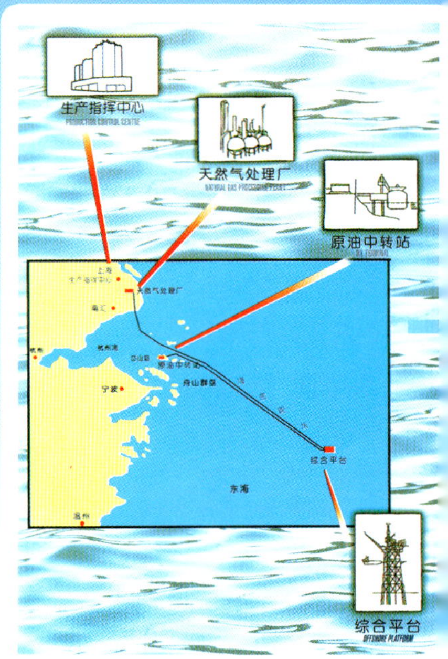

公司负责开发的东海平湖油气田是我国东海海域第一个正式投入开采的以天然气为主的复合型油气田。该油气田的一期开发自1998年11月油田投产和1999年4月气田投产以来，取得了公认良好的社会效益和经济效益，尤其这一海上天然气气田通过单一海底气藏工程、单一海上综合生产平台、单一海底400公里长距离天然气管道、单一陆上处理终端实现了向上海市持续、稳定、安全供应天然气。这一油气田的开发生产标志着我国东海首次成功进行了天然气商业性开采，开始实现了我国几代石油人在东海海域30多年来一直为之努力的“梦想”。

东海平湖油气田开辟了上海新的能源领域，优化了上海的自然环境和投资环境，对调整上海能源结构、清洁能源替代传统能源起到了积极的先锋作用，实现了上海市一次能源生产零的突破，打破了上海市天然气使用零的纪录，更为华东地区城市燃气史翻开了崭新的一页。东海平湖油气田也为培育上海市的天然气市场、迎接西气东输做出了努力。平湖天然气在全部覆盖浦东地区的同时，已进入浦西地区，目前民用用户达80余万户，企业和营业、事业、团体用户达5000多家。截至2004年6月底，已有累计约19.2亿立方米的东海天然气经海底输气管道源源不断进入了上海。

东海平湖油气田首期工程开发规模为日供清洁、优质、高效的天然气120万立方米，于1999年4月28日正式向上海市供气。为满足上海经济发展不断增长对天然气使用的需求，尽早形成上海多气源供应格局贡献力量，经国家批准，2003年10月16日扩建（一期）工程正式投产，在先前每天供应基础上增加50%产能，达180万立方米/日，现正紧张推进扩建（二期）工程。

公司按现代企业制度要求，设有股东会、董事会、监事会和总经理，拥有一支由经验丰富的技术和管理人员组成的精干的员工队伍，已建设企业管理和生产控制一体化的企业信息系统，为进一步稳定生产、提升企业能级服务。

公司从1999年开始连续5年进入上海100强企业，被中国石油和化学工业协会和国家统计局工业交通统计司评为2003年度中国石油和化学工业100强企业，被国家信息化测评中心评为2003年度中国企业信息化500强企业。

中海油中石化
联合国际贸易有限责任公司

中海油中石化联合国际贸易有限责任公司（以下简称“联合公司”）是中国海洋石油总公司（以下简称“中国海油”）与中国石油化工集团（以下简称“中国石化”）共同出资成立的国际贸易专业公司。公司注册资金2亿元人民币，有中国海油控股，具有原油国营贸易资格。现阶段主要从事原油的自营和代理国际贸易业务。随着形势的发展，将逐步开展其他石油产品进出口业务。

联合公司将依托两大母公司，充分发挥强强联合的优势，认真贯彻国家“走出去”的发展方针，积极配合两大集团海外发展战略，争取获得更多的海外油气资源，为国家经济建设和提高人民生活服务。

联合公司以诚信为本，以双赢为原则，广交朋友，多做贸易，加强合作，共同发展，争取与客户取得共同成功。

左起：公司总经理　刘大平、董事长　张位平、常务副总经理　齐建勋

电话：010-84521268　　传真：010—84521117　　邮编：100027　　地址：北京市东城区东直门外小街6号4705信箱

金桐石油化工有限公司

金桐石油化工有限公司系中国石化集团金陵石油化工有限责任公司与英属维尔京群岛宝智投资有限公司(台湾和桐化学股份有限公司全资子公司）合资组建的中外合资经营企业。1993 年 9 月 1 日正式成立，1995 年 12 月竣工试生产，1996 年 1 月正式投产，该合资公司是目前中国石化集团公司与台湾石化界较大的合资项目，其总投资为：4.762 亿元人民币，注册资本为：1.682 亿元人民币。金桐石油化工有限公司的主要生产装置为：10 万吨 / 年烷基苯装置；2 万吨 / 年烷基苯磺酸装置；0.8 万吨 / 年烷基苯磺酸钠装置。该公司主要产品有：直链烷基苯；烷基苯磺酸；烷基苯磺酸钠（粉状）。副产品有：重烷基苯；焦油；轻质油。金桐石油化工有限公司的生产装置是引进国外先进技术和部分关键设备，生产全过程采用世界上先进的 DCS 集散控制系统。

金桐石油化工有限公司投产至今，生产经营状况良好，为国家和社会做出了贡献，并取得了一些可喜成绩，荣获一系列的光荣称号，历年来被评为《南京市先进外商投资企业》、《南京市优秀外商投资企业》、《南京市工业重点项目成绩显著单位》;《南京市外商投资先进企业》;《光荣纳税大户》;《企业信用等级 AAA 企业》;《南京市高新技术企业》;《南京市安全生产先进单位》;《安全文明单位》。

金桐石油化工有限公司根据目前国际和国内市场的发展，在巩固本业的前提下，扩大生产规模和市场布局，搞好多元化的发展，如：在厦门成立"厦门金桐合成洗涤剂有限公司"，在四川成立"四川金桐石油化工有限公司"，在南京成立"南京富鑫通讯创业投资有限公司"，投资双方在南京成立"江苏金桐化学工业有限公司"，同时还将在高科技电子行业、生化行业进行投资等等。

上海金菲石油化工有限公司
上海金菲石油化工有限公司是上海石油化工股份有限公司与美国菲利普斯石油国际公司合资组建的一家生产线性全密度聚乙烯树脂的石油化工企业。注册资金5000万美金；中外双方投资比例为60%：40%，中方控股。占地11000平方米。主要生产和销售全密度聚乙烯树脂，年生产能力15万吨。
金菲公司生产的全密度聚乙烯树脂采用美国菲利普斯环管淤浆法专利技术，产品性能稳定。目前有四大类产品二十多种牌号，主要应用于薄膜、管道、中空、电线/电缆绝缘等领域。
金菲公司是一个充满活力的公司，奉行"以人为本，高效管理"的理念。我们通过加强内部管理、提高产品质量、努力降低成本，帮助金菲公司更好地满足客户的需求，为社会和客户创造价值，也为各自创造更广阔的发展空间。
金菲公司是一个恪守诚信的公司，我们以"一流的技术，先进的工艺，优质的产品，出色的服务"为方针，以"提供质量可靠的产品和一流的技术服务"为承诺，来满足广大客户的需求。
金菲公司又是一个敢于争先、不断创新、与时俱进的公司，我们完全有理由相信，金菲公司在巨大的中国聚烯烃市场有着非常广阔的发展前景。

金山石油化工建筑公司系中国石化集团公司下属的全资子公司，现持有国家房屋建筑施工总承包一级资质，承建过各类大型厂房、储油罐基础、设备基础、构作物、烟囱（210米）、钢结构等项目，承建过上海石化二、三、四期工程，国家战略原油储备工程，上海成都路、延安路高架工程，上海南桥、杨高、杨行500千伏超高压送变电等一系列重大工程。还承建过百米以上的高层建筑，具有承担工民建、设备安装、钢结构制作安装、市政工程、消防工程、商品砼及砼构件供应等多元经营的综合能力。多次获得“鲁班奖”、“白玉兰奖”、“钱江杯”、“金钢奖”、“上海市重合同守信用单位”，十多次获得上海市重点工程实事立功竞赛“优秀公司”等称号。2003年通过了ISO1400环境、OHS18000职业卫生、ISO9001质量和HSE体系认证。

总 经 理：吴宏良
公司地址：中国上海市金山区石化卫清路111号
公司网址：HTTP://WWW.JSPCC.COM.CN
电子邮件：ROOT@JSPCC.COM.CN
邮　　编：201512
电　　话：（021）57942002
传　　真：（021）57942904

上海化学工业区上海赛科公司第一循环水冷却塔长238米，由15只筒体组成，是亚洲大型冷却塔之一。

金山石油化工建筑公司

JINSHANPETROCHEMICALCONSTRUCTIONCOMPANY

中石化甬、沪、宁输油管道项目白沙湾油库工程。

获得2003年度上海市“白玉兰”奖的康健新村七街坊8号房。

中国石化集团第五建设公司

建设中的上海赛科26万吨/年丙烯腈装置

地址：甘肃省兰州市西固区康乐路27号
电话：（0931）7961283　7961410
传真：（0931）7354044　7356578
网址：WWW.SINOPEC-FCC.COM.CN
邮编：730060

中国石化集团第五建设公司始建于1953年，是中国石化集团公司直属的大型综合性施工企业。具有化工石油工程施工总承包一级企业资质，持有国外工程承包资质证书和对外经济合作经营资格证书。

公司成立50多年来，管理施工经验丰富，技术实力雄厚，施工设备精良齐全。特别是在大型锅炉安装、特种材质焊接、大型精密传动设备安装与调试、DCS自动化集散控制系统安装与调试、空分工程、大型设备吊装、特殊防腐处理等方面形成了独特的技术优势。先后承建了国内外石油化工、炼油、化工、化肥、橡胶、塑料、化纤、电力、医药、冶金等行业300余套大中型建设项目，所有承建工程质量优良，均实现投料试车一次成功。有2项工程获中国建筑工程鲁班奖，有4项工程获国家优质工程银质奖，有29项工程获省（部）优质工程奖，3次获全国先进施工企业称号。

扬子石化公司65万吨/年乙烯改造20万吨/年聚乙烯装置2003年获中国石化集团公司优秀施工奖

洛阳石化总厂22.5万吨/年精对苯二甲酸（PTA）装置1999年被中国工程焊接协会评为全国优秀焊接工程，2002年分别获河南省优质工程奖（中州杯）、中国石化集团公司优秀施工奖

扬子石化公司热电厂增建220吨/时气煤混烧备用锅炉及配套设施工程2002年获中国石化集团公司优秀施工奖

1 登顶天山之巅，测量神州大地——第八次进疆的二
量队员正在工作

2 天然气采输生产现场

3 奋战在油气勘探工地的石油人

4 川北探区——石龙16井实现重大油气突破现场放喷点
情景。

5 西南分公司天然气集输管网纵横川西，辐射19个市
每日将500余万方天然气源源不断送往川西地区及上
工矿企业，图为长输管线施工建设的情景

6 酸化压裂施工现场

7 西南分公司目前输气量最大的输配气站——新场集

中国石化集团西南石油局

中国石油化工股份有限公司西南分公司

西南分公司经理 徐向荣

西南石油局局长 乐绍东

西南石油局党委书记 罗代富

中国石油化工股份有限公司西南分公司、中国石化集团西南石油局是按照 2001 年中国石
集团重组改制要求，在原新星西南石油局基础上划分的上市部分和非上市部分。

西南石油局、西南分公司的主体队伍是 20 世纪 50 年代参加大庆石油会战的国家“地
查功勋单位”，曾为发现大庆油田、吉林油田、辽河油田做出过重大贡献，20 世纪 60 年代
以来，又先后发现了四川中坝、福成寨、雷音铺、新场、洛带等大中型气田。

西南石油局是中国石油化工集团公司的全资子公司，主营石油天然气钻井、物探、测井
井、固井、压裂等工程服务，天然气化工、工程地质、水文地质勘察设计和施工，盐矿及
伴生资源的勘探开发、加工和综合利用，承担工业和民用天然气管网的设计施工；制造、
石油天然气工业的物资器材。除拥有颇具实力和特色的石油工程服务业之外，西南石油局
找矿优势，开发了具有良好医疗保健特色和度假休闲价值的安县罗浮山温泉。

西南分公司是中国石油化工股份有限公司的地区性分支机构。2001 年随新星石油有限
被中国石化股份有限公司重组并在国内 A 股上市。西南分公司承继了原西南石油局的全部
田资产，以油气地质综合研究、油气藏工程研究、地球物理研究、油气勘探、油气开发、
测试、油气田地面建设、采油采气、油气储运、石油天然气及成品油销售、工程技术服务
询等为经营范围。西南分公司目前拥有天然气地质储量 2780 亿立方米，发现并建成了川渝
大型整装气田——新场气田，已建设各类天然气集输管道 3000 余公里，形成了独立的产供
统，实现了天然气的集约、规模开发。西南分公司是中国石油化工股份有限公司重要的天
产销基地之一，2003 年天然气产量 17 亿立方米，2004 年天然气产量将达到 19 亿立方米。

西南石油局、西南分公司现有员工近 5000 人，其中专业技术人员 2100 余人，总资产 4
元（西南石油局 17 亿元，西南分公司 31 亿元）。主要工作区域涉及川、渝、黔和新疆。通
十年对四川盆地非常规致密砂岩领域和海相碳酸岩盐领域的油气勘探开发，形成和完善了
特色的勘探开发理论和工程工艺技术，科研水平绝大多数达到国内、国际领先水平。先后
合国、美、英、法、加等国际组织和国家及多个著名跨国石油公司进行过卓有成效的技术
技术合作。

目前，西南石油局、西南分公司正按照“做大做强油气主业，做盈做富多元产业”的
方针和“企业做强，家园做美”的发展目标，全力推进中石化天然气资源战略实施和“大
勘探开发目标的实现，强势加快油气产业链及工程服务体系的建设，力争为中石化建设以
盆地为中心的西部天然气生产基地，为四川经济实现跨越式发展做出新的、更大的贡献！

中国石化集团东北石油局、中国石油化工股份有限公司东北分公司是在东北地区以石油天然气勘探、开发和生产经营活动为主的企业，具有油气地质研究、地球物理、钻井、测井、固井、测试、油建以及采油、输气等综合油气勘探开发生产能力。员工800多人，中、高级职称人员占员工总数40%以上。经过重组改制，东北石油局02年5月分别设立了东北分公司（上市部分）和东北石油局（存续部分）。

这只队伍立足松南地区24年来，已探明拥有一定级别的石油天然气和二氧化碳地质，勘探开发了5个天然气田，2个油田，1个二氧化碳气田。建有一座油气联合处理站大型集输气站以及数十座卫星气站，日输气能力近百万立方米，年处理原油能力可万吨。铺设输气管道500多公里，由各气田输往一汽集团公司和长春、吉林、四平、岭市及长岭县和地方乡镇，为数百万户城镇居民和数十家企事业单位提供天然气能占供应吉林省天然气能源90%以上，为发展吉林省经济做出了突出的贡献。

2003年生产原油和天然气23.5万吨油气当量，人均占有油气当量近300吨，在国内同处于领先水平。二氧化碳年产销量2.35多万吨，覆盖东北三省和内蒙古市场，广泛于工业、饮食、科研、油田注采、人工降雨及食品保鲜等领域，产生了良好的经济和社会效益。

结合振兴东北老工业基地的发展机遇，东北石油局、东北分公司确定了立足大东着眼大目标、实现大发展的油气勘探开发发展战略，未来五年要实现新增油气探明.2亿吨油当量，累计探明储量2亿—2.5亿吨油当量，年产油气100万吨油气当量的目标。今年3月该局中标通辽和开鲁两个油气勘探新区块，获得了26600平方公里探为油气勘探开发可持续发展提供了发展空间，并展示出广阔发展前景。同时，要亿立方米地质储量二氧化碳气田的资源优势尽快转化为经济优势，生产高附加值产今年8月份可建成投产的二氧化碳净化项目，可年净化99.99%高纯液态二氧化碳2.6生产干冰3000吨，其产品适用性强，用途广泛，市场空间大，经济效益高，发展广阔。

中国石化集团东北石油局

中国石油化工股份有限公司东北分公司

建设

『以炼油为主、油化结合的能源型研究开发中心』

RIPP

http://www.ripp-sinopec.com

中国石油化工股份有限公司石油化工科学研究院

中国石化上海石油化工研究院

中国石化上海石油化工研究院创建于1960年6月，是中国石化集团公司直属的科研机构。我院位于上海浦东新区，现有职工628人。下设11个研究部（室）、1个催化剂评价中心及相应的职能管理部门，是基本有机原料国家工程研究中心的依托单位、附设中国石化股份有限公司有机原料情报中心站、上海市石油化工产品质量监督检验站、全国石油化学标准化委员会、上海市催化剂行业测试中心等技术支持机构；并设有博士后流动工作站。

我院主要从事石油化工烯烃和芳烃的化工利用，包括基本有机原料催化剂和工艺技术、有机合成、功能高分子材料合成与加工等技术领域的研究，研发工作涵盖了自前瞻性探索研究、应用基础研究、成套工艺技术及配套催化剂研究开发、工程化放大等过程。主要研发的产品和技术有MB系列和SAC型丙烯腈催化剂及成套技术、HAT系列甲苯歧化催化剂及成套技术、GS系列苯乙烯催化剂及成套技术、AB系列乙苯催化剂及成套技术、T系列固体磷酸盐催化剂、裂解汽油加氢催化剂等都已成功进行工业化应用。

2003年，由中国石化集团公司和中国科学院推荐，以上海石油化工研究院为依托单位的“973”国家重点基础研究项目得到了国家科技部的批准，为我院在有机原料催化技术的原始创新方面提供了一个平台。至2003年底，我院专利申请量达528项，国内外授权的专利291项。其中2003年申请国内专利101项，国外专利7件，国内外专利授权68件。

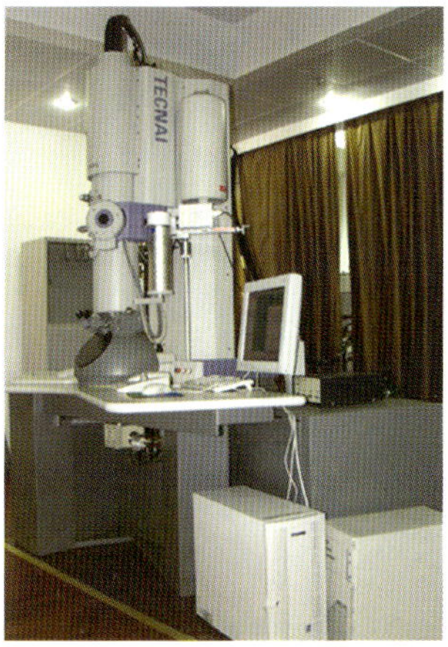

地　址：上海浦东北路1658号

电　话：021－68462197

传　真：021－68462283

http://www.sript.com.cn

中国石化抚顺石油化工研究院

Fushun research Institute of petroleum and petrochemicals, SINOPEC

抚顺石油化工研究院　（简称抚研院）是中国石油化工股份公司直属的大型综合性科研开发机构，始建于1935年，是国内较早从事石油炼制研究的科研单位。

抚研院主要从事加氢裂化催化剂及工艺、溜分油及蜡类产品加氢精制催化剂及工艺、临氢降凝催化剂及工艺、渣油加氢处理催化剂及工艺、重整催化剂及工艺、生物工程和精细化工、石油石化“三废”治理、石油沥青及特种蜡等技术开发。同时开展应用基础研究和高新技术研究。获省(部)级以上科技进步奖和发明奖19项，获部级以上成果奖250余项。申请中国专利800多件，申请国外专利74件，获国内专利权425件。该院的科技成果转化率一直保持在80%以上，为石油石化企业创造了巨大的经济和社会效益。

中国石化集团南京设计院

中国石化集团南京设计院直属于中国石化集团公司，是化工、石化、医药行业甲级设计院。

经过近半个世纪的发展，今天的南京设计院专业门类齐全，技术力量雄厚，在石油化工、精细化工、硫酸磷复肥、工民建等方面的技术优势日益显现。先后承担了扬子石化总体设计、东方己内酰胺、南化大化肥等石化项目和云南富瑞 80 万吨/年硫磺制酸等大型国产化硫酸磷肥装置、大型脱硫及硫回收装置以及南京禄口国际机场、中石化管理干部学院等工程项目累计 2200 多项，拥有各种专利和专有技术 80 多项，获省部级以上奖励 100 多项。在服务方式上，南京设计院已形成以设计为龙头、施工管理为主体的、具备 EPC 总承包能力的工程公司功能。

展望未来，南京设计院将继续发扬“为业主创造价值”的经营理念，服务化工行业，构筑美好生活。

院长、法人代表：陈德兴

党委书记：朱金保

地址：南京市沿江工业开发区葛关路 268 号

电话：（025）57797866

传真：（025）57791195

南京江北人民医院住院大楼

国家重点建设工程——南化公司 30 万吨/年合成氨、52 万吨/年尿素

扬子—巴斯夫一体化石化基地开工

中国石化
SINOPEC
中国石化集团
广东润滑油
Rewin
力源润滑油
广东力源润滑油有限公司是中国石化广东省石油企业集团公司的直属企业，创建于1996年，是集高级润滑油开发、生产、销售、仓储一体化的专业公司，同时专业经营塑料、橡胶和其它化工系列产品。
1999年，公司通过ISO 9002国际质量管理体系认证；2002年，公司质量管理体系升级换版为ISO 9001:2000。
2004年中石化润滑油销售渠道整合后，我司成为中石化润滑油分公司生产的“长城牌”润滑油在广东地区的唯一总经销商。
CQM
质量管理体系认证证书
广东力源润滑油有限公司
GB/T 19001-2000 idt ISO 9001:2000标准要求
润滑油的开发和生产
中国石化广东省石油企业集团
广东力源润滑油有限公司
GUANGDONG REWIN LUBRICANTS CO., LTD. OF GPEC, SINOPEC
商务地址：广州市芳村大道东信联路29号冲口油库
润滑油业务联系：84318010、84316473
化工业务联系：81587807
Email地址：gdrhy.gzb@21cn.net
邮编：510370　厂址：广州市昌岗西路1号
传真：020-84317569、84357530
传真：020-81894351
网站：gdrewin.com
Rewin

广东省石油企业集团南方石油化工有限公司

广东省石油企业集团南方石油化工有限公司是广东省石油企业集团直属全资子公司，秉承了中国石化优质服务、保质保量、信誉第一、管理规范的优良传统，成立于2002年7月2日。主要从事成品油、工业燃料油和石油化工产品的购、销、中转以及配送经营，致力于拓展铁路、水路、公路及进口的资源渠道和销售网络。

南方公司凭借着诚信、创新、共同发展的精神，不断扩大和增加经营项目和品种，立足珠三角地区，并充分利用广东省石油企业集团公司系统在全省的经营设施、地缘、人缘优势大力拓展经营网点。目前已建立了佛山、南海、顺德、广州、东莞、江门、中山、肇庆等销售配送网点，建成水上加油站6个。销售网络遍及全省乃至邻近省份地区。经营品种有汽油、柴油、煤油、工业燃料油、溶剂油、苯类、醇类等油品和化工产品50多个品种，年经营油品和石油化工产品能力超过70万吨。

南方公司本着“业精于勤、行成于思”的扩展哲学，坚持优质服务、规范管理、高效便利的经营理念，凝聚人气，聚集地利，审度天时，以诚为本，知合天力，努力营造一种求实与求是、创新与创效、发展与统一的和谐环境，南方公司相信立高而可视远，不倦创造为客户满意的服务。

上海石化物资交易中心

上海石化物资交易中心创立于1992年10月，由中国石化销售公司华东分公司、上海工商行政管理服务中心、上海生产资料交易市场共同组建，是以石化产品为主的、全国石化系统第一家开放型、服务型的生产资料交易市场。

这十二年来，上海石化物资交易中心依托会员单位和丰富的石化产品资源，依托浦东新区的地理优势和政策优势，集“天时、地利、人和”为一体，立足上海，面向全国，抓住机遇，迎接挑战，克服了前进过程中一个又一个困难，建立了符合社会主义市场经济原则的灵活有效的营销机制，取得了经济效益和社会效益的双丰收，走出了一条开拓进取、稳步发展的道路。

经过十二年的努力，上海石化物资交易中心已建成一个交易规范、服务优良、管理有序的石化产品交易市场，主要体现在以下几个方面：

1. 中心是具有相当规模、多功能、强辐射能力、高知名度的石化产品销售窗口。
2. 中心是集团公司扩大石化品牌影响和企业开拓市场、创造效益的重要场所。
3. 中心是具有强有力的服务功能和市场功能、能满足企业开展各种经营活动的服务机构。
4. 中心是适应市场经济需要，采用新机制组建的具有创新精神、稳步发展的经济实体。

2003年中心销售额超100亿元，会员数量稳步增长，目前已超120家，连续四年获“上海市文明市场”光荣称号。最近，中心还获得了“2003年全国五大商品交易市场”光荣称号。

目前，上海石化物资交易中心是全国石化系统各大交易中心中会员数量、成交量、成交额较多的一个，在上海乃至全国生产资料交易市场中也名列前茅，为上海的改革与发展作出了积极的贡献，被誉为“上海浦东新区第一市场”。

总之，上海石化物资交易中心成立十二年来，始终坚持以社会主义市场经济的观点指导工作，始终拼搏在由计划经济向市场经济转型，由传统的产品营销向现代营销改革的前沿，与时俱进，开拓发展，取得了长足的进步，保持了长盛不衰，促进了社会主义市场经济的稳定、协调发展。

中国石化集团上海培训中心

中国石化集团上海培训中心（简称中石化上海培训中心）的前身是始建于1978年的上海石油化工总厂职工大学及稍后成立的上海石油化工高等专科学校。1994年，在职工大学的基础上成立了经省市政府批准试办的社区学院——上海市金山社区学院。1998年，中国石油化工集团公司与教育部共建华东理工大学后，上海石化高等专科学校改制为华东理工大学石油化工学院，由集团公司和华东理工大学共建共管。2000年末，华东理工大学石化学院实质性并入华东理工大学，成为华东理工大学金山校区后，上海石化职工大学改制为中石化上海石化职工培训中心，继续承办上海市金山社区学院，实行两块牌子，一套班子，自2001年1月1日起独立运行。11月，中石化上海石化职工培训中心更名为中国石化集团上海培训中心。2002年起承担中国石化集团销售培训中心、中国石化集团化工继续教育上海基地和中国石化集团高级技师上海培训基地的建设任务。开展以化纤为主的工程科学技术高级培训、以营销为主的管理科学技术高级培训、以HSE培训为主的安全技术高级培训和外语、计算机等系列的各类中高级培训。

中石化上海培训中心位于杭州湾畔，毗邻上海石油化工股份有限公司和上海市化学工业区。中心占地7.25万平方米，建筑面积4.11万平方米，主要建筑有教学楼二幢、实验实训楼二幢（化学楼、机电楼）、信息综合楼、图书馆暨学习资源中心、学生公寓五幢、学员招待所、金工实习厂房二幢、食堂、室内体育馆和室外游泳池。还拥有装备先进的计算机及网络中心、多媒体远程教育中心、多媒体语音中心、会计模拟实验室及考试中心等教育设施。中心拥有34名具有中高级职称的专任培训师和教师，同时还拥有由上海著名高校的教授和跨国公司高层管理人员构成的兼职教授网络。校园设施齐全，环境幽雅，是上海市花园单位，是培训和会议的好场所。

中石化上海培训中心正在朝着建设成高水准的石油化工教育培训基地的方向前进，竭诚为企业提供高质量的教育培训服务。

邮编：200540
地址：上海市金山区龙胜路909号
电话：021-57941806，021-57941508
传真：021-57941806
E-Mail：stcs@stcs.com.cn
网站：http://www.stcs.com.cn

ANHUI

安惠实业

深圳安惠实业公司

深圳安惠实业公司是由中国石油化工集团公司投资的国有企业，1993年1月在深圳经济特区成立，注册资金6600万元，是一个专门从事自动化控制及相关电子产品、仪器仪表的研究开发、生产制造、产品销售、工程安装的高科技企业。公司的主要产品有：公司自行研发的AccuControl智能装车仪；中美合资（安惠与美国GE）PLC自动控制；中英合资（安惠与英国ROTORK）智能型电动执行机构；中德合作（安惠与德国SMITH）水成泡膜灭火剂；引进德国先进技术研发的新一代SAFEWAY系列可燃及有毒气体报警器；德国EMG及AMG高性能电动、气动及液动执行机构；德国PESCH集团高品质的快速切断球阀、安全阀及调节阀系列等。

公司现资产1.2亿元。占地面积3640M^2，建筑面积19422M^2。

公司奉行“以人为本”的管理原则，高度重视科研队伍的建设和职工素质的提高。公司成立以来，相当数量的业务骨干被派往美国、英国、德国等国家进行过专业培训。目前公司已形成了一支新老结合、专业配置合理的科技队伍，大学本科以上学历的员工占员工总数的91%。

安惠实业公司致力于以卓越的工厂自动化成就，为石油化工、油气开采、化学工业、冶金、电力、医药卫生、仓储货运、港口码头等工业企业的自动化提供咨询、设计、生产、安装、调试等全方位的服务和强有力的技术支持，并提供卓有成效的用户培训和完善的售后服务，以帮助企业改善产品质量，提高生产效率，保障安全生产。

安惠公司自行开发的新一代智能装车控制仪，广泛应用于石油、化工生产，可实现多种介质的高精度配比混合、物流、装车控制。该产品是具有恒速、恒流控制功能的装车控制仪，也是国产已投用可实现两种介质高精度配比混合控制功能的装车控制仪。装车仪实现全中文界面，便于用户使用，可完全替代国外同类产品。

安惠实业公司采用GE Fanuc先进的*Series 90可编程序控制器（PLCs）、智能分布式Genius I/O、现场控制单元Field Control、新一代I/O和PLC VersaMax、Series 9 微型Micro PLC*以及*基于多种硬件和软件平台的工业监控软件CIMPLICITY*；在配以多种*第三方模块*，可以根据用户的要求，方便灵活地构成各种控制系统。

“自信、高速、简化、竭尽全力”是安惠实业的精神，我们的目标是：以最好的工业自动化技术，高质量的产品和全方位的服务，提高用户的自动化生产水平。

公司法人代表：唐小威
销售部经理：刘　葵
销售部副经理：周志忠
地址：广东省深圳市南山区科技工业园科苑路5号

电话：0755-26639711　26639476
传真：0755-26639710　26631143
邮编：518057

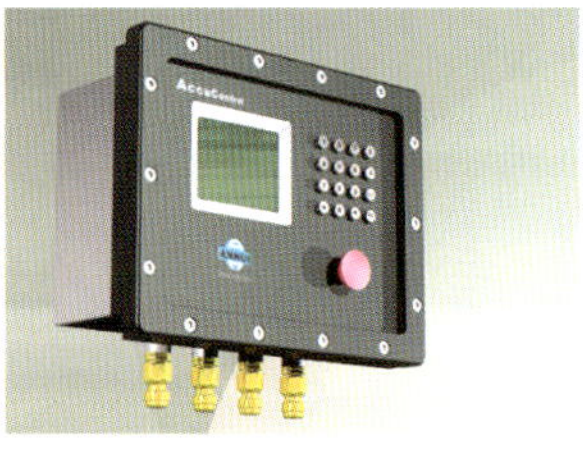

天津悦泰石化科技有限公司

海龙牌汽(柴)油清净剂

海　龙

- 通过欧洲CEC F-20-A-98国际标准台架试验
- 通过美国ASTM D6421-99 孔式燃料喷嘴堵塞（PF1）试验
- 达到世界燃油规范II、III、IV档汽、柴油清净剂要求
- 满足国家对汽车尾气排放规定要求

地址：天津市和平区建设路2号
邮编：300041
电话：022-27121719　27121176
Email:yuetai@263.net.cn

天津悦泰石化科技有限公司是中国石化集团公司下属的全资企业，是中石化为了规范清净剂市场，更好地为中国石化集团服务而成立的，集产品开发、试验评定、自动化生产、质量监控、售后服务等科工贸一体化企业，是国家环保产业协会常任理事单位，主营是“海龙”牌汽（柴）油清净剂。公司以中国石化销售有限公司质量管理站为技术依托，拥有国内清净剂方面权威的专家和专业的科研队伍，拥有一百多台油品检验设备，通过了国家实验室认可。悦泰公司现已建成清净剂年生产能力为一万五千多吨的自动化生产基地。

悦泰公司与德国BASF公司进行技术合作，掌握了国际最先进清净剂发展动向，以我们先进的科研实力为基础，确保“海龙”牌清净剂始终保持国际先进，国内领先的水平。

“海龙”牌汽（柴）油清净剂通过了中国石化集团技术鉴定，均获得中国石化科技进步三等奖，并取得国家环保局环境保护科技成果认证。“海龙”牌清净剂采用德国巴斯夫公司的添加剂为主剂，通过与国际先进技术合作，不断提高“海龙”牌清净剂的产品质量，使“海龙”牌清净剂达到国际先进的第四代水平。

天津悦泰石化科技有限公司本着“敬业、自强、超前、信誉”的企业精神，以科技为先导，质量为保证，服务用户为宗旨，组织专业化技术服务队伍，为用户进行现场技术咨询和技术培训，致力于为用户提供高品质的产品和精良的服务。

加入“海龙”牌清净剂前后行车试验对比图

加入清净剂前进气阀

加入清净剂后进气阀

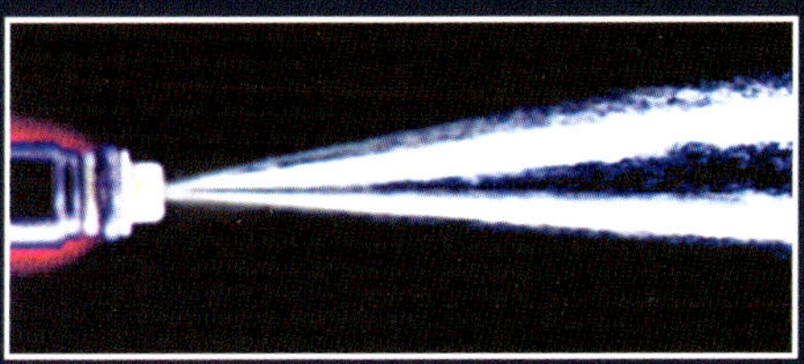

加入清净剂前燃油喷嘴

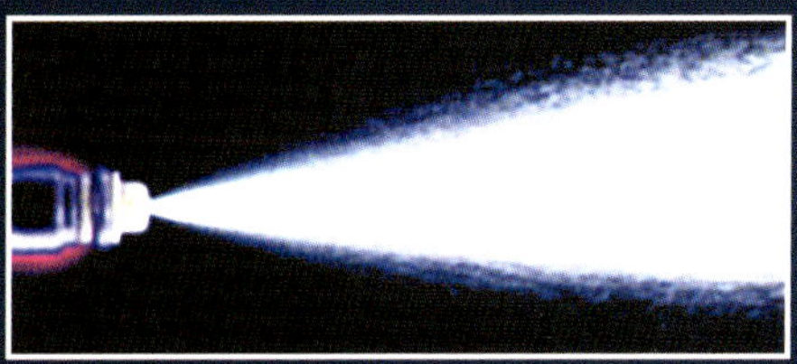

加入清净剂后燃油喷嘴

SINOPEC 中国石化

2004年11月隆重推出

《中国石油化工集团公司年鉴》十卷累积光盘

中国石油化工集团公司年鉴》是中国石化集团向国内外公开发行的专业性年鉴。本光盘包含《中国石油化工集团公司年鉴》从1988年问世至今的十卷，即1988年、1991年、1994年、1997年、1999年、2000年、2001年、2002年、2003年和2004年版。十卷年鉴用大量详实的资料、朴实的文字、真实的图片、详细的数据全面、系统地记述了中国石化成立二十年来在改革开放、振兴发展等方面取得的成绩，客观反映了中国石化在上中下游一体化生产、经营、科研开发、可持续发展等方面的成绩、经验和问题，如实介绍了中国石化各所属生产企业、销售企业、建设企业和科研单位的生产经营状况。

愿《中国石油化工集团公司年鉴》十卷累积光盘能成为您了解中国石化、了解石化行业的参谋和伙伴。

垂询电话：010-84289953　84289951

联 系 人：杨文宇　韩笑